国家出版基金项目
NATIONAL PUBLICATION FOUNDATION

劉正 著

中國彝銘學

（上册）

上海書店
出版社
SHANGHAI BOOKSTORE PUBLISHING HOUSE

《散氏盤》 彝銘拓片

《師酉簋》 彝銘拓片

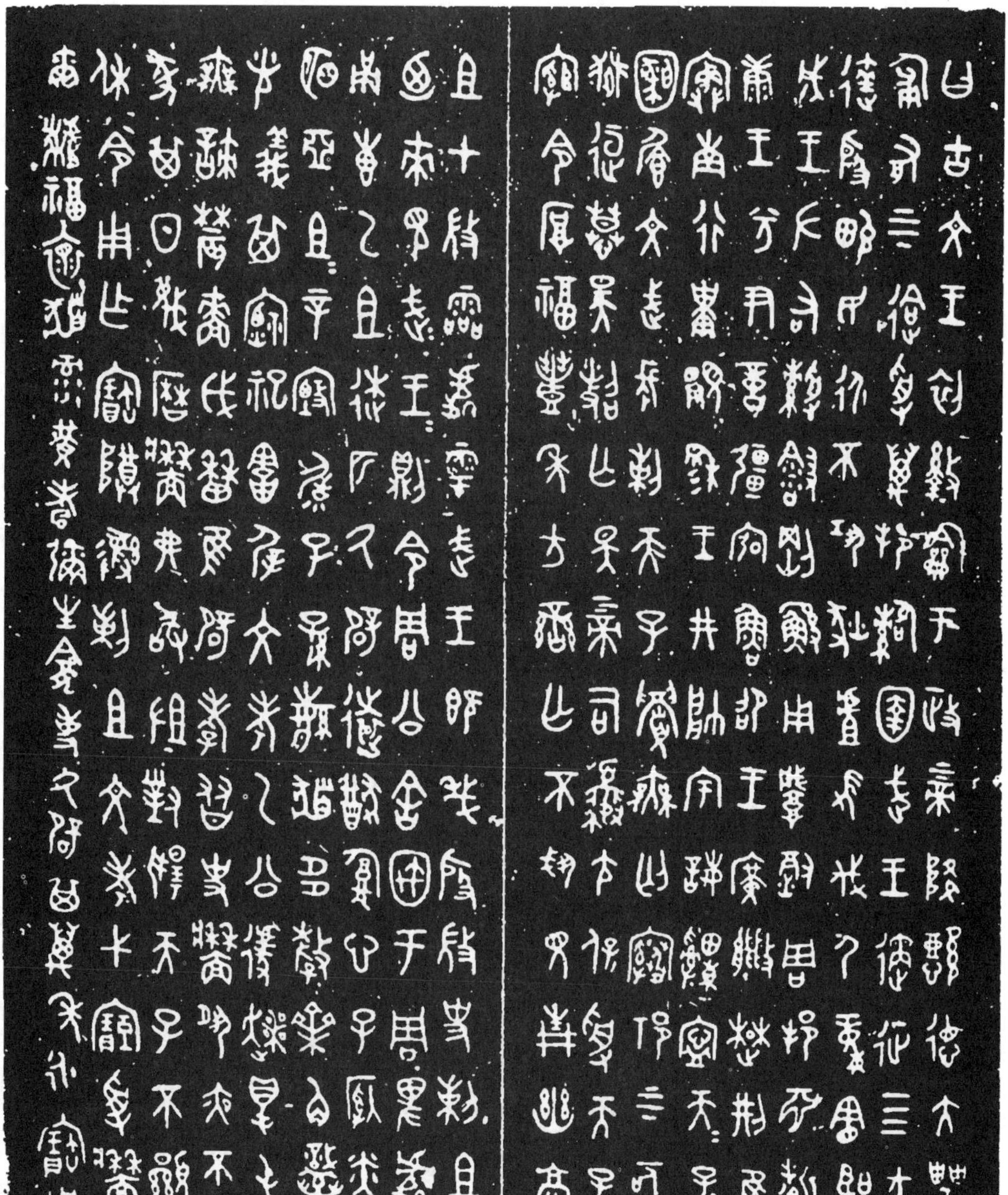

《史牆盤》 彝銘拓片

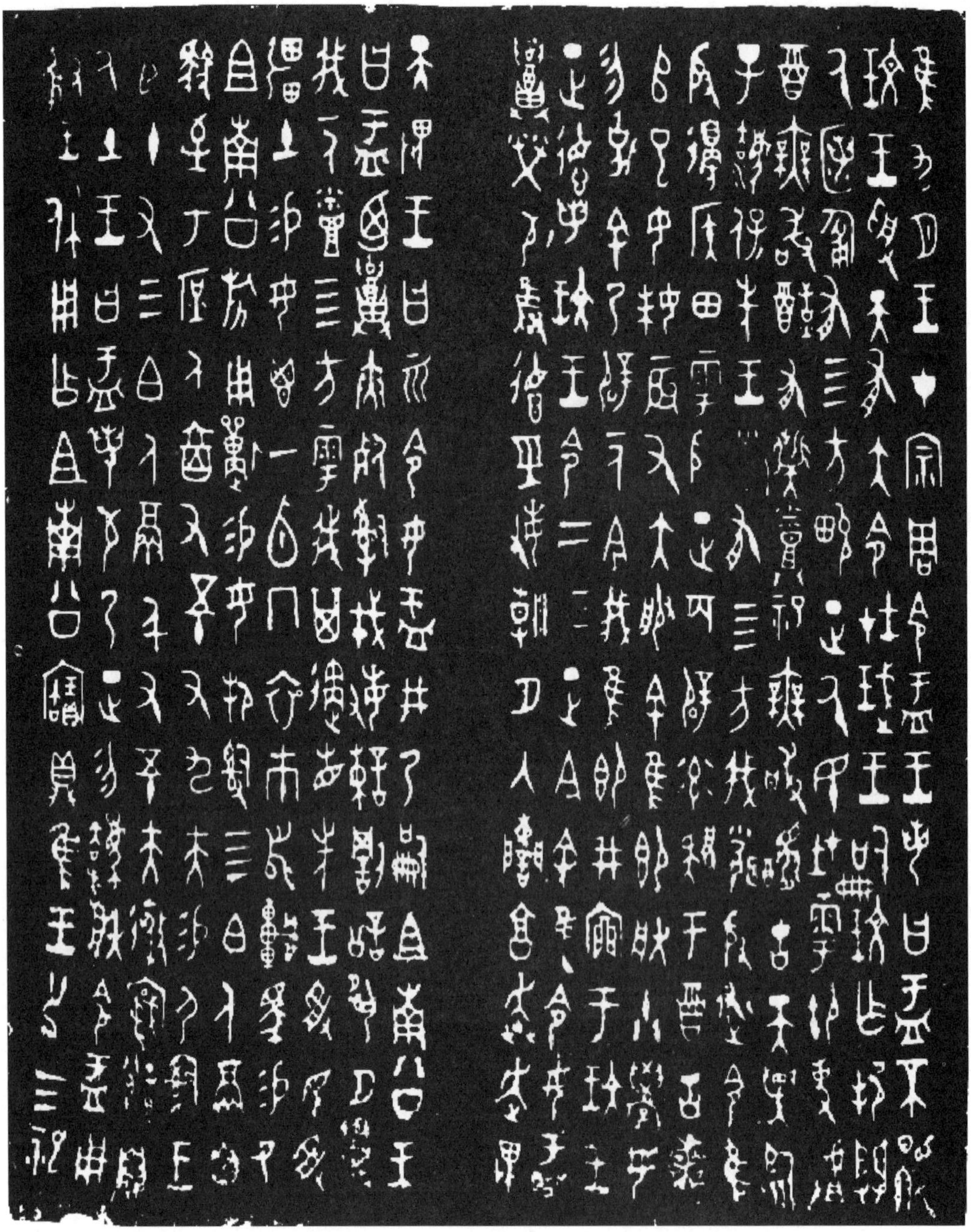

《大盂鼎》 彝銘拓片

《裘衛盉》 彝銘拓片

《獄盂》 彝銘拓片

《天亡簋》 彝銘拓片

《士山盤》 彝銘拓片

《趠伯簋》 彝銘拓片

《頌鼎》 彝銘拓片

《靜簋》 彝銘拓片

《令彝》 彝铭拓片

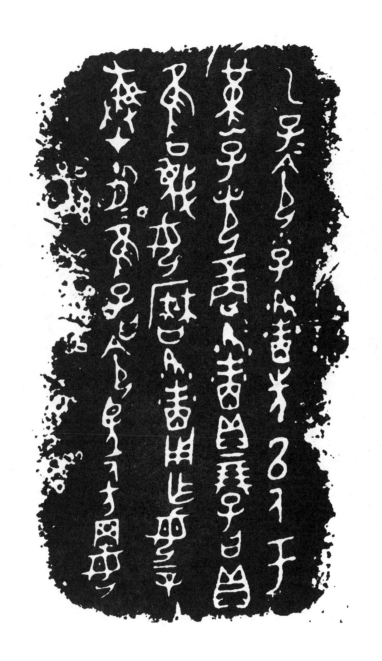

《小子卣》 彝銘拓片

《四祀邲其卣》 彝铭拓片

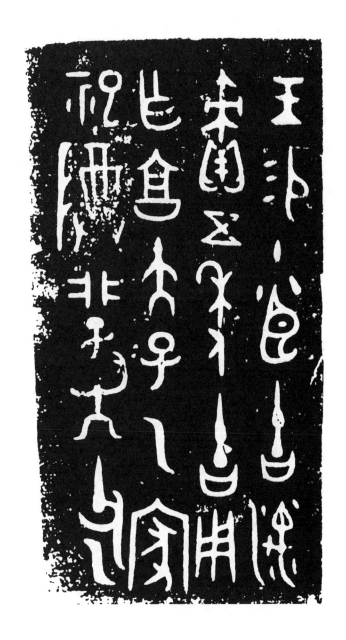

《小臣缶方鼎》 彝銘拓片

《戌嗣子鼎》 彝銘拓片

《作册般甗》 彝銘拓片

《小克鼎》 彝銘拓片

《我方鼎》 彝銘拓片

《保卣》 彝銘拓片

《趩簋》 彝銘拓片

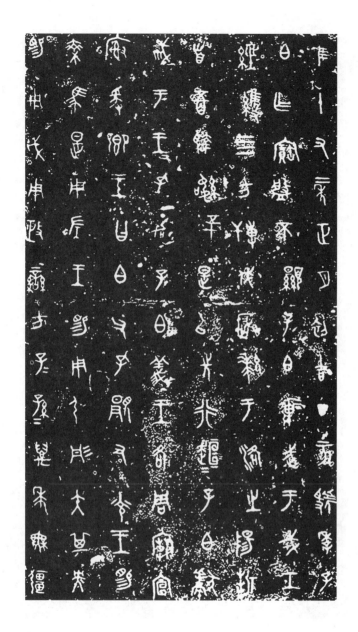

《虢季子白盤》　彝銘拓片

《齲盨》　彝銘拓片

《利簋》 彝銘拓片

目　録

上　册

下 册

十二畫

第一編

彝銘學背景研究

第一章　彝銘學及其相關概念

引　論

最近幾十年來，由“美學熱”引發的“文化熱”“《周易》熱”和“國學熱”一浪高過一浪，“簡帛熱”也理所當然地應運而生，帶動着甲骨學再次回歸學術界的視野。傳統國學的各個領域似乎全熱了起來。但是有一門學科至今一直沒有熱起來。雖然幾乎每一次重大的考古發現都關涉這門學科，一些重點大學甚至成立了關于這門學科的研究中心，發行了專業研究性的學術刊物，可是，學術界對此并不認同，任憑幾個人孤零零地堅守。那就是本書所要介紹的“彝銘學”，一門有着上千年悠久歷史的學科，即通過對商周青銅器及其上面鑄刻的文字進行史料性的解讀，研究中國夏商周三代的歷史、文化、思想、語言、政治、制度、社會、生活、宗教、信仰等諸多方面的古老學科。自古以來，這門學科就以晦澀難懂、佶屈聱牙而著稱。于是，問題由此而產生：我們爲什麼要對出土的幾千年前的青銅器感興趣呢？那是因爲上面鑄刻着當時的文字。而這些真實可信的古代文字史料，對于中華民族數千年文明史上歷經多次焚毁和劫難所造成的古代文化典籍的失傳來説，是復原我們完全陌生或知之甚少的遠古時代的歷史、文化、思想、語言、政治、制度、社會、生活、宗教、信仰等諸多方面的具體發展過程和原貌的最佳途徑。

歐陽修在《集古録》中曾經感嘆説：

　　古之人之欲存乎久遠者，必托于金石而後傳。其堙沉、埋没、顯晦、出入不可知。其可知者，久而不朽也。然岐陽石鼓今皆在，而文字剥缺者十三四，惟古器銘在者皆完。則石之堅又不足恃。是以古之君子，器必用銅，取其不爲燥濕寒暑所變爲可貴者，以此也。古之賢臣名見《詩》《書》者，常爲後世想望，苟得其器，讀其文，器古而文奇，自可寶而藏之邪！

這段話已經點出了商周青銅器彝銘的存在價值。而晚清時期傑出的彝銘學研究大家陳介祺則在其致吳雲的信（見《簠齋尺牘》）中一針見血地指出：

　　竊謂古器出世，即有終毀之期，不可不早傳其文字。我輩愛文字之心，必須勝愛器之念，方不致喪志而與珠玉等。蓋天地以文字爲開塞，義理以文字爲顯晦。秦燔文字而古聖之作大晦。許氏收文字之遺以爲說，二千年來言字學者必宗之。要皆燔後所餘，獨吉金款識是燔前古文字真面，非許氏可比。

這段話言簡意賅地點出了彝銘學研究的學術價值及其歷史意義。尤其是對當時重古玩而輕學術的士大夫階層來說，"我輩愛文字之心，必須勝愛器之念"的觀點實在是最好的教誨。而"獨吉金款識是燔前古文字真面，非許氏可比"一說，更讓我們認清了彝銘學研究的重大價值。

在開始敘述之前，筆者先對古今有關彝銘學研究的相關學科術語及其由來進行說明和考證，辨別源流、正本清源，從來都是對一門古典學術進行專業性研究的關鍵入手點。

第一節　彝銘學諸多相關概念解題

從古到今，歷來就有各種各樣的術語用來指代商周青銅器上鑄刻的文字及其有關的研究學科。如在《韓非子·外儲說左上》中就有"鐘鼎之銘"一詞出現。但是，表現在書名上，以筆者的考察來說，大致有以下二十餘類、五十餘種名稱。而表現在論文、題跋和劄記中的正規和非正規性名稱就更多了。其中，專指青銅器而不包含銘文的術語和專著（如古銅器、古器、彝器等）名稱在此不計。現分別予以舉例說明如下。

一、古籀·古籀文類

如孫詒讓的《古籀拾遺》《古籀餘論》二書，吳大澂的《說文古籀補》一書，徐文鏡的《古籀彙編》一書，馬德璋的《古籀文彙編》一書。

二、古器·古器銘·古器款字·古器物文類

如張掄的《紹興內府古器評》一書，翟耆年《籀史》中記載的《黃氏古器款字》一書和《石公弼維揚燕衎堂古器銘》一書，張廷濟的《清儀閣所藏古器物文》一書，林歡的《宋代古器物學筆記材料輯錄》一書。

三、古文·古文字·出土文字類

如劉心源的《古文審》一書，高明的《中國古文字學通論》一書，江村治樹的《春秋戰國秦漢時代出土文字資料の研究》一書。

四、考古·博古·集古·獲古類

如呂大臨的《考古圖》一書，王黼等人奉敕編纂的《宣和博古圖》一書，王俅的《嘯堂集古錄》一書，歐陽修的《集古錄》一書，劉喜海的《長安獲古編》一書。

五、金·金文·金文辭·古金·古金文類

如馮雲鵬、馮雲鵷的《金索》一書，吳式芬的《攈古錄金文》一書，郭沫若的《兩周金文辭大系》《兩周金文辭大系圖錄考釋》二書，朱楓的《古金待問錄》一書，王國維的《觀堂古金文考釋》一書，吳其昌的《金文曆朔疏證》《金文世族譜》二書，劉正的《金文氏族研究》《金文廟制研究》《金文學術史》三書。

六、金石·古金石·金石文·金石古文·金石文字類

如趙明誠的《金石錄》一書，顧起元的《金陵古金石考目》一書，王國維的《兩周金石文韻讀》一書，楊慎的《金石古文》一書，吳雲的《二百蘭亭齋收藏金石記》一書。

七、吉金·三代吉金·吉金文字類

如吳闓生的《吉金文錄》一書，羅振玉的《三代吉金文存》一書，佚名的《吉金文字》一書。

八、金器刻詞·金器款識類

如倪濤的《金器款識》一書，馬叙倫的《讀金器刻詞》一書。

九、銘·古青銅器銘文·商周銅器銘文·商周青銅器銘文·殷周青銅器銘文類

如趙英山的《古青銅器銘文研究》一書，李鐘聲的《商周銅器銘文論證》一書，劉昭瑞的《宋代著錄商周青銅器銘文箋證》一書，郭沫若的《殷周青銅器銘文研究》一書，劉正的《青銅兵器文字》一書。

十、鐘鼎·鐘鼎彝器款識類

如陳慶鏞的《籀經堂鐘鼎考釋跋尾》一書，薛尚功的《歷代鐘鼎彝器款識法帖》一書，阮元的《積古齋鐘鼎彝器款識》一書。

十一、款識·古器款識·彝器款識·鐘鼎款識·金器款識·鐘鼎彝器款識類

如陳介祺的《東武劉氏款識》一書，錢坫的《十六長樂堂古器款識考》一書，朱建卿的《敬吾心室彝器款識》一書，王厚之的《鐘鼎款識》一書，倪濤的《金器款識》一書，薛尚功的《歷代鐘鼎彝器款識法帖》一書，阮元的《積古齋鐘鼎彝器款識》一書。

十二、禮器文字·禮器款識類

如翟耆年《籀史》中記載的《徽宗皇帝祀圜丘方澤太廟明堂禮器款識》一書，孫詒讓的《宋政和禮器文字考》一書。

十三、商周文·商周彝器文字類

如吳東發的《商周文拾遺》一書，佚名的《商周彝器文字研究》一書。

十四、文·殷文類

如羅振玉的《殷文存》一書，王辰的《續殷文存》一書。

十五、殷金文·周金·周金文·商周金文·殷周金文·兩周金文辭類

如赤塚忠的《殷金文考釋》一書，鄒安的《周金文存》一書，王讚源的《周金文釋例》一書，于省吾的《商周金文録遺》一書，徐中舒的《殷周金文集録》一書，郭沫若的《兩周金文辭大系圖録考釋》一書，朱歧祥的《圖形與文字——殷金文研究》一書。

十六、銘刻·古代銘刻類

如郭沫若的《古代銘刻彙考》《古代銘刻彙考續編》二書。這一術語是近現代術語，不同于西方的碑銘學、銘刻學。

十七、鑑·鑑古·古鑑類

如梁詩正等人奉敕編纂的《西清古鑑》一書，梁詩正等人奉敕編纂的《寧壽鑑古》一書，王傑等人奉敕編纂的《西清續鑑》一書。

十八、彝器類

如薛尚功的《歷代鐘鼎彝器款識法帖》一書，阮元的《積古齋鐘鼎彝器款識》一書，吳雲的《兩罍軒彝器圖釋》一書，呂調陽的《商周彝器釋銘》一書，方濬益

的《綴遺齋彝器款識考釋》一書，朱建卿的《敬吾心室彝器款識》一書，容庚的《商周彝器通考》一書。

十九、彝銘學·商周彝銘學·中國彝銘學類

如王永誠的《先秦彝銘著録考辨》一書，江淑惠的《齊國彝銘彙考》一書，洪北江的《彝銘會釋》一書，劉正的《商周彝銘學研究史——青銅器銘文研究的歷史在古代中國的發展軌迹》《中國彝銘學》二書。

二十、圖像文字·商周圖像文字類

如張天方的《圖像文字研讀》一書，劉正的《商周圖像文字研究》一書。

二十一、外文名稱類

bronze 的含義是英、法、德文中的"青銅器"。它在俄文中作 бронза，在荷蘭文中作 bronzen，在瑞典文中作 brons，在西班牙文中作 bronces，在意大利文中作 bronzo，在挪威文中作 bronse……日文中的名稱和中文基本相同。而英文中的"銘文""彝銘"則是 inscription，"青銅器銘文""青銅器彝銘"就是英文中的 bronze inscriptions。有時也用 bronze inscriptions 表示中文中的"金文"。其他如 great seal script 是大篆，small seal script 是小篆，bird scripts 是鳥篆。

第二節　古代彝銘學學科釋名

研究殷周青銅器彝銘的學科名稱，從古到今，先後有十類、近二十種術語被使用過。現逐一説明如下。

一、金石學

"金石"二字連用，首見於《墨子·兼愛》：

> 以其所書於竹帛，鏤於金石，琢於槃盂，傳遺後世子孫者知之。

又見于《大戴禮記·勸學》：

> 故天子藏珠玉，諸侯藏金石，大夫畜犬馬，百姓藏布帛。

再見于《國語·楚語》：

　　而以金石匏竹之昌大囂庶爲樂。

韋昭爲此注釋：

　　金，鐘也；石，磬也。

王昶在《金石萃編》一書序中説：

　　宋歐、趙以來爲金石之學者衆矣。非獨字畫之工，使人臨摹把玩而不厭也。
迹其囊括包舉，靡所不備。凡經史、小學，暨于山經、地志、叢書、別集，皆
當參稽會萃，核其異同，而審其詳略，自非輇材末學能與于此。

有"金石"之名，也就有了"金石學"之名，相應地也就有了"金石學史""金
石史"和"籀史"之名。前者如李遇孫的《金石學録》一書，後者如翟耆年的《籀
史》一書和郭宗昌的《金石史》一書。

孫星衍《寰宇訪碑録·序》中總結道：

　　金石之學，始自《漢·藝文志》春秋家《奏事》二十篇載"秦刻石名山
文"；其後謝莊、梁元帝俱撰碑文，見于《隋·經籍志》；酈道元注《水經》、魏
收作《地形志》，附列諸碑以徵古迹；而專書則創自宋歐陽修、趙明誠、王象之
諸人。

在清代，彝銘研究著作多以"金石"并用而定書名，但是在實際内容上是"石"
多而"金"少。比如褚峻、牛運震的《金石經眼録》《金石圖》和黄易的《小蓬萊閣
金石文字》、王昶的《金石萃編》等，無不如此。

根據震鈞《天咫偶聞》卷三中的記載：

　　方光緒初元，京師士夫以文史、書畫、金石、古器相尚，競揚擁翁大興、
阮儀徵之餘緒。當時以潘文勤公、翁常熟爲一代龍門，而以盛、王二君爲之厨
顧。四方豪俊，上計春明，無不首詣之。即京師人士談藝，下逮賈豎平準，亦無
不以諸君爲歸宿。廠肆所售金石、書畫、古銅、瓷玉、古錢、古陶器，下至零星
磚甓，無不騰價蜚聲。而士夫學業，亦不出考據、賞鑑二家外。未幾，盛司成有
太學重刊石鼓文之舉；未幾，王司成有重開四庫館之請，蓋駸駸乎承平盛事矣。

爲此，羅振玉在《金泥石屑·序》中言：

金石文字之著録，以三代禮器及寰宇石刻爲大端。至其支流，若古圭璧，若璽印，若泉布，其在先世，亦莫不有專書以記述之。至我朝而金石之學益昌，乃推衍而至于磚甓、瓦當、封泥、權衡、度量之類，亦各爲專書，以補前人之闕。

趙明誠的《金石録》一書是以"金石"作爲書名的第一部系統的目録體學術專著，可以將此書看作"金石學之祖"。

民國時期曾任輔仁大學教授、故宫博物院院長的金石學家馬衡給金石學的定義是：

金石者，往古人類之遺文，或一切有意識之作品，賴金石或其他物質以直接流傳至于今日者，皆是也。以此種材料作客觀的研究以貢獻于史學者，謂之金石學。[1]

一般認爲，金石學是近代中國考古學的先驅和直接淵源。李濟等前代著名學者多有定評。[2]陳星燦在《中國史前考古學史研究（1895—1949）》一書中總結説：

金石學與考古學的根本不同之處，一是閉門著書，大多研究傳世和采集的金石之器，而很少與田野調查和發掘相聯繫；二是偏重于文字的著録和研究，對于没有文字的古代遺物不感興趣；三是與西方近代建立在自然科學基礎上的實證方法不同，金石學偏重于孤立地研究某一個問題，以達到證經補史的目的，而對于器物本身的形制、花紋等特徵的變化、斷代，由器物推論古代文化，由款識考證古代史迹等方面則多有忽略，即使分類，由于没有近代科學的歸納法，也多有幼稚可笑之處。[3]

這一評價多少有點言重了。但是，這大體上真實地代表了現代考古學界對傳統金石學的看法。畢竟上述文中所説的"對于器物本身的形制、花紋等特徵的變化、斷代，

---

[1] 馬衡：《凡將齋金石叢稿》卷一《中國金石學概要（上）》，中華書局1977年版，第1頁。

[2] 李濟《中國考古小史·序》："嚴格的考古學在我國雖是很近的一種發展，舊學中却有它很厚的根基。要没有宋人收集古器物的那種殷勤，清代小學的研究，就不會有那種樸實的貢獻……由此而注意發掘及文字以外的考古資料，祗是向前進一步的事，可謂一種應有的趨勢。"（《中華月刊》1931年第1期）

[3] 陳星燦：《中國史前考古學史研究（1895—1949）》，生活·讀書·新知三聯書店1997年版，第59頁。

由器物推論古代文化，由款識考證古代史迹等方面則多有忽略"之説，正是西方美術考古學産生後的重要研究方法和研究特點。

郭沫若曾經指出：

> 舊式的金石學祇是歐洲方面所説的記銘學（Epigraphy），那和"學"都還有點距離，要稱爲"考古學"似乎是有點冒牌的。所謂"學"，應該具有嚴密的實證的方法而構成爲一個完整的體系。中國舊時的金石學，祇是一些材料的雜糅，而且祇是偏重文字，于文字中又偏重書法的。材料的來歷既馬虎，内容的整理又隨便，結果是逃不出一個骨董趣味的圈子。[1]

這一批評一針見血，説到點上了。當然，這并不影響他對馬衡學術的高度評價："馬衡先生是中國近代考古學的前驅。他繼承了清代乾嘉學派的朴學傳統，而又鋭意采用科學的方法，使中國金石博古之學趨于近代化。他在這一方面的成就，是有目共睹的。"[2] 然而，這裏有必要説明一點的是，古代中國學者們并非是如陳星燦先生所説的那樣"對于器物本身的形制、花紋等特徵的變化、斷代，由器物推論古代文化，由款識考證古代史迹等方面則多有忽略"的。實際上，早在宋代就已經出現了比較成熟化的"對于器物本身的形制、花紋等特徵的變化、斷代，由器物推論古代文化，由款識考證古代史迹等方面"的學術探索。在著名的《宣和博古圖》中就已經大量出現了根據青銅器的形制、花紋等特徵進行斷代的系統闡述。比如該書對《商瞿父鼎》形制、花紋的論述：

> 是器耳足純素，無紋，純緣之外作雷紋、饕餮，歷年滋多，如碧玉色，宜爲商器也。

再如該書對《商伯申鼎》形制、花紋的論述：

> 凡鼎彝之屬莫不有文，或飾以雷篆、雲紋，或錯以夔龍、蟠螭之類。

可見，宋代的彝銘學者們已經留意到了利用形制、花紋來斷代的問題。

1919年，北京大學在歷史系和中文系同時開設了金石學課程。規定的授課内容是：

[1] 郭沫若：《我與考古學》，《考古》1982年第5期。
[2] 郭沫若：《凡將齋金石叢稿·序》，馬衡：《凡將齋金石叢稿》卷首，中華書局1977年版，第1頁。

中國鐘鼎、彝器、甲骨、碑版文字，大有裨補史學。此學浩如烟海，提綱挈領，成爲有系統之組織，以爲史學之補助科學焉。[1]

當時，北京大學曾計劃聘請羅振玉老先生擔任此課程主講教授，然而被他婉言謝絕了。但是他推薦了一直以他爲師的弟子馬衡擔當教席。

二、鼎彝學・彝銘學

宋人開始使用"鼎彝學"之名見于翟耆年《籀史》一書中對《李伯時考古圖》五卷的評述：

士大夫知留意三代鼎彝之學，實始于伯時。

李公麟，字伯時。"鼎彝學"是宋代用來指代青銅器相關研究的四大術語之一（另外三個術語爲"考古""古器物""款識"）。換句話説，在古代彝銘學研究史上，李伯時被公認爲宋代彝銘學研究的創始人。

但是，"鼎彝"這一概念却出現得很早。漢代許慎在《説文解字・叙》中首先使用了它：

郡國亦往往于山川得鼎彝，其銘即前代之古文，皆自相似。

又見《昭明文選・任昉〈王文憲集・序〉》：

前郡尹温太真、劉真長，或功銘鼎彝，或德標素尚。

"彝銘"即彝器銘文，專指鑄刻在青銅彝器上的文字。而"彝器"則是古代中國青銅器中禮器的通稱。《左傳・襄公十九年》：

且夫大伐小，取其所得，以作彝器。

杜預注：

彝，常也，謂鐘鼎爲宗廟之常器。

在這裏以鐘、鼎來指代彝器。而到了韋昭注《國語・楚語》"采服之儀，彝器之量"一語時，則把"彝"解釋爲"六彝"，把"器"解釋爲"俎豆"。

"彝器"一詞再見于《漢書・五行志》：

---

[1]《國立北京大學講授國學之課程并説明書》，《北京大學日刊》1920年10月19日。

諸侯之封也，皆受明器於王室，故能薦彝器。

顏師古注：

彝器，常可實用之器也。

彝器，又可以稱爲“尊彝”。王國維《古禮器略説》一文中主張：“尊彝皆禮器之總名也。”則可知尊彝即禮器之別稱。

“尊彝”一詞也同時包含了對“六尊”“六彝”的指代。見《周禮·春官·宗伯》：

司尊彝，掌六尊、六彝之位。

案：“六尊”即獻尊（犧尊）、象尊、壺尊、著尊、大尊、山尊六個不同形狀的銅尊。“六彝”即鷄彝、鳥彝、斝彝、黃彝、虎彝、蜼彝六個不同形狀的銅彝。

三、籀學

“籀學”之稱亦開始自宋人，見翟耆年的《籀史》一書對《李伯時考古圖》五卷的評述：

彝器款識真科斗古文，實籀學之本原、字義之宗祖。

但是，“籀學”的名稱更多的是一種形容詞意義上的術語，它是對大篆字體的形容和説明，而不是一種學科性術語。《新唐書·蕭穎士傳》中記載：

穎士四歲屬文，十歲補太學生，觀書一覽即誦，通百家譜系、書籀學。

顯然，這裏的“書籀學”是指書寫古籀字體，所以後代使用這一詞彙者絶少。它也是宋人對商周彝銘字體的理解。《新唐書》是北宋時期歐陽修、宋祁、范鎮、呂夏卿等合撰的一部斷代史書，使用的語言文字反映了北宋時期對“籀學”的真實理解。有人將晚清孫詒讓之學，稱爲“籀學派”，這已經屬于近代學術的概念了。但“籀學派”不等于“籀學”。

四、款識學

“款識”二字連用，作爲學科概念使用始自宋人，首見于薛尚功的《歷代鐘鼎彝器款識法帖》一書。“款識”亦是宋代用來指代青銅器相關研究的四大術語之一。根據翟耆年的《籀史》一書中記載，使用“款識”爲名的有六種書，即《徽宗皇帝祀圜丘方澤太廟明堂禮器款識》《徽宗皇帝政和四年夏祭方澤禮器款識》《黃氏古器款字》《蔡氏古器款識》《歷代鐘鼎彝器款識法帖》《翟氏三代鐘鼎款識》。這裏的"古器款字"之名，即"古器款識"之別稱。

"款識"二字最早見于《史記·孝武本紀》：

> 鼎大異于衆鼎，文鏤無款識。

《史記集解》引韋昭曰：

> 款，刻也。

《史記索隱》：

> 按，識猶表識也。

又見于《漢書·郊祀志》：

> 今此鼎細小，又有款識。

顏師古注：

> 款，刻也；識，記也。

趙希鵠在《洞天清禄集·古鐘鼎彝辨》中如是解釋：

> 識、款，篆字以紀功，所謂銘書。鐘鼎，款乃花紋以陽識。古器，款居外而凸，識居内而凹。夏周器有款有識，商器多無款有識。

陶宗儀《南村輟耕録·古銅器》亦説：

> 所謂款識，乃分二義：款謂陰字，是凹入者，刻畫成之；識謂陽字，是挺出者。

"款識學"之名，首見于清代徐同柏《從古堂款識學》一書。這一學科概念後來被擴大化了，應用到書法、繪畫、瓷器、牌匾等藝術表現形式的題款上。這使得"款識學"不再專指研究商周青銅器的彝銘之學。

有人主張"款識學"這一術語是清人的發明，[1] 大概就是没有明白這一概念的起源和後來擴大化的歷史演變。這也説明了現代學術界對這一概念的陌生和

---

[1]　見閆志：《金石學在現代中國考古學中的表達》，《華夏考古》2005 年第 4 期。

無視。

五、考古學·博古學

"考古"是宋代用來指代青銅器相關研究的四大術語之一。根據翟耆年的《籀史》一書中記載,使用"考古"爲名的有六種書,即《李伯時考古圖》《呂與叔考古圖》《趙九成著呂氏考古圖釋》《榮氏考古録》《徽宗聖文仁德顯孝皇帝宣和博古圖》《趙氏獲古庵記》。

這裏的"博古"和"獲古"之名,即"考古"之別稱。其中,"博古"這一概念來源于漢代,見漢代張衡《西京賦》:

> 有憑虛公子者,心奓體忲,雅好博古,學乎舊史氏。

又見于《孔子家語·觀周》:

> 吾聞老聃博古知今。

再見于南朝梁人沈約《與何胤敕》:

> 吾雖不學,頗好博古。

但是,在古代學術史上,"考古"更多是以"考古圖"這一概念出現的。那是因爲呂大臨在《考古圖·自序》中所說的這段話:

> 予于士大夫之家所閱多矣,每得傳摹圖寫,寖盈卷軸,尚病寡繁未能深考,暇日論次成書,非敢以器爲玩也。觀其器,誦其言,形容仿佛,以追三代之遺風,如見其人矣。以意逆志,或探其製作之原,以補經傳之闕亡,正諸儒之謬誤。

即"觀其器,誦其言,形容仿佛,以追三代之遺風,如見其人矣",這和《周易》的"觀象繫辭"是同樣的道理。

六、古器學·古器物學

"古器"是宋代用來指代青銅器相關研究的四大術語之一。根據翟耆年的《籀史》一書中記載,使用"古器"爲名的有十一種書之多,即《皇祐三館古器圖》《胡俛古器圖》《劉原父先秦古器圖碑》《周秦古器銘碑》《趙明誠古器物銘碑》《安州古器圖》《石公弼維揚燕衎堂古器銘》《黃氏古器款字》《青州古器古玉圖》《嚴真觀古器圖》《蔡氏古器款識》。

李濟在《中國古器物學的新基礎》一文中曾評述說：

> 古器物學，八百年來，在中國所以未能前進，就是因爲沒有走上純理智的這條路。隨着半藝術的治學態度，"古器物"就化爲"古玩"，"題跋"代替了"考訂"，"欣賞"掩蔽了"瞭解"。[1]

在此基礎上，李濟對傳統的古器物學提出了嚴厲的批評：

> （1）古器物學的範圍，決不能以三代爲限度，更不應該封鎖在三代有文字的吉金内。人類的活動，表現在器物上的，有很多不同的資料；在時間上，也超過我們過去所知道的百倍以上。（2）古器物學的原始材料，也同其他自然科學的原始材料一樣，必須經過有計劃的搜求、采集及發掘，最詳細地紀錄及可能地校勘，廣泛地比較，方能顯出它們的真正的學術價值。經過古玩商手中轉來的古器物，既缺乏這種手續及有關的紀錄，自然沒有頭等的科學價值，更不能用着建築一種科學的古器物學。[2]

"古器"之名雖然遠在宋代就已經出現，但是"古器物學"却是近代學術界的術語。羅振玉在論著中就特別喜歡使用，其在《與友人論古器物學書》中提出：

> "古器物"之名，亦創于宋人。趙明誠撰《金石錄》，其門目分古器物銘及碑爲二。金蔡珪撰《古器物譜》，尚沿此稱。嘉道以來，始于禮器外，兼收他古物。至劉燕庭、張叔未諸家，收羅益廣。然爲斯學者，率附庸于金石學，卒未嘗正其名。今定之曰古器物學，蓋古器物能包括金石學，金石學固不能包括古器物也。[3]

羅氏此説爲"古器物學"進行了最後一次吶喊。自此以後，學術界再無人問津這一概念。

"古器物學"專指對三代青銅器的研究，包括了彝銘研究（主要表現在以題跋的形式進行的研究）、器型研究和收藏史研究三大方面。雖然有的學者主張古器物學

---

[1]《李濟考古學論文選集》，文物出版社 1990 年版，第 60—61 頁。
[2]　同上，第 62 頁。
[3]《羅雪堂先生全集·初編》第 1 册，臺北文華出版公司 1968 年影印版，第 75 頁。

祇研究"器"而不研究"文字",[1]但是這一觀點和"古器物"在宋代的得名由來顯然不符。

在古代學術史上,"古器"更多地是以"古器圖"這一概念出現的。

第三節　現代彝銘學學科釋名

一、金文學·金文學術·金文檔案

"金文學"或"金文學術"乃今人之稱,是對研究殷周青銅器彝銘之學的簡稱。如白川靜的《金文學史》和劉正的《金文學術史》。

不過,今天在廣義的範圍内使用的還是"金文研究",而不是"金文學"或"金文學術"。爲了和"金代文學"相區別,使用"彝銘學"來取代"金文學"或"金文學術"更準確些。

雖然,有些檔案學者傾向于使用"金文檔案"來指代"金文學"。他們給予了金文檔案如下定義:

> 金文檔案文獻遺産,是指我國先秦時期(尤其是西周時期)形成的具有書史性質的青銅器及其銘文的結合體。西周時期,鑄青銅器并銘文記載當時發生的重大事件被王和奴隸主貴族廣泛應用,多爲永久保存以祭告祖先或流傳後世子孫。可見青銅器銘文具有書史的特點,故今檔案學界稱之爲金文檔案。又因金文檔案形成于我國先秦時期,其載體青銅器的造價十分高昂,留存至今的并不多見,所以金文檔案成爲我國檔案文獻遺産彌足珍貴的重要組成部分。[2]

從其内容上看,其實所謂"金文檔案",無非就是"金文學"或"金文學術"的別稱而已。在一些大學的檔案學專業,根據師資研究專業情况,相應地增加了甲骨學檔案和金文檔案的教學内容。

---

[1] 見夏鼐:《殷周金文集成·前言》,《考古》1984 年第 4 期。
[2] 朱蘭蘭:《試論金文檔案文獻遺産的文化價值》,《檔案學通訊》2008 年第 5 期。

二、考古學

毫無疑問，考古學在古代中國主要是與青銅器的研究和著録密切相關的，它和現代意義上的考古學是不同的。然而，它却是現代考古學的先驅。在中國尤其如此。1926 年，梁啓超在《中國考古學之過去及將來》中就公開地承認：

> 考古學在中國成爲一種專門學問，起自北宋時代。[1]

宋元祐七年（1092）刊行的《考古圖》一書，是"考古"這一概念作爲學科術語誕生的標誌。因此，北宋以來的金石學是中國考古學的前身。但是一直到了 20 世紀 20 年代，纔出現以田野調查發掘工作爲基礎的近代考古學。

俞偉超《關于"考古地層學"問題》説：

> 我們現在所講的考古學，跟古希臘時代和北宋時期所謂的"考古"有很大區别。現在講的考古學，是一種近代考古學，英文中通常叫做 Modern Archaeology，直譯過來，也可以叫做現代考古學。這種近代考古學，是以野外工作爲取得基礎資料的主要手段，所以又常常稱爲田野考古學。[2]

"考古學"的英文可以是 Archaeology 或 Archeology。考古學在 19 世紀中期起源于歐洲，它是在地質學的基礎上逐漸發展形成的一門獨立的學科。而對商周青銅器彝銘的考古研究，明顯屬于考古學一個重要分支——歷史考古學的研究範疇。

1934 年，容庚、商承祚等人發起組織了"考古學社"。他們努力將傳統的金石學轉變爲現代的考古學。

三、銅器類型學

"類型學"最早出現在語言學領域，它的英文是 Typology，而後建築學也開始使用這一術語進行建築史研究。在考古學上，有所謂"考古類型學"，主要應用在石器、陶器和文化遺址的對比研究上，進而誕生了"銅器類型學"，它的英文是 Typological Study on the Bronze。

銅器類型學是專指研究青銅器的外在形狀、紋飾和美術造型的一門新興學科。

---

[1] 梁啓超：《中國歷史研究法補編》，中華書局 2010 年版，第 242 頁。
[2]《考古學是什麼——俞偉超考古學理論文選》，中國社會科學出版社 1996 年版，第 1 頁。

這是隨着現代考古學傳入中國而出現的一種體現了新的研究方法的學科。其中，銅器類型學是考古類型學的一個分支。[1]

俞偉超在《關于"考古類型學"的問題》一文中，將銅器類型學定義爲：

> "類型學"是一種方法論。這是本世紀纔發生的外來名詞，英文爲 Typology，源于古希臘文 Typos 和 Logy 的結合。Typos 的本義是多數個體的共有的性質或特徵，所以 Typology 的直接意思是一種研究物品所具共有顯著特徵的學問。Typos 在希臘文中演變爲 Typo，英文爲 Type。近年編的許多英漢字典往往把 Type 釋爲樣式、類型，把 Typology 稱爲類型學……我國的考古學界，過去有很多人亦曾把它叫做形態學或標型學。[2]

接着，他又如是評述説：

> 30 年代時郭沫若的《兩周金文辭大系》，既按時間順序、又分國別來研究金文，就表現出類型學方法對古文字學研究的影響。至于《大系》開頭所闢專述兩周銅器形態變化的篇幅以及容庚《商周彝器通考》中所述銅器形態、紋飾、字形變化等章節，特別是 40 年代陳夢家研究銅器著作中所涉及到的地區特徵等内容，更是古器物學研究受到類型學方法影響後的直接表現。[3]

在學術界，對銅器進行類型學研究的學者有四川大學的彭裕商、陝西師範大學的張懋鎔、臺灣大學的陳芳妹、中國社會科學院考古研究所的張長壽和王世民、日本京都大學的林巳奈夫等人，還有老一代瑞典漢學家高本漢（Klas Bernhard Johannes Karlgren）等人。但是，他們對于彝銘的研究——特別是類型研究對彝銘研究的斷代及史料真僞判斷上，尚嫌不足。由此而觀，銅器類型學祇是在對銅器的分期和斷代的研究上是有助于彝銘學研究的。

四、美術考古學

美術考古學是考古學的一個分支，是對出土的古代藝術品進行專業研究的一門

---

[1] 見《關于"考古類型學"的問題》，《考古學是什麽——俞偉超考古學理論文選》，中國社會科學出版社 1996 年版。

[2] 《考古學是什麽——俞偉超考古學理論文選》，中國社會科學出版社 1996 年版，第 54 頁。

[3] 同上，第 60 頁。

學科，英文名稱是 Art Archeology。

因爲早期的考古對象大多體現爲古代藝術和美術作品。因此，在相當長的時間內，它曾是"考古學"的代名詞。今天如果還有人使用這一術語，那顯然是説明了其目的是美學、藝術史學的研究。今天，美術考古學作爲考古學門下的一門三級學科，是以田野考古調查和發掘所獲得的美術遺迹和遺留作品爲主要研究對象的。它從歷史科學的角度出發，結合有關歷史文獻的記載，對這些古代美術作品進行歷史性和藝術性的分析研究。因此，它和考古學有着密不可分的關係，同時它又是一門涉及面極廣的學科，與許多學科都有聯繫。其中，中國美術考古學所研究的對象大致有歷代雕塑、歷代佛教造像、漢代畫像石和畫像磚、歷代繪畫、古建築、古陶瓷、古玉器、青銅器、石碑和墓誌等十大類。

在西方漢學界，相當長的時間內對中國殷周青銅器的美術考古學研究是不需要處理彝銘的。因爲他們看重的是商周青銅器上的紋飾，而不是彝銘。這一研究和商周史研究基本上没有特別直接的關係。所以纔造成了在西方藝術品市場上高價格的青銅器大多是没有彝銘的商代之物的特殊現象。張光直在《商代文明》一書中主張：

> 商周青銅器學者主要集中于四個領域的研究：即銘文、類型、裝飾藝術和製造工藝。[1]

實際上，這裏所説的"裝飾藝術"就是現今所謂對青銅器紋飾進行的美術考古學的研究。

上述四個領域的研究，祇有"銘文"直接源自古代中國的題跋類研究，而其他三類的研究雖然説我國古代也時有論述，但是在本質上則直接來源于西方近代學術的興起。

五、銘刻學·古銘刻學

"銘刻學"本是西方術語，英文名稱爲 Epigraphy。它也是考古學的重要組成部分之一。這是與解讀古代埃及象形文字密切相關的一門科學。

---

[1]　張光直：《商代文明》，北京工藝美術出版社 1999 年版，第 19 頁。

羅塞塔石碑銘刻碑文（局部）

夏鼐在《殷周金文集成‧前言》一文中指出：

> 銘刻學是對古代刻在金、石、甲骨、泥版等堅固耐久的實物上的銘文進行
> 各方面研究。這些研究包括認識文字、讀通文句、紬繹文例、考證銘文內容
> （例如考證紀年、族名、邦國、人名、地名、官制、禮制和史事等），以及根據
> 字形、文例、考證的研究結果，來斷定各篇銘文的年代和它們的史料價值。它
> 是以銘文作研究的主要對象，所以除了把其中的古文字經過考釋改寫爲今日的
> 楷書以外，它的考證方法和利用傳世的一般古代文獻記載一樣，完全是屬於狹
> 義的歷史學範圍。但是它又是以古代遺留下來的金、石等實物上的銘文爲研究
> 對象，而這些實物又經常是要通過考古發掘纔重新被發現出來的，所以它從前
> 常被隸屬于考古學這門科學下作爲一個分支。事實上，它現在已經由附庸蔚爲
> 大國，常被視爲一門獨立的學科了。[1]

夏氏對銘刻學的解說雖然是立足于中國古代考古學的立場，但是，所言幾乎是在對
彝銘學進行最爲精要的解釋。

　　見埃及出土的古代碑銘文字實物照片：

---

[1]　夏鼐：《殷周金文集成‧前言》，《考古》1984 年第 4 期。

古埃及碑銘文字

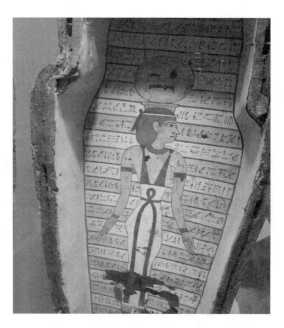

刻在石棺中的古埃及象形文字

古埃及象形文字碑銘

古埃及墓中牆壁上的象形文字

　　但是，實際上銘刻學在西方是門古老的傳統學科，主要包括埃及銘刻學和希臘銘刻學。法國學者讓-弗朗索瓦·商博良（Jean-François Champollion），作爲偉大的語言學家和埃及考古學的鼻祖，是西方傳統的銘刻學真正的創始人。著名的羅塞塔石碑（Rosetta Stone）是他解讀古埃及銘刻文字的經典研究實物。除了羅塞塔石碑之外，還有著名的巴勒莫石碑（Palermo Stone）、塞加拉石碑（Saqqara Stone）、阿拜多斯石碑（Abydos Stone）和卡尔奈克石碑（Karnak Stone）等碑刻文字，這些都是早期埃及銘刻學研究的重要經典。

　　郭沫若在《古代銘刻彙考》和《古代銘刻彙考續編》二書中引入"銘刻"這一術語并用來指稱在青銅器上鑄刻的彝銘。在近現代學術筆記中還時常有人以"讀銘"來指代研究彝銘。這依然還是古代題跋類研究的延續。

　　裘錫圭在《古文字學簡史》一文中說：

　　　　繼承了金石文字之學的傳統，主要以各種古代遺留下來的實物上的古文字資料（如甲骨卜辭、銅器銘文等）爲對象，着重於釋讀這些資料，弄清它們的性質、體例和時代，并闡明研究這些資料的方法。這方面的研究也有人認爲應該稱爲古銘刻學。[1]

----

[1]　裘錫圭：《文史叢稿：上古思想、民俗與古文字學史》，上海遠東出版社1996年版，第139—140頁。

以銘刻學、古銘刻學來説明彝銘學研究，是洋瓶裝了中酒，非但不倫不類，還顯得十分牽强。毋庸置疑，"彝銘學"這一術語的産生有着時代性因素在内。所以，至今基本無人問津，幾乎已經消亡。

六、文字學・古文字學

"文字學"之名，過去一般稱之爲"小學"。而"古文字學"則是近現代學術術語。顯然，古文字學比文字學或小學更準確地概括了這門學科的研究範圍。根據《漢書・藝文志》的記載：

> 古者八歲入小學，故《周官・保氏》："掌養國子，教之六書。"

這裏的"小學"和學習的主要内容"六書"是對傳統文字學最古老的解釋。

夏鼐在《殷周金文集成・前言》一文中指出：

> 我們通常所稱的"中國古文字學"，實際上是漢字的古文字學……漢字古文字學的主要任務是研究漢族古代文字的形體、聲音和字義（詁訓）。它的内容既包括銘刻學的資料，也包括像許慎《説文解字》之類的并非銘刻的輾轉抄下來的書本上的有關資料。[1]

按照夏氏所説，完整的古文字學顯然是包括亞述學、埃及學、希臘學、拉丁學再到甲骨學、彝銘學、簡帛學、説文學的。而在漢字古文字學的範圍内，則又局限在對先秦時期的漢字研究上。

裘錫圭在《古文字學簡史》一文中説：

> 廣義的古文字學既包括對古文字本身的研究，也包括對各種古文字資料的研究。後一方面的研究繼承了金石文字之學的傳統，主要以各種古代遺留下來的實物上的古文字資料（如甲骨卜辭、銅器銘文等）爲對象，着重於釋讀這些資料，弄清它們的性質、體例和時代，并闡明研究這些資料的方法。這方面的研究也有人認爲應該稱爲古銘刻學。在廣義的古文字學裏，這方面的研究往往被視爲重點……按照所研究的資料的範圍，古文字學已經形成了甲骨學（以研究殷墟甲骨卜辭为主）、殷周銅器銘文研究、戰國文字研究、秦漢簡牘帛書研究

---

[1]　夏鼐：《殷周金文集成・前言》，《考古》1984 年第 4 期。

（如去掉"秦漢"二字，可以包括對戰國簡册帛書的研究）等分支。[1]

文字學、古文字學是現代學術界對研究殷周青銅器彝銘的泛稱。但是，也應該看到把研究殷周青銅器彝銘歸結爲古文字學之後，就必然地要以對文字的研究和考釋爲核心。實際上，對殷周青銅器彝銘的研究應該是一種多學科綜合性的研究。

七、文獻學・古文獻學・歷史文獻學・古典文獻學

雖然孔子提出了"文獻"二字，作爲一門學科的文獻學却是現代學術界的産物。目前，有關這一學科使用的名稱正有日益增大的趨勢。從已經出版了的專題學術概論而言，有《中國文獻學》《中國古典文獻學》《中國歷史文獻學》，也有不加"中國"二字的《文獻學》《古典文獻學》《歷史文獻學》等。但是，不論是否使用"中國文獻"或"古典文獻""歷史文獻"字樣，在學科的總體構成上都包含了對殷周青銅器彝銘的研究。

英文中"文獻"一詞 documentation，是在 1870 年的法語和拉丁語中首先使用的。它集合了目録、情報、書志、檔案等諸多含義在内。德語和瑞典語稱爲 dokumentation，俄語稱爲 документация，西班牙語稱爲 documentación，意大利語稱爲 documentazione，荷蘭語稱爲 documentatie。

一般來説，古典文獻學是以研究中國古代文獻爲主的一門學科，它包括了對現今已經出土的全部文獻和一些保存下來的歷史資料（主要包括版本學、目録學、校勘學、訓詁學、音韻學、文字學等）的研究；而歷史文獻學幾乎也正是對上述内容的研究。祇是古典文獻學側重于文學文獻，尤其是目録、版本、校勘、藝文的研究，而歷史文獻學側重于典章制度等歷史文獻，尤其是方志、職官、儒林、譜牒的研究。

在具體的名稱使用上，如今的文獻學專家們也没有使用統一的術語。比如，杜澤遜在《文獻學概要》一書中是以"金文文獻"來指代殷周青銅器彝銘的研究；謝玉傑等人的《中國歷史文獻學》一書中是以"金石文獻"，安作璋主編的《中國古代史史料學》一書中是以"金石史料"，王燕玉的《中國文獻學綜説》一書中是以"金文"來指代殷周青銅器彝銘的研究；熊篤等人編著的《中國古典文獻學》一書中是以"青銅"來指代殷周青銅器彝銘的研究。

---

[1] 裘錫圭：《文史叢稿：上古思想、民俗與古文字學史》，上海遠東出版社 1996 年版，第 139—140 頁。

當然，從文獻學的角度來看，"金文文獻"和"金石文獻"雖然祇是一字之差，但是反映的問題是對文獻載體的不同認識，反映在現代學術上就是重"金"還是重"石"的問題。對于研究殷周青銅器彝銘的古文獻學者們來説，有一個術語是他們所喜歡使用的，那就是"金文文獻"。

八、青銅器學

"青銅器學"這一術語由李學勤大力提倡。他在《中國青銅器及其最新發現》一文中公開主張：

> 對比于業已通行的"甲骨學""敦煌學"等名詞來説，作爲一種學科的"青銅器研究"（或者"青銅器學"）這一術語早就應該使用了。[1]

但是，李氏忘記了青銅器學顯然涵蓋了銅器類型學、古文字學、古典文獻學、歷史文獻學、美術考古學等諸多學科在内，簡直就是一門百科全書式的學科名稱。究其實，我們祇是想建立一門專業研究商周青銅器彝銘的學科。因此，本書作者主張最佳選擇是使用"彝銘學"這一既傳統又新鮮的術語命名這一學科。

九、彝銘學·中國彝銘學·中國古代彝銘學

"彝銘學"乃今人之稱，如洪北江的《彝銘會釋》、劉龍勛的《一九七七年以來新出商周彝銘彙編》等。筆者主張："彝銘學"或稱"中國彝銘學""中國古代彝銘學"，是專門研究商周時期青銅器上鑄刻的文字之學，而且以商周青銅禮器和歷史的研究爲核心。它包括對彝銘中出現的疑難文字的釋讀、對彝銘中出現的人物和歷史事實的考證、對彝銘產生年代的斷代和分期、對彝銘語言現象的語法分析和研究，同時也對彝銘所反映的商周時期政治、經濟、軍事、法制、宗教、地理、外交、婚姻、科技、宗族、譜牒等諸多方面的具體的研究和解讀。最後，它還包括將出土的青銅器彝銘和傳世歷史文獻與經典之間的對比研究。

第四節　青銅器和青銅時代釋名

銅、青銅、青銅器在古代中國有多種別稱，現分別一一予以説明如下。

---

[1] 李學勤：《中國青銅器及其最新發現》，《烟臺師範學院學報（哲學社會科學版）》1995 年第 3 期。

一、金·美金·吉金

"金""美金""吉金"三者是比較常見的"銅"的別稱。以"金"來指代"銅",見于先秦史書中的記載。如《左傳·僖公十八年》:

> 鄭伯始朝于楚。楚子賜之金,既而悔之,與之盟曰:"無以鑄兵。"故以鑄三鐘。

楚地產"金",世所皆知。楚子賜鄭伯的"金"顯然是高品質的純銅料。從"既而悔之,與之盟曰'無以鑄兵'"之記錄可以得知,楚賜給鄭伯的"金"是可以用來鑄造青銅兵器的"金"。同樣的"金",既可以鑄"兵"也可以鑄"鐘",可見當時的楚國對銅錫混合比例的認識是比較成熟的。這就印證了《周禮·考工記》中相關記載的真實性:

> 金有六齊:六分其金而錫居一,謂之鐘鼎之齊;五分其金而錫居一,謂之斧斤之齊;四分其金而錫居一,謂之戈戟之齊;三分其金而錫居一,謂之大刃之齊;五分其金而錫居二,謂之削殺矢之齊。

把上述內容結合現代金屬科學的研究結果,製成下表:

銅(金)錫比例		具體用途	現代科學分析	
金	錫		金(%)	錫(%)
6	1	鐘鼎	85.71	14.29
5	1	斧斤	83.33	16.67
4	1	戈戟	80.00	20.00
3	1	大刃	75.00	25.00
5	2	削殺矢	71.43	28.57

對上述銅、錫幾種具體比例的用法,看起來還有待研究。"鐘鼎""斧斤""戈戟"三類六種青銅製品,自然沒有爭議。可是按照語辭慣例,"大刃"的"大"是形容詞,"削殺矢"的"削殺"是動詞,這兩者說明種屬和前三者不是同一序列。假如我們把"大刃"理解爲"刀刃"之誤的話,那麼前四者共點出八種青銅製品。"削殺矢"又該怎麼解釋?"矢"本來就是用來殺人的,何談"殺矢"?莫非"削殺矢"是三種青銅製品的名稱?

"鑄三鐘"的銅錫比例是"六分其金而錫居一"。而改鑄"兵"的比例是"四分其金而錫居一"。銅錫比例的變化，相應地也就出現了一系列金屬表現在機械工藝和性能上的變化，尤其是硬度的變化。因此，《吕氏春秋·别類》中就總結説："金柔錫柔，合兩柔則爲剛。"

在《國語·齊語》中正式出現了"美金"一詞：

> 美金以鑄劍、戟，試諸狗馬；惡金以鑄鉏、夷、斤、斸，試諸壤土。

這裏"美金"和"惡金"相對出現，可見是一組相反概念的術語。而韋昭《國語注》中祇對"惡金"之"惡"字注解爲"粗也"。相應的"美金"之"美"的含義也就是"細也"了。但是，還是"金"，也即還是"銅"，而不可能如某些人所主張的是"指鐵而言"。[1]"惡金爲鐵説"的始倡者，大概是郭沫若。他在《奴隸制時代》中主張：

> 所謂"美金"是指青銅。劍戟等上等兵器一直到秦都是用青銅鑄造的。所謂"惡金"便當是鐵。鐵，在未能鍛煉成鋼以前，不能作爲上等兵器的原料使用。青銅貴美，在古代不用以鑄耕具。[2]

我們主張：符合《考工記》中所記載的銅錫混合比例的"金"就是"美金"，因爲可以直接應用到具體的青銅器製造活動上。而不符合這一混合比例的"金"，因爲無法規定它的使用範圍，所以是"惡金"。因爲不瞭解銅錫混合比例，所以纔是"粗也"。《荀子·强國》中就提到了"刑范正，金錫美"，也從鑄造青銅的工藝上提出了"美金"的判定標準。

馬承源在《中國古代青銅器》一書中也是贊成我們這一主張的。[3]

杜迺松在《青銅器銘文中的金屬名稱考釋》一文中提出新的見解，他主張"金"與"吉金"或許有所區别：

> 或許"金"是煉出的粗銅。"吉金"是在初煉出粗銅後，再提煉中已加錫或

---

[1]　容庚、張維持《殷周青銅器通論》："惡金是指鐵而言，因爲鐵的形色黝黑粗糙。"（科學出版社 1958 年版，第 2 頁）
[2]　郭沫若：《奴隸制時代》，人民出版社 1973 年版，第 33 頁。
[3]　馬承源《中國古代青銅器》："以前人們解釋惡金是鐵，這顯然與考古發現的事實不相符合。"（上海人民出版社 1982 年版，第 15 頁）

　　鉛的銅，即按照要製作的器種，已配合好的銅與錫、鉛的比例。[1]

他的這一猜想有一定的合理性。彝銘中出現的"赤金""金""吉金"三個概念是并存的，這三者之間是一物多名還是各有所指，還需要對銘文和銅料進行分析研究纔能下結論。"美金"是什麽樣呢？可能衆説紛紜。但是，我們以爲《伯公父簠》出現的彝銘應該就是對"美金"具體色澤的描述："擇之金，唯鐈唯鑢。其金孔吉，亦玄亦黄。"關鍵是"美金"的色澤是"亦玄亦黄"的。而"其金孔吉，亦玄亦黄"一語也是對"吉金"概念的最好解説。在西周晚期的青銅器《史頌簋》和《曾伯宮父穆鬲》彝銘中出現的"吉金"一詞，乃至于在討伐"淮夷"中出現的"孚吉金"之事，都證明了"吉金"已經是當時的通用概念。"吉金"也就是"美金"，是"其金孔吉，亦玄亦黄"的簡稱。張昌平在《"擇其吉金"金文辭例與楚文化因素的形成與傳播》一文中主張《鮮鐘》彝銘中出現的"王賜鮮吉金"一語，纔是最早出現的"吉金"一詞。進而，他又主張"賜吉金"和"俘吉金"都是西周早期的"賜金"和"俘吉"用法的衍生。[2]他還得出了"用其吉金"和"擇其吉金"兩種辭例的不同，并且主張"擇其吉金"爲豫南鄂北銅器辭例的主流。張氏如此結論其實尚過早，還需要更多的上古方言用語的辭例加以佐證。但是至少，他注意到了"用其吉金"和"擇其吉金"兩種辭例流傳時間、範圍的區别，這是難得的。

　　在殷商時期的彝銘中大量出現的是"易貝"（即"賜貝"），而出現"賜金"的記載比較少見。這反映出在高度發達的青銅時代，青銅器還不是應用範圍廣泛的流通貨幣。青銅器的鑄造權力和銅料的掌管一直把持在殷商王室手中。而到了周代，雖然還存在"賜貝"的現象，但是"賜金"（直接賞賜上等銅料）的記載大量出現，并成爲時尚。周天子和諸侯國君的自上而下的"賜金"行爲，成爲對下屬的一種賞賜和奬勵活動。"賜貝"的目的經常就是爲了購買銅料，如《庚罷鼎》彝銘中就明確點出了"王……賜祼䪒（璋）、貝十朋，對王休，用作寶鼎"。這裏的青銅鼎鑄造價格是"十朋"。這顯然不如直接賞賜銅料更方便。在《麥盉》彝銘中就直接記載了"侯賜麥金"一事。

---

[1] 杜廼松：《青銅器銘文中的金屬名稱考釋》，《吉金文字與青銅文化論集》，紫禁城出版社 2003 年版，第 13 頁。

[2] 張昌平：《"擇其吉金"金文辭例與楚文化因素的形成與傳播》，《中原文物》2006 年第 4 期。

在社會經濟史方面，爲了購買銅料的“賜貝”記載，使我們可以直接瞭解當時青銅器製作工藝的具體費用。上述的《庚罴鼎》的製作費用是“十朋”。根據《何尊》彝銘中的記載，它的製作費用是“三十朋”。《何尊》的尺寸是高三十九厘米、口徑二十八点六厘米，重十四点六公斤。而《庚罴鼎》不詳，但它是小鼎，我們以《何尊》的重量來估計，既然《何尊》的價格是三十朋，那麼十朋費用的《庚罴鼎》的重量大約爲其三分之一，即五公斤左右應該是比較有根據和合理的。而《復鼎》的製作費用是“三朋”，那麼它的重量按照以上推算應該是一点五公斤左右。對這個問題還需要進行更多的比較研究，從中我們可以找出當時青銅器製作工藝上存在的地區性和技術性的價格異同。

二、銅·紅銅·赤銅·青銅

銅或稱“紅銅”是指自然界中存在的紫紅色的天然純銅塊，一般它們是宇宙中含銅元素高的小行星墜落到地球，或者自然界火山爆發過程中銅礦石在高溫下形成的遺留物。至今爲止，在考古學上已經發現過這樣的遺留物被遠古時代先民們加工成工具的現象。如在土耳其南部的一處史前人類遺址中就出土了用天然純銅加工成的原始銅針。但是，天然紅銅的缺點是硬度低，而且無法大規模獲取。

紅銅在古籍中一般被稱作“赤銅”，《管子·地數》中有“上有慈石者，下有銅金；上有陵石者，下有鉛、錫、赤銅”一語，這一記載還出現在《路史·後紀》中。但是，在彝銘上出現的“銅”字，目前爲止以安徽壽縣朱家集出土的《楚王酓（忎）鼎》爲最早，在此之前則多稱爲“金”或“吉金”。該鼎彝銘中有“獲兵銅”一語。這裏的“兵銅”是否就是製作兵器所用的銅料呢？

徐中舒在《北狄在前殷文化上之貢獻——論殷墟青銅器與兩輪大車之由來》一文中研究了“金”與“銅”概念的演變過程：

> 銅器之銅，古謂之金。銅器銘文每稱受王錫金，或自擇吉金，用以鑄器，凡兩周銅器，無不稱金。至戰國末《楚王酓（忎）鼎》及盤，始云“戰獲兵銅”。銅蓋晚出之名。蓋金初爲銅之專名，及戰國末，金漸爲金屬之共名，更遂製銅字爲其專名。[1]

---

[1]　徐中舒：《北狄在前殷文化上之貢獻——論殷墟青銅器與兩輪大車之由來》，《中華文化論壇》2000 年第 1 期。

關于紅銅，郭寶鈞在《中國青銅器時代》一書中有論述：

> 紅銅礦石有天然存在的，石器時代的人們，揀取製器材料，偶有遇到銅礦石的，仍把它當作石材來處理，捶打、敲擊、剝製、琢磨。在處理過程中，發現它的性質不與石材同，不易辟裂剝落，并且可以錘薄、可以拉長，又能發燦爛的光輝，于是把它製成小器物或裝飾品，用以佩带裝飾，這是紅銅初發現時的情形，所用的方法叫冷鍛法。後因某種場合，某種關係，也或者就是在野火燎原時吧（?），偶然把紅銅器燒爲液體，火熄後仍復凝固，但已改變了原來的形狀。以此啓示，遂誘導人們發明熔鑄術，這是紅銅時代較進步的階段。[1]

郭寶鈞這段論述很多觀點在模棱兩可之間。實際上，我們還不能準確地解釋遠古人類發明熔鑄術的真正原因和大致時代。也許祇有自然界的火灾和火山爆發現象給予了遠古人類直接的啓迪？當然，這也祇是推測。在這樣的自然火作用過程中，在熔化紅銅的同時，也會把其他金屬的礦石一起熔化，最初天然合成的青銅可能就是這樣出現的。遠古人類在銅中加入錫或鉛，使銅原料變成青色或金黃色的硬度高又容易加工的金屬合金，這就是人工鑄造出的青銅。

青銅和單純的紅銅、錫相比，具有特殊的物理性能：

> 在物理學和化學性質上，一般合金熔點，比原來的金屬熔點低；硬度，比原來的金屬硬度高；體積，比原來的金屬略爲漲大。銅錫合金的青銅也正是如此……就體積説，它能熔時流蕩，無微不入。凝時滿範，花紋綺麗，且少存氣孔，具有化學的穩定性，容易得出鋭利的鋒口，還具美麗的外觀，于鑄造最爲適宜。[2]

以上兩類是有關"銅"概念的別稱。有時它們也被用來指代青銅器，如"吉金"和"青銅"兩個概念。通過我們在前面對彝銘學研究諸多概念的分析可以看出，在古代中國，"吉金"和"青銅"這兩個概念其實就是青銅器的常用術語。當然，也有合上述二者爲一的"赤金"概念的出現。如《智鼎》彝銘中的"賜智赤金"、《麥鼎》彝銘中的"麥賜赤金"等，這些應該就是賞賜天然純銅料的珍貴記錄。

---

[1] 郭寶鈞：《中國青銅器時代》，生活·讀書·新知三聯書店1963年版，第1—2頁。
[2] 同上，第2—3頁。

　　有關紅銅和青銅的物理性能和機械性能以及工藝性能的比較，見北京科技大學冶金史研究室製作的下表：

牌號	Bp010				Bp0C-12				bpOC-25				M4			
材料	錫青銅				鉛錫青銅				鉛錫青銅				純銅			
化學成分	錫	鉛	銅	雜質	錫	鉛	銅	雜質	錫	鉛	銅	雜質	錫	鉛	銅	雜質
	9—11	0.5	餘量	<1	7—9	11—13	餘量	<0.75	4—5	23—26	餘量	<0.75	99	0	餘量	<1
熔點	1 020				940				940—899				1 080			
密度	8.8				9.1				9.4				8.9			
伸長度	3—10				3—8(J)				6—8(J) 4—6(S)				18			
收縮率	10—14								12(J) 7(S)				17			
拉力強度	30—25				15—20(J) 15—18(S)				14—18(J) 12—14(S)				17			
屈服強度	18(J)				10(J) 12(J)				8—10							
衝擊韌性度	3(J)				1—1.4(J)				1—2				5.3			
剪切強度	27(J)				19				13.5(J)							
布氏強度	70—80(J)				80—100(J) 70—100(S)				55—65(J) 45—55(S)				40			
鑄造溫度	1 150				1 150				1 150				1 150—1 230			
流動性	20				45				40							

　　注：J表示金屬鑄造，S表示砂型鑄造，流動性按一般采用的方法澆注液體金屬到砂模中所得到的落選綫的長度來表示。

三、銅器·古銅器·青銅器

　　"銅器"一般來說就是"青銅器"的簡稱。而"古銅器"或"青銅古器"顯然應該是"古青銅器""古代青銅器"的簡稱。現代學術界的標準術語是"青銅器"。在"青銅器"狹義的使用範圍內，它祇是指夏、商、周三代的青銅器。漢、唐時期的"青銅器"雖然也是"青銅器"，但是否也屬于"古銅器"的範疇？這個問題還是值得認真研究的。至少，筆者對古代彝銘學研究著作中收錄大量漢、唐時期青銅器的現象頗有看法。

　　在清代學者的著作中，漢、唐時期青銅器和夏、商、周時期青銅器一樣，全是屬于"古銅器"的範疇。我們立足于彝銘學研究的角度上來理解"銅器""古銅器""青銅器"這三個概念，我們主張狹義意義上的使用範圍纔是上述三個概念的真正學術意義及其學術價值所在。即在本書中，筆者的一貫立場是主張"銅器""古銅器""青銅器"這三個概念是指夏、商、周三代的青銅器。漢、唐時期青銅器，作爲先秦時期的遺風，雖然被清代學者們收録在著作中，但它决不是彝銘學研究的核心和主流。

四、彝器·禮器

"銅器""古銅器""青銅器"這三個概念，在先秦時期也曾經被稱爲"彝器"。見《左傳·襄公十九年》：

> 大伐小，取其所得，以作彝器，銘其功烈，以示子孫，昭明德而懲無禮也。

所謂"彝器"，杜預《春秋經傳集解》中解釋説：

> 彝，常也，謂鐘鼎爲宗廟之常器。

段玉裁《説文解字注》中对"彝"亦作解釋：

> 彝，宗廟常器也。彝本常器，故引申爲彝常。《大雅》"民之秉彝"，《傳》曰"彝，常也"。從糸。糸，綦也。綦，許書所無，當作冪。《周禮·幎人》："以疏布巾幎八尊，以畫布巾幎六彝。"彝尊必以布覆之，故從糸也。卄，"持之"，之字今補。卄，竦手也。尊下亦曰，"廾以奉之"。米，器中實也。酒者，米之所成，故從米。從彑，象形。各本作彑聲，非也，今依《韻會》正。彑者，豕之頭，鋭而上見也。爵從鬯又而象雀之形，彝，從糸米卄，而象畫鳥獸之形，其意一也，故云"與爵相似"。此與爲相似。相似猶同意也。以脂切。十五部。《周禮·六彝》："鷄彝、鳥彝、黃彝、虎彝、蜼彝、斝彝，以待祼將之禮。"見《春官·司尊彝職》。

因爲在商周時期的祭祀活動中經常按照當時"禮"的相關規定使用這些"彝器"，所以使它也就具有了"禮器"這一名稱。阮元在《商周銅器説》一文中還提出了"器者所以藏禮"之説。

我們從"彝器"和"禮器"這一角度來理解的話，"銅器""古銅器""青銅器"這三個概念也祇能是指夏、商、周三代的青銅器。而漢、唐時期青銅器則不應歸入"青銅器"這一範疇。

五、青銅時代・青銅器時代

“青銅時代”或“青銅器時代”這一概念最早來自丹麥考古學家湯姆森（Christian Jurgensen Thomsen）在 1836 年出版的《北方古物指南》（*Ledetraad Til Nordisk Oldkyndighed*）一書。梅原末治在《中國青銅器時代考》一書中曾就此闡述説：

> 此處所謂青銅器時代者，乃歐文 Bronze Age 之譯語，用以稱呼史前文化發展之一階段者也。蓋人類日常生活所必要之利器，最古使用石器，其後以偶然之機緣，知有純銅，更知加以錫因成青銅而變爲質料堅勁之合金，乃用以製作各種之利器。而青銅器時代者，其所含之意義，即指此種文化時期而言。[1]

因此，把 Bronze Age 譯成中文可以有“青銅時代”或“青銅器時代”兩種譯法。在現代學術史上，這兩種譯文是并行的。如郭沫若和張光直分別著有《青銅時代》《中國青銅時代》，郭寶鈞和梅原末治分別著有《中國青銅器時代》《中國青銅器時代考》。今天，學術界使用“青銅時代”或“青銅器時代”的術語，有時是爲了有意避免使用“封建社會”這一概念而來的。也許是因爲中國古代史分期問題上對“西周封建説”的反對而采用的一個回避方法。對于主張“秦漢封建説”和“魏晉封建説”的學者們來説，這實在是一種左右逢源性的選擇。

---

[1]　[日] 梅原末治：《中國青銅器時代考》，商務印書館 1936 年版，第 6 頁。

第二章　夏代青銅文化探源

引　論

我們已經知道了中國的夏、商、周三個朝代被學術界稱之爲"青銅時代"或者"青銅器時代"，但是具體涉及中國青銅器的起源及其早期相關傳説的真僞等問題，仍然是古今學術界争論不休的熱點研究課題之一。比如，夏代九鼎的有無、三足的方鼎到底是怎麼回事、蚩尤以金作兵器説的真相、夏代銅料産地的所在，還有青銅鑄幣問題，等等，圍繞中國青銅時代早期至今尚未解决的學術問題還是相當多的。作爲彝銘學研究成立的基礎，這就需要我們先給出自己認可或學術界通識性的回答。

第一節　夏代青銅鼎和三足方鼎説釋疑

在史料記載中，有關夏代的青銅文化傳説最有名的是"鑄鼎""鑄幣"和"作兵器"三説。學術界大多數學者主張：以河南偃師二里頭遺址爲代表的二里頭文化，大致就相當于夏代的晚期。從當時發掘出的青銅爵的製作工藝來看，爵已有内外鑄範多塊，器壁薄而且均匀，這就説明其鑄造工藝已經遠非先祖原始狀態所能比擬。因此，中國先民在夏代早期已掌握了青銅鑄造技術顯然是可信的。我們知道，衡量早期社會一個國家的文明程度及其真實存在至少有四項考古學標誌，即城市、文字、墓葬和青銅器。但是這四項考古學標誌的統一性質常常被一些青年學者忽視，他們往往祇看到上述一項標誌就興奮地站出來開始立論了，以爲又發現了夏代之前的所謂古代王朝。如復旦大學某位年輕學者所主張的"夏代之前有虞代"的推斷。[1]一時間，不少報刊和網絡新聞非常火熱地炒作"新王朝説"。其實，文獻記載中的又何止是一個"有虞氏"。看看《左傳》那裏記載"有某氏"之多，就知道遠古時代的神話和傳説是如何在努力建構着中國上古發展史了。但是，單單憑藉一項文字就承認遠古社會一個王朝的存在，這不是考古學的習慣和基本操作手段。中國考古學發展到現在，有關夏代的城市、文字、墓葬和青銅器究竟何在？我們尚不能拿出準確的、没有爭議的考古學證據，興奮而激進的年輕學者却開始讓我們相信"夏代之前有虞代"了，這值得我們思考……

　　早期國家的確立及其相關王權的産生，都可以表現在夏代青銅文化的幾個著名傳説之中，現分別予以研究如下。

　　《墨子·耕柱》中記録了夏后氏鑄鼎的傳説：

　　　　昔者，夏后開使蜚廉折金於山川，而陶鑄之於昆吾，是使翁難雉乙卜於白若之龜，曰："鼎成三足而方，不炊而自烹，不舉而自臧，不遷而自行，以祭於昆吾之虛，上鄉！"乙又言兆之由，曰："饗矣！逢逢白雲，一南一北，一西一東。九鼎既成，遷于三國。"

　　此條史料説明了當時製造青銅器使用的方法是陶鑄，青銅器的原料是金（即銅），青銅器的形式是三足方鼎；又説明了製作青銅器的數量是九鼎；更爲重要的是説明了青銅器的用途——"以祭於昆吾之虛"。"祭"字的使用説明了當時青銅器所具有的禮器品格。但是，這一點也許是這一條史料讓人倍生疑義之處：

　　夏代的青銅是否已經具有了商周時期青銅器的那種禮器品格特徵呢？尤其是方鼎的使用。我們知道商、周青銅禮器的一個差別是商重方鼎而周重圓鼎。商的這一特點難道是直接繼承了夏而來？難道是《論語》中所謂的"殷因於夏禮"的一個表現？此條史料中"陶鑄"二字的連用，正説明了由陶器製作技術向原始鑄造技術的發展軌迹；表現在器物材質上，亦即由陶鼎向青銅鼎變化。

　　一般認爲，同一器物，陶器是先于青銅器出現的。至少在考古發掘實物上，這一觀點是比較準確的。儘管在安陽殷墟五號墓和平谷劉家河商代早期墓中祇是出土

---

[1]　見《學者解讀楚簡發現堯舜前任 夏代前可能存在虞代》，《新聞晚報》2007 年 4 月 2 日。

了銅盉，[1] 而且至今還没有找到相應歷史時期的陶盉，但是大多數青銅器物均是由陶質向青銅質發展而來，不排除個別器物可能是先有青銅質、後有陶質的逆序現象。但這也説明了青銅質地在器物製造上已經出現對傳統的陶質地的突破。

《史記・封禪書》中曾有言：

> 黄帝作寶鼎三，象天地人。禹收九牧之金，鑄九鼎。

在上述説明中，表述鼎的産生時使用了兩個意義不同的動詞："作"和"鑄"。先用"作"字説明黄帝時代的寶鼎，後用"鑄"字説明夏禹時代的九鼎，可以領會出黄帝"作鼎"和夏禹"鑄鼎"是兩個完全不同的工藝流程。而黄帝"作鼎"是和製作陶鼎密切相關的，夏禹"鑄鼎"又是對鑄造青銅鼎的直接説明。一字之差，具體指代却有所不同。如果夏禹時代（二里頭文化遺址）纔開始大量地鑄造青銅鼎，那麽在黄帝時代出現陶鼎也就是順理成章的。特別要注意的是，在公布的二里頭文化遺址中出土了鼎形的陶器——陶鼎。[2]

《墨子・耕柱》中所説的器形問題也是值得特別注意的，即所謂的"鼎成三足而方"。這裏的三足銅鼎在形制上完全繼承了陶鼎。

首先，在製作工藝上，作陶鼎是鑄銅鼎的直接淵源。唐蘭在《關于夏鼎》一文中詳細地説明了這一過程：

> 鑄銅器必須從陶開始，没有陶製的煉鍋，就不能冶金，没有陶范，就不可能鑄器。古人開始獲得冶煉和鑄造的知識時，就是從製造陶器中積累經驗，逐漸發展，而後有所發明創造的。《吕氏春秋》的《審分》《尸子》《世本》等篇都説"昆吾作匋（陶）"，就是説昆吾氏這個國家，在夏代是以産陶器著名的，它同時能鑄造銅器是不奇怪的。《逸周書・大聚解》："乃召昆吾，冶而銘之金版，藏府而朔之。"那末，一直到周初，昆吾還是管冶鑄的。[3]

其次，器形上的三足，也是繼承了陶器而來。見郭寶鈞《中國青銅器時代》一書：

> 陶器既是由于水土調和，經人摶搏，作成器形，加火煅燒而成，水火土任

---

[1] 見袁進京、張先得：《北京市平谷縣發現商代墓葬》，《文物》1977 年第 11 期。

[2] 見中國科學院考古研究所洛陽發掘隊：《1959 年河南偃師二里頭試掘簡報》，《考古》1961 年第 2 期。

[3] 《唐蘭先生金文論集》，紫禁城出版社 1995 年版，第 515 頁。

何時地皆有，祇要有人經營，皆可製陶，故陶器在古遺址中普遍存在……在器形上……炊飪器多中腹三足或袋足。[1]

三足的器形是遠古時代中國工藝乃至中國文化的典型表現特徵之一。早在山東龍山文化時代，就已經産生了三足的紅陶雞彝。

這裏還有一個歷史疑問一直沒有得到合理的解釋，即《墨子·耕柱》中記録的所謂"鼎成三足而方"的問題。三足的圓鼎自然很常見，四足的方鼎也同樣如此。李濟就認爲《墨子·耕柱》中所記録的三足的方鼎應該是"漢以後的誤抄"。[2]孫詒讓在《墨子閒詁》中乾脆就説"三足本作四足"。三足的方鼎至今還没有考古實物支持這一説法。

在仰韶文化中就已經出現了三足的陶鼎，見李濟《殷墟青銅器研究》一書：

　　"鼎"，灰色，厚五至六公厘，無輪工琢磨之遺迹；表面有籃印紋，其上更有不整齊之黏土，繩紋環腰而圍之，小耳（?）兩枚，各有指印。三足成長方形：中有支柱，上升三十公厘，而與鼎墻相合。口徑二百一十四公厘……全體高二百二十三公厘。[3]

這裏記載的"三足成長方形"應該就是古代文獻中"鼎成三足而方"説最好的解釋和印證。即所謂"鼎成三足而方"不是説三足的方鼎，而是説"三足成長方形"的圓鼎。可是，李濟没有注意到自己考古報告中記載的價值，他把古代文獻中的"鼎成三足而方"説理解爲"很顯然的'三足而方'是'四足而方'的錯誤"，[4]真是讓人遺憾。

誠如上述，在二里頭遺址第三和第四期中大量發掘出青銅器實物，這是個不折不扣的事實。

更爲重要的是青銅鼎的發掘。1987年春，在河南偃師二里頭遺址 V 區的東端，發掘出銅鼎一尊。其具體特徵爲：

　　鼎（87YLVM1：1）　折沿，薄唇内附一加厚邊，沿上立二環狀耳，一耳當足，平底，空心四棱錐狀足，腹飾帶狀網格紋，器壁較薄，壁内一處近底部

[1]　郭寶鈞：《中國青銅器時代》，生活·讀書·新知三聯書店1963年版，第50—51頁。
[2]　李濟：《殷墟青銅器研究》，上海人民出版社2008年版，第291頁。
[3]　同上，第291—292頁。
[4]　同上，第298頁。

有鑄殘修補痕。通高約二十，耳高分別爲二十五、二十六，口徑十五點三，底徑九點八至十厘米，壁厚零點一五厘米左右。[1]

從鑄造工藝而言，"器壁較薄"和"薄唇内附一加厚邊"説明了其複雜性和精確性，而在"壁内一處近底部有鑄殘修補痕"更顯示出當時工藝技術的成熟。這説明此鼎顯然并非當時初始時的工藝水準，在其之前應該有一個產生和發展的歷史過程。那麽，無論對二里頭文化和夏商文化之間的關係進行何種定義和分析，都必然會承認此鼎和此之前的初始階段必在夏代或夏文化年代内。亦即青銅鼎的發掘出土，可以成爲證明在早商時代或夏代已經開始出現鑄造青銅鼎的依據，它可以間接證明夏后氏時代開始鑄鼎的傳説。如此説來，目前學術界對二里頭文化的年代定位是夏文化還是早商文化的爭論，在青銅鼎的出土面前也就失去了存在的意義。

有關這一時期的銅器鑄造問題，《二里頭遺址出土銅器研究綜述》一文作者總結説：

> 有不少專家學者發表文章，認爲二里頭遺址出土的各種銅器已經有比較複雜的形制和器物，也有相當成熟的範鑄法和鑲嵌綠松石等技藝。據此認爲，當時的技術水平完全可以造出比已見的素爵之類更大更複雜的器物。所以，在二里頭時期以前還應有一定的"銅器起源的"先行階段。[2]

這樣一來，似乎必然要引導我們走到青銅器鑄造技術西來説的軌道上。生硬地尋找銅器起源，可能是勞而無功的。如果不是這樣的話，早就該有考古遺址出土了。但是，從具體的鑄造技術上分析，西來説也并非是無懈可擊的。黄銘崇在《東亞早期鑄銅技術的出現與形成》一文中就分析指出：

> 中國青銅時代的頂峰時期大約在商代晚期（這時候實質的中國應該已經開始出現了，1300—1046 BCE）到西周早期（1046—950 BCE）之間，青銅器的鑄造作爲"高科技"的工藝一直延續到春秋戰國之交，其主要技術爲"塊範法"。所謂塊範法是先以陶製作與青銅器成品完全相同的陶器，燒成以後，利用陶土包覆，技巧性地切開，形成外範，并預留澆鑄銅液的孔，加以燒製。再刮

---

[1] 中國社會科學院考古研究所二里頭工作隊：《河南偃師二里頭遺址發現新的銅器》，《考古》1991 年第 12 期。

[2] 梁宏剛、孫淑雲：《二里頭遺址出土銅器研究綜述》，《中原文物》2004 年第 1 期。

去原先陶器的外表，形成内範（心型）。把内外範合起来，從澆鑄孔澆鑄銅溶液，冷却以後撥掉範就成了青銅器，通常還需要打磨，把一些澆鑄過程中的小缺失磨去。這套程序，背後需要相當高度的陶藝（塑形、雕刻與切範），以及合金熔冶，與尋找銅、錫（鉛）材料等關鍵技術。

塊範法是十分特殊的技術，與西方的技術有很大差別……由于中國的這項塊範法的技術十分特殊，在其他古文明看不到先例，而且工藝技術十分高超，其鑄造技術究竟是西來的還是本土發明的？學術界像單擺一樣搖擺不定，40 至 50 年代流行西來説，70 至 80 年代則流行本土説，到 90 年代西來説又捲土重來。[1]

此文從鑄範技術上的考證和分析是不容忽視的。爲此，崔勇在《中原青銅冶煉技術西來説辨證》一文中又提出新的假説：

關于青銅技術的傳播路綫是否僅有新疆—甘青地區—中原地區這一條路綫還值得商榷。最近在青海地區同德宗日遺址中發現的三件銅器，爲砷銅器，其絕對年代大致在距今五千六百至四千年之間，是中國西北地區迄今所知年代最早的砷銅，而且這也是在青海地區的首次發現，要早于新疆東部地區的哈密天山北路墓地和甘肅地區的四壩文化，也早于齊家文化。這就使我們對于青銅技術的傳播路綫進行重新思考。砷銅除了在西亞、中亞之外，在南亞地區也有所發現，南亞印度的 Ganges 山谷的 Copper Hoard 彩陶文化（公元前第 3 千紀）出土的金屬中，有超過一半的是含砷百分之一以上的砷銅，D. K. Chakrabrti 認爲這可能是砷銅的最東界；在隨後的位于印度河流域的 Harappan 文化也有砷銅使用，并且和青銅一起出現。英國學者阿諾德·湯因比認爲：人類發明冶金術至今已六千年，是生活在兩河流域的蘇美爾人首開其端，他們製造了傑出的青銅人像和器具；前 2900 年冶金術傳至埃及，埃及人創造性地在青銅像上貼上薄薄黄金，掌握了當時世界上這種獨一無二的"高科技"，前 2500 年傳到南亞古印度河上的摩享佐·達羅城，印度人發明了銅焊，他們製作僧侶和舞女銅像，舉世無雙。他認爲歷史在其間打了一個盹；他猜測：冶金發達的南亞地域和中國北部的黄河流域之間、長江中上游應有一個人類冶金技術高度發達的重要環節。而這一重要環節很可能就是藏彝走廊，其大體包括北自甘肅南部、青

────────────

[1] 黄銘崇：《東亞早期鑄銅技術的出現與形成》，"歷史學柑仔店"網站 2015 年 6 月 26 日。

海東部，向南經過四川西部、西藏東部、雲南西部以及緬甸北部、印度東北部這一狹長地帶。南亞和西藏的細石器曾受西亞的影響，而西藏卡若遺址出土的骨片與伊朗西部克爾曼沙區甘吉·達維新石器時代早期遺址所見的骨片相同，暗示出西亞文化在很早即可能與西藏文化產生過交流。[1]

看起來，西來說目前還有繼續存在的市場和需要。陳星燦就在很多場合多次提出，要證明青銅鑄造技術是本土起源幾乎是不可能的。但是，他也意識到：在銅器和文明的起源問題上，學術界目前正在經歷從仰韶文化西來說、夷夏東西對立說、中原中心說向多元一體說的轉變。

山東大汶口、遼寧夏家店文化遺址中出土的陶鼎

再看史料中對夏鼎形狀的記載：

其一，"鼎成三足而方"。（見《墨子·耕柱》）

其二，"鑄鼎象物，百物而爲之備，使民知神奸"。（見《左傳·宣公三年》）

其三，"爲物貪婪，食人未盡，還害其身，像在夏鼎，《左傳》所謂饕餮是也"。（見郭璞《山海經注·北山經》）

以上三點總結起來可以看出：夏鼎是長方形三足的方鼎，上面繪有饕餮紋，目的是教化夏朝臣民懂得辨別是非善惡。

但是，青銅器在夏代是否就已經具有了如此強烈的政治價值，目前還缺乏力

―――――――――――――

[1] 崔勇：《中原青銅冶煉技術西來說辨證》，《黑龍江史志》2014 年第 5 期。

證。至少在有關夏代青銅器的傳説問題上，"使民知神奸"之説證明了它是以政治價值登場的。當然，記載這些傳説的史料多是出自春秋戰國時期。

漢代畫像石中黄帝作鼎拓片

　　把以上三點和前述 1987 年春在河南偃師二里頭遺址出土的夏鼎相對比，首先是方鼎這一特徵并没有出現在此次所發掘出的夏鼎上。在銅器類型學上，根據現今考古發掘所得可知，方鼎的出現是在殷商時期，而且又多成對出現。其典型形狀如河南安陽殷墟所出的司母辛大方鼎。

　　在中國社會科學院考古研究所編著的《殷墟青銅器》一書中對此鼎的考古記録如下：

　　　　通高八十點一、口長六十四、口寬四十八厘米，重一百二十八公斤。

　　　　直耳，長方形口，折沿方唇，下腹略内收，平底，體、足均有扉棱，圓柱形空心足。體飾饕餮紋和乳釘紋，足外側飾饕餮紋。口下長邊一面内壁有銘文"司母辛"三字。底、足有烟炱痕迹。

　　　　1976 年小屯村北婦好墓出土。該墓位于小屯村北略偏西約一百米處，編號76AXTM5（簡稱 M5），在發掘遺址時發現。墓口之上壓有殷代房基一座，推測可能爲祭祀墓主而建。[1]

―――――――――――――

［1］　陳志達、楊寶成：《殷墟青銅器圖版説明》，中國社會科學院考古研究所編著：《殷墟青銅器》，文物出版社 1985 年版，第 439 頁。

　　而現在發掘出的夏鼎上并沒有上述饕餮紋，有的祇是"網狀格紋"。從此"網狀格紋"上看不出饕餮紋的任何特徵。

　　根據李學勤在《良渚文化玉器與饕餮紋的演變》一文中的考證可知：作爲饕餮紋起源的良渚玉琮上的神徽造像和這裏的"網狀格紋"沒有任何直接或間接的演變關係。[1]

　　二者最大的不同是：饕餮紋有環狀曲綫和雙眼，而這裏的"網狀格紋"祇是極其簡單的交叉綫。與此類似的"網狀格紋"圖案可以在良渚文化黑陶上得到印證。[2]在河南靈寶縣多處出土的青銅器上出現了正式的饕餮紋裝飾，如川口公社趙家溝出土的青銅器，多在頸部裝飾饕餮紋；文底公社東橋出土的青銅尊，多在肩部裝飾饕餮紋；澗口公社王家灣出土的青銅觚，多在腰部裝飾饕餮紋等等。上述製作的工藝技術，遠在二里頭青銅鼎的"網狀格紋"之上。

青銅器上的饕餮紋（左圖），山東大汶口文化陶器上的網狀格紋（右圖）

　　通過對饕餮紋和方鼎的分析可以得出以下兩個結論：

　　第一，二里頭遺址新發掘出的青銅鼎不是傳說中的"國之重器"夏后氏之鼎，祇是夏代一般的食器，不具有禮器的功能。[3]"國之重器"的青銅鼎，首先就應該在外形、尺寸和重量上有所表現。這一點可以參見商王室的鼎，如：

---

［1］　見李學勤：《良渚文化玉器與饕餮紋的演變》，《東南文化》1991年第5期。
［2］　可參見江蘇吳江梅堰出土的黑陶上的幾何紋樣（見陳玉寅：《江蘇吳江梅堰新石器時代遺址》，《考古》1963年第6期）和山東大汶口文化陶器上的網狀格紋、青銅器上的饕餮紋（見本頁插圖）。
［3］　已故武漢大學考古系教授楊寶成生前曾對筆者說："二里頭遺址還沒有發掘出大型墓葬，青銅重器的出土有待于將來的考古發掘和發現。"

　　1974 年在西城牆外三百米的杜嶺發現了兩件形制很大的銅鼎，一件高一米，另一件高零點八七米，均爲雙耳、斗形方腹。四個圓柱形空足，這種足是半空的，下段爲實心，上部一段是空的。器表飾以饕餮紋和乳釘紋……這兩件鼎與其他青銅容器一樣，花紋質樸，無凸出的雕刻，也無底紋，鼎足無扉牙，表現出早期青銅器的特點。由于銅鼎的器形很大，形制莊重，可能屬商代王室使用的貴重器物。[1]

這是商王室的鼎器，本着"鼎遷于商"的原則，夏代的重器青銅鼎應該與此相去不遠。

　　第二，從夏代青銅食器的出土可以合乎邏輯地推演出：夏代鑄鼎就已經開始分爲"禮器"和"食器"兩種用途。作爲禮器的鼎，上繪饕餮紋，具有"使民知神奸"的功用；作爲食器的鼎，上繪簡單綫條或圖案，滿足日用。到目前爲止，有關前者有的衹是史料記載，尚待考古學的實證。但是，夏鼎的出土，爲這一史料記載的真實性提供了可信度。唐蘭在《關于夏鼎》一文中主張，當時未必已經產生了饕餮紋：

　　　　每一個鼎有一種象物的花紋，但還要簡單得多，而決不是後人所想象的和《山海經圖》一樣的東西，因爲商以前的鼎上還不可能有像春秋戰國那樣複雜的圖畫的。[2]

　　但是，這一懷疑和《禮記》以及李學勤在《良渚文化玉器與饕餮紋的演變》一文中的考證是不相融的。[3]後者已見前論。當然這和當時相關的文物尚未出土也有重大關係。前者即《禮記·檀弓上》中的"夏后氏用明器，示民無知也"。這裏的"示民無知"正是"鑄鼎象物，百物而爲之備，使民知神奸"（見《左傳·宣公三年》）功能説的翻版。而民不知"神奸"就是"無知也"了。更何況郭璞《山海經注》中已經爲我們提供了"爲物貪婪，食人未盡，還害其身，像在夏鼎，《左傳》所謂饕餮是也"的史料記録。

　　沈括在《夢溪筆談·器用》中以爲青銅上的饕餮圖案，應該就是遠古神話中的動物"飛廉"，并認爲"飛廉，神獸之名"。而他完全没有注意到郭璞《山海經注》

---

[1]　中國社會科學院考古研究所編著：《新中國的考古發現和研究》，文物出版社 1984 年版，第217 頁。

[2]　《唐蘭先生金文論集》，紫禁城出版社 1995 年版，第 516 頁。

[3]　筆者在《金文氏族研究——殷周時代社會、歷史和禮制視野中的氏族問題》一書中曾肯定唐説爲"此説是符合實際出土實物的"（中華書局 2002 年版，第 9 頁），現經反復考慮，此言是不妥的。

中的解釋，實在有些怪異。而在《楚辭·離騷》中有"前望舒使先驅兮，後飛廉使奔屬"兩句，王逸注："飛廉，風伯也。"

再看看爲考古學界所首肯的二里頭文化之後的二里崗文化，一般以其作爲早商文化的代表。在鄭州杜嶺發掘出土的兩件青銅鼎分別重達八十六公斤和六十四公斤，而且鼎壁薄、器型大，并裝飾有饕餮紋。從其製作工藝的成熟程度來看，并非早商時代突然出現之物。本着"夏后氏失之，殷人受之"（見《墨子·耕柱》）和"桀有昏德，鼎遷于商"（見《左傳·宣公三年》）的古史記載，我們有理由推測：作爲早商文化代表的二里崗文化中青銅鼎的鑄造工藝，乃是直接繼承了作爲夏代文化代表的二里頭文化遺址中青銅鼎的鑄造工藝。

與此同時，和青銅鑄造技術密切相關的製陶技術的高度成熟，也爲青銅鑄鼎工藝技術的發展提供了可靠的保證。郭寶鈞在《中國青銅器時代》一書中闡述這一發展過程時説：

> 以二里崗爲中心，早于二里崗的洛達廟期，正上接二里頭的早中期，而晚于二里崗的人民公園期，正下接小屯的早中期，二里崗實是由龍山文化晚期演進爲小屯期的過渡階段。因龍山文化處于新石器時代末期，那時的陶器除日常生活實用外，尚有人們美術愛好情感的寄托，故有漆光黑陶、蛋殼薄陶、肉白陶鬶之創製，而日常實用的灰色陶器，也因之崇尚光面薄壁，器體端正，造型靈巧，且或施以籃紋、方格紋、細繩紋、壓紋等爲紋飾。而到了小屯時期，青銅器製造大盛，白陶刻紋亦創出，琢玉雕骨之制亦絡繹出現，人們的美術情感于白陶青銅、雕骨琢玉中有所表達，不再斤斤致力于陶器之裝飾，故小屯的灰陶，壁厚，質粗，繩紋不細，劃紋草率，器形亦欠講究，祇求合用，不尚美觀，這是在文化發展程途中應有的偏重。而鄭州二里崗灰陶器，正是繼承龍山陶器由薄轉厚，由精轉粗，由小轉大，由圜底轉平底、加圈足的過渡期。[1]

換句話説，商代後期已經走到了青銅鑄造工藝的高峰，而其創始年代可以上溯到新石器時代晚期。二里頭青銅鼎的出土，祇是中國遠古時代青銅鑄造工藝技術由早期走到成熟期的一個標誌。

實際上，對出土實物和文化遺址進行隸屬于夏代還是早商的歷史年代學的判

---

[1]　郭寶鈞：《中國青銅器時代》，生活·讀書·新知三聯書店 1963 年版，第 52 頁。

斷，本來就是一件費力不討好的苦差事。因爲夏代和商代的前後銜接，若夏商并存而且商又有可能成爲夏的所屬國之一時，就很難作出明確的劃分了。當年，陳夢家在《商代的神話與巫術》一文中就曾提出"疑夏之十四世，即商之十四世"的觀點。[1]亦即商代的先公先王，其起訖年代在時間上與夏代的諸王相重合。以現有的考古學證據來説，即早商文化遺址是夏代文化範圍內的早商文化，其歷史年代和夏代晚期文化遺址是重合的。當然，這一推論成立的關鍵是必須符合對出土文化遺址的 C-14 年代測定所得出的年代資料。至少我們相信，二里頭文化的第三、第四期正是夏代晚期和早商文化的重合區域。

佟柱臣在《從二里頭類型文化試談中國的國家起源問題》一文中對二里頭文化的第一期和第三期分別進行分析。

先看前者：

> 夏文化的年代斷限，有兩個 C-14 測定數據，是值得重視的，一個是二里頭一期蚌片，測定距今爲 3585±95 年，即公元前 1620±95 年，樹輪校正年代範圍是公元前 1690 至公元前 2080 年；一個是 ZK—126 洛陽王灣三期 79 號灰坑的木炭，測定距今約 3965±95 年，即公元前 2000±95 年。公元前 16 世紀之前是夏積年，《竹書紀年·夏紀》"自禹至桀十七世，有王與無王，用歲四百七十一年"，約爲五百年左右。所以夏約當公元前 21 世紀至公元前 16 世紀，上記兩項標本的測定年代，均在夏積年之內，那麼無論二里頭一期，或者王灣三期，作爲探索夏文化的對象，是有一定的科學根據的。[2]

即他肯定了二里頭文化的第一期作爲夏代文化遺存的可能性。再看後者：

> 二里頭三期出有大片宮殿址夯土臺基。更進一步證實了當時國家的形成已發展到成熟階段。二里頭三期經 C-14 測定距今 3210±90 年，即公元前 1245±95 年，樹輪校正年代範圍是公元前 1300 至公元前 1590 年。所以這片夯土臺基應是商代早期的大都邑。[3]

即他又肯定了二里頭文化的第三期作爲早商文化遺存的可能性。因此，張光直在《中國青銅時代》一書中差不多要贊同那種早商文化年代即是夏文化年代的看法了。但

---

[1]　陳夢家：《商代的神話與巫術》，《燕京學報》第 20 期。
[2]　佟柱臣：《從二里頭類型文化試談中國的國家起源問題》，《文物》1975 年第 6 期。
[3]　同上。

是，二里頭文化遺址是否就是當時夏代的王都或王都之一呢？這是目前考古學界還無法馬上解決的難題之一。而都城的確定總是肯定夏王朝成立的物質出發點。略感欣慰的是，二里頭文化遺址的面積和考古發掘結果，似乎傾向于這裏的都城性質。

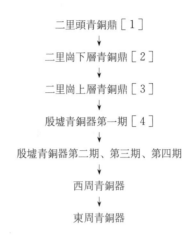

夏、商、周三代青銅器演進圖

關于二里頭文化遺址的大致情況，簡述如下：

　　二里頭遺址位于二里頭文化主要分布區的中心部位，可謂二里頭文化的核心遺址。它北臨洛河，南距伊河約四公里，地面包括二里頭、圪墙頭和四角樓三個村落。遺址南北長約二千米，東西寬約二千米，在此範圍內地勢高亢，北東南三面低下三至四米，西面與西來的高地相連，平面略似半島形。地下堆積着四個時期的二里頭文化層，厚達三至四米。遺址中部爲宫殿分布區，發現數十座大小不同的宫殿基址，包括方形和長方形兩種形制。總體範圍約爲八萬平方米，形成一組龐大的宫殿建築群。在遺址南部有青銅冶鑄遺址，發現有坩堝、陶範、銅渣和澆鑄青銅器操作面，分布範圍較大，文化層堆積很厚，非經長期冶鑄實無可能有如此規模。在遺址西北面發現有燒陶窑址，這裏可能是製陶作

[1]　見中國社會科學院考古研究所二里頭工作隊：《河南偃師二里頭遺址發現新的銅器》，《考古》1991年第12期。

[2]　見楊育彬：《近幾年在鄭州新發現的商代青銅器》，《中原文物》1981年第2期。

[3]　見河南省博物館：《鄭州新出土的商代前期大銅器》，《文物》1975年第6期。

[4]　關于殷墟青銅器的分期，筆者采用"前後四期説"，見鄭振香、陳志達：《殷墟青銅器的分期與年代》，中國社會科學考古研究所編著：《殷墟青銅器》，文物出版社1985年版，第27—78頁。

坊區。在遺址北面和東面發現有骨料、骨製半成品、磨石和掩埋骨製廢料的土坑，有可能是製骨作坊區。此外在本遺址中還發現有大量石器、蚌器和一部分玉器、漆器、酒器等，當時至少包括有冶鑄、製玉、製石、製骨、製蚌、製陶、漆木、釀酒和建築等手工業……[1]

特別是有鑑于二里頭遺址龐大的宮殿建築群的存在，有的學者早在 1978 年就提出了二里頭爲商湯之都城的觀點。[2]當然，這一觀點的提出就意味着二里頭文化遺址的核心年代是早商，而不是夏代或夏代晚期。看來，確定夏代的都城所在是目前夏代考古學的核心問題之一。

無論如何，當年李濟在《殷墟銅器五種及其相關之問題》一文中曾設想：

　　殷商以前仰韶以後黄河流域一定尚有一種青銅文化，等于歐洲青銅文化的早中二期，及中國傳統歷史的夏及商的前期。這個文化埋藏在什麽地方，固然尚待考古家的發現；但對于它的存在……却可以抱十分的信仰心。[3]

李濟之説，已經得到了現代考古學上的實證。

第二節　夏代青銅鑄幣的有無問題

在鑄鼎活動之外，又相傳夏后氏曾開始鑄造青銅製的錢，《管子·山權數》中就有所謂"禹以歷山之金鑄幣"之説。但此説一直爲學者們所批判，視之爲無稽之談。同書在《國蓄》中又提出了遠古先王的三幣説，即"以珠玉爲上幣，以黄金爲中幣，以刀布爲下幣"。因爲早期中國貨幣史的考古學證據是：夏代之後的殷代雖然已經産生貝幣，但是否具有流通性尚在争論之中。

如郭寶鈞在《中國青銅器時代》一書中就主張：

---

[1]　趙芝荃：《探索夏文化三十年》，中國社會科學院考古研究所編著：《中國考古學論叢——中國社會科學院考古研究所建所四十年紀念》，科學出版社 1993 年版，第 185—186 頁。

[2]　見吉林大學歷史系考古專業、河北省文物管理處編：《工農考古基礎知識》，文物出版社 1978 年版，第 141 頁。

[3]　李濟：《殷墟銅器五種及其相關之問題》，《慶祝蔡元培先生六十五歲論文集》上册，中央研究院歷史語言研究所 1933 年版，第 104 頁。

　　但在殷代，貝的用途尚祇停頓于裝飾階段，人們祇把它看作財富，還不曾用作貨幣，因它不敷市場中的周轉，不能作媒介。[1]

他的考古學證據是：

　　1953 年考古研究所在殷墟大司空村發掘，于一百六十五座中小型殷墓中，祇有八十三座隨葬海貝，總數爲二百三十四枚，平均每墓分不到三枚，以葬一枚的爲最多。中小墓如此，就是在當時宮廷的遺址發掘，1928 年第一次殷墟發掘中，祇得貝九十六枚。1929 年在大連坑得貝一薄層。1931 年第四次發掘在 E16 坑中僅發現有貝殼，B14 坑中有孔貝略多。1932 年在 E181 井中發現大貝二枚，小貝一百六十三枚。1933 年在後崗大型殷墓中發現小貝六枚……這樣微小的數量，若分配到十萬人的大都市，還不足供社會的收藏，如何能敷市面的流通，作交換媒介之用？所以在甲骨文中祇有“得”字、“貯”字、“寶”字等從貝，甚少交易類的文字從貝。貯是貯藏，寶是寶藏，都是收藏之意。寶字從貝、玉，從缶以藏之，與《盤庚》篇所叙“總于貨寶”“具乃貝玉”的觀念正合，奴隸主們怎捨得把他們的寶藏放到市面上去流通呢？因之我推證貝在殷代，尚停止於裝飾和財富的階段而不爲貨幣。[2]

關野雄在《先秦貨幣雜考》一文中也持有同樣的觀點。[3]

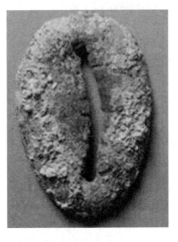

銅仿貝

蟻鼻錢

［1］　郭寶鈞：《中國青銅器時代》，生活・讀書・新知三聯書店 1963 年版，第 94 頁。
［2］　同上。
［3］　見［日］關野雄：《先秦貨幣雜考》，《東洋文化研究所紀要》第 27 冊，1962 年。

　　把青銅器和貨幣連在一起，年代最早的可能是指"銅仿貝"。如1971年在山西省保德縣發掘的殷代墓葬中出土銅仿貝一百零九枚。[1]

　　但是，銅仿貝的產生年代以現有的考古學證據來説，一般都認爲是殷代晚期。銅仿貝發展到了東周時代，又出現了在上面刻有彝銘的現象，這時它被稱爲"蟻鼻錢"。

　　晚清羅振玉在爲《殷虚古器物圖録》所作的説明中考證：

　　　　前人古泉譜録有所謂蟻鼻錢者，予嘗定爲銅製之貝，然苦無證。往歲于磁州得銅製之貝，無文字，則確爲貝形……始知初蓋用天生之貝……又後則鑄以銅。世之所謂蟻鼻錢者，又銅貝中之尤晚者也。蟻鼻錢間有有文字者，驗其書體，乃晚周時物。[2]

　　再結合河南省輝縣琉璃閣墓葬中出土的春秋戰國時代數千枚包金銅貝這一事實，可以確證：青銅鑄幣的產生最早應在殷代（銅仿貝），到了東周時代前後乃大盛（蟻鼻錢）。夏后氏鑄幣之説似不可信。[3]衆所周知，周的文化和技術是繼承了商而來的，考古學家對關中地區周文化起源的考古學研究從出土實物上印證了這一觀點。張長壽、梁星彭在《關中先周青銅文化的類型與周文化的淵源》一文中總結説：

　　　　可以認爲，周人的青銅鑄造技術主要是從商人那裏學來的。在陶器方面，簋、尊、豆等器形也都來自商文化遺存。特別是繩紋簋，在上述其他幾種類型的文化遺存中均無發現。因此，祇能視爲商文化的因素。[4]

而青銅鳥戈的發現也可以佐證上述説法：

　　　　灃西客省莊發現的先周文化墓葬，所出的二件銅戈，内部作鳥形，這種戈是商文化晚期的典型器物，它的出現顯然是接受了商文化影響的結果，儘管這

---

[1]　見吳振録：《保德縣新發現的殷代青銅器》，《文物》1972年第4期。

[2]　羅振玉輯：《殷虚古器物圖録・附説》，上海廣倉學宭1916年版，第2頁。

[3]　對古錢幣的研究，在古代學術史上稱之爲"古泉學"。雖然在東周時代的蟻鼻錢上開始出現銘文，但是，這些銘文對于青銅禮制研究的意義和價值，遠遜于它在古泉學上所具有的社會經濟史研究的意義和價值。作爲一門獨立的學科，對古泉學的介紹不在本書的範圍内。

[4]　張長壽、梁星彭：《關中先周青銅文化的類型與周文化的淵源》，《考古學報》1989年第1期。

種戈在西周時期再也没有出現過。[1]

這已經很説明問題。當西周政權建立後，徹底抛棄商人的傳統是逐步進行的。青銅鑄造技術周人落後，而一旦取得長足進步後，去掉商文化的影響和傳統風格是必然要出現的結局。

第三節　夏代青銅器的起源及其銅料來源

一般來説，把夏、商、周定義爲中國的"青銅時代"或"青銅器時代"。這已經是中外考古學界的一個基本常識。

如郭寶鈞在其名著《中國青銅器時代》一書中就曾主張：

> 中國的青銅器時代，略當歷史上的夏、商、西周下至春秋戰國之時，也與中國奴隸制的發生、發展和瓦解相終始。這從文字、文獻上都可得到顯明的印證，尤其有力的是地下實物史迹的證明。[2]

再如張光直在《中國青銅時代》一書中也曾十分謹慎地説：

> 我們所謂中國青銅時代，是指青銅器在考古記録中有顯著的重要性的時期而言的。辨識那"顯著的重要性"的根據，是我們所發現器物的種類和數量，使我們對青銅器的製作和使用在中國人的生活裏占有中心位置這件事實，不容置疑。金屬器物（包括青銅器物）的初現遠在青銅時代的開始以前，但是到了二里頭的文化時代，青銅器的顯著重要性成爲不疑的事實，而現在大家相信中國青銅時代的開始不會遲於公元前二千年。[3]

儘管他没有明確説出"夏代爲中國青銅時代的開始"這句話，但是，他也贊同并提出"中國青銅時代的開始不會遲於公元前二千年"這句結論，并在上述一書的《從夏商周三代考古論三代關係與中國古代國家的形成》一篇中就明確斷言了：

[1]　張長壽、梁星彭：《關中先周青銅文化的類型周文化的淵源》，《考古學報》1989年第1期。
[2]　郭寶鈞：《中國青銅器時代》，生活·讀書·新知三聯書店1963年版，第3頁。
[3]　張光直：《中國青銅時代》，生活·讀書·新知三聯書店1983年版，第1—2頁。

在夏代的活動地理範圍之內分布，在時代上可以判定爲公元前二千年前後的考古學上的文化，就有當作夏代文化考慮的資格。[1]

因此，把夏代定義爲中國使用青銅器的開始時代。或者説，到目前爲止與夏代相當的考古文化遺址是二里頭文化，而二里頭文化的典型特徵就是青銅器的大量出現。這一現象主要又集中在二里頭文化遺址的第三和第四期中。典型的如青銅爵七件、青銅鏃五件、青銅刀四件、青銅戈二件、青銅錐二件、青銅錛一件、青銅鈴一件、青銅戚一件、青銅鑿一件、青銅鼎一件、鑲綠松石圓形青銅器一件，等等。[2]

任式楠在《中國史前銅器綜論》一文中主張：

姜寨兩件銅器年代 C-14 測定校正約在公元前 4700 年，是我國目前發現最早的銅器。[3]

此説可以爲華夏銅器鑄造技術的自創説提供了一個實證。在此基礎上，任氏認爲仰韶文化是中國銅器的起源時期。他特別強調"中國早期没有形成一個紅銅時代，走了不同于亞歐其他國家的冶銅發展道路"。[4]因此之故，李伯謙在《中國青銅文化的發展階段與分區系統》文中就大膽地推測：

中國青銅文化……它不是由域外傳來的，而是在中國新石器文化的基礎上形成和發展起來的。[5]

---

[1]　張光直：《從夏商周三代考古論三代關係與中國古代國家的形成》，《中國青銅時代》，生活·讀書·新知三聯書店 1983 年版，第 35 頁。

[2]　分見中國科學院考古研究所洛陽發掘隊：《河南偃師二里頭遺址發掘簡報》，《考古》1965 年第 5 期；中國科學院考古研究所二里頭工作隊：《河南偃師二里頭早商宮殿遺址發掘簡報》，《考古》1974 年第 4 期；中國科學院考古研究所二里頭工作隊：《河南偃師二里頭遺址三、八區發掘簡報》，《考古》1975 年第 5 期；中國科學院考古研究所二里頭工作隊：《偃師二里頭遺址新發現的銅器和玉器》，《考古》1976 年第 4 期；偃師縣文化館：《二里頭遺址出土的銅器和玉器》，《考古》1978 年第 4 期；中國社會科學院考古研究所二里頭隊：《1980 年秋河南偃師二里頭遺址發掘簡報》，《考古》1983 年第 3 期；中國社會科學院考古研究所二里頭隊：《河南偃師二里頭二號宮殿遺址》，《考古》1983 年第 3 期；中國社會科學院考古研究所二里頭工作隊：《河南偃師二里頭遺址發現新的銅器》，《考古》1991 年第 12 期。

[3]　任式楠：《中國史前銅器綜論》，陝西省文物局、陝西省考古研究所、西安半坡博物館編：《中國史前考古學研究——祝賀石興邦先生考古半世紀暨八秩華誕文集》，三秦出版社 2003 年版，第 385 頁。

[4]　同上，第 389 頁。

[5]　李伯謙：《中國青銅文化的發展階段與分區系統》，《華夏考古》1990 年第 2 期。

現在所發掘出的鑄銅遺址總面積在一萬平方米左右，推定使用的年限超過了三百年。在上述遺址中發現了大量的鑄造青銅器時所使用過的坩堝、陶範和銅渣。因此，把產生二里頭文化的時代定義爲中國使用青銅器時代的正式開始，至少目前爲止是没有異議的。或許，二里頭文化的發掘和其中青銅器的使用爲這一觀點提供了可資信賴的實證。因爲通過對青銅器鑄造工藝分析發現：

　　　爵、鈴等都是合範鑄造的，一件鑲緑松石的圓形銅器，工藝水平相當高；一件環首刀，製作較精，應是殷墟環首刀的祖型。種種迹象表明，這一時期的鑄銅工藝已經歷了一段發展歷程。[1]

唐蘭根據大汶口文化墓葬器物中龜甲上的圓形鑽孔痕迹，認爲這是使用"青銅器的迹象"。[2]加之于大汶口文化的中晚期，手工業製作技術的正式出現，逐漸形成了父系家長制的社會，爲當時冶煉青銅技術的產生提供了物質基礎。在山東龍山文化遺址中出土的白陶，依照冶金學家們的分析，當時燒製的溫度已經達到了一千攝氏度左右。這和銅的熔點一千零八十三攝氏度已經十分接近了。而現代學者們對龍山文化遺址中出土的白陶複製的結果表明：製作同樣的白陶，至少要達到一千二百攝氏度以上的高溫，即燒製白陶的溫度遠在銅的熔點之上。這就爲冶煉青銅技術的產生準備了物理學的基礎。

因此，中國學者多認可龍山文化爲中國青銅鑄造技術的源頭。

而有關山東龍山文化的年代問題，鄒衡在《試論夏文化》一文中考證説：

　　　根據 C-14 測定年代，山東龍山文化跨著公元前 2400 至 2000 年，而延續到更晚的時期。就是説，山東龍山文化的絕對年代至少有一部分已進入夏年的範圍了。[3]

因而，二里頭文化的青銅鑄造技術和當時山東龍山文化的鑄陶技術二者之間構成了

---

［1］鄭振香、陳志達：《殷墟青銅器的分期與年代》，中國社會科學院考古研究所編著：《殷墟青銅器》，文物出版社 1985 年版，第 28 頁。

［2］見《考古》編輯部《大汶口文化的社會性質及有關問題的討論綜述》："唐文主張，在古文獻裏少昊氏時代已經有了銅器，大汶口墓葬器物所顯示的手工業規模，也不應没有金屬工業。隨葬骨針的針鼻、龜甲上的圓孔、象牙梳齒，都應是用青銅工具製成，并認爲在大汶口文化中有發現銅工具的可能性。"（《考古》1979 年第 1 期）

［3］鄒衡：《夏商周考古學論文集》，文物出版社 1980 年版，第 103 頁。

直接的技術淵源關係。

在夏文化遺址中不但有青銅器出土，而且還發掘出鑄造時使用過的坩堝。見鄒衡《試論夏文化》：

> 豫西不少夏文化遺址中都發現了小件青銅器，有的遺址中并發現了青銅兵器和青銅禮器。最近在臨汝煤山龍山文化灰坑中發現了粘附有銅渣的坩堝碎片。[1]

所以，夏代作爲中國青銅鑄造技術的開始，也就具有了考古實物和古史記載的雙重印證。不僅如此，反過來講，商代青銅器在鑄造技術、彝銘和花紋、裝飾等方面已經表現出高度的成熟和發達，則青銅鑄造技術的起點祇能上推到商代之前的那個歷史時代——夏代。因此，郭沫若就很客觀地指出：中國的青銅鑄造技術的起源"其濫觴必當在遠古、或者在夏殷之際亦未可知"。[2]

在這個問題上，一直有國外學者主張中國青銅鑄造技術西來説的觀點。即由中亞地區傳入內蒙古鄂爾多斯地區，再傳入中原地區。這一觀點在俄羅斯、日本、蒙古國和歐洲考古學界有着廣泛的影響。中國考古學界爲此召開了國際學術會議，確定了"鄂爾多斯青銅文化在北方草原游牧文化乃至整個中華古代文明形成和發展中的地位和作用，進一步闡釋了鄂爾多斯高原在歐亞草原古代文化交流中橋梁作用"。[3]當然，中國考古學界也給了鄂爾多斯青銅器準確的定位，即：

> 鄂爾多斯青銅器是中華青銅文明的重要組成部分，它既是以狄-匈奴系統爲代表的中國早期北方民族的物質遺存，同時也是廣布于我國北方長城沿綫地帶，對中原及廣袤的歐亞草原均産生過重大影響的一個多源、多分枝的複雜的綜合體。[4]

根據《左傳·宣公三年》的記載：

> 楚子伐陸渾之戎，遂至于雒，觀兵于周疆。定王使王孫滿勞楚子。楚子問鼎之大小輕重焉。對曰："在德不在鼎。昔夏之方有德也，遠方圖物，貢金九

---

[1] 鄒衡：《夏商周考古學論文集》，文物出版社 1980 年版，第 161 頁。
[2] 郭沫若：《兩周金文辭大系圖録考釋》第 6 册，科學出版社 1957 年版，第 1 頁。
[3] 楊澤蒙：《"鄂爾多斯青銅器國際學術研討會"紀要》，《內蒙古文物考古》2009 年第 1 期。
[4] 同上。

牧，鑄鼎象物，百物而爲之備，使民知神奸"。

這裏使用"貢金九牧"來説明銅料的由來。而這一内容記載在《墨子·耕柱》中就變爲更加詳細：

> 昔者，夏后開使蜚廉折金於山川，而陶鑄之於昆吾，是使翁難雉乙卜於白若之龜，曰："鼎成三足而方，不炊而自烹，不舉而自臧，不遷而自行，以祭於昆吾之虛，上鄉！"乙又言兆之由，曰："饗矣！逢逢白雲，一南一北，一西一東。九鼎既成，遷于三國。"

記載中不但有了第一代采金人的名字"蜚廉"，還有了鑄鼎所在地的名稱"昆吾"。而對于銅料産地則祇使用了"山川"二字來指代。可見最初"昆吾"并不是産銅之地而是鑄鼎之地。所以，"九牧"和"山川"的所指大有探討的餘地。

　　關于"九牧"，根據《禮記·曲禮》的記載：

> 九州之長入天子之國曰牧也。

鄭玄注：

> 每一州之中，天子選諸侯之賢者以爲之牧也。

由此看來，"九牧"是"九州之長"的代稱。而天下九州的劃分在《尚書·禹貢》中早有詳細的由來説明。"山川"在這裏首先是指自然的山川，其次則是指"山虞"和"川衡"的簡稱。據《周禮·地官》中的記載，"山虞""林衡""川衡""澤虞"四者是當時負責天下山、林、川、澤的四種官職。西周時期有所謂"八虞"之説，就是把天下的山、林、川、澤分爲八處，其各處負責官員就是"虞官"，總稱"八虞"。這和夏人分天下爲九州有同樣的意旨。在先秦《周易》的象數學上，周人重八，而夏人重九。以"山川"來指代"八虞"，和以"九州"來指代天下疆土是相同的。因此，"山川"即"八虞"，"九牧"即"九州"。

　　而"貢"字的解釋可見《尚書·禹貢》：

> 禹別九州，隨山浚川，任土作貢。

孔穎達《尚書正義》解釋説：

> 貢者，從下獻上之稱，謂以所出之穀，市其土地所生異物，獻其所有，謂

之厥貢。

把昆吾和産銅（而非鑄鼎）聯繫起來始自于晉代郭璞，見其所作《山海經注》的"昆吾之山"一條注解：

> 此山出名銅，色赤如火，以之作刀，切玉如割泥也。

"色赤如火"一語似乎説的是天然紅銅，但是天然紅銅是不可能具有"切玉如割泥"般的硬度的。由此推測，關鍵是"以之作刀"時已經加入了錫或鉛的成分，纔會出現青銅利刃的"切玉如割泥"般的硬度性能。這裏的"昆吾"顯系山名，而《墨子·耕柱》中"夏后開使蜚廉折金於山川，而陶鑄之於昆吾"中的"昆吾"則是地名。

"昆吾"又是人名之稱，《逸周書·大聚解》中"乃召昆吾，冶而銘之金版"中的"昆吾"顯系人名。則"昆吾氏"或即古人所謂"因地而得名"者。而在《竹書紀年》中又有"昆吾氏遷于許"的記載，則這裏的"昆吾"顯系氏族名。

《帝王世紀》中有所謂"禹鑄鼎于荆山"一語，此説由來不明。因爲《墨子·耕柱》中所説的是"夏后開使蜚廉折金於山川，而陶鑄之於昆吾"——"昆吾"是地名還是人名，抑或二者兼而有之？如果把"陶鑄之於昆吾"中的"昆吾"視爲人名，從古漢語語法的角度上説，是不太合適的。而在《左傳·昭公十二年》中完成了青銅鼎、"荆山"和"昆吾"三者之間的連帶聯繫：

> 楚子狩于州來，次于潁尾，使蕩侯、潘子、司馬督、囂尹午、陵尹喜帥師圍徐以懼吴。楚子次于乾谿，以爲之援。雨雪，王皮冠，秦復陶，翠被，豹舃，執鞭以出，僕析父從。右尹子革夕，王見之。去冠被，舍鞭，與之語，曰："昔我先王熊繹與呂伋、王孫牟、燮父、禽父，并事康王，四國皆有分，我獨無有。今吾使人於周，求鼎以爲分，王其與我乎？"對曰："與君王哉！昔我先王熊繹，辟在荆山，篳路藍縷，以處草莽，跋涉山林，以事天子。唯是桃弧、棘矢，以共禦王事。齊，王舅也。晉及魯、衛，王母弟也。楚是以無分，而彼皆有。今周與四國服事君王，將唯命是從，豈其愛鼎？"王曰："昔我皇祖伯父昆吾，舊許是宅。今鄭人貪賴其田，而不我與。我若求之，其與我乎？"對曰："與君王哉！周不愛鼎，鄭敢愛田？"

這裏的"昆吾"是"昔我皇祖伯父昆吾"的"昆吾氏"。而這裏的"荆山"是"昔我先王熊繹，辟在荆山"的著名產銅之地荆楚。這裏的"鼎"還是"周不愛鼎"的周鼎。翦伯贊在《先秦史》一書中就此考證：

> 荆山者，是爲楚之先王熊繹所居，故昆吾之族，實有遷于荆楚者。而昆吾又爲楚之皇考伯父。故楚族實由許南遷荆楚者。同時《左傳·哀公十七年》謂"昆吾之虛，有戎州己姓"。《國語·鄭語》亦謂"己姓昆吾"。余以爲己與杞爲一字變。杞爲夏后，故己姓昆吾，亦當爲夏族。[1]

"荆山"也是著名的產銅之地。《山海經·中山經》"荆山"一條，其中講到"曰荆山，其陰多鐵，其陽多赤金"。可以證明"荆山"是當時著名的銅料來源地之一。在《山海經·中山經》"昆吾之山"一條中，"昆吾"爲山名、地名，而在《左傳》和《逸周書·大聚解》中，"昆吾"爲氏族名、人名。在《白虎通》一書中甚至又把"昆吾氏"列爲五霸之一。[2]荆山之外，漢江也產金。《管子·輕重甲》中記載有"楚有汝、漢之黃金"。

通過上述分析，我們了解了山名、地名、氏族名、人名這四個"昆吾"概念的使用。根據《呂氏春秋·審分》中的"昆吾作陶"一語，可以知道"昆吾氏"或"昆吾氏族"擅長製作陶器。而製陶又是鑄銅器的直接技術來源。其中，銅料產地又以"荆山"和"昆吾之山"爲主。從地名的意義上講，"荆山"在楚，而"昆吾之山"的得名又和"昆吾氏"具有直接的相生關係。在《山海經》中，"昆吾之山"和"荆山"一樣，也在《中山經》中，可見此二山都屬于相同的地理範圍。因此，從廣義的地理範圍來説，"荆山"和"昆吾之山"都位于盛產銅料的荆楚地區。

在《山海經·中山經》結尾，還有署名爲"禹"的一段話：

> 禹曰："天下名山，經五千三百七十山，六萬四千五十六里，居地也。言其五臧，蓋其餘小山甚眾，不足記云。天地之東西二萬八千里，南北二萬六千里，出水之山者八千里，受水者八千里，出銅之山四百六十七，出鐵之山三千六百九十。此天地之所分壤樹穀也，戈矛之所發也，刀鎩之所起也。能者有餘，拙者不足。封于太山，禪于梁父，七十二家，得失之數皆在此內，是謂國用。"

---

[1]　翦伯贊：《先秦史》，北京大學出版社1988年版，第68頁。
[2]　《白虎通·號篇》："五霸者，何謂也？昆吾氏、大彭氏、豕韋氏、齊桓公、晉文公也。"

此言是否爲夏禹所言，存疑不論，這裏重要的是"出銅之山四百六十七"一語，而《中山經》中的產銅之山就占了七分之一強，亦即荆楚之地的產銅之山就占了天下的七分之一強。可見在夏代時出現荆楚之地爲銅料來源的觀念是不足爲奇的。

這一觀點被現代考古學進一步證明：1973 年在湖北省大冶市銅緑山古銅礦遺址發現了一批紅銅斧和大量的框架支護木。由于露天采礦，1974 年曾在這裏找到一個南北長約二公里、東西寬約一公里的古礦井。古礦井附近的煉爐遺存因被大面積的爐渣掩埋而保存下來。許多地方的表面覆蓋着一米多厚的爐渣，總重量達四十萬噸左右。樣品經過化驗，平均含銅百分之零點七，但含鐵達百分之五十上下，可見是煉銅後棄置的爐渣。從古礦中采出的礦料，經分析含銅百分之十二至百分之二十，含鐵百分之三十左右，而當地采集的塊狀孔雀石，銅的含量可達百分之二十至百分之五十。就煉渣四十萬噸來計算，估計古代衹在這一個地方提煉的紅銅就有四萬噸左右。從古礦遺址出土的陶片并經 C-14 測定年代，可知礦井的上限是在商代晚期。[1]

總重量達四十萬噸左右的煉銅爐渣，出現在湖北省大冶市的銅緑山古銅礦遺址中，而此地又在《山海經·中山經》中曾名爲"銅山"，是個"其上多金、銀、鐵"的地方，可見記載和考古實物的證明是一致的。

現在，筆者把《山海經·中山經》中記載的產銅之山列爲下表，以供參考：

產銅之山名稱	礦產資源情況	產銅之山名稱	礦產資源情況
湊山	其上多赤銅，其陰多鐵	柄山	其下多銅
橿穀之山	其中多赤銅	白邊之山	其上多金、玉
敧鎧之山	多赤銅	槐山	谷多金、錫
昆吾之山	其上多赤銅	陽虚之山	多金
菱山	其上多金、玉	瞻諸之山	其陽多金
蔓渠之山	其上多金、玉	長石之山	多金、玉
敖岸之山	其陰多赭、黃金	橐山	其陽多金、玉
宜蘇之山	其上多金、玉	末山	上多赤金
鹿蹄之山	其下多金	役山	上多白金

---

[1] 見馬承源主編：《中國青銅器（修訂本）》，上海古籍出版社 2003 年版，第 492 頁。

產銅之山名稱	礦產資源情況	產銅之山名稱	礦產資源情況
景山	其上多金、玉	董理之山	多金
荆山	其陽多赤金	高前之山	其上有金
女几之山	其下多黄金	嬰山	其上多金、玉
岐山	其陽多赤金	倚帝之山	其下多金
銅山	其上多金、銀、鐵	鯢山	多金
美山	其上多金	雅山	多赤金
靈山	其上多金、玉	嫗山	其下多金
玉山	其上多金、玉	鮮山	其陽多金
仁舉之山	其陽多赤金	大支之山	其陽多金
岷山	其上多金、玉	大騩之山	其陽多赤金
峽山	其陽多黄金	歷石之山	其陽多黄金
鬲山	其陽多金	求山	其陽多金
隅陽之山	其上多金、玉	杏山	多金、玉
勾檷之山	其下多黄金	篇遇之山	多黄金
玉山	其陽多銅，其陰多赤金	雲山	其上多黄金
熊山	其下多白金	龜山	其上多黄金
騩山	其陽多美玉、赤金	丙山	多黄金、銅、鐵
首陽之山	其上多金、玉	風伯之山	其上多金、玉
虎尾之山	其陽多赤金	夫夫之山	其上多黄金
勇石之山	多白金	洞庭之山	其上多黄金
復州之山	其陽多黄金	暴山	其上多黄金、玉
翼望之山	其陽多赤金	即公之山	其上多黄金
視山	多美堊、金、玉	堯山	其陽多黄金
前山	其陽多金	真陵之山	其上多黄金
瑶碧之山	其陽多白金	榮余之山	其上多銅

第四節　從夏代的花紋到殷代的彝銘

　　在已經出土的夏代青銅器上，至今爲止，尚没有發現有彝銘。那時文字是否已經産生還是個問題。但是，從上述的二里頭遺址出土的青銅鼎上的網狀格紋來看，夏代青銅器上還没有彝銘。

　　在青銅器上鑄刻文字的現象，以目前所能見到的實物來看，始自商代後期。即所謂的殷墟青銅器的第二期。而在第一期中，考古學界至今祇發現了一件相當于二里崗文化時期的青銅鬲，上有一字彝銘 "Ｅ" 字。[1] 此字字義不詳。鄭振香、陳志達在《殷墟青銅器的分期與年代》一文中主張：

　　　　第二期銘文已較普遍，各類埋葬幾乎都發現有銘銅器。如婦好墓有銘銅禮器占禮器數總的百分之九十，四件銅鉞也都有銘文。小屯 M18 的禮器半數以上有銘文。小屯 M17 三件禮器均有銘文。小屯 YM238 坑的一件方彝上也有銘文。武官大墓殉葬人 W8 五件禮器中兩件有銘文，E9 的四件禮器都有銘文，等等。銘文一至四字不等，以二三字爲最普遍。内容有族徽、私名、日名、"亞" 加方國名或族名及私名後附記日名的（如 "司母母癸"）。有的銘文見于甲骨文或傳世銅器，有的則未見于著録。銘文的書法比較成熟，有的帶有藝術性，如 "好" 字寫作二女對跪坐形，有的似較原始，如 "帚" 寫作 "𣎴"。[2]

　　出現在青銅器上的這些一到四字不等的彝銘，最初是出于什麼目的鐫刻在器壁上的呢？這個問題看似簡單，實則頗爲複雜。李濟在《殷墟出土青銅爵形器之研究》一文中就曾提出了多種設想來回答這個問題：

　　　　這些一個字銘文所代表的究竟是一種什麼意義？是鑄器人的名號？是器物所有人的名號？是器物本身的名號？是指定這一器物的特殊用途？是紀念用這

[1]　見石志廉：《商戍鬲》，《文物》1961 年第 1 期；鄭振香、陳志達：《殷墟青銅器的分期與年代》，中國社會科學院考古研究所編著：《殷墟青銅器》，文物出版社 1985 年版，第 45 頁。

[2]　鄭振香、陳志達：《殷墟青銅器的分期與年代》，中國社會科學院考古研究所編著：《殷墟青銅器》，文物出版社 1985 年版，第 50 頁。

件器物的事或者是被祭祀者的名字？這些當然都是問題。[1]

再結合傳統的族徽説，我們可以看出：從上述的諸多設想中對這些彝銘的起源意義作出任何一種選擇，都是很不周延和困難的。它的出現是多種因素作用下的結果。

從第一期的一字彝銘到第二期的一至四字不等的彝銘，根據《左傳·宣公三年》的記載，夏代青銅鼎上是"鑄鼎象物，百物而爲之備"的，而沒有提到彝銘有無問題。我們從二里崗文化時期出土的青銅鬲上的一字彝銘"𠄠"字來分析，此字和已知的甲骨文字形體系還有明顯的區別。雖然對成熟的殷商甲骨文的直接源頭這一老大難問題，還有待于古文字學家和考古學家的共同研究和考古發現，但是，在史前陶器上發現的大量刻繪的符號，却已經很接近早期文字了。如 1924 年在青海省東都柳灣馬家灣馬廠出土的仰韶文化陶器上，1978 年在貴州省威寧縣中水區出土的新石器時代陶器上，1959 年在河南省偃師二里頭夏文化遺址出土的陶器上，1975 年在江西省靖江縣出土的吳城文化遺址上，都發現了大量的刻繪符號。其中，山東大汶口文化遺址中出土的陶器上的刻繪符號，最具有文字化的性質。唐蘭在《從大汶口文化的陶器文字看我國最早文化的年代》一文中就公開表示：

> 大汶口文化陶器文字是我國現行文字的遠祖，它們已經有五千五百年左右的歷史了。目前，儘管還祇發現六個文字，但反映了很多事實。它們有的像自然物體……有的像工具和兵器……有的是代表一種語義的意符文字……六個文字中四個在莒縣發現，一個出諸城縣，而另一個却出現在寧陽縣的墓葬裏，説明這種文字在大汶口文化區域裏已經廣泛使用……這種文字是可以用兩千年後的殷商銅器和甲骨上的文字一一對照的。[2]

雖然對于出現在大汶口文化遺址中的這些刻繪符號是否就是早期文字，古文字學界一直有正反不同的兩種觀點存在。但是，贊成和反對兩方面都承認這些刻繪符號已經具有了初步的表意特徵，相對的也就具有了某種固定的讀音。因此，筆者是

---

[1] 李濟：《殷墟青銅器研究》，上海人民出版社 2008 年版，第 130 頁。

[2] 唐蘭：《從大汶口文化的陶器文字看我國最早文化的年代》，山東大學歷史系考古教研室：《大汶口文化討論文集》，齊魯書社 1979 年版，第 80—81 頁。

贊同唐蘭的上述觀點的。

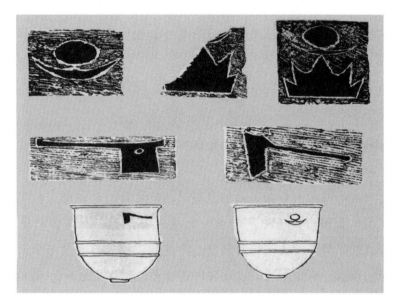

山東大汶口文化遺址出土陶器上的刻繪符號

　　毋庸置疑，鑄刻彝銘活動的產生是文字和青銅鑄造技術發達後的產物。我們知道商代後期青銅器上最爲著名的彝銘就是那個近似圖畫的雙目幷列的文字：“🐚”。

　　此類彝銘在西周初期銅器上也時有所見。如《周瞿鼎》彝銘就是一個“🐚”字。《西清續鑑》云：“《瞿父鼎》亦作兩目形，舊說以爲不可考。”薛尚功在《歷代鐘鼎彝器款識‧瞿父鼎》中考證説：“‘瞿’則未詳其爲誰，然作兩目與商《瞿祖丁卣》兩目相似，固未易以名氏考也。”

　　筆者主張，此字就是饕餮圖案的簡單文字化，可參見殷墟所出《婦好偶方彝》上的饕餮圖案。

　　把上述二圖對比一下就可以發現，《婦好偶方彝》上的饕餮圖案中的雙目簡化爲商周青銅器彝銘中的“🐚”字，而《婦好偶方彝》上的饕餮圖案中的鼻部簡化爲一道向下的銅矛，左右下頜和兩足則簡化成一個“🔨”形。之所以在右邊保留了“𝟹”形，正是古代“以右爲尊”觀念的最早證據之一。“🔨”形，宋代學者多解釋爲“父”字。“父”字是由“丨”和“𝟹”構成的。祇有在“🔨”形和上述饕餮圖案中的鼻部簡化成一道向下的銅矛形統一時，即爲了簡化和省筆而使用借筆的情況下，這纔構成“父”字——而以簡化的饕餮圖案和“父”字組合，正代表了當時殷周時代對鬼神和祖先的一種崇拜信仰。

看來，史傳"殷人尚鬼"的傳統在青銅器彝銘中也有所反映。但是，這一圖案是否具有宗教和族徽性質，一直是中外考古學界爭論的焦點之一。中國的學者對此持肯定的態度；而西方考古學界的漢學家們，一般不相信那些圖案存在宗教意義，對此可以參見美國學者艾蘭（Sarah Allan）的《早期中國歷史、思想與文化》一書。在該書中，她主張：

> 與羅越殷商藝術來自幾何圖案之説伴生的一個重要論點，是這種藝術不可能有任何象徵的或圖像的意義。在西方學者間，殷商青銅器藝術的意義問題，也曾引起很大的興趣和爭論。按照羅越，"如果商代青銅器上的紋飾從來就是純粹的圖案，由圖形到圖形，是與現實無關或者至多是現實的模糊暗示的結構，那麼我們不得不得出這樣的結論，即這種紋飾没有任何確定的意義——宗教的、宇宙論的、神話學的，以及任何見諸文獻的那種意義"。羅越的學生也繼承了他對意義的否認，最突出的如白克禮曾聲稱："紋飾的歷史表明，商代的花紋是一種純粹的圖案藝術，各個母題并無特殊的象徵性。晚期的龍紋和饕餮紋的變幻莫測，看來就證實了羅越首先提出的這一觀點。"[1]

回歸前文所述，筆者贊成唐蘭的大汶口文化遺址中的這些刻繪符號就是早期文字的觀點。我們可以通過對出土的早期青銅器實物和陶器上的相關花紋和圖案進行比較和考察，來探討在早期青銅器上鑄刻花紋和圖案的問題。然後纔是伴隨着文字的發展和進化而出現的鑄刻彝銘現象的誕生。

已出土新石器時代的各類陶器上的花紋和圖案，大致可以分爲幾何紋樣、植物紋樣、動物紋樣、人物紋樣四類。就幾何紋樣來説，二里頭出土的青銅器上的"網狀格紋"，就和在江蘇省吳江梅堰出土的黑陶上的幾何紋樣幾乎是完全一樣的。在動物紋樣中，河南省陜縣廟底溝出土的彩陶上的飛鳥紋樣，就和商周青銅器銘文中的飛鳥紋樣幾乎完全一樣。[2]但是，如果能在夏代出土的青銅器上發現這類紋樣，那麼無論是對這類紋樣進行族徽或原始文字或原始信仰的任何一種解釋，都可以承

---

[1] ［美］艾蘭：《早期中國歷史、思想與文化》，遼寧教育出版社 1999 年版，第 230 頁。

[2] 在陝西省華縣柳子鎮泉護村出土的廟底溝型陶器上的飛鳥紋樣，其遺址編號爲 1H165、2H245、3H14、4H1060、5H1052。見蘇秉琦：《關于仰韶文化的若干問題》，《考古學報》1965 年第 1 期。

認其作爲原始彝銘的真實存在。以目前所能見到的考古學證據來看，這還祇是個推測，有待于出土實物的進一步證明。

鄭振香、陳志達在《殷墟青銅器的分期與年代》一文中把殷墟青銅器分爲四期，而彝銘的出現是在第二期，并且"銘文一至四字不等，以二三字爲最普遍。内容有族徽、私名、日名、'亞'加方國名及私名後附記日名的（如"司昪母癸"）"。[1]而在現今已經掌握的出土青銅器的彝銘中，大多可以找到這些相同内容的文字和圖案。薛尚功在《歷代鐘鼎彝器款識》一書中曾主張"器銘一字者，多夏、商之器也"，把此觀點運用在殷墟青銅器的第二期上還是比較合適的。爲此，郭寶鈞在《商周銅器群綜合研究》一書中總結説：

> 就銘文看，晚商已從中商的無銘時期進爲有銘時期。文字的滋乳已多，運用已熟，十餘萬片的刻字甲骨，可爲確證；但用之于銅銘者仍甚簡短……少者一二字，多者三四字，或爲族徽，或爲致祭對象，如父癸、母戊之類的稱號，均甚簡單。[2]

在殷墟青銅器的第二期開始出現的彝銘，一般是以陰文的形式鑄刻在青銅器的器壁上。具體來説，即：

> 以泥爲母模，刻上陰文的字。再以泥翻刻此母模，所得爲陽文的字。然後在芯型上預先留出槽穴，使與前述陰文的泥範大小相同。最後再將陽文的泥范鑄于芯型上，等待鑄造青銅器。整個銘文的鑄造過程需要好幾道工序。[3]

研究殷周時代青銅器鑄造工藝問題的專家石璋如先生，曾有專文研究這一問題。[4]但是，從商代前期到中期、再從商代中期到晚期，青銅器的鑄造技術還是有很大變化的。考古學家認爲從商代前期到中期使用的是所謂"壁范過足包底鑄法"，而從商代中期到晚期使用的鑄造方法已經有了所謂"凸凹範"和"補鑄法"的技術

---

［1］ 鄭振香、陳志達：《殷墟青銅器的分期與年代》，中國社會科學院考古研究所編著：《殷墟青銅器》，文物出版社1985年版，第50頁。

［2］ 郭寶鈞：《商周銅器群綜合研究》，文物出版社1981年版，第40頁。

［3］ 同上。

［4］ 見石璋如《殷代的鑄銅工藝》："殷代銘文的刻造，可能與器面凸出的紋飾之製造相同，另刻有範，爲正的陰文，塗泥範中變成反的陽文，把此反的陽文，鑄在内胎之上，故鑄出的器，其内部便成爲正的陰文了。"（《中央研究院歷史語言研究所集刊》第26本）

創新。有關此問題的詳細論述，可見郭寶鈞《商周銅器群綜合研究》一書。[1]

青銅器鑄造工藝的變化相應地帶來了鑄刻彝銘技術的變化。阮元在《揅經室集·三集》卷三《散氏敦銘拓本跋》一文中就此問題提出了鑄刻彝銘的四種方法：

> 余所見鐘鼎文字，揣其製作之法，蓋有四焉：一則刻字于木範爲陰文，以泥抑之成陽文，然後以銅鑄之成陰文矣；二則調極細泥，以筆書于土範之上，一次書之不高，則俟其燥而再加書之，以成陽文，以銅鑄之，成陰文矣；三則刻土範爲陰文，以銅鑄之，成陽文矣；四則鑄銅成後，鑿爲篆銘，漢時銅印有鑿刻者用此法，亦陰文也。

上述四種方法中，第四種實際上在商周也已經使用過，但不是“鑿爲篆銘”，而是以刀刻出彝銘。證據可見有關山西省天馬—曲村遺址所出的《晉侯穌編鐘》銘文的一篇論文：

> 細察原鐘，可以發現晉侯穌編鐘所有銘文都是用利器刻鑿，特別是字畫的轉折處，不能利索地一刀而就，需要點成綫，因此分四五刀或五六刀接連刻鑿，筆道纔能連得起來，刀痕至今非常明顯。[2]

馬承源在《晉侯穌編鐘》一文中更詳細地考證説：

> 這種刻鑿的連續刀痕，和商鞅方升大良造銘文的刻法是完全一致的……上海博物館的文物保護和科學考古實驗室曾經配製不同硬度的青銅利器在青銅上刻鑿文字，結果完全不可能。由此可知，刻鑿編鐘銘文的有尖鋭鋒刃的利器，衹能是鐵製的；而且，可以看出刻的筆道很熟練，這一技巧在短期内是掌握不了的。公元前513年，晉國把刑書鑄在鐵鼎上，如此先進的鑄鐵技術的産生，也許有較早的刻鑿晉侯穌編鐘這類銘文之鐵利器鑄造的技術背景。[3]

阮元在説明這一技術時舉例却用的是漢代銅器，未免有點不合時宜。馬承源以晉和秦兩種青銅器上的彝銘——特别是又以現代“上海博物館的文物保護和科學考古實

---

[1] 見郭寶鈞：《商周銅器群綜合研究》，文物出版社1981年版，第7—32頁。

[2] 關曉武等：《晉侯穌鐘刻銘成因試探》，上海博物館編：《晉侯墓地出土青銅器國際學術研討會論文集》，上海書畫出版社2002年版，第333頁。

[3] 馬承源：《中國青銅器研究》，上海古籍出版社2002年版，第314—315頁。

驗室曾經配製不同硬度的青銅利器在青銅上刻鑿文字，結果完全不可能”的結果作
爲立論根據，可見是十分有力和有效的證明。從這裏的“可以看出刻的筆道很熟練，
這一技巧在短期内是掌握不了的”一句話，可以推測這一技術有可能在鐵器開始出
現之初就已經正式産生。

　　其實，對于商周青銅器上的刻銘問題，郭寶鈞早在 20 世紀 60 年代就已經發現
并解决了。[1]現在，筆者在此引用説明如下：

　　　　到戰國末年如《楚王酓忎鼎》銘等，字畫恣肆，銘在器口外，這些不是鑄
　　而是刻，是已到了有鐵工具可以勝過銅的硬度後産生的。[2]

這最後一句話“這些不是鑄而是刻，是已到了有鐵工具可以勝過銅的硬度後産生
的”，十分重要。應該説郭寶鈞纔是第一個對此問題進行關注和研究的人。

　　關于鑄刻彝銘的具體位置問題，石璋如曾有專文予以研究，大致有以下八個部
位：器外壁、器内壁、器外底部、器内底部、器口部、器蓋外部、器蓋内部、器
足部。[3]

　　郭寶鈞以殷代的六種青銅器爲例，説明如下：

　　　　一般殷銘，大抵在爵的鋬陰、觚的圈足、卣的外底、簋的内底、觥的下口、
　　鼎的口沿。[4]

　　不過，郭寶鈞特別注意到，在他所謂的“簡銘時期”，殷商青銅器彝銘祇是器物
使用的暗記，而不具有與花紋等量齊觀的價值這一特點：

　　　　附銘的目的在識別器類的用途：如父丁、母戊，祇示此器爲祀父丁或母戊
　　時所作；如“寢小室盂”祇示此盂經常應放在寢小室中備用。所以此時的銘文，
　　在鑄者視之，是此器物使用的暗記，不能與器形花紋等量齊觀，不應居顯著
　　地位。如爵、罍的鋬陰，觚、尊的外底，鼎的内壁，盂、卣的蓋底等，都是驟

[1]　祇可惜的是，在學者們熱衷于討論晉侯穌編鐘上的刻銘問題時却忽略了對郭寶鈞先生遺著的研
　　讀。在洋洋近百萬言的《晉侯墓地出土青銅器國際學術研討會論文集》中，筆者看不到對郭寶
　　鈞先生上述觀點的引用。
[2]　郭寶鈞：《商周銅器群綜合研究》，文物出版社 1981 年版，第 160 頁。
[3]　見石璋如：《商周彝器銘文部位例略》，《大陸雜誌史學叢書》第 1 輯第 3 册《先秦史研究論集
　　（下）》，臺北大陸雜誌社 1970 年版，第 150 頁。
[4]　郭寶鈞：《商周銅器群綜合研究》，文物出版社 1981 年版，第 40 頁。

視不能見，細察之始能見的地方，他們決不使銘字外露，有傷紋飾的華美，或器形的外觀。因之銘多簡單，不含重要意義，我們稱它叫簡銘時期。[1]

到了西周時代，隨着彝銘意義和價值的改變，彝銘也就鑄刻在顯著的位置上了。特別是刻銘，"凡這些銘文一般都在器壁外，爲人目能見，人手能接觸到的地方"。[2]因此，鑄刻彝銘位置的改變和當時對彝銘價值功能認識的改變有直接的對應關係。從審美角度上説，彝銘和花紋已經具有了同樣的藝術價值。更加之歷史事實的記載，以及祝嘏辭的存在，使得彝銘越發不可或缺。每器必有銘已經成了一種趨勢。

總的來説，自夏代開始一直到商代後期之前，青銅器上的紋樣吸收和利用了當時和前此以往的關于陶器的全部技術和紋樣，這些爲商周時代彝銘的大量出現準備了基礎。其中，某些紋樣和圖案在以後的彝銘中經常出現，如飛鳥紋樣可能已經被賦予了族徽或原始文字等新的含義。但是，與真正的氏族名稱尚有一定距離。因爲"在商代和周初的銅器銘中，普遍存在帶有濃厚圖形意味的所謂族氏文字。這種族氏文字有些到了西周中期以後仍在使用，而且往往也是置于銘末。但是，族氏名字在很大程度上僅僅是一種徽記，在西周中晚期更是并不等於實際的氏名"。[3]

---

[1] 郭寶鈞：《商周銅器群綜合研究》，文物出版社 1981 年版，第 158 頁。
[2] 同上，第 160 頁。
[3] 盛冬鈴：《西周銅器銘文中的人名及其對斷代的意義》，《文史》第 17 輯。

第三章　彝銘學的價值取向及其誕生

引　論

如上所述，從時代來説，在殷墟青銅器的第二期開始出現了鑄刻彝銘的現象。從已經發掘的青銅器實物的字數上看，有單字彝銘，如《量大圓斝》彝銘爲“量”字；《亞斝》彝銘爲“亞”字；《丙鼎》彝銘爲“丙”字。有兩字彝銘，如《婦好壺》彝銘爲“婦好”二字；《子漁尊》彝銘爲“子漁”二字。有三字彝銘，如《司母辛觥》彝銘爲“司母辛”三字。有四字彝銘，如《司弩母辛》彝銘爲“司弩母辛”四字。到了出現大量彝銘時代的殷墟青銅器第三期，仍然有單字彝銘，如《共鼎》彝銘爲“共”字；有兩字彝銘，如《子韋鼎》彝銘爲“子韋”二字、《父巳鼎》彝銘爲“父巳”二字……甚至到了殷墟青銅器的第四期，仍然有單字彝銘，如《京鼎》彝銘爲“京”字……可見殷商時代青銅器彝銘字數的多少，并不是衡量彝銘價值及其成熟程度的唯一指標。筆者在此也使用郭寶鈞在《商周銅器群綜合研究》一書中的術語——“簡銘時期”，用來指稱殷商時代出現的青銅器彝銘字數的主要特點。[1]但是，這些彝銘的存在意義及其成立的背景問題究竟是什麽呢？這是筆者在本章中要予以研究的課題。

在殷商時代青銅器彝銘的簡銘時期裏，這些彝銘在內容上可以分爲四大類：干支、族徽、私名、其他。在具體表現形式上還有“亞”字形內出現的簡銘（干支、族徽、私名、其他）與沒有“亞”字形的簡銘（干支、族徽、私名、其他）兩大區別。所謂“亞”字形，是指出現在商周青銅器彝銘上的一種特殊圖形文字，其外觀和“亞”

---

[1] 郭寶鈞《商周銅器群綜合研究》：“因之銘多簡單，不含重要意義，我們稱它叫簡銘時期。”（文物出版社 1981 年版，第 158 頁）

字形很接近，故一般稱其爲"亞"字形。如常見的一些"亞"字形：⬚、⬚、⬚、⬚。

　　有關這一字形的意義和斷代，中外彝銘學術研究學界異見頻出，莫衷一是。有所謂宗廟説、祭祀説、明堂説、殷代器物説、職官説、族徽説，等等，至今没有定論，這也成爲研究商周青銅器彝銘中的一大難題。郭寶鈞在對比殷周彝銘長短的變化之時總結説：

　　　　殷器銘簡，一般祇三五字，銘爲器的附屬品；周銘長，常洋洋數十言或數百言，要"論撰其先祖之有德善、功烈、勛勞、慶賞、聲名列於天下，而酌之祭器，自成其名焉，以祀其先祖"。因有這種特殊目的，故選器類之口大、底寬、腹淺易見的如鼎、簋、簠、盤、盂，又如尊、鐘，以論撰其先祖之功德，實亦自撰其德，以誇耀自己，傳遺于後世，使"子子孫孫永寶用"。這時器爲載銘而鑄，非銘爲附器而刻，銘既有誇耀之用，故撰寫不嫌長多，隨文而鑄的器，自亦不妨重大。[1]

　　如著名的《戍嗣子鼎》。郭寶鈞曾主張這件青銅器上的彝銘是"晚殷最後的遺存"。[2]有鑑于殷商時代青銅器彝銘的簡銘特點，他提出了當時重花紋而不重彝銘的時代特徵：

　　　　可知對銅器的重視點，在紋不在銘，而文字的使用，在甲骨，在典册，并不以"鏤於金石，傳遺後世子孫"爲第一事。[3]

《戍嗣子鼎》彝銘拓片

《戍嗣子鼎》彝銘釋文：

　　　　丙午，王商（賞）戍嗣子貝廿朋，在闌
　　　　宀。用作父癸寶𣪕（餗）。唯王
　　　　𩖦闌大室，在九月。犬魚。

殷商時代的青銅器彝銘處在簡銘時期，到了西周，特別是西周中期開始，在青銅器上鑄刻洋洋數百字的長銘成了當時的一種風尚。文字體系的日益完善、語法和詞彙的增加，都是長銘時期産生的前提條件和基礎。而青銅器彝銘的價值功能

──────────────

　[1]　郭寶鈞：《商周銅器群綜合研究》，文物出版社 1981 年版，第 67—68 頁。
　[2]　同上，第 40 頁。
　[3]　同上。

的變化，更是起了決定性作用。

　　若從學術價值的角度而言，西周時期的青銅器彝銘纔是最有研究意義和研究價值的核心所在。西周史作爲先秦史研究的核心所在，一直苦于文獻短少而駐足不前。因此，通過對西周青銅器彝銘的研究，對于徹底瞭解西周社會結構和西周歷史發展的具體過程有着爲現存古籍所不具有的、不可替代的研究價值和功用。正是在此意義上纔有"一篇青銅器銘文足以抵古文《尚書》一篇"的説法。1976 年在陝西省臨潼縣零口公社西段大隊出土一批西周初期青銅器，其中就有一件《利簋》，其彝銘記載了武王征商的歷史事實。

　　相關的發掘報告如下：

　　　　利簋　一件。深腹，方座，雙耳有珥。通高 28、口徑 22 厘米。腹與方座均以雲雷紋爲地，上飾獸面紋、夔紋，方座平面四角飾蟬紋。圓足亦以雲雷紋爲地，上飾夔龍紋。器内底有銘文四行三十二字。[1]

《利簋》彝銘拓片

　　　　《利簋》彝銘釋文：

　　　　　　珷（武）征商，唯甲子朝。歲

　　　　　　鼎克聞（昏），揚又（有）商。辛未。

　　　　　　王在闌師，賜又（有）吏利

　　　　　　金，用作檀（檀）公寶尊彝。

此事見于《史記·周本紀》："二月甲子昧爽，武王朝至于商郊牧野。"又見于《尚書·武成》："甲子昧爽……天下大定。"再見于《逸周書·世俘解》："甲子朝至，接于商，則咸劉商王紂。"以上三條資料是有關武王征商的珍貴歷史記録。但是，對于是否在甲子日的早晨則是千年不解之謎。現在，因爲《利簋》的出土，這一千古疑案已經水落石出。上古史籍中的所謂"昧爽"，根據《毛詩正義》"朝，即昧爽也"，可知即是《利簋》彝銘中的"朝"。而"甲子"日的記載，則可證上古史籍資料和青銅器彝銘資料對于武王征商的記載完全一致。由此可見，正是因爲出土了《利簋》，證明了《尚書·武成》和《逸周書·世俘解》對武王征商具體時間的記

[1]　臨潼縣文化館：《陝西臨潼發現武王征商簋》，《文物》1977 年第 8 期。

載和相關史料是信史。也即《利簋》彝銘的存在價值和意義與古文《尚書》中《武成》一篇，具有相同的史料價值。可見"一篇青銅器銘文足以抵古文《尚書》一篇"的説法，并非誇大不實之詞。

即使是研究青銅器類型學的著名考古學家，也對彝銘的史料價值給予了充分的肯定：

> 大抵金文銘詞語序，仍承自甲骨。惟内容大有發展。其圖記自名、簡辭短語之識，固居多數，而長篇巨製、雄厚淵懿之作，可以抵《古文尚書》一篇者亦不下數十通。析其内容，有記祭典者，如《天亡簋》之衣祀文王，事熹上帝是。有記述訓誥者，如《毛公鼎》之反復叮嚀、諄諄訓勉者是。有記征伐功勛者，如《小盂鼎》之伐鬼方，《虢季子白盤》之伐玁狁是。有記寵錫策命者，如《頌壺》之宰弘右頌，尹氏、虢生授命，頌受册出，反納瑾璋是。有記授土授民者，如《宜侯矢簋》之錫邑錫庶人是。有記盟誓約劑者，如《矢人盤》之定界約，《曶鼎》之記賠償是。其他于《駒尊》可以見執駒之禮，于《蠡彝》可以見統帥兵權之重，于《盂鼎》可以見人鬲賞賜之多，于《召尊》可以見公田面積之大……從其中可以見社會生活、社會性質者不一而足。因鐘鼎之鑄，原爲古人銘功頌德，"子子孫孫永寶用"之物，即《墨子·非命下》所謂"書之竹帛，鏤之金石，琢之盤盂，傳遺後世子孫"。《魯問篇》所謂"以爲銘于鐘鼎，傳遺後世子孫曰'莫若我多'"者，故古人生活迹象，于不知不覺間，皆保存在銘文之字裏行間，爲研究西周社會和文物制度之重要資料。[1]

誠如上述，西周長篇青銅器彝銘的産生，使彝銘的史料價值功能得到了空前的突顯，也爲研究西周史提供了珍貴的第一手資料。那麽，在古代彝銘學史上，是怎麽認識鑄刻青銅器彝銘意義的呢?

第一節　先秦時代諸説的考察

青銅器彝銘自鑄刻之日起，學者們就開始了對彝銘存在意義和價值的探討。保

---

[1]　郭寶鈞：《中國青銅器時代》，生活·讀書·新知三聯書店1963年版，第246—247頁。

存下來的珍貴觀點都散見于先秦古籍中。大致有以下七種觀點，現分別予以説明如下：

一、使民知神奸説

此説首見于《左傳·宣公三年》：

> 楚子伐陸渾之戎，遂至于雒，觀兵于周疆。定王使王孫滿勞楚子。楚子問鼎之大小輕重焉。對曰："在德不在鼎。昔夏之方有德也，遠方圖物，貢金九牧，鑄鼎象物，百物而爲之備，使民知神奸。"

杜預注：

> 象所圖物，著之于鼎。

最後這句話"使民知神奸"正是對前面"在德不在鼎"的解釋；"神"和"奸"二者是對"德"之有無的解釋。

在這裏并没有説明該鼎上彝銘的存在與否，而古籍中對于夏鼎的記載祇是集中在對饕餮圖案的説明上。如前所述史料中對夏鼎形狀的記載是：

其一，"鼎成三足而方"（見《墨子·耕柱》）。

其二，"鑄鼎象物，百物而爲之備，使民知神奸"（見《左傳·宣公三年》）。

其三，"爲物貪婪，食人未盡，還害其身，像在夏鼎，《左傳》所謂饕餮是也"（見郭璞《山海經注·北山經》）。

即夏鼎是三足方鼎，器壁上鑄刻有饕餮紋，出現這些饕餮紋的目的是教育夏朝臣民懂得辨別是非善惡。可見在當時并不存在鑄刻彝銘的現象。那麽，青銅器存在的社會意義和價值功用是以花紋、圖案來體現的。這種重花紋、圖案的夏代青銅器的價值取向，暗示着在早期中國宗教思想中曾經出現過的那種觀象而知吉凶的傳統。這一傳統到了西周時代就被總結成伏羲氏仰觀俯察作八卦的陰陽學説。而在古文獻的傳統上，從傳説中的夏易《連山》到西周的《周易》都是繼承了這一觀象而知吉凶的傳統。通過對夏代青銅器圖案和價值功用的分析，及古文獻中對三易的觀象而知吉凶傳統的記載，我們發現這二者是相融合的，是一致的。而這一文獻資料和出土青銅器上圖案、花紋的一致，爲瞭解夏代早期思想和文化的概況提供了可能。特別是前述商周時代"🐦"字彝銘青銅器的存在，也是對饕餮圖案、對以目來觀看的觀象傳統的客觀證明。而這一傳統的直接來源應當就是夏代易學和青銅器中所蘊涵的傳統。

因此，“使民知神奸説”的出現是針對無銘之文（亦即無銘之紋）的價值功用的説明，它闡述了青銅器圖像的社會功用，成爲中國古代繪畫理論最早的“功能説”的起源，也爲以後儒家禮教思想的誕生準備了基礎。

二、鎮撫社稷説

此説首見于《左傳·昭公十五年》：

> 十二月，晉荀躒如周，葬穆后，籍談爲介。既葬，除喪，以文伯宴，樽以魯壺。王曰：“伯氏，諸侯皆有以鎮撫王室，晉獨無有，何也？”文伯揖籍談。對曰：“諸侯之封也，皆受明器於王室，以鎮撫其社稷，故能薦彝器於王。晉居深山，戎狄之與鄰，而遠於王室。王靈不及，拜戎不暇，其何以獻器？”王曰：“叔氏，而忘諸乎？叔父唐叔，成王之母弟也，其反無分乎？密須之鼓，與其大路，文所以大蒐也；闕鞏之甲，武所以克商也。唐叔受之，以處參虛，匡有戎狄。其後襄之二路，鏚鉞、秬鬯、彤弓、虎賁，文公受之，以有南陽之田，撫征東夏，非分而何？夫有勳而不廢，有績而載，奉之以土田，撫之以彝器，旌之以車服，明之以文章，子孫不忘，所謂福也。福祚之不登，叔父焉在？且昔而高祖孫伯黶司晉之典籍，以爲大政，故曰籍氏。及辛有之二子董之晉，于是乎有董史。女，司典之後也，何故忘之？”籍談不能對。賓出，王曰：“籍父其無後乎！數典而忘其祖。”

這段文章在西周禮制和歷史的研究上意義頗爲重大。這也難怪周景王要斥責籍談“數典而忘其祖”了。因爲當時晉國的銅器已經很發達了。我們從現今山西出土的大量晉國青銅器已經可以想見當時的輝煌狀況。可是，籍談居然説什麽“晉居深山，戎狄之與鄰，而遠于王室。王靈不及，拜戎不暇，其何以獻器？”之類的鬼話。

在解釋武王克商的原因時，周景王提出了“闕鞏之甲，武所以克商也”的觀點。這實際上是在主張武王克商的武器（軍事）決定論。這和史料中對當時周、商軍事力量對比差別的記載是相矛盾的。是得勝多年以後的自吹，還是對克商虎賁軍的贊美，還有待于仔細考察。但是，這裏正式闡明了西周分封制中的“分器説”。即西周在分封諸侯時一定會同時賜給受封的諸侯以青銅器，目的是“以鎮撫其社稷”。

晉侯簠

晉侯壺

晉國青銅筒

　　類似的記載還可以見《左傳·文公十二年》：

　　　　襄仲辭玉曰："君不忘先君之好，照臨魯國，鎮撫其社稷，重之以大器，寡
　　君敢辭玉。"

杜預注：

大器，圭璋也。

在具體的受封（册命）過程中，晉國曾得到了"鏚鉞、秬鬯、彤弓、虎賁"，還得到了"以有南陽之田"的土地賞賜。周景王特別強調了"有勳而不廢，有績而載，奉之以土田，撫之以彝器，旌之以車服，明之以文章，子孫不忘，所謂福也"的價值觀。其中"撫之以彝器"一語突出了青銅器在分封時的價值功用。

雖然没有明確説明彝銘的鑄刻與否問題，但是册命過程和青銅器賞賜都是通過彝銘完整地記録了下來。衹是這裏強調的是青銅器所具有的"以鎮撫社稷"的價值功用而忽略了對彝銘内容和受賞意義的具體説明。

三、嘉功之由説 · 銘其功烈説

此説首見于《左傳 · 昭公十五年》，在前述周景王指責籍談"數典而忘其祖"之後，緊接着就是以下這段内容的記載：

> 籍談歸，以告叔向。叔向曰："王其不終乎！吾聞之：'所樂必卒焉。'今王樂憂，若卒以憂，不可謂終。王一歲而有三年之喪二焉，於是乎以喪賓宴，又求彝器，樂憂甚矣，且非禮也。彝器之來，'嘉功'之由，非由喪也。"

這裏"彝器之來，嘉功之由，非由喪也"的觀點，正是對青銅器的價值功用的又一説明。它是對立有軍功者的一種賞賜。這和西周册命彝銘中對立有軍功者的賞賜彝銘是一致的。"嘉功"，嘉獎豐功偉業，主要指軍功。又見《國語 · 周語》：

> 唯有嘉功，以命姓受祀，迄於天下。

看來，在當時就已經有了兩派觀點，一派看重受封時所得到的青銅器，如前述的"鎮撫社稷説"；一派看重立軍功後所得到的青銅器，如這裏的"嘉功之由説"。此二説反映了周景王和叔向二人對青銅器價值功用認識的對立。

與叔向的觀點相類似的還有"銘其功烈説"，見《左傳 · 襄公十九年》：

> 季武子以所得于齊之兵，作林鐘而銘魯功焉。臧武仲謂季孫曰："非禮也。夫銘，天子令德，諸侯言時計功，大夫稱伐。今稱伐則下等也，計功則借人也，言時則妨民多矣，何以爲銘？且夫大伐小，取其所得，以作彝器，銘其功烈，以示子孫，昭明德而懲無禮也。今將借人之力以救其死，若之何銘之？小國幸于大國，而昭所獲焉以怒之，亡之道也。"

"功烈"，指豐功偉績。從這裏的"取其所得，以作彝器，銘其功烈，以示子孫，昭明德而懲無禮也"一段文字中，明確了青銅器彝銘必須要具有贊美祖先功績的内容。這也是"彝器之來，嘉功之由"說的翻版。又見于《昭明文選·任昉〈王文憲集·序〉》李善注：

> 《禮記》曰：鼎有銘，銘者，論撰其先祖之德美、功烈、勛勞，而酌之祭器。

同時，這裏還規定了彝銘内容和使用者之間的用語區別："夫銘，天子令德，諸侯言時計功，大夫稱伐。"這是要求鑄刻彝銘的内容要成爲對《周禮》的一種體現，天子、諸侯和大夫的彝銘用語是各不相同的。"嘉功之由說"主要是針對大夫彝銘用語的要求。

四、器者示民說

此說首見于《禮記·檀弓》：

> 仲憲言於曾子曰："夏后氏用明器，示民無知也；殷人用祭器，示民有知也；周人兼用之，示民疑也。"曾子曰："其不然乎！其不然乎！夫明器，鬼器也；祭器，人器也。夫古之人胡爲而死其親乎？"

"明器"，又作"冥器"，特指專門爲隨葬而製作的器物。《禮記·檀弓》引孔子之言：

> 之死而致死之，不仁而不可爲也；之死而致生之，不知而不可爲也。是故，竹不成用，瓦不成味，木不成斫，琴瑟張而不平，竽笙備而不和，有鐘磬而無簨虡。其曰明器，神明之也。

"祭器"，特指專門爲祭祀而製作的器物。明器也罷，祭器也罷，其核心還是在對青銅器功用的討論。

因此，上述觀點闡述了夏商周三代在使用青銅器上的目的和區別。由夏代重明器、商代重祭器和周代明器祭器并重這三種區別，可以看出三代文化的發展和變遷。

這種看重三代文化的發展和變遷的觀點還有不少，最著名的就是《論語》中對"禮"和"社樹"的異同說明了。前者見《爲政》：

> 殷因於夏禮，所損益可知也；周因於殷禮，所損益可知也。

後者見《八佾》：

> 夏后氏以松，殷人以柏，周人以栗。

我們按照上述模式把仲憲之言修改爲"夏后氏用明器，殷人用祭器，周人兼用之"，就可以發現：孔門學派中對三代文化異同的總結，是以其自身的儒家思想文化爲基準而進行的。仲憲之言和曾子之言的本質區别乃在于：仲憲看重的是青銅器價值功用在三代的變遷，而曾子看重的是人的理性主義精神在商周兩代的崛起。從表面上看，這是青銅器價值功用分類和用途之争，而其内涵則是對原始宗教信仰和人的理性主義精神之間的互動關係的説明。曾子的話，我們也可以按照上述模式修改爲"夏后氏用鬼器，殷人用人器，周人兼用之"。透過對青銅器價值功用的分類，我們可以看出由夏到周之間人的理性主義精神在三代的演進。

爲此，嚴一萍在《夏商周文化異同考》一文中提出了三代文化一脈相承説：

> 綜觀三代文化，縱有異同之處，未逾損益相因，尋其本則一脈相承，未嘗有變焉。[1]

這是繼承了《禮記·禮器》中的"三代之禮一也"的傳統觀點而來。這一傳統觀點有着很深厚的考古學基礎。張光直在利用《世本》中對夏代築城的記載和河南省鄭州商城、湖北省黄陂商盤龍城等地商人築城遺址的考古發掘以及《詩經·大雅·綿》中對周人築城的記載等資料之後，從考古學角度上主張：

> 三代之間不但在王制上相似，而且至少商周都有貴族分封治邑的制度，這種制度是和中國古代城郭的起源是分不開的。[2]

上述觀點反映了他試圖爲三代文化和禮制的演進提供一個考古學物質基礎的努力。

五、銘者自名説

此説首見于《禮記·祭統》：

> 夫鼎有銘，銘者，自名也。自名以稱揚其先祖之美，而明著之後世者也。爲先祖者，莫不有美焉，莫不有惡焉，銘之義，稱美而不稱惡。此孝子孝孫之

---

[1]　嚴一萍：《夏商周文化異同考》，《大陸雜誌特刊》第 1 輯下册。
[2]　張光直：《從夏商周三代考古論三代關係與中國古代國家的形成》，《中國青銅時代》，生活·讀書·新知三聯書店 1983 年版，第 34 頁。

心也，唯賢者能之。銘者，論撰其先祖之有德善、功烈、勳勞、慶賞、聲名列於天下，而酌之祭器，自成其名焉，以祀其先祖者也。顯揚先祖，所以崇孝也。身比焉，順也；明示後世，教也。夫銘者，一稱而上下皆得焉耳矣。是故，君子之觀於銘也，既美其所稱，又美其所爲。爲之者，明足以見之，仁足以與之，知足以利之，可謂賢矣。賢而勿伐，可謂恭矣。

這一觀點顯然是針對那類祭祖性的彝銘而言。根據《釋名·釋典藝》的解釋：

銘，名也，述其功美，使可稱名也。

以"名"解"銘"，言簡意賅地表達出那種"以稱揚其先祖之美"的作用。

從另一個角度來看，以"銘"和"名"的同音關係來相互解説，開啓了中國傳統訓詁學中同音假借字的互訓趨勢。雖然這一趨勢實際上違反了單個漢字存在的意義價值，但是却成爲古代訓詁學家們注釋經典的常用法寶。按照這一模式，"銘者"可以是"冥也"，即爲已故之人傳揚名聲；也可以是"鳴也"，即爲自己先輩發出贊美聲音。還可以是"酩也"，即如果文章有誤，那是茶餘酒後所寫之文字，誇大祖先在所難免。因此，在筆者看來，祭祖彝銘的價值功用是"論撰其先祖之有德善、功烈、勳勞、慶賞、聲名，列於天下"。但是，這祗是青銅器彝銘用途之一，并非彝銘全部的存在意義。

六、大約劑説

此説首見于《周禮·秋官·司約》：

司約掌邦國及萬民之約劑，治神之約爲上，治民之約次之，治地之約次之，治功之約次之，治器之約次之，治摯之約次之。凡大約劑書於宗彝，小約劑書於丹圖。

所謂"約劑"，即古代用作憑據的文書、契券。《周禮·春官·太史》：

凡邦國都鄙及萬民之有約劑者藏焉。

鄭玄《周禮注》：

劑，謂券書也。

又:

> 約劑，要盟之載辭及券書也。

再:

> 大約劑，邦國約也。書於宗廟之六彝，欲神監焉。

賈公彥《周禮注疏》:

> 六彝之名，若《司尊彝》云雞、鳥、斝、黃、虎、蜼之等，以畫於宗廟彝
> 尊，故知使神監焉，使人畏敬，不敢違之也。

鄭玄在爲《周禮·秋官·士師》"凡以財獄訟者，正之以傳別約劑"之句作注時還特
別强調:

> 若今時市買，爲券書以別之，各得其一，訟則案券以正之。

龔自珍《説宗彝》:

> 宗彝者何? 古之約劑器也。

可見這是針對國與國之間的外交法律文書而言的。所以，在西周時代，具有外交文
書性質的文字都是需要鑄刻在宗廟彝器上的。而所使用的青銅器主要是以下六種:
雞、鳥、斝、黃、虎、蜼。這是彝銘內容和青銅器種類的劃分之間的一個證明。

七、傳遺後世子孫説

此説首見于《墨子·魯問》:

> 子墨子謂魯陽文君曰:"攻其鄰國，殺其民人，取其牛馬、粟米、貨財，則
> 書之於竹帛，鏤之於金石，以爲銘於鐘鼎，傳遺後世子孫，曰:'莫若我多!'
> 今賤人也，亦攻其鄰家，殺其人民，取其狗豕、食糧、衣裘，亦書之竹帛，以
> 爲銘於席豆，以遺後世子孫，曰:'莫若我多!'亦可乎?"

在彝銘內容上，幾乎每件銅器彝銘上都會出現"子子孫孫永寶用"之類的話，
這也就是"傳遺後世子孫説"在彝銘上的具體體現。

"傳遺後世子孫"還有另一種作器，即嫁女作器。也就是所謂的"媵器"，是專
指用來送給出嫁女的青銅禮器。既是女方家族富有和地位的象徵，也是爲了"傳遺

後世子孫”的婚姻關係的見證。如《原氏仲簠》。

《原氏仲簠》彝銘拓片

《原氏仲簠》彝銘釋文：

唯正月初吉

丁亥。原氏中（仲）作

淪女（母）媤嫁

女（母）媵簠。用祈

眉壽萬

年無疆，永用之。

又見《通志·氏族略》記載：

原氏：周文王第十六子原伯之後，封於河内，今澤州沁水是其地也。周有原莊公，世爲周卿士，故以邑爲氏……往往其族散在他國，而以本國爲氏者。

這裏的《原氏仲簠》中的“原氏”，有學者以爲是陳國大夫原仲。在這裏出現的是比較完整的媵器彝銘，由時間、人物、出嫁作器辭、祝嘏辭四部分。事實上，經常會出現省略了某一個、兩個内容的媵器彝銘。結合龔自珍《説宗彝》一文的觀點：

宗彝者何？古之媵器也。君公以嫁子，以鎮撫百姓。

青銅器彝銘實際上具有“約劑”“自名”“示民”“傳後”等多種含義在内。但是以“傳遺後世子孫”爲媵器的最大目的。

第二節　古代彝銘學家的觀點

自秦漢到清末，有關青銅器彝銘的價值功用問題的研究，歷代彝銘學家們大致提出了以下三大觀點：其一爲“載道垂戒説”，其二爲“考古説”，其三爲“藏禮説”。現分別予以説明如下。

一、載道垂戒説

此説的首倡者爲宋代李公麟。見《籀史》：

　　李公麟，字伯時，舒城人也。著《考古圖》，每卷每器各爲圖叙，其釋製作
鏤文、款字義訓及所用，復總爲前序後贊，天下傳之。士大夫知留意三代鼎彝
之學，實始於伯時。伯時謂：“聖人製器尚象，載道垂戒，寓不傳之妙於器用之
間，以遺後人，使宏識之士即器以求象，即象以求意，心悟目擊命物之旨，曉
禮樂法而不説之秘，朝夕鑑觀，罔有逸德。此唐虞畫衣冠以爲紀，而能使民不
犯於有司，豈徒眩美資玩，爲悦目之具哉。”

李公麟在此以《周易》中的觀象製器學説來解説青銅器彝銘存在的意義。此説既吸
收了曹丕的“文以載道”的儒家思想，又容納了王孫滿的“鑄鼎象物……使民知神
奸”的“垂戒”觀點。這在以古器物的賞玩爲核心的中古時代，具有相當典型的代
表性。

二、考古説

此説的首倡者爲宋代吕大臨。見其《考古圖·自序》：

　　予於士大夫之家所閲多矣，每得傳摹圖寫，寖盈卷軸，尚病款繁未能深考，
暇日論次成書，非敢以器爲玩也。觀其器，誦其言，形容仿佛，以追三代之遺
風，如見其人矣。以意逆志，或探其製作之原，以補經傳之闕亡，正諸儒之謬
誤。天下後世之君子有意於古者，亦將有考焉。

吕大臨所作《考古圖》，自書名也可以看出其用心所在了，他是以青銅器彝銘來
考古，即“以補經傳之闕亡，正諸儒之謬誤”，顯然是利用彝銘考證經傳中所闕亡的
史事。這一點最爲現代彝銘學家們所效法。

三、藏禮説

此説的首倡者爲清代阮元。見其《商周銅器説》：

　　器者，所以藏禮，故孔子曰“唯器與名，不可以假人”。先王之製器也，齊
其度量，同其文字，别其尊卑，用之於朝覲燕饗，則見天子之尊、錫命之寵，
雖有强國不敢問鼎之輕重焉。用之於祭祀飲射，則見德功之美、勳賞之名，孝
子孝孫，永享其祖考而寶用之焉。且天子、諸侯、卿大夫，非有德位，保其富
貴，則不能製器，非有問學，通其文詞，則不能銘其器。然則器者，先王所
以馴天下尊王敬祖之心，教天下習禮博文之學。

此説是臧武仲的"作彝器……昭明德而懲無禮"説的發展。彝銘學研究到了清代已經開始走出了古器物之學的研究模式，阮元以器求禮的研究方法雖然不能盡得彝銘學研究之奧，但在打破古器物之學的那種"鑄鼎象物……使民知神奸"的"載道垂戒"學説上有其獨到之處。在此兩者之外，或流于賞玩，或重其史事，但其終結皆不出載道垂戒或器者藏禮二説之外。

特殊情況下，有些彝銘本身已經説明了作器的目的。比如作为平山三器之一的《中山王譽方壺》，右起第二列彝銘中一下子就點明了作器的目的："擇郾（燕）吉金，鑄爲彝壺，節于醴（禋）齍，可麿（法）可尚，以鄉（饗）上帝，以祀先王。"這已經不是以往的"子子孫孫永寶用享"幾個字所能涵蓋的。這一彝銘出自自作器時代，作器人自己主動道出作器目的所在。從彝銘發展的角度而言，此件銅器的銘文是當時辭例變化發展的證明。

《中山王譽方壺》彝銘局部拓片

第三節　現代彝銘學家的觀點

現代彝銘學家們的觀點，大多以青銅器彝銘中的史料價值爲核心。如容庚、張維持的《殷周青銅器通論》一書中提出了"史料説"，認爲：

> 銘文性質大率記載作器的原故，内容是豐富的。金文是古代的一種重要記録，重大事件多勒之鼎彝。《左傳》曾談及叔向向晏嬰述《讒鼎》之銘，孟僖子召見他的大夫述《正考父鼎》銘，可見左丘明作《春秋傳》，也根據銘文作爲修史的資料。彝銘即是當時的真迹，傳至今日，實爲貴重的第一手史料。[1]

---

[1]　容庚、張維持：《殷周青銅器通論》，科學出版社 1958 年版，第 80 頁。

　　唐蘭在《用青銅器銘文來研究西周史——綜論寶雞市近年發現的一批青銅器的重要歷史價值》一文中也主張此類説法。他説：

　　　　西周青銅器銘文中往往記載着許多重要歷史事件，又常涉及社會、政治、經濟、法律、軍事、文化等各個方面。這種第一手資料，遠比書本資料爲重要。[1]

　　其實，唐蘭的《西周青銅器銘文分代史徵》一書可以説就是解讀彝銘和西周史事研究的典範著作。[2]

　　當然，上述觀點的首倡者是王國維。他在《毛公鼎考釋》一文中就正式提出：

　　　　顧自周初訖今垂三千年，其訖秦漢亦且千年。此千年中，文字之變化脈絡，不盡可尋。故古器文字有不可盡識者，勢也。古代文字假借至多，自周至漢，音亦屢變。假借之字，不能一一求其本字。故古器文義有不可强通者，亦勢也。從來釋古器者，欲求無一字之不識，無一義之不通，而穿鑿附會之説以生。穿鑿附會者非也，謂其字之不可識、義之不可通而遂置之者亦非也。文無古今，未有不文從字順者，今日通行文字，人人能讀之、能解之。《詩》《書》、彝器，亦古之通行文字，今日所以難讀者，由今人之知古代，不如知現代之深故也。苟考之史事與制度文物，以知其時代之情狀；本之《詩》《書》，以求其文之義例；考之古音，以通其義之假借；參之彝器，以驗其文字之變化。由此而之彼，即甲以推乙，則於字之不可釋、義之不可通者，必間有獲焉。然後闕其不可知者，以俟後之君子，則庶乎其近之矣。[3]

　　在上述觀點之外，以馬承源主編的《中國青銅器》一書爲代表，公開提出了"書史説"：

　　　　在大量的青銅器銘文中，記載着王室的政治謀劃、歷代君王事迹、祭典訓誥、宴饗、田獵、征伐方國、政治動亂、賞賜册命、奴隸買賣、土地轉讓、刑事訴訟、盟誓契約，以及家史、婚媾等等，都是反映當時社會的政治、經濟、

[1]　《唐蘭先生金文論集》，紫禁城出版社1995年版，第500頁。
[2]　見唐蘭：《西周青銅器銘文分代史徵》，中華書局1986年版。
[3]　王國維：《觀堂古金文考釋》，《王國維遺書》，上海古籍书店1983年版，第1—2頁。

軍事、法制、禮儀情況的重要資料，具有明確的書史性質。[1]

"書史説"是現代彝銘學家們的一種通識。此説也可以看作是史料説的一個發展。

白川靜在其名著《金文の世界》一書中提出了"政治表現説"：

> 銘文的出現意味着祖靈和祭祀它的氏族之間、氏族和王室的政治聯繫通過這一媒介開始具有很强的作用……是政治聯繫强烈地支配氏族生活的直接表現。[2]

作爲日本漢學家，此説自然有異于國内學者的觀點。其實，"史料説""書史説"和"政治表現説"都是力求彝銘學研究的科學化和現代化，并試圖建立現代彝銘學研究的學術規範。

日本考古學家飯島武次在《夏殷文化の考古學研究》一書中沿襲了西方考古學界這一傳統，并從"遠古時代國家的成立"這一角度上正式提出：

> 被考古發掘出的宮殿向我們證明了建造這些宮殿需要足夠的權力、組織能力、經濟力量、建築技術的事實存在。大型墓葬的發現又是暗示我們被埋葬這裏的是具有指導者、族長或支配者的地位和身份。而青銅和玉石製造的禮器的出土，從更高一層意義上提示我們當時已經出現了對宗教權威的確立。青銅武器的存在又是大規模化的軍事力量存在的象徵……在此可以看出遠古時代國家的出現也就不是空談了。[3]

當然，龔自珍的觀點最能比較全面地代表古今學界對這一問題的看法。見他的《説宗彝》一文中的觀點：

> 然則宗彝者何？古之祭器也。君公有國，大夫有家，造祭器爲先。祭器具則爲孝，祭器不具爲不孝。宗彝者何？古之養器也。所以羞耉老，受禄祉，養器具則爲敬，養器不具爲不敬。宗彝者何？古之享器也。古者賓師亞祭祀，君公大夫享器具則爲富，享器不具爲不富。宗彝者何？古之藏器也。國而既世矣，家而既世矣，富貴而既久長矣，於是乎有府庫以置重器，所以鳴世守，媵祖襧，

[1]　馬承源主編：《中國青銅器（修訂本）》，上海古籍出版社 2003 年版，第 350 頁。

[2]　［日］白川靜：《金文の世界——殷周社會史》，日本平凡社 1971 年版，第 15—16 頁。

[3]　［日］飯島武次：《夏殷文化の考古學研究》，日本山川出版社 1985 年版，第 10—11 頁。

矜伐閥也。宗彝者何？古之陳器也。出之府庫，登之房序，無事則藏之，有事則陳之，其義一也。宗彝者何？古之好器也。享之日，於是有賓，於是有好貨。宗彝者何？古之征器也。征器也者，亦謂之從器；從器也者，以別於居器。宗彝者何？古之旌器也。君公大夫有功烈，則刻之吉金以矜子孫。宗彝者何？古之約劑器也。有大訟，則書其辭，與其曲直而刻之，以傳信子孫。宗彝者何？古之分器也。三王之盛，封支庶以土田，必以大器從。宗彝者何？古之賂器也。三王之衰，割土田以予敵國，必以大器從。宗彝者何？古之獻器也。小事大，卑事尊，則有之。宗彝者何？古之媵器也。君公以嫁子，以鎮撫異姓。宗彝者何？古之服器也。大者以御，次者以服，小者以佩。宗彝者何？古之抱器也。國亡則抱之以奔人之國，身喪則抱之以奔人之國。宗彝者何？古之殉器也。襚之外，棺之中；棺之外，椁之中；椁之外，冢之中；於是乎有之，起于中古。宗彝者何？古之樂器也。八音金為尊，故銘之，衎神人也。宗彝者何？古之徽器也。或取之象，或刻之銘，以自教戒，以教戒子孫。宗彝者何？古之瑞命也。有天下者，得古之重器，以為有天下之祥；有土者，得古之重器，以為有土之祥；有爵邑者，得古之重器，以為有爵邑之祥。凡有徵於先史之籍者，有此十九說者，皆不可以不識也，不可以不類識也。

對彝銘價值功用的闡述，古今未有過此文者。但是，此段文章在思想史上的意義可能更大一些。青銅器的社會價值功用和它賴以存在的禮制化社會基礎，使得古代文明和文化更能集中體現在青銅器的具體存在上。從政治、經濟、法律、戰爭到宗教、音樂、道德、禮儀等各個方面，無一例外地都要和青銅器產生多少不等的聯繫。西方考古學家們所主張的那種以青銅器的出現與否作為衡量一種文明發展程度的重要標誌的這一傳統觀點，看來是有其獨到的根據的。

第四節　張敞和彝銘學的成立

在古代彝銘學史上，一般都把漢代古文字學家張敞作為進行彝銘研究活動的先驅。有關這一問題的由來，可以見《漢書‧郊祀志》：

是時美陽得鼎，獻之。下有司議，多以爲宜薦見宗廟，如元鼎時故事。張敞好古文字，按鼎銘勒而上議曰："臣聞周祖始乎后稷，后稷封於斄，公劉發迹於豳，大王建國於邠、梁，文、武興於酆、鎬。由此言之，則邠、梁、酆、鎬之間，周舊居也，固宜有宗廟、壇場、祭祠之臧。今鼎出於郊東，中有刻書曰：'王命尸臣，官此栒邑，賜爾旂鸞、黼黻、琱戈。'尸臣拜手稽首曰：'敢對揚天子，丕顯休命。'臣愚不足以迹古文，竊以傳記言之，此鼎殆周之所以襃賜大臣，大臣子孫刻銘其先功，臧之於宮廟也。昔寶鼎之出於汾脽也，河東太守以聞，詔曰：'朕巡祭后土，祈爲百姓蒙豐年，今穀嗛未報，鼎焉爲出哉?'博問耆老，意舊臧與? 誠欲考得事實也。有司驗脽上非舊臧處，鼎大八尺一寸，高三尺六寸，殊異於眾鼎。今此鼎細小，又有款識，不宜薦見於宗廟"。制曰："京兆尹議是。"

首先分析一下這裏出現的青銅器彝銘：

王命尸臣："官此栒邑，賜爾旂鸞、黼黻、琱戈。"尸臣拜手稽首曰："敢對揚天子，丕顯休命。"

共三十二字。此鼎出于郊東美陽地區，即現今陝西省扶風縣一帶，可以定爲周器。按照彝銘學家們給器物命名的習慣，筆者把此鼎命名爲《尸臣鼎》。彝銘中的"拜手稽首"四字除了見于殷周銅器之外，還記録在古籍中。如《尚書·召誥》中有"拜手稽首"一語，足以證明此彝銘的真實性。

陳夢家在《西周銅器斷代》中介紹"拜手稽首"大致有三種形式，即：

1. 拜稽首；
2. 拜首稽首、拜手稽首、拜手稽手；
3. 拜稽首休、拜稽手休。[1]

關于"拜手稽首"一語，顧炎武《日知録·拜稽首》中記載：

古人席地而坐，引身而起則爲長跪，首至手則爲"拜手"，手至地則爲"拜"，首至地則爲"稽首"，此禮之等也。君父之尊必用稽首，拜而後稽首，此禮之漸也；必以稽首終，此禮之成也……古人以稽首爲敬之至。

---

[1] 見陳夢家：《西周銅器斷代（三）》，《考古學報》1956 年第 1 期。

其中，"敢對揚天子丕顯休命"爲彝銘中所常見。但此類用語"（敢對）揚某丕顯某休"形式，在實際應用時變化頗多。以筆者的研究，常見的大致有以下七種表現形式。

1."某揚某休"格式。如：

《競簋》彝銘："競揚伯犀父休。"

《小臣靜卣》彝銘："揚天子休。"

《縣改簋》彝銘："敏揚伯犀父休。"

《天亡簋》彝銘："敏揚王休。"

2."對揚某休"格式。如：

《毛父簋》彝銘："對揚伯休。"

《吕方鼎》彝銘："對揚王休。"

《**稱**卣》彝銘："對揚師雍父休。"

3."敢對揚某休"格式。如：

《趞曹鼎》彝銘："敢對揚天子休。"

《伯克壺》彝銘："敢對揚天、君、王、伯休。"

其中，"顯"字又可作爲"**丕**"。如《師虎簋》彝銘爲"丕**丕**魯休"，《師遽簋》彝銘爲"丕**丕**休"。爲此，晚清吴大澂在《説文古籀補》一書中考證：

> **丕**，古"顯"字，從二不。不，古"丕"字，大也。

岑仲勉在《從漢語拼音文字聯繫到周金銘的熟語》一文中更進一步詳細考證説：

> 近世金文家既比金文之"不顯"于《尚書》之"丕顯"，而《毛詩》"不顯"的用法多相同，從比較文字學觀點來看，自不能例外。顧解《詩》者仍多承襲故訓，間有略提新意，如于省吾氏《雙劍誃詩經新證》三"不顯亦臨"條："省吾以爲不應讀丕……言神臨之丕顯，保之無厭也。"不單止語意含渾，且未對《詩經》所有的"不顯"，作出一個共通的解釋，足見家派學入人之深，經二千年而爲害仍烈。考《孟子》"丕顯哉文王謨"，趙注"丕，大也；顯，明也"，《左氏·僖廿八年傳》"奉揚天子之丕顯休命"，杜注"丕，大也"，由是來看《爾雅·釋詁》之"丕，大也"，也是對"丕顯"作注。[1]

---

[1] 岑仲勉：《兩周文史論叢》，商務印書館 1958 年版，第 198 頁。

上述《伯克壺》彝銘中出現了"天""君""王""伯"四者，即"敢對揚天、君、王、伯休"，并且又排出了此四者的先後等級次序。它的原始儒家禮儀色彩十分濃厚，對于研究原始儒家禮儀思想的起源具有極爲重要的作用。[1]

4."揚某休對"格式。如：

《趞尊》彝銘："揚王休對。"

5."對某休"或"對某休揚"格式。如：

《史懋壺》彝銘："對王休。"

《虢叔旅鐘》彝銘："對天子魯休揚。"

6."揚某休"格式。如：

《小臣靜卣》彝銘："揚天子休。"

《靜方鼎》彝銘："靜揚天子休。"

7."敢對揚某，丕顯休"格式。如：

《牧簋》彝銘："敢對揚王，丕顯休。"

《師望鼎》彝銘："敢對揚天子，丕顯魯休。"

《豆閉簋》彝銘："敢對揚天子，丕顯休命。"

《尸臣鼎》的彝銘爲"敢對揚王休，丕顯休命"一語，和《豆閉簋》彝銘完全相同。無疑，這就增加了《尸臣鼎》的可信度。

"尸臣"一族，由來并非不明。因爲在《左傳·昭公二十六年》中記録有"尸氏"，《左傳·隱公五年》中記録有"尸子曰"，可見作爲周代氏族之一的"尸氏"，由來甚久。其地望，依杜預《春秋經傳集解》可知"在鞏縣西南偃師城"。《漢書·地理志上》中記載：

尸鄉，殷湯所都。

《水經注·汳水》引闞駰曰：

亳，本帝嚳之墟。在《禹貢》豫州河洛之間，今河南偃師城西二十里尸鄉

---

[1]《伯克壺》全文如下："唯十又六年十月既生霸乙未。伯太師易（錫）伯克侯山，夫伯克敢對揚天、君、王、伯休，用作朕穆考後中彝。高克用匄眉壽無疆。克其子子孫孫，寶用享。"這裏的先後次序是"天""君""王""伯"四者，最早著録在宋代王俅《嘯堂集古録》上卷。自宋以後，歷代曾被前人以《高克尊》《伯克尊》《克尊》《伯克壺》等名稱著録。

亭是也。

而尸鄉亭，依《括地志》所載：“在洛州偃師縣、洛州東南也”。可見尸鄉本爲帝嚳之墟，又是殷王商湯之都。則“尸氏”或即受封于尸鄉而得氏族之名。《作册睘卣》彝銘中記載了“王姜令作册睘安尸伯”的一段歷史事實。因此，筆者猜想：“偃師”的本字可能就是“偃尸”。“偃尸”即“尸氏族”偃所封之地。秦漢之間，文字統一，使用“尸”字不祥，遂改“偃尸”爲“偃師”。而尸臣則是被封“官此枸邑”，“枸”又作“旬”，古“枸邑”在今陝西境内。亦即説明從尸臣開始，他由祖先封地的河南偃師受封遷移到陝西枸邑爲官。在《尊寶鼎》彝銘中還出現了天子賞賜給他“賜爾斿鸞、黼黻、珋戈”等禮儀色彩濃厚的物品。而其祖先的衆仲，在《左傳·隱公五年》中則大講了一通周代禮儀活動中《萬舞》的使用人數問題。這些更可證明尸臣的祖先一定是精通周代禮儀活動的重臣。張敞解説《尸臣鼎》彝銘，爲“此鼎殆周之所以褒賜大臣，大臣子孫刻銘其先功，藏之宮廟也”，這一解釋大致是對的。

　　在漢代出土的青銅器上并非祇有《尸臣鼎》上有彝銘，發掘出的其他青銅器上也時常有彝銘鑄刻。如《後漢書·竇憲傳》中記載：永元元年（89），竇憲意外獲得古鼎一件，鼎上有彝銘十四字，内容爲：

　　　　仲山甫鼎，其萬年子子孫孫永保用。

這裏出現的彝銘“其萬年子子孫孫永保用”也是彝銘上常用而相對固定的鑄刻用語。其真實性自然無可置疑。它也有幾種變化，常見的有以下十一種格式。

　　1.“其子子孫孫”格式。如：
《天盂》彝銘：“其子子孫孫永寶用。”
《厚趠方鼎》彝銘：“其子子孫孫永寶。”
《日己觥》彝銘：“其子子孫孫萬年永寶用。”
《鄭伯匜》彝銘：“其子子孫孫永寶用之。”
　　2.“其萬年”格式。如：
《杜伯盨》彝銘：“其萬年永寶用。”
《邾君慶壺》彝銘：“其萬年眉壽永寶用。”
《杜伯鬲》彝銘：“其萬年子子孫孫永寶用。”

《仲偁父鼎》彝銘："其萬年子孫永寶用。"

《駒父盨》彝銘："其萬年永用多休。"

《晉仲韋父盉》彝銘："其萬年永寶。"

3."其萬年/萬壽無疆，子子孫孫"格式。如：

《邾公華鐘》彝銘："是保其萬年無疆，子子孫孫永保用享。"

《虢文公子鼎》彝銘："其萬年壽無疆，子子孫孫永寶用享。"

《函皇父簋》彝銘："其萬年子子孫孫永寶用。"

《牧敦》彝銘："牧其萬年壽考，子子孫孫永寶用。"

《敔敦》彝銘："敔其萬年子子孫孫永寶用。"

4."其子孫萬代"格式。如：

《師趛鼎》彝銘："其萬年子孫永寶用。"

5."子孫其"格式。如：

《師旦鼎》彝銘："子孫其萬億年永寶用享。"

6."子孫"格式。如：

《西周甗》彝銘："子孫永寶。"

7.人名或國名加"其"格式。如：

《追簋》彝銘："追其萬年子子孫孫永寶用。"

《小克鼎》彝銘："克其子子孫孫永寶用。"

《牧敦》彝銘："牧其萬年壽考，子子孫孫永寶用。"

《敔敦》彝銘："敔其萬年子子孫孫永寶用。"

8."子子孫孫"格式。如：

《頌壺》彝銘："子子孫孫寶用。"

《曾叔㚕父盨》彝銘："子子孫孫永寶用。"

《應公鼎》彝銘："子子孫孫永寶。"

《速盤》彝銘："子子孫孫永寶用享。"

《㝬季良父壺》彝銘："子子孫孫是永寶。"

《鄧公孫無忌鼎》彝銘："子子孫孫永寶用之。"

9."孫孫子子"格式。如：

《霸伯盂》彝銘："孫孫子子，其萬年永寶。"

10. "孫子" 格式。如：

《大夫始鼎》彝銘："孫孫子子永寶用。"

11. "永寶/永寶用" 格式。如：

《姬夐豆》彝銘："永寶用。"

我們通過上述對比，可以發現彝銘的簡單和繁瑣在當時是并存的。"敢對揚天子休" 顯然是 "敢對揚天子，丕顯休命" 的簡單形式，"其萬年用" 顯然是 "其萬年子子孫孫永寶用享" 的簡單形式。我們將上述情況稱爲彝銘的 "簡單句式" 和 "繁瑣句式"。簡單句式和繁瑣句式的并存，至今我們沒有發現因地位和尊敬程度的差異而產生特定的對繁簡句式的使用規定，那麼，繁簡句式的出現祇能出于以下兩種考慮：其一是鑄刻工藝的考慮；其二是在有限的範圍内鑄刻更多的内容的考慮。目前爲止，尚未發現祇有天子纔能使用繁瑣句式而大臣祇能使用簡單句式的等級差異現象。

綜上所述，張敞對彝銘的解讀，爲彝銘學研究的誕生準備了基礎。而作爲上述彝銘文字的解讀者張敞，他之所以能夠流利而準確地解讀出青銅鼎上所刻的銘文，這和他的 "好古文字" 是有直接關聯的。也因爲張敞對彝銘的理解——"竊以傳記言之，此鼎殆周之所以褒賜大臣，大臣子孫刻銘其先功，臧之于宮廟也"——他把青銅器所具有的政治含義淡化爲後世子孫紀念祖先的非政治性的行爲。

在《漢書・張敞傳》中，涉及對他學術的描述祇有一句話，"然敞本治《春秋》，以經術自輔"，而在《漢書・郊祀志》中纔比較詳細地補充了他的古文字學研究和學習經歷："是時美陽得鼎，獻之。下有司議，多以爲宜薦見宗廟，如元鼎時故事。張敞好古文字，按鼎銘勒而上議……" 爲什麼如此重要的生平經歷沒有出現在《漢書・張敞傳》中？顯然，當時以出現銅器爲灾異的風氣和觀念制約了歷史學家對這一問題的重視。

因此，我們主張把漢宣帝時代看作中國古代彝銘學術研究誕生的正式起點。

第四章　彝銘的分期和斷代

引　論

薛尚功在《歷代鐘鼎彝器款識》一書中曾主張"器銘一字者，多夏、商之器也"，可見他是比較早地注意到彝銘和斷代問題的彝銘學家。其實這一現象，古今很多學者們已經注意到了。郭寶鈞在《商周銅器群綜合研究》一書中就此總結説：

> 就銘文看，晚商已從中商的無銘時期進爲有銘時期……少者一二字，多者三四字，或爲族徽，或爲致祭對象，如父癸、母戊之類的稱號，均甚簡單。[1]

今天，我們一談到對彝銘的分期和斷代的問題，它至少包含以下三個方面的内容：首先是青銅器的分期和斷代；其次是彝銘字體和書法藝術的分期和斷代；最後是彝銘款式和用語的分期和斷代。有時候，從彝銘鑄、刻工藝的不同，也可以進行斷代。比如，戰國以前多鑄銘，戰國時期有較多的刻銘。

關于青銅器的分期和斷代的問題，那是青銅考古學的重點研究課題。在青銅考古學上被定爲商器的，除了有部分商器彝銘是出自後人僞刻之外，一般來説商器上出現的彝銘也是商代的；被定爲周器的，除了有部分周器彝銘是出自後人僞刻之外，一般來説周器上出現的彝銘也是周代的。這應該是沒有疑問的。在這方面研究取得重大成果的當首推陳夢家的長篇系列論文《西周銅器斷代》。但是，對青銅器進行分期和斷代的研究還不是彝銘的分期和斷代的核心内容。

---

[1] 郭寶鈞：《商周銅器群綜合研究》，文物出版社 1981 年版，第 40 頁。

　　關于彝銘字體和書法藝術的分期和斷代的問題，是美術考古學和書法史研究的重點課題。郭沫若在《古代文字之辯證的發展》一文中就曾主張：

　　　　到了春秋末年，特別是在南方的吳、越、蔡、楚諸國，竟出現了與繪畫同樣的字體，或者在筆劃上加些圓點，或者故作波折，或者在應有字劃之外附加以鳥形之類以爲裝飾。[1]

　　春秋時期彝銘的上述特點，顯然和商周彝銘的“字體比較凝重”的藝術風格是截然不同的。梅原末治在《中國青銅器時代考》一書中也提出：

　　　　自考古學之立場觀之，有極可注意一重要之點，即銘文書體之不同是也。[2]

應該説，郭沫若等人的彝銘的分期和斷代學説更多地還是從這裏入手的。但是，這兩個方面的分期和斷代的内容祇是彝銘的分期和斷代的輔助，彝銘款式和用語的分期和斷代纔是我們所説的彝銘的分期和斷代的核心課題。在過去的六七十年中，又多以彝銘中的曆法用語研究爲這一方面的主攻方向，代表學者前有吳其昌，後有杜勇、彭裕商等人。

　　有關學術界對彝銘款式和用語的分期和斷代的研究，我們分別加以介紹如下。

第一節　古代彝銘學家的斷代諸説

一、稱謂斷代説

　　所謂“稱謂斷代説”就是主張利用彝銘中出現的人物稱謂來進行殷周銅器斷代的觀點。目前爲止它主要有兩個立論根據：其一是以“考”字稱謂立論，其二是以“子孫”字稱謂立論。

　　所謂以“考”字稱謂立論就是主張凡是彝銘中以“考”來稱謂自己父親的，大多是周器。如吕大臨在《考古圖》一書中對《父己足迹卣》彝銘進行考證時已經考

---

[1]　郭沫若：《奴隸制時代》，人民出版社 1973 年版，第 257 頁。
[2]　[日] 梅原末治：《中國青銅器時代考》，商務印書館 1936 年版，第 33 頁。

慮到這個問題并給出了答案：

> 凡稱“甲”“乙”以“祖”“父”加之者，疑皆商器也。商人尚質，爲其祖
> 考作祭器者，猶稱“父”也。

即“父”這一稱謂在商代同時兼有“祖”“父”兩種含義。

所謂以“子孫”字稱謂立論就是主張凡是彝銘中出現“子孫”稱謂的，大多是周器。如受宋人學説的影響，吳其昌在《金文曆朔疏證》一書的《序論》中也如是説：

> 殷人尚無子孫觀念，周公手創周之宗法制度者，故亦爲最初創立子孫觀念者。考殷器從未有連舉“子孫”二字者。[1]

假如在殷商彝銘上出現“父”字又該怎麼理解呢？對于這個問題，容庚在《商周彝器通考》一書中主張：

> 余意稱父爲考，始於周人。故商器中祇稱“父某”或“文父某”，至周器則稱“文考父某”或“厥考”“文考”“皇考”“穆考”。故凡稱“考”諸器，無論其有圖形、日名與否，均可定爲周器。[2]

二、日名斷代説

所謂“日名斷代説”就是主張凡是彝銘中出現干支人名的，大多是商代器，甚至是夏代器。持這一觀點的以宋代學者爲多。

呂大臨《考古圖·鼎屬》對《庚鼎》《辛鼎》和《癸鼎》彝銘的解釋中就説：

> 按，《史記》夏、商未有謚，其君皆以“甲”“乙”爲號，則此三鼎疑皆夏、商之器。

薛尚功《歷代鐘鼎彝器款識·商器款識·鼎》中對此解釋説：

> 器銘一字者，多夏、商之器也。

這裏的“器銘一字者”，顯然指的也是“皆以‘甲’‘乙’爲號”，也就是以干支爲號的問題。

---

[1]　吳其昌：《金文曆朔疏證》卷一，商務印書館 1936 年版，第 1 頁。
[2]　容庚：《商周彝器通考》上册，哈佛燕京學社 1941 年版，第 80 頁。

第二節　現代彝銘學家的斷代諸説

一、曆法斷代説

要想從彝銘中對其進行分期和斷代，是個奇難無比的科研課題。

在商周時代，出現在青銅器上的紀年方法雖然大致上是統一的。但是，根據對彝銘中出現的"初吉""既生霸""既死霸""既望"等月相術語理解的不同，還可以分成"定點月相説"和"四分月相説"兩派觀點。因此，僅僅是"西周紀年，皆統於王，故云唯王某年某月"[1]并不能解决彝銘分期和斷代上的全部問題。

吳其昌在《金文曆朔疏證》一書的《序論》中就力主根據彝銘上所揭示的曆法進行分期和斷代研究。他説：

> 彝器文字，既爲宗周一代文獻史實之首矣，則當先考定其時。其時不定，或以爲文王，或以爲幽王，有器與無其器等也。[2]

然後，他提出了具體的研究方法：

> 如能於傳世古彝數千器中，擇其年、月、分、日全銘不缺者，用四分、三統諸曆推算六七十器，確定其時代。然後更以年、月、分、日四者記載不全之器，比類會通，考定其時代，則可得百器外矣。然後更以此百餘器爲標準，求其形制、刻鏤、文體、書勢相同似者，類集而參綜之，則無慮二三百器矣。然後更就此可知時代之群器，籀繹其銘識上所載記之史實，與經傳群籍相證合，則庶乎宗周文獻，略可取徵於一二矣。[3]

他的《金文曆朔疏證》一書應該説就是實現他上述想法的代表作。宋代的彝銘學者如呂大臨、薛尚功等人，利用當時所掌握的三統曆和太初曆的知識，已經開始尋求解决這一問題了。但是，到了吳其昌此書的出現，纔算取得了一項可以稱之爲"階段性"的成果。雖然，今天看來此書還并不十分成熟，值得商榷之處頗多，但是

---

[1]　容庚：《商周彝器通考》上册，哈佛燕京學社 1941 年版，第 86 頁。
[2]　吳其昌：《金文曆朔疏證》卷首，商務印書館 1936 年版，第 2—3 頁。
[3]　同上，第 3 頁。

他畢竟開啓了這一研究領域的先河。

二、彝銘斷代説

一般來説，利用彝銘中記載的人物和史實進行斷代，應該是最爲科學和實證的方法了。但是，在很多情況下，彝銘中或者祗出現孤零零的一個“王”字，或者出現的是現存史料中無法對應的人物或者職官，或者出現的是現存史料中無從查考的特定的歷史事件，我們根本無法判斷這樣的彝銘記載的是哪一代周王或者商王的史實，也不知道某個人物或者職官究竟是商周史料中的哪一位。就算出現了完整的曆法記載，也根本無法斷定彝銘史實的真實年代。

1. 時王斷代説

所謂“時王斷代説”就是主張彝銘中出現了王的名號或者謚號，因而可以立刻準確地判斷出青銅器的年代。比如在《師旦鼎》彝銘中就出現了“唯元年八月，丁亥，師旦受命。作周王、太姒寶尊彝”的記載，這裏出現的“周王”和“太姒”同時并舉的現象，顯然是指周文王夫婦。而“師旦”也祗能是指“周公旦”。這裏的“唯王元年”的“王”，應當就是“周武王”。于是，《師旦鼎》爲武王時代器已經十分明確了。

《師旦鼎》彝銘拓片

《師旦鼎》彝銘釋文：

> 唯元年八月，丁亥，
> 師旦受命。作周
> 王、太姒寶尊彝，
> 敢拜稽首，用祈
> 眉壽無疆，子
> 孫其萬億
> 年永寶用享。

《師旦鼎》最早記録在《鐘鼎款識》中，原器已佚。

容庚在《商周彝器通考》一書中主張：

> 西周紀年，皆統於王，故云唯王某年某月。春秋以降，有用各國紀年者，如《郜公簋》云“唯郜正二月初吉乙丑”……《鄧公簋》云“唯鄧九

月初吉"。[1]

相應地，"唯都正二月初吉乙丑""唯鄧九月初吉"爲春秋時代器也就是不爭的事實。可見，"時王斷代説"還是有着强有力的彝銘材料作爲證據支撑的。

有時，時王是被明確寫入彝銘中的。如《宗周鐘》中的"來逆邵王"一語，邵王即昭王，則《宗周鐘》顯然是昭王時器。見下面該器彝銘拓片，右起第一行前四個字即"來逆邵王"。

《宗周鐘》彝銘局部拓片

2. "日"字加"日名斷代説"

此種也可以看成是"日名説"的發展。所謂"日"字加"日名斷代説"就是主張凡是彝銘中出現干支人名的，而且在其前面正好有個"日"字，大多是周代器。

容庚在《商周彝器通考》一書中主張：

> 日名之上加以日字，雖始於商，如《三商戈》，而以周代爲多，西周後期仍有之。[2]

爲此，容庚在書中特別舉出了《休盤》《師虎簋》《作册睘卣》等幾十例彝銘加以論證説明。

3. 康宫斷代説

所謂"康宫斷代説"就是主張彝銘中凡是有"康宫"一詞的西周青銅器應該都

---

[1]　容庚：《商周彝器通考》上册，哈佛燕京學社 1941 年版，第 86 頁。
[2]　同上，第 80 頁。

是康王以下各王之物。這一觀點是對羅振玉觀點的發展。最早是羅振玉主張彝銘中
的"康宮"就是康王之廟。但是，將此説發揚光大的却是唐蘭，他提出了以"康宮"
作爲西周銅器斷代中的重要標準。

　　見下面的《令彝》彝銘拓片，右起第七列倒數第四、五字即爲"京宮"二字，
右起第八列正數第三、四字即爲"康宮"二字。

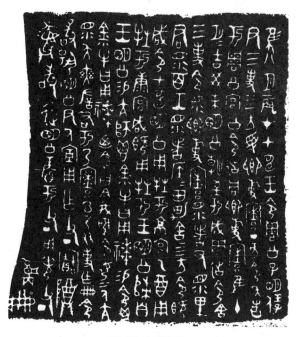

《令彝》彝銘拓片

唐蘭在《西周銅器斷代中的"康宮"問題》一文中主張：

　　　　金文裏的"康宮"是周康王的宗廟。根據這個結論，我們可以把金文裏的
　　"康宮"有關的許多問題解釋清楚，可以明白西周時代的宗法和祭祀制度，但更
　　爲重要的是可以用此來作爲西周青銅器斷代問題中的一個標尺。[1]

然後，他進行了較詳細地考證：

　　　　"康宮"是周康王的宗廟，單單從這個題的本身來説并不是很重要的。但是
　　作爲西周青銅器分期的標尺來看却又是很重要的。"康宮"既然是康王的宗廟，

---

［1］《唐蘭先生金文論集》，紫禁城出版社 1995 年版，第142 頁。

那麽，銅器上有了"康宫"的記載就一定在康王以後。許多銅器銘刻在内容上又是互相有關聯的。所以，用"康宫"來作爲分時代的標尺，不祇是一兩件銅器的問題，而將是一大批銅器的問題。[1]

當然，對唐蘭之説表示反對的也大有人在。早在 20 世紀 30 年代，就在唐蘭的"康宫説"剛露頭角時，郭沫若就在《兩周金文辭大系》一書中就《令彝》彝銘中"康宫"與"京宫"同時出現的問題提出了反駁：

> "康宫"與"京宫"對文，則可知康宫必非康王宗廟，不然則古彝器中爲何絕不見成宫、武宫、文宫等字耶？[2]

可見郭氏反駁得十分到位、有力。

何幼琦在《論"康宫"》中主張：

> 唐氏釋宫爲廟，在訓詁學上固然有此一説。可是《爾雅》和《説文》不也有"宫，室也"一説麽？宫何嘗一定是廟而非室呢？在未能用事實否定康宫是康王的居室之前，就肯定它是康王之廟，是一種先驗論的認識。他斷言銘有"康宫"之器，不能定在康王之前，也是缺乏驗證的論斷……康王時有康宫，昭王時有昭宫，穆王時有穆王大室，夷王時有夷宫，這些事實，宣告了宫爲廟説的徹底破産，因爲誰也不會給自己修建宗廟。尤其是，成王時已經有了康宫，康王時已經有了昭宫，夷王時已經有了屬宫，更不可能是父王預先給兒子修建宗廟。這就從根本上否定了康宫爲康王之廟的説法。[3]

但是，何氏的否定説并不能完全成立。因爲預先修建宗廟雖然是不太可能的，但是宫室變爲宗廟的可能性也是有的。所謂新宫，正是這一使用功能變遷的産物。所以，如果不考慮《令彝》的問題，筆者還是部分地贊成唐蘭的"康宫説"。

其實，唐氏的"康宫斷代説"，最大的難題是王號的生稱死稱問題。如果"康宫"是死稱，則彝銘中的生稱王號的銅器如《利簋》《遹簋》就完全無法理解了。如果是康王時代開始的死稱，似乎也難以和彝銘中出現的歷史記載一一對應。如《遹

---

[1] 《唐蘭先生金文論集》，紫禁城出版社 1995 年版，第 165 頁。
[2] 郭沫若：《兩周金文辭大系》，日本文求堂書店 1932 年版，第 247 頁。
[3] 何幼琦：《西周年代學論叢》，湖北人民出版社 1989 年版，第 166—168 頁。

簋》彝銘中的"穆王在莽（鎬）京"總不能是穆王死後神游的記錄吧。因此，"康宮斷代説"有進一步推敲的需要，尚不能盡信。

4. 族徽斷代説

所謂"族徽斷代説"就是主張根據商周彝銘上出現的特殊圖形文字（族徽），作爲判斷青銅器是商或周的斷代根據的觀點。如高本漢就主張，凡是彝銘中出現"析子孫"圖形的，就一定是商代器。此説在中國學術界也獲得不少學者的支持。

該圖形有多種變化，比較典型的十種常見的形象如下。

但是，"析子孫"是否爲商代青銅器上出現的特定符號或者族徽，目前還缺乏古文字學、考古學上的力證，還需要相關學者繼續加以研究。關鍵是這種圖像經過筆者的考證，它應該是感天信仰的圖像表達，商、周皆有，并不能作爲商代專有的證明（詳見本書第二編《彝銘組成結構研究》第十五章《徽記用語》的内容）。

5. 互證斷代説

所謂"互證斷代説"就是指彝銘中没有出現時王和作器時代的記載，但是根據它所記載的史實和使用的語言，再參照已知青銅器的作器年代和先秦史料，對比研究後考證出的該青銅器所處的時代。這是比較科學化的研究方法。

如《番生簋》彝銘，今祇存後半段，完全不知道作器年代。而吳其昌在《金文曆朔疏證》一書中利用"互證斷代法"考證後認爲：

　　然銘文與成王時代之彝器，如《毛公鼎》《毛父班彝》及成王時代之典謨，如《酒誥》《立政》《顧命》相同，而與《毛公鼎》爲尤甚。[1]

而後，在對比研究了二者的彝銘之後，他得出了"是故知《番生簋》爲成王時器"的結論。這一結論是可信的。

《番生簋》彝銘殘缺拓片

同樣，在考證《師訇敦》彝銘時，他也是將其與《毛公鼎》彝銘對比研究，從而得出了"以文法、方言、成語證之，知二器同作於一時也"的結論。[2]

6. 特定歷史人物斷代說

所謂"特定歷史人物斷代說"就是指彝銘中出現的人名是某個特定歷史時期的，因而可以很容易地斷定該青銅器的年代。如薛尚功《歷代鐘鼎彝器款識》對《伯冏父敦》彝銘"伯冏父作周姜寶敦"中"伯冏父"名的考證：

按歐陽文忠公《集古錄》云，《尚書·冏命序》曰"穆王命伯冏爲周太僕正"，則此敦周穆王時器也。

---

[1]　吳其昌：《金文曆朔疏證》卷一，商務印書館 1936 年版，第 33 頁。
[2]　同上，第 36 頁。

7. 字體斷代説

所謂"字體斷代説"就是指現代有些學者主張銅器上出現的一些特殊字體，如鳥蟲書，多爲戰國時代楚、吳、越、徐等國之器。如比較著名的銅器《王子午鼎》《越王劍》《吳王劍》等大量兵器上出現的鳥篆字體。

8. 標準器斷代説

所謂"標準器斷代説"首倡于郭沫若，而大盛于高本漢。郭沫若在 1930 年 4 月 6 日致容庚的信中主張：

> 武英殿古器復將由兄整理成書，甚欣慰。體例依《寶蘊樓》亦甚善。惟弟意於影片之下似宜注"原大幾分之幾"，使讀者一覽即可有仿佛原器之大小，不必一一依所記度量推算始明，似較利便。又器物之時代頗不易定，歷來大抵依據款識以爲唯一之標準，然此標準亦往往不可靠。例如以日爲名者古即歸於商器，然《遹簋》乃穆王時器猶稱"文考父乙"，即其一例也。余意花紋形式之研究最爲切要，近世考古學即注意於此。如在銅器時代以前之新舊石器時代之古物，即由形式或花紋以定其時期。足下與古物接觸之機會較多，能有意於此乎？如將時代已定之器作爲標準，就其器之花紋形式比匯而統系之，以按其餘之時代不明者，余意必大有創獲也。[1]

高本漢在 1936 年、1937 年發表的論文中，將銅器裝飾風格的分類和彝銘的分期結合起來。比如他通過親自分析一千二百八十五件青銅器的裝飾風格，將饕餮裝飾分爲"A"（原生式）、"B"（次生式）兩種，再結合彝銘，以彝銘中出現的相同人名作爲一組，以此進行銅器斷代的劃分。但是這一方法無法解決當時存在的襲名現象和同名現象等複雜的歷史問題，因此劃分的結果自然就有失精準。

第三節　現代彝銘學家的分期諸説

一、三期説

對彝銘款式和用語的分期和斷代的研究，是近現代學術史上的熱點課題。郭沫

[1] 曾憲通編注：《郭沫若書簡（致容庚）》，廣東人民出版社 1981 年版，第 183 頁。

若和容庚的"三期説"，具有十分重要的研究價值和啓迪作用。

所謂"三期"，即按照商、西周、東周三個歷史時期，把彝銘款式和用語也相應地分成這三個時期，我們分別加以介紹如下。

1. 商代期

郭沫若在《古代文字之辯證的發展》一文中主張：

> 殷代的金文，字數不多，因爲有銘的青銅器占少數。銘文也不長，每每祇有三兩個字。銘文長至十數字或數十字者爲數極少，大抵都是殷代末年的東西。但在殷代金文中有一項很值得注意的成分，那就是有不少的所謂"圖形文字"……這種文字是古代民族的族徽，也就是族名或者國名。[1]

郭沫若對商代的彝銘特點，分析十分準確。特別是困擾了彝銘學界千年之久的所謂"圖形文字"的問題，他主張這些是"古代民族的族徽"，并且提出了這些族徽在結構上表現出的兩個系統："刻劃系統"與"圖形系統"。這就爲彝銘的地域性和民族性的研究開闢了道路。他通過細緻的觀察發現彝銘上"刻劃系統的族徽之比較少"的現象，并從書法藝術的角度，總結彝銘爲"本來中國的文字，在殷代便具有藝術的風味"。[2]

商代期《南單觚》《亞斿觚》《我方鼎》彝銘拓片

---

[1]　郭沫若：《奴隸制時代》，人民出版社 1973 年版，第 253 頁。

[2]　同上，第 254、257 頁。

容庚在《商周彝器通考》一書中也主張：

> 商代銘文，以一字至五六字爲多，記作器之人及爲某人作器。其作器之故，以祭祀賞錫爲多。其所記之事，奧晦難曉，其長無過五十言者。[1]

2. 西周期

對于西周時期，郭沫若在《古代文字之辯證的發展》一文中首先主張：

> 古代的文化到了周代便蓬勃地發展起來了，無論典籍或文物都異常豐富。[2]

在此基礎上，他得出了"和周以前的情況比較起來，的確是大有不同"的結論。他還特別以西周重器上的彝銘字數多寡爲例，説明了這一點：

> 在今天所能見到的周代第一手資料以金文爲最多。周代的青銅器，一開始便有長篇大作的銘文出現。例如，成王時代的《令彝》有一百八十七字，康王時代的《大盂鼎》有二百九十一字，直到西周末年宣王時代的《毛公鼎》竟長達四百九十九字。這些數目，和殷代的三兩字乃至三二十字比較起來，却可以説是洋洋大觀了。[3]

然後，他還從書法藝術的角度出發，對西周各王時期的彝銘藝術進行了分析和對比研究：

> 從文字結構上來説，西周初年的金文連同銅器本身的花紋、形式，和殷代是相因襲的。字體比較凝重，絲毫也不苟且。龔王、懿王時代的字體和花紋則比較散漫，有點粗枝大葉的感覺。宣王時代又比較莊重起來，但和周初的莊嚴體段不同，而有比較自由開放的味道。[4]

容庚在《商周彝器通考》一書中也主張：

> 西周前期銘文漸長，其文辭仍古奧不能盡解，而所紀之事多異。西周後期多以錫命而作器。雖銘文有詳略，而大體相同。[5]

---

[1]　容庚：《商周彝器通考》上冊，哈佛燕京學社 1941 年版，第 82 頁。
[2]　郭沫若：《奴隸制時代》，人民出版社 1973 年版，第 256 頁。
[3]　同上，第 257 頁。
[4]　同上。
[5]　容庚：《商周彝器通考》上冊，哈佛燕京學社 1941 年版，第 82 頁。

和郭沫若一樣，容庚還特別對比了商、周彝銘在書法藝術上表現出的異同：

　　商代可分雄壯、秀麗兩派。雄壯派如《乃孫作祖己鼎》《車作父丁尊》是
也。秀麗派如《乙亥父丁鼎》《喬卣》是也，介乎兩間者無論焉。然而首尾皆略
纖銳。西周初期尚承其體。如《盂鼎》《麥鼎》則屬於前者，《沈子簋蓋》《遹
簋》則屬於後者，猶未大變。西周後期則筆畫停勻，不露鋒鋩，如《毛公鼎》
之長方、《散盤》之蝸扁，此一變也。若《虢季子白盤》《郜嬰簋》《秦公簋》，
猶存宗周文字之正軌。[1]

　　就西周時期而言，陳夢家認爲：它也可以再分成三個時期，即西周早期、西周
中期、西周晚期。其中，西周早期對應的王爲武王、成王、康王、昭王四位天子；
西周中期對應的王爲穆王、共王、懿王、孝王、夷王；西周晚期對應的王爲厲王、
宣王、幽王。

西周早期《臣卿簋》、西周中期《鮮簋》、西周晚期《史頌簋》彝銘拓片

3. 東周期

　　而郭沫若對東周的彝銘，看法就完全不同于前兩個時期。在《古代文字之辯證
的發展》一文中，他發現：

　　銘文、花紋和形式都有進一步的解放。銘文的字體多種多樣。到了春秋末

[1]　容庚：《商周彝器通考》上册，哈佛燕京學社 1941 年版，第 86—87 頁。

年，特別是在南方的吳、越、蔡、楚諸國，竟出現了與繪畫同樣的字體，或者在筆畫上加些圓點，或者故作波折，或者在應有的字劃之外附加以鳥形之類以爲裝飾。這些大抵就是後來的繆篆、鳥篆或者蟲篆的起源了。[1]

而出現這些現象，顯然和當時的"王室之器絕迹，差不多都是諸侯和王臣之器"[2]的東周時代特點緊密相關。

在容庚的《商周彝器通考》一書中并沒有所謂的"東周期"，他使用的是"春秋戰國"時期，其内涵是一樣的。在該書中，他主張：

> 春秋戰國之器，有銘者少而無銘者多，新鄭、渾源所出，其著例也。銘文之長者，當推《尸鎛》四百九十二字。[3]

不難看出，郭沫若、容庚的"三期説"立足于書法藝術和歷史朝代的兩重基礎之上，對于我們分析研究商周時代的彝銘特點和分期、斷代，有着十分重大的指導意義。

東周時期《楚王鼎》《齊陳曼簠》《齊侯盂》彝銘拓片

一言以蔽之，郭氏的"三期説"是對商周彝銘發展的分期，并不完全是銅器的分期，雖然郭氏注意到了銅器分期和彝銘分期之間的一致性的現象。

---

[1] 郭沫若：《奴隸制時代》，人民出版社 1973 年版，第 257 頁。
[2] 同上。
[3] 容庚：《商周彝器通考》上册，哈佛燕京學社 1941 年版，第 86 頁。

二、五期説

陳夢家的分期，是基于 1947 年他提出的 "區域分組合分類" 之説而來的。他自己解釋這一觀點爲：

> 所謂區域有政治的與地理的兩種意義：前者如戰國初因三晉的入據中原，帶來了三晉系的銅器；後者如燕趙的接壤，所以燕趙的銅器自成一系。研究殷代銅器，我們不僅注意到不同地域的殷代遺址（如安陽、輝縣、鄭州等）的地域性，還要綜合諸地域中所出銅器的共同性。所謂分組合有種種的組合，如：（1）同墓共存的組合；（2）同墓的成套的組合（如成套的兵器、飲器、飲食器等等）；（3）同族名的組合等……所謂分類者，如對於刀具的分類研究，對於鼎或卣的分類的發展史等等……而所謂斷代必須至少是殷，西周初、中、晚，春秋初、中、晚等的分代……形制、花文和銘文在時代上是一脈相承的發展的延續的，在地域上有着互相影響的關係。[1]

這是他早期比較完整的銅器分期觀點。而陳夢家在《中國銅器概述》一文中主張商周青銅器、銘文、字形三個方面都可以各自分爲五期。其中和彝銘學研究有關的就是將彝銘分爲五期的主張。

1. 第一期

在這一期，陳夢家認爲本期的内容可以分爲記名之銘文、記事之銘文兩種。[2]其中，記名之銘文有九類，即族名、受祭者名、族名・受祭者名、作器者名・器名、作器者名・受祭者名、受祭者名・器名、受祭者名・器名・族名、族名・作器者名・受祭者名・器名、作器者名・受祭者名・器名；記事之銘文有兩類，即征伐、賞賜。

陳夢家稱此期爲 "記名時期"。

2. 第二期

陳夢家認爲本期的内容可以分爲五種：征伐、祀典、賞賜、冊命、約劑。[3]他

---

[1] 陳夢家：《殷代銅器三篇》，《考古學報》第七册。
[2] 陳夢家：《中國銅器概述》，《海外中國銅器圖録》第一集上册，國立北平圖書館 1946 年版，第 51 頁。
[3] 同上，第 52 頁。

還總結出本期彝銘的兩大顯著特徵：一個是"此期銘文如《盂鼎》《毛公鼎》等長至四五百言，最與《尚書》相近"；一個是"本期之晚葉漸有韻文，而散文居多。其文字及文法，并不因地域而有顯著之差異"。[1]

陳夢家稱此期爲"散文時期"。

3. 第三期

陳夢家認爲本期的内容可以分爲四種：作器媵女、征伐、先世功績、鑄器記其名。他還總結出本期彝銘的兩大顯著特徵：一個是"此期銘文較上期簡短"；一個是"此期漸多韻文，漸發生習用語，如鐘銘中之'中翰諆揚，元鳴孔皇'，又祭器上之嘏辭如'萬年無期''眉壽萬年''永保其身''通禄永命'等"。[2]

另一方面，從本期開始，在彝銘中出現了對鑄造成分的記録。陳夢家認爲上述現象尤其表現在鑄造青銅兵器和樂器之時。這反映了當時對這兩類青銅器鑄造技術的側重。

陳夢家稱此期爲"韻文時期"。

4. 第四期

陳夢家認爲本期的内容與第三期大致相同，但是用語却"更趨簡短"，而且還出現了"因地域不同而有不同之文法"的現象。[3]在本期青銅器鑄造中出現了度量衡日常用品，在彝銘中也出現了鑄造者的名字。

陳夢家稱此期爲"記名時期"。

5. 第五期

陳夢家認爲第五期的内容"銘文皆成一定之程式"。[4]其内容有如下五類：鑄冶之工人名、器之度量衡、作器之年月日、器之所有者、吉祥語。

陳夢家稱此期爲"程式時期"。

但是到了陳氏開始著述長篇系列論文《西周銅器斷代》時，他在五期的基礎上具體修改爲三期：

[1] 陳夢家《中國銅器概述》，《海外中國銅器圖録》第一集上册，國立北平圖書館1946年版，第52頁。
[2] 同上，第53頁。
[3] 同上。
[4] 同上。

西周初期八十年	武王	公元前 1027—前 1025 年	三年
	成王	公元前 1024—前 1005 年	二十年
	康王	公元前 1004—前 967 年	三十八年
	昭王	公元前 966—前 948 年	十九年
西周中期九十年	穆王	公元前 947—前 928 年	二十年
	共王	公元前 927—前 908 年	二十年
	懿王	公元前 907—前 898 年	十年
	孝王	公元前 897—前 888 年	十年
	夷王	公元前 887—前 858 年	三十年
西周晚期八十七年	厲王	公元前 857—前 842 年	十六年
	共和	公元前 841—前 828 年	十四年
	宣王	公元前 827—前 782 年	四十六年
	幽王	公元前 781—前 771 年	十一年[1]

　　陳氏主張此説的目的是建立一個銅器斷代分三期、彝銘發展分五期的學術模式，他力求二者的相互配合。并且又提出了八個“同”的考察物件，即：同作器者、同時人、同父祖關係、同族名、同官名、同事、同地名、同時。進而言之，他認爲祇有如此考察之後，“金文材料纔能成爲史料”。[2]但是，陳氏的各王年代的安排顯然不能得到學術界的公認，至少筆者本人對于厲王在位十六年説就表示懷疑。

---

［1］　陳夢家：《西周銅器斷代（一）》，《考古學報》第九册。
［2］　同上。

第五章　彝銘的鑄刻和傳拓

引　論

在青銅器上出現的彝銘，迄今爲止，一般可以通過“鑄字”和“刻字”兩種技術手段來實現。鑄字技術手段和青銅器花紋的鑄造技術手段是同步發展的。而刻字技術手段則是隨着金屬鑄造工藝和技術的革新（特別是鐵的出現）而發展出來的。因此，從時間段上説，“先有鑄字、後有刻字”應該是個合理的發展模式。

第一節　彝銘的鑄字時期

商、周時代一般皆爲鑄字時代，而春秋以後則爲刻字時代——這已經是彝銘學研究的基本常識。但是，商、周時代的鑄字技術是否存在特定的字模呢？也就是説，鑄造的那些字是在青銅器泥範上一個個地製造出字模（一般多爲陽文），還是使用固定的青銅字模在青銅器泥範上印出字（一般多爲陰文）？

根據郭寶鈞《中國青銅器時代》一書中的研究，在彝銘的鑄字技術這一問題上有較爲具體的描述：

陝西扶風縣莊白一號窖藏
《商尊商卣》外壁上鑄字彝銘

春秋而後，出有秦公敦者，銘文系用塊塊印模，字字連續印成，這或者是受了圖案印模的影響，推廣到文字方面的嘗試，應推爲中國活字板之祖。[1]

《秦公敦》之外，當時著名的齊國銅器，大多出自印模鑄字而成。商、周時代的青銅器上是否也有這種形式的印模存在，答案是肯定的。然而，在更早的新石器時代的製陶技術中，就已經出現了這樣的印陶模。它是使用手工，把印模圖案拍到陶器上。但是，假如字模的出現是受到了"圖案印模的影響"的話，那麽在商、周時代在圖案印模存在長達千年的歷史時期內，因爲高度發達的青銅鑄造技術和成熟化的彝銘的大量産生，在理論上應該也同時存在着"用塊塊印模，字字連續印成"彝銘的印模。

《秦公敦》印模鑄字彝銘拓片

承上所述，印模并非此時纔有。早在殷代中晚期就已經有了這一印模彝銘的技術。見陳夢家《殷代銅器三篇》一文中的考證：

銅器銘文以陰文的居多數，則內範上的銘文當是陽文，乃是從刻着陰文的"印模"上印上的。從銅器的銘文處觀察，常見銘文部分的四周微現低下的四闌，表明銘文是用"印模"在未乾的泥範上印出來的。但此處有一現象，凡同一器之"器""蓋"同銘者，或同銘的諸器，其銘文往往不是一個印模出來的，似乎一個印模祇用一次。[2]

鑄字的時代又是銅器鑄造技術發展的一個反映。殷商時期的銅器更多的是分

---

[1]　郭寶鈞：《中國青銅器時代》，生活·讀書·新知三聯書店 1963 年版，第 16 頁。
[2]　陳夢家：《殷代銅器三篇》，《考古學報》第七冊。

鑄。而西周時期的銅器多是混鑄。混鑄時又有活塊模和開槽下芯工藝的存在。這和當時的鑄字技術是相互配合的一個技術處理。

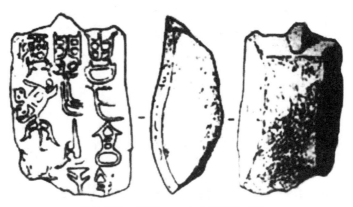

河南安陽商代遺址中出土的商代活字鑄範

活字鑄範的出土印證了當時活字鑄銘技術的存在，相應地也就存在着排字模出錯，造成彝銘混亂的問題。

比如《小臣逋鼎》彝銘的最後兩個字爲"作寶"，而該銅器彝銘在上一行尾部却意外地加了一個"鼎"字，前後文字內容無法銜接，顯然是"作寶鼎"之"鼎"字被誤排到了那個位置上。

《小臣逋鼎》彝銘

再如《季娟鼎》彝銘中的"對揚王休"四個常用語,被誤排成了"封揚王休"。祇因爲繁體字的"對"很容易和"封"相混。現在的問題是:活字排錯的技術工人是否會受到處罰呢?彝銘出錯了銅器會毀掉重鑄嗎?目前還不得而知。

活字排字模出錯并非少數個案,大致有字模上下倒置、同行中文字順序出錯、文字串行等現象。具體情況,孫啓康有論文詳細舉例和分析研究。[1]

第二節　彝銘的刻字時期

關于刻字時期,我們根據考古材料瞭解到:新石器時期的陶器上就已經大量出現了刻劃原始的文字符號和圖案的現象,而在商代早期青銅器上因爲青銅質地的硬度,在沒有鋒利的金屬工具出現之前,使用刻字技術的可能性是微乎其微的。

根據郭寶鈞在《中國青銅器時代》一書中的研究,在彝銘的鑄字技術這一問題上,他主張:

> 戰國時,新刀具出現,銘文或用刀刻,不在器內,而在器口或壁外,字成草篆,刀尚單鋒……大都是先鑄器而後再刻銘。[2]

換句話説,他主張刻字時期開始于戰國時代。當然,也有些學者使用模棱兩可的語言,表示刻字技術或許在西周青銅器上就可以發現。然而,由于缺乏第一手的考察報告,目前還是處于理論推斷的層面。

與刻字一致的是刻紋在銅器上的出現。這是春秋晚期出現的工藝技術,則刻銘技術必也在這一時期誕生。這是筆者提出的一個比較合理的推測。

關于刻刀的問題,目前已經能夠發現的考古證據是用來刻甲骨文或者木器的刀具,材質爲玉石或者青銅。但是,這樣的刀具是否還可以用來刻青銅器上的彝銘,目前尚缺乏有力的證據支持。我們傾向于刻彝銘應該是錫元素配比較高的青銅刀具或者鐵質刀具。而鐵器在春秋戰國時代的出現,爲銅器刻銘技術的提高提供了良好的技術保證。

---

[1]　見孫啓康:《從青銅器銘文鑄造看我國活字印刷的發展淵源》,《江漢考古》2000 年第 1 期。
[2]　郭寶鈞:《中國青銅器時代》,生活·讀書·新知三聯書店 1963 年版,第 16 頁。

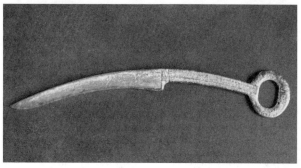

春秋戰國的青銅刻刀

　　我們根據《周禮·考工記》中相關記載可以知道，刻刀的銅錫比例應當在"四分其金而錫居一，謂之戈戟之齊"和"五分其金而錫居二，謂之削殺矢之齊"之中產生，祇有這樣的硬度纔可以滿足在青銅器上進行刻字的需求。顯然，玉石刀具和一般的青銅材質是不能滿足這一需求的。

西周早期鑄字（左）、刻字（右）彝銘

　　有關彝銘的鑄刻方法，阮元早已留心。他在《散氏敦銘拓本跋》中曾發現：

　　　　余所見鐘鼎文字，揣其製作之法，蓋有四焉：一則刻字于木範爲陰文，以

> 泥抑之成陽文，然後以銅鑄之成陰文矣；二則調極細泥，以筆書於土範之上，
> 一次書之不高，則俟其燥而再加書之，以成陽文，以銅鑄之，成陰文矣；三則
> 刻土範爲陰文，以銅鑄之，成陽文矣；四則鑄銅成後，鑿爲篆銘，漢時銅印有
> 鑿刻者用此法，亦陰文也。

阮氏這一發現和總結，大致符合商周青銅器彝銘的技術操作手段。

目前爲止，存世銅器的刻銘不會早于西周中期。刻字技術的提高，成爲中國書學史上最早的硬筆書法和篆刻藝術的直接源頭。在技法上，刻銘又有“刻”“鑿”等具體技術區別存在。考古學家們普遍認同刻銘技術在春秋時代早期出現，并且在戰國時期隨着鐵器工具的出現而普及。

西周中期（左）、晚期（右）刻字彝銘

第三節　彝銘的傳拓技術

青銅器的稀有和高價，客觀上造成了流傳和觀摩的困難。于是，對彝銘的臨摹和傳拓技術開始走上歷史舞臺。在没有產生傳拓技術之前，爲了滿足研究的需要，抄録彝銘應該是唯一的選擇。

一、傳拓技術的出現

在没有產生傳拓技術之前，考證彝銘完全是對照實物進行的。如《漢書·郊祀志》中對漢武帝時代的李少君登場的有關記載就是這樣：

> 少君見上，上有故銅器，問少君。少君曰：“此器齊桓公十年陳於柏寢。”

　　已而案其刻，果齊桓公器。

這裏出現的“已而案其刻”就是確鑿證據。

　　傳拓技術的相關記載，在隋代的史料中就已經出現了。[1]根據《隋書·經籍志一》的記載：

　　其相承傳拓之本，猶在秘府。

秘府，指皇家收藏圖書所在地，隸屬于當時的秘書省。首見《漢書·藝文志》：

　　於是建藏書之策……置寫書之官，下及諸子傳說，皆充秘府。

　　這裏的“傳拓”一詞，俗稱“拓片”。商周青銅器、秦磚、漢瓦、漢畫像磚、漢畫像石，以及歷朝的碑刻、石雕、摩崖石刻等，都可作爲傳拓的對象。但是，隋唐時主要還是指對石刻碑帖的傳拓。拓片是對實物進行操作，因此拓片本身也是彌足珍貴的。專門用在青銅器上的彝銘傳拓，則是開始于宋代。一方面是因爲古器物學在宋代的興起，客觀上造成了當時商周青銅器價格的飛漲。學者們爲了便于研究，于是引入了對石刻文字的傳拓技術，傳拓青銅器彝銘成爲一時的學界風尚。另一方面，造紙和印刷技術在宋代的高度發展，對彝銘拓本的研究和普及形成了強有力的物質支持，也客觀上促進了彝銘學研究的發展。宋代著名的彝銘學研究著作，大多是利用對拓本的研究而寫成的。

　　正是因爲有了彝銘傳拓技術，纔使得彝銘學研究日益成熟和科學。在現代的銅器考古學體系誕生以前，因爲對彝銘拓本的考證研究使得傳統的版本學和古文字學成了彝銘學研究的真正基礎。

二、傳拓青銅器彝銘所需要的工具

　　紙、墨、拓包、拓板、刷子是傳拓技術最基本的工具。

　　紙一般多使用生宣皮紙。過去主張以六吉棉連紙爲最佳，[2]因其紙質地薄而韌性高。也有使用宋版書中的夾層紙作爲拓紙的，如清代的著名彝銘學家張廷濟。陳介祺也曾在《簠齋傳古別録》中盛贊這一用紙“拓本至佳”。[3]

　　墨以現磨的墨爲好，不應采用成品墨汁，而且墨汁的膠性越少越好，這樣使用

---

[1] 屈萬里在《古籍導讀》中主張“梁時雖已知傳拓”的南北朝時代創始說。但是他本人沒有提供相應的史料加以證明。見屈萬里：《古籍導讀》，臺灣開明書店1964年版，第54頁。
[2] 六吉棉連紙，俗稱“十七刀”，本來是用于製作扇子用紙。
[3] ［清］陳介祺：《簠齋傳古別録·拓字之法》，《叢書集成初編》據《湣喜齋叢書》本影印，商務印書館1936年版，第2頁。

拓包時出墨流暢。如果使用磨出的墨，那麼松烟墨效果不如油烟墨好，而且磨墨使用的水，一定要用凉水。

拓包一般有大小兩種。傳拓青銅器彝銘時一般使用小拓包。在材料上，它是"用白色細薄綢子，包以新棉花，用小而細的繩子捆扎即成"。[1]

拓板形狀接近于乒乓球板，一般多采用不容易吸墨的木材製成。

刷子包括擦子、平刷、墩刷、打刷、毛刷、排筆、毛筆七種。上述七種工具也可以根據傳拓器物的大小，分成尺寸不同的大小兩種型號。傳拓青銅器彝銘時一般使用小打刷。

除此之外，還有一些輔助工具也是必備的，如尺子、裁紙刀、鑷子等。

三、傳拓技術

傳拓技術主要包括一般彝銘的平面傳拓和青銅器形的立體傳拓兩種。青銅器彝銘拓片從宋代開始，一直到晚清，都是以平面傳拓爲主的。因爲受青銅器器形大小的限制，有些傳拓并不容易。陳介祺在《簠齋傳古別録》曾經感嘆説"器之難拓莫過於兩《齊侯罍》"，[2]實爲經驗之談。

清代後期開始出現了青銅器形的立體傳拓技術，也叫"全形拓"。

立體傳拓把青銅器實物的高、寬尺寸，事先準確地畫在宣紙上，與實物大小無誤。具體傳拓過程中輔以素描、繪畫、裱拓、剪紙等技法，拓法虛實并用，使得彝銘和青銅器大致形狀同時出現在同一張拓片上，有很强的立體感。參見青銅器《大保鼎》《狽元卣》《虢叔大林鐘》《師兑簋》《杞伯匜》《者女觥》的立體拓片。根據容庚的考證，這一技法的創始人是晚清道光年間的馬起鳳。[3]而後經釋六舟、李錦鴻、陳介祺等人發揚光大。陳介祺還發明了"立體分紙拓法"，即先將器身、器耳、器腹、器足等部位的紋飾、器銘分拓，然後用筆蘸水劃撕掉多餘白紙，按事先畫好圖稿相應之需，把拓完的各部分拓片拼粘在一起。陳介祺門下的弟子薛錫鈞就是清末、民初時期著名的"立體分紙拓法"的高手。"全形拓"技術後來經薛錫鈞再傳給薛平、劉永貴、周希丁等人。周希丁再傳韓醒華、郝葆初、蕭壽田、宋九印、馬振德等人。另外一支則是由張彦生再傳給馬子雲，三傳給紀宏章、郭玉海等人。這是近現代銅器"全形拓"技術的大致傳承脉絡。

平面傳拓在具體的手法上多使用"樸拓"。它的效果多是墨色清淡薄如蟬翼，故

---

[1] 馬子雲:《傳拓技法（續）》,《文物》1962 年第 11 期。

[2] [清] 陳介祺:《簠齋傳古別録·拓字之法》,《叢書集成初編》據《潀喜齋叢書》本影印，商務印書館 1936 年版，第 8 頁。

[3] 容庚:《商周彝器通考》上册，哈佛燕京學社 1941 年版，第 179 頁。

將此種拓墨技術稱爲"蟬翼拓"。

　　彝銘拓片多屬于"蟬翼拓"。偶爾也會有一些拓片，用墨厚重，拓片烏黑發亮，此種拓片即可稱爲"烏金拓"。但并不多見，因爲彝銘字迹細小，"烏金拓"多不容易。

　　陳介祺還特別注意到了傳拓時對青銅器本身造成的損壞問題。這可具體表現在傳拓技術上必須加倍注意的以下五點：

　　　　氈卷搗、硬刷磨、重按，皆可至破。毛刷敲擊字邊固易真，小鐘之類，擊敲時，動者則易磨出新銅。吉金古澤，乃數千年所結，損去則萬不能復。且損銅如何能補哉。

　　　　重器、朽器不假常人之手。

　　　　拓字時有必須將器轉動，手運然後可拓者。或底在几上易磨者，皆必須紙糊矣。

　　　　爵足、腹易損。尊、卣、鼎、壺等字在內者，非欹側、非轉動不可拓。須審其勢而護之。

　　　　銅質薄甚者重敲易破。[1]

上述幾個傳拓技術中的要點，過去幾乎是這門技術上的不傳之密。由此可以看出陳介祺對于這門技術掌握的精湛。他的這些要點完全是出于保護青銅器的目的，尤其難能可貴。

陳介祺收藏銅器全形拓四屏

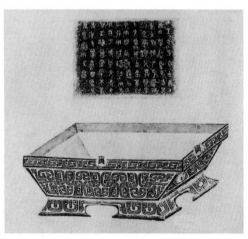

陳介祺收藏《曾伯簠》全形拓

[1] [清] 陳介祺：《簠齋傳古別錄·拓字損器之弊》，《叢書集成初編》據《滂喜齋叢書》本影印，商務印書館 1936 年版，第 13、15 頁。

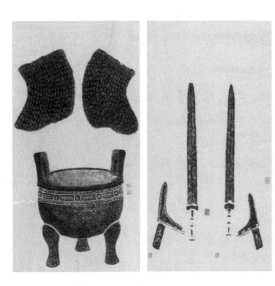
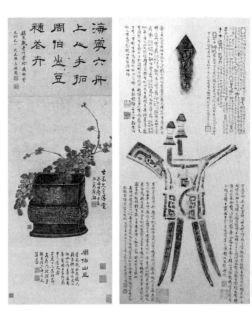

陳介祺收藏《毛公鼎》和商周兵器全形拓　　　釋六舟和張廷濟收藏銅器全形拓

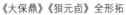
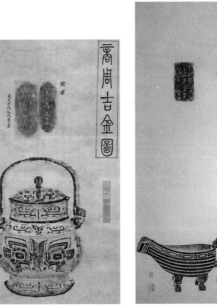

《大保鼎》《狽元卣》全形拓　　　《杞伯匜》《者女觥》全形拓

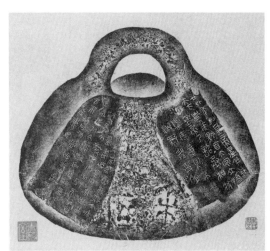

《虢叔旅大林鐘》《師兌簋》全形拓　　　　　　　　　《秦銅權》全形拓

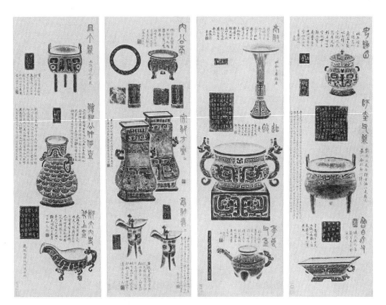

吳大澂收藏銅器全形拓（1）

吳大澂收藏銅器全形拓（2）

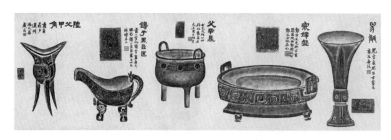

吴大澂收藏銅器全形拓（3）

四、拓片印刷

在古代社會中，對彝銘拓本的印刷是推進彝銘學研究的重要手段。從價值上説，器强于拓，拓又强于印。但是，印本纔是彝銘學研究和傳承的基礎。爲了保證印刷出來不失真，學者們多喜歡找自己信得過的刻工刻板。

陳介祺在給吴雲的信中指出：

> 竊謂古器出世，即有終毀之期，不可不早傳其文字。我輩愛文字之心，必須勝愛器之念，方不致喪志而與珠玉等。蓋天地以文字爲開塞，義理以文字爲顯晦。秦燔文字而古聖之作大晦。許氏收文字之遺以爲説，二千年來言字學者必宗之。要皆燔後所餘，獨吉金款識是燔前古文字真面，非許氏可比。

而印刷正是"不可不早傳其文字"的最佳方法。因此，宋代刻版的彝銘學研究著作到了清代因爲其保留着文字的原始形狀，在古器遺失和損毀後，這些著作和拓片一起成爲彝銘學研究的重要工具。

第四節　僞造彝銘的現象

僞銘的出現衹有一個目的就是經濟收益。在青銅器實物價值千金的古代社會，傳拓技術的出現，爲版本學研究提供了嶄新的研究範圍。于是，名家題跋後裝裱出來的精裝彝銘拓本，一時間成了士大夫階層的高雅嗜好。玩古董和做學問在這裏統一起來。這些精裝彝銘拓本成了僅次于青銅原器的文物。

在看不到青銅器實物的情況下，精裝彝銘拓本就成了收藏和研究的首選目標。于是，僞造彝銘拓本的現象就出現了。

　　僞造彝銘的問題，一般是在出土後沒有彝銘的青銅器上人爲地補刻彝銘、人爲地偽造彝銘拓片兩種現象。

　　經過僞裝的"精裝彝銘拓本"從宋代就已經大量出現。因此，對商周青銅器及其彝銘拓本真僞的考辨，自宋代開始就已經成了一項艱巨的任務，并且還產生了第一部銅器辨僞學的專著——趙希鵠《洞天清禄集》。在涉及辨別彝銘的真僞時，該書提供了幾點經驗之談：

　　　　三代用陰識，謂之偃囊，其字凹入也。漢以來或用陽識，其字凸，間有凹者，或用刀刻如鑴碑。蓋陰識難鑄，陽識易成，陽識決非三代物也。

　　　　故古器款必細如髮，而匀整分曉，無纖毫模糊。識文筆畫宛如仰瓦而不深峻，大小深淺如一，亦明净分曉，絕無纖毫模糊。此蓋用銅之精者，并無砂顆，一也；良工精妙，二也；不吝工夫，非一朝夕所爲，三也。今設有古器款識，稍或模糊，必是僞作。[1]

　　僞銘的形式主要有"器銘僞""拓片僞"兩大類。

　　前者的表現形式有"器真銘僞""器銘皆僞"兩種。在已經出土而沒有彝銘的商周青銅器上補刻彝銘，這就是"器真銘僞"，哪怕這彝銘是照抄古代彝銘學研究著作中的拓片，或者其他有銘青銅器。也就是説不管彝銘的内容是否爲真，祇要是出土後補刻的，一律視爲"僞銘"。有些連青銅器本身也是假的，那上面出現的彝銘多是抄自古代彝銘學研究著作中的拓片。這就是"器銘皆僞"。

　　後者的表現形式有"銘真拓僞""銘拓皆僞"兩種。在彝銘拓片和學者題跋大量盛行的時代，將古代彝銘學研究著作中的拓片重新刻在木板上或者石碑上，拓下來加以裝裱後，偽造學者題跋，這就是"銘真拓僞"。胡亂編造一段彝銘，刻在木板上或者石碑上，拓下來加以裝裱後，偽造學者題跋，這也就是"銘拓皆僞"了。

　　剛纔已經闡述過了，僞造彝銘在宋代就已經出現。隨着作僞技術的提高，對辨僞能力的要求也日益高漲。到了清代，彝銘作僞技術達到了登峰造極的程度。容庚在《西清金文真僞存佚表》一文中統計：在清代收藏的一千一百七十六件有銘青銅器中，僞器占了三百二十九器，存疑占了一百九十器，幾乎三分之一爲僞器。[2]

　　在判斷僞銘問題上，陳介祺從具體的鑑定技術上提出了他的真知灼見，這可以説是代表了從宋代開始的僞銘鑑定問題的精華：

---

[1]　[宋]趙希鵠：《洞天清禄集·古鐘鼎彝器辨》，《叢書集成初編》，商務印書館 1939 年排印版。

[2]　見容庚：《西清金文真僞存佚表》，《燕京學報》第 5 期。

僞刻必有斧鑿之痕，以銅絲刷去之則又有刷痕，而字鋒又失。且舊物手摸即可知（銅、玉等皆然，古物皆然）。僞者必不渾融，僞者斑下無字，斑中更不能見字。古器過朽，銅質無存，則字不可剔而可見。真者字底有銅汗積灰，必不能僞。[1]

以上幾點精華核心就是"僞者斑下無字，斑中更不能見字"和"真者字底有銅汗積灰，必不能僞"兩者。真僞銅器、真僞彝銘的判斷關鍵也正在于此。

商承祚更將清代至民國期間的作僞分爲三個歷史時期：乾隆至道光時期、咸豐至光緒時期、民國時期。商承祚在《古代彝器僞字研究》一文中還從銘文的字體、字句、文字、臨摹、摹刻五個方面總結了作僞彝銘的五個特徵：其一，字體受宋人書體影響，字必僞。其二，銘文中有拼湊字句者，屬僞。其三，銘文中有删改文字者，爲僞。其四，臨寫銘語者，屬僞。其五，摹刻文字者，必僞。[2]具體來説，作僞彝銘字體多是模仿兩宋彝銘著作中出現的彝銘拓本；字句則是將《尚書》《詩經》《竹書紀年》等先秦史籍，結合已知銅器彝銘，四處組合、拼湊而成的；文字也是從已知銅器彝銘中删剪而得；臨摹則是行文和款式上盡力仿照已知銅器彝銘；最後的摹刻則完全是比照已知銅器彝銘的用筆和格式，模仿而來。

《天亡簋》真（左）、僞（右）彝銘對比

---

[1]　［清］陳介祺著、陳繼揆整理：《秦前文字之語》，齊魯書社1991年版，第70頁。

[2]　見商承祚：《古代彝器僞字研究》，《金陵學報》第3卷第2期。

《兮甲盤》真（左）僞（右）彝銘對比

　　容庚也是主張清代至民國期間的作僞分爲三個歷史時期的，祗是他以乾隆以前時期、道光至光緒時期、民國時期來劃分。容庚在《商周彝器通考》一書中總結彝銘辨僞六條標準：其一，凡銘文與宋代著録之器相同者，形制花紋異者皆僞，但清末民國的僞造器祗能由呈色、銹斑上來區分真僞；其二，凡增改者皆僞，不符合發展規律而拼湊者祗能分辨它的修焊處；其三，凡宋代著録者多移上，或加或删者皆僞；其四，凡文句不合于銘辭體例者皆僞；其五，凡形制與銘辭時代不相同者皆僞；其六，凡銘辭中僅云“作寶彝”者多僞，但要具體分析。[1]

　　作僞來源于仿造，而仿造的原因有二：一爲崇古之禮制，一爲真器不易得且售價甚貴。前者如宋代，此風尤盛。根據《宋史·禮志一》記載：

　　　　詔求天下古器，更製尊、爵、鼎、彝之屬。

此風一起，則真僞難辨。民間、官府皆競相仿效，古董商人則乘機謀利。其仿製之精者，如《遵生八牋》中所言：

　　　　近日山東、陝西、河南、金陵等處僞造鼎、彝、壺、觚、尊、瓶之類，式皆法古，分寸不遺。而花紋款識，悉從古器上翻砂，亦不甚差。[2]

---

[1] 見容庚：《商周彝器通考》上册，哈佛燕京學社 1941 年版，第 215—223 頁。
[2] ［明］高濂著、趙立勛等校注：《遵生八牋校注》，人民衛生出版社 1994 年版，第 522 頁。

這些爲後代的銅器鑑定和辨僞增加了難度。

　　對這個問題有着卓越研究的當推羅福頤的《商周秦漢青銅器銘文辨僞録》和《〈小校經閣金文〉僞銘録目》二文。羅福頤主張清代至民國期間的作僞分爲四個歷史時期，祇是他以乾嘉時期、道咸時期、同光時期、民國時期來劃分。他在《商周秦漢青銅器銘文辨僞録》一文中總結作僞銘的十種表現形式：第一，在真銘文前後加刻僞字。第二，器真銘僞而有所本。第三，器真而加刻僞銘的。第四，真器真銘而將二器拼合爲一器的。第五，真銘而嵌入僞器中的。第六，爲配對銘而在真器蓋上刻僞銘的。第七，器真銘僞而作僞者自露馬脚的。第八，僞器僞銘而有所本的。第九，僞器僞銘而無所本的。第十，摹刻真銘文。[1]自他以後，再也無人進行類似的總結性研究了。

第五節　鑄刻彝銘的位置

　　鑄刻彝銘一般在外壁腰部、内壁腰部、内底部、外底部、耳部、口沿、足部、蓋内等幾個位置最爲常見，詳見以下照片。

一、彝銘在外壁腰部

《周陽戈》彝銘　　　　　　　　　　《宗周鐘》彝銘

［1］見羅福頤：《商周秦漢青銅器銘文辨僞録》，《古文字研究》第 11 輯，1985 年。

《周父辛爵》彝銘　　　　　　　　　　《十三年瘷壺》彝銘

二、彝銘在内壁腰部

《毛公鼎》彝銘　　　　　　　　　　　《九年衛鼎》彝銘

三、彝銘在内底部

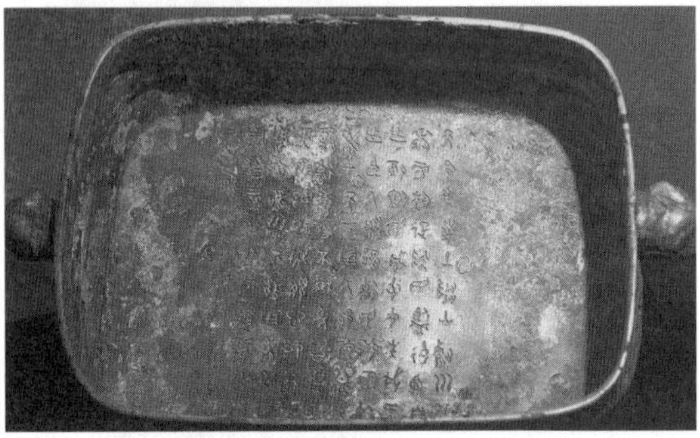

《豳公盨》彝銘

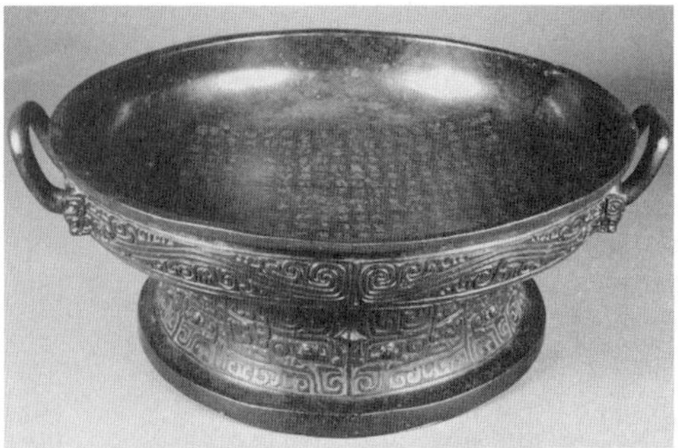

《散氏盤》彝銘

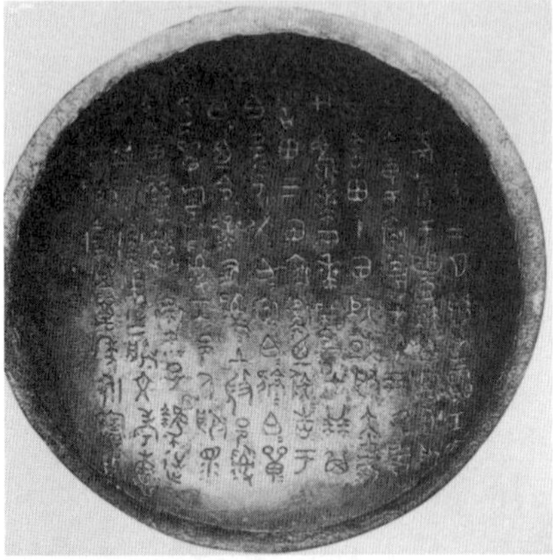

《裘衛盉》彝銘

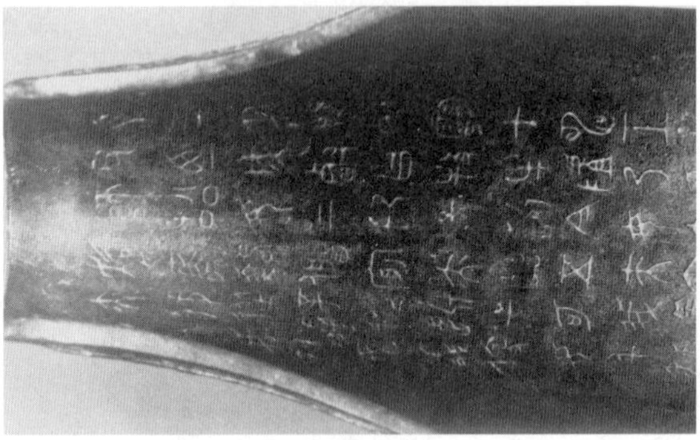

《儹匜》彝銘

四、彝銘在外底部

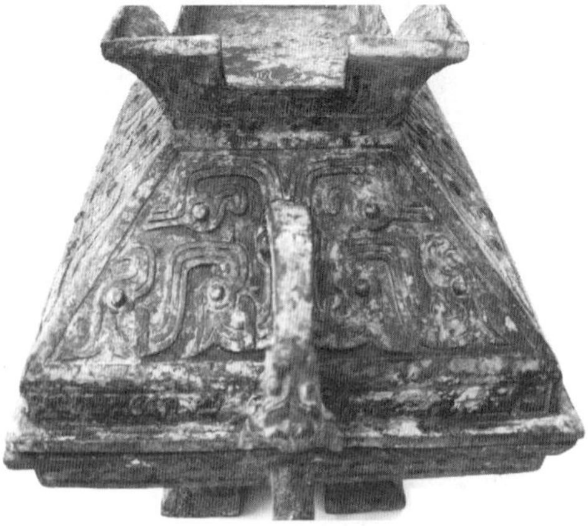

《東周簠》彝銘

五、彝銘在耳部

《商爵》彝銘

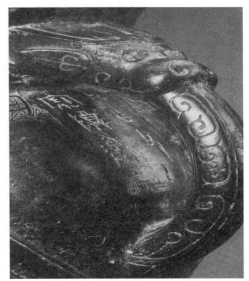

《折斝》彝銘

六、彝銘在口沿

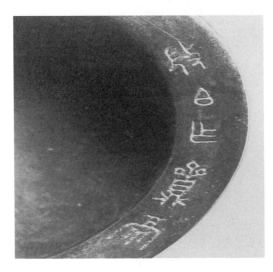

《微伯鬲》彝銘

《伯先父鬲》彝銘

七、彝銘在足部

《父乙觚》及觚内足彝銘

八、彝銘在蓋内

《𢦏簋》蓋彝銘

在前面的章節中，我們提到郭寶鈞以殷代的六種青銅器爲例，説明彝銘的鑄刻位置問題：

　　一般殷銘，大抵在爵的鋬陰、觚的圈足、卣的外底、簋的内底、觥的下口、鼎的口沿。[1]

郭寶鈞還特别注意到"爵、斝的鋬陰，觚、尊的外底，鼎的内壁，盂、卣的蓋底等，都是驟視不能見，細察之始能見的地方，他們决不使銘字外露，有傷紋飾的華美，或器形的外觀"這一審美考慮。但是到了西周時代，隨着彝銘意義和價值的改變，彝銘和花紋已經具有了同樣的藝術價值，鑄刻彝銘的位置也就出現在"凡這些銘文一般都在器壁外，爲人目能見，人手能觸到的地方"。[2]因此，商周時代的青銅器鑄刻彝銘位置的改變，和當時對彝銘價值功能認識的改變有直接的對應關係。

---

[1]　郭寶鈞：《商周銅器群綜合研究》，文物出版社 1981 年版，第 40 頁。
[2]　同上，第 160 頁。

第二編

彝銘組成結構研究

第六章　時間用語

引　論

　　彝銘的組成結構是逐漸完善的。商代早期的彝銘多是人名，後來出現了嘏祝辭，然後就出現了年曆。一般來説，完整的彝銘組成結構是：時間用語、國名用語、地名用語、王名和王稱用語、氏族名和人名用語、官名用語、詞類用語、嘏祝辭用語、器名用語、徽記用語十大部分。我們將在接下來的幾章中逐一地進行詳細的研究。

　　時間用語是彝銘學研究的年代學基礎。没有時間用語的彝銘，哪怕其價值再珍貴，也是很難成爲信史并加以研究和使用。因此，確定彝銘中的時間用語在今天公曆中的準確對應年代就成了判斷一件青銅器及其彝銘學術價值高低的基礎。但是，由于商周時代，曆法繁多，各自依據產生彝銘的方國、時代而表現出或同或異的特徵。從人名上説，有黄帝曆、顓頊曆；從朝代上説，有夏曆、殷曆、周曆；從諸侯國名上説，有魯曆、郜曆、鄧曆；從星相上説，有火曆、月曆等等。顧炎武曾經在《日知録·天文》中説：

　　　　三代以上，人人皆知天文。“七月流火”，農夫之辭也；“三星在天”，婦人之語也；“月離于畢”，戍卒之作也；“龍尾伏晨”，兒童之謡也。

　　到了漢代，曆法學家們在繼承和發展了夏商周三代的傳統曆法之後，又產生了著名的太初曆、三統曆和四分曆。而這後三者便成爲古代的彝銘學者們研究商周彝銘中時間用語的基礎。如呂大臨在《考古圖》中就利用《太初曆》解讀《散季敦》彝銘中的“唯王四年八月初吉丁亥”的記載：

> 以《太初曆》推之，文王受命，歲在庚午九年，而終歲在己卯。《書》曰：“惟九年，大統未集。”武王即位之四年，敦文曰：“惟王四年。”蓋武王也。是年一月辛卯朔，《書》曰：“惟一月壬辰，旁死魄。”旁死魄，二日也。是歲二月後有閏。自一月至八月，小盡者四，故“八月丁亥朔”與敦文合。

這是呂大臨利用《太初曆》，結合《尚書·周書·武成》中的相關記載，對《散季敦》彝銘中出現的“唯王四年八月初吉丁亥”的記載進行考證的推導過程。而所根據的《散伯車父鼎》彝銘的記載，也是“唯王四年八月初吉丁亥”。這件銅器是1960年在陝西省扶風縣召陳村出土的。有的學者主張這兩件銅器應該是同一年所作之器。顯然，這一觀點過于樂觀了。因爲六十甲子紀年的循環性，并不能肯定這兩件銅器就是同一年之器。也許二者相差六十年，甚或更久。

從《尚書·武成》中的“唯一月壬辰旁死魄，越翼日癸巳，王朝步自周，于征伐商”的記載，推導到當年的八月，正好在丁亥日月相是初吉，因此《散季敦》彝銘中的“唯王四年八月初吉丁亥”的記載和《尚書·武成》中的“唯一月壬辰旁死魄，越翼日癸巳，王朝步自周，于征伐商”的記載是一致的。

第一節　商代紀年

從商代的彝銘上看，殷商時代的曆法使用的是干支、月份、時王祭祀年相結合的方法。這一紀年方法究竟是屬于黃帝曆、顓頊曆、殷曆中的哪一種曆法，目前還是難以下判斷的。我們本着曆法和朝代相一致的大致模式，將其劃定爲殷曆。

《六祀邲其卣》彝銘拓片

　　如《六祀邲其卣》中出現的紀時彝銘：

　　　　乙亥……在六月……唯王六祀。

這裏的"唯王六祀"是指某代商王即位後的第六次大祭祀祖先之年。這一先日、次月、後年的紀年順序和殷商甲骨文中的習慣是一樣的，證明了彝銘紀年的真實性。

　　再如郭沫若《殷契粹編》一書第八九六片卜辭：

　　　　癸丑卜。貞：今歲受年？弘吉。才（在）八月，唯王八祀。[1]

這裏很典型地同時出現了"歲""年""祀"三個字。也很顯然，祇有"唯王八祀"的"祀"字在這裏纔是表示歷史紀年的含義。而前面那個"年"字的含義即收成、五穀成熟。見邢昺《爾雅疏·釋天》中的解釋：

――――――――――――――――

[1]　郭沫若：《殷契粹編》，科學出版社 1965 年版，第 185 頁。

年者，禾熟之名。每歲一熟，故以爲歲名。

關于上面出現的“祀”字，《爾雅·釋天》中解釋説：

夏日歲，商日祀，周日年，唐虞日載。

因此，一般來説，祇要彝銘中出現“唯王某祀”的記載，大多可以肯定其出自商代。這點可以作爲對銅器斷代的證據之一。

請注意殷商銅器彝銘中時間詞的先後順序也是先日、次月、最後是年。

這一紀年方法到了西周時代就逐漸演變成了唯王某年、月份、月相、日干支的周

《曶鼎》彝銘拓片（部分）

代紀年方法。因此陳夢家的觀點"月份之名，當是周人之制"是十分準確的。[1]如
《智鼎》彝銘，見該銅器彝銘拓片右起第一行前十個字，即爲作器時間用語的"唯王
元年六月既望乙亥"，這裏"年"（"唯王元年"）、"月"（"六月"）、"相"（"既
望"）、"日"（"乙亥"）四者齊全。

在殷商銅器彝銘時間詞中，有時月和年的順序顛倒，如
《小臣邑斝》中出現的紀年彝銘："癸巳……隹（唯）王六
祀……才（在）四月。"

或者在有些場合年和月被省略了，如《羸婦觚》彝銘中
直接就說"甲午"日干，這樣的情況也比較多。

殷商人雖然崇尚鬼神，但是大規模的祭祀祖先活動却是
以年爲單位來進行的。《寢孳方鼎》彝銘"甲子……才十月
又二……唯王廿祀"中的十二月甲子日，正是用來祭祀祖甲
的。我們結合商人廟號由來問題上的祭日說來分析，這一天
是甲子日，而受祭祀的祖先正好是祖甲，這應該不是偶然現
象。甲子日祭祀祖甲，則祖"甲"的得名顯然和"甲"日的
祭祀活動有直接關係。

《小臣邑斝》彝銘拓片

總體來說，商代的紀時彝銘還是比較好理解的，日干、月份、王年三者很清楚
明白，至少在西周紀時彝銘中複雜的月相問題，在殷商時代還不是主流和核心。

第二節　周代紀年

在西周青銅器彝銘中出現的時間用語一般多是冠以"唯王某年"的格式下
進行說明的。完整的時間用語基本上由"唯王某年＋某月＋月相＋日干"四者
組成。

如《庚罷鼎》彝銘：

> 唯廿又二年四月既望己酉。

---

[1]　陳夢家：《西周銅器斷代》上冊，中華書局 2004 年版，第 7 頁。

又如《九年衛鼎》彝銘：

唯九年正月既死霸庚辰。

再如《走簋》彝銘：

唯王十又二年三月既望庚寅。

與上述案例紀年格式相同的西周青銅器彝銘不在少數，大都遵循四者完整的樣式，四者缺一就不是完整的時間用語。如《九年衛鼎》彝銘拓片，時間用語十個字就出現在右起第一行："唯九年正月既死霸庚辰。"

《九年衛鼎》彝銘拓片

在西周青銅器彝銘中，缺少年干的，如《師湯父鼎》彝銘：

唯十又二月初吉丙午。

又如《無叀鼎》彝銘：

唯九月既望甲戌。

再如《寓鼎》彝銘：

唯十又二月丁丑。

有些時候，將缺少的年干使用某個特定的歷史事件來表達，這表明當時這一事件對

于作器者來説具有的重大標誌性意義。如《作册鴞卣》彝銘:

> 唯公大史見服于宗周年,在二月既望乙亥。

這裏就出現了使用"公大史見服于宗周年"來代替具體的唯王某年的問題。又如《臤尊》彝銘:

> 從師雍父戍于斜(固)𠂤之年。

這一現象在西周銅器中非常普遍。

《寓鼎》及《臤尊》彝銘拓片(部分)

缺少月相的,如《史頌鼎》彝銘:

> 唯三年五月丁巳。

又如《段簋》彝銘:

> 唯王十又四祀十又一月丁卯。

再如《師旦鼎》彝銘:

> 唯王元年八月丁亥。

這一現象也比較普遍。商代沒有月相出現是可以理解的,但是非常多的西周銅器彝銘中沒有月相出現,這就讓人感到迷惑不解。如《史頌鼎》彝銘右起第一列前七字

《史頌鼎》彝銘拓片（部分）

就是該銅器時間用語："唯三年五月丁巳。"爲何不出現月相？這是至今仍然讓彝銘學家們加以思考的問題。在當時的觀念中，記載時間是必須日月合一的。日就是年和日，而月就是月相和月份。是否衹要不符合"初吉""既生霸""既望"和"既死霸"這四個特定的日子的就全不考慮月相呢？

缺少日干的，如《小克鼎》彝銘：

唯王廿又三年九月。

又如《敔簋》彝銘：

唯王十月……唯王十又一月。

如《敔簋》彝銘，右起第一列前四字和第七列第二至七字爲該銅器時間用語："唯王十月"和"唯王十又一月。"

《敔簋》彝銘摹寫

在上述四者中，“日干”和“某月”是比較容易解決的問題，而“唯王某年”和“月相”就異説紛起了：就西周青銅器來説，彝銘中記載的“唯王某年”中的那個“王”，究竟是屬于哪一代周王，至今難以定論。而“月相”的問題又有“定點説”和“四分説”兩種不同理解。

甚至還有學者主張先是“定點説”，然後纔過渡到“四分説”的觀點。[1]

一、定點月相説

所謂“定點説”是主張“初吉”“既生霸”“既望”和“既死霸”這四種名稱分別代表每月特定的某一天或某兩三天。俞樾《生霸死霸考》一文中解釋説：

> 既死霸，一日；旁死霸，二日；既生霸，十五日；旁生霸，十六日；既旁生霸，十七日。

俞氏繼續主張：

> 夫朔望雖有遲早，而一日爲朔，十五日爲望，則紀載之定名也。死霸、生霸，即緣朔望而來，必有一定之日。是故許君解霸字有二日、三日之説，而馬君解《尚書》哉生霸則斷以三日，許言其理，馬定其名也。

董作賓、勞干、劉啓益、彭裕商等人力主“定點月相説”。如劉啓益在《西周紀年》一書中主張：

> 我對西周金文中四個月相詞語的理解是：初吉：即朏，相當於今天陰曆的初二或初三；既生霸，朏後的一天，相當於今天陰曆的初三或初四；既望，滿月後的一天，相當於今天陰曆的十六、十七或十八；既死霸，即晦，相當於今天陰曆的二十九或三十。[2]

二、四分月相説

所謂“四分説”是主張西周時是將一個月均分爲“初吉”“既生霸”“既望”和“既死霸”這四份，每份約爲七天。此説首創于王國維。他在著名的《生霸死霸考》

[1]《“周公廟遺址新出甲骨座談會”綜述》：“中國科學院自然科學史研究所陳美東研究員也認爲哉死霸的發現非常重要，它的使用表明周初月相很可能是定點的，以後成爲四分，所以研究周代曆法一定要注意其曆法本身可能存在的改革。”（《中國文物報》2004年3月5日）
[2]劉啓益：《西周金文中月相詞語的解釋》，《西周紀年》，廣東教育出版社2002年版，第23頁。

一文中主張：

> 余覽古器物銘而得古之所以名日者凡四：日初吉、日既生霸、日既望、
> 日既死霸。因悟古者蓋分一月之日爲四分：一曰初吉，謂自一日至七、八日
> 也；二曰既生霸，謂自八、九日以降至十四、五日也；三曰既望，謂十五、
> 六日以後至二十二、三日；四曰既死霸，謂自二十三日以後至於晦也。八、
> 九日以降，月雖未滿，而未盛之明則生已久。二十三日以降，月雖未晦，然
> 始生之明固已死矣。蓋月受日光之處，雖同此一面，然自地觀之，則二十
> 三日以後月無光之處，正八日以前月有光之處，此即後世上弦、下弦之由
> 分。以始生之明既死，故謂之既死霸，此生霸、死霸之確解，亦即古代一
> 月四分之術也。[1]

在王國維"四分月相説"的基礎上，有些學者修改爲："初吉"是指每月上旬的
第一個吉日，"既望"則是指滿月或其後的一二天，"既生霸"和"既死霸"分別是
指每月的上半月和下半月的"二分月相"。

王國維此説一出，幾乎就成了學術界的定論。王氏弟子吳其昌、戴家祥，以及
郭沫若、新城新藏、白川靜等人先後公開支持此説。

但是，"月相"在每月時間上的具體對應究竟是怎樣的，這還是個至今沒有定
論的疑難課題。因爲"月相"的種類除了常見的"初吉""既望""既生霸""既死
霸"四者之外，在彝銘中還曾經存在過其他的特定術語："月吉""朏""哉生明"
"哉生魄""哉生霸""既旁生魄""旁生魄""望""哉死霸""哉死魄""方死霸"
"旁死魄""晦"，等等，多達二十幾種。我們可以知道"朔"是初一、"望"是十
五、"晦"是三十，而其他術語究竟是有準確的對應時間還是大致幾天內的對應時
間，目前就很難下定論了。比如"既生霸"大致是指從"月相"上弦至望的一
段時間，而"既死霸"大致是指"月相"下弦至晦的一段時間。甚至連"望"
和"晦"也被理解爲相當于每月的十五、十六和二十九、三十的大致幾天內的
對應時間。

這使"唯王某年"和"月相"二者成爲西周銅器斷代研究中的重大難點。至少

---

[1] 王國維：《觀堂集林》卷一，《王國維遺書》，上海古籍書店 1983 年版，第 2 頁。

到目前爲止，學術界没有取得任何可以成爲定論性的成果。

三、"初吉"研究

"初吉"這一術語，可説十分怪異，以至于有些學者居然主張：

> 初吉一詞，不見於先秦的文獻，僅僅見於銅器的銘辭。[1]

此言大謬。不過，此類謬論的首創時間還要上推到 1958 年。當時的《歷史研究》上發表了黄盛璋的文章《釋初吉》，該文中聲稱：

> 《左傳》中不見初吉，自春秋以來，戰國諸子的著作裏亦不見有初吉。[2]

這應該是此類謬説之始。實際上，在《詩經》和《周易》中就分別出現了"初吉"這一術語，如下。

《詩經·小雅·小明》："二月初吉，載離寒暑。"

《周易·既濟》卦辭："亨小，利貞；初吉，終亂。"

《毛傳》中對《詩經·小雅·小明》中的"初吉"解釋爲："初吉，朔日也。"而《周易·既濟》中的"初吉"因爲和下一句的"終亂"構成對應關係，顯然不是月相時間用語。可是，《詩經·小雅·小明》中的"二月初吉"却是月相時間用語，足證黄説之謬。黄氏之誤，顯示了使用古籍索引的重要性。以黄氏對金文研究之精湛，居然也有如此低級錯誤，可見人的記憶力是有限的。如果在寫完論文後使用古籍索引工具書略加查證，自然就可以免去這一錯誤。因此，今人治金，必備文史類索引工具書是很重要的提示。

"初吉"在西周時期彝銘中本是月相四分法中的一個名稱，目前爲止，學術界對這一術語的解釋有衆多觀點：一説指自朔日至上弦（初八日）爲"初吉"。王國維在《生霸死霸考》一文中則提出了"一曰初吉，謂自一日至七、八日也"的觀點。[3]還有一説就指初一。在西周彝銘中出現的"初吉"則是和"既死霸"（月末）相對應的一組術語，既然"望"是指十五，"既望"又是指十六，則"初吉"顯然是初一也就順理成章。

───────────────

［1］何幼琦：《西周年代學論叢》，湖北人民出版社 1989 年版，第 175 頁。

［2］黄盛璋：《釋初吉》，《歷史研究》1958 年第 4 期。

［3］王國維：《觀堂集林》卷一，《王國維遺書》，上海古籍書店 1983 年版，第 2 頁。

那麽，既然在當時存在着和"初吉"相對應的"終吉"，是否可以把彝銘中的"初吉"也理解爲非月相術語呢？而且，根據陳遵嬀在《中國天文學史》一書中曾經總結，的確又有學者開始這樣考慮了，如下：

> 二千年來多認爲它們是代表每月的某一天或某二、三天。近代則多主張這是表示周代采用月的四分法……近二十年有人提出初吉不是代表月相，而是指的每月的第一個干日，"初吉"就是每月初于吉日的意思。[1]

把"初吉"理解爲"每個月的第一個干日，初吉就是每月初於吉日的意思"，也就是説，所有殷周彝銘中出現的"初吉"都是指"每個月的第一個干日"。此説看似有理，實際上却是死路一條。因爲"每個月的第一個干日"爲何就一定是吉利的日子呢？通過對甲骨文史料的閲讀，我們知道商周時代對吉利日子的認定，更多的時候是靠占卜選定的，而不是規定的。而且，把"初吉"理解爲"每個月的第一個干日"，于是"初吉"的具體日期變得更加捉摸不定。

我們把西周彝銘中使用"初吉"的例子，按月分别舉例如下，進行對比分析。

《君夫簋》彝銘："唯正月初吉。"

《次卣》彝銘："唯二月初吉丁卯。"

《師俞簋》彝銘："唯三年三月初吉甲戌。"

《虎簋》彝銘："唯卅年四月初吉甲戌。"

《晉侯喜父盤》彝銘："唯五月初吉庚寅。"

《史伯碩父鼎》彝銘："唯六月初吉己巳。"

《遹簋》彝銘："唯七月初吉甲戌。"

《散季簋》彝銘："唯王四年八月初吉丁亥。"

《不期簋》彝銘："唯九月初吉戊申。"

《番匊生壺》彝銘："唯廿又六年十月初吉己卯。"

《緐簋》彝銘："唯十又一月初吉。"

《免簋》彝銘："唯十又二月初吉。"

如《虎簋》彝銘右起第一列第六、七兩字和《番匊生壺》彝銘右起第二列第一、

---

[1]　陳遵嬀：《中國天文學史》第一冊，上海人民出版社1980年版，第211頁。

二兩字即爲"初吉"。

《虎簋》《番匊生壺》彝銘拓片

　　我們根據《金文引得·殷商西周卷》一書中出現"初吉"彝銘的統計，發現：正月初吉出現二十七次，二月初吉出現九次，三月初吉出現十四次，四月初吉出現七次，五月初吉出現十次，六月初吉出現八次，七月初吉出現一次，八月初吉出現十四次，九月初吉出現十七次，十月初吉出現二次，十一月初吉出現五次，十二月初吉出現七次，月份不明出現初吉五次。統計結果表明：一月出現初吉最多，爲二十七次。七月則最少，僅有一次。而且，"初吉"前必有月份，"初吉"後一般多有日干。但是，在正月、十一月、十二月出現了祇有"初吉"而後面没有日干的現象。[1]

　　如果把"初吉"理解爲"每月的第一個干日，初吉就是每月初于吉日的意思"，那麼應該在每月出現的"初吉"次數保持大致一致的範圍，而不是現在的如此懸殊的差異！由此也可以證明把"初吉"理解爲"每個月的第一個干日，初吉就是每月初於吉日的意思"之説是不妥的。

　　"一月初吉"出現如此之多，正可以説明當時人們對每年正月的期待。初者，始

[1]　見教育部人文社會科學重點研究基地、華東師範大學中國文字研究與應用中心編：《金文引得·殷商西周卷》，廣西教育出版社 2001 年版。

也。吉者，好也，吉利也，祥和也。每月都有初吉，而祇有新年的初吉最具有起始和源頭的含義。因此，"初吉"的真正含義祇能是"初吉，朔日也"，也即初一。有人從彝銘中并無"朏"字作月相之用例，得出初吉就是初三或初二日之說，此說過于臆斷，并不可靠。[1]

如此看來，無論是"自朔日至上弦（初八日）"的"初吉說"，還是"自一日至七、八日也"的"初吉說"，都是不合適的。初吉問題的解決，即初吉是定點月相術語，將有助于我們對其他三個月相的理解。

四、"既生霸"研究

在殷商甲骨文中已經有"既生霸"等文字，記載了月亮圓缺的周期變化，亦作"既生魄"。"霸"，顏師古《漢書注》解釋說："霸，古魄字同。"又根據《釋名》："霸，月始生霸然也。"所謂"月始生霸然"也就是"月始生魄然"。"霸"，主要可分兩種，一種爲"生霸"，一種爲"死霸"。劉歆《三統曆》中解釋爲"死霸，朔也；生霸，望也"。

前述王國維主張的"既生霸，謂自八、九日以降至十四、五日也"之說，顯然是出自"四分月相說"角度的理解。但是，我們知道，既然"初吉"是"定點月相說"的結果，那麼"既生霸"是否也可以理解爲"定點月相說"而來而不是"四分月相說"而來呢？

我們試以按月出現的"既生霸"使用實例，加以說明如下。

《守宮盤》彝銘："唯正月既生霸乙未。王在周。"

《寓鼎》彝銘："唯二月既生霸丁丑。王在莽（鎬）京。"

《免簋》彝銘："唯三月既生霸乙卯。王在周。"

《匍盉》彝銘："唯四月既生霸戊申。匍即于氾。"

《弭叔作叔班盨蓋》彝銘："唯五月既生霸庚寅。弭叔作叔班旅盨。"

《豐作父辛尊》彝銘："唯六月既生霸乙卯。"

《伯克壺》彝銘："唯十又六年七月既生霸乙未。伯大師賜伯克僕卅夫。"

《揚簋》彝銘："唯王九月既生霸庚寅。王在周康宮。"

《公姞鬲》彝銘："唯十月既生霸。"

［1］見王文耀：《金文月相的定點析證》，《社會科學戰線》1989 年第 4 期。

《鄭虢仲簋》彝銘："唯十又一月既生霸庚戌。鄭虢仲作寶簋。"

《此簋》彝銘："唯十又七年十又二月既生霸乙卯。王在周康宫。"

如《免簋》彝銘右起第一列第四、五、六字和《匍盉》彝銘右起第一列第四、五、六字爲"既生霸"。

《免簋》《匍盉》彝銘拓片

而且，"既生霸"前必有月份，"初吉"後一般多有日干。但是，在彝銘中十月出現了祇有"既生霸"而後面没有日干的現象。

從彝銘内容上看，假如"既生霸"是從"定點月相説"而來，那麽後面的干支祇是月相的同義語，變得毫無意義可言了。所以，有些没有日干的彝銘時間用語是揭開理解"既生霸"這一問題的關鍵，即彝銘中就祇出現"唯十月既生霸"，而没有後面的日干了。换句話説，"既生霸"後面出現日干與否，意義是不同的。出現日干，則"既生霸"就不是從"定點月相説"而來，而是從"四分月相説"而來，也就是"謂自八、九日以降至十四、五日"。不出現日干，則該"既生霸"是定點的，也就是"二日既生霸"。

從上述使用的實際例子中，我們祇能得出這樣一個結果："既生霸"的具體日期和後面是否出現日干有直接關係。它既符合"定點月相説"，也符合"四分月相説"，它是調整曆法的關鍵。這就是筆者首次提出的"月相定點·四分組合説"。這也是當時"日干崇拜"（也即"太陽崇拜"）在曆法上的體現。

五、"既望"研究

"望"即"望日"，指陰曆每月十五。"既"表示達到，"既望"就是農曆十六日。《釋名》："望，月滿之名也。月：大，十六日；小，十五日。日在東，月在西，遥相望也。"《尚書·召誥》中有："惟二月既望，粤六日乙未。"

我們試以按月出現的"既望"使用實例，加以説明如下。

《員方鼎》彝銘："唯正月既望癸酉。"

《師訇簋》彝銘："唯元年二月既望庚寅。王格于太室。"

《事族簋》彝銘："唯三月既望乙亥。"

《御正良爵》彝銘："唯四月既望丁亥。公大保賞御正良貝。"

《土上盉》彝銘："在五月既望辛酉。"

《師虎簋》彝銘："唯元年六月既望甲戌。王在杜应。"

《不栺方鼎》彝銘："唯八月既望戊辰。王在侯应。"

《無叀鼎》彝銘："唯九月既望甲戌。王格于周廟。"

《庚羆卣》彝銘："唯王十月既望，辰在己丑。"

《縣妃簋》彝銘："唯十又二月既望，辰在壬午。"

如《師虎簋》彝銘右起第一列第六、七兩字和《庚羆卣》彝銘右起第一列第五、六兩字即爲"既望"。

《師虎簋》《庚羆卣》彝銘拓片

　　而且，"既望"前必有月份，"既望"後一般多有日干。但是，在彝銘中七月、十一月沒有"既望"用例的現象。

六、"既死霸"研究

　　亦作"既死魄"，指月之下弦至晦的一段時間。劉歆《三統曆》曰："死霸，朔也。生霸，望也。""霸"意思是"魄"，初吉與既死霸（月末）對應，而望爲十五，既望爲十六，所以推知初吉是初一。《尚書·武成》中有"粵若來三月，既死霸，粵五日甲子，咸劉商王紂"。

　　我們試以按月出現的"既死霸"使用實例，加以説明如下。

　　《九年衛鼎》彝銘："唯九年正月既死霸庚辰，王在周駒宫。"

　　《竈乎簋》彝銘："唯正二月既死霸壬戌。"

　　《儦匜》彝銘："唯三月既死霸甲申。王在莽（鎬）上宫。"

　　《吕方鼎》彝銘："唯五月既死霸，辰在壬戌。"

　　《御史競簋》彝銘："唯六月既死霸壬申。"

　　《史懋壺》彝銘："唯八月既死霸戊寅。王在鎬京。"

　　《作册夨令簋》彝銘："唯王于伐楚，伯在炎。唯九月既死霸丁丑。"

　　如《史懋壺》彝銘右起第一列第四、五、六字和《九年衛鼎》彝銘右起第一行第六、七、八字即爲"既死霸"。

《史懋壺》《九年衛鼎》彝銘拓片（部分）

而且，“既死霸”前必有月份，“既死霸”後必有日干。但是，在彝銘中，四月、七月、十月、十一月、十二月“既死霸”用例尚未發現。

按照筆者提出的“月相定點·四分組合説”：因爲在“既生霸”的場合，後面出現日干與否，意義是不同的。出現日干，則“既生霸”就不是定點的，而是四分的，也就是“謂自八、九日以降至十四、五日”。不出現日干，則該“既生霸”是定點的，也就是“二日既生霸”。本着同樣的原則，“既死霸”後面出現日干與否，意義也是不同的。出現日干，則“既死霸”就不是定點的，而是四分的，也就是“謂自二十三日以後至於晦”。不出現日干，則該“既死霸”是定點的，也就是“既死霸，一日”。

七、閏月研究

根據《史記·五帝本紀》記載，當時在曆法上已經是施行“歲三百六十六日，以閏月正四時”。殷商時代，已經存在設置閏月的問題。商代甲骨文中多次出現十三月的記載，這又證明商代已經用閏月來調整節氣和曆法了。他們把一年分爲十二個月，大月三十天，小月二十九天，每逢閏年在年終加一個月，叫做“閏月”，也稱“十三月”，這一設置閏月的方法叫做“年終置閏法”。表現在彝銘中，便有所謂的“十三月”“十四月”乃至更高月份的問題存在。

《公誠鼎》彝銘拓片

吕大臨已經意識到這一問題，并且提出了自己的解答，他對《公誠鼎》彝銘中出現“唯王十又四月”記載的考證，見《考古圖》卷一：

> 按：“惟王十有四月”，古器多有是文。或云“十有三月”，或云“十有九月”。疑嗣王居憂，雖踰年未改元，故以月數也。

但是，拓片中并無“王”字出現（見圖）。

《公誠鼎》彝銘右起第一列前五個字即是“唯十又四月”。在這裏，他并沒有認爲出現“唯十又四月”是設置閏月的原因所致，而是因爲新王繼位之後，并沒有立刻改元，而是繼續使用老王的年號。比如，老王在“唯王六年九月”時死了，新王繼位，他沒有立刻宣布從現在開始應該進入"唯王元年一月"，而是繼續使用唯王六年九月、十月、十一月、十二月。超過了十二月後，他不能説已經進入了"唯王七年一月"了，因爲老王在"唯王九月"時已經故去了，所以他就使用唯王十三月、十四月……一直到他開始使用自己的"唯王元年一月"爲止。出現這一現象的原因，吕大臨認爲是"嗣王居憂"。這種解釋有着明顯的倫理和親情色彩。這和當時宋代注重倫理和親情的社會大環境是一致的。

第三節　諸侯國紀年

傳世文獻認爲夏、商、周三代都有自己的官定曆法，可以簡稱爲"夏曆""殷曆"和"周曆"。夏曆，又稱"夏正""夏數""夏時"。《論語·衛靈公》有所謂"行夏之時"之説。《後漢書·律曆志》記載：

> 案曆法，黄帝、顓頊、夏、殷、周、魯，凡六家，各自有元。

這三者主要的區别在于歲首的不同，如下：

月建	子	丑	寅	卯	辰	巳	午	未	申	酉	戌	亥
夏曆	十二月	正月	二月	三月	四月	五月	六月	七月	八月	九月	十月	十一月
季節	冬季	冬季	春季	春季	春季	夏季	夏季	夏季	秋季	秋季	秋季	冬季
殷曆	十二月	正月	二月	三月	四月	五月	六月	七月	八月	九月	十月	十一月
季節	冬季	春季	春季	春季	夏季	夏季	夏季	秋季	秋季	秋季	冬季	冬季
周曆	正月	二月	三月	四月	五月	六月	七月	八月	九月	十月	十一月	十二月
季節	春季	春季	春季	夏季	夏季	夏季	秋季	秋季	秋季	冬季	冬季	冬季

到了東周，處于春秋戰國時代，各個諸侯國使用自己的曆法成爲一時之尚。魯國用周曆，所以《春秋》也用周曆紀年。如《春秋·隱公六年》記載："冬，宋人取長葛。"然而在《左傳》中出現的記載却是："秋，宋人取長葛。"

再如《春秋·僖公五年》説"春，晉侯殺世子申生"，同一事件出現在《左傳》中却成了"十二月"，這説明《左傳》使用的紀年方法是夏曆。

在王年的問題上，"隹（唯）王某年"則肯定是叙述西周的王年。而到了春秋戰國時代出現了各國獨立紀年的現象。

容庚在《商周彝器通考》一書中就曾舉例：

> 西周紀年，皆統於王，故云唯王某年某月。春秋以降，有用各國紀年者，如《郜公簋》云"唯郜正二月初吉乙丑"……《鄧公簋》云"唯鄧九月初吉"。[1]

在紀年問題上，春秋戰國時代不同王年的紀年銅器已經大量出現。諸侯建元之年有時候被稱爲"立事歲"，即開始執政之年。

如《陳璋壺》彝銘：

> 唯王五年，鄭陽，陳得再立事歲。孟冬戊辰，大將銭孔，陳璋内（入）伐匽（燕）亳邦之獲。

又如山東諸城所出《鹽蜣鐘》彝銘：

> 鹽蜣立事歲十月己亥。

彝銘中的人名"鹽蜣"之"蜣"字，原字從"蟲"從"匋"，"匋"當與"居"音通。而"鹽"又從"蟲"，可見該族以蟲爲圖騰。其地古代屬于莒國所在地。顧棟高《春秋大事表》記載：

> 莒雖小國，東夷之雄者也。其爲患不減於荆、吴。

又見《通志·氏族略》記載：

> 嬴姓，少昊之後也，周武王封兹與其於莒，今密州莒縣是也。

---

[1] 容庚：《商周彝器通考》上冊，哈佛燕京學社 1941 年版，第 86 頁。

第七章　國名用語

引　論

在彝銘中大量出現了國名用語。這爲彝銘學術研究提供了難得的地理方位和邦國關係。因而對彝銘記載的歷史事實和歷史人物的空間活動範圍的確定，使得彝銘學研究在地理上成爲實證的歷史研究的基礎。

在甲骨史料中，殷商帝國的周邊有大大小小幾十個諸侯國、方國存在。而在其邊遠地區，這樣的方國更是有數千之衆。《逸周書·殷祝解》中記載殷商開國之初，居然有"三千諸侯大會"的規模。按照《史記·周本紀》中記載的史實，武王克商之時，就來了大小數百個城邦、方國——"不期而會盟津者八百諸侯"。而到了西周時期，因爲封建分封制度的廣泛實行，諸侯國和方國的數量更是成倍增長。因此，彝銘中出現的方國名，自然而然的也是十分豐富的。

在彝銘中出現的方國名，常常是和氏族名、地名形成三位一體的現象。要想準確區分彝銘中出現的何者爲方國名、何者爲地名、何者爲氏族名，頗爲不易。需要看上下文的意思，分析之後纔能得出比較可信的結論。

彝銘中常見的"邑"字：♀，上部的方框代表四面圍牆的城池，下面代表居住的人。因而"邑"字的本義是指人們群居之處，引申爲城市。彝銘中凡從"邑"之字多與方國或地名有關。

《説文解字》：

> 邑，國也。從口，先王之制，尊卑有大小。

又：

> 國，邦也。

又見《禮記·祭法》：

> 天下有王，分地建國，置都立邑，設廟祧壇墠而祭之。

可見 "邑" 是和 "國" 具有同樣性質的地理建制。又見段玉裁《説文解字注》中注釋：

> 邦也。邑部曰：邦，國也。按邦、國互訓，渾言之也。《周禮注》曰："大曰邦，小曰國。" 邦之所居亦曰國。

周初在武王克商之時，曾經聯合西土八國一起出兵。按照文獻記載，西土八國是庸、蜀、羌、髳、微、盧、彭、濮國。而出現在商周彝銘中的方國就更多了。比如著名的西周銅器《班簋》彝銘中就記載了秉、繁、蜀、巢四個國。

根據《左傳·僖公二十四年》記載：

> 管、蔡、郕、霍、魯、衛、毛、聃、郜、雍、曹、滕、畢、原、酆、郇，文之昭也。邘、晉、應、韓，武之穆也。

上述二十個方國，皆是西周建國前就已經存在或建國後封建制下的産物。[1]

我們再看看《國語·鄭語》中史伯對成周四周各諸侯國地理位置的介紹：

> 當成周者，南有荆蠻、申、呂、應、鄧、陳、蔡、隨、唐；北有衛、燕、狄、鮮虞、潞、洛、泉、徐、蒲；西有虞、虢、晉、隗、霍、楊、魏、芮；東有齊、魯、曹、宋、滕、薛、鄒、莒；是非王之支子母弟甥舅也，則皆蠻、荆、戎、狄之人也。非親則頑，不可入也。

結合彝銘史料，我們從上述各國中選取一些方國予以解説如下。上述劃分之外的一切國家，比如曾國，1949 年以後出土的曾國銅器頗多，印證了古籍中的相關記

---

[1] 對商周方國的詳細研究，也許需要寫一部大書！歷史學家陳槃以幾十萬字的篇幅，詳細考證了商周時代的一百餘個古方國。他是這一方面做得最好、最多、最有成就優秀學者了。而這幾十萬字的篇幅所涉及的商周方國，也祇是出現在商周銘文中的古方國的十分之一左右吧。因此之故，我們知難而退，在此挑選幾十個常見的方國，進行説明。

載，雖然不屬于上述劃分範圍内，但是也值得特別關注。可能正是由于很早就被附屬在楚國勢力範圍内，纔没有被《左傳》中列入所謂的"未見於《國語》所引諸國"的行列吧。張昌平在《曾國銅器的分期及其相關問題》一文中就得出了類似的結論。[1]

第一節　西土諸國

一、庸國

古國名。庸，或作"鄘"。存世的銅器就有《庸戈》，其彝銘爲：

> 鄘公之大元凡子羽戈。

庸國曾隨同周武王滅商。庸國位列于八國之首，顯然應該是西土大國。庸國本在西土居住，西周開國後，受封在今湖北竹山縣西南一帶，建都上庸。

根據《史記集解》：

> 庸、濮在江、漢之南。

武王伐商，曾聯合西土庸、蜀、羌、髳、微、盧、彭、濮等方國，并親率"戎車三百乘，虎賁三千人，甲士四萬五千人，以東伐紂"。可見《尚書·牧誓》中的記載：

> 及庸、蜀、羌、髳、微、盧、彭、濮人。

《左傳·文公十六年》：

> 使盧戢梨侵庸，及庸方城。

這裏的"方城"，見《括地志》相關記載：

> （方城山，庸之都城。）其山頂上平，四面險峻，山南有城，長十餘里，名曰方城。

---

[1]　見張昌平：《曾國銅器的分期及其相關問題》，《江漢考古》1992 年第 3 期。

《左傳·文公十六年》中還記載了"庸人帥群蠻以叛楚"的史實。

　　庸國歷史曾見録在《庸伯取簋》《庸鼎》《庸伯方鼎》等彝銘中。在《庸伯取簋》中，記載了庸伯取跟隨周天子出征"徎魚"得勝後獲賞之事。具體恩賞内容是"貝十朋"，而庸伯取則是"用作朕文考寶尊簋"。從賞賜内容來看，應該祇是很一般的獎賞，可見庸伯取不是因爲戰功而獲賞賜。

《庸伯取簋》彝銘拓片

二、蜀國

　　古國名。曾隨同周武王滅商。前引《尚書·牧誓》中的記載爲證。

　　根據《括地志》記載：

　　　　益州及巴、利等州，皆古蜀國。

　　古蜀人先祖爲蜀山氏。《華陽國志》記載：

　　　　周失綱紀，蜀先稱王。有蜀侯蠶叢，其目縱，始稱王。

　　蜀山氏或許是古羌人的一個分支，是一個歷史悠久的古老民族。曾經分別由蠶叢氏、柏灌氏、魚鳧氏、開明氏諸族統領。又見《戰國策·秦策》記載：

> 蜀，西僻之國也。

從字形上看，"蜀"字上部就是縱"目"之形。這和"蜀侯蠶叢，其目縱"的記載是相互吻合的。著名的三星堆青銅器應該就是其文化遺留物。

三、羌國

古國名。曾隨同周武王滅商。前引《尚書·牧誓》中的記載爲證。

《説文解字·羊部》：

> 羌，西戎牧羊人也，從人從羊，羊亦聲。

又見《風俗通義》記載：

> 羌本西戎卑賤者也，主牧羊。故羌字從羊、人，因以爲號。

而其地望，《史記正義》則以爲：

> 隴右岷、洮、叢等州以西，羌也。

根據《國語·晉語》記載：

> 昔少典娶於有蟜氏，生黄帝、炎帝。黄帝以姬水成，炎帝以姜水成。成而異德，故黄帝爲姬，炎帝爲姜。

炎帝屬古羌族部落，部落衆多。羌，屬他稱，即當時中原部落對西部游牧民族的泛稱。甲骨史料中多稱爲"羌方"。

但是，作爲方國和姓氏的彝銘，則可見《羌鼎》《羌作父己尊》《鄭義羌父盨》等彝銘。羌國和周王朝後來也時有戰事。在《大保彝》彝銘中則記載了"大保克羌，作遣王道"之史實。

四、髳國

古國名。曾隨同周武王滅商。前引《尚書·牧誓》中的記載爲證。

《史記集解》引孔安國説：

> 髳、微在巴蜀。

髳國在今四川漢源、石棉縣一帶。根據《括地志》記載：

> 姚府以南，古髳國之地。

五、微國

古國名。曾隨同周武王滅商。前引《尚書·牧誓》《史記集解》中的記載爲證。

"微"字古與"眉"通。微國和微族又可稱"眉國"和"眉族"。

現今已經出土的微國銅器頗多。著名的《散氏盤》和《裘衛盉》彝銘中就記載了微氏。而微國自己的銅器，如《微伯鬲》《微伯瘋簋》《微孌鼎》《微瘋盤》等。

根據《史牆盤》彝銘中對微氏家族七代傳人名字的記載，可以知道微伯瘋是史牆之子。

六、濮國

古國名，又稱百濮。曾隨同周武王滅商。前引《尚書·牧誓》《史記集解》中的記載爲證。

《逸周書·王會解》：

> 濮人以丹砂。

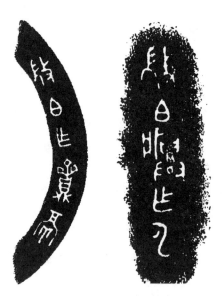

《微伯鬲》《微伯匕》彝銘拓本

又杜預《春秋釋例》：

> 建寧郡南有濮夷，濮夷無君長總統，各以邑落自聚，故稱百濮也。

陳逢衡《逸周書補注》引王應麟曰：

> 卜人，蓋今之濮人也。

故此，俞樾《群經平議》卷三十四：

> 卜乃僕之假字。

可見濮又作"卜""僕""服""戁"等。根據《宗周鐘》彝銘中記載：

> 王肇伐其至，戁伐厥都。

《宗周鐘》彝銘拓片（部分）

可見當時的戁國曾經入侵過周朝疆土。

見該銅器彝銘左起第二列倒數第六個字開始，即爲："王肇伐其至，戁伐厥都。"

七、盧國

古國名。曾隨同周武王滅商。前引《尚書·牧誓》中的記載爲證。

盧國，姜姓，神農氏後裔所建古國。盧又稱"盧戎"。河南安陽殷墟五號墓中出土的《盧方戈》彝銘中就有如下記載：

盧方皆入戈五。

而《逸周書·王會解》孔晁注：

盧人，西北戎也。今盧水是。

盧，又作"纑"。又見《史記·周本紀》：

纑、彭在西北。

其實，有個字很可能是"盧""纑"的本字，即"楉"。該字在甲骨文和金文中多次出現。比較著名的，如《鈇簋》彝銘中的"楉侯"、《獻簋》彝銘中的"楉伯"、《嫀奚方鼎》彝銘中的"楉仲"，等等。祇是此字被有的學者隸定爲"楷"字。而《獻簋》出土地點在陝西志丹縣，則此地區是符合"纑、彭在西北"之記載的。如果把過去被學者們解釋爲"楷"字的彝銘，全部理解爲"盧""纑"的本字，則所有記載皆是對于盧國的記載，而解釋爲"楷"字的"楷侯""楷伯"則很難得到史料的證明。

《獻簋》彝銘拓片

《獻簋》彝銘釋文如下：

唯九月既望庚寅，盧
伯于遘王，休亡尤。朕
辟天子。盧伯令厥臣獻
金車。對朕辟休，作朕皇
考光父乙。十世不忘，獻
身在畢公家，受天子休。

盧國在今西北地方。盧國銅器現今出土較少，我們祇在《叔傳觶》彝銘中發現了對盧公的記載："叔傳作盧公寶彝"。

八、彭國

古國名。即"大彭國"。曾隨同周武王滅商。前引《尚書·牧誓》中的記載爲證。

彭國是歷史悠久的古方國，夏朝時就存在，曾協助夏王啓平定西河叛亂。到了商朝外壬時代，又曾協助商王平定了邳人、姺人之亂。商王武丁在位時，曾滅掉了大彭國，其遺族則歸屬武王。武王滅商之時，彭國遺族起而回應。彭國在今穀城和房縣境內。現今已經出土的彭國銅器頗多。著名的有《彭女甗》《彭女觶》《彭女鼎》《彭史尊》《彭子仲盆》《彭伯作盉》《彭伯壺》等彝銘。其中，《天黽父庚方鼎》彝銘中記載了揚在彭國受賞的一段史實。

《天黽父庚方鼎》彝銘照片

該銅器彝銘釋文如下：

己亥。揚見事
于彭，車弔（叔）商（賞）
揚馬，用作父庚
尊彝。天黽。

在《廣簋》彝銘中又記載了某代彭王一個叫"廣"的子侄懷念其叔父彭而作的寶簋。

第二節　文昭諸國

一、蔡國

姬姓諸侯國。周武王分封諸侯，封其弟叔度後裔于蔡。蔡國在今河南駐馬店市上蔡縣一帶。蔡國銅器頗多，主要有《蔡尊》《蔡簋》《蔡子旅匜》《蔡公子壺》《蔡侯鼎》等彝銘。在《叔鐘》彝銘中，叔與蔡姬同被列爲"好宗"。《蔡侯匜》彝銘中有"蔡侯作姬單媵匜"一語，可知蔡侯娶單國女子爲妃。在《伯作蔡姬尊》彝銘中，"伯作蔡姬宗彝"説明了伯對"好宗"的賞賜。

著名的《蔡簋》彝銘中，西周天子册命蔡時，回憶了蔡的祖先功勞：

> 昔先王既令汝作宰，嗣王家。

《蔡簋》彝銘拓片

《蔡簋》彝銘釋文如下：

> 唯元年既望丁亥，王在減应。旦，王格
> 廟，即立（位）。宰智入右（佑）蔡，立中廷。王
> 呼史敄册令（命）蔡。王若曰："蔡，昔先
> 王既令汝作宰，嗣王家。今余唯䌛（申）
> 憙（就）乃令（命），令（命）汝眔智龏（續）疋胥對各，从嗣王

家外内，毋敢又（有）不聞，嗣百工，出入

姜氏令，厥又（有）見又（有）即令，厥非先告蔡，

毋敢庑又（有）入告，汝毋弗善效姜氏

人，勿吏（使）敢又（有）庑止從（縱）獄。賜汝玄

袞衣、赤舄。敬夙夕勿灋朕令。"蔡

拜手稽首。敢對揚天子丕

顯魯休。用作寶尊簋。蔡

其萬年釁（眉）壽，子子孫孫永寶用。

而現在又是"嗣家外内"，足見姬姓蔡國與西周的關係非同一般。另有一個姞姓蔡國。根據《潛夫論》中記載：

黃帝之子二十五人……姞氏之別有闞、尹、蔡……

二、郕國

姬姓諸侯國。周武王分封諸侯，封文王之子叔武于郕。郕，又作"盛""成"。《春秋左氏會箋·僖公二十四年》考證：

管、蔡、郕、霍、魯、衛、毛、聃，當是武王之母弟八人也，下八國是庶子。

在傳世文獻中，《左傳·隱公五年》記載：

衛之亂也，郕人侵衛，故衛師入郕。

《春秋公羊傳注疏》云：

成者何，盛也。盛則曷謂之成，諱滅同姓也。曷爲不言降吾師，辟之也。

郕國在今山東寧陽一帶。或疑郕國本封于西周畿内，春秋時改封于山東。根據《說文解字》記載：

郕，魯孟氏邑是也。

又見顧祖禹《讀史方輿紀要》卷三十三《兗州府》：

郕城，在汶上縣西北二十里，故郕國，周武王封弟叔武於此。

現今出土的郕國銅器并不多，主要有《成伯孫父鬲》《成周邦父壺》《伯多父作

成姬盨》等。

在《成伯邦父壺》彝銘中記載：

　　成伯邦父作叔姜萬人（年）壺。

在《伯多父作成姬盨》彝銘中又記載了"伯多父"爲成姬多母作器之事。

三、霍國

　　姬姓諸侯國。周武王分封諸侯，封其弟姬處于霍。霍國在今河南汝州西南部一帶。而在山西霍縣另有一個霍國存在。根據《史記索隱》記載：

　　永安縣西南汾水西有霍城，古霍國；有霍水，出霍太山。

又見《春秋左氏會箋·僖公二十四年》：

　　管、蔡、郕、霍、魯、衛、毛、聃，當是武王之母弟八人也，下八國是庶子。

　　成王繼位，周公攝政。管叔、蔡叔、霍叔等人與周公不和，聯合武庚發動叛亂，史稱"管蔡之亂"。周公奉成王之命東征。霍叔先被貶爲庶民，後又恢復封地，降爲伯爵。現今出土的霍國銅器并不多，主要有《霍鼎》《叔男父匜》等。

《叔男父匜》彝銘釋文爲：

　　　叔男父作爲
　　　霍姬媵旅匜，
　　　其子子孫孫其萬
　　　年永寶用。井。

《叔男父匜》彝銘拓片

這裏，叔男父爲霍姬出嫁作器，并交代了此女屬于霍氏。

四、毛國

姬姓諸侯國。周武王分封諸侯，封文王第八子叔鄭于毛。

根據《尚書正義·顧命》解釋：

> 畢、毛，文王庶子。

又見《春秋左氏會箋·僖公二十四年》：

> 管、蔡、郕、霍、魯、衛、毛、聃，當是武王之母弟八人也，下八國是庶子。

毛國在今陝西岐山、扶風一帶。後隨周平王東遷于河南滎陽。

現今出土的毛國銅器頗多，主要有《班簋》《毛伯敦》《毛公鼎》《此鼎》《毛伯簋》《善夫旅伯鼎》等。

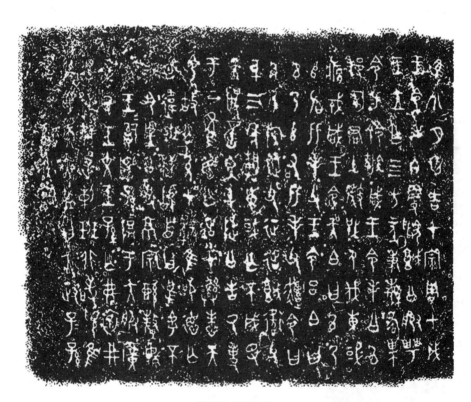

《班簋》彝銘拓片

《班簋》彝銘釋文：

> 唯八月初吉，在宗周。甲戌，
>
> 王令毛伯更虢城公服，粤（屏）
>
> 王立（位）。作四方亞（極），秉緐、蜀、巢
>
> 令，賜鈴勒。咸，王令毛公以
>
> 邦冢君、土（徒）馭、戡人伐東或（國）
>
> 猾戎。咸，王令吳伯曰：以乃
>
> 師左比毛父；王令呂白（伯）曰：
>
> 以乃師右比毛父；趞（遣）令曰：
>
> "以乃族從父征，佶（誕）城（誠）衛父
>
> 身。三年靜（靖）東或（國），亡不咸眈
>
> 天畏（威）否畀屯（純）陟。公告厥事
>
> 于上，唯民亡佶（誕）才（哉），彝眜（昧）天
>
> 令（命），故亡。允才（哉）顯，唯敬德，亡
>
> 卣（攸）違。"班拜稽首曰："烏（嗚）虖（呼），丕
>
> 环（丕）玖皇公，受京宗懿釐，毓
>
> 文王、王姒聖孫，隥于大服，廣
>
> 成厥工（功），文王孫亡弗裹（懷）井（型），
>
> 亡克競厥剌（烈）。"班非敢覓，唯
>
> 作卲（昭）考爽，益（謚）曰大政。子子孫孫
>
> 多世其永寶。

《班簋》和《毛公鼎》是有關毛國最著名的兩件銅器。毛伯是當時重臣，多次受西周天子賞賜。特別是該銅器前文剛提到"王令毛伯更虢城公服"，而下文馬上就變成了"王令毛公"。毛氏從伯爵晉升爲公爵的等級身份，在這裏得到了明確的轉變和記載。

五、雍國

姬姓諸侯國。周武王分封諸侯，封文王第十三子于雍。

雍國另有一支是姞姓，起源于陝西的雍山。《廣韻》中引《世本》記載：

雍父作春，黄帝臣也。

姬姓雍國在今河南焦作市西南一帶。現今出土的雍國銅器并不多，主要有《雍伯源鼎》《雍鼎》《雍伯鼎》等彝銘。

六、曹國

姬姓諸侯國。周武王分封諸侯，封其弟叔鐸于曹，建都陶丘。

曹，或作"妼""慙""宔"等形。在先秦文獻中一般作"曹""漕"等。

見《漢書·地理志》：

定陶，故曹國。周武王弟叔振鐸所封。

又見《史記·管蔡世家》：

武王同母兄弟十人。母曰太姒，文王正妃也。其長子曰伯邑考，次曰武王發，次曰管叔鮮，次曰周公旦，次曰蔡叔度，次曰曹叔振鐸，次曰成叔武，次曰霍叔處，次曰康叔封，次曰冉季載。

曹國在今山東定陶一帶。現今出土的曹國銅器并不多，主要有《曹公簋》《曹公簠》《曹公盤》《曹公子戈》《曹伯狄簋》等。

《曹公簠》彝銘拓片

《曹公簠》彝銘釋文：

> 曹公縢孟妃
>
> 念母匜簠，
>
> 用祈眉壽
>
> 無疆。子子孫孫，
>
> 永壽用之。

這裏又是説明嫁女作器。當時曹國國君的爵位是公。

七、滕國

姬姓諸侯國。周武王分封諸侯，封文王之子錯叔繡于滕。滕，或作"塍"。

滕國在山東滕縣（今滕州市）一帶，是個著名的小國。

見《史記正義》記載：

> 滕即公丘故城是，在徐州滕縣西南十五里。

又據中國科學院考古研究所山東工作隊（任式楠、胡秉華執筆）《山東鄒縣滕縣古城址調查》：

> 此次所調查的滕城在今滕縣西南約十四里，方向南偏西約五十二度。另在滕縣城西南約十五里，方向約七十二度的莊里村西，調查到一處堌堆遺址，包含了自龍山文化直至漢代的遺存，俗稱爲"城頂"，傳爲公丘故城址，但并未見城牆痕迹。"滕城"正居其東南。如果莊里"城頂"爲漢代公丘，則正符合了晉人杜預的意見，滕城在公丘之東南。也符合了唐人李吉甫的意見，古滕國在（滕）縣西南十四里的滕城。[1]

滕國與魯國關係密切。現今出土的滕國銅器頗多，主要有《滕公簠》《滕虎簠》《滕侯鼎》《滕侯穌盨》等。

在《滕虎簠》彝銘中出現了"滕虎"的名字，另外在彝銘中還有滕侯、滕公二人的銅器。

在《滕侯簠》彝銘中還出現了滕侯給滕公作器的內容，見如下。

---

[1] 中國科學院考古研究所山東工作隊（任式楠、胡秉華執筆）：《山東鄒縣滕縣古城址調查》，《考古》1965 年第 12 期。

《滕侯簋》彝銘拓片

《滕侯簋》彝銘釋文：

滕侯作滕

公寶尊彝。

　　滕侯爲滕公作器，應該是父子關係。當時"滕侯"尚未晉升爲"滕公"，所以爲自己亡父"滕公"作器以紀念。

　　韓巍在《新出金文與西周諸侯稱謂的再認識》一文中主張：

　　　　王恩田和李魯滕兩位先生都認爲"滕公"是文王之子錯叔繡，我以爲不然。西周時期從大宗分出的小宗旁支的第一代宗子（也包括一些諸侯國的始封君），其稱謂大多是以國族名加上個人的排行組成，如晉（唐）國始祖稱"唐叔"，衛國始祖稱"康叔"等等。按照此規律，錯叔繡生前應該稱"滕叔"。由甯簞彝銘文可知，"滕公"在受命之前稱"伯"，說明他在家族中是嫡長子，其排行顯然不是"叔"。因此"滕公"與錯叔繡并非一人，他應是錯叔繡之子，滕國的第二代國君。錯叔繡封滕在成王時，其子"滕公"應該主要活動于康王時，甯器的年代就在這個時期。"滕公"之子"滕侯"在康王後期至昭王時，吾昺的器主也是"滕公"之子，可能是"滕侯"之弟。

　　　　綜上所述，滕國始封君錯叔繡生前應稱"滕叔"（"錯"或是死後之謚號）；第二代滕君初即位時稱"滕伯"，後受周王册命爲"公"，改稱"滕公"；到第三代滕君時纔開始改稱"滕侯"。[1]

[1]　韓巍：《新出金文與西周諸侯稱謂的再認識》，"二十年來新見古代中國青銅器國際學術研討會"論文，2010 年。

而一個叫"吾"的人還曾經給滕公作器："吾作滕公鬲。"滕侯自己也曾自作器："滕侯作鼎。"在先秦文獻中，《孟子·公孫丑》中記載"孟子爲卿于齊，出弔于滕"的一段史實。

八、畢國

姬姓諸侯國。周武王分封諸侯，封文王第十五子畢公高于畢。見《史記·魏世家》記載：

> 魏之先，畢公高之後也。畢公與周同姓，武王之伐紂，而高封于畢，于是爲畢姓。其後絕封，爲庶人，或在中國，或在夷狄。其苗裔曰畢萬，事晉獻公。

畢國在今陝西咸陽東北一帶。現今出土的畢國銅器并不多，主要有《伯顯父鼎》《伯顯父鬲》《倗中鼎》等。

伯顯父爲其夫人畢姬作器，也留下了《伯顯父鼎》彝銘。該彝銘如下：

> 伯顯父作畢
> 姬尊鼎。其萬年
> 子子孫孫，永寶用享。

《伯顯父鼎》彝銘拓片

顯，彝銘中或作頭、暖、睍。這裏的顯父一名，已經具有了當時的特殊含義。見《詩經·韓奕》：

> 顯父餞之，清酒百壺。

《毛傳》解釋"顯父"爲"有顯德者也"。而孔穎達更進一步説:

> 父者，丈夫之稱，以有顯德，故稱顯父。

在《佣中鼎》彝銘"佣中作畢媿媵鼎"，是媿姓佣氏畢氏通婚作器之事。至少畢國的通婚關係涉及面比較廣。

九、魯國

姬姓諸侯國。周武王分封諸侯，封周公旦之子伯禽于魯。

魯國在今山東一帶，都城曲阜。魯國是姬姓"宗邦"，諸侯"望國"。根據《禮記·明堂位》中的記載:

> 凡四代之器、服、官，魯兼用之。是故，魯，王禮也，天下傳之久矣。

又見《史記·魯周公世家》記載:

> 周公卒，子伯禽固已前受封，是爲魯公。魯公伯禽之初受封之魯，三年而後報政周公。周公曰:"何遲也?"伯禽曰:"變其俗，革其禮，喪三年然後除之，故遲。"太公亦封於齊，五月而報政周公。周公曰:"何疾也?"曰:"吾簡其君臣禮，從其俗爲也。"及後聞伯禽報政遲，乃嘆曰:"嗚呼，魯後世其北面事齊矣! 夫政不簡不易，民不有近;平易近民，民必歸之。"

因此，魯國素來具有"周禮盡在魯矣"的美譽。現今出土的魯國銅器頗多，主要有《魯侯熙鬲》《魯伯大父簋》《魯伯車鼎》《魯伯者父盤》《明公簋》《魯侯簋》等。

其中，在《明公簋》彝銘中記載了明公跟隨西周天子東征之事。這裏的"明公"，即魯國國君伯禽。

根據吳其昌的總結，彝銘中的"明公"先後有七種不同的稱謂:曰"周公子明保"，《矢彝》稱之。曰"周公"，《禽彝鼎》《徙彝》稱之。曰"明公"，《矢彝》《明公尊》(編者注，即《明公簋》)稱之。曰"明保"，《作册𪭢卣》稱之。曰"太保"，《憲鼎》《某鼎》《棡彝》《太保鬲》《太保簋》《傳彝》《傳鼎》《典彝》稱之。曰"公太保"，《旅鼎》稱之。曰"尹太保"，此爵及《作册大伯鼎》稱之。[1]

---

[1] 見吳其昌:《金文曆朔疏證》卷二，商務印書館 1936 年版，第 24 頁。

《明公簋》彝銘拓片

《明公簋》彝銘釋文:

> 唯王令明公
> 遣三族伐東
> 或（國），在糞，魯侯又
> 勛工。用作肇（旅）彝。

這裏的"勛工"之"勛"字，有學者以爲是"田""戎"等字，異説很多。我們主張是"功勛"之"勛"字是後世的"功勛"一詞的直接源頭。

十、原國

姬姓諸侯國。周武王分封諸侯，封文王第十六子原伯于原。

原國在今河南濟源西北一帶。

《水經注·濟水》:

> 濟水有二源，東源出原城東北。

楊守敬《水經注疏》卷七解釋:

> 在今縣西北四里，俗呼爲原村，遺迹猶存。

原伯之後轉封于先軫，號爲原軫，官爲晉國上卿，其采邑在原邑。又《永樂大典》卷五千二百四十五引《水經注》記載:

> 遼山縣西南黃岩山，先軫所出也。

現今出土的滕國銅器并不多，主要有《原仲簋》等。

《原仲簠》彝銘拓片

《原仲簠》彝銘釋文：

> 唯正月初吉
> 丁亥。原氏中（仲）作
> 淪女（母）、嫣女（母）、家
> 女（母）媵簠，用祈
> 眉壽。萬
> 年無疆，永用之。

　　此器或可名爲《原氏仲簠》。彝銘中同時出現了三位母親，分別是“淪母、嫣母、家母”。可見從排行上分析：淪姬當爲原氏父之孟姬、嫣當爲原氏父之仲姬、原氏仲的生母當爲原氏父之叔姬。此器真實記載了當時原國的三位夫人分別來自淪、嫣二姓，而原氏生母的姓不詳。家母的家，在這裏應該就是自家之母的含義。不是來自“家”姓之母。這裏的“媵”字，不是出嫁。《釋名·釋親屬》“姪娣曰媵”，這是爲了説明上述三位夫人的關係是“姪娣”關係。根據《春秋公羊傳·隱公元年》何休的解釋：

> 禮，嫡夫人無子，立右媵；右媵無子，立左媵；左媵無子，立嫡姪娣。嫡姪娣無子，立右媵姪娣；右媵姪娣無子，立左媵姪娣。

《左傳·隱公元年》孔疏引杜預《釋例》云：

> 古者諸侯之娶，適夫人及左右媵各有姪娣，皆同姓之國。國三人，凡九女，參骨肉至親，所以息陰訟。陰訟息，所以廣繼嗣。夫人薨，不更聘，必以姪娣

媵繼室。

有人解釋此銘爲陳國大夫原仲爲他的女兒所作的媵器。顯然，這樣解釋完全忽略了此銅器彝銘的準確用字，錯誤已經不是將"母"字誤釋爲"仲"所能了結的。

十一、酆國

姬姓諸侯國。周武王分封諸侯，封其弟于酆。建都于酆。又見《世本·姓氏篇》中的記載：

> 酆氏，文王十七子酆侯之後。

酆，或作"豐""灃"。在今陝西山陽一帶。現今出土的酆國銅器并不多，主要有《酆王斧》《塱方鼎》《輔伯粏父鼎》等。根據《窒叔簋》彝銘中的記載：

> 窒叔作豐（酆）姞慫旅簋，豐（酆）姞慫用宿夜享考於諏公。

這裏的"豐（酆）姞慫"，即酆國女子名慫者，嫁給了"窒叔"。"窒"即"室"字。彝銘中經常出現下半部的字被重複并列出現的衍文，如"霍"字下半部的"隹"寫成了"雔"。在《宣季遽父卣》彝銘中記載了酆國女子嫁給宣季遽父的史實。

酆國與周朝關係緊張，在《塱方鼎》彝銘中記載了周東征伐酆等幾個東夷國家的一段歷史。

《塱方鼎》彝銘拓片

《塱方鼎》彝銘釋文：

> 唯周公于征伐東
> 尸（夷）、豐（酆）伯、尃（薄）古（姑）、咸戈。公
> 歸禦于周廟。戊
> 辰，㱃（飲）秦㱃（飲）。公賞塱
> 貝百朋，用作尊鼎。

這裏的"咸戈"是指取得重大勝利、全部獲勝,而"歸禋于周廟"則是指獲勝後的告廟儀式。這段彝銘記載了周公親自東征獲勝後舉行的三個儀式:告廟、秦飲、賞賜。

第三節　武穆諸國

一、應國

姬姓諸侯國。周武王封其四子于應。

應國在今河南平頂山市西郊一帶。現今出土的應國銅器頗多,主要有《應公旅鼎》《應公方鼎》《應公簋》《應公尊》《應侯鐘》《應侯再盨》等。

《水經注》引《汲郡古文》云:"殷時已有應國。"今本《竹書紀年》記載"盤庚七年,應侯來朝"之事。武丁時期甲骨史料中也有"貞:王步于應"的記載。這是殷時的應國。從"王步于應"之記載來分析,殷時應國地理位置顯然距殷墟不遠,商王纔可能"王步于應"。西周應國具體位置在今河南平頂山市滍陽鎮。根據《括地志》記載:

> 故應城,因應山爲名,在汝州魯山縣東三十里。

又見《水經注·滍水》:

> 滍水東逕應城南,故應鄉也,應侯之國。

顏師古注《漢書·地理志》"潁川郡父城下":

> 應鄉,故國,周武王弟所封。

再據《逸周書·王會解》:

> 成周之會……內臺西面者正北方,應侯、曹叔、伯舅、中舅,比服次之。

可見應國和西周王朝一直保持着良好的臣屬關係。

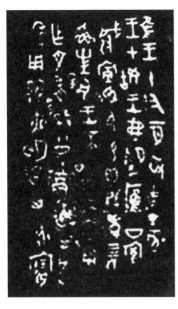

《應再簋》彝銘拓片

《應再簋》彝銘釋文：

> 唯王十又一月初吉丁亥，
> 王在姑。王弗望應公室，
> 減宣再身，賜貝卅朋，馬四匹。
> 再對揚王丕顯休宣，用
> 作文考釐公尊彝。其萬
> 年用夙夜明享，其永寶。

而且應國和周邊國家也保持着婚姻關係。河南出土的《應申姜鼎》彝銘中記載：

> 應申姜作寶鼎，其子子孫孫永寶用。

這是爲嫁到應國的申國女子所作的銅器。申國爲姜姓國，具體地望在今河南省南陽市一帶，位于應國西面，與應國爲近鄰。

《鄧公簋》彝銘釋文：

> 登（鄧）公作應
> 嫚毘滕簋。
> 其永寶用。

《鄧公簋》彝銘拓片

這是鄧公爲嫁到應國的女兒嫚所作的銅器。鄧國的具體位置在今湖北襄樊一帶，位于應國南面。應國與申、鄧等國聯姻的銅器彝銘，反映了當時作爲西周王朝的一個諸侯國的應國，與申、鄧等周邊諸侯的通婚關係。

二、邗國

邗國有兩支，一個是子姓諸侯國。紂時封鄂侯于邗，其地爲邗國。另一個是姬姓諸侯國，爲武王之子姬邗叔所建。

根據《説文解字》記載：

> 邗，國也。今屬臨淮。從邑干聲。一曰邗本屬吳。

邗，或作“干”。邗國在今江蘇省揚州一帶。現今出土的邗國銅器并不多，主要有《邗周邦父壺》等彝銘。在《邗周邦父壺》彝銘中記載了邗仲姜嫁給郕國貴族的史實。在先秦文獻中，《左傳·哀公九年》記載：

> 秋，吳城邗，溝通江、淮。

從此，邗國爲吳國所滅。《趙孟疥壺》彝銘中出現的“邗王”學術界一般主張就是吳王的別稱。

三、晉國

姬姓諸侯國。周成王封其弟叔虞于唐，後因地鄰晉水，故此改國名爲晉。見《史記·晉世家》的記載：

> 武王崩，成王立，唐有亂，周公誅滅唐。成王與叔虞戲，削桐葉爲珪以與叔虞，曰：“以此封若。”史佚因請擇日立叔虞。成王曰：“吾與之戲耳。”史佚曰：“天子無戲言。言則史書之，禮成之，樂歌之。”於是遂封叔虞於唐。唐在河、汾之東，方百里，故曰唐叔虞。

晉國在今山西境内，先後遷都于曲沃、絳、新田等地。現今出土的晉國銅器頗多，主要有《格伯晉姬簋》《晉姜鼎》《晉侯鉌鐘》等。彝銘中出現的晉侯先後有晉侯斳、晉侯邦父、晉侯㸡馬、晉侯對、晉侯蘇、晉侯喜父等。晉人和周人也有婚姻關係。

在《格伯作晉姬簋》彝銘中記載了晉國女子嫁給格伯這件史實。《伯䣄父鼎》彝銘中記載了晉國司徒爲妻作器“伯䣄父作周姬寶尊鼎”一事，可以爲證。

《晉姜鼎》彝銘拓片

《晉姜鼎》彝銘釋文如下：

> 唯王九月乙亥。晉姜曰："余
> 唯司（嗣）朕先姑君晉邦，余不
> 叚（暇）妄寧，巠（經）雍明德，宣邲我，
> 猷用召（紹）匹辥辟，每（敏）揚厥光，
> 剌（烈）虔不氒（墜），魯覃京師，辥我
> 萬民，嘉遣我，賜鹵責千兩，
> 勿灋文侯覲（景）令（命），卑（俾）貫通弘，
> 征繇湯雖，取厥吉金，用作
> 寶尊鼎。用康頤（柔）妥（綏），襄（懷）遠㨷（邇）
> 君子。"晉姜用祈綽綰、眉壽，
> 作霛爲亟（極），萬年無疆。用享
> 用德，畯保其孫子，三壽是利。

此銅器的主人是晉文侯夫人晉姜。晉文侯，生卒年爲公元前 805 年至前 746 年。姬姓，名平。是晉穆侯費王長子，名仇。《尚書·文侯之命》就是周天子褒獎晉文侯

時所作："平王賜晉文侯秬鬯、圭瓚，作《文侯之命》。"《晉姜鼎》彝銘拓片最早著錄在《考古圖》中。記載説：

> 又有新出土鼎，其銘陽文聯綿糾結，人不能識，謂之草篆，謂之乙亥鼎，審視拓本，即晉姜鼎也。

《晉姜鼎》彝銘中心内容是晉姜自述輔助晉文侯之史實，充分顯示出當時姜姓女性的社會地位和領導才幹，是研究晉國史和社會史的珍貴史料。

第四節　南蠻諸國

《禮記·王制》中曰："南方曰蠻。"又見《周禮·夏官·職方》：

> 辨其邦國、都鄙、四夷、八蠻、七閩、九貉、五戎、六狄之人民。

南蠻諸國是和"八蠻"聯繫在一起的。主要有以下幾國。

一、申國

姜姓諸侯國。根據《左傳·隱公元年》記載：

> 鄭武公娶於申，曰武姜。

又根據《國語·周語》記載：

> 齊、許、申、呂由大姜。

韋昭注解曰："四國皆姜姓。"

申國在今河南南陽一帶。見《漢書·地理志》：

> 申在南陽宛縣，申伯之國，吕太公所封。

這個申國主要是爲了防禦南方各國的反叛而設立的緩衝地帶。故此又稱爲"南申國"。

現今出土的申國銅器并不多，主要有《申簋蓋》等。申國貴族在周王室任高官，同時出現了周厲王、周幽王皆娶申女爲后的現象。

在《申簋蓋》彝銘中記載了西周天子在康宫中册命申的歷史：

《申簋蓋》彝銘拓片

《申簋蓋》彝銘釋文：

唯正月初吉丁卯。王在周康宮。

格大室，即立（位），益公內（入）右（佑）申立

中廷。王命尹册命申，更乃

祖考足大祝，官嗣豐人眔

九戲祝。賜汝赤市（芾）、縈黃（衡）、戀（鑾）旂，

用事。申敢對揚天子休令（命），

用作朕皇考孝孟尊簋。申

其萬年用，子子孫孫其永寶。

這裏西周天子要他“官嗣豐人眔九戲祝”。這裏的“官嗣豐人”可能是監管豐國的人或官職。嗣，即是“司”。西周彝銘中“司”多寫作“嗣”。在先秦傳世文獻中，著名的幽王被殺就出自申國之手，足見申國的軍事力量。見《史記·周本紀》：

廢申后，去太子也。申侯怒，與繒、西夷犬戎攻幽王。幽王舉烽火徵兵，兵莫至。遂殺幽王驪山下，虜褒姒，盡取周賂而去。

又見《詩經·崧高》：

王命召伯，定申伯之宅。

《左傳·成公七年》中有對申國地位和價值的定位：

楚圍宋之役，師還。子重請取於申、呂，以爲賞田，王許之。申公巫臣曰：“不可。此申、呂所以邑也，是以爲賦，以禦北方。若取之，是無申、呂也。晉、鄭必至於漢。”

上述記載，可以發現申國的軍事力量和它存在對於楚國的屏障作用。因此，我們有理由相信周家天子可能在這裏還設置了“申侯監”這一職位，用來監督申國。

二、呂國

呂，又作“郘”“甫”，亦稱“有呂”。姜姓諸侯國。根據《説文解字》記載：

　　　　昔太嶽爲禹心呂之臣，故封呂侯。

其地在今河南南陽王村。周武王克商後，封姜尚在呂。但是，這個呂國不同于莒國。
見《括地志》記載：

　　　　古呂城在鄧州南陽縣西三十里，呂尚先祖封。

　　呂國現今出土的呂國銅器并不多，主要有《呂王壺》《呂王鬲》《呂中僕尊》《呂
服余盤》等。在《呂王壺》彝銘中甚至出現了呂氏稱王的記載。又見《尚書·呂刑》
中的記載：

　　　　惟呂命王，享國百年。

結合當時的銅器文字，我們可以更多瞭解諸侯稱王的問題。

　　呂國與西周天子關係密切，《呂服余盤》彝銘中記載了西周天子冊命呂服余"疋
備中（仲）龢六師"的職務，足見其職位的重要。這已經是對他協助備仲出任當時的
西六師軍事管理職務的具體說明。或許，這個職位一直就是由呂家世代繼承負責的。

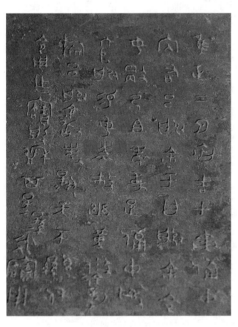

《呂服余盤》彝銘

《呂服余盤》彝銘釋文：

　　　　唯正［王］二月初吉甲寅。備中（仲）
　　　　內（入）右（佑）呂服余。王曰："服
　　　　余，令（命）
　　　　汝𢾭（更）乃祖考事，疋備中（仲）龢
　　　　六師。服［余］，賜汝赤巿（帀）、幽
　　　　黃（衡）、鑾勒、
　　　　旂。"呂服余敢對揚天［子］丕顯休
　　　　令（命）。用作寶般（盤）盉。其子子
　　孫孫永寶用。

　　這裏的"王"誤排成"正"字，這是彝銘字模使用出錯的又一個例證。有的學者
以爲"龢六師服"的"服"是指協助管理軍事服裝。還有的學者以爲"服"等于

"事"。我們以爲此銘可能是"疋備中（仲）嗣六師。服〔余〕，賜汝赤韍（芾）、幽黄（衡）、鋚勒、旂"，即這個"服"字後面遺漏了"余"字。前文中出現了類似的對吕服余稱爲"服余"的例子。因此，由于字模活字排版，《吕服余盤》彝銘出現了兩處錯誤。

三、鄧國

曼姓諸侯國。商王武丁封其叔父曼于鄧。鄧，或作"登"。從"豆"從"廾"。

曼姓鄧國在今河南孟州一帶。西周以後，鄧國又舉族南遷至今河南鄧州與湖北襄樊一帶。根據盛弘之《荆州記》記載：

> 鄾城西北行十餘里，鄧侯吴離之國。爲楚文王所滅，今爲鄧縣。

又見《括地志》：

> 故鄧城在襄州安養縣北二十里，春秋之鄧國。

現今出土的鄧國銅器頗多，主要有《鄧伯盨》《鄧公簋》《鄧公鼎》《盂爵》等。

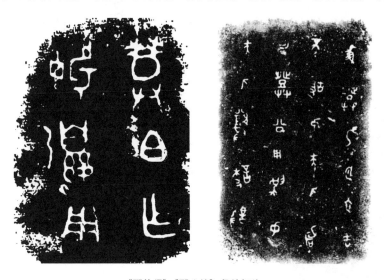

《鄧伯盨》《鄧公簋》彝銘拓片

鄧國與西周天子關係密切，在先秦傳世文獻中，《左傳·桓公九年》記載：

> 巴子使韓服告于楚，請與鄧爲好。

又見《桓公七年》：

> 鄧侯來朝。

《盂爵》彝銘中記載了"王令盂寧登（鄧）伯"一語，記述了西周天子派盂慰問鄧國國君之事。《鄧公簋》彝銘中記載了鄧與應之間的聯姻。

四、陳國

嬀姓諸侯國。嬀滿娶周武王長女爲妻，受封于陳。

商代另有一支陳國，見《世本》宋衷注：

> 虞思之後，箕伯直柄中衰，殷湯封遂於陳，以爲舜後是也。

嬀姓陳國在今河南東部和安徽一帶，建都宛丘。現今出土的陳國銅器并不多，主要有《陳公子匜》《陳逆簋》《陳生鼎》《陳侯簋》等。在先秦傳世文獻中，《詩經》裏有《陳風》詩十首。其中，《東門之池》中記載：

> 東門之池，可以漚麻。

又見《水經注》卷二十二：

> 楚討陳，殺夏徵舒於栗門，以爲夏州後。城之東門内有池，池水東西七十步，南北八十許步，水至清潔而不耗竭，不生魚草，水中有故臺處，《詩》所謂"東門之池"也。

在《陳侯簋》彝銘中記載了"陳侯乍（作）王嬀媵簋"這樣一件歷史事實，"王嬀"即指陳侯之女嫁與西周天子爲妃者，此簋主要記載了陳和周之間的聯姻。

《陳逆簋》彝銘釋文：

> 冰月丁亥。陳屯（純）裔孫
> 逆作爲皇祖大宗
> 簋。以眆羕（永）令，霽（眉）
> 壽，子孫是保。

《陳逆簋》彝銘拓片

這裏的"冰月"一詞，十分古怪。《晏子春秋·諫下》有"冰月之間，而寒民多凍餒"，當是這一詞彙的最佳解釋。

五、鄶國

妘姓諸侯國。鄶，或作"檜""會"。根據《毛詩譜》記載：

> 檜者，古高辛氏火正祝融之墟……祝融氏名黎，其後八姓，唯妘姓檜者處其地焉。

又見《史記·楚世家》：

> 陸終生子六人……四曰會人。

《史記索隱》云：

> ……是爲鄶人。

這是地理位置約在今河南新鄭、新密一帶的小國。傳世銅器并不多。其中，《員卣》彝銘記載：

> 員從史方奔伐會（鄶）。

爲此，郭沫若《兩周金文辭大系考釋》考證：

> 會，鄶省。《國風》作檜。《鄭語》"妘姓，鄔、鄶、路、偪陽"，注云："陸終第四子曰求言，爲妘姓，封於鄶，今新鄭也。"平王東遷，爲鄭所滅。《左傳·僖三十三年》："鄭葬公子瑕于鄶城之下。"杜注云："古鄶國，在滎陽密縣東北。"在今河南密縣東北五十里，與新鄭接壤。[1]

第五節　北狄諸國

北狄諸國出自參盧氏，爲炎帝的後裔。始祖爲孝伯，發源于山東境內。狄人部落衆多，春秋時以赤狄、白狄、長狄最著名。主要有以下幾國：

一、燕國

燕，甲骨文、金文作"晏""匽""郾"。周武王克商後，封召公于燕。姬姓諸侯

---

[1] 郭沫若：《兩周金文辭大系考釋》，日本文求堂書店 1935 年版，第 28 頁。

國。見《史記·周本紀》記載：

> 武王追思先聖王，乃褒封神農之後於焦，黃帝之後於祝，帝堯之後於薊，帝舜之後於陳，大禹之後於杞。於是封功臣謀士，而師尚父爲首封。封尚父於營丘，曰齊；封弟周公旦於曲阜，曰魯；封召公奭於燕。

又根據《史記·燕召公世家》記載：

> 召公奭與周同姓，姓姬氏。周武王之滅紂，封召公於北燕。其在成王時，召公爲三公。自陝以西，召公主之。自陝以東，周公主之。

燕國在今北京及河北中、北部一帶，都城在薊。相當于現今房山區琉璃河一帶。又稱北燕。現今出土的燕國銅器頗多，主要有《匽侯盂》《菫鼎》《復尊》《匽侯簋》《匽侯旨鼎》《匽侯旨卣》《匽王職劍》《匽王喜劍》《匽王喜矛》等彝銘。

另有一支燕國爲南燕國，屬于姞姓，始封國君伯儵爲黃帝之後裔，其位置在河南延津縣一帶。

彝銘中出現的燕伯有匽伯聖、匽侯克、匽侯旨等等。其中，在《匽侯旨鼎》彝銘中記載了燕侯旨初次來朝見西周天子就受到重獎的史實。通過"王賞旨貝廿朋"這一史實，可以看出燕、周關係一直很密切。從上述彝銘分析，這裏的"匽侯旨"應該不是第一代燕侯。根據《克罍》《克盉》彝銘中的"令克侯于匽"的記載，第一代燕侯是召公奭之子姬克。則這裏的姬旨很可能是第二代燕侯。

《匽侯旨鼎》彝銘拓片

《匽侯旨鼎》彝銘釋文：

> 匽侯旨初見
> 事于宗周，王
> 賞旨貝廿朋，用
> 作又（有）始（姒）寶尊彝。

《克罍》《克盉》彝銘拓片

二、徐國

夏禹時，伯益因輔佐治水有功，其子若木被封于徐。嬴姓諸侯國。

徐國在今安徽泗縣一帶。夏、商、周三代，徐國都是諸侯國之一。又稱"徐戎"，亦稱"徐夷"或"徐方"。

徐，或作"郐""余"。現今出土的徐國銅器頗多，主要有《徐王鼎》《徐王義楚盤》《王孫遺者鐘》《徐王庚兒鐘》《徐伯鬲》《徐子氽鼎》《徐王義楚鐘鱓》《徐王義楚劍》《徐偃王壺》等。

其中著名的《王孫遺者鐘》釋文，從左至右依此爲：

左拓一：

唯正月初吉，丁

亥，王孫遺者，擇

其吉金，自作龢

鐘。中翰戲（且）瘍（颺），元

中拓二：

《王孫遺者鐘》彝銘拓片一、二、三

鳴孔煌。用享台（以）

孝，于我皇祖文

考。用祈眉壽，余

右拓三：

年無諆（期）。枼（世）萬

孫子，永保鼓之。

《王孫遺者鐘》彝銘拓片四、五、六

左拓四：

　　義（儀），誨（謀）猷丕猷（飭）。闌闌（簡簡）

　　龢鐘，用匽（宴）台（以）喜（饎）。

　　用爍（樂）嘉賓，父𣎴（兄）

　　及我倗友，余怘

中拓五：

　　台（台）心，征（誕）永余德。

　　龢㱞（沴）民人，余尃（溥）

　　昀（徇）于國。𣎴𣎴趀趀（熙熙），萬

右拓六：

　　面譱猷屖，畏其（忌）

　　趩趩，肅㤴聖武，惠

　　于政德，思（淑）于威

這段彝銘完整的連接順序是：左拓一→中拓二→右拓六→左拓四→中拓五→右拓三。全文記述了徐國王孫遺者製作龢鐘，用以祭祀先祖、宴樂親朋、保佑子孫的史實。

徐國參與了以武庚爲首的殷商殘餘貴族的叛亂，西周天子在彝銘中信誓旦旦地説“余以伐徐”（此器名不詳，彝銘殘缺），可見徐、周之間戰爭頻繁。甚至周王朝的友好關係國，如齊國也經常主動伐徐國。見《春秋·昭公十六年》記載：

　　春，齊侯伐徐。

彝銘和古代文獻中出現的“淮夷”主要就是指徐國爲主的東夷諸國。《詩經·泮水》中有“明明魯侯，克明其德，既作泮宮，淮夷攸服”四句。《尚書》中更有“魯侯伯禽宅曲阜，徐、夷并興，東郊不開，作《費誓》”的記載。可見，周人對“淮夷攸服”看得是極其重要的。

彝銘中出現的徐王有徐王庚、徐王義楚、徐王季糧等。

第六節　西戎諸國

一、虢國

姬姓諸侯國。周武王滅商後，封文王的兩個弟弟虢仲、虢叔分別爲東虢國、西虢國國君。

東虢國在今河南滎陽市一帶，西虢國在今陝西寶雞市東部一帶。根據《漢書·地理志》記載：

> 陝，故虢國。有焦城，故焦國。北虢在大陽，東虢在滎陽，西虢在雍州。

如此，則虢國又有"東虢""西虢""北虢"之分。西虢又稱"城虢"。

現今出土的虢國銅器頗多，主要有《虢文公子㲻鼎》《虢仲鬲》《虢季子白盤》《虢伯鬲》等彝銘。從 20 世紀 50 年代開始至今，在虢國所在地發掘出土的銅器和玉器累計超過了二萬六千件之多！足見當時虢國地位和國力皆非同一般。

彝銘中出現的虢季氏子有綏、㲻，虢文公子有綏，虢宣公子有白。《虢姞作鬲》彝銘中反映了虢和姞之間的聯姻。而《虢姜盤》彝銘又記載了虢、姜之間的聯姻。在著名的《虢仲盨蓋》的彝銘中記載了虢仲陪同西周天子討伐淮夷的歷史：

《虢仲盨蓋》彝銘釋文：

> 虢中（仲）以王南
> 征，伐南淮尸（夷）。
> 在成周，作旅
> 盨，兹盨友（有）十又二。

《虢仲盨蓋》彝銘拓片

這裏是記載了虢仲跟隨周天子南征伐淮夷之事。而且是製作的"旅盨"，即尚在行旅并未返回之時，而且還是同時製作了十二件相同的銅器。足見他在南征時的功勞。而在《虢季子白盤》彝銘又記載了他的家族成員討伐北方入侵之敵的戰事。虢家看起來主要保護西周王朝的重要軍事將領。

《瘋鼎》彝銘中記載了西周天子冊命瘋之前，讓"虢叔召瘋"的史實。可見，虢叔爲西周天子的寵信大臣。而且虢氏家族的人還曾出任西周王朝的史官，參加對大臣的冊命活動，見《頌簋》彝銘：

王乎史虢生冊命頌。

于豪亮在《陝西省扶風縣强家村出土虢季家族銅器銘文考釋》一文中曾經主張：

虢仲、虢叔都是文王之弟，虢仲封於東虢，虢叔封於西虢。北虢在平陸，在黃河北岸；南虢在三門峽，在黃河南岸。北虢和南虢隔河相望，其實祇是一個虢國，這是虢叔的後代隨平王東遷後建立的國家。[1]

《虢季子白盤》是虢國最有名的銅器了。

《虢季子白盤》彝銘拓片

《虢季子白盤》彝銘釋文：

唯十又二年正月初吉丁亥。虢季子
白作寶盤。丕顯子白，壯武于戎工（功），
經緝（維）四方。搏伐厰（玁）狁（狁），
于洛之陽。折
首五百，執訊五十，是以先行。趄趄（桓
桓）子白，獻
聝于王，王孔加（嘉）子白義。王格周廟宣
廟，受鄉（饗）。王曰："白父，孔覲（景）
又（有）光。"王賜
乘馬，是用左（佐）王；賜用弓、彤矢，
其央。
賜用戉（鉞），用政（征）蠻方。子子孫孫萬
年無疆。

[1]《于豪亮學術文存》，中華書局1985年版，第23頁。

這段彝銘記載了虢季子白在洛之陽和戰勝入侵的玁狁之事。戰争中，他率領的軍隊斬敵五百人、俘虜五十人。西周天子親自宴饗虢季子，并且賞賜給他車馬、弓矢、斧鉞加以鼓勵。于是，虢季子因此事而製造了這件銅器。在先秦文獻中，西周王朝和玁狁之間戰事不斷。如《詩經·采薇》記載：

> 靡室靡家，玁狁之故。

又見《出車》記載：

> 天子命我，城彼朔方。赫赫南仲，玁狁于襄。

再見于《六月》記載：

> 薄伐玁狁，至于大原。

現在，通過這件著名的銅器彝銘的真實記載，復原了西周王朝和玁狁之間的一次戰争記録。

《城虢遣生簋》彝銘記載了"城虢遣生作旅簋"的史實。而《遣叔吉父盨》彝銘記載了"遣叔吉父作虢王姞旅盨"的史實，從側面説明了虢國和當時諸侯國之間的聯姻關係。

二、芮國

芮，或作"内"。姬姓諸侯國。周武王滅商後，封卿士姬良夫于芮。

根據《世本》記載：

> 芮、魏皆姬姓。

芮國在今陝西朝邑一帶，在陝西韓城市梁帶村發掘出了芮國大墓，出土了芮國銅器、玉器、金器等，被選爲 2005 年中國十大考古發現之一。因此，現今出土的芮國相關銅器頗多，主要有《吕王壺》《芮公鬲》《芮公壺》《芮伯壺》《芮公叔簋》等。

在先秦傳世文獻中，《左傳·桓公三年》記載：

> 芮伯萬之母芮姜惡芮伯之多寵人也，故逐之，出居于魏。

又《桓公四年》：

秋，秦師侵芮，敗焉，小之也。

這裏的芮伯，又出現在《芮公區》彝銘中。

《芮公區》彝銘拓片

《芮公區》彝銘釋文，從左上起，逆時針依次爲：

芮公作鑄京氏婦叔姬媵區，子子孫孫永用享。

在著名的《呂王壺》彝銘中記載了芮和呂之間的聯姻，因此呂王妃是"芮姬"。彝銘中出現的芮伯有芮伯啓、芮伯多父、芮伯萬等人。

三、霍國

姬姓諸侯國。周武王滅商後，封其弟叔處于霍。可見《史記・管蔡世家》記載：

武王已克殷紂，平天下，封功臣昆弟。於是……封叔處於霍。

霍國在今山西霍縣西南一帶。《史記・晉世家》稱晉"滅霍、滅魏、滅耿"，《索隱》載：

永安縣西南汾水西有霍城，古霍國；有霍水，出霍太山。

又根據《左傳・閔公元年》記載，霍國被晉所滅：

晉侯作二軍，公將上軍，大子申生將下軍。趙夙御戎，畢萬爲右，以滅耿、滅霍、滅魏。

現今出土的霍國銅器并不多，主要有《己公鼎》《霍姬匜》等。根據《叔男父匜》彝銘中的"叔男父作霍姬滕旅匜"的記載，可知霍國女子曾經嫁給叔男父。

在河南汝州西南一帶另有一支霍國。應該是管蔡之亂後接受處罰、改封汝州的結果。

第七節　東魯諸國

一、齊國

姜姓諸侯國。周武王滅商後，封姜尚于齊。

根據《竹書紀年》記載：

帝辛三十一年西伯治兵於畢，得呂尚以爲師。

又見《史記·齊太公世家》：

太公望呂尚者，東海上人。其先祖嘗爲四嶽，佐禹平水土甚有功。虞夏之際封於呂，或封於申，姓姜氏。夏商之時，申、呂或封枝庶子孫，或爲庶人，尚其後苗裔也。本姓姜氏，從其封姓，故曰呂尚……於是武王已平商而王天下，封師尚父於齊營丘。

《肇域志·山東》引《齊乘》曰：

莒州東百六十里有東呂鄉，棘津在琅邪海曲，太公望所出。

齊國在今山東東北部一帶。都城臨淄。

現今出土的齊國銅器頗多，主要有《齊史觶》《齊巫姜簋》《齊叔姬盤》《齊侯匜》《齊侯豆》《齊侯鼎》等。

《齊侯匜》彝銘拓片

《齊侯匜》彝銘釋文：

齊侯作虢孟

姬良女寶匜。

其萬年無疆，

子子孫孫永寶用。

這裏是對虢國公主出嫁給齊國國君的記錄。用"孟"字説明了她的排行是老大。

著名的《天亡簋》，按照學者們的考證，天即太，亡即望。此簋應該就是《太公望簋》。

《天亡簋》彝銘拓片

《天亡簋》彝銘釋文：

乙亥。王又（有）大豐（禮），王凡三方。王

祀于天室。降，天亡又（佑）王。

衣祀于王。丕顯考文王，

事喜（饎）上帝。文王德在上。丕

顯王作省，丕緐（肆）王作庚（庸），

丕克，

乞（訖）衣（殷）王祀。丁丑。王鄉（饗），

大宜，王降

亡䏍爵、退（褪）囊。唯朕

又（有）蔑，每（敏）揚王休于尊簋。

《天亡簋》彝銘講述了武王滅商後在"天室"舉行祭祀活動，祭告其父文王。太公望協助武王舉行儀式。祭祀結束後，武王舉行盛大的宴享，賞賜太公望。于是，他就鑄造這件簋來銘記。從此以後，周、齊就有了最緊密的政治和軍事、婚姻聯盟關係。齊女代代嫁周天子，齊男代代則出任周家王朝的高官。在《伯姜鬲》彝銘中記載了"伯姜作齊鬲"之事，更説明了姜氏封齊的歷史。而《帛女鬲》彝銘中出現的"帛女作齊鬲"的記載，反映了齊女嫁給帛人的聯姻。《齊送姬簋》則是齊女自作器的證明。

二、薛國

任姓諸侯國。周武王滅商後，封任姓後裔畛于薛。根據《左傳·定公元年》記載：

> 薛宰曰："薛之皇祖奚仲居薛，以爲夏車正。"

又見《通志·氏族略》：

> 薛氏：任姓，黄帝之孫顓帝少子陽封於任，故以爲姓。十二世孫奚仲爲夏車正，禹封爲薛侯。奚仲遷於邳。十二世孫仲虺，爲湯左相，復居薛。舊云魯國薛縣，今徐州有薛城，在滕縣東南五十里是也。臣扈、祖己，皆仲虺之胄也。祖己七世孫曰成，徙國於摯，更號摯國。女太任，生周文王。至武王克商，復封爲薛侯。

現今出土的薛國銅器頗多，主要有《薛子仲安簠》《趠薛仲赤簠》《薛侯盤》《薛侯鼎》《薛尊》等彝銘。

《薛子仲安簠》《趠薛仲赤簠》彝銘

《薛侯盤》彝銘中記載了"薛侯作叔妊襄媵盤"的史實，妊這裏通任；襄，婦人名。這是薛侯嫁女作器的説明。在《薛子仲安簠》彝銘中記載了"薛子仲安作旅簠，其子子孫孫永寶用享"的史實。

三、宋國

子姓諸侯國。周武王滅商後，封商朝貴族微子啓封于宋。

宋國在今河南商丘一帶，都城睢陽。宋國地理位置比較特殊。《漢書·地理志》云：

> 宋地，房、心之分野也。今之沛、梁、楚、山陽、濟陰、東平及東郡之須昌、壽張，皆宋分也。

根據《史記·宋微子世家》記載：

> 武王崩，成王少，周公旦代行政當國。管、蔡疑之，乃與武庚作亂，欲襲成王、周公。周公既承成王命誅武庚，殺管叔，放蔡叔，乃命微子開代殷後，奉其先祀，作《微子之命》以申之，國於宋。

現今出土的宋國銅器并不多，主要有《宋公鐘》《宋公戈》《宋穎父鬲》等。

在《宋穎父鬲》彝銘中記載了"宋穎父作酅子媵鬲"的史實，反映了宋、酅之間的聯姻。

四、莒國

嬴姓。莒，或作"簠""鄑"。根據《春秋·隱公二年》孔疏引《世本》云：

> 莒，嬴姓，少昊之後，周武王封兹與期於莒。

又見《通志·氏族略》：

> 莒氏：嬴姓，少昊之後也，周武王封兹輿期於莒，今山東密州莒縣是也。

而後《史記·楚世家》記載：

> 簡王元年，北伐滅莒。

現今出土的銅器，如《莒叔之仲子平鐘》《莒大叔壺》《莒大史鼎》《莒侯簋》《莒小子簋》等。

《莒叔之仲子平鐘》是一組九件套的編鐘。

上述九件套編鐘的彝銘，釋文如下：

> 唯正月初吉庚午，莒叔之中（仲）子平，自作鑄游鐘。玄鏐鋿鑄（鋁），乃爲之音。戟戟雍雍，聞于頂東。中（仲）平善發（發）叔考，鑄其游鐘，台（以）濼（樂）其大酉（酋）。聖智慧哴，其受此眉壽，萬年無諆（期）。子子孫孫永保用之。

這套編鐘彝銘拓片至今尚未見到。其中，彝銘中的“莒叔之中（仲）子平，自作鑄游鐘”的“莒叔之中（仲）子平”，應當即爲莒國國君茲平公。

五、許國

姜姓。許，或作“鄦”。

根據《左傳·隱公十一年》杜注云：

> 許，姜姓，與齊同祖，堯四嶽伯夷之後也。周武王封其苗裔文叔于許。

又見《左傳·定公六年》記載：

> 春，鄭滅許，因楚敗也。

現今出土的銅器，如《許子妝簠》，該銅器蓋的彝銘記載了“用媵孟姜、秦嬴”這一事實。也即二女同嫁一夫。《春秋公羊傳·莊公十九年》中解釋：

> 媵者何？諸侯娶一國，則二國往媵之，以姪娣從。姪者何？兄之子也；娣者何？女弟也。

即諸侯國君之女出嫁時，有一位姪女和一位妹妹陪嫁，另外還有兩個同姓諸侯國君的女兒一同陪嫁，稱左、右媵，均爲妾。當時天子、諸侯、卿大夫都實行媵制。這裏的“用媵孟姜、秦嬴”就是同時給姜、嬴（嬴）二姓之女作器。她們屬于許國國君的夫人。

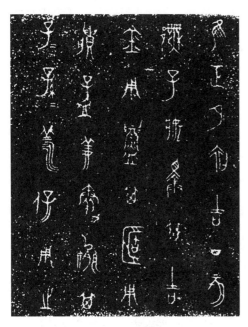

《許子妝簠蓋》彝銘拓片

《許子妝簠蓋》彝銘釋文：

> 唯正月初吉丁亥，
> 鄦子妝擇其吉
> 金，用鑄其簠，用
> 媵孟姜、秦嬴。其
> 子子孫孫，羕（永）保用之。

這段記載很真實地再現了當時的諸侯國君之間的婚姻關係。

第八節　方國泛指名

有些國名是泛指，如"東夷""東國""南土""南國""四土"等等。在西周青銅器彝銘中出現的這些泛指概念，和商周時代文獻中出現的"四方""中國"等概念表明西周時期的地理概念已經遠遠超出了殷商時期。

一、東夷、東國、東土

夷，彝銘中經常寫作"尸"。東國，彝銘中多作"東或"。根據《後漢書·東夷傳》記載：

> 夷有九種，曰：畎夷、于夷、方夷、黃夷、白夷、赤夷、玄夷、風夷、陽夷。

如此說來，"東夷"是上述九夷的總稱。在商周時代，夷或者東夷其實就是對商周王朝東部地區各民族的統稱。這些國家大致生活於今山東、淮河一帶地區。所以"夷"又有"東夷"和"淮夷"兩個別名。如《史記·周本紀》記載："召公爲保，

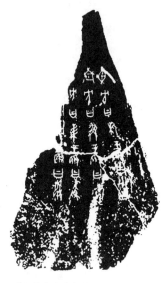

《甲骨文合集》第 36975 片拓片

周公爲師，東伐淮夷，殘奄，遷其君薄姑。"《魯周公世家》説："管、蔡、武庚等果率淮夷而反。周公乃奉成王命，興師東伐。"《左傳·昭公九年》周景王説："及武王克商，蒲姑、商奄，吾東土也。"

在殷墟甲骨卜辭中就已經多次出現"東土"一詞，如：

己巳王卜，貞今歲商受年？王占曰：吉。東土受年，吉。南土受年，吉。西土受年，吉。北土受年，吉。[1]

在具體使用中，彝銘中出現的"淮夷""奄""薄姑"等方國，目前還無法和"夷有九種"的概念形成一一對應。如莒國，《左傳·隱公二年》杜注曰：

《譜》云："莒，嬴姓，少昊之後，周武王封兹與期於莒，初都計，後徙莒，今城陽莒縣是也。"

如《保員鼎》彝銘中記載：

唯王既燎，厥伐東尸（夷）。在十又一月。公反（返）自周。己卯，公在莒。

類似的討伐記載還出現在《史密簋》中，可見莒國完全不同于吕國。又如《宜侯夨簋》彝銘中記載：

王省武王、成王伐商圖，祉（誕）省東或（國）圖。

再如《小臣謎簋》彝銘中記載：

東尸（夷）大反，伯懋父以殷八師征東尸（夷）。

另見《班簋》彝銘中記載："三年靜東或（國）。"《虡鼎》彝銘中記載："王令趞（遣）蔵東反尸（夷）。"《塱方鼎》彝銘中記載了"唯周公于征伐東尸（夷）、豐（酆）伯、尃（薄）古（姑）、咸戈"。

特別是在《史密簋》彝銘中，出現了不少方國名稱，這些方國肯定全屬於"東

[1] 郭沫若主編、胡厚宣總編輯、中國社會科學院歷史研究所《甲骨文合集》編輯工作組編：《甲骨文合集》，中華書局 1983 年版，第 36975 片。

夷"諸國。

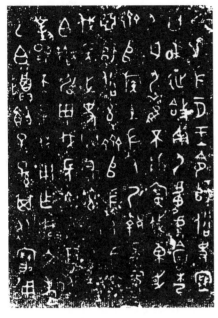

《史密簋》彝銘拓片

《史密簋》彝銘釋文：

唯十又二月，王令（命）師俗、史密

曰："東征"。敆南尸（夷）、膚（盧）、虎、

會、杞

尸（夷）、舟尸（夷），雚不折，廣伐東或

（國）。

齊𠂤（師）、族土（徒）、述（遂）人，乃

執鄙（鄙）寡

亞。師俗率齊𠂤（師）、述（遂）人左□

伐長必；史密右率族人、釐（萊）

伯、僰屖、周伐長必，隻（獲）百人，

對揚天子休，用作朕文考

乙伯尊簋。子子孫孫其永寶用。

這裏前面先説"東征"，後面又説"廣伐東或（國）"，而中間恰好出現了六個東夷的方國名稱：南夷、盧、虎、會、杞夷、舟夷。再加上《鐘方鼎》彝銘中的"鄙伯、薄姑"兩者，至少東夷就涵蓋了上述八個方國。實際情況祇會更多。

二、南土、南國、南淮夷、南夷

一般指商周時期的南方地區。特別是整個江淮、江漢地區。在殷墟甲骨卜辭中就已經多次出現"南土"一詞。如：

己巳王卜，貞今歲商受年？王占曰：吉。東土受年，吉。南土受年，吉。西土受年，吉。北土受年，吉。[1]

其他如：

多霄亡禍在南土？

雀亡禍在南土，果告事。

---

[1] 郭沫若主編、胡厚宣總編輯、中國社會科學院歷史研究所《甲骨文合集》編輯工作組編：《甲骨文合集》，中華書局 1983 年版，第 36975 片。

"南土"也作"南鄉""南國""南淮夷""南夷"。夷，彝銘中經常寫作"尸"。南國，彝銘中多作"南或"。如《詩經·殷武》"維女荆楚，居國南鄉"；《中方鼎》彝銘中的"王令仲先省南或（國）"；《競卣》彝銘中的"命伐南尸（夷）"。

《左傳·昭公九年》周景王説：

> 巴、濮、楚、鄧，吾南土也。

又見《國語·鄭語》：

> 當成周者，南有荆蠻、申、吕、應、鄧、陳、蔡、隨、唐。

而"巴、濮、楚、鄧"和"荆蠻、申、吕、應、鄧、陳、蔡、隨、唐"并非全是"南淮夷"。其中，巴、濮、楚、荆蠻肯定在此之列。在《駒父盨蓋》彝銘中記載了西周天子的重臣司徒南仲邦父命令"駒父敫（即）南者（諸）侯，率高父見南淮尸（夷）"的史實。《彔戒卣》彝銘中記載了西周天子對其武將戒的命令"淮尸（夷）敢伐内（芮）國，汝其以成周師氏戌于辪（固）師（次）"之事。

三、西土

一般指周部族所居的故地，大致在今陝西省。在殷墟甲骨卜辭中就已經多次出現"西土"一詞。如：

> 己巳王卜，貞今歲商受年？王占曰：吉。東土受年，吉。南土受年，吉。西土受年，吉。北土受年，吉。[1]

西土包括庸、蜀、羌、髳、微、盧、彭、濮等方國。具體地理位置，前面已經考證。《尚書·牧誓》：

> 武王戎車三百輛，虎賁三百人，與受戰於牧野，作《牧誓》。時甲子昧爽，王朝至於商郊牧野，乃誓。王左杖黄鉞，右秉白旄以麾，曰："逖矣，西土之人！"王曰："嗟！我友邦冢君禦事，司徒、司馬、司空，亞旅、師氏，千夫長、百夫長，及庸、蜀、羌、髳、微、盧、彭、濮人。稱爾戈，比爾干，立爾矛，予其誓。"

《左傳·成公十三年》中記載有"大事於西"一語，它意味着祭祀、戰争多與"西土"有關。早在殷商甲骨史料中也已經具有如此觀念，羌人與殷商王朝矛盾尖鋭，因此經常有衝突和戰争。如：

---

[1] 郭沫若主編、胡厚宣總編輯、中國社會科學院歷史研究所《甲骨文合集》編輯工作組編：《甲骨文合集》，中華書局 1983 年版，第 36975 片。

　　　有來羌自西。[1]

　　在當時，西周顯然也是被看作是"羌人"集團中的一員，周人自己也是這樣看待自己的。如《尚書·泰誓》中就出現了周人自稱的"我西土君子，天有顯道，厥類惟彰"的記載。又《尚書·牧誓》"逖矣，西土之人"，《尚書·大誥》"有大艱於西土"，《尚書·酒誥》"乃穆考文王，肇國在西土"。

四、四國、多方、四國多方

　　它有雙重意思，一個是指管、蔡、商、奄四國，一個是指西周四方的方國。都屬于泛指。如《詩經·曹風》中多次出現"四國"的概念，"四國是皇""四國是叱""正是四國"，顯然是四方的方國。《毛公鼎》彝銘中出現的"康能四國"的記載、《宗周鐘》彝銘中出現的"其萬年畯保四國"也是指西周四方的方國。《詩經·小雅·十月之交》中有"四國無政，不用其良"之說，顯然是指管、蔡、商、奄四國。

　　在《尚書·多方》中"四國"經常與"多方"并列出現。多方一般多與四國并列出現，它的意思也就是多個方國，也屬于泛指。《尚書·多方》：

　　　告爾四國多方，惟爾殷侯尹民，我惟大降爾命，爾罔不知。

　　又如《小盂鼎》彝銘中的記載"三左三右多君入服酉"，這裏的"多君"顯然是三左三右多個方國之君的簡稱。

五、不廷方

　　也作"不庭方"。它的意思也就是指不來朝拜的方國，也屬于泛指。見《漢書·趙充國傳》中的"罔有不庭"一句，顏師古注：

　　　庭，來帝庭也。

則"不庭"就是"不來帝庭"。"方"，就是邦國。如《毛公鼎》彝銘中的記載：

　　　父厝，丕顯文武，皇天引猒（厭）厥德，配我有周，膺受大命，率襄（懷）不廷方，亡不閈于文，武耿光。

又如《左傳·隱公十年》記載：

　　　以王命討不庭。

---

[1]　郭沫若主編、胡厚宣總編輯、中國社會科學院歷史研究所《甲骨文合集》編輯工作組編：《甲骨文合集》，中華書局1983年版，第6569片。

第八章　地名用語

引　論

　　在商周彝銘出現地名是很正常的，而且還是一篇完整的彝銘的組成部分之一。比如王在哪里？王格哪里？王于哪里？等等。常見叙述語句中必然要出現地名。彝銘中的地名，有宫廷廟宇名字，有國都名字，有軍事重鎮名字，有山水村鎮名字，更有戰場要塞名字……本章中，我們通過以下幾節給予詳細的舉例説明。

第一節　常見的方國國都名

　　西周王朝的國都分爲東西兩處，國都又可稱爲"京""邦""西""鎬京""成周""宗周"等。如《應侯見工鐘》彝銘中記載的"王歸自成周"中的"成周"、《嫩士卿父戊尊》彝銘中記載的"王在新邑"中的"新邑"、《大夫始鼎》彝銘中記載的"王在邦"中的"邦"等。具體見上述的方國國都名。

一、鎬京、莾、蒿

鎬京之鎬，彝銘中多寫作"莾"。吳大澂《説文古籀補》附録：

　　古器多莾京，舊釋旁京。大澂竊疑古鎬京，字必非從金從高之字。許氏説："鎬，温器也。武王所都，在長安西上林苑中，字亦如此。"豐多豐草，鎬多林木，故從艸從人方。它邑不得稱京。其爲鎬京無疑。

又見《説文解字注》：

武王都鎬本無正字。偶用鎬字爲之耳。一本有其字之段借。一本無其字之段借也。鎬京或書鄗乃淺人所爲。不知漢常山有鄗縣。

鎬京在今陝西長安西北一帶，是西周王朝的國都，又稱“宗周”。武王即位後，將國都由豐遷都到鎬京。根據《詩經·大雅·文王有聲》中記載：

考卜維王，宅是鎬京。

鎬京與洛邑爲西周王朝的兩大都城。《史記·周本紀》：“成王自奄歸在宗周。”《史記正義》：宗周，“鎬京也”。

如《靜簋》《鮮簋》等彝銘中記載的“王在葊京”中的“葊京”、《史懋壺》《伯姜鼎》彝銘中記載的“王在葊京溼宮”中的“葊京溼宮”，對于我們瞭解葊京及其具體的宫殿構成提供了必要的史料。

《靜簋》彝銘拓片

《靜簋》彝銘釋文：

唯六月初吉，王在葊（鎬）京。丁卯，
王令靜嗣射學宫，小子眔服、
眔小臣、眔尸（夷）僕學射。雩八月
初吉庚寅，王以（與）吴桒、吕犅（犅），𨛭（佮）
𩰫（豳）蓋師邦君，射于大池。靜學（教）
無𣉻。王賜靜鞞刹（璲）。靜敢拜稽
首。對揚天子丕顯休。用作文
母外姞尊簋。子子孫孫，其萬年用。

在葊京，西周天下考察靜及其弟子們的射藝。這裏的吴桒、吕犅、蓋師邦君是向靜學習射藝的三個弟子。靜因爲教授有法，三個弟子也取得了好成績。因此西周天子賞給靜寶刀刀鞘及其裝飾物。靜因此而製作了這件銅簋，以紀念他的母親外姞。

二、洛邑、下都

洛邑在今河南洛陽王城公園一帶，是西周王朝的東都，又稱“成周”。武王克商後，爲鞏固對中原地區的統治，設想在伊、洛二水一帶建立新都。成王繼位後，周公東征三監叛亂，三年始得平定。然後先派召公勘定建邑，成王蒞臨，舉行祀典，并命周公留守。《史記·魯周公世家》有"周公往營成周雒邑"一語，《尚書·康誥》中也記載了"周公初基作新大邑于東國洛"，《史記索隱》解釋"成周，洛陽"。

又見《鄭臧公之孫鼎》彝銘：

> 其從于下都。

這裏的"下"即"舊"之義。上下、新舊、東西、左右，皆兩都之別稱，皆從此而來。

《史記會注考證》云：

> 鄭，西周畿內邑。今陝西華州鄭縣故城是。後徙虢、鄶之間，今河南鄭縣是。

如《應侯見工鐘》彝銘中記載的"王歸自成周"中的"成周"，《豐卣》《小臣夌鼎》《叔專父盨》《豐作父辛尊》等彝銘中記載的"王在成周"，真實記錄了西周天子在成周的政治和軍事活動。而《十三年瘋鐘》彝銘中記載的"王在成周嗣土湶宫"中的"嗣土湶宫"和《靜方篹》彝銘中記載的"王在成周大室"中的"成周大室"，加深了我們對于成周宫殿構成的理解。

第二節　方國內常見的宫殿名

彝銘中記載方國內的普通地名可以分爲以下幾類。

如《逆鐘》彝銘中記載的"弔（叔）氏在大廟"中的"大廟"，《克鐘》彝銘中記載的"王在周康剌宫"中的"周康剌宫"，《史懋壺》彝銘中記載的"王在莾（鎬）京涇宫"中的"涇宫"，《十三年瘋鐘》彝銘中記載的"王在成周嗣土湶宫"中的"嗣土湶宫"，《曶鼎》彝銘中記載的"王格于成宫"中的"成宫"，《頌壺》彝銘中記載的"王在周康邵宫"中的"周康邵宫"，《免尊》彝銘中記載的"王格大室"中的"大室"等。這些地名構成了我們對商周都城和宫殿組成的基本理解。商周彝銘中記載的宫殿名比較多，筆者專門寫有《金文廟制研究》一書，對此問題進行了深入的研究。[1]這裏僅舉例説明如下。

---

[1]　見劉正：《金文廟制研究》，中國社會科學出版社 2004 年版。

一、廟

在彝銘中，"廟"字出現頻率很多。其中，廟的重要作用大致有以下三點：其一，周天子册命大臣在廟，如《龍敦》彝銘中的"唯元年既望丁亥，王在雍屋。旦，王格廟。即立（位），宰詈入右蔡，立中廷"。其二，周天子發布命令在廟，如《父乙甗》彝銘中的"王令（命）中先省南或（國）貫行，執应在廟"。其三，周天子的大臣祭祖也在廟，如《作册睘尊》彝銘中的"在廟，君命余作册睘安尸伯，尸伯賓用貝、布作文考日癸旅寶，冗"。

見《説文解字》：

> 廟，尊先祖皃也。從广朝聲。庿，古文。

又見《説文解字注》：

> 古者廟以祀先祖。凡神不爲廟也。爲神立廟者，始三代以後。

因此，廟是溝通祖先和子孫之間的聯繫橋梁和見證載體。它具有宗教神格特性。

二、太廟、大廟

"太廟"和"大廟"本來是一樣的，又稱祖廟。在古文字中，"太"作"大"并無意義上的區別，祇是寫法的異同。故此放在一起加以討論。太廟在夏代時稱爲"世室"，殷商時代則稱爲"重屋"，到了周王朝又稱爲"明堂""廟""大廟"，秦漢以後統一稱爲"太廟"。在西周時代，册封大臣有時也要在太廟舉行，簡稱"廟"，象徵莊嚴和敬祖。

《睃簋》彝銘拓片

《睃簋》彝銘釋文：

唯十年正月初吉甲寅，王在周［般］

大（太）室。旦，王格廟，即立（位），曶王。康公入

門，右睃（睃）立中廷北鄉。王乎（呼）作册尹册

命睃（睃），曰："弌罰乃祖考，福又（有）共于先

王，亦弗聖（忘）乃祖考，舝（登）裏厥典封

于服。今朕丕顯考曩（恭）王，既命汝

更乃祖考事，作嗣徒。今余唯

龖（申）先王命汝鄿（攝）嗣西朕嗣徒嚟（訊）

訟，取賸十乎（鋝）。敬勿灋朕命。賜

汝邑卣、赤市（芾）、幽黄（衡）、攸勒"。睃（睃）拜稽首，對

揚天子休，用作朕剌（烈）考幽弔（叔）寶

尊簋，用賜萬年，子子孫孫其永寶。

在彝銘中，"大廟"一詞出現也比較多。如《免簋》彝銘中："唯十又二月初吉，王在周。昧爽，王格于大廟。"《逆鐘》彝銘中："唯王元年三月既生霸庚申，弔（叔）氏在大廟。"但是，在更多的場合"大廟"是周天子册命大臣之處，如《師酉敦》《同簋》《同彝》《師兑簋》等銅器彝銘中。所以，阮元在《積古齋鐘鼎彝器款識》一書中總結説"爵禄必賜於大廟，示不敢專"。

三、周公宫

"周公宫"一詞，最早見于《令彝》彝銘中，如下"唯八月辰在甲申，王令（命）周公子明保，尹三事四方，受（授）卿事寮。丁亥，令矢告于周公宫"。周公宫即周公之廟。但依《左傳》中記録，周公在魯尚有別廟。《左傳·隱公八年》中記載："鄭伯請釋泰山之祀而祀周公。"杜注云：

成王營王城，有遷都之志。故賜周公許田，以爲魯國朝宿之邑。後世因而立周公別廟焉。

有關此處的周公廟，在《括地志》中有如下記載：

許田，在許州許昌縣南四十里，有魯城，周公廟在其中。

近年考古學家們在陝西省岐山縣城西北六公里處的鳳凰山南麓發掘出了岐山周公廟遺址。并且發掘出大量的有字西周甲骨。在山東曲阜東北隅，也就是魯國故城遺址所在地，也有周公廟。則周公廟至少有三處。

四、新宫、周家新宫、周新宫

又稱"周家新宫""周新宫""新宫"。彝銘中"周家新宫"和"周新宫"一詞，各有數見。如《師遽簋蓋》彝銘中：

　　唯王三祀四月既生霸辛酉，王在周，客新宫。

又如《師湯父鼎》彝銘中：

　　唯十又二月初吉丙午，王在周新宫。

關于"新宫"一詞，郭沫若在《兩周金文辭大系》一書中有極其精確地考證：

　　宫以新名，必爲恭王時所新造。它器又稱"周康宫新宫"，則所新造者乃康宫也。此在周康邵宫而命頌"監嗣新造"，又令"貯用宫御"，非新造康宫時事而何耶？[1]

《師湯父鼎》彝銘拓片

《師湯父鼎》彝銘釋文：

　　唯十又二月初吉
　　丙午。王在周新宫，
　　在射廬。王乎（呼）宰雁（鴈）
　　賜盛弓、象弭、矢
　　臺、彤欮，師湯父拜
　　稽首，作朕文考
　　毛弔（叔）齍彝。其萬
　　年孫孫子子，永寶用。

---

[1]　郭沫若：《兩周金文辭大系》，日本文求堂書店 1932 年版，第 65 頁。

在《師湯父鼎》彝銘中說到"王在周新宫,在射廬"一語,可見"周新宫"中專有"射廬"之屋。可能就是宣射,即宣榭。

因爲"史趞曹"的名字同時出現在《十五年趞曹鼎》和《七年趞曹鼎》彝銘中,而在《十五年趞曹鼎》彝銘中明確提到了"龏(恭)王",可以得出《師湯父鼎》和《七年趞曹鼎》彝銘中的"王"字肯定也是恭王。

五、和宫、華宫、邦宫

"和宫""華宫""邦宫"三者同時出現在《大夫始鼎》彝銘中,如下:"唯三月初吉甲寅,王在龢宫。大夫始賜友馱。王在華宫宄,王在邦宫。"其中,"華宫"一詞還出現在《何敦》彝銘中,如下:"唯三月初吉庚午,王在華宫。"在《命簠》彝銘中又有"王在華"一語。則"華"和"華宫"當是華地之宫,二者應有派生關係。

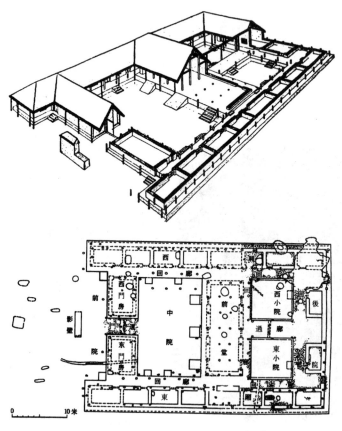

西周宫殿建築基址復原圖及其平面圖[1]

---

[1] 中國社會科學院考古研究所編著:《中國考古學·兩周卷》,中國社會科學出版社 2004 年版,第 58 頁。

吴其昌在《金文曆朔疏證》一書中就曾主張：

> 華宫，當爲属王時華山下之宫，與《虢仲盨》同記伐淮夷事之《成鼎》，
> 《宣和博古圖》云"是鼎得于華陰"，亦属王初年曾有華山宫之證也。[1]

《大夫始鼎》早最早收録在《嘯堂集古録》九十二，《歷代鐘鼎彝器款識》卷十，《續考古圖》卷四等名著中，可見其存在由來已久。薛尚功已經説過此件銅器彝銘"文意叢雜，未詳其義"。此三座宫是在一起的，其中在《大夫始鼎》彝銘中還説明了周天子曾住在華宫。

在《何敦》彝銘中也有"王在華宫"一語。但是，在《大夫始鼎》彝銘中有"王在邦"一語，顯然是"王在邦宫"的省稱。則此三座宫都建在邦地。"邦"字通"旁"，即説明"王在旁宫"。則這裏的"邦宫"應該就是上述在鎬京的"旁宫"。因此，這三座宫的地理位置都在鎬京，即宗周。

六、周康刺宫

"周康刺宫"一詞，或有釋爲"周康烈宫"。方濬益在《綴遺齋彝器款識考釋》一書卷一《克鐘》中考證説：

> 刺，古通烈。

這裏的"烈"，又同"列"。見《説文解字注》：

> 引申爲行列之義。古假借烈爲列，如《鄭風》"火烈具舉"，毛曰"烈，列也"是也。

首見于《克鐘》彝銘中，如下："唯十又六年，九月初吉庚寅，王在周康刺宫。"《克鐘》有兩件，彝銘的内容并不一致，但是兩件銅器彝銘中前述的作器時間詞是一致的。爲了區别，劉體智在《小校經閣金文》一書中將二者列爲卷一·六十二和卷一·六十三，而鄒安《周金文存》一書中列爲卷一·二十六到卷一·二十八，又把後者稱爲《克作考伯鐘》。

有關康烈宫之所指，歷來有二説，一説以劉心源爲代表，認爲康烈宫不是康王的廟。一説以方濬益爲代表，認爲康烈宫是康王的廟。具體説明如下。

---

[1]　吴其昌：《金文曆朔疏證》卷四，商務印書館 1936 年版，第 17 頁。

劉心源在《奇觚室吉金文述》一書中考證説：

> 康烈宫，則所謂康者，非康王也。《祭統》："康，周公。"注："康，猶褒大也。"
> 案，鄭以上文追念周公勛勞，賜以天子之樂，故以褒大解康。然康義爲安，賜魯王
> 禮所以安周公在天之靈也。昭宫、穆宫、烈宫皆言康，蓋後王致祭以妥其神耳。

方濬益在《綴遺齋彝器款識考釋》一書中考證説：

> 康剌宫，康王廟也。周公作謚法，文武以後謚皆一字，周季始有貞定、威
> 烈、慎靚二字謚。然《禮記·檀弓》已稱趙武爲晉獻。文子衛謚公叔，發爲貞
> 惠。文子，薛氏《款識》：齊侯鐘亦稱齊侯環，爲滺武靈公。或二字或三字，是
> 此制不始於周之貞定王。而此云康剌宫，豈康王已先有二字謚歟？

此二説難定取捨，需要有待于王城考古的實際證據加以證明。

七、嗣土淲宫

"嗣土淲宫"一詞，首見于《十三年癲壺》彝銘："唯十又年九月初吉戊寅，
王在成周嗣土淲宫。"首先來看，彝銘中已經明確點出此宫地點在成周，接下來又
是"王格大室"一語，可見此宫内有大室。而這裏的"淲"字，根據《説文解字》
的解釋：

> 淲，水流貌。從水，彪省聲。《詩》曰："淲池北流。"

可見，是當時四周有水環繞的宫室。

第三節　方國内常見的地名

有些常見的地名多次出現，如《小臣單觶》彝銘中記載的"在成自（師）"中
的"成自（師）"，《長由盉》彝銘中記載的"在下減"中的"下減"，《召卣》彝銘
中記載的"在炎自（師）"中的"炎自（師）"，《毓祖丁卣》彝銘中記載的"王在
廙"中的"廙"，《遹水鼎》彝銘中記載的"王既在熊餗"中的"熊餗"，《戍嗣子鼎》
彝銘中記載的"王在闇牵"中的"闇牵"，等等。這些地名構成了我們對商周國土和
城鎮組成的基本理解。在這裏僅舉例説明如下。

　　而有些地名實際上是古國名。比如《上郜府簠》彝銘中記載了"上郜府擇其吉金"。郜，古國名。《左傳·僖公二十五年》記載："秦、晉伐郜。"杜預注解爲："本在高密，秦、晉界上小國，其後遷于南郡郜縣。"再如《多友鼎》彝銘中記載了"戎伐筍"。《太平寰宇記》注爲："古爲郇國之地。"《左傳·僖公二十四年》："軍于郇。"《廣韻》解釋爲："周畿内侯。"在本節中，古國名及其相應的地名，不收入。

一、單字地名

1. 豐

　　又稱"豐邑"。《詩經·文王有聲》中有"作邑于豐"一語；《裘衛盉》彝銘中記載有"王再旂于豐"；《小臣宅簋》彝銘中記載有"同公在豐"；鄭玄《毛詩箋》"豐邑在豐水之西"。

2. 桓

　　《伯晨鼎》彝銘中記載的"侯于桓"中的"桓"，桓是方國内的一個地名。

3. 斤、欣

　　《趞尊》彝銘中記載"王在斤"，《作册睘卣》彝銘中也有此語。斤，或作"欣""行""岸""厂"。《史記·魏世家》中有"岸門"。岸門即"岸"，亦即"斤"。吳其昌亦主張："後世之'岸門''圻亭'，即宗周時之斤及行也。"[1] 錢穆《史記地名考》一書："秦、韓戰岸門，應在潁陰，今河南許昌縣西北二十八里，一作"岑門"。《集解》《正義》説是也。孝公時與晉戰岸門，應在河東，今山西河津縣南岸頭亭，《索隱》説是也。"[2] 彝銘中出現的"斤"顯然應該是河南許昌西北二十八里一帶，《括地志》中已經明確點出這一點。

　　又見《盠駒蓋》彝銘記載的"王初執駒于欣"句。郭沫若《盠器銘考釋》一文中以爲："欣是地名，則《馬尊蓋》之二的'彄'亦當是地名。如非同地異名，則是區域有大小。"[3] 他并沒有給出此地所在。根據同出的《盠尊》彝銘中記載"王格于周廟"，則此地當在周廟附近。即説明了今河南許昌縣西北二十八里附近，曾有周廟存在。

4. 坏

　　《競卣》彝銘中記載了"正月既生霸辛丑在坏"。坏屬於南夷之地名。

[1]　吳其昌：《金文曆朔疏證》卷二，商務印書館 1936 年版，第 30 頁。
[2]　錢穆：《史記地名考》，商務印書館 2001 年版，第 706 頁。
[3]　郭沫若：《盠器銘考釋》，《考古學報》1957 年第 2 期。

5. 胡

《㝬鼎》彝銘中記載了"師雍父省道至于䐓（胡）"。胡或爲北方玁狁附近地名。

6. 楷、盧

《菁簋》彝銘中記載了"馭戎大出于楮（盧）"。楷當爲西戎地名。我們主張此字就是"盧"字，字形作"楮"。

7. 罶

《不嬰簋》彝銘中記載了"余命汝禦（御）追于罶"。罶爲西戎地名。

8. 昏

《柞伯鼎》彝銘中記載了"令汝其率蔡侯左至于昏邑"。昏爲南國地名。

9. 剢

《多友鼎》彝銘中記載了"甲申之脣（辰）搏于剢"。剢爲山西中北部附近地名。

10. 世

《多友鼎》彝銘中記載了"搏于世"。世爲山西中北部附近地名。

11. 共

《多友鼎》彝銘中記載了"搏于龏（共）"。共爲山西中北部附近地名。

12. 斤

《征人鼎》彝銘中記載了"天君鄉（饗）褮酉（酒）在斤"。斤，地名。當在河南。

13. 曾

《中甗》彝銘中記載了"王令（命）中先省南或（國）貫行，埶应在曾"。曾或爲曾國之地。

14. 氐

《匍盉》彝銘中記載了"匍即于氐"。此件銅器出土于河南平頂山，氐或在其境内。

15. 湏

《敔簋》彝銘中記載了"南淮尸（夷）遷、殳，内伐湏、昂、参泉、裕敏、陰陽洛"。湏爲南淮夷之地名。

16. 昂

《敔簋》彝銘中記載了"南淮尸（夷）遷、殳，内伐湏、昂、参泉、裕敏、陰陽洛"。昂爲南淮夷之地名。

17. 翼

《應侯見工簋》彝銘中記載了"王在翼鄉（饗）醴"。翼，地名。當在河南。

18. 襃

《宰甫卣》彝銘中記載了"王來獸，自豆彔，在襃䣓"。䣓者，駐紮。襃，地名。

19. 𠂤

在《噩侯鼎》彝銘中記載的"在𠂤"中的"𠂤"，𠂤是南方荆楚國内的一個地名。

20. 盩

《史頌簋》彝銘中記載了"盩于成周"。盩，地名。在河南洛陽一帶。

21. 鄏

《靜方鼎》彝銘中記載了"賜汝邑、旂、市（芾），采鄏"。這裏的"采"是賞賜封地的意思。李學勤《靜方鼎考釋》一文中主張此地在現今湖北孝感一帶。[1]此説可參。

22. 牆、嗇、廧、嗇

《儰匜》彝銘中記載了"專趞嗇覲儰宕"。這裏的"嗇"，《左傳·昭公二十三年》記載："劉子取牆人。"

23. 㝬

《盠駒盨》彝銘二記載了"王執駒㝬"。郭沫若《盠器銘考釋》一文中以爲："則《盠駒盨》之二的'㝬'亦當是地名。如非同地異名，則是區域有大小。"[2]他并没有給出此地所在。根據同出的《盠尊》彝銘中記載"王格于周廟"，則此地當在周廟附近。

24. 齊

《五年師旋簋》彝銘中記載了"令汝羞追于齊"。齊或爲齊國之地。這裏以國名代替了具體的地名。

25. 軝、氏

《臣諫簋》彝銘記載了"唯戎大出于軝"。軝，通"邸""氏"。又見《甸盉》彝銘中的記載"甸即于氏"。氏，在今河北元氏縣一帶。

26. 遐

《智鼎》彝銘中記載了"王在遐应"。遐，劉心源認爲這個字即是"還"字。譚

———————————————

［1］　李學勤：《靜方鼎考釋》，張光裕等編：《第三屆國際中國古文字學研討會論文集》，香港中文大
　　　　學出版社 1997 年版，第 223 頁。
［2］　郭沫若：《盠器銘考釋》，《考古學報》1957 年第 2 期。

戒甫在《西周"智"器銘文綜合研究》一文中懷疑此遇或是後世潼關地帶的本字。[1]這一見解是值得肯定的。

二、多字地名

1. 徑魚

在《庸伯取簋》彝銘中，曾經記載了庸伯取跟隨周天子出征"徑魚"，則"徑魚"就是方國内的一個地名。

2. 角瀹

在《噩侯鼎》彝銘中記載的"伐角瀹"中的"角瀹"，角瀹是南方荆楚國内的一個地名。

3. 邊柳

《散氏盤》彝銘中記載的"至于邊柳"中的"邊柳"，邊柳是方國内的一個地名。

4. 裕敏

《敔簋》彝銘中記載了"南淮尸（夷）遷、殳，内伐涽、昴、參泉、裕敏、陰陽洛"。裕敏是南淮夷之地名。

5. 炎自

又稱"炎"。《召卣》彝銘中記載了"在炎自（師）"。又見《令簋》彝銘"唯王伐楚，伯在炎"。"炎自"指山東平陰縣。

6. 古師、古自

《录戜卣》彝銘中記載了"汝其以成周師氏戌于古（胡）師（次）"。古師，地名。又作"古自"。古師乃軍事重鎮。《臤尊》彝銘中也記載了"從師雍父戌于古（胡）自（師）之年"，則可知師氏爲師雍父。古師，其地當在河南洛陽一帶。

7. 臧林

《戜簋》彝銘中記載了"戜率有嗣師氏追鄖戎于臧林"。臧林，地名。結合《录戜卣》彝銘來分析，此地當在河南洛陽一帶。

8. 楊冢

《多友鼎》彝銘中記載了"乃追至于楊冢"。楊冢爲山西中北部附近地名。李伯

---

[1] 見譚戒甫：《西周"智"器銘文綜合研究》，《中華文史論叢》第 3 輯，中華書局上海編輯所 1963 年版。

謙在《晉國始封地考略》一文中主張在今山西洪洞縣坊堆附近。[1]

9. 參泉

《敔簋》彝銘中記載了"南淮尸（夷）遷、殳，内伐泯、昂、參泉、裕敏、陰陽洛"。參泉爲南淮夷之地名。

10. 角濮

《翏生盨》彝銘中記載的"伐角濮"的"角濮"，角濮是楚國的一個地名。疑"角濡"即"角濮"。

11. 桐矞

《翏生盨》彝銘中記載的"伐桐矞"，桐矞是楚國附近的一個地名。《左傳·定公二年》："桐叛楚。"

12. 商自

《穆公簋蓋》彝銘中記載了"廼自商自（師）復還至于周"。商自（師），地名。疑即商洛。

13. 句陵

《三年瘭壺》彝銘中記載了"王在句陵鄉（饗）逆酉"。句陵，地名。當在陝西。

14. 夆田

《二祀邲其卣》彝銘中記載了"殷于夆田"。夆田，地名。當在河南。張政烺主張此器爲僞，[2]可供參考。筆者以爲張説恐非。

15. 窞宰、窞自、窞、管

《戍嗣子鼎》彝銘中記載了"王在窞宰"。窞，地名。又作窞自。張政烺《利簋釋文》："窞，從閈，柬聲，當即闌字，《説文》'闌，門遮也'，《廣雅·釋言》'闌，閑也'，是杜門的一種設備……窞與窞自自是一地，離商都城不遠。"[3]當在鄭州一帶。

又見《宰椒角》彝銘中記載了"王在管"。《括地志》："鄭州管城。"李民以爲"窞"字即是"管"字。[4]

16. 哮池

《伯唐父鼎》彝銘中記載了"用射兕……白狐于哮池"。哮池，地名。在陝西豐

［1］李伯謙：《晉國始封地考略》，《中國文物報》1993 年 12 月 12 日。
［2］《張政烺文集·甲骨金文與商周史研究》，中華書局 2012 年版，第 202—210 頁。
［3］同上，第 220 頁。
［4］李民：《"窞"與殷末周初之管地》，《殷都學刊》1995 年第 4 期。

鎬一帶。

17. 鼷丘

《庚壺》彝銘中記載了"鼷丘"。鼷丘，地名。鼷，通"營"字。當即齊國營丘。在山東昌樂一帶。張政烺以爲"不知在何地"，頗爲可惜。[1]

18. 陸寅

《庚壺》彝銘中記載了"庚戌陸寅"。陸寅，地名。在山東昌樂縣一帶。

19. 璧雍、辟雍

《邢侯尊》彝銘中記載了"雩若翊日，才（在）璧雍"。璧雍就是辟雍。周之太學所在地。《三輔黃圖》中記載："周文王辟雍在長安西北四十里，亦曰璧雍。如璧之圓，雍之以水。象教化流行也。"

20. 高陶

《不期簋》彝銘中記載了"汝以我宕車，伐玁狁于高陶"。高陶爲北方玁狁附近地名。

21. 繁陽、絲梁

《繁陽劍》上有文字爲"繁陽之金"。"絲梁"即繁陽。在今河南新蔡縣北一帶。又《左傳·定公六年》記載："楚子期又以陵師敗于繁楊。"杜預注：繁楊，"在汝南鮦陽縣南"。可參考。

22. 馭長、駿長、長子、馭

《克罍》彝銘中記載了"使羌馬麡于馭長"。馭，根據該銅器彝銘前文所眠"今克侯于匽"一語，則"馭"地當在古匽國附近。

又《水經·濁漳水》："出上黨長子縣。"則長地即今山西長治市，在山西東部。《水經注》則注解爲："周史辛甲所封邑也。"

23. 繇林

《尹姞鬲》彝銘中記載了"穆公作尹姞宗室于繇林"。該銅器彝銘下文就出現"尹姞宗室繇林"六個字，顯然，"繇林"是尹姞宗室、即尹姞宗室祖廟所在地。

24. 伊班

《敔簋》彝銘中記載了"至于伊班"。根據上下文分析，其地當在"上洛怒谷"附近。即在洛水附近的一個地名。

---

[1]《張政烺文集·甲骨金文與商周史研究》，中華書局 2012 年版，第 301 頁。

25. 寒内、歷寒

《禹鼎》彝銘中記載了"至于内寒"。根據上下文分析，其地當在内國附近，即噩侯馭方所在疆土之北面。而噩侯馭方封地在今河南南陽一帶，則内寒當在南陽北面一帶。

26. 長必

《史密簋》彝銘中記載了"周伐長必"。此次戰事又是伐東夷，則長必應該在山東萊州市一帶。

27. 匉城

《晉侯穌鐘》彝銘中記載了"王至于匉城"。"匉"字，或釋爲"勛"。可參。我們主張匉字通"熏"，音通"運"。匉城就是運城。在今山西運城市。

28. 上侯、上侯廙、廙

《不栺方鼎》彝銘中記載了"王在上侯"。上侯，地名。根據《不栺鼎》彝銘中記載了"王在上侯廙"，則"上侯"即"上侯廙"。又見《毓祖丁卣》彝銘中有"王在廙"一句，則"廙"即"上侯廙"。

29. 陰陽洛

《敔簋》彝銘中記載了"南淮尸遷殳内伐㴱、昂、參泉、裕敏、陰陽洛"。陰陽洛爲洛水南北兩側之地名。

30. 上洛悆穀、上洛、悆谷

《敔簋》彝銘中記載了"王令敔追鄩于上洛悆谷"。這裏出現了洛水之名，則"上洛悆谷"當爲洛水附近的一個地名。

第四節　方國内常見的山水名

一、常見的山

如《啓卣》彝銘中記載的"王出獸南山"中的"南山"，《中方鼎》彝銘中記載的"在夔鄩真山"中的"夔鄩真山"，《小臣夌鼎》彝銘中記載的"王徙于楚麓"中的"楚麓"，等等。在這裏僅舉例説明如下。

1. 南山

《啓卣》彝銘中記載的"王出獸南山"中的"南山"指陝西秦嶺的終南段，即終南山。

2. 寒山

《大克鼎》彝銘中記載的"賜汝田于寒山"中的"寒山"，明顯是山名，被西周天子賞賜給了大臣克。但是，同時賞賜的田還有在燕地的，可以推知這裏的"寒山"應該也在燕地。

3. 夔𡕾真山

《中方鼎》彝銘中記載的"在夔𡕾真山"中的"夔𡕾真山"，在南國，可以推知"夔𡕾真山"屬于南國荆楚境内的山。

二、常見的水

《啓作祖丁尊》彝銘中記載的"在洀水"中的"洀水"，《元年師旋簋》彝銘中記載的"王在减"中的"减"，《翏生盨》彝銘中記載的"伐角潙"中的"角潙"，《同簋》彝銘中記載的"自滹東至于河""于玄水"中的"滹"與"河""玄水"，等等。這些地名構成了我們對商周地理和自然環境組成的基本理解。在這裏僅舉例説明如下。

1. 淄水

《齊侯鎛鐘》彝銘中記載的"于淄陲"，薛尚功《歷代鐘鼎彝器款識》卷七對《齊侯鎛鐘》彝銘中出現的"淄陲"地名的考證："銘文有曰師於淄陲，按太公望，封於爽鳩之墟、營丘之地，是爲齊郡。今臨淄是也。"臨淄，原名"營丘"，因東臨淄河，被齊獻公更名爲"臨淄"。

2. 滹水

關于"滹"字，彝銘中有作"虎"和"俿"者。如吳榮光在《筠清館金文》卷三中收錄了一件銅器，名爲《周嗣土敦》，其彝銘爲："旅嗣土俿乍寶尊彝。"又見阮元《積古齋鐘鼎彝器款識》一書中考證説："虎方，西方也。"虎可通"滹""俿"。在地名中，當以"滹"爲本字。而滹即滹水。證見《同簋》彝銘："自滹東至于河，厥逆至于玄水。"在這裏出現了三處水的名字：滹、河、玄水。則此三地必爲近鄰。嗣土或嗣土滹建在滹水上的宫，故名爲"嗣土滹宫"。因此，此宫當建在距離河、玄水二地不遠的滹水附近。

3. 豐水

或作"灃"。《詩經・文王有聲》中有"作邑于豐"一語。《裘衛盉》彝銘中記載有"王再旂于豐"，《小臣宅簋》彝銘中記載有"同公在豐"。鄭玄《毛詩箋》："豐邑在豐水之西。"豐水在今陝西鄠縣，豐水源出縣東南，北流入渭，西周時期豐、鎬二邑以豐水爲界。

4. 洧水

《啓作祖丁尊》彝銘中記載有"在洧水上"，而這裏的"洧水"是"從王南征"時遇到的南國水名。

5. 澟水

《澟伯作寶尊彝》彝銘中記載有"澟伯"。"澟"，水名。曹定雲《殷墟婦好墓銘文研究》一書中主張"澟"訓爲"盧"：

> 白草坡周初"澟白"墓之"澟"亦可訓爲"盧"。殷代"盧方"其爵位是"伯"，而其地理位置又在涇河上游，"澟白"墓所處之地恰在其中，其時代又在西周初，"澟白"的先輩（屬殷代）當在此一帶活動。據此年代、爵位、地理、名稱諸條件，"澟白"與"盧白"完全吻合。[1]

6. 伊水

《敔簋》彝銘中記載了"至于伊"，當爲伊水。《國語·周語》："昔伊、洛竭而夏亡，河竭而商亡。"韋昭注："伊出熊耳，洛出冢嶺。禹都陽城，伊洛所近。"

7. 洰水

《敔簋》彝銘中記載了"南淮尸（夷）遷、殳，内伐洰"。洰爲南淮夷之水名、地名。此字疑爲"溟"字，"則水"當疑爲"溟水"。

8. 參泉

《敔簋》彝銘中記載了"南淮尸（夷）遷、殳，内伐洰、昴、參泉"。參泉爲南淮夷之水名、地名。

9. 洛水

《敔簋》彝銘中記載了"南淮尸（夷）遷、殳，内伐洰、昴、參泉、裕敏、陰陽洛"。陰陽洛爲南淮夷之水名。《虢季子白盤》彝銘中記載了"搏伐玁狁，于洛之陽"，即指洛水的北方。而洛之陰，一般寫作"雒水"。《十二年永盂》彝銘中又有"陰陽洛"一詞，可見"陰陽洛"是對洛水的總稱。

10. 洹水

《作册般黿》彝銘中記載了"丙申，王迻于洹"。洹，即安陽的洹水。《經典釋文》："洹，音桓。一音恒。今土俗音袁。"又見《史記·項羽本紀》："洹水，南殷墟上。"

---

[1] 曹定雲：《殷墟婦好墓銘文研究》，雲南人民出版社 2007 年版，第 40 頁。

第九章　王名和王稱用語

引　論

氏族名和人名是彝銘學研究作爲實證歷史研究的社會基礎。

在古代彝銘學研究史上，薛尚功《歷代鐘鼎彝器款識》一書處處體現出作者利用人名來考證商周歷史的努力。這一工作具有很强的開創意義。

根據《漢書·郊祀志》中對李少君考證齊桓公銅器的記載：

> 少君見上，上有故銅器，問少君。少君曰："此器齊桓公十年陳於柏寢。"已而案其刻，果齊桓公器。一宫盡駭，以爲少君神，數百歲人也。

從考證技術方法上可以説明，他也是利用彝銘上的人名來解讀的。雖然《漢書》中没有記載彝銘的具體内容，但是從"案其刻"的記載而言，此銅器上的彝銘（刻）是他得出"此器齊桓公十年陳於柏寢"判斷的唯一依據。而到了當時張敞，也是從彝銘中得出了"此鼎殆周之所以襃賜大臣，大臣子孫刻銘其先功"的結論。

見《漢書·郊祀志》中的記載：

> 是時美陽得鼎，獻之。下有司議，多以爲宜薦見宗廟，如元鼎時故事。張敞好古文字，按鼎銘勒而上議曰："臣聞周祖始乎后稷，后稷封於斄，公劉發迹於豳，大王建國於郊、梁，文、武興於酆、鎬。由此言之，則郊、梁、酆、鎬之間，周舊居也，固宜有宗廟、壇場、祭祠之臧。今鼎出於郊東，中有刻書曰：'王命尸臣，官此栒邑，賜爾旂鸞、黼黻、琱戈。'尸臣拜手稽首曰：'敢對揚天

子，丕顯休命。’臣愚不足以迹古文，竊以傳記言之，此鼎殆周之所以褒賜大臣，大臣子孫刻銘其先功，臧之於宫廟也。”

李少君和張敞二人可以説是利用人名來考證商周歷史的先行者。而對于彝銘中大量出現的人名，進行專業化的學術研究和考證，則是現代學術界的重要成果。其中，對人名進行了十分精湛地研究的當推吴其昌的《金文氏族譜》和吴振烽《金文人名彙編》二書。

第一節　商代王名

根據《史記·殷本紀》的記載，報丁是第一個使用干支作爲名字的帝王。在他之前，并没有人使用。由契至報丁諸王如下：

契（前1）。

昭明（前2），契之子。

相土（前3），昭明之子。

昌若（前4），相土之子。

曹圉（前5），昌若之子。

冥（前6），曹圉之子。

振（前7），冥之子。

微（前8），振之子。

報丁（前9），微之子。

這一階段或許是没有廟號祇有名號的階段。

而從報丁開始，到成湯開國建立商王朝爲止，一直使用干支作爲廟號，而名號却祇有成湯一人保留下來：

報乙（前10），報丁之子。

報丙（前11），報乙之子。

主壬（前12），報丙之子。

主癸（前13），主壬之子。

天乙（前14），主癸之子，是爲成湯。

關于這前十四位商王及其商代前期的歷史，更多地保存在甲骨史料和《史記·殷本紀》《帝王世紀》《竹書紀年》等古籍中。彝銘中記載了成湯，但是在他之前十三代的干支名號、廟號問題，古代彝銘學家們多存而不論。

根據《史記·殷本紀》的記載，從商湯開始先後繼承王位的爲：

湯（1）。

帝外丙（2），湯之子。

帝中壬（3），外丙之弟。

帝太甲（4），太丁之子。

帝沃丁（5），太甲之子。

帝太庚（6），沃丁之弟。

帝小甲（7），太庚之子。

帝雍己（8），小甲之弟。

帝太戊（9），雍己之弟。

帝中丁（10），太戊之子。

帝外壬（11），中丁之弟。

帝河亶甲（12），外壬之弟。

帝祖乙（13），河亶甲之子。

帝祖辛（14），祖乙之子。

帝沃甲（15），祖辛之弟。

帝祖丁（16），祖辛之子。

帝南庚（17），沃甲之子。

帝陽甲（18），祖丁之子。

帝盤庚（19），陽甲之弟。

帝小辛（20），盤庚之弟。

帝小乙（21），小辛之弟。

帝武丁（22），小乙之子。

帝祖庚（23），武丁之子。

帝祖甲（24），祖庚之弟。

帝廩辛（25），祖甲之子。

帝庚丁 (26)，廪辛之弟。

帝武乙 (27)，庚丁之子。

帝太丁 (28)，武乙之子。

帝乙 (29)，太丁之子。

帝辛 (30)，帝乙之子。

這一順序後來經過王國維的考證和若干訂正，大致肯定了其歷史傳承的真實性。

一、甲

包括太甲、小甲、河亶甲、沃甲、陽甲、祖甲六人。

薛尚功《歷代鐘鼎彝器款識》卷二對《父甲彝》彝銘中出現的“父甲”一名的考證：

> 商之君十有七世，以甲稱者五，若沃丁、祖乙、南康之類，皆甲之子也。言父甲則子爲父設之矣。但不知爲何甲而設也。

他在卷五對《甲子觚》的解釋中又重複一次上述觀點。因此，宋代這種依干支名而考史的努力，就遇到了幾個王全使用同一個干支名時，無法準確分辨出是哪一個王的問題。以“甲”來說，就必然出現“不知爲何甲而設也”的結局。

二、乙

包括報乙、天乙、太乙、祖乙、小乙、武乙、帝乙七人。

薛尚功《歷代鐘鼎彝器款識》卷二對《父乙鼎》彝銘中出現的“父乙”一名的考證：

> 乙之號，在商也，有天乙，有祖乙，有小乙，有武乙，而惟太丁之子止曰乙，蓋不知其爲何乙也。

在該書卷二對《父乙爵》彝銘的考證中，他又重複了一次上述解釋。但是，在他對《祖乙卣》彝銘的考證中就明確地解釋爲“祖乙者，河亶甲之子也”。這裏和前者相同，也遇到了幾個王全使用同一個干支名時，無法準確分辨出是哪一個王的問題。以“乙”來說，就必然出現“不知爲何乙而設也”的結局。

三、丙

包括報丙、外丙二人。宋人尚無證據論及。

四、丁

包括報丁、沃丁、仲丁、祖丁、武丁、庚丁、文丁七人。

薛尚功《歷代鐘鼎彝器款識》卷二對《兄丁尊》彝銘中出現的"兄丁"一名的考證：

> 按商有沃丁、仲丁、武丁、庚丁、太丁之別，然則兄弟傳國者獨有太庚、外壬，而太庚之兄曰沃丁，外壬之兄曰仲丁，蓋不知其太庚與外壬所作也。

他在卷五對《父丁觚》的解釋中又重複一次上述觀點。這裏和前者相同，也遇到了幾個王全使用同一個干支名時，無法準確分辨出是哪一個王的問題。以"丁"來説，就必然出現"不知爲何丁而設也"的結局。

五、戊

包括太戊一人。

薛尚功《歷代鐘鼎彝器款識》卷三對《父戊丁爵》彝銘中出現的"父戊"一名的考證：

> 戊者，謂太戊也。丁則紀其日耳。

六、己

包括雍己一人。

因爲祇有一個人叫此名，所以商代彝銘中出現的"父己"，宋代學者們多以爲指的就是"雍己"。如薛尚功《歷代鐘鼎彝器款識》卷三對《立戈父己卣》彝銘中出現的"父己"一名的考證：

> 按商之十世君曰雍己，此曰父己，則是其子銘其父之祀器也。而雍己之子是小甲。此器當小甲之世爲之耳。

七、庚

包括太庚、南庚、盤庚、祖庚四人。宋人尚無證據論及。

八、辛

包括祖辛、小辛、廩辛、帝辛四人。

薛尚功《歷代鐘鼎彝器款識》卷二對《亞人辛尊》彝銘中出現的"辛"一名的考證：

> 商之君以辛名者多矣，曰祖辛，曰小辛，曰廩辛，而此言人辛者，乃商君之號辛者耳。

這裏和前者相同，也遇到了幾個王全使用同一個干支名時，無法準確分辨出是哪一個王的問題。以"辛"來說，就必然出現"不知爲何辛而設也"的結局。

九、壬

包括主壬、仲壬、外壬三人。

薛尚功《歷代鐘鼎彝器款識》卷四對《父壬爵》彝銘中出現的"壬"一名的考證：

> 按商之君有曰仲壬，其子曰太甲。有曰外壬，其子曰祖乙。是器必太甲祖乙爲其父而銘之。然二君未知其孰是也。

這裏和前者相同，也遇到了幾個王全使用同一個干支名時，無法準確分辨出是哪一個王的問題。以"壬"來說，就必然出現"不知爲何壬而設也"的結局。

十、癸

包括主癸一人。

張掄《紹興內府古器評》中對《商父癸尊》彝銘中出現的"癸"一名的考證：

> 在商之時號癸者惟成湯之父，故商物銘癸者皆歸之主癸。

因此，宋代學者的研究，面對商器彝銘中出現的單字干支彝銘，不能對其進行準確的區分和斷代，自然影響了與上古歷史的對應性解讀研究。

第二節　周代王名

根據《史記·周本紀》的記載，周代的王名也可以分爲開國前期、西周期和東周期。

前期爲：

后稷（前 1）。

不窋（前 2），后稷之子。

鞠（前 3），不窋之子。

公劉（前 4），鞠之子。

慶節（前 5），公劉之子。

皇僕（前 6），慶節之子。

差弗（前 7），皇僕之子。

毀隃（前 8），差弗之子。

公非（前 9），毀隃之子。

高圉（前 10），公非之子。

亞圉（前 11），高圉之子。

公叔祖類（前 12），亞圉之子。

古公亶父（前 13），公叔祖類之子。

季歷（前 14），古公亶父第三子，是爲公季。

昌（前 15），公季之子，是爲西伯。

西周期爲：

西伯卒，太子發（1）立，是爲武王。

成王誦（2），武王之子。

康王釗（3），成王之子。

昭王瑕（4），康王之子。

穆王滿（5），昭王之子。

共王繄扈（6），穆王之子。

懿王囏（7），共王之子。

孝王辟方（8），共王之弟。

夷王燮（9），懿王之子。

厲王胡（10），夷王之子。

宣王靜（11），厲王之子。

幽王宮湦（涅）（12），宣王之子。

東周期爲：

幽王卒，立故幽王太子宜臼（1），是爲平王。

桓王林（2），平王之孫。

莊王佗（3），桓王之子。

釐王胡齊（4），莊王之子。

惠王閬（5），釐王之子。

襄王鄭（6），惠王之子。

頃王壬臣（7），襄王之子。

匡王班（8），頃王之子。

定王瑜（9），匡王之弟。

簡王夷（10），定王之子。

靈王泄心（11），簡王之子。

景王貴（12），靈王之子。

悼王猛（13），景王之子。

敬王匄（悼王之弟），晉人立（14）。

元王仁（15），敬王之子。

貞定王介（16），元王之子。

哀王去疾（17），貞定王之子。

思王叔（哀王之弟）襲殺哀王而自立（18）。

考王嵬（思王少弟）攻殺思王而自立（19）。

威烈王午（20），考王之子。

安王驕（21），威烈王之子。

烈王喜（22），安王之子。

顯王扁（23），烈王之弟。

慎靚王定（24），顯王之子。

赧王延（25），慎靚王之子。

在著名的眉縣楊家村出土的青銅器《逨盤》彝銘上，記載了西周各位天子的名號如下：

　　逨曰：丕顯朕皇高祖單公……夾召

> 文王、武王達殷……雩朕皇高祖公叔，克逨匹
>
> 成王……雩朕皇高祖新室中……會召
>
> 康王……雩朕皇高祖惠中父……用會
>
> 昭王、穆王……雩朕皇高祖零白……用辟
>
> 龏王、懿王。雩朕皇亞祖懿仲……保乂辟
>
> 考王、夷王……雩朕皇考龏叔……享辟
>
> 厲王。逨肇纘朕皇祖考……肄
>
> 天子（即宣王——筆者注）多賜逨休。

可以看出高祖單公是文王、武王時代的大臣，高祖公叔是成王時代的大臣，高祖新室中是康王時代的大臣，高祖惠中父是昭王、穆王時代的大臣，高祖零白是恭（龏）王、懿王時代的大臣，亞祖懿仲是孝（考）王、夷王時代的大臣，皇考龏叔是厲王時代的大臣，而他本人則是處在宣王時代。

在商代和西周彝銘中出現的王有文、武、成、休（康）、邵（召）、穆、夷七位王的名號。這段西周的歷史也是傳世文獻中記載比較少的。恢復西周歷史也祇能依靠西周銅器彝銘的真實記載。

一、文王

彝銘中"文王"的"文"字，也作"𭶑""𡤼""𡦜"等字形。《大盂鼎》彝銘中記載："丕顯𭶑王，受天有大令"；《何尊》彝銘中記載："𭶑王受兹大令"；《史牆盤》彝銘中記載："曰古𭶑王"；《天亡簋》彝銘中記載："丕顯考𭶑王"；《逨盤》彝銘中記載："夾召𭶑王"，等等。《史記·周本紀》中記載的文王是：

> 遵后稷、公劉之業，則古公、公季之法，篤仁，敬老，慈少。禮下賢者，日中不暇食以待士，士以此多歸之。伯夷、叔齊在孤竹，聞西伯善養老，盍往歸之。太顛、閎夭、散宜生、鬻子、辛甲大夫之徒皆往歸之。

這段記載很真實説明了文王之所有爲"文"的根本原因。根據《逸周書·謚法解》的解釋："經緯天地曰文，道德博聞曰文，學勤好問曰文，慈惠愛民曰文，愍民惠禮曰文，錫民爵位曰文。"而《史記·周本紀》中更記載了文王的"西伯積善累德，諸侯皆向之"及"西伯陰行善，諸侯皆來決平"種種表現。因此，文王之稱由此而來。

二、武王

彝銘中"武王"的"武"字，也作""""等字形。《史牆盤》彝銘中記載："微史剌祖乃來見王"；《利簋》彝銘中記載："征商"；《何尊》彝銘中記載："唯王既克大邑商"；《逨盤》彝銘中記載："王達殷"等等。《史記·周本紀》中記載的武王是：

> 二月甲子昧爽，武王朝至于商郊牧野，乃誓。武王左杖黃鉞，右秉白旄，以麾。曰："遠矣西土之人！"武王曰："嗟！我有國家君，司徒、司馬、司空，亞旅、師氏，千夫長、百夫長，及庸、蜀、羌、髳、微、纑、彭、濮人，稱爾戈，比爾干，立爾矛，予其誓。"王曰："古人有言'牝雞無晨。牝雞之晨，惟家之索'。今殷王紂維婦人言是用，自棄其先祖肆祀不答，昏棄其家國，遺其王父母弟不用，乃維四方之多罪逋逃是崇是長，是信是使，俾暴虐於百姓，以奸軌於商國。今予發維共行天之罰。今日之事，不過六步七步，乃止齊焉，夫子勉哉！不過於四伐五伐六伐七伐，乃止齊焉，勉哉夫子！尚桓桓，如虎如羆，如豺如離，於商郊，不禦克奔，以役西土，勉哉夫子！爾所不勉，其於爾身有戮。"誓已，諸侯兵會者車四千乘，陳師牧野。

這段記載重在說明了武王奪取天下的理由。《逸周書·諡法解》"克定禍亂曰武"也點出了當時商紂王的殘暴和禍亂。

武王時期代表性銅器有《天亡簋》《利簋》《保卣》等。

三、成王

彝銘中"成王"的"成"字，也作""""等字形。《成王方鼎》彝銘中記載："王尊"；《獻侯鼎》彝銘中記載："唯王大奉在宗周"；《逨盤》彝銘中記載："克逨匹王"等等。《史記·周本紀》中記載的成王是：

> 成王在豐，使召公復營洛邑，如武王之意。周公復卜申視，卒營築，居九鼎焉。曰："此天下之中，四方入貢道里均。"作《召誥》《洛誥》。成王既遷殷遺民，周公以王命告，作《多士》《無佚》。召公為保，周公為師，東伐淮夷，殘奄，遷其君薄姑。成王自奄歸，在宗周，作《多方》。既絀殷命，襲淮夷，歸在豐，作《周官》。興正禮樂，度制於是改，而民和睦，頌聲興。

這段記載重在説明了成王治理天下的功勞。按照《逸周書·謚法解》的解釋"安民立政曰成",説明了國泰民安而政務確立是"成"的關鍵。

成王時期代表性銅器有《小臣單觶》《康侯丰鼎》《魯侯簋》《班簋》《禽簋》《令彝》《獻簋》《伯矩鬲》《德方鼎》《何尊》《明公盤》等。

四、休(康)王

過去,白川靜曾經主張彝銘中有"休王"而没有"康王",這似乎已經成了定論。[1]《效父簋》彝銘中記載:"休王賜效父。"最近又有新的考古發現證實,在彝銘中發現了"康王",見《逨盤》彝銘中出現了"會召康王"。在没有發現"康王"用例時,白川靜的觀點值得肯定。現在,休王、康王在銅器彝銘中同時出現了,康王和休王是否爲同一人,立刻成爲一個大問題。根據《史記·周本紀》的記載,"太子釗遂立,是爲康王",康王名釗,那麼"休王"就不可能是他的名號或者廟號。康王爲何又被稱作休王呢?白川靜的解釋是彝銘中的"休王"即是康王生號,"康王"則是謚號。《史記·周本紀》中記載的康王是:

> 故成康之際,天下安寧,刑錯四十餘年不用。

這或許是把康王稱爲休王的由來吧。"天下安寧,刑錯四十餘年不用"正是修養生息、刑法休閑不用的説明。按照《逸周書·謚法解》的解釋:"豐年好樂曰康,安樂撫民曰康,令民安樂曰康。"上述三點皆符合康王之政。因此,康王被稱爲休王是有合理性的。

康王時期代表性銅器有《庚羆鼎》《作册大方鼎》《大保方鼎》《大史友甗》《大盂鼎》《小盂鼎》《師旂鼎》《競卣》《效尊》《宜侯夨簋》等。

五、邵(昭、召)王

彝銘中"昭王"的"昭"字,也作"𤽎""𤾈""𤿩"等字形。這裏作"邵",是通假。《逨盤》彝銘中記載:"用會𤽎王、𤾈王"等等。《史記·周本紀》中對昭王時代記載極少,祇是一句:

> 昭王之時,王道微缺。

按照《逸周書·謚法解》的解釋:"昭德有勞曰昭。容儀恭美曰昭。聖聞周達曰

---

[1] 見[日]白川靜:《金文の世界》,平凡社 1971 年版,第 71 頁。

昭。"則結合史料記載，昭王之昭，應該是"容儀恭美曰昭"，另外兩點似乎對應不到他身上。

昭王時期代表性銅器有《䣄簋》《友簋》《公姞齊鼎》《旂尊》《作册令方鼎》《員方鼎》等。

六、穆王

彝銘中"穆王"的"穆"字，也作"𥞍""𥞣""𥝂"等字形。《長由盉》彝銘中記載："𥞍王卿豐"，《逨盤》彝銘中記載："用會昭王、𥞍王"，等等。《史記·周本紀》中記載的穆王是：

> 穆王即位，春秋已五十矣。王道衰微，穆王閔文、武之道缺，乃命伯臩申誡太僕國之政。

按照《逸周書·謚法解》的解釋，"布德執義曰穆"，這應該是他謚號的由來。

穆王時期代表性銅器有《二十七年衛簋》《鮮簋》《長由盉》《遹簋》《剌鼎》《伯飲壺》《伯簋》等。

七、龏（恭、共）王

彝銘中"恭王"的"恭"字，一般多作"龏"形。《十五年趞曹鼎》彝銘："龏王在周新宮"，《逨盤》彝銘中記載"用辟龏王、懿王"等等。李學勤在《楚國申氏兩簠讀釋》一文中考證：

> 按，古文字"龍"常加"兄"作聲。《彙編》讀之爲"龔"。即共王之"共"，是很對的。[1]

則恭王之"恭"字可以寫作"龍"之形。

《史記·周本紀》中記載的恭王是：

> 共王游於涇上，密康公從，有三女犇之。其母曰："必致之王。夫獸三爲群，人三爲眾，女三爲粲。王田不取群，公行不下眾，王御不參一族。夫粲，美之物也。眾以美物歸女，而何德以堪之？王猶不堪，況爾之小醜乎！小醜備物，終必亡。"康公不獻。一年，共王滅密。

---

[1]　李學勤：《楚國申氏兩簠讀釋》，《江漢考古》2010年第2期。

按照《逸周書・謚法解》的解釋："敬事供上曰恭，尊賢貴義曰恭，尊賢敬讓曰恭，既過能改曰恭，執事堅固曰恭，愛民長弟曰恭，執禮敬賓曰恭，芘親之門曰恭，尊長讓善曰恭，淵源流通曰恭。"居然出現九個選項。看起來"恭"字作爲謚號使用比較寬泛。符合恭王的似乎祇有"執禮敬賓曰恭"一點。

共王時期代表性銅器有《走簋》《十五年趞曹鼎》《休盤》《利鼎》《豆閉簋》《師毛父簋》《師遽方彝》《師湯父鼎》《史牆盤》《倗生簋》《裘衛盉》《師遽簋蓋》等等。

八、懿王

《逨盤》彝銘中記載："用辟龏王、懿王。"《史記・周本紀》中關于懿王的記載也是十分少，祇是：

> 懿王之時，王室遂衰，詩人作刺。

按照《逸周書・謚法解》的解釋："溫柔聖善曰懿。"看不出懿王任何功績，顯然所謂"溫柔聖善"是指懿王的軟弱無能。

懿王時期代表性銅器有《師虎簋》《衛鼎》《吳方彝蓋》《匡卣》《免簋》《揚簋》等等。

九、考（孝）王

彝銘中"孝王"的"孝"字，一般多作"考"。《逨盤》彝銘中記載："保厥辟考王、夷王。"《史記・周本紀》中關于孝王的記載幾乎沒有，祇是一句表示政權過渡的"懿王崩，共王弟辟方立，是爲孝王；孝王崩，諸侯復立懿王太子燮，是爲夷王"而已。

按照《逸周書・謚法解》的解釋："五宗安之曰孝；慈惠愛親曰孝；協時肇享曰孝；秉德不回曰孝。"選項多却看不出哪個更適合孝王。或許"慈惠愛親曰孝"就是對他的最好説明吧。

孝王時期代表性銅器有《趞尊》《王臣簋》《四年瘐盨》《宰獸簋》《諫簋》《齊生魯方彝蓋》《十三年瘐壺》《膳夫克盨》《師晨鼎》《師俞簋》《諫簋》《伯克壺》《克鐘》等等。

十、夷王

彝銘中"夷王"的"夷"字，一般多作"尸"字。《逨盤》彝銘中記載："保厥辟考王、夷王。"《史記・周本紀》中關于夷王的記載幾乎沒有，祇是一句表示政權過渡的“孝王崩，諸侯復立懿王太子燮，是爲夷王；夷王崩，子厲王胡立”而已。按照《逸周書・謚法解》的解釋：“克殺秉政曰夷，安心好靜曰夷。”從史料記載的稀少來看，應該是“安心好靜曰夷”是夷王謚號的由來。

夷王時期代表性銅器有《鄭季盨》《散伯車父鼎》《五年師旋簋》《大師簋》《蔡簋》《大師盧簋》《大鼎》等。

十一、厲王

《史記・周本紀》中記載的厲王是：

> 厲王即位三十年，好利，近榮夷公……卒以榮公爲卿士，用事。王行暴虐侈傲，國人謗王。召公諫曰：“民不堪命矣。”王怒，得衛巫，使監謗者，以告則殺之。其謗鮮矣，諸侯不朝。三十四年，王益嚴，國人莫敢言，道路以目……三年，乃相與畔，襲厲王。厲王出奔於彘。

按照《逸周書・謚法解》的解釋：“殺戮無辜曰厲。”從史料的記載來看，這應該是厲王謚號的由來。

厲王時期代表性銅器有《鄖簋》《師嫠簋》《克鐘》《伊簋》《多友鼎》《散氏盤》《敔簋》《晉侯穌鐘》《趞鼎》等。

十二、宣王

《史記・周本紀》中記載的宣王是：

> 宣王即位，二相輔之，修政，法文、武、成、康之遺風，諸侯復宗周。十二年，魯武公來朝。

按照《逸周書・謚法解》的解釋：“聖善周聞曰宣。”從史料的記載來看，應該是宣王謚號的由來。

宣王時期代表性銅器有《此簋》《兮甲盤》《虢季子白盤》《吴虎鼎》《山鼎》《逨鼎》《頌鼎》等。

十三、幽王

《史記・周本紀》中記載的幽王是：

> 三年，幽王嬖愛褒姒。褒姒生子伯服，幽王欲廢太子。太子母申侯女，而爲后。後幽王得褒姒，愛之，欲廢申後，并去太子宜臼，以褒姒爲后，以伯服

爲太子……褒姒不好笑，幽王欲其笑萬方，故不笑。幽王爲烽燧大鼓，有寇至則舉烽火。諸侯悉至，至而無寇，褒姒乃大笑。幽王説之，爲數舉烽火。其後不信，諸侯益亦不至……幽王以虢石父爲卿，用事，國人皆怨。石父爲人佞巧善諛好利，王用之。又廢申后，去太子也。申侯怒，與繒、西夷犬戎攻幽王。幽王舉烽火徵兵，兵莫至。遂殺幽王驪山下，虜褒姒，盡取周賂而去。

按照《逸周書·謚法解》的解釋："早孤鋪位曰幽，壅遏不通曰幽，動祭亂常曰幽。"顯然，從史料的記載來看，"動祭亂常曰幽"應該是幽王謚號的由來。

幽王時期代表性銅器有《三年𤼈鐘》《䘏皇父鼎》等。

第三節　諸侯稱王

王國維在《古諸侯稱王説》一文中曾認爲：

> 蓋古時天澤之分未嚴，諸侯在其國自有稱王之俗。[1]

表現在彝銘中的記載有呂王、矢王、申王等。其他如《彔伯戜伯簋蓋》彝銘中的"皇考釐王"，《𢀖伯歸牵簋》彝銘中的"皇考武乖幾王"也是諸侯國稱王的歷史記載。誠如劉知幾在《史通·疑古》中所主張的那樣：

> 夫天無二日，地惟一人。有殷猶存，而王號遽立，此即春秋楚及吳、越僭號而陵天子也。

蒙文通在《周秦少數民族研究》一書中指出：

> 金文僭有王號而其可考者甚衆，自皆夷狄。[2]

此説可以看作是王氏諸侯稱王説的補充。比較著名的稱王者爲呂王、矢王、申王三者。

一、呂王

呂王姜姓，應該是没有疑問的。彝銘中"呂王"的"呂"字，也作𠂤、邨等字形。

---

[1] 王國維：《觀堂別集》卷一，《王國維遺書》，上海古籍書店 1983 年版，第 17 頁。

[2] 蒙文通：《周秦少數民族研究》，龍門聯合書局 1958 年版，第 18 頁。

根據《呂王鬲》彝銘中的記載：

　　　　呂王作尊鬲，子子孫孫永寶用享。

又《呂王壺》彝銘中記載：

　　　　呂王作内姬尊壺。

《呂王鬲》和《呂王壺》彝銘拓片

　　商朝末年已有呂姓，輔佐周文王、武王的呂尚爲呂侯支系子孫。《尚書·呂刑》開頭便說"惟呂命王，享國百年，耄荒，度作刑，以詰四方"。司馬貞《史記索隱》引《地理志》云："呂亦在宛縣之西也。"《括地志》指出呂在"南陽縣西三十里"。

二、矢王

　　彝銘中的"矢王"，根據《同卣》彝銘中的記載：

　　　　矢王賜同金車、弓矢。

又《散氏盤》彝銘中記載：

　　　　矢王于豆新宮東廷。

再《矢王簋蓋》彝銘中的記載：

　　　　矢王作奠（鄭）姜尊簋，子子孫孫其萬年永寶用。

《矢王簋蓋》彝銘拓片

盧連成、尹盛平在《古矢國遺址墓地調查記》一文中主張:

> 結果表明,位於汧水上游隴縣南坡和下游寶雞縣賈村都屬於古矢國地域。[1]

張政烺在《矢王簋蓋跋——評王國維的〈古諸侯稱王説〉》一文中得出結論説:

> 矢王簋蓋應爲矢王所作以媵矢女之適于奠者。無論如何,矢王姓姜當無問題。[2]

當然,銅器彝銘中也有"矢伯"之稱,如《矢伯鬲》。這或許是矢王使用王稱之前的舊稱。

三、申王

彝銘中的"申王",根據《申王之孫簋》彝銘中的記載:

> 䜌(申)王之孫弔(叔)姜,
>
> 自作飤簋。其眉
>
> 壽無諆(期),永保用之。[3]

申國本在陝西,宣王時王舅申伯受封于南土。根據《後漢書·郡國志》記載:

> 南陽郡:宛,本申伯國。有南就聚。有瓜里津。有夕陽聚。有東武亭。

又見司馬貞《史記索隱》引《地理志》:

> 申在南陽宛縣,申伯國也。

再見《詩經·大雅·崧高》:

> 崧高維岳,駿極於天。維岳降神,生甫及申。
>
> 維申及甫,維周之翰。四國於蕃,四方於宣。

---

[1] 盧連成、尹盛平:《古矢國遺址墓地調查記》,《文物》1982年第2期。

[2] 張政烺:《矢王簋蓋跋——評王國維的〈古諸侯稱王説〉》,《古文字研究》第13輯,中華書局1986年版,第177頁。

[3] 轉引自胡文魁:《湖北鄖縣肖家河春秋楚墓》,《考古》1998年第4期。

亹亹申伯，王纘之事。於邑於謝，南國是式。

王命召伯，定申伯之宅。登是南邦，世執其功。

《國語·周語》："齊、許、申、吕由大姜。"韋昭注曰："四國皆姜姓。"根據徐少華在《從叔姜簠析古申國歷史與文化的有關問題》一文中的總結：

> 據文獻記載和近世學者研究，西周時有兩個申國，一個在今陝西北部，即《史記·秦本紀》和今本《竹書紀年》所載之"申侯"，《逸周書·王會解》和《通志·氏族略二》稱之爲"西申"。應是商周以來的申人之本國。另一個在今河南南陽一帶，《詩·大雅·崧高》和《漢書·地理志》稱之爲"申伯"。[1]

兩個申國的存在，可見《左傳·隱公元年》孔疏：

> 申之始封亦在周興之初。其後申絶。至宣王之時，申伯以王舅改封於謝。《地理志》："南陽郡宛縣。"故申伯國宛縣者，謂宣王改封之後也。

又見《作册申卣》彝銘中的記載：

> 唯明保殷成周年，
>
> 公賜作册鼺（申）鬯、貝。鼺（申）
>
> 揚公休，用作父乙
>
> 寶尊彝，其册舟。

這裏的申是西周天子的作册史官。此彝銘記載了他接受天子賞賜鬯、貝之事。正是對當時宮廷中申氏多掌握王室實權的一個證明。

申國領兵攻打西周幽王，《史記·周本紀》記載：

> 三年，幽王嬖愛褒姒……又廢申后，去太子也。申侯怒，與繒、西夷犬戎攻幽王。幽王舉烽火徵兵，兵莫至。遂殺幽王驪山下，虜褒姒，盡取周賂而去。

可見位于南陽的申國當時的軍事力量之强大。

除此之外，自稱爲王的還有《彔伯威簋蓋》彝銘中的"鼃王"，《茉伯簋》彝銘中的"茉王"等等，也是古代諸侯稱王的證據。

---

[1] 徐少華：《從叔姜簠析古申國歷史與文化的有關問題》，《文物》2005年第3期。

第四節　王號的生稱死謚問題

一、生稱現象

《利簋》彝銘中的"武征商"，《通簋》彝銘中的"穆王在𦱤（鎬）京"，武王和穆王皆是生稱。這顯然已經是一種定制。又根據郭沫若《矢簋銘考釋》一文中的證據：

　　此器言"武王、成王伐商"，武、成皆生號而非死謚，成王生時已稱"成王"。[1]

如果認爲王號祇是死稱，必然導致唐蘭的康宫斷代説的出現。但是《利簋》《通簋》彝銘的存在，證明了死稱説并非定論。雖然有人主張上述銅器"文字出現在先而銅器鑄造在後"的理由，但是這一理由缺乏力證，甚至由于可能永遠無法得到證實而成爲一種假説而已。

根據《史記·周本紀》記載："西伯蓋即位五十年"，又可以見于清華《保訓簡》中出現的"唯王五十年"的記載，證明了文王是生稱。

其實，王號生稱，頗爲普遍。如《匡卣》彝銘中的"懿王在射廬"。這裏的"懿王"顯然就是生稱，也不可能是"懿王"死後若干年纔鑄作的此器。

《匡卣》彝銘拓片

《匡卣》彝銘釋文：

　　唯四月初吉甲午。懿王在
　　射廬。作象戈。匡甫象躲二。
　　王曰："休"。匡拜手稽首，對揚
　　天子，丕顯休。用作文考日丁寶
　　彝。其子子孫孫永寶用。

---

[1]　郭沫若：《矢簋銘考釋》，《考古學報》1956 年第 1 期。

　　至少可以推測，王號可能是死前就已經選定了，大臣皆知，所以纔在彝銘中出現。其次，生稱王號不違法不違禮。并無人因此而受到處罰和法律追究。所以，郭沫若主張：

　　　　周初并無謚法，所謂文、武、成、康、昭、穆，均生時之王號。[1]

這個觀點應該是最有力的。一旦放棄周公製謚説，則生稱現象自然絕非死謚説所能獨斷的。

　　二、死謚現象

　　王國維在《遹敦跋》一文中首先提出這一問題：

　　　　周初諸王，若文、武、成、康、昭、穆，皆號而非謚也。殷人卜辭中有文祖丁、武祖乙、康祖丁。《周書》亦稱"天乙"爲"成湯"，則文、武、成、康之爲美名，古矣。《詩》稱"率見昭考""率時昭考"，《書》稱"乃穆考"，文王彝器有"周康邵宫""周康穆宫"，則昭、穆之爲美名亦古矣。此美名者，死稱之，生亦稱之。[2]

這裏的王號明確説明了是"死稱之，生亦稱之"的。比如《天亡簋》彝銘中的"丕顯考文王"，《剌鼎》彝銘中的"啻（禘）昭王"，上述的文王、昭王皆爲死稱無疑。

　　但是，當謚法出現之後，謚號使用多用于死者。如《春秋·襄公十九年》記載：

　　　　齊侯環卒。

到了當年冬季，則記載爲"葬齊靈公"。這裏的齊靈公就是齊侯環的謚號。按照《逸周書·謚法解》的記載："死而志成曰靈，亂而不損曰靈，極知鬼神曰靈，不勤成名曰靈，死見神能曰靈，好祭鬼神曰靈。"《左傳·襄公十四年》云：

　　　　王使劉定公賜齊侯命，曰："昔伯舅大公，右我先王，股肱周室，師保萬民，世胙大師，以表東海。王室之不壞，繄伯舅是賴。今余命女環，茲率舅氏之典，纂乃祖考，無忝乃舊。敬之哉，無廢朕命。"

　　齊靈公受周靈王之命，開始向晉侯爭霸。終于在《左傳·襄公十四年》纔"齊

---

[1]《郭沫若全集·歷史編》（第一卷），人民出版社1982年版，第273頁。
[2] 王國維：《觀堂集林》卷十八，《王國維遺書》，上海古籍書店1983年版，第7頁。

人始貳"。因此，齊靈公應該是屬于"死而志成曰靈"之人。

根據《逸周書·謚法解》：

> 維周公旦，太公望開嗣王業，攻於牧野之中，終葬，乃製謚叙法。謚者，
> 行之迹也；號者，功之表也；車服，位之章也。是以大行受大名，細行受小名；
> 行出於己，名生於人。

又見《禮記·檀弓》：

> 幼名、冠字、五十以伯仲、死謚，周道也。

因此，杜勇、沈長雲在《金文斷代方法探微》一書中主張：

> （《天亡簋》）銘文稱武王死去的父親爲文王，則文王當爲謚號。另有六處言
> 及武王却均以"王"相稱，有時還在"王"字前加上有關頌詞，如"丕肆王"
> 意即偉大正直的王，却偏偏不用武王這一美名。[1]

而對于一些生稱的明顯證據，彭裕商在《西周青銅器年代綜合研究》一書中
認爲：

> 銅器銘文所記内容與銅器的鑄造，二者之間是有一定時間距離的，這就造
> 成了少數銅器銘文提到的人物至鑄器時已故去的例外現象。[2]

杜勇也在《金文"生稱謚"新解》一文中進一步發揮爲：

> 假若上一王世發生的事，還可以通過數年後的下一王世鑄造的青銅器銘文
> 加以記録，那就無法排除彝銘中使用的某一王號雖然從語境上看是生稱，實際
> 却是以其謚號追述前事的可能。换句話說，僅憑金文中出現"生稱謚"的現象
> 不僅無法否定西周已有謚法的文獻記載，相反倒可從謚法的角度對這種現象給
> 予更合理的解釋。這就是所謂生稱某王的金文，其記事年曆雖在"某王"之世，
> 但該的製作則在"某王"去世後的嗣王之世，因而在追述"某王"生前之事
> 時得以使用"某王"死後纔有的謚號。[3]

---

[1]　杜勇、沈長雲：《金文斷代方法探微》，人民出版社 2002 年版，第 16 頁。
[2]　彭裕商：《西周青銅器年代綜合研究》，巴蜀書社 2003 年版，第 51—52 頁。
[3]　杜勇：《金文"生稱謚"新解》，《歷史研究》2002 年第 3 期。

死謚似乎是定論，出現了個别生稱的現象，似乎可以忽略不計了。但是，目前爲止，死謚説和延遲鑄器説均不可能解答所有的生稱現象。這個問題的定論尚嫌過早。

第五節 王稱及其血緣關係用語

彝銘中記載的血緣關係名大致有：剌祖、亞祖、先祖、高祖、皇祖、文祖、祖考、祖、父、王父、文父、母、王母、考、文考、文母、剌考、皇考、皇母、妣、姑、姑婦、叔、兄、弟、子、女、甥、孫等等。根據《爾雅·釋親》的解釋：

> 父爲考，母爲妣；父之考爲王父，父之妣爲王母；王父之考爲曾祖王父，王父之妣爲曾祖王母；曾祖王父之考爲高祖王父，曾祖王父之妣爲高祖王母。

彝銘中稱呼祖先的術語非常多，證明了常時崇祀祖先信仰的濃厚。以下我們對十一類重要的血緣關係進行分析説明。

一、祖類

（一）祖

祖，《玉篇》解釋爲：

> 父之父也。

祖，彝銘中"祖"字多作"𧃝"。如《大𧃝日已戈》彝銘中記載的"𧃝日已。𧃝日丁。𧃝日庚。𧃝日乙"；《𧃝日乙戈》彝銘中記載的"𧃝日乙"；《美爵》彝銘中記載的"美作厥祖可公尊彝"；《大盂鼎》彝銘中記載的"令汝盂井（型）乃嗣祖南公"等。

（二）剌祖

剌，即烈。彝銘中"烈"字多作"剌"。如《宰獸簋》彝銘中記載的"用作朕剌祖幽中（仲）益姜寶匝簋"；《六年召伯虎簋》彝銘中記載的"用作朕剌祖召公嘗簋"；《史牆盤》彝銘中記載的"微史剌祖乃來見武王"等。

（三）亞祖

亞，即次也。《爾雅·釋言》："亞，次也。"如《眀亞祖癸》彝銘中記載的"亞且"，《南宫乎鐘》彝銘中記載的"先祖南公、亞祖公仲"等。

在商代的彝銘中，"亞"有分支的含義。某一族徽中凡出現"亞"字形，一般皆可看作帶"亞"字族徽是不帶亞字族徽的分支。但是，在祖先稱謂問題上，"亞祖"是次于前述輩分的祖先。如上述"先祖南公、亞祖公仲"中，"亞祖公仲"就是"先祖南公"之次，也即"亞祖公仲"就是"先祖南公"之子。"亞祖公仲"不可能如某些人所主張的是"先祖南公"的兄弟。

(四) 先祖

先祖考。又可稱"祖先"，簡稱爲"先""祖"。本是一種泛稱，不確定指哪一代祖先，是所有祖先的通稱。《尚書·多士》：

> 乃命爾先祖，成湯革夏，俊民甸四方。

根據《左傳·襄公十四年》記載：

> 昔伯舅大公，右我先王，股肱周室，師保萬民，世胙大師，以表東海。王室之不壞，繄伯舅是賴。今余命女環，兹率舅氏之典，篡乃祖考，無忝乃舊。敬之哉，無廢朕命。

如《師克盨蓋》彝銘中記載的"則唯乃先祖考"。

(五) 高祖

高祖，見《爾雅·釋親》中的解釋：

> 王父之考爲曾祖王父，王父之妣爲曾祖王母。

清人梁章鉅《稱謂録》中引閻若璩云：

> 曾祖之父爲高祖，然自是以上，亦通謂之高祖。

吴鎮烽《高祖、亞祖、王父考》一文云：

> 在商周時期直到春秋戰國時期，"高祖"祇是一種尊稱，并不是哪一代先祖的專稱。"高"字和"皇"字一樣，是對"祖"的一種尊隆之詞，周王可以使用，一般貴族也可以使用。[1]

---

[1] 吴鎮烽：《高祖、亞祖、王父考》，《考古》2007 年第 10 期。

吴氏此説頗爲有理。梁章鉅《稱謂録》中就曾主張："蓋古稱高祖而無王父二字者，皆以爲始祖之稱也。"如《大簋蓋》彝銘中記載的"用享于高祖、皇考"，《瘋鐘》彝銘中記載的"追孝于高祖辛公"等。

（六）皇祖、皇祖考

皇，根據《説文解字》的解釋：

> 皇，大也。

皇祖考乃贊美亡祖父的偉大。如《畢鮮簋》彝銘中記載的"畢鮮作皇祖益公尊簋"；《仲辛父簋》彝銘中記載的"仲辛父作朕皇祖日丁、皇考日癸尊簋"；《追簋》彝銘中記載的"用作朕皇祖考尊簋"等。

（七）文祖

文，根據《説文解字》的解釋：

> 文，錯畫也，象交文。

這裏的"錯畫也，象交文"顯然具有光彩的含義。如《衛簋》彝銘中記載的"用作文祖考寶尊簋"，《井人鐘》彝銘中記載的"用文祖皇考"，《師遽方彝》彝銘中記載的"用作文祖它公寶尊彝"等。

（八）祖考、先祖考

考、先祖考，即言祖父、先祖父。《玉篇》注解爲：

> 先，前也，早也。

則先的含義是早、前，也就是在自己之前、比自己早存在。如《師克盨》彝銘中記載的"則唯乃先祖考"，《申簋蓋》彝銘中記載的"更乃祖考胥大祝"等。

二、父類

1. 父

父，根據《説文解字》的解釋：

> 家長率教者。

又見《説文解字注》：

> 先導也。經傳亦借父爲甫。

《釋名》:

> 父,甫也。始生己者。

如《侯作父丁鼎》彝銘中記載的"父丁",《晨簋》彝銘中記載的"用作父乙寶尊彝"等。

2. 王父

《爾雅·釋親》云:

> 父之考爲王父。

王父等于祖父。《爾雅注》云:"加王者尊之。"如《伯康簋》彝銘中記載的"王父,王母"等。

3. 文父

文,解釋見前"文祖"。文父乃贊美亡父的光彩。如《君夫簋蓋》彝銘中記載的"用作文父丁鸞(鼎)彝",《北子宋盤》彝銘中記載的"作文父乙寶尊彝"等。

三、母類

1. 母

《素問》王冰注云:

> 母所以育養諸子,言滋生也。

《雍作母乙鼎》彝銘中記載的"母乙",《保侃母簋》彝銘中記載的"保侃母賜貝于庚宮"等。

2. 王母

《爾雅·釋親》云:

> 父之妣爲王母。

王母等于祖母。如《散季簋》彝銘中記載的"散季肇作朕王母弔(叔)姜寶簋",《伯康簋》彝銘中記載的"王父,王母",《召伯毛鬲》彝銘中記載的"召伯毛作王母尊"等。

3. 皇母

皇,解釋見前"皇祖"。皇母乃贊美母親或亡母的偉大。如《善夫梁其簋》彝銘中記載的"用作朕皇考惠中、皇母惠妖尊簠"，《詁鼎》彝銘中記載的"作皇母尊簠"等。

4. 文母

文，解釋見前"文祖"。文母乃贊美母親或亡母的光彩。如《叔皮父簠》彝銘中記載的"朕文母季姬尊簠"，《烖簠》彝銘中記載的"用作朕文母日庚寶尊簠"等。

四、考類

1. 考

考，根據《爾雅·釋親》解釋：

> 父爲考。

而《釋名》解釋更進一步説：

> 父死曰考。

又見《春秋公羊傳·隱公元年》何休注：

> 生稱父，死稱考。

因此，一般用考指亡父。如《大簠》彝銘中記載的"用啻（禘）于乃考"，《寧簠》彝銘中記載的"作乙考尊簠"等。

在商周彝銘中，一般用考來稱亡父，這是定制。客觀説明了當時生人和死人的兩個世界存在不同的禮制劃分，也反映了當時人們的"死生異路"的人生觀。

2. 文考

文，解釋見前"文祖"。文考乃贊美亡父的光彩。如《孟簠》彝銘中記載的"毛公賜朕文考臣自厥工"，《土山盤》彝銘中記載的"用作文考釐仲寶尊盤盉"，《王臣簠》彝銘中記載的"用作朕文考賜仲尊簠"等。

3. 皇考

皇，解釋見前"皇祖"。考者爲父，皇考乃贊美亡父的偉大。如《虢姜簠蓋》彝銘中記載的"用祈追孝于皇考惠仲"，《善夫梁其簠》彝銘中也出現了"用作朕皇考惠仲"的記載等。

清人梁章鉅《稱謂録》中就曾引黄宗羲《金石要例》中墓表"稱曾祖爲皇考"，此説爲後世特例。

4. 剌考

剌，解釋見前"剌祖"。如《揚簋》彝銘中記載的"余用作朕剌考憲伯寶簋"，《無更鼎》彝銘中記載的"用享于朕剌考"等。

五、皇類

1. 皇祖

解釋見前。

2. 皇考

解釋見前。

3. 皇母

解釋見前。

六、文類

1. 文祖

文，解釋見前"文祖"。文祖乃贊美亡祖父的光彩。如《衛簋》彝銘中記載的"用作文祖考寶尊簋"，《彔作辛公簋》彝銘中記載的"用作文祖辛公寶鷺簋"，《師遽方彝》彝銘中記載的"用作文祖它公寶尊彝"等。

2. 文考

解釋見前。

3. 文姑

姑即婆婆。文姑乃贊美已故婆婆的光彩。解釋見下面"姑類"。

七、先類

1. 先王

先，解釋見前"先祖"。如，《鄩簋》彝銘中記載的"昔先王既命汝作邑"，《虎簋蓋》彝銘中記載的"克事先王"，《師𩛥簋蓋》彝銘中記載的"先王既令汝"等。

2. 先公

先，解釋見前"先祖"。公，這裏指具有爵位的父輩。《庄子・寓言》中有"家公執席"之説。如《沈子也簋》彝銘中記載的"又念自先王先公"等。

3. 先祖

解釋見前。

八、聖類

1. 聖祖、聖祖考

聖祖考。聖，"崇高"之意。如《師訇簋》彝銘中記載的"用井乃聖祖考"，《禹鼎》彝銘中記載的"聖祖考"等。

2. 聖孫

這裏的"聖孫"也是尊稱，它并不是子孫意義上的"孫"，而是"聖祖""亞聖祖"的同義詞。如《班簋》彝銘中記載的"毓文王、王姒聖孫"。"文王、王姒聖孫"當然也是作器者的祖先之一。

九、妣類

彝銘中"妣"字多作"比""匕"。根據《爾雅·釋親》的解釋：

> 母爲妣。

如《我方鼎》彝銘中記載的"我作禦恤祖乙匕（妣）乙、祖己匕（妣）癸"，《仲作比己觶》彝銘中記載的"匕（妣）己"，《召仲鬲》彝銘中記載的"生匕（妣）"等。

十、姑類

姑婦、文姑、姑公、王姑

彝銘中的"姑"一般多與"婦"一起出現，"婦姑"即婆媳。在商周彝銘中尚未發現有作爲父親的姐妹意義而出現的"姑"字用法。相應的也就有"姑公"這一概念出現。"姑公"即"婆婆、公公"。

關于"王姑"，薛尚功《歷代鐘鼎彝器款識》卷十三對《伯庶敦》彝銘中出現的"王姑"的考證：

> 《考古》云："王姑，周姜稱姑婦辭也。"王姑，夫之王母也。

彝銘中凡出現"姑公"術語的，一般多是媳婦作器，或者夫妻共同作器。如《猷叔猷姬簋》彝銘中記載的就是猷叔猷姬夫妻二人公同作器，目的是"用享孝于其姑公"。非常明顯出現的媳婦爲婆婆作器的，如《婦闔爵》彝銘中記載的"婦闔作姑日癸尊彝"就是一例典型例證。而《甿作婦姑罍》彝銘中記載的"甿作婦姑尊彝"的"甿"，他的身份還真不太好確定。甿作婆媳（婦姑）的尊彝，則甿的身份很可能是亡婦之夫。誠如是，則似乎應該寫爲"甿作文母婦尊彝"繞算比較合適。可是這裏出現的確實"甿作婦姑尊彝"則暗示着在當時婆媳同時出現時就祇使用"婦姑"

二字，而不是使用"文母婦"三字，或者"文母文婦"四字。

十一、甥類

甥

彝銘中多作生。根據《爾雅·釋親》的解釋：

> 姑之子爲甥，舅之子爲甥，妻之昆弟爲甥，姊妹之夫爲甥。

在商周時期，甥舅關係最爲重要。見《爾雅·釋親》：

> 謂我舅者，吾謂之甥。

如《左傳·昭公二十六年》"若我一二兄弟甥舅"，《左傳·昭公三十二年》"我一二親昵甥舅"，《詩經·伐木》"以速諸舅"，《詩經·渭陽》"我送舅氏"，等等，可以看出"甥舅"關係在當時并列于"一二兄弟"或"一二親昵"之例的。

"甥舅"關係是建立在血緣關係基礎上的。"甥舅"關係也即所謂的"族子"關係。《史記·五帝本紀》："高辛於顓頊爲族子。"如《應侯簋》彝銘中記載的"應侯簋作生杁姜尊簋"，《廖生盨》彝銘中記載的"廖生罘大娟其百男百女千孫"，《康生豆》彝銘中記載的"康生作文考癸公尊彝"等。上述的"生"都是甥。

第十章 氏族名和人名用語

引 論

早在宋代的《先秦古器記》一書中就已經很明確地點出了利用彝銘上記載的人名，可以實現"譜牒次其世謚"的觀點。因此，在著名的《考古圖》卷四所收《木父己卣》釋文中就提出了"木者，恐氏族"之説。這或許就是對彝銘進行氏族研究的開端。彝銘中出現的人名一般可以分爲姓、氏、名三者。針對這一特點，吳其昌在《金文氏族譜・序》一文中特別指出了"殷周及先秦血胤族次，則散在五千餘器"的事實。[1]

在有些場合，同一個人出現在不同的青銅器彝銘中，可能出現了不同的稱謂。如著名的"明保"，根據吳其昌的總結，彝銘中的"明保"先後有七種不同的稱謂：曰"周公子明保"，《矢彝》稱之。曰"周公"，《禽彝鼎》《徙彝》稱之。曰"明公"，《矢彝》和《明公尊》（即《魯侯簋》）稱之。曰"明保"，《作冊𦦎卣》稱之。曰"太保"，《憲鼎》《某鼎》《楣彝》《太保鬲》《太保簋》《傳彝》《傳鼎》《典彝》稱之。曰"公太保"，《旅鼎》稱之。曰"尹太保"，此爵及《作冊大伯鼎》稱之。[2]

再如另一個著名的人物"王姜"，《不壽簋》彝銘中有"王姜賜不壽裘"一語。而《作冊睘卣》彝銘中也有王姜。《元年𤔲簋》彝銘中作"姜氏"。王姜，即西周天

---

[1] 見吳其昌：《金文氏族譜》，商務印書館 1936 年版，第 1 頁。
[2] 見吳其昌：《金文曆朔疏證》卷二，商務印書館 1936 年版，第 24 頁。

子的夫人姜氏，姬、姜成婚是當時西周王朝的一個傳統婚制。

　　出現在商周彝銘中的人名用語可以分成以下幾種表現形式，我們在此以古代彝銘學家們對這一問題的研究爲主、以現代學者爲輔加以舉例説明如下。

第一節　商周古姓的來源及其演變

　　"姓"與"氏"不同。姓産生在前，氏産生在後。根據《春秋》整理得出的"古姓"有嫣、姒、子、姬、風、嬴、己、任、姞、芈、曹、祁、妘、姜、董、偃、歸、曼、熊、隗、漆、允，共二十二個姓。根據許慎《説文解字》："姓，人所生也……從女、生，生亦聲。"班固《白虎通》卷九曰："姓者，生也，人稟天氣所以生者也。"

　　著名的華夏人文始祖黄帝和炎帝就是以其各自部落的居住地理位置在水附近而得姓的。根據《國語·晉語》中記載的司空季子之言："昔少典娶於有蟜氏，生黄帝、炎帝。黄帝以姬水成，炎帝以姜水成。成而異德，故黄帝爲姬，炎帝爲姜。"這裏的以某水成的含義是指利用天賜的某水這一地理位置而成就天下的意思。以此而得出的某姓，是人對自然地理的依賴和感恩，用來永遠銘記的一種最直接、最簡單的方法。

　　漢代王符在《潛夫論》卷九中曾總結了幾種姓、氏的得出方式："下及三代，官有世功，則有官族，邑亦如之。後世微末，因是以爲姓，則不能改也。故或傳本姓，或氏號邑謐，或氏於國，或氏於爵，或氏於官，或氏於字，或氏於事，或氏於居，或氏於志。"

　　到了鄭樵《通志·氏族略》中的總結，姓、氏的得出有以下三十四種形式：以國爲氏、以郡國爲氏、以邑爲氏、以鄉爲氏、以亭爲氏、以地爲氏、以姓爲氏、以字爲氏、以名爲氏、以次爲氏、以族爲氏、以官爲氏、以爵爲氏、以凶德爲氏、以吉德爲氏、以技爲氏、以事爲氏、以謚爲氏等。但是，這已經是中古時代姓氏不分後的産物。在上古時代，主要的是以下八種，即以國爲氏、以邑爲氏、以地爲氏、以字爲氏、以官爲氏、以名爲氏、以事爲氏、天子賜姓。上述"黄帝以姬水成，炎帝以姜水成"應該屬于以地爲姓。

而其中黄帝的後裔却没有完全繼承他的姬姓。《國語·晉語》記載：

> 同姓爲兄弟。黄帝之子二十五人，其同姓者二人而已，唯青陽與夷彭皆爲己姓。青陽，方雷氏之甥也。夷彭，彤魚氏之甥也。其同生而異姓者，四母之子別爲十二姓。凡黄帝之子，二十五宗，其得姓者十四人爲十二姓，姬、酉、祁、己、滕、箴、任、荀、僖、姞、儇、依是也。唯青陽與蒼林氏同於黄帝，故皆爲姬姓。同德之難也如是。

由此來看，"唯青陽與蒼林氏同於黄帝"而黄帝不容許他的另外二十三子繼承他的姬姓原因是"同德之難"，但是他給其中的十四人賜給了十二個姓。如此説來，青陽與蒼林二人應該是黄帝自己認可的直系姬姓傳人。[1]筆者過去曾經主張：繼承權問題在遠古時代至少有王位繼承權、王姓繼承權兩個方面。[2]更具體來講，肯定還有財産、土地、國民等方面的繼承權問題存在。而王姓的繼承更具有標誌性意義，和族徽一樣。而另外的酉、祁、己、滕、箴、任、荀、僖、姞、儇、依十一個姓的由來，應該就是根據得姓者本人的自身資質和功勞而來的，《左傳·隱公八年》所謂的"天子建德，因生以賜姓"指的就是如此，不然的話就無法解釋酉、祁、己、滕、箴、任、荀、僖、姞、儇、依十一個姓的具體成因。

炎帝后代對姜姓的繼承及其分支問題，史料中一直語焉不詳。

又根據《國語·鄭語》中的記載：

> 祝融亦能昭顯天地之光明，以生柔嘉材者也。其後八姓於周未有侯伯。佐制物於前代者，昆吾爲夏伯矣，大彭、豕韋爲商伯矣。當周未有。己姓：昆吾、蘇、顧、温、董。董姓：鬷夷、豢龍，則夏滅之矣。彭姓：彭祖、豕韋、諸稽，則商滅之矣。禿姓：舟人，則商滅之矣。妘姓：鄔、鄶、路、偪陽。曹姓：鄒、莒，皆爲采衛，或在王室，或在夷狄，莫之數也。而又無令聞，必不興矣。斟姓：無後。融之興者，其在芈姓乎。

根據該書記載，這八姓是己姓、董姓、彭姓、禿姓、妘姓、曹姓、斟姓、芈姓。它們全不屬于黄帝、炎帝的直系姬、姜二姓的繼承人，而是祝融的直系繼承人。

---

[1]　得姬姓者是青陽與蒼林還是青陽與夷鼓，古今學術界對此一直爭議不休。而且這裏出現的"皆爲己姓"是自己的姓還是著名的己姓，也頗有異議。學術界對這一問題還需深加研究和探討。

[2]　劉正：《金文氏族研究》，中華書局 2002 年版，第 75 頁。

有些史料中記載這個祝融是顓頊帝的兒子，又名"重黎"，爲火正。在《史記·五帝本紀》中却出現了"帝顓頊生子曰窮蟬"和"窮蟬父曰帝顓頊"這樣兩句記載。在《史記·楚世家》中有詳細記載，説：

> 高陽者，黄帝之孫、昌意之子也。高陽生稱，稱生卷章，卷章生重黎。重黎爲帝嚳高辛居火正，甚有功，能光融天下，帝嚳命曰"祝融"。共工氏作亂，帝嚳使重黎誅之而不盡。帝乃以庚寅日誅重黎，而以其弟吳回爲重黎後，復居火正，爲祝融。

《左傳·昭公二十九年》記載："火正曰祝融。"《帝王世紀》中記載："帝顓頊高陽氏，黄帝之孫、昌意之子，姬姓也。"但是，從祝融開始出現了上述八個新姓，没有繼續使用過去的姬姓。

祝融名字的得來是因爲"居火正，甚有功，能光融天下"，然後纔被帝嚳命（即賞賜）曰"祝融"。

至少，根據《史記·五帝本紀》《國語·晉語》和《國語·鄭語》的記載，總結出的上述十二姓（姬、酉、祁、己、滕、箴、任、荀、僖、姞、儇、依），加上八姓（己、董、彭、禿、妘、曹、斟、羋，與黄帝子"己"之姓字同而實異）和炎帝的姜姓，則當時的古姓就已經爲二十一個了。如果再加上《春秋》（嬀、姒、子、姬、風、嬴、己、任、姞、羋、曹、祁、妘、姜、董、偃、歸、曼、熊、隗、漆、允）和《尚書》《詩經》等先秦經書中的記載，古姓的數量顯然應該超過三十個，在四十個左右。[1]

注重姓的同異，在當時看來最爲重要的原因就是《國語·晉語》中所謂的：

> 異姓則異德，異德則異類。異類雖近，男女相及，以生民也。同姓則同德，同德則同心，同心則同志。同志雖遠，男女不相及，畏黷敬也。黷則生怨，怨亂毓災，災毓滅姓。是故娶妻避其同姓，畏亂災也。故異德合姓，同德合義。義以導利，利以阜姓。姓利相更，成而不遷，乃能攝固，保其土房。

在姓的授受這一問題上出現的標準，也即上述的同德論，具有很明顯的西周倫理思想色彩，應該不是五帝時代乃至于夏商時代的標準。但至少作爲獲得姓的部落

---

[1] 陳絜力主三十個古姓説，這是筆者難以贊同的。如果加上魏晉時古籍中對先秦古姓的記載，這一數量可能要翻倍。見陳絜：《商周姓氏制度研究》，商務印書館 2007 年版，第 40 頁。

群體的被授予方和授予方除了有血緣關係的一致性之外，肯定還應該具有爲授予方認可和賞識的具體行爲，諸如戰功、服從和輔佐等必須具有的品格。這也可以歸結爲滿足了授予方對相同利益關係的需求：同德、同心、同志説的出現，應該是對上述品格的升華和提煉。有些學者對同德説非議頗大，試圖重加訓詁以求他解，如崔東璧、李玄伯、杜正勝等，筆者在此不敢苟同。

《史記·五帝本紀》總結説：

> 自黄帝至舜、禹，皆同姓而異其國號，以章明德。故黄帝爲有熊，帝顓頊爲高陽，帝嚳爲高辛，帝堯爲陶唐，帝舜爲有虞。帝禹爲夏后而别氏，姓姒氏。契爲商，姓子氏。棄爲周，姓姬氏。

由此而來，改朝換代的主要表現和官方第一大姓氏的更替密切聯繫起來。春秋戰國以後，姓和氏分别開始日益混亂，出現了以氏代姓的現象，這和當時政治上出現的禮壞樂崩等僭越行爲是相互呼應的。古姓的所有者一般多是古天子之後裔，新出的氏，爲了取得合法地位，要麽就模糊姓與氏的區别，要麽就非要闡明自己這一支的血緣關係也是古姓的直接繼承者。無論何種做法，其結果必然是對古姓繼承制度的淡化和無視，進而造成其崩潰。進入秦漢，姓氏統一。因此，顧棟高《春秋大事表》卷十一引元儒史伯璿之論曰："三代以後皆無所謂姓，衹有氏而已。"

第二節　商周彝銘中的古姓研究

吴其昌《金文氏族譜》一書把當時出現記載的人物，以所屬"氏族譜"的形式分爲三十六篇，每篇就是一個大的"姓族"，下面有多少不一的具體"氏族"，爲研究整個商周時代的社會結構和姓氏源流提供了最直接的證據。

在商周青銅器彝銘中出現的上述三十六類"姓譜"名先後有帝系譜、姬姓譜、姜姓譜、姒姓譜、姞姓譜、妃姓譜、嬴姓譜、好姓譜、嬭姓譜、嬀姓譜、媟姓譜、媿姓譜、嫃姓譜、妊姓譜、姚姓譜、嫞姓譜、妭姓譜、妔姓譜、㛎姓譜、嫖姓譜、妷姓譜、嬇姓譜、娺姓譜、[illegible]姓譜、婩姓譜、[illegible]姓譜、媢姓譜、媏姓譜、㚾姓譜、不知姓諸國氏譜（上）、不知姓諸國氏譜（下）、史臣譜、師臣譜、臣工譜、小宗譜、祖禰譜。我們在此以彝銘史料爲核心，選取部分古姓説明如下。

一、姬姓

根據鄧名世《古今姓氏書辯證》卷四記載：

> 姬：姬姓出自黄帝，生於姬水，以水爲姓……姬者，姓也，人本乎祖之義也，黄帝爲姬姓，棄復得之，所謂本乎祖也。

又見《國語·晉語》所載：

> 昔少典娶於有蟜氏，生黄帝、炎帝。黄帝以姬水成……故黄帝爲姬。

如《虢伯鬲》彝銘中記載的"虢伯作姬大母尊鬲"，《燕侯簋》彝銘中記載的"燕侯作姬承尊簋"，《公大史作姬妟方鼎》彝銘中記載的"公大史作姬妟寶尊彝"，等等，皆是姬姓存在的真實記載。

二、姜姓

根據鄧名世《古今姓氏書辯證》卷十三記載：

> 姜：出自炎帝，生於姜水，因以爲姓。裔孫佐禹治水，爲堯四嶽之官，以其主山嶽之祭尊之，謂之太嶽。命爲侯伯，復賜祖姓，以紹炎帝之後。夏商以來，分爲齊、許、申、甫四國，世有顯諸侯。

又見《國語·晉語》所載：

> 昔少典娶於有蟜氏，生黄帝、炎帝……炎帝以姜水成。成而異德……炎帝爲姜。

如《伯百父簋》彝銘中記載的"伯百父作周姜寶簋"，《虢姜鼎》彝銘中記載的"虢姜作寶尊鼎"，《齊姜鼎》彝銘中記載的"齊姜作寶尊鼎"，等等，皆是姜姓存在的真實記載。

三、姒姓

根據鄧名世《古今姓氏書辯證》卷二十一記載：

> 姒：出自黄帝子昌意，其後曰顓帝，生崇伯鯀。鯀生伯禹，爲堯司空，宅舜百揆。舜薦之於天者，十有七年，終踐天子之位……皇天嘉之，祚以天下，賜姓曰姒，氏曰有夏，謂其能以嘉祉盛富生物也。

又見《國語·周語》記載：

> 皇天嘉之，祚以天下，賜姓曰姒，氏曰有夏，謂其能以嘉祉殷富生物也。

韋昭注曰：

> 姒猶祉也。

《説文解字》：

> 祉，福也。

如《伯田父簋》彝銘中記載的"伯田父作井姒寶簋"，《叔向父簋》彝銘中記載的"弔（叔）向父作婞姒尊簋"，《班簋》彝銘中記載的"毓文王、王姒聖孫"，等等，皆是姒姓存在的真實記載。

四、姞姓

根據鄧名世《古今姓氏書辯證》卷三十六記載：

> 姞：從女從吉，巨乙、極乙二切。出自黃帝子，得姓者十四人。其一則爲姞氏。

又曰：

> 黃帝裔孫伯儵封於南燕，賜姓曰姞，其地東都燕縣是也。

如《姞氏簋》彝銘中記載的"姞氏自作爲寶尊簋"，《噩侯簋》彝銘中記載的"噩侯作王姞媵簋"，《霸姞簋》彝銘中記載的"霸姞作寶尊彝"，等等，皆是姞姓存在的真實記載。

五、妃姓

根據《國語·晉語》記載：

> 凡黃帝之子，二十五宗，其得姓者十四人爲十二姓，姬、酉、祁、己、滕、箴、任、荀、僖、姞、儇、依是也。

則這裏的"己"當是"妃"姓本字。又見鄧名世《古今姓氏書辯證》卷二十一：

> 己：出自黃帝子，得姓者十四人，而青陽、夷皷同爲己姓。

如《召樂父匜》彝銘中記載的"召樂父作姬妃寶匜"，《作己姜簋》彝銘中記載的

"作己姜"，《文嫁己觥》彝銘中記載的"用作文嫁己寶彝"，等等，皆是妃姓存在的真實記載。

六、嬴姓

根據《史記·秦本紀》記載：

> 昔柏翳爲舜主畜，畜多息，故有土，賜姓嬴。

又見《史記·秦始皇本紀》：

> 太史公曰：秦之先伯翳，嘗有勛於唐虞之際，受土賜姓。

如《嬴氏鼎》彝銘中記載的"嬴氏作寶鼎"，《成伯孫父鬲》彝銘中記載的"成伯孫父作婦嬴尊鬲"，《筍伯大父盨》彝銘中記載的"筍伯大父作嬴妃鑄寶盨"，等等，皆是嬴姓存在的真實記載。

七、嬀姓

根據鄧名世《古今姓氏書辯證》卷三記載：

> 嬀：出自虞舜，生於嬀汭，以水爲姓。周武王時，有虞遏父者爲陶正，能利器用，王賴之。以其先聖之後，封其子滿爲陳侯，復賜姓嬀，以奉虞帝之祀，是爲胡公。

又見《史記·陳杞世家》：

> 昔舜爲庶人時，堯妻之二女，居於嬀汭，其後因爲氏姓，姓嬀氏。

如《陳侯簠》彝銘中記載的"陳侯作王嬀媵簠"，《伯侯父盤》彝銘中記載的"伯侯父媵弔（叔）嬀巽母盤"，《剌嬀壺》彝銘中記載的"剌嬀作寶壺"，等等，皆是嬀姓存在的真實記載。

八、媿姓

根據《說文解字》解釋：

> 媿，慚也。從女，鬼聲。

如《毳簋》彝銘中記載的"毳作王母媿氏饙簋"，《訣叔訣姬簋》彝銘中記載的"訣弔（叔）訣姬作伯媿媵簋"，《伯燂簋》蓋彝銘中記載的"伯燂作媿氏旅用追孝"，等等，皆是媿姓存在的真實記載。郭沫若在《〈屖敖簋銘〉考釋》一文中考證：

周公平定了武庚祿父的復辟運動後，由成王分封魯公伯禽於魯，康叔封於衛，唐叔虞於唐，唐地在今山西，後爲晉，分封時賜唐叔以"懷姓九宗"，"疆以戎索"。懷姓即是戎人，或書爲隗姓或媿姓。[1]

由此可見，隗姓或媿姓來源于"懷姓九宗"之後。這裏的"屍"字，郭文中說"不識"。筆者疑是"俱"或"贔"字。

九、妊姓

根據鄧名世《古今姓氏書辯證》卷十九記載：

> 任：出自黃帝少子禹陽，受封於任，以國爲姓。

王國維在《鬼方昆夷玁狁考》一文中考證：

> 凡女性之字，金文皆從女作，而先秦以後所寫經傳，往往省去女旁。如……任姓，金文作"妊"，今《詩》與《左傳》《國語》《世本》皆作"任"字。[2]

又《國語·晉語》：

> 凡黃帝之子，二十五宗，其得姓者十四人爲十二姓，姬、酉、祁、己、滕、箴、任、荀、僖、姞、儇、依是也。

則這裏的"任"當是"妊"姓本字。如《嬴妊壺》彝銘中記載的"嬴妊作安壺"，《蟎鼎》彝銘中記載的"蟎來遘于妊氏"，《姬妊旅鬲》彝銘中記載的"姬妊旅鬲"，等等，皆是妊姓存在的真實記載。

十、子姓

根據《史記·殷本紀》記載：

> 殷契，母曰簡狄，有娀氏之女，爲帝嚳次妃。三人行浴，見玄鳥墮其卵，簡狄取吞之，因孕生契。契長而佐禹治水有功。帝舜乃命契曰："百姓不親，五品不訓，汝爲司徒而敬敷五教，五教在寬。"封於商，賜姓子氏。

如《子夋作母辛尊彝》彝銘中記載的"子夋作母辛尊彝"，《子阹作父己簋》彝銘中

---

[1]　郭沫若：《〈屍敖簋銘〉考釋》，《考古》1973 年第 2 期。
[2]　王國維：《觀堂集林》卷十三，上海古籍書店 1983 年版，第 4 頁。

記載的"子陟作父己寶尊彝",《交君子叕壺》彝銘中記載的"交君子叕肈作寶壺",等等,皆是子姓存在的真實記載。

最爲著名的是《宋公䜌簠》彝銘中記載的一段史實。

《宋公䜌簠》彝銘釋文:

> 有殷天乙唐孫宋公䜌作
> 其妹勾敔夫人季子媵簠。

《宋公䜌簠》彝銘拓片

"有殷天乙唐"指殷王朝開國始祖湯,即商湯。他的子孫宋公䜌,給他自己的妹妹作婚姻用的青銅器簠。"勾敔夫人季子","勾敔"爲夫家名,"夫人"爲尊稱,"季"爲排行順序,"子"爲勾敔夫人父家姓。這件青銅器之所以特別著名,就是因爲這段彝銘中直接記載了宋國的遠祖是"有殷天乙唐"這樣一個歷史事實。

十一、妘姓

根據鄧名世《古今姓氏書辯證》卷六記載:

> 妘:《國語》祝融之後,陸終第四子求言爲妘姓,封於鄶,其後別封鄅、路、偪陽。凡妘姓四國,皆爲采衛。

《考古圖》卷一《娟氏鼎》彝銘爲"叀作微伯娟氏勹(庖)鼎,永寶用"。吕大臨注解爲:"按娟姓,祝融之後,亦作妘。"薛尚功《歷代鐘鼎彝器款識》卷十對此鼎彝銘考證説:

> 娟者,《説文》云娟通作妘,以謂祝融之後姓也。富辰嘗舉叔妘,而韋昭亦以妘爲妘姓之女,則娟乃其妃也。

如《輔伯脛父鼎》彝銘中記載的"輔伯脛父作豐孟娟媵鼎",《叀鼎》彝銘中記載的"䢅作微伯嬹氏勹（庖）鼎"，《周棘生盤》彝銘中記載的"周棘生作橋嬹朕騰盤"，等等，皆是嬹姓存在的真實記載。張掄《紹興內府古器評》中曾主張"按《説文》婦通作"妘"，祝融之後姓也"之説，似不妥。

十二、嬭姓

嬭，即古籍中記載的羋。根據《通志·氏族略》記載：

> 羋氏：楚姓也，陸終之子季連之後也。

又根據《國語·鄭語》中記載：

> 祝融……其後有八姓……融之興者，其在羋姓乎。

《史記·楚世家》："羋姓，楚其後也。"嬭姓是祝融新出之姓。如《曾侯簠》彝銘中記載的"曾侯作弔（叔）姬邛嬭騰器"等，皆是嬭姓存在的真實記載。

第三節　商周氏族的來源及其演變

黃帝治理天下時，已有"胙土命氏"的記載，標誌着正式出現了氏。

早期的古氏多爲複氏，如有巢氏、燧人氏、伏羲氏、神農氏、軒轅氏、金天氏、高陽氏、高辛氏、陶唐氏、有虞氏、有夏氏等氏。

根據《左傳·昭公十七年》記載：

> 秋，郯子來朝，公與之宴。昭子問焉，曰："少皞氏鳥名官，何故也？"郯子曰："吾祖也，我知之。昔者黃帝氏以雲紀，故爲雲師而雲名；炎帝氏以火紀，故爲火師而火名；共工氏以水紀，故爲水師而水名；大皞氏以龍紀，故爲龍師而龍名。我高祖少皞摯之立也，鳳鳥適至，故紀於鳥，爲鳥師而鳥名。鳳鳥氏，曆正也；玄鳥氏，司分者也；伯趙氏，司至者也；青鳥氏，司啓者也；丹鳥氏，司閉者也。祝鳩氏，司徒也；鴡鳩氏，司馬也；鳲鳩氏，司空也；爽鳩氏，司寇也；鶻鳩氏，司事也。五鳩，鳩民者也。五雉爲五工正，利器用、正度量，夷民者也。九扈爲九農正，扈民無淫者也。自顓頊以來，不能紀遠，乃紀於近，爲民師而命以民事，則不能故也。"

這裏提到的氏有少皞氏、鳳鳥氏、玄鳥氏、伯趙氏、青鳥氏、丹鳥氏、祝鳩氏、鴡鳩氏、鳲鳩氏、爽鳩氏、鶻鳩氏，而且特別説明了以鳥名官，亦即隨後出現的以官和事爲氏的現象。因此，獲得氏的方式大致有：以國名爲氏、以邑名爲氏、以官名爲氏、以職業名爲氏、以住地之名爲氏、以同周王或侯君主血緣關係遠近之稱爲氏、以貴族的字爲氏，等等。

氏的獲得，和姓的獲得一樣，天子命氏具有法律和公認效應。没有獲得命氏之前的姓族支流，統稱爲“宗”。《國語·晉語》中記載的“凡黄帝之子，二十五宗，其得姓者十四人爲十二姓”的現象，正是“宗”在前而姓、氏的賜與在後的一個證明。我們再看看另一段著名記載：

《左傳·定公四年》：

　　子魚曰：“以先王觀之，則尚德也。昔武王克商，成王定之，選建明德，以藩屏周。故周公相王室，以尹天下，於周爲睦。分魯公以大路、大旂，夏后氏之璜，封父之繁弱，殷民六族：條氏、徐氏、蕭氏、索氏、長勺氏、尾勺氏，使帥其宗氏，輯其分族，將其類醜，以法則周公，用即命於周。是使之職事於魯，以昭周公之明德。分之土田陪敦，祝、宗、卜、史，備物、典策，官司、彝器。因商奄之民，命以《伯禽》，而封於少皞之虚。分康叔以大路、少帛、綪茷、旃旌、大吕，殷民七族：陶氏、施氏、繁氏、錡氏、樊氏、饑氏、終葵氏，封畛土略，自武父以南，及圃田之北竟，取於有閻之土，以共王職。取於相土之東都，以會王之東蒐。聃季授土，陶叔授民，命以《康誥》，而封於殷墟。皆啓以商政，疆以周索。分唐叔以大路、密須之鼓、闕鞏、沽洗、懷姓九宗、職官五正。

這裏出現的“懷姓九宗”和“使帥其宗氏，輯其分族”的順序極其重要。先姓後宗，先宗後氏，應當是當時氏族分化與出現的順序。古姓是由古族來固定使用的。分族當然是古族的支流，也具有對古姓的使用權。而没有取得分族資格的，就成爲“宗”。“宗”壯大後，可以得到天子或者古姓占有者的承認和授予，也就是出現了“氏”。這裏説是“懷姓九宗”而不是説“懷姓九氏”，正是暗示着這九個支流出自懷姓，但是還没有取得氏的稱號。祇有取得了氏的稱號的纔可以稱爲“族”。大家看上述史料中的“殷民六族”和“殷民七族”之下介紹的全是獨立的“氏”，就很説明問題。這應該是“宗”“族”區別的本質所在。

這裏出現的古氏條氏、徐氏、蕭氏、索氏、陶氏、施氏、繁氏、錡氏、樊氏、饑氏多爲單字，應該是古氏由複氏向單氏發展的一個證明。

在夏商周三代，男子稱氏，女子稱姓。顧炎武在《日知録》中質問説：

> 考之於《傳》，二百五十五年之間，有男子而稱姓者乎？無有也。

《續文獻通考》卷二百七引《吕氏博議》："姓者，統其祖考之所自出者也……氏者，别其子孫之所自分者也。"由此可見，氏的血緣和後裔的意義，它是當時同姓貴族出現若干分支之後而産生的，辨別不同分支的固定稱謂術語。但是，在商周時代，氏還具有特殊的性別價值和等級價值。見《通志·氏族略序》記載：

> 三代之前，姓氏分而爲二。男子稱氏，婦人稱姓。氏所以別貴賤。貴者有氏，賤者有名無氏。

春秋時代以後出現了姓氏混雜、以氏代姓的局面。

第四節　商周彝銘中的古氏研究

氏族古名在彝銘中出現繁多，看了吳其昌的兩卷本《金文氏族譜》一書，相信就足以讓我們嘆爲觀止了。氏，一般多爲單字，也有雙字的複氏出現，這些在秦漢以後直接發展爲單姓和複姓。《玉篇》"氏，姓氏"，可見姓、氏已經成爲可以相互訓詁的同義詞了。筆者也曾在幾年前出版了對這一問題的初步研究專著。[1]因此，在這裏我們僅就此問題以古代彝銘學家們對這一問題的研究爲主，以現代學者爲輔進行舉例説明如下：

一、單氏

根據《元和姓纂》的記載：

> 周成王封少子臻於單邑，爲甸内侯，因氏焉。

又據《通志·氏族略》云：

> 單氏：周室卿大夫，成王封蔑於單邑，故爲單氏。魯成公元年始見。《春

---

[1] 劉正：《金文氏族研究》，中華書局 2002 年版。

秋》："晉侯使瑕嘉平戎於王，單襄公如晉，拜成。"《襄十年傳》曰："王叔氏與伯輿爭政，坐獄於庭。王叔不能舉其要辭，故奔晉。於是單靖公爲政於王室，代王叔也。"二十餘代爲周卿士。

薛尚功《歷代鐘鼎彝器款識》卷二對《單父丁彝》彝銘中出現的"單"氏的考證："單，其姓也……單氏子孫爲父丁作此器耳。"單氏早在武王克商之時就是重臣，見《小臣單觶》彝銘中記載。

《小臣單觶》彝銘拓片

《小臣單觶》彝銘釋文：

> 王后戲（返、坂）克商，
> 在成師，周公賜
> 小臣單貝十朋，用
> 作寶尊彝。

當時克商之後，周公立刻賞賜了小臣單，足見他的地位之高、功勞之大。

又如王黼《宣和博古圖》對《單疑生豆》彝銘出現的單疑生的解釋：

> 考之傳記無見，惟周有單穆公，號爲盛族。然所謂疑生者，蓋指其名。

這裏的"單疑生"的真實身份，古今學者們有多種解釋。後面的歷史研究章節中加以詳細論述。

二、寒氏

薛尚功《歷代鐘鼎彝器款識》卷十二考證《寒戊匜》彝銘中出現的"寒"氏："寒戊，必作器者之名也。"則"寒"爲姓氏，源自古國名，在今山東濰縣以東一帶。根據《後漢書‧郡國志》記載：

> 寒亭，古寒國，浞封此。

又見《左傳‧襄公四年》記載魏絳之言：

　　昔有夏之方衰也，后羿自鉏遷於窮石，因夏民以代夏政，恃其射也。不修民事而淫於原獸，棄武羅、伯困、熊髡、尨圉而用寒浞。寒浞，伯明氏之讒子弟也。伯明后寒棄之，夷羿收之，信而使之，以爲己相。浞行媚於內而施賂於外，愚弄其民而虞羿於田，樹之詐慝以取其國家，外內咸服。羿猶不悛，將歸自田，家衆殺而亨之，以食其子。其子不忍食諸，死於窮門。靡奔有鬲氏。浞因羿室，生澆及豷，恃其讒慝詐偽而不德於民。使澆用師，滅斟灌及斟尋氏。處澆於過，處豷於戈。靡自有鬲氏，收二國之燼，以滅浞而立少康。

　　如《小子𣪘鼎》彝銘中出現"寒姒"。

《小子𣪘鼎》彝銘拓片

　　　　　　《小子𣪘鼎》彝銘釋文：

　　　　　　　　叔史小子作寒
　　　　　　　　姒好尊鼎，其萬
　　　　　　　　年子子孫永寶用。

叔，該彝銘中"叔"字已殘缺。寒姒當爲"叔史小子𣪘"之妃，姒爲女方的父姓，而寒顯然爲其夫"小子𣪘"家的氏。這是寒、姒聯姻關係的見證。

三、㰱氏

　　薛尚功《歷代鐘鼎彝器款識》卷四對《㰱姬壺》彝銘中出現的"㰱"氏的考證：

　　　　㰱姬者，蓋其氏族也。古之氏族，或以王父字，或以世系所封之地，於是後世子孫以之女子，皆得以稱之。若曰有娀氏之女者，蓋以娀國爲言也。若曰孟姜者，蓋以姜姓爲言也。若曰孌女者，蓋以孌公之謚爲言也。此曰㰱姬，凡此類耳。

又見張掄《紹興內府古器評》中的考證：

古之氏族，或以王父字，或以諡，或以世系所封之地。此曰欲姬者，蓋其氏族也。

四、史氏

根據《路史》的記載："倉頡後有史氏。"又據《元和姓纂》記載："周太史佚之後，以官爲氏。"薛尚功《歷代鐘鼎彝器款識》卷二對《史卣》彝銘中出現的"史"氏的考證：

曰史者，史言其官，有以史爲氏族者，因官而受氏焉。

此器器蓋同銘，皆爲一個"史"字，又是商代後期銅器，當是後世此姓之祖，屬於"因事以爲氏"之類。

五、繿氏

此字彝銘中作下圖形：

薛尚功《歷代鐘鼎彝器款識》卷九對《繿女鼎》彝銘中出現的"繿"氏的考證：

按，繿於經傳無所見。繿與樂同。周有《漱樂鼎》《宋公樂鼎》。又南樂乃縣名。繿即名氏也。女者，繿之女也。

張掄《紹興内府古器評》中説"繿之女，也作是器以享於考"。

六、器氏

薛尚功《歷代鐘鼎彝器款識》卷十一對《器市尊》彝銘中出現的"器市"氏的考證：

器，其姓氏也。市，則其名爾。中一字未詳。楚有大夫器左。

彝銘中的器氏有爲師官者，如《師器父鼎》彝銘中記載的"師器父作尊鼎"。

七、雍氏、原氏

根據《通志·氏族略》的記載：

文王第十三子雍伯受封之國，其後裔爲雍氏。又，宋有雍氏，姞姓也。

薛尚功《歷代鐘鼎彝器款識》卷十三對《雍侯敦》彝銘中出現的"雍侯作姬邅母尊敦"中對"雍、邅"名的考證：

《博古》云："按周室武王第四子曰雍侯，其後乃有雍姓，則雍者周武王之子。"曰"姬邍母尊敦"，於是又言"邍"者，武王之姬、雍侯之母也。"邍"與"原"同，蓋古之姓氏耳。

雍氏來歷有二，一爲姬姓，一爲姞姓。西周彝銘中所見雍氏，顯然皆爲姬姓雍氏，如《雍伯盉》《雍母乙鼎》《雍伯原鼎》等彝銘。

八、田氏

根據《通志·氏族略》的記載：

> 田氏：即陳氏，陳屬公子完，字敬仲；陳宣公殺其太子禦寇，敬仲懼禍奔齊，遂匿其氏爲田。陳、田聲近，故也。

薛尚功《歷代鐘鼎彝器款識》卷十二對《田季加匜》彝銘中出現的"田季加"名的考證：

> 田，姓也。季，序也。加，名也。

九、屈氏

根據《元和姓纂》記載：

> 楚公族，芈姓之後，楚武王子瑕，食采於屈，因氏焉。

薛尚功《歷代鐘鼎彝器款識》卷十三對《屈生敦》彝銘中出現的"屈"氏的考證："屈，其姓也。"

十、駒氏

薛尚功《歷代鐘鼎彝器款識》卷十三對《仲駒敦蓋》彝銘中出現的"仲駒父"的"駒"氏的考證：

> 仲駒父，其國、氏及世次皆未詳。《功臣表》有騏侯駒，《左傳》有駒伯爲郤克軍佐，則駒其姓也。

又，根據洪邁《容齋三筆》卷十三考證：

> 《周絲駒父鼎》曰："《左傳》有駒伯爲郤克軍佐，駒其姓也。此曰駒父，其同駒伯爲姓邪？"予按《左傳》駒伯者，郤錡也。錡乃克之子。是時郤氏三卿，錡曰駒伯，犫曰苦成，叔至曰溫季，皆其食采邑名耳，豈得以爲姓哉？

再見于呂世宜《愛吾廬彙刻》考證：

> 《仲駒父敦》，周器也。三見於薛氏《鐘鼎款識》，兩見於阮氏《積古齋款
> 識》，其銘同，其行一左一右亦同，惟字形大小、增減差不類耳。此敦銘字尤
> 小，花紋精妙，當別是一器，如《伯寶之卣》《單從之彝》，或三或五，器既不
> 一，文亦小異，無足詫也。彔旁，彔與祿通，薛氏直釋爲祿。旁與房通，又與
> 防通，阮氏以爲邑名，必有據也。駒其名，仲其字，姜其駒之母或祖，薛氏辨
> 之尤詳云。

《仲駒敦蓋》彝銘拓片

《仲駒敦蓋》彝銘釋文：

> 彔旁中（仲）駒
> 父作中（仲）姜
> 敦。子子孫孫永
> 寶用享孝。

從最早著録在《歷代鐘鼎彝器款識》卷十三中就是反銘，但是摹寫則是正銘。
仲者，中也，爲順序。而駒爲氏，父爲當時的美稱。

十一、散氏

源自古散國。散國爲姬姓諸侯國。根據《大戴禮記·帝繫》的記載：

> 堯娶散宜氏之子，謂之女皇。

則散氏由來已久，爲古氏之一。薛尚功《歷代鐘鼎彝器款識》卷十四對《散季敦》
蓋彝銘中出現的"散季"的"散"氏的考證：

> 武王之時散氏惟聞散宜生，季疑其字也。

看起來，薛氏將此敦定爲武王時代器繞有此説。在清代乾隆年間出土的《散氏盤》
爲散氏名器，也是西周重器之一。

十二、呂氏

《説文解字・呂部》：

> 昔太嶽爲禹心呂之臣，故封呂侯。

又根據《史記・齊太公世家》的記載：

> 其先祖嘗爲四嶽，佐禹平水土甚有功。虞夏之際封於呂，或封於申，姓姜氏。夏商之時，申、呂或封枝庶子孫，或爲庶人，尚其後苗裔也。本姓姜氏，從其封姓，故曰呂尚。

《師望鼎》彝銘拓片

《師望鼎》彝銘釋文：

> 大（太）師小子師望曰："丕顯皇考宄公穆穆，克盟，厥心愻厥德，用辟于先王，得屯亡愍。望肇帥井皇考，虔夙夜出内（入）王命，不敢不遂不盡。王用弗忘聖人之後，多蔑曆賜休。"望敢對揚天子，丕顯魯休。用作朕皇考宄公尊鼎。師望其萬年，子子孫孫永寶用。

薛尚功《歷代鐘鼎彝器款識》卷十五對《師望鼎》彝銘中出現的"太師小子師望"的考證："按《齊世譜》太公出於姜姓，呂，其氏也，故曰呂尚。"他將這裏的師望等同爲太公望。但是，根據1974年陝西扶風强家村出土的《師丞鐘》彝銘，裏面記載了虢季易父、虢宄公、虢幽叔、虢德叔、虢宜公師丞五代虢國君主的世系。則這裏的師望顯然是宄公之子虢幽叔。而真正記載呂氏太公望的銅器彝銘是著名的《天亡簋》。

十三、王氏

根據《通志・氏族略》的記載：

京兆、河間之王，則曰周文王第十五子畢公高，之後……此皆姬姓之王也。出於北海、陳留者，則曰舜之後，此媯姓之王也……號爲王家。出於汲郡者，則曰王子比干之後，此子姓之王也。

薛尚功《歷代鐘鼎彝器款識》卷十五對《伯王盉》彝銘中"伯王勃乍寶盉"中出現的"王"氏的考證："伯者，尊稱之。王，其姓也。勃，乃名耳。"

十四、師氏

根據《風俗通義·姓氏》的記載：

師氏：師，樂人，瞽者之稱，晉有師曠，魯有師乙，鄭有師悝、師觸、師蠋、師成。又，師服，晉大夫也。

薛尚功《歷代鐘鼎彝器款識》卷十六對《師鬲》彝銘中出現的"師"氏的考證：

昔者，以師稱其官，則有若尹氏太師者是也。以師異姓，則有若師曠、師舟者是也。此器以師言其姓，或言其官耳。

十五、毛氏

根據《風俗通義·姓氏》的記載：

毛氏系周文王第八子，叔鄭封于毛，即周大夫毛伯，其後代以國爲氏。

歐陽修《集古録·毛伯敦銘》條曰：

右《毛伯敦銘》。嘉祐中，原父以翰林侍讀學士出爲永興軍路安撫使，其治在長安。原父博學好古，多藏古奇器物，能讀古文銘識，考知其人事迹。而長安，秦漢故都，時時發掘所得，原父悉購而藏之。以予方集録古文，故每有所得，必摹其銘文以見遺。此敦，原父得其蓋於扶風而有此銘。原父爲予考按其事云："《史記》武王克商，尚父牽牲，毛叔鄭奉明水。則此銘謂鄭者，毛叔鄭也。銘稱伯者爵也，史稱叔者字也。敦乃武王時器也。"蓋余《集録》最後得此銘，當作《録目序》時，但有《伯冏銘》"吉日癸巳"字最遠，故敘言自周穆王以來敘巳刻石，始得斯銘，乃武王時器也。其後二銘，一得盩厔，曰虢伯尊彝，其一亦得扶風，曰"伯庶父作舟姜尊敦"，皆不知爲何人也。三器銘文皆完可識，具列如左。

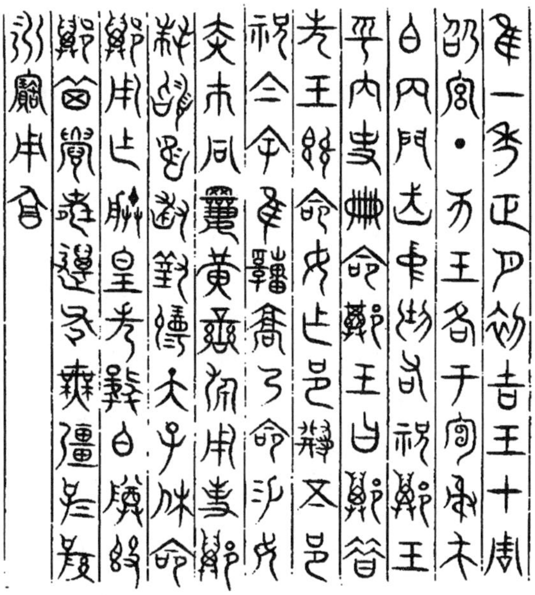

《毛伯敦》彝銘摹寫

《毛伯敦》彝銘釋文：

唯一（二）年正月初吉，王在周

邵宮。丁亥，王格于宣榭，毛

伯內入門，立中廷，右祝鄭。王

乎（呼）內史冊命鄭。王曰："鄭，昔

先王既命汝作邑，荊五邑

祝。今余唯亂商，乃命賜汝

赤市（芾）、同彗黃、鑾旂用事。鄭

拜稽首，敢對揚天子休命。

鄭用作朕皇考龏伯尊簋。

鄭其眉壽，萬年無疆。子子孫孫

永寶用享。

薛尚功釋云：

惟二年正月初吉，王在周召宮。丁亥，王格於宣榭，毛伯內門立中庭佑祝
鄭。王呼內史冊命鄭，王曰："鄭，昔先王既命女作邑，繼五邑祝。今余惟瞳
京，乃命錫女赤芾彤冕齊黃鑾旂用事。"鄭拜稽首，敢對揚天子休命，鄭用作朕

皇考冀伯尊敦。鄭其眉壽，萬年無疆。子子孫孫永寶用享。

上述彝銘中的“𨲠”字，至今學界尚無定論。薛尚功以爲是“邸”字，歐陽修以爲乃是“鄭”字，我們以爲是“鄭”字，用作人名。而“𣂪”字，薛尚功以爲是“繼”字，歐陽修無釋，我們以爲乃是“荆”字，用爲動詞，是建築之義。毛伯作爲鄭的册命儐相身份而出現。此簋和《毛公鼎》一樣屬于毛伯家族的重要歷史文獻。

十六、兒氏、倪氏

阮元《積古齋鐘鼎彝器款識》卷二中對《子執旗句兵》中出現的“倪癸”一名的解釋：

> 兒即倪字之省，其作器者姓氏歟？

甲骨文和金文中時常出現“兒人”“兒伯”“史兒”“小臣兒”等歷史記載，更加證明了當時倪姓是個小諸侯國這樣一個歷史事實。這是典型的“因地以成名”的得姓方式。《庫、方二氏藏甲骨卜辭》第1506片甲骨中更是詳細記載了倪氏最初十一代十三位祖先的真實名字和先後關係，已經成爲商周家族史研究的寶貴財富。

《庫、方二氏藏甲骨卜辭》第1506片甲骨照片

“郳”與“倪”相通，進入春秋戰國時代以後，“倪”字取代“兒”“郳”，成爲

姓氏用字。根據鄧名世《古今姓氏書辯證》一書的記載：

> 郳（倪），出自曹姓。邾武公封次子於郳，是爲小邾。其地東海望郳城
> 是也。

在著名的青銅器《邾公鈁鐘》彝銘上記載："陸終之孫邾公鈁作厥龢鐘。"這一彝銘意義乃在于暗示着在商周直到戰國時期的神話傳説中，邾公是"陸終之孫"。按照《世本》的記載"吳回氏生陸終"，在吳回之前，則是軒轅黃帝的正妃嫘祖生昌意，昌意娶蜀山氏酋長之女昌僕生顓頊，顓頊的次妃騰隍氏生稱，稱的兒子叫"老童"，老童娶根水氏部族的女子驕福生了重黎和吳回。如此一來，則倪姓出自曹姓，也就是出自姬姓的軒轅黃帝。[1]

十七、弡氏

張掄《紹興内府古器評》中《弡生敦》條下：

> 弡者，恐其姓也。如曰"弡仲作寶簠""弡伯作旅匜"，則又知其爲一族耳。

這裏的"姓"，當是當時的"氏"。

十八、包氏

根據《路史》的記載，包犧氏後有包氏。最爲著名的是《包君鼎》。

《包君鼎》彝銘拓片

《包君鼎》彝銘釋文：

> 包君婦媿作
> 旅車尊鼎。
> 其萬年永寶用。

---

[1] 見劉正：《甲骨文家譜刻辭研究——對〈庫、方二氏藏甲骨卜辭〉第 1506 片甲骨的考察》，《殷都學刊》2008 年第 3 期。

阮元《積古齋鐘鼎彝器款識》卷四對《包君鼎》彝銘中"包"氏的解釋：

> 古包字通襄。《晉語》章注："襄，姒姓之國。"

這裏的包君，名字中出現了"媿"姓，同時出現二姓，再加上"保"字作爲職官使用，而阮元又以爲包是"姒姓之國"，可以證明是女人作鼎。她來自"媿"姓之國，嫁到"姒"姓之國爲保。

十九、冀氏

根據《路史》的記載，唐堯後有冀氏。

《商冀父辛卣》彝銘釋文：

> 父辛彝。（感天而生符號）

《商冀父辛卣》彝銘拓片

見張掄《紹興內府古器評》中《商冀父辛卣》條下：

> 冀者，國名，唐虞之都也。昔人受封於此，後世食采於所封之地，故復以爲氏。

這裏的"父辛彝"前面有個字元，宋代學者以爲是"冀"字，所以器名爲《商冀父辛卣》。但是，根據我們的考證，這是商周時代感生信仰的特殊標誌。

二十、戈氏

根據陳廷煒《姓氏考略》的記載：

> 戈氏，禹之後，分封於戈，以國爲姓，望出臨海。

阮元《積古齋鐘鼎彝器款識》卷四對《戈枝鼎》彝銘中"戈"氏的解釋：

> 戈枝，作器者氏與名。《春秋傳》："夏有戈國，其受氏久矣。"

二十一、魚氏、蘇氏

根據陳廷煒《姓氏考略》的記載：

> 子姓，宋公子子魚之後，以字爲氏，望出馮翊。魚氏系出子姓。

比較有名的是《魚冶妊鼎》。

《魚冶妊鼎》彝銘拓片

《魚冶妊鼎》彝銘釋文：

> 魚冶妊作虢
>
> 妃魚母媵。子子
>
> 孫孫永寶用。

阮元《積古齋鐘鼎彝器款識》卷四對《魚冶妊鼎》彝銘中"魚"氏的解釋：

> 魚字上一字從木，下一字省之。可見古文繁簡無定矣。魚氏，宋卿族，魚
> 石、魚府見。

其實，這裏的"魚"字，也可以釋爲"蘇"。上面的彝銘中出現兩次的"魚"字，第一次右上出現個"木"或"禾"字，當然可以釋爲"蘇"最合適。但是第二次的"魚"字前明顯沒有"木"或"禾"字，顯示出這個字應該是"魚"字。綜合考慮以釋爲"魚"字最合適。阮元所論是十分精湛的。

二十二、黃氏

根據《元和姓纂》的記載：

> 陸終之後受封於黃，爲楚所滅，以國爲氏。

著名的《叔單鼎》彝銘記載了黃氏一段歷史：

《叔單鼎》彝銘拓片

《叔單鼎》彝銘釋文：

> 唯黄孫子緩（系）
> 君叔單自作鼎。
> 其萬年無疆，
> 子子孫孫永寶用享。

阮元《積古齋鐘鼎彝器款識》卷四對《叔單鼎》彝銘中"黄孫子系君叔單"中出現的"黄"氏的解釋：

> 《路史》云："黄，子爵，嬴姓。少昊後。"此云黄孫子系君者，蓋黄滅後子孫又續封，故稱黄孫子也。系，《説文》云"繫也"……叔單爲始續封之君，故曰系君。可證春秋時小國絶而復續者多矣。

這裏對"系君"的解釋真是神來之筆。阮元此説有很高的參考和研究指導價值。

二十三、家氏

根據《詩經·小雅·節南山》的記載，當時就有"家父作誦，以究王詾"一語。這裏的"家父"即家甫，家表氏名，甫表尊稱。比較有名的家氏銅器是《家德氏壺》。

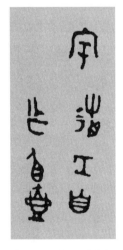

《家德氏壺》彝銘摹寫

《家德氏壺》彝銘釋文：

> 家德氏自
> 作卣壺。

阮元《積古齋鐘鼎彝器款識》卷五對《家德氏壺》彝銘中"家"氏的解釋：

> 家，其氏也。《春秋》凡名歸生歸父者，字皆曰子家。孫以王父字爲氏。

家氏本出自姬姓。周幽王時，大夫家父作《節南山》詩，以諷刺幽王。今存《詩經·小雅》中。家父死後，其後人則以"家"爲氏。如此則《家德氏壺》不應早于幽王時代。

二十四、伯氏

根據《名賢氏族言行類稿》所引《風俗通義》佚文的記載：

> 伯氏，嬴姓，伯益之後。太宰噽，字子余，姓伯氏，州犁之子，爲吳太宰。

阮元《積古齋鐘鼎彝器款識》卷五對《伯爵彝》彝銘中"伯"氏的解釋：

> 伯爵，作器者氏與名……考柳山寨有古城基，即《春秋》之駢邑，《論語》云"奪伯氏駢邑三百"，此器出當地，氏亦爲伯，或即伯氏之器歟？

在先秦傳世文獻中，《論語·憲問》記載了"奪伯氏駢邑三百，飯疏食，沒齒無怨言"之事，足證伯氏的真實存在。

二十五、艾氏、榮氏

根據《通志·氏族略》的記載：

> 艾氏：夏少康臣汝艾之後。

艾氏著名的銅器就是《卯簋蓋》彝銘。

《卯簋蓋》彝銘拓片

《卯敦簋蓋》彝銘釋文：

> 唯王十又一月既生霸
>
> 丁亥。榮季入右卯，立中廷。榮
>
> 伯乎（呼）令卯。曰："飌（倡）。乃先祖考死嗣
>
> 榮公室。昔乃祖亦既令，乃父死
>
> 嗣莽人，不盉（淑），乎（捋）我家寮用喪。今
>
> 余非敢夢先公，又雚遂。余懋再
>
> 先公官，今余唯令汝死嗣莽宫
>
> 莽人，汝毋敢不善。賜汝瓚四、章（璋）毅
>
> 宗彝一膚（肆），寶易賜汝馬十四、牛十，賜于作
>
> 一田，賜于宣一田，賜于隊一田，賜于戜一田。卯拜
>
> 手稽手。敢對揚榮伯休，用作寶尊
>
> 簋卯其萬年，子子孫孫永寶用。

阮元《積古齋鐘鼎彝器款識》卷六對《卯簋》彝銘中"艾"氏的解釋：

> 艾，商世諸侯。《路史》云："艾，侯爵。"《穆鼎》有艾侯作 **芟**，王俅以爲
> 其誤。此云艾伯者，意周世復封爲伯也。

按，此字或就是"榮"字。上述彝銘中的"倡"字，學者多不識。有人釋爲"飲"字，顯然不對，應該是"倡"字。此字乃"卯"之名字，姓卯名倡。根據冊命彝銘的習慣，"曰"後一般多爲受命者名字。這裏的"莽宫"，應該就是莽京之宫的簡稱。"莽人"，即指當時的宫廷官僚。

二十六、帚氏

根據阮元《積古齋鐘鼎彝器款識》卷七對《帚叔興父簋》彝銘中"帚"氏的解釋：

> 帚氏系出夏，諸侯有帚氏。

又根據《左傳・襄公四年》的記載：

> 羿猶不悛，將歸自田，家衆殺而亨之，以食其子。其子不忍食諸，死於窮
> 門。靡奔有帚氏。浞因羿室，生澆及豷，恃其讒慝詐偽而不德於民。使澆用師，
> 滅斟灌及斟尋氏。處澆於過，處豷於戈。靡自有帚氏，收二國之燼，以滅浞而

立少康。

《鬲叔興父盨》彝銘中有鬲叔興父。

《鬲叔興父盨》彝銘釋文：

鬲叔興父

作旅彝。其

子子孫孫永寶用。

《鬲叔興父盨》彝銘拓片

二十七、南宮氏

根據《通志·氏族略》的記載：

南宮氏：姬姓，孟僖子之後，或言文王四友南宮子之後。

薛尚功《歷代鐘鼎彝器款識》卷十對《南宮中鼎》彝銘中出現的“南宮”氏的考證：

南宮，其氏也。中，其名也。南宮爲氏，在周有之，如《書》所謂南宮括、南宮毛是也。

其他如《南宮史叔飲鼎》彝銘中出現的“吳王姬作南宮史叔飲鼎”。吳王的夫人爲何要爲南宮史叔作鼎呢？祇有一個解釋，即她來自南宮家族。

第五節 官員私名

《說文解字》中對“名”的解釋：

名，自命也。從口從夕，夕者，冥也，冥不相見，故以口自名。

私名在彝銘中出現繁多，洋洋幾十萬字的《金文人名彙編》就足以證明它的内容龐大和種類衆多。而且，這當中僅僅是當時的女性的名字問題，就已經有曹兆蘭、盛冬鈴二人先後寫出了相關研究論著，已經是對這一課題進行專題研究的名作了！[1]因此之故，在這裏我們也是以古代彝銘學家們對這一問題的研究爲主、以現代學者爲輔，進行舉例説明如下：

官員私名一般分爲單字私名、官爵（如師、宰、史等）或者排行（如伯、仲、叔、季等）加單字私名、[2]官爵（如師、宰、史等）或者排行（如伯、仲、叔、季等）加單字私名加尊稱。這裏的所謂尊稱，主要指西周時代中期開始，出現了在私名後面多加上"父"字、也即"甫"字表示敬稱的現象。

一、單字私名

如"員"。《員方鼎》彝銘中出現了"員從史旗伐曾"的記載。這裏的"員"顯然是私名。曾，《説文解字》中又作"鄫"，并且解釋説：

　　鄫，姒姓國，在東海。

另有姬姓曾，即隨國，姒姓曾于"傳"僅一見，且入春秋後似即已滅亡。

曾和"繒""鄫"相通。《左傳·襄公元年》記載有"次於鄫"之史實。《國語·晉語》中也記載了史蘇所説的"申人、鄫人召西戎以伐周"的史實。可見曾國和曾國屬地的曾地，是個真實的存在。而且，從宋代開始直到晚清，出土的曾國青銅器就先後被著録在相關著作中。如《曾子仲宣鼎》《曾子伯父匜》《曾仲盤》《曾伯文簋》《曾者子鼎》等器。新中國成立以後，在河南、湖北兩地相繼出土了不少曾國青銅器。[3]如《曾子斿鼎》《曾侯乙鐘》《曾侯乙鼎》《曾侯乙鬲》等器。

---

[1] 見曹兆蘭：《金文與殷周女性文化》，北京大學出版社 2004 年版；盛冬鈴：《西周銅器銘文中的人名及其對斷代的意義》，《文史》第 17 輯，中華書局 1983 年版。

[2] 關于排行，董逌《廣川書跋》卷一《仲作辛鼎銘》一條下曰："伯仲之叙別長少。自堯舜以至三代盡然，惟著稱則異。夏商不待年五十，凡長皆稱伯，次則稱仲。周人必待五十而後稱伯仲，此其制文也。"換句話説，銘文中男名出現伯仲排行，應該暗示着該人年齡必過五十歲。此論是否如此，還需要考證。但是，女名不存在這一問題。

[3] 1978 年湖北隨縣擂鼓墩曾侯乙墓的出土，説明春秋戰國時仍然存在着曾國。但是，對于曾國的地理位置，學術界有兩種截然相反的説法。一種説法認爲：曾國即是隨國。一種説法認爲，曾國是文獻記載的繒國或鄫國。而對于曾國，學術界也主張有兩個曾國，一個是姒姓曾國，在今山東蒼山西北一帶。另一個是姬姓曾國，在今河南南陽盆地南部，與申相鄰。

又如"瞰"。在《庸伯瞰簋》彝銘中，曾經記載了庸伯瞰跟隨周天子出征。庸是氏，伯是順序，瞰是私名。

再如"得"。清代阮元《積古齋鐘鼎彝器款識》卷四對《得鼎》彝銘中"得"名的解釋：

> 據宋王氏《款識》搨本摹入，亦見薛氏《款識》，以爲齊丁公子乙公得之器。

如"廣"。《廣簋》彝銘中又記載了某代彭王一個叫廣的子侄懷念其叔父彭而作的寶簋。廣、彭皆爲私名。

又如"周"。薛尚功《歷代鐘鼎彝器款識》卷二對《蛙尊》彝銘中出現的"周作乙尊"中對"周"名的考證：

> 蓋商有太史周任，乙則商之君名乙者也。豈非作之者周任耶？

"周""乙"皆爲私名。如按薛氏理解，則周成了姓氏。

再如"親"。《師瘨簋蓋》彝銘中記載"嗣馬井伯親右師瘨入門"，嗣馬是官名，井白即邢伯，邢是氏，伯是順序，親當是嗣馬井白的私名。

當然，也有兩個字的私名。如《多友鼎》彝銘中的"多友"。李學勤在《論多友鼎的時代及意義》一文中主張：

> "多友"是私名。據金文體例，在長上前稱名而不能稱字，所以不好把"多友"拆成一名一字。"多"訓爲"衆"，"友"訓爲"有"，意義有關，可以起兩個字的名"多友"，也可如鄭桓公那樣，名"友"，字"多父"，從古人命名的慣例説，都不足爲異。[1]

傳世文獻中的鄭桓公名"友"、字"多父"和這裏的名"多友"或字"多友"是一個相互印證的絶佳證據。雖然鄭桓公可能并不是《多友鼎》的主人。

二、官爵（如師、宰、史等）或者排行（如伯、仲、叔、季等）加單字私名

如"史信"。薛尚功《歷代鐘鼎彝器款識》卷十六對《仲信父方甗》彝銘中出現的"仲信父"一名的考證：

> 史信者，如史頃、史黎之類，史言其官，信言其名，父則尊稱之耳。

---

[1] 李學勤：《論多友鼎的時代及意義》，《人文雜誌》1981 年第 6 期。

三、官爵（如師、宰、史等）或者排行（如伯、仲、叔、季等）加單字私名加尊稱

如"師窦父"。薛尚功《歷代鐘鼎彝器款識》卷九對《師窦鼎》彝銘中出現的"師窦父作季姑尊鼎"中對"師窦父"名的考證：

> 師窦父於經傳無所見，惟周有簋蓋銘曰：姬窦母。而此曰師窦父，豈非作簋者窦之母，而作鼎者窦之父邪？姬，言其姓。師，言其官耳。姑，姓也。

"師"爲官名，"窦"爲私名，加上"父"字表示敬稱。

又如"伯冏父"。薛尚功《歷代鐘鼎彝器款識》卷十二對《伯冏父敦》彝銘中出現的"伯冏父作周姜寶敦"中對"伯冏父"名的考證：

> 按歐陽文忠公《集古錄》云，《尚書·冏命序》曰"穆王命伯冏爲周太僕正"，則此敦周穆王時器也。

"伯"爲順序，"冏"爲私名，加上"父"字表示敬稱。

第六節　婦女私名

商周時代，尤其是西周開始，流行男人稱氏、女人稱姓的習慣。因此，女名中出現姓是很常見的。彝銘中出現的女人名主要有父姓加私名（或姓加私名）、夫氏（或者加上夫家的采邑、謚號爲首碼）加私名、私名（經常出現伯、仲、叔、季四個排行用字）三種表現形式。

薛尚功《歷代鐘鼎彝器款識》卷十三中對《仲姜敦》彝銘中出現的"作仲姜敦"的解釋：

> 按《春秋》凡婦人皆以字配姓。伯姬、仲子、季姜之類是也。仲姜亦字配姓也。

這裏所謂的"字"是順序排行用字的"字"。這是最常見的女名。

一、父姓加私名（或姓加私名）

姜浬。《遲簋》彝銘中記載的"姜浬"一名，姜，姓也，而浬爲其私名。清代阮元《積古齋鐘鼎彝器款識》卷七對《遲簋》彝銘中“姜浬”一名的解釋：“姜浬，姜姓之女。浬，其名。”

又如《齊侯匜》彝銘：

《齊侯匜》彝銘拓片

《齊侯匜》彝銘釋文：

齊侯作虢孟

姬良女寶匜。

其萬年無疆。

子子孫孫永寶用。

這裏的“齊”，是姜姓。其夫人來自虢國，姬姓。“孟姬”，則説明她是排行老大的女兒。“良”爲其私名。則這裏的“虢孟姬良”使用了父姓加私名。

再如《伯多父鼎》彝銘也是如此。

二、夫氏（或者加上夫家的采邑、謚號爲首碼）加私名

《宋公繆簋》彝銘

勾婼夫人季子。《宋公繆簋》彝銘中記載：

有殷天乙唐孫宋公繆作

其妹勾婼夫人季子滕簋。

“有殷天乙唐”指殷王朝開國始祖湯，即商湯。他的子孫宋公繆給他自己的妹妹

作婚姻用的青銅器簋。"勾婞夫人季子","勾婞"爲夫家名,"夫人"爲尊稱,"季"爲排行順序,"子"爲勾婞夫人父家姓。

又如《蔡太師鼎》彝銘:

　　蔡太師與勝鄌叔姬可母。

這裏的"鄌",是夫姓的國名,鄌國。而"鄌"爲姜姓。"叔姬",則是説明她是蔡太師家排行老三的女兒。"可"爲其私名。則這裏的"鄌叔姬可"使用了父姓加私名。

其他如《魚冶妊鼎》彝銘也是如此。

三、私名 (經常出現伯、仲、叔、季四個排行用字)

闌。《婦闌爵》彝銘中記載的"婦闌作文姑日癸尊彝",這裏的"闌"就是一位婦女的私名。

羞。《公大史作姬羞方鼎》彝銘中記載的"公大史作姬羞方寶尊彝",這裏的"羞"也是一位婦女的私名。

以上三種形式中,以第二種出現頻率最多。因爲銅器中作勝嫁女器是爲女人作器的最常見形式,以至于成了主導。到了禮壞樂崩的時代,《左傳》裏記載的情況則正相反。根據王育成《從兩周金文探討婦名"稱國"規律——兼談湖北隨縣曾國姓》一文的統計:

　　無論從絕對量還是比例上説,婦女稱生國者在《春秋左傳》中都遠遠高於稱夫國名者。[1]

但是,他没有注意到婦女用名從夫國向父母名的變遷這一現象。因爲銅器彝銘中是以夫國姓居多。而標明父母纔可以更好地説明婚姻關係,是聯姻政治日益重要的反映。

---

[1] 王育成:《從兩周金文探討婦名"稱國"規律——兼談湖北隨縣曾國姓》,《江漢考古》1982年第 1 期。

第十一章 官名用語

引 論

人名出現之時，更多的時候必然出現對其職官的説明，因此，人名的研究和職官的研究一直是結合在一起的。但是，商代彝銘時常不標出官職名，而祇標出血緣關係，如父母兄弟之類，這也是商人重質的一個表現。如《父辛彝》彝銘中的"父辛"，學者們考證出這就是小辛。《父甲彝》彝銘中的"父甲"，學者們考證出這就是陽甲。這是商代彝銘和上古史料形成相互印證關係的一個佐證。而對官職名進行了非常出色地研究的當推張亞初先生和劉雨先生的《西周金文官制研究》一書。

根據《西周金文官制研究》一書的總結，該書把當時出現記載的官職分爲輔保類、師官類、司徒類、司馬類、司空類、史官類、宮廷類、祝卜類、司士類、公族類、監類、裏君、百姓及其他類共計十四類。其中，前七類官職是最有研究價值的。它們應該就是研究西周官制問題的核心和關鍵所在。

在商周青銅器彝銘中出現的上述七類官職名先後有：

輔保類：保、大保、媒、輔、小輔。

師官類：大師、師、地方諸師、其他諸師。

嗣（司）徒類：嗣（司）土、諸侯嗣（司）土、嗣（司）虞、嗣（司）場、牧、嗣（司）林、嗣（司）録、嗣（司）九陂、嗣（司）瞀。

嗣（司）馬類：嗣（司）馬、諸侯嗣（司）馬、虎臣、亞族、走亞、戍、左右戲繁荆、嗣（司）旃、嗣（司）叔金、嗣（司）弓矢、嗣（司）箙、嗣（司）射、嗣（司）戎、王行、大左、效、走馬、嗣（司）五邑守堰。

嗣（司）空類：嗣（司）工、諸侯嗣（司）工、嗣（司）寇、嗣（司）亙、嗣

（司）芻。

史官類：大史、史、内史尹、内史、作册内史、作命内史、内史友、右史、御史、中史、省史、書史、瞂史、緵史、瀕史、佃史、諸侯史官、作册尹、作册、諸侯作册。

宫廷類：宰、善夫、寺人、小臣、小子、小夫、守宫、御正、世婦、柬官、百工。

一般所稱的"有司"，鄭玄在《儀禮·士冠禮》注中解釋爲：

> 有司，群吏有事者。

在《裘衛盉》彝銘中出現了"廼令參有嗣"之説。即嗣（司）土、嗣（司）馬和嗣（司）工，嗣（司）工即嗣（司）空。這一術語也出現在《五年衛簋》彝銘中。西周王朝重要的官僚機構制度大致如此。出現在商周彝銘中的前七類官職名用語，我們在此加以舉例説明如下。

第一節　輔保類

一、保·大保

《説文解字》："保，養也。"彝銘中"大保"的"保"字多作"俘"或"傸"。作爲職官，它具有保佐、保襄等含義，一般稱爲"保氏"。根據《周禮·地官·保氏》中的相關記載：

> 保氏掌諫王惡，而養國子以道。乃教之六藝，一曰五禮，二曰六樂，三曰五射，四曰五馭，五曰六書，六曰九數。乃教之六儀，一曰祭祀之容，二曰賓客之容，三曰朝廷之容，四曰喪紀之容，五曰軍旅之容，六曰車馬之容。凡祭祀、賓客、會同、喪紀、軍旅，王舉則從。聽治亦如之。使其屬守王闈。

如《叔簋》彝銘中記載的"王姜史（使）叔事使于大保"。

二、輔·小輔

輔的本意就是佐助、幫助，又通"傅"，如《楚辭·離騷》"覽民德焉錯輔"，《孫子·謀攻》"輔周則國必强，輔隙則國必弱"，等等。輔翼、輔弼、輔臣等古典術語就是直接承繼了這一本意而來。在商周彝銘中記載的"輔"有輔、小輔兩種。如《輔師嫠簋》彝銘中記載的"榮伯入右輔師嫠"。《周師穌父敦》彝銘中記載的"既令汝更乃祖考嗣小輔"。

《輔師嫠簋》彝銘拓片

《輔師嫠簋》彝銘釋文：

> 唯王九月既生霸甲寅。王
> 在周康宫，格大室。即立，榮
> 伯入右輔師嫠。王乎（呼）作册
> 尹册令嫠。曰："更乃祖考嗣
> 輔，哉（哉）汝載（緇）市（韍）、素黄
> （衡）、䜌（鑾）旂。
> 今余曾乃令，賜汝玄衣、黹
> 屯（純）、赤市（韍）、朱黄（衡）、戈彤、
> 沙琱戨、
> 旂五日，用事。嫠拜稽首，敢
> 對揚王休令。用作寶尊簋。
> 嫠其萬年子子孫孫，永寶用事。

這裏的"榮"字，彝銘中多寫作"焭"。郭沫若以爲就是榮夷公。關于他，可見《國語・周語》中的相關記載：

> 厲王說榮夷公，芮良夫曰："王室其將卑乎！夫榮公好專利而不知大難。夫利，百物之所生也，天地之所載也，而或專之，其害多矣。天地百物，皆將取焉，胡可專也？所怒甚多，而不備大難，以是教王，王能久乎？夫王人者，將導利而布之上下者也，使神人百物無不得其極，猶日怵惕，懼怨之來也。故《頌》曰：'思文后稷，克配彼天。立我烝民，莫匪爾極。'《大雅》曰：'陳錫載周。'是不布利而懼難乎？故能載周，以至于今。今王學專利，其可乎？匹夫專利，猶謂之盗，王而行之，其歸鮮矣。榮公若用，周必敗。"既，榮公爲卿士，諸侯不享，王流于彘。

從西周天子對他的大量賞賜行爲，證實了《史記・周本紀》中"厲王即位三十年，好利，近榮夷公"記載的真實性。

吳大澂《説文古籀補》卷十四：

> 小輔，當讀作"少輔"。輔、傅，古本一字。

此説可作爲參考。

“保”和“輔”的職務，又有“傅姆”之稱，或作“傅母”。傳世文獻中，在《春秋公羊傳·襄公三十年》有“不見傅母不下堂”的記載，注爲：

> 禮，后夫人必有傅母，所以輔正其行、衛其身也。選老大夫爲傅，選老大夫妻爲母。

傅母，在彝銘中又作“俌傉”，可見《中山王𨮰鼎》彝銘中的“未甬智，隹俌傉”。

第二節　師官類

一、師·大師

師，在《周禮》中是個使用相當普遍而且重要的職官。《天官·冢宰》中有甸師、醫師、追師，《地官·司徒》中有舞師、載師、閭師、縣師、師氏、旅師、族師，《春官·宗伯》中有大師、磬師、鍾師、笙師、鎛師、眡師、籥師、肆師，《夏官·司馬》中有牧師、圉師、山師、川師、邍師、弁師，《秋官·司寇》中有士師，等等。《詩經·節南山》中就有“赫赫師尹，民具爾瞻”的真實記載。

薛尚功《歷代鐘鼎彝器款識》卷十四對《師嫠敦》彝銘中出現的“師嫠”一名中“師”字的考證：

> 師者，官也。

如《三年師兑簋》彝銘中記載的“王呼内史尹册令師兑”，《師虎簋》彝銘中記載的“井（邢）伯内（入）右師虎”，《柞鐘》彝銘中記載的“對揚中（仲）大師休”，《善鼎》彝銘中記載的“王格大師宫”，《師望鼎》彝銘中記載的“大師小子師望”，等等，足證當時這一職位對于維持西周王朝的運轉具有重大作用。

師氏，有左右兩職位劃分。證據可參見《師旂簋》彝銘的“官嗣豐還左右師氏”。左師氏和右師氏是師氏中的最高級別的兩個職位。

二、地方諸師

張亞初、劉雨在《西周金文官制研究》一書中曾主張“師前冠以地名之師”，就代表了該職官是地方之師。[1]如《令彝》彝銘中記載的“明公賜亢師鬯”，《大簋》

---

[1]　見張亞初、劉雨：《西周金文官制研究》，中華書局 1986 年版，第 7 頁。

彝銘中記載的“王乎（呼）吴師召大”，等等。

　　其中，我們在對廟制進行研究時曾注意到了存在着“吴大廟”的現象。“吴大廟”一語首見于《師酉簋》彝銘中。

《師酉簋》彝銘拓片

《師酉簋》彝銘釋文：

　　唯王元年正月，王在吴（虞），格

　　吴（虞）大廟。公族琢釐入右（佑）

　　師酉，立中廷。王乎（呼）史牆

　　册命：“師酉嗣乃祖，啻（禘）官

　　邑人、虎臣、西門（夷）、彙（夷）、

　　秦（夷）、京（夷）、畁身（夷）。新賜汝

　　赤市（芾）、朱黄（衡）、中絅、攸（鋚）勒。敬夙

　　夜勿灋朕令。”師酉拜稽

　　首。對揚天子丕顯休命。用作

　　朕父考乙伯宄姬尊簋。酉

　　其萬年子子孫孫，永寶用。

這裏出現的“王在吴（虞），格吴（虞）大廟”之説。大廟又作“太廟”。又可見

《左傳·襄公三十年》："或叫于宋大廟。"有"周大廟"，又有"吴大廟"和"宋大廟"，顯然可以推出西周分封諸國應當都有大廟存在。阮元《積古齋鐘鼎彝器款識》卷一曾考證説：

> 《禮》："王子弟出封，得立其祖王之廟。"逸書《分器》序云："武王既勝殷邦，諸侯班宗彝。"

可見，大廟作爲聯繫周天子和諸侯血緣關係的重要象徵而存在。這裏"吴師"概念的出現，相應也有"亢大廟"存在的可能。

楊寬在《西周史》一書中主張：

> "邑人"這個鄉邑的長官，同時又是師旅的長官。所以"邑人"可以成爲"師氏"所屬的主要官員。[1]

由此可見，在地方的師官中，"邑人"是很重要的一個基層職位。

第三節　嗣徒類

一、嗣土

嗣土之義，有兩説，一説嗣土即"司徒"。見張亞初、劉雨《西周金文官制研究》一書中的觀點：

> 西周早期和中期作嗣土，西周晚期纔出現嗣徒。嗣，文獻作司，嗣土、嗣徒就是文獻上的司徒……嗣土是一種古老的寫法。[2]

另一説嗣土即"司土"。見黃然偉《殷周青銅器賞賜銘文研究》一書中的觀點：

> 銘文中另有"嗣土"之官，學者多以爲即"嗣徒"。然覘諸西周銘文，此二者實非同官而異名。因"嗣徒"之名僅見于中期及以其後之銘文。而"嗣土"之官則西周初期已有存在。另一原因爲二者職司各不相同，司徒爲儐者，而司土則爲司管田林牧虞之官。[3]

---

[1]　楊寬：《西周史》，上海人民出版社 1999 年版，第 415 頁。
[2]　張亞初、劉雨：《西周金文官制研究》，中華書局 1986 年版，第 8 頁。
[3]　黃然偉：《殷周青銅器賞賜銘文研究》，龍門書店 1978 年版，第 143 頁。

爲此，郭沫若在《金文叢考》中主張：

> 凡器之較古者，均作"嗣土"。[1]

我們主張，商及西周前期彝銘中都作"司土"，到了西周後期彝銘中"司土"與"司徒"并用，與司馬、司工合稱爲"有司"。如《盠方彝》彝銘中記載中同時出現的"嗣土嗣馬嗣工"三司記載，在其前面就是"王行，參有嗣"，成爲對"嗣土嗣馬嗣工"三司的統稱。根據《周禮·地官·司徒》中的相關記載：

> 惟王建國，辨方正位，體國經野，設官分職，以爲民極。乃立地官司徒，使帥其屬而掌邦教，以佐王安擾邦國。

這本身已經是把"司徒"的職能範圍和"司土"之"土"聯繫起來。司徒有大、小兩種，其中大司徒的職能是：

> 大司徒之職，掌建邦之土地之圖與其人民之數，以佐王安擾邦國。以天下土地之圖，周知九州之地域、廣輪之數，辨其山林、川澤、丘陵、墳衍、原隰之名物。而辨其邦國、都鄙之數，制其畿疆而溝封之，設其社稷之壝而樹之田主，各以其野之所宜木，遂以名其社與其野。以土會之法，辨五地之物生：一曰山林，其動物宜毛物，其植物宜皁物，其民毛而方。二曰川澤，其動物宜鱗物，其植物宜膏物，其民黑而津。三曰丘陵，其動物宜羽物，其植物宜覈物，其民專而長。四曰墳衍，其動物宜介物，其植物宜莢物，其民晢而瘠。五曰原隰，其動物宜臝物，其植物宜叢物，其民豐肉而庳。因此五物者民之常。而施十有二教焉：一曰以祀禮教敬，則民不苟。二曰以陽禮教讓，則民不爭。三曰以陰禮教親，則民不怨。四曰以樂禮教和，則民不乖。五曰以儀辨等，則民不越。六曰以俗教安，則民不偷。七曰以刑教中，則民不虣。八曰以誓教恤，則民不怠。九曰以度教節，則民知足。十曰以世事教能，則民不失職。十有一曰以賢制爵，則民慎德。十有二曰以庸制祿，則民興功。以土宜之法辨十有二土之名物，以相民宅，而知其利害，以阜人民，以蕃鳥獸，以毓草木，以任土事。辨十有二壤之物，而知其種，以教稼穡樹藝，以土均之法辨五物九等，制天下之地征，以作民職，以令地貢，以斂財賦，以均齊天下之政。以土圭之法測土

---

[1]　郭沫若：《金文叢考》，人民出版社 1954 年版，第 64 頁。

深，正日景以求地中。日南則景短，多暑；日北則景長，多寒；日東則景夕，多風；日西則景朝，多陰。日至之景，尺有五寸，謂之地中，天地之所合也，四時之所交也，風雨之所會也，陰陽之所和也。然則百物阜安，乃建王國焉，制其畿方千里而封樹之。

凡建邦國，以土圭土其地而制其域。諸公之地，封疆方五百里，其食者半；諸侯之地，封疆方四百里，其食者參之一；諸伯之地，封疆方三百里，其食者參之一；諸子之地，封疆方二百里，其食者四之一；諸男之地，封疆方百里，其食者四之一。凡造都鄙，制其地域而封溝之。以其室數制之。不易之地，家百畮；一易之地，家二百畮；再易之地，家三百畮。乃分地職，奠地守，制地貢，而頒職事焉，以爲地法而待政令，以荒政十有二聚萬民：一曰散利，二曰薄征，三曰緩刑，四曰弛力，五曰舍禁，六曰去幾，七曰眚禮，八曰殺哀，九曰蕃樂，十曰多昏，十有一曰索鬼神，十有二曰除盜賊。以保息六養萬民：一曰慈幼，二曰養老，三曰振窮，四曰恤貧，五曰寬疾，六曰安富。以本俗六安萬民：一曰媺宮室，二曰族墳墓，三曰聯兄弟，四曰聯師儒，五曰聯朋友，六曰同衣服。正月之吉，始和布教于邦國都鄙，乃縣教象之法于象魏，使萬民觀教象，挾日而斂之，乃施教法于邦國都鄙，使之各以教其所治民。令五家爲比，使之相保；五比爲閭，使之相受；四閭爲族，使之相葬；五族爲黨，使之相救；五黨爲州，使之相賙；五州爲鄉，使之相賓。頒職事十有二于邦國都鄙，使以登萬民：一曰稼穡，二曰樹藝，三曰作材，四曰阜蕃，五曰飭材，六曰通財，七曰化材，八曰斂材，九曰生材，十曰學藝，十有一曰世事，十有二曰服事。以鄉三物教萬民而賓興之。一曰六德：知、仁、聖、義、忠、和。二曰六行：孝、友、睦、姻、任、恤。三曰六藝：禮、樂、射、御、書、數。以鄉八刑糾萬民：一曰不孝之刑，二曰不睦之刑，三曰不姻之刑，四曰不弟之刑，五曰不任之刑，六曰不恤之刑，七曰造言之刑，八曰亂民之刑。以五禮防萬民之僞而教之中，以六樂防萬民之情而教之和。凡萬民之不服教而有獄訟者，與有地治者聽而斷之，其附于刑者，歸于士。祀五帝，奉牛牲，羞其肆，享先王亦如之。大賓客，令野修道委積。大喪，帥六鄉之眾庶，屬其六引，而治其政令。大軍旅、大田役，以旗致萬民，而治其徒庶之政令。若國有大故，則致萬民于王門，令無節者不行于天下。大荒、大札，則令邦國移民、通財、舍禁、弛力、薄征、緩刑。歲終，則令教官正治而致事。正歲，令于教官曰："各共爾職，修乃事，以聽王命。其有不正，則國有常刑。"

可見這個職位非常重要而且職務繁瑣。從國家軍事到鄉村設置和保衛，無一不在其統轄範圍。在《魯大嗣徒子仲伯匜》彝銘中就出現了對"大司徒"的記載。

《魯大嗣徒子仲伯匜》彝銘釋文：

《魯大嗣徒子仲伯匜》彝銘拓片

> 魯大嗣（司）徒子仲伯，作
> 其庶女屬孟姬縢
> 匜，其眉壽，萬年無
> 疆，子子孫孫永保用之。

這裏又是嫁女作器。排行是孟，長女。而女方夫家姓"屬"。

而小司徒的職能是：

> 小司徒之職，掌建邦之教法，以稽國中及四郊都鄙之夫家九比之數，以辨其貴賤、老幼、癈疾。凡征役之施舍，與其祭祀、飲食、喪紀之禁令。乃頒比法于六鄉之大夫，使各登其鄉之眾寡、六畜、車輦，辨其物，以歲時入其數，以施政教，行徵令。及三年，則大比，大比則受邦國之比要，乃會萬民之卒伍而用之：五人爲伍，五伍爲兩，四兩爲卒，五卒爲旅，五旅爲師，五師爲軍。以起軍旅，以作田役，以比追胥，以令貢賦。乃均土地，以稽其人民，而周知其數：上地，家七人，可任也者家三人；中地，家六人，可任也者二家五人；下地，家五人，可任也者家二人。凡起徒役，毋過家一人，以其餘爲羨，唯田與追胥，竭作。凡用眾庶，則掌其政教與其戒禁，聽其辭訟，施其賞罰，誅其犯命者。凡國之大事，致民；大故，致餘子。乃經土地而井牧其田野：九夫爲

井，四井爲邑，四邑爲丘，四丘爲甸，四甸爲縣，四縣爲都。以任地事而令貢賦，凡稅斂之事。乃分地域而辨其守，施其職而平其政。凡小祭祀，奉牛牲，羞其肆。小賓客，令野修道委積。大軍旅，帥其衆庶。小軍旅，巡役，治其政令。大喪，帥邦役，治其政教。凡建邦國，立其社稷，正其畿疆之封。凡民訟，以地比正之；地訟，以圖正之。歲終，則考其屬官之治成而誅賞，令群吏正要會而致事。正歲，則帥其屬而觀教法之象，徇以木鐸曰："不用法者，國有常刑。"令群吏憲禁令，修法糾職，以待邦治。及大比六鄉四郊之吏，平教治，正政事，考夫屋及其衆寡、六畜、兵器，以待政令。

可以看出，大、小司徒這一職官在維持商周王朝的日常運行上具有多麼重要的地位和功能。如《盠方彝》彝銘中記載的"嗣土"職能就是負責六師和八師的軍事管轄，《宰獸簋》彝銘中記載的"嗣土榮伯右宰獸。内（入）門，立中廷"接受西周天子册命的歷史，等等。

二、諸侯嗣土

《魯伯嗣徒伯吳盨》彝銘中記載的"魯嗣土伯吳，敢肇作旅簋"，《伯都父鼎》彝銘中記載的"晉嗣土伯都父，作周姬寶尊鼎"，等等。這裏的"魯嗣土"和"晉嗣土"顯然就是諸侯國魯、晉的嗣土。

三、嗣虞

嗣虞之虞，彝銘中經常寫作"吳"。嗣虞在《周禮·地官》中分爲山虞、澤虞兩種，其各自的相關記載：

山虞掌山林之政令，物爲之屬而爲之守禁。仲冬斬陽木，仲夏斬陰木。凡服耜，斬季材，以時入之。令萬民時斬材，有期日。凡邦工入山林而掄材，不禁。春秋之斬木，不入禁。凡竊木者，有刑罰。若祭山林，則爲主，而修除且躇。若大田獵，則萊山田之野。及弊田，植虞旗于中，致禽而珥焉。

澤虞掌國澤之政令，爲之屬禁，使其地之人守其財物，以時入之于玉府，頒其餘于萬民。凡祭祀、賓客，共澤物之奠。喪紀，共其葦蒲之事。若大田獵，則萊澤野，及弊田，植虞旌以屬禽。

如《同簋》彝銘中記載的"王命同：差（佐）右（佑）吳（虞）大父，嗣易（場）、林、吳（虞）、牧"，這裏同時出現了四個"司"的官名：司場、司林、司虞、司牧。《免簋》彝銘中記載的"嗣奠（鄭）還㪔（廩）眔吳（虞）、眔牧"，等等。

《同簋》彝銘拓片

《同簋》彝銘釋文：

唯十又二月初吉丁丑。王

在宗周，格于大廟。榮伯右（佑）

同，立中廷，北鄉（饗）。王命同：“差（佐）

右（佑）吳（虞）大父，嗣易（場）、林、吳

（虞）、牧。自

淲東至于河，厥逆至于玄

水，世孫孫子子，差（佐）右（佑）吳（虞）

大父，毋

汝有閑。”對揚天子厥休。

用作朕文考惠仲尊寶簋。

其萬年子子孫孫，永寶用。

這裏的文字，按照西周金文的辭例，應該是“王命同曰”。這裏省去了“曰”字。但是文義依然是冊命語言。“差（佐）右（佑）吳（虞）大父”是受命人。又是榮伯出現。這裏的王可能依然是厲王。這裏的“世孫孫子子”，含義就是百世子孫。

四、嗣場

嗣場之場，彝銘中經常寫作“易”。嗣場即《周禮·地官》中記載的場人。根據《周禮·地官·場人》中的相關記載：

> 場人掌國之場圃，而樹之果蓏珍異之物，以時斂而藏之。凡祭祀、賓客，共其果蓏。享亦如之。

如《同簋》彝銘中記載的“王命同：差（佐）右（佑）吳（虞）大父，嗣易（場）、林、吳（虞）、牧”，《南宮柳鼎》彝銘中記載的“嗣六自（師）、牧、易（場）”，等等。

五、嗣林

嗣林即《周禮·地官》中記載的林衡。根據《周禮·地官·林衡》中的相關記載：

> 林衡掌巡林麓之禁令而平其守，以時計林麓而賞罰之。若斬木材，則受法于山虞，而掌其政令。

如《同簋》彝銘中記載的"王命同：差（佐）右（佑）吳（虞）大父，嗣昜（場）、林、吳（虞）、牧"，等等。

第四節　嗣馬類

一、嗣馬

根據《周禮·夏官·司馬》中的相關記載：

> 惟王建國，辨方正位，體國經野，設官分職，以爲民極。乃立夏官司馬，使帥其屬而掌邦政，以佐王平邦國。

司馬分爲大司馬、小司馬、軍司馬、輿司馬、都司馬、家司馬六種。目前祇有三種司馬的職能保留下來。即：

> 大司馬之職，掌建邦國之九法，以佐王平邦國。制畿封國，以正邦國；設儀辨位，以等邦國；進賢興功，以作邦國；建牧立監，以維邦國；制軍詰禁，以糾邦國；施貢分職，以任邦國；簡稽鄉民，以用邦國；均守平則，以安邦國；比小事大，以和邦國。以九伐之法正邦國，馮弱犯寡則眚之，賊賢害民則伐之，暴內陵外則壇之，野荒民散則削之，負固不服則侵之，賊殺其親則正之，放弑其君則殘之，犯令陵政則杜之，外內亂，鳥獸行，則滅之。正月之吉，始和布政于邦國都鄙，乃縣政象之法于象魏，使萬民觀政象。挾日而斂之。乃以九畿之籍，施邦國之政職。
>
> 小司馬之職，掌凡小祭祀、會同、饗射、師田、喪紀，掌其事，如大司馬之法。
>
> 都司馬掌都之士庶子及其衆庶、車馬、兵甲之戒令，以國法掌其政學，以聽國司馬。家司馬亦如之。

根據《白虎通》記載：

> 司馬主兵。不言兵言馬者，馬陽物，乾之所爲，行兵用馬。不以傷害爲文，故言馬也。

此説十分到位。古之職官名稱，大致需要符合《周易》的思維模式。

彝銘中記載的"嗣馬"經常是輔助西周天子册命大臣。如《師奎父鼎》彝銘中記載的"嗣馬井伯右師奎夫"，這個"嗣馬井伯"又出現在《師瘨簋蓋》彝銘中，即

"嗣馬井伯親右師瘨"。這裏還出現了嗣馬井伯的私名"親"。有時，則免去"嗣馬"的稱號，直接稱爲"井伯"，如《豆閉簋》彝銘中記載的"井伯入右豆閉"。

《師晨鼎》彝銘拓片

《師晨鼎》彝銘釋文：

> 唯三年三月初吉甲戌，王
> 在周師彔宮。旦，王格大（太）室，
> 即立。嗣馬共右（佑）師晨，入門，
> 立中廷。王乎（呼）作册尹册命
> 師晨："疋師俗嗣邑人，唯小臣、
> 善（膳）夫、守〔友〕、官犬，眔奠（甸）人、善（膳）
> 夫、官守友，賜赤舄。"晨拜稽
> 首，敢對揚天子丕顯休令。
> 用作朕文祖辛公尊鼎。晨
> 其〔萬〕世子子孫孫，其永寶用。

《師晨鼎》彝銘中記載的"嗣馬共右（佑）師晨"，這個"嗣馬共"又出現在《瘨盨蓋》彝銘中，即"嗣馬共右（佑）瘨"等等。

二、虎臣

《尚書·顧命》中就有"師氏虎臣"一語。師氏在《周禮》中雖然多見，但主要職責屬于地官，《周禮·地官》中記載：

> 師氏……居虎門之左，司王朝，掌國中失之事，以教國子弟，凡國之貴游子弟學焉。

所謂"居虎門之左"已經點出了虎臣和師氏的連帶關係。而《周禮·夏官》中記載"司馬"下有所謂"虎賁氏"，又可證明虎臣和師氏的并列關係。更由于古籍和彝銘中"師氏"和"虎臣"一般是并出的。既然如此，虎臣的地位應該和師氏一樣，而不可能是如張亞初、劉雨所説的那樣"虎臣是由夷族奴隸和華夏族的犯罪奴隸構成的"，[1] 也不可能是"虎臣之長爲師氏"。[2] 彝銘中記載的"虎臣"多和執掌軍事有關。如《敔方鼎》彝銘中記載的"敔率虎臣禦淮戎"，《毛公鼎》彝銘中記載的"小子、師氏、虎臣"三者并列，《師酉簋》彝銘中記載的"詞（嗣）乃祖啻（嫡）官邑人、虎臣"，等等。這裏的"邑人、虎臣"并列也就是"師氏、虎臣"并列，我們前文考證了"邑人"其實就是基層的師氏。由上述《毛公鼎》和《師酉簋》二銅器彝銘也可以得到證明。

"虎臣"一職，來源很古。有的學者以爲出自武王克商時的"虎賁"，恐非。《史記·五帝本紀》中就記載有"教熊、羆、貔、貅、貙、虎，以與炎帝戰于阪泉之野"的歷史事實，《史記索隱》注解説：

> 此六者猛獸，可以教戰。《周禮》有服不氏，掌教擾猛獸。即古服牛乘馬，亦其類也。

這是"虎臣"一職最爲古老的命名直接來源。這裏的熊、羆、貔、貅、貙、虎六獸應該就是以上述六獸爲圖騰的六種軍隊。筆者曾設想商周的軍制之所以有"六師"而非五師、七師的編制，可能就源于此。

第五節　嗣空類

一、嗣工

嗣空之空，彝銘中經常寫作"工"。漢時《周禮》即已佚《冬官》，河間獻王取

[1] 張亞初、劉雨：《西周金文官制研究》，中華書局1986年版，第14頁。
[2] 同上，第15頁。

《考工記》補之。這裏的"工"應該就是"嗣工"的"工"。故此，我們不能準確知道"嗣工"的職責範圍。我們祇能根據彝銘中記載的相關內容來推測，如《揚簋》彝銘。

《揚簋》彝銘拓片

《揚簋》彝銘釋文：

唯王九月既生霸庚寅。王

在周康宮。旦，格大室，即立（位）。嗣

徒單伯內（入）右（佑）揚。王乎（呼）內史史夆（敕）

册令揚。王若曰："揚，作嗣工（空）。

官嗣棄田佃、眔嗣立（位）、眔嗣

芻、眔嗣寇、眔嗣工（空）史（事）。賜汝

赤昕、縊（鑾）旂。訊訟，取賗五

乎（鋝）。"揚拜手稽首，敢對揚天

子丕顯休，余用作朕剌（烈）考憲伯

寶簋。子子孫孫其萬年永寶用。

這裏，西周天子册命揚擔任"嗣工"，職責範圍是"官嗣棄田佃，眔嗣立（位）、眔嗣芻、眔嗣寇、眔嗣工（空）史（事）"五項內容。其中的"嗣寇"雖然屬于"嗣工”之下却出現在《秋官》中，見如下。

二、嗣寇

根據《周禮·秋官·司寇》中的相關記載：

惟王建國，辨方正位，體國經野，設官分職，以爲民極。乃立秋官司寇，使帥其屬而掌邦禁，以佐王刑邦國。

司寇有大司寇、小司寇兩種。各自的職能在《周禮·秋官·司寇》中亦有詳細記載，如下：

大司寇之職，掌建邦之三典，以佐王刑邦國，詰四方：一曰刑新國用輕典，二曰刑平國用中典，三曰刑亂國用重典。以五刑糾萬民：一曰野刑，上功糾力；二曰軍刑，上命糾守；三曰鄉刑，上德糾孝；四曰官刑，上能糾職；五曰國刑，上願糾暴。以圜土聚教罷民，凡害人者，寘之圜土而施職事焉，以明刑恥之。其能改者，反于中國，不齒三年。其不能改而出圜土者，殺。以兩造禁民訟，入束矢于朝，然後聽之；以兩劑禁民獄，入鈞金，三日乃致于朝，然後聽之。以嘉石平罷民，凡萬民之有罪過而未麗于法而害于州里者，桎梏而坐諸嘉石，役諸司空。重罪，旬有三日坐，期役；其次，九日坐，九月役；其次，七日坐，七月役；其次，五日坐，五月役；其下罪，三日坐，三月役。使州里任之，則宥而舍之。以肺石達窮民，凡遠近惸、獨、老、幼之欲有復于上而其長弗達者，立于肺石，三日，士聽其辭以告于上，而罪其長。正月之吉，始和布刑于邦國都鄙，乃縣刑象之法于象魏，使萬民觀刑象，挾日而斂之。凡邦之大盟約，涖其盟書，而登之于天府，大史、内史、司會及六官皆受其貳而藏之。凡諸侯之獄訟，以邦典定之；凡卿大夫之獄訟，以邦法斷之；凡庶民之獄訟，以邦成弊之。大祭祀，奉犬牲。若禋祀五帝，則戒之日，涖誓百官，戒于百族。及納亨，前王；祭之日，亦如之。奉其明水火。凡朝覲會同，前王，大喪亦如之。大軍旅，涖戮于社。凡邦之大事，使其屬蹕。

小司寇之職，掌外朝之政，以致萬民而詢焉：一曰詢國危，二曰詢國遷，三曰詢立君。其位：王南鄉，三公及州長、百姓北面，群臣西面，群吏東面。小司寇擯以叙進而問焉，以衆輔志而弊謀。以五刑聽萬民之獄訟，附于刑，用情訊之。至于旬，乃弊之，讀書則用法。凡命夫命婦，不躬坐獄訟。凡王之同族有

罪，不即市。以五聲聽獄訟，求民情：一曰辭聽，二曰色聽，三曰氣聽，四曰耳
聽，五曰目聽。以八辟麗邦法，附刑罰：一曰議親之辟，二曰議故之辟，三曰議
賢之辟，四曰議能之辟，五曰議功之辟，六曰議貴之辟，七曰議勤之辟，八曰議
賓之辟。以三刺斷庶民獄訟之中：一曰訊群臣，二曰訊群吏，三曰訊萬民。聽民
之所刺宥，以施上服下服之刑。及大比，登民數，自生齒以上，登于天府，內
史、司會、冢宰貳之，以制國用。小祭祀，奉犬牲。凡禋祀五帝，實鑊水。納亨
亦如之。大賓客，前王而辟，后、世子之喪亦如之。小師，涖戮。凡國之大事，
使其屬躍。孟冬祀司民，獻民數于王，王拜受之，以圖國用而進退之。歲終，則
令群士計獄弊訟，登中于天府。正歲，帥其屬而觀刑象，令以木鐸，曰："不用法
者，國有常刑。"令群士，乃宣布于四方，憲刑禁。乃命其屬入會，乃致事。

而前引《盉方彝》彝銘中同時出現的"嗣土、嗣馬、嗣工"三司，更從彝銘上證明
了最早并沒有"嗣寇"在內的三司之說，有的祇是"嗣工（空）"在內的三司。

薛尚功《歷代鐘鼎彝器款識》卷十二對《司寇匜》彝銘中出現的"司寇"一官
的考證：

> 按《周官》大司寇之職，掌建邦之六典，以佐王刑邦國、詰四方。小司寇
> 之職，掌外朝之政，以致萬民而詢焉。則司寇在周官者蓋有小大之異。是器銘
> 文曰"維之百寮"，則非大司寇不足以當是語也。

看起來司寇的地位是很高的，如《嗣寇良父壺》。

《嗣寇良父壺》彝銘釋文：

《嗣寇良父壺》彝銘拓片

> 嗣寇良父作
> 爲衛姬壺。子子
> 孫孫永保用。

這裏的"嗣寇良父"地位就很不一般，居然可以和衛國貴族女子直接通婚。《虞嗣寇壺》彝銘中記載的"虞嗣寇白吹作寶壺"的"虞國嗣寇"，也是諸侯國設置"嗣寇"一職的歷史證據。

第六節　史官類

一、史、大史

根據《説文解字》解釋：

> 史，記事者也。從又持中。中，正也。

王國維在《釋史》一文中考證：

> 吳氏大澂曰："史，象手執簡形。"然中與簡形殊不類。江氏永《周禮疑義舉要》云："凡官府簿書謂之'中'。故諸官言'治中''受中'，小司寇'斷庶民獄訟之中'，皆謂簿書，猶今之案卷也。此中字之本義。故掌文書者謂之'史'，其字從又、從中。'又'者，右手，以手持簿書也。"[1]

根據《周禮・春官・宗伯》中的相關記載：史官有大史、小史、内史、外史、御史等。其中，大史、小史、外史的具體職能如下：

> 大史掌建邦之六典，以逆邦國之治，掌法以逆官府之治；掌則以逆都鄙之治。凡辨法者考焉，不信者刑之。凡邦國都鄙及萬民之有約劑者藏焉，以貳六官，六官之所登。若約劑亂，則辟法，不信者刑之。正歲年以序事，頒之于官府及都鄙，頒告朔于邦國。閏月，詔王居門終月。大祭祀，與執事卜日，戒及宿之日，與群執事讀禮書而協事。祭之日，執書以次位常，辨事者考焉，不信者誅之。大會同朝覲，以書協禮事。及將幣之日，執書以詔王。大師，抱天時，與大師同車。大遷國，抱法以前。大喪，執法以涖勸防。遣之日，讀誄。凡喪事，考焉。小喪，賜謚。凡射事，飾中，舍筭，執其禮事。

> 小史掌邦國之志，奠繫世，辨昭穆。若有事，則詔王之忌諱。大祭祀，讀

---

[1]　王國維：《觀堂集林》卷六，《王國維遺書》，上海古籍書店 1983 年版，第 1 頁。

禮法，史以書叙昭穆之俎簋。大喪、大賓客、大會同、大軍旅，佐大史。凡國事之用禮法者，掌其小事。卿大夫之喪，賜謚讀誄。

　　外史掌書外令，掌四方之志，掌三皇五帝之書，掌達書名于四方。若以書使于四方，則書其令。

　　彝銘中記載，史具有很高的社會地位。他們最常見的工作就是輔助西周天子册命大臣。如《師毛父簋》彝銘中記載的"内史册命"，《公大史作姬羞方鼎》彝銘中記載的"公大史作姬羞方鼎"，《王臣簋》彝銘中記載的"乎内史寿（敖）册命王臣"，《史密簋》彝銘中記載的"王令師俗、史密曰：東征"，等等。

　　在西周彝銘中記載的有名字可考的史有：孟、頌、喜、獸、冉、伏、兒、見、留、利、密、蓼、農、戍、秦、犬、戎、宿、昔、造、南、黄、牆、旗、尪、趩、宜父、虢生、趞曹、白碩父，等等。足有幾十個之多！這些"史"中應該有左右之分。有人主張：左右史應該就是對内史、太史的譬喻稱呼。[1]此説值得思考。《禮記·玉藻》中説："動則左史書之，言則右史書之。"如《利簋》彝銘中記載的"賜右史利金"。可是，從《利簋》彝銘中看不出右史有什麽"言"，反而看到了"武征商"之"動"。誠如是，則《禮記·玉藻》之説還值得商榷。

　　在西周彝銘中記載的有名字可考的大史有：公大史、大史友、大史兄，等等。彝銘中出現的"史"究竟是内史還是大史，或者御史、小史？從證據上看，"史寿（敖）"（見《蔡簋》）和"内史寿（敖）"（《王臣簋》）雖然并出，但可以肯定他們并不是同一人。從記載册命的次數看，史和内史出現的比率幾乎相差無幾。而大史參加册命的機會則極其少見。看起來，大史、小史的主要職責不是册命。我們從上述《周禮·春官·宗伯》中對大史職能的相關記載也没有發現這一點。

二、内史、内史尹、作册内史

　　内史在彝銘中經常有内史、内史尹、作册内史等不同稱呼。根據王國維在《釋史》一文中考證：

　　自《詩》《書》、彝器觀之，内史實執政之一人。其職與後漢以後之尚書令，唐宋之中書舍人、翰林學士，明之大學士相當，蓋樞要之任也。此官，周初謂

────────────

[1]　見賈俊俠、趙靜：《左史、右史之名考辨》，《唐都學刊》2006年第3期。

之"作册"，其長謂之"尹氏"。[1]

根據《周禮·春官·宗伯》中的相關記載，内史的具體職能如下：

> 内史掌王之八枋之法，以詔王治：一曰爵，二曰禄，三曰廢，四曰置，五曰殺，六曰生，七曰予，八曰奪。執國法及國令之貳，以考政事，以逆會計。掌叙事之法，受納訪以詔王聽治。凡命諸侯及孤、卿、大夫，則策命之。凡四方之事書，内史讀之。王制禄，則贊爲之，以方出之。賞賜亦如之。内史掌書王命，遂貳之。

彝銘中經常出現的是西周天子呼唤内史的記載。如《豆閉簋》彝銘中記載的"王乎（呼）内史册命豆閉"，《三年師兑簋》彝銘中記載的"王乎（呼）内史尹册命師兑"，《宰獸簋》彝銘中記載的"王乎（呼）内史尹中（仲）册命宰獸"，等等。看起來，輔助西周天子册命大臣是内史的一項重要職責。這和上述的"凡命諸侯及孤、卿、大夫，則策命之……賞賜，亦如之"的記載是相符的。

在西周彝銘中記載的有名字可考的内史就有吳、中、遣、年、留、音、駒等十幾個人，經常祇直接稱呼爲"史某"。

三、御史

根據王國維在《觀堂集林·釋史》一文中考證：

> 又，天子諸侯之執政通稱"御事"，而殷虚卜辭則稱"御史"，是"御事"亦名"史"也。[2]

故此，御史在彝銘中作"御史""御事"。根據《周禮·春官·宗伯》中的相關記載，御史的具體職能如下：

> 御史掌邦國都鄙及萬民之治令，以贊冢宰。凡治者受法令焉，掌贊書，凡數從政者。

如《麥盉》彝銘結尾中記載的"嗣御事"應當就是"嗣御史"，《御史競簋》彝銘中記載的"伯屖父蔑御史競曆"，《洀御史罍》彝銘中記載的"洀御事作尊罍"應當就

---

[1] 王國維：《觀堂集林》卷六，《王國維遺書》，上海古籍書店1983年版，第5頁。
[2] 同上，第4頁。

是"涺御史乍（作）尊彝"，等等。

四、作册尹‧作册内史‧内史尹

殷商時代的甲骨文中就已經有"作册""史""尹"等字出現了。《說文解字》所謂的"史，記事者也"。可見，史的本意是指古代記事之官吏，即史官。根據前引王國維在《釋史》一文中的考證：彝銘中的"作册内史""作册尹""作册""内史""内史尹"是同樣的官職，其長官稱"尹"或"尹氏"，都是掌管文書、記錄時事、奉行國王告命。天子册命大臣時，從旁宣讀册命。尹爲世職，故又被稱爲"尹氏"。如《三年師兌簋》彝銘中記載的"王乎（呼）内史尹册命師兌"，《師晨鼎》彝銘中記載的"王乎（呼）作册尹册命師晨"，《利鼎》彝銘中記載的"王乎（呼）作命内史册命利"，等等；以及大量出現的"王乎（呼）尹氏册令"的彝銘。

《三年師兌簋》彝銘拓片

《三年師兌簋》彝銘釋文：

> 唯三年二月初吉丁亥。王在周。
> 格太廟。即立（位），陽伯右（佑）師兌。
> 入門，立中廷。王乎（呼）内史尹
> 册令師兌："余既令汝疋師
> 龢父，嗣左右走馬，今余唯
> 麤（申）就乃令，令汝緐（續）嗣走
> 馬。賜
> 汝秬鬯一卣、金車、賁較、朱虢
> 𩊧靳、虎冟熏裏、右厄（軛）、畫轉、
> 畫轖、金甬（筩）、馬四匹、攸（鋚）
> 勒。"師
> 兌拜稽首，敢對揚天子丕顯
> 魯休。用作朕皇考釐公龏簋。
> 師兌其萬年，子子孫孫永寶用。

"王乎（呼）内史氏册令"的彝銘和"王乎（呼）尹氏册令"的彝銘出現的比率幾乎是大致相等的。這反映了作册尹、作册内史、内史尹三者稱呼和内史具有相同的内涵。

第七節 宮廷官類

一、宰

《春秋公羊傳》："宰者何？官也。"《說文解字》中對宰的解釋是"人在屋下執事者"。商周時代的宰，最初爲掌管家務與奴隸的内侍之官，後成爲侍從天子的左右近臣，在其左右參與政務。《春秋穀梁傳·僖公九年》："天子之宰，通于四海。"天子之宰，一般又稱太宰，總管内朝事務和財務。

宰有大宰、小宰和宰夫幾種劃分，根據《周禮·天官·冢宰》中的相關記載：

> 大宰之職，掌建邦之六典，以佐王治邦國：一曰治典，以經邦國，以治官府，以紀萬民。二曰教典，以安邦國，以教官府，以擾萬民。三曰禮典，以和邦國，以統百官，以諧萬民。四曰政典，以平邦國，以正百官，以均萬民。五曰刑典，以詰邦國，以刑百官，以糾萬民。六曰事典，以富邦國，以任百官，以生萬民。以八法治官府：一曰官屬，以舉邦治。二曰官職，以辨邦治。三曰官聯，以會官治。四曰官常，以聽官治。五曰官成，以經邦治。六曰官法，以正邦治。七曰官刑，以糾邦治。八曰官計，以弊邦治。以八則治都鄙：一曰祭祀，以馭其神。二曰法則，以馭其官。三曰廢置，以馭其吏。四曰禄位，以馭其士。五曰賦貢，以馭其用。六曰禮俗，以馭其民。七曰刑賞，以馭其威。八曰田役，以馭其衆。以八柄詔王馭群臣：一曰爵，以馭其貴。二曰禄，以馭其富。三曰予，以馭其幸。四曰置，以馭其行。五曰生，以馭其福。六曰奪，以馭其貧。七曰廢，以馭其罪。八曰誅，以馭其過。以八統詔王馭萬民：一曰親親，二曰敬故，三曰進賢，四曰使能，五曰保庸，六曰尊貴，七曰達吏，八曰禮賓。以九職任萬民：一曰三農，生九穀。二曰園圃，毓草木。三曰虞衡，作山澤之材。四曰藪牧，養蕃鳥獸。五曰百工，飭化八材。六曰商賈，阜通貨賄。七曰嬪婦，化治絲枲。八曰臣妾，聚斂疏材。九曰閑民，無常職，轉移執事。以九賦斂財賄：一曰邦中之賦，二曰四郊之賦，三曰邦甸之賦，四曰家削之賦，五曰邦縣之賦，六曰邦都之賦，七曰關市之賦，八曰山澤之賦，九曰幣餘之賦。以九式均節財用：一曰祭祀之式，二曰賓客之式，三曰喪荒之式，四曰羞服之

式，五曰工事之式，六曰幣帛之式，七曰芻秣之式，八曰匪頒之式，九曰好用之式。以九貢致邦國之用：一曰祀貢，二曰嬪貢，三曰器貢，四曰幣貢，五曰材貢，六曰貨貢，七曰服貢，八曰斿貢，九曰物貢。以九兩繫邦國之民：一曰牧，以地得民。二曰長，以貴得民。三曰師，以賢得民。四曰儒，以道得民。五曰宗，以族得民。六曰主，以利得民。七曰吏，以治得民。八曰友，以任得民。九曰藪，以富得民。正月之吉，始和布治于邦國都鄙，乃縣治象之法于象魏，使萬民觀治象，挾日而斂之。乃施典于邦國，而建其牧，立其監，設其參，傅其伍，陳其殷，置其輔。乃施則於都鄙，而建其長，立其兩，設其伍，陳其殷，置其輔。乃施法于官府，而建其正，立其貳，設其考，陳其殷，置其輔。凡治，以典待邦國之治，以則待都鄙之治，以法待官府之治，以官成待萬民之治，以禮待賓客之治。祀五帝，則掌百官之誓戒，與其具脩。前期十日，帥執事而卜日，遂戒。及執事，視滌濯，及納享，贊王牲事。及祀之日，贊玉幣爵之事。祀大神示亦如之。享先王亦如之，贊玉几玉爵。大朝覲會同，贊玉幣、玉獻、玉几、玉爵。大喪，贊贈玉、含玉。作大事，則戒于百官，贊王命。王視治朝，則贊聽治。視四方之聽朝，亦如之。凡邦之小治，則冢宰聽之。待四方之賓客之小治。歲終，則令百官府各正其治，受其會，聽其致事，而詔王廢置。三歲，則大計群吏之治，而誅賞之。

這裏的"大宰"，《綴遺齋彝器款識考釋》卷七中解釋：

> 《筠清館》……釋太宰爲太僕。按春秋時列國多有太宰官，見於《左氏傳》者：魯則羽父求太宰，楚則太宰伯州犁、太宰子商、太宰遂啓疆、太宰犯，吳則太宰嚭，鄭則太宰石㚟。《韓非子·說疑篇》又有鄭太宰欣。而太僕之官罕聞。

爲此，針對"太宰"一職，童書業《春秋左傳研究》一書中分析：

> 太宰之官在西周時蓋甚重要，實掌相職。在春秋初年亦尚重要，而春秋中叶以後此官地位漸降，是蓋王室公室之地位下降之故。[1]

童說十分準確。隨着王權的下降，太宰職位也隨之而逐漸淡出。再看小宰：

---

[1]　童書業：《春秋左傳研究》，上海人民出版社 1980 年版，第 171 頁。

　　小宰之職，掌建邦之宮刑，以治王宮之政令，凡宮之糾禁。掌邦之六典、八法、八則之貳，以逆邦國、都鄙、官府之治。執邦之九貢、九賦、九式之貳，以均財節邦用。以官府之六叙正群吏：一曰以叙正其位，二曰以叙進其治，三曰以叙作其事，四曰以叙制其食，五曰以叙受其會，六曰以叙聽其情。以官府之六屬舉邦治：一曰天官，其屬六十，掌邦治，大事則從其長，小事則專達。二曰地官，其屬六十，掌邦教，大事則從其長，小事則專達。三曰春官，其屬六十，掌邦禮，大事則從其長，小事則專達。四曰夏官，其屬六十，掌邦政，大事則從其長，小事則專達。五曰秋官，其屬六十，掌邦刑，大事則從其長，小事則專達。六曰冬官，其屬六十，掌邦事，大事則從其長，小事則專達。以官府之六職辨邦治：一曰治職，以平邦國，以均萬民，以節財用。二曰教職，以安邦國，以寧萬民，以懷賓客。三曰禮職，以和邦國，以諧萬民，以事鬼神。四曰政職，以服邦國，以正萬民，以聚百物。五曰刑職，以詰邦國，以糾萬民，以除盜賊。六曰事職，以富邦國，以養萬民，以生百物。以官府之六聯合邦治：一曰祭祀之聯事，二曰賓客之聯事，三曰喪荒之聯事，四曰軍旅之聯事，五曰田役之聯事，六曰斂弛之聯事。凡小事皆有聯。以官府之八成經邦治：一曰聽政役以比居，二曰聽師田以簡稽，三曰聽閭里以版圖，四曰聽稱責以傅別，五曰聽禄位以禮命，六曰聽取予以書契，七曰聽賣買以質劑，八曰聽出入以要會。以聽官府之六計，弊群吏之治：一曰廉善，二曰廉能，三曰廉敬，四曰廉正，五曰廉法，六曰廉辨。以法掌祭祀、朝覲、會同、賓客之戒具。軍旅、田役、喪荒，亦如之。七事者，令百官府共其財用，治其施舍，聽其治訟。凡祭祀，贊玉幣爵之事、裸將之事。凡賓客，贊裸。凡受爵之事、凡受幣之事。喪荒，受其含禭幣玉之事。月終，則以官府之叙，受群吏之要。贊冢宰受歲會。歲終，則令群吏致事。正歲，帥治官之屬而觀治象之法，徇以木鐸，曰：“不用法者，國有常刑。”乃退，以宮刑憲禁于王宮，令于百官府曰：“各修乃職，考乃法，待乃事，以聽王命。其有不共，則國有大刑。”

　　宰夫之職，掌治朝之法。以正王及三公、六卿、大夫、群吏之位，掌其禁令。叙群吏之治，以待賓客之令、諸臣之復、萬民之逆。掌百官府之徵令，辨其八職：一曰正，掌官法以治要。二曰師，掌官成以治凡。三曰司，掌官法以治目。四曰旅，掌官常以治數。五曰府，掌官契以治藏。六曰史，掌官書以贊治。

七日胥，掌官敘以治敘。八日徒，掌官令以徵令。掌治法以考百官府、群都縣鄙之治，乘其財用之出入。凡失財用、物辟名者，以官刑詔冢宰而誅之。其足用、長財、善物者，賞之。以式法掌祭祀之戒具，與其薦羞，從大宰而眡滌濯。凡禮事，贊小宰比官府之具。凡朝覲、會同、賓客，以牢禮之法，掌其牢禮、委積、膳獻、飲食、賓賜之飧牽，與其陳數。凡邦之弔事，掌其戒令，與其幣器財用凡所共者。大喪小喪，掌小官之戒令，帥執事而治之。三公、六卿之喪，與職喪帥官有司而治之。凡諸大夫之喪，使其旅帥有司而治之。歲終則令群吏正歲會，月終則令正月要，旬終，則令正日成，而以考其治。治不以時舉者，以告而誅之。正歲，則以法警戒群吏，令修宮中之職事。書其能者與其良者，而以告于上。

大宰、小宰、宰夫都可以單稱爲"宰"。宰的主要功能就是對西周王朝大小官員的監察和審計。如《蔡簋》彝銘中記載的"昔先王既令汝作宰，嗣王家"，《穆公簋蓋》彝銘中記載的"王乎（呼）宰利賜貝廿朋"等等。而宰又經常參與西周天子册命大臣的活動，擔當引導官（所謂的"右"）。如《趞鼎》《蔡簋》《宗周鐘》等彝銘的册命活動中的引導官就是宰。我們從《蔡簋》彝銘中記載的"令汝作宰，嗣王家"的記錄，可以看出宰（在這裏應該是大宰）的職位其實就是後代的大內總管。

諸侯國內也有"大宰"之職。如《魯大宰邍父簋》彝銘中的"魯大宰"，《齊宰歸父盤》彝銘中的"齊大宰"，等等，可以爲證。而在《大宰南簋》彝銘中的情況更趨複雜。

《大宰南簋》彝銘釋文：

南龘（中）伯大宰（仲）再父
厥辭作其皇祖考
遅王、監伯尊簋。用
享用孝，用賜眉壽。
屯右、康穌，萬年無
疆。子子孫孫永寶用享。

《大宰南簋》彝銘拓片

這裏的"南龘（申）伯大宰中（仲）再父"是一個人還是兩個人？有人主張"大宰中（仲）再父"祇是"南龘（申）伯"的一個家臣。[1]因此，或許這是"南龘（申）伯"和"大宰中（仲）再父"并出的記載。考慮到這裏又出現了"皇祖考遟王、監伯"二人也是并出，那麼此器就有可能是"南龘（申）伯"和"大宰中（仲）再父"聯合作器。他們應該擁有一個共同的祖父。如果是這樣的話，那麼我們不認爲"大宰中（仲）再父"祇是"南龘（申）伯"的一個家臣。家臣該不會和伯爵聯合作器。而最大可能是"大宰中（仲）再父"祇是"南龘（申）伯"的一個兄弟，而這裏出現的"皇祖考遟王、監伯"二人也應該是兄弟，是後代兄弟同時聯合作器，懷念前代兄弟。後代兄弟二人，一個爲南申伯，一個爲大宰。前代兄弟二人一個爲西周天子遟王，一個爲當時的監伯。

彝銘中記載的有名字可考的宰有獸、僕、甫、㝅、農、訊、胐、頵、琱生、犀父、仲再父，等等。

二、善夫

善夫，也作"膳夫"。本來執掌王室飲食的官員。根據《詩經·楚茨》孔疏所言：

> 以膳夫是宰之屬官。宰、膳皆食官之名，故系之宰。

因此，善夫亦稱"膳宰"。根據《周禮·天官·膳夫》中的相關記載：

> 膳夫掌王之食飲膳羞，以養王及后、世子。凡王之饋，食用六穀，膳用六牲，飲用六清，羞用百有二十品，珍用八物，醬用百有二十甕。王日一舉，鼎十有二，物皆有俎。以樂侑食。膳夫授祭，品嘗食，王乃食。卒食，以樂徹于造。王齊，日三舉。大喪則不舉，大荒則不舉，大札則不舉，天地有灾則不舉，邦有大故則不舉。王燕食則奉膳贊祭。凡王祭祀、賓客食，則徹王之胙俎。凡王之稍事，設薦脯醢。王燕飲酒，則爲獻主。掌后及世子之膳羞。凡肉脩之頒賜皆掌之。凡祭祀之致福者，受而膳之。以摯見者亦如之。歲終則會，唯王及后、世子之膳不會。

因爲善夫是近臣，所以經常有代替西周天子發布命令的行爲。著名的《大克鼎》彝銘中就記載了"王乎（呼）尹氏册令善夫史，王若曰：克，昔余即令汝出内（入）

---

[1]　陳絜：《應公鼎銘與周代宗法》，《南開大學學報（哲學社會科學版）》2008 年第 6 期。

朕命"的歷史事實，可見，近臣善夫的地位還是很高的。甚至居然出現了《小克鼎》彝銘中以"王命善夫克舍令于成周遹正八自（師）之年"作爲紀年的現象。如，《大簋蓋》彝銘中記載的"王令膳夫冢"，《善夫旅伯鼎》彝銘中記載的"善夫旅伯作毛中（仲）姬尊鼎"，《大克鼎》彝銘中記載的"王乎（呼）尹氏册令善夫克"，等等。

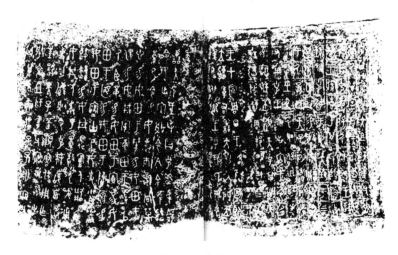

《大克鼎》彝銘拓片

《大克鼎》彝銘釋文：

克曰："穆穆朕文祖師華父，恖（聰）

蒙厥心，窰静于猷，盀（淑）悊厥

德，肆（肆）克龏（恭）保厥辟龏（恭）王，諫

辪王家，叀于萬民，頤（採）遠能

埶（遹）肆（肆）克□于皇天，琭于上下。

肁（得）屯亡敃，賜釐（釐）無疆。永念

于厥孫辟天子。天子明悊，覞孝

于申（神）。巠（經）念厥聖保祖師華

父，勵（論）克王服，出内（入）王令。多

賜寶休，丕顯天子。天子其萬年

無疆。保辪周邦，㽸尹四方。"

王在宗周。旦，王格穆廟。即

立（位）。齲（申）季右（佑）善（膳）夫克，入門，立

中廷，北鄉（饗）。王乎（呼）尹氏册令

善（膳）夫克。王若曰："克，昔余既

令汝出内（入）朕令，今余唯齲（申）

熹（就）乃令。賜汝菽市（韍）、參同（絅）、茸

悤。賜汝田于埜（野）、賜汝田于

淖、賜汝井家匐田于毗，以

厥臣妾。賜汝田于康、賜汝

田于匽、賜汝田于嗶原、賜

汝田于寒山。賜汝史、小臣、霝（靈）、龠（龢）

鼓鐘，賜汝井、微、匐人，鸏（緟）賜

汝井人奔于量，敬夙夜用

事，勿瀍朕令。"克拜稽首。敢

對揚天子丕顯魯休。用作

朕文祖師華父寶鼎彝。克

其萬年無疆，子子孫孫永寶用。

　　其中，西周天子在《大克鼎》彝銘中賞賜給善夫克的土地之多，幾乎快使他成爲一個小諸侯國國君了："賜汝田于埜（野）、賜汝田于淖、賜汝井家匐田于毗，以厥臣妾。賜汝田于康、賜汝田于匽、賜汝田于嗶原、賜汝田于寒山。"由此可見，西周天子對善夫克的信任和恩寵。

三、寺人

　　寺人，亦作"侍人"。賈公彦《周禮疏》曰：

> 云寺之言侍者，欲取親近侍御之義，此奄人也。

爲宫中侍御之宦官，相當于後來的内宫太監。《詩經・秦風・車鄰》就有"未見君子，寺人之令"兩句，鄭玄解釋爲"寺人，内小臣也"。又見《左傳・僖公二年》記載：

> 齊寺人貂始漏師于多魚。

杜注曰："寺人，内奄官豎貂也。"

根據《周禮·天官·寺人》中的相關記載：

> 寺人掌王之内人及女宫之戒令。相道其出入之事而糾之。若有喪紀、賓客、祭祀之事，則帥女宫而致于有司，佐世婦治禮事，掌内人之禁令。凡内人弔臨于外，則帥而往，立于其前而詔相之。

如《五祀衛簋》彝銘中記載的"嗣工（空）陶矩，内史友寺芻"一語，張亞初、劉雨在《西周金文官制研究》一書中主張：

> 寺爲職官名，芻爲該職官之人的名。寺爲内史之僚友，内史是宫廷内隨王左右的史官，與後世的内小臣有相近之處。所以寺這一職官與後世的閹官寺人可能有關。[1]

四、小臣

小臣，在《周禮》中記載爲"内小臣"。張亞初、劉雨在《西周金文官制研究》一書中認爲：

> 無論是西周早期還是西周中期、晚期，小臣都同時存在身份高與低的兩種人，雖然同叫小臣，他們所處的地位并不相同，我們必須對具體的問題作具體的分析。[2]

實際上，小臣祇有兩個含義，一個是謙詞的小臣，一個是特定的宦官、閹人。前者如《尚書·召誥》：

> 予小臣，敢以王之讎民、百君子，越友民，保受王威命明德。

這個自謙的人是召公。後者如《國語·晉語》：

> 驪姬與犬肉，犬斃。飲小臣酒，亦斃。

韋昭注曰："小臣，官名，掌陰事陰命，閹士也。"

根據《周禮·天官·内小臣》中的相關記載：

---

[1] 張亞初、劉雨：《西周金文官制研究》，中華書局 1986 年版，第 43 頁。
[2] 同上，第 44—45 頁。

内小臣掌王后之命，正其服位。后出入，則前驅。若有祭祀、賓客、喪紀，則擯，詔后之禮事，相九嬪之禮事，正内人之禮事，徹后之俎。后有好事于四方，則使往。有好令于卿大夫，則亦如之。掌王之陰事陰令。

如《小臣宅簋》彝銘。

《小臣宅簋》彝銘拓片

《小臣宅簋》彝銘釋文：

> 唯五月壬辰。同公在豐。
> 令宅事伯懋父。伯賜
> 小臣宅畫毌、戈九。賜
> 金車、馬兩。揚公伯休。
> 用作乙公尊彝。子子孫
> 永寶。其萬年用鄉（饗）王出入。

因爲小臣宅在豐地侍奉伯懋父，于是伯懋父就"賜小臣宅畫毌、戈九。賜金車、馬兩"。這裏的"九"和"兩"是數詞。顯然，這裏小臣的工作明顯是屬于家務、内侍一類，即"正内人之禮事，徹后之俎"。

同樣的事情，也出現在《小臣單觶》彝銘中："王後覎（坂、返）克商，在成師，周公賜小臣單貝十朋。"這裏的小臣單侍奉周成王討代武庚叛亂得勝後，周公親自出馬賞賜小臣單"貝十朋"。《大克鼎》彝銘中記載的西周天子賞賜給膳夫克的物品中居然有"小臣"一項。看起來，史官和小臣的地位全在膳夫克之下。

在商周彝銘中記載的有名可考的小臣有宅、夌、兒、靜、單、遄、譴、牀生、成友等等。

五、歷人

眉縣新出青銅器《四十三年逑鼎》彝銘中有所謂"令汝官嗣歷人"一語。銅器雖是新出，但是"歷人"一詞却是舊有，對其解釋也一直是異議頗多，難成定論。有武官説，有奴隸説，有俘虜説……不一而足。而以晚清孫詒讓的"歷人謂搏執平民而歷其手"爲典型代表。

從晚清孫詒讓到現當代馬敘倫、楊寬等人都主張，"歷人"就是"人歷"，亦即"人鬲"。楊寬在《釋"臣"和"鬲"》一文中，就是持此説。在《西周史》中又進一步解釋爲是指一種被手銬銬起來的"被監禁着的俘虜和奴隷"[1]。但是，這一説立論的根據是源出《尚書·梓材》中的"肆往奸宄殺人歷人宥"一語，必須對"人歷"和"人宥"兩者進行對應性研究和解釋，不能把"人歷"看成是"歷人"的不確定用法。即如果把"人歷"看成是"歷人"的不確定用法的話，那麽也必須同時把"人宥"看成是"宥人"的不確定用法。因爲這二者是同時出現又前後銜接的兩個詞。那種把"殺人歷、人宥"斷句爲"殺人、歷人宥"的理解更是筆者不敢苟同的。因此，"歷人"和"人歷""人宥"顯然是三個意義各不相干的獨立詞語。但在《尚書·梓材》中，"人歷"和"人宥"的使用和表現形式應當是一致的。

因此之故，筆者主張那種把"歷人"解釋爲被手銬銬起來，"被監禁著的俘虜和奴隷"的觀點是不可取的。

完整來看，《四十三年逨鼎》彝銘中的"令汝官嗣歷人"一語的核心首先是"令汝官嗣"一語，這是西周册命金文中的常用術語之一。如《頌壺》和《頌鼎》彝銘中的"令汝官嗣成周"、册命金文中的"令汝官嗣成周貯廿家"、《師嫠簋蓋》彝銘中的"令汝官嗣邑人師氏"……在西周册命金文中出現"令汝官嗣"句式時，後面出現的有以下幾種內容：

其一是繼承祖先的工作和官職，如《師嫠簋》彝銘中的"令汝官嗣乃祖舊官"；其二是賜予新官職，如《師嫠簋蓋》彝銘中的"令汝官嗣邑人師氏"。而在涉及對人的管理職責時，一定會講明具體內容。如彝銘中的"令汝官嗣邑人師氏"，如《伊簋》彝銘中的"官嗣康宫王臣妾百工"，如《善夫山鼎》彝銘中的"令汝官嗣歈（飲）獻人于㬎"，等等。

而上述出現的人物的具體身份，皆不包括被手銬銬起來，"被監禁者的俘虜和奴隷"。就是明確點出了是"臣妾百工"身份的，也和被手銬銬起來，"被監禁者的俘虜和奴隷"意義不同。即在西周册命金文中出現的"令汝官嗣某人"中的"某人"的一語，都是對職官的説明。"邑人師氏""歈（飲）獻人"，還有《四十三年逨鼎》

[1]　楊寬：《西周史》，上海人民出版社 1999 年版，第 295 頁。

彝銘中的"歷人"，皆如此。在否定了把"歷人"解釋爲被手銬銬起來，"被監禁着的俘虜和奴隸"觀點之後，筆者再對"歷人"一詞和"邑人師氏""歆（飲）獻人"一樣，都是一種官職。因此，他們是一群特殊的群體，其身份絶不會是俘虜和奴隸。我們從《周禮》中對職官得名的習慣來推斷，"歷人"應當就是當時負責天文曆法的職官。所以，《四十三年逨鼎》彝銘中的"令汝官嗣歷人"一語就是説"任命你負責主持天文曆法"。在《周禮》中大量出現的亨人、獸人、臘人、酒人、漿人、宫人……等職官名稱，都是"因事以得名"的，它的得名和亨、獸、臘、漿、宫……等單漢字的意義有直接聯繫。因此，把"歷人"解作曆法官，則《四十三年逨鼎》彝銘中的"令汝官嗣歷人"一語之後的話"毋敢不荒寧，虔夙夕吏我幫小大猷"，"毋敢不規不井"，"毋敢不中不井"，也就相應地是對他的告誡，使他注意到曆法對于西周王朝的重要性。特別是"不規不井""不中不井"這句告誡。衹有從曆法官的角度上來理解繞比較合理和圓滿。當然，問題在于"歷人"一職爲《周禮》中所無，而以往又多以"人鬲"來解"歷人"，這就造成了以"人鬲"來解"歷人"現象的出現。

當然，西周官制在金文和《周禮》中并非百分之百的吻合一致。根據劉雨、張亞初在《西周金文官制研究》一書中的研究，發現爲《周禮》所無的官職就有五十七種之多。因此，這裏的"歷人"顯然也是爲《周禮》所無。這正是西周官制從初期發展到成熟階段的一個證據吧。

楊寬等人受孫詒讓在《尚書駢枝》中對"歷人"解説的影響，以爲是俘虜。但是，孫説的"歷人謂搏執平民而歷其手"之説，缺乏力證。而且，無法説明《四十三年逨鼎》彝銘中的"令汝官嗣歷人"的職位特徵。因此，我們主張孫説、楊説皆不足取。

第八節　駐外官類

在西周王朝的政治制度中，監國制度是作爲分封制度的一個輔助作用而出現的。最初，根據《逸周書·大匡解》記載：

惟十有三祀，王在管。管叔自作殷之監。

《逸周書·作雒解》中也有相關記載：

> 武王克殷，乃立王子祿父，俾守商祀。建管叔于東，建蔡叔、霍叔于殷，俾監殷臣。

這是一個合理而有效的治國方法。然後就出現了大量的監國者。見《國語·鄭語》中提到：

> 當成周者，南有荊蠻、申、呂、應、鄧、陳、蔡、隨、唐；北有衛、燕、狄、鮮虞、潞、洛、泉、徐、蒲；西有虞、虢、晉、隗、霍、楊、魏、芮；東有齊、魯、曹、宋、滕、薛、鄒、莒；是非王之支子母弟甥舅也，則皆蠻、荊、戎、狄之人也。

于是，相應的也就有上述各諸侯封國的監國者存在。

1958 年，江西餘干縣曾出土一件銅器《應監甗》，通高 34.9 厘米、口徑 22.4 厘米，款足高 15.8 厘米，足飾饕餮紋，口沿內壁彝銘衹有六個字："應監作寶尊彝。"這裏的彝銘并不難解，其中比較有爭議的是對應監的理解和地望問題。

對"應監"含義的理解，學術界目前爲止大致有四種説法：

其一，是中央派往應國的監國者。

其二，是指應國君主，他先被封爲應監，後發展爲應侯。

其三，是用來監督殷王朝的。

其四，應監是人名。

郭沫若在《釋應監甗》一文中主張，這裏的應監可能是"中央派往應國的監國者"。《應監甗》出土以後，學術界掀起了對西周監國制度的研究。西周監國制度開始于封商紂之子武庚于殷之時。册封之時同時派遣武王的兩個弟弟管叔與蔡叔前往殷地進行監察。武庚、管叔、蔡叔三人同時肩負起監察殷代遺民的工作。這就是史書所稱的"三監"。三監的出現是西周監國制度和監國組織的係統化和具體化的開始。西周監國制度在本質上無非是保障西周王權一體化的一種行政手段。

但是，應國的地理位置不該遠到今天的江西餘干縣。當然，李學勤在《應監甗新説》一文中主張應國就在江西。[1]此説恐怕和對應國的古代文獻記載以及現今出

---

[1] 見李學勤：《應監甗新説》，劉晟甫主編：《應國墓地的發現與研究》，平頂山市文物管理局 2006 年版，第 89—91 頁。

土文物的地點多有不合。

應國有殷時應國和西周應國二者之區別。

《水經注》引《汲郡古文》云："殷時已有應國。"同樣的記載還見于《史記正義·梁孝王世家》《漢書注·地理志》等書中。今本《竹書紀年》記載"盤庚七年，應侯來朝"之事。武丁時期甲骨史料中也有"貞：王步于應"的記載。這是殷時的應國。從"王步于應"之記載來分析，殷時應國地理位置顯然距殷墟不遠，商王纔可能"王步于應"。

西周應國相傳爲武王第四子所封國，具體位置在今河南平頂山市滍陽鎮。1979年12月，平頂山市新華區薹陽鎮北薹村磚瓦窑場取土時，意外地挖掘出一座古墓，那裏陸續出土了一批應國的青銅器。此後又經歷十幾年的正規考古發掘，一個幾乎消失的古應國的真實面目從此走進學術界的視野。

《括地志》云：

> 故應城，因應山爲名，在汝州魯山縣東三十里。

《水經注·滍水》：

> 滍水東逕應城南，故應鄉也，應侯之國。

顏師古注《漢書·地理志》"潁川郡父城下"：

> 應鄉，故國，周武王弟所封。

這裏還有滍水的支流應水。根據酈道元《水經注》卷三十一記載：

> （應水）出魯陽縣北恃山東南。

乾隆《寶豐縣誌·水利》中記載："邑南十里，舊應河驛。"可見此水歷史悠久。但是，無論如何應國的地理位置不可能是在江西或陝西，儘管這兩地都有應國銅器出土。而根據筆者的研究發現，西周封國的地理位置在地名上一般是沿襲殷制的。即在殷時封地的基礎上對西周王家子弟進行分封。則西周應國的封地也是利用了殷代應國封地而來，即商周應國地理位置一般是不變的。

現在已經發現的應國銅器有《應侯鐘》《應公簋》《應監甗》《應公方鼎》《應公解》《應公壺》等數十件器物。又據《逸周書·王會解》載：

周武王滅商，諸侯來朝，應侯立内臺西面正北。

再根據《逸周書・王會解》所言：

成周之會……内臺西面者正北方，應侯、曹叔、伯舅、中舅，比服次之。

可見應國和西周王朝一直保持着臣屬關係。而且，應國和周邊國家也保持着婚姻關係。河南出土的《應申姜鼎》彝銘中記載：

應申姜作寶鼎。其子子孫孫永寶用。

這是爲嫁到應國的申國女子所作的銅器。申國爲姜姓國，具體地望在今河南省南陽市一帶，位于應國西面，與應國爲近鄰。《鄧公簋》彝銘中記載："登（鄧）公作應嫚妣（毘）朕（媵）簋。其永寶用。"這是鄧公爲嫁到應國的女兒所作的銅器。鄧國的具體位置在今湖北襄樊一帶，位于應國南面。應國與申、鄧等國聯姻的銅器彝銘，反映了當時作爲西周王朝的一個諸侯國的應國，與申、鄧等周邊諸侯的通婚關係。

"應監"名稱之外，銅器中還有"句監"（見《句監鼎》）、"榮監"（見《榮監再》）等稱，也有一概而論的"諸監"（見《仲幾父簋》）。"句監"應是指稱句地之監國者，"榮監"應是指榮地之監國者。可以發現西周初年在各諸侯國都設了監國者，所以纔有"諸監"之稱。可知，在西周王朝分封諸侯之時也同時設立了監國者一職。《周禮・太宰》中記載有：

正月之吉，始和布治於邦國都鄙，乃縣治象之法於象魏，使萬民觀治象，挾日而斂之。乃施典于邦國，而建其牧，立其監，設其參，傅其伍，陳其殷，置其輔。

這裏的"監"，許慎《説文解字》：

監，臨下也。

在具體職官上又和"大司馬"一職相合。見《周禮・大司馬》：

掌建邦國之九法，以佐王平邦國。制畿封國，以正邦國；設儀辨位，以等邦國；進賢興功，以作邦國；建牧立監，以維邦國。

因此，在《禮記・王制》中標有"天子使其大夫爲三監，監於方伯之國"之説。正是因爲有了句監、榮監、艾監、諸監……的存在，周永珍先生的應監人名説是不可取的。

　　問題的關鍵是應國的銅器怎麼會流傳到了江西餘干縣？不然也就不會有李學勤的應國地望江西説了。看起來問題的核心有兩點：

　　第一是監國制度的地望和分封制度的地望的分合問題。

　　第二是監國者和分封國諸侯之間是一還是二。

　　應國封地本在今河南平頂山市滍陽鎮，那裏顯然是應公或應侯的地望，和應監的地望可能是無涉的。因此，筆者主張應監和應公、應侯是二而非一。

　　耿鐵華曾主張這裏的應監不但不是應公或應侯本人，反而可能是"監視應公或應侯"的西周王朝下派的官吏。但是，耿氏此説還要解決：假如應監遠在江西的話，又怎麼可能對河南平頂山的應國形成監視作用呢？而且，把應監理解爲"監視應公或應侯"的西周王朝下派的官吏，那麼彝銘中的"應監作寶尊彝"和西周自作器彝銘的通例就不相和了。西周自作器彝銘的通例一般是在彝銘中點出作器者的氏名或職名的。這裏的"應"是氏名，職名是"監"。"應監"祇能代表應氏族出任監國者，不可能是指"監視應公或應侯"的西周王朝下派的官吏。在此基礎上，應監則是西周王朝從應國王室中選出的下派到江西餘干縣地區的出任監國的應氏嫡系子孫。而不是郭沫若在《釋應監甗》一文中所主張的可能是"中央派往應國的監國者"。正相反，他是中央由應國派出的監國。

　　應氏和西周王朝保持一致是衆所周知的。連《詩經·下武》中都留下了"應侯順德"的贊美記録。如下：

> 下武維周，世有哲王。三后在天，王配于京。
> 王配于京，世德作求。永言配命，成王之孚。
> 成王之孚，下土之式。永言孝思，孝思維則。
> 媚兹一人，應侯順德。永言孝思，昭哉嗣服。
> 昭兹來許，繩其祖武。於萬斯年，受天之祜。
> 受天之祜，四方來賀。於萬斯年，不遐有佐。

這裏的"應侯順德"，《毛傳》居然解釋爲：

> 應，當；侯，維也。

朱熹《詩集傳》中更是照此解釋成：

　　　　侯，維。言天下之人皆愛戴武王，以爲天子，而所以應之，維以順德。

對比《水經注·滍水》等書中的相關記載：

　　　　滍水東逕應城南，故應鄉也，應侯之國。

足見《毛傳》等説之誤。趙伯雄在《“應侯順德”解》一文中曾對此有過抨擊。[1]
因此，應監的監國所在地和應國的地望也是二而非一的。其實，三監的封地和地望，
《逸周書》《史記·周本紀》和《漢書·地理志》等古籍中的記載也是矛盾的。究其
原因也是把監國制度的地望和分封制度的地望看作是一致的。而實際上這兩者是可
分可合的，一般又是以分爲多。江西出土的《應監甗》正是應氏嫡系子孫由西周王
朝派出擔任江西餘干地區監國時的自作器。

---

[1]　見趙伯雄：《“應侯順德”解》，《古籍整理研究學刊》1998 年第 6 期。

第十二章　詞類用語

引　論

　　本章我們將研究商周彝銘中名詞、動詞和數量詞等之外的常見的八個虛詞用語。因爲對商周彝銘詞類的研究，是近現代學術界研究的熱點課題。容庚早在 1929 年就發表了《周彝銘中所見代名詞釋例》一文，對此進行了專門的研究。而後，楊樹達在《積微居金文説》中已經大量探討了這一問題。其間，吳其昌曾計劃撰寫專著系統地研究這一問題，但是書未寫成而人已不幸病故。

　　1949 年新中國成立以後，對彝銘的語言學研究逐漸成爲漢語史學界、古文字學界、語言學界研究的重要專題之一。至今，先後有管燮初、韓耀隆、黃盛璋、周法高、馬國權、楊五銘、陳永正、趙誠、張玉金、張振林、崔永東、武振玉等人發表了相關研究論著，使這一問題日益變得清晰起來。李學勤曾深有感觸地説：

> 　　前人考釋金文，多側重人地的考證，名物的訓詁，而對其文句的分析每有忽略。特別是金文中的虛詞，很多學者未能予以注意。這種現象常常導致考釋的錯誤，甚至文義顛倒，妨礙了金文的理解和研究。[1]

這一評價一針見血地指出了彝銘學研究的弊病所在。目前爲止，對這一問題的研究從已經出版的學術著作來看，做得最好的學者是崔永東、張玉金和武振玉等人。他們從西方傳統語言學的理論上分析了金文中詞類、句法等具體的語法問題。

---

[1]　李學勤：《〈兩周金文虛詞集釋〉序》，崔永東：《兩周金文虛詞集釋》，中華書局 1994 年版，第 1 頁。

第一節 代 詞

常見的代詞有"朕""我""余""余一人""女""汝""乃""若""厥""其""茲""爾""是""之"等。

一、朕

如《大克鼎》彝銘："昔余既令汝，出入朕令。"《大盂鼎》彝銘："若敬乃正，勿灋朕命。"

二、我

如《毛公鼎》彝銘："乃唯是喪我或。"《鬲從盨》彝銘："汝覓我田。"《令彝》彝銘："我唯令汝。"

三、余、余一人

如《大克鼎》彝銘："今余唯䌈就乃令。"《善鼎》彝銘："今余唯肇䌈先王令。"《師獸簋》彝銘："余令汝死我家。"《毛公鼎》彝銘："余一人立。"

關于"余"（含"余一人"）"我""朕"三個人稱代詞的出現頻率，武振玉在《兩周金文語法劄記四則》一文中總結：

> "余"有一百九十三例，"我"有一百零九例，"朕"有一百七十八例，均是高頻詞。出現時間上，"余""我"主要見于西周晚期和春秋時期，"朕"主要見于西周中期和晚期……"余"以充當主語爲主，"我"和"朕"以充當定語爲主。[1]

四、女·汝

如《鬲從盨》彝銘："汝覓我田。"《師旬簋》彝銘："亦則于汝乃聖祖考，克專右先王。"

五、乃

如《師獸簋》彝銘："乃祖考有爵（勳）于我家。"《師㝬簋》："令汝嗣乃祖舊官。"

汝、乃二者一般多用在單數人稱場合。

---

[1] 武振玉：《兩周金文語法劄記（四則）》，《內蒙古民族大學學報》2009 年第 6 期。

六、若

如《大盂鼎》彝銘："若敬乃正，勿灋朕令。"《大盂鼎》彝銘："若文王令二三正。"

七、厥

如《師旂鼎》彝銘："使厥友引以告于伯懋父。"

八、其

如《宗周鐘》彝銘："王敦伐其至。"

九、茲

如《訇鼎》彝銘："訇用茲金。"

十、爾

如《何尊》彝銘："昔在爾考公氏。"

十一、是

如《毛公旅方鼎》彝銘："是用壽考。"《豐伯車父簋》彝銘："子孫是尚。"

十二、之

如《君夫簋蓋》彝銘："其永用之。"《齊鎛》彝銘："侯氏賜之邑。"

彝銘詞類研究是目前漢語言文字學界比較熱門的一個課題。但是成爲定論的還很少，雖然很熱，但是還是處在拓荒的階段。如何借鑒西方語言學理論來處理古代漢語的詞類，還值得後代人去努力和研究。

第二節　形容詞

形容詞大量出現在商周彝銘中，這是商周彝銘的語言特點之一。很多彝銘習慣用語，在本質上是形容詞性質的，如"丕顯""對揚""休揚""屯魯""靜幽""魯休"……因此，我們也可以將其歸納到形容詞中。如此一來，則商周金文中的形容詞陣容就十分龐大了。

大致説來，商周彝銘的形容詞分爲兩大類：單字形容詞和多字形容詞。我們這裏祇對一些常見的形容詞進行舉例説明。

一、單字形容詞

常見的單字形容詞有"孔""其""尚""爽""新""永""大""小""白""玄""吉""赤""朱""嘉""舊""不""丕""休"等。

1. 孔

如《伯公父簠》彝銘："其金孔吉。"《師龢鼎》彝銘："用乃孔德遜（遜）屯（純）。"

2. 其

如《盠彝》彝銘："天子丕叚丕其。"

3. 尚

如《豐伯車父簠》彝銘："萬年無疆，子孫是尚。"

4. 爽

如《班簋》彝銘："唯作卲（昭）考爽諡。"

5. 新

如《新邑鼎》彝銘："王來奠新邑。"

6. 永

如《梁其壺》彝銘："永令無疆。"

7. 大

如《五祀㪤鐘》彝銘："膺受大令。"

8. 小

如《中甗》彝銘："余令汝使小大邦。"《毛公鼎》彝銘："雖我邦小大猷。"

9. 白

如《作册大方鼎》彝銘："公賞作册大白馬。"

10. 玄

如《吳方彝蓋》彝銘："玄袞衣。"《頌鼎》彝銘："賜汝玄衣。"

11. 吉

如《師奎父鼎》彝銘："用匄眉壽、黃耉、吉康。"

12. 赤·朱

如《頌鼎》彝銘："赤市（韍）、朱黃（衡）。"《麥尊》彝銘："侯乘于赤旂舟。"

13. 嘉

如《齊侯壺》彝銘："用乞嘉命。"《王孫遺者鐘》彝銘："用樂嘉賓。"

14. 舊

如《邾公華鐘》彝銘："元器其舊。"《師㝨簋》彝銘："令汝嗣乃祖考舊官。"

15. 丕・不

如《師虎簋》彝銘："丕杯魯休。"《師遽簋蓋》彝銘："丕杯休。"

吳大澂在《說文古籀補》卷九中考證：

> 杯，古"顯"字，從二不。不，古"丕"字，大也。

16. 休

如《伯姜鼎》彝銘："伯姜對揚天子休。"《不嫢簋》彝銘："汝休。"《員方鼎》彝銘："休善。"

唐蘭在《論彝銘中的"休"字》一文中主張：

> 休字本訓美，沒有賜與的意義。不過，賜與總是一番好意。所以"休"字就用作好意的賜與，久之也就單用做賜予的解釋了。[1]

二、多字形容詞

常見的多字形容詞有"佗佗""陀陀""汸汸""闌闌""穆穆""喬喬""遊遊""憲憲""趩趩""鉄鉄""翩翩""虩虩""簫簫""滂滂""它它熙熙""剌剌趄趄""柬柬罯罯""皇皇熙熙""倉倉恩恩""鎗鎗鏓鏓""憚憚業業""穆穆翼翼""豐豐熊熊""豔豔熊熊""熊熊豔豔""斁斁夒夒""鉄鉄鏙鏙"等。

有些形容詞來源于對聲音的模擬，如"倉倉恩恩"。爲此，有的學者曾單獨列出"擬聲詞"一項。這一劃分值得肯定。但是，這一劃分更多是和青銅樂器發出的聲音相聯繫。在彝銘實際使用中，往往很難區分是青銅器發生的聲音模擬還是在形容氣勢的壯大和威嚴，如《召仲考父壺》中的"多福滂滂"。很顯然，"滂滂"最初是對雨聲的模擬，但是演變成對福氣的氣勢形容。因此，我們將其納入形容詞。

1. 它它熙熙

如《齊侯鼎》彝銘："它它熙熙。"

2. 佗佗、陀陀

如《訣簋》彝銘："陀陀降余多福憲烝。"

---

[1]《唐蘭先生金文論集》，紫禁城出版社 1995 年版，第 65 頁。

3. 沄沄

如《好盗壺》彝銘："馭右和同，四牡沄沄。"

4. 剌剌趄趄

如《秦公簋》彝銘："剌剌趄趄。"

5. 柬柬獸獸

如《令孤君嗣子壺》彝銘："柬柬㗊㗊。"

6. 闌闌

如《王孫遺者鐘》彝銘："闌闌。"

7. 皇皇熙熙

如《沇兒鐘》彝銘："皇皇熙熙。"

8. 倉倉恩恩、鎗鎗鏓鏓

如《宗周鐘》彝銘："倉倉恩恩。"《梁其鐘》彝銘："鎗鎗鏓鏓，鉠鉠鏴鏴。"

9. 穆穆

如《大克鼎》彝銘："穆穆朕文祖師華父。"

10. 喬喬

如《邵黛鐘》彝銘："喬喬其龍。"

11. 遊遊

如《蔡侯盤》彝銘："威義遊遊。"

12. 憚憚懍懍

如《中山王𧻚鼎》彝銘："憚憚懍懍。"

13. 穆穆翼翼

如《梁其鐘》彝銘："穆穆翼翼。"

14. 憲憲

如《井人妄鐘》彝銘："妄憲憲聖趫。"

15. 趩趩

如《秦公鐘》彝銘："趩趩允義。"《秦公簋》彝銘："趩趩文武。"

16. 鉠鉠

如《秦公鐘》彝銘："霝（靈）音鉠鉠。"

17. 翩翩

如《毛公鼎》彞銘：“翩翩四方，大從不靜。”

18. 虩虩

如《晉公盦》彞銘：“虩虩在上。”《叔夷鐘》彞銘：“虩虩成唐。”

關於“虩虩成唐”，白川靜《説文新義》中解釋：

　　“虩虩成唐”者，與《詩》之《魯頌·閟宮》“赫赫姜嫄”、《小雅·節南山》

“赫赫師尹”同《出車》“赫赫南仲”者相同。則虩虩即赫赫。[1]

19. 簫簫

如《齊侯鎛鐘》彞銘：“簫簫義政。”

這裏的“簫簫”即虩虩，亦即赫赫。

20. 豐豐熊熊、豔豔熊熊、熊熊豔豔、數數夐夐、逄逄淵淵

如《戰狄鐘》彞銘：“豐豐熊熊。”《虢叔大林鐘》彞銘：“豔豔熊熊。”《宗周鐘》
彞銘：“熊熊豔豔。”《士父鐘》彞銘：“數數夐夐。”

數，或作“夒”。何琳儀在《“逄逄淵淵”釋訓》一文中考證：

　　“夒”，諸家或有異説。如徐同柏釋“鼓”，孫詒讓釋“夒”，高田忠周釋
“夒”即“捧”之異文，徐中舒以爲是與“蓬”“芃”“菶”同聲相假之字，郭沫
若讀“蓬”。按，以上諸説當以讀“蓬”近是，蓋“蓬”“夒”均從“丰”得聲，
“蓬”與“逄”通，“數數”“逄逄”“蓬蓬”皆一音之轉。“逄逄”，見《詩經·
大雅·靈台》“鼉鼓逄逄”，《傳》“逄逄，和也”。《釋文》“《埤蒼》云，逄逄，
鼓聲也。字作韸”。《太平御覽·五八二樂部二十鼓類》引《詩》作“蓬蓬”。
《吕覽·諭大》注、《一切經音義》六引《詩》均作“韸韸”。朱起鳳曰：“逄、
蓬、韸，三字并從夆聲，古通用。逄逄者，鼓聲之大也……”由此類推，鐘銘
“數數”爲模擬鐘聲鼓音聲之詞。[2]

21. 滂滂

如《召仲考父壺》彞銘：“多福滂滂。”

［1］　［日］白川靜：《説文新義》，白鶴美術館1974年版。
［2］　何琳儀：《“逄逄淵淵”釋訓》，《安徽大學學報（哲學社會科學版）》，2006年第4期。

22. 鍨鍨鏘鏘

如《梁其鐘》彝銘："鎗鎗鏓鏓，鍨鍨鏘鏘。"

第三節 連 詞

常見的連詞有"眔""及""雩""越""又""有""而""以""與""兼""唯"
"隹""叡"等。現分別予以説明如下。

一、眔

如《令鼎》彝銘："有嗣眔師氏、小子鄉（伶）射。"《靜簋》彝銘："小子眔服、
眔小臣、眔夷僕學射。"《揚簋》彝銘："揚。作嗣工，官嗣量田、佃眔嗣立、眔嗣
芻、眔嗣寇、眔嗣工同（事）。"

根據段玉裁《説文解字注》解釋：

> 眔，目相及也。隶、及也。《石經公羊》"祖之所逮聞"，今本作"逮"。
> 《中庸》"所以逮賤"，《釋文》作"遝"。此眔與隶音義俱同之證。從目，隶
> 省，會意。

二、及

如《保卣》彝銘："王令保及殷東或（國）五侯。"《秦公鐘》彝銘："公及王姬曰。"
先秦文獻中，《尚書·湯誓》："予及汝皆亡。"這裏的"及"，連詞。和、與之義。

三、雩、越

彝銘中二者皆出，但多作"雩"。

如《毛公鼎》彝銘："雩朕褻事。"《善鼎》彝銘："余其用各我宗子雩百生
（姓）。"《大盂鼎》彝銘："唯殷邊侯田雩殷正百辟。"

楊樹達《積微居金文説》卷一《毛公鼎跋》解釋：

> 按雩字從雨從于，銘文用爲連及之詞，與也，及也。經傳省作于。[1]

又見張玉金主張：

---

[1] 楊樹達：《積微居金文説》，中華書局 1997 年版，第 15 頁。

　　"越"和"雩"古音相近，兩者記錄的應是同一個連詞。"越"這種寫法見於西周傳世文獻中，而"雩"這種寫法見於西周出土文獻中。[1]

如此，則作"雩"作"越"者，當爲音近而通假。

四、又、有

彝銘中二者皆出。

如《大盂鼎》彝銘："人鬲千又五十夫。"《同卣》彝銘："唯十又二月。"

五、而

如《叔夷鐘》彝銘："卑百斯男而虯斯字。"

先秦文獻中，《荀子・勸學》："是故質的張而弓矢至焉"。又可見于《論語・學而》："敏于事而慎於言。"這裏的"而"是連詞。

六、以

如《大簋》彝銘："豕以睽頮大賜里。"《虢中盨》彝銘："虢中以王南征。"《走父簋》彝銘："走父以其子子孫孫寶用。"

先秦文獻中，《左傳・僖公三十年》："焉用亡鄭以陪鄰?"又，《僖公三十二年》："勞師以襲遠。"這裏的"以"，連詞。

七、與

如《中山王𦈒鼎》彝銘："非惪（信）與忠，其隹（誰）能之?"

八、兼

如《徐王子旃鐘》彝銘："以樂嘉賓、倗友、者諸臤（賢），兼以父兄、庶士。"

九、唯、隹（唯）

如《士父鐘》彝銘："降余魯多福亡疆，唯康右純魯。"

十、虪

如《王孫遺者鐘》彝銘："中翰虪鴋。"《蔡侯墓殘鐘》彝銘："既孜虪紫。"

黃盛璋在《保卣銘的時代與史實》一文中提出過著名的"眔"先而"及"後說：

> 《令彝》用"眔"多至六個，無一用"及"。穆王時器如《靜簋》也連用三個"眔"，不見有"及"字。《格伯簋》始有"及"，時已屬恭王，《曶鼎》……

[1] 張玉金：《西周漢語語法研究》，商務印書館 2004 年版，第 158 頁。

中也有連詞"及"，但與《舀鼎》同時的《蔡簋》，又復用"眔"……直到屬王時代如《師晨鼎》《爾從盨》仍然用"眔"。秦以後"及"字盛行，"眔"字始不見……總起來説，連詞"眔"字的歷史遠比"及"字爲早，西周初年不能有連詞"及"字出現，這一點不應有多大疑問。[1]

這一分析很有見地，應該給予肯定。黄氏此文的目的是以此字給作銅器斷代增加一個技術指標，已經遠超出語法研究的考慮範圍。

第四節　副　詞

一般來説，古代漢語的副詞有七類：否定、時間、範圍、程度、情態、語氣、表敬。張玉金則分爲九類。我們選擇其中六種舉例説明如下。

一、否定副詞

常見的否定副詞有"不""弗""勿""毋""非""亡"。現分別予以説明如下。

1. 不

如《效卣》彝銘："效不敢不萬年夙夜，奔走揚公休。"《毛公鼎》彝銘："敬念王畏不賜。"

2. 弗

如《舀鼎》彝銘："來歲弗賞，則付卌秭。"《大簋蓋》彝銘："余弗敢鼄（吝）。"

就"不"和"弗"二者之别，武振玉發現：

出現頻率上，"不"（一百五十四例）遠高于"弗"（五十多例）。出現時間上，"不"西周和東周時期比較持平，"弗"則主要見于西周時期，亦即"弗"的應用時間比較集中，而"不"的沿用時間較長。就語法意義看，"不"較"弗"更爲客觀，"弗"帶有更多的主觀色彩。[2]

可見，統計學的方法總是很有説服力的證據。

---

[1] 黄盛璋：《保卣銘的時代與史實》，《考古學報》1957 年第 3 期。
[2] 武振玉：《兩周金文語法劄記（四則）》，《内蒙古民族大學學報》2009 年第 6 期。

3. 勿

如《大盂鼎》彝銘："勿澽朕令。"《召伯虎簋》彝銘："余典勿敢對。"

4. 毋

如《逆鐘》彝銘："毋有不聞智。"《善夫山鼎》彝銘："毋敢不善。"

就"勿"和"毋"二者之别，武振玉發現：

> 出現頻率上，"毋"（七十六例）高于"勿"（三十一例）。出現時間上，除了均是西周晚期頻率最高外，不同的是"毋"在東周金文中仍然較爲多見，而"勿"則明顯減少。[1]

而在《兩周金文中否定副詞"毋"的特殊用法》一文中，武振玉又主張：

> 金文中表示禁止性否定的"毋"以戰國時期最多，而表示一般性否定的"毋"以西周晚期最多。這種時間性差異與"毋敢"這一形式的出現有密切關係……而"毋敢"這一形式是主要出現在册命金文中的。[2]

她將"毋"與"毋敢"的一體化研究，對于"毋"字使用場合及其内涵的變遷，有着極好的參考價值。

5. 非

如《蔡簋》彝銘："厥先非告蔡。"《班簋》彝銘："班非敢覓。"

6. 亡

如《士父鐘》彝銘："降余魯多福亡疆。"《師訇簋》彝銘："亡不康靜。"

二、時間副詞

常見的時間副詞有"咸""既"。現分别予以説明如下。

1. 咸

如《史獸鼎》彝銘："史獸獻工于尹，咸獻工。"《噩侯鼎》彝銘："王宴，咸飲。"

2. 既

如《大克鼎》彝銘："昔余既女令汝出内朕令。"《曶鼎》彝銘："我既賣（贖）汝五夫。"

---

[1]　武振玉：《兩周金文語法劄記（四則）》，《内蒙古民族大學學報》2009 年第 6 期。
[2]　武振玉：《兩周金文中否定副詞"毋"的特殊用法》，《長春師範學院學報（人文科學版）》2006 年第 1 期。

三、範圍副詞

常見的時間副詞有"咸""率""迨""及""具""唯"。現分別予以説明如下。

1. 咸

如《秦公簋》彝銘："萬民是敕，咸畜胤土。"《塱方鼎》彝銘："豐公、薄姑咸在。"《令彝》彝銘："舍四方令，既咸令。"

在先秦文獻中，《詩經·閟宮》中有"克咸厥功"一句。

2. 率

如《大盂鼎》彝銘："率肆于酉（酒）。"

3. 迨

如《史牆盤》彝銘："迨受萬邦。"

4. 及

如《保卣》彝銘："王令保及殷東或（國）五侯。"《鄭虢仲簋》彝銘："子子孫孫及永用。"

5. 具

如《宗周鐘》彝銘："南淮夷、東夷具見。"《九年衛鼎》彝銘："顔小子具寅夆。"

武振玉在《殷周金文範圍副詞釋論》一文中總結殷周金文中的範圍副詞有大致七個："咸""具""皆""率""并""凡""一"。據他統計：

> 總體特點是出現頻率都有限，計爲：咸 7 例……具 10 例……皆 2 例……率 2 例……并 2 例……凡 9 例……一 2 例……從語法意義看，這些詞可分爲三類："咸、具、皆、率、一"爲一類……"凡"爲一類……"并"爲一類……從出現時間看，"率"較早（商晚、西早各 1 例），"凡"集中于西中（3 例）和西晚（4 例），"具"集中于西晚（6 例），"咸"集中于春秋（5 例），"皆"祇見于戰國。[1]

6. 唯

如《塱方鼎》彝銘："不叔唯死。"

---

[1] 武振玉：《殷周金文範圍副詞釋論》，《長沙理工大學學報（社會科學版）》2010 年第 1 期。

四、程度副詞

常見的程度副詞有"或""亦""再"。現分別予以説明如下。

1. 或

如《多友鼎》彝銘："多友有折首執訊。"

2. 亦

如《鬴公盨》彝銘："亦唯協天。"《毛公旅方鼎》彝銘："亦唯簋。"

3. 再

如《陳喜壺》彝銘："陳喜再立事歲。"

五、情態副詞

常見的情態副詞有"允""必"。現分別予以説明如下。

1. 允

如《班簋》彝銘："允在（哉）！顯唯敬德。"

2. 必

如《新郪虎符》彝銘："會王符，乃敢行之。"

六、表敬副詞

常見的表敬副詞有"敢""敬"。現分別予以説明如下。

1. 敢

如《梁其鐘》彝銘："梁其敢對天子，丕顯休揚。"《效卣》彝銘："效不敢不萬年夙夜，奔走揚公休。"

2. 敬

如《牧簋》彝銘："敬夙夕，勿灋朕令。"《何尊》彝銘："敬享哉。"

第五節　感嘆詞

常見的感嘆詞有"烏虖""於虖""繇""已""叡"等。

一、單字感嘆詞

1. 繇

如《彔伯𤟘簋蓋》彝銘："繇！自乃祖考有爵于周邦。"

關于"緐"字，楊樹達在《積微居金文説》一書中考證：

> 按緐爲嘆詞。《爾雅·釋詁》云："緐，於也。"郭注云："緐，辭。"緐與銘文之緐同。《爾雅》訓緐爲於者，於乃《書·堯典》"僉曰於緐哉"之於，亦嘆辭也。猷與緐古同音，故今本《尚書》多作猷。[1]

2. 已

如《毛公鼎》彝銘："已！曰及兹卿事寮、太史寮于父即尹。"《大盂鼎》彝銘："已！汝妹辰又大服。"

顏師古注《漢書·翟義傳》："已，嘆詞。"

3. 叡

如《師旂鼎》彝銘："叡！厥不從厥右征。"《大保簋》彝銘："叡！厥反。"

關于"叡"字，柯昌濟在《韡華閣集古録跋尾》卷十七中考證：

> 金文之叡，用爲"嗟"字。新出之《小臣誺簋》："叡！東夷大反。"即《書》"王曰嗟"之"嗟"。

二、多字感嘆詞

1. 烏虖

如《何尊》彝銘："烏虖！爾有唯小子亡哉。"《效卣》彝銘："烏虖！效不敢不萬年夙夜，奔走揚公休。"

2. 於虖

如《妏蚉壺》彝銘："於虖！先王之德。"

第六節　語氣詞

古代學者已經注意到了語氣詞的位置可以在句首、句中和句尾。如劉勰在《文心雕龍·章句篇》中就已經明確地指出："夫、惟、蓋、故者，發端之首唱。之、而、於、以者，乃劄句之舊體。乎、哉、矣、也，亦送末之常科。"在商周彝銘中，

---

[1] 楊樹達：《積微居金文説》，中華書局 1997 年版，第 3 頁。

常見的語氣詞有"已""曰""焉""肇""斿""夫""唯""隹""叀""其""哉""才""雩"等。有些學者將語氣詞劃入副詞或助詞。

一、句首

1. 曰

如《毛公鼎》彝銘："曰古文王。"《多友鼎》彝銘："廼曰武公曰。"

2. 夫

如《中山王舋壺》彝銘："夫古之聖王。"

3. 唯、隹

如《中方鼎》彝銘："唯王令南宫伐反虎方之年。"《魯侯簋》彝銘："唯王令明公遣三族伐東或（國）。"

4. 叀

《禹鼎》彝銘："叀西六師、殷八師伐噩（鄂）侯馭方。"

5. 雩

如《麥方尊》彝銘："雩若二月。"又見："雩若翌日。"《靜簋》彝銘："雩八月初吉庚寅。"

二、句中

1. 已

如《吳王光和鐘》彝銘："往已叔姬。"

2. 肇

如《黃尊》彝銘："黃肇作文考宗伯旅尊彝。"《善鼎》彝銘："今余隹肇醽（申）先王令。"

關于"肇"字，吳闓生在《吉金文録》卷一中考證：

> 肇之省文每作戉。《訣鼎》"訣戉作旅鼎"、《斐鼎》"斐戉作寶旅鼎"。釋者以訣戉、斐戉爲人姓名。不知其云戉者，皆肇也。

此説正確。"肇"字省文作"戉"，當是下面的"聿"字被省。保留了"戉"聲，可知道"戉"爲"肇"字的聲符。

3. 斿

如《中山王舋壺》彝銘："此易言而難行斿。"

4. 其

如《走鐘》彝銘："走其萬年子子孫孫永寶用享。"《智鼎》彝銘："子子孫孫其永寶。"

關于"其"字，有些學者主張是副詞。如張玉金在《甲骨金文中"其"字意義的研究》一文中提出：

> 西周金文中的"其"，跟殷代甲骨文中的"其"是一樣的，也是副詞，也有兩個義項，一是將要的意思……二是表祈使、希望語氣，可譯爲"希望""還是"。[1]

但是，副詞說尚不如語氣詞說更能表達它的功能。

三、句尾

1. 哉、才

如《魚鼎匕》彝銘："曰欽哉。"《班簋》彝銘："允才。"

2. 焉

如《中山王礜壺》彝銘："不羊（祥）莫大焉。"

第七節　介　詞

常見的介詞有"于""於""自""才（在）""用""以""及"等。

一、于

如《小克鼎》彝銘："王令善夫克舍令于成周。"《噩侯鼎》彝銘："噩（鄂）侯馭方納醴于王。"可見商周彝銘中的"于"字更多出現在動詞後面、名詞前面。這一基本模式已經成爲漢語介詞的一個基本特徵。在先秦傳世文獻中，如《莊子·秋水》"飛于北海"、《論語·憲問》"子路宿于石門"等，皆可以爲證。

二、於

如《中山王礜鼎》彝銘："則上逆於天。"《師訇簋》彝銘："亦則於汝乃聖祖考，

[1]　張玉金：《甲骨金文中"其"字意義的研究》，《殷都學刊》2001年第1期。

尃（輔）右先王。”可見商周彝銘中的“於”字也是更多出現在動詞後面、名詞前面。在先秦傳世文獻中，如《孟子·梁惠王》“則無望民之多於鄰國也”、《論語·子張》“子貢賢於仲尼”等，皆可以爲證。

三、自

如《縣改簋》彝銘：“其自今日。”《令鼎》彝銘：“王歸自諆田。”可見商周彝銘中的“自”字也是更多出現在名詞前面。在先秦傳世文獻中，比如《尚書·無逸》“自朝至于日中昃”、《左傳·襄公三十一年》“自今，請雖吾家，聽子而行”等，皆可以爲證。

四、才（在）

如《柞伯簋》彝銘：“王大射在周。”《大盂鼎》彝銘：“王在宗周。”

對于才（在），一向有介詞説和動詞説兩種觀點存在。爭論也頗激烈，至今尚無定論。武振玉在《金文“在”字詞性初探》一文中提出該字作爲介詞的六種使用場合，并以前後搭配詞作爲判定介詞屬性的輔助工具，是有創意的文章，值得關注。[1]

五、用

如《師器父鼎》彝銘：“用享孝于宗室。”《王子午鼎》彝銘：“用享以孝于我皇祖文考。”可見商周彝銘中的“用”字更多作爲分句句首出現。“用享孝”“用享用孝”“用享以孝”等表現形式，和“以享以孝”相同。見下“以”。

六、以

如《不期簋》彝銘：“汝以我車，宕伐獫狁于高陶。”《五年召伯虎簋》彝銘：“余獻寢氏以壺。”《衛姒鬲》彝銘：“以從永征。”

七、及

如《叔多父盤》彝銘：“受害福用及孝婦嫘氏。”《毛公鼎》彝銘：“及兹卿事寮大史寮。”可見商周彝銘中的“及”字也是更多作爲分句句首出現。

---

[1] 武振玉：《金文“在”字詞性初探》，《社會科學輯刊》2007 年第 6 期。

第八節　助動詞

助動詞的問題比較複雜。至今，它可以在甲骨文、金文、先秦傳世文獻中有各自不同的表現形式。學術界對此立論頗多，尚未達成定論。但是，大致可以取得一致意見。

一、敢

如《四十三年逨鼎》彝銘："毋敢妄寧。"《牧簋》彝銘："汝毋［敢弗］帥先王作明井用。"

湯餘惠在《金文中的"敢"和"毋敢"》一文中主張：

> 有兩點必須指出：一是均屬周王或上級官長對作器者的策命或訓戒之辭，并不是作器者自言自己將如何如何……二是"敢"字之前用"毋"，而不用"不""弗"等否定詞。[1]

二、克

如《師望鼎》彝銘："穆穆克盟厥心。"《逨盤》彝銘："桓桓克明悊（哲）厥德。"

關于"克"字，武振玉在《兩周金文助動詞釋論》中得出結論：

> "克"是一個基本祇見于上古漢語早期的助動詞。[2]

這裏，"克"可以作爲彝銘斷代的一個根據之一。

在先秦傳世文獻中，《尚書·舜典》："八音克諧"。又見《左傳·成公十三年》："不克逞志于我。"

---

[1] 湯餘惠：《金文中的"敢"和"毋敢"》，吉林大學古文字研究室編：《中國古文字研究》第 1 輯，吉林大學出版社 1999 年版，第 55 頁。
[2] 武振玉：《兩周金文助動詞釋論》，《殷都學刊》2008 年第 4 期。

第十三章　嘏祝辭用語

引　論

嘏，根據鄭玄注《禮記·郊特牲》：

> 主人受祭福曰嘏。

徐師曾《文體明辨》中解釋爲：

> 按嘏者，祝爲尸致福于主人之辭。

因此，在《詩經·賓之初筵》有"錫爾純嘏"一語。商周彝銘中出現的嘏辭用語可以説種類繁多。比較常見的如"子子孫孫永寶用""敢對揚某休""丕顯某休""眉壽萬年""眉壽無期，永寶用之"，等等。這些用語又有繁、簡兩種表現形式。"其萬年子子孫孫，永寶用享"是繁式，而"其萬年""其萬年永寶""其永寶""子孫永寶"等皆爲上述繁式的簡化，亦即簡式。"某休"則是"對揚某休""丕顯魯休"等的簡式。最簡單的如銘末嘏辭用語已經成了當時的固定術語，常常是有韻嘏辭。在西周晚期彝銘中已經屢見，特別表現在南方地區彝銘中，一直延續到戰國時期。而在《禮記·禮運》中則明確提出了"修其祝嘏，以降上神與其先祖"之説。這是對嘏祝辭價值屬性的核心闡述。

關于嘏祝辭用語的定義，孫希旦在《禮記集解》中曾主張：

> 祝，謂饗神之祝辭也。嘏，謂尸嘏主人之辭也。祭初饗神，祝辭以主人之孝告于鬼神。至主人酳尸，而主人事尸之事畢，則祝傳神意以嘏主人，言"承

致多福無疆于女孝孫"，而致其慈愛之意也。

徐中舒在《金文嘏辭釋例》一文中則提出：

> 銅器銘文在十餘字或二十字以上者，大都皆綴一祈匄之辭。蓋古人以天與祖先，皆具有意志，能賞罰人。言祈匄者，即製器者對于天或其祖先有所祈匄之辭，其辭即對其自身及子孫有所祝福也。[1]

但是，徐中舒的"銅器銘文在十餘字或二十字以上者，大都皆綴一祈匄之辭"之說，顯然不恰。因爲商周彝銘、甚至戰國彝銘中經常出現十餘字以下的彝銘、并且具有嘏祝辭者。如《柞鐘》彝銘"其子子孫孫永寶"，《癲鐘》彝銘"年羊角，義文神無疆，覭福"，《伯多壺》彝銘"冬應伯多人非壺，子孫永用"，等等。上述彝銘中的"永寶""無疆，覭福"和"永用"皆爲嘏辭，而且字數皆在"十餘字"以下。因此，字數多少不是嘏辭有無的基礎和標誌。

嘏祝辭雖然有明顯區別，但是更多場合則是功能互換，用辭前後順序甚至出現倒置，并沒有嚴格的祝先而嘏後規律。因此，我們決定二者統稱爲"嘏祝辭"加以研究。筆者分析了商周彝銘中出現的全部嘏祝辭用語，可以劃分爲四類。從嘏辭用語的目的角度而言，嘏祝辭用語可以劃分爲健康嘏祝辭、吉利嘏祝辭、忠孝嘏祝辭、贊美嘏祝辭四類。現分別予以舉例説明。

第一節　健康嘏祝辭

這類嘏祝辭是以祈禱健康和長壽爲目的。常見的有如下。

1. 眉壽、眉壽無疆、以祈眉壽、用祈眉壽

如《邱黨鐘》彝銘："我以享孝，樂我先祖，以祈眉壽。"《王孫遺者鐘》彝銘："用享以孝于我皇祖文考，用祈眉壽。"《要君盂》彝銘："要君伯廇自作饎盂。用祈眉壽無疆。"《此簋》彝銘："匄眉壽。"

在先秦傳世文獻中，《詩經·閟宮》："天錫公純嘏，眉壽保魯。"又見《周頌》：

---

[1]　徐中舒：《金文嘏辭釋例》，《中央研究院歷史語言研究所集刊》第 6 本第 1 分册，1936 年版，第 1 頁。

"以介眉壽。"

2. 萬年、萬年無疆、萬年永寶、萬年永用、萬年永光、萬年無期、萬年寶用、萬年眉壽、萬年壽考

如《梁其鐘》彝銘："梁其其萬年無疆。"《三年瘋壺》彝銘："其萬年永寶。"《槃簋》彝銘："槃其作寶簋。其萬年壽考。"

3. 永命、永令、永壽、永命萬年、永命無期

如《訇叔鼎》彝銘："訇叔罙信姬其賜壽考，多宗永令。"《叔倈孫父簋》彝銘："永命彌厥生。"《克盨》彝銘："降克多福，眉壽永命。"《復公子簋》彝銘："永壽用之。"

在先秦傳世文獻中，《儀禮·少牢饋食禮》和《士冠禮》："眉壽萬年。"

徐中舒主張，"萬年無疆""萬年眉壽""眉壽無疆"等嘏辭主要盛行于西周厲、宣之世，"無期""眉壽無期""萬年無期""壽老無期""男女無期"等均爲春秋時成周偏東地區之器。他又認爲"永命""彌生"等術語的通行年代爲西周之器，"霝冬"爲春秋晚期之器。最後，他還提出了彝銘中出現的長生觀念是東周時代之器的觀點。[1]

第二節　吉利嘏祝辭

這類嘏祝辭是以祈禱吉利和好運爲目的。常見的有如下。

1. 多福、永福、永命多福、用祈多福、多福無疆、受福無疆、受無疆福、萬壽無期、萬年無疆

如《智壺》彝銘："用作朕文考釐公尊壺。智用匄萬年眉壽，永命多福。"《衛鼎》彝銘："衛肇作厥文考己仲寶鬻鼎。用眉壽，匄永福。"《伯公父簋》彝銘："用祈眉壽，多福無疆。"《虢姜簋蓋》彝銘："虢姜其萬年眉壽，受福無疆。"《弭仲簋》彝銘："弭仲受無疆福。"

---

[1]　徐中舒：《金文嘏辭釋例》，《中央研究院歷史語言研究所集刊》第 6 本第 1 分册，1936 年版，第 25 頁。

2. 永寶、永用、永寶用、永保用、永寶用享

如《師遽方彝》彝銘："百世孫子永寶。"《孟上父壺》彝銘："其永寶用。"《德克簋》彝銘："克其萬年子子孫孫，永寶用享。"《貳鼎》彝銘："貳作寶鼎，子孫永用。"

3. 純魯、純佑、屯魯、純嘏、屯叚、得純用魯、得純亡敃

如《癲鐘》彝銘："勻永命、鮇（綽）霝（綰）、猶彔、屯（純）魯。"《井人妄鐘》彝銘："克質厥德，得屯（純）用魯。"《梁其鐘》彝銘："得屯（純）亡敃。"《伯姜鼎》彝銘："天子萬年，百世孫孫子子受厥屯（純）魯。"《克鐘》彝銘："用勻屯叚永命。"

在先秦傳世文獻中，《尚書・君奭》："天惟純佑命則"。又："純佑秉德。"

4. 康樂、康勵

如《頌壺》彝銘："用追孝，祈勻康勵、屯（純）右（佑）。"

5. 通祿、猶彔、通彔

如《梁其鐘》彝銘："鮇（綽）霝（綰）、通彔。"《癲鐘》彝銘："受余屯（純）魯、通彔、永命。"《癲鐘》彝銘："勻永令、鮇（綽）霝（綰）、猶彔、屯（純）魯。"

6. 綽綰、卓官、鮇霝

如《梁其鐘》彝銘："鮇（綽）霝（綰）、通彔。"《癲鐘》彝銘："勻永令、鮇（綽）霝（綰）、猶彔、屯（純）魯。"

關于"綽綰"，吳大澂在《字説》一書中注釋：

> 綽綰、眉壽，古延年語也。

又見王應麟《困學紀聞》卷八：

> 《博古圖》：《晉姜鼎》銘"用薪綽綰眉壽"，《伯碩父鼎》銘"用祈丐百禄眉壽綰綽"，《孟姜敦銘》"綰綽眉壽"，石湖云："似是古人祝延常語。"愚謂：《漢書・安世房中歌》云"克綽永福"，顏氏注：綽，緩也，亦謂延長。

吉利的嘏祝辭，有時居然不在銅器彝銘中出現。這有些出人意料之外。如強伯、井姬兩組銅器就是案例。張長壽在《論寶雞茹家莊發現的西周銅器》一文中爲此主張：

　　強伯和井姬這兩組銅器都是食器和水器……這兩組銅器的銘文字體都很潦草，這和同時期一般的銅器銘文有明顯的不同，而且，銘文中也沒有"寶尊彝""永寶用"之類的詞彙。[1]

　　但是，他并沒有給予解釋。祇是給出了很清晰的觀察記載：都是食器和水器、字體都是很潦草、彝銘中也沒有"寶尊彝""永寶用"之類三字的重要詞彙。這或許說明在強伯和井姬的作器時代，日常器與祭祀器的劃分已經開始出現。除此之外，再無他解可以說明這一現象的出現。

第三節　忠孝嘏祝辭

　　這類嘏祝辭是以表達子孫孝敬前輩爲目的。常見的有如下。

1. 永孝、追孝、追享孝、用享孝

　　如《引尊》彝銘："用永孝。"《章叔㗊簋》彝銘："其用追孝于朕敵（嫡）考。"

　　在先秦傳世文獻中，《尚書·文侯之命》中有"追孝于前文人"一語。或言"追享孝""用享孝"，等等。"追"字，具有懷念之義。如今日的"追思""追憶"等。

2. 用享用孝、以享以孝、用享、用享孝、用享用考

　　如《辛中姬皇母鼎》彝銘："其子子孫孫，用享孝于宗老。"《虞嗣寇壺》彝銘："用享用孝，用祈眉壽。"

　　上述分類，還是研究的初級階段。徐中舒在《金文嘏辭釋例》一文中曾總結說：

　　　　嘏辭爲具有大衆性之語言，一時代有一時代之風格，一地方有一地方之範式。蓋此等語言，每以思想之感召，成爲風氣而不自覺，及時過境遷，雖以善於依仿之作者，不能追摹無失。故此等語言，在銅器研究上，亦可爲粗略的劃分年代或地域之一種尺度。如上所舉諸例，西周曰匄，東周曰旂、曰氣；西周曰需冬，東周曰難老、曰壽老毋死；西周曰眉壽，東周曰萬壽；西周曰無疆，東周曰無期；西周曰數數熹熹，東周曰它它熙熙、或皇皇熙熙。它

---

[1]　張長壽：《論寶鷄茹家莊發現的西周銅器》，《考古》1980 年第 6 期。

它巸巸流行于東方之齊、邾，皇皇巸巸流行于南方之徐、許，而無期則通行于東、南之兩方。[1]

目前急需解決的問題是：從西周到東周嘏祝辭是什麽推動了嘏祝辭的發展和變化？爲什麽健康類嘏祝辭出現大量以後，彝銘中的"對揚"和"拜稽首"等傳統術語的使用頻率就開始大幅下降？松丸道雄曾經主張：東周健康類嘏祝辭的出現和"對揚"的出現頻率的降低是由于王權的衰退造成的。這一主張雖然很有參考價值，但是没有解決彝銘嘏祝辭和"對揚"等稱贊王權的術語之間的對應關係。因此，松丸氏的觀點還需要大量的實證來支撐纔可以立説。

第四節　贊美嘏祝辭

這類嘏祝辭是以表達對祖先和時王贊美爲目的。常見的有如下。

1. 對揚、對敡、對、揚、對揚……休

"對揚"，在受賞彝銘中經常出現。後面經常出現"丕顯休命""丕顯休揚""丕顯休"等讚美詞。

如《趠休盤》彝銘："敢對揚天子丕顯休命。"《番生簋》彝銘："番生敢對天子休。"《梁其鐘》彝銘："梁其敢對天子丕顯休揚。"

關于"對揚"一詞，《尚書·説命》：

> 敢對揚天子之休命。

孔安國曰：

> 對，答也。答受美命而稱揚之。

在先秦傳世文獻中，《詩經·大雅·江漢》：

> 虎拜稽首，對揚王休。

朱熹《詩集傳》：

---

[1] 徐中舒：《金文嘏辭釋例》，《中央研究院歷史語言研究所集刊》第 6 本第 1 分册，1936 年版，第 44 頁。

言穆公既受賜，遂答稱天子之美命，作康公之廟器，而勒王策命之辭以考其成，且祝天子以萬壽也。

而《廣雅·釋詁》中則是"揚，稱也"和"對，揚也"，二者可以互訓。楊樹達在《積微居小學述林》一書中主張：

尋金文對揚王休之句，必爲述作器之原因，君上賞賜其臣下，臣下作器紀其事以爲光寵，此所謂揚君賜也。[1]

這祇是對"對揚"的背景説明，不是解釋它的含義。

2. 蔑曆、蔑……曆

《天亡簋》彝銘："唯朕有蔑。"《師望鼎》彝銘："多蔑曆賜休。"《鮮盤》彝銘："鮮蔑曆。"《免卣》彝銘："王蔑免曆。"

"蔑曆"一詞，至今尚無定論。大致有贊美説、賞賜酒食説、封册説、虛詞説等等。一般它多是用在西周君主稱美大臣功績或大臣自詡功勞的場合。對于這個詞彙的解釋多達四十多種。劉心源在《古文審》一書中主張：

今參諸器，其文意似謂視其所經歷有功行賞，故下文有賜予之事。

吳大澂《説文古籀補》附録引阮元之説：

古器銘每言"蔑曆"，按其文皆勉力之義。

而孫詒讓在《古籀拾遺》中則主張：

凡云"某蔑曆"者，猶言某勞於行也。云"王蔑某曆"者，猶言王勞某之行也。

古人之説，今人多沿襲之。比較而言，筆者傾向于李亞農之論。即：

"蔑"是黽的借字，其義爲"勉"……"蔑曆"經常連文，但亦可分開來用……這就説明了"曆"不一定是實字，而可能是可有可無的虛詞……宣王、幽王以後，"蔑曆"二字就不復出現于銘文了……"蔑曆"二字的意義等于一個"蔑"字，同爲勉勵，則"曆"字必爲可有可無的虛詞無疑……則"曆"當爲

---

[1]　楊樹達：《積微居小學述林》，中華書局 1983 年版，第 228 頁。

“焉”的借字。[1]

可見“蔑曆”就是“蔑焉”。而“蔑”字音“勱”，“勱”字古讀如茂，按照《説文解字注》的解釋是屬于方言，“齊魯曰勱”。因此“勱”的含義，《爾雅·釋詁》中解釋説：“勱，勉也。”則“蔑曆”就是“勉勵”。

3. 不顯、丕顯

《宗周鐘》彝銘：“丕顯祖考先王。”《大克鼎》彝銘：“丕顯天子。”《天亡簋》彝銘：“丕顯考文王。”《大鼎》彝銘：“丕顯休。”

在先秦傳世文獻中，《尚書·康誥》：“惟乃丕顯考文王，克明德慎罰。”又見《君牙》：“丕顯哉！文王謨；丕承哉！武王烈。”

“丕”字，亦作不、杯。《説文解字》：

> 丕，大也。

又見《毛傳》：

> 丕，大也。顯，光也。

因此，“丕顯”含義是大而放光芒、光大，這是無疑的。

以上三個術語是經常出現的，尤其在册銘彝銘中幾乎是必然出現的程式化語言。

---

[1]　李亞農：《“長由盉銘釋文”注解》，《考古學報》第九册。

第十四章　器名用語

引　論

　　器名用語一般多位于彝銘的尾部，説明用來製作什麽銅器時使用。比較常見的如 "用作寶尊彝" "用作寶尊鼎" "用作寶尊彝" "作寶盤" "作龢鐘" 等等。這些用語的出現，在一定程度上起到了説明青銅器器名的作用。

　　早在商周時代，就已經開始了對青銅器的定名。我們今天看到商周彝銘中出現的種種名稱，就是當時定名的一個反映。根據筆者的統計，先後有如下名稱出現在商周彝銘中：簋、鼎、鬲、盨、壺、鐘、彝、盃、簠、匜、盤、甗、鑊、尊、車鐙、鎗、罐、鍪、爵、盂、鑑、鏄、豆、罍、鉤等二十五種，兵器、農具等未計在內。有些場合經常使用器、彝來代替青銅器的名稱。上述名稱多爲禮器。車鐙，或許不在後世所謂禮器之內，但是在商周時代，它也是屬于禮器之一。

　　有些器名還和用途結合在一起。如 "旅鼎" "媵鬲" "飲簋" 等等。但是更多的場合是和 "旅" 字組合而成的 "旅彝" "旅車彝" "旅簋" "旅鼎" "旅車鼎" "旅尊" 等。

　　但是，對青銅禮器進行定名和研究，這是宋人的功勞。有些器名出現比較少，如《伯戔盉》。這裏的 "盉" 字，《考古圖》定爲 "同"。而《方言》中解釋爲 "罌也"。并且主張與 "瓿" 同。祇是器形大小的區別，又可以寫作 "甌" "罈" 等。

　　有些不同的銅器之間在後代出現了相互模仿和變形，這是新器還是舊器的變形？進而名稱上的隸定也成了問題，造成了難以定名一致的現象。張懋鎔就曾注意到了《衛始豆》器形似豆又似簋的現象：

　　　　豆與簋發展到西周時，數量較多。此時它們之間發生一種相生關係，由于相互影響産生一種介于豆、簋之間的器物。如，衛始豆，它無耳，圈足高。這是豆的特徵。但豆盤深，又有點像簋。[1]

無疑，這是器形變化日漸增多而器名命名混亂的證明。

第一節　從彝銘看青銅器的名稱

最早的青銅器分類法也許可以上溯到先秦時代的根據彝銘內容來鑄刻在不同的器皿上的那些觀點。如前述《周禮・司約》中的"凡大約劑書于宗彝"就是一例。它在銅器分類學上的意義是：彝器中有宗彝和非宗彝。因爲《周禮・司尊彝》中有"六彝"之名，即鷄彝、鳥彝、斝彝、黄彝、虎彝、蜼彝，則又是對彝器的進一步分類。

《禮記・檀弓》中把銅器分爲明器和鬼器兩大類，表現出在分類學的儒家理性主義對銅器分類學方法論的統轄。《墨子・非命》中又提出了所謂的"琢之盤盂"的銅器分類學，即它在説明了盤和盂兩種銅器分類時，又點出了在彝銘鑄刻技術上是以"琢"的方式去表現彝銘的。

所謂"琢"也就是刻。

需要説明的是，在明器和鬼器的分類上，商代早期和中期的青銅器時代還没有出現這一劃分。證據是：

　　從使用情形看，有些器上外有薰烟，内有水銹，大概皆實用器。隨葬品也有塗硃或用絲絹包裹的，似頗珍視；尚無特爲死者製銅明器的習慣。墓中的隨葬銅器，都是死者生前慣用的。[2]

看來，最初的明器是由生前所用和其他人的日常用品轉化來的。到了西周初期，也還是如此。而且還大量出現了把俘獲來的殷商青銅器葬入墓中的現象。[3]但是到了春秋戰國時代，出土的青銅器就可以看出明器的典型特徵：

[1]　張懋鎔：《試論中國古代青銅器器類之間的關係》，《華學》第8輯，紫禁城出版社2006年版，第53頁。
[2]　郭寶鈞：《商周銅器群綜合研究》，文物出版社1981年版，第13頁。
[3]　同上，第62頁。

有銅器下型之後，槎枒未修，或蓋器不開，或底部洞穿，盛物即漏。[1]

這正是青銅器的明器功能的外形特徵。當然，從事考古工作的都知道還有另一個現象就是：把死者生前使用過的青銅器打碎後扔進死者墓中。無疑，這增加對出土青銅器的價值功能的判斷難度——究竟是入葬時打碎還是由於墓頂塌方壓碎了隨葬的青銅器，這成了考驗考古學家經驗和智慧的一個常見問題。

在 1964 年發掘出土的陝西省長安縣張家坡西周墓地遺址中出土了青銅器九件，其中四件盨的彝銘皆爲："叔奠父作鄭季寶鐘六、金尊盨四、鼎七。"[2]

《叔奠父盨》彝銘拓片

這裏值得注意的是在彝銘中出現了對銅器分類問題的記載。"寶鐘六、金尊盨四、鼎七"即是把上述銅器分成四類：鐘、尊、盨、鼎。研究結果表明這四件盨的"形制、花紋、銘文皆相同，可視作同群同時鑄，爲西周後期產地"。[3]可以證明到了西周後期，銅器分類問題已經極其成熟化了。

但是，隨着當時銅器種類的增多，對它的命名也成爲一件重要的課題。這也是古代學術史上研究的難點之一。

---

[1]　郭寶鈞：《商周銅器群綜合研究》，文物出版社 1981 年版，第 163 頁。
[2]　趙永福：《陝西長安張家坡西周墓清理簡報》，《考古》1965 年第 9 期。
[3]　郭寶鈞：《商周銅器群綜合研究》，文物出版社 1981 年版，第 187 頁。

就以宋代和清代的分類來説，《宣和博古圖》中把銅器分成二十四類：

鼎、尊、甗、罍、鬻、彝、卣、簠、豆、鋪、鬲、鍑、盂、盒、觚、匜、盤、洗、鐘、磬、錞、鐸、鉦、轅。

《歷代鐘鼎彝器款識法帖》中，將青銅器分爲商代十八類：

鐘、鼎、尊、彝、卣、壺、罍、爵、觚、觶、敦、甗、鬲、盂、匜、盤、戈。

周代二十六類：

鐘、磬、鼎、尊、卣、壺、舟、斝、觶、角、彝、匜、敦、簠、簋、豆、盂、甗、鬲、盤、盉、盒、戈、鐸、鼓、琥。

總體來看，宋代的分類還不是很成熟，如"轅"下又分三類，"敦"和"簋"的區別也不是很清楚。

到了清代，分類就更是五花八門了。著名的《西清古鑑》分爲三十九類：

鼎、尊、彝、舟、卣、瓶、壺、爵、斝、觚、觶、角、勺、敦、簠、簋、豆、鋪、甗、錠、鬲、鍑、盂、冰鑑、匜、盤、銅、洗、盂、觚、缶、鐸、戚、鏡、鐓、鐘、刀、劍、匕首。

《寧壽鑑古》分爲三十五類：

鼎、尊、罍、彝、舟、卣、瓶、壺、爵、斝、觚、觶、勺、敦、簠、簋、豆、鋪、甗、鬲、鍑、盂、冰鑑、匜、盤、洗、觚、盒、鐘、鐸、鈴、戚、鏡、戈、登足。

《西清續鑑甲編》分爲四十類：

鼎、尊、罍、彝、舟、卣、壺、爵、斝、觚、觶、角、觥、斗、勺、卮、敦、簠、簋、豆、鋪、甗、鬲、鍑、盂、冰鑒、匜、盤、洗、盂、鍾、觚、鐘、鐸、戚、鏡、劍、矢箙、鐓、匕首。

《西清續鑑乙編》分爲三十二類：

鼎、尊、罍、彝、舟、卣、瓶、壺、爵、斝、觚、觶、角、敦、簠、簋、豆、鋪、甗、錠、鬲、鍑、盂、冰鑒、匜、盤、洗、盂、觚、鐘、鐸、劍。

在分類種類上，《西清續鑑甲編》的四十類顯然是古代之冠。

第二節　宋代定名

總結《歷代鐘鼎彝器款識法帖》《宣和博古圖》等宋代彝銘學術研究著作，我們發現青銅器的分類總計出現以下約四十種：鼎、尊、彝、卣、壺、罍、爵、斝、敦、甗、瓶、豆、鬲、匜、匼、鐘、鐸、錞于、鏡、鑑、鋪、戈、盤、舟、角、觶、觚、簠、簋、盤、盦、盉、盂、鼓、琥、斝、尺、雜器。這幾乎等同清代學者們的分類數量了。可以說，宋代的學者們爲青銅器的定名基本上已經接近完成。王國維在《說觥》一文中就曾指出"凡傳世古禮器之名皆宋人所定也"的觀點。[1]這祇是就普遍現象而論的。所謂普遍現象也就是指彝銘中出現了上述的"用作寶尊彝""用作寶尊鼎""用作寶尊彝""作寶盤""作龢鐘"等等的術語。有些彝銘中并沒有出現這些術語，于是對這類青銅器的定名就成了讓人大傷腦筋的問題。

其實，宋代對于器型、器名問題研究最多的是董逌。

匼。在《弡仲寶匼銘》中，董逌主張：

> 古人製法其書已亡，不可得考，今惟幸其器時有存者可以察也……今考《篆文集字》當作匼，其書尚與篆合。古文匼不從竹，後人因之從竹者誤也。小篆雖秦文，然亦存古。古文不廢其同者甚衆，若匼從夾，其文可以得矣。惟方字爲古文，然小篆自不從竹，其用竹者，或體也。世或疑簠未有範銅爲之此，猶以從竹爲古之器矣。

簋。在《蟠足豆銘》中，董逌引用吕靜的觀點：

> 飯器謂之簋，古之爲敦。甗、盤、杅，亦或用以爲飯。

在《伯考父簠銘》中，他再次主張：

---

[1]　王國維：《觀堂集林》卷三，《王國維遺書》，上海古籍書店 1983 年版，第 13 頁。

> 古以敦、璉、瑚、簋爲同物。漢儒考定皆黍稷器也。前世禮官謂簠、簋以
> 銅而後世以木者，非也。

雖然這一結論是錯誤的，但直到清代纔得以更正。

尊、罍。董迪在《廣川書跋》給《罍尊》作的題跋中認爲：

> 蓋彝、卣、罍，器也。卣，中尊也。然則罍大尊可知也。

在《二方鼎》題跋中又説"然彝、卣、罍同器"。儘管這一定名并不是很準確，但是他至少已經注意到了器形大小和器名的關係。

有些尊的定名，他也注意到了從禮制的角度給予解釋，如他在該書對《犧尊》的定名。他主張：

> 余謂古之制，《犧尊》如此，後世不得其制，故《禮圖》者失之。鄭康成曰
> "畫鳳凰尾娑娑"，然今無此器，當禮家錄禮器，則依康成爲據。昔劉杳號博識，
> 雖知康成爲誤，猶謂刻木爲鳥獸，鑿頂及背以出酒。昔魏得《齊大夫子尾送女
> 器》，作犧牛形；晉永嘉中，曹嶷發齊景公冢，又得二尊，亦爲牛象。杳蓋未嘗
> 見犧牛分其首受酒，則又吻合如全牛。特受酒受飯則開而出内之，以是爲異。杳
> 乃謂"鑿頂及背"，誤也。康成當漢世，此器固未出，宜不得考其制。如阮諶聶
> 崇義，則二器已出，雖未嘗見，魏、晉、梁、齊書盡得考之矣。乃畫牛負尊，何
> 其愈陋也。今世此器多見禮器，故可知。或曰："杳謂以木爲之，何也？"余謂：
> "古者，亦以木爲尊，故曰溝中斷木，以爲犧尊，知其有據。木久則壞，世不復傳，
> 今人見者，皆赤金也，謂'古不得以木爲尊'，是待目見而後信者，可與論禮制哉！"

犧尊

又見《禮記·明堂位》：

> 尊用犧、象。

孔穎達引王肅《禮器》注云：

> 爲犧牛及象之形，鑿其背以爲尊，故謂之犧象。

可見，此器的命名在宋代就已經完成。容庚在《殷周禮樂器考略》一文中就曾感嘆説：

> 自宋以來，名稱之混淆者莫尊若也。有觶焉，有觚焉，有壺焉，有罍焉。大概以大小定之。余所見古器銘辭，無專著尊名之一類，則尊乃共名而非專名。[1]

甗。在《伯獸父銘》中，董逌主張：

> 古甗皆有蓋、有柎。其下可爨上可冪，以爲乑塵者也。許慎言後改爲甑。甑、甗形相類，不可便爲一物，特後世甗廢而甑獨存也。

甗器（圓、方）

匜。在卷一《旅匜銘》中，董逌主張：

> 此器類觚，但容受勝爾……禮器有匜而無沱。匜爲方中也，則此器爲匜可知。古人于書，凡器用則外從方。古人方爲匚，若缶爲匜、杯爲匠、籩爲匿、籃爲匡，其取類衆矣。篆文匜從方而古文不用。

---

[1]　容庚：《殷周禮樂器考略》，《燕京學報》第 1 期。

匜器

盉。在《盉銘》中，董逌主張：

昔許慎以盉爲調味器，顧野王直以盉爲味，陸法言以盉爲調五味鑊。蓋自《周官》《儀禮》竄失本文後，俗襲誤，莫知所本也。今考於書則以鑊爲鬵，而以鬵爲鬶，鬶爲器。盆之大者，盌則小於盆而同制矣。則盉不可謂鑊。

盉器（三足、四足）

觚。彝銘中沒有出現過"用作寶觚""作寶觚""作觚"等等內容，那麼對于什麼是"觚"的解說，《博古圖》卷十五給出了答案：

凡觚之形，必爲觚棱狀，或飾以山形，以至作黃目、雷紋種種之異。然是器則自純緣而下通體皆純素，足間兩旁又有竅，略相通貫。

最後，又從道德說教的角度上說："先王之製觚，所以戒其孤也。"《考工記》中記載的"觚三升"，《韓詩外傳》中記載的"二升曰觚"，可見對于"觚"的容量解釋，先秦時代也不盡相同。《説文解字》中的解釋是："觚，鄉飲酒之爵也。一曰觴受三升者謂之觚。"

觚器（圓口、方口）

鋪。在給《杜嫣鋪》題跋中，董逌主張：

> 禮器無鋪。古者，陳歠謂鋪，以金飾物亦謂之鋪。説者以其形制類豆，疑古又有此器也。余考簠從甫，自古文如此。然其以金爲之。或從金。此不足怪也。或曰簠，稻粱器也。漢之釋《禮經》："方曰簠，圓曰簋。簋内圓外方，簠内方外圓。"余竊疑漢人不知何所據耶？古器存于今者，簋不圓則簠不方，可知矣。今曰鋪尊則以簋爲尊。受飯爲簋，受飲爲尊。以受飯之制，爲飲之制器，則其制，固宜異矣。

鋪器

第三節　清代定名

在"西清四鑑"以及其他清代彝銘學術研究著作中，我們發現青銅器的分類先後總計出現以下六十幾種：鼎、尊、彝、舟、卣、壺、爵、斝、角、觚、觶、觥、勺、敦、罍、斗、卮、舉、簠、簋、盉、盤、盂、盦、豆、鋪、甗、瓶、瓿、甂、鬲、匜、洗、缶、鐸、戚、鐃、鐓、鎛、鐘、錭、钁、鈇、鍑、錠、鈴、鉤、鐙足、冰鑑、刀、劍、戈、矢鏃、匕首、戟、戟、槍、距末、節等。從宋代的四十餘種到清代的六十餘種，青銅器的名稱和分類增加了三分之一。以前屬于"雜器"的，現在多獨立出來，如斗、卮、瓿、甂、洗、距末、節等。也有些宋代獨立的，清代卻歸入"雜器"，如匜、錞于、鏡、盤、鼓、琥、尺等。清代定名，有些很準確。比如説，"方彝"之名的出現。這使它有別于宋代的"彝"的統稱。

關于敦和簋（殷）的區別，錢坫《十六長樂堂古器款識考》卷二在對《周平仲簋》彝銘考證中言之頗爲詳細，并訂正了古代彝銘學史上有關此問題的誤解。這是意義尤其重大之處。

錢坫在對《周平仲簋》彝銘考證中定名如下：

> 簋字，《博古》《考古》諸書及劉原父《先秦古器記》、薛尚功《鐘鼎款識法帖》諸書，皆釋爲敦。余以時代、字畫考之，而知其非矣。《明堂位》曰："有虞氏之兩敦，夏后氏之四璉，殷之六瑚，周之八簋。"是周人不名敦。鄭康成注之曰："皆黍稷器，制之異同未聞。"所云未聞者，言周之簋與璉、瑚及敦之形制，康成未知之也。康成當漢時，不應不識簋，惟未見敦與璉、瑚故云爾。且《周禮·舍人》注云："方曰簠，圓曰簋。"是康成之于簠簋考之詳矣。《説文解字》"簋，從竹從皿從皀"，此所寫之🖫，即皀字。皀，讀如香。古之簋或以竹作，或以瓦作，故竹皿并用。此則改竹皿而從攴，若敦字從攴從臺，臺字從羊從高，筆迹不能相近，是不得釋敦字之明證也。《解字》又有"朹"字，云"古文簋"。古者祭宗廟用木簋，祭天地外神用土簋，蓋亦文質

之分。後更以金作之耳。《三禮圖》曰：“簠盛稻粱，簋盛黍稷。”《易》：“二簋可用享。”單舉黍稷言之。《詩》：“於我乎，每食四簋。”兼舉稻粱言之。

敦器和簋器

再如鏊器，前人多無任何解釋。至楊守敬始考證成文，見《壬癸金石跋·蒷陽宮銅鏊跋》：

至于鏊之形制，古書未詳。《博古圖》二十所載蟠虺攜盉，又連環攜盉二品。《西清古鑑》三十五所載帶紋盉一品，其形制與此器無二。特以彼皆無銘辭，遂强以盉具名之。今證之此器，知彼三器皆古鏊也。此器出，上足以訂《説文》，下足以正《漢書注》，千載疑義，得此而涣然。

鏊器（有座、無座）

此器此字，在《博古圖》中寫作“瓿”。楊守敬主張這是鏊。但是他沒有告訴我們是否還存在瓿器。他是想正名“瓿”應該名爲“鏊”，還是否認存在瓿器？我們不得而知。此器形似尊，但較尊矮小。一般爲圓體、斂口、廣肩、大腹、圈足和帶蓋。有帶耳與不帶耳兩種，或有座與無座兩種。亦有方形鍪，但是很少見到。

第四節　彝銘與器名的關係

在商周青銅器彝銘中出現的器名，可以説豐富多彩，五花八門。總結來説，大致出現以下四種格局。

一、通用名稱

即在彝銘中多使用青銅器的一般指代名稱來説明。它可以適用于任何一個種類的青銅器。常見的通用名稱有"寶尊彝""寶彝""尊彝"等。

二、專有名稱

即在彝銘中多使用青銅器的專門指代名稱來説明。它祇可以適用在和器名相對應的青銅器上。常見的專有名稱，如鼎中的"寶鼎""尊鼎"，鬲中的"寶鬲""尊鬲"，簋中的"寶簋""尊簋"，壺中的"寶壺""尊壺"，卣中的"寶卣""尊卣"，斝中的"寶斝""尊斝"，敦中的"寶敦""尊敦"。

三、臨時名稱

即在彝銘中使用青銅器的特殊指代名稱來説明。它祇是一次性、臨時性的出現在某件銅器彝銘中，并不具有普遍意義。如"車登""鉈鼏""鞠"。

四、用途名稱

即在彝銘中多加上説明其使用功能的首碼詞來説明。它已經表明了該件青銅器的使用場合。常見的用途名稱有"旅""享""媵""羞""宗""飲""行""田"等。

在這一問題上，容庚《商周彝器通考》劃分爲三種：共名、本名、別名。[1]但是，我們認爲他的劃分還有待于完善。比如，他所謂的鼎之"其稱本名者"，他羅列如下：

"寶鼎""尊鼎""旅鼎""寶尊鼎""鼎""飲鼎""媵鼎""寶鸞鼎""田鼎""小鼎""寶鬲鼎""盂鼎""犧牛鼎""寶用鼎""行鼎""餗鼎""寶旅鼎""旅寶鼎""寶鸞鼎""會鼎""羞鼎""從鼎""飤鼎""犧彝尊鼎"。[2]

---

[1]　見容庚：《商周彝器通考》上冊下編第一章至第四章各相關章節，哈佛燕京學社 1941 年版。

[2]　容庚：《商周彝器通考》上冊，哈佛燕京學社 1941 年版，第 286—287 頁。

上述本名中的"旅鼎""飲鼎""媵鼎""田鼎""行鼎""會鼎""羞鼎"就明顯和另外十幾個本名有着使用功能上的本質區別，這些正是我們所謂的"用途名稱"。應該另建一類加以考察。

因此，通過上述四個劃分，我們基本上可以明確彝銘和器名的相互對應的關係，特別是用途名稱的劃分，使我們對青銅器和使用功能和商周禮制之間的密切關係有了進一步的瞭解。

有時器形很明顯屬于 A，但是彝銘中却出現 B 的器名。這該怎麽算？比如説，《昶伯庸盤》形狀爲盤，而其彝銘却爲"作寶鑒"之"鑒"字。再如《虢季子白盤》形狀爲"鑒"，可是彝銘却説"作寶盤"。又如《儔匜》形狀爲匜，可是彝銘却説"作旅盤"。類似問題很多。這究竟是定名的不一致還是早期銅器使用功能的不專一造成的現象呢？當然，我們主張應該以彝銘中出現的器名定器，以文字所説明的器名爲準。

又如所謂"甒形盂"的問題，該銅器的定名爲甒爲盂，一直争議不絶。應該考慮以出現的彝銘爲主而定名。

黄盛璋在《關于壺的形制發展與名稱演變考略》一文中也注意到了"罍"與"錍"的稱謂問題：

　　傳世有所謂"重金罍"，器爲扁壺，而亦自名爲"錍"。[1]

錍器

---

[1]　黄盛璋：《關于壺的形制發展與名稱演變考略》，《中原文物》1983 年第 2 期。

形狀爲扁壺，而彝銘爲“錍”，但是“錍”器和字皆頗爲罕見。

經常可見的字是“椑”字。此字《廣雅》中的解釋是“匾楒”。或許“錍”是銅製而“椑”爲木製。在春秋戰國時代還是酒器。

第十五章　徽記用語

引　論

　　徽記用語一般多表現爲由一個或幾個圖像組合而成的一種具有特殊指代含義的圖像文字。郭沫若早在《殷周青銅器銘文研究》一書中就已經注意到了這個問題。他在《殷彝中圖形文字之一解》一文中首先表明：

　　　　殷彝銘中有無數圖形文字，前人往往以臆爲説，多不得其解，今人又往往視爲文字畫，而亦以臆爲之説。[1]

在此基礎上他提出了自己的見解：

　　　　余謂此等圖形文字乃古代國族之名號，蓋所謂"圖騰"之孑遺或轉變也。[2]

這就是族徽説的源起。其中，有關所謂的"亞醜"和"析子孫"徽記也是爭議頗多的兩大焦點。

　　"亞醜"徽記的青銅器大多在山東益都蘇埠屯一帶出土，據《漢書·地理志》，在殷末周初這一帶乃是薄姑氏所居，而"亞醜"族文化應該即《左傳》之薄姑氏，是薄姑氏的文化遺存，至西周早期爲成王所滅。按照張長壽的統計，在這裏出土的具有"亞醜"徽記的商周青銅器先後發現了五十六件。數量之多，彝銘上又集中體現了"亞醜"徽記，可見這裏是商周時代的氏族文化遺存的典型代表，也是郭沫若

---

[1]　郭沫若：《殷周青銅器銘文研究》，科學出版社1961年版，第11頁。
[2]　同上，第14頁。

的“此等圖形文字乃古代國族之名號”説的鐵證。張長壽《山東益都蘇埠屯墓地和“亞醜”銅器》一文中揭示：

安陽出土甲骨刻辭中有“醜”和“小臣醜”的現象[1]。

在某種意義上，徽記符號是人名和邦國名的特殊表現。如著名的徽記符號“木羊册”就是西周時期微史家族的族徽記符號標誌，這已經得到了學術界的公認。

第一節　族　徽

其實，宋代的學者們就已經注意到了這些特殊符號的族氏含義。吕大臨在《考古圖》卷四中對《木父已卣》銘文的考證中就正式提出：

云木者，恐氏族也。

但是，對這一問題的熱點研究是近現代學術界的成果。前述郭沫若在 1931 年發表的《殷彝圖形文字之一解》提出的“族徽説”就是這一成果的開路先鋒。丁山更是主張爲“氏族方國之名”説。而唐蘭則依然堅持“氏族名”説。自此而下，五花八門，甚至也引起了日本學術界和歐洲學術界的關注和熱議。白川靜、林巳奈夫、高本漢等人先後站出來發表見解。在國內學術界也一直將此視爲發表驚世之論的核心所在。黄盛璋在《長安鎬京地區西周墓新出銅器群初探》一文中通過對微飾家族銅器的研究，發現了以下兩點值得注意的現象：

（一）同一家族不一定同一徽識，前後可以變動。

（二）同一徽識確可子孫沿用。[2]

張懋鎔在《試論商周青銅器族徽文字獨特的表現方式》一文中提出有關族徽判斷的六條標準。其中第一條最爲重要，即：

---

［1］　張長壽：《山東益都蘇埠屯墓地和“亞醜”銅器》，《考古學報》1977 年第 2 期。
［2］　黄盛璋：《長安鎬京地區西周墓新出銅器群初探》，《文物》1986 年第 1 期。

　　作爲族徽文字，一般多屬殷代，如果遇到西周時期纔出現新的族徽文字，應要特別注意甄別。因爲自西周早期開始，隨着族徽文字的減少，私名大量出現在銅器上。原本是族徽文字與私名連綴出現。但有時往往省略族名，祇存私名，且私名都是銘首第一字，很容易被當作族徽名看待。[1]

　　判斷族徽是個很複雜的問題。比如説著名的"册"或"册册"或"册某册"出現的文字符號，是族徽，還是作册世襲的標誌就值得仔細推敲。高本漢甚至主張"史"或"册"的圖像文字是"祭品的象徵"。[2]

常見的"亞醜"徽記圖形文字

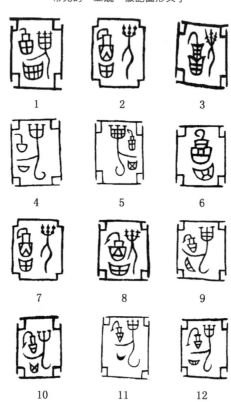

上述圖像文字就是常見的"亞醜"徽記圖形文字。爲此，張長壽在上述文中

---

[1]　張懋鎔：《試論商周青銅器族徽文字獨特的表現方式》，《文物》2000 年第 2 期。

[2]　見《遠東文物博物館學報》（*Bulletin of the Museum of Far Eastern Antiquities*）第 16 輯，1944 年。

主張：

> 以蘇埠屯墓地爲代表的"亞醜"族文化和殷代晚期文化在很多方面完全一
> 致。但是，無論從政治上或地域上説，它終究不同于殷王國。關于這個地區的
> 歷史沿革，《左傳》昭公二十年有一段晏嬰的話，"昔爽鳩氏始居此地，季蒯因
> 之，有逢伯陵因之，蒲姑氏因之，而後太公因之"。《漢書·地理志》指明"少
> 昊之世有爽鳩氏，虞、夏時有季蒯，湯時有逢公柏陵，殷末有薄姑氏，皆爲諸
> 侯，國此地"。據此，在殷末周初這一帶乃是薄姑氏所居，而"亞醜"族文化應
> 該就是薄姑氏的文化遺存。[1]

但是，此説也未必盡然。因爲這些銅器的出土地點在蘇埠屯。而此地距離傳説
中的薄姑所在地相去甚遠。根據《漢書·地理志》記載，薄姑當在古琅邪郡，即今
天的山東諸城縣一帶。而"亞醜"微記圖形銅器出土地在益都縣蘇埠屯。

針對這一問題，容庚在《商周彝器通考》中也支持此説，并且提出：

> 商代有某族公共作器及某族爲某作器之例。如《季作兄己鼎》"亞醜季作兄
> 己尊彝"，乃亞醜族名季者爲兄己作器；《作季簋》"亞醜作季尊彝"，乃亞醜族
> 爲季作器；若見《作季簋》以爲亞醜爲季作器；又見《季作兄己鼎》以爲亞醜
> 族名季者爲兄己作器，同一亞醜也，在此則以爲名，在彼則以爲族，自相抵牾，
> 不若釋爲族名之無所凝滯也。[2]

上述觀點基本上還是肯定并延續了郭沫若的族徽説。這似乎是彝銘學界的定論了。
唐蘭及其弟子杜廼松等人就一直力主此説。杜氏甚至提出：

> 銅器開始標有家族或個人徽記，早在二里崗期已初見端倪，如傳世的"亘"
> 銘銅鬲。[3]

他已經把族徽文字的誕生上推到了二里崗期。這必然導致着中國文字的族徽起源
説，可能這一結果就是主張族徽説的人也不想見到的吧。

[1] 張長壽：《山東益都蘇埠屯墓地和"亞醜"銅器》，《考古學報》1977 年第 2 期。
[2] 容庚：《商周彝器通考》上册，哈佛燕京學社 1941 年版，第 70 頁。
[3] 杜廼松：《商周青銅器銘文研究》，《吉金文字與青銅文化論集》，紫禁城出版社 2003 年版，第
　　18 頁。

　　有些族徽隨着氏族支流的出現而演變成兩三個圖像文字組合而成的複合圖像文字。如這裏的"亞醜"，還有"多亞""亞古""亞天"，皆可以視爲從"亞"氏族中派生出來的支流氏族；再如從"大"氏族中派生出來的"大其""大黄"，從"册"氏族中派生出來的"晋""册図""册并""木羊册"，等等。從這些圖像文字上，我們可以看出氏族及其支流的形成和發展。

　　當然，對這一問題的認識也有值得商榷的地方。

　　李濟在對安陽出土青銅爵上彝銘的研究中發現：

　　　　真正可以算得上如唐蘭、董作賓所説的原始圖畫象形的字，簡直是没有。[1]

這樣的結論本身就已經很嚴厲了。儘管如此，但是對圖像文字的研究，特别是對其作爲族徽的認定似乎成了彝銘學界的一個共識。因爲李濟在上述觀點之後，他在對《鹿鼎》《牛鼎》彝銘的解釋中，也傾向于族徽説，并且更使其顯得合理。

　　董逌在《廣川書跋》中就對彝銘和氏族之間的關係展開了研究。他在考釋《父乙尊彝》彝銘中的一個蜼形圖像時，就主張：

　　　　此古尊彝也。其在有虞氏之世，不則自商以前其制得于此，未可知也。《書》曰："日月星辰，山龍華蟲，作會宗彝，藻火粉米，黼黻絺繡。"孔安國以會爲繪，謂"彝尊亦以山龍華蟲飾之"。鄭康成曰："宗廟之器，鬱尊虞氏以上，虎蜼而已。"聖人以飾尊則于服，以宗彝所飾而爲絺繡。自漢至今，學者嘗疑之。以《父乙尊彝》考者，可以信也。方虞氏尊用虎蜼，則非一器矣。丹陽蔡氏得《祖丁彝》，爲虎形。《考古圖》不能推見虞氏宗彝之制，乃謂兕形。古人飾器，各以其意。虎爲義，蜼爲智，觀其飾可以知其意。蜼寓屬其尾歧出，今于彝可考而見也。

這裏已經出現將蜼視爲有虞氏的象徵。也就是説，將蜼看作是有虞氏的族徽。當然，觀點的成立必須需要證據的支撐。

　　族徽現象是廣泛存在的。比如説"册木羊册"，見下。

[1]　李濟：《殷墟青銅器研究》，上海人民出版社 2008 年版，第 133 頁。

《作册折觥》彝銘拓片

《作册折觥》彝銘釋文：

> 唯五月，王在庠。戊
> 子，令作册折兄聖
> 土于相侯，賜金賜
> 臣。揚王休。唯王十
> 又九祀。用作父乙
> 尊。其永寶。册木羊册。

唐蘭在《略論西周微史家族窖藏銅器群的重要意義——陝西扶風新出墻盤銘文解釋》一文中説：

> 從祖廟裏分出來，自立新宗，所以開始使用"牽（样）册"這個氏族稱號，以官爲氏。[1]

這是主張"册木羊册"是從"木羊册"分出的新宗，繼續使用"木羊册"徽號，因爲是册命史官，所以又加了"册"字爲氏，變成了"册木羊册"。

今天，有些學者則力主周器上無族徽説。如張懋鎔在《周人不用族徽説》一文中就主張：

> 至少從武王開始，周氏族人的銅器上就没有族徽。[2]

但是，笔者想也許這一觀點需要加以訂正：周人不是没有族徽，而是已經將族徽發展成了氏名或國名。1980年，在河南省羅山縣出土的二十幾件商代青銅器，多刻有"息"字彝銘，這應該是息國或息氏族族徽的存在鐵證了——祇是這裏的族徽已經成了族名或國名。因此，基於此，我們主張，很多族徽到了西周時代發展成了

---

[1] 唐蘭：《略論西周微史家族窖藏銅器群的重要意義——陝西扶風新出墻盤銘文解釋》，陝西周原考古隊、尹盛平主編：《西周微氏家族青銅器群研究》，文物出版社1992年版，第111頁。
[2] 張懋鎔：《周人不用族徽説》，《考古》1995年第9期。

固定的族名或國名。但是，也有一些圖像文字一直保持不變，那是因爲它們的由來具有人名、神話等特殊含義。從一開始，它們就不是族徽，比如著名的"析子孫"圖像文字，而是一直被有些學者誤解爲族徽。

在接下來的兩節中，我們將就此問題進行詳細的考證和立論。

第二節　人　名

圖像文字中的人名含義，古今一直缺乏研究和論證。郭沫若對"天黿"圖像文字的解釋是值得肯定和有價值的。

這個著名的考證案例出現在對《獻侯鼎》彝銘中"天黿"二字的考證上。大家知道，在商周青銅器彝銘上經常出現一些圖像文字，如下所示：

這類圖像文字數量衆多。它們出現在彝銘的開始、尾部或者中間。是族徽符號還是象形文字，或者是具有特殊意義的人名……古今學術界衆說紛紜，難成定論。《獻侯鼎》彝銘中出現的"天黿"二字，也就是上述圖形文字中的第二個，在商周彝銘中它具有多種變化，如下所示：

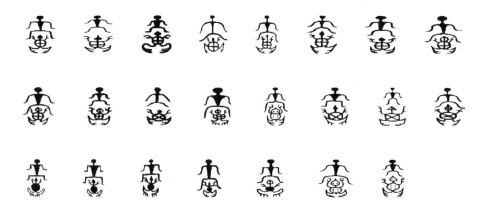

郭沫若以精湛的學術素養和見識，一下子把握住了這一圖像文字的内在含義所在，他大膽地提出：

> 天黿二字，原作🔲，器銘多見，舊釋爲子孫，余謂當是天黿，即軒轅也。《周語》"我姬姓出自天黿"，猶言出自黄帝。[1]

"余謂當是天黿，即軒轅也"之説，真可謂如劃破蒼穹的閃電，一下子解决了千年歷史懸案。🔲爲天黿即軒轅黄帝之説，至今已是不争之史實。

郭沫若對"天黿"的解讀最重要的意義是：圖像文字并非全是族徽，有些是人名，有些則是神話信仰符號。這是我們以下兩節要集中研究并提出的最新主張。

商周古文字史料中是否存在對"蚩尤"的記載一直是學術界很感興趣的一個研究課題。可是，迄今爲止，一個不可忽視的現實就是：古文字學界和考古學界、乃至于古代文學界至今對此一直是附諸闕如的。過去，有人曾提出上"止"下"蟲"組成的字就是"蚩"字，[2]此説顯然過于臆斷，而且缺乏具體的論證過程和堅實的史料支撐，不但根本不足爲信，反有故弄玄虚之嫌。關鍵是此説實際上是直接抄襲丁山的《中國古代宗教和神話考》一書中的觀點而來：

> 其下從蟲，上從止，顯然是蚩尤之蚩的本字。[3]

雖然學術界至今爲止并没有給出"蚩尤"存在的真實可信的古文字學和考古學證據，但是并不妨礙李學勤長期以來大聲疾呼中華文明是炎、黄、蚩三祖的産物。[4]據説，此説今天已經取得了長足進展和支持效應。

在上古文獻史料中大量出現的"蚩尤"，難道在古文字學和考古學中一點也找不出關於"蚩尤"的文字記載痕迹和圖像證據嗎？非也。應該説，因爲"蚩"字還没有被學術界所識讀出來，纔出現了古文字學界和考古學界乃至古代文學界至今對這一基本問題一直是附諸闕如的現象。本文核心要點就是考證并識讀商周青銅器彝銘中出現的"蚩尤"。

---

[1]　郭沫若：《兩周金文辭大系考釋》，日本文求堂書店 1935 年版，第 31 頁。
[2]　卉：《甲骨文裏有"蚩尤"》，《河南大學學報》1992 年第 4 期。
[3]　丁山：《中國古代宗教與神話考》，龍門聯合書局 1961 年版，第 401 頁。
[4]　李學勤：《炎帝、黄帝、蚩尤在涿鹿》，《根源》發刊詞（2007 年 10 月 7 日）。

一、"蚩""尤"二字在商周彝銘中的識讀與考證

在"蚩尤"二字中，"尤"字早已經被識讀出來了。如《史牆盤》中的"尤"字寫作：🔅，《盧伯簋》中的"尤"字寫作：🔅。關于"尤"字的意義，《説文解字》的解釋是：

> 異也。從乙又聲。

但是，這個字也經常被寫作"尤"。在"蚩"和"尤"二字中，最爲關鍵的是"蚩"字。因爲"尤"字已經被識讀出來了。但是，這祇是一般意義上的"尤"字含義。

對"蚩尤"的"尤"字的具體含義，我們將在下面的《"蚩尤"名字讀音和内在含義的最新解讀》中進行詳細考證。

最爲關鍵的字是"蚩"字，《説文解字》中的解釋是"蟲也"。但是，《廣雅》中對此的解釋是"亂也"。丁山在《中國古代宗教和神話考》一書中主張：

> 蚩之本誼，當是"蟲之可以爲災害者也"。引伸之則爲災害。[1]

識讀"蚩"字的唯一途徑就是從上古時代有關"蚩尤"的形象、圖像記載入手。因爲圖像證據是記録并保存象形文字造字之初最爲重要的形象特點和相關資訊的最有力證據，也是遠古時代漢字筆畫一體化階段的反映。目前在證據學界（特别是司法學界）正在熱議的圖像證據無形中成爲我們本文研究的着眼點之一。

關于蚩尤的形象，目前傳世文獻的記載有以下四説。

其一，根據《初學記》卷九引《歸藏·啓筮》中的記載：

> 蚩尤出自羊水，八肱八趾，疏首，登九淖以伐空桑，黄帝殺之于青丘。

其二，根據《太平御覽》卷七九引《龍魚河圖》中的記載：

> 蚩尤兄弟八十一人，并獸身人語，銅頭鐵額，食沙石子。

其三，根據《述異記》中的記載：

> 人身牛蹄，四目六手……耳鬢如劍戟，頭有角。

---

[1]　丁山：《中國古代宗教與神話考》，龍門聯合書局 1961 年版，第 401 頁。

其四，《路史·蚩尤傳》中羅苹注：

　　蚩尤天符之神，狀類不常，三代彝器，多著蚩尤之像，爲貪虐者之戒。

此即著名的以饕餮圖像解蚩尤之説。

　　綜合上述記載，目前傳世最早的有關"蚩尤"的圖像文獻證據出自東漢畫像石。見下：

其中，我們將這裏的蚩尤圖像提取出來，加以放大如下：

請注意這個圖像的結構。

　　那麽漢代畫像石的圖像究竟是繼承了古佚書《歸藏·啓筮》和《龍魚河圖》中的相關記載并予以圖式化而來的，還是漢代的藝術家們首創的呢？在没有任何證據之前我們無法立刻作出肯定或否定的答覆。根據上述三種文獻的記載，蚩尤的三個形象特徵又主要體現在一個最主要的方面，那就是"八肱八趾疏首"。試一一加以解釋如下：

首先是八肱。所謂"八肱"，肱，《説文解字》中爲"肘，臂節也"。"八肱"又可寫作"八紘"，它的引伸義是指四方和四隅，《淮南子‧墬刑訓》中有"九州之外，乃有八殥……八殥之外，而有八紘"之説。因此，"八肱八趾疏首"中的"八肱"是指指向四方和四隅的八條手臂。

其次是八趾。所謂"八趾"，古時所謂"趾"，指足，不指腳趾。它和上面的"八肱"是相對應的，也是指指向四方和四隅的八隻腳。

最後是疏首。所謂"疏首"，疏，《説文解字》中爲"通也"。段玉裁《説文解字注》則主張"引伸爲疏闊、分疏"。今人袁珂解釋爲"疏首就是長着分叉的腦袋"。可是筆者看這裏出現的漢畫像石中反映的蚩尤形象，并不是長着分叉的腦袋，而是梳着分叉的辮子或者説戴着分叉的頭飾。

我們把上面的漢代畫像石中的蚩尤圖像，采用國外司法證據學上新興的圖像證據演繹法，加以文字化處理，依次得出變化過程如下：

原始圖形1 ——→ 圖形變化2 ——→ 圖形變化3 ——→ 圖形變化4

——→ 圖形變化5 ——→ 圖形變化6 ——→ 原始拓片7

蚩尤圖像從漢畫像石還原爲殷代銅器圖像文字邏輯演繹圖

通過上述七個圖形的演變過程圖，我們可以立刻看出來漢代畫像石中的蚩尤其實是繼承了商代中晚器的一件青銅器上的特殊字形的彝銘而來。在上述變化過程中，"八肱八趾疏首"的形象特點一直保持不變，形成了完整而可信的證據鏈。而這件青銅器著録在《三代吉金文存》第二卷第九頁第五張拓片中。

有一字收録在《金文編》附録第 147 號圖中，容庚也不認識此字。見下：

　　從原始圖形 1 到原始拓片 7 之間，使用傳統的音訓、字訓、義訓、轉注、假借等等各種考證方法，也無法將此兩者聯繫起來，但是一旦我們使用圖像證據演繹法，在保持基本特點不變的大前提下，就立刻得出了這兩者之間的演繹關係。

　　羅氏在編著《三代吉金文存》時不知道這個圖形文字的含義和讀音，故此他就直接寫作《亞大鼎》。剛纔我們考證了“疏首”的含義就是梳着分叉的辮子或者説戴着分叉的頭飾。但是，通過對《亞大鼎》的分析，我們可以發現“疏首”在商周彝銘中的造像是下面這個形象：

這一造像和“矢”字的彝銘寫法雖然很接近，但是在整體構圖、筆畫粗細、手足位置、頭的長短等方面都有很大的不同。同時也從圖像上説明了疏首決非“長着分叉的腦袋”，而是戴着頭飾、向左側歪曲的頭部造型。我們將此造型和“矢”字字形對比如下：

“疏首”在商周彝銘中的造像	
《金文編》中的“矢”字寫法	大（矢王尊）、大（同卣）、大（矢王鼎蓋）、大（矢方彝）、大（矢簋）、大（矢尊）、大（令簋）、大（能匋尊）、大（散伯簋）、大（散盤）、大（鼎文）、大（矢戈）

　　通過上述考證，我們可以直接得出的結論就是：《三代吉金文存》第二卷第九頁

第五張拓片彝銘中記載就是蚩尤的造型，進而也就具有了説明該彝銘的含義和讀音。而我們通過殷代《尤辛爵》彝銘的記載，已經知道了當時"尤"字的寫法，則這裏的名字衹能是原始的"蚩"字。而原始的"蚩"字在字形上還保留着"八肱八趾疏首"的造型，甚至今天的簡化漢字依然可以看出這一特點，更肯定了此字爲"蚩"字的可能。

因此，"蚩"字應該就是象形字。于是，著録在《三代吉金文存》第二卷第九頁第五張拓片的青銅鼎的準確稱呼應該就是《亞蚩鼎》。它是殷代晚期的文物。

這是自有文獻記載以來關于蚩尤的最真實可信的、最直接的考古學證據。

有關蚩尤文字史料在殷代青銅器彝銘中的出現，以古文字學和考古學證據證明了蚩尤神話和歷史人物的出現的歷史時間段，即在殷代中晚期蚩尤傳説就已經真實存在。

二、黄帝"畫蚩尤像"説神話的原始宗教含義

現在，我們需要考察漢畫像石中蚩尤圖像的來歷問題。

承上所述，張守節《史記正義》引《龍魚河圖》已經出現如下記載：

> 蚩尤没後，天下復擾亂。黄帝遂畫蚩尤形象以威天下。天下咸謂蚩尤不死，八方萬邦，皆爲弭服。

可是，這個畫像的人是否就是黄帝本人呢？

答案是否定的。請注意這裏的"黄帝遂畫蚩尤形象以威天下"之説，它告訴我們：最早給蚩尤進行畫像的應該就是黄帝。可是根據《世本》（王謨輯本）中的記載"史皇作圖"。宋衷注："史皇，黄帝臣。圖，謂畫物象。"

可見真正承擔起畫蚩尤圖像的應該是黄帝手下的史官"史皇"。"史"字表明了他的工作性質，而"皇"爲其私名。

關于"史皇"，高誘《淮南子注》以爲：

> 史皇，倉頡也。

《春秋元命苞》也贊成此説，并進一步補充説：

> 倉帝史皇氏，名頡，姓侯岡。龍顏侈哆，四目靈光，實有睿德，生而能書。

但是，張澍《世本粹集補注》中則主張：

> 然《路史》引《世本》云史皇、倉頡同階，是史皇非倉頡也。

　　雖然尚無定論，但至少有一點是肯定的，那就是"史皇"是應黄帝之命、畫蚩尤圖像以達到"蚩尤不死，八方萬邦，皆爲弭服"的效果。這應該就是古佚書《歸藏·啓筮》和《龍魚河圖》中的相關記載的直接來源，也應該就是漢代畫像石中蚩尤圖像最爲深厚的歷史淵源。表現在商周彝銘中就是圖像化的那個著名的形象，見下面的摹寫圖和拓片：

　　總而言之，黄帝畫蚩尤圖像真正開啓了遠古時代的原始宗教信仰及其祭祀活動中的儀軌問題，也是後代宗教活動中出現符咒現象的直接先河。這使這一行動具有了特別重大的宗教意義，更是中國古代圖像文化史的直接源頭和始點。

三、"蚩尤"名字讀音和内在含義的最新解讀

　　關于"蚩尤"的名字，古代異説很多。《説文解字》對"蚩"字的解釋是"蟲也"。《釋名》中的解釋是"癡也"。其貶損之義十分明顯。

　　《史記正義》引孔安國曰：

　　　九黎君號蚩尤。

《史記集解》引應劭曰：

　　　蚩尤，古天子。

《史記索隱》中又注釋説蚩尤"蓋諸侯號也"。

　　關于"尤"字的意義，《説文解字》的解釋是"曲脛人也"。段玉裁《説文解字注》：

　　　尤本曲脛之稱，引申之爲曲脊之稱。故人部僂下曰尩也。

可知"尤"字也就是"尩"字。見《左傳·僖公二十一年》："夏，大旱，公欲焚巫尩。"《正義》引《周禮·女巫職》云：

　　　巫尩，女巫也。并以巫尩爲女巫，則尩是劣弱之稱，當以女巫尩弱故稱尩也。或以爲尩非巫也，巫是禱神之人，尩是瘠病之人，二者非一物也。尩是病

人，天恐雨入其鼻，俗有此説，不出傳記，義或當然，故兩解之也。《檀弓》云："歲旱，穆公召縣子而問焉，曰：'天久不雨，吾欲暴尪而奚若。'曰：'天則不雨，而暴人之疾子，虐，無乃不可與？'"鄭玄云："尪者面鄉天，覬天哀而雨之。"又曰："然則吾欲暴巫而奚若。"鄭玄云："巫主接神，亦覬天哀而雨之。"彼欲暴人疾而求雨，故鄭玄以爲覬天哀而下雨。此欲燒殺以求雨，故杜以爲天哀之而不雨，意異，故解異也。《禮記》既言暴尪，又別言暴巫，巫、尪非一物，《記》言"暴人之疾"，則尪是病人，或説是也。

由上述論證可知："尪"具有"巫"的神格特徵。也就是説，"尤"字具有巫術神格特徵，所以纔出現"巫""尪"并舉的現象。歷史文獻記載能夠呼風喚雨的"蚩尤"證明了他具有"巫"的神格特徵。

首先，《山海經·大荒北經》中記載：

蚩尤請風伯雨師縱大風雨。

而當時能夠指使風雨的人肯定是通巫術的。

其次，《龍魚河圖》中記載：

有蚩尤兄弟七十二人，銅頭鐵額，食沙石，制五兵之器，變化雲霧。

還是進一步强調他的"變化雲霧"這一巫術功能。

再次，《春秋繁露·求雨》中記載：

夏求雨……其神蚩尤。

因此，所謂"蚩尤"，它的準確讀音和内在含義應該是"蚩尤"，也就是"蚩尪"。後世寫成"蚩尤"當是以表面的讀音和意義隱藏了内在的真實的讀音和意義。由此來看，"蚩尤"的名字其實祇是單漢字"蚩"，而"尤"（尪）則是對其巫師身份的説明。正是因爲這一緣故，我們主張對"蚩尤"名字的考證和商周彝銘史料研究集中體現在對"蚩"字的研究上。

第三節　信　仰

從宋代以來，出現在商周銘文上的一個特別的圖像文字就引起了學者們的特別關注，他們爲此提出了各種各樣的解釋，這個特殊圖像文字具體實例可見下圖：

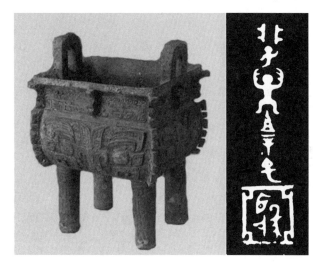

《舉方鼎》及其彝銘拓片

　　對于上述彝銘拓片中自上而下的前三個圖像文字，呂大臨釋爲"析子孫"，王黼認爲"乃貽厥子孫之義"。但是，他們全没有提出有力的證據來證明自己的觀點。近現代學術界的學者對此也是衆説紛纭。林義光以爲"實皆爲床上抱子形，古以爲銘器吉語"，于省吾以爲乃"舉"字，丁山以爲"即冀之古文矣"，郭沫若以爲乃"古冀"字，馬叙倫以爲乃"𦫳"字……舉凡彝銘大家，無不對此字有所觀注，如此等等，不勝枚舉。不但迄今爲止尚未有定論，而且連一個比較合理的、讓人信服的解釋也没有出現過。

　　該圖像文字有多種變形，根據《金文編》的記載，我們整理如下：

父乙簋　　父乙簋二　　作父乙卣　　父乙卣　　父乙觚　　文父丁匜　　父辛卣　　□婦鼎　　敔嬰簋　　向卣

向卣　　向卣　　父乙尊　　父丁尊　　父丁簋　　父丁鼎　　父己卣　　父辛觶　　小子𠨘簋　　婦𡘇甗

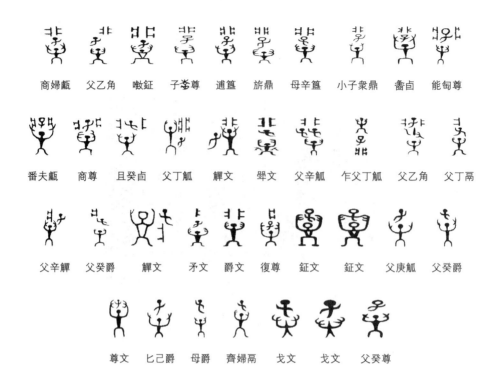

商婦甗	父乙角	噉鉦	子𬀩尊	遹簋	旂鼎	母辛簋	小子𡭝鼎	曹卣	能匋尊

番夫甗	商尊	且癸卣	父丁觚	觶文	斝文	父辛觚	乍父丁觚	父乙角	父丁鬲

父辛觶	父癸爵	觶文	矛文	爵文	復尊	鉦文	鉦文	父庚觚	父癸爵

尊文	匕己爵	母爵	齊婦鬲	戈文	戈文	父癸尊

于省吾在《釋舉》一文中，將上述各種變形，分成六類：

> 以上所列第一類的兩個字均不從廾。第一個字下部有去人頭形。與甲骨文合。第二個字最下左右兩小横象足形。第三類的兩個字，口部從或片，均像縱置的床形。第四類的一個字從二子，這和床形都是單複無別之例。第五類的第一個字，子在床側，第二字子在兩床之中，都是偏旁部位的變動不居。第六類爲變例。第一形的父乙二字横亘中間，第二個字上下倒置，第三個字省掉子字。總之，第一類不從廾者常見，第二、三兩類最爲習見。第四、六兩類的字，各祇一見。第五類的第一個字罕見，第二字屢見。[1]

但是，于先生最後也沒有給出合理的解釋。因此，他的這一分類和分析顯然已經失去意義。

我們認爲，在商周彝銘史料中保存了大量的有關"感天而生"説神話的記載，這集中體現在上述所謂"析子孫"銅器彝銘中。祇是因爲對記載這一"感天而生"説神話的圖像文字的解讀——也就是對"析子孫"銅器彝銘的解讀，一直是古今歷

---

[1]　于省吾：《釋舉》，《考古》1979 年第 4 期。

史學和彝銘學術研究上的千古不解之謎，所以至今依然沒有被學術界所破解。

本文將集中圍繞這一歷史謎案加以破解。

一、"析子孫"銅器彝銘的真正内涵

其實，破解"析子孫"銅器彝銘的關鍵是對"析"字的解讀。因爲接下來的"子孫"二字的銅器彝銘，中間的兒童圖像一般認爲是"孫"，最下的人形圖像是"子"。也就是傳統意義上的所謂"子孫"二字。可是，這三個字組合後所具有的象徵含義究竟是什麽？在漫長的古今商周彝銘研究的學術發展史上，對破解"析子孫"銅器彝銘的關鍵是什麽還沒有人意識到，何談對"這三個字組合後所具有的象徵含義究竟是什麽"的討論了。

我們通過上述《金文編》中總結的商周彝銘史料中"析子孫"銅器彝銘，發現這個關鍵的"析"字，可以分成以下幾類：

第一類的"析子孫"銅器彝銘中的"析"字位置一般多在最上方，居正中位置，如《父辛卣》。第二類的"析子孫"銅器彝銘中的"析"字可以被簡化成或左或右的半個。半個"析"字的位置一般也多以居中爲主，如《父丁鬲》。第三類的"析子孫"銅器彝銘中的"析"字可以被完全簡化掉，如《父庚觚》。

再看上述彝銘中"子"和"析"的位置：

首先，"子"和"析"的位置最接近，甚至可以相互包容爲一起，如《番夫甗》《能匋尊》。其次，在没有"析"字的彝銘中，"子"的圖像依然保持着承接上面已經被省略掉的那個"析"字的形狀，是典型的"析"無而實有的一種上下貫通的氣勢和神韻。也就是説，"析"字的有無并不影響"析"字應該占有的空間位置和構圖的理解。可見這個字在商周時代實際上已經是一種神格的象徵。從構圖的位置上來，這個字顯然在上述青銅器彝銘中具有"天（天帝）"或者"日（太陽）"一樣的品格特徵。

那麽讓我們再把這個字的上述種種變形總結如下：

標準形　　簡化形　　省略簡化形

下面，讓我們對它的標準形的由來進行考證。既然它以圖像的形式出現在青銅器彝銘中，可見它具有文字和圖像雙重内涵。而在商周青銅器上大量存在一種特殊的紋飾，即渦紋。見下圖：

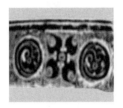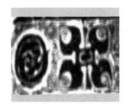

商周銅器上的渦紋

將上述渦紋抽出來，即如下：

此圖像由四個燕尾狀的黑色圖案、四個"工"字形的白色圖案，圍繞着中間的"日"（太陽）組成。將此圖像反色整理後可以更清楚地看出四個"工"字形的圖案：

可以發現這個渦紋圖像完全是銅器彝銘中所謂的"析子孫"中"析"字的標準形。我們將它變化演繹如下：

接下來，我們將兩個渦紋左右并列起來，還可以看得更清楚：由兩個并列的渦紋"⬚⬚⬚"直接導向了"⬚⬚"的出現。

這個圖像已經百分之百是銅器彝銘中所謂的"析子孫"中"析"字的標準形。圖像演繹的結果告訴我們：商周青銅器上著名的所謂的"析子孫"中"析"字的標準形，直接來源于當時的渦紋，是原始宗教信仰中太陽崇拜的反映，它具有"天"和"日"雙重内涵。如果説真要把此字隸定爲什麽字的話，也衹能隸定爲"天"或"日"字而已。也就是説古代學者所謂的"析"字，應當就是"天"或"日"字。衹有在"天"和"日"的觀念取得絕對權威之後，纔可以出現"析子孫"中"析"字被部分省略和全部省略的現象。但是，省略與否并不影響"天"和"日"觀念在銅器彝銘中的地位和價值。

上述字形中，中部的人形爲"子"字似乎是没有争議的。而下部的人形是否爲"孫"字就異議頻出了。我們衹需查看一下商周彝銘中"孫"字的字形，就可以知道：把上述文字中的下部定爲"孫"字并不合適。我們主張，這裏出現的下部的人形不但不是"孫"字，而且它的含義在輩份上應該得到提升，即下部的人形應該是父輩、祖輩的象徵。它的作用相當于"右"者，是輔助被感生的女性即將生産降臨之人。至于商周青銅器上著名的所謂的"析子孫"的真正含義，我們主張：這是"感天而生"的圖像表達。那圖像中的"子"一定是當時的某國國君或某位聖人最初誕生時的形象表達。

其中，《三代吉金文存》卷二中收録一個鼎，其拓片如下：

該銅器彝銘釋文：

母𠂤、父癸。

感天而生。

此銘極其罕見，父母皆感天而生，彝銘中一般多爲父方感天而生，很少涉及母方。因爲這一神話在商周彝銘中和對天的崇拜觀點是聯繫在一起的。父權的確立和對天的崇拜逐漸統一起來。在如此大的宗教信仰環境下，父母皆感天而生就具有了特殊的意義。這爲《周易》哲學中乾坤對立思想的出現準備了前提和基礎。

二、"感天而生"説神話

"感天而生"説神話，在相當長的時間内已經不再被國内學術界關注和研究了。如此重要的課題爲什麽會被時下當紅的學術大腕兒們冷落，筆者怎麽也想不明白。更何況著名的《周易》哲學，它的特點之一就是它具有獨特的感生思想，它具體表現爲殷周時代的"感天而生"説神話及其哲學化的體現——陰陽交感思想的誕生。很遺憾的是：以對古文獻的考辨而著稱的古史辨學派却根本沒有發現卦爻辭中的"感天而生"説神話的内容。他們祇是對《詩經》和上古神話傳説中的"感天而生"説有過涉及，而對于卦爻辭中的"感天而生"説神話，幾千年來無人論及，也就造成了對《周易》中的《咸》《艮》二卦内涵的誤解。

正是易學的陰陽交感思想纔把"感天而生"説神話這一遠古時代的政治神話提升到系統化和理論化的哲學高度。從拙著《周易發生學》一書在 1993 年出版以來，筆者一直堅信對這一問題的解釋是正確的。在此，筆者不但堅持這一觀點還要對舊説加以補充和完善。

筆者的觀點發表後，在國内外都引起了正常的關注。如李伯聰在就發表了和筆者商榷的文章，他在文章一開始就説：

> 易學在傳統上一向釋《咸卦》之"咸"爲"感"，今人李鏡池、高亨、王明、劉正又提出了解釋咸卦卦爻辭的三種新説。[1]

三、"咸"字的文化史研究

"咸"字的出現是和《咸卦》密切相關的。卦辭如下：

> 咸：亨，利貞，取女吉。
>
> 初六：咸其拇。
>
> 六二：咸其腓。凶，居吉。
>
> 九三：咸其股，執其隨。往，吝。
>
> 九四：貞：吉。悔亡，憧憧往來，朋從爾思。
>
> 九五：咸其脢。無悔。
>
> 上六：咸其輔頰舌。

《易傳·彖》中的解釋是：

> 咸，感也。柔上而剛下，二氣感應以相與。是以亨，利貞。

孔穎達《周易正義》對此解釋説：

---

[1]　李伯聰：《咸卦和艮卦的性心理學解釋》，《周易研究》2004 年第 2 期。

　　“柔上而剛下，二氣感應以相與”者，此因上下二體，釋“咸亨”之義也。

　　艮剛而兑柔，若剛自在上，柔自在下，則不相交感，無由得通。今兑柔在上而

　　艮剛在下，是二氣感應以相授與，所以爲“咸亨”也。

看來，以“感”字來解説“咸”字是易學研究和古文字學研究上的一個固定模式。歷代學者似乎注意到了這個問題的複雜性，總想把這個問題擺平。如來知德在《周易集注》中解釋説“不曰感者，咸有皆義”。李道平在《周易集解纂疏》中就把“咸”字和“感”字歸結爲“古今字也”。但有一點是肯定的：《周易》中出現的“咸”字，多被解釋成“感”字。

　　出土文獻上的證據却是另外一回事了。

　　馬王堆帛書《周易》的《咸卦》之“咸”字作“欽”字。而“欽”字正是古代文獻中記載的《歸藏》中的《咸卦》。《説文解字》中解釋説：

　　　　感，動人心也。

《説文解字注》中爲此解釋：

　　　　許書有“感”無“憾”。《左傳》《漢書》“憾”多作“感”。蓋憾淺於怨怒，纔有動于心而已。

　　在商周彝銘中出現的“感”和“咸”的用例如下：

　　現存商周彝銘中并沒有出現“感”字，但是出現了“咸”字。其中在殷代中晚期一件銅簋上出現了“婦卽咸”三字彝銘，收録在《三代吉金文存》卷六第十八頁上。假如我們想到這個字從酒，那麽出現在這裏的“卽”字顯然應該是一種以酒祭祀的活動。而這裏的“咸”字如果解作人名，則“婦卽咸”乃是婦以酒祭祀神靈“咸”（難道是巫咸或其繼承者?）之義。又見殷代晚期一件銅尊上有彝銘“咸匕癸”，收録在《殷周金文集成》卷十一第五六一三號，也是“咸”字作爲人名的用例。“匕”字爲“比”之省，通“妣”字。又見《三代吉金文存》卷三第十四頁上收録的一件殷代晚期銅器彝銘爲“咸娸（妖）子作祖丁尊彝”，顯然也是人名。而這裏的“咸”字如果解作動詞，則“婦卽咸”乃是以酒祭祀而感動祖先之義。至少可以發現，在商周時代的語言中，“感”字全用“咸”字表示出來。

　　在《易傳》中也出現了不少的“感”字用例：

《易》無思也，無爲也，寂然不動，感而遂通天下之故。非天下之致神，其孰能與於此？

是故愛惡相攻而吉凶生，遠近相取而悔吝生，情僞相感而利害生。

往者屈也，來者信也，屈信相感而利生焉。

看來，上述的"感"字大多具有"動也""動人心也"的含義。這在史料中也可以得到明證。《左傳·昭公二十一年》：

春，天王將鑄無射，泠州鳩曰："王其以心疾死乎！夫樂，天子之職也。夫音，樂之輿也；而鐘，音之器也。天子省風以作樂，器以鐘之，輿以行之。小者不窕，大者不摦，則和于物。物和則嘉成。故和聲入于耳而藏于心，心億則樂。窕則不咸，摦則不容，心是以感，感實生疾。今鐘摦矣，王心弗堪，其能久乎！"

而在上古時代，"感"字還有特殊的文化史含義在内。如在《潛夫論》等古籍中出現的"感"字用例：

太妊夢長人感己生文王。

有神龍首出，常感妊姒，生赤帝魁隗。

大電繞樞照野，感符寶，生黄帝軒轅。

後嗣握登見大虹，意感生重華虞舜。

後嗣脩紀見流星，意感生白帝文命我禹。

摇光如月，正日感女樞幽防之宫，生赤帝顓頊。

扶都見白氣貫月，意感生黑帝子履。

帝女游華胥之淵，感蛇而孕，十三年生庖犧。[1]

再如：

舜母見大虹，感而生舜。（《竹書紀年》）

炎帝神農氏，姜姓，母曰女登，有蟜氏女，少典之妃，感神龍而生炎帝。（《三皇本紀》）

上述的"感"字都是性關係的隱語。也即著名的"感天而生"説神話，即被大神或龍蛇感後而生子。于是"感"就成了人神·人獸性關係的隱語。許慎在《駁五經異

---

[1] 劉正：《周易發生學》，中國環境科學出版社 1993 年版，第 374 頁。

義》一文中就曾引《春秋公羊傳》云：

> 聖人皆無父，感天而生。

而"感"和"通"有相同之處。"通"是"感"的另一層意思。見《左傳・昭公二十五年》：

> 初，季公鳥娶妻於齊鮑文子，生甲。公鳥死，季公亥與公思展與公鳥之臣申夜姑相其室。及季姒與饔人檀通，而懼。

在《春秋公羊傳・桓公十一年》中以"通"來説明性行爲的事就更多了。如：

> 先鄭伯有善于鄶公者，通乎夫人，以取其國，而遷鄭焉，而野留。

又《春秋公羊傳・莊公二十七年》：

> 原仲者何？陳大夫也。大夫不書葬，此何以書？通乎季子之私行也。何通乎季子之私行？辟内難也。君子辟内難而不辟外難。内難者何？公子慶父、公子牙、公子友，皆莊公之母弟也。公子慶父、公子牙通乎夫人以脅公，季子起而治之，則不得與于國政。坐而視之，則親親。因不忍見也，故于是復請至於陳而葬原仲也。

可見"通"的性關係隱語和"感"有本質的區別。"感"有神話色彩，是人神、人獸性關係的説明。"通"則是人間色彩，是人與人之間非倫理性關係的説明。

第四節　原始神話

有些圖像和銅器造型明顯暗含着當時的原始神話。其中最典型的就是洛書神話。

1977 年 8 月，在平谷劉家河村東，當地農民在一池塘邊取土時意外地發現一座古墓。經北京市文物考古工作隊的清理，確定了該墓爲商代中期的墓葬。墓中出土了金、銅、玉、陶器等四十餘件極其珍貴的文物。其中，出土的青銅禮器計十六件。其中，有兩件銅盤造型極其奇特。

一、鳥首魚尾紋盤

高 9.5 厘米，口徑 25.5 厘米。窄沿外折，内壁凹圓，平底，矮圈足。盤外壁有弦紋二周，盤內壁有鳥首魚尾紋三組，中心有圓渦紋，界以連珠紋。[1]

二、鳥柱黿魚紋盤

高 20.5 厘米，口徑 38.5 厘米。寬沿外折，內壁凹圓，盤內中心有用渦紋及連珠紋組成的黿形圖案，內壁有魚紋三組，盤沿左右對立兩鳥形柱。[2]

段勇在《商周青銅器幻想動物紋研究》一書中曾主張：

> 商、周青銅器上的神鳥紋明顯分爲兩類：一類鳥首獸身，變形較大；另一類鳥首鳥身，相對“寫實”。二者在青銅器上流行的時代也判然有別：前一類集中見于商代，西周早期仍有部分，但此後即難覓踪迹；後一類主要見于西周時期，此前祇在商代晚期有少量出現。[3]

以劉家河出土的中商青銅器來衡量，此説顯然并不十分合適。因爲這裏出現的兩件鳥形盤，其中鳥柱黿魚紋盤上的鳥形，正是所謂寫實的，不但不是“祇在商代晚期有少量出現”，而且還是早在商代中期就已經出現了。《詩經》中記載的商人的“天命玄鳥，降而生商”的神鳥傳説，看來在中商時代就已經產生了，并且又在考古實物上得到了體現。

商代晚期的鳥尊

---

[1]　見袁進京、張先得：《北京市平谷縣發現商代墓葬》，《文物》1977 年第 11 期。

[2]　同上。

[3]　段勇：《商周青銅器幻想動物紋研究》，上海古籍出版社 2003 年版，第 116 頁。

　　相比之下，張孝光在《殷墟青銅器的裝飾藝術》一文中就很客觀地説：

　　　　這個題材的紋樣在商代早中期很少見。[1]

"少見"還是出現了，這正是劉家河出土的中商青銅器的學術價值之一吧。

　　爲何鳥的造型和紋飾在商代青銅器上頻繁出現呢？張光直在《商周青銅器上的動物紋樣》一文中指出：

　　　　夏人鑄鼎象物，使人知道哪些動物是助人的神，即是可以助人通天地的，哪些動物是不助人通天地的……動物中有若干是幫助巫覡通天地的，而它們的形象在古代便鑄在青銅彝器上……青銅彝器是巫覡溝通天地所用配備的一部分，而其上所象的動物紋樣也有助于這個目的……助巫覡通天地的若干特殊動物，至少有若干就是祭祀犧牲的動物。以動物供祭也就是使用動物協助巫覡來通民神、通天地、通上下的一種具體方式。商周青銅器上動物紋樣乃是助理巫覡通天地工作的各種動物在青銅彝器上的形象。[2]

因此，商人青銅器上鳥造型和紋樣的使用正是基于他們相信自身是神鳥後裔的反映。也就是他們祖先崇拜的具體化之一。

　　　　　　　　《玄鳥婦壺》彝銘釋文：

　　　　　玄鳥
　　　　　婦。

《玄鳥婦壺》彝銘拓片

　　對鳥和魚的圖騰信仰，到了後代終于出現了著名的白魚赤鳥傳説——這些傳説記載在《吕氏春秋·應同》《史記·周本紀》《尚書大傳》以及一些緯書中。它們被賦予了所謂的五德終始説。但是，這一傳説的原型可以直接上溯到中商文化時期青銅器的紋飾造型上。

　　鳥柱黿魚紋盤中的黿形圖案，和其他地區相比也有了很大變化。《陝西出土商代青銅器》第一册中也收録了一件黿魚紋盤，但是這二者相同的祇是中心部分都有

[1]　張孝光：《殷墟青銅器的裝飾藝術》，《殷墟青銅器》，文物出版社 1985 年版，第 106 頁。
[2]　張光直：《中國青銅時代》，生活·讀書·新知三聯書店 1999 年版，第 434—435 頁。

渦紋（這爲洛書中心構圖的誕生準備了基礎），而龜的整個造型紋飾，前者遠不及劉家河出土的鳥柱龜魚紋盤。劉家河出土的鳥柱龜魚紋盤的龜造型顯然更具有藝術性，它和湖北盤龍城李家嘴墓出土的青銅盤大致是相近的。

除此之外，《日本蒐儲支那古銅精華》一書第 85 收《禽形蝕魚獸帶龜文盤》、第 86 收《魚帶龜文盤》兩件銅器，龜的紋飾和造型與此大致相近。

劉家河出土鳥柱龜魚紋盤的龜造型，見下圖：

陝西出土商代青銅器中的龜魚紋盤的龜造型，見下圖：

對比之下，劉家河出土青銅器上的龜，圖形更趨複雜和優美，規範化的連珠紋環置四周，最外層是雲紋。正是由于有了連珠紋（黑點）和渦紋、雲紋（白圈）以及魚、龜造型的出現纔最終演變成爲洛水神龜送來洛書的古老傳説吧。

再如著名的西王母神話，也許我們可以上溯到商周彝銘中。

在甲骨文中，記載着西方的風神名字叫“彝”：

　　西方曰夷，風曰彝。[1]

---

[1]　郭沫若主編、胡厚宣總編輯、中國社會科學院歷史研究所《甲骨文合集》編輯工作組編：《甲骨文合集》，第 14294 片。

"彝"神的圖像很接近于"鷄"，也就是"鳥"。進而代表了西王母的使者"青鳥"。甚至爵的出現，其造型很可能也是鳥圖騰的信仰産物。因爲桂馥《説文解字義證》對"爵"字的考證中就提出：

> 爵即雀。

而雀，當然屬于鳥屬。

漢代的三足烏畫像磚拓片

因此，銅器在上古時代被稱爲"彝"，本身就含有鳥崇拜的内涵。《説文解字注》中解釋：

> 爵從鬯又而象雀之形。彝，從糸米廾，而象畫鳥獸之形，其意一也。故云"與爵相似"。

商周彝銘中大量出現的"寶尊彝"術語，就已經暗示着對西方風神的崇拜。

在《河圖括地圖》中又記載了西王母和三足烏的連帶關係：

> 昆侖在弱水中，非乘龍不得至。有三足神鳥，爲西王母取食。

《史記·司馬相如列傳》描述西王母爲：

> 戴勝而穴處兮，亦幸有三足烏爲之使。

誠如是，則三足烏即是戴勝鳥。而戴勝似乎已經有了神名的含義了。在青銅器造型上，三足鼎、三足動物造像器已不罕見。更有學者主張青銅斝的斝柱也是從三足烏的鳥圖騰演變而來的。呂琪昌在《從青銅爵的來源探討爵柱的功用》一文中就提出：

> 斝柱是由它的祖型——"鬹"的流根處的兩個泥餅演化而來的，而該泥餅

則是象徵了"鴉"作爲鳥圖騰信仰的"三足鳥"的"點睛"之筆。[1]

既然衹有西王母纔有資格驅使戴勝鳥，則戴勝成爲西王母的連帶關係圖像是無可置疑的。《山海經·西山經》中記載的西王母已經是"豹尾虎齒而善嘯，蓬髮戴勝"，更是戴勝成爲西王母的連帶關係圖像的證據之一。

在《三代吉金文存》第五卷第二十五頁保留着一件神秘的銅甗，如下：

該銅甗彝銘釋文從左上往右下是：

王作尊龗龘母寶龘彝。

周天子的母親名字居然和"虎"相互聯繫起來。"孽龗龘母"四個字，衹有一種解釋：即這裏的"母"并非周天子之母的"王母"，而是當時神話中的"西王母"。因爲大家知道，《山海經·西山經》記載了"西王母其狀如人，豹尾虎齒而善嘯"，衹有她的形象纔和"虎"相互聯繫。

再看下面這張拓片，正是西王母和虎的圖像同時出現的，應該是對上述"孽龗龘母"四個字的最好説明：

西王母和左右龍虎圖像拓片

[1]　呂琪昌：《從青銅爵的來源探討爵柱的功用》，《華夏考古》2005 年第 3 期。

這裏出現的是四川綿陽漢代畫像磚。這裏的西王母正好左右有龍、虎相伴。而整個字形圖像又接近"鼎"之形狀。這裏出現的也是虎的圖像。而最著名的虎圖像就是商代的《虎食人卣》。但是由于該卣沒有彝銘，不在本書的討論範圍內。

　　除此之外，最爲著名的就是大禹治水的歷史傳說了。這也是夏朝歷史與文化最爲廣泛的文化記憶之一。有賴于《豳公盨》彝銘記載，第一次從出土文獻史料上印證了在西周時代早期就已經存在着大禹治水的歷史傳說。見該銅器拓片：

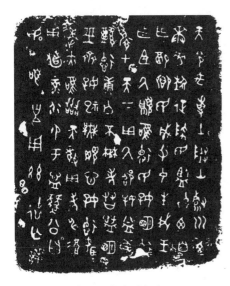

《豳公盨》彝銘拓片

《豳公盨》彝銘釋文：

　　天命禹敷土，墮山濬川。廼
　　差茲（地）甈（設）征，降民監德。廼自
　　作配鄉（饗），民成父母。生我王，
　　作臣厥，顯（沫）唯德，民好明德。
　　顨（任）在天下，用厥卲（昭）好，益美
　　懿德，康亡不懋。考友訏（訏）明，
　　巠（經）齊好祀。無毾（欺）心好德。婚
　　遘亦唯協。天鼖用考申（神），復
　　用猎（髮）彔（祿），永御於寧。豳公曰：
　　"民唯克用茲德，亡誨！"

在這裏，最有價值的是"天命禹敷土"一句。見《尚書・洪範》中的相關記載：

　　箕子乃言曰："我聞在昔，鯀湮洪水，汩陳其五行。帝乃震怒，不畀'洪
　　範'九疇，彝倫攸斁。鯀則殛死，禹乃嗣興，天乃錫禹'洪範'九疇，彝倫
　　攸叙。"

又，《禹貢》：

　　禹敷土，隨山刊木，奠高山大川。

這裏，先秦傳世文獻記載和《豳公盨》彝銘"天命禹敷土"記載完全相同。

　　又見《山海經・海內經》：

　　洪水滔天，鯀竊帝之息壤以堙洪水，不待帝命。帝令祝融殺鯀于羽郊。鯀
　　復生禹，帝乃命禹卒布土以定九州。

其中"天命禹敷土"記載，又可以見于《詩經·長發》：

　　　禹敷下土方。

　　由此而來，夏代的歷史傳說，在出土的銅器《豳公盨》彝銘中得到了完全的印證。

第三編

彝銘研究的種類和進展

第十六章　歷史研究

引　論

商周彝銘之所以重要乃在于它具有的史料價值。

對于商周史料，除了上古文獻中那些疑信參半的記載之外，我們很難獲得真實可信的史料來研究這段歷史了。有賴于甲骨史料的發現，商代史的考證和研究已經成爲今日學術界的熱點所在。而有賴于周代彝銘的存在，則兩周史的研究可以重新加以科學化、系統化地考證和研究。吳其昌在《金文曆朔疏證》一書的序言中就曾概括説：

> 古文上而會盟、征伐、朝覲、宴饗、賞錫、封建、命爵、授官，小而漁牧、狩獵、農稼、奴婢、獄訟、婚媾，無一事不敢不告命于乃祖、乃考，即無一事不能不銘鑄于銅器。[1]

因此，他得出結論説：

> 欲考宗周一代之文獻、故實，彝器文字當居首位。

有些史實，彝銘的記載爲古史記載的準確性提供了直接的佐證。如《毛父班彝》彝銘中記載的成王伐東夷之事，彝銘有"三年靜東或（國）"一語，則成王伐東夷歷時三年。而《史記·周本紀》中記載則是"初，管、蔡叛周，周公討之，三年而畢定"。在這裏，傳世文獻和出土文獻記載内容完全一致，從而印證了《史記》的準

---

[1]　吳其昌：《金文曆朔疏證》卷首，商務印書館 1936 年版，第 2 頁。

確性。

　　本編中，我們將通過接下來的歷史研究、禮制研究、官制研究、法制研究、廟制研究、祭祀制度研究、軍制研究、兵器題銘研究等章，對彝銘研究的種類和進展進行比較系統的研究和綜述。

第一節　商代史

　　商代的歷史研究，自從産生了甲骨史料之後，立刻取得了突飛猛進的進展。其實，傳世的商代青銅器彝銘，也爲研究和瞭解商代歷史提供了巨大的幫助和支撐。如殷墟婦好墓出土的大批有銘青銅器，爲我們瞭解商代晚期的歷史，特別是帝乙、帝辛的歷史提供了證據。

　　其中，高本漢和赤塚忠兩人將"亞"和"析子孫"看作是商代彝銘的典型特徵，凡是出現"亞"和"析子孫"的青銅器，他們一律定爲商代。這一點，我們是不敢贊同的。因爲他們没有明白這個彝銘出現的真實含義。

　　武丁時期以前的彝銘基本上正處於由單字彝銘向多字彝銘的過渡階段。而武丁時期的彝銘雖然看不出多少歷史內容，但是大量的私名出現在彝銘中。如著名的婦好墓出土的大量有銘銅器。而彝銘中記載比較完整的歷史史實則更多出現在武乙、文丁時期和帝乙、帝辛時期。這是商代彝銘的一個特點。

　　《史記·殷本紀》中關于武丁的史料祇是二百餘字而已：

　　　　帝武丁即位，思復興殷，而未得其佐。三年不言，政事決定於冢宰，以觀國風。武丁夜夢得聖人，名曰説。以夢所見視群臣百吏，皆非也。於是迺使百工營求之野，得説於傅險中。是時説爲胥靡，築於傅險。見於武丁，武丁曰是也。得而與之語，果聖人，舉以爲相，殷國大治。故遂以傅險姓之，號曰傅説。帝武丁祭成湯，明日，有飛雉登鼎耳而呴，武丁懼。祖己曰："王勿憂，先修政事。"祖己乃訓王曰："唯天監下典厥義，降年有永有不永，非天夭民，中絶其命。民有不若德，不聽罪，天既附命正厥德，乃曰其奈何。嗚呼！王嗣敬民，罔非天繼，常祀毋禮於棄道。"武丁修政行德，天下咸歡，殷道復興。

而《竹書紀年》中記載了訪求傅説、討伐荆楚、有飛雉登鼎耳而呴等事，也不過一百餘字。如下：

武丁名昭，元年丁未，王即位，居殷。命卿士甘盤。三年，夢求傅説，得之。六年，命卿士傅説，視學養老。十二年，報祀上甲微。二十五年，王子孝己卒於野。二十九年，肜祭太廟，有雉來。三十二年，伐鬼方，次於荆。三十四年，師克鬼方。氐羌來賓。四十三年，王師滅大彭。五十年，征豕韋。克之。五十九年，陟。王，殷之大仁也。力行王道，不敢荒寧，嘉靖殷邦。至于小大，無時或怨。是時輿地東不過江黄，西不過氐羌，南不過荆蠻，北不過朔方。而頌聲作，禮廢而復起。廟爲高宗。

現在，殷墟婦好墓的發掘，大量有銘銅器的出土，雖然僅僅是以私名爲主要內容，但是已經極大地豐富了我們對于武丁時期歷史的認識。

比較重要的記載了武丁時期史實的至少有：

《婦好方尊》《婦好鴞尊》《司辛母癸大方尊》《司辛母大圓尊》《子漁尊》《司母辛大方鼎》《婦好長方扁足鼎》《婦好中型圓鼎》《婦好小型圓鼎》《婦好小型鼓腹鼎》《婦好小圓鼎》《婦好鳥足鼎》《婦好鼓腹簋》《婦好小型簋》《司母辛四足觥》《婦好無蓋方彝》《婦好有蓋方彝》《婦好偶方彝》《婦好扁圓壺》《司辛母大方壺》《婦好三聯甗》《婦好方罍》《婦好瓿》《婦好大方斝》《司辛母癸大圓斝》《子漁斝》《婦好封口盉》《婦好大型爵》《婦好平底爵》《司辛母爵》《婦好盤》《司辛母觚》等彝銘。

武丁之後的祖庚、祖甲、廩辛、康丁四個時期，目前還缺乏準確的銅器斷代，而其彝銘也和武丁時期的接近。直到武乙、文丁時期，簡銘記載內容的成熟和彝銘語言的格式化爲準確的歷史事實記載提供了基礎。

記載武乙、文丁時期史實的有：

《子啓尊》《獄尊》《亞盟卣》《敊卣》《敦卣》《子韋鼎》《共鼎》《子韋觚》《麋婦觚》《麋婦爵》《子韋爵》《日辛共爵》《父己斝》《雒卯邲甗》《征作父辛角》《敦角》《敊作父癸觶》《肇子彝》《丙寅匜》《亞異侯盉》等彝銘。

商代彝銘的史料價值集中體現在帝乙、帝辛時期。著名的《戍嗣子鼎》彝銘記載了商代帝王的真實歷史。它于 1959 年在河南安陽高樓莊後岡祭祀坑出土，通高 48 厘米，口徑 39.5 厘米。口沿外折，方唇，雙立耳，腹微鼓，圓底，三柱足。口沿下飾六組夔紋，以棱脊相隔。足根部飾獸面紋，亦有棱脊。內壁有彝銘三十字，其中合文三。再如著名的《小臣艅犀尊》。該銅器清代道光年間出土于山東壽張縣梁山，是"梁山七器"之一。現收藏在美國舊金山亞洲藝術博物館中。

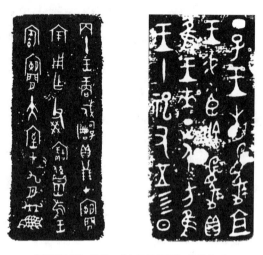

《戍嗣子鼎》彝銘、《小臣艅犀尊》彝銘拓片

其中《小臣艅犀尊》彝銘釋文：

　　丁巳。王省夔仚（京）。

　　王賜小臣艅夔貝。

　　唯王來征尸（夷）方，唯

　　王十祀又五，肜日。

彝銘記載了商王賞賜手下大臣小臣艅的史實，發生在商王征討人方之時。受賞地點是夔京。則受賞的原因顯然是在這次討伐活動中，小臣艅立有軍功而受賞。這一史實在《史記·殷本紀》和《竹書紀年》中根本沒有提及。根據甲骨史料的記載，商王討伐人方發生在帝辛之時。因此，這裏的"王"即商紂王。史料中對于他更多記載的是他的殘暴和無道，幾乎沒有記載他的正常的軍事活動和戰事。現在，依靠甲骨史料和青銅器彝銘，我們可以復原商代天子的部分重要史實。

記載帝乙、帝辛時期史實的有：

《小臣艅犀尊》《小子夫尊》《亞禦尊》《癸未尊》《二祀邲其卣》《四祀邲其卣》《六祀邲其卣》《孝作祖丁卣》《雟甾卣》《小子𦥑卣》《小子省卣》《小臣兒卣》《小

臣茲卣》《咎卣》《俎子鼎》《戍嗣子鼎》《京鼎》《豐鼎一》《豐鼎二》《父乙鼎》《鄴鼎》《父壬圓鼎》《舌鼎》《小子𤔲鼎》《泓鼎》《作册友史鼎》《亞受鼎》《亞若我鼎》《龏妇鼎》《小臣𤦌簋》《母己簋》《鳳簋》《文父丁簋》《小子𰯊簋》《亞古父己簋》《作册般甗》《小臣邑斝》《御觚》《龏觚》《豐彝》《戍伶彝》《絲彝》《亯京彝》《宰虎角》《中子奠泓觥》等彝銘。

以上的斷代，或許有值得爭議之處。但其彝銘至少可以反映商代晚期真實的歷史。

第二節　西周史

對于西周，《史記》《尚書》《左傳》和《竹書紀年》等著作中也是面對"文獻不足"而"不敢贊乎一辭"的，更何況後人？對于西周史的研究，在"文獻不足"的情况下，要想研究西周歷史和文化，我們所能利用的最爲直接和可信的史料就是青銅器彝銘了。在現今已經出土并記録下來的有彝銘的銅器有上萬件。這些彝銘，短則單字，長則接近五百，如《尚書》一般，爲研究西周史提供了極其珍貴而又真實的原始資料。長期以來，歷史學界都把殷周青銅器彝銘作爲研究商周史的重要參照物和立論的依據。

關于青銅器彝銘上記載的兩周史，目前最爲經典的著作就是唐蘭的《西周青銅器銘文分代史徵》一書。該書按照西周王朝的朝代，將銅器彝銘和傳世文獻記載相互印證，堪稱是撰寫了一部真實可信的"銅器銘文記載的西周史"。

比如關于武王時期的歷史，目前就有《利簋》和《天亡簋》可爲信史。其中，《天亡簋》清道光年間出土于陝西郿縣。彝銘記録了武王在滅商後舉行祭祀大典，報答祖先和父親文王的保佑，在他們的保佑下，纔得以伐紂成功，建立周朝。簋高24.2厘米，口徑21厘米，底徑18.5厘米。器内底鑄彝銘八行七十八字。《利簋》出土於1976年，地點在陝西省臨潼零口公社西段大隊，那裏發掘出土一批西周初期青銅器，其中就有一件《利簋》，其彝銘記載了武王征商的歷史事實。通高28厘米、口徑22厘米。器内底有彝銘四行三十二字。[1]

---

[1]　臨潼縣文化館：《陝西臨潼發現武王征商簋》，《文物》1977年第8期。

《利簋》彝銘拓片

《利簋》彝銘釋文：

> 珷（武）征商，唯甲子朝。歲
> 鼎克毕（昏），揚又（有）商。辛未。
> 王在𤔲師，賜又（有）吏（事）利
> 金，用作𣪘（檀）公寶尊彝。

案：《史記·周本紀》："二月甲子昧爽，武王朝至於商郊牧野。"又見于《尚書·武成》："甲子昧爽……天下大定"。再見于《逸周書·世俘解》："甲子朝至，接於商，則咸劉商王紂，執矢惡臣百人。"以上三條資料是有關武王征商的珍貴歷史記録。但是，是不是在甲子日的早晨則是千年不解之謎！現在，因爲《利簋》的出土，這一千古疑案已經涣然冰釋。

上古史籍中的所謂"昧爽"，根據《詩·柏舟》孔疏：

> 朝，即昧爽也。

可知即是《利簋》彝銘中的"朝"。而"甲子"日的記載，則是上古史籍資料和青銅器彝銘資料對于武王征商的記載，完全一致！由此可見，正是因爲出土了《利簋》，證明了《尚書·武成》和《逸周書·世俘解》對武王征商問題的具體時間記載和相關史料是信史。也即《利簋》彝銘的存在價值和意義與古文《尚書》中《武成》一篇，是相同的。可見"一篇青銅器銘文足以抵古文《尚書》一篇"的説法，并非誇大不實之詞。而從這裏我們還可以發現：武王最早賞賜的就是檀公。從"珷（武）征商，唯甲子朝"到"辛未。王在𤔲師，賜又（有）吏（事）利金"中間祇相隔了七天。而《左傳·成公十一年》記載：

> 昔周克商，使諸侯撫封……檀伯達封於河。

這是告訴我們檀伯達受封很早。由此可見，銅器彝銘記載和文獻史料的一致。

而《天亡簋》（又稱《大豐簋》），記載周武王滅商後爲其父文王舉行"大豐"

的祀典。

《天亡簋》彝銘拓片

《天亡簋》彝銘釋文：

乙亥。王又（有）大豐（禮），王凡三方。王
祀于天室。降，天亡又（佑）王。
衣祀于王。丕顯考文王，
事喜（饎）上帝。文王德在上。丕
顯王作省，丕肆（肆）王作廟（庸），丕克，
乞（訖）衣（殷）王祀。丁丑。王鄉（饗），大宜，王降
亡助爵、退（祧）囊。唯朕
又（有）蔑，每（敏）揚王休于尊簋。

案：傳世文獻中根本沒有類似記載，現在多虧銅器彝銘的出土，印證了周武王在滅
商後爲其父文王舉行了這一祭祀活動。本來，祇存在于《逸周書·世俘解》中的記
載"惟四月乙未日。武王成辟四方，通殷命有國"，現在終于也得到了出土銅器彝銘
的驗證。陳夢家在《西周銅器斷代（一）》中考證：

"王又大豐"應從孫氏讀作"有大禮"。《周禮·大行人》注云："大禮曰饔
餼也。"《司儀》注云："小禮曰飧，大禮曰饔餼。"大禮是饗射之禮，行於辟雍。
《詩·靈台正義》引《五經異義》云："韓詩説曰辟雍者……所以教天下春射秋
饗"……此説與西周金文相合。[1]

我們將《天亡簋》和《逸周書·世俘解》記述的相關內容對比如下：

《天亡簋》	甲子排序	説　　明
乙亥。王又大豐(禮)。	第 12	連續三天,記錄了兩天。
丁丑。王鄉(饗)大宜。	第 14	
《逸周書·世俘解》		
辛亥。薦俘殷王鼎。	第 48	連續三天全記錄。
壬子。王服袞衣矢琰格廟。	第 49	
癸丑。薦殷俘王士百人。	第 50	

[1] 陳夢家：《西周銅器斷代（一）》，《考古學報》第九册。

對比之後，可以發現《天亡簋》和《逸周書·世俘解》記述的相關内容時間差居然是一個多月！但是記録内容却幾乎一致。于省吾在《關于天亡簋銘文的幾點論證》一文中分析：

> 《世俘篇》辛亥日所記的大事，爲祭告殷罪於天宗上帝和烈祖——大王、王季、文王等，而《天亡簋》所記的大事，爲祭祀文王和上帝。以"丕克訖殷王祀"倒叙後考之，則祀文王上帝也系告以克殷之事。《世俘篇》壬子日所記的事，祇有王格廟，正邦君，并未舉行祀典。而《天亡簋》文詞尚簡，未叙及此。《世俘篇》記癸丑日奏庸（鏞），大享一終和大享三終。《天亡簋》記丁丑日"王鄉（饗），大俎（詳下文）"，正與《世俘篇》大享之義相符。[1]

在著名的具有家譜性質的《史牆盤》彝銘中，記述西周文、武、成、康、昭、穆六王的重要史迹以及作器者的家世。該盤 1976 年出土于陝西省扶風縣莊白村。通高 16.2 厘米，口徑 47.3 厘米，深 8.6 厘米。是西周微氏家族中一位名叫"牆"的人，爲紀念其先祖而作的銅盤。盤内底部刻有 18 行彝銘，共 284 字。其中，提到了西周六代天子的名字和歷史，這段彝銘的拓片如下：

相應的彝銘釋文爲：

> 曰古文王，初肇（戾）龢于政，上帝降懿德大甹，
> 匍有上下，迨受萬邦。㣤圉武王，遹征四方。
> 達殷畯民。永丕巩（恐）狄虘，微伐尸（夷）童。憲聖
> 成王，左右綬𢼸剛龢，用肇徹（徹）周邦。淵悊（哲）
> 康王，命（勔）尹意（億）疆。弘魯卲（昭）王，廣能楚荆。唯
> 寏南行。魯覲穆王，井帥宇誨。

《史牆盤》彝銘部分拓片

---

[1]　于省吾：《關于天亡簋銘文的幾點論證》，《考古》1960 年第 8 期。

《史記·周本紀》中提到的這六位天子的順序和介紹爲：

文王：公季卒，子昌立，是爲西伯。西伯曰文王。

武王：明年，西伯崩，太子發立，是爲武王。

成王：太子誦代立，是爲成王。

康王：太子釗遂立，是爲康王。

昭王：康王卒，子昭王瑕立。

穆王：立昭王子滿，是爲穆王。

這六位天子的先後順序和名字，傳世史料和出土銅器彝銘完全一致。《史記》作爲信史的地位幾乎是不可動搖的！

又如著名的《番匊生壺》。現收藏在美國舊金山亞洲藝術博物館中。通高 60.9 厘米，呈圓形，高束頸，寬垂腹。壺底有彝銘 5 行 32 字。

關于它的年代，一直存在厲王説和宣王説。

《番匊生壺》彝銘釋文：

佳廿又六年十月

初吉己卯。番匊

生鑄媵壺。用

媵厥元子孟

妃乖，子子孫孫永寶用。

《番匊生壺》彝銘拓片

"媵"字出現在彝銘中，乃是婚姻作器常用語。"元子孟妃"爲受器人名號。無論是厲王二十六年説還是宣王二十六年説，在説明這件銅器的嫁女作器的目的上是一樣的。番氏，作爲西周時期一個世襲大家族，尚有其他銅器傳世，如《番生簋》。其他的銅器彝銘中出現的"番君""番叔""番伯""番仲"等。1983 年，河南信陽五星鄉平西村的發掘出土的青銅器《番叔壺》。1978 年，湖北江陵觀音塘公社五山大隊天星觀 1 號楚墓的墓主是番乘。爲此，學術界一般認爲"番氏"乃楚國貴族。《史記·楚世家》中記載的"吳復伐楚，取番"可以作爲"番氏"存在的傳世文獻證據。番氏嫁女，并得到"元子孟妃"之名號，應該是嫁給了周王室。《通志·氏族略》記載"潘氏有二"，而其一爲"楚之公族，以字氏"可能指的就是這裏的"番氏"。番、潘假借。

在此，筆者參考了唐蘭的斷代標準和結論，并結合自己的總結，得出記載了西周各位天子主要歷史彝銘的銅器史料如下。

記載武王時期史實的有：

《利簋》《天亡簋》等彝銘。

記載成王時期史實的有：

《賓尊》《大尊》《北伯燛尊》《保尊》《復尊》《𤭖尊》《賓卣》《孝卣》《保卣》《北伯燛卣》《卿鼎》《復鼎》《德方鼎》《德鼎》《□卿方鼎》《獻侯𢓶鼎》《敕隓鼎》《玗鼎》《中鼎》《小臣𧊒鼎》《圉方鼎》《堇鼎》《亳鼎》《應公鼎》《斐方鼎》《常農鼎》《伯矩鼎》《卿簋》《德簋》《弔德簋》《攸簋》《余簋》《𤿫簋》《賢簋》《鄂簋》《隹簋》《大保簋》《叔德簋》《康侯簋》《延盤》《圉甗》《伯矩鬲》《亞盉》《匽侯饒盉》《匽侯旅盉》《兊盉》《祉角》《黿婦觚》《黿婦爵》《兊𦥑蓋》《小臣單觶》等彝銘。

記載康王時期史實的有：

《𢕨尊》《弔像方尊》《魯侯尊》《高卣》《大保鴞卣》《大保方鼎》《成王方鼎》《作冊大鼎》《淮伯𣉩鼎》《二十三祀盂鼎》《二十五祀盂鼎》《乙未鼎》《王壺蓋》《史獸鼎》《徝鼎一》《屮獸鼎》《𩥅鼎》《匽侯旨作父辛鼎》《匽侯旨作又始鼎》《齊鼎》《曆鼎》《塱方鼎》《麥方尊》《成王方鼎》《栩簋》《奢簋》《□作宗室簋》《沈子它簋》《宜侯夨簋》《井侯簋》《榮簋》《史䀉簋》《龢爵》《盂爵》《魯侯爵》《白𩦷盉》《麥方盉》《魯侯獄鬲》《弔像方彝》《太史叕甗》等彝銘。

記載昭王時期史實的有：

《作冊令方尊》《召尊》《乍冊麥方尊》《麥方尊》《小子生方尊》《趞尊》《作冊旂尊》《臣辰父癸尊》《師俞象尊》《啓尊》《作冊睘尊》《作冊䰇卣》《臣辰父癸卣》《叔卣》《員卣》《召卣》《鼎伯卣》《作冊睘卣》《趞卣》《旅鼎》《𩥄鼎》《員鼎》《旟鼎》《麥方鼎》《厚趠方鼎》《𩵋鼎》《小臣夌鼎》《令鼎》《嫠鼎》《衛鼎》《交鼎》《啓鼎》《師俞鼎》《不㫄方鼎》《中方鼎》《誨鼎》《中作父乙方鼎》《作作令方彝》《員方鼎》《嬪𡭽方鼎》《囝工簋》《獻簋》《小臣謎簋》《衛簋》《趀駿簋》《過伯簋》《䢅簋》《作冊夨令簋》《不昌簋》《相侯簋》《保侃母簋》《中甗》《中觶》《作冊旂方彝》《作冊令

方彝》《作册旂觥》《旂斝》《吕壺》《司徒鎛》《臣辰父癸盉》《御正爵》等彝銘。

記載穆王時期史實的有：

《免尊》《逆尊》《爰尊》《效尊》《貉子卣》《小臣傳卣》《農卣》《效卣》《兢卣》《庚嬴卣》《䤾卣》《靜卣》《彔戉卣》《作册魖卣》《刺鼎》《善鼎》《趞鼎》《師旂鼎》《井鼎》《眉能王鼎》《帥隹鼎》《伯遲父鼎》《毛公肇鼎》《庚嬴鼎》《䵼鼎》《噩侯馭方鼎》《䧹父方鼎》《戉方鼎一》《戉方鼎二》《小臣宅簋》《虖簋》《沈子它簋蓋》《敔簋》《𦈱簋》《君夫簋》《效父簋》《吕方鼎》《己侯貉子簋蓋》《命簋》《眉能王簋》《曼伯啟簋》《班簋》《孟簋》《靜簋》《小臣靜簋》《遹簋》《大作大仲簋》《段簋》《兢簋》《免簋》《縣改簋》《中兢簋》《伯戉簋》《彔簋一》《彔簋二》《彔伯戉簋》《噩侯作王姞簋》《戉簋》《彊伯簋》《史懋壺》《智壺》《伯戉飲壺》《免盤》《鼓霫簋》《遇甗》《守宮諸器》《長由盉》《守宮盤》《遣弔吉父簋》《利鼎》等彝銘。

記載共王時期史實的有：

《次尊》《七年趞曹鼎》《師奎父鼎》《史趞曹鼎》《師湯父鼎》《康鼎》《大鼎》《面季鼎》《尹姞鬲》《公姞鬲》《𩰫鼎》《褎鼎》《季魯鼎》《穿鼎》《師虎簋》《吳方彝蓋》《師𤵸簋》《牧簋》《菇伯簋》《走簋》《師毛父簋》《豆閉簋》《望簋》《詢簋》《師酉簋》《師虘簋蓋》《同簋》《卯簋》《大簋》《鬴簋》《格伯倗生簋》《格伯簋》《戴簋》《遾觶》《仲枏父諸器》《史牆盤》《休盤》《五祀衛鼎》《九年衛鼎》《𣄰仲壺》《走鐘》《永盂》《益公鐘》《師求簋》等彝銘。

記載懿王時期史實的有：

《盠駒尊》《駒尊蓋》《盠方尊》《匡卣》《智鼎》《師俞簋》《諫簋》《覨簋》《太師虘簋》《元年師旋簋》《五年師旋簋》《敔簋一》《敔簋二》《師虎簋》《太師虘豆》《虘鐘》《叔編鐘》《盠方彝》《裘衛盉》《太師虘簋》等彝銘。

記載孝王時期史實的有：

《禹鼎》《史頌鼎》《師訇鼎》《大克鼎》《小克鼎》《伯晨鼎》《番生簋蓋》《師匋簋》《邰鈚簋》《史頌簋》《番生簋》《三年癲壺》《善夫克盨》《十三年癲壺》《師晨鼎》等彝銘。

記載夷王時期史實的有：

《祝鄵鼎》《頌鼎》《大鼎》《蔡簋》《奰簋》《伯克壺》《王伯姜鬲》等彝銘。

記載厲王時期史實的有：

《多友鼎》《公臣簋》《猷簋》《伊簋》《敔簋》《儼匜》《晉侯穌鐘》《散氏盤》《宗周鐘》《此鼎》等彝銘。

記載宣王時期史實的有：

《毛公鼎》《虢文公子㪔鼎》《四十二年逨鼎》《四十三年逨鼎》《此簋》《師寰簋》《虢季子白盤》《逨盤》《頌壺》《兮甲盤》等彝銘。

記載幽王時期史實的有：

《三年柞鐘》《函皇父鼎》《函皇父簋》《函皇父盤》《函皇父匜》等彝銘。

我們覺得可以作爲瞭解西周史的一個基本銅器彝銘史料。具體到有些銅器的斷代，學術界一直爭論不休，難成定論。這樣的彝銘史料，我們這裏就暫時放棄。

但是，至少上述銅器彝銘史料的學術價值，是傳世文獻所無法比擬的。陳夢家在《西周銅器斷代（一）》中曾經指出：

> 我們今天要充實西周的史料，最重要的是後代出土的西周銅器上的銘文。這一時期的銘文既是當時實録而又多長篇，足以作爲《尚書》或簡册來看待的。[1]

隨着考古發現的不斷推進，這個銅器目録還會不斷得到增加和補充。但是，一個最爲基本的框架已經出現。

第三節　諸侯國史及家族史

商周史之外，彝銘中還反映了當時各個諸侯國的歷史。這具體表現在楚國銅器、燕國銅器、虢國銅器等大小諸侯國銅器彝銘中。這也許是東周和春秋戰國時代銅器彝銘的主要内容和核心價值所在。

一、大小諸侯國的歷史

其中，最著名的是楚國史的研究。如《楚公逆鎛》彝銘中的"王孫浩"、《王子午鼎》彝銘中的"王子午"、《楚王酓悍鼎》彝銘中的"酓悍"……這些銅器彝銘和歷史人名構成了楚國歷史的真實見證。其中，"酓悍"是楚幽王。這裏的"楚王酓悍"之"悍"字，原拓作"忎"，可寫作"忓"形，即"悍"字之別體，二者皆從

---

[1]　陳夢家：《西周銅器斷代（一）》，《考古學報》第九册。

"心"從"干"，可通假。"王子午"即楚莊王之子。

　　上述的《王子午鼎》，通高 76 厘米，口徑 66 厘米。1978 年，河南淅川縣下寺楚墓中出土。器內壁及底部有彝銘 14 行 84 字。《王子午鼎》是春秋時期楚國的青銅器，墓中出土了一組共七件銅鼎，鼎上銘刻有"王子午"彝銘字樣，七鼎由大到小排列，稱爲列鼎。是當時用鼎制度的一個見證。

　　這裏的"王子午"，即《左傳·襄公十五年》中所記載的"楚公子午"。又名子庚，乃楚莊王之子，曾任令尹。《左傳》中衹是記載他率兵打仗，而通過此鼎彝銘，我們對他有了進一步的瞭解。

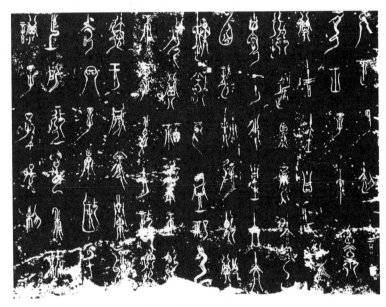

《王子午鼎》彝銘拓片

《王子午鼎》彝銘釋文：

　　　唯正月初吉丁

　　　亥，王子午擇

　　　其吉金，自作彝

　　　𩵋鼎。用亯以

　　　孝于我皇祖文

　　　考。用祈眉壽，

　　　𢀛龏鐈屖，畏期（忌）

趨趨，敬厥盟祀，永

受其福，余不畏

不差，惠于政德，

思（淑）于威義（儀），闌闌獸獸

命尹子庚，殿民

之所亟（極）。萬年無

諆，子孫是製。

再如春秋戰國銅器。

《博古圖》卷二十二中收《宋平公編鐘》，而《三代吉金文存》卷十九收《宋元公戈》《續考古圖》卷五中收了《宋景公鼎》，日本《書道全集》中收了《宋昭公戈》拓片。

李學勤曾分析如下：

我們曾列舉春秋晚年到戰國初宋國的四個國君的器物：

宋平公　編鐘（《博古圖》22、27—32）

宋元公　戈（《三代吉金文存》19，52，2）

戈（《文物》81年8期55頁）

宋景公　鼎（《續考古圖》5，16）

簋（《文物》81年1期3頁）

戈（《雙劍誃古器物圖録》上43）

宋昭公　戈（平凡社《書道全集》1，103）[1]

由以上四者，李學勤在《論幾件宋國青銅器》一文中就已經指出：

從平公即位到昭公卒，約一百七十年，四代宋君都有青銅器可見……以上青銅器的銘文，澄清有關宋國世系的幾個問題。[2]

這段歷史見《史記·宋微子世家》：

乃立共公少子成，是爲平公……四十四年，平公卒，子元公佐立……十五年，元公爲魯昭公避季氏居外，爲之求入魯，行道卒，子景公頭曼立……六十

---

[1]　李學勤：《論幾件宋國青銅器》，《商丘師專學報（社會科學版）》1985年第1期。

[2]　同上。

四年，景公卒。宋公子特攻殺太子而自立，是爲昭公。昭公者，元公之曾庶孫
也。昭公父公孫糾，糾父公子禑秦，禑秦即元公少子也。景公殺昭公父糾，故
昭公怨殺太子而自立。

特別是這裏的"乃立共公少子成，是爲平公"一語，出現在《宋平公編鐘》中
的彝銘拓片明顯是"戌"字，可是《博古圖》中彝銘釋文是"宋公成之歌鐘"，由此
而來可證宋公本名爲"戌"，而非《春秋》和《左傳》記載中的"成"。

《博古圖》該頁照片如下：

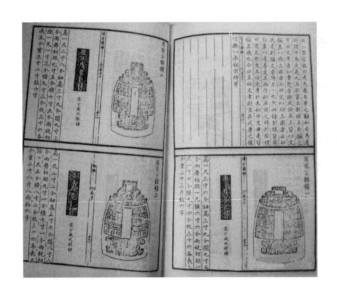

二、家族史中的家譜彝銘

有資格鑄造青銅器的家族，一般皆爲商周王朝下的大小諸侯和大臣。前者等同
于大小諸侯國的歷史。而後者就是某個家族的家族史。

其實，每一件商周青銅器彝銘，就可以説是一件家族史料。因爲出現在彝銘中
的作器理由和嘏辭已經是建立在家族關係基礎上的產物。比如著名的《智鼎》，其彝
銘一開始就講"王若曰：智。令女乃且考卜事"，這已經點明了智的祖先是專司"卜
事"的卜官，而現在他又要繼承祖業。這是在交代家族史。這裏的作器理由是"智
用絲金，乍文孝白牛鼎"，青銅器製作的目的已經交代十分清楚。而最後嘏祝辭彝銘
是"智萬用祀，子子孫孫永寶"，則又將智本身和以後的家族關係聯繫起來。因此，
我們通過任何一件內容完整的彝銘，總可以找出一個家族的史實。

　　爲父母作器、爲祖父母作器，至少揭示了一個家族兩、三代人之間的家族史實。但是，更有意義的是連續幾代家族史實在彝銘中的記載，也就構成了所謂具有家譜性質的特殊彝銘。而最爲著名的是《史牆盤》及其微氏家族銅器彝銘。其中一段涉及牆的家族歷代史實的家譜彝銘拓片如下：

《史牆盤》彝銘部分拓片

這段彝銘釋文：

> 青幽高
> 祖，在微霝（靈）處。雪武王既戈殷，微史剌祖
> 廼來見武王。武王則令周公舍（捨）圖（宇）于周，卑（俾）處
> 甬。叀乙祖遷（弼）匹厥辟，遠猷腹心，子勮（納）彝
> 明。亞祖祖辛，麗毓子孫。繁猶多孷，齊角（祿）彝（犧）
> 光，義其禋（禋）祀。匪（懿、胡）屖文考乙公，遽趆得屯（純），
> 無諫。農嗇戊替（曆），唯辟孝睿（友）。史牆夙夜不
> 桼（墜），其日蔑曆。

　　而史牆之子就是微伯癲。根據《微伯娟鼎》彝銘記載：叀又是微伯癲之子。這是微家第八代。

　　《史記集解》引孔安國説：

> 髳、微在巴蜀。

見《路史·國名紀》：

> 微，子爵。今歧之郿縣有郿鄉。

微字古與眉通。微國和微族又可稱眉國和眉族。又見錢大昕《十駕齋養新録》中考證：

> 古音微如眉。《少牢禮》："眉壽萬年。"注："古文眉爲微。"……《詩》："勿士行枚。"《傳》："枚，微也。"《廣韻·六脂部·眉紐》有"瞇""矊""籲""黴""湄""薇"六字，皆古讀，後來別出微韻。

　　現今已經出土的微國銅器頗多。著名的《散氏盤》和《裘衛盉》彝銘中就記載了微氏。而微國自己的銅器，如《微伯鬲》《微伯瘋簋》《微學鼎》《微瘋盤》等彝銘。根據《史牆盤》彝銘中對微氏家族六代傳人名字的記載，可以知道微伯瘋是史牆之子。

再看另一個著名的家譜《逨盤》彝銘：

《逨盤》彝銘拓片

《逨盤》彝銘釋文：

逨曰："丕顯朕皇高祖單公，趄趄克明晳（哲）厥德，夾
召文王、武王達殷。膺受天魯令（命），匍（敷）有四方，竝
宅厥堇（勤）疆土，用配上帝。零朕皇高祖公叔，克逨
匹成王，成受大令（命）。方狄丕享，用奠四或（國）萬邦。
零朕皇高祖新室中（仲），克幽明厥心，頤（柔）遠能邇。
會召康王，方襄不廷。零朕皇祖惠中（仲）盠父，
盠穌于政，有成于猷。用會昭王、穆王，盜政四方，厥（撲）
伐楚荆。零朕皇高祖零伯，㫄（彝）明厥心，不㡿（墜）
服。用辟龏（恭）王、懿王。零朕皇亞祖懿（仲），徃諫諫，克
匍保厥辟孝王、㣙（夷）王，有成于周邦。零朕祖考
龏叔，穆穆趩趩，穌詢于政，明膺于德，享辟剌（厲）王。逨

肇纂朕皇祖考服，虔夙夕敬朕死事。繇（肆）天子

多賜迷休，天子其萬年無疆。者黄耇，保奠周

邦，諫辭四方。"王若曰："迷。丕顯文武，膺受大令（命），

匍（敷）有四方。則緐唯乃先聖祖考，夾召先王，霽（聞）

董（勤）大令（命）。今余唯堊（經）乃先聖祖考，龘（申）熹乃令，令（命）汝疋

榮兌，攝嗣四方吳（虞）薔（林），用宮禦。賜汝赤市（芾）、幽黄（衡）、

攸（鋚）勒。"迷敢對天子，丕顯魯休揚。用作朕皇祖

考寶尊盤。用追享孝于前文人。前文人嚴在上，廙在

下，數數纍纍。降迷魯多福，眉壽綽（綽）竆（綰），受（授）余康虞、屯（純）

右（祐）、通彔（祿）、永令（命）、靁冬（終）。迷畯臣天子，子子孫孫永寶用享。

具體到每位先人的功績，彝銘是這樣記載的：

皇高祖單公："趄趄克明陌（哲）厥德，夾召文王、武王達殷。膺受天魯令（命），匍（敷）有四方，并宅厥董（勤）疆土，用配上帝。"單公的主要功績是協助武王克商。在先秦傳世文獻中，《尚書·顧命》有"用克達殷，集大命"的記載。《逸周書·世俘解》有"武王成辟四方"的記載。可以證明與彝銘記載相同。

皇高祖公叔："克迷匹成王，成受大令（命）。方狄丕享，用奠四或（國）萬邦。"公叔的主要功績是輔佐成王。在先秦傳世文獻中，《尚書·洛誥》有"萬邦咸休，惟王有成績"的記載。可以證明與彝銘記載相同。

皇高祖新室（仲）："克幽明厥心，頤（柔）遠能邇。會召康王，方褢不廷。"新室仲的主要功績是服務于康王。在先秦傳世文獻中，《尚書·舜典》有"柔遠能邇，惇德允元"的記載。《詩經·民勞》有"柔遠能邇，以定我王"的記載。可以證明與彝銘記載相同。

皇高祖惠中盠父："鼇穌于政，有成于猷，用會昭王、穆王，澯政四方，斸（撲）伐楚荆。"惠中盠父的主要功績是服務于昭王、穆王。這段記載又出現在《史牆盤》彝銘中。在先秦傳世文獻中，《國語·晉語》有"知欒糾之能禦以和於政也，使爲戎禦"的記載。《竹書紀年》有"昭王十六年伐楚荆"的記載。可以證明與彝銘記載相同。

皇高祖零伯："沓（舜）明厥心，不豕（墜）服，用辟龏（恭）王、懿王。"零伯的主要功績是服務于恭王、懿王。在先秦傳世文獻中，《尚書·堯典》有"克明俊德"

的記載。《論衡·率性》有"今王初服厥命"的記載。可以證明與彝銘記載相同。

皇亞祖懿仲："佐諫諫，克匍保厥辟孝王、㝅（夷）王，有成于周邦。"懿仲的主要功績是服務于孝王、夷王。

皇考龔叔："穆穆趩趩，龢訽于政，明齊于德，享速剌（厲）王。"龔叔的主要功績是服務于剌王。

速："肇纂朕皇祖考服，虔夙夕敬朕死事。"速的主要功績是服務於厲王。

這裏出現了八代家主的名字，比《史牆盤》記載的家譜世系還多。看起來，西周銅器彝銘中出現的記載作器者歷代列祖列宗的現象具有很強的時尚性。

那麼，家譜彝銘的出現，標誌着祖先和子孫關係的加強。同時，也爲家族史研究提供了真實可信的文獻資料。

三、家族史彝銘舉例研究

除了一件青銅器上出現的家譜彝銘之外，就是幾件銅器彝銘記載了連續幾代某個家族的歷史，這使彝銘的信史價值得到了增強。筆者早在十幾年前就已經出版了研究商周彝銘中家族史的專著《金文氏族研究》一書。[1]在該書中，筆者總結了單氏、子央氏、魚氏、應氏、雍氏、逢氏、呂氏、孤竹氏八個著名家族的銅器及其家族史。其實，這類研究內容十分龐大。看看吳其昌的厚厚兩巨冊的《金文世族譜》一書就該知道這一研究是何等的艱巨、龐大和繁瑣了！關鍵是如何劃分諸侯國史和家族史？因爲有些小的諸侯國史其實就是某一諸侯的家族史。純粹意義上的家族史，十分難得。這裏，我們選取當時權傾天下的單氏家族爲例，進行說明如下。

在先秦古籍中，單氏家族可謂大名鼎鼎。特別是在最重要的傳世文獻《左傳》中，記載的單氏家族歷代成員中，被封爲公的有八人，封爲伯的有兩人。春秋戰國時期歷代單氏家族成員如下：

單襄公：見《左傳·成公元年》《左傳·成公二年》《左傳·成公十一年》《左傳·成公十六年》《左傳·成公十七年》。

單頃公：見《左傳·襄公三年》。

單靖公：見《左傳·襄公十年》《左傳·襄公十五年》。

---

[1] 劉正：《金文氏族研究》，中華書局 2002 年版。

單獻公：見《左傳·昭公七年》。

單成公：見《左傳·昭公十一年》。

單穆公：見《左傳·昭公二十二年》《左傳·昭公二十三年》《左傳·昭公二十六年》。

單武公：見《左傳·定公七年》《左傳·定公八年》。

單平公：見《左傳·哀公十三年》《左傳·哀公十六年》。

單伯（甲）：見《左傳·莊公元年》《左傳·莊公十四年》。

單伯（乙）：見《左傳·文公十四年》《左傳·文公十五年》。

上述傳世文獻中記載的單氏人物先後譜系，《西清古鑑》中注釋説：

> 單伯之後有襄公，名朝。襄公之子頃公。頃公之子靖公，皆失名。靖公之子獻公，名蔑。獻公之弟成公。子曰穆公，名旗。穆公之子武公，名逸。

早期的單氏家族，見《通志·氏族略》中的記載：

> 單氏：周室卿大夫。成王封蔑於單邑，故爲單氏。魯成公元年始見。《春秋》：“晉侯使瑕嘉平戎於王，單襄公如晉，拜成。”《襄十年傳》曰：“王叔氏與伯輿爭政，坐獄於庭。王叔不能舉其要辭，故奔晉。於是單靖公爲政於王室，代王叔也。”二十餘代爲周卿士。

首先，《通志·氏族略》中的這段記載有誤，不是“始見《春秋》”，而是始見《左傳·成公元年》。其次，“《襄十年傳》曰”後面并非原文。[1]原文如下：

> 王叔陳生與伯輿爭政。王右伯輿，王叔陳生怒而出奔。及河，王復之，殺史狡以説焉。不入，遂處之。晉侯使士匄平王室，王叔與伯輿訟焉。王叔之宰與伯輿之大夫瑕禽坐獄于王庭，士匄聽之。王叔之宰曰：“篳門閨竇之人而皆陵其上，其難爲上矣！”瑕禽曰：“昔平王東遷，吾七姓從王，牲用備具。王賴之，而賜之騂旄之盟，曰：‘世世無失職。’若篳門閨竇，其能來東底乎？且王何賴焉？今自王叔之相也，政以賄成，而刑放於寵。官之師旅，不勝其富，吾能無篳門閨竇乎？唯大國圖之！下而無直，則何謂正矣？”范宣子曰：“天子所右，

---

[1]《通志·氏族略》在引文上問題很多，幾乎多是説明大意而已，而非真正的引用原文；而且經常出現引用經、傳説明錯誤的現象。

寡君亦右之。所左，亦左之。"使王叔氏與伯輿合要，王叔氏不能舉其契。王叔奔晉。不書，不告也。單靖公爲卿士，以相王室。

兩周銅器彝銘中涉及單氏家族的有《小臣單觶》《北單觶》《單簋》《揚簋》《單子伯簋》《裘衛盉》《單盉》《單從盉》《單子伯盨》《叔方鼎》《叔單鼎》《單乍從鼎》《單鼎》《叔作單公方鼎》《單父辛鼎》《單冏父乙鼎》《單父丁彝》《單霖從彝》《單霖癸彝》《單從彝》《單異彝》《單子彝》《單冏彝》《單彝》《單觚》《單伯原父鬲》《單疑生豆》《單趞討戈》《單相尊》《單伯鐘》《單爵》《西單父丙爵》《單子壺》《單癸卣》《周單癸卣》《周雍卣》《單父斝》《單父丁斝》《單伯昊生鐘》《逨盤》等。

在上述銅器彝銘中出現的單氏家族人物有單冏、單異、單公、單伯、單霖、單相、單雍、單伯昊生、單疑生、小臣單、單子伯、單伯原父、單冏父乙、單父丙、單父乙、單父丁、單父辛、單霖癸等。

"單"字，在商周彝銘中一般作"𠵺"形。在容庚《金文編》中收錄了此字的十三種字形。大都是以上"𠵺"下"甲"作爲字形的基本構成。一橫多放在這兩個字中間，但可有可無。其中，在《單伯原父鬲》和《蔡侯匜》彝銘中，一橫放在"甲"字下面。在《單父丁彝》彝銘中變形作"𠵺"形。到了《鷄單卣》中則變形作"𠵺"形。而在《單簋》彝銘中又變形作"𠵺"形。在甲骨史料中，一般多作"𠵺"形。如：

　　辛酉卜：𠵺貞：季□王。五月。（《前》5·40·3）

　　丙午卜：𠵺貞：翌丁未。又于丁。（《前》6·49·8）

　　癸酉卜：𠵺貞：旬亡□。（《前》6·39·7）

　　癸亥，旬乞自雩。十月。𠵺。（《粹》1503）

上述甲骨史料出現在商王武丁時代。《尚書·咸有一德》中記載：

　　沃丁既葬伊尹於亳。咎單遂訓伊尹事，作《沃丁》。

孔安國注解："咎單，忠臣名。"則商代有大臣和貞人名"單"。到了武王克商時期，有小臣名"單"。見《小臣單觶》：

《小臣單觶》彝銘拓片

《小臣單觶》彝銘釋文：

> 王后敗（返、坂），克商。
> 在成自（師）。周公賜
> 小臣單貝十朋，用
> 作寶尊彝。

在《單冏父乙鼎》彝銘中記載：

> 旗。單冏父乙。

薛尚功《歷代鐘鼎彝器款識法帖》中考證説：

> 曰旗者，穆公旗也。

《左傳·昭公二十六年》有"單旗"之名。則《單冏父乙鼎》當爲單旗之器。在《尚書·冏命》中記載周穆王時期的單伯名冏："穆王命伯冏爲周太僕正。"阮元《尚書注疏校勘記》中注解爲：

> 今按《史記·周本紀·正義》引《尚書序》云"穆王令伯臩爲太僕正"，蓋此字自魏晉以前俱作"臩"，僞孔亦必作"臩"，後人始改爲"冏"耳。

而單伯在《左傳》中有二，名字不詳。即單伯（甲）：見《左傳·莊公元年》《左傳·莊公十四年》；單伯（乙）：見《左傳·文公十四年》《左傳·文公十五年》。

但是，出土銅器恰好有《單伯昊生鐘》和《單伯原父鬲》，于是，《左傳》中的兩個單伯的名字立刻迎刃而解：一個單伯名昊生，一個單伯名原父。因此，對出土的單氏家族銅器彝銘的分析和研究，基本上可以復原整個單氏家族史。

2003年1月19日，陝西眉縣楊家村意外發現了二十七件鑄刻有彝銘的西周青銅器。其中在《逨盤》彝銘中提到了在成王之前的第一代單公問題，即："丕顯朕皇高祖單公……夾召文王武王。"按照《世本》和《路史》等著名史書的記載，第一代單公是周成王封自己的少子“臻”于單地才開始的，可是《逨盤》彝銘中分明是在說“單公”在“文王武王”時期就已經出現了。怎麽整合出土實物資料和史書記載之間的矛盾，這是個大問題。

其實，古籍記載中有關單氏族的由來問題，向來有二説：

一説以《世本》和《路史》爲代表，主張“周成王封少子臻於單邑，爲甸内侯，因氏焉”。

一説以《通志·氏族略》爲代表，主張“單氏，周室卿大夫。成王封蔑於單邑，故爲單氏”。

而對單蔑和臻的關係，史籍則語焉不詳。而根據此次出土的《逨盤》彝銘的記載，成王時期的單公爲“朕皇高祖公叔”。公叔是否就是周成王的少子臻呢？頗值得考慮。稱號爲“叔”正好説明了他不是長子，爲少子説提供了基礎。根據《逨盤》彝銘對成王時期單公的説明中有“受大命”一語，我們有理由相信這是單公接受西周天子册命的象徵。正是在此意義上，我主張《逨盤》彝銘中的“朕皇高祖公叔”就是周成王的少子臻。而且，從西周祭祀制度上説，在《逨盤》彝銘中，從第一代單公到第五代單公名字前都使用了“朕皇高祖”這一術語。從第六代開始使用的是“朕皇亞祖”這一稱呼。就前五代祖先都使用“朕皇高祖”這一術語而言，這和許宗彦在《五廟二制考》中所主張的西周“五世而遷”的廟制原則是相符的。在稱謂上也體現出了這一原則。可見第一代單公也并非和姬周王室全無任何干係。

《禮記·喪服小記》中對此問題的説明是：

> 別子爲祖，繼別爲宗，繼禰者爲小宗。有五世而遷之宗，其繼高祖者也。是故祖遷於上，宗易於下。尊祖故敬宗，敬宗所以尊祖禰也。

根據《四十三年逨鼎》彝銘中周天子册命逨時所説的“嗣（司）四方吳（虞）薔（林）”一語，可以知道逨的職責有一項是負責管理單邑範圍内（或整個西周王朝，這裏的四方是實指還是虛指，尚待考證）的林業。本着西周時代父子世襲的原則，第一代單公也必定是虞官。《國語·晉語》中説周文王在主政時“及其即位也，詢于八虞，而咨于二虢”。二虢是指文王的二弟虢仲和虢叔。這裏的八虞，即八位虞官。《國語注》中説：

> 八虞，周八士。皆在虞官。伯達，伯适，仲突，仲忽，叔夜，叔夏，季隨，季騧。

在文武時期，虞官不僅僅是掌管山林，實際上，經過研究之後筆者認爲，八虞的劃分是建立在對西周文武時期的行政和軍事管理的基礎上的。即達括突忽夜夏隨尚八人，按掌管的山林地盤大小，依次分爲伯仲叔季四等，具體負責文武時期的從先周到西周初期的國土保衛工作。根據《逨盤》彝銘中的"單公"之稱，我們可以得出當時八虞中至少"伯達"和"伯适"爲公。伯達的身份可能就是西周武王時期《利簋》彝銘中的"檀公"，則這裏的"伯适"應該就是第一代單公的名字。

按照我們的上述推斷：《逨盤》彝銘中的第二代單公"朕皇高祖公叔"就是周成王的少子臻，而第一代單公就是八虞之一的伯适，問題也就迎刃而解了：成王的正妻自然是出自姜姓，而他的衆多妾中就必然有伯适之女。成王和伯括聯姻後，再把生出的少子臻册命到單邑——《世本》《路史》說"周成王封少子臻於單邑"和《通志·氏族略》說"成王封蔑於單邑"，都是先承認有個"單邑"的存在。因此，第一代單公伯括如果姓"單"的話，那麼到了第二代單公就已經姓"姬"了。西周王朝正是通過這種聯姻關係而實現對政權的掌握，又是通過册命聯姻所生之子來實現西周分封制的。因此，西周歷史上一直謎案重重的分封制和名號的選擇問題，通過此次眉縣青銅器的出土和對彝銘的上述解讀，使我們可以放棄西周王子分封名號由來和分封地域選擇上的卜筮選定說。這纔是眉縣青銅器最大的意義所在！即：西周分封制的關鍵是和受封王子的生母所出之地有關！

換句話說，在成王時期，第一代單公的兒子沒有成爲第二代單公，而是讓第一代單公的女兒的夫婿成王，以其幼子臻，以接收西周天子册命的正當方式，獲得了單地的領有權。如果，我們以這一分封實例來理解所有對西周王子的分封行爲的話，那麼西周王朝通過聯姻關係來改變重要大臣世襲職位血統的政策，也就昭然若揭了。這應該是西周社會史和政治制度史的血緣基礎。

張光直在《商王廟號新考》一文中曾提出了商代兩大婚姻集團輪流執政說，現在看來，在西周王室中世襲制和册命制并存，并且又以册命制對世襲制的改變，來加強西周王朝的統治基礎，這纔是西周分封制度的核心所在。

這類研究，值得更深入更廣泛進行下去。比如，近年陝西韓城梁帶村發現了西周時期的墓葬群。這爲《左傳》中記載的"單伯"提供了實證的可能。而梁帶村之"梁"，也沿用至今。從地名上印證了梁伯封地的範圍。因此，系統總結商周彝銘中記載的家族史，已經是金文研究的當務之急。

第十七章　禮制研究

引　論

　　商周彝銘中出現的禮制問題是商周彝銘研究的核心問題。青銅器製作的本身就是"所以藏禮也"的。這一點，古代的學者們早有闡述。禮制是商周王朝政治的重大問題，它涉及的方方面面是很多的。《禮記・哀公問》中孔子談道：

> 民之所由生，禮爲大。非禮無以節事天地之神明也，非禮無以辨君臣、上下、長幼之位也，非禮無以別男女、父子、兄弟之親，昏姻、疏數之交也；君子以此之爲尊敬然。然後以其所能教百姓，不廢其會節。有成事，然後治其雕鏤、文章、黼黻以嗣。其順之，然後言其喪葬，備其鼎俎，設其豕腊，修其宗廟，歲時以敬祭祀，以序宗族。即安其居，節醜其衣服，卑其宮室，車不雕几，器不刻鏤，食不貳味，以與民同利。昔之君子之行禮者如此。

　　因此，在整個商周時代，從政治到軍事、從婚姻到出游、從飲食到騎射、從居住到喪葬……無一例外地都體現着禮制的要求和生活準則。有的學者提出：青銅禮制也許早在二里頭時代就已經形成了。即青銅器在那時就被賦予了政治和社會性含義，已經不再是簡單的生活用品。

　　龐大的商周禮制研究，不是本書所能窮盡的。因此，本書祇選取商周彝銘中記載的重要的禮制問題進行説明。

第一節　燕　饗

　　燕饗，又作"饗燕""燕享""燕嚮""燕饗"等。《周禮‧大宗伯》中有"以饗燕之禮，親四方之賓客"之記載。

　　殷人尚酒，自然在燕饗禮中飲酒是不可或缺的。如《尹光鼎》彝銘中就明確地講了"王□，在盦帥，王鄉（饗）酉（酒）"之事。"鄉酉"即享酒。指在燕饗活動中飲酒。有時也作"享醴"。

　　因此，無論是在祭祀祖先還是在舉行慶功活動中，都離不開燕饗之禮。商周彝銘中大量存在着燕饗彝銘也就自然而然。如《遹簋》彝銘中就有"王在荓（鎬）京，乎漁于大池。王鄉（饗）酉（酒）"的記載。而《夾簋》彝銘中則爲"王在周康宮鄉（饗）醴"。[1]

　　類似記載在傳世文獻中也有大量涉及。如《左傳‧僖公二十八年》中就記載了"王享醴"。于是，出土文獻記載和傳世文物記載完全一致。

　　一般在燕饗活動之後，多進行賞賜活動。如，《大鼎》彝銘在"王鄉醴"之後，就是"王乎善（膳）大（夫）騂召大，以厥友入攼，王召走馬雁（應）令取誰（牸）騧卅二匹賜大"。僅這一次就賞賜給大三十二匹名馬。"牸騧"，馬的種類，當爲西域名馬。又如《師遽方彝》彝銘中的"王在周康帚（寢）鄉（饗）醴"之後，就是"王乎宰利賜師遽瑉圭一、瑑章（璋）四"。這一次是賞賜寶玉五件。

　　燕饗必然要涉及使用青銅食器和酒器的問題。即根據來賓的地位高低而相應地使用固定數量的銅器，也就是學術界所熟知的五等爵制度和列鼎制度。如在《孟弜寺父簋》和《函皇父盤》彝銘中都講到了"簋八"。而在長安鄭季墓所出的銅器《叔專父盨》彝銘中講到了"鼎七"。再看出土實物上，曲村 M63 出土鼎三簋二，曲村 M93 出土鼎五簋六，曲村 M102 出土鼎三簋四，户縣南關各墓所出的全是規律的鼎五簋四……鼎和簋是以奇偶搭配而出現的，印證了《禮記‧郊特牲》中關于"鼎俎奇而籩豆偶"記載的真實性。而列鼎制度問題，在考古學界一直爭議頗大。我們以彝銘和文獻相一致的上述證據支持此説。這是銅器彝銘佐證古代禮制的一個文獻學的有

---

[1]《夾簋》之"夾"字，有人主張此字爲"夾"字，亦有釋爲"亦"存疑。

效證據。可見在燕饗活動中的賞賜活動是獎勵大臣、融洽君臣關係的一個具體過程。

在舉行慶功活動時，必須要進行一項特殊的儀式：獻俘。有人甚至以"獻俘禮"來稱之。這一儀式是以殺俘爲核心，或者是將已經被殺死的敵方的首領之人頭或左耳獻上。《虢季子白盤》彝銘：

> 搏伐玁狁，于洛之陽。折首五百，執訊五十，是以先行。趩趩（桓桓）子白，獻馘于王。

當然，最爲著名的獻俘禮彝銘出自《小盂鼎》。可惜此器後來又遺失。祇有拓本保存下來，但是缺字太多。

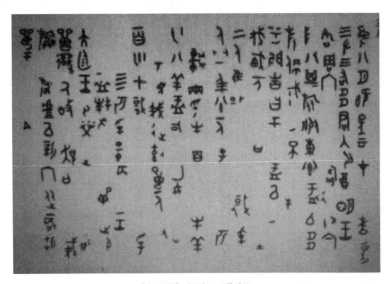

《小盂鼎》彝銘 1（摹寫）

《小盂鼎》彝銘 1 釋文：

> 唯八月既望，辰在甲申，昧爽，
> 三左、三右、多君入服酉（酒）。明。王
> 各周廟。□□□邦賓。征（延）邦賓
> 尊其旅服。東鄉（饗）。盂以多
> 旂佩。盇（鬼）方子□□入
> 三門。告曰："王令盂以□□
> 伐盇（鬼）方。□□□馘□。執嘼（酋）

三人。獲職四千八百又二職。俘

人萬三千八十一人。俘馬□□匹。

俘車卅輛。俘牛三百五十五牛。羊

卅八羊。"盂或告曰："□□□□。

乎蔑我征。執酋一人。獲職

二百卅七職。俘人□□人。俘

馬百四匹。俘車百□輛。"王若

曰："□。"盂拜稽首。以曑（酋）進。即

大廷。王令榮邋

曑（酋）。榮即曑（酋）邋厥故。□越伯□□馘（鬼）

玃。馘（鬼）玃虘以新□從。馘。折

曑（酋）于□。王乎觱伯。令盂以

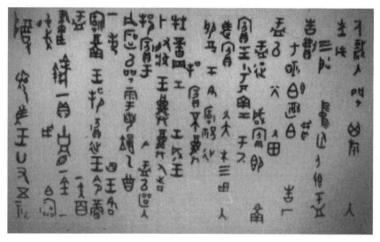

《小盂鼎》彝銘2（摹寫）

《小盂鼎》彝銘2釋文：

人職入門。獻西旅。□□入

燎周廟。盂以□□、

入三門。即立中廷，北鄉（嚮）。盂

告觱伯，即立（位）。費伯□□□

□于明伯、繼伯、□伯。告咸。

盂以（與）者（諸）侯、眾侯、田（甸）、男□□

從盂征。既咸。賓即立（位）。贊

賓。王乎贊盂。以□□□

進賓。□□大采。三周入

服酉（酒）。王格廟。祝征（延）□□

□邦賓。丕祼。□□用

牲啻（禘）周王、武王、成王。□□

卜有臧。王祼。祼述。贊

邦賓。王乎□□□令盂。以區入。

凡區以品。雩若翌日乙酉。□

三事□□入服酉（酒）。王各

廟。贊王邦賓。征（延）王令賞

盂、□□□□□、弓一、矢百、

畫韍（皋）一、貝胄一、金冊（干）一、

戠戈二、矢珷八。用作□伯寶

尊彝。隹王廿又五祀。

殺俘之後，必然要有燕饗之禮。如上述彝銘中的"王乎翼伯。令盂以人職入門"就是所謂的獻俘禮。而這是當時的天子特別要求的"盂拜稽首。以嘼（酉）進"。所以"以酉進"就是讓盂帶着俘虜來見天子。

而在《虢季子白盤》彝銘中還記載了：

王格周廟宣廟，受鄉（饗）。王曰："白父，孔顯有光。"王賜乘馬，是用左王。賜用弓、彤矢，其央。賜用戊（鉞），用政蠻方。

這和《小盂鼎》彝銘記載的賞賜物品"王令賞盂、□□□□□、弓一、矢百、畫韍（皋）一、貝胄一、金冊（干）一、戠戈二、矢珷八"幾乎是難分伯仲的。

在《左傳·昭公元年》記載了一次完整的燕饗禮活動過程，全文如下：

夏四月，趙孟、叔孫豹、曹大夫入於鄭，鄭伯兼享之。子皮戒趙孟，禮終，趙孟賦《瓠葉》。子皮遂戒穆叔，且告之。穆叔曰："趙孟欲一獻，子其從之！"子皮曰："敢乎？"穆叔曰："夫人之所欲也，又何不敢？"及享，具五獻之籩豆於幕下。趙孟辭，私於子產曰："武請於冢宰矣。"乃用一獻。趙孟為客，禮終

乃宴。穆叔賦《鵲巢》。趙孟曰："武不堪也。"又賦《采蘩》，曰："小國爲蘩，
大國省穡而用之，其何實非命?"子皮賦《野有死麕》之卒章。趙孟賦《常棣》，
且曰："吾兄弟比以安，尨也可使無吠。"穆叔、子皮及曹大夫興，拜，舉兕爵，
曰："小國賴子，知免於戾矣。"飲酒樂。趙孟出，曰："吾不復此矣。"

這裏，鄭伯兼享主持燕饗禮活動。而且特别明確地使用了"禮終"二字來表達這一燕
饗禮的結束。然後是賦詩活動和獻籩豆活動。最後則是"禮終乃宴"和"飲酒樂"。

燕饗禮還可以存在獨立的賞賜胙肉的活動。

根據《周禮·大宗伯》記載：

> 以脤膰之禮，親兄弟之國。

鄭玄認爲：

> 脤膰，社稷宗廟之肉。以賜同姓之國，同福禄也。

這一習慣顯然也是"周因於殷禮"的。因爲在商代銅器《毓祖丁卣》彝銘中記載了
商王賞賜同姓兄弟胙肉的歷史事實。

《毓祖丁卣》彝銘拓片

《毓祖丁卣》彝銘釋文：

> 辛亥。王在廙。降令
> 曰：歸福于我多高
> 処（咎）山。賜鏊（釐）。用作
> 毓祖丁尊。丙。

這裏的"歸福"就是指將在多高處山祭祀的用肉賞賜給毓祖丁的後人。這裏的
"福"，《國語·晉語二》有"今夕君夢齊姜，必速祠而歸福"之語，韋昭注爲"福，

胙肉也"。這裏的"胙"即"脤"字。

第二節 習 射

習射是射禮的核心內容。根據《周禮》記載,射是六藝之一:

> 六藝:禮、樂、射、御、書、數。

而且,《周禮》進一步記載:

> 凡射事,飾中,舍筭,執其禮事。

《周禮·司裘》中有"王大射,則共虎侯、熊侯、豹侯,設其鵠。諸侯則共熊侯、豹侯。卿大夫則共麋侯。皆設其鵠"的記載。這裏的"大射"是指非同尋常的"射",天子的射禮纔稱爲"大射"。可見,《長由盉》彝銘中的"穆王鄉(饗)豐(醴),即井伯大祝射"之事,説明了是先"饗醴"而後"射"的順序,證明了《禮記·射義》記載的"諸侯之射也,必先行燕禮"的真實性。

大射又稱"凡大朝覲、大饗射",《周禮·司几筵》中有:

> 凡大朝覲、大饗射,凡封國、命諸侯,王位設黼依,依前南鄉,設莞筵、紛純,加繅席、畫純,加次席、黼純。

《柞伯簋》彝銘記載了周天子大射的史實。

《柞伯簋》彝銘拓片

《柞伯簋》彝銘釋文:

> 唯八月辰在庚申。王大射
> 在周。王令南宮率王多
> 士,師麜父率小臣。王犁
> 赤金十反(鈑)。王曰:"小子、小臣,
> 敬又弓(佑),獲則取。"柞伯十
> 刜。弓無潭矢,王則臮(俟)柞
> 伯赤金十反(鈑),佸(誕)賜祝見。
> 柞伯用作周公寶尊彝。

首先就點明了"王大射"這樣一個歷史事實。同樣的記載又可見《義盉蓋》彝銘："王在魯……大射。"

鄭玄《周禮注》解釋説：

> 大射者，爲祭祀射。王將有郊廟之事，以射擇諸侯及群臣與邦國所貢之士可以與祭者。射者可以觀德行，其容體比於禮，其節比於樂，而中多者得與於祭。諸侯，謂三公及王子弟封於畿内者。卿大夫亦皆有采地焉，其將祀其先祖，亦與群臣射以擇之。凡大射各于其射宮。

天子親自主持的大射多發生在祭祖場合，具有向祖先彙報其子孫後代武功的含義。《禮記・射義》中所謂的"天子將祭，必先習射於澤"，説的就是這一儀式。

在河南輝縣趙固鎮戰國墓中出土的宴樂射獵銅壺、江蘇鎮江諫壁鎮出土的戰國時代的銅鑑上，都繪有行射禮的圖像。

《戰國宴樂射獵壺》及其拓片摹本

而且，大射還和音樂相互配套。《周禮・大司樂》中有：

> 大射，王出入，令奏王夏；及射，令奏騶虞，詔諸侯以弓矢舞。

大射之次則有鄉射。《周禮・鄉大夫》中有：

> 退而以鄉射之禮五物詢衆庶：一曰和，二曰容，三曰主皮，四曰和容，五曰興舞，此謂使民興賢，出使長之；使民興能，入使治之。

而《令鼎》彝銘顯然是饗射："王大耤（藉）農于諆田。餴。王射。有嗣眔師氏、小子卿射。"這裏的"卿射"，即"饗射"，又可以簡化爲"鄉射"。"鄉"字中間從合，乃從食之省。此字有釋爲"會""合"者，非也。先"饗醴"而後"射"的射禮，簡稱爲饗射。

張掄《紹興內府古器評》考證説：

> 按《射義》云："古者，諸侯之射也，必先行燕禮。卿大夫之射也，必先行鄉飲酒之禮"，則知古之射也，未嘗不飲。而壺者，酒之下尊也。非特爲宗廟之器。凡燕射婚聘，無適而不用焉。

鄉射是選拔軍事人才的重要場合。《禮記·射義》中就明言：

> 古者天子以射選諸侯、卿、大夫、士。射者，男子之事也。因而飾之以禮樂也。故事之盡禮樂而可數爲以立德行者莫若射。故聖王務焉。

爲了争取入選的機會，出現了專門教授貴族子弟學射的學校和官員。其中，最有名的教員是小臣靜。他因爲教貴族子弟學習射箭，而得到周天子的獎賞。爲此，有《靜簋》彝銘記載此事。

《靜簋》彝銘拓片

《靜簋》彝銘釋文：

> 唯六月初吉。王在荼鎬京。丁卯。
> 王令靜嗣射學宮。小子眔服、
> 眔小臣、眔尸（夷）僕學射。雩八月
> 初吉庚寅。王以（與）吳衮、呂㶚（棡），鄉（佮）
> 爕（嶲）蒞師邦君，射于大池。靜學（教）
> 無斁。王賜靜鞞剢（璲）。靜敢拜稽
> 首。對揚天子丕顯休。用作文
> 母外姞尊簋。子子孫孫，其萬年用。

從當年六月下令讓靜教授貴族子弟學習射箭，到了八月就在大池舉行貴族子弟的射箭比賽，然後獎勵教師靜的教學行爲。

除了獎勵教授射箭的教員，還有獎勵學習射箭的貴族子弟學生的彝銘。見《令鼎》。

《令鼎》彝銘拓片

《令鼎》彝銘釋文：

王大耤（藉）農于諆田。錫（觴）。王
射。有嗣眔師氏、小子鄉（鄉）
射。王歸自諆田。王馭溓
中（仲）僕（僕），令眔奮，先馬走。王
曰："令眔奮，乃克至，余
其舍汝臣十家。"王至于
康宮敀（敔）。令拜頴首，曰："小
子迺學。"令對揚王休。

在這次鄉射活動的最後一項比賽中，貴族子弟因爲最先騎馬返城而獲得獎勵。

鄉射之次還有賓射。《周禮·牛人》中有：

饗食、賓射，共其膳羞之牛。

《周禮·大宗伯》進一步説：

以賓射之禮，親故舊朋友。

賓射也和音樂相互配套。《周禮·瞽矇》中就有"賓射，皆奏其鐘鼓"的記載。

第三節 册 命

册命彝銘是周代彝銘中的重要内容之一。在商代彝銘中就已經大量出現了"册"字和與之相關的圖像文字。册命活動是商周禮制活動的重要組成部分。在舉行册命禮的過程中，每一步驟都具有嚴格的禮儀程式。如右、入門、立中庭、賞賜、對揚、返納，等等。

比如《頌鼎》彝銘就是個典型的册命彝銘。

《頌鼎》彝銘釋文：

《頌鼎》彝銘拓片

唯三年五月既死霸甲戌。

王在周康邵宫。旦。王格大

室。即立（位），宰引右（佑）頌。入門，立

中廷。尹氏受王令書。王乎史

虢生册令頌，王曰："頌。令汝官

嗣成周，貯廿家，監嗣新造，貯

用宫御。賜汝玄衣、黹（黼）屯（純）、赤市（韍）、朱

黄（衡）、鑾旂、攸（鋚）勒用事。"頌拜稽首。受

令（命）册，佩以出，反（返）入堇章（璋）。頌敢對

揚天子。丕顯魯休。用作朕皇

考龏叔、皇母龏始（姒）寶尊

鼎。用追孝。祈匄康鑫、屯（純）右（佑）、

通彔（祿）、永令（命）。頌其萬年眉壽。

畯臣天子霝（靈）冬（終），子子孫孫寶用。

從上述彝銘中，我們可以看出有幾個重要的環節是册命活動的必須遵守的儀式：

即立、佑、入門、立中庭、受王令書、王呼史册令、拜稽首、受命册、佩以出、返入覲璋、對揚、作寶尊彝。共十幾個具體過程。這是比較完整的册命儀式過程。而在《大克鼎》彝銘中就省略了"佩以出，返入覲璋"兩個過程，但却在"入門，立中廷"之後多了一個"北鄉（嚮）"的過程。那麽，完整的儀禮應該如下：

1. 旦

册命時間一般多爲旦日，即清晨，太陽初升之時。

2. 大室或其他皇家宫室

册命地點一般多在大室。其他皇家宫室，如康邵宫。

3. 即立

册命開始前，有一個嚴肅的天子或大臣即位的過程。

4. 佑

接受册命者不能自己進入册命地點，一般多是由和他級別相當的大臣引導着走進册命地點。這個引導大臣被稱作"儐相"，這個引導過程被稱爲"佑"。

5. 入門

接受册命者需要在引導官的帶領下，由特殊的門進入册命地點。

6. 立中庭

接受册命者走進册命地點後，他的位置在院或宮室的中央地區。他需要站立在中庭，而非跪地接受册命。

7. 北向

接受册命者必須面向北面，以示對天和天子的尊敬。

8. 受王令書

宣布册命的官員開始接受天子的册命文書。

9. 王呼某册令

天子令史官或大臣開始宣讀册命文書。

10. 拜稽首

接受册命者在聽完宣讀册命後，需要行拜謝禮，一般是鞠躬。

11. 受命册

接受册命者領取天子的册命文書。

12. 佩以出

接受册命者取走天子的册命，暫時退下。

13. 返入覲璋

接受册命者重新返回中庭，向天子進獻玉器，以表示感謝。

14. 對揚

接受册命者必須贊美天子，表達感激之情。

15. 作寶尊彝

接受册命者回家後必須鑄造青銅器，并刻彝銘記載接受册命的事實，用來傳給後代。

以上是十五項，而非陳漢平在《西周册命制度研究》一書中所總結的十項。[1]
因此，完整的西周册命禮共有上述十五個步驟。其中，很多册命儀式中没有出現
“佩以出，返入覲璋”兩個過程。比如《師虎簋》彝銘。爲何出現這一缺少上述兩個
儀式過程的現象，目前學術界尚没有定論。

第四節　嗣子、小子

商周彝銘中經常出現對作器者和受器者之關係的記載，也是周代家族史構成的
重要説明。

如反映子爲祖和父作的《走鐘》彝銘：“走作朕皇祖、文考寶龢鐘。”反映子爲
父作器的《小臣作父乙觶》彝銘：“小臣作父乙寶彝。”如反映子爲母作的《作龍
母尊》彝銘：“作龍母彝。”如反映婦女自作器的《孀妊壺》彝銘：“孀妊作安寶壺。”
如反映男子自作器的《史僕壺》彝銘：“史僕作尊壺。”如反映諸侯國君給自己女兒
作器的《魯侯簠》彝銘：“魯侯作姬翏朕（滕）簠。”如反映諸侯國君給自己父母作
器的《王作母癸尊》彝銘：“王作母癸尊。”如反映大臣自作器的《大師小子師望壺》
彝銘：“大師小子師望作寶壺”，等等。通讀彝銘，作器者和受器者的關係一覽無餘。
據《墨子·魯問》記載：

> 子墨子謂魯陽文君曰：“攻其鄰國，殺其民人，取其牛馬、粟米、貨財，則
> 書之於竹帛，鏤之於金石，以爲銘於鐘鼎，傳遺後世子孫。”

既然是爲了“傳遺後世子孫”，因此，作器者和受器者的血緣和輩份關係自然就很真
實地反映在彝銘中。

記載在彝銘中的文辭，出于“傳遺後世子孫”的需要，就經常在彝銘結尾出現
特定的嘏辭。即在彝銘内容上，幾乎每件銅器彝銘上都會出現作器者對受器者及其
子孫後代所説的“子子孫孫永保用”之類的嘏辭，這也就是“傳遺後世子孫”説在
彝銘上的具體體現。

一般來説，既然受器者及其子孫後代“子子孫孫永保用”的，也就必然暗示着

---

[1]　陳漢平：《西周册命制度研究》，學林出版社 1986 年版，第 19—20 頁。

對銅器繼承和使用的普遍性。也就是説，凡是作器者的子孫後代都有資格接受和使用這件銅器及其所具有的品格特徵。因爲他們和作器者具有直系血緣關係。但是，在有些特定的情況下，作器者所作之器，并不能爲受器者及其全部的子孫後代所接受，而衹是爲受器者及其部分特定的後代所接受。這就涉及所謂的“嗣子”的問題。

在商周彝銘和史書中曾經出現“嗣子”一詞，有些學者曾把這兩個字看成是一個上嗣下子組合而成的合字的“嗣”字。我們認爲這是不恰當的。

“嗣子”的“嗣”是“繼承”的意思，《爾雅》對此的解釋是“嗣，繼也”。“嗣子”就是承嗣人。對于注重血緣和父子繼承關係的商周社會來説，“嗣子”概念的産生具有十分重要的法律意義。

對于“嗣子”的解釋，一般以顔師古《漢書注》爲定論：

> 嗣子謂嫡長子當爲嗣者也。

表現在史書中，如《史記·五帝本紀》：“堯曰：‘誰可順此事?’放齊曰：‘嗣子丹朱開明。’堯曰：‘吁！頑凶，不用。’”這裏出現的“嗣子丹朱”一詞，《帝王世紀》云：“堯娶散宜氏女，曰女皇，生丹朱。”又見《史記正義》引鄭玄云：“帝堯胤嗣之子，名曰丹朱，開明也。”可見“嗣子丹朱”即是長子丹朱之意。表現在商周彝銘中，如《戍嗣子鼎》彝銘：“丙午，王商（賞）戍嗣子貝廿朋。”這裏的“戍嗣子”是受賞者，“戍”是職官名，而“嗣子”則是指明了此人的身份。既然已經點明是“嗣子”，則可以推出他必定還有同父名義下的兄弟若干，而他衹是早已經成爲“嗣子”而已。

最爲著名的“嗣子”彝銘出自商代的《戍嗣子鼎》。我們分析一下這裏出現的“嗣子”和作器者的關係：

> 丙午，王商（賞）戍嗣子貝廿朋，在闌宗。用作父癸寶鬻（餗）。唯王寴闌大室，在九月。犬魚。

在上述彝銘中出現的人物共三個：王、戍嗣子、父癸。“王”和“戍嗣子”是賞賜者和被賞賜者的關係，“戍嗣子”和“父癸”是作器者和受器者的關係，而“王”和“父癸”的關係不明，很可能是君臣關係或結盟關係。而結尾的“犬魚”又進一步説明了戍嗣子的族屬，這一族屬和我們熟知商王的族屬是完全不同的。因此，這裏出現的“嗣子”完全是諸侯國君“父癸”的嫡長子。

這裏的問題是：作爲承嗣人的“嗣子”是後立的，還是按照出生先後排行順序以長爲嗣來定的呢？按照王應奎《柳南隨筆》卷一的解釋：

> 所謂嗣子與《漢書》正同，皆所謂嫡長子。蓋庶出之子雖年長於嫡出，而不得爲嗣子。

根據上述"庶出之子雖年長於嫡出，而不得爲嗣子"之説，可見"嗣子"一般不是按照出生先後排行順序以長爲嗣子來定的。根據《左傳·哀公二十年》的記載：

> 趙孟曰："黄池之役，先主與吳王有質，曰：'好惡同之。'今越圍吳，嗣子不廢舊業而敵之。"

杜預注：

> 嗣子，襄子自謂。

我們可以分析得出：祇有擁有了諸侯國君的王位繼承權的人纔有資格使用"嗣子"這一術語，也即嫡長子纔有資格成爲"嗣子"。

這裏的"趙孟"，《左傳》中注解爲"趙孟，襄子無恤，時有父簡子之喪。"孟，排行之長，又稱伯。"襄子無恤"，"襄子"爲名，"無恤"爲字。趙孟作爲趙簡子之子，字無恤，按照《説文解字》的解釋"恤，憂也"，則"無恤"就是無憂無慮之意。這裏的"嗣子"趙孟正處于"時有父簡子之喪"時期，按照當時諸侯國君死後在守喪期間有繼承權的嫡子纔可以稱爲"嗣子"的慣例，"孟"和"時有父簡子之喪"都是"嗣子，襄子自謂"之説的暗示用語。而一旦不是法定繼承人却繼承了諸侯國君之位，就是嚴重的僭越行爲了，《國語·周語》中記載的一段史實就是如此：

> 夫晉侯非嗣也，而得其位，疊疊怵惕，保任戒懼，猶曰未也。若將廣其心而遠其鄰，陵其民而卑其上，將何以固守？

這裏的"晉侯非嗣也"顯然是"晉侯非嗣子也"之意。

當時王、諸侯，以及貴族使用"無恤"爲名字還是很常見的，而且男女皆可以用。20世紀30年代出土于安徽壽縣朱家集楚王墓中的《曾姬無卹壺》，其作器者"聖趄之夫人曾姬無卹"一名，學者多解釋爲"曾姬無"，而"卹"的意思就無法理解了。"聖趄之夫人曾姬無卹"之"卹"字，即"恤"字。此件銅器的作器者應該名爲"曾姬無恤"。

《曾姬無卹壺》彝銘拓片

《曾姬無卹壺》彝銘釋文：

> 唯王廿又六年。聖趄
> 之夫人曾姬無卹（恤），虔
> 安兹漾陵，蒿閒（間）之無
> 駆（匹），甬作宗彝尊壺。後
> 嗣甬（用）之，職在王室。

這裏的"聖趄之夫人"，劉節在《壽縣所出楚器考釋二》一文中主張就是：

> 《左傳·文公十七年》："葬我小君聲姜。"《公羊傳》作聖姜。《國策·楚策》蔡聖侯，《史記·六國年表》作聲侯。《漢書·古今人表》衛聲公，《索隱》引作聖公。《孟子》曰："金聲而玉振之。"趙《注》："聲，宣也。"然則聖趄夫人即聲桓夫人無疑矣。[1]

關于劉節的考證，後來的出土文獻證明他的觀點是極其準確的。見劉彬徽《楚系青銅器研究》一書：

> 聖趄夫人，劉節考釋爲楚聲王夫人。聲、聖互用，不僅有古文獻例證，出土楚文字材料也已得到證明，如江陵望山 M1 竹簡中的楚聲王就寫作"聲趄王"，劉節之說至確。[2]

"聖趄之夫人"既然是曾姬無恤，則其夫曾經是楚國諸侯國君的"嗣子"，這樣一來纔可以使他成爲現在的楚王。相應地，曾姬無恤的地位也由楚貴族的夫人變成了楚"嗣子"的夫人。因此，聲趄夫人作器的《曾姬無卹壺》，其彝銘中的嘏辭并沒有出現習慣的"子子孫孫永寶用"這類話，而是"後嗣甬（用）之"。

[1] 劉節：《古史考存》，人民出版社 1958 年版，第 30 頁。
[2] 劉彬徽：《楚系青銅器研究》，湖北教育出版社 1995 年版，第 341—342 頁。

爲什麼這裏没有出現常見的"子孫"二字叚辭呢？按照有的學者的主張，就是主張凡是彝銘中出現"子孫"稱謂的，大多是周器。因此，兩周銅器彝銘中是一定要出現這些叚辭的。如吴其昌在《金文曆朔疏證》一書中如是説：

> 殷人尚無子孫觀念，周公手創周之宗法制度者，故亦爲最初創立子孫觀念者。考殷器從未有連舉"子孫"二字者。[1]

看起來理由衹有一條，即因爲將"嗣"和"無恤"聯繫起來的趙孟，是嫡長子，是嗣子，所以這裏的曾侯之嫡長子、嗣子之妻的曾姬無卹，她所製作的銅器理所當然是留給自己的嫡長子來"後嗣甬（用）之"的，這裏的"後嗣甬（用）之"中的"後嗣"不是普通的子子孫孫，而是專指後代的嫡長子、嗣子，又稱"大子""宗子"。見《詩經·板》中出現的"宗子維城"一語，鄭玄注：

> 宗子，謂王之嫡子。

它本來意思顯然應該是"後嗣子甬（用）之"。而劉彬徽《楚系青銅器研究》一書中没有注意到這一問題，所以纔理解爲"假定曾姬無卹在聲王即位前後嫁于聲王，至宣王二十六年即公元前 344 年，其年齡至少已有七十歲或更多。作爲宣王祖母，即楚王太后，她作器安撫曾國遺民，以示後嗣忠於楚王，用意良有以也"。[2]看起來，他的這一理解是不妥當的。因爲這件銅器的受器者是曾國的"後嗣（子）"，而不是普通的"曾國遺民"。安撫"嗣子"，要他"職在王室"目的是告誡他不要不切合實際地、盲目地希望復國，而是要安心本職。實際上此器製作目的就是告誡曾國的"嗣子"，認清現實，保國無望時重在保家、保自身性命，也就是延續曾國血脈。這纔是一名老夫人的最實際的忠告。這應該也是此件銅器製作的出發點——可以想見當時的曾國"嗣子"應該有過復國的計劃和想法，而曾姬無卹獲知這一想法後，她更看重的是目前曾國百姓在楚國接管後的"虡宅兹漾陵，蒿閒之無駆"的現狀，于是，爲了打消曾國"嗣子"的復國夢想，特地製作了此器。

基于此，筆者主張這件銅器是爲嫡長子，即"嗣子"所作器，其他子孫是不能使用的。

---

[1]　吴其昌：《金文曆朔疏證》卷一，商務印書館 1936 年版，第 1 頁。
[2]　劉彬徽：《楚系青銅器研究》，湖北教育出版社 1995 年版，第 342—343 頁。

回到我們在前面說的話，在上述的情況下，作器者所作之器，並不能爲受器者及其全部的子孫後代所接受，而祇是爲受器者及其部分特定的後代（即所謂的"嗣子"）所接受。在這件《曾姬無卹壺》彝銘中和商代的《戍嗣子鼎》彝銘中，都在暗示着"嗣子"在作器過程中的特殊地位和身份。

小子在彝銘中主要有兩種表現形式，一種是"小子"二字，一種是合體字"孞"。困難的是，區分上下排列的是一個字"孞"，還是兩個字"小子"。根據筆者的研究，合體字的"孞"更多的則是謙詞。如《孞作母己卣》彝銘中記載的"孞作母己"，《猷簋》彝銘中記載的"王曰：有余佳（雖）孞"，等等。

而"小子"二字一般多是官職名。《周禮·夏官·司馬》下有"小子，下士，二人；史，一人；徒，八人"的相關記載。小子的具體職能是：

> 小子掌祭祀羞羊肆、羊殽、肉豆，而掌珥於社稷，祈於五祀。凡沈、辜、侯禳，飾其牲。釁邦器及軍器。凡師、田，斬牲以左右徇陳。祭祀，贊羞，受徹焉。

看起來，小子主要是掌管王室的祭祀活動。如《小子生尊》彝銘中記載的"王令生辨事于公宗，小子生賜金、鬱鬯"，《何尊》彝銘中記載的"王烎（誥）宗小子于京室"，等等。

有些"小子"是地方諸侯或者貴族家的"小子"。如《鄭大師小子甗》彝銘中記載的"奠（鄭）大師小子"，《五祀衛鼎》彝銘中記載的"衛小子"，等等。

而"宗小子"則是一種特殊身份的人，極有可能是宗族之長。《禮記·喪服小記》說：

> 別子爲祖，繼別爲宗，繼禰者爲小宗。有五世而遷之宗，其繼高祖者也。是故祖遷於上，宗易於下。尊祖故敬宗，敬宗所以尊祖禰也。庶子不祭祖者，明其宗也。

如《何尊》彝銘中記載的"王烎（誥）宗小子于京室"，《盠駒尊》彝銘中記載的"王弗望厥舊宗小子"，等等。

許倬雲在《西周史》一書中主張：

> 西周金文中每見小子之稱，其中有的是國王自己的謙稱，有的是官名。但也

有一些"宗小子""小子某""某小子某"，則可能都是小宗對大宗的自稱。宗小子是大宗，小子某是王室的小宗，某小子某則是王臣家的小宗（木村秀海，1981）。如柯尊中的宗小子，唐蘭以爲是周王室的宗族（唐蘭，1976：60；參看白川靜，1978：175—176）；盠駒尊，"王弗望厥舊宗小子"（白川靜，1967B：329），也是這種用法。小子某的例證，如小子生尊（白川靜，1966A：783）。某小子某的例證，如九年衛鼎的顏小子具羍、衛小子家逆（白川靜，1978A：268—273）。[1]

還有一個特殊人物"大師小子師望"。這是彝銘中經常出現的很奇怪的人物和稱呼。如《師望簋》彝銘中記載的"大師小子師望"，《師望盨》彝銘中記載的"大師小子師望"，等等。小子本來不屬于師氏，可是這裏連續出現兩個"師"字已經特別暗示着他的"師"的地位。如果"宗小子"爲宗族之長的話，那麼"大師小子"應該就是諸師氏之長。或許，當時某一職官之長皆可以稱作"某小子"？如史官之長或許可以稱爲大史小子，膳夫之長或許可以稱作膳夫小子，宰夫之長或許可以稱作大宰小子？

第五節　用　樂

樂器的使用與陳設也是商周時代重要的禮制表現之一。所謂"禮崩樂壞"就是將禮與樂密切聯繫在一起的最佳説明。《周禮·小胥》中甚至還規定了"正樂懸之位"的職責！即，大型青銅樂器的陳設和懸掛必須符合禮制的要求！具體體現爲：

> 王宮懸，諸侯軒懸，卿大夫判懸，士特懸。

杜佑《通典·樂典》中注解：

> 樂懸，謂鐘磬之屬懸於筍簴者。鄭衆云："宮懸四面，軒懸去其一面。判懸又去其一面，特懸又去其一面。四面象宮室四面有牆，故謂之宮懸。"軒懸三面，其形曲，故《春秋傳》曰"請曲懸繁纓以朝"，諸侯之禮。玄謂："軒懸去南面，避王也。判懸左右之合，又空北面。特懸懸於東方，或於階間而已。"凡懸鐘磬，半爲堵，全爲肆。鐘磬者，編懸之。二八十六枚而在一簴，謂之堵。

---

[1]　許倬雲：《西周史》，生活·讀書·新知三聯書店 2001 年版，第 162 頁。

鐘一堵，磬一堵，爲之肆。半之者，謂諸侯之卿大夫士也。諸侯之卿大夫半天
子之卿大夫，西懸鐘，東懸磬。士亦半天子之士，懸磬而已。

即四面懸掛鐘磬爲宮懸，三面懸掛鐘磬爲軒懸，兩面懸掛鐘磬爲判懸，一面懸掛鐘
磬爲特懸。而且使用的鐘磬數量也有多少的不同。

又見《儀禮・大射儀》記載：

樂人宿縣於阼階東，笙磬西面，其南笙鐘，其南鑮，皆南陳。建鼓在阼階
西，南鼓，應鼙在其東，南鼓。西階之西，頌磬東面，其南鐘，其南鑮，皆南
陳。一建鼓在其南，東鼓，朔鼙在其北。一建鼓在西階之東，南面。簜在建鼓
之間，鼗倚於頌磬西紘。

而在先秦傳世文獻中，《左傳・襄公十一年》記載：

歌鐘二肆，及其鎛磬，女樂二八。

在商周時期，用樂制度是"嘉禮"的主要平臺。《周禮・春官・宗伯》中就講明
了"以嘉禮親萬民"。這裏的"嘉禮"，鄭玄在注解中以爲有六種之多，而最後一個
就是"賀慶"，也就是鼓樂齊鳴而慶祝的儀式。

以上所述，這就爲編鐘的使用製造了理論根據。戰國時期的《曾侯乙編鐘》的
出土，從實物上證明了這一理論的真實性。

《曾侯乙編鐘》出土時被發現是按照大小和音高爲序，編成八組，懸掛在三層鐘
架上。上層三組十九件爲鈕鐘，形體較小。中、下兩層五組共四十五件爲甬鐘。另
有一枚楚惠王贈送的鎛鐘。見如下圖示：

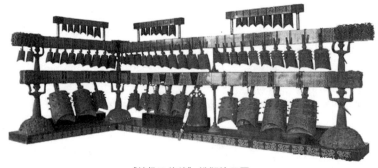

《曾侯乙編鐘》模擬效果圖

這已經是禮崩樂壞的戰國時代了，如果在西周盛世，我們簡直無法想象當時編
鐘"宮懸四面"、陳設宏大的輝煌場面！

第十八章　宮制研究

引　論

在三禮中，并没有對宮制的專門規定。但是，毫無疑問，它是商周禮制的一個核心體現。《周禮》中專門設有"司宮"一職，但從其所司工作内容看，似乎更多是一些服務性質的雜務工作。如"司宮執燭""司宮設對席"，等等。因此，我們需要利用商周彝銘和傳世文獻相互對照，總結商周時代的宮制問題及其禮制表現。

宮制問題是商周王權在建築上的重要體現，也是禮制的最爲直接的載體和表現形式。據《周禮·考工記》中記載：

> 夏后氏世室，堂修二七，廣四修一。五室，三四步，四三尺，九階。四旁兩夾窗，白盛。門堂三之二，室三之一。殷人重屋，堂修七尋，堂崇三尺，四阿，重屋。周人明堂，度九尺之筵，東西九筵，南北七筵，堂崇一筵。五室，凡室二筵。室中度以几，堂上度以筵，宮中度以尋，野度以步，涂度以軌。廟門容大扃七个，闈門容小扃三个，路門不容乘車之五个，應門二徹三个。内有九室，九嬪居之；外有九室，九卿朝焉。九分其國，以爲九分，九卿治之。王宮門阿之制五雉，宮隅之制七雉，城隅之制九雉。經涂九軌，環涂七軌，野涂五軌。門阿之制，以爲都城之制。宮隅之制，以爲諸侯之城制。

這已經是十分完整而成熟的宮制和禮制了。

早在十多年前，筆者曾經撰寫出版了《金文廟制研究》一書，[1]裏面有幾章内

---

[1]　劉正：《金文廟制研究》，中國社會科學出版社 2004 年版。

容涉及宮制問題。在此基礎上，這裏將進行進一步地研究。

第一節　彝銘中所見宮考

1. 宮

段玉裁《説文解字注》中解釋：

> 室也。《釋宮》曰："宮謂之室，室謂之宮。"郭云："皆所以通古今之異語，明同實而兩名。"按，宮言其外之圍繞，室言其内。析言則殊，統言不別也。《毛詩》："作于楚宮，作于楚室。"傳曰："室猶宮也。"此統言也。宮自其圍繞言之，則居中謂之宮。五音宮、商、角、徵、羽，劉歆云："宮，中也。居中央，唱四方。唱始施生。爲四聲綱也。"從宀，躳省聲。

在甲骨文中有"王入從宮"一語。在温少峰和袁庭棟合著的《殷墟卜辭研究：科學技術篇》一書中，幾乎是把"宮"和"室"混爲一談的，而且在具體舉例説明時，又是以"室"代"宮"。因爲卜辭中"室"字多而"宮"字少。陳夢家在《殷虚卜辭綜述》一書中也祇是找出了"公宮""皿宮"和"從宮"三個例子。

在彝銘中有所謂"尹佫（各）于宮"一語，見《執卣》彝銘。尹是西周史官之一，他到宮中多是爲領王命而來。

《西清古鑑》卷二十七·十一上還收録有《吕伯簋》，其彝銘中涉及"宮室"一詞："吕白乍厥宮室寶尊彝。"

2. 大宮·太宮

"大宮"一詞在《左傳》中出現較多。如《隱公十一年》中的記載：

> 公會鄭伯於郲，謀伐許也。鄭伯將伐許，五月，甲辰，授兵於大宮。

杜預在《春秋經傳集解》一書中解釋爲：

> 大宮，鄭祖廟。

在《桓公十四年》《宣公十二年》《襄公三十年》《昭公十八年》出現"大宮"，而杜預在《春秋經傳集解》一書中每次都以"鄭祖廟"來注解。另外，大宮還是進行盟誓的場所。如《左傳・成公十五年》中就有"子駟帥國人盟於大宮"一語。而盟誓之地，在當時更多是在祖廟中進行的。

其中，和祭祀有關的記錄，如，《左傳・昭公十八年》中的記載：

> 使子寬、子上巡群屏攝，至於大宮。

杜預在《春秋經傳集解》一書中解釋爲：

> 屏攝，祭祀之位。大宮，鄭祖廟。

可見，大宮在傳世文獻中一直是鄭祖廟的特殊指代，而非所有祖廟的別名。

但是在商周彝銘中的"大宮"含義，就值得認真分析。如《不壽簋》彝銘："唯九月初吉戊戌。王在大宮。"《姜彝》彝銘："唯九月初吉戊戌。王在大宮。"

在九月戊戌這天兩件青銅器彝銘中都有"王在大宮"的記錄，如果將大宮、太宮解釋爲鄭祖廟，那麼西周天子到鄭的祖廟有何貴幹？而且也不合禮制。顯然，這裏的"大宮"不能解釋爲"鄭祖廟"。[1]因此，吳其昌曾在《金文曆朔疏證》一書中以爲：

> "大宮"當與《鼎》《牧簋》……等之"太室"，《寰簋》《同簋》……等之"太廟"，《趞鼎》之"太朝"同義。[2]

"大宮"就是"大室"或"太廟"的別稱，此説值得肯定。

第二節　彝銘中所見周王室諸宮考

1. 周公宮

"周公宮"一詞，最早見于《令彝》彝銘中。

《令彝》彝銘釋文如下：

---

[1]　筆者在《金文廟制研究》一書中曾主張"《不壽簋》和《姜彝》中所記的大宮，顯然也是指鄭祖廟"，現在看來，這一主張是錯的。

[2]　吳其昌：《金文曆朔疏證》卷二，商務印書館 1936 年版，第 32 頁。

《令彝》彝銘拓片

唯八月，辰在甲申。王令周公子明保，

尹三事四方，受（授）卿事寮。丁亥。令矢告

于周公宫。公令徣同卿事寮。唯十

月，月吉。癸未。明公朝至于成周，徣命舍（捨）

三事令，眔卿事寮、眔者（諸）尹、遲里

君、眔百工、眔諸侯、侯、田（甸）、男，舍（捨）四方令。既

咸命。甲申。明公用牲于京宫。乙酉。用

牲于康宫。咸既。用牲于王。明公歸自

王。明公賜太師鬯、金、小牛曰：用襟（袚），賜令鬯、

金、小牛，曰：用襟（袚），適令曰："今我唯令汝二人亢

眔矢，爽（尚）詧（諆、左）右于乃寮以乃友事，作册令。"

敢揚明公尹厥宀（貯），用作父丁寶尊

彝。敢追明公賞于父丁。用光父丁。

雋册。

這裏的"周公宫"舊釋多以爲即周公之廟。陳夢家在《令彝新解》一文中以爲是
"周地之公宫"。[1]此説尚有爭議，未成定論。

　　但依《左傳》中記録，周公在魯尚有別廟。

────────────────

［1］　陳夢家：《令彝新解》，《考古社刊》1936 年第 4 期。

《左傳·隱公八年》中的記載：

> 鄭伯請釋泰山之祀而祀周公。

杜預在《春秋經傳集解》一書中解釋爲：

> 成王營王城，有遷都之志。故賜周公許田，以爲魯國朝宿之邑。後世因而立周公別廟焉。

有關此處的周公廟，在《括地志》中有如下記載：

> 許田，在許州許昌縣南四十里，有魯城，周公廟在城中。

周公之廟，又稱"大廟"。陳夢家在《西周銅器斷代（一）》一文中發現銅器彝銘中"周公"的三種含義：

> 但我們應該注意，所謂"周公"可能有三種不同的所指：記載周公東征的"周公"是周公旦；記載後人追記或追念周公的，則在周公已死之後；"周公"除周公旦外，他的子孫世爲"周公"。[1]

關于第三點，在史書中也有證據，見《史記索隱》中的有關記載：

> 周公元子就封於魯，次子留相王室，代爲周公。

通過這點記載，我們知道代代爲周公的始于周公旦的次子。後人追記周公的，如《井侯簋》彝銘中的"作周公彝"。記載周公生平活動的，如《周公作文王方鼎》彝銘中的"周公作文王尊彝"。方濬益在《綴遺齋彝器款識考釋》卷三《魯公鼎》彝銘釋文中考證説：

> 按《禮記·明堂位》成王以周公有勛勞於天下，封周公於曲阜，命魯公世世祀周公以天子之禮樂。孟春祀帝於郊，配以后稷。夏六月以禘禮祀周公於大廟。初無祀文王之文，故有疑魯公不當祭文王者。阮文達公以《左襄公十二年傳》《周禮·春官·都宗人》《夏官·祭僕》注疏證之，知魯應有文王廟。濬益又按，《文公二年傳》宋祖帝乙，鄭祖屬王。以此例推魯，亦當祖文王。

可見魯之祭文王，實大有深意。阮元在《積古齋鐘鼎彝器款識》卷四《魯公鼎》（《周

---

[1]　陳夢家：《西周銅器斷代（一）》，《考古學報》第九册。

公作文王方鼎》）彝銘釋文的最後也肯定了"魯當立文王廟作祭器，禮也"之説。

在《令彝》彝銘中，同時出現了"周公宫""京宫"和"康宫"三所宫室，根據彝銘中的"明公朝至于成周"一語可以得知：上述三所宫室全在成周。

2. 周客新宫·周新宫·新宫

彝銘中"周客新宫"和"周新宫"一詞，各有數見，《師遽簋蓋》彝銘："唯王三祀四月既生霸辛酉。王在周客新宫。"《師湯父鼎》彝銘："唯十又二月初吉丙午。王在周新宫。"

在研究之前必須先説明"王在周"的"周"是指"成周"還是指"宗周"？

指"成周"的彝銘，如《應侯見工鐘》彝銘中的"王歸自成周。應侯見工遺王于周"。這裏的"周"明顯是指"成周"。因此，在絶大數場合，"王在周"所指地望在成周。指"宗周"的彝銘，如《士上尊》彝銘中的"唯王大龠（禴）于宗周"。可見，如是指"宗周"，一定使用"宗周"或"鎬京"加以説明。

"新宫"一詞，郭沫若在《兩周金文辭大系》一書中有極其精確的考證：

> 宫以新名，必爲恭王時所新造。它器又稱"周康宫新宫"，則所新造者乃康宫也。此在周康邵宫而命頌"監嗣新造"，又令"貯用宫御"，非新造康宫時事而何耶？[1]

《師湯父鼎》彝銘中説到"王在周新宫，在射廬"一語，可見"周新宫"中專有"射廬"之屋。可能就是宣射，即宣榭。因爲"史趠曹"的名字同時出現在《十五年趠曹鼎》和《七年趠曹鼎》彝銘中，而在《十五年趠曹鼎》彝銘中明確提到了"恭王"，可以得出《師湯父鼎》和《七年趠曹鼎》彝銘中的"王"字肯定也是恭王。

3. 庚嬴宫·庚宫

"庚嬴宫"一詞，首見于《庚嬴卣》彝銘中，如下：

> 唯王十月既望，辰在己丑。王迮（格）于庚嬴宫。

"庚嬴宫"三字有人釋爲"庚嬴宫"。根據彝銘中"王迮（格）于庚嬴宫，王蔑庚嬴曆"一語來看，"庚嬴宫"和"庚嬴"同時出現，可以知道必是私人宫廟。方濬益在

---

[1] 郭沫若：《兩周金文辭大系》，日本文求堂書店 1931 年版，第 65 頁。

《綴遺齋彝器款識考釋》卷十二《庚贏卣》（《庚罷卣》）彝銘釋文中考證説：

> 以庚贏爲婦人名氏矣。禮無君適臣妻家之文。此云"王格于庚贏宮"，似與禮文未合。按彝器銘，凡王賜予，皆命於廟中。此獨云"格於庚贏宮"……正以其婦人故，不於廟中命之。

誠如是，則此宮爲婦人宮是無疑的。按照上述觀點，"庚贏（罷）宮"的"庚贏（罷）"爲婦人之名。

而"庚宮"一詞，祇一見于《三代吉金文存》卷七·二十三·二的彝銘中，如下：

> 保侃母賜貝于庚宮。

根據彝銘內容來分析，庚宮和庚罷宮并不是同一個宮室。但是二者都是私宮，也都是婦人宮，所以放在一起加以討論。在《保侃母簋》彝銘中有"保侃母賜貝于庚姜"一語，可知"庚宮"是"庚姜之宮"，也是女人宮的一種。有"姜"字可知此人必爲周王后妃。

關于保侃母之名，陳夢家在《西周銅器斷代（二）》一文中主張：

> 《禮記·內則》："保乃負之。"注云："保，保母也。"《後漢書·崔寔傳》注云："阿保謂傅母也。"而阿字，《説文》作妸，云"女師也，讀若阿"。《説文》："姆，女師也，從女每聲，讀若母。"《士昏禮》《內則》做姆，《公羊傳·襄三十年》"傅母"一本作"姆"，是姆、母也是保母。[1]

有的學者甚至主張保侃母就是太保或少保一職的直接來源，此説還需要更多的證據支援纔可以成立。

4. 京宮·葊京濕宮

"京宮"一詞，首見于《令彝》彝銘中："明公用牲于京宮。"此處説京宮，下文説旁宮，可見此二宮必爲近鄰。《詩·大雅·文王》中有"祼將于京"一語，而《詩·大雅·思齊》中又有"京室之婦"一語，足以證明"京宮"存在之久遠和歷史地位的獨特。

---

[1] 陳夢家：《西周銅器斷代（二）》，《考古學報》第十册。

"莽京濕宫"一詞，首見于《史懋壺》彝銘中：

> 唯八月既死霸戊寅。王在莽（鎬）京濕宫。

此器彝銘先講"莽京"，後講"濕宫"，可見"濕宫"在"莽京"之中。"莽京"之"莽"字，乃是由上到下依次由以下四部分組成：從艸從八從方從艸。此字，徐同柏釋爲"邦"字，吳大澂和羅振玉釋爲"鎬"字，也有釋爲"旁"字的。

朱芳圃在《殷周文字釋叢》一書中認爲，此字乃：

> 薄之初文，可無疑矣。古音"薄"與"亳"通。《吕氏春秋·具備篇》："湯嘗約於郭薄矣。"高注："薄或作亳。"……郭注："《淮南子》曰：'薄水出鮮于山。'"按今本《淮南子·墜形訓》作"鎬出鮮于"。此"薄"與"鎬"相通之證也。[1]

可見作"鎬"字解是對的。見吳大澂《憲齋集古録》第八册對《公妘敦》彝銘的解說：

> 舊釋"莽京"，經典無"莽京"字。大澂疑爲"鎬京"之"鎬"。本從艸，後人回避"莽"字，改從"鎬"。鎬爲器名，作"鎬京"之"鎬"。

根據上述考證可知，濕宫地點在鎬京。從此宫"濕"字命名來看，應該是四周有水的潮濕之宫。"鎬"和"京"同時出現，可見此時鎬京已經是都城了，即宗周。不稱"周"或"宗周"而稱"莽京"，正是針對前述"京宫"而來。

5. 成宫

"成宫"一詞，首見于《智壺》（《舀壺》）彝銘中：

> 唯正月初吉丁亥。王格于成宫。

關于"智"字銅器，還有一件《智鼎》（《舀鼎》）。楊樹達在《積微居金文説》一書中就此考證説：

> 《憲齋集古録》第肆册拾七葉下載《智鼎》，"智"字不合，郭沫若釋"舀"，是也，今從之。[2]

---

[1] 朱芳圃：《殷周文字釋叢》，中華書局 1962 年版，第 135 頁。
[2] 楊樹達：《積微居金文説》，中華書局 1997 年版，第 40 頁。

則這裏的《智壺》顯然也應該改名爲《舀壺》纔對。《舀壺》如下。

《舀壺》彝銘拓片

《舀壺》彝銘釋文：

唯正月初

吉丁亥。王

格于成宮。

井公內（入）右

舀。王乎尹

氏，冊令舀

曰："更乃祖

考，作冢嗣

土于成周

八自（師）。賜汝

𪓐𨛬一卣、

玄袞衣、赤

市（芾）、幽黃（衡）、赤

舄、攸（鋚）勒、鑾（鑾）

旂用事。舀

拜手稽首，

敢對揚天

子丕顯魯

休命。用作

> 朕文考釐
>
> 公尊壺。舀
>
> 用匄萬年。
>
> 眉壽永命
>
> 多福。子子孫孫，
>
> 其永寶用。

在西周彝銘中，舀是個非常重要的史官。他及他的家系都是周天子的史官。在彝銘中有時被稱作士或史。但是似乎没有發現被稱做"作册"的。相反，他曾接受過周天子的册封，而當時的儐相有時就是作册尹。如《舀壺》彝銘中的"王乎尹氏，册令"一語，在此件銅器彝銘中還出現了對他祖先的記述："更乃祖考，作冢嗣土于成周八自（師）。"看來，舀的祖先除了爲史官外，還擔任過成周八師的軍頭。筆者在《金文廟制研究》一書中，曾提出一個假設，即：假如，"康宫"祇是康王廟的話，那麽，這裏的"成宫"就應該是成王的廟了。現在看來，這個假設是不存在的。從彝銘内容分析，所謂"成宫"應該是指成周八師的統帥部所在地，簡稱"成宫"。

根據《舀壺》彝銘"更乃祖考，作冢嗣土于成周八自（師）"可知成宫地點在成周。

6. 縶宫

"縶宫"一詞，收録在劉體智《小校經閣金文》一書卷三·二十二中，彝銘内容如下：

> 唯八月丁亥。王在縶宫大室。

這裏出現了"大室"一詞，按照彝銘的習慣，"某宫"和"大室"同時出現時，"大室"是從屬于"某宫"的。即，"大室"在"某宫"之内。"縶宫"的"縶"字，《說文解字》解釋爲：

> 致繒也。一曰徽幟，信也，有齒。從糸叚聲。康禮切。

段玉裁《說文解字注》：

> 凡細膩曰致。今之緻字也。漢人多用致，不作緻。致繒曰縶。

從文義上分析，"繁宮"應該是使用繪製作得很細膩的宮室。

7. 龢宮·華宮·邦宮

"龢宮""華宮"和"邦宮"三者同時出現在《大夫始鼎》彝銘中：

> 唯三月初吉甲寅。王在龢宮。大夫始賜友歡。王在華宮安。王在邦宮。

其中，"華宮"一詞還出現在《何敦》彝銘中："唯三月初吉庚午。王在華宮。"在《命簋》彝銘中又有"王在華"一語。則"華"和"華宮"當是華地之宮，二者應有派生關係。吳其昌在《金文曆朔疏證》卷四中就曾主張：

> 華宮，當爲屬王時華山下之宮，與《虢仲盨》同記伐淮夷事之《成鼎》，《宣和博古圖》云是鼎得於華陰，亦屬王初年曾有華山宮之證也。[1]

《大夫始鼎》最早收錄在《嘯堂集古錄》九十二，《歷代鐘鼎彝器款識》卷十二·二至卷十·三、《續考古圖》卷四·三至卷四·四等名著中，可見其存在由來已久。薛尚功曾說過此件銅器彝銘"文意叢雜，未詳其義"。

此三個宮是在一起的。其中，在《大夫始鼎》彝銘中還說明了周天子曾住在華宮。在《何敦》彝銘中雖然也有"王在華宮"一語，但是，在《大夫始鼎》彝銘中也有"王在邦"一語，顯然是"王在邦宮"的省稱。則此三個宮都建在邦地。"邦"字通"芽"，即說明"王在芽宮"。則這裏的"邦宮"應該就是上述的在鎬京的"芽宮"。因此，這三個宮的地理位置都在鎬京，即宗周。

8. 般宮·周般宮

"般宮"和"周般宮"這兩個術語收錄在《周金文存》卷二·二十六前和卷二·二十六後中，《七年趞曹鼎》彝銘："唯七年十月既生霸。王在周般宮。"《利鼎》彝銘："唯王九月丁亥。王客于般宮。"其中，後者又和收錄在該書卷三·一百零二後的銅器彝銘內容一樣。

因爲"史趞曹"的名字同時出現在《十五年趞曹鼎》和《七年趞曹鼎》彝銘中，而在《十五年趞曹鼎》彝銘中明確提到了"恭王"，可以得出《師湯父鼎》和《七年趞曹鼎》彝銘中的"王"字肯定也是恭王。

---

[1] 吳其昌：《金文曆朔疏證》卷四，商務印書館 1936 年版，第 17 頁。

9. 緐脣宫

“緐脣宫”一詞，首見于《大鼎》彝銘中：

唯十又五年三月既霸丁亥。王在緐脣宫。

又見于《大簋》彝銘中：

唯十又二年三月既生霸丁亥。王在緐脣宫。

“脣”字，吴榮光釋爲左“月”右“辰”的“脤”字。其實此字就是“晨”字，證見《多友鼎》彝銘中的“甲申之脣”一語。所謂“甲申之脣”即“甲申這一天的早晨”。這裏的“脣”字就寫作“晨”字。因此，所謂“緐脣宫”即是“緐晨宫”。

而“緐”字又見于《三代吉金文存》卷三・一・七中。彝銘爲：“緐作父丁寶鼎。”在《金文引得》一書中定此器爲西周早期之物。又見于《殷周金文集成》一書5・2725中，彝銘爲：“王賜緐娸進金。”可見此字可以作爲姓氏使用，是西周早期氏族之名。

10. 宣榭

“宣榭”一詞，首見于《郙敦》（《（鄦）簋》）彝銘中：

唯二年正月初吉，王在周邵宫。丁亥，王格于宣廟（榭）。

還見于著名的《虢季子白盤》彝銘中：“王格周廟宣廟（榭）。”其中特别是後者明確説出了“宣榭”是在“周廟”中。就此，針對這兩件銅器彝銘可以發現：前者衹是先説“周邵宫”再説“宣榭”，而後者則是“周廟”和“宣榭”一起説的。是所有的“宫”在構成上都有“宣榭”，還是説“周廟”就是指“周邵宫”？看來二者必居其一。

吕大臨在《考古圖》卷三中主張：

宣榭者，蓋宣王之廟也。榭，射堂之制也……古射字，執弓矢以射之象，因名其堂曰射。其堂無室，以便射事，故凡無室者皆謂之榭。宣王之廟制如榭，故謂之宣榭。

吴式芬《攈古録金文》卷三之一中收録了《南宫鼎》（《周南宫中鼎》）銅器一件，其彝銘中有“王居在射圃”一語。根據前述吴式芬所引翁祖庚對《癸未尊》彝銘的考證：

　　讀此文者皆曰"王才圉"，予獨謂是"王才廟"。庿，古廟字，見《儀禮‧士冠禮》注。《詩‧清廟序》，《釋文》"本作庿"。古艸字亦作中。中從苗而周邊四周之象，非廟而何？

可以得出"射圉"即"射廟"，亦即"射宮""射廬"，亦即"宣榭"。有時又可以簡稱爲"射"，見《匡簋》彝銘中有"王在射"一語。

《師湯父鼎》彝銘拓片

《師湯父鼎》彝銘釋文：

> 唯十又二月初吉
> 丙午。王在周新宫。
> 在射廬。王乎宰膚，
> 賜盛弓、象弭、矢
> 㠭、彤㪍。師湯父拜
> 稽首，作朕文考
> 毛叔尊彝。其萬
> 年孫孫子子，永寶用。

這裏明確點出了天子所在是周新宫，然後纔是射廬。可見射廬必在新宫之內。

　　《虢季子白盤》彝銘中所説的"王格周廟宣廚（榭）"，現在則是"王才周新宫，才射廬"，可以説已經回答了上述的問題，即：所有的"宫"在構成上都有"宣榭"。而"宣榭"最初名爲"宣射"。在周家新宫中亦有宣榭。

　　關于宣榭的由來，吳式芬在《攈古録金文》卷三之二中考證説：

> 《爾雅》："榭亦謂之序。"《唐韻》："古者，序榭同，古從广從射。"《春秋‧宣公十六年》："夏，成周宣榭火。"杜預曰："宣榭，講武屋。"孔穎達曰："《楚語》云：先王之爲臺榭也。榭不過講軍，實知榭是講武屋也。"《公羊傳》："宣榭者何？宣宫之榭也。何言乎成周宣榭災？樂器藏焉爾。"注遂以宣宫爲宣王之廟藏，宣王中興所作樂器……《漢書‧五行志》亦曰："榭者，所以藏樂器，宣其名也。"案：《説文》："宣，天子宣室也。"《史記‧賈誼傳》："孝文帝方受釐

坐宣室。”蘇林曰："宣室，未央前正室也。"《漢書・刑法志》："上帝幸宣室齋
居而決事。"《東方朔傳》："夫宣室者，先帝之正處也。非法度之政不得入焉。"
宣榭、宣宮、宣室，其訓當同。《月令・仲夏》："可以居高明……處臺榭。"榭
之名宣，蓋取明揚。可證服虔"宣揚威武"之説。且《公羊》止言"宣宮"，未
言"宣廟"，不知注何以遽定爲宣王之廟，并以所藏樂器爲宣王中興所作也。
榭，杜預曰："無室曰榭。"謂屋歇前。李巡曰："臺上有屋謂之榭。"則榭是臺
上之屋，居臺而臨觀講武，故無室而歇前。歇前者，無壁也。夫以無壁之榭而
爲樂器所藏，則《公》《穀》所云未可盡信。

看來，榭是建築在臺上的，這是沒有争議的。在考古學上也有實證證明這一點。河
南輝縣固圍村鄭國王室陵墓就建在高臺上，河北平山縣中山國王陵墓也是如此。但
是，對于"宣榭"的名稱由來問題，質疑已久，筆者以爲似可加以重新考證。首先，
在彝銘和古籍中，"榭"字時常有作"射"字的。上述考證得知，"宣榭"最初名爲
"宣射"。"宣射"的最初含義是"講武屋"，即和"武"有關係。也祇有"宣射"之
名纔具有"講武屋"之"武"的含義。"射"作爲周王朝貴族子弟的教育課程，還是
祭祀活動的必須。鄭玄在《周禮注》一書中對此解釋説：

> 大射者，爲祭祀射。王將有郊廟之事，以射擇諸侯及群臣與邦國所貢之士
> 可以與祭者。射者可以觀德行，其容體比於禮，其節比於樂，而中多者得與於
> 祭。諸侯，謂三公及王子弟封於畿内者。卿大夫亦皆有采地焉，其將祀其先祖，
> 亦與群臣射以擇之。凡大射各於其射宮。

這是最爲重要的一句話："凡大射，各於其射宮。"即"射宮"不止一個，而是有多
個。廣而言之，凡宮皆有射宮。而"射宮"即是"宣射之宮"的省稱。"宣"字的動
詞意義更大，而不是名詞的宣王之"宣"。因此，所謂宣榭，其本名爲"宣射"，是
"講武屋"，而不是臺榭之"榭"。又名爲"射宮""宣射宮""射廟""射圃""射廬"
"射"等。在江蘇鎮江諫壁鎮出土了東周時代的銅鑑一枚，上面就繪有在宣室上行射
禮的圖畫。此宣榭正是無牆壁和門窗，符合所謂"無室曰榭"之説。圖上兩名貴族
子弟正在習射，桌几上又有射壺兩個，内各盛箭一支。儘管這是東周之物，但是
當時去西周不遠，而建築格局和射禮尚要承自西周，因此，可以看出宣榭的功能
和格局。

在《靜簋》彝銘中有"王在葊（鎬）京……射于大沱"一語，可知"射"的活動場所之一是鎬京大沱。則宣榭和射日宮當在鎬京。"大沱"或作"大池"。見《遹簋》彝銘中有"王在葊（鎬）京，乎漁于大池"一語。"大沱"和"大池"，其地一也。字形近而誤。《師遽方彝》中有"文祖也公"一名，容庚釋爲"文祖它公"。"它"和"也"形近而誤，所以"沱"和"池"也是如此。

第三節　彝銘中所見康氏諸宮

"康宮"或"康廟"，在彝銘中有時可簡稱爲"康"。見《應侯見工鐘》彝銘：

> 王歸自成周。應侯見工遺王于周。辛未，王格于康。

因爲彝銘中提到了"成周"，所以這裏的"康"祇能是"康宮"或"康廟"。

在彝銘學史上極其重大的研究難點是康宮問題。雖然古代就有學者對此問題展開討論，但是它引起現代彝銘學家的注意是起因于 1928 年《令彝》和《令簋》二器的出土。在《令彝》彝銘中一連出現了"周公宮""京宮"和"康宮"三所宮室。羅振玉最先提出了康宮就是康王宗廟的觀點。由于此文以中文發表在 1929 年出版的日本《支那學》第五卷第三號上，國內學者知之不多。

唐蘭在《西周銅器斷代中的"康宮"問題》一文中主張：

> 金文裏的"康宮"是周康王的宗廟。根據這個結論，我們可以把金文裏的"康宮"有關的許多問題解釋清楚，可以明白西周時代的宗法和祭祀制度，但更爲重要的是可以用此來作爲西周青銅器斷代問題中的一個標尺。[1]

然後，他比較詳細地考證了金文中：

> "康宮"是周康王的宗廟，單單從這個題的本身來説並不是很重要的。但是作爲西周青銅器分期的標尺來看却又是很重要的。"康宮"既然是康王的宗廟，

---

[1]《唐蘭先生金文論集》，紫禁城出版社 1995 年版，第 142 頁。

那麼，銅器上有了"康宮"的記載就一定在康王以後。許多銅器銘刻在内容上又是互相有關聯的。所以，用"康宮"來作爲分時代的標尺，不祇是一兩件銅器的問題，而將是一大批銅器的問題。[1]

當然，對唐蘭之說表示反對的也大有人在。早在 20 世紀 30 年代，就在唐蘭的康宮說剛露頭角時，郭沫若就在《兩周金文辭大系》一書中就《令彝》彝銘中"康宮"與"京宮"同時出現的問題，提出了反駁：

> "康宮"與"京宮"對文，則可知康宮必非康王宗廟，不然則古彝器中爲何絶不見成宮、武宮、文宮等字耶？[2]

《令簋》彝銘拓片

《令簋》彝銘釋文：

> 唯王于伐楚，伯在炎。唯九
> 月既死霸丁丑。作册矢令
> 尊宜于王姜。姜商（賞）令貝十朋、
> 臣十家、鬲百人。公尹伯丁
> 父兄于戍。戍冀嗣乞，令
> 敢揚皇王宲（貯），丁公文報。用
> 稽後人享。唯丁公報，令用
> 彝（深）辰于皇王。令敢辰皇王
> 宲（貯）用作丁公寶簋。用尊事于
> 皇宗。用鄉（饗）王逆逤。用
> 匄寮人。婦子後人永寶，
> 雋册。

何幼琦在《西周年代學論叢》一書中主張：

> 唐氏釋宮爲廟，在訓詁學上固然有此一說。可是《爾雅》和《説文》不也有"宮，室也"一說麼？宮何嘗一定是廟而非室呢？在未能用事實否定康宮是

---

[1]《唐蘭先生金文論集》，紫禁城出版社 1995 年版，第 165 頁。
[2] 郭沫若：《兩周金文辭大系》，日本文求堂書店 1931 年版，第 247 頁。

康王的居室以前，就肯定它是康王之廟，是一種先驗論的認識。他斷言銘有"康宮"之器，不能定在康王以前，也是缺乏驗證的論斷……康王時有康宮，昭王時有昭宮，穆王時有穆王大室，夷王時有夷宮，這些事實，宣告了宮爲廟說的徹底破產，因爲誰也不會給自己修建宗廟。尤其是，成王時已經有了康宮，康王時已經有了昭宮，夷王時已經有了夷宮，更不可能是父王預先給兒子修建宗廟。這就從根本上否定了康宮爲康王之廟的說法。[1]

何氏的否定說并不能完全成立。因爲在預先修建宗廟雖然是不太可能的，但由宮室變爲宗廟的可能性是有的。所謂新宮，正是這一使用功能變遷的產物。所以，筆者還是贊成唐蘭的"康宮說"。

然而，有一個問題目前爲止尚無人發現，即：康宮可能有兩個，一個是"康王"之宮，一個是"康"之宮。

按照彝銘中宮室名的命名規律，把"康宮"稱爲康王之宮，把"庚羆宮"稱爲庚羆之宮，這都是彝銘中有實際例證的。但是，以下彝銘證明了康宮的多重性問題。見《康鼎》彝銘。

《康鼎》彝銘拓片

[1] 何幼琦：《西周年代學論叢》，湖北人民出版社 1989 年版，第 166—168 頁。

《康鼎》彝銘釋文：

唯三月初吉甲

戌。王在康宫。榮

伯内（入）右康。王命

死嗣王家。令汝

幽黄（衡）、鋚勒。康拜

稽首，敢對揚天

子丕顯休。用作

朕文考螯伯寶

尊鼎。子子孫孫。其萬

年永寶用。叀丼。

這裏"康"衹是周天子手下的一名大臣，他正接受讓他"死嗣王家"的訓令。這裏的"康宫"和"康"之間的關係就很難將其歸結爲"康王"和"康宫"之間的關係。所以，雖然在《康鼎》和《衛簋》彝銘中出現的儐相都是榮伯，也都是在康宫進行賞賜，但是，這兩個康宫不是同一個宫室。

在《宰獸簋》彝銘中，我們知道了兩代周天子都曾任命宰獸負責"康宫王家臣妾"的管理一職，也就是所謂康宫的大内總管。

1. 康宫・周康宫・周康宫新宫・周康宫徲宫・周康宫辟宫

彝銘中的康氏諸宫的概念比較多。例證如下，《康鼎》彝銘："唯三月初吉甲戌。王在康宫。"《休盤》彝銘："唯廿年正月既望甲戌。王在周康宫。"《望簋》彝銘："唯王十又三年六月初吉戊戌。王在周康宫新宫。"《此簋》彝銘："唯十又七年十又二月既生霸乙卯。王在周康宫徲宫。"

爲此，陳夢家主張：

由于《望簋》稱"康宫新宫"，可知新宫是康宫的新築部分……《君夫簋》稱"康宫大室"，《攸比鼎》稱"康宫徲大室"，知康宫中有大室，而金文凡稱"才周某大室"的乃指周康宫或它宫中的大室。[1]

上述用語中的"新宫"一詞，郭沫若在《兩周金文辭大系》一書中有極其精確

---

[1]　陳夢家：《西周銅器斷代（二）》，《考古學報》第十册。

的考證：

> 宮以新名，必爲恭王時所新造。它器又稱"周康宮新宮"，則所新造者乃康宮也。此在周康邵宮而命頌"監嗣新造"，又令"貯用宮御"，非新造康宮時事而何耶？[1]

看來，"康宮"和"周康宮"和"周康宮新宮"三個概念之間的關係，比我們所設想的要複雜得多。"康宮"一詞在彝銘中至少可以有以下五種指代，筆者在此假定如下：

康宮→大臣"康"之宮

康宮→西周天子"康王"之宮

康宮→西周天子"康王"之廟

康宮→西周天子"康王"之宮内的新建之宮

康宮→西周天子"康王"之廟内的新建之寢宮

在上述複雜的彝銘語言中，要想準確判斷出"康宮"一詞的具體所指，是極其艱難的。

"周康宮徲宮"一詞，首見于《此簋》彝銘中。但是，在《辭攸从鼎》彝銘中又出現了"周康宮徲大室"一詞。顯然這裏的"徲宮"和"徲大室"的指代是相同的。但是，在其他場合這兩者是不同的，一個是王宮，一個是私宮。不少學者曾把"徲宮"釋爲"夷宮"，此説或可成立。但目前爲止，還没有力證證明此説。韋昭《國語注》中曾以爲"夷宮者，宣王祖父夷王之廟"，此説并不爲錯，但是證明"徲"和"夷"就需要有力的證據了。

楊樹達在《積微居金文説》一書中考證：

> 莊公二十一年《左傳》云："鄭伯享王于闕西辟。"疏云："辟是旁側之語。"又引服虔云："西辟，西偏也。"……周康宮徲大室謂周康宮旁之大室也。[2]

他以爲"徲"字就是"辟"字，旁側之意。這也是"大室"可以被稱爲"宮"的證

---

[1]　郭沫若：《兩周金文辭大系》，日本文求堂書店 1931 年版，第 65 頁。
[2]　楊樹達：《積微居金文説》，中華書局 1997 年版，第 13 頁。

據之一。因此筆者主張，這裏的"周康宫新宫"，本着同樣的道理，也即是新建的
"宫"，即"大室"。"辟宫"言其位置，"新宫"言其新舊。彝銘中也有"辟宫"一詞
出現。如《宰辟父敦》彝銘中的"唯四月初吉，王在辟宫"。

2. 周康昭宫·周邵宫

"周康昭宫"，又作"周昭宫""周邵宫"，彝銘中首見于《頌壺》。

《頌壺》彝銘拓片

《頌壺》彝銘釋文：

唯三年五月既死
霸甲戌。王在周康
邵宫。旦。王格大室。即
立。宰引右頌入門。
立中廷。尹氏受王
令書。王乎史虢生
册令頌。王曰："頌！令汝
官嗣成周貯廿家，
監嗣新造，貯用宫
禦。賜汝玄衣，黹（黻）屯（純），
赤市（芾）、朱黄（衡）、䜌（鑾）、攸（鋚）
勒用事。"頌拜稽首。

受令（命）册，佩以出，反（返）

入堇（瑾）章（璋）。頌敢對揚

天子丕顯魯休。用

作皇考龏叔、皇

母龏姒寶尊壺。用

追孝祈匄康𪚕、屯（純）

右、通彔（祿）、永命。頌其

萬年眉壽。畯臣天

子。霝（靈）冬（終）。子子孫孫寶用。

而這裏的"周邵宮"一詞，首見于《邿敦》（《（鄁）簋》）彝銘中，如下：

唯二年正月初吉，王在周邵宮。

楊樹達在《積微居金文説》一書中考證：

薛尚功《歷代彝器款識》卷拾肆載《邿敦》（《（鄁）簋》），銘文首云："唯二年正月初吉，王在周邵宮。"按《山海經·西次三經》及《穆天子傳注》并引《竹書紀年》云："穆王十七年，西王母來見，賓于昭宮。"此銘文之"邵宮"，即《紀年》之"昭宮"也。《紀年》字作"昭"而器銘作"邵"，猶經傳之"周昭王"，《宗周鐘》作"邵王"也。[1]

又加旁證如下，見賈公彥《周禮注疏》一書中的考證：

昭，葉鈔《釋文》作"玿"。案：玿即邵字，與昭聲類同。

《國語·周語》中有所謂"宣王在邵公之宮"一語，這裏的"邵公"非"昭公"，則"邵公之宮"即是指"邵公宮"。

根據《頌壺》彝銘"令汝官嗣成周貯廿家"一語來看，周康昭宮地點在成周。

3. 周康穆宮

"周康穆宮"一詞，首見于《袁盤》彝銘中。

---

[1] 楊樹達：《積微居金文説》，中華書局 1997 年版，第 105 頁。

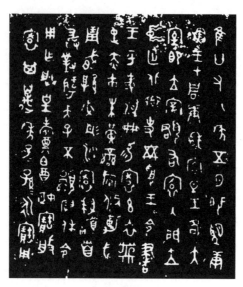

《袁盤》彝銘拓片

《袁盤》彝銘釋文：

> 唯廿又八年，五月既望庚
>
> 寅。王在周康穆宮。旦。王格大
>
> 室即立。宰額右（佑）袁。入門，立
>
> 中庭，北鄉（饗）。史齋受（授）王令書。
>
> 王乎史减册賜袁玄衣、齋（黹）
>
> 屯（純）、赤市（芾）、朱黃（衡）、綴（鑾）、攸（鋚）勒、戈
>
> 琱戚、歇（厚）必（柲）、彤沙（緌）。袁拜稽首。
>
> 敢對揚天子丕顯魯休。命
>
> 用作朕皇考奠（鄭）伯、奠（鄭）姬寶盤。
>
> 袁其萬年子子孫孫，永寶用。

和"周康穆宮"一詞有關的概念是"穆廟"，彝銘中并不多見。如《大克鼎》彝銘中的"王在宗周。旦，王格穆廟"。從彝銘内容看，穆廟在宗周。但是，穆廟是穆王之廟還是昭穆意義上的穆廟，頗難斷定。因爲在《遹簋》彝銘中有"穆穆王"的概念，前一個"穆"字即爲昭穆之穆。在《袁盤》彝銘中有"周康穆宮"一詞，儘管"宮"和"廟"在彝銘中有一致性，但在此處，"康穆宮"是不等于"康穆廟"的。

陳夢家在《西周銅器斷代（二）》一文中提出新説主張：

> 而金文凡稱"才周某大室"的乃指周康宮或它宮中的大室。《伊簋》記"康宮王臣妾百工"，則康宮之内有臣妾百工。由此知康宮爲時王所居之王宮，亦是朝見群臣之所。[1]

誠如是，則康宮爲時王所居之王宮，而康廟在此不能等同爲康宮。看來，祇有把穆廟看作是昭穆意義上的穆廟纔是比較合適的。在西周廟制彝銘中出現了"穆廟""昭宮（廟）"。如《大克鼎》彝銘中的"王格穆廟"。

在彝銘中有"穆廟"的概念而無"昭廟"的概念，"昭廟"概念的使用一般是以"昭宮"的概念作爲替代而出現的。這是相當重要的一條原則。如《頌敦》彝銘中的"王在周康昭宮"。當然，有了"昭宮"的概念，相應的也就有"穆宮"的概念。如，《裒盤》彝銘中的"王在周康穆宮"。因此，"周康昭宮"和"周康穆宮"是一對反映了昭、穆制度的宮廟概念，而"穆廟"和"昭宮"也是一對反映了昭、穆制度的宮廟概念。

4. 周康剌宮

"周康剌宮"一詞，或有釋爲"周康烈宮"。方濬益在《綴遺齋彝器款識考釋》一書卷一《克鐘》中考證説："剌，古通烈"。首見于《克鐘》彝銘中，如下：

> 唯十又六年九月初吉庚寅。王在周康剌宮。

《克鐘》有兩件，彝銘的内容并不一致，但是兩件銅器彝銘中前述的作器時間詞是一致的。爲了區別，劉體智在《小校經閣金文》一書中將二者列爲卷一·六十二和卷一·六十三，而鄒安《周金文存》一書中列爲卷一·二十六到卷一·二十八，又把後者稱爲《克作考伯鐘》。

有關康烈宮之所指，歷來有二説，一説以劉心源爲代表，一説以方濬益爲代表。具體説明如下。

劉心源在《奇觚室吉金文述》一書中考證説：

> 康烈宮，則所謂康者，非康王也。《祭統》："康，周公。"注："康，猶褒大也。"案，鄭以上文追念周公勛勞，賜以天子之樂，故以褒大解康。然康義爲安，賜魯王禮所以安周公在天之靈也。昭宮、穆宮、烈宮皆言康，蓋後王致祭

---

[1]　陳夢家：《西周銅器斷代（二）》，《考古學報》第十册。

以妥其神耳。

方濬益在《綴遺齋彝器款識考釋》一書中考證説：

　　康剌宫，康王廟也。周公作謚法，文武以後謚皆一字，周季始有貞定、威烈、慎靚二字謚。然《禮記·檀弓》已稱趙武爲晉獻。文子衛謚公叔，發爲貞惠。文子，薛氏《款識》：齊侯鐘亦稱齊侯環，爲洹武靈公。或二字或三字，是此制不始於周之貞定王。而此云康剌宫，豈康王已先有二字謚歟？

但是，此件銅器還留下一件謎案，至今未解。即作器時間問題。劉承幹在《希古樓金石萃編·鐘》一書中考證此件銅器彝銘時發現：

　　古人造鐘，多以正月丁亥。若《王孫鐘》《盧鐘》《邵鐘》《公孫班鐘》《沇兒鐘》《子璋鐘》皆然。次則正月乙亥，若《邾公華鐘》《邾公牼鐘》是。或雖不明著丁亥、乙亥，仍在正月，若《余義鐘》作“隹正月初吉”是。或不在正月，亦用丁亥，若《齊鎛》（《齊侯鎛鐘》）“隹王五月初吉丁亥”是。《句鑃》亦鐘之類，傳世三器亦均是“正月初吉乙亥”。惟此鐘獨是“九月庚寅”，不可解也。

“正月丁亥”不見于《大戴禮·夏小正》中，而“二月丁亥”見于該書，并注解説：“丁亥者，吉日也。”其實，以“吉日”來解“丁亥”，仍然没有説明選用丁亥日的由來。因爲古人作器，當然多選在吉日，而吉日又非祇是丁亥一日，爲何鑄鐘就一定要選在丁亥日呢？

根據《克鐘》彝銘中的“王在周康剌宫。王乎士智召克，王親令克遹涇東至于京師”一語來看，周康剌宫不在京師之中。這裏的“京師”是駐軍所在地，不是指成周或宗周。

“周康剌宫”之外，另有“剌宫”一詞存在。

“剌宫”不等于“周康剌宫”。于省吾在《讀金文札記五則》中特别説明：

　　金文稱“剌宫”，即屬王的廟，是屬王之屬本應作“剌”。屬、剌古字通。《史記·秦本紀》的“屬冀公”，《秦始皇本紀》末附《秦記》作“剌冀公”，這是一個很好的證明。[1]

---

[1]　于省吾：《讀金文札記五則》，《考古》1966年第2期。

這個考證是一個很有力的證明。因此，"剌宫"和"周康剌宫"不屬于同一個概念。

第四節　彝銘中所見方位諸宫

1. 東宫

在彝銘中有東西兩宫的存在，也許可以上溯到殷商廟制。朱鳳瀚在《殷墟卜辭所見商王室宗廟制度》一文中主張：

> 卜辭有"祖丁西室""大甲室"，此種冠以祖先日名的室，當屬於祖丁、大甲宗廟内的建築。由"西室"之稱，知當時先王宗廟當至少有東、西二室。[1]

到了西周，在宗廟建築上沿用殷商或者先周時代的宗廟建築和殷商是同樣的，表現在彝銘中就有了對東、西兩宫的彝銘記載。

"東宫"一詞，首見于《效卣》彝銘。

《效卣》彝銘拓片

《效卣》彝銘釋文：

> 唯四月初吉甲午。王雚（觀）于
> 嘗。公東宫内鄉（饗）于王。王賜公
> 貝五十朋。公賜厥𤰇（世）子效王休
> 貝廿朋。效對公休。用作寶
> 尊彝。烏虖。效不敢
> 不萬年夙夜奔走揚
> 公休。亦其子子孫孫，永寶。

在這裏，"東宫"很可能是對昭廟的簡稱。因爲阮元在《積古齋鐘鼎彝器款識》一書

---

[1]　朱鳳瀚：《殷墟卜辭所見商王室宗廟制度》，《歷史研究》1990 年第 6 期。

中就曾考證説：

> 古器凡言東西者，紀廟祧之昭穆，左爲東，右爲西也。

因此，把東宫稱爲昭廟也就具有了相應的事實依據。

　　但是，此件銅器彝銘的重要性乃在于周天子親自觀“嘗祭”一事。而這裏“公”和“效”的關係，彝銘中説“公賜厥《㳇（世）子效王休貝廿朋”，這裏的“㳇（世）子”一詞，方濬益在《綴遺齋彝器款識考釋》一書中以爲是“涉子”，白川静以爲是“世子”，郭沫若以爲是“孝順之子”。[1]許倬雲却以爲：

> “效”大約不是承嗣的兒子，遂對父親不僅當作父，也當作君。而且自矢忠誠，當係對於大宗的臣屬關係。[2]

可見，東宫在祭祀和大小宗的認定問題上，具有特殊地位。丁山在《商周史料考證》一書中就曾力主東西兩宫皆爲夫人的小寢。[3]此説有待商榷。

　　關于這裏“東宫”的指代，後世多以爲乃太子之別稱。見吳雲《兩罍軒彝器圖釋》一書中引敫氏之言：

> 敫氏繼公謂：“東宫、西宫、南宫、北宫，古皆有是稱。後或因之爲氏。案：彝器中有指姓氏者，如《散氏盤》之言‘西宫襄戎父’，《南宫中鼎》之言‘南宫代’，《智鼎》之言‘以匡季告東宫’是也。有指廟名者，如《尹卣》之言‘飲西宫’，《召公尊》之言‘王賜中馬自貫侯四先南宫’，《東宫鼎》之言‘東宫’是也。若《淮南子·時則訓》：‘春，天子御東宫。夏，天子御南宫。秋，天子御西宫。冬，天子御北宫。’此是取明堂内之四宫，以配四時，故太子亦稱東宫也。”

2. 西宫

“西宫”一詞的由來，見阮元在《積古齋鐘鼎彝器款識》一書中的考證：

> 宗廟之次，左昭右穆。西宫者，穆廟也。

“西宫”一詞，首見于《𫗧叔簠蓋》彝銘中，如下：

[1] 白川静：《金文通釋》第2卷，白鶴美術館1968年版，第93頁。
[2] 許倬雲：《西周史》，生活·讀書·新知三聯書店2001年版，第175頁。
[3] 丁山：《商周史料考證》，龍門聯合書局1960年版，第100頁。

唯王三月初吉癸卯。铁叔□□于西宫。

在《春秋公羊傳·僖公二十年》中有西宫爲小寢説：

西宫者何？小寢也。小寢則曷爲謂之西宫？有西宫，則有東宫矣。

何休在《春秋公羊傳解詁》一書中進一步發揮説：

禮，諸侯娶三國女，以楚女居西宫。知二國女於小寢内各有一宫也。故云爾。禮，夫人居中宫，少在前。右媵居西宫。左媵居東宫。少在後。

看來，西宫在《春秋》中專爲楚女的宫室。在此意義上的西宫，并不等于寢廟意義上的西宫，這是應該注意的。

但是，西宫還具有更爲重要的作用。見《高卣》彝銘中的"王賡（飲）西宫登烝"一語。登，讀如"烝"，此爲祭名。可見西宫還是舉行重大的冬祭活動的場所。根據彝銘中的"唯還在周"一語，可知西宫地點在成周。

3. 南宫

"南宫"一詞，首見于《齊侯壺》和《齊侯中罍》彝銘中，内容完全一樣，如下：

命用璧兩壺八鼎於南宫。

但是，由于不明白東西兩宫的具體由來，以至于也不能理解南宫的命名問題。吴榮光説的就是個極其典型的例子。他説：

"西宫"猶《齊侯壺》"南宫"，皆不可强定。

如果從使用彝器的數量來看，"八鼎"之説又有點奇怪。因爲在用鼎制度上，鼎奇簋偶的原則是殷周兩代的定制，在現今出土實物上也是如此。而這裏的"八鼎"又和齊國有關，更增加了對此問題理解的難度。齊國是姜太公的始封地，是否存在着"兩壺"和"八鼎"的對應關係呢？

4. 北宫

"北宫"一詞，也祇一見，收録在《殷周金文集成》17·11347《十三年□陽令戈》彝銘中，如下：

十三年□陽令盉戲。工師北宫壘、冶黄。

鄭玄在《周禮注》一書中對"北宫"的解説是："北宫，後之六宫。"而賈公彦在

《周禮注疏》中的解釋爲：

> 言“北宫”者，對“王六寢在南”，以“后六寢在北”，故云“北宫”也。

以現在已有的銅器彝銘來看，在此宫中出現的人物是兩名工匠，不具有宗廟意義在内。因此，賈公彦和鄭玄的“北宫説”還有待于出土銅器彝銘的實證。

5. 上宫

“上宫”一詞，首見于《儼匜》彝銘中，如下：

> 唯三月既死霸甲申。王在莽（鎬）上宫。

這裏的“莽”字，徐同柏釋爲“邦”字，吳大澂和羅振玉釋爲“鎬”字，也有學者釋爲“旁”字。朱芳圃在《殷周文字釋叢》一書中認爲此字乃：

> 薄之初文，可無疑矣。古音“薄”與“亳”通。《吕氏春秋·具備篇》：“湯嘗約於郭薄矣。”高注：“薄或作亳。”……郭注：“《淮南子》曰：‘薄水出鮮于山。’”按今本《淮南子·墬形訓》作“鎬出鮮于”。此“薄”與“鎬”相通之證也。[1]

誠如是，則此件銅器彝銘所謂的“王在鎬上宫”一語，即是説明“上宫”之地乃在鎬京，即宗周。楊鴻勛在《宫殿考古通論》一書中結合遠古時代的傳説，認爲：

> 文獻記載傳説中黄帝時代的明堂是“上有樓”，是由“復道”登上的……傳説上古所謂“上宫”的真諦——架在上面的“宫”……型建築，也就是栅居。[2]

此一解説也許是對遠古時代“上宫”得名的考古解讀。或許，這也是彝銘中“上宫”的具體由來吧。

6. 下宫

“下宫”一詞，也衹一見，收録在《殷周金文集成》一書18·12015《下宫車軎》彝銘中，彝銘衹是“下宫”二字。内容太短，無法解讀。在古籍中，“下宫”一詞，見于《禮記·文王世子》“諸子諸孫守下宫”一語。賈公彦在《周禮注疏》一書中解釋爲：“下宫，謂親廟四。”

如果彝銘中的“下宫”也是指“親廟四”的話，則“下宫”的宗廟意義也就無可置疑了。

---

[1] 朱芳圃：《殷周文字釋叢》，中華書局1962年版，第135頁。
[2] 楊鴻勛：《宫殿考古通論》，紫禁城出版社2001年版，第16頁。

7. 左宮

"左宮"一詞，祇數見，分別在《殷周金文集成》一書 18·12068 和 18·12069《左宮馬衛》彝銘中，彝銘如下："左宮之三"和"左宮之廿"。在該書 18·12013 和 18·12014《左宮車軎》彝銘中也收録了兩件銅器，但是，彝銘也是"左宮"二字，内容太短，無法釋讀。

8. 右宮

"右宮"一詞，祇一見，收録在《殷周金文集成》一書 18·11455《右宮矛》彝銘中，彝銘也祇是"右宮"二字。在甲骨文中有所謂的"右宗"之説，學者們多以爲"右宗者蓋謂宗祭於西方也"。則"右宗"與西方的對應關係在殷商甲骨卜辭中也已經存在，相應的，在西周彝銘中的對應關係也可以成立。因此，筆者主張"右宮"即是"西宮"的别稱。

第五節　彝銘中所見諸師宮

1. 大師宮

"大師宮"一詞，首見于《善鼎》彝銘。

《善鼎》彝銘拓片

《善鼎》彝銘釋文：

唯十又一月初吉，辰在丁亥。王在宗周。王格大師宮。王曰："善。昔先王既令汝左疋熊侯。今余唯肇龖（申）先王令，令汝左疋熊侯，監齒師戍，賜汝乃祖旂，用事。"善敢拜稽首。對揚皇天子丕㞕休。用作宗室寶尊彝。唯用妥（綏）福，虢（號）前文人，秉德共恭屯（純）。余其用各我宗子雺（與）百生（姓）。余用匄屯（純）魯。雺（與）萬年，其永寶用之。

楊寬在《西周史》一書中認爲：

> 大師宮是善的祖廟，善的祖先官爲大師，這時周王命令善繼續奉行先王之命而監司“師戍”，説明大師主管軍務。[1]

但是，陳夢家則發現大師之稱“不見於西周初期金文”的現象，[2]這説明了此彝銘中的“王”爲西周中期的諸王，而大師也是西周中期的産物。

根據彝銘中“王在宗周”一語，可以得出大師宮在宗周。

2. 師汙父宮

“師汙父宮”一詞，首見于《牧簋》彝銘中，如下：

> 唯王十年十又三月既生霸甲寅。王在周，在師汙父宮。格大室。

這裏的“十又三月”一語，在西周彝銘中出現多次。對此問題的解説，因爲涉及西周曆法問題，至今尚無定論，這也是對西周銅器進行斷代的關鍵。容筆者以後另著文章專論。

根據彝銘中的“王在周”一語，可以得知師保父宮在成周的可能性最大。

3. 師秦宮

“師秦宮”一詞，祇一見于《師秦宮鼎》彝銘中，如下：

> 唯五月既望。王［格］于師秦宮。王格于享廟。

根據彝銘中“師秦宮”和“享廟”同出的關係，可以斷定師秦宮內有享廟，這裏的“享廟”或即享堂。

4. 師録宮·周師録宮

“師録宮”或“周師録宮”一詞，首見于《師𣎴簋》彝銘中，如下：

> 唯三年三月初吉甲戌。王于周師泉（録）宮。

又見于《諫簋》和《癲盨》彝銘中。

侯志義在《金文古音考》一書中以爲：

> 按“師戲大室”，當即《癲盨》《師晨鼎》所稱之“周師录宮”。古戲录二聲

---

［1］ 楊寬：《西周史》，上海人民出版社 1999 年版，第 333 頁。

［2］ 陳夢家：《西周銅器斷代（六）》，《考古學報》1956 年第 4 期。

常相通……然則"周師录宫"者，則是言周師在京之軍府也。《師瘨簋蓋》云"王在周師嗣馬宫"，《羖簋蓋》云"王在師嗣馬宫大室"……亦謂周師在京之軍府也。戲（录）言軍旅，嗣馬乃主軍政之長官，故言"戲（录）宫"，曰"嗣馬宫"。其實當是一地，名雖異而實同。[1]

此説在音韻學上或許有成立的可能性，但是，在具體的彝銘史料上缺乏實證材料。雖然"師录宫"和"嗣馬宫"都是主持軍務之所，但是這二者不可等同爲一。

5. 周師量宫

"周師量宫"一詞，祇一見于《大師盧簋》彝銘中，如下：

> 正月既望甲午。王在周師量宫。

楊寬在《西周史》一書中認爲：

> 師量宫當是太師盧的祖廟，周王在這裏舉行册命太師的典禮，禮儀中没有"右"者，師晨又是奉王命的"召"者。這樣隆重的册命禮中所以没有"右"者，該是因爲太師居朝廷大臣的首位，找不到比他高一級的"右"者了。[2]

6. 永師田宫

"永師田宫"一詞，首見于《鄯从盨》彝銘中，如下：

> 唯王廿又五年七月既□。□在永師田宫。

如是缺兩個字，則當可以補爲"唯王廿又五年七月既望。王在永師田宫"；如是缺三個字，則當可以補爲"唯王廿又五年七月既生霸。王在永師田宫"。

7. 師嗣馬宫·周師嗣馬宫

"師嗣馬宫"或"周師嗣馬宫"一詞，首見分別于《羖簋》彝銘中，如下："唯二月初吉。王在師嗣馬宫大室"。又見于徐中舒主編《殷周金文集録》一書215彝銘中，如下："唯二月初吉戊寅。王在周師嗣馬宫"。這裏的"嗣"字，彝銘中多作從嗇從司的"嗣"字。吳榮光以爲此字内是"治也"，并總結説"凡治一宫皆謂之有司"。又見吳大澂《愙齋集古録》一書第二册中對《齊侯鎛》所作的解説：

---

[1]　侯志義：《金文古音考》，西北大學出版社 2000 年版，第 98—100 頁。
[2]　楊寬：《西周史》，上海人民出版社 1999 年版，第 358 頁。

《説文》："辥，籀文作辝"。辭，籀文嗣。凡彝器司寇、司馬之司，繼嗣之嗣，皆作嗣。

前述侯志義在《金文古音考》一書中以爲：

按"師戲大室"，當即《瘓盨》《師晨鼎》所稱之"周師录宫"。古戲录二聲常相通……然則"周師录宫"者，則是言周師在京之軍府也。《師瘨簋蓋》云"王在周師嗣馬宫"，《斁簋蓋》云"王在師嗣馬宫大室"……亦謂周師在京之軍府也。戲（录）言軍旅，嗣馬乃主軍政之長官，故言"戲（录）宫"，曰"嗣馬宫"。其實當是一地，名雖異而實同。[1]

然而，此説缺乏彝銘史料的證據。而且，在這裏把"嗣馬宫"和"師録宫"混爲一談的觀點也是根本不能成立的。

8. 嗣土淲宫

"嗣土淲宫"一詞，首見于《十三年瘓壺》彝銘中，如下：

唯十又三年，九月初吉戊寅。王在成周嗣土（徒）淲宫。

首先來看，彝銘中已經明確點出此宫地點在成周，接下來又是"格大室"一語，可見此宫内有大室。

關于"淲"字，彝銘中有作"虎"和"僬"者。如吴榮光在《筠清館金文》卷三中收録了一件銅器，名爲《周嗣土敦》，其彝銘爲：

旅嗣土僬乍寶尊彝。

又見阮元《積古齋鐘鼎彝器款識》一書中考證説"虎方，西方也"。虎可通"淲""虒"。在地名中，當以"淲"爲本字。而淲即淲水。證見《同簋》彝銘：

自淲東至于河，厥逆至于玄水。

在這裏出現了三處水的名字：淲、河、玄水。則此三地必爲近鄰。嗣土或嗣土淲建在淲水上的宫，故名爲"嗣土淲宫"。因此，此宫當建在距離河、玄水二地不遠的淲水附近。

"嗣土"之義，有兩説。一説嗣土即"司徒"，見張亞初、劉雨《西周金文官制

[1] 侯志義：《金文古音考》，西北大學出版社2000年版，第98—100頁。

研究》一書中的觀點：

> 西周早期和中期作嗣土，西周晚期纔出現嗣徒。嗣，文獻作司，嗣土、嗣
> 徒就是文獻上的司徒……嗣土是一種古老的寫法。[1]

另一説嗣土即"司土"，見黄然偉《殷周青銅器賞賜銘文研究》一書中的觀點：

> 銘文中另有"嗣土"之官，學者多以爲即"嗣徒"。然覘諸西周銘文，此二
> 者實非同官而異名。因"嗣徒"之名僅見於中期及以後之銘文。而"嗣土"之
> 官則西周初期已有存在。另一原因爲二者職司各不相同，司徒爲儐者，而司土
> 則爲司管田林牧虞之官。[2]

這兩種觀點針鋒相對，看來尚需要對此問題進行深入研究。

第六節　彝銘中所見其他諸宮

1. 游宮

"游宮"一詞，見于《殷周金文集成》一書 18·12110、18·12111《噩君啓車
節》，18·12112《噩君啓車節》，18·12113《噩君啓舟節》彝銘中，凡四見。但是，
彝銘内容皆相同，如下：

> 王尻（處）於藏郢之游宮。

根據彝銘内容，可以得知"游宮"在"藏郢"。

此宮的具體職能，或即是爲了游樂。

2. 邕既宮

"邕既宮"一詞，衹一見于徐中舒主編《殷周金文集録》一書 569 彝銘中，彝銘
内容如下：

> 唯正月初吉。君才邕既宮。

[1] 張亞初、劉雨：《西周金文官制研究》，中華書局 1988 年版，第 8 頁。
[2] 黄然偉：《殷周青銅器賞賜銘文研究》，龍門書店 1978 年版，第 144 頁。

此宮具體職能不詳。但是，此件銅器是在 1967 年出土于陝西長安灃西公社，可見此宮必在此地附近，即豐邑一帶。

3. 射日宮

"射日宮"一詞，衹一見于《匐簋》彝銘中，如下：

> 唯王十又七祀。王在射日宮。

彝銘中有所謂"射廬"一詞，疑即是"射日宮"的簡稱。有"射"字説明了此宮的職能和"射"有關係。但是，它和"宣射"有何不同。存疑待考。

在殷周時代，"射"可能并非男子專職，女子也會參加此活動。在《射女鼎》彝銘中，有"射女"一語可以爲證。殷周時代女人習武、習射，參加戰事和祭祀是常例。

4. 獻宮

"獻宮"一詞，衹一見于《多友鼎》彝銘中，如下：

> 丁酉武公在獻宮。

這裏的"武公"一詞，李學勤在《新出青銅器研究》一書中考證説：

> 鼎銘中最引人注意的人物是武公。時期接近的青銅器記有武公的，有以下三件：《敔簋》，《博古圖》16，39；禹鼎，《青銅器圖釋》78；《柳鼎》，同上 79。必須説明武公是當時生存的人，不能是謚法……按武氏是周朝世族，《春秋》隱三年記周平王崩，"武氏子來求賻"，《左傳》隱五年又提到周王命尹氏、武氏助曲沃莊伯伐翼，杜預注云武氏爲周世族大夫，可爲鼎銘武公身份的佐證。看來周的武氏在西周晚期業已存在，《春秋》經傳的武氏係其後裔。[1]

因此，他認爲獻宮是武公自己的宗廟。理由是"獻"爲武公先世的謚號。[2]此説不失爲一比較合適的解説。但是，武公先世的謚號和武公本人的謚號是否是可以繼承的呢？對此，李學勤沒有進行更多説明。而且，如果依據李學勤的上述考證，則這裏的"武公"應該就是魯武公，而非有的學者所以爲的是晉武公。見《國語》韋昭注：

---

[1]　李學勤：《新出青銅器研究》，文物出版社 1990 年版，第 129 頁。
[2]　同上，第 130 頁。

> 武公，伯禽之玄孫、獻公之子武公敎也。

可見武公在此并不是賄賂周釐王寶器助其建造宮室，以此換取周天子對他的晉侯地位的册封的那個晉武公。《國語・周語》中記載晉武公的宗廟名"武宮"，如下：

> 襄王使太宰文公及内史興賜晉文公命，上卿逆於境，晉侯郊勞，館諸宗廟，饋九牢，設庭燎。及期，命於武宮。

韋昭注爲：

> 武宮，文公之祖武公之廟也。

5. 周駒宮

"周駒宮"一詞，祇一見于《九年衛鼎》彝銘中，如下：

> 唯九年正月，既死霸庚辰。王在周駒宮，格廟。眉敔（敎）者膚卓吏（事）見于王。

此宮有廟，則此廟應該就是祭祀周公之廟。而此宮的具體職能不詳。連劭名《西周金文中的"眉敖"》一文主張：

> 周王會見"眉敖"諸士的地點是"駒宮"，應是馬神之廟，《詩經・漢廣》云："言秣其駒。"《毛傳》："五尺以上曰駒。"《周禮・校人》云："秋祭馬社。"鄭玄注："馬社，始乘馬者。"西南夷人天性勇猛，是優秀的戰士，因此在"駒宮"會見。[1]

如此説來，則駒宮應該不是祭祀普通的戰馬，而是專門祭祀周天子的戰馬的地方。

6. 米宮・麥宮

"米宮"一詞，首見于《米宮彝》彝銘中："米宮彝。"又見于《殷周金文集成》一書11・5779《米宮尊》彝銘中，彝銘爲"米宮尊彝"。其具體職能可能是專用來儲藏祭祀用的大米。見《春秋穀梁傳・桓公十四年》中有"甸粟而内之三宮，三宮米而藏之御廩"的記録。這應該是對"米宮"含義的最好説明了。因爲在宗廟祭祀活動中，依《春秋穀梁傳・文公十三年》中的記載"宗廟之事，君親割，夫人親舂"，米宮内的大米肯定是周王室爲夫人們準備祭祀活動中的用米。又因爲烝祭的"烝"字，彝銘中從"米"從"豆"，這米就是進行宗廟祭祀活動的用米。因此，米

[1] 連劭名：《西周金文中的"眉敖"》，《四川文物》2007年第3期。

宫，在某種意義上講，衹是儲存烝祭用米和王室夫人親春用米之宫。

自1973年開始，在鄭州商城東北部發現了二里崗期的夯土基址數十處。這處在考古學上被稱爲C8G16基址的夯土基址，"柱網排列很密——前後、左右間距在1米多至2米之間，没有太多的使用空間；木柱用料又較大，直徑爲0.30—0.40米，這反映支柱上的荷載很大，上面不是一般的房屋頂蓋，而是承受重物的樓房。……很像是糧倉——'稷'，看來C8G16基址架空防潮，很可能也是糧倉之類的遺迹"。[1]這一推論是極其合理的。它和筆者在本文中對"米宫"彝銘的考證分析是一致的，也爲米宫的真實存在提供了考古學上的實證。

米宫之外，又有麥宫。吴闓生在《吉金文録》一書《金二·麥彝》彝銘有"鬲于麥宫"一語，或爲此同類。

7. 溓宫

"溓宫"一詞，首見于《令鼎》彝銘。

《令鼎》彝銘釋文：

《令鼎》彝銘拓片

王大耤（藉）農于諆田。錫（觴）。王
射。有嗣眔師氏、小子卿（鄉）
射。王歸自諆田。王馭溓
中（仲）僕（僕），令眔奮，先馬走。王
曰："令眔奮，乃克至，余
其舍汝臣十家。"王至于
康宫畋（撫）。令拜頴首，曰："小
子迺學。"令對揚王休。

這裏的"鄉射"，即"饗射"，又可以簡化爲"鄉射"。是先"饗醴"而後"射"的饗射之禮。吴式芬在《攈古録金文》卷二·三中考證説：

溓，《玉篇》《廣韻》并云："大水中絶，小水出也。"《説文》："溓，或從廉。"此溓字更從止。《釋名》："沚，止也。小可以止息其上也。"蓋溓上地名，

---

[1] 楊鴻勛：《宫殿考古通論》，紫禁城出版社2001年版，第59頁。

　　　　　謙公食邑其地，故稱謙宮。

因爲謙是地名，可以得出謙宮可能是周王室在謙地的宗廟。但是，在《鬮鼎》彝銘中又記録了"王初□𤲲于成周，謙公蔑鬮曆"一語，考慮到謙公和謙宮的對應問題，謙地可能也在成周範圍内。

　　又見《三代吉金文存》卷四·十六·二中所收録西周初期青銅方鼎一件，其彝銘有"唯王來格于成周"一語，此時，謙公代表周天子向大臣發布賞賜。再見于同書卷四·十八·一中，其彝銘内容爲周天子東征時，謙公曾代表周天子向史官發佈王令。以上兩件銅器作爲旁證，證明了謙宮在成周，謙公爲周天子的重臣。吳闓生《吉金文録》一書《金二·謙姬敦》中主張："謙，周初國名。"

　　此説可備爲一説。大概當時謙國是西周初期的附屬小國吧。

8. 豐宮

　　"豐宮"一詞，衹一見于《庚罴鼎》彝銘中，如下：

　　　　　唯廿又二年四月既望乙酉。王客豐宫。

其具體職能不詳。丁山先生曾主張豐宫在鎬京附近，則宗周地區可能有豐宫更爲原始的建築。豐宫的得名，和"豐"之地名顯然有派生關係。《詩經·文王有聲》："文王受命，有此武功。既伐于崇，作邑于豐"。這裏的"豐"，即史書上的豐邑。而"豐宫"即"豐邑之宫"。在銅器彝銘中，如《小臣宅簋》彝銘中也有"周公在豐"的記録。自1951年以來，對陝西豐鎬地區遺址的發掘工作也取得了一定的進展。其中，在灃西馬王村和灃東洛水村發現了夯土台基，這爲尋找豐宮遺址提供了幫助。也從考古學上證明了豐宫祇能存在于豐邑。在此，史書記載又一次和銅器彝銘的記載相一致。

　　杜正勝在《周代城邦》一書中主張豐即豐白，并引陳夢家之説，以爲"古豐國在今曲阜之西南方"。[1]此説顯然是混同了豐地和豐邑與豐白三者的區别了。

　　豐與宗周并非一地。如《尚書·召誥》説"王朝步自周，則至於豐"。可見豐與宗周爲兩地，又是近鄰。但不可能"遠在曲阜之西南方"。

9. 團宮

　　"團宮"一詞，首見于《召卣》彝銘中，如下：

---

[1]　杜正勝：《周代城邦》，聯經出版事業有限公司1981年版，第208頁。

> 用作團宫旅彝。

其具體職能不詳。屬于私人宫廟的可能性很大。

根據彝銘中的"唯九月在炎師"一語，可知團宫在炎師。在《作册夨令篹》彝銘中又有"唯王于伐楚伯在炎"一語。因此，炎是地名，其中駐扎有軍隊，稱爲炎師。此篹在洛陽附近出土，則炎師、炎、團宫當多在河南和湖北交界一帶。

10. 鎬宫・彿宫

"鎬宫"一詞，僅一見于《戒作鎬宫鬲》彝銘中，如下：

> 戒作鎬宫明尊彝。

因爲此件銅器是西周早期之物，可能當時出現過短時間的以"鎬宫"來指代"鎬京之宫室"的現象。

"彿宫"一詞，祇見于《害篹》彝銘中，如下：

> 唯四月初吉。王在彿宫。

彝銘中有大臣名爲"宰彿父"，可見此宫也是私宫，不同于"周康宫彿宫"。西周天子出現在大臣的家廟中，應該是君臣關係親密無間的象徵。更可能是天子慰問有功大臣的遺屬。

第十九章　廟制基礎研究

引　論

在古代經學史上，對殷周廟制的研究主要體現在對三禮的解說中。其中，與此相關的最有名的專題著作是徐乾學的《讀禮通考》一書。此書以對三禮的注釋爲核心，對歷代喪葬制度進行了資料性彙集和分析説明。在他之後，朱孔陽寫有《歷代陵寢通考》一書。當然也是以對古代中國歷代喪葬、陵寢制度的研究爲主。但是，上述著作集中研究了秦漢時期的喪葬、陵寢制度和構成，旁及到明清，而恰好短于對殷周廟制的基礎性研究。

在著名的《孔子家語》卷八中，關于廟制，主張如下：

> 衛將軍文子將立三軍之廟於其家，使子羔訪於孔子。子曰："公廟設於私家，非古禮之所及，吾弗知。"子羔曰："敢問尊卑上下立廟之制，可得而聞乎?"孔子曰："天下有王，分地建國，設祖宗，乃爲親疎貴賤多少之數。是故天子立七廟，三昭三穆，與太祖之廟七；太祖近廟，皆月祭之，遠廟爲祧，有二祧焉，享嘗乃止。諸侯立五廟，二昭二穆，與太祖之廟而五，曰祖考廟，享嘗乃止。大夫立三廟，一昭一穆，與太廟而三，曰皇考廟，享嘗乃止。士立一廟，曰考廟，王考無廟，合而享嘗乃止。庶人無廟，四時祭於寢。此自有虞以至于周之所不變也。凡四代帝王之所謂郊者，皆以配天；其所謂禘者，皆五年大祭之所及也。應爲太祖者，則其廟不毀；不及太祖，雖在禘郊，其廟則毀矣。古者，祖有功而宗有德，謂之祖宗者，其廟皆不毀。"

因爲在傳世的有關先秦時期的歷史文獻中，對殷周廟制的具體建構問題的説明祇是寥寥數言而已。因此，《孔子家語》中的上述觀點爲商周廟制的研究提供了參考。

第一節　廟制溯源

一、殷周廟制發展史

古代中國的經學家和史學家們建構出一幅由夏至周的廟制發展史。但是，對這一發展史的建構却有兩種觀點存在。

以《禮緯·稽命徵》一書爲代表，認爲：

> 唐虞，五廟：親廟，四；始祖廟，一。
>
> 夏，四廟；至子孫，五。
>
> 殷，五廟；至子孫，六。

此説重點在于通過對"周因於殷禮"的證明，從而達到否定周廟的真實存在這一目的。如果夏的四廟不包括始祖廟的話，那麼夏朝立國初期并不注重對祖先的祭祀，這或許是和夏啓的"石破北方而啓生"的異常出生神話有直接聯繫。可參見《漢書》顔師古注引《淮南子》佚文中的有關記録。四廟説的提出，爲親廟地位的建立提供了歷史依據。

以《孝緯·鈎命決》一書爲代表，認爲：

> 唐堯，五廟：親廟四，與始祖五。
>
> 禹，四廟；至子孫，五。
>
> 殷，五廟；至子孫，六。
>
> 周，六廟；至子孫，七。

此説提出的意義在于把周廟地位提升，注重的是周禮對殷禮的"損益"。在這裏也是主張夏朝立國初期的"四廟説"。同樣都是緯書，却有兩種不同的廟制發展史觀。看來，作爲緯書，仍然維持着孔子思想的正統性。

但是爲兩派觀點都贊同的"四廟説"，在青銅器彝銘中的具體例證如下：

《戍嗣子鼎》彝銘："用作父癸寶鼏（餗）。"

《彌叔簋》彝銘："用作朕文祖寶簋。"

《劘刮尊》彝銘："用作朕高祖寶尊彝。"

而在著名的《史牆盤》和《瘋鐘》彝銘中則一連出現了七世祖先的姓名：第一世高祖，第二世烈祖，第三世乙祖，第四世亞祖，第五世乙公，第六世丁公，第七世瘋。《史牆盤》和《瘋鐘》是屬于西周初期之物，連續出現七世祖先的彝銘，正可以印證了在西周廟制問題上"至子孫，七"之説的準確性。同時這七世祖先同時出現也意味着一種大合祭制度（袷祭）在周初的正式形成。在《逸周書·世俘解》中也記載了武王克殷之後大合祭六位先公先王的情況：

王列祖自太王、太伯、王季、虞公、文王、邑考以列升，維告殷罪。

可見大合祭制度和殷商的凡先祖皆受祭祀的現象是有一定繼承性質的。而在吕大臨的《考古圖》卷三中所收藏的一件簋器，其彝銘中出現了"作皇祖益公、文公、武伯，皇考龔白"四世之名。爲此，他解釋説：

祭及四世，則知古之大夫惟止三廟，而祭必及高祖。武伯、龔伯，其祖考之爲大夫者，以謚配字，如文仲、穆伯之類。益公、文公，其曾高之爲諸侯者，大夫祖諸侯，末世之僭亂也。

大夫三廟之説，最早可見《禮記·王制》中的記載：

大夫，三廟：一昭一穆，與太祖之廟而三。

但是，如果把僭越也計算在内的話，正好是四廟。而吕大臨的僭越説還不能得到確證。可是，至少四廟説是可以證實的。這就印證了《禮記·祭法》中記載的真實性：

諸侯立五廟，一壇一墠：曰考廟，曰王考廟，曰皇考廟，皆月祭之；顯考廟，祖考廟，享嘗乃止。去祖爲壇，去壇爲墠。壇墠，有禱焉祭之，無禱乃止。去墠爲鬼。

在商周彝銘中的證據，如賈海生在《制服與作器》一文中論述：

顯有高祖廟、曾祖廟、祖廟、考廟，故銘文言"作皇祖乙公、文公、武伯、皇考龔伯聚彝"……師史亦有父廟、祖廟、曾祖廟、高祖廟，故銘言"師史肇作朕烈祖虢季、宄公、幽叔、朕皇考德叔大林鐘"。[1]

二、對兩周彝銘中廟制問題的研究綜述

1937 年 6 月，莫非斯在《考古社刊》第 6 期上刊發《兩周銅器中之宮廟及由之而考訂其年代》一文。此文第一次以青銅器彝銘史料爲核心，通過解讀兩周青銅器彝銘中記錄的宗廟，力圖達到爲出土銅器進行斷代的目的。多年之後，楊寬在 1965 年出版的《古史新探》中專有《宗廟制度》一節，在 1985 年出版的《中國古代陵寢制度史研究》一書中也有部分内容利用金文資料論述了殷周廟制發展的歷史。1956 年出版的《殷虛卜辭綜述》一書中，陳夢家也大量引用了西周彝銘史料中的廟制問題。

1998 年，王貴民在《文史》第 45 輯上刊發的《商周廟制新考》一文，利用西周彝銘中的有關廟制内容的彝銘史料，研究了廟制在西周時期成熟和固定的歷史進程。在國外漢學界，1981 年，池田末利出版了名著《中國古代宗教史研究》一書，在該書中就專有《廟制考》一章研究了甲骨史料和彝銘史料中殷周時代的廟制問題。在西周廟制問題中，因爲有告廟制度的存在，所以西周彝銘中有關廟制問題的内容絕大多數和冊命制度密切相關，因此，陳漢平（《西周冊命制度研究》，學林出版社 1986 年版）、黃然偉（《殷周青銅器賞賜銘文研究》，龍門書店 1978 年版），以及武者章、吉本道雄和張光裕等人對此問題的研究，爲研究彝銘中的廟制問題提供了幫助。

三、考古學對殷周廟制問題的研究

早在 20 世紀中葉出版的董作賓的名著《甲骨學五十年》一書中就有《殷代的宮室和陵墓》一章，比較詳細地介紹了殷墟考古發掘時所見到的殷代宗廟遺址問題。隨着殷周考古發掘研究工作的展開，爲殷周宮室（宗廟）建築的研究提供了實證。1988 年，陳全方出版了《周原與周文化》一書，該書在第三章《宏偉的西周宮室（宗廟）建築》一章中利用考古發掘報告，在西周宮室（宗廟）建築遺址上分析和構想當時宗廟建築的大致情況。1999 年，傅亞庶出版了《中國上古祭祀文化》一書，

---

[1] 賈海生：《制服與作器——喪服與禮器飾群黨、別親疏相互對應的綜合考察》，《考古學報》2010 年第 3 期。

該書在第六章《商周時代的廟制》中利用考古史料和先秦史籍中的有關記載，力圖重建商周廟制的歷史發展過程。同一年，朱彦民出版了《殷墟都城探論》一書，此書在利用歷次殷墟發掘報告的基礎上，集中總結了殷商宗廟建築的大致情況。

當然，誠如許宏在《先秦城市考古學研究》一書中所説：

> 在考古學上還難以區分早期都城內具體的大型夯土建築究竟屬宗廟抑或宫殿遺存。[1]

在宗廟和宫殿建築同構的情況下，對考古遺址的宗廟或宫殿的劃分，的確是非常複雜和困難的事。杜正勝在《宫室、禮制與倫理》一文中曾把宗廟的發展分爲廟寢合一、廟寢相連、廟寢分離三個階段。這一區分與考古學的實證是一致的。一般，在大型考古發掘區都會出現分布比較集中的所謂宗廟宫殿區和王陵區。許宏在上述分析之後就得出了"整個城市以宫廟爲核心，突出地體現了爲王室貴族服務的性質"的結論。[2]因此，在對彝銘記載的具體宗廟進行分析和研究時，筆者力求儘可能多地以對解讀彝銘爲核心，并參考考古發掘報告和古文獻作爲輔助證明。缺乏考古證據的廟制研究和缺乏文獻根據的廟制研究，是進行彝銘廟制研究中必須要加以避免的錯誤。儘管對這二者的糾正并非一人一時之力所能及，但是實現考古證據和文獻根據的對應，是本章的努力方向之一。

第二節　彝銘廟制研究的問題點

一、昭穆問題

廟制研究的核心問題之一是昭穆問題。見《禮記·王制》一書中的記載：

> 天子，七廟：三昭三穆，與太祖之廟而七。
> 士，一廟。
> 庶人，祭於寢。

---

[1] 許宏：《先秦城市考古學研究》，北京燕山出版社 2000 年版，第 79 頁。
[2] 同上，第 81 頁。

　　在彞銘中，我們時常可以見到"昭""穆"二字。如《井侯簋》彞銘中的"昭聯福盟"，《秦公簋》彞銘中的"以昭皇祖"，《麓白簋》彞銘中的"其用昭享於朕皇考"，《秦公簋》彞銘中的"穆穆帥秉明德"，《大克鼎》彞銘中的"穆穆朕文祖師華父"，《許子鐘》彞銘中的"穆穆龢鐘"等等。在西周廟制彞銘中出現了"穆廟""昭宫（廟）"。如《大克鼎》彞銘中的"王格穆廟"。

　　但是，在彞銘中有"穆廟"的概念而無"昭廟"的概念，"昭廟"概念的使用一般是以"昭宫"的概念作爲替代而出現的。這是相當重要的一條原則。如《頌敦》彞銘中的"王在周康昭宫"。當然，有了"昭宫"的概念，相應的也就有"穆宫"的概念。如《裛盤》彞銘中的"王在周康穆宫"。因此，"周康昭宫"和"周康穆宫"是一對反映了昭、穆制度的宫廟概念，而"穆廟"和"昭宫"也是一對反映了昭、穆制度的宫廟概念。

　　昭穆制度似乎是周人禮制的核心問題，和殷商王室可能尚無關係。根據《周禮·小宗伯》記載：

　　　　小宗伯之職，掌建國之神位，右社稷，左宗廟……辨廟祧之昭穆。

鄭玄注：

　　　　自始祖之後，父曰昭，子曰穆。

又見《春官·冢人》：

　　　　先王之葬居中，以昭穆爲左右。

在先秦其他文獻中，《左傳·僖公五年》記載：

　　　　大伯、虞仲，大王之昭也。大伯不從，是以不嗣。虢仲、虢叔，王季之穆也。

李玄伯曾在《中國古代社會史》一書中説：

　　　　昭穆兩字至今未見於甲骨文。商人或無分級，或有分級而別用他種名稱，不以昭穆爲級。[1]

_____

[1]　李玄伯：《中國古代社會史》，臺北華崗出版社1954年版，第53頁。

誠如是，則昭穆制度顯然是西周廟制的核心要素。見《禮記·祭統》中的有關解釋：

> 凡賜爵：昭爲一，穆爲一，昭與昭齒，穆與穆齒……此之謂長幼有序……夫祭有昭穆。昭穆者，所以別父子、遠近、長幼、親疏之序而無亂也，是故有事於太廟，而群昭、群穆咸在，而不失其倫，此之謂親疏之殺也。

皇侃在《論語義疏》中考證説：

> 列諸主在太祖廟堂，太祖之主在西壁，東向。太祖之子爲昭，在太祖之東而南向，太祖之孫爲穆，對太祖之子而北向。以次東陳，在北者曰昭，在南者曰穆，所謂父昭子穆也。

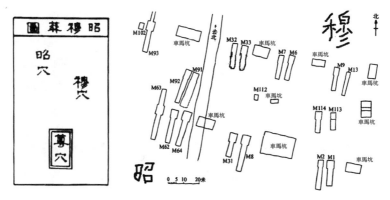

墓地昭穆排列圖和殷墟墓地草圖

如陝西灃西張家坡西周墓地群，基本上是以一墓在中而其他墓室左右對稱排列的現象出現的。亦即祖墓在前而按父昭子穆的次序，可見張家坡西周墓地的昭穆排列已經十分成熟和固定，反映了宗法制度的完善。這一表現充分説明了西周墓葬制度的高度成熟和禮制化程度。印群在《黃河中下游地區的東周墓葬制度》一書中曾經總結説：

> 一定時期的墓葬制度在相當大的程度上揭示了當時的社會存在和社會意識，因此，無論是在歷史學還是在考古學研究中，墓葬制度都有着突出的重要性，它體現着時代性、民族性及地域性，也是一定歷史時期內等級制度的再現。[1]

---

[1]　印群：《黃河中下游地區的東周墓葬制度》，社會科學文獻出版社2001年版，第2頁。

地下墓穴的昭穆排列，和地上宗廟的昭穆排列應該是一致的。廟的命名也是如此。因爲昭穆制度的産生是周代宗廟祭禮活動中的具體化，所以它又和遷廟制度有密切關係。

二、廟號問題

廟制研究的核心問題之二是殷商廟號的由來問題。有關此問題學界議論頗多，自漢代至今大致有以下七種觀點，依次説明如下。

其一，生日説。

此説首倡于兩漢。見《白虎通·姓名篇》一書中的記載：

> 殷以生日名子，何？殷家質，故直以生日名子也。以《尚書》道殷家大甲、帝乙、武丁也。於臣民亦得以生日名子，何？亦不止也。以《尚書》道殷臣有巫咸、有祖己也。

又見《易緯·乾鑿度》一書：

> 帝乙則湯，殷録質，以生日爲名，順天性也。

又見《太平御覽》卷八十三引《帝王世紀》一書：

> 帝祖乙以乙日生，故謂之帝乙。孔子所謂“五世之外，天之錫命，疏可同名”者也。是以祖乙不爲諱，蓋殷禮也。

又見《史記·殷本紀》索隱引皇甫謐：

> 微字上甲，其母以甲日生故也。商家生子以日爲名，蓋自微始。

容庚在《商周彝器通考》一書中引用了著名的商代三戈彝銘，作爲此説的佐證如下：

> 《大且日己戈》：“大且日己。且日丁。且日乙。且日庚。且日丁。且日己。且日己。”《且日乙戈》：“且日乙。大父日癸。大父日癸。中父日癸。父日癸。父日辛。父日己。”《大兄日乙戈》：“大兄日乙。兄日戊。兄日壬。兄日癸。兄日癸。兄日丙。”

此三件商戈，羅振玉曾在 1917 年 4 月 4 日致王國維的信中十分興奮地告訴王，并讓王猜此三戈的器名與斷代。此三戈作爲生日説，是商代彝銘中的力證。

其二，廟主説。

此説首倡于兩漢。見《史記·殷本紀》索隱：

> 譙周以爲死稱廟主曰甲也。

吴雲在《兩罍軒彝器圖釋》卷七中也引申説：

> 案，古器銘"曰乙""曰庚""曰辛"，并廟主之稱。

可見此説到了清代還大有市場。就以上兩種觀點，吴式芬在《攗古録金文》卷二·三中考證説：

> 《史記索隱·殷本紀》"上甲微"，皇甫謐曰："微字上甲，其母以甲日生故也。"《白虎通》謂"殷以生日名子"。譙周謂"死稱廟主"。案，字也，生以其生之日辰稱之，故曰字。如《白虎通》説，則子不得名其父。如譙説，則大丁、外丙、仲壬、大甲，上一字廼廟主。當以皇甫説爲長。

對此問題，吴榮光在前引《筠清館金文》一書中還認爲：

> 按，商人大都以十干爲名字。乙者，名也。孫爲祖作，故銘之曰祖乙也。或謂有商一代之君名乙者五，當爲商君致享宗廟之器。容或有之。然則審其體制，其爲配鼎歟？

其三，祭名説。

此説首倡于王國維。見其所著《殷卜辭中所見先公先王考》一文：

> 商之先人王亥始以辰名，上甲以降皆以日名，是商人數先公當自上甲始。且田之爲上甲，又有可征證者。殷之祭先，率以其所名之日祭之。祭名甲者用甲日，祭名乙者用乙日，此卜辭之通例也。[1]

羅振玉在《殷文存》一書序中也提出了類似主張：

> 考殷人以日爲名，通乎上下……日名之制，亦沿用於周初。

其四，死日説。

此説首倡于董作賓。見董作賓《甲骨文斷代研究例》一文：

---

[1]　王國維：《觀堂集林》卷九，《王國維遺書》上海古籍書店 1983 年版，第 8 頁。

　　成湯以來以日干爲名，當是死日，非生日。[1]

　　但是，張光直根據對四千多件有干支名字的銅器彝銘的統計，發現使用乙、丁、己、辛、癸五種干支作爲名字的現象，占了全部的 86%。[2]他進而認爲這説明生日説和死日説都不能説明問題。因爲統計學上的結果表明如果干支命名爲生日或死日的話，那麽十個干支出現的比率應該是比較接近的，而不是現在的這種特殊現象。這種統計學上的否定，是生日説和死日説必須要正視的問題。

　　其五，致祭次序説。

　　此説首倡于陳夢家。見陳夢家《殷虚卜辭綜述》一書：

　　　卜辭中的廟號，既無關於生卒之日，也非追名，乃是致祭的次序；而此次序是依了世次、長幼、及位先後、死亡先後、順着天干排下去的。凡未及王位的，與及位者無別[3]。

劉起釪在《談〈高宗肜日〉》一文中又將死日説和致祭次序説統一起來：

　　　由於殷代君主死後都用某天干之一作爲廟號，而祭祀就以天干的順序按照六十甲子的日辰致祭，所以祭某王就得在該王廟號所屬天干的日子裏。即祭太甲就在甲日，祭外丙就在丙日，如此類推。[4]

　　其六，婚姻制度説。

　　此説首倡于張光直。見其所著《中國青銅時代》一書：

　　　子姓氏族的王室，不是個外婚的單位；王室本身包括兩個以上的單系親群，互相通婚……商王雖同爲子姓，却可分爲兩大組及若干小組。大組之一以名甲乙者最多，且直系諸王屬於這一組的都以甲乙爲名，可稱之爲甲乙組。另一組以名丁的最多，且直系諸王之見於祀典的除祖辛外都以丁爲名，可稱丁組……十干爲名的廟號，似乎祇是對這些親群的分類——一方面便於祭日的安

[1] 董作賓：《甲骨文斷代研究例》，《慶祝蔡元培先生六十五歲論文集》上册，中央研究院歷史語言研究所 1933 年版，第 326 頁。
[2] 張光直：《中國青銅時代》，生活·讀書·新知三聯書店 1983 年版，第 180 頁。
[3] 陳夢家：《殷虚卜辭綜述》，科學出版社 1956 年版，第 405 頁。
[4] 劉起釪：《談〈高宗肜日〉》，《全國商史學術討論會論文集》，《殷都學刊》增刊，1985 年。

排，一方面又使之在親屬上不相衝突而已。[1]

此説一出現就引起了國際漢學界的關注。但是，兩個以上的單系親族通婚説缺乏的是實證，它祇是一種猜想。楊希枚就曾在 1966 年的《"中央研究院"民族學研究所集刊》上發表了《聯名制與卜辭商王廟號問題》一文進行了批駁。許倬雲在《西周史》一書中也認爲此説缺乏甲骨史料上的實例。[2]但是，兩個氏族以上的集團通婚現象，在西周銅器彝銘中就有了確鑿的存在證據。劉啓益在《西周金文中所見的周王后妃》一文中就曾發現：姬姜氏族通婚表現在西周王室中每隔一代就產生一位姜姓王后的現象。[3]反過來説，在姜姓氏族中也是每隔一代就有一位姬姓王后產生。姜姓和姬姓王后出現的次序是前後相連的。即，如果在姬姓王室中出現的姜后是第一、三、五、七、九代的話，在姜姓王室中出現的姬后是第二、四、六、八、十代。因爲姬、姜氏族通婚關係的存在，使西周初期以十干爲廟號成爲對商文化和禮制接受的象徵。

其七，卜筮選定説。

此説首倡于李學勤。見其所著《論殷代親族制度》一文：

殷人日名乃是死後選定的。[4]

以上七説，頗難定其是非取捨。20 世紀 60 年代，因爲張光直的《商王廟號新考》一文的發表，對商王廟號的研究曾是國際漢學界的熱點話題。目前，似乎有不少學者肯定李學勤的卜筮選定説。如楊希枚在 1989 年出版的《殷墟博物苑苑刊》上發表的《論商王廟號問題兼論同名和異名制及商周卜俗》一文中就主張：

商王十干廟號命名起源的問題早於 1957 年已經由李學勤提出的卜選祭日的卜辭實證而得到解決。[5]

但是，李學勤的卜筮選定説使用的卜辭例證并非是殷王室的廟號，作爲研究殷王室廟號起源問題的證據，在此祇具有參考價值，而不能作爲力證來使用。然而，

[1]　張光直：《中國青銅時代》，生活・讀書・新知三聯書店 1983 年版，第 154—155 頁。
[2]　許倬雲：《西周史》，生活・讀書・新知三聯書店 2001 年版，第 23 頁。
[3]　劉啓益：《西周金文中所見的周王后妃》，《考古與文物》1980 年第 4 期。
[4]　李學勤：《論殷代親族制度》，《文史哲》1957 年第 11 期。
[5]　楊希枚：《論商王廟號問題兼論同名和異名制及商周卜俗》，《殷墟博物苑苑刊》1989 年第 1 輯。

以十干作爲廟號或人名并非祇是商代的特權。在西周銅器中也時有出現。吴榮光在《筠清館金文》一書中就曾考證説：

> 周人以十干爲稱者，大史辛甲本紂臣，不數。辛甲後有齊太公子之子丁公，秦有白乙丙，晉有梁丙、孟丙、先辛、胥甲父，齊有盧蒲癸、公子元、是夫已氏，魯有公賓庚，宋有田丙、陳良之弟辛，楚有觀丁父。

對西周銅器彝銘的實際查證也可以提供有力的證據如下：

首先是西周前期以干支爲名號的。《臣長盉》彝銘中的“父戌”，《御父已鼎》彝銘中的“御父已”，《史獸鼎》彝銘中的“父庚”，《田告母辛方鼎》彝銘中的“母辛”，《庚羆鼎》彝銘中的“庚羆”，《寧簋》彝銘中的“乙考”，《姑日辛鼎》彝銘中的“姑日辛”，《服方尊》彝銘中的“日辛”，《大夫始鼎》彝銘中的“日己”，《明公簋》彝銘中的“父丁”，等等。

其次是西周後期以干支爲名號的。《楚公子簋》彝銘中的“祖乙”，《師酉簋》彝銘中的“乙伯”，《師虎簋》彝銘中的“日庚”，《匡卣》彝銘中的“日丁”，《休盤》彝銘中的“日丁”，《父丁壺》彝銘中的“父丁”，等等。

以上參考了《日本中國學會報》1967 年第 19 集所載的江頭廣《金文中の家族制度に關する二三の問題》一文。

爲此，容庚曾指出：這種現象雖然開始于殷代，但是，以西周時代使用爲多，到了西周晚期還時有出現。[1] 王暉在《商周文化比較研究》一書中對此問題進行了詳細地分析和研究，他提出了以下兩點規律性結論：

> 第一是殷人後裔及殷文化圈的方國部族仍繼承日名廟號制。第二是非殷人後裔却以日干爲父祖日名廟號的氏族及諸侯，是被分封到殷人集中和殷文化盛行的東夷一帶，爲了統治的需要，因商奄之民而啓以商政，便采用了日名廟號制。[2]

這一分析是比較合理的，而且也符合西周初期的實際情況。

---

[1]　見容庚：《商周彝器通考》上册，哈佛燕京學社 1941 年版，第 81 頁。
[2]　王暉：《商周文化比較研究》，人民出版社 2000 年版，第 225—226 頁。

三、遷廟制度和“七廟説”“五廟説”的關係問題

廟制研究的核心問題之三是遷廟制度和“七廟説”“五廟説”的關係問題。剛纔的問題集中在殷商時代的廟號問題，而對于西周銅器彝銘來説核心問題是遷廟制度和“七廟説”“五廟説”的關係問題。我們知道遷廟和毀廟制度是西周廟制有别于殷商廟制的最大區别，也是西周廟制走向成熟化的重要標誌。見杜預《春秋經傳集解·閔公二年》中的記載：

> 三年喪畢，致新死者之主於廟，廟之遠主當遷入祧，而因是大祭以審昭穆，謂之禘。

又見《春秋經傳集解·僖公八年》中的記載：

> 致新死之主於廟，而列之昭穆。

以上兩條注解都説明了在施行遷廟制度時必須在符合周代昭穆制度的基礎上進行，這是周禮的集中體現之一。爲了把新死的遷入廟内，則廟中原本祭祀的遠祖要遷出到一個特定的廟——祧廟——中去接受祭祀。而這時剛放入廟中的新死者，要依照周代昭穆制度放在指定的位置上受祭。見《周禮·守祧》賈公彦疏：

> 其立廟之法：后稷廟在中央，當昭者處東，穆者處西，皆别爲宫院者也。

這是剛放入廟中的新死者在廟中受祭的固定位置，即杜預《春秋經傳集解》所謂的“審昭穆”“列之昭穆”。究其原因，許宗彦認爲：

> 廟至四世必迭遷，祧至六世必迭毀，故昭穆皆宜辨也。

然而，對于賈公彦的昭穆東西方位説，歷代異議頗多。孫詒讓在《周禮正義》一書中評述説：

> 周宗廟昭穆方位制度，説者多異。賈氏此疏謂后稷廟在中，當昭者處東，當穆者處西，皆别爲宫院。《聘禮》疏説諸侯五廟之制云：“太祖之廟居中，二昭居東，二穆居西，廟皆别門。”……《司儀》疏説亦略同。《隋書·禮儀志》謂阮諶《禮圖》從《冢人職》言之“立廟先王居中，以昭穆爲左右”，蓋即賈氏所本。依其説，則天子七廟，二祧别立，則亦五廟，太祖廟居中，左二昭，右二穆，亦各有廟門及隔牆閤門之等也。《通典·吉禮》引晉孫毓議云：“宗廟之

制，外爲都宮，内各有寢廟，別有門垣。太祖在北，左昭右穆次而南。"《儀禮
經傳通解》引隋潘徽《江都集禮》説同。

依孫説，則昭穆居太祖廟之南，不是東西并列。宋以來説廟制者多從之。在此，昭
穆之廟在太祖廟的左右排列，還是東西排列，或者位居太祖廟之南，異説頗多，難
以定論。不僅是如此，而祧廟是否在七廟或五廟之中又成了争論的焦點之一。

　　一派以鄭玄爲代表，他在爲《禮記·明堂位》中所作的注解中主張：

　　　七者：太祖廟及文王、武王之祧，與親廟四。

他認爲二祧廟在七廟之中，文王廟、武王廟屬于二祧廟。清代禮學家金鶚在《廟制
變通説》一文中亦承認二祧在七廟之中：

　　　賈疏謂文武雖未爲祧，已立其廟，是廟有虛主也。《曾子問》何言七廟無虛
　　主乎？無主而立廟，必不然矣。即如鄭説，以二祧爲遷主所藏，亦必至懿王以
　　後，成王當祧，藏於文王之廟，康王當祧，藏於武王之廟。而前此數世，二祧
　　虛主而無所藏，又何爲立之乎？遷主所藏，必在大廟祫室，以大禘在大廟中，
　　故毀廟之主皆藏於此。且六世以上之主，不可入子孫之廟。是故二祧非遷主所
　　藏也。

　　一派以王肅爲代表，他雖然承認七廟説，但主張文王廟、武王廟不在七廟之中。
見馬端臨《文獻通考·宗廟考》一書中的有關記載：

　　　若王肅則以爲天子七廟者，謂高祖之父及高祖之祖廟爲二祧，并始祖廟及
　　親廟四爲七。

　　以上二者的争論，核心問題是文王廟、武王廟是否爲祧廟、是否在天子七廟之
中。我將通過對彝銘中有關廟制問題史料的研究給以回答。

　　涉及具體的廟數問題，一向有三廟、四廟、五廟、六廟和七廟等種類存在。阮
元在爲《叔殷夫敦》彝銘中的"用䕨月享"一詞所作的解説中考證：

　　　案，《禮·祭法》："大夫三廟，享嘗乃至。諸侯五廟、考廟、王考廟、皇考
　　廟，皆月祭之。"此銘云"月享"，叔殷父非諸侯之稱而行月享之禮，殆王臣歟。

廟的種類是比較多的，所以纔有"群廟"的概念。見《周禮·王制》鄭注："明年春

禘於群廟。"我們在《禮記·王制》中見到的有所謂七廟、五廟、三廟、二廟和一廟，但那是廟制和官制結合後的産物。如：

> 天子，七廟：三昭三穆，與太祖之廟而七。諸侯，五廟：二昭二穆，與太祖之廟而五。大夫，三廟：一昭一穆，與太祖之廟而三。士，一廟。

此説重在説明西周宗廟的禮制化問題，但也是對廟制和官制關係的根本説明。爲此，楊寬説：

> 古代宗廟又有同時祭祀幾世祖先的，可以分別建立廟堂，有所謂七廟五廟等等，但必須以大祖之廟爲主。把其餘的廟按左昭右穆的順序排列。[1]

以前述《史牆盤》彝銘來説，第一世高祖爲微氏家族共同的祖先，自第二代到第七代的陵寢排列是以父昭子穆的次序左右排列的。

四、斷代問題

廟制研究的核心問題之四是廟名、廟號在銅器斷代上的作用。唐蘭對彝銘廟制的研究取得了極其重大的突破性進展，具體表現在他的名作《西周銅器斷代中的"康宫"問題》一文，此文發表在《考古學報》1962 年第 1 期上。他在彝銘廟制研究史上第一次提出了利用廟制進行銅器斷代的天才性創新！他主張：

> 金文裏的"康宫"是周康王的宗廟。根據這個結論，我們可以把金文裏的"康宫"有關的許多問題解釋清楚，可以明白西周時代的宗法和祭祀制度，但更爲重要的是可以用此來作爲西周青銅器斷代問題中的一個標尺。[2]

然後他比較詳細地考證了彝銘中：

> "康宫"是周康王的宗廟，單單從這個題的本身來説并不是很重要的，但是作爲西周青銅器分期的標尺來看却又是很重要的。"康宫"既然是康王的宗廟，那麽，銅器上有了"康宫"的記載就一定在康王以後。許多銅器銘刻在內容上又是互相有關聯的，所以，用"康宫"來作爲分時代的標尺，不祇是一兩件銅器的問題，而將是一大批銅器的問題。[3]

---

[1] 楊寬：《中國古代陵寢制度史研究》，上海古籍出版社 1985 年版，第 27 頁。
[2] 唐蘭：《西周銅器斷代中的"康宫"問題》，《考古學報》1962 年第 1 期。
[3] 同上。

　　當然，對唐蘭之說表示反對的也大有人在。早在 20 世紀 30 年代，就在唐蘭的"康宫說"剛露頭角時，郭沫若就在《兩周金文辭大系》中就和唐蘭展開了論辯。他在《殷周青銅器銘文研究》一書中反駁說：

> 即單就文字而言，康宫與京宫對文，如康宫爲康王之廟，則京宫不當爲京王之廟耶？要之以一字之相同而遂定爲某王之廟，此未免過於武斷。[1]

　　但是，過了幾十年以後，對唐蘭的觀點提出强烈地反對意見的是何幼琦，他主張：

> 唐氏釋宫爲廟，在訓詁學上固然有此一說。可是《爾雅》和《說文》不也有"宫，室也"一說麽？宫何嘗一定是廟而非室呢？在未能用事實否定康宫是康王的居室之前，就肯定它是康王之廟，是一種先驗論的認識。他斷言銘有"康宫"之器，不能定在康王之前，也是缺乏驗證的論斷……康王時有康宫，昭王時有昭宫，穆王時有穆王大室，夷王時有夷宫，這些事實，宣告了宫爲廟說的徹底破産，因爲誰也不會給自己修建宗廟。尤其是，成王時已經有了康宫，康王時已經有了昭宫，夷王時已經有了屬宫，更不可能是父王預先給兒子修建宗廟。這就從根本上否定了康宫爲康王之廟的說法。[2]

　　何氏的否定說并不能完全成立。因爲在預先修建宗廟雖然是不太可能的，但是，由宫室變爲宗廟的可能性是有的。所謂新宫，正是這一使用功能變遷的産物。所以，我還是比較傾向于唐蘭的康宫說，但是，須要加以部分修正。

第三節　彝銘中所見周王室諸廟考

一、廟·宗廟

　　在彝銘中，"廟"字出現頻率很多。其中，廟的重要作用大致有以下三點。

　　其一，周天子册命大臣在廟，如《蔡簋》彝銘：

[1]　郭沫若：《殷周青銅器銘文研究》，科學出版社 1961 年版，第 51—52 頁。
[2]　何幼琦：《西周年代學論叢》，湖北人民出版社 1989 年版，第 166—168 頁。

唯元年既望丁亥，王在雍应。旦，王格廟。即立，宰曶入右蔡，立中廷。

其二，周天子發布命令在廟，如《父乙甗》彝銘：

王命中先見南國，貫行，蓺位，在廟。

其三，周天子的大臣祭祖也在廟，如《作册睘尊》彝銘：

在廟。君命余作册睘安尸伯，尸伯賓（儐）用貝，布，用作朕文考日癸肇（旅）寶尊。

廟的存在作用之大，以至于周天子的大臣要作器來獻給廟，如《阜父壺》彝銘中的“□阜父乍□壺□□酉其廟”。爲此，楊寬在《中國古代陵寢制度史研究》一書中主張：

古代對祭祀祖先的處所一律叫廟，到戰國時代還是這樣。[1]

在殷代彝銘中，著名的“亞”形圖，古今諸多彝銘學家們都以爲這是宗廟的象徵。見如下《亞方罍》彝銘中右側的“亞”形。

《亞方罍》彝銘拓片

如張掄《紹興内府古器評‧商父乙瓬》：

凡器之有亞形者，皆爲廟器，蓋亞形所以象廟室耳。

又如在《山左金石志》卷一對《亞爵》的注解爲：

---

[1]　楊寬：《中國古代陵寢制度史研究》，上海古籍出版社 1985 年版，第 26 頁。

凡器著"亞"者，皆爲亞室。而亞室者，廟室也。廟之有室，如左氏所謂
"宗祐"。而杜預以爲宗廟中藏主石室者是也。又，商亞人辛尊曰："亞者，次
也"云云。按款識謂次者，亦廟次也。二説原相通。"亞"形數見於商器，至周
則罕見，故定有"亞"形者爲商也。

《爾雅·釋宫》中則解釋説"室有東西廂曰廟"。蔡邕在《獨斷》中更進一步闡
述説：

宗廟之制，古學以爲人君之居，前有朝，後有寢。終則前制廟以象朝，後
制寢以象寢。廟以藏主，列昭穆。寢有衣冠、几杖、像生之具。總謂之宫。

以上是從廟的建構上而言的。但是在儒家宗法思想統治了宗廟祭祀活動之後，
對"廟"的理解就發生了變化。以何休的《春秋公羊傳解詁》爲代表，認爲：

廟之爲言貌也，思想儀貌而事之，故曰齊之日，思其居處，思其笑語，思
其志意，思其所樂，思其所嗜。祭之日，入室，優然必有見乎其位。周旋出入，
肅然必聞乎其容聲。愾然必聞乎其嘆息之聲，孝子之至也。

一般來説，宗廟在建構上都有五室、十二堂和四門。典出賈公彦《周禮注疏》：

明堂、路寢及宗廟，皆有五室、十二堂、四門，十二月聽朔於十二堂，閏
月各於時之門，故大史詔誥王居路寢門。

從考古學的證據來説，自1959年開始的對河南偃師二里頭遺址的大規模發掘，
在一號宫殿遺址上發現了祭祀坑。而此坑東南角就是門的基址，在坑的四周則是排
列整齊的柱礎石。證明這裏曾是宫廟的基址，祭祀坑位于宫廟的中央，即册命金文
中所常見的"立中廷"的中庭，而門即册命彝銘中所説的"入門"之門。考古現場
和册命彝銘的一致説明：册命制度雖然大盛于西周中期，但是殷周宫廟的建築格局
是大致相同的。

再如陳全方在《周原與周文化》一書中對陝西岐山鳳雛西周宫廟建築遺址的介
紹，其中甲組建築基址在影壁和中庭之間有大門和門房的存在，也爲册命彝銘中的
"入門立中廷"之記録提供了實證。而後部的宫室基址又正符合"前朝後寢"的西周
宫廟建築格局。

如果從"室有東西厢曰廟"的角度來說，在殷墟甲骨史料中常有"室"字出現。如：

"祖丁室"。《甲》491。

"祖戊室"。《京津》4345。

"大尹室"。《林》2・1・3。

此時的"室"是否有"東西厢"不得而知。考古學家們推測當時的"室"具有"廟"的性質在内。如果在當時"室"是表達了和祭祀的場所（廟）的話，那麼宗、示二者則表達了祭祀者和受祭者之間的血緣關係（宗）。二者的統一就是後世宗廟概念的具體由來。如：

"才大宗"。《佚》131。

"才小宗"。《珠》631。

"隹大示"。《金》515。

"小示"。《甲》712。

大宗和小宗、大示和小示劃分的出現，意味着宗法制度上大宗、大示統轄小宗、小示制度的正式形成。如《五年瑚生尊》彝銘中就記録了這一統轄活動。

《五年瑚生尊》彝銘拓片

《五年瑚生尊》彝銘釋文：

唯五年九月初吉。召

姜以琱生戝（鍚）五尋、壺

兩，以君氏命曰："余老止，

我僕庸土田多刺，弋

許，勿使散亡。余宕其

叄，汝宕其貳。其兄公

其弟乃。余惠大章（璋）報

婦氏帛束、璜一，有嗣糾

賜兩璧。"琱生對揚朕

宗君休。用作召公尊

餿。用薪通彔（祿）、得屯（純）、霝（靈）

冬（終）。子孫永寶用之享。

其又敢亂茲命，曰："汝

使召人，公則明殛。"

這裏召姜明確下令：因爲是同宗兄弟（"其兄其弟"），如果他實際上超過了三分（"余宕其三"），你要按照超過了兩分（"汝宕其貳"）來減輕處罰。最後，琱生還要感謝贊美同宗家長的管轄（"對揚朕宗君休"）。

除此之外，還有所謂"中宗""上示""下示"等術語。而"上示""下示"的概念，在殷墟甲骨文中，按照曹定雲在《論殷墟卜辭中的"上示"與"下示"》一文中的研究，認爲是將直系先公先王按照先後世次分爲兩大前後祭祀群，世次靠上者爲上示，世次靠下者爲下示。[1] 到了西周時期，就出現了將先公先王按照奇偶次序，分爲兩大祭祀群排列的昭穆制度。這是殷周宗法制度的最大區別。

有時"宗"和"廟"的概念可以等同起來。如《左傳·莊公二十八年》中有"曲沃，君之宗也"一語。杜預在《春秋經傳集解》中根據上述文中有"宗邑無主則民不威"一語解説"曲沃爲先君宗廟所在"。因爲"宗廟"的所在地纔能稱爲"宗邑"。因此，"曲沃，君之宗也"即曲沃乃君之宗廟所在也。因爲"廟""寢"存在着

---

［1］曹定雲：《論殷墟卜辭中的"上示"與"下示"——兼論相關的集合廟主》，中國社會科學院考古研究所編著：《中國考古學論叢》，科學出版社1993年版，第291頁。

"總謂之宮"的稱謂，所以在《左傳》中多次出現宮、廟、寢可以互換使用的現象。爲此，賈公彥在《周禮注疏》中考證説：

> 昭十五年："春，二月癸酉，有事於武宮。"鄭引此者，欲見隸僕蹕於宮中，亦得兼廟中。故《公羊》云："魯公稱世室，群公稱宮"，則天子之"廟"亦有"宮"稱也。

楊鴻勛在《宮殿考古通論》一書中也主張：

> 祭祀祖先的"廟"，是從"宗"衍生出來的。二里頭夏墟 F2，提供了宗前有廟堂設置的實例。宗，是朝先人遺體禮拜的位置；"廟，尊先祖貌也"，是朝先人的代表物——神主，祭祀的位置。從二里頭 F2 的復原考察可知，它既是宗、又是廟，應是由宗向廟過渡的形式。周朝時，已將宗與廟結合爲一個詞——"宗廟"。[1]

楊鴻勛以考古學的角度來解説"宗"的含義，是比較有新義的。他傾向于把宗廟制度的起源上溯到二里頭文化。而《説文解字注》則如此解釋"宗"的含義：

> 宗，尊祖廟也。宗尊雙聲。按當云"尊也、祖廟也"。今本奪上"也"字。《大雅》："公尸來燕來宗。"傳曰："宗，尊也。凡尊者謂之宗，尊之則曰宗之。"《大雅》："君之，宗之。"箋云："宗，尊也。"《禮記》："别子爲祖，繼别爲宗，繼禰者爲小宗。"凡言大宗、小宗，皆謂同所出之兄弟所尊也。尊莫尊於祖廟，故謂之宗廟。宗從宀從示，示謂神也，宀謂屋也。

陳夢家在《西周銅器斷代（四）》一文中認爲：

> 古文字"廟"從朝，朝廷之朝當源自大廟朝見群臣。……由于王者朝見群臣，群臣立于大廷或中廷之中，所以後世有"朝廷"之稱。[2]

即所謂的"群臣立于大廷或中廷之中"，此説的由來是册命彝銘中必然出現的"立中庭"一語。所謂"古文字'廟'從朝"一語，前人也提出了異議，見吳式芬《攈古録金文》卷二之二中引翁祖庚對《癸未尊》彝銘的考證：

---

[1] 楊鴻勛：《宮殿考古通論》，紫禁城出版社 2001 年版，第 10 頁。
[2] 陳夢家：《西周銅器斷代（四）》，《考古學報》1956 年第 2 期。

　　讀此文者皆曰"王才圀"，予獨謂是"王才廟"。𢼸，古廟字，見《儀禮・士冠禮》注。《詩・清廟序》，《釋文》"本作𢼸"。古艸字亦作中。中從苗而外爲四周之象，非廟而何？

　　《左傳》中出現的"廟"的諸多概念有"廟""朝廟""大廟""清廟""宗廟""告廟""祖廟""禰廟""周廟""莊共之廟""家廟""游氏之廟""子大叔之廟""季氏之廟"，共十四種。

　　作爲某一公侯的廟爲莊公之廟、家廟、游氏之廟、子大叔之廟四種。相反，《左傳》中出現了武宫、莊宫，杜預在《春秋經傳集解》一書中分别解説爲"武公廟""莊王廟"。所以《春秋穀梁傳・僖公十五年》中記録的"震夷伯之廟"一事，并發出感嘆説"因此以見天子至于士皆有廟"之論。

　　所以，周王室宗廟之外，大臣和士也有廟。吴榮光在《筠清館金文》一書中收録了一件銅器，名爲《周臣廟彝》，其彝銘爲"王乍臣廟彝"，可以爲證。而且這還是周天子賞賜下屬宗廟彝器。《左傳》中的"游氏之廟"和"季氏之廟"也都屬于大臣廟。在此，銅器彝銘的記載和史書的記載完全一致。出土的考古資料（銅器彝銘，即地下資料）爲傳統史書（史傳，即地上資料）的真實性提供了證據。

　　《禮記・祭法》中所説的"是故王立七廟，一壇一墠：曰考廟，曰王考廟，曰皇考廟，曰顯考廟，曰祖考廟，皆月祭之"之説，在彝銘中則是一般使用"用乍文考、皇考、且考寶尊彝"之類的述語，還不存在上述七個廟的概念。可見，這七個廟名概念是後起的。但是，類似的七個廟在金文中是存在的。而且，在殷墟卜辭和彝銘中，一般衹是稱"父某"，而没有使用"文考"或"皇考"等概念。爲此，容庚在《商周彝器通考》一書中就曾主張説"余意稱父爲考，始於周人"。[1]因此，廟制大備于周初當是毫無問題的。

　　其中，根據《元年師旋簋》彝銘中的"王在減应。甲寅，王格廟"一語，可知在"減"地也有周廟存在。減，李學勤在《論西周鄭的地望》一文中以爲"并非一處大的都邑，而是需要設置臨時居所的地方"。[2]此説值得考慮。又見《蔡簋》彝

---

[1]　容庚：《商周彝器通考》上册，哈佛燕京學社 1941 年版，第 80 頁。
[2]　李學勤：《夏商周年代學劄記》，遼寧大學出版社 1999 年版，第 46 頁。

銘中"王在雍応。旦。王格廟"[1]一語，可見在"雍"地也有周廟存在。如果减爲臨時居所的話，那麽這裏的雍看來也是臨時性的。但是，臨時性的居所是否一定有周廟存在呢？畢竟臨時性的祭祀周人先祖的活動和周廟不可同日而語。因此，筆者傾向于减和雍爲地名，是在宗周，并建有周廟之地。在彝銘中，减字還有"棫"等寫法。盧連成在《周都减鄭考》一文中認爲：

> 减水可能就是流經鳳翔縣境内的一條主要河流雍水。[2]

此説是把减和雍等同起來，并且以爲减"就在古周原一帶"。這或許可以作爲一個旁證吧。

二、太廟·大廟

"太廟"和"大廟"本來是一樣的。在古文字中，作"太"作"大"并無意義上的區别，祇是寫法的異同。故此放在一起加以討論。在彝銘中，"大廟"一詞出現也比較多。如《免簋》彝銘："唯十又二月初吉，王在周，昧爽，王格于大廟。"《逆鐘》彝銘："唯王元年，三月既生霸庚申。叔氏在大廟。"但是，在更多的場合，"大廟"是周天子册命大臣之處。如《師酉敦》《同簋》《同彝》《師兑簋》等銅器彝銘中如此記録。所以，阮元在《積古齋鐘鼎彝器款識》一書中總結説"爵禄必賜於大廟，示不敢專"。實際上，根據古今彝銘學家們的研究，賜爵禄不一定非在大廟，還可以在其他宫室廟中進行。就此，黄然偉在《殷周青銅器賞賜銘文研究》一書中説：

> 周有宗廟，除可見於文獻外，金文中亦屢屢有之。文獻記録賜爵授禄時，必行於大廟。金文之册命賞賜，亦多於大廟中行之。唯其名稱不一，或曰"廟"，或稱"大廟""周廟"……而除行禮於廟之外，尚有在"室""宫""射"等處行之。[3]

其中，册命之地在成周的，彝銘中一般祇稱爲"成周"，有時稱爲"周"，即西周的東都洛邑；在宗周的，彝銘中一般又稱爲"宗周"，有時稱爲"鎬"或"鎬京"，即西周的舊都鎬京。關于西周時期的兩都問題，朱鳳瀚在《商周家族形態研究》一

---

[1]　馬承源主編：《商周青銅器銘文選（三）》，文物出版社1988年版，第263頁。
[2]　盧連成：《周都减鄭考》，《古文字論集（二）》，《考古與文物》編輯部1983年版，第9頁。
[3]　黄然偉：《殷周青銅器賞賜銘文研究》，龍門書店1978年版，第88頁。

書中曾考證説：

> 孔穎達疏曰："周以鎬京爲西都，故謂王城爲東都，王城即洛邑。《漢書·地理志》云：'初，洛邑與宗周通封畿，東西長，南北短，短長相覆千里。'韋昭云：'通在二封之地，共千里也。'巨瓚按：'西周方八百里，八八六十四，爲方百里者六十四。東周方六百里，六六三十六，爲方百里者三十六。二都方百里者百，方千里也。'《秦譜》云：'横有西周畿内八百里之地。是鄭以西部爲八百，東部爲六百，其言與瓚同也'……"西周時明確有東、西兩都，故漢以來學者所云西周時王畿之地有二之説可從。[1]

在其他地方的（如在吳），彝銘中一定加以説明（"王在吳"）。舉例如下，《同簋》彝銘："唯十又二月，初吉丁丑，王在宗周，格于大廟。榮伯右（佑）同，立中廷，北鄉（嚮）。"《三年師兌簋》彝銘："唯三年二月初吉丁亥。王在周，格大廟。即立，□伯右（佑）師兌，入門，立中廷。"《師酉簋》彝銘："唯王元年正月，王在吳，格吳大廟。公族鴻釐入，右（佑）師酉，立中廷。"

在上述彝銘中，涉及地名時分别使用了"宗周""周"和"吳"三者。

大廟的存在是極其重要的，所以在《文王世子》中記録了"公有出疆之政"時，則要求"庶子以公族之無事者守於公宮，正室守大廟"。爲此，賈公彦在《周禮注疏》中進一步解釋説"公族之内適子名爲正室，使守大廟，大廟尊故也"。成周和宗周兩地同時有大廟存在，説明"邑有宗廟纔可以稱爲都"之類概念是極其準確的歷史記録。當然具體分析來説還有所區别。杜正勝在《周代城邦》一書中就曾指出：

> 宗廟所在的邑當然大，然"都"的先君木主大概指殖民於都的第一代貴族以下的"君"——嫡系繼承人，其宗廟并非殖民母國的宗廟。魯有三都：費、郈、郕各爲季孫、孟孫和叔孫的采邑，自伯禽以下的魯公神位衹在曲阜，不在三都。[2]

而且，在成周和宗周雙重宗廟系統中，學術界又多以爲各自在使用的禮制上有行殷禮和行周禮的區别。如王暉在《商周文化比較研究》一書中就曾主張：

---

[1]　朱鳳瀚：《商周家族形態研究》，天津古籍出版社 1990 年版，第 298 頁。
[2]　杜正勝：《周代城邦》，聯經出版事業有限公司 1981 年版，第 113 頁。

姫周王室對西都鎬京、東都洛邑及豐邑進行祭祀活動時，西都宗周用周禮，東都洛邑用殷禮。[1]

在《左傳》中，大廟則是專指周公之廟。如《桓公二年》中的記載：

戊申，納于大廟。

又見《僖公八年》中的記載：

秋七月禘于大廟。

杜預在《春秋經傳集解》皆注解爲：

大廟，周公廟也。

在《禮記·明堂位》中也有明確記載如下：

季夏六月，以禘禮祀周公於大廟。

如是説到周公廟之外的"大廟"時，一定有特殊的説明。如《左傳·襄公三十年》中有"宋大廟"。在銅器彝銘中，《師酉簋》中有個"吳大廟"。可見，如果不加以特殊説明時，銅器彝銘中的"大廟"一般是指"周公之廟"。所以，在《論語·八佾》中有"子入太廟每事問"的記錄。

孫詒讓在《周禮正義》一書中認爲明堂"本爲宗祀文王之大廟"，亦即明堂作爲大廟之一，負擔着宗祀文王的重要任務。由此可見，"宋大廟"和"吳大廟"即是宋國、吳國宗祀文王之廟。

但是，銅器彝銘中有所謂的"天廟"一詞。見《天廟爵》彝銘："京乍天廟爵。"此件銅器收録在方濬益《綴遺齋彝器款識考釋》卷二十二·二十四和吳式芬《攈古録金文》卷一·三中。雖然祇是個案，但是它的存在意義不容忽視。它説明了"京"字的出現不但是作爲地名，還有人名、私名的意義在內。如在《耳尊》彝銘中有"肁（肇）京公寶尊彝，京公孫子寶"一語，就是京氏族存在的證據之一。除此之外，如《京叔盤》《京姜鬲》二器，以及《芮公鬲》彝銘中的"京中氏"，《善夫吉父鬲》彝銘中的"京姬"，都是京氏族活動的歷史記録。而且，京姜和京姬二名的存在證明了京、姜和京、姬兩大氏族之間存在着通婚關係。看來，京、姜、姬這三者之

[1]　王暉：《商周文化比較研究》，人民出版社2000年版，第212頁。

間是一種世代通婚性質的關係，可以解釋這三者的地望臨近和利益關係的説明。而所謂"天廟"實際上是"大廟"的誤寫。

周公廟有時又被稱爲"大祖廟"或"大祖"。見《春秋公羊傳·文公二年》：

> 毁廟之主，陳於大祖；未毁廟之主，皆升合食於大祖。

這裏的"大祖"一詞，賈公彦在《周禮注疏》一書中説"大祖謂周公廟"。

根據《免簋》彝銘中的"王在周，昧爽，王格于大廟"一語，可知大廟地理位置在周，即成周。但是，根據《同簋》彝銘中的"王在宗周，格于大廟"一語，可以發現在宗周也有大廟。宗周的大廟有時被寫作"大朝"。這裏的"朝"字當是古"廟"字之省，（見《三代吉金文存》卷四·三十三·二中）可以得知，在宗周和成周兩地都建有周王室的大廟。因此，陳夢家提出的"西周時代東西王城爲兩都并立，而各有雙城，一爲宗廟而一爲王宫"之説和彝銘中的事實是相符的。[1]進而，他又提出了宗周和岐周的區别：

> 周廟在宗周，猶宗周之有大廟、穆廟。武王時之周爲宗周，當時未營成周，故宗周應指岐周。除宗廟以外，宗周有大師宫，見《善鼎》。[2]

三、清廟

"清廟"一詞，首見于《甲午盨》彝銘中：

> 唯甲午八月丙寅，帝盟清廟，作禮盨。

在《左傳·桓公二年》中記載臧哀伯之諫中提到了"清廟茅屋"一語，杜預在《春秋經傳集解》中認爲"清廟，肅然清靜之稱"。此説顯然是源自漢代賈逵之論。賈逵注《左傳》時提出了"肅然清靜謂之清廟"的觀點。蔡邕在《明堂月令論》一文中則又提出"取其宗祀之貌則曰清廟"。此兩説實際上有其一致處，即：何謂"宗祀之貌"，蔡氏指代不明。如果把"肅然清靜"看作是"宗祀之貌"的話，那麽，這兩説就同出一源了。

孫詒讓在《周禮正義》中主張"清廟專爲祀文王"，并提出了"明堂亦屬于大廟"的觀點。他説：

[1]　陳夢家：《西周銅器斷代（二）》，《考古學報》第十册。
[2]　同上。

　　祖宗在明堂，故明堂非宗廟，而亦可稱大祖，亦稱清廟。《清廟詩》序云：
"祀文王也。周即成雒邑，朝諸侯，率以祀文王焉。"考《周書·作雒》雒邑有
明堂。《明堂位》言周公朝諸侯於明堂，此明堂在雒邑。《清廟詩》序所謂"成
雒邑，朝諸侯"者，即《明堂位》所謂朝諸侯於明堂也。然則"率以祀文王"
者，即祀文王於明堂可知矣。若在宗廟之中，則大祖后稷在上，大王、王季皆
在，安得率諸侯而獨祀文王哉。明堂本爲宗祀文王之大廟……

　　但馬承源在《何尊銘文和周初史實》一文中對此提出異説，他認爲：

　　古代營建宗廟，據説不尚奢華，《左傳·桓公二年》："是以茅屋清廟，大路
越席"，表示儉省。清廟既是宗廟的模式，營造就不至于曠日持久。[1]

根據《清廟》一詩來分析，如下：

　　於穆清廟，肅雝顯相。濟濟多士，秉文之德。
　　對越在天，駿奔走在廟。不顯不承，無射于人斯。

從詩中看不出富麗堂皇之氣象。和《閟宫》的"路寢孔碩，新廟奕奕"是無法相比
的。可見古代經學家們的"肅然清靜謂之清廟"之説是可信的。

　　但是，《甲午盨》彝銘中的"帝"字所指爲何？這是我極爲關心的問題。在商周
彝銘中，一般使用"王"來指稱周天子。而此件銅器彝銘中出現三個問題：

　　第一是使用"帝"。
　　第二是使用"清廟"。
　　第三是使用"禮簋"。

　　此件銅器收録在阮元《積古齋鐘鼎彝器款識》卷七·十四、卷七·十五和劉心
源《奇觚室吉金文述》卷十七·三十三中。

　　關于"帝"的問題，在其他的銅器彝銘中也有出現。如《嘉禮尊》彝銘："帝戲
再嘉禮"，此件銅器收録在《積古齋鐘鼎彝器款識》卷五·九中。該書稱"據陳秋堂
所藏揭本摹入"。但是，在對該銅器的斷代上，阮元以爲是"當是戰國時秦所作之
器"。又説："然稱帝不稱皇帝，知是昭襄王之器。昭襄王十九年，秦爲西帝，宜作

———————————

[1] 馬承源：《何尊銘文和周初史實》，吳澤主編：《王國維學術研究論集（一）》，華東師範大學出
　　版社 1983 年版，第 59 頁。

器稱帝也。"對于爲何不使用"帝"字作爲年號，他解釋説：

> 古者，不以日辰之名紀歲。有十有二歲之號，自攝提格至赤奮若是也。鐘鼎器銘則曰"維王某年"，所以尊王也。漢始以日辰之名紀歲。如《西嶽華山亭碑》之戊午，《荆州刺史度尚碑》之丁未，《金鄉長侯成碑》之己酉、甲辰。今觀此銘曰"維甲午八月丙寅"，知以甲子紀歲實始於此。是時秦既稱帝，即不奉周正朔。時周尚存，又不敢云"隹帝某年"，故造此紀年簡易之法也。

劉心源在《奇觚室吉金文述》一書中也主張：

> 《六國年表·歷代帝王年表》周赧王元年丁未，四十八年爲甲午，即昭襄王十九年十月爲帝十二月，復爲王甲午作簠稱帝，正其素心不忘者，此可補《史記》之闕矣。

《左傳·哀公十一年》有"胡簋之事，則嘗學之矣"一語，杜預在《春秋經傳集解》中解釋：

> 胡簋，禮器名。夏曰胡，周曰簋。

如果從這一點出發，則這裏的禮簠就是胡簠，亦即指夏代禮器的話，則帝和清廟的存在在《甲午盨》彝銘中可能就和夏代聯繫起來。我們有理由相信此件銅器的作者出自夏代夏族的直系後裔。阮元主張，所謂胡簋即是簠簋，即：

> 《禮·明堂位》殷之六瑚，與敦簋并列，明爲盛黍稷之器。瑚之爲簠異名無疑矣。

誠如是論，則"瑚"與"胡"通，"殷之六瑚"之説已經是對"夏曰胡"之説的否定了。杜預的"夏曰胡"之説或許有更古的來源。

但是，吴榮光認爲《周寰卣》彝銘中的"王才（在）室"之"室"字，"即是清廟中央之室"。他説：

> 《書·洛誥》："王入大室祼。"祼，獻尸也。《禮》醑尸，"尸獻而祭畢。"王祭畢入大室，行獻尸之禮，故曰："王才室。"

此説極其準確，然而，彝銘中没有出現"清廟"一詞，故可作爲"室"即"清廟中央之室"的旁證。又見吴大澂《愙齋集古録》一書第四册所收《刺鼎》，彝銘爲"王才衣……用牡於大室”一語。他爲此注解説：

> 用牡於大室。牡，牲之雄者。《論語·堯曰》：“敢用玄牡。”皇《疏》：“牡，雄也。《書·洛誥》：‘王入大室祼。’《傳》云：‘大室，清廟。’”“王才衣”，衣地不當有大室。

他把清廟釋爲大室，似爲不當。然而，清廟中有大室則是肯定的。

四、享廟

“享廟”一詞，首見于《師秦宮鼎》彝銘中，如下：

> 隹五月既望。王［格］于師秦宮，王各于享廟。

但“享廟”一詞不見于《左傳》。

筆者認爲“享廟”一詞可有二解：

其一爲“享廟”是由銅器彝銘的“用享于宗”一語省略而來，這裏的“宗”就是宗廟之意，即所謂“享廟”就是“廟”，也就是大廟。證據可見《叔氏鐘》彝銘。

其一爲“享廟”是指享堂，即大室，它是由銅器彝銘的“用享孝于宗室”一語省略而來。證據可見《師器父鼎》彝銘。

在彝銘中出現“師囗宮”內容時，多數場合都有“大室”一地出現，因此，我傾向于“享廟”即指享堂，亦即指大室的看法。

五、周廟

“周廟”一詞，在彝銘中并不多見，首見于《虢季子白盤》彝銘中，如：“王格周廟。”在《無虫鼎》和《盠彝》彝銘中也各出現一次。杜預在《春秋經傳集解》一書中對此有二解：其一爲“文王廟也”，見襄公十二年注；其二爲“厲王廟也”，見昭公十八年注。又，《詩經·周頌·賚》孔疏引皇甫謐：“武王伐紂之年，夏四月乙卯，祀于周廟。”則此“周廟”當是指周始祖廟或文王廟。彝銘中一般可簡稱爲“廟”。此部分內容可以參照前述有關“廟”的論述。在《逸周書·世俘解》一文中記載了“武王在祀，太師負商王紂懸首白旄，妻二首赤旄，乃以先馘入，燎于周廟”一段史實。可見這裏的周廟就不可能是厲王廟。

六、康廟

“康廟”一詞，按唐蘭的觀點：

"康宮"是周康王的宗廟，單單從這個題的本身來説并不是很重要的。但是作爲西周青銅器分期的標尺來看卻又是很重要的。"康宮"既然是康王的宗廟，那麼，銅器上有了"康宮"的記載就一定在康王以後。許多銅器銘刻在內容上又是互相有關聯的。所以，用"康宮"來作爲分時代的標尺，不衹是一兩件銅器的問題，而將是一大批銅器的問題。[1]

依唐蘭之説，則"康廟"一詞最早出現應該是在"康王以後"，即最早不會早于昭王時期。從現今存世的銅器來看，如《元年師兑簋》彝銘："唯元年五月，初吉甲寅，王在周，格康廟。"《南宮柳鼎》彝銘："唯王五月，初吉甲寅，王在康廟。"其中，有關《元年師兑簋》的年代斷代問題，董作賓認爲是夷王時代的銅器，而陳夢家認爲是厲王之物，郭沫若、吳其昌和趙英山等人主張是幽王之物。白川靜以爲可能是共和期以後之物，又把《南宮柳鼎》定爲夷王和厲王時代的産物。然而，有一點需要説明的是：以上諸先生之論時常是"康廟"和"康宮"不分。其實，雖然"廟"和"宮"有其相同之處，但在銅器斷代上，稱"康廟"還是"康宮"是有區別的。

從彝銘內容看，康廟當在周，即在成周。

但是，爲何在彝銘廟制中出現康宮獨尊的現象？對于這一問題一直沒有確切的答案。在《頌壺》彝銘中出現了周天子册命大臣宋爲康宮的"監嗣新造"的內容，在《宰獸簋》彝銘中出現了周天子册命宰獸爲"兼嗣康宮王家臣妾"這一類似大內總管的內容。因此，康宮和康廟在西周宗廟中具有極其重大的意義和作用。

七、穆廟

"穆廟"一詞，彝銘中并不多見。如《大克鼎》彝銘中的"王在宗周。旦，王格穆廟"。從彝銘內容看，穆廟在宗周。但是，穆廟是穆王之廟還是昭穆意義上的穆廟，頗難斷定。在《裘盤》彝銘中有"周康穆宮"一詞，儘管"宮"和"廟"在彝銘中有一致性，但在此處，"康穆宮"是不等於"康穆廟"的。然而，陳夢家在《西周銅器斷代（二）》一文中提出新説主張：

而金文凡稱"才周某大室"的乃指周康宮或它宮中的大室。《伊簋》記"康

[1]《唐蘭先生金文論集》，紫禁城出版社1995年版，第165頁。

宮王臣妾百工"，則康宮之内有臣妾百工。由此知康宮爲時王所居之王宮，亦是朝見群臣之所。[1]

誠如是，則康宮爲時王所居之王宮，而康廟在此不能等同爲康宮。看來，衹有把穆廟看作是昭穆意義上的穆廟纔是比較合適的。在西周廟制彝銘中出現了"穆廟""昭宮（廟）"。如《大克鼎》彝銘中的"王格穆廟"。

在彝銘中有"穆廟"的概念而無"昭廟"的概念，"昭廟"概念的使用一般是以"昭宮"的概念作爲替代而出現的。這是相當重要的一條原則。如《頌敦》彝銘中的"王在周康昭宮"。當然，有了"昭宮"的概念，相應的也就有"穆宮"的概念。如，《裛盤》彝銘中的"王在周康穆宮"。因此，"周康昭宮"和"周康穆宮"是一對反映了昭、穆制度的宮廟概念，而"穆廟"和"昭宮"也是一對反映了昭、穆制度的宮廟概念。但是，吳闓生在《吉金文録》一書《金一·克鼎》中解釋"王格穆廟"時説：

> 據《克敦》此在十八年十二月初吉庚寅，彼文王在周康穆宮即此穆廟也。

此説把穆廟等同爲穆宮，筆者以爲是不太妥當的。

八、寢廟

"寢廟"一詞在彝銘中首見于殷代《父乙鼎》彝銘中的"庚午，王命寢廟"。在西周彝銘中，如《麥方尊》彝銘中的"王以侯内（入）于與寢"。鄭玄爲《周禮·夏官·隸僕》一節所作的注：

> 《詩》云："寢廟繹繹"，相連貌也。前曰廟，後曰寢。

寢的起源，可以追溯到商代。這在甲骨卜辭和銅器彝銘中都有實證存在。到了西周初期，有關周天子的寢的種類問題就有了"六寢説"和"三寢説"產生。前者見《周禮·宮人》，後者見于何休《春秋公羊傳解詁》。現分別説明如下：

1. 六寢説

首先爲"六寢説"。見《周禮·宮人》中的記載：

> 掌王之六寢之修。

---

[1] 陳夢家：《西周銅器斷代（二）》，《考古學報》第十册。

鄭玄在《周禮注》中注解爲：

> 六寢者：路寢，一。小寢，五。

孔穎達在爲《禮記·曲禮》所作的疏中，對"小寢，五"進行了解説：

> 王有六寢：一是正寢。餘五寢在後，通名燕寢。其一在東北，王春居之。一在西北，王冬居之。一在西南，王秋居之。一在東南，王夏居之。一在中央，六月居之。凡后妃以下，更以次序而上御王於五寢之中也。

上述六寢，依照《周禮·宮人》所記録，一共需要一百零六名宮人來負責日常運營。即：

> 中士四人，下士八人，府二人，史四人，胥八人，徒八十人。

孫怡讓在《周禮正義》卷十一中注解説：

> 鄭意路寢者，一寢而五室十二堂；小寢五者，五寢，寢各一堂二房一室也。小寢雖不如明堂制，然五寢方位亦與明堂五室同。

2. 三寢説

其次爲"三寢説"。見何休《春秋公羊傳解詁》中的注解：

> 天子、諸侯皆有三寢：一曰高寢，二曰路寢，三曰小寢。父居高寢，子居路寢，孫從王父母。妻從夫寢，夫人居小寢。

上述小寢之説，依何休見解，是夫人所居。但是，鄭玄在《周禮注》一書中則認爲：

> 小寢，高祖以下廟之寢也。

在《糾彝》彝銘中有"守宮在小圉"一語，依翁祖庚之説可以得知即是指小廟。鄭玄又以爲"小廟，高祖以下"。賈公彦在《周禮注疏》中則以爲即是指"親廟四"。

前引古籍中都有所謂"路寢"一詞，在彝銘中，目前祇有一例出現"路寢"二字。見吳式芬《攈古録金文》卷三·一中引徐籀莊對《史懋壺》彝銘的解釋：

> 徐籀莊説："旁亭"，旁邑之亭。"濕宮寢"，謂澤之宮寢。"濕""澤"聲近義同。窺，秦篆以爲"親"字。此當釋作"寢路正"也。

路寢的作用是非常大的。賈公彥在《周禮注疏》中對"路寢"的得名問題解釋説：

> 路寢如明堂以聽政。路，大也。人君所居皆曰路。

又説：

> 大夫、士謂之寢。天子、諸侯謂之路寢。

可見，"路寢"即"大寢"，則"大廟"和"大室"皆人君所居，也可以名爲"路廟"和"路室"了。

鄭玄在《周禮注》中對路寢和小寢的功能解釋説：

> 《玉藻》曰："朝，辨色始入。君日出而視之，退適路寢聽政。使人視大夫，大夫退，然後適小寢，釋服。"是路寢以治事，小寢以時燕息焉。

寢的作用除了燕息之外，還有一點作用就是燕射。所謂燕射就是在燕息時的習射活動。賈公彥在《周禮注疏》中説："燕射三耦，在寢。"當時，可能還沒有出現"射宮"和"宣射"的概念吧。可見，在"射宮"沒有正式出現之前，"射"的活動場所是在寢進行的。

3. 寢廟的位置

關于寢廟的位置問題，賈公彥在《周禮注疏》中曾説："燕朝在路寢庭。"一般來説，路寢的位置正對着大廟。賈公彥的解釋是："路寢對大廟，生人之尊也。"證據還可以見《左傳·昭公十八年》中的下述記録：

> 七月，鄭子産爲火故，大爲社，祓禳於四方，振除火災。禮也。乃簡兵大蒐，將爲蒐除。子大叔之廟在道南，其寢在道北。其庭小，過期三日，使除徒陳於道南廟北，曰："子産過女而命速除，乃毀於而鄉。"子産朝，過而怒之，除者南毀。子産及衝，使從者止之曰："毀於北方，火之作也。"

此段記録極其有研究價值！

其一是證明了《周禮·宫人》中的"徒八十"記載的真實性。這裏出現了"除徒"一詞，顯然就是作爲宫人之一的"徒"。

其二是證明了寢和廟的位置是南北對向的。即構成所謂的"前廟後寢"格局。楊鴻勛先生就發現：

二里頭夏代宮殿 F1 的"朝""寢"是在一棟建築之中的，偃師商城的"朝""寢"已經形成分別的單獨建築，即成爲前朝後寢的一個建築群。[1]

寢和祖廟之間還有一點關係，即鄭玄在爲《周禮·庖人》所作的注中將"喪紀"一詞爲"喪紀，喪事之祭，謂虞袝也"。賈公彦爲此作的解説是：

> 天子九虞，後作卒哭祭。虞，卒哭在寢，明日袝於祖廟。

具體説到"廟"與"寢"的位置，見《左傳·昭公十八年》中的記載：

> 子大叔之廟在道南，其寢在道北。

即寢在廟的後面。又見劉體智《善齋吉金録·禮器·丁》一書中對"享"字的古體作二廟相對之形所作的解説：

> 今案：親有異宮，則兩宮之間有巷焉。在寢東，則廟寢之間有巷焉。大夫三廟，適士二廟，廟皆依次而東，則兩廟之間有巷焉。寢廟之間有巷焉。巷之闈門在寢，當東堂下之壁。在廟，當近西堂下之壁。據此則兩廟之間有巷，巷有闈門與此確合，不云廟寢形者，廟尊而寢卑，不應并列也。

儘管廟尊而寢卑的觀念存在，但是，在實際應用上二者的功能常常是密不可分的。所謂"寢廟繹繹"還是將二者并列。因此，金鶚在《求古録禮説》卷八中曾説：

> 古者廟與寢同制，廟後又有寢，故廟亦寢廟。寢廟亦廟也。宮本與廟別，而《喪服傳》有"築宮廟"之文，是"廟"亦曰"宮廟"。寢廟就是宮廟也。

從《師遽方尊》彝銘中説的"王才周康寢饗醴……王乎宰利易師遽"來看，可見周代的寢并非衹是祭祀之地，還兼有賞賜功能在內。

第四節　女子廟制

"孟姬廟"一詞首見于《兹太子鼎》：

---

[1] 楊鴻勛：《宮殿考古通論》，紫禁城出版社 2001 年版，第 45 頁。

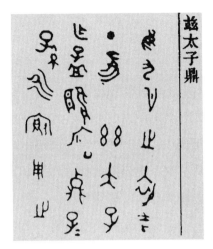

《兹太子鼎》彝銘摹寫

《兹太子鼎》彝銘釋文：

> 唯九月正，初吉
> 丁亥。□兹太子
> 作孟姬廟鼎。子子
> 孫孫永寶用之。

關于孟姬的身份問題，古籍中無從查知。但在銅器彝銘中還可以進一步探討。見《魯伯大父簋》彝銘："魯伯大父作孟姬姜縢簋。"則孟姬爲魯伯大父之妻。又據《善齋吉金録・禮器》卷七・六十八中收録的一簋，彝銘爲："魯白大父乍中姬俞縢簋。"則魯伯大父有妻二人，長曰孟姬，次曰仲姬。孟姬，姜氏。仲姬，俞氏。姬姜氏族通婚，是周王室的通制。而這裏的俞氏，或爲諸侯國陪嫁之女。魯伯大父必爲某位周天子的兄弟。

又見《齊侯匜》彝銘："齊侯作虢孟姬良女（母）寶匜。"這裏的"孟姬"，又出現在方濬益《綴遺齋彝器款識考釋》一書卷七《齊侯盤》中。他對"齊侯作皇氏孟姬寶盤"彝銘的考證可資參考：

> 皇氏者，蓋齊侯自稱其母之辭也。《白虎通》曰："皇，君也，諸侯之母稱小君。"《左氏春秋・隱公三年》"君氏卒"，注曰："隱不敢以正君之禮，故亦不敢備禮於其母。"《傳》曰："君氏卒，聲子也。不赴於諸侯，不反哭於寢，不祔於姑，故不曰薨。不稱夫人，故不言葬。不書姓爲公，故曰君氏。"注："稱曰君氏，以别凡妾縢，據此意孟姬亦必妾縢，非夫人。齊侯，其所出。繼體爲君，非同魯隱之攝位，故得稱姓。然以終非夫人，故不曰皇母而稱皇氏。"

這裏的孟姬，又是齊侯之母，即齊侯之父的妾縢。可見，孟姬出自姜氏，而齊侯也出自姜氏。或許正是因爲違反了"同姓不婚"的規定，纔使孟姬不能成爲夫人而祇能成爲妾縢吧。本着"諸侯嫁女，同姓縢之"的原則，孟姬出自姜氏而齊侯也出自姜氏，這正符合"同姓滕之"的原則。

有關爲婦人立廟的問題，《春秋·隱公五年》中記載了"九月，考仲子之宫"一事。杜預在《春秋經傳集解》一書中解釋爲：

> 婦人無謚，因姓以名宫。

在此處的"宫"即"廟"，則孟姬廟即孟姬宫，即因姓以名宫。可知，孟姬廟即孟姬之廟。杜預在《春秋經傳集解》一書中又特别説明了"今隱公特立此婦人之廟"一語。但是，古代經學家認爲此語是譏諷之意，見鐘文烝《春秋穀梁傳補注》一書：

> 孝公之夫人自在孝宫，仲子以妾母之宫不繫惠公，直言仲子，則夫人之宫矣。生而加夫人之稱，曰"用致夫人"。没而有夫人之廟，曰"考仲子之宫"，皆譏辭也。

又見《春秋穀梁傳》一書中對此的解説：

> 禮，庶子爲君，爲其母築宫，使公子主其祭也。於子祭，於孫止。

可見，在當時"宫"和"廟"的作用是一致的。但是，在當時并不是所有的女人都能有廟，鐘文烝在書中引庾蔚之的觀點説："妾祖姑無廟，爲壇祭之。"女人廟的另一個名稱是"享宫"。見《拍敦》彝銘中："作朕配平姬享宫祀彝"，此件銅器收録在吳式芬《攈古録金文》卷二·二中。又見《殷周金文集成》一書3·602中收録的《王作王母鬲》，彝銘爲："王作王母獸宫尊鬲。""獸宫"一詞，和"圖室"一樣，是對宫室繪畫的説明。這裏繪的是野獸圖案，故名爲"獸宫"。又見《文物》1998年第9期上刊發的《獸宫盤》和《獸宫盉》兩件銅器，其彝銘皆爲"作獸宫彝永寶"，皆爲西周中期之物。

對于周人來説，最早的女人廟可能是"閟宫"。《詩經·閟宫》可以作爲參考，此詩較長，列前幾句如下：

> 閟宫有侐，實實枚枚。赫赫姜嫄，其德不回。
> 上帝是依，無災無害。彌月不遲，是生后稷。

但是，此宫名不見于現今傳世的銅器彝銘。鄭玄在《周禮注》中説：

> 先妣，姜嫄也。姜嫄履大人迹，感神靈而生后稷，是周之先母也。周立廟

自后稷爲始祖，姜嫄無所妃，是以特立廟而祭之。謂之閟宫。

賈公彦進一步解釋説：

> 婦人稱宫，處在幽静，故名廟爲閟宫。

于省吾曾認爲 "閟宫" 就是甲骨文中的 "泮" 字，此説爲丁山所肯定。[1]但是，殷墟卜辭中怎麽會出現周人始祖神的宫廟名？而且，這兩者之間缺乏文字學和史料上的直接證據。顯然，此説是靠不住的。

吳榮光在《筠清館金文》第二卷中收録了《周母宝尊》銅器一件，彝銘爲 "母宝諸婦"。他爲此解釋説：

> 主藏於宗廟謂之宝。此諸婦爲母作主而制器以祭之之事。

可見，女人廟的存在也是由來已久的，并且還可以作爲廟主存在着。清代方苞曾認爲 "古婦人無主"，而汪容甫對此持反對態度。此件銅器的存在，爲汪容甫的 "古婦人有主" 説提供了實際證據。可見，這裏的 "宝" 字已經具有了特殊含義。吳榮光書中第四卷又收録了《周諸母鼎》銅器一件，其彝銘爲："子中壬乍諸母鼎享于宫。" 爲此，他解釋説：

> 諸母者何？父之妾、母之侄娣也。父之妾、母之侄娣，曷爲享？《春秋穀梁傳》曰 "一人有子，三人緩帶" 是也。曷爲享於宫？《春秋》"考仲子之宫"，禮家説之曰 "妾不配食於廟，别立宫以祭" 是也。

可見，婦人廟和婦人宫還是有所區别的。主要表現在是妻還是妾的地位分别上，也就是所謂的正側關係。婦人宫則説明了其地位不是正室，而婦人廟則可以肯定其身份必是正妻。

第五節　彝銘中所見太室、大室考

在彝銘中，"大" 字和 "太" 字相通，所以 "大室" 即 "太室"。在殷墟甲骨卜

---

[1]　見丁山：《中國古代宗教與神話考》，龍門聯合書局 1961 年版，第 193 頁。

辭中已經大量出現了"大室"一詞。陳夢家《殷虛卜辭綜述》:

> 於大室。《庫》1669　武丁卜辭
>
> 其奠告於大室。《金》36　祖甲卜辭
>
> 司母大室。《粹》1251　康丁卜辭

他認爲:

> 殷代宗廟之制與西周自有不同……大室(《師毛父簋》)、師戲大室(《豆閉簋》)、穆王大室(《舀鼎》)、穆大室(《伊簋》)是治事之所……王有時居於大室(《吳方彝》),册命之所,固常行於宮(《康鼎》《史懋壺》),廟(《同簋》《免簋》)或宣榭(《埲簋》)。[1]

大室,在西周初期金文中曾被寫作"昊室",見《天亡簋》彝銘中有"王祀于昊室"一語。在彝銘中出現的"大室"一詞,一般都是用"王才某大室"和"王格大室"的形式。在筆者所收録的出現"大室"二字的四十多件銅器彝銘中,在"大室"前面明確説明了某宮大室或某種性質大室的有以下七種:

周成大室。《吳方彝蓋》。

康宮大室。《君夫簋蓋》。

穆大室。《伊簋》。

師戲大室。《豆閉簋》。

緐宮大室。《詻白鼎》。

周康宮釋大室。《匍攸從鼎》。

師嗣馬宮大室。《殺簋》。

這裏的"師戲大室"一詞,古今頗多異説。劉心源在《奇觚室吉金文述》一書中認爲:

> 師當是京師。戲讀麾。見《漢書·高帝紀》:"麾大室者,開大室也。"

但是,陳夢家認爲:

> 師戲猶師虎之例,乃是人名戲而爲師之官者。師戲大室是師戲宮寢中的大

---

[1]　陳夢家:《殷虛卜辭綜述》,科學出版社1956年版,第479頁。

室。西周金文王於王宮中、王大室中、先王廟中策命，亦往往於臣工之宫中、大室中策命。王有大室（如《𢽈鼎》的穆王大室）。臣工亦有大室（如此器的師戲大室）。[1]

這一解説是合理的。但是，因爲文中没有出現"師戲宫"之説，所以把"師戲大室"放在"大室"一節中盡心討論。吴闓生在《吉金文録》一書"金三·豆閉敦"中考證説：

> 師戲大室者，師戲之家廟也。《牧敦》："王才師游父宫格大室。"《師酉敦》："王才吴格吴太廟。"皆與此同。蓋王在外則假其地之宫廟以行禮，不必太廟。《左傳》："君冠，必以祼享之禮行之，以金石之樂節之，以先君之祧處之。"今寡君在行，未可具也。請及兄弟之國而假備焉！"是其義也。

此説十分精湛，又符合當時的歷史記録。一般來説，有某宫就會相應的有大室存在。如：

《頌壺》彝銘："王在周康昭宫。且。王格大室。"

《寰盤》彝銘："王在周康穆宫。且。王格大室。"

《望簋》彝銘："王在周康宫新宫。且。王格大室。"

《大師盧簋》彝銘："王在周師量宫。且。王格大室。"

《諫簋》彝銘："王在周師彔（録）宫。且。王格大室。"

《揚簋》彝銘："王在周康宫。且。王格大室。"

《牧簋》彝銘："王在周，在師汙父宫。格大室。"

……

由上可知：

第一，"大室"屬于宗廟建築中某宫中的一部分。

第二，"王格大室"是在次日之"且"進行的。這是出于祭祀活動的需要還是商周時代對太陽的天神崇拜的遺留？而對"且"的時間概念判定，是以所謂"庭燎"來進行的。即在中庭中點篝火，直到淩晨日旦時開始上朝。

第三，"王格大室"之前在彝銘中見不到有沐浴更衣之類的後世儀式。

---

[1]　陳夢家：《西周銅器斷代（六）》，《考古學報》1956 年第 4 期。

第四，除了在西周初期的《天亡簋》等彝銘中"大室"作爲祭祀活動的主要場所之外，其他皆爲册命活動的場所。

因此，薛尚功在《歷代鐘鼎彝器款識》一書中認爲：

> 大室者，廟中之室。言大以别其次者，如魯有世室是也。

此説一出就一直很有市場。如吴式芬在《攈古録金文》卷三·三中就曾引徐籀莊之論：

> 大室，當指文世室。《公羊春秋·文十三年》："世室屋壞"。《左氏》《穀梁》并作"大室"。《穀梁傳》云："大室猶世室也。"《周禮·大宗伯》注："王將出命假祖廟。"《祭法》："周人祖文王，祖廟爲文王廟，則大室爲文世室矣。"

此説的來源是《春秋穀梁傳·文公十三年》中的記載：

> 大室猶世室也。周公曰大廟，伯禽曰大室，群公曰宮。

而世室有着更爲久遠的古老傳説，夏后氏之室的文獻記録自不必説，在甘肅秦安大地灣901號考古發掘現場房址，在這一基址的中心部位發現了宮殿地基的原始輪廓，更加證明了世室的由來可以上溯到夏后氏時代。而在宗廟建築結構上，這一基址也具有了前堂後室的格局。楊鴻勛先生甚至把它看作是奠定了中國宮殿建築的基本格局。此説并不爲過。

但是，把大室之稱歸結爲開始于伯禽，恐不當。"大室"之"大"和"路寢"之"路"，在古籍中都以爲是對天子的尊重。在伯禽之前就已經存在了。

王慎行在《古文字與殷周文明》一書中曾考證説：

> 卜辭中有"中室""南室""東室""東寢""西寢"之類的宮殿居室，又有"大室"之稱。陳夢家謂："南室可能如金文南門之例，是在南邊的，它在正室之南，大室背北而向南。"故"大室"當爲坐北朝南的北屋。[1]

然而，有的彝銘中祇説"大室"，不詳所指爲何處的大室。如《師奎父鼎》彝銘中的"王格于大室"一語。有的彝銘中則可以看出大室的所在地點。如《靜方鼎》

---

[1]　王慎行：《古文字與殷周文明》，陝西人民教育出版社1992年版，第161頁。

彝銘中的"八月初吉庚申至，于成周"一語，可以看出成周大室在成周。

鄭大室與明堂的異同問題一直是學術界比較感興趣的話題。明堂，又稱"辟雍"。見《史記·封禪書》："天子曰明堂、辟雍。諸侯曰泮宮。"看來，有關名稱還是比較多的。所以，阮元在《問字堂集》一書中纔説："故明堂、太廟、太學、靈台、靈沼，皆同一地，就事殊名。"當然，明堂別名的增多并非祇是殷代的特例。

在宗廟意義之外的大室，或寫作"太室""天室"，一般多指嵩山。這是毋庸置疑的。因爲司馬遷在《史記·封禪書》中就明確説了"太室，嵩山也"。因此，"大室"或"太室"的概念是頗不一致的。

第二十章　廟制特殊研究

第一節　告廟制度研究

一、告朔

告朔是西周告廟制度重要内容之一。《春秋公羊傳・文公六年》："不告月者何，不告朔也。"何休《解詁》解釋"告朔"：

> 禮，諸侯受十二月朔政於天子，藏於太祖廟，每月朔朝廟，使大夫南面奉天子命，君北面而受之。比時，使有司先告朔，謹之至也。

早在殷商時代就已經有告朔現象産生。吴榮光在《筠清館金文》一書中收録有《商父丁爵》銅器一件，其彝銘爲"父丁朔"。他爲此解釋説：

> 此爵當是告朔之器。

此件銅器爲葉東卿所藏。中英鴉片戰争之後，其子葉名琛被擄，他亦返回故里，而所藏銅器頃刻之間蕩然無存。從命名的角度來看，還是以干支作爲名號。但是，最後一字的"朔"字，或爲父丁之名，或爲父丁之職。但是，以此字入彝銘中，則當時告朔現象的存在已經是確定無疑的了。又見該書所收録的《商元舉》彝銘，衹是一個"元"字。他又引吴式芬的觀點説：

> 重屋上一字從二從人，當是"元"字。人君即位之始銘是器，以告廟也。

和上一器相比，所缺的衹是"父丁"二字。看來，在殷商時代的銅器彝銘，告廟的内容已經包括了"告朔"和"告元年"二者。這裏的人名可能是擔當告廟的官員。在古代文獻中，"告元年"的記録，如《春秋・隱公元年》的"元年春，王正月"一語。杜預在《春秋經傳集解》中爲此注解説：

> 隱雖不即位，然攝行君事，故亦朝廟告朔也。

依據上述觀點，告廟地點在朝廟。

但是，《周禮・春官・司尊彝》"凡四時之間祀，追享、朝享，祼用虎彝蜼彝，皆有舟"，賈公彦提出新解：

> 云"朝享，謂朝受政於廟"者，謂天子告朔於明堂，因即"朝享"。"朝享"即《祭法》謂之"月祭"。故《祭法》云："考廟、王考廟、皇考廟、顯考廟、祖考廟，皆月祭之。二祧享嘗乃止。"

原來，他注意到了：

> 天子告朔於明堂，則是天子受政於明堂。而云"受政於廟"者，謂告朔自是受十二月政令，故名明堂爲"布政之宮"，以告朔記。因即朝廟，亦謂之受政。但與明堂受朔別也。

相反，在《左傳・莊公元年》中記載：

> 元年春。不稱即位，文姜出故也。

在這裏，没有使用"王正月"三個字。爲此，杜預在《春秋經傳集解》解説"不書，不告廟"。

在吴榮光的書中還收録了《商元祀禪》銅器一件，其彝銘爲"王元祀"。殷商時代稱"年"爲"元"。此銘即"王元年"。這或許是《左傳》中的"王正月"之説的直接來源。吴榮光爲此考證説：

> 《春秋》今文家説："孔子受天命，變一爲元，制正月。"是故《春秋》建元始。今考孔子以前彝鼎文，無一以元年爲一年者，無一以正月爲一月者。元年正月，百王所同。不可得與民變革者也。與三科九指質家文家之異同。無與董、何兩大儒求素王所説始。不得其微言所詫始，而爲之辭。

而且，告朔行爲必須是每月一次的。特别是在出現閏月時必須告廟。《春秋・文公五年》記載文公因爲閏月就没有進行告廟活動，杜預在《春秋經傳集解》中解説爲文公“以閏月爲非常月，故闕不告朔”的行爲是“怠慢政事”。甚至到了文公十三年發生大室之屋壞損時，他也歸因爲當年文公的“簡慢宗廟”行爲。所以，何休在《春秋公羊傳解詁》中纔説：“使大夫南面奉天子命，君北面而受之。比時，使有司先告朔，謹之至也。”這樣纔不是“簡慢宗廟”行爲。

告廟地點一般在朝廟。而且舉行告朔時要使用餼羊來祭祀。見《論語·八佾》：“子貢欲去告朔之餼羊”。

二、逆婦

逆婦也是西周告廟制度的重要内容之一。見《左傳·隱公八年》中的記載：

> 四月甲辰，鄭公子忽如陳逆婦嬀。辛亥，以嬀氏歸。陳鍼子送女，先配而後祖。鍼子曰：“是不爲夫婦，誣其祖矣。非禮也，何以能育？”

杜預在《春秋經傳集解》一書中爲此解釋説：

> 禮，逆婦必先告祖廟而後行。

在彝銘中，《散伯車父壺》彝銘中記載了逆婦一事，如下：

《散伯車父壺》彝銘拓片

《散伯車父壺》彝銘釋文：

> 散車父作皇
>
> 母夫酺姜
>
> 寶壺。用逆

> 姞氏。伯車
>
> 父其萬年
>
> 子子孫孫永寶。

這裏的"姞氏"就是逆婦的當事人，散伯車父爲此特地向皇母夫酖姜氏告廟并作寶壺，用來乞求平安。

《散伯車父鼎》彝銘也記載了同樣的事情：

《散伯車父鼎》彝銘釋文：

> 唯王四年八月初吉
> 丁亥。散伯車父作
> 邲姞尊鼎。其萬
> 年，子子孫孫永寶。

《散伯車父鼎》彝銘拓片

這裏的"初吉"的"吉"字顯然是最後補刻。占用了"初"字的左下側空間。

根據"先配而後祖"的記載，逆婦的告廟地點在祖廟。這大概是出于對祖先崇拜的信仰和血緣關係的考慮吧。因爲逆婦和生子嗣有直接關係，所以向祖先告廟也就具有請求祖先接納後人的婦人加入本家族中的含義在內。而不告廟的直接危害就是不能生育。這應該是西周初期比較盛行的一種生育信仰，它和當時對高媒神崇拜的生育信仰是殷周時代生育信仰的重要組成。

三、公行

公行也是西周告廟制度的重要內容之一。見《左傳·桓公二年》中的記載：

> 冬，公至自唐。告於廟也。凡公行，告於宗廟。反行、飲至、舍爵、策勳焉，禮也。

在彝銘中，公行告廟的內容，如《靜方鼎》彝銘如下：

《靜方鼎》彝銘拓片

《靜方鼎》彝銘釋文：

唯七月甲子。王在宗周，令

師中眔中靜眚（省）南或（國）相

𢼸（嶽）𡉚。八月初吉庚申至。告

于成周。月既望丁丑。王在成

周大室，令靜曰："卑汝在

𨟭（鄂）師。"王曰："靜。賜汝旂、市（帯）、采霠。"曰："用事。"

靜揚天子休。用作父

丁寶彝。

這裏的告廟地點"告成周"是在成周。即告廟地點在成周的宗廟。

由上述記載又可以得知，公行之外，反行、飲至、舍爵、冊勛四者都是告廟的重要內容之一。如《左傳·襄公十三年》中的記載："孟獻子書勞於廟，禮也。"

在這裏對舍爵和冊勛的記載，在彝銘中有大量的實際證據存在，也即著名的冊命金文。但是，在冊命彝銘中，明確說明了在接受冊命後要告廟的彝銘并不多。然而，"乍某某寶尊彝"之類的作器彝銘和"用乍文祖、皇祖、祖考、文考、皇考旅彝"之類的祭祖彝銘的大量出現，正說明了在接受舍爵和冊命之後必然要進行告廟活動。

四、盟誓

盟誓也是西周告廟制度的重要內容之一。見《左傳·昭公七年》中的記載：

嬰齊受命於蜀。奉承以來，弗敢失隕，而致諸宗祧。

杜預在《春秋經傳集解》一書中的解説是：

言奉成公此語以告宗廟。

在彝銘中，如著名的《五祀衛鼎》就記録了舉行盟誓的彝銘如下："井伯、伯邑父、定伯、倞伯、伯俗父，迺覯事（使）厲誓。"又見于《格伯簋》彝銘中如下："厥書史蔵武立盟成"一語，也是盟誓告廟的彝銘。

由上述記載可以得出，告廟地點在宗廟。看來。盟誓行爲更多是一種和同姓有關係的社會結盟行爲。所謂"同姓於宗廟"并不僅僅是爲了祭祀活動。

五、征伐

征伐也是西周告廟制度的重要内容之一。見《春秋·僖公四年》中的記載：

八月，公至自伐楚。

杜預在《春秋經傳集解》中對"至"字的解釋爲"告于廟。"

但是，告廟地點不明。依賈公彦在《周禮注疏》卷二十五中的注解：

按《尚書·武成》："丁未，祀于周廟，庚戌柴望。"皆是軍歸告宗廟，告天及山川。即此經出時告之，歸亦告之。

最爲著名的征伐告廟彝銘出自《何尊》，如下：

《何尊》彝銘拓片

《何尊》彝銘釋文：

> 唯王初鄰（遷）宅于成周，復亩（稟）
>
> 武王豐（禮）福自天。在四月丙戌。
>
> 王高（誥）宗小子于京室。曰："昔在
>
> 爾考公氏，克逑文王，肄（肆）文
>
> 王受茲大命。唯武王既克大
>
> 邑商，則廷告于天。曰：'余其
>
> 宅茲中或（國），自之𤰇（辥、嶭）民。'烏
>
> 虖！爾有唯雖小子亡戠（識），䁲（視）于
>
> 公氏，有爵（勛）于天，叡（徹）令（命）。敬
>
> 享戈（哉）！"叀（唯）王龏（恭）德谷（裕）天，順（訓）我
>
> 不每（敏），王咸高（誥）。何賜貝卅朋。用作
>
> 圁（庚）公寶尊彝。唯王五祀。

這裏十分明顯是"唯武王既克大邑商，則廷告于天"！這一記載證明了告廟制度和征伐的密切關係。因此，出征班師必須舉行告廟已經是周代的定制。

又可見彝銘中的史料證據如《羌伯簋》彝銘："唯王九年九月甲寅。王命益公征眉傲。益公至告。"這裏，極爲明確地點出了"至告"二字，它是告廟制度的特別説明用語。再見于《塦方鼎》彝銘："唯周公于征伐東尸（夷）。豐伯、專（薄）古（姑）咸戈。公歸𥚃于周廟。"這裏的"𥚃"字，由上到下從雙從佳從示三部分組成，舊多不識。從文義來看，此字乃是"告"字的繁體。加"示"字説明了此字作爲告廟活動的專用字的性質。告廟地點是周廟，即周始祖廟或文王廟。因此，此彝銘中的"周公"是生稱，不存在"周廟即周公廟"的問題。而彝銘內容又是征伐東夷諸國，所以這裏的周廟是文王廟的可能性較大。

第二節　毀廟制度研究

"毀廟"的定義，可以看何休在《春秋公羊傳解詁》中的解説：

　　　　毀廟，謂親過高祖，毀其廟，藏其主于大祖廟中。

　　毀廟制度有兩種，一種是基于遷廟制度角度上的毀廟行爲。另一種是戰勝國對戰敗國的侮辱。其中後者以《左傳·桓公十四年》中所記載的毀廟制度爲例來説：

　　　　冬，宋人以諸侯伐鄭，報宋之戰也。焚渠門，入及大逵。伐東郊，取牛首，以大宮之椽歸，爲盧門之椽。

宋人伐鄭，把鄭國祖廟上的大椽撤下來作爲宋國城門的大椽，這和把鄭國國君的人頭掛在宋國城門上示衆是一樣的。對于毀廟制度問題，杜正勝以爲"大概是殷人的一貫作風"[1]的説法是不妥當的。

　　王貴民在《商周廟制新考》一文中得出了"商代直到晚期還没有毀廟之制"的結論。他説：

　　　　甲骨文記載，商代後期不斷地"作宗"，即建造宗廟。這時商都宗廟林立，除一些自然神廟外，主要是祖先宗廟，而且都是直系先公先王的。如夒宗、大乙宗、唐宗、大丁宗、大甲宗、大庚宗、大戊宗、中丁宗、祖乙宗、祖辛宗、祖丁宗、小乙宗、四祖丁宗、祖甲舊宗、康祖丁宗、武祖丁宗、武乙宗、文武丁宗、文武帝乙宗等等。還有稱近親名號者：武丁期的父乙宗，康丁期的父己宗、父甲宗，武乙期的父丁宗。此外還有妣、母之宗。高祖以上的先王宗廟一直到晚期依然存在，可見整個商代未立毀廟之制。[2]

　　在甲骨文中，也有把十九位先祖同時祭祀的卜辭存在。見《甲骨文合集》一書32786 中的記載："丁巳卜，侑于十位伊又九。"而這裏的十九位先祖并非殷代的先公先王，衹是殷商大臣的先祖？

　　可見上自王室，下到大臣都可以同時祭祀列祖列宗，而不計人數多少和輩份高低。因此，在宗廟制度上，毀廟制度的建立是商周廟制的一大區別。而且，毀廟和遷廟又是一而二、二而一的。王暉在《商周文化比較研究》一書中，通過對《史牆盤》和《瘋鐘》彝銘的對比研究，發現了當時存在毀廟現象的證據：

　　　　牆盤銘文中的高祖"乙公"，在瘋鐘銘文中被刪去了，此應即《禮記·喪服

──────────

[1] 杜正勝：《周代城邦》，聯經出版事業有限公司 1981 年版，第 130 頁。

[2] 王貴民：《商周廟制新考》，《文史》第 45 輯，中華書局 1998 年版，第 34 頁。

小記》中所説的"祖遷於上，宗易於下"。上一輩史牆稱"亞祖祖辛"的，其子
瘣則稱"高祖辛公"，史牆稱"文考乙公"的，其子瘣則稱"文祖乙公"，或
"亞祖乙公"，同時瘣又增列上了其父史牆的廟號"皇考丁公"。這種現象告訴我
們，在史牆之子瘣的時代，已毀掉了其父時代稱高祖乙公的宗廟，新增設了其
父丁公的宗廟，其宗依此上推。[1]

這一分析是極爲有見地和準確的。同時也爲我們提供了在不同的銅器之間進行銘文
比較研究的成功範例。其實，唐蘭在《略論西周微氏家族窖藏銅器群的重要意義》
一文中已經對這兩件銘文進行了比較研究，祇是沒有上升到殷周廟制的這一意義
上來。

因爲商代還没有出現毀廟制度，所以也不會出現遷廟制度。清代經學家許宗彦
爲此特別説明：

> 《周禮》："五廟二祧。"五廟者，一祖四親。服止五，廟亦止五。先王制禮
> 有節，仁孝無窮，于親近之祖，限于禮不得不毀，故五廟外建二祧，使親盡者
> 遷焉，行享嘗之禮。由遷而毀，去事有漸，而仁人孝子之心，亦庶乎可已。故
> 五廟，禮之正。二祧，仁之至。此周人宗廟之大法也。

在毀廟制度中，還有一項對未毀廟者的祭祀方法。古籍中稱之爲"大祫"之祭
法。見《春秋公羊傳·文公二年》中的記載：

> 大祫者何？合祭也。其合祭奈何？毀廟之主，陳於大祖；未毀廟之主皆升，
> 合食於大祖。

在《史牆盤》彝銘中，六代祖先同時成爲第七代瘣的祭祀對象。構成了一種大
合祭的現象。因此，"祫"和"啻"的意義不同。特別是在行祭的年數上。何休有所
謂的"三年祫，五年啻"之説。

在西周彝銘的研究中，古文字學界對"祫"字的認定還處於探索階段。早在20世
紀30年代，徐中舒就曾主張甲骨文和彝銘中的"劦"字就是"祫"字。但是，此字是
由上部的"劦"和下部的"口"組成。并且，在彝銘史料中它總是以"劦日"一起出
現的。如《己酉方彝》彝銘："在九月唯王十祀劦日。"再如《寢孳方彝》彝銘："劦日

---

[1] 王暉：《商周文化比較研究》，人民出版社2000年版，第312頁。

唯王廿祀。”從使用的紀年時間詞來看，多爲殷商晚期銅器。而且在殷商銅器彝銘中就出現了“畜日”和“肜日”的活動記録。容庚在《商周彝器通考》一書中説：

> 商人祭祀之名有曰“畜日”，曰“肜日”者，《己酉戌命彝》《兄癸卣》《戊辰彝》皆曰“畜日”，《乙酉父丁彝》《舲尊》皆曰“肜日”。[1]

因爲在殷代還没有出現毁廟制度，所以也就不存在“大祫”問題。這正是徐中舒没有注意到的。而且，把“畜日”看成是“大祫”還缺乏直接的證據。

第三節　遷廟制度研究

遷廟制度和毁廟制度是密不可分的，這是西周宗廟制度上的一條重要原則。賈公彦在《周禮注疏》中爲此特別解釋説：

> 祖其有德，宗其有功，其廟不毁，故云祧也。

可見，祧廟是由毁廟制度而形成的。遷廟制度在其本質上是儒家宗法思想的直接來源。賈公彦在《周禮注疏》中對此問題總結出一句話，即：“諸侯既不可與天子同有二祧。”這句話把原始儒家宗法制度的血緣關係闡述得十分清楚。王國維在論述商周政治制度的區別時曾總結爲以下三點：

> 欲觀周之所以定天下，必自其制度始矣。周人制度之大異於商者，一曰立子嫡之制，由是而生宗法及喪服之制，并由是而有封建子弟之制、君天子臣諸侯之制；二曰廟數之制；三曰同姓不婚之制。此數者，皆周之所以綱紀天下。[2]

但是，現在的問題是“諸侯既不可與天子同有二祧”之説，這無異于對注重血緣關係和立子嫡原則的西周政治制度的徹底否定。所以，王暉先生在《商周文化比較研究》一書中就嘗試着對王國維上述之説進行修改和部分否定。

一、“祧”字諸説的考察

“祧”字，在古代經學家和文字學家的眼中意義是不同的。大致有以下五種解

---

[1] 容庚：《商周彝器通考》上册，哈佛燕京學社 1941 年版，第 30 頁。
[2] 王國維：《觀堂集林》卷十，《王國維遺書》，上海古籍書店 1983 年版，第 2 頁。

説，如下：

其一，遷廟説。

見許慎《説文解字》一書中的記載：

> 祧，遷廟也。

此説的特點是把祧廟解釋成遷廟，但是，通過我們上述的論述可以得知，祧廟和遷廟還是有一定區別的。

其二，曾祖廟説。

見服虔爲《左傳·襄公九年》所作的注：

> 曾祖之廟曰祧。

此説的意義在于肯定了祧廟的接受物件，并且試圖以此來解説"親廟四"説的具體成因。

其三，遠廟説。

見鄭玄《周禮注》中的記載：

> 遠廟曰祧。

此説和上述之説有一定相同之處，都是立足于爲解説"親廟四"的成立的立場上。但是，在具體區分"曾祖"和"遠祖"的使用物件上，缺乏明確的説明和界定。

其四，始祖廟説。

見杜預《春秋經傳集解》一書中的記載：

> 諸侯以始祖之廟爲祧。

此説還是在上述二説的範圍内，但是，"始祖之廟爲祧"説的出現，對于解釋"祖遷於上，宗易於下"之説是有一定的借助意義的。

其五，功德説。

見賈公彦在《周禮注疏》：

> 祖其有德，宗其有功，其廟不毁，故云祧也。

在以上諸説中，祇有賈公彦之説是立足於廟制的。對于遷廟制度的誕生問題，他認爲：

知“遷主藏焉”者，以其顯考已下，其廟毀，不可以藏遷主。文武既不毀，明當昭者藏於武王廟，當穆者藏於文王廟可知。故云“遷主藏焉”。若文武已上父祖，不可入下子孫之廟，宜藏於后稷之廟。

在遷廟制度上有個著名的“五世則遷”的原則。即許宗彥《鑑止水齋集》卷十二《周廟祧考世室考》中總結出的有關西周廟制的規則：“始祖一廟，百世不遷。即爲百世不遷之宗。以下五世迭遷，即爲五世而遷之宗。”

王貴民就此在《商周廟制新考》一文中進一步發揮説：

由於最後在宗法制度上確立了五世則遷的原則，祭祀的常制就祇上及於高祖而止。因此所立親廟也祇上及於高祖，相當於《祭法篇》所説的“顯考廟”。每世的高祖以上的祖廟則要不斷的毀去，將其神主遷出藏於始祖之廟，這就叫做“祖遷於上”。同樣，高祖以下至本人爲五世，在宗法的親屬關係範圍内，下一世則超出這個範圍，同高祖的四從兄弟則離宗，這叫做“宗易於下”。這個“遷”和“易”都根據同一原理，同時在世系的兩端實行，每一世代都這樣，一個宗族始終保持着五世的系統。[1]

二、守祧

在西周時代，專有守護祧廟的官員。見《周禮·守祧》中的記載：

守祧，掌守先王先公之廟祧，其遺衣服藏焉。若將祭祀，則各以其服授尸。其廟則有司修除之。其祧，則守祧黝堊之。既祭，則藏其隋與衣服。

具體的守祧人數問題，在《周禮·守祧》中介紹説：“守祧，奄八人。女祧，每廟二人，奚四人。”“奄”和“奚”二者，依據鄭玄的解釋，即指宦官和女奴。

在《左傳·莊公十四年》中記録了原繁的祖先爲守祧之官一事：

對曰：“先君桓公命我先人典司宗祏。”

杜預在《春秋經傳集解》一書中爲此解釋説：“言己世爲宗廟守臣。”這裏的“宗廟守臣”一語，即是指“守祧”之官。由此而來可以證明《周禮》在此問題記載上的準確性。

三、遷主及昭穆制度

在具體的遷廟種類上，又有所謂“先公之遷主”和“先王之遷主”二者。見鄭

---

[1]　王貴民：《商周廟制新考》，《文史》第 45 輯，中華書局 1998 年版，第 33 頁。

玄《周禮注》中的記載：

> 先公之遷主，藏於后稷之廟。先王之遷主，藏於文武之廟。

賈公彥在《周禮注疏》卷二十一中對此問題的解説是：

> 先公之主，不可下入子孫廟，故知向上入后稷廟。案《聘禮》云：“不腆先君之祧，既拚以俟。”諸侯無二祧，先祖之主皆藏於大祖廟，故名祧。若然，后稷廟藏先公，不名祧者，以有大祖廟名，又文武已名祧，故后稷不名祧也。若然，大王、王季之主不可入文武祧，亦當藏於后稷廟也……當周公制禮之時，文武在“親廟四”之内，未毁。不得爲祧。然文武雖未爲祧，已立其廟。至後子孫，文武應遷而不遷，乃爲祧也。

廟主可以是男性，也可以是女性。見吳榮光《筠清館金文》一書中所收《周母宝尊》銅器彝銘“母宝諸婦”，吳榮光對此的解説是：

> 主藏於宗廟謂之宝。

可見，這裏的神主是婦人。在西周時代，一般是把神主放在特定的房間内的石製龕内，這個龕也是製成宮室的形狀。而神主所在的這個石室被稱爲“宗祐”。如《左傳·莊公十四年》中就有“先君桓公命我先人典司宗祐”一語的記載。杜預在《春秋經傳集解》一書中爲此的解説是：

> 宗祐，宗廟中藏主之石室。

當有入遷活動時，又由負責昭穆安排的官吏進行具體的排放位置的安排。見賈公彥《周禮注疏》一書中的解釋：

> 其立廟之法：后稷廟在中央，當昭者處東，穆者處西，皆別爲宮院者也。

這是剛放入廟中的新死者要以“當昭者處東，穆者處西”的安排在廟中受祭的固定位置。即杜預在《春秋經傳集解》一書中所謂的“審昭穆，列之昭穆”。負責這一工作的人被稱爲“宗伯”。如下：

> 宗伯，掌宗廟昭穆之禮。

在銅器彝銘中，也有“宗伯”一詞出現。如收錄在《殷周金文集成》一書15·9730中的彝銘：“齊侯命太子乘遽來句宗伯。”在同書第15·9729中也收錄了有同樣內容的銅器彝銘。

在西周宗法制度的禮儀中，安排昭穆是不能出現差錯的。否則就是違反西周禮制的僭越行爲。在《左傳·文公二年》中記載了“躋僖公”一事，被認爲是逆祀現象：

> 秋八月，丁卯，大事於大廟。躋僖公，逆祀也。於是夏父弗忌爲宗伯，尊僖公。且明見曰：“吾見新鬼大，故鬼小。先大後小，順也。躋聖賢，明也。明順，禮也。”君子以爲失禮。禮，無不順。祀，國之大事也，而逆之。可謂禮乎？

其實，在父昭子穆的規定下，出現兄弟同爲穆而弟又爲國君時，就會產生宗法制度和儒家禮教所不能容忍的“逆祀”現象。張光直在《中國青銅時代》一書中總結昭穆制度的三個特點爲：

> 其一昭穆顯然爲祖廟的分類。周代先王死後，立主於祖廟，立於昭組抑穆組視其世代而定。其二，昭穆是古人爲別親屬之序而來，即廟號之分類代表了先王生前在親屬制上的分類。其三，昭穆規定了父子不能爲一系，而祖孫爲同昭或同穆的現象。[1]

而這一制度在遷廟活動中又是必須嚴加遵守的。在廟制問題上，宗伯，就是專司昭穆制度安排的官吏。昭穆的位置是不可變更的，它不受遷廟制度活動的影響。

第四節　“禘”祭問題

“禘”字在金文史料中出現數次，因爲涉及遷廟、毀廟制度問題，所以值得認真予以研究。

杜預《春秋經傳集解·閔公二年》中的記載：

> 三年喪畢，致新死者之主於廟，廟之遠主當遷入祧，因是大祭以審昭穆，謂之禘。

這裏的“禘”，也就是“禘”。作“禘”和“禘”在古籍中似無大的區別。但是，在彝銘中還是有所區別的。與“禘”字相應的有兩種祭祀意思：

[1]　張光直：《中國青銅時代》，生活·讀書·新知三聯書店 1983 年版，第 164 頁。

其一是作爲四時之一的禘祭，即“啻”。

其二是作爲“王者禘其祖之所自出”的大禘祭祀，即“禘”。在我們這裏主要是指“啻”。

在此，還要明白一點，即：啻是指“致新死者之主於廟”還是指“廟之遠主當遷於祧”？

這個問題頗不簡單。實際上還涉及對銅器的斷代問題。故此必須加以説明。若是前者，則啻的接受者和行祭者之間構成爲祖孫關係或父子關係。若是後，則二者爲曾祖孫關係。而筆者傾向于二者是父子關係。《西清續鑑甲編》卷十二所收《周大中敦》彝銘有“用諦於乃考”一語，王杰等人解釋爲：

> 又考《後漢書·祭祀志下》曰：“禘之爲言諦。諦諟昭穆，尊卑之義。”則此“禘”字當以鬻祀釋之。

考證見下文。

服虔認爲始祖廟爲祧，即把啻的行祭者和接受者之間理解爲曾祖和曾孫之見的關係。杜預認爲始祖廟爲祧，此説至少也是上一説的翻版。而鄭玄的遠廟説和許慎的遷廟説并沒有具體説明二者的關係。祇有賈公彥的功德説是立足于祖宗關係，即實際上的父子關係的立場。

有幾點先總結如下：

其一是“禘”字在西周彝銘中多作“啻”，文獻中多作“禘”。作爲四時之一的禘祭使用時爲“啻”，作爲“王者禘其祖之所自出”的大禘祭祀使用時爲“禘”。

其二是接受啻祭的先王是“廟之遠主”，不是“新死者”。

其三是在西周彝銘中出現“啻”字時，間接説明“新死者”已經死了三年。這爲銅器斷代和確定西周諸王的在位年限提供了一條參考。“三年喪畢”之説，還可以見于《墨子·節葬》中的記載：

> 君死，喪之三年。父母死，喪之三年。妻與後子死者五，皆喪之三年。

因此，三年是啻祭和遷廟制度的公認起點。

其四是接受啻祭者和行啻祭者之間構成父子關係。即看到彝銘中出現的“先王”的名字，就可以知道“新死者”的名字。

段玉裁在《説文解字注》一書中曾對此字總結説：

禘有三：有時禘、有殷禘、有大禘。時禘者，《王制》"春日礿，夏日禘，秋日嘗，冬日烝"是也，夏商之禮也。殷禘者，周春祠夏礿秋嘗冬烝，以禘爲殷祭。殷者，盛也。禘與祫，皆合群廟之主祭於大祖廟也。大禘者，《大傳》《小記》皆曰"王者禘其祖之所自出"，以其祖配之。謂王者之先祖，皆感大微五帝之精以生，皆用正歲之正月郊祭之。《孝經》"郊祀后稷以配天"，配靈威仰也。《毛詩》言禘者二，曰："《雝》，禘大祖也。"大祖謂文王。此言殷祭也。曰："《長發》，大禘也。"此言商郊祭。感生帝汁，光紀以玄王配也。云"大禘"者，蓋謂其事大於宗廟之禘。《春秋》經言諸侯之禮，《僖八年》："禘於太廟。"太廟，謂周公廟，魯之太祖也。天子宗廟之禘，亦以尊太祖。此正禮也。其他經言"吉禘於莊公"，《傳》之"禘於武公""禘於襄公""禘於僖公"，皆專祭一公，僭用禘名。非成王賜魯重祭周公得用禘禮之意也。

即他所謂的"大禘"，也就是《禮記·大傳》中所說的"不王不禘"之說。它有別于普通的"禘"。

在彝銘中出現的"禘"字彝銘：

《刺鼎》彝銘拓片

《刺鼎》彝銘釋文：

唯五月，王在衣（殷），辰在丁
卯。王禘（禘）用牲于大室，
禘（禘）邵（昭）王。刺御。王賜刺
貝卅朋，天子萬年。刺對
揚王休，用作黃公尊
鼎彝。其孫孫子子永寶用。

此鼎收錄在《三代吉金文存》卷四·二十三·三中，爲西周中期之物。其中，"鼎"字作上"將"下"鼎"之"鼎"字。此件銅器彝銘中的"禘邵王"中的"邵王"即昭王。刺因爲協助周天子的行動而受到賞賜。而刺又將所受賞品用來"乍黃

公尊彝"。可見剌的祖先是黃公。方濬益在《綴遺齋彝器款識考釋》卷四中對《剌鼎》彝銘的解釋説:

> 濬益按:此文曰"五月禘昭王",與《王制》之言相合。是此禘爲時祭審矣。古無黃諡,黃疑地名,當是食邑於黃,故稱"黃公"。

"禘邵王"的地點在大室。本着禘的接受者和行祭者之間是父子關係的原則,這裏的"王",筆者主張是穆王。郭沫若在《兩周金文辭大系》一書中也考證説:"昭王南征不返,故於此禘之也。"[1]

容庚在《商周彝器通考》一書中提出:

> "禘邵王"猶《左傳》昭公十五年"將禘於武公",又廿五年"將禘於襄公",定公八年"禘於僖公"也。雖禘昭王不必即爲其子穆王,然花紋形制則與穆王時爲近。[2]

因此,看來容庚還是肯定穆王時代説的。

再舉幾例説明如下:

首先可見《鮮盤》彝銘:

《鮮盤》彝銘拓片

《鮮盤》彝銘釋文:

唯王卅又四祀,唯五月
既望戊午。王在莽(鎬)京。禴(禘)
于邵(昭)王。鮮蔑厤,祼王釱。
祼玉三品、貝廿朋。對王
休。用作子孫其永寶。

---

[1] 郭沫若:《兩周金文辭大系》,日本文求堂書店1931年版,第50頁。

[2] 容庚:《商周彝器通考》上冊,哈佛燕京學社1941年版,第50頁。

　　此簋收録在《殷周金文集成》一書 16 · 10166 中，爲西周中期之物。此件銅器
又是"酓郘王"之器，即昭王。鮮因爲協助周天子的行動而受賞。鮮又是將所受賞
物品來作此簋，目的是"用作子孫其永寶"。"酓郘王"的地點在莽京。這裏的
"王"，筆者以爲還是穆王。

　　再如《大簋》：

《大簋》彝銘拓片

《大簋》彝銘釋文：

　　唯六月初丁巳。王

　　在奠（鄭）。蔑大曆。賜芻羍（騂）

　　牭。曰："用酓（禘）于乃考。"大

　　拜稽首。對揚王休。用

　　作朕皇考大中（仲）尊彝。

　　此件銅器收録在《三代吉金文存》卷八 · 四十四 · 三中，爲西周中期之物。其
中，"羍"字爲上"羊"下"牛"的"羍"字，乃冷僻字，即是"騂"字。此件銅器
彝銘是周天子賞賜大臣祭祀用牲，讓他去爲其死了三年的父考進行遷廟。顯然這是
對酓的行祭者和接受者的父子關係的説明。這裏的酓祭是在六月。而根據《禮記 ·
明堂位》的記載：

　　季夏六月，以禘禮祀周公於大廟。

這裏的"用酓於乃考"恰恰是六月，而其皇考謚號爲"皇考大中"，和周公似無涉。
祭祀地點在"奠"，即"鄭"。可見當時酓祭已經非常普遍了。而這裏的六月，根據
《春秋 · 僖公八年》中的記載説是"秋七月禘於大廟"。看來，魯之秋七月等於這裏
的周之六月。這裏的賞賜物品的"騂牭"，亦即《禮記 · 明堂位》中記載的"騂剛"。
如下：

　　夏后氏駱馬黑鬣，殷人白馬黑首，周人黄馬蕃鬣。夏后氏牲尚黑，殷白牡，周騂剛。

通過上述彝銘的記載，可見《禮記》上述記載不僞。

又如《繁卣》彝銘：

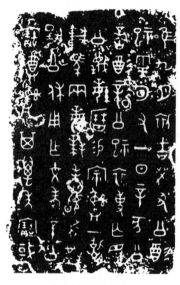

《繁卣》彝銘拓片

《繁卣》彝銘釋文：

　　唯九月初吉癸丑。公酯（肜）
祀，雩（越）旬又一日辛亥。公
啻（禘）酯（肜）辛公祀，衣事亡尤。
公蔑繁曆。賜宗彝一觱（肆）、
車馬兩。繁拜手稽首，對
揚公休。用作文考辛公
寶尊彝，其萬年寶，或。

　　此鼎亦爲西周中期之物。看來，遷廟和毀廟制度的盛行是在西周中期了。這裏，既有作彝器現象，又有賞賜行爲，而這些都是爲了對文考辛公進行啻肜之祭。在此彝銘中，繁爲"文考辛公"之子。到了《師晨鼎》彝銘中，"文考辛公"就成了"文祖辛公"了，則師晨當爲繁的子侄。看來，在文考辛公已死三年的九月癸丑日正是對他進行遷廟活動之時。而真正的啻祭時間是在癸丑日之後五十八日的辛亥日進行的。在此意義上，癸丑和辛亥之間就不是差"雩旬又一日"了，而是"雩兩月"了。如真是在癸丑日的"雩旬又一日"進行的話，那就應該是在辛丑日或辛未日，而不是相差了快兩個月的辛亥日。這是此件銅器在曆法和彝銘上的不解之處。

　　內容最長的是《小盂鼎》，其彝銘內容爲周天子賞賜大臣征伐鬼方獲勝之事。其中涉及啻祭的彝銘爲："□□用牲啻周王、武王、成王。"此件銅器收錄在《三代吉金文存》一書卷四‧四十四‧一中。從這裏前後出現的三個周天子的名稱看，肯定是指周文王、武王和成王。則此件銅器祇能是西周康王時期之物。因此，郭沫若在

《兩周金文辭大系》一書中考證説：

> 小盂鼎云"用牲啻周王、□王、成王"，當爲康王時器，均不待辯
> 自明。[1]

容庚在《商周彝器通考》中也肯定了此件銅器爲康王之物。

　　但是，問題是爲何文王在這裏被稱爲"周王"？而不是西周彝銘和古籍中所習見的"文王"或"玟王"？如果這裏的"周王"指周公的話，那麽在成王之前的"□王"不是武王又是誰呢？但是，"文"和"武"二字都不是彝銘中所常見的從王從文和從王從武的"玟"和"珷"二字。在《宜侯矢簋》彝銘中也出現了"唯四月辰在丁未。□□、珷（武）王、成王伐商圖"一語。在此，武王與成王并出，而且"武"字作"珷"。可見，"珷王"之前如是人名，必爲"文王"。如是月相，必爲"既望"或"初吉"。

　　案，"周王"之稱又見于《師旦鼎》彝銘：

《師旦鼎》彝銘摹寫

《師旦鼎》彝銘釋文：

> 隹元年八月丁亥。
> 師旦受命，作周
> 王大（太）姒寶尊彝。
> 拜手稽首。用祈
> 眉壽無疆。子
> 孫其萬（億）
> 年，永寶用享。

　　吳其昌在《金文曆朔疏證》一書中認爲：

> "周王""太姒"連舉，則周王之爲文王審矣。考成王時所鑄之器，若《毛
> 公鼎》《大盂鼎》，皆稱"文王"，而此器尚稱"周王"，明武王元年，克殷方及

---

[1] 郭沫若：《兩周金文辭大系》，日本文求堂書店 1931 年版，第 7 頁。

數月，天下倉促未定，故文王之謚，尚未立也。[1]

誠如是論，則《小盂鼎》難道也是武王之器嗎？而此彝銘中有成王，則此器也祇能是成康時器。因此，謚號說恐非。而吳其昌又將《小盂鼎》定爲康王之物，則稱周王與其前述的“謚尚未立”之說已經矛盾，不能兩立。

但是，《宜侯夨簋》出現的意義是證明了《小盂鼎》彝銘中三代周王名字可以連續出現，當然也祇能是“周王、武王、成王”。

---

[1]　吳其昌：《金文曆朔疏證》卷一，商務印書館 1936 年版，第 1—2 頁。

第二十一章　法制研究

引　論

　　法律在商周時期是首先維護固定禮制的手段，然後纔是維護社會安定、懲罰違法活動的依據。因此，商周時代的中國法律更多的是作爲維護禮制的一種懲罰手段而出現的。

　　商周法制，大致和商周禮制的傳遞過程是一樣的。"周因於殷禮"，周人之法也多沿襲了商人之法而來。因此，對甲骨史料中記載的商代法制的研究，顯然有助于對周代法制，尤其是西周法制的考察。

　　《左傳·文公六年》記載了宣子開始治理國家時的主要策略如下：

　　　　宣子於是乎始爲國政，制事典，正法罪，辟獄刑，董逋逃，由質要，治舊洿，本秩禮，續常職，出滯淹。既成，以授大傅陽子與大師賈佗，使行諸晉國，以爲常法。

這裏出現了"常法"一詞，表明了當時對法制的要求和注重。

第一節　商周法制

　　彝銘中的法制，主要表現在以下三個方面。

一、訓誥
　　所謂訓誥，其實就是天子或者大臣發布的具有法律意義的勸導語言和警告語言。

《説文解字注》的解釋是：

> 訓，説教也。説教者，説釋而教之，必順其理。引伸之凡順皆曰訓。

又：

> 誥，告也。見《釋詁》。按，以言告人，古用此字，今則用告字。以此誥爲
> 上告下之字，又秦造詔字，惟天子獨稱之。

可見這裏的解釋是涵蓋了上對下的説教。

根據《周禮·秋官》記載：

> 士師之職，掌國之五禁之法，以左右刑罰：一曰宮禁，二曰官禁，三曰國
> 禁，四曰野禁，五曰軍禁。皆以木鐸徇之於朝，書而縣於門閭。以五戒先後刑
> 罰，毋使罪麗於民：一曰誓，用之於軍旅；二曰誥，用之於會同；三曰禁，用
> 諸田役；四曰糾，用諸國中；五曰憲，用諸都鄙。掌鄉合州黨族閭比之聯，與
> 其民人之什伍，使之相安相受，以比追胥之事，以施刑罰慶賞。掌官中之政令，
> 察獄訟之辭，以詔司寇斷獄弊訟，致邦令。

《左傳·桓公十三年》記載了鄧曼有關訓誥的談話：

> 大夫其非衆之謂，其謂君撫小民以信，訓諸司以德，而威莫敖以刑也。莫
> 敖狃於蒲騷之役，將自用也，必小羅。君若不鎮撫，其不設備乎？夫固謂君訓
> 衆而好鎮撫之，召諸司而勸之以令德，見莫敖而告諸天之不假易也。不然，夫
> 豈不知楚師之盡行也？

在《牧簋》彝銘中，周天子要求牧在審判中一定要做到“不中不刑”的原則，本身
就是對他的一次訓誥和教育過程。

二、約劑

所謂約劑，其實就是具有法律意義的文書和盟約。

《周禮·秋官》記載：

> 司約掌邦國及萬民之約劑。治神之約爲上，治民之約次之，治地之約次之，
> 治功之約次之，治器之約次之，治摯之約次之。凡大約劑書於宗彝，小約劑書
> 於丹圖。若有訟者，則珥而辟藏，其不信者服墨刑。若大亂，則六官辟藏，其
> 不信者殺。

> 司盟掌盟載之法。凡邦國有疑，會同，則掌其盟約之載，及其禮儀。北面
> 詔明神，既盟，則貳之。盟萬民之犯命者。詛其不信者，亦如之。凡民之有約
> 劑者，其貳在司盟。有獄訟者，則使之盟詛。凡盟詛，各以其地域之衆庶，共
> 其牲而致焉。既盟，則爲司盟共祈酒脯。

因此，出現在商周彝銘中的約劑，本質上是當時具有法律意義的文書和盟約的象徵。

《左傳·襄公九年》記載楚子伐鄭時發生的盟誓問題：

> 子孔、子蟜曰："與大國盟，口血未乾而背之，可乎？"子駟、子展曰："吾
> 盟固云：'唯強是從。'今楚師至，晉不我救，則楚強矣。盟誓之言，豈敢背之？
> 且要盟無質，神弗臨也，所臨唯信。信者，言之瑞也，善之主也，是故臨之。
> 明神不蠲要盟，背之可也。"乃及楚平。公子罷戎入盟，同盟於中分。

盟誓，即約劑，已經成爲國與國交往的法律支柱。

在彝銘中，凡是執行法律處罰之前，都需要被執行人進行盟誓。這已經成爲定
則。目的是教育違法者保證不再犯。如《儵匜》彝銘中的"牧牛則誓"、《舲攸从鼎》
彝銘中的"攸衛牧則誓"，等等。接受處罰前的立誓，是宣誓悔改和不再犯的重要表
示，也是執行刑法的固定程式之一。

三、賞罰

所謂賞罰，其實就是體現法律的一種執行方式。

《周禮·地官》中記載小司徒之職時，特別強調了這一官職的賞罰職能：

> 小司徒之職……凡用衆庶，則掌其政教與其戒禁，聽其辭訟，施其賞罰，
> 誅其犯命者。

《左傳·襄公二十七年》中特別記載了子鮮之語：

> 逐我者出，納我者死，賞罰無章，何以沮勸？君失其信，而國無刑，不亦
> 難乎！

因此，在禮制社會中，法制的執行是維護禮制的重要保證。在《牧簋》彝銘中，處
處體現出賞罰公正的希望和要求。周天子要求牧在審判中一定要做到"不中不刑"
的原則。

在《大盂鼎》彝銘中，周天子告誡盂要"明德慎罰"。他說：

> 今余唯令汝盂，召（紹）榮，敬擁（雍）德巠（經），敏朝夕入諫，享奔

走，畏天畏（威）。

在具體的刑事審判中，周天子要求屬下大臣要"召（紹）榮，敬擁（雍）德巠（經）"、要"畏天威"，這已經包含着"明德慎罰"的法制原則。這裏的"德"字，祇能是道德。而"朝夕入諫"可以直接讓人想到《周易·乾卦》的"君子終日乾乾，夕惕"的卦爻辭。

第二節　民　法

民法在彝銘中有比較多的表現。著名的《儦匜》彝銘就是記載當時民法的一個典型例證。讓我們感到驚訝的是：我們居然發現了當時還存在着民事調解現象。看起來，在禮制盛行的時代，法制祇是維持禮制的必要保證。而民事調解也彰顯出法律的積極意義。如下：

《儦匜》彝銘拓片

《儦匜》彝銘釋文：

右拓：

唯三月既死霸甲申，王在荓（鎬）上宫，伯揚

父廼成贅（劾），曰："牧牛，叔乃可湛，汝敢以乃

師訟，汝上卬（從）先誓。今汝亦既又御誓，尃（溥）

趞（各）齒覩（睦）儥，宥亦兹五夫，亦既御乃誓。汝

亦既從謧從誓。弋式可（苛），我義（宜）俊（鞭）汝千，黥墨（劓）

汝。今我赦汝，義（宜）俊（鞭）汝千，黥墨（劓）汝，今大赦

左拓：

汝，俊（鞭）汝五百，罰汝三百乎（鋝）。"伯揚

父廼或事（使）牧牛誓曰："自今

余敢蠿（擾）乃小大史（事），乃師或以

汝告，則致乃俊（鞭）千，黥墨（劓）。"牧

牛則誓。乃以告事（吏）虹、事（吏）智

于會。牧牛讄誓，成，罰金。儥

用作旅盉。

這裏的彝銘，被稱爲是我國最早的法律判決書，完整地記錄了牧牛和自己的上司爲爭奪五名奴隸的所有權而引發的一場民事訴訟。

請注意這裏出現的專業術語"訟"字。訟，祇限于使用在民事糾紛的場合。而在《六年琱生簋》彝銘中又記載了一個"獄訟"的過程。

《六年琱生簋》彝銘釋文：

《六年琱生簋》彝銘拓片

唯六年四月甲子，王在莽（鎬）。

召伯虎告曰："余告慶，曰：公

厥稟貝，用獄訟，爲伯又冑（祇）

又成，亦我考幽伯、幽姜令。

余告慶，余以邑訊有嗣。余

典勿敢封。今余既訊，有嗣

曰：戾令。余既一名典獻，

伯氏則報璧。"琱生（甥）耗（奉）揚朕

宗君其休。用作朕剌（烈）祖召

公嘗簋。其萬年子子孫孫寶用

享于宗。

這裏的"獄刺","刺"就是刺探、打聽，具有調查案件的含義。顯然，"獄刺"是一個固定的法律審查過程。在西周彝銘中，又可以簡稱爲"訊"。證據可見《黻簋》彝銘：

> 命汝嗣成周里人，眾諸侯、大亞，訊訟罰。

這在《周禮·司刺》中有專門記載：

> 掌三刺、三宥、三赦之法，以贊司寇，聽獄訟。

由此可證"獄刺"即"獄訊""訊獄"。

接上面所說的關于《儵匜》彝銘。

整個彝銘由四部分構成。第一部分指出審判的時間"唯三月既死霸甲申"、審判地點"王在荓（鎬）上官"、審判官"伯揚父"。第二部分判詞先寫出了犯罪事實"亂乃可湛，汝敢以乃師訟，汝上邸（徂）先誓。今汝亦既又御誓，專（溥）趙（洛）啻覭（睦）儵，宇亦兹五夫，亦既禦乃誓"，主犯的責任"汝亦既從讞從誓"、判決內容"我義侅（鞭）汝千，鬝墨（劓）"、審判官的具體處罰和減刑措施"今大赦汝，侅（鞭）汝五百，罰汝三百寽（鋝）"。這裏的"便"就是"鞭"字之省。第三部分是附帶判決內容"自今余敢蝘（擾）乃小大史（事），乃師或以汝告，則致乃侅（鞭）千、鬝墨（劓）"。最後部分是執行情況"牧牛則誓。乃以告事（吏）覭、事（吏）旮于會。牧牛讞誓，成，罰金。儵用作旅盉"。

這段彝銘內容完整，判決清晰，附帶處罰也很合理，反映了當時非常成熟的民事訴訟及其判決、執行情況。這裏首先點明了維護禮制的核心："亂乃可湛，汝敢以乃師訟"，牧牛起訴自己的上司本身就是違背了禮制。這就進一步證明了當時的法制完全是爲了維護禮制而出現的。在已經下達了判決內容是"我侅（鞭）汝千，鬝墨（劓）汝"的情況下，審判官又考慮到牧牛的起訴原因，決定進行調解和減刑。于是纔出現了"今大赦汝，侅（鞭）汝五百，罰汝三百寽（鋝）"這樣的結局。這裏顯然又是當時的"慎罰"意識的作用所致。它說明了當時存在的對等的互換原則。即以第二種處罰方式來取代第一種處罰方式。而第二種處罰方式往往就是第一種處罰方式的減降之後的結果。

《曶鼎》彝銘是另一個典型的民法案例。其核心內容是發生的"厥小子韰（究）以限訟于井叔"的訴訟行爲。訴訟原因爲作器者"既賣（贖）汝五［夫］，父用匹馬、束絲。限諙曰：曶則卑（俾）我賞（償）馬，效［父］卑（俾）復厥絲束"。意爲用一匹馬和一束絲從效父那裏買了五名奴僕，然而限却背信棄約，并要另行訂立交換條件，祇好上訴到官府。于是，井叔依此判決限執行盟約。這裏并沒有出現違反禮制的規定現象，但是處理方法是遵守盟約。這反映了當時在交易過程中對口頭承諾的看重。

第三節　刑　法

刑法在彝銘中也時常涉及。我們經常見到的是罰款，其實當時的刑法判決，有流放、鞭刑、墨刑等五刑之説。《周禮·秋官》中有所謂"五刑"之説，如下：

> 大司寇之職……以五刑紏萬民：一曰野刑，上功紏力；二曰軍刑，上命紏守；三曰鄉刑，上德紏孝；四曰官刑，上能紏職；五曰國刑；上願紏暴。

又有所謂"五刑之法"，如下：

> 司刑掌五刑之法，以麗萬民之罪。墨罪五百，劓罪五百，宮罪五百，刖罪五百，殺罪五百。若司寇斷獄弊訟，則以五刑之法往詔刑罰，而以辨罪之輕重。

《國語·魯語》中記載了刑法和青銅兵器之間的對應關係，即：

> 大刑用甲兵，其次用斧鉞，中刑用刀鋸。

見著名的《䚤攸從鼎》：

《䚤攸从鼎》彝銘拓片

《䚤攸从鼎》彝銘釋文：

> 唯卅又一年，三月初吉壬辰，
> 王在周康宮徲大室。䚤从
> 以攸衛牧告于王，曰："汝覓
> 我田，牧弗能許䚤从。"王令
> 眚（省）史南以即虢旅，虢旅廼事（使）攸
> 衛牧誓曰："我弗具付䚤從
> 其且（沮）射（厭）、分田邑，則殺。"攸衛
> 牧則誓。从作朕皇祖丁公、
> 皇考叀公尊鼎。䚤攸从其
> 萬年子子孫孫永寶用。

　　這裏記載了處罰放刑的案例。虢从將攸衛牧告到周天子那裏。能夠上訴到周天子的官員，肯定雙方的地位和級別應該是相差不多的大臣。《周禮·太史》中就記載"掌法以逆官府之治"。而這裏的"王令告（省）史南"也可以看出他與天子的直接所屬關係，是天子的近臣之一。

　　訴訟原因是"覓我田，牧弗能許虢从"。天子命"史南以即虢旅"進行審判。判決書則是"弗具付虢从其且（沮）射（厭）、分田邑，則殺"。執行情況是"攸衛牧則誓。从作朕皇祖丁公、皇考叀公尊鼎"。

　　流放是將犯人放逐到邊遠地區進行懲罰的一種刑法手段，以此達到對犯人進行懲治、維護社會公正和統治秩序的目的。可以發現，流放在周代就已經普遍存在，并且成爲當時法制的重要組成部分。《史記·五帝本紀》中已經出現。如下：

　　　　於是舜歸而言於帝，請流共工於幽陵，以變北狄；放驩兜於崇山，以變南蠻。

又：

　　　　舜賓於四門，乃流四凶族，遷於四裔，以御螭魅。

《左傳·文公十八年》則記載爲：

　　　　舜臣堯，賓於四門，流四凶族渾敦、窮奇、檮杌、饕餮，投諸四裔，以禦魑魅。

流放是早期重要的刑法手段之一，《左傳·莊公六年》也記載有"放公子黔牟於周"之事，可見流放刑一直存在。

　　其他具體的刑法手段，如上述《儵匜》彝銘中記載的"鞭刑"，也頻繁出現在彝銘中。"我義攸（鞭）汝"就是按照法律要"鞭打你"。最早可以在《尚書·舜典》中找到"鞭作官刑"的記載。而墨刑，即涂黑人的臉或在其臉上刺墨、以黑巾蒙臉等形式，都是爲了顯示犯人與常人有別。《儵匜》彝銘中記載的"䵐䵩（剭）"，應該就屬于墨刑。

　　通過第二、第三節的論述，可以發現當時進行法律訴訟的具體過程是由訴、判、誓三個環節組成的。而"誓"是被當成必須履行的法律程式。這裏的"誓"具有對天發誓和對天子發誓的含義，是服從法律和王權的象徵。

　　而《兮甲盤》彝銘則記載了對商貿非正常經營行爲的處罰。該彝銘中特別强調

"其責（積），毋敢不即䭫（次），即市，敢不用令，則即井（刑）屡（撲）伐"。這一記載和《周禮·司市》中的相關記載是一致的。即：

> 市刑：小刑憲罰，中刑徇罰，大刑撲罰。

周人對商貿活動的維護運用了正常的刑罰措施。又見《格伯簋》彝銘中記載的"格伯爰良馬乘于倗生（甥），厥貯（賈）卅田"之事，居然增加了史官的"史戠武立"的國家認可交易文書和地契的制定過程。周朝的商業貿易和交易法律的完善，由此可見一斑。

第四節　軍　法

軍法在彝銘中的表現值得特別關注。《師虎簋》彝銘中更明確了"嗣（司）左右戲繁荆"之説。這裏的"荆"即用爲"刑"字。又可以在《左傳·昭公三年》記載中得到印證：

> 景公繁於刑。

"繁於刑"就是指刑法的繁多。其中，一件因爲違背軍法而接受處罰的案例彝銘成爲瞭解當時軍法的極好教材。這就是《師旂鼎》。師旂，顯然是軍事指揮官，也就是所謂的"師氏"。《周禮·地官》中介紹其職能是：

> 師氏掌以媺詔王。以三德教國子：一曰至德，以爲道本；二曰敏德，以爲行本；三曰孝德，以知逆惡。教三行：一曰孝行，以親父母；二曰友行，以尊賢良；三曰順行，以事師長。居虎門之左，司王朝，掌國中失之事，以教國子弟，凡國之貴游子弟學焉。凡祭祀、賓客、會同、喪紀、軍旅，王舉則從，聽治，亦如之。使其屬帥四夷之隸，各以其兵服守王之門外。且躋，朝在野外，則守內列。

這裏的"軍旅"和"使其屬帥四夷之隸，各以其兵服守王之門外"正是"師旂"的職責之一。通過交納罰款就可以免除放逐之刑，我們瞭解到當時的軍法和免刑政策的存在。

如下：

《師旂鼎》彝銘拓片

《師旂鼎》彝銘釋文：

唯三月丁卯，師旂衆僕不
從王征于方雷。吏厥友引
以告于伯懋父在莽。伯懋
父廼罰得叡古三百孚（鋝）。今弗
克厥罰。懋父令曰："義敕（播），
叡厥不從厥右（佑）征。今册敕（播），
斯又（有）內（納）于師旂。"引以告中
史書。旂對厥剠于尊彝。

因爲在征伐方雷的活動中，"師旂衆僕"沒有派兵出征"不從王征于方雷"。于是師旂把這些"衆僕"告到官府。審判官伯懋父判決是放逐"義敕（播），叡厥不從厥右（佑）征"。但是最後沒有執行放逐，而是改判罰款"廼罰得叡古三百孚（鋝）"。審判結果是：師旂得到了"衆僕"交納的罰款，然後將此判決刻在鼎上。

"剠"字的拓片清晰可辨，不該另解釋爲其他文字。可是有人釋爲"貿"字，這顯然是從郭沫若《兩周金文辭大系考釋》之釋。如果以爲此字即是"讞"字，是"議罪也"，則末句的"旂對厥剠于尊彝"似乎難以解釋了。因爲這裏的"剠"字應該是出於將此事鑄刻在尊彝上的動作説明，它準確含義就是"刻"字。前文的議罪完畢，這裏因此而刻在尊彝上纔顯得合情合理。這裏的"義敕（播）"也是軍法之一，也就是流放刑。根據上述彝銘記載，"義敕（播）"可以換成"罰金三百"，這是後代所謂"議罪銀"的早期形式。

第二十二章　祭祀制度基礎研究

引　論

祭祀是彝銘的主要表現内容之一。因爲當時的觀念是“國之大事，在祀與戎”。因此，追念祖先的各種祭祀活動，是構成商周孝道與宗族關係的重要基礎。如《天亡簋》彝銘中就有“王衣（殷）祀于王”一語。“衣祀”，吴其昌以爲是“商代之祭名也”，[1]并且考證説：

> 《洛誥》云：“王肇稱殷禮，祀於新邑……作元祀。”殷禮即“衣祀”也。“肇稱”者謂之“元祀”，則知“衣祀”乃每年一舉，故周初以“元祀”“二祀”“三祀”……爲紀年之文矣。[2]

吴氏之説，大致符合史實。“衣”通“殷”，“衣祀”即“殷祀”。

在《獻侯𪔷鼎》中記載了“唯成王大奉（祓）在宗周”之事。“大奉”爲周人祭祀制度之一。此爲成王時期的一次祭祀活動。一般大型的祭祀活動都是由天子親自主持。如這裏的《獻侯𪔷鼎》彝銘就是在成王親自主持下進行的。在《作册麥尊》彝銘中有“王客荼（鎬）京肜祀”的記載。這裏的“肜祀”即是《尚書·高宗肜日》中的肜祀。吴其昌認爲此祭祀亦爲“殷祭之一種，而周初沿襲之”。[3]由此而來也證明了“周因於殷禮”説的可靠。陳夢家曾經在《古文字中之商周祭祀》一文中總

---

[1]　吴其昌：《金文曆朔疏證》卷一，商務印書館 1936 年版，第 4 頁。
[2]　同上。
[3]　同上，第 49 頁。

結了彝銘中存在的十八種祭祀禮。[1]而劉雨在《西周金文中的“周禮”》一文中又增加了兩種。[2]其實，根據筆者的研究，商周彝銘至少有三十種祭祀禮！

接下來我們將對祭祀活動中幾個重要問題進行研究。

第一節　用牲問題

一、犧牲

在西周祭祀活動中，選用犧牲是件大事。在《禮記·祭義》中明確提出了“古者天子諸侯必有養獸之官，及歲時，齊戒沐浴而躬朝之。犧牷祭牲必於是取之，敬之至也”。所以，在《周禮·司門》中專有負責“祭祀之牛牲”的官吏。賈公彥在《周禮注疏》中説：

> 牧人六牲，至祭前三月，則使充人繫而養之。若天地宗廟，則繫於牢，芻之三月。

可見并不是所有的動物都可以作爲犧牲來使用的。

1. 羊

其中，進行告朔活動時使用的是羊。見何休在《春秋公羊傳解詁》中的注解：

> 天子以朔政班於諸侯，諸侯受而納之禰廟，告廟以羊。

在《論語·八佾》中出現了對用羊告朔的記録：

> 子貢欲去告朔之餼羊。

《論語注疏》中注釋：

> 子貢欲去告朔之餼羊者，牲生曰餼。禮，人君每月告朔於廟，因有祭，謂之朝享。魯自文公怠於政禮，始不視朔，廢朝享之祭。有司仍供備其羊。子貢

---

[1]　見陳夢家：《古文字中之商周祭祀》，《燕京學報》第 19 期，1936 年。
[2]　見劉雨：《西周金文中的“周禮”》，《金文論集》，紫禁城出版社 2008 年版。

見其禮廢，故欲并去其羊也。"子曰：賜也！爾愛其羊，我愛其禮"者，此孔子不許子貢之欲去羊，故呼其名而謂之曰："賜也！爾以爲既廢其禮，虛費其羊，故欲去之，是愛其羊也。我以爲羊存猶以識其禮，羊亡禮遂廢，所以不去其羊，欲使後世見此告朔之羊，知有告朔之禮，庶或復行之，是愛其禮也。"

這裏面還有大祀、小祀的問題存在。見《周禮·肆師》記載：

> 立大祀，用玉帛、牲牷。立次祀，用牲幣。立小祀，用牲。

但是無論大祀、小祀，都存在着用牲。可見"用牲"是祭祀的基礎之一。而且根據《禮記·郊特牲》的記載"用犢，貴誠也"。犢，指幼小的牲畜。《大簋》彝銘中記載了"賜芻（雛）羍（駓）榔（牭）"。這裏的"芻"就是"雛"字之省。因此，用幼小之"芻"是周人禮制的特殊規定。

2. 犬

又見《説文解字》中對"獻"字的解説爲：

> 獻，宗廟犬名羹獻，犬肥者以獻之。

看來，看守宗廟需要犬，而且還有專名"羹獻"。但是，"犬肥以獻之"則又説明了犬也具有作爲犧牲用作祭品的功能。

3. 牛

在西周銅器彝銘中多次看到用牲的記載，如，《令尊》彝銘："甲申，明公用牲于京宮。乙酉，用牲于康宮。咸既，用牲于明公。"《令彝》彝銘："甲申，明公用牲于京宮。乙酉，用牲于康宮。咸既，用牲于王。"《小盂鼎》彝銘："用牲。"

陳夢家在《西周銅器斷代（二）》一文中説：

> 《説文》："牲，牛完全。"用牲是用全牛。《召誥》："用牲於郊，牛二。"《春秋·文十五》："用牲於社。"《春秋·莊廿五》："用牲於社於門。"《春秋》用牲於社，乃由於日食，其義爲禜社除災。《召誥》記三月庚戌日庶殷攻位於洛汭，五日甲寅而位成，又三日丁巳而用牲於郊，其義爲奠基。[1]

---

[1]　陳夢家：《西周銅器斷代（二）》，《考古學報》第十冊。

但是，在宗廟祭祀活動中，用牲之外還有使用魚類進行祭祀活動的現象存在。當然，祗是彝銘中使用牛爲犧牲是最普遍的，特別是用幼小之牛是周人的特殊規定，這和周人本是游牧民族出身有直接關係。

用于祭祀活動的犧牲，祭祀之後是可以食用的。見《論語・鄉黨》中的記載："祭於公，不宿肉。祭肉不出三日。出三日，不食之矣。"因此，在孔子時代還存在着食用宗廟祭祀用品的現象。

二、禁忌

在宗廟祭祀活動中存在着一些禁忌。這些禁忌，西方學術界從圖騰的角度來分析，將二者并列起來加以對比研究，是值得關注的一個視角。

1. 鳥獸之肉

祭祀中鳥獸之肉不能作爲犧牲，這是禁忌之一。見于《左傳・隱公五年》中的記載：

> 鳥獸之肉不登於俎。

杜預在《春秋經傳集解》中對"俎"的解釋是：

> 祭宗廟器。

2. 天疾

再有就是對"天疾"的禁忌。見《春秋穀梁傳・昭公二十年》記載：

> 有天疾者，不得入乎宗廟。

看來，對生來具有疾病之人的禁忌是一種常見現象。尪，就是被用來作爲祭祀求雨的具有"天疾"者之一種。這或許是受列維・布留爾在《原始思維》一書中所説的"接觸律"的制約吧。

三、薦鮪

在宗廟祭祀用品中使用魚是一種特例。它不是普通的魚，而是在特定的時間内使用的一種特殊的魚。見《周禮・漁人》中有所謂"春獻王鮪"一語。鄭玄在《周禮注》中的解説是：

> 王鮪，鮪之大者。《月令・季春》："薦鮪於寢廟。"

賈公彦在《周禮注疏》中爲此解釋爲：

> 季春三月，春鮪新來。言“王鮪”，鮪之大者。云“獻”者，獻於廟之寢，
> 故鄭注引《月令》云“薦鮪於寢廟”。取魚之法，歲有五：案《月令·孟春》云
> “獺祭魚”，此時得取矣，一也。《季春》云“薦鮪於寢廟”，即此所引者，二也。
> 又案《鼈人》云“秋獻龜魚”，三也。《王制》云“獺祭魚。然後虞人入澤梁”，
> 與《孝經緯·援神契》云“陰用事，木葉落，獺祭魚”同時是十月取魚，四也。
> 獺則春冬二時祭魚也。案《潛》詩云“季冬薦魚”，與《月令》季冬漁人始魚
> 同，五也。是一歲三時五取魚，唯夏不取。

以鮪爲祭品，顯然和它按時而至有關，即《大戴禮·夏小正》中所説的“鮪者，
魚之先至者也，而其至有時”。以此象徵死亡的祖先之靈也會按時如此魚一樣，返回
人間。而且，這種魚還可以化作龍。見《淮南子》高誘注：

> 鮪亦長丈餘。仲春二月，從西河上，得過龍門便爲龍。

四、禋祀

禋祀，又稱“燎”。見《周禮·大宗伯》中的記載：

> 以禋祀祀昊天上帝。

鄭玄注爲：

> 禋之言煙。周人尚臭，煙氣以臭聞者……燔燎而升煙，所以報陽也。

在先秦傳世文獻中，《大雅·生民》中有“上帝不寧，不康禋祀”之文。

在《小盂鼎》彝銘中則明確記載了“入燎周廟”的事實。又見《史牆盤》彝銘中的
“義（宜）其禋（禋）祀”的記載。在這一祭祀活動中，可以使用柴，也可以使用帛。

第二節　用舞問題

1. 象舞

在西周彝銘所記載的內容中，進行宗廟祭祀活動時常常要有“象舞”一項儀式。

見《匡卣》彝銘中的記載：

> 王在射盧（廬）作象尤（舞）。

至少在這裏我們已經得知了象舞的最初誕生地是射盧。而射盧又是周天子舉行宗廟祭祀活動前行射禮之場所。具體論述也可以參見前面對宣榭宮由來的考證一節內容。

象舞命名的由來，筆者以爲是指模仿大象動作和形象的一種舞蹈。在射盧中行象舞的記載爲古籍所未見，可見周禮內容的繁瑣和複雜超出了我們的想象之外。而今本《周禮》中記録有時居然不能全部窮盡西周禮制的諸多方面。

2. 干舞

在象舞之外，還有所謂的"干舞"，見《博古圖》卷十中對"孫持干"一件銅器彝銘的解釋：

> 按《周官・司干》：掌舞器，祭祀。舞者既陳，則授舞器，既舞則受之，賓饗亦如之。然則祭於廟，用於賓，設於饗，禮莫不皆有干舞焉。蓋干，武舞也。有是功斯有是舞以稱之，非是則君子不取。

象舞和干舞，看來是屬于武舞。可能舞的本意就是爲了耀武揚威和祭祀活動吧。

3. 八佾舞

在古籍中，我們知道宗廟祭祀活動是要舉行舞蹈的。根據《左傳・隱公五年》的記載：

> 九月，考仲子之宮……始用六佾也。

"始用六佾"之説，歷來被學者們解釋爲使用六六三十六人的六佾舞蹈。而《論語》中又有"八佾舞於庭"的記載，這被孔子視爲僭越行爲的八佾舞蹈居然出現在卿大夫的家中，而它是西周天子纔能使用的儀式。

《論語注疏》中注釋：

> 佾，列也。舞者八人爲列，八八六十四人。

看來，在《左傳》中，六佾舞蹈被用來宗廟祭祀，而根據《論語》的記載，八佾舞蹈則又成了西周王室日常生活的儀式，并且可以被卿大夫拿來非法使用。

我們所能肯定的是：在宗廟祭祀活動和日常生活中，西周王室要進行固定的舞蹈儀式。

第三節　盟約和宗廟用器

在兩周彝銘中，經常可以看到諸侯之間舉行盟誓時要以宗廟器物作爲抵押品。這些作爲抵押品的青銅器，一般可以有廟鐘和樂器兩大類。如下：

一、廟鐘

《左傳·成公十年》中記載了鄭子罕把鄭國宗廟中的大鐘作爲禮物抵押品，以求與晉國的和解：

> 五月，晉立太子州蒲以爲君，而會諸侯伐鄭。鄭子罕賂以襄鐘，子然盟於修澤，子駟爲質。

杜預在《春秋經傳集解》中對此的解釋是"鄭襄公之廟鐘"。

在鄭與別國的盟誓問題上，鄭國使用了廟鐘和人質二者。看來，這説明了這二者具有同等重要的地位。

二、宗器·樂器

《左傳·襄公二十五年》中記載齊人以宗器賂晉之事：

> 晉侯濟自泮，會於夷儀。伐齊，以報朝歌之役。齊人以莊公説⋯⋯賂晉侯以宗器、樂器。

杜預在《春秋經傳集解》中對"宗器"的解釋是"宗廟禮樂之器"。根據《周禮》的記載：

> 鎛師掌金奏之鼓。凡祭祀，鼓其金奏之樂，饗食、賓射亦如之。

在某種意義上，前者的廟鐘之類也應該是屬于宗器的内容。這其實是前者的盟約用廟鐘問題的延續。

在商周彝銘中出現了對樂官世襲的記載，見《師𡊅簋》。

《師嫠簋》彝銘拓片

《師嫠簋》彝銘釋文：

> 唯十又一年，九月初吉丁亥，
>
> 王在周。格于大室。即立，宰琱
>
> 生（甥）内（入）右（佑）師嫠。王乎尹氏册令（命）師
>
> 嫠。王曰："師嫠。在昔先王小學，汝敏
>
> 可事（使）。既令（命）汝更乃祖考嗣［小輔。］
>
> 今余唯䰜（申）就（就）乃令（命）。令（命）汝嗣乃
>
> 祖舊官小輔、鼓鐘。賜汝菽（素）市（帶）、
>
> 金黃（衡）、赤舄、攸（鋚）勒，用事。夙夜勿
>
> 灋（廢）朕令（命）。"師嫠拜手稽首。敢
>
> 對揚天子休。用作朕皇
>
> 考輔伯尊簋。嫠其萬
>
> 年，子子孫孫永寶用。

這裏的"王"，應該是厲王。郭沫若考證：

> 可知即厲王命師嫠司小輔時事。器即作于厲世。"小輔"，吳大澂以爲"當讀
> 作少傅"。余前以爲近是。今案有問題。以本銘勘合，此言"司輔"，并稱嫠爲

"輔師"，則 "輔" 當讀爲 "鎛"。"輔師" 即《周禮·春官》之 "鎛師" 也。[1]

三、用鼎

再如《左傳·昭公十六年》中記載了徐人以甲父之鼎賂齊之事：

> 二月丙申，齊師至於蒲隧。徐人行成。徐子及郯人、莒人會齊侯，盟於蒲隧，賂以甲父之鼎。

可見當時在盟約問題上是以鼎爲先的。在《襄公十九年》却出現了 "賄荀偃束錦，加璧，乘馬，先吳壽夢之鼎" 的現象。因爲是例外，所以被記録下來。

何休在《春秋公羊傳解詁》中還提出了下列觀點：

> 諸侯有世孝者，天子亦作鼎以賜之。

此説顯然不是西周時代的産物。當時儒家的孝道觀念并不是如此發達。何休之論祇是後代儒家思想一統天下之後的産物。以事實來驗證，記録當時賜鼎現象的彝銘中，有《史獸鼎》彝銘："賜豕鼎一。"《鼂簋》彝銘："賜鼎二。"《繁卣》彝銘："賜宗彝。" 在當時記録的賜鼎行爲并不是如此發達和多見，這和當時鑄造青銅技術和銅的大量使用與來源是有直接關係的。爲此，黄然偉在《殷周青銅器賞賜銘文研究》一書中總結説：

> 周代所賜之彝器，據有數字之記録，除磬之外，鐘鼎爵諸器皆賜一，此蓋磬爲玉石，來源較易，而鐘、鼎、爵等器類，要經鑄作，成器不易，且又爲宗廟祭器，數量不濫。[2]

用鼎制度的發展，便通向了西周初期列鼎制度的形成。如在陝西寶鷄茄家莊強國墓地就發掘出了以列鼎形式出現的青銅鼎。而在同一墓地出土的器物大致相當于西周初期昭穆時代前後。青銅鼎的大量使用，反映了當時列鼎制度的出現和穩定發展，也是西周初期宗廟祭祀活動中禮制化的真實佐證。

四、用侑

根據《周禮·春官·鬯人》記載：

---

[1]　郭沫若：《輔師㝅簋考釋》，《考古學報》1958 年第 2 期。
[2]　黄然偉：《殷周青銅器賞賜銘文研究》，龍門書店 1978 年版，第 196 頁。

鬯人掌共秬鬯而飾之。凡祭祀⋯⋯廟用脩。

鄭玄注説：

> 脩，讀爲卣。卣，中尊，謂獻象之屬，以薦鬯則謂之卣，以薦酒則謂之脩。

由此看來，"用脩"就是"用卣"。卣在祭祀中的特殊地位。而其與鬯人的直接關係也由此可以看出。裸祭與鬯人、與卣的聯繫也在此可以聯想起來。《周禮·鬱人》中則特別提到了"鬱人掌裸器⋯⋯凡祭祀賓客之裸事，和鬱鬯以實彝而陳之"。鄭玄注爲：

> 裸之言灌，灌以鬱鬯，謂始獻尸求神時也。

孔穎達則主張：

> 尸受祭而灌於地，因莫不飲，謂之裸。

足可以證明青銅卣在上述祭祀活動中的法器含義。

第四節　宗廟祭品問題

一、玉器

鄭玄在《周禮注》一書中曾有"宗廟獻用玉爵"一語，賈公彥爲此疏解説：

> 春夏受享，秋冬一受於廟。廟中則有戾前設几法。

有關玉器和禮制的關係問題，我們以後擬另有專文論述，在此先不作論述。

二、彝器

根據《周禮·冪人》記録：

> 祭祀，以疏布巾冪八尊，以畫布巾冪六彝。

在這裏，八尊六彝是宗廟祭祀的必需。前述所謂的"宗器"一詞，顯然就是對八尊六彝的指代。早在殷代晚期的銅器彝銘中，就已經出現了爲寢廟而作彝器的記載。見《殷周金文集成》第十四冊第9098頁中收録的一件銅器，其彝銘爲："王商貝姒才寢。用乍尊彝。"可見祭祀用彝是有悠久的歷史淵源的。因此，《左傳·襄公十九年》"且夫大伐小，取其所得，以作彝器"，杜預注："彝，常也，謂鐘鼎爲宗廟之常器。"

到了西周初期，周天子仍然繼續施行并發揚光大
了這一源自殷代晚期的禮制傳統。證見《盂爵》彝銘。

《盂爵》彝銘釋文：

《盂爵》彝銘拓片

> 唯王初桼（祓）于
> 成周，王令盂
> 寧登（鄧）伯，賓（儐）
> 貝。用作父寶尊彝。

這裏，彝銘記録的是西周天子第一次去成周進行桼祭時的歷史。賓貝，即貯藏的錢
貝，以用來製造銅爵。衆所周知的考古事實是：在殷周之際，青銅器被廣泛應用于
禮器，作爲宗廟祭祀中的重器。許倬雲在《西周史》一書中曾以"强化國家的機能"
來解釋這一現象。[1]但是，如果這一想象在殷代祇是强化國家機能的話，那麽，到
了西周，它已經演變爲一種禮制性的必然規定了。因爲在先周文化中，周人已經處
在一種發達的青銅文化世界了，它或許比殷商更早的接觸到了中亞地區傳來的異文
明。如果在先周與商之間作出選擇的話，毋寧説先周青銅文化和中亞文明更可能更
早展開了文化交往。張忠培在《客省莊文化及其相關諸問題》一文中特別提出了先
周青銅文化和早商青銅文化二者所具有的前後相繼性的特點。[2]因此，在西周宗廟
祭祀中使用彝器，誠如《禮記·檀弓》中所言"夏后氏用明器，示民無知也；殷人
用祭器，示民有知也；周人兼用之，示民疑也"。這已經是三代延續下來的定制了。

具體在使用青銅酒具中，《禮記·禮器》中提出了宗廟之祭"尊者舉觶，卑者舉
角"之説。所謂尊卑，根據筆者在本章的考察，可以發現并非祇是指職位和地位的

---

[1]　許倬雲：《西周史》，生活·讀書·三聯書店 2001 年版，第 27 頁。
[2]　見張忠培：《客省莊文化及其相關諸問題》，《考古與文物》1980 年第 4 期。

尊卑，還指姓氏上的異同，即同姓、同宗還是同族這三者的區別是劃分地位尊卑的重要依據。實際上，在西周宗法社會上的尊卑概念，最初就是以同姓、同宗和同族三者作爲成立的基礎的。至于它具有了“禮”的意義則是後起的。因此，李先登在《夏商周青銅文明探研》一書中就曾精闢地説：

> 禮器的功能是爲了表示使用者的身份等級，用以“明貴賤，辨等列”。因此，也就成爲權力與地位的象徵，所以孔子説：“唯器與名，不可以假人。”當時的各種禮制也就由這些禮器體現出來，即所謂“器以藏禮”。[1]

因此，研究儒家禮教思想如果脱離了對青銅禮器和彝銘的研究，也就成爲無本之木、無源之水了。因爲“宗法制度的核心是血緣關係，因此就要提倡尊敬祖先，而尊祖莫大於祭祀，天子、諸侯、卿大夫等皆有宗廟，要按時祭祀。而祭祀就必須有一套禮儀，就必須使用祭器。由于祭祀是國與家的頭等大事，非常鄭重嚴肅，必然用當時最爲貴重的青銅來製作祭器。于是，青銅祭器——禮器中最重要的一部分就在宗法制度的社會需要中産生，并得到了充分的發展。由于宗法制是一種等級制，所以青銅祭器也因等級不同而不同，進而成爲不同身份等級的標誌”。[2]在此基礎上，原始儒家誕生了。

---

[1] 李先登：《夏商周青銅文明探研》，科學出版社 2001 年版，第 167 頁。
[2] 同上，第 169 頁。

第二十三章　祭祀制度特殊研究

引　論

上一章的祭祀制度，屬于最爲基礎的問題。接下來，我們要研究有關祭祀制度中出現的一些特殊問題。這些問題首先就是姓氏的異同、四時祭祀問題、"遷祭"問題，以及天命鬼神意識等諸多問題。這些問題，有的涉及商周時期的祭祀制度的延續，有的問題則是二者的本質區別。

第一節　姓氏異同問題

在進行宗廟祭祀活動中，還必須遵守西周王朝規定的姓氏異同問題。這是禮制的一個組成部分，也是西周宗法制度成立的血緣基礎。見《左傳·襄公十二年》中的記載：

> 凡諸侯之喪……同姓於宗廟，同宗於祖廟，同族於彌廟。是故魯爲諸姬，臨於周廟。爲邢、凡、蔣、茅、胙、祭臨於周公之廟。

在此出現了三種廟的名稱和祭祀職能，試分析如下。

一、宗廟

在彝銘中出現"宗廟"二字并不多，一般是以"宗""宗廟"或"宗室"表現出來。如：

　　《師器父鼎》彝銘："用享考于宗室。"

　　《過伯簋》彝銘："用作宗室寶尊彝。"

　　《羌伯鼎》彝銘："用好宗廟。"

　　《矢令方彝》彝銘："用尊使于皇室。"

　　《南公有嗣鼎》彝銘："用享于宗廟。"

在《論語·憲問》中提到了衛靈公手下有個人叫祝鮀，是負責"治宗廟"的大臣。所謂"治宗廟"應該就是以安排昭穆和宗廟日常守護之職能。又見《禮記·喪服小記》中所說的"別子爲祖，繼別爲宗"。因此，宗廟和同姓的"繼別"關係是一種派生關係。

二、祖廟

在彝銘中并無"祖廟"概念出現。在《禮記·喪服小記》中記載說"別子爲祖"，又說"祖遷於上"，可見祖廟是以"同宗"爲基礎的。它是"別子"的派生物。在《陳逆簋》彝銘中出現了對祖孫關係和同宗問題的記錄。

　　　　　　　　　《陳逆簋》彝銘釋文：

　　　　　　　冰月丁亥，陳氏啻（嫡）孫

　　　　　　　逆作爲皇祖大宗

　　　　　　　簋。以員（眢）羕（永）令（命）眉

　　　　　　　壽，子孫是保。

《陳逆簋》彝銘拓片

在這裏出現了"皇祖"和"陳氏啻孫逆"二者，所謂"啻孫"即嫡孫，"啻"同"嫡"。又出現了"大宗"的概念。而這一"大宗"又是皇祖大宗。本着"同宗於祖廟"的原則，則這裏的陳氏宗族，都是可以在祖廟中出現并進行祭祀祖廟的家族成員。

三、禰廟

在彝銘中尚未發現"禰"字，也不見于《説文解字》中。但是此字却出現在三禮和《左傳》中。或許這是上述幾部著作晚出的理由之一吧？至少可以説目前尚未發現甲骨史料和彝銘史料中有"禰"字。

在《禮記·喪服小記》中也記載説到了"繼禰者爲小宗"的概念。因此，同族的禰廟是小宗存在的基礎。

第二節　四時祭祀問題

在《禮記·祭統》記載中首先提到了四時祭祀問題，如下：

> 凡祭有四時，春祭曰礿，夏祭曰禘，秋祭曰嘗，冬祭曰烝。

這是常見的祭祀活動。一般多由天子親自主持。如《段簋》。

《段簋》彝銘釋文：

> 唯王十又四祀，十又一月
> 丁卯，王嘉畢烝。戊辰曾（贈）。
> 王穰（蔑）段曆。念畢中（仲）孫子，
> 令彝叔逵（饋）大則于段。敢
> 對揚王休，用作簋。孫孫子子，
> 萬年用享祀。孫子叔引。

《段簋》彝銘拓片

彝銘中的"唯王十又四祀，十又一月丁卯，王嘉畢烝"可以證明。

而受祭者則有"天"，如《何尊》彝銘的"廷告于天"。有"考"，如《相侯簋》

的"告于文考"。有"文王",如《天亡簋》彝銘的"衣(殷)祀于王丕顯考文王"。這些祭祀比較固定,所以稱爲"常祀"。《左傳·僖公三十一年》中就已經具有這一概念。

但是,在《詩經·天保》中出現的四時祭祀概念却是"祘祠烝嘗"四者。《毛傳》對此問題的解釋是"春曰祠,夏曰祘,秋曰嘗,冬曰烝"。

而許慎在《説文解字》一書中的解釋爲:

> 祘,夏祭也。

又:

> 祠,春祭也。

看來《説文解字》和《毛傳》都贊成以祘爲夏祭、以祠爲春祭的觀點。對于四時祭祀之名稱的異同,孫希旦在《禮記集解》一書中認爲:

> 愚謂祘禘嘗烝,夏殷四時之祭名也。天子別有大禘之祭,故周改春夏祭名以避之:"春曰祠,夏曰祘。"而諸侯之祭其名不改。故《春秋》魯有禘祭,而晉人亦曰"寡君之未禘祀"是也。

爲此,沈文倬在《宗周禮樂文明考論》一書中曾總結説:

> 四時之祭,群書記載不一,紛然淆亂。其實也不過兩個系統:一、《周禮》大宗伯職所述的祠、祘、嘗、烝,與《詩·天保》的"祘祠烝嘗",不過春與夏、秋與冬互易之異,相承之迹,依稀可見。《禮記·明堂位》的"夏祘秋嘗冬烝",鄭注:"不言春祠,魯在東方,或闕之。"《大戴禮記·千乘》記春夏俱曰享,而秋曰嘗冬曰烝。二篇都屬這個系統。秦漢以後,《爾雅·釋天》《公羊傳》《春秋繁露》《説文》等書所述,完全與《周禮》一致。二、《禮記·祭統》所述的祘、禘、嘗、烝,把禘列入時祭是它的特點。《國語·魯語上》記邴敬之説"嘗禘烝享"云云,可能即是《祭統》的根據。《仲尼燕居》云"嘗禘之禮",《郊特牲》《祭義》云"春禘而秋嘗",俱屬這個系統。秦漢之際,《王制》所述與《祭統》完全一致。[1]

---

[1] 沈文倬:《宗周禮樂文明考論》,浙江大學出版社1999年版,第12頁。

但是，上述四時祭祀説是否符合西周彝銘史料的記載的實際情況，請看下文的考證：

一、祠祭·祠祭

"祠"字，在彝銘中衹一見于《我方鼎》彝銘中，但是其内容却十分重大。

《我方鼎》彝銘釋文：

> 唯十月又一月，丁亥，
> 我作禦祗（恤）祖乙、匕（妣）乙、
> 祖己、匕（妣）癸，征（延）祠祟（縮）
> 二女（母）。咸异羿遣福二
> 𥝱，貝五朋。用作
> 父己寶尊彝。亞若。

《我方鼎》彝銘拓片

此件銅器收録在《三代吉金文存》卷十中。有的學者認爲它是西周初期之物。

首先是對"祠"字的説明。如果"祠"爲春祭的話，那麼爲何在此件銅器中記録的是在十一月？當時使用的曆法是哪一種？爲何彝銘中没有出現王年？根據上述孫希旦之論，我們可以明白使用"祠"而不使用"祠"，又没有使用西周曆法和王年，正説明了此件銅器出于諸侯之手。

其次的問題是"祖乙妣乙"和"祖己妣癸"二位女人問題。這裏的二位女人名號即"祖乙之妣乙"和"祖己之妣癸"。這裏最爲重要的問題是"并后"制度在金文中的出現！

"并后"一詞，首見于《左傳·桓公十八年》中記載，如下：

> 并后、匹嫡、兩政、耦國，亂之本也。

在亂國的四大禍害中，并后居首位。而這裏出現的是兩位被稱爲妣的祖乙和祖己的妃子。

在此件銅器彝銘中，"我"同時祭祀兩位祖輩的女性，說明了她們二人地位的相同。衆所周知，殷墟甲骨卜辭中就出現了對"并后"現象的記録。如："子雍其禦王於丁妻二妣己。"（《續編》1·39·3）

王暉在《商周文化比較研究》一書中總結説：

> 從卜辭中看，商代直系先王之妻不少是"并后"。如中丁之妻妣己妣癸并入祀譜，祖乙有妣己妣庚入祀譜，祖丁有妣己妣庚入祀譜，武乙有妣戊妣癸入祀譜。這種有二妻或三妻一同入祀的現象，説明其地位是相等的，應即"并后"現象。[1]

《我方鼎》彝銘的出現，説明了在四時祭祀活動中存在著對"并后"現象的祭祀。

"祠"字，在彝銘中，見于《商尊》《商卣》彝銘中，也是西周初期之物。如下：

> 唯五月，辰在丁亥。帝（禘）司（祠）。

這裏的"帝司"二字，一般都認爲是"禘祠"二祭。祭祀時間爲五月，或許還可以算作是春祭吧。而且，也没有王年。但至少把"祠"作爲夏祭的可能性是存在的。而《我方鼎》彝銘中的"十又一月"和"礿祭"的同時出現，祇有一種可能，即《我方鼎》彝銘中使用的是以十月作爲建月之首的顓頊曆。亦即，所謂春祭不是春季之祭，而是指作爲建月之首的"王正月"意義上的"春"。也祇有在這種情況下，它和諸侯曆法中的"十又一月"的"春祭"纔能統一起來。

但是，如果《我方鼎》和《商鼎》彝銘都不使用周正的話，它們是否使用的是同一種曆法體系呢？在肯定"礿爲春祭"而"祠爲夏祭"的情況下，不可能出現相連的兩個季節在具體時間上產生出七個月的跨度。就這兩件銅器而言，要麼各自使用不同的曆法，要麼礿和祠的時間性含義有誤，要麼有一件銅器爲僞器。三者必居其一。

但是，當《臣辰盉》彝銘出現時，我們就必須改變"春祭曰礿"的觀點了。彝銘如下：

> 唯王大龠（禴）于宗周……在五月既望，辛酉。

---

[1]　王暉：《商周文化比較研究》，人民出版社2000年版，第291頁。

在這裏的"鬴"即"禴"，和"礿"字爲異體字。時間爲五月，正是周曆的夏季。《商尊》説五月爲"祠"，《臣辰盉》彝銘説五月爲"礿"。看來，"春祭曰礿"説并非西周時代的産物，而是春秋或秦漢時代學者的作僞。

礿祭中使用的具體祭品，一般多爲根據《周易·昇卦》中的"孚乃利用礿"和《周易·既濟卦》中的"東鄰殺牛不如西鄰之礿祭"的記載，可見這裏的"礿祭"纔是這一概念的首出之處。而所謂的"礿祭"，一般以爲是"祭之薄者"。王暉甚至提出了"以新菜祭祀先祖"之説。[1]此説的根據是《漢書·郊祀志》中的"煮新菜以祭"。但是，《漢書》中的記載和西周的祭祀制度有無對應性呢？這是我們現在無法考察的。

二、禘祭·祠祭

"禘"字，在彝銘中多作"啻"。已見前述考證。

三、嘗祭

"嘗"字，在彝銘中出現比較多，最多見是所謂"歲嘗""用烝用嘗"和"以烝以嘗"。因此，這三個是當時的習慣用語。如下：

> 《姬鼎》彝銘："用烝用嘗。"
> 《十四年陳侯午敦》彝銘："台（以）登（烝）台（以）嘗。"
> 《畲前鼎》彝銘："以共歲嘗。"

因爲"用烝用嘗"和"以烝以嘗"具有了習慣用語的含義，所以在《姬鼎》彝銘中没有説明作器時間。其中出現"歲祭"一詞的，又多爲楚王畲之物，也多没有説明王年。因此，"歲嘗"是一種在楚國所特有的祭祀活動。它和"嘗"不是同一種祭祀。

"嘗"字，首見于西周早期銅器《效尊》彝銘中，如下：

> 唯四月初吉甲午，王蘿（觀）于嘗公東宮，内（納）鄉（饗）王，王賜公貝五十朋。

這裏"王"和"公"同時出現，祭祀時間爲周的四月。這和秋祭是不太着邊際的。

又見《六年召白虎簋》彝銘，如下：

> 唯六年四月甲子……用作朕剌（烈）祖召公嘗簋。

---

[1]　見王暉：《商周文化比較研究》，人民出版社2000年版，第213頁。

祭祀時間還是在周的四月。這兩個周四月祭祀的記載，對"秋祭曰嘗"説是一個沉重的打擊。

四、烝祭

"烝"字，首見于西周早期的《高卣》彝銘中，如下：

> 唯十又二月，王初㑁旁，唯還在周，辰在庚申。王厭（飲）西宫，烝。

又見于《段簋》彝銘中，如下：

> 唯王十又四祀，十又一月丁卯。王蒿畢烝。

這裏"唯十又二月"和"唯十又一月"都是在冬季，也都是在以二月爲建子的情況下，這和烝祭的時間規定是一致的。郭沫若在《金文叢考》一書中以爲是"偶合"。地點是在畢。具體祭祀地點在西宫。可見在殷周彝銘中，完全符合《禮記·祭統》中記載的四時之祭説的，祇有"烝祭"一種。

"烝"字，在彝銘中皆寫作從米從豆的"荳"字。也有在"豆"字下又從左右手之形的，表達捧起獻祭之意義。看來進行烝祭需要使用米和青銅豆。前面我們分析過米宫的職能，可能就有"春"和"烝"的雙重含義在内吧。而且，在吳闓生《吉金文録》中所收《盧豆》彝銘中就出現了"大師盧乍烝尊豆"一語，可以證明烝祭要使用尊和豆。

除此之外，在烝祭活動中還要使用牲。見《尚書·洛誥》中的記載：

> 戊辰，王在新邑，烝祭歲，文王騂牛一，武王騂牛一。

新邑指洛邑。又依《國語·周語》的記載，烝祭用牲根據使用方法的不同，又分爲全烝、房烝和肴烝三種。限于本專題不是研究祭祀方法問題的，在此先不贅述。此處的烝祭在戊辰，後面又説在：

> 十有二月，惟周公誕保文武受命，惟七年。

可見烝祭的時間是在冬季。

其他傳世文獻的記載，如《左傳·昭公元年》：

> 十二月，晉既烝，趙孟適南陽，將會孟子餘。甲辰朔，烝於温。庚戌，卒。

這裏的烝祭是在十二月，也是冬季。

進行烝祭，必須符合昭穆制度的規定。否則就是逆祀，就是躋，就是僭越和非禮行爲。見《國語·魯語》中的記載：

> 夏父弗忌爲宗，烝將躋僖公。宗有司曰："非昭穆也。"曰："我爲宗伯，明者爲昭，其次爲穆，何常之有！"有司曰："夫宗廟之有昭穆也，以次世之長幼而等胄之親疏也。夫祀，昭孝也。各致齊敬於其皇祖，昭孝之至也。故工史書世，宗祝書昭穆，猶恐其逾也。今將先明而後祖，自玄王以及主癸莫若湯，自稷以及王季莫若文武。商周之烝也，未嘗躋湯與文武爲逾也。魯未若商、周而改其常，無乃不可乎？"

韋昭爲此作的注爲：

> 此魯文公三年喪畢祫祭先君於太廟，升群廟之主，序昭穆之時也。經曰"八月丁卯，大事於大廟，躋僖公"是也。僖，閔之兄，繼閔而立。凡祭，秋曰嘗，冬曰烝。此八月而言烝，用烝禮也。凡四時之祭，烝爲備。

可見這次烝祭有兩件事不合周禮：一是昭穆次序不對，二是祭祀時間不對。在此，秋用烝祭祇是爲了追求排場，即"凡四時之祭，烝爲備"，所以遭到了有司的反對。

第三節 "遘祭"問題

"遘祭"的"遘"字，彝銘中一般作"**雗**"，也作"**遷**"。如《保卣》彝銘中就是如此。《説文解字》：

> 遘，遇也。

又見《尚書·金滕》：

> 遘屬虐疾。

可見這是"遘"字的本意。但是，出現在商代彝銘中的"遘"字，還有另外一種含義，即"遘祭"。最早，陳夢家在《殷虚卜辭綜述》已經注意到了這一問題。其他如《四祀邲其卣》，在卣底圈足內有銘四十二字。

《四祀邟其卣》彝銘拓片

《四祀邟其卣》彝銘釋文：

> 乙巳，王曰："尊
> 文武帝乙宜。"
> 在召大庿（廳），遘
> 乙。翌日丙午，魯。
> 丁未。膡（羹）。己酉。王
> 才梌，邟其賜貝。
> 在四月。唯
> 王四祀翌，日。

此卣蓋内有"亞獏父丁"四字。

"亞獏"是器主族氏，"父丁"是所祭之先人，記載商王祭祀文武帝乙和邟其受商王賞賜之事，"文武帝乙"是帝辛之父帝乙，這件卣作于帝辛四年。爲此，董作賓在《殷曆譜後記》中主張：

> 有文武丁、帝乙，爲作於帝辛世之堅證。而三器作於同時，即當爲一王之二、四、六祀，亦無可疑。更以祀典證之，悉合於帝辛《祀譜》，故可斷定此三器必作於帝辛之初年也。[1]

宋鎮豪在《夏商社會生活史》一書中解釋説：

> 銘文記商王帝辛在召大庭舉行障宜的祭祀父王文武帝乙的活動，親自操持其烹飪禮儀，自乙巳日開始，到次日丙午主持了將食物或調料投放入炊器的儀式，到第三日丁未又用煮的烹飪法，文火燉燒，熟而敬獻神靈。前後進行三天，頗如《禮記·内則》説的"八珍"之一"炮豚"的部分烹飪操作，牲體經宰殺切件和初步燒炮後，又"鉅鑊湯，以小鼎薌（香）脯於其中，使其湯毋滅鼎，

---

[1]　董作賓：《殷曆譜後記》，《中央研究院歷史語言研究所集刊》第 13 本。

三日三夜毋絕火，而後調之以醯醢".[1]

在甲骨文中也有例證。王輝在《商周金文》一書中就引用了甲骨史料：

> 遘，音 gòu，祭名。殷卜辭《鄴》三。1 · 32："才（在）正月，遘於妣丙……"[2]

目前爲止，"遘祭"的現象多出現在商代彝銘中，西周彝銘中僅在早期的《保卣》和《保尊》發現用例一次。可見，"遘祭"應該是商代特有的祭祀活動。

按照上述《四祀邲其卣》彝銘釋文的記載，"遘祭"之前是"尊文武帝乙宜"的活動。這裏的"宜"，見《詩經·鄭風·女曰鷄鳴》"弋言加之，與子宜之"兩句，《毛詩正義》解釋爲：

> 宜，肴也。箋云：言，我也。子，謂賓客也。所弋之鳧雁，我以爲加豆之實，與君子共肴也。

可知"宜"指烹煮肉食。因此，所謂"尊文武帝乙宜"，就是給尊敬的亡父文武帝乙準備烹煮肉食。"宜"字像陳肉塊于俎案之上，甲骨史料中經常有關于"宜羊""宜牝""宜牛""宜牢""宜大牢"等相關記載。如《甲骨文合集》中就記載了商王親自操刀宰割整鹿的活動："王其則敝麋。"[3]在《曲禮》中甚至還詳細記錄了進食的過程：

> 凡進食之禮，左肴右胾。食居人之左，羹居人之右，膾炙處外，醯醬處內，葱渫處末，酒漿處右。

在《禮記·王制》中，鄭玄注"宜"字爲"祭名，其禮也"。可見宜祭之禮是敬獻犧牲禮的一種。

宋鎮豪在《夏商社會生活史》一書中曾說：

> 商末帝辛時《四祀邲其卣》銘有煮字作🔥，像鬲下燃火而匕取鬲中肉羹形，甲骨文簡寫作👆、👆，意同。可見匕主要是爲批取飯食或撥取肉食或撈

---

[1]　宋鎮豪：《夏商社會生活史》，中國社會科學出版社 1994 年版，第 309 頁。

[2]　王輝：《商周金文》，文物出版社 2006 年版，第 22 頁。

[3]　郭沫若主編、胡厚宣總編輯、中國社會科學院歷史研究所編：《甲骨文合集》，中華書局 1981 年版，第 29405 片。

　　　取羹食的進食餐具。[1]

　　這一祭祀活動的中心目的是一定要"遘乙"，這是"遘祭"的中心環節。

　　所謂"遘乙"即在"遘祭"活動中一定要受祭者亡父文武帝乙出現，這纔實現對美味肉食的享受。而一旦受祭者亡父文武帝乙不出現，那就祇好找一個人假扮了。這也就成爲當時祭祀祖先活動的一個常例。《詩經・召南・采蘋》：

　　　　於以奠之？宗室牖下。誰其尸之？有齊季女。

　　這裏記載的"尸"，就是當時與此類似的祭祖活動的一個傳統作法。這裏也是在祭奠祖先活動中專門設置了"尸"這一角色，這裏的"尸"出現在宗室內，而且還是女性，代表著受祭奠祖先的出現，以此來實現對故意祖先的直接溝通。但是，按照《儀禮・特牲饋食禮》鄭玄注的記載：

　　　　尸，所祭者之孫也。祖之尸，則主人乃宗子，禰之尸，則主人乃父道。事神之禮，廟中而已。

　　可見受祭者和"尸"一般是祖孫關係。《春秋公羊傳・宣公八年》何休注中特別説明了，"天子以卿爲尸，諸侯以大夫爲尸，卿大夫以下以孫爲尸"的傳統。

　　方述鑫在《殷墟卜辭中所見的"尸"》一文中考證：

　　　　《説文》："尸，陳也。"《禮記・郊特牲》注："此尸神象，當從主訓之。"段玉裁注："祭祀之尸本象神而陳之，而祭者因主之，二義實相因而生也。"《儀禮・士虞禮》"祝迎尸"鄭玄注：用尸象神是因爲"孝子之祭，不見親之形象，必無所系，立尸而主意焉"。可見，尸是宗廟祭祀時象徵死去的祖先爲神而接受祭祀的替身。[2]

　　正是基于上述史實的緣故，筆者有理由主張：《詩經・召南・采蘋》中記載的專門設置了"尸"這一角色的祭奠祖先活動，其起源應該就是商代流行的"遘祭"活動，而且還是它民間化而出現的必然結果。

　　相同的祭祀活動還出現在《二祀邲其卣》《韓彝》《帚孳方鼎》《父乙簋》《豐彝》

---

[1]　宋鎮豪：《夏商社會生活史》，中國社會科學出版社1994年版，第269—270頁。
[2]　方述鑫：《殷墟卜辭中所見的"尸"》，《考古與文物》2000年第5期。

和西周早期的《保卣》《保尊》彝銘中。我們再分析一下《二祀邲其卣》彝銘中出現
的"遘祭"活動。

《二祀邲其卣》彝銘釋文：

《二祀邲其卣》彝銘拓片

> 丙辰。王令邲
> 其兄（既）鬱
> 夆田，雍□賓
> 貝五朋。在正月。遘
> 于妣丙，肜日，大乙無（嫵）。
> 唯王二祀。既
> 䄢于上帝。

"賓"前有一字不識，日本學者赤塚忠根據陳夢家對同形甲骨文的解釋，釋作
"施"[1]，可供參考。"無"字通"嫵"，赤塚忠解釋説：

> 關於此字的解釋，一直有赫、夾、乘諸説。它的意思是指接受祭祀的配偶。
> 因爲商代帝王是多妻的，根據周祭制度被選出接受祭祀的配偶則是一定的。[2]

這裏的"兄"即"既"字之省。連劭名在《邲其三卣銘文新證》一文中主張：

> 邲其在商王朝内擔任的官職相當於《周禮》中的"大宗伯"，或是《禮記·
> 曲禮》中的"大祝"，是商王朝宗教活動方面的高級官吏。[3]

此説可參。但是具體屬于哪一級的"祝"，尚待進一步考證。因爲《周禮·大祝》中
記載有"六祝之辭"。連氏主張這是吉祝。

"遘于妣丙"是這次祭祀的中心環節。即是講在"遘祭"活動中受祭先人妣丙終
于出現了。因此又舉行了對其夫君太乙的"肜祭"活動。這段彝銘是講：商王二年
正月丙辰日這一天，商王命令邲其去夆地舉行鬱祝祭祀活動後，在雍地田獵，邲其

[1]　[日] 赤塚忠：《殷金文考釋》，角川書店 1977 年版，第 632 頁。
[2]　同上。
[3]　連劭名：《邲其三卣銘文新證》，《故宮博物院院刊》1998 年第 4 期。

獲贈五串貝（因此邲其就製作了這件銅器以紀念）。然後，商王舉行了"遘祭"，終于又迎來了先人太乙的配偶妣丙的到來。因此之故，又舉行了"肜祭"，祭祀太乙的配偶妣丙。因爲妣丙有功于天上的上帝。

這裏出現的"肜日"，即肜祭之日。《尚書·高宗肜日》中記載"高宗肜日，越有雊雉"。孔穎達解釋説：

> 高宗既祭成湯，肜祭之日，於是有雛鳴之雉，在於鼎耳。

《史記·殷本紀》中對此叙述説：

> 帝武丁崩，子帝祖庚立。祖己嘉武丁之以祥雉爲德，立其廟爲高宗，遂作《高宗肜日》及《訓》。

"肜日"是商代十分重要的祭祀活動，甲骨文中關于"肜日"的記載也很多。"肜日"活動中出現的受祭者人名是殷人祖先太乙的配偶妣丙。而妣丙則是"遘祭"的對象，她的出現成爲對其進行"肜祭"的開始。因爲求祖先保佑子孫，就是一種"求永貞"的行爲，所以筆者以爲這裏的"祝"屬于"年祝"。而非連劭名主張的"吉祝"。年祝和"肜日"配合出現，這就是祝禮的重要特徵之一。《周禮·大祝》記載："掌六祝之辭，以事鬼神示，祈福祥，求永貞：一曰順祝，二曰年祝，三曰吉祝，四曰化祝，五曰瑞祝，六曰筴祝。"而"求永貞"，按照鄭玄的注釋，屬于"年祝"。

我們再看看《肄作父乙簋》。

《肄作父乙簋》彝銘拓片

《肄作父乙簋》彝銘釋文：

> 戊辰。弜師賜肄
> 🐚户賞（贘）貝。用作父乙
> 寶彝。在十月一，唯王
> 廿祀肜日。遘于匕（妣）戊，
> 武乙無（嬹）。豕一。旅□。

這段彝銘大意是講在商王二十年十月戊辰這一天，弜師代表商王賞賜給緯貝，貝用它來製作自己的亡父乙的銅器。"㞢日"也是當時一項特殊的祭祀活動。就在㞢日活動這一天，商王又舉行了"遘祭"，迎來了已故先人妣戊的到來，她是武乙的正妻，這次"遘祭"給她上供了一頭豬。

通過上述三例在商代的"遘祭"活動記載，我們可以對"遘祭"進行一下總結。

首先是"遘祭"的地點。

在上述三件銅器中，《四祀邲其卣》彝銘"遘祭"的地點在"召大廟（廳）"，《二祀邲其卣》彝銘"遘祭"的地點在"牽"，而《緯作父乙簋》彝銘中則根本沒有說明"遘祭"的地點。可見，彝銘中記載的"遘祭"活動地點并不是特定的。

其次是"遘祭"的時間。

在上述三件銅器中，《四祀邲其卣》彝銘"遘祭"的時間是"唯王四祀四月乙巳"，《二祀邲其卣》彝銘"遘祭"的時間是"唯王二祀正月丙辰"，而《緯作父乙簋》彝銘"遘祭"的時間是"唯王廿祀十月㞢日"。這裏的"㞢日"應當在"唯王廿祀十月戊辰"之後幾日。可見，彝銘中記載的"遘祭"活動時間也并不是特定的。

再次"遘祭"的種類。

按照現有彝銘來分析，"遘祭"的種類又分有"宜"、無"宜"兩種情況：《四祀邲其卣》彝銘是有"宜"的。而《二祀邲其卣》彝銘則是無"宜"的，但是却增加了田獵活動。

最後是被"遘祭"者的性別。

但是，這一活動的中心環節是受祭者的出現。《四祀邲其卣》彝銘的受祭者是"遘乙"，即文武帝乙。《二祀邲其卣》彝銘的受祭者是"遘于妣丙"，《緯作父乙簋》的受祭者是"遘于匕（妣）戊"。三位已故先人，一父二母，可見"遘祭"的受祭者可父可母，不分男女。

由以上四點總結，我們已經粗略瞭解了殷商時代晚期銅器彝銘中記載的"遘祭"及其相關問題，對于加深"殷人尚鬼"的理解有着重要的輔助作用。

第四節　天命鬼神意識與祭祀

　　"天"和"帝"的觀念，當以有意識的人格神而出現時，有如下幾種稱呼：天、皇天、昊天、旻天、上天、蒼天、上帝、皇帝、大帝、皇皇后帝、上天后、皇天上帝、昊天上帝。這裏"天"和"帝"的觀念是相同的。上述各稱呼見證如下：

　　《尚書·皋陶謨》："天命有德，五服五章哉！"

　　《尚書·康王之誥》："皇天改大邦殷之命，惟周文武誕受羑若。"

　　《尚書·召誥》："皇天上帝，改厥元子。"

　　《尚書·吕刑》："皇帝哀矜庶戮之不辜，報虐以威。"

　　《尚書·湯誓》："予畏上帝，不敢不正。"

　　《詩經·周頌》："昊天有成命，二后受之。"

　　《詩經·召旻》："旻天疾威，天篤降喪。"

　　《詩經·信南山》："上天同雲，雨雪雰雰。"

　　《詩經·巷伯》："蒼天蒼天，視彼驕人，矜此勞人。"

　　《詩經·雲漢》："昊天上帝，則我不虞。"

　　《鐵雲藏龜》："帝命雨。"

　　《墨子·兼愛》："告于上天后。"

　　《墨子·非命》："惟我有周，受之大帝。"

　　《論語·堯曰》："敢昭告於皇皇后帝，有罪不敢赦。"

　　許慎《説文解字》一書中解釋説"天，顛也。至高無上，從一大"。段玉裁《説文解字注》：

　　　　顛者，人之頂也。以爲凡高之稱……然則天亦可爲凡顛之稱。臣于君，子于父，妻于夫，民于食皆曰天是也。至高無上是其大無有二也。

　　又"帝，諦也，王天下之號"。段玉裁《説文解字注》：

　　　　見《春秋元命苞》《春秋運斗樞》。《毛詩故訓傳》曰："審諦如帝。"

晉代王弼注《周易》："帝者，生物之主。"唐代孔穎達《周易正義》則以爲："帝，天也。"爲此，丁山在《中國古代宗教與神話考》一書中總結説：

> 這個至高無上的天神，夏后氏曰天，殷商曰上帝，周人尚文，初乃混合天與上帝爲一名曰"皇天上帝"，音或訛爲"昊天上帝"，省稱曰"皇天"，或"昊天"。[1]

看來，商周時代人們對天和命有着多種稱呼，反映了當時思想界和日常生活中對這個問題的特別關注。在西方思想家看來，"天"和占星術（也即命）、古代天文學是密切相關的：如果人首先把他的目光指向天上，那并不是爲了滿足單純的好奇心。人在天上所真正尋找的乃是他自己的倒影和他所在的世界的秩序。人感到了他自己的世界被無數可見的和不可見的紐帶而與宇宙的普遍秩序緊密聯繫着的——他力圖洞察這種神秘的聯繫。因此，天的現象不可能是以一種抽象沉思和純粹科學的不偏不倚來研究的。它被看成是世界的主人和管理者，也是人類生活的統治者。[2]

在古代中國，"天"的概念也是以天文學和占星術（也即命）的混合體形象而出現的，并由此具有了人格意義——"帝"的概念開始和"天"的概念產生了混合。于是，人格意義上的天、帝和天帝、上帝等概念成爲殷周時代的主要概念。

《尚書·西伯戡黎》："嗚呼！我生不有命在天。"《周禮·春官》："大宗伯以槱燎祀司中司命。"《春秋元命苞》："上台爲司命，主壽。"清代戴震《屈原賦注》："上台曰司命，主壽夭。"可證，命是天命鬼神意識的一個重要體現。

在古代文化心理中，"命"和人的壽夭有直接關係，進而人的吉凶禍福也和它有關。"命"的意識產生極早。《禮記·表記》中認爲："夏道尊命，事鬼神而遠之。"表現在殷商卜辭中，如《殷虚書契前編》三·二十四·六"貞，帝於命"，《殷虚書契後編》上·三十·十二"貞，帝臣命"。在《詩經》中也大量出現了"命"的概念，如《國風·召南·小星》中的"實命不同"和"實命不猶"，《鄭風·蝃蝀》中的"大無信也，不知命也"等等，前後共出現了八十多處"命"字。徐復觀先生研究了這些"命"字的含義後，他在《中國人性論史》一書中總結説：

> 殷代稱"帝令"，即"帝命"；周初則多稱天命；屬王時代，便多稱天而絶少稱天命；西周之末，或東周之初，始出現命運之命。因爲人或永遠有不能完

---

[1] 丁山：《中國古代宗教與神話考》，龍門聯合書局1961年版，第180頁。
[2] 見[德]恩斯特·凱西爾：《人論》，上海譯文出版社1985年版，第62頁。

全瞭解、解決的自身問題。宗教是把這些不能瞭解、解決的問題信托到神身上去。西周末，人格神的天命既逐漸垮掉，於是過去信托在神身上的天命，自然轉變而爲命運之命。天命與命運不同之點，在於天命有意志，有目的性；而命運的後面，并無明顯的意志，更無什麼目的，而祇是一股爲人自身所無可奈何的盲目性的力量。帝、天命、天，本來常常互用；但"帝"字所表現的人格神的意義特强；天命自然還是人格神的意味；天則常與自然之天及法則性之天相混，而人格神之意味已趨於淡薄。命運在其不能爲人所知，并爲人所無可奈何的這一點上，固然與宗教性的天命有其關連；但在其盲目性的這一點上，則與宗教性的神之關連甚少。由上述名詞使用之傾向來説，即是中國古代的宗教，其人格神的意味，是一天趨向淡薄一天。[1]

《列子·天瑞篇》："精神離形，各歸其真，故謂之鬼。鬼，歸也。"漢代許慎《説文解字》："鬼，人所歸爲鬼。"清代丁福保《説文解字詁林》："鬼之古文禬，從示，示神也。天曰神，地曰示，人曰鬼。《周官》：'則人鬼可得而禮矣。'《論語》：'非其鬼而祭之。'皆謂己之祖考。然則禬字當用于此，神之者，尊之也。"其實，天、命、鬼、神四者作爲一個原始宗教思想和神權觀念下的産物，常常是一體的，很難進行具體的區分，幾乎在上述每一個概念中都可以找到另外三個概念的含義。這增加了分析研究的難度。出現這種概念之間的混合現象和上述各個概念產生和使用的時代是密切相關的。語言是時代的産物，尤其表現在詞彙上更是如此。王暉在《商周文化比較研究》一書中就曾考證：

　　在人神分離、"絕地天通"的商代，祭祀上帝祖先神的權力在商王手中，商王可以按自己的意志和願望祈求上帝祖先神。這時上帝天神與民衆互不來往，也永遠不發生直接的關係；上帝及殷人的祖先神僅僅與自己的嫡子商王和商王室貴族發生關係。而在周代，"絕地天通"的局面被打破了，而且民成了"神之主"，連祭祀也是爲了人民——"祭祀以爲人也"，天神上帝要聆聽民衆的心願和想法；民衆也把願望和乞求直接告訴上帝鬼神，這就是"天視自我民視，天聽自我民聽"。上界天神與下地民衆的心靈是息息相通的，上帝鬼神所見的是從民衆那裏看到的，所聽的也是從民衆那裏聽來的。而且民衆的願望想法，上

---

[1]　徐復觀：《中國人性論史》，上海三聯書店 2001 年版，第 34 頁。

帝鬼神也一定是要遵從的，因爲民衆是"神之主"。[1]

這就是對合理狀況下的天、命、鬼、神的價值屬性的分析，但是到了出現革命或者禮崩樂壞之時，人的因素更多地進入到了天命觀和鬼神觀中，客觀上促進了變易思想的發展，也爲天、命、鬼、神意識和概念的革新提供了可能。

在西周青銅器彝銘中出現了不少有關天、命、鬼、神的諸多用例。如《天亡簋》彝銘："王祀于天室，降，天亡又（宥）王。"這裏的"天"字又作"大"。李孝定先生在《甲骨文字集釋》一書中考證："天之與大，其始當本爲一字。卜辭天邑商或作大邑商。天戊或作大戊。大乙，《史記·殷本紀》作天乙。"又如，《毛公鼎》彝銘"臨保我有周，丕巩（鞏）先王配命"，《陳昉簋》彝銘"羲盟鬼神"，《宗周鐘》彝銘"唯皇上帝，百神保余小子"等等。

但是，西周金文中出現的上述概念異稱頗多。天就有天、皇天等，命則有大命、天命、永命、嘉命等概念。而且，也出現了"鬼神"連文并列的現象，這反映了"鬼神"概念出現的久遠。有些概念已經是金文中的成語了。如"羲文神無疆""用各百神""隹皇上帝百神""大神其陟降""用配皇天""應受大命""惠天命""永命""魯命""休命"等等。

一般來說，天和神的概念比較固定，而命和鬼的概念就有些麻煩。如《小盂鼎》彝銘中的"伐鬼方"的"鬼"是方國名，《鬼作父丙壺》彝銘的"鬼作父丙寶壺"的"鬼"是氏族名。對于"鬼"字，郭沫若在《金文叢考》一書中曾經指出：

> 《孝經·聖治章》"孝莫大於嚴父，嚴父莫大於配天，則周公其人也。昔者周公郊祀后稷以配天，宗祀文王於明堂以配上帝"，邢昺注嚴父爲"尊嚴其父"。今案嚴、儼古字通，金文嚴或作敢，亦同音通用之例。《釋名·釋言語》："嚴，儼也，儼然人憚之也。"靈魂不滅，儼然如在，故謂之嚴。嚴父者，神其父也。又統彝銘諸例，神其祖若父以配天帝之事，即人臣亦可爲，蓋謂人死而魂歸於天堂也。[2]

對于"命"的概念，《古文字詁林》一書中引高田忠周：

---

[1]　王暉：《商周文化比較研究》，人民出版社 2000 年版，第 162 頁。

[2]　郭沫若：《金文叢考》，人民出版社 1954 年版，第 3—4 頁。

按《説文》："命，使也，從口從令，令亦聲。"會意而實包形聲也。朱駿聲云："在事爲令，在言爲命，散文則通，對文則别。"令當訓使也。命當訓發號也。於六書乃合。《爾雅・釋詁》："命，告也。"此説似是矣。但愚竊謂令、命古元一字，初有令，後有命，而兩字音義皆同，故金文尚互通用也。

當然，有些"命"的概念還是"命令"，如金文中常見的"勿廢朕命"。

丁山教授在《中國古代宗教與神話考》一書中主張：

大體説來：夏時，地神稱后，天神稱天，其君主生或稱后，死亦配地稱后；殷時，地神稱土，天神稱帝，其君主生稱王，死或配天稱帝。夏忠，殷質，周人尚文，稱地神曰社，曰后土，稱天神曰上帝，曰皇天上帝，其君主生稱王，人稱之則時亦冠以皇號。如皇王、皇君、皇辟君、皇天子，都是臣屬所上天子的尊號。[1]

這是通過探索稱號問題，研究天命意識在當時宗教思想中的地位。這種探索，宋代就已經很盛行了。如陳祥道在《禮書》中説：

《周禮》有言"祀天"，有言"祀昊天上帝"，有言"上帝"，有言"五帝"者。言天則百神皆預，言昊天上帝則統乎天者，言五帝則無預乎昊天上帝，言上帝則五帝兼存焉。《周官・司裘》："掌爲大裘，以共王祀天之服。"《典瑞》："四圭有邸以祀天。"《大司樂》："若樂六變，天神皆降。凡以神仕者，以冬日至致天神。"此總天之百神言之也。《大宗伯》："以禋祀祀昊天上帝。"《司服》："大裘而冕，以祀昊天上帝。"此指統乎天者言之也。《司服》言："祀昊帝上帝，祀五帝亦如之。"則五帝異乎昊天上帝也。《大宰》："祀五帝，掌百官之誓戒……祀大神示亦如之。"則五帝異乎大神也。《肆師》："類造上帝，封於大神。"則上帝又異乎大神也。《掌次》："大旅上帝，張氈案，設皇邸，祀五帝，張大次小次。"則上帝異乎五帝也。《典瑞》："四圭有邸以祀天，旅上帝。"則上帝異乎天也。上帝之文，既不主於天，與昊天上帝，又不主於五帝，而《典瑞》"旅上帝"對"旅四望"言之，旅者，會而祭之之名，則上帝非一帝也。上帝非一帝，而《周禮》所稱帝者，昊天、上帝與五帝而已，則上帝爲昊天上帝及五

---

[1] 丁山：《中國古代宗教與神話考》，龍門聯合書局 1961 年版，第 196 頁。

帝明矣。

清代梁玉繩《史記志疑》中考證説：

> 夏殷周三代本皆稱王，間亦雜稱后，從未聞有帝稱。《史》謂"夏殷稱帝"，故以爲貶號爲王耳。夫皇帝、皇后者，俱有天下之通號，本無甚分別。《爾雅》云"天帝、皇王、后、辟、君"也，安得升降襃貶之説哉？《禮運》曰"先王未有宫室"，是皇亦稱王。《大禹謨》曰"四夷來王"，《吕刑》曰"皇帝哀矜，皇帝清問"，是帝亦稱皇、王。《洪範》曰"五皇極"，"文王有聲"之詩曰"皇王烝哉"，是王亦稱皇。《詩·玄鳥》曰"商之先后"，《書·盤庚》曰"前后、古后、先后、神后"，《禮·内則》曰"后王命冢宰"。是商周亦稱后，不獨夏稱之，其義一矣。然自三皇、五帝、三王之遞嬗異稱，遂若因世會而有高下之殊，於是皇與帝之號，容或互稱，而三代之稱王，一定不易。

對天、帝、王、皇等尊號和内涵的研究，在助于理解周人宗教思想、尤其是天命觀的具體運用範疇問題。而丁山教授的考證代表了對這一問題的最新而又具有權威性的看法。

第二十四章　軍制研究

引　論

在商周彝銘中出現了大量反映當時軍事制度的銘文。如《詈壺》彝銘中的"作豕嗣土（徒）于成周八自（師）"，《小臣謎簋》彝銘中的"伯懋父以殷八自（師）征東尸（夷）"等。這裏出現的"成周八自"和"殷八自"，即"成周八師""殷八師"。在著名的《禹鼎》彝銘中，則同時出現了周天子派遣"西六師"和"殷八師"兩支軍隊去討伐。

由此來看，"西六師"和"殷八師"應該是周天子的主力軍。

吳其昌在《金文曆朔疏證》卷一中曾經主張：

> 蓋"六自""八自"，本爲姬姓自氏之六大族，或八大族，此族勇武，武王克商、成王平東夷，皆以此六自族、八自族爲主力，居於成周，以鎮東國，故稱爲"成周八自"或"成自"也。[1]

此説頗值得商榷。現在還没有直接證據能夠證明"西六自"和"殷八自"是"本爲姬姓自氏之六大族，或八大族"。

商周軍制，最初以"師"，不以"軍"來計算。到了《左傳》中雖然出現了以"軍"爲計算單位的記載，但是"二軍"（僖公二十七年）、"三軍"（文公三年）、甚至"五軍"（僖公三十年）的記載都有出現，頗爲混亂。這反映了當時軍制的複雜和不統一。

---

[1] 吳其昌：《金文曆朔疏證》卷一，商務印書館 1936 年版，第 7 頁。

第一節　西六師

在《禹鼎》彝銘中，出現了對"西六師"的記載。何休《春秋公羊傳・隱公五年》注説：

> 天子六師，方伯二師，諸侯一師。

由此看來，則"西六師"似專指"天子六師"而言。再見《詩經・常武》：

> 大師皇父，整我六師。

《毛傳》注爲：

> 使之整齊六軍之眾。

見《禹鼎》彝銘：

《禹鼎》彝銘拓片

《禹鼎》彝銘釋文：

禹曰："丕顯趄趄皇祖穆公，克

夾召（紹）先王，奠四方。韃（肆）武公亦

弗叚（遐）望（忘）。朕（朕）聖祖考幽大

叔、懿叔，命禹仦（肖）朕（朕）祖考政

于丼邦。韃（肆）禹亦弗敢惷，眔（惕）

共（恭）朕（朕）辟之命。"烏虖（乎）哀哉！用

天降大喪于下或（國），亦唯噩（鄂）

侯馭方，率南淮尸（夷）、東尸（夷），廣

伐南或（國）、東或（國），至于歷内。王

迺命西六自（師）、殷八自（師），曰："剢（撲）

伐噩（鄂）侯馭方，勿遺壽幼。"韃（肆）

自（師）彌宋（怵）匋匩（恇），弗克伐噩（鄂）。韃（肆）

武公迺遣禹率公戎車百

乘、斯（厮）馭二百、徒千，曰："于匩朕

肅慕，虫（唯）西六自（師）、殷八自（師）伐

噩（鄂）侯馭方，勿遺壽幼。"雩禹

以武公徒馭至于噩（鄂），奪（敦）伐

噩（鄂），休隻（獲）厥君馭方。韃（肆）禹有成。敢對

揚武公丕顯耿光。用作大

寶鼎。禹其萬年，子子孫寶用。

這裏出現的記錄直接證明了這樣一個結論，即"西六師"和"殷八師"的調動權利直接屬于天子——"王迺命西六自（師）、殷八自（師）"。這是"西六師"和"殷八師"爲周朝主力軍的證據之一。所謂"西六師"的"西"字，是地理方位，指西土。而周朝的西方是相對于東都洛邑而言的，祇能是西都豐鎬一帶。

六師，在傳世文獻中也經常出現。如《尚書·顧命》："張皇六師。"《詩經·常武》："整我六師。"在彝銘中，如《南宫柳鼎》彝銘中的"嗣六自（師）"，《陵貯簋》彝銘中的"王令東宫追以六自（師）之年"，《盠簋》彝銘中的"用嗣六自

（師）”，《吕服余盤》彝銘中的“疋（胥）備中（仲）嗣六自（師）服”，等等。

結合“天子六師”之説，因此，“西六師”必屬于駐守西都豐鎬一帶、由天子直接指揮的主力軍，它是“西土六師”的簡稱。此六師顯然是來自當時對周王畿的六鄉劃分。見《周禮・叙官》記載：

> 王置六鄉。

鄭玄注爲：

> 小司徒佐大司徒以掌六鄉，六軍之士出自六鄉。

又見孫星衍《尚書今古文注疏》：

> 六師，六軍也。

可證六軍、六師出自六鄉之分。

其人數，按照鄭玄對《詩經》注解中所言爲“二千五百人爲師”之説，則“西六師”至少有一萬五千人。要知道武王克商時的兵力是“虎賁三千人，甲士四萬五千人”。這裏的“甲士四萬五千人”應該就是當時周克商時的正規軍。它是“西六師”的三倍。顯然，祇有一萬五千人的正規軍或主力軍是遠遠不夠的。這就爲“殷八師”的設立埋下伏筆。

西六師最高軍事長官爲“大師”。

《詩經・常武》中有“大師皇父”一語，則可以爲證。《大師小子帥望簋》彝銘中有“大師小子”，可知大師又是由天子宗親的小子出任。不是外人外姓。

大師有左右之分。可見《元年師旋簋》彝銘中有“官嗣豐還左右師氏”之記載。

第二節　殷八師、成周八師

按照上述所論，祇有天子的主力軍纔可以被稱爲“六師”，也即“西六師”。那麼，接下來的“殷八師”是怎麽回事，它和“成周八師”是一還是二？

傳世文獻中有六師而無八師。而彝銘文獻中的“八師”有如下記載：《禹鼎》彝銘中的“王廼命西六自（師）、殷八自（師）”。由于它和“西六師”同時出現，并且皆爲“王廼命”，所以，在“西六師”的身份已經得到確定的情況下，“殷八師”的主力軍身份也跟着得到了確定。

《小臣𧽄簋》彝銘中記載了“伯懋父以殷八自（師）征東尸（夷）”，則這裏的伯懋父已經成了“殷八師”的實際指揮官。這裏有個暗示：“殷八師”的出現多和征討東夷各國有關。那是因爲“殷八師”所在的地理位置在周朝的東土，而這片土地曾經屬于殷商王朝。根據《兮甲盤》彝銘的記載，“殷八師”的防守範圍甚至還包括“至于南淮尸（夷）”。而《舀鼎》彝銘中則記載了“更乃祖考作冢䰞土（徒）于成周八自（師）”之史實。

再如《小克鼎》。

《小克鼎》彝銘拓片

《小克鼎》彝銘釋文：

> 唯王廿又三年九月。王
> 在宗周。王命善（膳）夫克舍（捨）
> 令于成周。遹正八自（師）之
> 年。克作朕皇祖釐季寶
> 宗彝。克其日用𩵋，朕辟
> 魯休。用匄康𤚊、屯（純）右（祐）、
> 眉壽、永命、䨲（靈）冬。萬
> 年無疆。克其子子孫孫永寶用。

這裏的銘文中將“成周”和“八自（師）”密切聯繫在一起，但是又是以“舍（捨）令于成周，遹正八自（師）之年”的形式出現，而非“成周八自（師）”，應該是“成周八自（師）”之稱的最早見證。即，至少在《小克鼎》彝銘的“唯王廿又三年九月”時爲止，“成周八自（師）”這一概念還沒有正式出現。那麽，彝銘中凡是出現“成周八自（師）”這一概念的銅器應該都是“唯王廿又三年九月”以後產生的。

現在的問題是，“殷八師”和“成周八師”是一還是二？楊寬、劉雨等人主張是二，但是楊寬又在注釋中特別説明"尚無確解"。[1]而于省吾則主張是一，見《關于〈論西周金文中六自八自和鄉遂制度的關係〉一文的意見》一文：

> 按金文中的"西六自"，以宗周爲根據地，故以"西"爲稱。"殷八自"
> 以成周爲根據地，故也稱爲"成周八自"。宗周爲周人的西都，成周爲周人的
> 東都。[2]

這裏的成周，是周朝的東都，即洛邑。周朝建國之初就曾在這裏駐軍，因此被稱爲
"洛師"。又見《尚書·洛誥》記載：

> 王肇稱殷禮，祀於新邑。

這裏的"新邑"即洛邑。而所謂的"殷禮"是殷見之禮。"殷禮""新邑""洛師"三
者統一在一起，就是"殷禮洛師"之由來，也就是"成周洛師"之由來。因爲這裏
的軍隊防守範圍遠比西六師廣，因此在建制上就增加兩個師，成爲八師。于是，從
"殷禮""新邑""洛師"到"殷禮洛師"和"成周洛師"，最後演變成"殷八師"和
"成周八師"之稱。

而徐中舒等人主張"西六師爲王之禁軍"之説[3]，顯然是不妥的。

其人數，本着"二千五百人爲師"之説，則"殷八師"至少有二萬人。由此可
以發現：西六師和殷八師的總人數保持在三萬五千人上下，和克商時的"甲士四萬
五千人"整整差了一萬人！而這一萬人空缺大概就是虎賁的人數。這就是當時直接
聽從西周天子指揮的十四個師的正規軍、主力軍的總人數。

換句話説，西周天子直接指揮的正規軍、主力軍總人數大約和武王克商時的
主力軍人數是相等的。他們或許意識到了這個數字的總兵力既然可以推翻一個
王朝，因此維持一個王朝的穩定，他們也應該需要與此相當的正規軍、主力軍
總人數。筆者想這大概是"西六師"和"殷八師"不再增加或減少總的兵力人
數的原因吧。

---

[1]　楊寬：《西周史》，上海人民出版社 1999 年版，第 413 頁。
[2]　于省吾：《關于〈論西周金文中六自八自和鄉遂制度的關係〉一文的意見》，《考古》1965 年第
　　　3 期。
[3]　見徐中舒：《禹鼎的年代及其相關問題》，《考古學報》1959 年第 3 期。

第三節　虎賁、虎臣

《史記·周本紀》中記載了武王克商時曾經有"虎賁三千人"參加出征，可見虎賁在周開國之前就已經存在。

在彝銘中則出現了"虎臣"。如《師酉簋》彝銘中的"師酉，嗣（嗣）乃祖，啻（嫡）官邑人、虎臣、西門尸（夷）、㝆尸（夷）、秦尸（夷）、京尸（夷）、弁身尸（夷）"就是一個例證。又如《師克盨》彝銘中的"令（命）汝更乃祖考嗣（纘）嗣左右虎臣"。再如《訇簋》彝銘中的"今余令（命）汝啻（嫡）官嗣邑人，先虎臣後庸"也是如此。

《尚書·顧命》孔安國注虎臣爲"虎賁氏"。

關于"虎臣"與"虎賁"二者的異同，劉雨主張：

> 虎臣，可能即文獻中的"虎賁"，是王的近衛部隊，其中有一部分夷人。[1]

我們主張，虎臣是虎賁軍的首領。《史記·五帝本紀》中記載：

> 軒轅乃修德振兵，治五氣，藝五種，撫萬民，度四方，教熊、羆、貔、貅、貙、虎，以與炎帝戰於阪泉之野。

在這場次大戰中就出現了"虎"。可見，戰場上出現"虎"形象以"虎"爲名的軍隊是取其勇猛如虎之義。這是遠古時代人們的一種圖騰信仰的表現。而到了武王克商之時，平時訓練有素的少數精鋭士兵，應該就是"虎賁三千人"的原形。不存在什麽"其中有一部分是夷人"的現象。因爲上述身份"邑人、虎臣、西門尸（夷）、㝆尸（夷）、秦尸（夷）、京尸（夷）、身尸（夷）"之間不存在上下直屬關係，而是平等并列關係，虎臣和後面出現的各個夷兵，没有任何所屬關係。

在先秦傳世文獻中，如《尚書·顧命》中有："乃同召太保奭……虎臣、百尹、禦事。"又如，《詩經·澧水》中有："矯矯虎臣。"

進入西周以後，這些"虎賁"們應該繼續保留，并不斷得到充實和壯大，成爲王室衛隊，即禁衛軍。其中，"虎賁"的首領就是"虎臣"。而《師克盨》彝銘的出

---

[1]　劉雨：《金文論集》，紫禁城出版社 2008 年版，第 90 頁。

現，更揭示了"虎臣"有左右之分。暗示着可能"虎賁"也分左右兩大部分。并分別有左右虎臣來統領。

《師克盨蓋》彝銘拓片

《師克盨蓋》彝銘釋文如下：

王若曰："師克，丕顯文武，膺

受大令（命），匍（撫）有四方。則繇唯乃先

祖考又（有）𤔲（勳）于周邦，干（捍）害（禦）王身，

作爪牙。"王曰："克。余唯巠（經）乃先祖考，克𢼑（令）臣先王。昔余既令（命）汝，今

余唯䌪（申）熹（就）乃令（命），令（命）汝更乃祖考，

𱡤（續）嗣左右虎臣。賜汝䜌㠱一卣、

赤市（芾）、五黃（衡）、赤舄、牙茶、駒車、牽

較、朱虢（鞹）圅靳、虎冟（冪）熏（纁）裏、畫

轉（𫐼）、畫鞯、金甬（筩）、朱旂、馬四匹、攸（鋚）勒、索戈（鋱）。敬夙夕勿灋（廢）朕令（命）。"

克敢對揚天子丕顯魯休。用作

旅盨。克其萬年，子子孫孫永寶用。

在這裏很明確地交代了"左右虎臣"這樣一個事實。進而言之也就證明了數千人到上萬人的精銳士兵，組成了左右兩大分隊，并分別由左右兩虎臣統轄。

黃盛璋在《關于詢簋的製作年代與虎臣的身份問題》一文中，總結了虎臣的三個特點，如下：

（1）上引毛公鼎與《尚書·顧命》中的官職都是按照職位高低排列的，兩者虎臣同列在師氏之後，師氏是王官，職位不低，虎臣的地位亦不能很低，《顧命》把虎臣列在百尹、御事之上，正足以說明這一點。據此不難確定：虎臣不但不是奴隸，而且還是一種王官。無叀鼎說"王遣側虎臣"說明虎臣直接和王有關，它必然是王親近之臣。

（2）虎臣用於征伐，必然是一種武職。虎臣能"執醜虜"與"獻聝"于泮宮，證明在戰爭中虎臣是擔任實際的戰鬥任務。據《詩經》虎臣的得名和作戰勇猛有關，所謂"闞如虓虎"。

（3）虎臣有左右，又分正側。無叀鼎"王遣側虎臣"舊皆不得其解，實際上"遣側"就是正側，大概等於今語的正副。古今官職通例，凡官制分左右的，左皆高於右，所以"遣側虎臣"可能就是"左右虎臣"，左爲正，右爲側。據此虎臣之官當有正副兩職。[1]

在《虎簋蓋》彝銘中，則記載了天子冊封虎爲"嗣虎臣"之事："乃祖考事先王，嗣虎臣。"則虎臣之職位可以世襲。虎臣爲師職，但是名字可能因此而得姓，變爲"虎氏"。

第四節　鄉遂和夷兵

所謂鄉遂，很接近于後世所謂的民兵組織。它是一種亦兵亦農、兵農結合、平時爲農而戰時爲兵的一種機動性的輔助軍隊。

根據于省吾在《關于〈論西周金文中六自八自和鄉遂制度的關係〉一文的意見》一文中的主張：

> 所謂鄉遂制度，是由國野之分再度發展而形成的。鄉遂制度雖然開始於春秋時期，但在當時各國并沒有得到較大的發展，祇有管子治齊，纔創立"參其國而伍其鄙"的制度。[2]

可以得出：于氏否認在西周時期已有鄉遂制度，他主張六師、八師皆軍事屯田制度的產物。而鄉遂制度是春秋戰國時期在國與國之間的戰爭進入常態化階段纔出現的一種制度。但是，遠在武王克商時代，周人率領諸多小國和西土諸多夷人進攻商朝，由此而

---

[1]　黃盛璋：《關于詢殷的製作年代與虎臣的身分問題》，《考古》1961 年第 6 期。
[2]　于省吾：《關于〈論西周金文中六自八自和鄉遂制度的關係〉一文的意見》，《考古》1965 年第 3 期。

來建立了西周王朝對西土諸多夷人的信任關係。這些西土諸多夷人，根據《師酉簋》銘文的記載主要有：西門尸（夷）、鼻尸（夷）、秦尸（夷）、京尸（夷）、弁身尸（夷）等。

楊寬在《論西周金文中六𠂤八𠂤和鄉遂制度的關係》一文中認爲：

> 指西門夷以下許多降服的夷族部落。這時這些夷族部落已集體降服爲庸，亦歸師氏所掌管。爲什麼師氏在掌管邑人、奠人之外，又要掌管這些集體奴隸性質的夷族部落呢？因爲這種集體奴隸，除了可以奴役以外，還可以用來編制警衛隊。[1]

我們主張，這些夷兵并非"集體奴隸性質的夷族部落"，而是早在克商時期就已經和西周王朝結爲軍事同盟的西土諸多夷人。

因此，鄉遂和夷兵的出現，是西周王朝重要的軍事輔助組織。楊氏在此文中提出的西六師和成周八師的興起，就是前述鄉遂制度下的產物。他給出了如下五點理由：

> （1）根據《國語》《左傳》，春秋時代各國普遍存在"國""野"之分和鄉遂制度，軍隊主要由國人（即近郊的鄉人）編制而成。根據《尚書·費誓》，西周初期就已有鄉遂制度。
>
> （2）"西六𠂤""成周八𠂤"和"殷八𠂤"，分別拱衛着西土豐京、東都成周和殷故都。
>
> （3）根據《師酉簋》《詢簋》和《師晨簋》，西周稱爲"師"的軍官，所屬有"邑人"和"奠（甸）人"之官。"邑"即"近郊鄉邑"，"甸"即郊外治田之區。這些軍官在統帥大軍的同時，所以又要統帥近郊"邑"和郊外"甸"的長官，因爲按照鄉遂制度，軍中疋卒和服役者即分別由鄉遂居民編制而成。"邑"和"甸"的長官亦即軍隊的武官。
>
> （4）"成周八𠂤"設有"冢塚司土"之官，掌管土地和徒役的事，當與鄉遂制度中分配耕地和調發民力的制度有關。
>
> （5）古代許多奴隸主國家的主要軍隊，經常是由國家的公民編制而成，公民的地域組織，確是常常和軍事組織相結合的。[2]

楊寬的上述理由，可以説立論充分，是值得信賴的。而根據《周禮》的記載，鄉遂將領的設置是：

---

[1] 楊寬：《論西周金文中六𠂤八𠂤和鄉遂制度的關係》，《考古》1964 年第 8 期。
[2] 同上。

遂人，中大夫二人。遂師，下大夫四人、上士八人、中士十有六人。旅，下士三十有二人、府四人、史十有二人、胥十有二人、徒百有二十人。

遂大夫，每遂中大夫一人。縣正，每縣下大夫一人。鄙師，每鄙上士一人。酇長，每酇中士一人。里宰，每里下士一人。鄰長，五家則一人。

他們的具體職能如下：

遂人掌邦之野。以土地之圖經田野，造縣鄙，形體之法。五家爲鄰，五鄰爲里，四里爲酇，五酇爲鄙，五鄙爲縣，五縣爲遂，皆有地域，溝樹之。使各掌其政令刑禁。以歲時稽其人民，而授之田野，簡其兵器，教之稼穡。凡治野，以下劑致甿，以田里安甿，以樂昏擾甿，以土宜教甿稼穡，以興鋤利甿，以時器勸氓，以彊予任甿，以土均平政。辨其野之土：上地、中地、下地、以頒田里。上地，夫一廛，田百畮萊五十畮，餘夫亦如之。中地，夫一廛，田百畮，萊百畮，餘夫亦如之。下地，夫一廛，田百畮，萊二百畮，餘夫亦如之。凡治野，夫間有遂，遂上有徑，十夫有溝，溝上有畛，百夫有洫，洫上有涂，千夫有澮，澮上有道，萬夫有川，川上有路，以達於畿。以歲時登其夫家之衆寡，及其六畜、車輦，辨其老、幼、癈、疾，與其施舍者，以頒職作事，以令貢賦，以令師田，以起政役。若起野役，則令各帥其所治之民而至，以遂之大旗致之，其不用命者，誅之。凡國祭祀，共野牲，令野職。凡賓客，令修野道而委積。大喪，帥六遂之役而致之，掌其政令。及葬，帥而屬六綍，及窆，陳役。凡事致野役，而師田作野民，帥而至，掌其政治禁令。

遂師各掌其遂之政令戒禁。以時登其夫家之衆寡、六畜、車輦，辨其施舍與其可任者。經牧其田野，辨其可食者，周知其數而任之，以徵財征。作役事，則聽其治訟。巡其稼穡，而移用其民，以救其時事。凡國祭祀，審其誓戒，共其野牲，入野職野賦於玉府。賓客，則巡其道修，庀其委積。大喪，使帥其屬以幄帟先，道野役。及窆，抱磨，共丘籠及蜃車之役。軍旅、田獵，平野民，掌其禁令，比叙其事而賞罰。

遂大夫各掌其遂之政令。以歲時稽其夫家之衆寡、六畜、田野，辨其可任者與其可施舍者，以教稼穡，以稽功事，掌其政令戒禁，聽其治訟，令屬邑者。歲終則會政致事。正歲，簡稼器，修稼政。三歲大比，則帥其吏而興甿，明其有功者，屬其地治者。凡屬邑者，以四達戒其功事，而誅賞廢興之。

而對于夷兵，《周禮》中對于人數的規定是：

　　　夷隸，百有二十人。

他們的具體職能如下：

　　　夷隸掌役牧人養牛馬，與鳥言。其守王宮者，與其守屬禁者，如蠻隸之事。

一旦走上戰場，他們必須接受"師氏"的指揮，見《周禮》中的記載：

　　　師氏……使其屬帥四夷之隸，各以其兵服守王之門外。

由此來看，《師酉簋》彝銘中的師氏——酉，正是接受天子的命令，指揮夷兵。

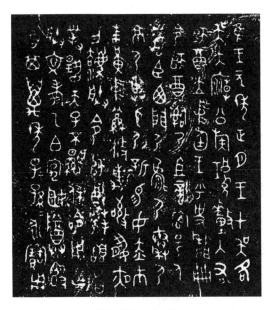

《師酉簋》彝銘拓片

《師酉簋》彝銘釋文：

　　　唯王元年正月。王在吳（虞），各
　　吳（虞）大廟。公族蠃螯入右（佑）
　　師酉，立中廷。王乎史牆冊
　　令："師酉。嗣（嗣）乃祖，嫡
　　（嫡）官邑人、
　　　虎臣、西門尸（夷）、𩫖尸（夷）、
　　秦尸（夷）、
　　　京尸（夷）、弁身尸（夷）新。賜
　　汝赤市（韍）、
　　　朱黄（衡）、中縊、攸（鋚）勒。
　　敬夙夜
　　　勿瀘（廢）朕令（命）。"師酉拜
　　稽首。
　　　對揚天子丕顯休令（命）。用作
　　　朕父考乙伯、究姬尊簋。
　　　酉其萬年，子子孫孫永寶用。

這裏的公族名字"蠃螯"二字和賞賜中的"縊"字，學術界已發論文中幾乎沒有任何釋讀。今對照原始拓片，通釋全文。

　　再如 1986 年出土于陝西省安康縣的《史密簋》，也是記載了使用鄉遂制度和夷兵出征之事。一時間，對此簋彝銘考證論文成爲熱點。有張懋鎔、趙榮、鄒東濤《安康出土的史密簋及其意義》，《文物》1989 年第 7 期；吳鎮烽《史密簋銘文考釋》，《考古與文物》1989 年第 3 期；李啓良《陝西安康市出土西周史密簋》，《考古與文物》1989 年第 3 期；李仲操《史密簋銘文補釋》，《西北大學學報》1990 年第 1 期；李學勤《史密簋銘所記西周重要史實考》，《中國社會科學院研究生院學報》1991 年第 2 期；張懋鎔《史密簋與西周鄉遂制度——附論"周禮在齊"》，《文物》1991 年第 1 期；王輝《史密簋釋文考地》，《人文雜誌》1991 年第 4 期；陳金方、尚志儒《史密簋銘文的幾個問題》，《考古與文物》1993 年第 3 期；沈長雲《由史密簋銘文論及西周時期的華夷之辨》，《河北師院學報》1994 年第 3 期等。

《史密簋》彝銘拓片

《史密簋》彝銘釋文：

> 唯十又一月。王令（命）師俗、史密
> 曰："東征。"敆南尸（夷）、盧、虎、會、杞
> 尸（夷）、舟尸（夷），蓳（觀）、不悊，廣伐東或（國），
> 齊𠂤（師）族、土（徒）、遂人乃執啚（鄙）。寬、
> 亞。師俗率齊𠂤（師）、遂人左
> 伐長必。史密右率族人、釐
> 伯、僰尸（夷）。周伐長必，隻（獲）百人。
> 對揚天子休。用作朕文考
> 乙伯尊簋。子子孫孫其永寶用。

這裏，非常明確地出現了"遂人"概念，印證了《周禮》和《師酉簋》記載的真實性。而這裏也出現了夷兵"僰尸"。而指揮"僰尸"的是史官"密"，他和師氏"俗"同時接受王命"王令師俗、史密"，則史密應該在這裏具有了輔助師氏的臨時職能。前一句的"師俗率齊𠂤（師）、遂人"纔是核心，而這裏的"史密右率族人、釐伯、僰尸（夷）"說明了作爲師氏的副手，史密也在輔助并履行着師氏的職能。有賴于《史密簋》彝銘，我們發現了《周禮》中没有記載的史官具有輔助師氏的職能。

第二十五章　兵器彝銘綜述

引　論

《越絕書》記載青銅兵器始于大禹時代"禹穴之時，以銅爲兵"。但是，在上古時代，還存在着另一個青銅兵器產生的説法，即"蚩尤以金作兵器"説。下面讓我們對此展開考查。

傳統習慣上，兵器文字不屬于"彝銘"這一術語的使用範圍。當然這樣説是忽略了祭祀時兵器作爲祭祀用品存在的可能。在本書中，我們決定采用"兵器彝銘"這樣一個術語，對夏商周三代出現的兵器上鑄刻的文字進行研究。

第一節　"蚩尤以金作兵器"説的考察

夏代的青銅器問題還有一個與此相關的著名傳説，即夏代之前的五帝時代，"蚩尤以金作兵器"。裴駰撰《史記集解》引應劭曰："蚩尤，古天子。"《路史·蚩尤傳》説：

> 蚩尤，姜姓，炎帝之裔也。

此説首見于《世本·作篇》。在清代王謨輯本《世本·作篇》中爲"蚩尤作兵"。在清代孫馮翼輯本中則爲"蚩尤以金作兵器"。而清代陳其榮輯本則把此兩句全收入其所輯《世本·作篇》：

> 蚩尤作兵。蚩尤以金作兵器。

清代張澍輯本中則對此注解爲：

> 又按《太白陰經》："伏羲以木爲兵，神農以石爲兵，蚩尤以金爲兵。" 是兵起于太昊，蚩尤始以金爲之。

而對于所作的兵器，尚有二説。

一説見王謨輯本中的校正《路史注》引《世本》：

> 蚩尤作五兵：戈、矛、戟、酋矛、夷矛。

一説見《管子·地數》：

> 蚩尤受葛盧山之金而作劍、鎧、矛、戟。

兩相對比，"五兵説" 把 "矛" 和 "酋矛" "夷矛" 并列，顯然是分類不當。則 "五兵" 就成了 "三兵"。而《管子》書中所説史料來源不詳，可先存而不論。

漢代畫像石中的 "蚩尤作兵" 拓片

在二里頭文化遺址的第三和第四期中出土的兵器，如青銅鏃五件、青銅刀四件、青銅戈兩件、青銅錐兩件、青銅戚一件等等，這些兵器的出現證明了當時可能存在的兵器種類是刀、戈、戚三種，鏃和錐或許就是後代矢和匕首的前身。

考古學上三種兵器實物的發掘和我們對《世本·作篇》中 "五兵" 實爲 "三兵" 的分析，這二者之間還是比較接近的。

在出土的實物和在古代的吉金古籍中，記載的所謂夏代青銅兵器可參見清代陳經《求古精舍金石圖》一書圖二十五所收有銘夏代匕首：

> 背、面銘各一字，不可識。與夏鈎帶文字相仿，故定爲夏器。

周緯在《中國兵器史稿》一書中對此提出反對意見認爲：

> 其文字是否夏代鈎帶文，亦尚待真正夏代兵器陸續出土時，始能證實，陳氏所名，毋乃過早……然則今日謂之尚未發現夏代銅兵可也。[1]

---

[1] 周緯：《中國兵器史稿》，生活·讀書·新知三聯書店 1957 年版，第 52 頁。

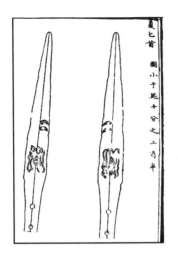

《求古精舍金石圖》所收夏代匕首及彝銘拓片

在河南輝縣琉璃閣墓地就已經發掘出了青銅匕首。而且，其"形狀和出土的石制肉匕、骨制肉匕略同"。[1]但是，那已經是戰國時代的器形了。而《世本·作篇》中并没有説"蚩尤以金作兵器"之器就是匕首。可見，陳經在《求古精舍金石圖》一書中所言不妥。

其實，在先秦文獻和傳説中，蚩尤最初本是神農之臣。蚩，《説文解字》解釋爲"蟲也"。《六書正訛》中解釋説：

> 凡無知者，皆爲蚩名之。

尤，又作"由"，意爲"農"。楊慎《丹鉛録》説"由與農通"。又見《吕氏春秋·勿躬》記載：

> 管子復於桓公曰："墾田大邑，辟土藝粟，盡地力之利，臣不若寧遫，請置以爲大田。"

注則解釋説：

> 大田，大農也。

換句話説，這一傳説的本質是暗示着青銅製造技術的産生并非開始于夏后氏，而是遠在五帝時代。以現有的考古學證據來看，作爲夏文化代表之一的二里頭文化

---

[1] 郭寶鈞：《中國青銅器時代》，生活·讀書·新知三聯書店 1963 年版，第 180 頁。

遺址中出土的青銅器，已經具有了相當程度的成熟性，并非處於草創階段。如，二里頭青銅器的器壁很薄，這是當時鑄造技術高超的一個證明。那麼，有理由推測青銅器鑄造技術的產生或許可以上溯到五帝時代，即在龍山文化時期。[1]

第二節　青銅兵器種類的發展和兵器彝銘的特點

隨着商代青銅鑄造技術的高度成熟，大量青銅彝器和青銅兵器的出現，顯示出中國兵器發展第一個黃金時代的到來。

青銅兵器文字和青銅兵器種類的發展是密切相關的。由于兵器上可以鑄刻文字的空間有限，因此，絕大多數的彝銘內容多爲一個字或幾個字的短銘。偶爾也出現十幾個字的彝銘，這就已經屬于兵器彝銘中的長銘。這是兵器彝銘的第一個特點。

兵器彝銘的第二個特點是彝銘文字一般多細小，頗難識別。因爲兵器上鑄刻文字的空間有限，除非劍身。爲了保證文字容量，兵器彝銘一般多文字細小，刻痕又淺。

戈銘、戟銘和劍銘因爲比較容易鑄刻文字，因而出現彝銘的可能性遠高于其他兵器。

一些兵器彝銘到了戰國時代明顯地形成了固定的程式：如"令—工師—冶"三者一起出現的固定句式，顯示出鑄造兵器管理上有嚴格的程式和法律責任人。有些學者甚至設想在"冶"之下還有學徒存在，記載爲"童"。此説也值得參考。[2]

陳直《讀金日劄》中又主張："'工師'爲工人最高之職，'工大人'次之，'工'又次之。"由此來看，"工師"還分左、右之職。除了有嚴格的多層次兵器製造、監理負責制度之外，大量的兵器存放也出現了武器庫。如韓國兵器彝銘中出現的"右庫""左庫""武庫""皇庫"等等。在其他諸侯國也相應地存在着這樣的兵器庫。這一機構和設施的存在是當時軍事、政治、經濟和冶煉高度發達的反映及必然結果。

---

[1]　在此問題上，中外學者都有人主張"中國青銅文化西來説"。如日本梅原末治、民初學者章鴻釗等人。當然，在夏代青銅器的起源問題上，"中國青銅文化西來説"之類的失去考古學證據的推論和由此産生的結論都是不可信的。"蚩尤以金作兵器"中的"以金"二字，或許正是對利用天然銅製作兵器的一個説明吧。

[2]　見董珊：《二年主父戈與王何立事戈考》，《文物》2004 年第 8 期。

到了秦國，武庫已經是國家存放兵器的所在，即所謂中央武器庫。

下面我們介紹幾種常見青銅兵器彝銘特點。

一、戟

古代的一種兵器。戟是戈和矛的合成體，它既有直刃又有橫刃，呈"十"字或"卜"字形，因此戟具有鉤、啄、刺、割等多種用途。出現于商、周，盛行于戰國和秦代。《説文解字》解釋爲"戟，有枝兵也"。又見《考工記》中的記載：

戟，廣寸有半寸，内三之，胡四之，援五之。倨句中矩，與刺重三鋝。

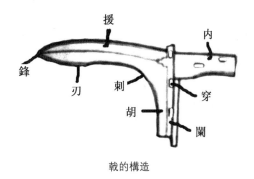

戟的構造

郭沫若曾主張戟是戈和矛的結合體。[1]他説：

故戈之有胡當爲戈之第一段進化，其事當在東周前後……内末之有刃，又戈之第二段進化……戈之第三段進化則是柲端之利用，戟之著刺是已。戈制發展至此已幾於完成之域，蓋以一器而兼刺兵、擊兵、勾兵、割兵之用。戈之演化爲戟，如蝌蚪之演化爲青蛙，有戟出而戈制遂漸廢，至兩漢之世所存者僅戟而已。[2]

戟銘的位置一般在胡，偶爾也有在内和援者。一般來説，戟銘幾乎没有長銘，這是由于戟的胡、内空間有限。

二、戈

古今彝銘學家們和古器物學家們一般是把戈、戟綁在一起進行研究。甚至還曾出現過分不清戈、戟的援、内、胡的作用及其區別而主張戈戟同一的現象。宋代古器物學家黄伯思就專門寫有《銅戈辨》一文，清代古器物學家程瑶田也曾寫有《冶氏爲戈戟考》一文。當然，這屬于兵器考古學或古器物學的研究範疇，和兵器彝銘

[1]　見郭沫若：《殷周青銅器銘文研究》，科學出版社 1961 年版，第 186—200 頁。
[2]　同上，第 195—196 頁。

的研究關係不大。

戈是古代的一種兵器。橫刃，用青銅或鐵製成，裝有長柄。《説文解字》中解釋説："戈，平頭戟也。從弋、一，橫之象形。"而《周禮·考工記》中則記載：

> 戈柲六尺有六寸。

李濟在《中國文明的開始》一文中總結了戈的歷史發展進程：

> 商代的戈形制最爲簡單，通常包括一長條形舌狀戈身，爲玉或其他細紋理的硬石所制……到了西周，因爲鑄造技術日益精良及金屬性能之改善，結果由商代原始形制演變而來的戈也有了新的形態。這一時期最重要的形態變化是"胡"的産生，也就是説刀根部分下展。此一變遷明顯的是鑄工在增加戈與戈柄連接方面所作的努力。"胡"的繼續下伸發生在這一時期……直到戰國時期，戈在形態上的演變始達到頂點。[1]

戈有時作爲禮器，即依仗器具。此種戈多不實用。如清人楊調元在《周玉刀釋文》中就有特別記載：

> 右周召公玉刀……質重不可爲佩。柄短而寬，亦不能握。其間有孔，似貫鋌之處，蓋銜以長柄，爲依仗具，付走卒持之也。

這是兵器作爲禮器，即依仗器具的鐵證之一。

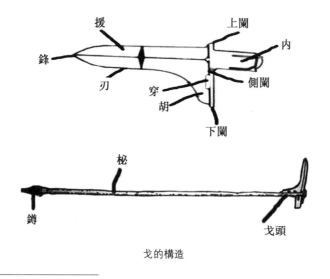

戈的構造

---

[1] 李濟：《中國文明的開始》，《安陽》，河北教育出版社2000年版，第509—510頁。

戈的名稱有不少變化，如"句兵"。郭沫若《説戟》一文中就解釋爲"其實亦殷代之古戈也"。[1]上圖中的"柲"，郭沫若《説戟》一文中認爲即"戈柄"。從圖上看，此説絕對正確。而且，這些柄有時使用纏絲，彝銘中有時稱爲"厚必""厚柲"，即粗大的柄。湖北江陵地區雨臺山楚墓中出土的戈，就如同上圖形狀，而且在柄的部分使用絲絨纏繞增粗，又便于握持而不會脱手。這一技術處理在劍上也有。《説文通訓定聲》中對劍的解釋就有"劍首纏絲，手所握處也"。

戈銘的位置一般在援，其次是在胡，偶爾也有在内者。有時，一段兵器彝銘分别鑄刻在從援到胡甚至戈的正反面位置上，連讀之後成爲一篇，增加了兵器彝銘的字數。如《蔡侯戈》就是如此鑄刻的。

因此，胡的長短和寬窄決定了兵器彝銘容載量的多少。有時，爲了增加兵器彝銘内容，不得不將兵器彝銘字體變得非常細小。周緯《中國兵器史稿》中總結説：

> 商殷勾兵，其内上大都有銘，刻體完整，手工精美……周戈之有銘者，有時刻於胡上，有時刻於内上，刻工良好……周戈之鏤刻鳥篆文者，其外觀極爲美麗。[2]

作爲爲這些兵器彝銘準備的鑄刻空間，戈的援和胡的加寬已經是基本前提，井中偉在《早期中國青銅戈·戟研究》一書中就特別從實物考古證據上提出"戰國晚期楚墓中出土一些乙類戈，援身非常寬短且通體素面"[3]的現象。這一對實際物證的分析和我們的推論是一致的。

戈内有時鑄有龍形，此龍亦即蚩尤。這是以他作爲軍神、兵器神，可以避邪的一種宗教信仰。比如説《兵避太歲戈》《太乙戈》的戈内，就鑄刻了這樣目的的龍形圖案。

三、劍

古代的一種兵器。創始自軒轅黄帝時代。據《廣黄帝本行記》記載：

> 帝所鑄劍、鏡、鼎器，皆以天文古字題銘其上。

又據《管子·地數篇》記載：

---

[1] 郭沫若：《殷周青銅器銘文研究》，科學出版社 1961 年版，第 189 頁。
[2] 周緯：《中國兵器史稿》，生活·讀書·新知三聯書店 1957 年版，第 83—84 頁。
[3] 井中偉：《早期中國青銅戈·戟研究》，科學出版社 2011 年版，第 170 頁。

葛盧之山發而出水，金從之，蚩尤受而製之，以爲劍鎧矛戟。

《周禮·考工記》爲此解釋：

> 桃氏爲劍，臘廣二寸有半寸，兩從半之。以其臘廣爲之莖圍，長倍之，中其莖，設其後。參分其臘廣，去一以爲首廣，而圍之。身長五其莖長，重九鋝，謂之上制，上士服之。身長四其莖長，重七鋝，謂之中制，中士服之。身長三其莖長，重五鋝，謂之下制，下士服之。

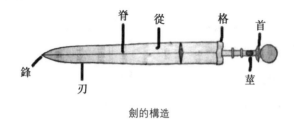

劍的構造

在首與格之間的莖部位，一般多使用絲絨纏繞增粗，保證了在戰鬥中既便于握持又不會脱手。

《越絶書》卷十一記載了當時吳、越兩國的鑄劍技術及其傳聞：

> 昔者，越王句踐有寶劍五，聞於天下。客有能相劍者名薛燭。王召而問之，曰：“吾有寶劍五，請以示之。”薛燭對曰：“愚理不足以言，大王請，不得已。”乃召掌者，王使取毫曹。薛燭對曰：“毫曹，非寶劍也。夫寶劍，五色并見，莫能相勝。毫曹已擅名矣，非寶劍也。”王曰：“取巨闕。”薛燭曰：“非寶劍也。寶劍者，金錫和銅而不離。今巨闕已離矣，非寶劍也。”王曰：“然巨闕初成之時，吾坐於露壇之上，宮人有四駕白鹿而過者，車奔鹿驚，吾引劍而指之，四駕上飛揚，不知其絶也。穿銅釜，絶鐵鑂，胥中決如粢米，故曰巨闕。”王取純鈎，薛燭聞之，忽如敗。有頃，懼如悟。下階而深惟，簡衣而坐望之。手振拂揚，其華捽如芙蓉始出。觀其鈲，爛如列星之行；觀其光，渾渾如水之溢於塘；觀其斷，岩岩如瑣石；觀其才，焕焕如冰釋。“此所謂純鈎耶？”王曰：“是也。客有直之者，有市之鄉二，駿馬千疋，千户之都二，可乎？”薛燭對曰：“不可。當造此劍之時，赤堇之山，破而出錫；若耶之溪，涸而出銅；雨師掃灑，雷公擊橐；蛟龍捧爐，天帝裝炭；太一下觀，天精下之。歐冶乃因天之精神，悉其伎巧，造爲大刑三、小刑二：一曰湛盧，二曰純鈎，三曰勝邪，四曰魚腸，五曰

巨闕。吳王闔廬之時，得其勝邪、魚腸、湛盧。闔廬無道，子女死，殺生以送之。湛盧之劍，去之如水，行秦過楚，楚王臥而寤，得吳王湛盧之劍，將首魁漂而存焉。秦王聞而求之，不得，興師擊楚，曰：'與我湛盧之劍，還師去汝。'楚王不與。時闔廬又以魚腸之劍刺吳王僚，使披腸夷之甲三事。闔廬使專諸爲奏炙魚者，引劍而刺之，遂弒王僚。此其小試於敵邦，未見其大用於天下也。今赤堇之山已合，若耶溪深而不測。群神不下，歐冶子即死。雖復傾城量金，珠玉竭河，猶不能得此一物，有市之鄉二、駿馬千疋、千户之都二，何足言哉！"

劍銘一般出現在從，其次是格和脊。

劍的長度和從的寬度給銘文提供了很大的存在空間。同時，劍銘的有無還是身份高低的一個輔助證據。鄒芙都在《楚國兵器銘辭綜析》一文中分析説：

> 而據作銘通例，無論兵器還是禮樂器，作銘者多爲縣公以上的貴族王公之列，士下之屬作銘者罕見。[1]

又因爲鑄劍技術在吳、越兩地的高度發展和成熟，而鳥篆也是吳、越兩國喜歡使用的銘文字體，造成了劍銘多爲鳥篆的現象。但也有例外。井中偉《早期中國青銅戈·戟研究》一書中發現："王子于以前的吳王戈銘不作鳥篆體，王子于與吳王光戈銘作鳥篆體，吳王夫差戈不作鳥篆體。"[2]而針對"吳王夫差戈不作鳥篆體"的現象，董楚平在《六件"蔡仲戈"銘文匯釋》一文中主張"可能與仇越有關"。[3]

四、矛

古代的一種兵器。用來刺殺和進攻的武器。長柄，有刃，用以刺敵。始於周代。《説文解字》中的解釋是："矛，酋矛也。建于兵車，長二丈，象形。"根據《周禮·考工記》記載：

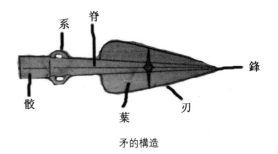

矛的構造

> 酋矛常有四尺，夷矛三尋。

[1]　鄒芙都：《楚國兵器銘辭綜析》，《天府新論》2004年第4期。
[2]　井中偉：《早期中國青銅戈·戟研究》，科學出版社2011年版，第264頁。
[3]　董楚平：《六件"蔡仲戈"銘文匯釋——兼談蔡國的鳥篆書問題》，《考古》1996年第8期。

又：

> 凡爲酋矛，参分其長，二在前，一在後，而圍之。五分其圍，去一以爲晉
> 圍。参分其晉圍，去一以爲刺圍。

矛銘一般在葉，偶爾也有在骹的。

但因爲可以刻鑄文字的空間實在有限，基本上祇是幾個字的短銘而已。《越王
矛》上左右雙葉各刻三個字，這六個字的矛銘已經是矛中的長銘了。

"戟""戈""劍""矛"四大常用兵器之外，從商周到秦的兵器種類，名稱上就
多達幾十種。比如，我們通稱的"斧"，就至少有"斧""鉞""戚""揚"四種名稱；
"戈"，就至少有"钁""句兵""戣""戳""戣""瞿"六種名稱。它們以微小的區别
以示其存在。名稱的多樣性和製作的微小差别，充分顯示了當時兵器製作技術的高
度發展。這些兵器上出現的彝銘，由于受到刻鑄空間的限制，基本上全是幾個字的
短銘。

其中，根據《大戴禮》的記載，武王有銘在其所持之弓上，該銘爲"屈伸之義，
廢興之行，無忘自過"。周緯《中國兵器史稿》中以爲："此銘如非漢人擬作，是殷
末周初之時，已有弓銘矣。"[1]此説過于樂觀。因爲，上述彝銘無論從古漢語發展
的過程來分析，還是從《大戴禮》的版本形成過程來分析，無論如何也不可能出自
武王時代，明顯是僞作。

在先秦時代大量使用的虎符，其實是從周代軍制中的牙璋演變而來。因其製作
精美，又使用錯金工藝，而成爲兵器彝銘中的一個特殊載體。

虎符是左右兩個虎形合爲一體方爲調兵之令。右側虎符留在宫内，而左側虎符
則交給守將、郡國保管。秦國的《陽陵虎符》中就講"右在皇帝，左在陽陵"。秦國
虎符上的彝銘是至今爲止青銅兵器彝銘中的長銘之最。《新郪虎符》和《杜虎符》各
有彝銘四十個字，已經很接近商周彝器中的文字量了。堪稱上古兵器彝銘中的長篇
巨製了。

但是，如此優秀的製作技術爲什麼在秦王朝建國後很少出現在戈、戟、劍、矛
等重要的兵器上呢？周緯《中國兵器史稿》中注意到了秦代常用兵器的發展反而不
如戰國時代的現象。他認爲：

---

[1] 周緯：《中國兵器史稿》，生活·讀書·新知三聯書店 1957 年版，第 161 頁。

秦代自製青銅長兵中，銅矛與銅戟皆有出土而甚少，銅鏃亦罕見，秦祚短
也。秦戈則有之……秦兵尚不如戰國之兵也。[1]

這一解釋是比較合適的。因此，在本書中介紹秦代兵器，我們祇選擇《子嬰戈》和
《左軍戈》兩件。而根據井中偉在《早期中國青銅戈·戟研究》一書的觀點：

從紀年銘文上看，真正鑄於秦代的戈（戟）目前僅見到一件，即出自遼寧
寬甸的"元年丞相斯"戈，它鑄於秦二世元年，督造者爲丞相李斯。[2]

誠如是，則我們選擇的這兩件也許還存在斷代的爭議。但至少，我們知道這兩件兵
器有理由作爲秦王朝而非戰國七雄之一秦國的兵器。

商代和西周早期兵器彝銘，一般沒有紀年詞。進入戰國時代，具有時間術語的
彝銘越來越多，已經成了兵器彝銘中新的刻辭習慣。比如，戰國晚期韓器《鄭令鈹》
兵器彝銘中的"三十三年"爲韓桓惠王三十三年，戰國晚期魏器《上庫戈》兵器彝
銘中的"二十四年"爲魏惠王二十四年，秦代的《左軍戈》兵器彝銘中的"□皇三
十三年"爲"秦始皇三十三年"，等等。這爲青銅兵器的斷代提供了基礎。但是，井
中偉在《早期中國青銅戈·戟研究》一書中主張：

目前來看，考古出土和傳世著録的戰國三晉有銘銅戈數量很多……然
而明確可考的紀年銘文戈并不多，究其原因，大體有二：其一是紀年數多
偏低，與韓趙魏三國諸王的在位年數少有唯一的對應關係；其二是紀年銘
文戈流行於戰國中晚期，而這一時期的銅戈已發展到最高峰，形制完全固
定下來。[3]

他的第一個理由似乎離題萬里，缺乏直接的證據。而第二個理由是從形制的固定來
理解紀年銘文習慣的固定。其實，祇要我們看一看當時其他各類青銅器上紀年彝銘
的出現已經日益固定和普及，那麼兵器紀年彝銘的出現也應該是青銅期紀年大趨勢
下的反映。

---

[1]　周緯：《中國兵器史稿》，生活·讀書·新知三聯書店 1957 年版，第 175 頁。
[2]　井中偉：《早期中國青銅戈·戟研究》，科學出版社 2011 年版，第 437 頁。
[3]　同上，第 122 頁。

第三節　青銅兵器上鑄刻彝銘的意義

在青銅兵器上鑄刻文字，根據筆者考察，一般來説它的意義有如下四點：

一、明冶工之名

如《汝陰令戈》。

《汝陰令戈》兵器彝銘釋文：

> 卅三年。汝陰命（令）
> 𢀖、右工師𥎂、冶禽。

這裏出現汝陰命𢀖、右工師𥎂、冶禽三個人，却説明督查、工師和冶煉工三方的工作職能及其個人名字。是兵器製作完善的管理體制的一個體現。卅三年，李朝遠《汝陰令戈小考》主張"祇能爲魏惠王時"。[1] 此説可備一説。根據《史記·十二諸侯年表》，在位時間超過三十三年的决不是如他所説的祇有"魏惠王和安僖王"二人。而且把此器定爲魏器，似還缺證據支持。至少鄭莊公、衛靈公在位時間也在這一範圍內。汝陰，地名。根據《左傳·成公十

《汝陰令戈》兵器彝銘拓片

六年》記載：

> 十六年春，楚子自武城使公子成以汝陰之田求成於鄭。

令，指一個地方的行政長官。汝陰令是直接負責督查鑄造技術的地方行政官員。如《新城大令戈》中的"新城大命（令）"。𢀖，人名，即"歙"字。汝陰令之名。《周禮·考工記》中對"工"的記載是：

> 知者創物，巧者述之守之，世謂之工。百工之事，皆聖人之作也。爍金以爲刃，凝土以爲器，作車以行陸，作舟行水，此皆聖人之所作也。

---

[1]　李朝遠：《汝陰令戈小考》，《中國文字研究》第 1 輯，廣西教育出版社 1999 年版，第 171 頁。

并且其種類是"凡攻木之工七，攻金之工六，攻皮之工五，設色之工五，刮摩之工五，搏埴之工二"，即其中的"攻金之工六"。一般來説，當時完整的兵器鑄造簽名是由三項構成：地方行政長官（令）、鑄造設計師（工師）、冶煉工人（冶）。這裏出現的"汝陰令𨝋、右工師𦋈、冶禽"就是一例。再如《王三年鄭令戈》中出現的"奠（鄭）命（令）韓熙、右庫工師史狄、冶□"，也是如此。類似例頗多。𦋈，人名，即"菱"字，右工師之名。冶，指負責冶煉之人。禽，人名。

二、明持有者之名

如《子嬰戈》。

《子嬰戈》兵器彝銘拓片

《子嬰戈》兵器彝銘釋文：

> 子嬰之用戈。

它表明了此戈的使用者爲子嬰。這裏的"嬰"字省作"賏"。《説文解字》："賏，頸飾也"。段玉裁《説文解字注》中對此字無解。沈寶春《商周金文録遺考釋》：

> 疑即秦始皇孫，扶蘇子之"子嬰"。趙高弑二世，立二世之兄子公子嬰爲秦王，子嬰刺殺高於齋宮。子嬰爲秦王四十六日。沛公破秦軍，子嬰以組系頸，白馬素車，奉天子璽符降軹道旁，爲項籍所殺，事載《史記》卷六"秦本紀"。此則子賏所自作之用戈。[1]

按：此"賏"字即"嬰"字也。用，專用。

---

[1] 沈寶春：《商周金文録遺考釋》，臺灣花木蘭文化工作坊2005年版，第855頁。

三、説明製造工藝的精美

如《玄鏐戈》。

《玄鏐戈》兵器彝銘拓片

《玄鏐戈》兵器彝銘釋文：

玄鏐尃呂之用。

它表示製作原料的精美。此銘爲鳥篆。沈寶春《商周金文録遺考釋》：

此戈銘作"玄鏐"者，蓋著明其質分。玄者，黑而間赤之色也。鏐即鏐之省體，黄金之美者謂之鏐。或以銅黄而黑，鏐即黑銅，又稱吉金、良金、美金。[1]

商周彝銘中多出現"玄鏐"一詞。如《邾公牼鐘》《邵黛鐘》中的"玄鏐鏞鋁"。

四、明激勵之言

如春秋戰國的《武業劍》兵器彝銘明顯分爲兩部分，一部分是鑄劍人鑄劍時留下的"郾王職乍武業鑄劍"八字，另一部分是上述文字尾部出現的比較細而淺的刻痕"爲攻"二字。從鑄刻文字痕迹和分布間距來看，"爲攻"二字或爲武業所刻。而前八字當爲郾王命人鑄劍時所鑄。爲攻者，用于進攻也。又如《攻敔王光劍》兵器彝銘，最後是"自乍用劍，以戕越人"。過去，學術界對此銘理解争議很大，異釋頗多。現在，筆者提出上述新釋，關鍵是對"戕"字的釋讀。原拓中的"戕"字寫作"戕"。"以戕越人"就是希望這把劍可以殺越人、與之抗争。

---

[1] 沈寶春：《商周金文録遺考釋》，臺灣花木蘭文化工作坊 2005 年版，第 851—852 頁。

《武業劍》兵器彝銘拓片

《武業劍》兵器彝銘釋文：

郾王職乍武業鑄劍。爲攻。

五、明兵器所屬國之國王

如燕國兵器彝銘上祇鑄刻燕王之名。這一現象是早期家天下思想意識在兵器鑄造上的反映。如著名的《郾王喜造御司馬鏃》兵器彝銘，有的學者主張是燕王監造的象徵。前述的《武業劍》兵器彝銘中的"郾王職"顯然應該是燕王職當政時期所鑄造之劍，并非是燕王本人的專用佩劍。在《郾王喜造御司馬鏃》兵器彝銘的"鏃"，即戈，屬于燕國兵器的專有名稱。此名之外，尚有"鋸""鉘"等名稱。這是燕國方言在兵器彝銘上的反映。

到了戰國時代，兵器鑄造已經沒有了家天下的思想意識。于是，燕王、齊王、韓王監造的專利逐漸淡化了，出現了《陳全造戈》《淳于公之徒後造戈》等貴族監造的現象。在秦國也一樣如此。如《十二年秦上郡戈》兵器彝銘中的"上郡守造"，已經將過去的王侯監造改成地方官吏監造了。類似的記載，還有"上郡守冰""上郡守疾""上郡守壽""上郡守起""上郡守道"等人。

第四節　國內外青銅兵器彝銘研究的歷史回顧

早在 1881 年，英國考古學家埃文思爵士（John Evans, 1851—1941）就出版了 *The Ancient Bronze Implements, Weapons and Ornaments of Great Britain and Ireland* 一書。這是西方比較早的研究青銅兵器的著作。

20 世紀前期，1922 年，美國漢學家勞費爾（Berthold Laufer, 1874—1934）出版了 *Archaic Chinese Bronzes of the Shang, Chou and Han Periods, in the Collection of Mr. Parish Watson* 一書。勞費爾本是德國人，曾多次來中國東北和西部地區進行實地考古調查活動。1924 年，加拿大漢學家福雷奇（E. A. Voretzsch）出版了 *Altchinesische Bronzen* 一書。這是西方漢學界兩部介紹中國古代青銅器問題的

概論性著作，內容都涉及了兵器。1932 年，日本原田淑人、駒井和愛編輯出版了《支那古器圖考（兵器篇）》一書。

20 世紀後期，1953 年，日本岡崎敬發表了《鉞と矛について：殷商青銅利器に関する研究》一文。此文開始了戰後日本漢學界對商周兵器的考古學研究。1954 年，日本梅原末治發表了《中國出土の一群の銅利器に就いて》一文。1957 年，桑達斯（Nancy K.Sandars）出版了關于法國的青銅兵器的著作 *Bronze Age Cultures in France* 一書。1965 年，金芭塔絲（Marija Gimbutas, 1921—1994）出版了關于歐洲青銅兵器的著作 *Bronze Age Cultures in Central and Eastern Europe* 一書。而對于中國青銅兵器的研究，1956 年，羅樾（Max Loehr）和楊寧史（Werner Jannings）聯合編撰了關于故宮博物院保存的楊寧史所收藏中國早期青銅兵器的 *Chinese Bronze Age Weapons* 一書，可以作爲這一研究的先驅者。1965 年，明義士（James Mellon Menzies）出版了關于中國早期青銅兵器的著作 *The Shang Ko：A Study of the Characteristic Weapon of the Bronze Age in China during the Period 1311—1039 B.C.* 一書。1970 年，日本天理參考館編輯出版了《中國古代の兵器》一書。該書以青銅器和玉器的兵器造型爲主。1972 年，日本林巳奈夫出版了《中國殷周時代の武器》一書。

但是，這些著作絕大多數都是從考古類型學的角度，分析和研究中國青銅兵器的發展歷史，很少關注到兵器銘文的研究。而對中國青銅兵器考古類型學的研究取得極大成者是美國漢學家羅樾。

羅樾（Max Loehr, 1903—1988），德國人。1936 年，他獲得德國慕尼黑大學藝術史博士學位。1940 年，他來到北平（今北京）任中德學院院長、清華大學助理教授。1951 年，他任美國密歇根大學教授。1960 年開始，任哈佛大學藝術系教授。代表性著作有 *Early Chinese Jades：A Loan Exhibition Presented by the Museum of Art*；*Chinese Bronze Age Weapons：The Werner Jannings Collection in the Chinese National Palace Museum*；*Chinese Landscape Woodcuts：from an Imperial Commentary to the Tenth-Century Printed Edition of the Buddhist Canon*；*Ritual Vessels of Bronze Age China* 等。

羅樾利用對紋樣風格的分析，將河南安陽青銅器劃分爲五個時期，并且在其後的考古發掘中得到印證，從而影響了現當代西方對中國古代青銅器的研究。他在

1953 年時曾提出了"青銅器風格的延續發展規律"問題。在具體技術問題上，他認爲中國青銅器一般是先製作模型後澆注成型的，而後纔是在範上印出紋飾。雖然他并没有研究銘文，但是，他對商周銅器的美術史研究，成爲商周銘文研究的輔助，爲西方漢學界的彝銘和青銅器的研究打開了新的局面，其歷史意義不容置疑。2008 年，美國曾出版了巴格利（Robert Bagley）撰寫的專門研究關于羅樾青銅器研究及其美學理論的專著 *Max Loehr and the Study of Chinese Bronzes*, *Style and Classification in the History of Art* 一書，可供參考。

　　兵器彝銘研究在國外學術界引起重視，始自日本學者江村治樹。

　　1980 年，江村治樹發表了研究春秋戰國時代兵器彝銘問題的著名論文《春秋戰國時代の銅戈・戟の編年と銘文》，此文是當時國內外學術界利用兵器彝銘研究當時的國家制度、軍事制度和城市史、工藝製造技術等問題的先驅性著作。2008 年，日本下田誠出版了《中國古代國家の形成と青銅兵器》一書。該書以韓、趙、魏等國兵器的製造和銘文爲核心，分析研究了兵器鑄造、監管制度及其相關的國家政權權力構造等問題，從兵器學的角度研究了當時古代國家的形成原因。

　　下表是筆者搜集整理的海外著名博物館中的部分商周兵器藏品：

海外著名博物館收藏的商周兵器（部分）

種類	序號	器　　名	保　存　地
鉞	1	《饕餮紋大鉞》	Köln Museum für Ostasiatische Kunst
	2	《癸大鉞》	Stockholm Museum of Far East Antiquities
	3	《人面大鉞》	Berlin Museum für Ostasiatische Kunst
	4	《狽大鉞》	Paris Musée Guimet
	5	《圓渦蟬紋鉞》	Zurich Museum Rietberg
	6	《章鉞》	London Eskenazi Ltd
	7	《目紋鉞》	Zurich Museum Rietberg
	8	《人首有銎鉞》	Stockholm Museum of Far East Antiquities
	9	《衛鉞》	Sotheby's
	10	《盂鉞》	Sotheby's
	11	《兮鉞》	London Sotheby's

（續表）

種類	序號	器　　名	保　存　地
戚	1	《桃形紋有翬戚》	Stattliches Museum für Völkerkunde München
	2	《玉刃戚》	Copenhagen Museum of Decorative Art
	3	《鳥獸紋有翬戚》	Berlin Museum für Ostasiatische Kunst
矛	1	《誇矛》	Linden Museum
	2	《倗舟矛》	Sotheby's
	3	《菱形紋矛》	London Eskenazi Ltd
	4	《越王州句矛》	The British Museum
	5	《周矛1》	The British Museum
	6	《周矛2》	The British Museum
	7	《周矛3》	The British Museum
	8	《周矛4》	The British Museum
	9	《周矛5》	The British Museum
	10	《獸面紋矛》	London Eskenazi Ltd
劍、匕等	1	《蟬紋匕》	London Eskenazi Ltd
	2	《十六年守相鈹》	Stockholm Museum of Far East Antiquities
	3	《越王州句劍1》	Paris Cernuschi Museum
	4	《越王州句劍2》	Fogg Art Museum
	5	《商匕》	Musée Guimet
	6	《郘侯劍》	Oxford Ashmolean Museum
	7	《異形大刀》	Paris Lionel Jacob Collection
戈	1	《戜戈》	London Eskenazi Ltd
	2	《鼀戈》	London Eskenazi Ltd
	3	《亞捶三角援戈》	Köln Museum für Ostasiatische Kunst
	4	《饕餮紋三角援戈》	London Eskenazi Ltd
	5	《異形有胡戈》	Paris Musée Guimet
	6	《饕餮刻紋三角援戈》	Brussels Musées Royaux d'Art et d'Histoire
	7	《鳥獸紋有翬戈》	München Staatliches Museum für Völkerkunde
	8	《乍家彝戈》	Hamburg Museum für Kunst und Gewerbe
	9	《雲氣紋戈》	London Christian Deydier

（續表）

種類	序號	器　名	保　存　地
戈	10	《萬戈》	Sotheby's
	11	《史戈》	Sotheby's
	12	《冊戈》	Sotheby's
	13	《眉戈》	Sotheby's
	14	《羊朋戈》	Sotheby's
	15	《詔事戈》	Oxford Ashmolean Museum
	16	《燕王詈戈》	Stockholm Museum of Far East Antiquities

　　兵器拓本或兵器圖像著録的編纂和出版，對兵器彝銘的研究起了很大的推進作用。

　　1962 年，陳夢家編纂的《美帝國主義劫掠的我國殷周銅器集録》一書正式出版。1982 年，臺灣邱德修主編的多卷本《商周金文集成》一書出版發行。1983 年，臺灣嚴一萍所編多卷本《金文總集》一書出版，收録彝銘 8 035 篇。1984 年開始，中國社會科學院考古研究所編出多卷本《殷周金文集成》，至 1994 年出齊，收録彝銘達 11 984 篇。1986 年由馬承源主編的多卷本《商周青銅器銘文選》一書出版。1990 年，王輝編著的《秦銅器銘文編年集釋》一書出版。2003 年，《臺灣龔欽龍藏越王劍暨商周青銅兵器》一書在南京出版社出版。2007 年，中國社會科學院考古研究所編纂出版了多卷本《殷周金文集成（修訂增補本）》一書，第七、八兩册全部是兵器銘文拓片和釋文。

　　但是，上述各書目前以 2012 年出版的吴鎮烽編著的多卷本《商周青銅器銘文暨圖像集成》一書爲集大成。該書以三十五卷的巨型篇幅，將圖形、拓本、釋文、出土、收藏、尺寸等諸多要素集于一身，共收有銘商周銅器 16 704 器，是目前最完整、最具有考古學和文獻學雙重學術價值的商周彝銘研究的必備工具書。其中，兵器内容有戈、戟（編號 16001—17364），矛、殳（編號 17501—17704），劍、鈹（編號 17801—18078），鉞、戚（編號 18201—18250），刀、削（編號 18301—18325），矢鏃（編號 18351—18420），雜兵（編號 18461—18594）等。

　　最近六十年來，大陸和臺灣地區出版的對于中國青銅兵器的研究著作，大致可以分爲考古學的研究和古文字學的研究兩類。

對青銅兵器的考古學的研究，如 1993 年，王振華編著的《古越閣藏商周青銅兵器》一書正式出版。1995 年，陳芳妹編著的《故宮青銅兵器圖録》一書正式出版。1996 年，黄意明、徐錚編著的《古兵器》一書正式出版。2003 年，徐湖平與南京博物院編著的《臺灣龔欽龍藏越王劍暨商周青銅兵器》一書正式出版。該書分爲上下兩篇。上篇收録了 9 篇龔欽龍藏越王劍暨商周青銅兵器研究論文，下篇收録了 38 件龔欽龍藏越王劍暨商周青銅兵器精品。2005 年，朱丹編著的《青銅兵器》一書正式出版。該書分爲 "青銅兵器概論""青銅兵器圖譜" 及 "青銅兵器論文" 三部分。2007 年，吳國瑛編著的《三代青銅兵器知識三十講》一書正式出版。該書介紹了我國古代兵器的起源、青銅兵器在戰争中的作用，以及夏、商青銅戈的演變過程等。2011 年，井中偉的《早期中國青銅戈·戟研究》一書正式出版。2013 年，朱丹、朱明合著的《青銅兵器》一書正式出版。2014 年，郭妍利的《商代青銅兵器研究》一書正式出版。

對青銅兵器的古文字學的研究，如 1974 年，李學勤著的《戰國題銘概述》一書出版，開始了對戰國兵器彝銘的研究。1987 年，臺灣地區林清源著的《兩周青銅句兵銘文匯考》出版，開始了對周代兵器彝銘的研究。1993 年，臺灣地區王振華等編的《商周青銅兵器暨夫差劍特展論文集》一書出版，這是海峽兩岸第一部研究青銅兵器彝銘的論文集。

而最近幾十年來發表的研究青銅兵器銘文的論文則多達百篇。這些成果極大地推進了對商周時期青銅兵器彝銘中體現出的文字、歷史、禮制、軍事和國家行政管理的研究。

其中，黄盛璋、黄錫全、王輝、郝本性、李朝遠等人研究青銅兵器文字的論文成就突出。

如黄盛璋的《試論三晉兵器的國别和年代及其相關問題》《燕、齊兵器研究》《秦兵器分國、斷代與有關制度研究》對這一領域的發展貢獻卓著；如黄錫全的《襄樊團山墓地出土一件蔡公子加戈》《介紹新見秦政嗣白喪戈矛》《"夫鋁" 戈銘新考》《新見宜陽銅戈考論》《介紹一件晉陽令銅戈》《介紹一件韓廿年冢子戈》《介紹一件新見銅戈》《介紹一件新見平阿造戈》等；如李朝遠的《新見者兒戈考》《汝陰令戈小考》《戰國鄝王戈辨析二題》等；皆是最近幾十年來青銅兵器彝銘研究領域的名作。

黃盛璋在《試論三晉兵器的國別和年代及其相關問題》一文中一針見血地指出：

> 所以兵器的地位僅次於禮器（彝器）；出土兵器也相當多，在青銅器中兵器是一個重要的組成部分。可是青銅兵器的研究却遠遠落後於禮器，有些青銅器的專著甚至不包括兵器；作爲最基本的研究——分國與斷代工作，也還相當缺乏基礎。[1]

他的這一分析切中要害，這番話至今依然具有指導意義。進而他作出如下結論：

> 從春秋進入戰國，是歷史上一個轉變時期，在兵器製造上也是這樣，其中以三晉變革最先。長期執牛耳居霸主地位的晉國，後來雖然由於分裂爲三，國力分化，政治上不能維持其霸主地位，但在經濟上仍然比較先進，特別是冶鑄業較爲發達，不僅韓國當時以鑄造兵器著名，即趙、魏兩國國都同樣也是冶鑄業的中心，這從《史記·貨殖列傳》中還可證實這一點。在戰國兵器中，三晉兵器銘刻所記鑄造地名最多，職官名目也最多，説明三晉兵器鑄造業的發達和管理制度的詳備。看來這種制度的改革和兵器銘刻格式的改創大約都是由三晉開創和領先的。[2]

---

［1］黃盛璋：《試論三晉兵器的國別和年代及相關問題》，《考古學報》1974 年第 1 期。

［2］同上。

第二十六章　兵器題銘研究

引　論

通過上一章的綜述，我們對夏商周秦四個時代兵器彝銘的起源和發展，乃至于國內外研究現狀已經有了清晰的認識。在本章中，我們將對主要時代的主要兵器彝銘進行舉例和考證、解釋，努力還原出兵器彝銘由夏代到秦初期的大致發展歷程并分析它的具體內容。

第一節　夏代兵器文字

一、《日字紋方鉞》

器名：《日字紋方鉞》。斷代：夏代。著錄：缺。今藏上海博物館。

《日字紋方鉞》兵器彝銘釋文：

日。

一般多解作"十字紋方鉞"。所謂"十字紋"，這個字在商周時代實際上已經是一種神格的象徵！從構圖的位置上看，這個字顯然在上述青銅器彝銘中具有"天"（天帝）或者"日"（太陽）一樣的品格特徵。又見《司馬法》：

《日字紋方鉞》兵器彝銘拓片

夏執玄鉞。

玄即黑色，而此鉞或即是玄鉞存在的證據。那麼讓我們再把這個字的上述種種變形總結如下：

標準形	簡化形	省略簡化形

下面，讓我們對其標準形的由來進行考證。既然它以圖像的形式出現在青銅器彝銘中，可見它具有文字和圖像雙重內涵。而在商周青銅器上大量存在一種特殊的紋飾，即渦紋。見下圖：

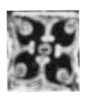

商周銅器渦紋拓片

將上圖渦紋抽出來，即如下：

此圖像由四個燕尾狀的黑色圖案、四個"工"字形的白色圖案圍繞着中間的"日"（太陽）組成。將此圖像反色整理後可以更清楚地看出四個"工"字形的圖案：

可以發現：這個渦紋圖像完全是商周銅器彝銘中所謂的"析子孫"中"析"字的標準形。我們將它變化演繹如下：

接下來，我們將兩個渦紋左右并列起來，還可以看得更清楚：由兩個并列的渦紋▮▮▮▮直接導向了▮▮的出現。

這個圖像已經百分之百是銅器彝銘中所謂的"析子孫"中"析"字的標準形。圖像演繹的結果告訴我們：商周青銅器上"析"字的標準形，直接來源于當時的渦紋，是原始宗教信仰中太陽崇拜的反映，它具有"天"和"日"雙重內涵。如果說真要把此字隸定爲什麼字的話，也祇能隸定爲"天"或"日"字而已。也就是説古代學者所謂的"析"字，應當就是"天"或"日"字。祇有在"天"和"日"的觀念取得絕對權威之後，纔會出現"析子孫"中"析"字被部分省略和全部省略的現象。但是，省略與否并不影響"天"和"日"觀念在銅器銘文中的地位和價值。

二、《夏匕》

器名：《夏匕》。斷代：疑爲夏代。著録：《求古精舍金石圖》卷二、周緯《中國兵器史稿》第二十五圖版。

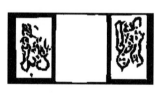

《夏匕》兵器彝銘拓片

《夏匕》兵器彝銘釋文字不詳。

此銘爲鳥篆，文字奇古，不明所以。清代陳經《求古精舍金石圖》一書圖 25 所收有銘夏代匕首：

背、面銘各一字，不可識。與夏鉤帶文字相仿，故定爲夏器。

周緯在《中國兵器史稿》一書中對此提出反對意見，認爲：

其文字是否夏代鉤帶文，亦尚待真正夏代兵器陸續出土時，始能證實，陳氏所名，毋乃過早……然則今日謂之尚未發現夏代銅兵可也。[1]

---

[1]　周緯：《中國兵器史稿》，生活·讀書·新知三聯書店 1957 年版，第 52 頁。

第二節　商代兵器文字

一、《戍斧》

器名：《戍斧》。斷代：商代。著録：《鄴中片羽初集》和《中國兵器史稿》第五圖版。

《戍斧》兵器彝銘釋文：

戍。

"戍"，此字形從人肩扛一把長把斧，是"戉"字的變體，後世所謂的"衛戍"之"戍"的由來。根據吳其昌《金文名象疏證》一書考證：

《戍斧》兵器彝銘拓片

古者，戊戌成戍，一字相通……戉、戍字爲拳握短斧，故最宜於削。

此字，《殷周金文集成（增訂增補本）》第八册 11721 釋爲"何鉞"，可供參考。

二、《婦好鉞》

器名：《婦好鉞》。斷代：商代。著録：《殷墟青銅器》。

兵器彝銘釋文：

婦好。

此鉞中部有"婦好"二字。鄭振香、陳志達《殷墟青銅器的分期與年代》："以銘'婦好'的銅器而言……還有大型銅鉞兩件。"[1] 這裏的"婦"爲"世婦"之婦。《周禮·天官·塚宰》："世婦掌祭祀、賓客、喪紀之事。"

《婦好鉞》兵器彝銘拓片

"好"字，唐蘭《天壤閣甲骨文存并考釋》："婦好者，婦子也。好爲女姓，即商人子姓之本字。"[2] 李學勤、裘錫圭、曹定雲等提出異説。案：唐説可從。

[1] 鄭振香、陳志達：《殷墟青銅器的分期與年代》，中國社會科學院考古研究所編著：《殷墟青銅器》，文物出版社 1985 年版，第 27 頁。
[2] 唐蘭：《天壤閣甲骨文存并考釋》，上海古籍出版社 2016 年版，第 181 頁。

三、《亞啓鉞》

器名：《亞啓鉞》。斷代：商代。著録：《河南出土商周青銅器》第一册。

《亞啓鉞》兵器彝銘拓片

兵器彝銘釋文：

亞啓。

"亞"，商周彝銘中"亞"字頗多，目前已經形成"宗廟説""宫室説""氏族説""古姓説"等十幾種解釋。商周彝銘中的"亞"字在《亞申角》中作"𠀠"，在《亞盃》中作"𠀠"，在《亞止雨鼎》中作"𠀠"等形。"啓"，人名。

四、《商癸钁》

器名：《商癸钁》。斷代：商代。著録：《金石索·金索》卷二。

《商癸钁》兵器彝銘拓片

兵器彝銘釋文：

子。足迹形。旟（旗形）。蛇形。

商周彝銘中"旗"字右下爲單人。有時也寫成雙人，致使無法明確區别。如《此鼎》彝銘中出現的"𣃗"字。但一般可以和"旅"字區别開來。《旟作父戊鼎》彝銘中作"𣃗"，《燮鼎》彝銘中作"𣃗"。此字左右各有一足形、蛇形。《金索》注釋爲：

旗形，取其結隊也。蛇形，取其利刺也。

兵器彝銘爲"旟"，非人名也。乃祈求獲勝之義。劉心源《奇觚室吉金文述》卷三：

用爲旐。《頌敦》"鑾旐"從𣃗。《叔弓鎛》"用旐眉壽"、《齊侯壺》"用旐壽眉"，皆可證旐通祈。

而"旐"字有時作"旅"字，有時作"旅"和"車"字上下合文，甚至是"人""車""旐"三字的合文。如《旅父乙觚》彝銘中作"𣃗"、《作父戊簋》彝銘中作"𣃗"、《鄭同媿鼎》彝銘中作"𣃗"、《董伯鼎》彝銘中作"𣃗"、《吊旅鼎》彝銘中作"𣃗"。下部的"人"一般多是雙寫。在《頌鼎》彝銘中已經出現了很接近右下部從"斤"的"𣃗"字。沈寶春《商周金文録遺考釋》中將此字解釋作"游"字：

　　字從扩從子，爲“游”字之初文，乃扩方或扩氏所作之兵器。[1]

案，“旒”字，早期右下從“人”，不從“斤”。此説恐非。

五、《大祖日乙戈》

　　器名：《大祖日乙戈》。斷代：商代。著録：《三代吉金文存》卷十九。

《大祖日乙戈》兵器彝銘拓片

《大祖日乙戈》兵器彝銘釋文：

　　大祖日乙、
　　祖日丁、
　　祖日乙、
　　祖日庚、
　　祖日丁、
　　祖日己、
　　祖日己。

　　“大祖”，王國維《觀堂集林·商三句兵跋》一文中考證：

　　所云大祖、大父、大兄，皆謂祖、父、兄行之最長者。[2]

　　“日乙”，以下三件有“日乙”彝銘的青銅兵器是著名的“商三句兵”。但是，彝銘中出現的是“日”還是“曰”，一直難以定論。持“日”字説的人主張，《大祖日乙戈》兵器彝銘是在講大祖、祖的祭祀日期，而持“曰”字説的人主張這些是在講大祖、祖的私名。“祖”，劉心源《奇觚室吉金文述》：

　　祖作🄰，假助爲之。《吕伯敦》“考🄰”、《師虎敦》“考🄰”、《郜公誠簠》

————————————————

　[1]　沈寶春：《商周金文録遺考釋》，臺灣花木蘭文化工作坊 2005 年版，第 844 頁。
　[2]　王國維：《觀堂集林》卷十八，《王國維遺書》，上海古籍書店 1983 年版，第 1 頁。

"皇"，皆如此。

又見孫詒讓《契文舉例》卷下考證：

> 龜文稱"祖甲""祖乙"之"祖"，皆借"且"爲之。字多作"𓎹"，或作
> "𓎺"，或作"𓎻"，或作"𓎼"。

又見《爾雅·釋親》中的解釋：

> 祖，王父也。

六、《大父日乙戈》

器名：《大父日乙戈》。斷代：商代。著録：《三代吉金文存》卷十九。

《大父日乙戈》兵器彝銘釋文：

> 祖日乙、
>
> 大父日癸、
>
> 大父日癸、
>
> 中（仲）父日癸、
>
> 父日癸、
>
> 父日辛、
>
> 父日己。

《大父日乙戈》兵器彝銘拓片

"大父"，王國維《觀堂集林·商三句兵跋》一文中考證：

> 大父即《禮·喪服》經及《爾雅·釋親》之"世父"。古世、大同字。如
> "世子"稱"大子"，"世室"稱"大室"。[1]

又：

> 所云大祖、大父、大兄，皆謂祖、父、兄行之最長者。[2]

則"中父"即仲父，父行之次長者。《左傳·莊公二十年》有"燕仲父"之名。"父"，根據《爾雅·釋親》解釋爲：

---

[1] 王國維：《觀堂集林》卷十八，《王國維遺書》，上海古籍書店1983年版，第1頁。
[2] 同上。

父爲考。

七、《大兄日乙戈》

器名：《大兄日乙戈》。斷代：商代。著録：《三代吉金文存》卷十九。

《大兄日乙戈》兵器彝銘拓片

《大兄日乙戈》兵器彝銘釋文：

大兄日乙、

兄日戊、

兄日壬、

兄日癸、

兄日癸、

兄日丙。

"大兄"，王國維《觀堂集林·商三句兵跋》一文中考證：

所云大祖、大父、大兄，皆謂祖、父、兄行之最長者。[1]

"兄"，《爾雅·釋親》解釋爲：

男子先生爲兄。

以上三器乃著名的《商三句兵》。今拓本藏上海博物館，存王國維題跋《雪堂藏器拓本》之第四册。該拓本留有王國維親筆題跋，原跋如下：

此祖、父、兄三句兵，古相銜接，出保定南。乃殷時北方諸侯所作之器。又近時淶水張家窪出古器十餘，皆有"北伯"字。北即商之邶國也。知商之北土遠矣。

第三節　西周兵器文字

一、《單癸钁》

器名：《單癸钁》。斷代：西周。著録：《金石索·金索》卷二、《中國兵器史稿》第二

---

[1] 王國維：《觀堂集林》卷十八，《王國維遺書》，上海古籍書店 1983 年版，第 437 頁。

十八圖版。

《單癸钁》兵器彝銘拓片

《單癸钁》兵器彝銘釋文：

單癸钁。

"單癸"，馮雲鵬《金石索·金索》卷二：

鵬按，钁即瞿也。《書·顧命篇》"一人冕執瞿"，即此之謂。薛氏《款識》等書無道及者。兹據桂未谷拓本摹入，實屬周器。考《款識》及《博古圖》載《單癸卣》云："單冋作父癸卣。"疑即此人。且篆法亦相類。薛氏云："癸于單族，是其宗也。"今録此钁，可補金石諸書之缺。[1]

"單"，氏也。根據《通志·氏族略》記載：

單氏：周室卿大夫。成王封蔑於單邑，故爲單氏。魯成公元年始見。《春秋》："晉侯使瑕嘉平戎於王，單襄公如晉，拜成。"《襄十年傳》曰："王叔氏與伯輿争政，坐獄於庭。王叔不能舉其要辭，故奔晉。於是單靖公爲政於王室，代王叔也。"二十餘代爲周卿士。

"钁"，馮雲鵬《金石索·金索》卷二：

钁者，三鋒矛。

又云：

《説文》："钁，兵器也。"《廣韻》："戟屬，或作戵。"兹從瞿，古法省文。器長建初尺七寸七分强。"

二、《微伯匕》

器名：《微伯匕》。斷代：西周。著録：《商周金文編》《陕西金文彙編》。

《微伯匕》兵器彝銘釋文：

微伯瘋乍匕。

[1] 此段引文及標點，周緯《中國兵器史稿》（生活·讀書·新知三聯書店1957年版）第28圖版文字注釋中有錯誤。

《微伯匕》兵器彝銘拓片

"微"，姓也。根據《通志·氏族略》的記載：

> 微氏：子姓，宋微仲之後。《左傳》：
> "魯大夫微虎。"

但是這裏出現的微伯是來自在周原一帶生活的古微國，并非子姓。根據《史記·周本紀》：

> 二月甲子昧爽，武王朝至于商郊牧野，乃誓。武王左杖黃鉞，右秉白旄，以麾。曰：

"遠矣西土之人！"武王曰："嗟！我有國冢君，司徒、司馬、司空、亞旅、師氏，千夫長、百夫長，及庸、蜀、羌、髳、微、纑、彭、濮人，稱爾戈，比爾干，立爾矛，予其誓。"

這裏的"微"正是微伯的祖先。"伯"，商周彝銘中多作"白"字，假借。排行中之長者。《爾雅》："育、孟、耆、艾、正、伯，長也。""癲"，人名。吳鎮烽《金文人名彙編（修訂本）》收有名"癲"者。他解釋説：

> 西周懿孝時期人，又稱微伯癲，史牆的兒子，㝬的父親，微氏家族的首領。[1]

其家族銅器出土和存世甚多。

三、《雍王戟》

器名：《雍王戟》。斷代：西周。著録：《商周金文録遺》。

《雍王戟》兵器彝銘拓片

《雍王戟》兵器彝銘釋文：

> 雍王亓所爲。

此銘文字前後不一，恐非一時之爲。"亓"，雍王之名。根據《通志·氏族略》的記載：

> 雍氏：去聲。舊云河内山陽縣。按山陽在懷州修武。范曄云山陽有雍城。文王第十三子雍伯受封之國，其後裔爲雍氏。

---

[1] 吳鎮烽編撰：《金文人名彙編（修訂本）》，中華書局 2006 年版，第 434 頁。

又見陳槃《春秋大事表列國爵姓及存滅表撰異》：

> 古器有《邕王戟》，見于省吾《商周金文録遺》編號五七五，其"邕"字作
> 售，金文中此書法僅有，而卜辭則習見，《殷墟書契》二·二十八、四·二九、
> 後編下二所收，商先生以爲即"雍"字，是也。[1]

"爲"字，沈寶春《商周金文録遺考釋》中誤釋爲"馬"字，并表示"文簡辭
晦，誠難解其意旨"。[2]所爲，即所鑄所刻之義。

四、《豐伯劍》

器名：《豐伯劍》。斷代：西周。著録：《洛陽北窰西周墓》。

《豐伯劍》兵器彝銘釋文：

> 豐伯。

《豐伯劍》兵器彝銘拓片

此銘文字細小，不易識别。"豐"，人名。《説文解字》以爲
"豐，豆之豐滿者也"。初用爲地名。根據《通志·氏族略》的記載：

> 文王都豐，武王都鎬。豐在永興鄠縣東南，鎬在豐之東
> 二十里。

後用爲人名。故此《通志·氏族略》中將此列爲"以名爲氏"。
吳鎮烽《金文人名彙編（修訂本）》注釋爲：

> 西周早期前段豐國族首領，名不詳。東夷的一支，封地在今山東省内，周
> 成王時豐伯曾參與武庚叛亂，被周公平定。[3]

今存豐氏銅器頗多。

第四節　春秋戰國兵器文字

一、《貳車斧》

器名：《貳車斧》。斷代：齊器。著録：《小校經閣金文》卷十、《攀古樓彝

[1] 陳槃：《春秋大事表列國爵姓及存滅表撰異》，上海古籍出版社 2009 年版，第 612 頁。
[2] 沈寶春：《商周金文録遺考釋》，臺灣花木蘭文化工作坊 2005 年版，第 865 頁。
[3] 吳鎮烽編撰：《金文人名彙編（修訂本）》，中華書局 2006 年版，第 416 頁。

器款識》第 1 册、陳直《讀金日劄》卷二、《奇觚室吉金文述》卷十。

《貳車斧》兵器彝銘釋文：

> 吕大叔之
>
> 貳車之斧。

《貳車斧》兵器彝銘拓片

此銘文字細小，不易識別。吕大叔，根據《通志·氏族略》的記載：

> 吕氏：姜姓，侯爵，炎帝之後也。虞、夏之際，受封爲諸侯。或言伯夷佐禹有功，封於吕，今蔡州新蔡即其地也。歷夏、商不墜，至周穆王，吕侯入爲司寇。或言宣王時改吕爲甫。然，吕甫聲相近，未必改也，故又有甫氏出焉。吕望相武王，吕姜爲衛莊公妃，其時吕國猶存故也。吕望封齊之後，本國微弱，爲宋所并，故宋有吕封人樂懼，吕封人華豹。

這裏的吕大叔，不詳所指。又見《攀古樓彝器款識》考證：

> 大叔，吕侯之弟。以國氏而綴以字者皆國君兄弟，若京城大叔。

《郾右軍矛》兵器彝銘拓片及摹寫

"吕"字，又可作"郘"字。吴鎮烽《金文人名彙編（修訂本）》以爲其乃"西周中期前段人"。[1]"貳車"，陳直《讀金日劄》解釋説："《周禮·天官·小宰》云'掌邦之六典八法八則之貳'，鄭注：'貳，副也。'《禮·少儀》'乘貳車則式'，鄭注：'貳車，副車。'本銘文謂副車之斧也。"

二、《郾右軍矛》

器名：《郾右軍矛》。斷代：燕器。著録：《商周金文録遺》。

《郾右軍矛》兵器彝銘釋文：

> 郾右軍。

"郾"字，通"燕"字，商周彝銘中多作"匽""郾"

---

[1] 吴鎮烽編撰：《金文人名彙編（修訂本）》，中華書局 2006 年版，第 144 頁。

等字。其字形作𤓸、𤓹、𤓺、𤓻、𤓼、𤓽等。沈寶春《商周金文錄遺考釋》：

> "郾"字從匽從邑，西周初期作匽……春秋金文燕作匽，戰國金文增邑作郾，凡此四匽字，皆爲"燕"之假借字。秦漢之際，匽國一律改作燕。[1]

如《匽侯旨鼎》彝銘作"𤓸"、《匽伯匜》彝銘作"匽"，《菫鼎》彝銘中作"𤓸"。"右軍"，作戰軍制劃分之一。見《左傳·桓公五年》：

> 王爲中軍；虢公林父將右軍，蔡人、衛人屬焉；周公黑肩將左軍，陳人屬焉。

又見《左傳·哀公十一年》：

> 爲郊戰故，公會吳子伐齊。五月，克博，壬申，至於嬴。中軍從王，胥門巢將上軍，王子姑曹將下軍，展如將右軍。齊國書將中軍，高無丕將上軍，宗樓將下軍。

則可知當時已經存在上、下、左、右、中的五種作戰軍制劃分。

三、《倗矛》

器名：《倗矛》。斷代：楚器。著録：《淅川下寺春秋楚墓》。

《倗矛》兵器彝銘釋文：

> 倗之用矛。

《倗矛》兵器彝銘拓片及摹寫

"倗"，人名。通"朋"。商早期彝銘中多作𤓸、𤓹、𤓺、𤓻、𤓼等形。有人主張即"倗"字，指一人肩挑二串貝之形。戰國彝銘中多作𤓸、𤓹、𤓺、𤓻等形。劉心源《奇觚室吉金文述》中考證：

> 凡貝朋字，古刻作拜。《叔弓鎛》"造而𤓸"、《寅簋》"逌馭人𤓹"、《豐姞鼓敦》"𤓺友"、《多父盤》"𤓻友"，并朋字。《說文·鳥部》："鳳，古文作𤓼"云，象形。鳳飛群鳥從以萬數，故以爲朋黨字，人部："倗，輔也。"即朋字。

[1]　沈寶春：《商周金文錄遺考釋》，臺灣花木蘭文化工作坊2005年版，第888頁。

吴鎮烽《金文人名彙編（修訂本）》注釋爲：

> 春秋晚期前段人，楚康王時期曾任楚國大司馬，地位與尹子庚相當，子庚死後的第二年（前 550 年），接任令尹，三年後卒於任。[1]

而在《淅川下寺春秋楚墓》一書中則有人主張此人是楚莊王之子王子午，史稱"令尹子庚"。[2]張亞初則主張這裏的"佣"是王子午之孫。[3]究爲何人，尚有考證的空間。

"用"，專用。《説文解字》的解釋爲"用，可施行也"。于省吾《甲骨文字釋林》卷下考證：

> 用字的初文作![用字初文]，本象有柄之甬。其演化的規律是：由![字形]而![字形]而![字形]而![字形]而![字形]。周代金文由用字分化出甬字作![字形]或![字形]。[4]

四、《邗王戈》

器名：《邗王戈》。斷代：吴器。著録：《商周金文録遺》。

《邗王戈》兵器彝銘釋文：

> 邗王是埜，
> 乍爲元用。

《邗王戈》兵器彝銘拓片

"邗王"，又見《趙孟庎壺》彝銘："禺邗王於黄池。"楊樹達《積微居金文説·趙孟庎壺跋》：

> 邗王即吴王。經傳多稱吴爲干。《莊子·刻意篇》云："夫有干越之劍者。"《荀子·勸學篇》云："干、越、夷、貉之子，生而同聲。"干越皆即吴越也。邗爲國邑之名，字從邑，爲本字，經傳假干爲邗，省形存聲耳。[5]

沈寶春《商周金文録遺考釋》：

———————————

[1] 吴鎮烽編撰：《金文人名彙編（修訂本）》，中華書局 2006 年版，第 259 頁。
[2] 見河南省文物研究所、河南省丹江庫區考古發掘隊、淅川縣博物館編：《淅川下寺春秋楚墓》，文物出版社 1991 年版，第 189 頁。
[3] 見劉彬徽：《楚墓出土銅器的年代略説》，《中原文物》1989 年第 4 期。
[4] 于省吾：《甲骨文字釋林》，中華書局 1979 年版，第 361 頁。
[5] 楊樹達：《積微居金文説》，中華書局 1997 年版，第 170 頁。

"邘"乃國名，又見禺邘王壺作𨙚形，《説文》六下邑部云："邘，國也。今屬臨淮。從邑干聲。一曰邘本屬吳。"《玉篇》曰："邘，吳城名。"[1]

"是埜"，人名。郭沫若《吳王壽夢之戈》一文中提出"是埜"即"壽夢"。"埜"，段玉裁《説文解字注》：

古文野，從里省，從林。亦作埜。

今存銅器中有《是婁鼎》和《是婁簋》，或爲是埜家族之器，可供參考。

元用，一般多出現在劍銘。指專用、吉祥之義。如《夫差劍》彝銘："自乍其元用。"其他兵器中也隨之使用。如《梁白戈》彝銘："梁白乍官行元用。"沈寶春《商周金文録遺考釋》：

"元用"，與吳季子之子劍銘"吳季子之子逞之元用劍"，辭例正同。又見秦子戈及秦子矛銘："秦子作造公族元用"，"元用"一詞爲兵器銘習用語，"元"當形容詞、副詞解，善也。"用"爲器用之義。[2]

郭沫若《奴隸制時代》一書中主張：

"元用"這兩個字在兵器銘文裏面多見，普通的彝器作"寶用"，武器則多作"元用"。元者善之長也，是頂好的意思。"元用"大約就是説頂好的武器吧。[3]

其實，西周時期貴族習慣在劍身上刻銘"元用"二字，表示吉祥和專用之義。

五、《者兒戈》

器名：《者兒戈》。斷代：魯器。

著録：《古文字研究》第 23 輯、李朝遠《青銅器學步集》。

《者兒戈》兵器彝銘釋文：

《者兒戈》兵器彝銘拓片

滕師公之孫、呑叔之子者兒爲其酋戈。叀吉。

[1] 沈寶春：《商周金文録遺考釋》，臺灣花木蘭文化工作坊 2005 年版，第 857 頁。

[2] 同上，第 860 頁。

[3] 郭沫若：《奴隸制時代》，上海新文藝出版社 1952 年版，第 142 頁。

此銘文字細小，頗難識别。“滕師公”，滕乃古姓。根據《通志・氏族略》記載：

滕氏：文王第十四子叔繡後也，武王封之於滕。舊云，滕在沛國公邱縣東南。按《晉志》，公邱屬魯國，今兗州龔邱是。隱十一年，滕、薛來朝，争長。自叔繡及宣公十七世，始見春秋。國小弱，不能朝王，每朝於魯，名不赴故不書。隱公以下春秋後至公邱二十一世，爲秦所滅，《釋例》云春秋後七世爲齊所滅。又有騰氏，即滕也，因避難改爲騰。

李朝遠《新見者兒戈考》一文中考證：

者兒戈中的滕師公於文獻無徵。金文中有滕侯穌、滕侯耆、滕侯昊，祇有滕侯昊有可能是滕隱公虞毋，其他亦於文獻無徵。者兒戈中的滕師公可補文獻之缺。[1]

“吞叔”，《隸釋》卷十記載：

《姓苑》載：“炅氏兄弟各分一姓曰：炅、香、桂、炔。”

李朝遠《新見者兒戈考》引《廣韻》：

炅横漢末被誅，有四子，一守墳墓，姓炅。一子避難居徐洲，姓香。

但此爲漢末故事，此“吞”非彼“吞”也。此銘中的“吞叔”，乃人名。非姓。

“者兒”，人名。滕師公之孫、吞叔之子。或有人主張“兒”字非人名，乃昵稱，可供參考。吴鎮烽《金文人名彙編（修訂本）》以爲其乃“西周中期前段人”。[2] 另有《者兒觶》存世。

“酋戈”，指短戈。鄭玄注《周禮・考工記》：“酋、夷，長短名。酋之言猶也，酋近夷長矣。”

“叀吉”，叀，發語詞。指祈禱此戈可以帶來吉祥。此二字乃筆者首釋，李朝遠《新見者兒戈考》中釋爲“專邑”，以爲是地名，恐非。此銘中“吉”字寫法頗怪，幾乎上下不連。但這種變形，彝銘也有。如《旂鼎》中作“”、《庚兒鼎》中作

[1] 李朝遠：《新見者兒戈考》，《古文字研究》第23輯，中華書局2001年版，第95頁。
[2] 吴鎮烽編撰：《金文人名彙編（修訂本）》，中華書局2006年版，第183頁。

“”等形，就和此銘中的“吉”字十分相似。故釋爲“吉”。

六、《王于狖戈》

器名：《王于狖戈》。斷代：吴器。著録：《學術研究》1962 年第 3 期、《商承祚學術文集》。

《王于狖戈》兵器彝銘拓片

《王于狖戈》兵器彝銘釋文：

王于

狖之

用戈。

此銘爲鳥篆。“狖”字，人名。商承祚《王于狖戈考及其它》一文中考證：

> 先有“于”而後有“狖”，早期的于字作𠂤、𠂤，見甲骨文、金文。言其形，象氣通過多次障礙而屈曲申展，故《説文》以“于也”、“舒于”來形容。商周時，因此字氣形的偏旁曲折，書寫時較難安排，乃省去蟠繞的氣形而作于，後來感覺筆劃過簡而意義隱晦不顯，遂增加“欠”旁代替氣形的意符而以“于”爲聲符，由會意字轉變爲形聲字。[1]

張頷首先主張王于狖即吴王僚。《史記·吴太伯世家》：“乃立王餘昧之子僚爲王。”商承祚上文中考證：

> “王于狖”的“狖”字從欠、于聲，讀若虚，爲人名。即吴王僚之字，在史書作“州于”。《左傳·昭公二十年》：“（伍）員如吴，言伐楚之利於州于。”杜注：“州于，吴子僚也。”[2]

對于“乃立王餘昧之子僚爲王”之事，闔廬不服。此事根據《春秋公羊傳》記載，闔廬認爲：

> 先君之所以不與子國而與弟者，凡爲季子故也。將從先君之命與，則國宜之季子者也。如不從先君之命與，則我宜立者也。僚焉得爲君乎？

---

[1]《商承祚文集》，中山大學出版社 2004 年版，第 300 頁。

[2] 同上。

于是，他"使專諸刺僚"。

七、《章子邨戈》

器名：《章子邨戈》。斷代：楚器。著録：《殷周金文集成》第十九册、《江漢考古》1993 年第 4 期。

《章子邨戈》兵器彝銘拓片

《章子邨戈》兵器彝銘釋文：

> 章子邨（國）尾其元金，爲其戕戈。

此銘文字細小，頗難識別。故此銘用黄錫全之釋。"章子邨"，人名。根據《通志·氏族略》記載：

> 章氏：即鄣國之後也，姜姓。齊大公支孫封於鄣，爲紀附庸之國，今密州有古鄣城，爲齊所滅。子孫去邑爲章氏。齊威王將有章子。

黄錫全《湖北出土兩件銅戈跋》一文中主張：

> 此戈也出在楚腹心地帶，漳水又從枝江流過，所以，這裏的章也可能是漳，是因漳水而得名。[1]

此説可從。

"尾"，馬叙倫《説文解字六書疏證》卷十九引沈濤：

> 《九經字樣》云："烜，音毀，火也。"《詩》曰："王室如烜。"今經典相承作燬，是烜、燬本一字。

又見黄錫全《湖北出土兩件銅戈跋》：

> 尾當讀如烜，即燬。《説文》："烜，火也。從火，尾聲。《詩》曰王室如烜。"今本《詩·周南·汝墳》烜作燬。《毛傳》："燬，火也。"烜、燬古實一字。[2]

"元金"，《説文解字》"元者，始也"，元金即原始的銅原料，指未經加入其他金屬的純銅原料。

---

[1] 黄錫全：《湖北出土兩件銅戈跋》，《江漢考古》1993 年第 4 期。
[2] 同上。

"戣"，黄錫全《湖北出土兩件銅戈跋》一文中以爲"當是交字"，則戣戈是"交接、交戰之戈"。[1]

八、《新城戈》

器名：《新城戈》。斷代：楚器（或爲韓器）。著録：《文物》2004 年第 10 期。

《新城戈》兵器彝銘釋文：

《新城戈》兵器彝銘拓片

敬繹新城徒萃。

"繹"字，《文物》2004 年第 10 期刊發的黄錫全、馮務健《湖北鄂州新出一件有銘銅戈》釋爲"德"，恐非。根據《禮記》記載：

繹者，各繹己之志也。

孔穎達《禮記正義》：

繹，陳也。言陳己之志。

"敬繹"指敬陳。此戈彝銘乃是向守備新城的基層士兵表達敬意之義，因此特意製作此戈（當不是一個，至少是一批），以贈送這些守衛士兵。黄錫全、馮務健理解爲"此戈用以警戒新城步兵，或者警戒新城的步兵所用之戈"，[2]明顯和彝銘要表達的用意有距離。

"新城"，地名。又作"親城"。根據《括地志》記載：

許州襄城縣即古新城縣也。

又見《水經注》：

伊水又北，板橋水入焉，水出西山，東流入於伊水。伊水又北，會厭澗水。水出西山，東流逕郟垂亭南，《春秋左傳·文公十七年秋》"周甘歜敗戎於郟垂"者也。服虔曰："郟垂在高都南。"杜預《釋地》曰："河南新城縣北，有郟垂亭。"

再見于《左傳·僖公四年》記載：

[1] 黄錫全：《湖北出土兩件銅戈跋》，《江漢考古》1993 年第 4 期。
[2] 黄錫全、馮務健：《湖北鄂州新出一件有銘銅戈》，《文物》2004 年第 10 期。

　　初，晉獻公欲以驪姬爲夫人，卜之，不吉；筮之，吉。公曰："從筮。"卜人曰："筮短龜長，不如從長。且其繇曰：'專之渝，攘公之羭。一薰一蕕，十年尚猶有臭。'必不可。"弗聽，立之。生奚齊，其娣生卓子。及將立奚齊，既與中大夫成謀，姬謂大子曰："君夢齊姜，必速祭之。"大子祭於曲沃，歸胙於公。公田，姬置諸宮六日。公至，毒而獻之。公祭之地，地墳。與犬，犬斃。與小臣，小臣亦斃。姬泣曰："賊由大子。"大子奔新城。公殺其傅杜原款。或謂大子："子辭，君必辯焉。"大子曰："君非姬氏，居不安，食不飽。我辭，姬必有罪。君老矣，吾又不樂。"曰："子其行乎！"大子曰："君實不察其罪，被此名也以出，人誰納我？"十二月戊申，縊於新城。

關于此器所屬國別及新城所在，黃盛璋提出異議，可供參考：

　　柯昌泗的考證，引據典籍，定爲楚器。今考戈銘格式肯定屬於三晉，職官制度以及字體書法都和楚不同。柯昌泗所以定爲楚器，主要是由壽縣出土引起猜想，然後繞引據文獻以證其説。我們以爲《岩窟》所云出土壽縣不外得自賈人，古董商爲抬高價格，往往僞托，即使可信，亦不能定爲楚器。至於柯昌泗所引《戰國策》定新城爲楚地，僅見一時現象，未審察源流，所以是皮相之論。所引見《楚策一》："城渾出周，三人偶行，南游於楚，至於新城。城渾説其令曰：'……楚王何不以新城爲主郡也，邊邑甚利之。'新城公大説。乃爲具駟馬乘車、五百金。之楚，城渾得之，遂南交于楚。楚王果以新城爲主郡。"可是緊接下面一條就説："韓公叔有齊魏，而太子有楚秦，以爭國。鄭申爲楚使於韓，矯以新城、陽人予太子。"《韓策》也記此事，鄭申作鄭彊，其餘文字基本相同。最後都説："王曰善，乃不（弗）罪。"可見此後新城又歸韓，已成事實。[1]

"萃"，通"卒"。假借。"徒萃"，根據《左傳·哀公十一年》記載：

　　季氏之甲七千，冉有以武城人三百爲己徒卒。

可證這裏的"徒卒"即基層士兵。朱駿聲《説文通訓定聲》主張"卒，假借爲萃"。

---

[1]　黃盛璋：《試論三晉兵器的國別和年代及其相關問題》，《考古學報》1974年第1期。

九、《蔡侯戈》

器名:《蔡侯戈》。斷代: 蔡器。著録:《考古學報》1956 年第 2 期、陳直《讀金日劄》卷三、《安徽出土金文訂補》。

《蔡侯戈》兵器彝銘拓片

《蔡侯戈》兵器彝銘釋文:

　　蔡侯𪊨

　　之行戈。

此銘文字細小, 不易識別。而且磨損嚴重。蔡侯, 根據《通志·氏族略》記載:

　　蔡氏: 文王第五子蔡叔度之國也, 或言第十四子。同母兄弟十人, 唯發、旦賢, 故文王舍伯邑考而立武王, 周公輔之。武王平天下, 封功臣兄弟, 乃封叔鮮于管, 叔度於蔡, 二人相紂子武庚禄父, 治商餘民。武王崩, 成王少, 管、蔡疑周公不利於成王, 乃挾武庚以作亂。周公以王命伐之, 殺管叔而放蔡叔, 與車十乘, 徒七十人從, 而分商餘民爲二, 其一封微子啓於宋, 以續商祀, 其一封康叔爲衛君。蔡君叔度既遷而死, 其子曰胡, 改德率行, 周公聞之, 舉以爲魯卿士, 魯國治。於是言於成王, 復封於蔡, 以奉蔡叔之祀, 是爲蔡仲。其地今蔡州上蔡縣西南十里故蔡城是也。

"蔡侯申", 又見《史記·管蔡世家》中記載的 "悼侯三年卒, 弟昭侯申立"。則蔡侯申即蔡昭侯。吳鎮烽《金文人名彙編 (修訂本)》以爲:

　　蔡昭侯, 隱太子友之子, 蔡悼侯東國之弟, 公元前五一九年即位, 在位二十九年。[1]

但是此人身份, 唐蘭以爲是蔡成侯, 馬承源以爲是蔡平侯, 而郭沫若以爲是蔡聲侯。案, 于説爲佳, 詳細考證見下。𪊨, 原拓字形十分複雜, 即 "申" 字。商周彝銘中的 "申" 字作 𠃌、𠃌、𠃌、𠃌、𠃌 等形。于省吾在《壽縣蔡侯墓銅器銘文考釋》一文中提出:

　　蔡侯名𪊨, 即 "𩈉" 的繁體字,《説文》"𩈉讀若亂"。番生簋的 "朱𩈉",

---

[1]　吳鎮烽編撰:《金文人名彙編 (修訂本)》, 中華書局 2006 年版, 第 371 頁。

毛公鼎作"朱嚸",因此可知,"𠫑"字初孳化爲嚸,再孳化爲嚻,它的規律宛然可尋。"𠫑"既爲嚻的初文,則嚻從"𠫑"聲,了無可疑。至於"𠫑"字作👤,中間從"宀"與否是一樣的。例如金文中,"嗣""嚻"二字所從之"𠫑",作👤也作👤,是其證。[1]

"行",旅也。"行戈",等同于旅戈。指外出攜帶之戈。商周彝銘中經常出現"旅某""旅車某""行某"的説法。

十、《汝陰令戈》

器名:《汝陰令戈》。斷代:魏器。著録:《中國文字研究》第1輯、李朝遠《青銅器學步集》。

《汝陰令戈》兵器彝銘拓片

《汝陰令戈》兵器彝銘釋文:

卅三年。汝陰命(令)
𪚕、右工幣𥰭、冶禽。

"卅三年",李朝遠《汝陰令戈小考》以爲"祇能爲魏惠王時"。此説可備一説。根據《史記·十二諸侯年表》,在位時間超過三十三年的決不是如他所説的祇有"魏惠王和安僖王"二人。而且把此器定爲魏器,似還缺證據支持。至少鄭莊公、衛靈公在位時間也在這一範圍内。

"汝陰",地名。《左傳·成公十六年》:"十六年春,楚子自武城使公子成以汝陰之田求成於鄭。""令",指一個地方的行政長官。"汝陰令"是直接負責督查鑄造技術的地方行政官員。如《新城大令戈》中的"新城大命(令)"。"𪚕",人名,即"歙"字。汝陰令之名。

"右工幣","工幣"即"工師"。𥰭,人名,即"菱"字。一般來説,當時完整的兵器鑄造簽名是由三項構成:地方行政長官(令)、鑄造設計師(工師)、冶煉工人(冶)。這裏出現的"汝陰令𪚕、右工師𥰭、冶禽"就是一例。再如《鄭令戈》中出現的"奠(鄭)命(令)韓熙、右庫工師史狄、冶□",也是如此。類似例頗多。案,鄭玄注《禮記·月令》主張"工師,工官之長也"。

---

[1] 于省吾:《壽縣蔡侯墓銅器銘文考釋》,《古文字研究》第1輯,中華書局1979年版,第51頁。

冶，指負責冶煉之人。《古文字詁林》引尤仁德："楚國兵器銘文鑄匠一般稱'冶師'，戈銘省稱'冶'。"由此來看，并非楚器省稱，六國皆可稱之。在排名先後上，"冶"後于"工"，可見"工"的地位較高。根據《荀子·王制》記載：

> 論百工，審時事，辨功苦，尚完利，便備用，使雕琢、文采不敢專造於家，工師之事也。

又見《禮記·月令》：

> （孟冬之月）是月也，命工師效功，陳祭器，按度程。

這裏的"大令"，有時又作"大命"。如《新城八年戈》兵器彝銘。大令，大命即太令。如《十一年皋落戈》兵器彝銘。

十一、《楚屈叔沱戈》

器名：《楚屈叔沱戈》。斷代：楚器。著録：《貞松堂集古遺文》卷十一、《安徽出土金文訂補》、《安徽史學》1985 年第 1 期、《殷周金文集成》第十七册。

《楚屈叔沱戈》兵器彝銘摹寫

《楚屈叔沱戈》兵器彝銘釋文：

> 楚王
> 之元用。王鐘
> 𠂤生于缶。
> 楚屈叔沱、
> 屈□之孫。

此銘文字細小，磨損嚴重，不易識別。

"楚"，根據《史記·楚世家》記載：

> 楚之先祖出自帝顓頊高陽。高陽者，黃帝之孫，昌意之子也。高陽生稱，稱生卷章，卷章生重黎。重黎爲帝嚳高辛居火正，甚有功，能光融天下，帝嚳命曰"祝融"。共工氏作亂，帝嚳使重黎誅之而不盡。帝乃以庚寅日誅重黎，而以其弟吳回爲重黎後，復居火正，爲祝融。吳回生陸終。陸終生子六人，坼剖而產焉。其長一曰昆吾；二曰參胡；三曰彭祖；四曰會人；五曰曹姓；六曰季連，羋姓，楚其後也。

"楚"字商周彝銘中作🈂、🈂、🈂、🈂、🈂等形。

"元用"，見《䢼王戈》文。🈂，字不識。人名。"缶"，食器，也可作樂器用。

《説文解字》解釋：

> 缶，瓦器，所以盛酒漿，秦人鼓之以節歌。

“屈叔沱”，人名。根據《通志・氏族略》記載：

> 屈氏：芈姓，楚之公族也。莫敖屈瑕食邑於屈，因以爲氏。

吳靜安《“帝高陽之苗裔兮，朕皇考曰伯庸”解》一文中主張即是屈蕩，因爲“蕩與沱都是蓄水的場所，故可相訓詁”。[1] 何浩《〈楚屈叔沱戈〉考》一文中也引用此説。[2] 屈□，這裏的“□”字銘文完全剥離，無法識別該字。依銘文上下關係，一般習慣是説“楚屈叔沱之子、屈□之孫”。而這裏不知道爲何没有出現“之子”二字？但是，至少可以肯定的是“屈□”和“屈叔沱”是父子關係的可能性最大。

十二、《宋公欒戈》

器名：《宋公欒戈》。斷代：宋器。著録：《安徽出土金文訂補》、《中山大學學報》1964 年第 1 期。

《宋公欒戈》兵器彝銘拓片及摹寫

《宋公欒戈》兵器彝銘釋文：

> 宋公
> 欒之
> 造戈。

此銘亦鳥篆。“宋公欒”，崔恒升《安徽出土金文訂補》中考證：

> 宋公欒，名欒，宋國國君。《春秋》稱“宋公”，《左傳》稱“太子欒”“宋君”“宋景公”，《史記・宋世家》稱“頭曼”，《漢書・古今人表》稱“兜欒”。[3]

宋公欒周敬王四年即位，周敬王十八年卒。

---

[1]　吳靜安：《“帝高陽之苗裔兮，朕皇考曰伯庸”解》，《南京師院學報（社會科學版）》1983 年第 1 期。

[2]　何浩：《〈楚屈叔沱戈〉考》，《安徽史學》1985 年第 1 期。

[3]　崔恒升：《安徽出土金文訂補》，黄山書社 1998 年版，第 430 頁。

"造"，商周彝銘中的"造"字，在《羊子戈》兵器彝銘作""、在《曹公子戈》兵器彝銘作""、在《高密戈》兵器彝銘作""、在《齊侯鐘》兵器彝銘作""、在《齊戟》兵器彝銘作""、在《二十六年秦戟》兵器彝銘作""等形，或從貝，或從走，或從金，或從戈，或從人，或從邑等。此銘中的"造"字非鑄造之義。商周彝銘中表示鑄造一般多稱"鑄"。而這裏的"造"另有含義。

范毓周《關於"贈之造戈"的幾個問題》一文中主張："造戈"之"造"，乃"造祭"之"造"，又提出所謂造戈當爲告廟所用之戈，故其造皆從告。[1]此說與拙見極其吻合。《周禮·大祝》中言"掌大祈以同鬼神示，一曰類，二曰造"。這裏的"造"字通"祰"字，其義即"告祭也"。段玉裁《説文解字注》引杜子春説"造祭於祖也"。故此戈爲祭宋公欒之戈。李濟在《中國文明的開始》一文中從考古學上提供了兵器造祭存在的可能性："更原始的戈通常做隨葬用的，且顯然是較早期的遺物。"[2]但是到了戰國時期，禮崩樂壞，"造"的鑄造含義日益清晰起來。如《陳侯因資造陵左戟》兵器彝銘中的"造"字不再具有"造祭"含義。《左腐之造戟》兵器彝銘中的"造"字亦然也。在楚器《鄝侯戈》銘文中出現了"侯之造戈五百"這樣的語言，已經是"造"字具有了鑄造含義的證明。

十三、《樛斿戟》

器名：《樛斿戟》。斷代：秦器。著録：《三代吉金文存》卷二十、《雙劍誃吉金圖録》卷下。

《樛斿戟》兵器彝銘釋文：

> 四年，相邦樛斿
> 之造。櫟陽
> 工上造間。吾。

此銘文字細淺，不易識讀。秦器銘文，一向細小難辨。不僅兵器銘文，其他器也如此。當年吴愙齋在致沈樹鏞的信中就曾深有體會"於廠肆見一銅器，文極細而多，始以爲漢器，以數十金得之，及歸而細剔別之，定爲秦器"。

《樛斿戟》兵器彝銘摹寫

---

[1] 范毓周：《關於"贈之造戈"的幾個問題》，《華夏考古》1996 年第 1 期。

[2] 李濟：《中國文明的開始》，《安陽》，河北教育出版社 2000 年版，第 510 頁。

“相邦”，指在秦爲相。“樛斿”，人名。陳直《史記新證》：

> 《秦本紀》“五十一年，將軍樛攻韓，取陽城、負黍”，戟文之相邦，疑即本文之將軍樛，下脱斿字。[1]

此説可從。

櫟陽，櫟之陽也。地名。《春秋·桓公十五年》記載有“秋九月，鄭伯突入於櫟”。又見于《左傳·桓公十五年》：

> 秋，鄭伯因櫟人殺檀伯，而遂居櫟。

再見于《水經注·沮水》：

> 絶白渠，東逕萬年縣故城北，爲櫟陽渠，城即櫟陽宫也。

“工上”，“上”爲人名；“工”者，冶工也。“間”，疑通“戳”，音通假借，戈、戟之類也。“吾”字出現在背面，單字，和前面銘文并非一起，顯然是持有此戟的人另刻，以象徵所屬。

十四、《十三年戟》

器名：《十三年戟》。斷代：秦器。著録：《商周金文録遺》、《殷周金文集成》第十七册。

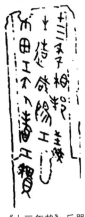

《十三年戟》兵器
彝銘摹寫

《十三年戟》兵器彝銘釋文：

> 十三年，相邦義（儀）
> 之造。咸陽工
> 帀（師）田、工大人耆、工頪。

“十三年”，根據《史記·秦本紀》記載：

> 十年，張儀相秦。魏納上郡十五縣。十一年，縣義渠。歸魏焦、曲沃。義渠君爲臣。更名少梁曰夏陽。十二年，初臘。十三年四月戊午，魏君爲王，韓亦爲王。使張儀伐取陝，出其人與魏。

“相邦”，指《史記·秦本紀》中的“十年，張儀相秦”。又見《史記·張儀列傳》記載：

———————————

[1]　陳直：《史記新證》，中華書局 2006 年版，第 181 頁。

　　秦惠王十年，使公子華與張儀圍蒲陽，降之。儀因言秦復與魏，而使公子
繇質於魏。儀因説魏王曰：“秦王之遇魏甚厚，魏不可以無禮。”魏因入上郡、
少梁，謝秦惠王。惠王乃以張儀爲相，更名少梁曰夏陽。

這裏的“義”字，通“儀”字，人名，指張儀。

　　“咸陽”，地名。《元和郡縣志》：“山南曰陽，水北曰陽，縣在北山之南、渭水之
北，故曰咸陽。”“帀”者，“師”之省。“工大人耆”，“耆”爲人名。“工頹”，“頹”
乃人名。

十五、《敔王夫差劍》

　　器名：《敔王夫差劍》。斷代：吳器。著録：《文物》1992 年第 3 期、《洛陽考古
集成·夏商周卷》。

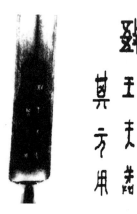

《敔王夫差劍》兵器
彝銘拓片及摹寫

　　《敔王夫差劍》兵器彝銘釋文：

　　　　敔王夫差

　　　　其元用。

　　此銘文字細小，頗難識別。“敔王”，即吳王。郭沫若
《卜辭通纂》第三三一片注釋：“吳越之吳，金文作攻戲、
攻吳等。”彝銘中亦有作“攻敔王”者。見拓片二。“敔”
字假借爲“吳”，音通。一般商周彝銘“吳”字多用“虞”
字。《古文字詁林》：“吳，國名。姬姓，子爵，仲雍之後。
武王克商因封之吳。傳至夫差，爲越王所滅。金文或稱攻
吳、攻敔、工戲。”根據《史記·吳太伯世家》記載：

　　吳太伯，太伯弟仲雍，皆周太王之子，而王季歷之兄也。季歷賢，而有聖子
昌，太王欲立季歷以及昌，於是太伯、仲雍二人乃犇荆蠻，文身斷發，示不可
用，以避季歷。季歷果立，是爲王季，而昌爲文王。太伯之犇荆蠻，自號句吳。

王國維《觀堂集林·攻吳王大差鑑跋》：

　　吳、戲同音，“工戲”亦即“攻吳”，皆“句吳”之異文。古音工、攻在東
部，句在侯部，二部之字陰陽對轉，故“句吳”亦讀“攻吳”。[1]

---

［1］　王國維：《觀堂集林》卷十八，《王國維遺書》，上海古籍書店 1983 年版，第 8 頁。

　　吴鎮烽《記新發現的兩把吴王劍》一文中曾對吴的幾種稱謂進行斷代，他主張：

> 就目前所知，稱工𧊒、攻𧊒、工虞和攻盧者，大都在諸樊在位時期及其以前，此後一般稱攻敔、攻吾和攻吴，夫差時期已有省稱爲吴的。[1]

這一總結是有意義的。曹錦炎《從青銅器銘文論吴國的國號》一文中進一步提出新解：

> 1979 年 5 月，於河南省固始縣侯古堆春秋墓中出土了一件青銅匜，是宋景公嫁妹的媵器，銘文云："有殷天乙唐孫宋公欒作其妹句敔夫人季子媵匜。"可見，將"攻吴"寫作"句吴"，乃是中原人記吴音的緣故。[2]

此説至確，可從。而將"吴"字發爲"句"音者，司馬貞《史記索隱》中注釋説："顔師古注《漢書》，以'吴'言'句'者，夷之發聲，猶言於越耳。"此劍有多把存世，銘文大同小異。于省吾曾得此劍之一及"少虚劍"，故而命名其書房曰"雙劍誃"。

　　"夫差"，吴王之名。根據《史記·吴太伯世家》記載：

> 十九年夏，吴伐越，越王句踐迎擊之檇李。越使死士挑戰，三行造吴師，呼，自剄。吴師觀之，越因伐吴，敗之姑蘇，傷吴王闔廬指，軍却七里。吴王病傷而死。闔廬使立太子夫差。

　　吴地産劍，已經是天下聞名。《戰國策·越策》中就記載"夫吴干之劍，肉試則斷牛馬"。這裏的"干"就是"邗"地。"干"，又作邗。《莊子·刻意》中有"夫有干、越之劍者"的記載。司馬彪注解"干"爲"吴也"。楊倞注釋"干越"爲"吴越也"。這裏的"闔廬"即是吴王光。《天問》中記載爲"勛闔夢生"就是指的他。

十六、《武業劍》

　　器名：《武業劍》。斷代：燕器。著録：《商周金文録遺》、《考古》1973 年第 4 期。

———————
[1]　吴鎮烽：《記新發現的兩把吴王劍》，《江漢考古》2009 年第 3 期。
[2]　曹錦炎：《從青銅器銘文論吴國的國號》，《東南文化》1991 年第 6 期。

《武業劍》兵器
彝銘拓片

《武業劍》兵器彝銘釋文：

郾王職作武業之鑄鐱。爲攻。

"郾王職"，如《匽侯旨鼎》彝銘中作"⿰", 、《匽伯匜》彝銘中作
"⿰"，《菫鼎》彝銘中作"⿰"。到了戰國時代纔出現從匽從阜的"郾"
字。"職"，燕王之名。疑爲燕侯旨，"旨"借爲"職"，音通，假借。
陳直《讀金日劄》以爲"'燕王職'與太子平，當是燕昭王之一字一
名"，此說可參。

"武業"，人名。"武"，姓也。又見《元和姓纂》：

周平王少子，生而有文在手曰武，遂以爲氏。

燕國史乘散佚。《史記索隱》中就明確説"自惠侯以下皆無名，亦不言
屬，惟昭王父子有名"。而在《史記‧燕世家》記載"十年，燕君爲
王"。這一年爲公元前 323 年。由此而來，則《匽侯旨鼎》顯然當在此
之前。而這裏的《武業劍》當在此之後。

"鑄"字，或有釋爲"鐶"者。可參。此銘中鑄字從金從止從衣。從止通從土，
別體。從衣乃從工從口從寸之省。"鐱"，通"劍"字。假借。或作僉。"爲攻"，沈
寶春《商周金文錄遺考釋》未釋出，且以爲"疑爲後人所膺，未識"。尾部二字，筆
者首次釋爲"爲攻"。從鑄刻文字痕迹和分部間距來看，"爲攻"二字或爲武業所刻。
而前九字當爲郾王所鑄。爲攻者，用于進攻也。

十七、《越王劍》

越王劍發現多把，兵器彝銘一般在劍身或劍格，文字略有差異，但基本劍身文
字大致一致。見下圖：

器名：《越王劍》。斷代：越器。著錄：《商周金文錄遺》。

《越王劍》兵器彝銘拓片及摹寫

《越王劍》兵器彝銘釋文：

越王
者夷於睗。

此銘亦爲鳥篆。錯金工藝已經成爲當時
的時尚，因此鳥篆多用錯金。"越王"，根據

《史記·越王句踐世家》記載：

> 越王句踐，其先禹之苗裔，而夏后帝少康之庶子也。封於會稽，以奉守禹之祀。文身斷發，披草萊而邑焉。後二十餘世，至於允常。允常之時，與吳王闔廬戰而相怨伐。允常卒，子句踐立，是爲越王。

"者夷"，越王之名。或可解釋爲"者旨"。越王句踐之子"與夷"與此最爲接近，或即其名。吳鎮烽《金文人名彙編（修訂本）》注釋其爲：

> 戰國初期人，名者旨於賜越國國君，越王句踐之子，《史記·越世家》作鼫與，《國語·吳語》作諸稽郢，《左傳·哀公二十四年》作太子適郢，《竹書紀年》作鹿郢，《越絕書》作與夷。鼫與是者旨於賜的急讀音，諸稽是者旨於賜的對音，與夷是於賜的對音。者旨於賜公元前四六四年即位在位六年。[1]

此劍兵器彝銘，吳振武曾有新解，以爲此劍正反面文字不可合釋，他主張"兩面銘文接讀，實在是錯誤的"，當分釋爲："越王者（旨）於賜。我亭候之造。"[2]此說可供參考。

有些越王劍在劍格處刻作劍者之名。如河南周口市淮陽平糧臺出土的越王劍就是如此。劍格處刻"隹匠尺"三個字，顯然就是作劍者之名。

《楚王酓章劍》兵器彝銘拓片和摹寫

十八、《楚王酓章劍》

器名：《楚王酓章劍》。斷代：楚器。著録：《三代吉金文存》卷二十、《安徽出土金文訂補》。

《楚王酓章劍》兵器彝銘釋文：

> 楚王酓章爲從
> 士□鑄僉。用正（征）。

"楚王"，按照《史記·楚世家》記載，楚國稱王始自熊渠：

---

［1］吳鎮烽編撰：《金文人名彙編（修訂本）》，中華書局 2006 年版，第 183 頁。

［2］吳振武：《蔡家崗越王者旨于賜新釋（提要）》，《古文字研究》第 23 輯，中華書局 2001 年版，第 100 頁。

熊渠生子三人。當周夷王之時，王室微，諸侯或不朝，相伐。熊渠甚得江漢間民和，乃興兵伐庸、楊粵，至於鄂。熊渠曰："我蠻夷也，不與中國之號諡。"乃立其長子康爲句亶王，中子紅爲鄂王，少子執疵爲越章王，皆在江上楚蠻之地。及周厲王之時，暴虐，熊渠畏其伐楚，亦去其王。

"酓章"，楚王名。商周彝銘中又作"酓忎"，"酓"字即"熊"字。楚王，熊姓。彝銘中出現的楚王名字，有些可以在史書記載中對上，如"楚王酓章"是"楚惠王熊章"。"楚王酓悍"是楚幽王。這裏的"楚王酓悍"之"悍"字，原拓作"忎"，可寫作"忓"形，即"悍"字之別體，二者皆從"心"從"干"，可通假。"從士"，指楚王身邊衛士，非一般將士。"□"，當爲楚王身邊衛士人名，字迹殘缺，不詳。"僉"，即"劍"字。"用征"，商周彝銘中又作"用征用行"。征者，旅也。戰爭也。這裏的"行"，通"享"字，音近，假借。

十九、《徐王劍》

器名：《徐王義楚劍》。斷代：徐器。著録：《殷周金文集成》第十八冊。

《徐王義楚劍》兵器彝銘釋文：

徐王義楚
之元子羽，
擇其吉金，
自作用僉。

《徐王義楚劍》兵器彝銘拓片（部分）和摹寫

"徐王"，"徐"，通"餘"字或"邾"字。古國名。根據《通志》記載：

伯益佐禹有功，封其子若木於徐。

同類銅器很多，如"徐王鼎""吮兒鐘"等件。《説文解字》解釋：

邾，邾下邑地，從邑餘聲。魯東有邾城。

又見《竹書紀年》記載周穆王六年時"徐子誕來朝。錫命爲伯"，可知徐國本是周王朝的所屬國之一，伯爵封號。在此七年後，徐國就已經開始伐周。變成了著名的淮夷之一。徐國兵器製作也很出色。軍事力量也隨之而來強大起來。

"義楚"，人名。吴鎮烽《金文人名彙編（修訂本）》主張：

> 春秋晚期人，徐國國君。《春秋》昭六年"徐義楚聘於楚"的記載，當是義
> 楚爲世子時之事。[1]

"元子"，"元"，《説文解字》："始也。"即長也。"元子"即指長子。"羽"，人
名。黄錫全以爲此人即《春秋·昭公三十年》之章羽，可參。"吉金"，又稱"美
金"，指雜質少的優質銅料。吉者，美也。《國語·齊語》："美金以鑄劍、戟，試諸
狗馬；惡金以鑄鉏、夷、斤、斸，試諸壤土。"

二十、《杜虎符》

器名：《杜虎符》。斷代：秦器。著録：《文物》1979 年第 9 期。

《杜虎符》兵器彝銘釋文：

《杜虎符》兵器彝銘部分照片

> 兵甲之
> 符。右在
> 君，左在杜。
> 凡興士被（披）甲，
> 用兵五十人以
> 上，必會君符，
> 乃敢行之。
> 燔燧之事，
> 雖母會符，行毆（也）。

"兵甲"，指軍隊。又稱"甲兵"。《詩·秦風·無衣》：

> 王于興師，脩我甲兵，與子偕行。

"符"，先秦時期傳達命令或徵調兵將用的憑證。《史記·魏公子列傳》："嬴聞
晉鄙之兵符常在王臥内。""君"，指秦始皇之弟長安君。"杜"，秦之地名。王應麟
《詩地理考》：

> 杜水南入渭。《詩》曰"自杜"。顔氏注：《詩》"自土沮漆"，《齊詩》作
> "自杜"，言公劉避狄而來，居杜與沮漆之地。

---

[1]　吴鎮烽編撰：《金文人名彙編（修訂本）》，中華書局 2006 年版，第 348 頁。

又見《水經注》：

　　其水東南流，東逕杜陽縣故城，東西三百步，南北二百步，世謂之故縣川。又故縣有杜陽山，山北有杜陽谷，有地穴，北入，亦不知所極，在天柱山南。故縣取名焉，亦指是水而攝目矣。即王莽之"通杜"也。故《地理志》曰："縣有杜水。"又東，二坑水注之。水有二源，一水出西北，與瀆雠水合，而東，歷五將山，又合鄉谷水，水出鄉溪，東南流入杜，謂之鄉谷川。

"興士"，《説文解字》："興，起也。"指調動軍隊。"被甲"，"被"字通"披"字，假借。甲指鎧甲。"會"，《説文解字》解釋爲"會，合也"。指兩片虎符的相合一致。"燔燧"，指燃放告警的烟火。《説文解字》解釋爲"燧，塞上亭守烽火者"。《後漢書·光武紀》記載有"晝則燔燧，夜則舉烽"一語。"母"，通"毋"字，假借。"行毆"，即行動。

国家出版基金项目
NATIONAL PUBLICATION FOUNDATION

劉正 著

中國彝銘學

（下册）

上海書店 出版社
SHANGHAI BOOKSTORE PUBLISHING HOUSE

第四編

彝銘研究的歷史
和現狀

第二十七章　兩漢時代的彝銘學

引　論

"金石"一詞最早出現在《墨子·兼愛》:

> 以其所書於竹帛，鏤於金石，琢於槃盂。

在《周禮》中也出現多次。如《秋官》中有言"凡國有大故而用金石"。在《荀子·勸學》中还出現了"金石可鏤"一語。在《國語·楚語》中則有"而以金石匏竹之昌大囂庶爲樂"之説（它的英文可以解釋爲 inscriptions on ancient bronzes and stone tablets）。韋昭注解爲:

> 金，鐘也；石，磬也。

誠如上述，有了"金石學"之名，在具有深厚的史學傳統的古代中國，相應的也就有了"金石學史""金石史"和"籀史"之名。前者如李遇孫的《金石學録》一書，後者如翟耆年的《籀史》一書和郭宗昌的《金石史》一書。朱劍心在《金石學》一書中曾總結金石學在古代中國的發展史時説:

> 其學濫觴於漢，歷魏、晉、六朝、隋、唐而稍稍演進。惟其見於當時之著録者，大抵一鱗片甲，猶未足以言學也。至宋劉原父、歐陽公起，搜集考證，著爲專書，而學以立。更經呂大臨、王黼、薛尚功、趙明誠、洪適、王象之諸家，而學乃臻於極盛。元、明承極盛之餘，難乎爲繼；而金石器物之少所發見，亦斯學不振之大原因也。清初百餘年間，海内漸定，而文網慕嚴，於是承學之

士，相率而遁於樸學之途，金石則其一也。且其時金石器物之出於丘窪窟穴者，更十數倍於往昔……夫自北宋以來，金石名家，至千數百人，著作之多，且二千種……[1]

然後，他列舉了古代金石學著作的十七種體例：

存目、跋尾、録文、圖像、摹字、纂字、分地、分人、音釋、義例、斷代著録、分類專攻、專考一種、集録衆説、概論大綱、學科史、書目。

同樣，他的十七種體例的金石學著作也是石多於金。中國古代學術史上，尚没有具體到對殷周彝銘研究史進行總結性的著作産生，但以史爲内容的有郭宗昌的《金石史》（二卷）和李遇孫的《金石學録》（四卷）二書。其後又有陸心源的《金石學録補》（三卷）、葉銘的《金石書目》等著作。到了 20 世紀，又有褚德彝的《金石學録續補》（二卷，1919）、黄立猷的《金石書目》（1926）、田士懿的《金石著述名家考略》（四卷，1928）、容媛的《金石書録目》（1935）等著作。然而，以上著作大多偏重於對石刻碑志學史的研究。

爲此，顧頡剛在《當代中國史學》一書中曾評述清代的彝銘學研究説：

在清代早期的金石學著述裏，著録的多偏於碑志而略於鼎彝。例如王昶的《金石萃編》，其書卷帙極爲浩繁，有近於類書，其中十分之九皆爲碑志，鼎彝僅占很少的一部分。最大的原因，是當時的銅器多藏在宮廷，而民間所藏的一部分又多在豪紳巨賈的手中，外人不易得見，不如碑志的任人可以椎拓與傳流。[2]

其實，在古代學術史上，曾有一篇十分重要的説明古文字學研究史的論文存在。此文即南北朝時代的古文字學家江式爲了撰寫《古今文字》一書而向當時皇帝所上的《論書表》，載于《魏書·江式傳》《北史·江式傳》中。此文對于研究漢晉時代古文字學研究史具有重要的指導意義。全文如下：

臣聞庖犧氏作而八卦列其畫，軒轅氏興而靈龜彰其彩。古史倉頡覽二象之文，觀鳥獸之迹，别創文字，以代結繩，用書契以紀事。宣之王庭，則百工以

[1]　朱劍心：《金石學·序例》，文物出版社 1981 年版，第 1 頁。
[2]　顧頡剛：《當代中國史學》，勝利出版公司 1949 年版，第 29 頁。

叙；載之方册，則萬品以明。迄於三代，厥體頗異，雖依類取制，未能悉殊倉氏矣。故《周禮》八歲入小學，保氏教國子以六書：一曰指事，二曰諧聲，三曰象形，四曰會意，五曰轉注，六曰假借。蓋是倉頡之遺法也。及宣王太史籀著《大篆》十五篇，與古文或同或異，時人或謂之籀書。孔子修《六經》，左丘明述《春秋》，皆以古文，厥意可得而言。

其後七國殊軌，文字乖別。暨秦兼天下，丞相李斯乃奏蠲罷不合秦文者。斯作《倉頡篇》，車府令趙高作《爰歷篇》，太史令胡毋敬作《博學篇》，皆取史籀大篆，或頗省改，所謂小篆者也。於是秦燒經書，滌除舊典，官獄繁多，以趨約易，始用隸書，古文由此息矣。隸書者，始皇時使下杜人程邈附於小篆所作也，以邈徒隸，即謂之隸書。故秦有八體：一曰大篆，二曰小篆，三曰刻符書，四曰蟲書，五曰摹印，六曰署書，七曰殳書，八曰隸書。

漢興，有尉律學，復教以籀書，又習以八體，試之課最，以爲尚書史。書省字不正，輒舉劾焉。又有草書，莫知誰始，其形畫雖無厥誼，亦是一時之變通也。孝宣時，召通《倉頡》之篇者，張敞從受之。涼州刺史杜鄴、沛人爰禮、講學大夫秦近亦能言之。孝平時，徵禮等百餘人説文字於未央宮中，以禮爲小學元士。黃門侍郎揚雄采以作《訓纂篇》。及亡新居攝，自以應運製作，使大司馬甄豐校文字之部，頗改定古文。時有六書：一曰古文，孔子壁中書也；二曰奇字，即古文而異者；三曰篆書，云小篆也；四曰佐書，秦隸書也；五曰繆篆，所以摹印也；六曰鳥蟲，所以書幡信也。壁中書者，魯共王壞孔子宅而得《尚書》《春秋》《論語》《孝經》也。又北平侯張蒼獻《春秋左氏傳》，書體與孔氏壁中書相類，即前代之古文矣。

後漢郎中扶風曹喜，號曰工篆，小異斯法，而甚精巧，自是後學，皆其法也。又詔侍中賈逵修理舊文，殊藝異術，王教一端，苟有可以加於國者，靡不悉集。逵即汝南許慎古學之師也。後慎嗟時人之好奇，嘆俗儒之穿鑿，愊文毀於凡譽，痛字敗於庸説，詭更任情，變亂於世，故撰《説文解字》十五篇，首一終亥，各有部屬，可謂類聚群分，雜而不越，文質彬彬，最可得而論也。左中郎將陳留蔡邕采李斯、曹喜之法，爲古今雜形，詔於太學立石碑，刊載《五經》，題書楷法，多是邕書也。後開鴻都，書畫奇能，莫不雲集于時，諸方獻篆，無出邕者。

魏初，博士清河張揖著《埤蒼》《廣雅》《古今字詁》。究諸《埤》《廣》，掇拾遺漏，增長事類，抑亦於文爲益者也；然其《字詁》，方之許篇，古今體用，或得或失。陳留邯鄲淳亦與揖同時，博開古藝，特善《倉》《雅》。許氏字指、八體、六書，精究閑理，有名於揖。以書教諸皇子。又建《三字石經》於漢碑之西，其文蔚焕，三體復宣。校之《説文》，篆、隸大同，而古字少異。又有京兆韋誕、河東衛覬二家，并號能篆。當時臺觀榜題、寶器之銘，悉是誕書，咸傳之子孫，世稱其妙。

晉世義陽王典祠令任城吕忱表上《字林》六卷，尋其况趣，附托許慎《説文》，而按偶章句，隱別古籀奇惑之字，文得正隸，不差篆意也。忱弟静別仿故左校令李登《聲類》之法，作《韻集》五卷，使宫、商、角、徵、羽各爲一篇，而文字與兄便是魯、衛，音讀楚、夏，時有不同。

皇魏承百王之季，紹五運之緒，世易風移，文字改變，篆形謬錯，隸體失真。俗學鄙習，復加虛造，巧談辯士，以意爲疑，炫惑於時，難以厘改。乃日追來爲歸，巧言爲辯，小兔爲鬿，神蟲爲蠶，如斯甚衆，皆不合孔氏古書、史籀《大篆》、許氏《説文》、《石經》三字也。凡所關古，莫不惆悵焉。嗟夫！文字者，六籍之宗，王教之始，前人所以垂後，今人所以識古。故曰：本立而道生。孔子曰：必也正名。又曰：述而不作。《書》曰：予欲觀古人之象。皆言遵循舊文，而不敢穿鑿也。

臣六世祖瓊，家世陳留，往晉之初，與從父應元俱受學於衛覬，古篆之法，《倉》《雅》《方言》《説文》之誼，當時并收善譽。而祖至太子洗馬，出爲馮翊郡。值洛陽之亂，避地河西，數世傳習，斯業所以不墜也。世祖太延中，皇風西被，牧犍內附。臣亡祖文咸杖策歸國，奉獻五世傳掌之書、古篆八體之法，時蒙褒録，叙列於儒林，官班文省，家號世業。

暨臣暗短，識學庸薄，漸漬家風，有忝無顯。但逢時來，恩出願外，得承澤雲津，厠沾漏潤，驅馳文閣，參預史官，題篆宮禁，猥同上哲。既竭愚短，欲罷不能，是以敢藉六世之資，奉遵祖考之訓，竊慕古人之軌，企踐儒門之轍，求撰集古來文字，以許慎《説文》爲主，爰采孔氏《尚書》《五經音注》《籀篇》《爾雅》《三倉》《凡將》《方言》《通俗文》《祖文宗》《埤蒼》《廣雅》《古今字詁》《三字石經》《字林》《韻集》、諸賦文字有六書之誼者，以類編聯，文無重複，統爲一部。其古籀、奇字、俗隸諸體，咸使班於篆下，各有區別。詁訓假借之誼，各隨文而解；音讀楚、夏之聲，并逐字而注。其所不知者，則闕如也。脫蒙遂許，冀省百氏之觀，而同文字之域，典書秘書所須之書，乞垂敕給；并學士五人嘗習文字者，助臣披覽；書生五人，專令抄寫。侍中、黃門、國子祭酒一月一監，詳議疑隱，庶無訛謬。所撰名目，伏聽明旨。

　　詔曰："可如所請，并就太常，兼教八分書史也。其有所須，依請給之，名目待書成重聞。"式於是撰集字書，號曰《古今文字》，凡四十篇，大体依許氏《說文》爲本，上篆下隸。[1]

　　在相當長的一個歷史時期內，青銅器彝銘和書法藝術還沒有被古代的學者們和文人們統一起來。因此，先秦時期的彝銘學術研究和唐宋以後的彝銘學術研究是不可同日而語的。

　　但是，在古代書法史上却多主張：大禹是在青銅上鑄刻彝銘的人。如《墨藪》《書小史》和《山堂考索》等書中就是這樣主張的。

　　今人有時把篆書等同于彝銘，這是不太合適的。

　　篆書在具體表現形式和發展過程中還有大篆、小篆（始自李斯）、秦篆（始自李斯）、玉筋篆（始自李斯）、八分小篆（始自李斯）、細篆（始自李斯）、仙人篆（始自李斯）、繆篆、鐘鼎篆、雕蟲篆、轉宿篆（始自司馬子韋）、尚方大篆（始自程邈）、鐵綫篆、草篆、鼎小篆、剪刀篆、懸針篆（始自曹喜）、垂露篆（始自曹喜）、薤葉篆（始自曹喜）、繆絡篆（始自劉德昇）、柳葉篆（始自衛瓘）和古文、奇字、籀書、蕭籀（始自蕭何）、古籀、籀文、左書、殳書、傳信鳥書、刻符書、署書、鶴頭書、偃波書、蚊脚書、芝英書（始自六國時代）、氣候直時書、蛇書（始自唐終）等種類和多種名稱。明代陶宗儀在《書史會要》一書中就曾列舉了大篆十三種和小篆八種流派名稱。

　　在現代學術界，在對殷周彝銘學研究史的著述研究方面，首先是日本學者繼承了中國古代《籀史》和《金石史》的治史傳統，漢學家貝塚茂樹和白川靜留下了名著：貝塚茂樹《中国古代史學の發展》和白川靜《金文學史》二書。這兩部通史體彝銘學學術史專著，打破了前此以往的金石學史的研究傳統，第一次從學術史和史

---

[1]　本文版本有諸多不同，在此重加校對如上。

學史的角度對彝銘學術研究的歷史進行了專題研究。在國内學術界，趙誠的《二十世紀金文研究述要》一書，則是對這一專門史進行專題研究的杰作，也開啓了對彝銘學術研究史進行斷代研究的先河。而筆者的《商周彝銘學研究史》《金文學術史》可以説是真正意義上的古代彝銘研究的學術通史。

當然，有關殷周青銅器的辨僞工作，從它産生之日起就已經備受重視了。根據《韓非子·説林下》中的記載：

> 齊伐魯，索《讒鼎》。魯以其雁往。齊人曰："雁也。"魯人曰："真也。"齊曰："使樂正子春來。吾將聽子。"魯君請樂正子春。樂正子春曰："胡不以其真往也？"君曰："我愛之信。"答曰："臣亦愛臣之信。"

《讒鼎》在當時有很高的知名度。《左傳》服虔注中言：

> 讒鼎，疾讒之鼎，《明堂位》所云"崇鼎"是也。一云讒，地名，禹鑄九鼎於甘讒之地，故曰讒鼎。

原來，此鼎據説是出自大禹。但是，没有證據證明九鼎就是讒鼎。從上述史料分析，九鼎是九個鼎，而讒鼎則似乎祇是一個鼎。禹鑄九鼎是各自有一個名稱，還是九鼎又有一個共同的名字叫"讒鼎"？或者讒鼎祇是九鼎之一？那餘外八個鼎的名稱又是什麽呢？如此等等，皆語焉不詳。

至于説《讒鼎》又名《崇鼎》，證據可見萬希槐《困學紀聞集證》引錢大昕云"崇、讒聲相近"。

《左傳·昭公三年》中記載了叔向引用《讒鼎》彝銘之事：

> 叔向曰："然。雖吾公室，今亦季世也。戎馬不駕，卿無軍行，公乘無人，卒列無長。庶民罷敝，而宫室滋侈。道殣相望，而女富溢尤。民聞公命，如逃寇讎。樂、郤、胥、原、狐、續、慶、伯，降在皂隸。政在家門，民無所依，君日不悛，以樂惛憂。公室之卑，其何日之有？《讒鼎之銘》曰：'昧旦丕顯，後世猶怠。'況日不悛，其能久乎？"

而齊、魯之戰也爲《讒鼎》而來，足以證明殷周青銅器（特别是《讒鼎》）在當時具有重大的誠信價值。《讒鼎》今已經不可見。如果相信"禹鑄九鼎於甘讒之地，故曰讒鼎"爲真，那麽《讒鼎》應該有一組九件銅器，而不是一件。魯所收藏的《讒鼎》是九件之一還是全部呢？限于史料記載不詳，不能多論。但從《左傳》和《韓非子》二書中的相關記載來看，似乎是一件而不是一組銅器。

有關禹和鼎的聯繫看來是彝銘學史上的一個基本課題了。《燹公盨》彝銘也第一次以彝銘史料向學術界展示了這一問題的可信度。[1]

通過上述記載可知：對殷周青銅器的辨偽方法，當時更多的是借助樂理學上的證據。這是時代特點之一。樂正子春可以説是以樂理辨別銅器真偽的祖師。當然，這是針對無銘之器的辨偽方法。實際上，彝銘纔是殷周青銅器辨偽的最有力的證據。商代彝銘字數由單字至幾十字多少不等，而其内容又以族徽、干支、氏名、方國、職官、器名等基本元素爲主。而周代彝銘則已經高度成熟化和格式化了，其内容與史料價值足可以和《尚書》相比。因此，殷周青銅器及其彝銘（尤其是對西周彝銘的研究）自然而然地成爲歷代彝銘學術學者們研究的重點所在。

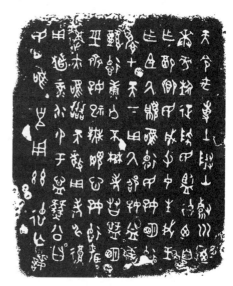

《燹公盨》彝銘拓片

先秦時期，對殷周青銅器的禮器價值功能的過分注重，淡化了對彝銘的史料價值的推崇。更加之于初期的彝銘雖然已經具有了一定的史料價值，但是和成熟的史學文獻相比還相去甚遠。今天，有的史學評論專著中就針對這一時期的彝銘史學提出了下列觀點：

　　已形成了某些固定的記叙歷史的方法。這些方法在殷墟卜辭及西周彝器銘文中有比較集中的反映。它體現了一定的史學思想，但還不能説是比較成熟的

[1]《北京晚報》2002年10月22日報道："一件約2900年前鑄有98字長篇銘文的西周燹公盨，近日入藏保利藝術博物館，今天起正式對外展出。這件青銅器上的銘文記述了'大禹治水'與'爲政以德'等内容，文辭體例前所未見，被學者們稱譽爲'金文之最'。它是目前所知中國最早的關于大禹及德治的文獻記録，將極大推動中國古史研究，堪稱近年來重大文物考古新發現……燹公盨銘文的發現，將有關大禹治水的文獻記載一下子提早了六七百年，是目前所知時代最早也最爲翔實的關于大禹的可靠的文字記録，充分表明早在2900年前人們就在廣泛傳頌着大禹的功績。"

史學哲學。[1]

而日本漢學界看重的是彝銘所表達的宗教儀式和文化史價值。貝塚茂樹在《中國古代史學の發展》一書中就主張：

> 金文，因爲最爲直接表現中國古代宗教生活所謂禮文化，所以作爲宗教史文獻，它是非常貴重的資料。[2]

當然，彝銘的價值也并非僅僅是宗教史料文獻。但是，毫無疑問，彝銘對于商周禮文化的客觀而真實的記載是古代史料學不可替代的文獻資料。

第一節　殷周青銅器的出土和收藏

一、《漢書》

根據《漢書·郊祀志》中的記載，在漢文帝時代，當時正彌漫着一種以青銅器的出土爲祥瑞的觀念：

> 平言曰：“周鼎亡在泗水中，今河決，通於泗，臣望東北汾陰直有金寶氣，意周鼎其出乎？兆見不迎則不至。”

有了這一觀念作爲基礎，真的出土了青銅器之後，也就相應的出現了對祥瑞的崇拜行爲。這裏記載有關“泗水撈鼎”的典故。在徐州發現的漢畫像石中也有與此相關的藝術表現，如後面的漢畫像石中的泗水撈鼎圖（徐州漢畫像石藝術館）。

1. 少君解銘

那時，作爲多少瞭解一點彝銘的人，時常被人視作半神半妖的人物。如《漢書·郊祀志》中對漢武帝時代的李少君登場的有關記載，就充滿了十足的仙氣兒和江湖氣：

> 是時，李少君亦以祠灶、穀道、却老方見上。上尊之。少君者，故深澤侯人，主方。匿其年及所生長。常自謂七十，能使物，却老。其游以方遍諸侯。

---

[1] 張豈之主編：《中國近代史學學術史》，中國社會科學出版社 1996 年版，第 3 頁。

[2] ［日］貝塚茂樹：《中國古代史學の發展》，日本弘文堂書店 1967 年版，第 3 頁。

無妻子。人聞其能使物及不死，更饋遺之，常餘金錢衣食。人皆以爲不治產業而饒給，又不知其何所人，愈信，爭事之。

在上述描寫之後，纔開始出現對李少君和青銅器彝銘之關係的説明。即：

少君見上，上有故銅器，問少君。少君曰："此器齊桓公十年陳於柏寢。"已而案其刻，果齊桓公器。一宮盡駭，以少君爲神，數百歲人也。

但是，細審此段描寫，可以發現：李少君并没有利用花紋或彝銘對銅器進行斷代，他祇是説"此器齊桓公十年陳於柏寢"，而驗證結果則是"已而案其刻，果齊桓公器"。這纔是問題的關鍵所在！此銅器上有彝銘（刻）存在。而宮中和宮外對他是"爭事之"。可見，當時對銅器斷代已經知道以彝銘爲其主要依據，雖然《漢書》中没有記載彝銘的内容，但是從"案其刻"而言，這是有銘銅器應該毫無疑義的。而當時齊國銅器已經十分有名了。特別是春秋中期開始，齊國青銅器的工藝造型和彝銘的書法藝術的表現之美可謂登峰造極。

按照一般常識來推斷：這個李少君的本領就是利用手下信徒，先探出彝銘内容，再讓信徒把此銅器的年代作爲問題轉告天子，并由天子向他提出，他當然可以説出"此器齊桓公十年陳於柏寢"這句話。這件事徹頭徹尾就是李少君本人所設下的一個騙局。

但是，問題的核心乃在于"已而案其刻，果齊桓公器"這一記載。即，當時的宮中學者有人能夠讀懂彝銘的内容，不然也就談不上驗證彝銘了。然而，現代有的年輕學者在書中對這段記載却譽之以"李少君是西漢時研究青銅器銘文的佼佼者"[1]，這樣的説法實在有失嚴謹。

2. 銅器出土

在《漢書》中記載了四次出土青銅器的事件。

第一次出土記載在《漢書·郊祀志》中，見該文的記載：

其夏六月，汾陰巫錦，爲民祠魏脽后土營旁，見地如鉤狀，掊視得鼎。鼎大異於衆鼎，文鏤無款識，怪之，言吏，吏告河東太守勝，勝以聞，天子使使驗問巫得鼎無奸詐，乃以禮祠，迎鼎至甘泉。從上行，薦之。至中山，晏温，

---

[1] 葉正渤、李永延：《商周青銅器銘文簡論》，中國礦業大學出版社1998年版，第139頁。

有黄雲焉。有鹿過，上自射之，因之以祭云。至長安，公卿大夫皆議尊寶鼎。天子曰："間者河溢，歲數不登，故巡祭后土，祈爲百姓育穀。今年豐楙未報，鼎曷爲出哉？"有司皆言："聞昔泰帝興神鼎一，一者一統，天地萬物所繫象也。黄帝作寶鼎三，象天地人。禹收九牧之金，鑄九鼎，象九州，皆嘗鬺亨上帝鬼神。其空足曰鬲，以象三德，饗承天祜。夏德衰，鼎遷於殷。殷德衰，鼎遷於周。周德衰，鼎遷於秦。秦德衰，宋之社亡，鼎乃淪伏而不見……今鼎至甘泉，以光潤龍變，承休無疆。合兹中山，有黄白雲降，蓋若獸爲符，路弓乘矢，集獲壇下，報祠大亨。唯受命而帝者心知其意而合德焉。鼎宜視宗禰廟，臧於帝庭，以合明應。"制曰："可。"

在這段史料中，青銅器的出土和古代王朝的政治互動關係得到了充分的體現。因爲青銅器存在着與朝代變遷相一致的"鼎遷"的政權替代之標誌性過程，所以它的出土也就意味着王朝的興旺和衰落。而當朝者對待它的態度又是"鼎宜視宗禰廟，臧於鼎庭，以合明應"。漢人對待青銅器出土的態度，開啓了後世王朝的典型應對模式。在這裏，天人感應的思想已經得到了完整的體現。接下來在《漢書·郊祀志》中記載的齊人公孫卿之言，更把青銅器出土所象徵的意義推向了高峰：

齊人公孫卿曰："今年得寶鼎，其冬辛巳朔旦冬至，與黄帝時等。"

這一建議雖然遭到了部分大臣的反對，但是，公孫卿則采取了"因嬖人奏之"的方法，結果是"上大悦"。于是，漢武帝開始了封禪泰山的一系列活動。漢代的青銅器對政治的左右干預得以正式出現。而當時正是中國古代歷史哲學的發展初期，一代史學大師司馬遷也在《史記》中專門爲此寫出了《天官書》，又闡發了"天人感應"的歷史哲學。如他所説的"日月暈適雲風，此天之客氣，其發見亦有大運。然其與政事俯仰，最近天人之符"。

到了漢宣帝時代，美陽出土青銅器和張敞的出現纔扭轉了這一習慣，見《漢書·郊祀志》中的記載：

是時美陽得鼎，獻之。下有司議，多以爲宜薦見宗廟，如元鼎時故事。張敞好古文字，按鼎銘勒而上議曰："臣聞周祖始乎后稷，后稷封於斄，公劉發迹於豳，大王建國於郊、梁，文、武興於酆、鎬。由此言之，則郊、梁、酆、鎬之間，周舊居也，固宜有宗廟、壇場、祭祠之臧。今鼎出於郊東，中有刻書曰：'王命尸臣，官此栒邑，賜爾旗鸞、黼黻、彤戈。'尸臣拜手稽首曰：'敢對揚天子，丕顯休命。'臣愚不足以迹古文，竊以傳記言之，此鼎殆周之所以褒賜大臣，大臣子孫刻銘其先功，臧之于宮廟也。昔寶鼎之出於汾脽也，河東太守以聞，詔曰：'朕巡祭后土，祈爲百姓蒙豐年，今穀嗛未報，鼎焉爲出哉？'博問者老，意舊臧與？誠欲考得事實也。有司驗脽上非舊臧處，鼎大八尺一寸，高三尺六寸，殊異於衆鼎。今此鼎細小，又有款識，不宜薦見於宗廟。"制曰："京兆尹議是。"

這是第二次出土記載。在這段著名的記述中，對青銅器的大小尺寸的説明是十分準確的："鼎大八尺一寸，高三尺六寸。"而且，這一尺寸的青銅鼎是"殊異於衆鼎"的。這就説明當時已經基本具備了對青銅器的分類和測量方法。而美陽所出青銅鼎的典型特徵是："今此鼎細小，又有款識。"上面的彝銘是：

> 王命尸臣，官此栒邑，賜爾旗鸞、黼黻、彤戈。尸臣拜手稽首曰：敢對揚天子，丕顯休命。

而上述彝銘的解讀者張敞，能夠流利而準確地解讀出青銅鼎上所刻的彝銘，這和他的"張敞好古文字"是有直接原因的。更重要的是：他對彝銘的理解極其準確，"竊以傳記言之，此鼎殆周之所以褒賜大臣，大臣子孫刻銘其先功，臧之於宮廟也"。這正是這件青銅鼎彝銘的意義及其價值所在。這就把青銅器的出土所具有的政治含義淡化爲後世子孫紀念祖先的非政治性的行爲。傳統的"鼎遷"觀念在這裏得到了更新。當然，這也是一件有銘銅器。

這裏的"賜爾旗鸞、黼黻、彤戈"正是西周册命彝銘中經常出現的賞賜物品。而"敢對揚天子，丕顯休命"也是册命彝銘中常用的答謝術語，足以證明這件銅器彝銘的真實性。

上述記載證實了江式《論書表》一文中所説的"孝宣時，召通《倉頡》之篇者，獨張敞從受之"的準確性，也是張敞古文字學習經歷的一個證明。

第三次出土記載在武帝時代，見《漢書·武帝紀》中記載因出土青銅器而更改年號的現象：

> 元鼎元年，夏五月，赦天下，大酺五日。得鼎汾水上。

這裏出現了以青銅鼎爲年號的現象，原因是由於"得鼎汾水上"。應劭爲此注解説：

> 得寶鼎故，因是改元。

在汾水出土了青銅器，漢家天子因此而更改了年號。

更爲重要的是，在元鼎二年（前115），漢朝中央政府就專門設置了水衡都尉，負責官方銅器鑄造業。當時貴族們所使用的銅器多出於此。但是，新鑄銅器和三代禮器在形式和風格上就有了明顯不同。

杜廼松在《中國青銅器發展史》一書中就對此總結説：

> 兩漢時代青銅器的内容極其豐富，在器物用途上主要以日常生活用器爲主，掃先秦時代迂禮於器的特點。在器物的風格與特徵上，又强烈地表現了時代風格。[1]

第四次記載又見元鼎四年（前113）：

> 四年……六月，得寶鼎后土祠旁。秋，馬生渥洼水中，作《寶鼎》《天馬》之歌。

出土地點是后土祠旁，所出銅器還是鼎。漢武帝居然還寫了詩歌作爲紀念。

除此之外，在《漢書》中還記載了一件皇家權貴掠奪青銅古器的事件，見《漢書·文三王傳》中的記載：

> 初，孝王有罍尊，值千錢，戒後世善寶之，毋得以與人。任后聞而欲得之。李太后曰：“先王有命，毋得以尊與人。他物雖百巨萬，尤自恣。”任后絕欲得之。王襄直使人開府取尊賜任后。

雲雷紋青銅尊及其花紋拓片

[1]　杜廼松：《中國青銅器發展史》，紫禁城出版社1995年版，第105頁。

這件雷尊的具體來歷不明，但是，至少是三代器。而在當時就已經是“值千錢”了，足以想見它的精美。宮中藏品最後卻成了私人把玩之物。所謂罍尊，應該是有着雲雷紋的青銅尊。但可以肯定的是在造型上不是常見的羊尊和犧尊。

在相當長的時間內，商周銅器大概可以值千錢是個比較穩定的價格。

河北滿城縣劉勝墓中所出的《中山內府銅銷》上，有彝銘記載這件銅器值八百四十文：

《中山內府銅銷》彝銘拓片

《中山內府銅銷》彝銘釋文：

> 中山內府
>
> 銅銷一，容
>
> 三斗，重
>
> 十斤五兩（兩）。
>
> 第卅五。
>
> 卅四年
>
> 四月，郎中
>
> 定市河東。
>
> 賈八百
>
> 卅。

這已經很接近千錢的價格了。看起來，當時商周古器和漢代新器的價格可能沒有多大的差價。“千錢”這一價格到了清代也基本上維持着。當然不同的祇是“千錢”的具體指代已經由千文錢變成了千兩白銀。可見價值翻了上百千倍！如清代著名彝銘學家張廷濟在著作中記載了自己收藏的幾乎每一件銅器的價格，爲我們提供了商周銅器交易史的參考價格和當時社會經濟史的真實記錄。

3. 寫篆風行

秦時代著名的寫篆大家是李斯、趙高、胡毋敬和程邈等人。其中，李斯因爲創小篆而被視爲篆書的始祖。

　　兩漢時代擅長寫篆的書法家，帝王中有漢武帝、漢元帝、漢安帝，大臣中有蕭何、李書師、嚴延年、陳遵、崔瑗、韋誕、邯鄲淳、衛覬、張紘、劉劭、皇象等人；古文字學家有曹喜、班固、許慎、蔡邕、揚雄等人。其中陳遵的篆書具有史稱"每書一座皆驚"，因此被時人稱爲"陳驚座"的藝術效果。當時寫篆多以李斯和曹喜爲本，被稱爲"斯、喜之法"。漢靈帝時還曾下詔，征能寫篆的書法家進宮爲官吏。

李斯書法拓片

　　蔡邕，字伯喈，陳留圉（今河南杞縣）人，東漢著名文學家、書法家、音樂家。蔡邕擅長篆書和隸書。靈帝熹平四年，東漢王朝爲校正儒家經典文字，在洛陽太學前立了四十六塊石經碑，史稱《熹平石經》，其中部分隸書體經文爲蔡邕所書。

　　蔡邕在《篆勢》一文中贊美篆書云：

　　　　處篇籍之首目，粲粲彬彬其可觀，摛華豔於紈素，爲學藝之範閑。

篆書的藝術性很強，綫條圓轉流暢，十分美觀而流暢。他的"六篆說"是：

　　　　體有六篆，妙巧入神，或象龜文，或比龍鱗，紓體放尾，長翅短身，頽若泰稷之垂穎，蘊若蟲蛇之矜縕。揚波震激，鷹跱鳥震，延頸脅翼，勢似凌雲。

或輕舉內投，微本濃末，若絕若連，似露緣絲，凝垂下端。從者如懸，衡者如編，杪者邪趣，不方不圓，若行若飛，蚑蚑翾翾。遠而望之，若鴻鵠群游，駱驛遷延。迫而視之，端際不可得見，指撝不可勝原。研桑不能數其詰屈，離婁不能睹其隙間。般倕揖讓而辭巧，籀誦拱手而韜翰。處篇籍之首目，粲粲彬彬其可觀。攡華豔於紈素，爲學藝之範閑。嘉文德之弘懿，蘊作者之莫刊。思字體之傾仰，舉大略而論旃。

蔡邕書法刻石照片

蔡邕擅長篆書和隸書，最爲可貴的是他創立了"飛白書"。相傳他曾看見工匠用掃帚刷牆時出現的效果，獲得了靈感後纔創立了"飛白"這種字體。

二、《後漢書》

到了東漢王朝時代，在對待出土青銅器的問題上，已經淡化了西漢王朝所特有的"符瑞"和"天人感應"的觀念。

1. 銅器出土

根據《後漢書·顯宗孝明帝紀》的記載：

> 六年……二月，王雒山出寶鼎，廬江太守獻之。夏四月甲子，詔曰："昔禹收九牧之金，鑄鼎以象物，使人知神奸，不逢惡氣。遭德則興，遷於商周，周德既衰，鼎乃淪亡。祥瑞之降，以應有德。方今政化多僻，何以致茲？《易》曰：鼎象三公。豈公卿奉職得其理邪？"

這是第一次出土記載。漢明帝的態度是：

> 祥瑞之降，以應有德。方今政化多僻，何以致茲？

如此看來，這位漢家天子的態度還是比較明智的。

幾個月以後，第二次有銅器出土記載，漢明帝還是堅持着這一觀點：

> 冬十月……岐山得銅器，形似酒尊，獻之……帝曰："上無明天子，下無賢方伯。人之無良，相怨一方。斯器亦曷爲來哉？"

這裏出土的青銅器因爲"形似酒尊"，顯然很可能是青銅尊。出土地點是在岐山。而他的態度已經十分明確：

> 上無明天子，下無賢方伯。人之無良，相怨一方。斯器亦曷爲來哉？

這番話已經一改西漢王朝的那種把"寶鼎"出土看作"祥瑞""有德"和"盛世"的傳統觀念。雖然他也利用了青銅器出土和"祥瑞"有關係的傳統觀念。但是，這裏明顯表現出的却是對青銅器出土現象的嘲諷和質疑，有着積極的反讖緯意義在內。

又見《西京雜記》中對廣川王劉去的記載，這是第三次出土銅器記載。文中説他：

> 國內冢藏，一皆發掘……所發掘冢墓，不可勝數。其奇異者百數焉……銅劍二枚……銅帳鈎一具……銅鏡一枚。

被廣川王所發掘出的青銅器，除雜器之外，有案可查者就是上述三種銅器了。但是，廣川王的行爲不是考古，而是獵奇性的對文物古迹的毁壞行爲，不同于其他盜墓者爲了錢財的盜寶行爲。在《漢書》中對廣川王的記載全是惡行，所以并没有只言片語道及他的這種行爲。可能是他所犯罪孽太深重了，已經無法顧及其他了。

不過，當時盜挖古墓的行爲還是比較多的。赤眉軍起義時也曾"發掘園陵"，并被記載于史書中。

2. 銅器收藏

從以上記載中可以看出，漢代對青銅器的收藏是以官方爲主的，還没有發現私人收藏的有關記載。所以，我們有理由主張漢代是禁止民間收藏三代青銅器的，這和對盜墓行爲的禁止是相同的。漢初劉邦就頒布了保護古墓的法令：

> 詔曰："秦皇帝、楚隱王、魏安釐王、齊愍王、趙悼襄王，皆絶亡後。其與秦始皇帝守冢二十家，楚、魏、齊各十家，趙及魏公子亡忌各五家，令視其冢，復亡與它事。"

根據《後漢書·竇憲傳》的記載，竇憲曾協助南單于攻打北單于，立有戰功，于是"南單于於漠北遺憲古鼎，容五斗，其旁銘曰：'仲山甫鼎，其萬年子子孫孫永保用。'憲乃上之"。這段出自史書的記載，其真實性自然無可置疑，而且所記録的彝銘內容"仲山甫鼎，其萬年子子孫孫永保用"，也十分符合殷周彝銘的一般模式，極有可能是周鼎。

而根據史料記載，仲山甫本是周宣王時卿士，《詩經·大雅·烝民》中專有頌揚他本人的詩：

> 天生烝民，有物有則，民之秉彝，好是懿德。
>
> 天監有周，昭假于下，保茲天子，生仲山甫。
>
> 仲山甫之德，柔嘉維則，令儀令色，小心翼翼。
>
> 古訓是式，威儀是力，天子是若，明命使賦。
>
> 王命仲山甫，式是百辟，纘戎祖考，王躬是保。
>
> 出納王命，王之喉舌，賦政於外，四方爰發。
>
> 肅肅王命，仲山甫將之，邦國若否，仲山甫明之。
>
> 既明且哲，以保其身，夙夜匪解，以事一人。
>
> 人亦有言，柔則茹之，剛則吐之。
>
> 維仲山甫，柔亦不茹，剛亦不吐。不侮矜寡，不畏強禦。
>
> 人亦有言，德輶如毛，民鮮克舉之。
>
> 我儀圖之，維仲山甫舉之，愛莫助之。
>
> 袞職有闕，維仲山甫補之。
>
> 仲山甫出祖，四牡業業，征夫捷捷，每懷靡及。
>
> 四牡彭彭，八鸞鏘鏘，王命仲山甫，城彼東方。
>
> 四牡騤騤，八鸞喈喈，仲山甫徂齊，式遄其歸。
>
> 吉甫作誦，穆如清風，仲山甫永懷，以慰其心。

可見仲山甫有功於西周王室，所以纔得到獎勵的此鼎。而收藏此鼎的也是東漢官家。而仲山甫鼎能夠被南單于保存，或許是以往戰爭的遺留物吧。這是兩漢時代僅有的幾件見諸正史記載的商周有銘青銅器。

三、《三國志》

在三國時代，似乎戰亂影響了歷史學家們對銅器出土和收藏的記載。在今本《三國志》中，我們祇找到了一處與銅器收藏有關的記載。即青龍年間的"西取長安大鐘"事件，此事因高堂隆等大臣反對而作罷。

1. 銅器出土

關于銅器的出土問題，在《三國志》中沒有相關的記載，反而在《南史·劉懷珍傳》中却保留并記載了魏時的一次出土事件，如下：

> 魏時魯郡地中得齊大夫子尾送女器，有犧樽，作犧牛形。

作"犧牛形"的牛尊比較常見。

在現存的齊國青銅器彝銘中，記載齊侯嫁女内容的銅器是比較多的，而且還可以得到現存實物的證明。其真實性應當是不容置疑的。"齊大夫子尾送女器"，也就是媵器。這件銅器的外形是犀牛形，應該就是商周時期流行的"犧牛形"的尊。這裏的"齊大夫子尾"，齊惠公之孫、公子祁之子。根據《左傳·襄公二十八年》記載：

> 晏子邶殿，其鄙六十，弗受，子尾曰："富，人之所欲也，何獨弗欲？"

關於"子尾"的記載頗多，證實了這個人物的真實存在。按照《左傳》記載，昭公八年（前534）七月甲戌，子尾死亡。

除此以外，在《宋書·符瑞志》中還記載了當時的三次出土事件，如下：

> 吳孫權赤烏十二年六月戊戌，寶鼎出臨平湖。
>
> （同年）又出東部鄮縣。
>
> 吳孫皓寶鼎元年八月，在所言得大鼎。

2. 寫篆風行

這一時期，由于在書法上多以小篆和秦隸爲主，彝銘史料的研究價值已經開始受到重視。但是，由于受祥瑞思想的影響，更看重的是器物本身而非文字史料。

第二節　彝銘學研究著作綜述

有關這一時期的彝銘學術研究著作問題，歷來記載得并不是很詳細。和彝銘學術研究有關的記載和著作有若干，大致分爲如下幾類：

一、字形類

如《古今字》，章學誠《校讎通義·内篇》解釋説：

> 《古今字》，篆、隸類也，主於形體，則《古今字》必當依《史籀》《倉頡》諸篇爲類，而不當與《爾雅》爲類矣。

再如《古今奇字》《八體六技》《古文官書》《字屬》《別字》等書。這類書以收集古今字形變化對比爲核心。并沒有後世同類彝銘學著作中所具有的研究性質。但是，作爲保存當時的字形資料而言，具有客觀參考價值。

二、字義類

如《凡將篇》。《説文解字》中就曾引用此書的觀點"司馬相如説'茵從革'"。

又如《急就篇》。《郡齋讀書志》中言此書"凡三十二章，雜記姓名、諸物、五官等字，以教童蒙"。

再如《説文解字》《滂喜篇》《雜字指》等書。其中，以《説文解字》爲其大成。該書收入正文 9 353 字，重文 1 163 字，合計爲 10 516 字，全書解説用字 133 441 字，首創五百四十個部首編排法。集古文經學訓詁之大成，上溯造字之源，下辨古文、隸、行、草、篆遞變之迹，爲後代研究文字重要依據，是中國乃至全世界歷史上第一部大典，此書被尊爲中國古文字學之祖。該書中保存的古文字資料十分豐富，是研究古文字學和殷周彝銘的入門之作，也是傳統文字學的鼻祖。《四庫全書總目》中評價此書爲："推究六書之義，分部類從，至爲精密。"

三、彝銘類

如《史籀篇》。顏師古《漢書注》解釋爲"周宣王太史作《大篆》十五篇，建武時亡六篇矣"。這或許就是《史籀篇》本名爲《大篆》的由來。大篆又有"籀文""籀篆""籀書"之稱。因其爲籀所作，故世稱"籀文"。

又如《倉頡篇》。顏師古《漢書注》解釋説"上七章，秦丞相李斯作；《爰歷》六章，車府令趙高作；《博學》七章，太史令胡毋敬作"。而對該書，顏氏又注爲"文字多取《史籀篇》，而篆體復頗異，所謂秦篆者也"。

第三節　彝銘學研究述評

一、太史籀的彝銘學

關于太史籀，他本是周宣王時代的太史。江式在《論書表》中説："及宣王太史籀著《大篆》十五篇，與古文或同或異，時人或謂之籀書。"陶宗儀《書史會要》一書中對此考證説：

> 史籀，周宣王太史也。或云柱下史。取倉頡形意配合，爲之損益，古文或同或異，加之銛利鉤殺爲大篆十五篇。以其名顯，故謂之籀書。以其官名，故謂之史書。以別小篆，故謂之大篆。

關于李斯的《倉頡篇》，顔師古在《漢書注》中説：

> 上七章，秦丞相李斯作；《爰歷》六章，車府令趙高作；《博學》七章，太史令胡毋敬作。

江式在《論書表》中説：

> 斯作《倉頡篇》，車府令趙高作《爰歷篇》，太史令胡毋敬作《博學篇》，皆取史籀大篆，頗有省改，所謂小篆者也。

在漢初，又有人開始教授古文字學。見江式的《論書表》："漢興，有尉律學，復教以籀書。"并且，漢初還曾爲通古文字學的人設立了"尚書史"一職。此職位在名稱上使用"尚書"二字，又用"史"字以表明所屬，反映了當時對待古文字學的態度。

在當時對待出土銅器的問題上，對彝銘還是十分看重的。張敞等人（或許還有那個妖人李少君）是研究彝銘的學者。集大成者當然應該是古文字學的祖師許慎。

張敞的情況，在《漢書》中有傳。但是，這位以張敞畫眉而名傳千古的學者，該傳中祇是説明他"本治《春秋》，以經術自輔"。没有更多地介紹他在古文字學上的成就。

而對于漢代的古文字學著作，如《倉頡篇》，顔師古《漢書注》中已經説明了此書由三人寫成。在具體内容上，《漢書·藝文志》中介紹説：

> 文字多取《史籀篇》，而篆體復頗異，所謂秦篆者也……《倉頡》多古字，俗師失其讀。宣帝時征齊人能正讀者，張敞從受之……

從中可以看出，著名的古文字學家張敞是師從《倉頡篇》的。而他能解讀美陽所出銅鼎，看來那鼎上的彝銘也是使用的與《史籀篇》類似的"古字"。

二、許慎的彝銘學

許慎被尊爲中國古文字學之祖。許慎（約58—147），字叔重，東漢汝南召陵（今河南郾城）人，是東漢時期著名經學家和古文字學家。根據《後漢書·儒林傳》的記載，許慎“性淳篤，少博學經籍，馬融常推重之”。他曾師從當時著名經學大師賈逵，因感覺《五經》傳說“臧否不同”，于是撰寫《五經異義》，頗得時人贊賞，尊稱其爲“五經無雙許叔重”。

東漢時候，有些人利用所謂六國文字和篆文，造了很多離奇古怪的文字，這和當時通行的隸書有若干出入，穿鑿附會，出現文字使用上的混亂。許慎有鑑于此，永元十二年（100），正式開始了撰寫《説文解字》一書。建光元年（121），全書成。

許慎撰寫《説文解字》一書，前後長達二十一年。《説文解字》開創了以部首檢字的先例。該書中保存的古文字資料十分豐富，是研究古文字學和殷周彝銘的入門之作。尤其是保留了上古以及中古時期的小篆、籀文、古文等古代文字，在漢字的傳承和文化保留上起到了無法比擬的作用和價值。

《説文解字》一書先從搜集和整理前代的古文字資料入手，把所有古文字按所謂的“六書”造字法進行分類。所謂“六書”就是指“象形”“指事”“會意”“形聲”“轉注”“假借”這六種漢字的造字方法。《説文解字》解釋：

> 一曰指事。指事者，視而可識，察而見意，“上”“下”是也。二曰象形。象形者，畫成其物，隨體詰詘，“日”“月”是也。三曰形聲。形聲者，以事爲名，取譬相成，“江”“河”是也。四曰會意。會意者，比類合誼，以見指撝，“武”“信”是也。五曰轉注。轉注者，建類一首，同意相受，“考”“老”是也。六曰假借。假借者，本無其字，依聲托事，“令”“長”是也。

作者以六書來分析漢字，以部首來劃分漢字，由此就建立了古文字學的研究規範。江式在《論書表》中説：

> 又詔侍中賈逵修理舊文，殊藝異術，王教一端，苟有可以加於國者，靡不悉集。逵即汝南許慎古學之師也。後慎嗟時人之好奇，嘆俗儒之穿鑿……故撰《説文解字》十五篇，首一終亥，各有部屬，可謂類聚群分，離而不越，文質彬彬，最可得而論也。

該書對古籀字形和字義的保存、解説以及讀音的記載，對後代彝銘學術研究的確立，具有重大的指導價值。可以説，不讀《説文解字》就無法從事古文字學的研究。

第二十八章　魏晉南北朝時代的彝銘學

引　論

魏晉南北朝時代是異族入侵中原文化的時代。動蕩的社會環境和頻繁的朝代更替，制約了對商周青銅器的研究和收藏。那個時期，盜挖古墓以出售青銅器獲取不當利益，成了常態。而通過戰爭來獲取戰敗方全部青銅器也成了一種報復行爲和懲罰對手的手段。當然，這一行爲也是對禮制傳統的繼承和對神聖王權的崇拜。

第一節　殷周青銅器的出土和收藏

一、《晉書》

根據《晉書·安帝紀》中的記載，義熙十三年（417）劉裕在戰爭中曾經有過"收其彝器"的行爲：

> 秋七月，劉裕克長安，執姚泓，收其彝器，歸諸京師。

在這次戰爭中，劉裕戰勝了姚泓之後，把他的青銅器全部據爲己有，并運到京師。這一行爲顯然是承上三代之遺風：收其彝器在當時和毀壞別人祖墳是一樣的，是徹底戰勝對手的象徵。如前所説，這也是對禮制傳統的繼承和對神聖王權的崇拜。

1. 銅器出土

根據史料記載，在晉代發生了八次青銅器的出土事件。其中，在《晉書》中就記載了六次銅器出土事件。

第一次發生在升平五年（361），如下：

　　升平五年二月，南掖門馬足陷地，得鐘一，有文四字。

對彝銘的内容却没有相關記録。不過，此次出土是因爲“馬足陷地”，可見掩埋地點也不深，“鐘一”，説明不是編鐘。但是，“有文四字”説明此次出土是有銘銅器則是可以肯定的。

第二次出土是義熙十一年（415），如下：

　　十一年五月，霍山崩，出銅鐘六枚。

銅鐘六枚模擬照片

這次出土的銅器是六枚的銅鐘，很可能是一套編鐘。没有記載有無彝銘。

出土的原因是因爲“霍山崩”，不是地震就是因爲泥石流造成的山體滑坡。可見這組編鐘是藏在山中，不是平地掘坑。或許是窖（洞）藏。不過，這可能祇是半組編鐘，一套的編鐘或許是十二枚，因爲下一次記載就爲其提供了證據。

第三次是義熙十三年（417），如下：

　　十三年七月，漢中城固縣水涯有聲若雷，既而岸崩，出銅鐘十有二枚。

對這次出土的記録，先是出現了“有聲若雷，既而岸崩”的現象，然後纔是“出銅鐘十有二枚”。如果不是有意製造異相的話，這就有可能是地震等自然災害引

起的。十二枚銅鐘的出土，可以成爲完整的一組，則六枚編鐘可能就是半組。所謂
"有聲若雷，既而岸崩"看來就是地震。而編鐘掩埋地點是在"漢中城固縣水涯"，
似乎是掩埋地點，不是窖藏地點。這次出土的編鐘，可能也沒有彝銘。

銅鐘十二枚模擬照片

第四次出土發生在太康二年（281），這是中國古代史上最爲著名的古代文獻出
土事件，見《晉書·束皙傳》中的記載：

> 初，太康二年，汲郡人不準盜發魏襄王墓，或言安釐王冢，得竹書數十車。
> 其《紀年》十三篇，記夏以來至周幽王爲犬戎所滅，以事接之，三家分，仍述
> 魏事至安釐王之二十年。蓋魏國之史書，大略與《春秋》皆多相應……冢中又
> 得銅劍一枚，長二尺五寸。漆書皆蝌蚪字。

 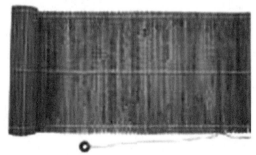

《竹書紀年》書影及竹書

　　在這次出土文物中，涉及銅器出土的祗有一件銅劍，那上面有彝銘，并且使用蝌蚪文書寫。而這裏没有記載彝銘内容。但是它也是一件有銘銅器。

　　這裏需要特别説明的是：墓主人究竟是誰，史書中提供了兩種觀點，"魏襄王墓，或言安釐王冢"。而實際上，根據筆者的判斷，後者的可能性最大。原因是：魏安釐王墓是一座有着很高的知名度的大墓。早在西漢建國初期，漢高祖劉邦就曾親自下詔，保護當時最爲著名的五座大墓，如下：

　　　　詔曰："秦皇帝、楚隱王、魏安釐王、齊愍王、趙悼襄王，皆絶亡後。其與秦始皇帝守冢二十家，楚、魏、齊各十家，趙及魏公子亡忌各五家，令視其冢，覆亡與它事。"

　　魏安釐王，魏國國君。原名魏圉，魏昭王之子。死于公元前 243 年。關于他的史實，見《韓非子·有度》的記載：

　　　　魏安釐王攻趙救燕，取地河東；攻盡陶、魏之地；加兵於齊，私平陸之都；攻韓拔管，勝於淇下；睢陽之事，荆軍老而走；蔡、召陵之事，荆軍破；兵四布於天下，威行於冠帶之國；安釐王死而魏以亡。

　　第五次和第六次出土發生在元帝時代，見《晉書·郭璞傳》中的記載如下：

　　　　時元帝初鎮建鄴，導令璞筮之，遇《咸》之《井》。璞曰："東北郡縣有武名者，當出鐸，以著受命之符……"其後晉陵武進縣人於田中得銅鐸五枚……及帝爲晉王，又使璞筮，遇《豫》之《睽》，璞曰："會稽當出鐘，以告成功，上有勒銘，應在人家井泥中得之……"太興初，會稽剡縣人果於井中得一鐘，長七寸二分，口徑四寸半，上有古文奇書十八字，云'會稽嶽命'，餘字時人莫識之。

　　這兩次出土事件有很濃的天人感應色彩。而文物出土的有無和是否預先占卜是無關的。因此，我們有理由懷疑它的真實性。因爲術士之流一向是喜歡以天人感應的事件來印證其預言的真實性的。"上有古文奇書十八字"説明了它也是一件有銘銅器。

　　還有一次出土記載在《南史·劉懷珍傳》中。那是發生在晉代的一次著名的盜墓行爲，如下：

魏時魯郡地中得齊大夫子尾送女器，有犧樽，作犧牛形。晉永嘉中，賊曹嶷於青州發齊景公冢，又得二樽，形亦爲牛象。

魏晉南北朝時代常見的牛象（犧牛形）銅器

這裏出現的對青銅器器形的説明，對後代的器型學研究和創立有着特別重要的意義。

第八次發生在晉成帝咸康五年（339），如下：

晉成帝咸康五年，豫章南昌民掘地得銅鐘四枚，太守褚裒以獻。

上述諸多出土記載，相應的并沒有以往的那種天人感應説和祥瑞觀念的記載，可以證明當時對青銅器價值功能的認識已經産生了變化。

在歷史哲學上，東晉孫盛就曾針對讖緯神學提出了批評，見《三國志·吳範劉惇趙達傳》裴松之注所引：

夫玄覽未然，逆鑑來事，雖禆竈、梓慎其猶病諸，况術之下此者乎？吳史書達知東南當有王氣，故輕舉濟江。魏承漢緒，受命中讖，達不能豫睹兆萌，而流竄吳越。又不知吝術之鄙，見薄於時，安在其能逆睹天道而審帝王之符瑞哉？

2. 銅器收藏

在穆帝永和五年（349）發生了一件銅器收藏史上最爲可惜的重大事件：大批銅

器毀于震灾。見如下記載：

> 穆帝永和五年六月，震灾石季龍太武殿及兩廟端門。震灾月餘乃滅，金石皆盡。

其灾害嚴重程度是"震灾月餘乃滅"，也就是大火和餘震是毀壞銅器收藏的直接凶手。"金石皆盡"是中古時代銅器收藏史上最爲嚴重的一次毀壞事件。與此同時，石季龍的大規模的發掘古墓行爲也加重了對古銅器的毀壞，見《晉書·石季龍傳》中的記載：

> 勒及季龍并貪而無禮……曩代帝王及先賢陵墓靡不發掘，而取其寶貨焉。

當然，這些盜墓行爲絕大多數都沒有留下準確的出土文物記載，因爲盜墓的目的祇是爲了獲取出售後的錢財。

二、《南史》

根據史料記載，在南朝時代中發生了五次出土和收藏青銅器的事件。

1. 銅器出土

在《南史》中記載了三次發掘行爲中出土青銅器的事件。

第一次出土的是金革鉤，見《南史·吉士瞻傳》中的記載：

> 初，士瞻爲荆府城局參軍，浚萬人仗庫防池，得一金革鉤，隱起鏤，甚精巧。篆文曰："錫爾金鉤，且公且侯。"

這是在施工現場發掘出的一件青銅器。而且，它的彝銘是"錫爾金鉤，且公且侯"。金鉤的出現上限是在春秋戰國時代，但從彝銘的内容來看，又似乎可以定下限到東漢時代。能否完全歸屬到東周時代，尚可討論。

金革鉤

該銅器的彝銘和紋飾是"隱起鏤，甚精巧"，可能是陰文刻鏤之文。可有意思的是：

> 士瞻娶夏侯詳兄女，女竊以與詳，詳喜佩之。及是革命，詳果封侯，而士
> 瞻不錫茅土。

似乎這件銅器又有了讖緯意義在内了。

第二次出土的是十餘種銅器，見《南史·齊高帝諸子傳》中的記載：

> 於州園地得古冢，無復棺，但有石椁。銅器十餘種，并古形。

但是，這批銅器出土後，始興簡王下令"爲之起墳，諸寶物一不得犯"。這一處
理方式是比較好的，也是當時僅有的一次合理化處理。這在古代銅器收藏史上實在
是不可多得的事情。"并古形"三個字説明了當時人對古銅器形狀的認識和瞭解的
深入與固定化。

第三次是在當時的發掘活動中，發現了古代銅礦遺址，見《南史·劉勔傳》中
的記載：

> 永明八年……又有古掘銅坑深二丈，并居宅處猶存。

根據史料記載，這一古掘銅坑是位于漢代鄧通鑄錢之地附近，尚存有鄧通時期
的銅礦，而古銅礦遺址是與之并存的。

除此之外，就是兩次對收集到殷周青銅器的記載。第一次見《南史·劉勔傳》
中的記載：

> 於州下立學校，得古禮器銅罍甒、巂山銅罍鐏、銅豆、鐘各二口獻之。

此次所得并非當下出土，而是收集所得。但是并没有説明收藏者是官方還是私人。
"古禮器"三個字下羅列出的是罍、甒、鐏、豆、鐘五種銅器。那時，人們對于"古
禮器"概念的理解是十分準確的。見《南史·齊高帝諸子傳》中的記載：

> 時有廣漢什邡人段祖，以錞于獻鑑，古禮器也。高三尺六寸六分，圍三尺
> 四寸，圓如筩，銅色黑如漆，甚薄，上有銅馬，以繩縣馬，令去地尺餘，灌之
> 以水，又以器盛水於下，以芒莖當心跪注錞于，以手振芒，則聲如雷，清響良
> 久乃絶。古所以節樂也。

對這件"古禮器"的記載，尺寸十分詳細："高三尺六寸六分，圍三尺四寸。"
其外形則是："圓如筩，銅色黑如漆，甚薄，上有銅馬。"但是，這件銅器上似乎没

有彝銘。而其禮器的作用乃在於"古所以節樂也"。這是第二次對收集到的殷周青銅器的記載。從對它的記載可以看出保存是相當好的，"以手振芒，則聲如雷，清響良久乃絕"。

2. 銅器收藏

在《南史·臧熹傳》中記載了當時對宮中收藏青銅器的處理：

> 從宋武入京城，進至建鄴。桓玄走，武帝便使熹入宮中收圖書器物，封府庫。

關于這一時期青銅器的收藏問題，最爲著名的記載見《南史·劉之遴傳》一文：

> 之遴好古愛奇，在荆州聚古器數十百種。有一器似甌，可容一斛，上有金錯字，時人無能知者。又獻古器四種於東宮。其第一種，鏤銅鴟、夷榼二枚，兩耳有銀鏤，銘云："建平二年造。"其第二種，金銀錯鏤古樽二枚，有篆銘云："秦容成侯適楚之歲造。"其第三種，外國澡灌一口，有銘云："元封二年，龜兹國獻。"其第四種，古製澡盤一枚，銘云："初平二年造。"

此段内容又出現在《梁書·劉之遴傳》中。劉之遴也許是青銅器收藏史上第一個有歷史記載的私人銅器收藏家。史料記載他"在荆州聚古器數十百種"，從收藏的數量上來説是有相當規模的。而"有一器似甌，可容一斛"説明了此器的形狀和容量。其彝銘則是"上有金錯字"，并且是爲當時人所不能認識的。從製作的工藝角度上講，在青銅器上出現金銀錯的工藝是春秋中期時代的事情，而使用鳥篆作爲彝銘字體是戰國初期時代的事情。"上有金錯字，時人無能知者"可能正是一種使用鳥篆加金銀錯工藝的青銅器。劉之遴所收藏的這批青銅器中，此件銅器可能是春秋戰國之物，而所謂的"又獻古器四種於東宮"，除"其第二種，金銀錯鏤古樽二枚"已經有彝銘記載爲"秦容成侯適楚之歲造"之外，其他三器顯然是秦漢器。

在當時，還有一位有着官方背景的銅器收藏家，他就是齊竟陵文宣王。他是齊武帝第二子。見《南史·齊武帝諸子傳》中的記載：

> 子良敦義愛古……郡閣下有虞翻舊床，罷任還，乃致以歸。後於西邸起古齋，多聚古人器服以充之。

這段記載又曾出現在《南齊書·武十七王傳》中。齊竟陵文宣王居然收藏并使用着漢代虞翻的床，他或許是古代的第一個古家具收藏家了。而虞翻使用的床，或許就是當時頗爲流行的"胡床"。見《晉書·五行志》中的記載：

> 泰始之後，中國相尚用胡床……貴人富室，必畜其器。

但是，在他特意建的收藏室内，"多聚古人器服以充之"，則他對銅器的收藏也在情理之中。

不過，在當時的一般官吏階層中，青銅鼎的出土和鑄造青銅鼎有着同樣的意義在内。根據《南史·何尚之傳》中記載的何胤的三條奏議：

> 吾昔於齊朝欲陳三兩條事：一者欲正郊丘，二者欲更鑄九鼎，三者欲樹雙闕……鼎者，神器，有國所先。

對青銅鼎的看法還是"鼎者，神器，有國所先"。因此，在讖緯和反讖緯的傳統中，還有一條平行發展存在着的對青銅器的禮器價值的認定和崇拜。而"欲更鑄九鼎"的提議更是爲力圖恢復古代王權神授觀念、彌補遠古文化傳統的一種積極行爲。可見，對九鼎傳説的信仰一直是上古、中古時代正統而久遠的信仰。

三、《北史》

《北史》中對安豐王的記載極其有意義的一點就是：出現了主持金石事務的官吏——"監金石事"。見《北史·文成五王傳》：

> 安豐王猛字季烈……子延明襲……延明既博極群書，兼有文藻，鳩集圖籍萬有餘卷……後兼尚書右僕射。以延明博識多聞，敕監金石事……又集《器準》九篇，別爲之注，皆行於世矣。

史書中對安豐王延明的記載看來是真實準確的。"以延明博識多聞"而出任"監金石事"，而他對文獻的瞭解和掌握是有很深的學識基礎的。"既博極群書，兼有文藻，鳩集圖籍萬有餘卷"，這一數量在今天也是相當可觀的。其意義乃在于暗示着：研究金石學要先有一個"既博極群書"和"鳩集圖籍萬有餘卷"的對古文獻的瞭解和掌握過程。這是傳統金石學對專業研究學者的知識積累方面的要求。

"監金石事"，這是古代中國產生的第一個主持金石事務的官定職位：鐘鼎碑碣事務總監理！

比較遺憾的是，在《北史》中沒有對北朝時期出土的青銅器事件進行記載。

四、《宋書》

《宋書》的重大特點之一就是把青銅器的出土視爲祥瑞，并特別記錄在《符瑞志》中。理由是：

> 神鼎者，質文之精也。知吉知凶，能重能輕，不炊而沸，五味自生，王者盛德則出。

將鼎稱之爲"神"，已經表現出易學上的"天生神物"的讖緯思想了。而鼎的王權特徵，又使神物和王權結合起來，是美化皇權神授的典型觀點。這一思想代表了漢唐時代一直經久不息的天人感應思想和讖緯觀念。這和整個魏晉時代對待青銅器的態度是不太協調的。

1. 銅器出土

該書中共記載了自漢到劉宋時代的二十四次出土事件。現分別一一説明如下。

第一次和第二次的出土記載是晉潛帝建興四年，如下：

> 愍帝建興四年，晉陵武進人陳龍在田中得銅鐸五枚，柄口皆有龍虎形……會稽剡縣陳清又於井中得棧鐘，長七寸二分，口徑四寸，其器雖小，形制甚精，上有古文書十八字，其四字可識，云"會稽徽命"。

這兩次記載前述《晉書》中也有，衹是内容上略有不同，對比如下：

《晉書》中的記載	《宋書》中的記載
時元帝初鎮建鄴，導令璞筮之，遇《咸》之《井》。璞曰："東北郡縣有武名者，當出鐸，以著受命之符……"其後晉陵武進縣人於田中得銅鐸五枚……及帝爲晉王，又使璞筮，遇《豫》之《睽》，璞曰："會稽當出鐘，以告成功，上有勒銘，應在人家井泥中得之……"太興初，會稽剡縣人果於井中得一鐘，長七寸二分，口徑四寸半，上有古文奇書十八字，云'會稽嶽命'，餘字時人莫識之。	愍帝建興四年，晉陵武進人陳龍在田中得銅鐸五枚，柄口皆有龍虎形……會稽剡縣陳清又於井中得棧鐘，長七寸二分，口徑四寸，其器雖小，形制甚精，上有古文書十八字，其四字可識，云"會稽徽命"。

二者記載大致相同，但是也略有區別。首先是尺寸上，《晉書》的記載是"長七寸二分，口徑四寸半"，而《宋書》的記載是"長七寸二分，口徑四寸"。其次在彝銘的解讀上，《晉書》的記載是"會稽嶽命"，而《宋書》的記載是"會稽徽命"。

第三次和第四次發生在晉武帝時代，如下：

> 帝將征關洛，霍山崩，有六鐘出，制度精奇，上有古文書一百六十字……漢中城固縣水際，忽有雷聲，俄而岸崩，得銅鐘十二枚。

這次所出的顯然是編鐘。但是沒有對文字內容進行說明，可以肯定也是有銘銅器。

這兩次出土在《晉書》中也有記載，對比如下：

《晉書》中的記載	《宋書》中的記載
十一年五月，霍山崩，出銅鐘六枚。十三年七月，漢中城固縣水涯有聲若雷，既而岸崩，出銅鐘十有二枚。	帝將征關洛，霍山崩，有六鐘出，制度精奇，上有古文書一百六十字……漢中城固縣水際，忽有雷聲，俄而岸崩，得銅鐘十二枚。

二者記載大致相同。但是，《宋書》所言的"上有古文書一百六十字"不知根據何在。而且也沒有對彝銘的解讀。

除此之外，在《符瑞志》中還集中記載了自漢到劉宋時代二十次銅器出土事件。按朝代統計如下。

漢代四次：

漢武帝元鼎元年一次；漢明帝永平六年一次；漢章帝建初七年一次；漢和帝永元元年一次。

三國三次：

吳孫權赤烏十二年兩次；吳孫皓寶鼎元年一次。

晉代三次：

晉潛帝建興二年一次；晉成帝咸康五年一次；晉穆帝升平五年一次。

劉宋時代十次：

宋文帝元嘉十三年一次；宋文帝元嘉二十一年一次；宋文帝元嘉二十二年一次；宋孝武帝孝建三年兩次；宋孝武帝大明七年一次；宋明帝泰始四年一次；宋明帝泰始五年一次；宋明帝泰始七年一次；宋順帝昇明二年一次。

但是，根據我們的統計，實際上有史可查的出土記載要遠在這二十四次之上。在劉宋時代出土的青銅器，有記載的上述十次，見《宋書·符瑞志》：

> 宋文帝元嘉十三年四月辛丑，武昌縣章山水側自開出神鼎，江州刺史南譙王義宣以獻……元嘉二十一年十二月，新陽獲古鼎於水側，有篆書四十二字，雍州

刺史蕭思話以獻。元嘉二十二年，豫章豫寧縣出銅鐘，江州刺史廣陵王紹以獻。孝武帝孝建三年四月丁亥，臨川宜黃縣民田中得銅鐘七口，內史傅徽以獻。孝建三年四月甲辰，晉陵延陵得古鐘六口，徐州刺史竟陵王誕以獻。孝武帝大明七年六月，江夏蒲圻獲銅路鼓，四面獨足，郢州刺史安陸王子綏以獻。明帝泰始四年二月丙申，豫章望蔡獲古銅鐘，高一尺七寸，圍二尺八寸，太守張辯以獻。泰始五年五月壬戌，豫章南昌獲古銅鼎，容斛七斗，江州刺史王景文以獻。泰始七年六月甲寅，義陽郡獲銅鼎，受一斛，并蓋并隱起鏤，豫州刺史段佛榮以獻。順帝昇明二年九月，建寧萬歲山澗中得銅鐘，長二尺一寸，豫州刺史劉懷珍以獻。

鼎的製造自然是歷史最爲久遠的，從禹鑄九鼎的傳說開始就有了中國青銅禮器文化的端倪。

2. 銅器收藏

這十次出土中最長的彝銘有四十二字，但是，没有對新陽所收藏的古鼎彝銘進行解讀和記録。餘外九次出土，有無彝銘不得而知。

從尺寸上講，豫章望蔡所收藏的古銅鐘"高一尺七寸，圍二尺八寸"，豫章南昌所收藏的古銅鼎"容斛七斗"，義陽郡所收藏的銅鼎"受一斛"，建寧萬歲山澗中所收藏的銅鐘"長二尺一寸"。

在劉宋王朝的元嘉十七年，還曾經舉行過賞賜銅器的行爲，見《宋書·沈演之傳》中的記載：

> 十七年……賜群臣黃金、生口、銅器等物，演之所得偏多。

五、《南齊書》

在南齊王朝，曾經公開禁止過對青銅製品的使用。見《南齊書·高帝本紀》中的記載：

> 即位後，身不御精細之物，敕中書舍人桓景真曰："主衣中似有玉介導，此制始自大明末，後泰始尤增其麗。留此置主衣，政是興長疾源，可即時打碎。凡復有可異物，皆宜隨例也。"後宮器物欄檻以銅爲飾者，皆改用鐵。

1. 銅器出土

在《南齊書·祥瑞志》中共記録了八次出土青銅器的事件，全文如下：

昇明二年九月，建寧縣建昌村民采藥於萬歲山，忽聞澗中有異響，得銅鐘一枚，長二尺一寸，邊有古字。建元元年十月，涪陵郡蜑民田健所住岩間，常留雲氣，有聲響徹若龍吟，求之積歲，莫有見者。去四月二十七日，岩數里夜忽有雙光，至明往，獲古鐘一枚。又有一器名淳于，蜑人以爲神物奉祠之。永明四年四月，東昌縣自比歲以來，恒發異響，去二月十五日，有一岩褫落，縣民方元泰往視，於岩下得古鐘一枚。五年三月，豫寧縣長崗山獲神鐘一枚（是否爲商周古器不詳——著者注）。九年十一月，寧蜀廣漢縣田所墾地八尺四寸，獲古鐘一枚，形高三尺八寸，圍四尺七寸，縣柄長一尺二寸，合高五尺，四面各九孔……昇明三年，左里村人於宮亭湖得戟二枚，旁有古字，文遠不可識……二年，順陽丹水縣山下得古鼎一枚。三年，越州南高涼俚人海中網魚，獲銅獸一頭，銘曰："作寶鼎。齊臣萬年子孫，承寶。"

在海中捕撈出的青銅獸，具體詳情不知。

另外，在《南齊書》中也記載了兩次收集所得古銅器的事件，一次是在壽陽，還有一次發掘古銅礦的事件，在《南史》中也有記載。

現將出現在二書中的這三次記載對比如下：

《南史》中的記載	《南齊書》中的記載
於州下立學校，得古禮器銅罍甑、齫山銅罍鐏、銅豆、鐘各二口獻之。	於州治下立學校，得古禮器銅罍、銅甑、山罍鐏、銅豆、鐘各二口獻之。
永明八年……又有古掘銅坑深二丈，并居宅處猶存。	永明八年……又有古掘銅坑深二丈，并居宅處猶存。

二者大致相同。

2. 銅器收藏

在上述八次出土的銅器，有彝銘記載的是三次：

一次是"邊有古字"；

一次是"旁有古字，文遠不可識"；

一次是"作寶鼎。齊臣萬年子孫，承寶"。

其中這後一次的彝銘，從體例上看是十分符合西周青銅器的彝銘文辭的格式和體例的，而且也是齊國銅器之一。其真實準確性是無可置疑的。這裏記載的彝銘顯然有些後人改動的迹象，標準的彝銘應該是：

> 作寶鼎。齊臣萬年子孫，永寶。

但是，伴隨着青銅器出土的是神秘色彩的記載，這爲祥瑞意識提供了佐證。

在該書《文惠太子傳》中記載的一次盜墓事件中，没有發現銅器出土的記録。

上述史料中出現的"錞于"，是一種青銅打擊樂器。現發現最早的錞于作于春秋時期，盛行于漢代。《國語·吴語》中記載有"鼓丁寧、錞于、振鐸"。《周禮·地官·鼓人》中也記載了"以金錞和鼓"。鄭玄注解説：

> 錞，錞于也。圜如碓頭，大上小下，樂作鳴之，與鼓相和。

春秋戰國時代的錞于

在當時還記載有張永考辨銅鐘製作工藝的故事。見《南齊書·張瓌傳》中的記載：

> 宋孝武問永以太極殿前鐘聲嘶，永答："鐘有銅滓。"乃扣鐘求其處，鑿而去之，聲遂清越。

可見，張永對青銅器製作工藝的瞭解已經是十分精通的。通過音律來辨別青銅器的真偽，一直是古代銅器辨偽的一個傳統方法。《韓非子·説林下》中記載的樂正子春就是這一技術的早期使用者之一。從現存文獻看，可以説他是使用這一技術的第一人。

六、《北齊書》

在《北齊書》中没有發現有關青銅器出土和收藏問題的任何記載。

七、《梁書》

前文所述有關劉之遴的記載之外，還有三次對出土青銅器的有關記載。

第一次出土記載見《梁書·武帝本紀》天監七年二月：

> 盧江灊縣獲銅鐘二。

第二次出土記載是同年四月：

> 余姚縣獲古劍二。

第三次見《梁書·劉顯傳》記載：

> 時魏人獻古器，有隱起字，無能識者，顯案文讀之，無有滯礙。考校年月，一字不差。

這裏出現的劉顯，居然可以“案文讀之，無有滯礙。考校年月，一字不差”，足以説明他的彝銘學術造詣。

當時，劍的製造已經十分精良，傳世的吳王劍可以作爲參考，已出土的吳王夫差劍共有六把，最早的一把爲河南輝縣出土，現藏中國國家博物館。山東省博物館亦藏有一把。其餘三把分别于二十世紀六七十年代出土于河南輝縣、洛陽及湖北襄陽。第六把爲臺灣古越閣所藏。六把劍的彝銘内容相同，字形結構各異。

八、《陳書》

在《陳書》中没有發現有關青銅器出土和收藏問題的任何記載。但是有一條史料記載了盜發古墓的行爲，見《陳書·始興王叔陵傳》中的記載：

> 叔陵修飾虛名……又好游冢墓間，遇有塋表主名可知者，輒令左右發掘，取其石誌、古器……

這裏的“古器”顯然就是指青銅器。

九、《魏書》

在《魏書》中祇記載了一次出土青銅器的事件，見《魏書·靈徵志》中的記載：

> 高宗太和二年九月，鼎出於洛州灅水，送於京師。王者不極滋味，則神

鼎出也。

在這次出土的記録中，留下的却是"王者不極滋味，則神鼎出也"這句話。史書作者的這一歷史觀頗爲怪異，也難怪正統的史學家們對《魏書》非議頗多了。對這次出土的鼎没有更爲具體的尺寸大小和有無彝銘的記載。

除此之外，在《魏書》的江式傳記中，和《北史》一樣，記載了他對古文字發展史的一些看法。

十、《周書》

在《周書》中没有發現有關青銅器出土和收藏問題的任何記載。

1. 銅器出土

陸心源在《金石學録補》一書中引《高僧傳》中的一段記載：

> 釋道安，姓衛氏，常山扶柳人也……藍田縣得一大鼎，容二十七斛，邊有篆銘，人莫能識，乃以示安。安云："此古篆書。云：'魯襄公所鑄。'"乃寫爲隸文。

此處銅鼎也是當時出土的。從彝銘内容上看，似是戰國時器。魯襄公，根據《史記·魯周公世家》記載：

> 十八年，成公卒，子午立，是爲襄公。是時襄公三歲也。襄公元年，晉立悼公。往年冬，晉欒書弑其君厲公。四年，襄公朝晉。五年，季文子卒。家無衣帛之妾，廄無食粟之馬，府無金玉，以相三君。君子曰："季文子廉忠矣。"九年，與晉伐鄭。晉悼公冠襄公于衛，季武子從，相行禮。十一年，三桓氏分爲三軍。十二年，朝晉。十六年，晉平公即位。二十一年，朝晉平公。二十二年，孔丘生。二十五年，齊崔杼弑其君莊公，立其弟景公。二十九年，吳延陵季子使魯，問周樂，盡知其意，魯人敬焉。三十一年六月，襄公卒。其九月，太子卒。魯人立齊歸之子裯爲君，是爲昭公。

他是魯國的第二十二代君主。顯然彝銘和史料可以對應。

2. 寫篆風行

魏晉南北朝時期是中國書法藝術的高峰時期。馬宗霍在《書林藻鑑》一書中就曾總説説：

> 書以晉人爲最工，亦以晉人爲最盛。晉之書，亦猶唐之詩、宋之詞、元之

曲，皆所謂一代之尚也。[1]

這一時期書法藝術以草書和隸書爲主，所謂“變篆爲隸”的時期，寫篆反而不是主流。這無疑對篆書和彝銘的研究會造成重大影響。

在寫篆的書法家中，衛覬之孫衛宣、江瓊、韋昶、吕忱、劉劭等人是當時少有的幾位寫篆名家。其他如江式、江順和、劉瑱、到沆、崔偃、李貞、梁武帝、傅玄、虞安吉、張弘、荀夫人、宋武陵王等人也是寫篆的高手。

第二節　彝銘學研究著作綜述

有關這一時期的彝銘學術研究著作問題，雖然有了像劉之遴這樣的銅器收藏家出現，而且在數量上劉之遴的“在荆州聚古器數十百種”也是相當可觀的，但是，從現存史料上看，他并没有對這些青銅器進行編目或著録。這和當時彝銘學術研究尚没有正式形成是有直接關係的。

上述著作正式記録在有關南北朝時代的各部正史中。實際上，當時相關著作頗多，但是，大多記載在《隋書·經籍志》《舊唐書·經籍志》《新唐書·藝文志》等後代史書中。和彝銘學術研究有關的記載和著作有若干，現放在此處一一説明如下：

一、字形類

如《古今文字》《古今文字序》《難字》《古今文字志目》等書。

《顔氏家訓》中對《古今文字》評價頗高。作者江式在他的《論書表》中論述文字的源流、演變，及歷代在文字學研究上的主要成果，包括重要事件、著述、論點等，主要是説明他撰集《古今文字》的緣由。

二、字義類

如《三蒼》《三蒼訓詁》《古今字詁》《玉篇》《文字集略》《演説文》《解文字》《字指》《字隅》《字林》等書。其中，郭璞在古文字學和訓詁學方面造詣頗深。曾注釋《周易》《山海經》《爾雅》《方言》及《楚辭》等古籍。根據《晉書·郭璞傳》記載，郭璞詩文詞賦“爲中興之冠”，可惜多數散佚。

---

[1]　馬宗霍：《書林藻鑑·書林紀事》，文物出版社 1984 年版，第 43 頁。

三、彝銘類

如《汲冢古文釋》《器準》等書。

《汲冢古文釋》，續咸撰。續咸，晉朝上黨人。生卒年不詳。字孝宗。曾任東安太守、從事中郎、理曹參軍。續咸曾撰有《異物志》十卷。今已佚。續咸好學，曾師事京兆杜預。根據《晉書・儒林傳》中記載：

> 續咸字孝宗……好學，師事京兆杜預……著……《汲冢古文釋》，皆十卷。

此書後代失傳，所以知道有此書的人并不多。以至于現代有的學者還以爲《汲冢古文》沒有注解書出現。[1]

《器準》，王延明撰。王延明，北朝人，生卒年不詳。世襲安豐王。該書具體內容不詳。根據《北史・信都芳傳》的記載，河間人信都芳曾"別爲之注"。并且此書也曾"行于世矣"。此書從書名上推測，內容上可能有對銅器用品尺寸的説明。又根據該書記載：

> 延明家有群書，欲抄集《五經》算事爲《五經宗》，及古今樂事爲《樂書》，又聚渾天、欹器、地動、銅烏、漏刻、候風諸巧事，并圖畫爲《器準》，并令芳算之。會延明南奔，芳乃自撰注。

第三節　彝銘學研究述評

在當時對待出土銅器上，對彝銘還是十分看重的。束晳、續咸、王僧虔、江淹、劉顯、顧野王、蕭愷等人，都是研究彝銘的學者。

一、束晳、續咸的彝銘學

對束晳、續咸等人的記載，可見《晉書・束晳傳》中的記載：

> 時有人於嵩高山下得竹簡一枚，上兩行蝌蚪書，傳以相示，莫有知者。司空張華以問晳，晳曰："此漢明帝顯節陵中策文也。"檢驗果然，時人伏其博識。

---

[1] 李學勤語。

但是，束皙在這裏解讀的祇是漢簡上的蝌蚪文字。而束皙對汲郡出土的竹簡古書的解讀，該傳中記載如下：

> 初發冢者燒策照取寶物，及官收之，多燼簡斷劄，文既殘缺，不復詮次。武帝以其書付秘書校綴次第，尋考指歸，而以今文寫之。皙在著作，得觀竹書，隨疑分釋，皆有義證。遷尚書郎。

這裏記載了晉武帝令秘書監負責整理，"校綴次第，尋考指歸"，并用當時通行的隸書把竹簡上的"蝌蚪文"轉寫下來。經過束皙、衛恒、王庭堅、和嶠、王接等學者的整理和考證研究，得到古書凡 75 篇。

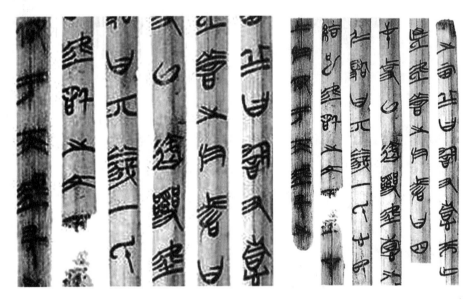

竹簡上的蝌蚪文

然而，我們目前所瞭解的是：一般漢簡上出現的字體多是以隸書爲主，但是，郭店竹簡上出現的字體就和所謂的"蝌蚪文"或"古文篆書"十分接近。郭店楚簡是指 1993 年從湖北省荆門市郭店一號楚墓中出土的竹簡，共 804 枚，總字數約 13 000 字，時間大約爲距今 2 300 年的戰國中期，其主要内容是先秦原始儒家與道家典籍，包括迄今發現最早的《老子》版本和十多篇孔子及其弟子思想史料，其中 12 篇不見于世傳文獻。

即：儒家典籍有《緇衣》《魯穆公問子思》《窮達以時》《五行》《唐虞之道》《忠信之道》《成之聞之》《尊德義》《性自命出》《六德》《語叢》。道家著作有《老子》

（甲、乙、丙）三篇和《太一生水》。

從字形上看，這些字很接近于戰國時代的篆文。

有點篆文知識的人就可以明顯看出：這裏出現在竹簡上的文字和青銅器彝銘十分接近，并且表現出篆書到隸書之間的過渡時期性質和特點。其研究價值和意義絕對不容忽視！

而史書中并沒有記載束皙所考證竹書的書名，有的是在該書《儒林傳·續咸傳》中對續咸研究古文獻的記載，如下：

> 續咸字孝宗，上黨人也……好學，師事京兆杜預……著……《汲冢古文釋》，[1]皆十卷。

最核心的是說明了他師出京兆杜預。

二、王僧虔的彝銘學

王僧虔是王羲之四世族孫，官至尚書令。史書記載他的觀點是：

> 夫懸鐘之器，以雅為用。

這是他對銅器陳設的美學審查，部分地反映出他的價值觀。

有關王僧虔等人的記載，可見《南史·江淹傳》：

> 永明三年，兼尚書左丞。時襄陽人開古冢，得玉鏡及竹簡古書，字不可識。王僧虔善識字體，亦不能諳，直云似是蝌蚪書。淹以蝌蚪字推之，則周宣王之簡也。簡殆如新。

這段史料使用了王僧虔"直云是似蝌蚪書"一語，可見也是推測之辭，但是江淹則是"以蝌蚪字推之"，可見這二人都瞭解蝌蚪文。祇可惜沒有對竹簡古書的內容作更多的介紹，祇是說了一句話"周宣王之前也"，其推測理由或許就是根據《史籀》而來吧。而在《南齊書》中又為我們提供了一點相關資料，見該書的《文惠太子傳》一篇，如下：

> 時襄陽有盜發古冢者，相傳云是楚王冢，大獲寶物玉屐、玉屏風、竹簡書、

---

[1] 前些年有人曾經感嘆，著名的汲郡竹書出土後沒有人對它進行研究和考證。看來他的這一感嘆是不準確的。

青絲編。簡廣數分，長二尺，皮節如新。盗以把火自照，後人有得十余簡，以
示撫軍王僧虔，僧虔云是蝌蚪書《考工記》，《周官》所闕文也。

這次記載還是使用的蝌蚪書，但其内容則是"蝌蚪書《考工記》，《周官》所闕文
也"。

三、吕忱的彝銘學

魏晋之初，吕忱的《字林》一書，基本上是繼承了許慎的《説文解字》傳統和
體例而來的。對于此書，江式在《論書表》中評價爲：

晋世義陽王典祠令任城吕忱表上《字林》六卷，尋其況趣，附托許慎《説
文》，而按偶章句，隱别古籀奇惑之字，文得正隸，不差篆意。

又見張懷瓘《書斷》中介紹説：

晋吕忱，字伯雍，博識文字，撰《字林》五篇，萬二千八百餘字。《字林》
則《説文》之流，小篆之工，亦叔重之亞也。

但是和許書相比，其重大之處是：《説文》所無者，皆吕忱所益。此評價見于
《封氏聞見録》。如，《字林》中所收的"蒗"字，就是《説文解字》中所没有的。又
如《一切經音義》卷二引用了該書：

玫瑰，《字林》莫回反，下胡魁反。石之好美曰玫，圓好曰瑰。

再如《水經注·江水》：

又有湔水入焉。水出綿虒道，亦曰綿虒縣之玉壘山。吕忱云："一曰半浣
水也。"

因此，古人曾經認識到：

《説文》體包古今，先得六書之要。有不備者，求之《字林》。

此説見于唐代張參的《五經文字序例》中。可以看出，在魏晋南北朝時代，《字林》
是作爲《説文解字》的輔助和訂補而出現的，其地位也與後者一樣。

四、劉顯的彝銘學

《梁書·劉顯傳》記載：

時魏人獻古器，有隱起字，無能識者，顯案文讀之，無有滯礙。考校年月，

一字不差。

不僅如此，他還有一次考證竹簡文書的事：

> 顯好學，博涉多通。任昉嘗得一篇缺簡書，文字零落，歷示諸人莫能識者，顯云是《古文尚書》所刪逸篇。昉檢周書，果如其説。

根據《南史》中的記載，劉顯和當時的著名銅器收藏家劉之遴等人是好友。則他們之間的學術交流是在所難免的：

> 顯與河東裴子野、南陽劉之遴、吳郡顧協，連職禁中，遞相師友，人莫不慕之。

由此記載來看，劉顯和劉之遴的交往必然很多。該書還記載：

> 之遴好屬文，多學古體，與河東裴子野、沛國劉顯恒共討論古籍，因爲交好。

當時另一個劉氏也熱衷于銅器收藏。《南史·劉懷珍傳》中就記載了劉懷珍之孫劉杳與沈約談論宗廟犧樽一事：

> 懷慰字彥泰，懷珍從子也……子霽、杳、歊……杳字士深，年數歲，徵士明僧紹見之，撫而言曰："此兒實千里之駒。"十三丁父憂，每哭，哀感行路。梁天監中，爲宣惠豫章王行參軍。杳博綜群書，沈約、任昉以下每有遺忘，皆訪問焉。嘗於約坐語及宗廟犧樽，約云："鄭玄答張逸，謂爲畫鳳皇尾婆娑然。今無復此器，則不依古。"杳曰："此言未必可安。古者樽彝皆刻木爲鳥獸，鑿頂及背以出内酒。魏時魯郡地中得齊大夫子尾送女器，有犧樽，作犧牛形。晉永嘉中，賊曹嶷於青州發齊景公冢，又得二樽，形亦爲牛象。二處皆古之遺器，知非虛也。"約大以爲然。約又云："何承天纂文奇博，其書載張仲師及長頸王事，此何所出？"杳曰："仲師長尺二寸，唯出《論衡》。長頸是毗騫王，朱建安《扶南以南記》云：'古來至今不死。'"約即取二書尋檢，一如杳言。

這可以爲我們研究劉懷珍的銅器學術提供一個借鑑。

五、顧野王的彝銘學

《陳書》中對顧野王的記載，重在説明他的博學和精通古文字學。見《陳書·顧野王傳》中的記載：

> 野王幼好學……長而遍觀經史，精記……蟲篆奇字，無所不通……野王少
> 以篤學至性知名……

顧野王，字希馮，吳（今江蘇蘇州）人，一説當湖（今浙江平湖）人。秉性聰
敏，幼年好學，七歲通五經。及長，遍觀經史，天文地理、醫卜星相、蟲篆奇字，
無所不通。工詩文，善丹青，擅長畫人物，尤工草蟲。張彦遠《歷代名畫記》中對
其有相關記載，稱其"能書能畫"。《江南通志》卷三十一中記載：

> 顧野王宅，在華亭縣亭林鎮。北有湖曰顧亭湖，南有林曰顧亭林，今寶雲
> 寺其址也。

又載"讀書堆"：

> 在華亭縣亭林寶雲寺後，陳顧野王讀書於此，堆高數丈，橫亘數十畝。林
> 樾蒼然，野王墨池在其側。

梁大同四年任太學博士。入陳爲黃門侍郎、光禄卿。宣城王陳頊爲揚州刺史，建官
舍，延其畫《古賢象》於壁，又請詩人王褒書贊，時稱"二絶"。宣帝太建二年遷國
子博士。畫迹存世甚少。宋徽宗趙佶《宣和畫譜》中載其《草蟲圖》一幅，稱爲"精
工"。著有《玉篇》《輿地志》《符瑞圖》《分野樞要》《玄象表》《通史要略》《國史紀
傳》《顧氏譜傳文集》等，多亡佚。僅存《玉篇》，爲中國文字訓詁學重要著作。《法苑
珠林》中記載其訪求古文字的情況是"周訪字源，出没不定"，足見他用心之專。

顧野王撰寫《玉篇》是爲了"總會衆篇，校讎群籍，以成一家之制"而作的。
如該書羽部第四百零九中對"翯"的解釋爲：

> 翯，胡角切。翯翯，肥澤兒。

又見該部中對"翥"的解釋爲：

> 翥，之庶切。飛舉兒。

此書寫定後曾經過另一位古文字學家蕭愷的删改，原因可見《梁書·蕭子顯
傳》中的記載：

> 太宗嫌其書詳略未當，以愷博學，於文字尤善，使更與學士删改。

但是，該書對于彝銘字形的保存和研究，并沒有多大的實用價值。

六、其他人的彝銘學

當時還有北魏張揖的《古今字詁》一書。《古今字詁》一名顯然是沿襲了漢時《古今字》的傳統，在内容上當是對《古今字》的解説。後在《舊唐書》中就變爲"《古文字詁》二卷"了。該書在内容和體例上與《説文解字》十分相似。江式在《論書表》中説：

> 然其《字詁》，仿之許篇，古今體用，或得或失矣。

在《北史·江式傳》中，江式在所上的《論書表》中，比較詳細表達了他對古文字學及其發展史的一些看法。其中説到他的這一學問是得自家學，而且已經傳了六世：

> 臣六世祖瓊，家世陳留，往晉之初，與從父應元俱受學於衛覬，古篆之法，《倉》《雅》《方言》《説文》之誼，當時并收善譽。而祖……值洛陽之亂，避地河西，數世傳習，斯業所以不墜也。世祖太延中……牧犍内附。臣亡祖文威仗策歸國，奉獻五世傳掌之書、古篆八體之法，時蒙褒録，叙列於儒林，官班文省，家號世業。

因此，當時彝銘學得以存在和傳播，主要是靠學者的個人努力和家學傳統，并沒有得到官方的認可和提倡。

王愔的《古今文字志目》上卷記載了三十六種"古書"，即古代書體。如下：古文篆、大篆、象形篆、蝌蚪篆、小篆、刻符篆、摹篆、蟲篆、隸書、署書、殳書、繆書、鳥書、尚方大篆、鳳書、魚書、龍書、麒麟書、龜書、蛇書、仙人書、雲書、芝英書、金錯書、十二時書、懸針篆、垂露篆、倒薤書、偃波書、蚊脚書、草書、行書、楷書、藁書、填書、飛白書。

這些書體，對于瞭解上古時代篆字的發展和流派有重要的啓發價值。

第二十九章　隋唐時代的彝銘學

引　論

整個隋唐時期，篆書隨着隋唐書法藝術的發展得到了空前的提高和普及。隋朝開國之初，在祭祀活動中使用彝器的問題上，皇帝遵從禮官的規定。到了中、晚唐時代出現了幾次大規模的禁止使用銅器的事件，也客觀上造成了并没有出現大量青銅器的發掘和出土。因此也就制約了對彝銘的研究。

第一節　殷周青銅器的出土和收藏

一、《隋書》

在《隋書》中并没有記載出土青銅器的内容。但是和《漢書·藝文志》一樣，在《隋書·經籍志》中收録了不少古籍涉及彝銘。具體研究見下文。

除此之外，在《隋書·禮儀志》中記載的明山賓之言代表了當時官方對待青銅禮器的一些看法，見下：

> 五年，明山賓議：“樽彝之制，《祭圖》唯有三樽：一曰象樽，周樽也；二曰山罍，夏樽也；三曰著樽，殷樽也。徒有彝名，竟無其器，直酌象樽之酒，以爲珪瓚之實。竊尋祼重於獻，不容共樽，宜循彝器，以備大典。案禮器有六彝，春祠夏礿，祼用雞彝鳥彝。王以珪瓚初祼，后以璋瓚亞祼，故春夏兩祭，具用二彝。今古禮殊，無復亞祼，止循其二。春夏雞彝，秋冬牛彝，庶禮物備

也。"帝曰："鷄是金禽，亦主異位。但金火相伏，用之通夏，於義爲疑。"山賓曰："臣愚管，不奉明詔，則終年乖舛。案鳥彝是南方之物，則主火位，木生於火，宜以鳥彝春夏兼用。"帝從之。

鷄彝和斝彝

　　在祭祀活動中究竟使用何種彝器繞算爲適當這一問題上，禮官與皇帝之間有些不同看法。其結果是"帝從之"。可見在《周禮》中記載的六彝使用方式上，五行思想和《周禮》規定是略有抵觸的。這裏出現的"鷄彝鳥彝"，十分珍貴。而且，從"鷄是金禽，亦主異位"和"鳥彝是南方之物"的方位觀念來看，當時已經從易學哲學的角度上開始了對青銅禮器定位的研究。

　　而"春夏鷄彝，秋冬斝彝"則已經是當時必須遵守的青銅禮器表現在季節上的定制。典出《周禮·春官·司尊彝》：

　　　　春祠夏礿，裸用鷄彝、鳥彝，皆有舟。

又：

　　　　秋嘗、冬烝，裸用斝彝、黃彝。

孫詒讓《周禮正義》：

　　　　鷄彝、鳥彝，謂刻而畫之爲鷄鳳皇之形。

孫氏此說或值得商榷。"鷄彝""鳥彝"即外形爲鷄、鳥之形。考古證據可參見1988年太原金勝村春秋墓葬中所出的鳥形酒彝。[1]重慶涪陵小田溪墓葬在2002年也出

---

[1]　侯毅、渠川福：《太原金勝村251號春秋大墓及車馬坑發掘簡報》，《文物》1989年第9期。

土了類似造型的彝。"鳥彝"本身就和"雞彝"造型接近，幾乎是雞鳥不分，或可以統稱爲"雞鳥彝"。

二、《舊唐書》

在中晚唐時代出現了幾次大規模的自上而下禁止使用銅器的事件。

德宗貞元九年春正月出現的第一次，《舊唐書·德宗本紀》中有記載：

> 甲辰，禁賣劍銅器。

在憲宗元和元年又出現了第二次的禁止使用銅器的事件。見下：

> 二月……甲辰，以錢少，禁用銅器。

在文宗時代也還執行着這一禁止令。對銅器使用的禁止影響到了對古代青銅器的研究和收藏。按照《舊唐書·德宗本紀》中的記載，祇是鑄鏡活動，作爲日常生活必需品，并没有被禁止。可以發現，禁止使用銅器是和當時的經濟拮据密切相關的。在大唐盛世的玄宗時代，就曾經舉行過鑄九州鼎的活動。按照《舊唐書·禮儀志》中的記載，共用去銅料 560 712 斤。可以説這纔是中晚唐時代銅料缺乏的直接原因。當時，還曾要鑄大儀鐘。按照《舊唐書·禮儀志》中的記載，要"斂天下三品金"，可是居然"竟不成"。可見鑄九州鼎之後就已經出現了銅料缺乏的問題。于是皇帝下詔全國銅礦開采自由，但全部由政府收購。

在《舊唐書》中祇記載了一次青銅器出土事件，這次出土見《舊唐書·禮儀志》中的記載：

> 汾陰后土之祀，自漢武帝後廢而不行。玄宗開元十年……及所司起作，獲寶鼎三枚以獻。十一年二月，上親祠於壇上，亦如方丘儀。禮畢，詔改汾陰爲寶鼎。

三、《新唐書》

在《新唐書》中也是一樣，幾乎没有對出土銅器的相關記載。但是，這是有其原因的。其一是因爲國力上對銅料的需求，前期的鑄九州鼎和中、晚期的鑄錢，具體記載已見前述。其二則是盜墓行爲的公開化，對于所出土的文物多以"寶"字或"器"字代之。如《新唐書·外戚傳》中記載：

> 睿宗夷玄貞、洵墳墓，民盜取寶、玉略盡。天寶九載，復詔發掘。

又見《新唐書·楊收傳》的記載：

> 涔陽耕得古鐘，高尺餘。收扣之，曰："此姑洗角也。"既劀拭，有刻在兩欒。果然。

這裏的"有刻在兩欒"就是説明了在銅器兩欒上有文字存在。可惜没有記載彝銘的具體内容。

史學家們已經不把出土銅器視作祥瑞了。所以相關的記載反而幾乎没有。特別是到了中晚唐時代，國力日漸衰弱，出土不出土青銅器，已經没有任何祥瑞意義可言了。

四、《舊五代史》

在《舊五代史》中對出土青銅器的記載也十分稀少。衹有一次是同光元年，見《舊五代史·唐書·莊宗紀》：

> 同光元年春正月丙子，五臺山僧獻銅鼎三，言於山中石崖間得之。

衹可惜并没有對銅鼎的尺寸和年代、彝銘進行具體説明。而且，在莊宗朝和明宗朝還曾各有一次下達禁止令：嚴禁鎔錢爲銅器的行爲。這也客觀上反映了當時的經濟狀況和對待文物的傾向。

與此相關，在《舊五代史·周書·世宗紀》中也有一次禁止使用銅器的記載：

> 九月丙寅朔，詔禁天下銅器。

在《五代會要》中對此更具體説明爲：

> 今後除朝廷法物、軍器、官物及鏡，并寺觀内鐘、磬、鈸、相輪、火銖、鈴、鐸外，其餘銅器，一切禁斷。

在《舊五代史》中還記載了唐末盧龍節度使劉仁恭藏銅錢于大安山的歷史事實：

> 是時，天子播遷，中原多故，仁恭嘯傲薊門，志意盈滿，師道士王若訥，祈長生羽化之道。幽州西有名山曰大安山，仁恭乃於其上盛飾館宇，僭擬宮掖，聚室女豔婦，窮極侈麗。又招聚緇黄，合仙丹，講求法要。又以墐泥作錢，令部内行使，盡斂銅錢於大安山巔，鑿穴以藏之，藏畢即殺匠石以滅其口。又禁江表茶商，自擷山中草葉爲茶，以邀厚利。改山名爲大恩山。

這是有史料記載的大規模的收藏銅錢行爲。當然，這一保存是出于經濟的考慮，即爲了鑄銅錢而貯存銅器。看起來，或許大安山地區是值得進行相關的考古勘察的。

五、《新五代史》

在《新五代史》中没有對殷周青銅器出土和收藏的相關記載。

六、其他記載

1. 銅器出土

從漢代到唐五代時期，見于正史的有銘出土銅器的記載，依筆者的考證總共有十三次。趙誠在《二十世紀金文研究述要》一書中曾説：

> 從漢到唐約一千二百年間，所見有銘銅器出土的記載，總數不到二十件。[1]

此説是很符合實際的。

在著名的《籀史》中記載了唐代開元年間出土銅器的史實：

> 開元四年，游子武於偃師卜築，撅地獲比干墓銅槃一。廣四尺六寸，有蝌蚪字十有六，每字長八寸許。

然而該書記載的比干盤彝銘却是"右林左泉，後岡前道，萬世之銘，兹焉是寶"則明顯不是商周時代的語言特徵，疑爲秦漢器。

其他史料中，如陳思《書小史》卷九：

> 爲天皇曹王侍讀。曹王屬有獻古鼎，篆字二十餘字。舉朝莫能讀。昭甫盡能識之。

又如《玉海》卷八十八：

> 開元十三年十月壬申，萬年人王慶築垣掘地，獲寶鼎五，獻之。四鼎皆有銘。銘曰："垂作尊鼎。萬福無疆。子孫永寶用。"

這裏的"垂作尊鼎。萬福無疆。子孫永寶用"，從文字内容看，并不是西周銅器彝銘，應該是漢代的産物。

2. 寫篆風行

在這一時期最有名的寫篆名家是李陽冰。他自己也以爲是繼李斯之後無人能比的篆書家。書法史上，吕總《續書評》中曾如是説：

---

[1] 趙誠：《二十世紀金文研究述要》，書海出版社 2003 年版，第 1 頁。

　　陽冰篆書，若古釵倚物，力有萬夫，李斯之後一人而已。

　　李陽冰，字少温、仲温，趙郡（治今河北趙縣）人。李白從叔。[1]肅宗乾元年間，曾任縉雲縣令。上元二年，遷當塗縣令。任内對李白的處境極爲關愛。李白晚年客死當塗，與李陽冰在當塗任縣令密切相關。代宗大曆初，陽冰擢任集賢院學士。建中初，領國子丞，官至將作少監。陽冰善詞章，工篆書，名滿天下。論者以“蟲蝕鳥迹語其形，風行雨集語其勢，太阿龍泉語其利，嵩高華岳語其峻”，贊其書法，謂“唐三百年，以篆稱者，唯陽冰獨步”。

李陽冰篆書拓片

　　在李陽冰之後，書法史上主張李靈省是寫篆的大家。顔真卿書碑，一般多由他篆額，世謂“聯璧之美”。《集古録》中稱：

　　唐世篆法，自李陽冰後，寂然未有顯於當時而能自名家者。靈省所書陽公碣，筆畫甚可佳。

　　其他如衛包、王文秉、史浩、司馬承禎、李平鈞、李潮、李騰、錢毅、顔昭甫、陳曾、陳維玉、楊涉、袁滋、褚冀、瞿令問等人也是名重當時的寫篆高手。

---

[1] 李白寓居當塗後，還專爲李陽冰寫了一篇《當塗李宰君畫贊》，贊云：“天垂元精，岳降粹靈。應期命世，大賢乃生。吐奇獻策，敷聞王庭。帝用休之，揚光泰清。濫觴百里，涵量八溟。雲飛聲，當塗政成。雅頌一變，江山再榮。犖邑抃舞，式圖丹青。眉秀華蓋，目朗明星，鶴矯閬風，麟騰玉京。若揭日月，昭然運行。窮神闡化，永世作程。”

袁滋手迹拓片

根據《書史會要》一書中的記載，袁滋曾經書寫過青銅器彝銘，是把書法和彝銘結合在一起的一位寫手。葉昌熾《語石》中稱：

> （唐代）篆書皆推李陽冰，同時袁滋、瞿令問，鼎足而三。

袁滋手迹，世傳極少。古代摩崖石刻中"袁滋題"三個字的篆額就是出自他之手。

第二節　彝銘學研究著作綜述

在《隋書·經籍志》《舊唐書·經籍志》《新唐書·藝文志》中記載了不少有關彝銘學研究的專著，不少著作是前代學者著述的，已經在前面予以説明了。故此，這裏祇説明産生在隋唐時代的著作。現一一説明如下：

一、器形類

如《大鼎記》，又名《鼎録》《古鼎記》。唐代吳協撰。陸心源《金石學録補》一書中記載此書爲："記古人鑄鼎本源及其形制。"這本書具有重要的學術價值。它是《考工記》之後第二部有關銅器製作形狀問題的經典著作。可惜後代失傳。

二、字形類

如《古今字圖雜録》《文字指歸》等。這本書的作者曹憲，精通當時諸家的文字之書，尤其深諳文字學。隋朝時他曾任秘書學士。入唐後太宗徵他爲弘文館學士，因年老不能赴任。于是，太宗乃遣使者就其家拜爲朝散大夫。

三、字義類

如《文字志》《急就章注》《古來篆隸詁訓名録》等。

總的來説，這一時期的彝銘學及其相關學科的研究不是很發達，因此成就不多。

第三節　彝銘學研究述評

一、顏師古的彝銘學

顏師古在整個唐代是一位大師級的古文字學家。

按照《舊唐書·顏師古傳》的記載：

> 貞觀七年，拜秘書少監，專典刊正，所有奇書難字，衆所共惑者，隨宜剖析，曲盡其源……然搜求古迹及古器，耽好不已……其所注……《急就章》，大行於世。

在《新唐書》中的記載也大致相同。

顏師古（581—645），名籀，字師古，以字行。祖之推，父思魯，俱以儒學著稱於世。師古少習家學，博覽群書，尤精詁訓，善文詞。李淵起兵入關，授朝散大夫，拜敦煌公府文學館學士，累遷中書舍人，專掌機密。太宗即位，拜中書侍郎、封琅琊縣男，官至秘書監，弘文館學士。太宗以儒學經典文字訛謬，詔令師古於秘書省考訂《五經》，多有厘正。撰成《五經定本》，詔諸儒詳議，師古隨問辯答，人人嘆服。太宗頒《五經定本》行于天下，作爲學生法定課本。師古刊定糾誤儒家經典工作，使儒家諸經文字完全統一，不再有因文字不同釋經各異的弊病，有利儒學的發展。主要著作《五禮》《急就章注》均佚，祇存隻言片語。還有《五經定本》《匡謬正俗》《漢書注》等。

如他的《匡謬正俗》一書，其子顏揚庭在序文中説：

> 臣聞纖埃不讓，嵩華所以極天。涓流必納，溟渤所以紀地。況乎業隆學海，義切爲山。庶進簣於崇高，思委輸於潤澤。恭惟皇帝陛下，誕膺睿圖，光臨大寶。隆周比迹，遠邁成康；炎漢儔功，近超文景。時和玉燭，龍圖薦於長河；道包金鏡，龜書浮於清洛。收羽林之蠹簡，俾備蓬山；采汲冢之舊文，咸歸延閣。一言可善，屢動宸衷；九術不遺，每回天睠。臣亡父先臣師古，嘗撰《匡謬正俗》。薰草纔半，部帙未終。以臣曡犯幽靈，奄垂捐棄。攀風罔及，陟岵增哀。臣敬奉遺文，謹遵先範，分爲八卷，勒成一部。百氏紕繆，雖未可窮；六

典迁訛，於斯矯革。謹齋詣闕，奉表以聞，輕觸威嚴，伏深震悚。

但是，顏氏本人的經學注釋活動并沒有使用商周彝銘作爲文獻證據，這反映了當時整個學術界還根本沒有意識到鐘鼎文字的史料價值和經學研究價值。

二、吳協的彝銘學

古今史書對其記載幾乎是零。《文獻通考》中引晁公武之言：

> 《古鼎記》一卷，唐吳協撰，記古人鑄鼎本源及其形制。

除此之外，再無任何記載。但是僅一句話就已經可以清晰地點出吳氏此書的學術價值所在了。

第三十章　兩宋時代的彝銘學

引　論

宋代是古器物學的鼎盛時期，也是彝銘學術研究的第一個高峰。其實，研究彝銘學術研究史，真正構成學術史意義的也無非就是宋、清兩代而已。把握了這兩個朝代的彝銘學術研究史，其他朝代的，幾乎就無足輕重了。因此，身爲清代彝銘學研究之巨匠的阮元，也在書中評價宋代是"士大夫家有其器，人識其文，閱三、四千年而道大顯矣"，足見宋代彝銘學研究之盛。

容庚在《宋代吉金書籍述評》一文中提到：

> 宋代古銅器之研究，始於真宗時。咸平三年，乾州獻古銅鼎，狀方而有四足，上有古文二十一字，詔儒臣考正，而句中正、杜鎬驗其款識以爲《史信父甗》。[1]

可是這段記載并没有出現在《宋史·真宗本紀》中，而是記録在《宋史·句中正傳》中。該文如下：

> 句中正，字坦然，益州華陽人……中正精於字學，古文、篆、隸、行、草無不工……咸平三年表上之。真宗召見便殿，賜坐，問所書幾許時，中正曰："臣寫此書，十五年方成。"上嘉嘆良久，賜金紫，命藏於秘閣。時乾州獻古銅鼎，狀方而四足，上有古文二十一字，人莫能曉，命中正與杜鎬詳驗以聞，援據甚悉。

---

[1]《容庚選集》，天津人民出版社 1994 年版，第 4 頁。

因此，可以説真宗時代咸平三年《史信父甗》的出土，是宋代彝銘學術研究的真正起點。

第一節　殷周青銅器的出土和收藏

兩宋時期是中國古代學術史上的彝銘學術研究真正走向科學化和系統化的時代，也是古代彝銘學學術史的第一個研究高峰。近代研究彝銘學術的大師王國維在《最近二三十年中中國新發見之學問》一文中就曾言簡意賅地總結説：

> 有趙宋古器出，而後有宋以來古器物、古文字之學。[1]

這句話很能説明問題，它是彝銘學術研究走出漢唐模式而獨立成古文字學、古器物學的開始。兩宋時期上自皇帝下至文人，嗜古器成風，是我國古代達官顯貴和士大夫階層收藏青銅器的第一個高峰期。金石文字之學正是到了宋代，纔正式成爲學術界一門博大精深的學問——彝銘學。

一、銅器出土

根據《宋史》及其他史料的記載，按照時間先後順序，有以下二十三次青銅器的出土和收藏被記載。

第一次出土記載是在真宗時代咸平三年，見《宋史·句中正傳》中的記載：

> 咸平三年表上之。真宗召見便殿，賜坐，問所書幾許時，中正曰："臣寫此書，十五年方成。"上嘉嘆良久，賜金紫，命藏於秘閣。時乾州獻古銅鼎，狀方而四足，上有古文二十一字，人莫能曉，命中正與杜鎬詳驗以聞，援據甚悉。

這件青銅方鼎上據説有二十一字彝銘。但是史書中没有説明句中正對這件銅器的具體解讀。根據歐陽修《集古録跋尾》一書中的記載，這二十一字彝銘是：

> 隹六月初吉。史信父乍旅甗。其萬年子子孫孫，永寶用。

---

[1]　王國維：《靜庵文集續編》，《王國維遺書》，上海古籍書店 1983 年版，第 65 頁。

貝塚茂樹主張：這裏的"史信父"是"中信父"之誤[1]。此説尚有可商榷之處。

第二次至第三次出土記載是真宗時代，見《籀史》中，如下：

> 咸平三年五月，同州民湯善德於河濱獲方甒一，上有十二字……九月，好時令黃傳郫獲方甒一，銘二十一字。

第四次至第七次出土記載是仁宗時代，見《宋史·五行志》，如下：

> 明道元年五月壬午，漢州江岸獲古鐘一……皇祐四年，乾寧軍漁人得小鐘二於河濱。五年二月己亥，乾寧軍又進古鐘一。至和二年四月甲午，瀏陽縣得古鐘一。

第八次至第十一次出土記載是神宗時代，見《宋史·五行志》，如下：

> 熙寧元年至元豐元年，横州共獲古銅鼓一十七。元豐三年八月，岳州永慶寺獲銅鐘一、銅磬二……七年三月，筠州獲古銅鐘一。十一月，賓州獲古銅鼓一。

第十二次至第十六次出土記載是徽宗時代，見《籀史》，如下：

> 政和癸巳，帝獲周罍於鎬京。秋，獲商卣、獲兕、敦於長安。又獲黄目尊於浚都……明年獲周錞。越三月甲子，獲寶簠。

第十七次出土記載是哲宗時代元符二年九月，見《宋史·哲宗本紀》：

> 丙戌，果州團練使仲忽進古方鼎，志曰"魯公作文王尊彝"。

此次所出古鼎，具體地點不明。可能就是果州所出。而鼎爲青銅方鼎，彝銘又涉及文王。作器者爲魯公。則此鼎爲西周初期銅器的可能性最大。

第十八次至第二十二次出土記載是徽宗時代，見《宋史·五行志》，如下：

> 崇寧五年十月，荆南獲古銅鼎……重和元年十二月，孝感縣楚令尹子文廟獲周鼎六。

又見《夷堅志》記載：

> 政和間，訪求三代彝器，陝西轉運使李朝孺、提點茶馬程唐使人於鳳翔發商比干墓，得大銅盤鏡二尺，及白玉四十三片。

---

[1]　[日]貝塚茂樹：《中國古代史學の發展》，日本弘文堂書店1967年版，第71頁。

又見《宋史·五行志》，如下：

> 宣和……五年四月，又獲甗鼎三。

又見《宋史·徽宗本紀》：

> （徽宗宣和元年）三月庚戌，蔡京等進安州所得商六鼎。

徽宗宣和元年三月出土的"商六鼎"是銅器收藏史上著名的安州六器的來歷。《籀史》卷下記有《安州古器圖》一書，可惜僅存目錄，所附記的提要文字已經佚失。趙明誠《金石録》中記載爲：

> 重和戊戌歲，安州孝感縣民耕地得之。自言於州，州以獻諸朝。凡方鼎三、圓鼎二、甗一，皆形制精妙，款識奇古。按此銘文多者至百餘字，其義頗難通。又稱作父乙、父己寶彝，若非商末，即周初器也。

但是又據《漢陽府志》記載，所出銅器爲九器，如下：

> 宋徽宗時，孝感縣東湖村夜有光燭天。農人聞於官，掘地得周時九鼎，貢於朝。

不知何故九鼎變六器。

這當中引起學術界巨大爭議的就是其中的一件《中方鼎》，據張政烺考證，那上面的兩個分別由六個數位卦組成的神秘文字就是《周易》卦畫。

《中方鼎》彝銘拓片

《中方鼎》彝銘釋文：

> 唯十又三月庚寅。
> 王在寒師（次）。王令大
> 史兄（貺）俞土。王曰："中。
> 茲俞人入史（事），賜于
> 武王作臣。今兄（貺）畀
> 汝俞土，作乃采。"中
> 對王休令（命）。鼍父乙尊。
> 唯臣尚（常）中臣：七八六六六六、八
> 七六六六六。

這裏最後出現的兩組數字"七八六六六六、八七六六六六",被今天的學者們看作是《周易》的兩個卦象。"七八六六六六"是《剝卦》卦象;"八七六六六六"是《比卦》卦象。這裏的"𧶀"字,一直無人釋讀出來。筆者認爲這是"俞"字。用作人名。

又見《考古圖》卷四:

> 初,河濱岸崩,聞得十數物。今所存者,此彝外尚有五物,形制多不同。

這是記錄在書中的出土事件。爲此,李學勤《北宋河清出土的一組青銅器》一文中考證説:

> 按北宋河清縣屬河南府,縣治在白波鎮,位於孟縣西,黄河以北。入金,徙治於黄河南岸,即今偃師西北的舊孟津,改稱孟津縣。出青銅器的河濱,以河北岸可能爲大。這肯定是一座西周墓,因河水冲圮岸邊而露出。從器物均屬同人來看,窖藏的可能性要小一些。[1]

又見《金石録》卷十三《爵銘》:

> 大觀中,濰之昌樂丹水岸圮,得此爵及一觚。

又見《集古録》卷一《終南古敦銘》:

> 大理評事蘇軾爲鳳翔府判官,得古器於終南山下。

又見《宋史·樂志》:

> 端州上古銅器,有樂鐘。驗其款識,乃宋成公時。

餘外幾次銅器出土,不能斷定是否爲殷周青銅器,故從略。

因爲青銅器的收藏價格"水漲船高",造成了兩宋時期的盜墓現象愈演愈烈。見《河朔訪古記》中的相關記載:

> 安陽縣西北五里四十步,洹水南岸,河亶甲城有冢一區,世傳河亶甲所葬之所也。父老云:宋元豐二年夏,霖雨,安陽河漲,水嚙冢破,野人探其中,

---

[1] 李學勤:《北宋河清出土的一組青銅器》,《重寫學術史》,河北教育出版社 2002 年版,第219頁。

得古銅器。質文完好，略不少蝕。衆恐觸官法，不敢全貨於市，因擊破以鬻之。復塞其冢以滅迹，自是銅器不復出矣。

宋代出土的三代銅器之多，奠定了中國古代考古學的物質基礎。王珪在《華陽集》中曾經説明當時的情況：

　　祥符中郡國，多獻古鼎、鐘、盤、敦之器，而其上多蝌蚪文字。

可見對彝銘的記載也是記録出土銅器的必需。

根據《籀史》一書中的記載，宋代還有一次發現銅器之事：

　　建陽越王餘城建溪村出土一古鐘，長八寸，徑六寸，柄一尺，重十斤，有銘文四十八字。

二、銅器收藏

在宋代已經正式出現了大規模的青銅器收藏活動，因此纔有葉夢得《石林避暑録話》中的"宣和間內府尚古器"之説。

根據吕大臨《考古圖》中的統計：當時著名的銅器收藏家已有三十七家之多，共收録了二百一十一件殷周青銅器。在王黼的《宣和博古圖》中收録了宋代官方收藏的殷周青銅器八百三十九件。無名氏的《續考古圖》中收藏有殷周青銅器一百件。王俅《嘯堂集古録》中收録了三百四十五件，其中明確可定爲秦漢之器的有二十八件除外，又有十餘器年代頗難判定，則收録的殷周青銅器至少有三百件。到了薛尚功《歷代鐘鼎彝器款識法帖》一書中，共收録了銅器五百一十一件，去除秦、漢銅器四十七件，則宋代時保存的殷周青銅器約爲四百六十四件。這應該是宋代傳世文獻中記載的官方和民間收藏的最多數量。而葉夢得在《石林避暑録話》卷下提出"所貯至六千餘數百器"，這是指宣和殿官方收藏的銅器數量。但是這一統計是指商周秦漢唐各個朝代的銅器總量。

而民間收藏活動的興起則開始于劉敞。王國維《隨庵吉金圖序》中就此評價説："私家藏器，莫先於劉原父。"王氏此説顯然本之于趙明誠《金石録》中的"蓋收藏古物，實始於原父"之説。

當時民間著名的收藏家秦熺、朱敦儒二人收藏了五十九件殷周青銅器，後來被王厚之編入《鐘鼎款識》一書中。丁端叔收藏了八十六件商周青銅器。除此之外，其他的銅器收藏家和他們所收藏的三代銅器，如丁宏收藏有《王子吉金敦》《舟虞鼎》，文彥博收藏有《王子吳飲鼎》《乙鼎》《片旅鬲》《單伯彝》《白王盂》《季姬彝》，王康功收藏有《子父丁匜》《獸面細文瓶》《乙斗鼎》《臼鼎》《父乙罍》，王玠收藏有《丁舉卣》《父乙罍》《持戈鬲》《中鬲》《母乙卣》《蓋舟虞敦》，王欽臣收藏有《虢姜敦》《寅簠》《師艅尊》《後中尊》《舉爵》《伯索盂》，張舜民收藏有《鬲彝》《五彝》《田卣》《主人舉爵》《癸舉爵》，張景先收藏有《孔父鬲》《䣄敦》《師艅父旅簠》《單父罋卣》《單父從彝》《姬艅豆》，張即之收藏有《周方鼎》《周細文大羊鼎》《周瓠棱壺》《商小鼎》，張楷收藏有《父癸彝》《父乙虎彝》《丹虎敦》《父丁鼎》，邢恕收藏有《白作卣》，蘇頌收藏有《小子師簠》《無子鐘》，胡俛收藏有《辟公敦》《太簠》《中信父方甗》，劉瑗收藏有《師艅父旅簠》《樂司徒從卣》《中爵》《單爵》，韓存中收藏有《見癸彝》，范巽收藏有《牧敦》，榮啓道收藏有《從單彝》《木父己卣》，榮諮道收藏有《婦彝》《單臣彝》《幾觚》《父乙丁爵》《子父盤》《長宜子孫洗》《哀父乙鼎》《左樂鐘》《祖戊觚》《蘭席鐙》《父丁卣》《向敦》，容輯收藏有《周彝》，呂子功收藏有《木鼎》，許某收藏有《伯戈饋盦》《伯戈頮盤》，祖博收藏有《父乙尊》《競方父彝》，吳衍收藏有《王伯鼎》，李宰收藏有《篆口鼎》，李複收藏有《周成王敦》，姚雄收藏有《委忠趠鼎》，趙茂曾收藏有《周大夫始鼎》《中鼎》《父丁壺》《康鬲》，趙仲忽收藏有《父癸鼎》《中姜敦》《父丁爵》《母辛卣》《非鬲》《白禾父敦》《父辛尊》《父已尊》，孫默收藏有《刑敦》，寇准收藏有《由鐘》，蔡肇收藏有《毓祖丁卣》等。

宋仁宗皇帝時代曾經命大臣王原叔和李唐卿二人，把銅器彝銘制拓并寫成隸書，賜給近臣。[1]宋徽宗嗜好金石，驅使臣民，爲其搜羅銅器。見《宋史》卷九十八記載：

> 詔求天下古器，更製尊、爵、鼎、彝之屬。其後，又置禮制局於編類御筆所。於是，郊廟禋祀之器，多更其舊。

又見于《東都事略》卷十：

> 訪求古器。

再見于《石林避暑録話》：

---

[1]　見［宋］翟耆年：《籀史》卷上。

> 宣和間内府尚古器，士大夫家所藏三代秦漢遺物，無敢隱者，悉獻於上。

如此一來，大觀初年，宣和殿收藏大小青銅器僅五百餘件；到了政和年間，已達六千餘件。宋孝宗皇帝曾把《商子父癸鼎》賞賜給洪邁……一時間，達官貴人、文人學士亦無不唯收藏是嗜。當時達官顯貴和士大夫階層，如文彦博、吕大臨、劉敞、蘇軾、李公麟、歐陽修、趙明誠、寇準等人，無不以收藏青銅器爲榮。蘇軾的書房裏就擺設着《楚王鐘》。

《道山清話》中更記載了以書易器的故事：

> 張文潛嘗言：近時印書盛行，而鬻書者往往皆士人，躬自負擔。有一士人盡捂其家所有約百餘千買書，將以入京。至中塗，遇一士人，取書目閲之，愛其書而貧不能得。家有數古銅器，將以貨之。而鬻書者雅有好古器之癖，一見喜甚，乃曰："毋庸貨也，我將與汝估其直而兩易之。"於是盡以隨行之書換數十銅器。

靖康二年，北宋滅亡後，宫中保存的大量殷周青銅器亦被金人掠走。馮子振爲《增廣鐘鼎篆韻》一書而作的序中所説"靖康北徙，器亦并遷"，這一記録又見《宋史·欽宗本紀》：

> 夏四月庚申朔，大風吹石折木。金人以帝及皇后、皇太子北歸。凡……禮器……九鼎……古器……爲之一空。

這是銅器收藏史上第三次重大損失。

整個宋代，太原的新銅器鑄造最爲著名。所以，在《宋史·畢士安傳》中記載有"太原銅器名天下"之説。在宋代仿製的殷周青銅器，相應地也必是出自太原工匠之手。而銅器作僞行爲也在此時達到了高潮。

但是，到了高宗朝時代，因爲經濟拮据曾經下令禁銷錢及私鑄銅器。根據陸心源《金石學録補》中的記載，宣和時代還有以古銅器來抵罪的事："吴珏……始令民有罪，皆入古器自贖"，這和宣和朝對古銅器的過分注重是分不開的。

由于宋代宫廷的注重，民間出于獲利目的的作僞行爲開始日益泛濫成灾。至于當時的價值，已經如葉夢得所謂的"一器有直千緡者，利之所趨，人競搜剔山澤，發掘冢墓，無所不至"，甚至皇宫中也支持作僞。特别是政和年間，宋徽宗酷喜古

物，常命良工仿製新得之古器，故所製尤多（見翟耆年《籀史》）。作僞技術水準之
高，幾乎與真器一般無二了。宋代時就已經難以區分，而且多被當時名家著録，清
代雖有辨僞，但是至今尚不能盡除其非。[1]

大量的收藏活動必然帶來對古代青銅器的辨僞技術的發展。洪皓就是一位著
名的學者。《盤洲集》中就記載說他"能辨別三代鐘鼎彝器"，以至于當時的大科
學家沈括在《夢溪筆談》中也專門探討了古銅器的紋飾問題，這也爲辨僞提供了
依據。

三、寫篆風行

縱觀整個宋代，對篆書的書寫成爲當時的一種風尚。帝王中，宋太宗皇帝、益
王，大臣中徐鉉兄弟、徐兢兄弟、黄庭堅兄弟、晁補之兄弟、邵餗兄弟、丁德隅、
王壽卿、王惟恭、文同、文勛、文天祥、方士繇、葉鼎、尹瘦古、李穆、李元直、
李建中、李無惑、李孝陽、李唐卿、李康年、畢仲詢、林泳、鄭文寶、句中正父子、
杜良臣、許弈、牟益、姚敦、高燾、汪藻、蘇舜元、趙克繼、張有、張察、查道、梁
鼎、胡恢、戚光雲、徐琰、徐易、陳晞、陳歸聖、陳仲輔、楊南仲、曹松泉、章得象
家族、葛剛正、蔡襄、虞似良、顔直之、魏了翁、滕茂實、戴侗，僧人夢英……都是
當時著名的寫篆高手。爲此，《全蜀藝文志》中就曾説"宋人能篆者頗多於唐"。根據
《書史會要》的記載：甚至出現了大宋皇室女子和大臣妻妾也擅長寫篆的現象。

在古文字學家中，擅長寫篆的更多了。黄庭堅認爲徐鉉兄弟的篆書是"氣質高
古，與陽冰并驅争先也"。

而他的後裔徐兢、徐林、徐琛兄弟三人，也是寫篆的名家。《翰墨志》中曾經記
載"紹興以來篆法惟信州徐兢"。

而郭忠恕的篆書，《集古録》中評價爲"自唐李陽冰後未有臻於斯者"。

根據陶宗儀《書史會要》中的記載，和郭忠恕同時學寫篆書的是僧人夢英，"與
同時習篆，皆宗李陽冰"。

徐鉉弟子中如章友直等人，也很擅長此道。而黄伯思和薛尚功更是此中名家。
而且，宋刻石經十三經就出自他和楊南仲二人之手。牟益居然以詛楚石鼓文和青銅
器彝銘相互考證，寫成專著，以糾正前人考證彝銘之誤。

---

[1] 據説在著名的"乾隆四鑑"中至少有僞器將近五百件，這也足以讓人目瞪口呆！

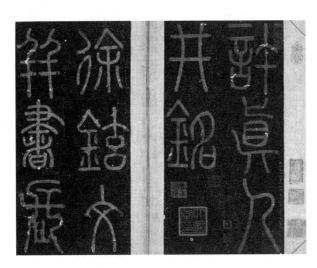

徐鉉兄弟書法

　　寫篆的盛行配合了對商周彝銘的注重和收藏，于是也出現了以彝銘爲法帖的書學著作。趙希鵠的《洞天清禄集》中就介紹：

　　　　宋宣獻公刻賜書堂帖，於山陽金鄉，首載古鐘鼎器，識文絶妙。但二王帖詮擇未精，今若不存。胡龍學世將刻豫章法書，種種精妙。今已重模，後有小字隸書。范忠宣公子弟戒者是初本。許提學閑刻二王帖於臨江，模勒極精，誠少詮擇。盧江李氏刻甲秀堂帖，前有王顏書，多世所未見，但繼以本朝名公書頗多，大抵今人書自當作一等耳。曹尚書彦約刻星鳳樓帖於南康軍，雖以衆刻重模，精善不苟，并無今人書。韓郡王侂胄刻群玉堂帖，所載前代遺迹多有未見者。後亦多本朝人書，韓敗後入秘府省。

將金文和二王書法相提并論，足見當時的審美觀念。甚至宋代的彝銘學研究著作也有以《歷代鐘鼎彝器款識法帖》作爲書名的。

　　四、彝銘傳拓

　　這裏還需要説明的是有關彝銘拓本和傳拓技術的發展等問題。

　　青銅器的稀有和高價，客觀上造成了流傳和觀摩的困難。于是，對彝銘的臨摹和傳拓技術開始走上歷史舞臺。在没有產生傳拓技術之前，爲了滿足研究的需要，作爲書法藝術的國度，抄録彝銘應該是唯一的選擇。

　　在没有產生傳拓技術之前，考證彝銘完全是對照實物進行的。如《漢書·郊祀志》中對漢武帝時代的李少君登場的有關記載就是這樣：

> 少君見上，上有故銅器，問少君。少君曰："此器齊桓公十年陳於柏寢。"
> 已而案其刻，果齊桓公器。

這裏出現的"已而案其刻"就是確鑿證據。

傳拓技術的相關記載，在隋代的史料中就已經出現了。[1]

《隋書·經籍志》：

> 其相承傳拓之本，猶在秘府。

這裏的"傳拓"一詞，俗稱"拓片"。商周青銅器、秦磚、漢瓦、漢畫像磚、漢畫像石，以及歷朝的碑刻、石雕、摩崖石刻等等，都可作爲傳拓的對象。但是，隋唐時代主要還是指對石刻碑帖的傳拓。因爲是對實物進行操作，因此拓片的價值也是彌足珍貴。而專門用在青銅器上的彝銘傳拓，則是開始於宋代。

一方面，因爲古器物學在宋代的興起，客觀上造成了當時上代銅器價格的飛漲。學者們爲了便于研究，于是引入了對石刻文字的傳拓技術，傳拓青銅器彝銘成爲一時的學界風尚。

另一方面，造紙和印刷技術在宋代的高度發展，對彝銘拓本的研究和普及形成了强有力的物質支持，也客觀上促進了彝銘學術研究的發展。宋代著名的彝銘學術研究著作，大多是利用對拓本的研究而寫成的。正是因爲有了彝銘傳拓技術，纔使得彝銘學術的研究日益成熟和科學。在現代的銅器考古學體系誕生以前，因爲對彝銘拓本的考證研究使得傳統的版本學和古文字學成了彝銘學術研究的真正基礎。

第二節　彝銘學研究著作綜述

王國維在《宋代金文著録表》的序言中提出了對當時的彝銘學術研究著作的分類：

---

[1]　臺灣地區歷史學家屈萬里在《古籍導論》中主張"梁時雖已知傳拓"的南北朝時代創始説。但是，他本人没有提供相應的史料加以證明。（見屈萬里：《古籍導論》，臺灣開明書店 1964 年版，第 54 頁）

　　與叔《考古》之圖，宣和《博古》之錄，既寫其形，復摹其款，此一類也。嘯堂《集古》，薛氏《法帖》，但以錄文爲主，不以圖譜爲名，此二類也。歐、趙《金石》之目，才甫《古器》之評，長睿《東觀》之論，彥遠《廣川》之跋，雖無關圖譜，而頗存名目，此三類也。

　　在《宋史・藝文志》中記載了幾十種與殷周彞銘有關的研究著作。現依次説明如下。

一、圖録類

　　宋代開始，出現了對銅器進行如實繪圖、對彞銘進行摹寫或拓印的現象。這一風氣迅速引發中國傳統考古學的振興和高潮。而且，宋代繪畫技術和雕版印刷技術的發展，爲圖録類彞銘學著作的傳播提供了客觀物質基礎。這些圖録類著作，一時間蔚爲大觀。如《先秦古器圖》《考古圖》《續考古圖》《宣和博古圖》《古器圖》《安州古器圖》《牧敦圖》《周鑑圖》《皇祐三館古器圖》《青州古器古玉圖》《博古圖説》《鐘鼎款識》《歷代鐘鼎彞器款識法帖》《慶元嘉定古器圖》《嘯堂集古録》等等。

　　劉敞《先秦古器圖》一書，是中國金石學的開山之祖。此書之名，《籀史》中作"劉原父《先秦古器圖碑》"。

　　呂大臨《考古圖》一書，對出土地點和收藏情況進行説明，有很高的史料價值和考古證據意義，因此之故，他被推爲中國傳統考古學的開創者。

　　呂大臨在序中云：

　　　　觀其器，誦其言，形容仿佛，以追三代之遺風，如見其人矣。以意逆志，或探其製作之原，以補經傳之闕亡，正諸儒之謬誤。天下後世之君子有意於古者，亦將有考焉。

陳子翼序中又明言之"考古非玩物也"，也道出了呂大臨的用心。

　　林鈞《石廬金石書志》卷八如是稱此書：

　　　　前有焦竑序、陳才子序、與叔自序、黃晟重刊序，後有吳萬化跋。呂公輯御府以外三十六家所藏古器物，繪圖摹銘而成兹編。圖後所附辨證系出羅默齋補采。

　　此書之名，《籀史》中目録和標題皆作"呂與叔《考古圖》二十卷"，而該書內容則作"《考古圖》三十卷"。今案《考古圖》當以十卷爲準。

李公麟《古器圖》一書，又名《博古圖》。《鐵圍山叢談》中説：

> 李公麟，字伯時，實善畫，性喜古。則又取平生所得暨其聞睹者，作爲圖
> 狀，説其所以，而名之曰《考古圖》。

可知他應該是收藏頗富。但此書早已亡佚。有關此書的具體情況，可以參見王黼的
《宣和博古圖》一書的體例。因爲《鐵圍山叢談》中説王黼“乃效公麟之《考古》”，
作《宣和博古圖》。李公麟對古器物和古文字知識極深。他除了摹繪古代的銅器并加
以考訂成書之外，還參加了整理皇家收藏的古器物的工作。

薛尚功《歷代鐘鼎彝器款識法帖》一書，所收爲三代青銅器五百十三件，多有
彝銘，有部分秦漢器。有器形圖，有尺寸説明，有釋文，有考證文字，有拓片或摹
寫。該書對彝銘中的史事和禮制問題的考證，頗爲詳細，開後代彝銘學術研究著作
之體例。此書另有多種版本存世。

張世南在《宦游紀聞》中總結了當時出現的銅器作圖的四種方法：

> 辨博書畫古器，前輩蓋嘗著書矣。其間有論議而未詳明者，如臨、摹、硬
> 黃、響搨，是四者各有其説。今人皆謂臨、摹爲一體，殊不知臨之與摹，迥然
> 不同。臨謂置紙在旁，觀其大小、濃淡、形勢而學之，若臨淵之臨。摹謂以薄
> 紙覆上，隨其曲折宛轉用筆曰摹。硬黃謂置紙熱熨斗上，以黃蠟塗勻，儼如枕
> 角，毫厘必見。響搨謂以紙覆其上，就明窗牖間映光摹之。

二、題跋類

宋代出現的另一個重大現象就是題跋類研究著作的出現。歐陽修在《集古録》
中曾經感嘆：

> 古之人之欲存乎久遠者，必托于金石而後傳。其埋沉、埋没、顯晦、出入
> 不可知。其可知者，久而不朽也。然岐陽石鼓今皆在，而文字剥缺者十三四，
> 惟古器銘在者皆完。則石之堅又不足恃。是以古之君子，器必用銅，取其不爲
> 燥濕寒暑所變爲可貴者，以此也。古之賢臣名見《詩》《書》者，常爲後世想
> 望，翊得其器，讀其文，器古而文奇，自可寶而藏之邪！

這裏，他已經爲題跋類著作的產生設下了伏筆。從此以後，題跋類成了歷代彝銘學
家最喜歡的一種著述方式。如《六一題跋》《東觀餘論》《洞天清禄集》《玉海·器用

門》《廣川書跋》《紹興內府古器評》《鐵圍山叢談》等。

王應麟《玉海·器用門》一書，被李遇孫《金石學錄》評價爲"述鼎鬲尊彝之屬，徵引甚爲詳備"。

歐陽修《六一題跋》一書，收三代青銅器彝銘題跋十一篇。他在序中曾云：

> 夫漢魏以來，聖君賢士桓碑彝器、銘詩序記，下至古文、籀篆分隸、諸家之字書，皆三代以來至寶。怪奇偉麗，工妙可喜之物。其去人不遠，其取之無禍。

所言已經道出宋代金石學之由來。

而著名的《東觀餘論》一書出自黃伯思之手。他撰寫了研究三代青銅器彝銘題跋論文十八篇，即《銅戈辨》《古器辨》《商著尊説》《秦昭和鐘銘説》《商素敦説》《商山觚圜觚説》《周狸首豆説》《周史伯碩父鼎説》《周舉鼎説》《周宋公鼎説》《周方鼎説》《周寶龢鐘説》《周雷鐘説》《周疊周洗説》《周一柱爵説》《周雲雷罍説》《周螭足豆説》《周素盦漢小盦説》。無器形圖，有尺寸説明，有釋文，有考證文字。此書在《宋史·黃伯思傳》中稱其爲三卷。

趙希鵠《洞天清禄集》一書，真正從古玩的角度全面介紹了鑑別三代青銅器真僞的方法。根據李遇孫《金石學錄》評價："其辨古鐘、鼎、彝器更精審。"而且，在此書中，他把玩藏品帶來的樂趣，真是寫到了極致。書中有《古鐘鼎彝器辯》一節，專門談到銅器作僞的具體方法，可見當時銅器作僞已發展爲一專門的技術。

三、字形類

當時繼承了傳統的字形分析和歸納的著作主要有《古文四聲韻》《汗簡》《鐘鼎篆韻》《重廣鐘鼎篆韻》《佩觿》等。

如夏竦《古文四聲韻》一書，就是按四聲編排，自序中曾云：

> 祥符中郡國所上古器多有蝌蚪文，深懼顧問不通，以忝厥職。由是師資先達，博訪遺逸，斷碑蠹簡，搜求殆遍。積年逾紀，篆籀方該。自嗟其勞，慮有散墜，遂集前後所獲古體文字，準唐《切韻》，分爲四聲，庶令後學易於討閱，仍條其所出，傳信於世。

又如郭忠恕《汗簡》一書，該書先後引書多達七十幾種，所收各字，按照《説文解字》的部首編排。其自序中云：

校勘正經石字，縣是咨詢鴻碩，假借字書，時或采掇，俄成卷軸，乃以《尚書》爲始，《石經》《説文》次之。後人綴緝者殿末焉。遂依許氏各分部類，不相間雜，易於檢討，遂題出處，用以甄別。

四、字義類

傳統學術的另一方面就是對字義的研究。這類著作多是以《説文解字》作爲研究的載體。如《字學撮要》《字原》《字通》《字源偏旁小説》《説文解字繫傳》《説文解字篆韻譜》《説文五義》《補説文解字》等。

釋夢英《字原》自序中云：

今依刊定《説文》重書偏旁字源目録五百四十部，貞石於長安故都文宣王廟，使千載之後知余振古風、明籀篆，引工學者取法於兹也。

林罕《字源偏旁小説》自序云：

罕以隸書解於篆字之下，故效之亦曰“集解”。今以《説文》浩大，備載群言，卷軸煩多，卒難尋究，翻致懵亂，莫知指歸。是以剪截浮辭，撮其機要，於偏旁五百四十一字，各隨字訓釋。或有事關造字者、省而難辨者，須見篆方曉隸者，雖在注中亦先篆後隸，各隨所部，載而明之。

而以徐鍇的《説文解字繫傳》一書在當時最爲著名。此書又稱《説文解字通釋》。前三十卷對《説文解字》各卷進行考證、解釋。後十卷則探討古文字學理論和許氏的學術體系。《崇文總目》對其評價爲：

鍇以許氏學廢，推源析流，演究其文，作四十篇。近世言小學，惟鍇名家。

他又有《説文解字篆韻譜》一書，爲《説文解字》檢索而作，徐鉉序中云：

舍弟楚金特善小學，因命取叔重所記，以《切韻》次之。聲韻區分，開卷可睹……今此書止欲便於檢討，無恡其他。故聊存詁訓以爲別識，其餘敷演有《通釋》焉。五音凡五卷，詒諸同志者也。

該書以四聲編排次序，共計分成二百部首。

五、彝銘類

這一時期也出現了專門解釋彝銘的著作，這也是繼承傳統學術的一個表現。如

《榮氏考古録》《考古圖釋文》《古鼎法帖》《古器款字》《晏氏鼎彝譜》《蔡氏古器款
識》《石公弼維揚燕衍堂古器銘》《梓州蛑彝記》《越州刻漏銘》等。

如《考古圖釋文》的作者一直有二説：趙九成、吕大臨。此書釋文按韻部編排，
并列出所收字形之青銅器出處，實爲字典性質之書。此書爲宋代治彝銘學名著。陸
心源《刻續考古圖序》中云：

> 《釋文》一卷，據翟耆年《籀史》當是趙九成所撰，里貫仕履皆無考。

翁方綱《考古圖跋》云：

> 此《釋文》一卷當是大臨原本也。

又云：

> 宋翟耆年伯壽《籀史》下卷有趙九成著《吕氏考古圖釋》，據此則《釋文》
> 一卷是趙九成撰。其卷前題詞蓋九成所爲也。

在該書序中，趙九成説：

> 以今所圖古器銘識考其文義，不獨與小篆有異，而有同是一器、同是一字，
> 而筆畫多寡、偏旁位置左右、上下不一者……至秦既有省改以就一律，故古文
> 筆畫非小篆所能該也。然則古文有傳於今者，既可考其三四。其餘或以形象得
> 之……或以義類得之……或筆畫省於小篆……或筆劃多於小篆……或左右、反
> 正、上下不同……有部居可別而音讀無傳者……又可考其六七，餘皆文奇義
> 密，不可强釋，故存其舊，以待知者。

在這裏，他已經提出了考釋彝銘文字的具體操作方法，這是宋人古器物學之所以大
興的理論基礎。

六、目録類

這一時期出現的目録類著作開啓了保存彝銘史料的另一種形式。如《金石録》
《通志・金石略》《集古録跋尾》《集古録目》《集古録》等。如歐陽修《集古録跋尾》
一書，作者在序中云：

> 湯盤孔鼎，岐陽之鼓，岱山鄒嶧，會稽之刻石，與夫漢魏已來，聖君賢士
> 桓碑彝器，銘詩序記，下至古文、籀篆分隸、諸家之字書，皆三代以來至寶。

怪奇偉麗，工妙可喜之物。其去人不遠，其取之無禍。

這是傳統目録學著述題材的擴大，也是後代的藏器目産生的學術基礎。

第三節　彝銘學研究述評（北宋）

宋代開始，以"古器"稱殷周青銅器的現象大量出現。如蔡條《古器説》一文，最初也是以"考古""博古"來説明對殷周青銅器的研究和著録。而且，宋朝開國之初，爲了恢復傳統禮制，全國範圍内徵集古銅器。根據《宋史》卷九十八記載：

> 初，議禮局之置也。詔求天下古器。

因此，古器物學在宋代得以正式形成。

阮元在《商周銅器説》一文中就評述説：

> 北宋以後，高原古冢搜獲甚多，始不以古器爲神奇祥瑞，而或以玩賞，加之學者考古釋文，日益精核，故《考古圖》列宋人收藏者，河南文潞公、盧江李伯時等三十餘家，士大夫家有其器，人識其文，閱三四千年而道大顯矣。

王國維在《宋代金文著録表》一書中評述宋代的彝銘學研究時説：

> 竊謂《考古》《博古》二圖，摹寫形制，考訂名物，用力頗巨，所得亦多。乃至出土之地，藏器之家，苟有所知，無不畢記。後世著録家，當奉爲準則。至於考釋文字，宋人亦有鑿空之功。[1]

然而，宋代學者考證商周彝銘的重大弊病，當時就已經有學者給予了揭示，陳振孫在《直齋書録解題》一書中就曾指出：

> 本朝諸家蓄古器物款式，其考訂詳洽，如劉原父、吕與叔、黄長睿多矣。大抵好附會古人名字。如"丁"字，即以爲祖丁；"舉"字，即以爲伍舉；《方

---

[1]　王國維：《宋代金文著録表》，《王國維遺書》，上海古籍書店1983年版，第1頁。

鼎》，即以爲子産；《仲吉匜》，即以爲偏姑之類。遽古以來，人之生世夥矣，而僅見於簡册者幾何？器物之用於人亦夥矣，而僅存於今世者幾何？乃以其姓字、名物之偶同而實焉，余嘗竊笑之。惟其附會之過，并與其詳洽者皆不足取信矣。

一、皇家的彝銘學

宋代彝銘學研究的興起，和當時皇宫中對殷周青銅器的收藏有直接關係。特别是宋徽宗，儘管在《宋史·徽宗本紀》中并没有提到他的這一雅好。但是，在《宋史》的列傳中時有反映。如爲宋徽宗整理所收藏的殷周青銅器的是當時的太學博士劉昺。證據見《宋史·劉昺傳》：

> 徽宗所儲三代彝器，詔昺討定。凡尊、爵、俎、豆、盤、匜之屬，悉改以從古。

可是，劉昺并没有留下相關的研究著作。這樣看來，署名"王黼"的《宣和博古圖》一書，也就有可能是劉昺參與了其中的銅器分類工作。另一方面，利用古器考訂禮制的問題也已經成爲當時學者們的一種共識。《五禮新儀》中就引用了薛昂的奏摺：

> 臣竊見有司所用禮器，如尊、爵、簠、簋之類，與大夫家所藏古器不同。蓋古器多出於墟墓之間，無慮千數百年，其規制必有所受，非偽爲也。《傳》曰"禮失則求諸野"，今朝廷欲訂正禮文，則苟可以備稽考者，宜博訪而取資焉。

這一觀點十分明確，是借古器以訂正宋代禮制。

又見馬端臨《文獻通考》卷七十四引王普言，則更進一步明確了宋代借古銅器而訂正當時禮制的目的：

> 按祭器實仿聶崇義《三禮圖》制度，如爵爲爵形，負盞於背，則不可以反坫；簠簋如桶，其上爲龜，則不可以却蓋。此類甚多，蓋出於臆度而未嘗親見古器也。自劉敞著《先秦古器記》、歐陽修著《集古録》、李公麟著《古器圖》、吕大臨著《考古圖》，乃親得三代之器，驗其款識，可以爲據。政和新成禮器制度皆出於此。其用銅者，嘗有詔許外州以漆木爲之。至主上受命於應天，郊祀於維揚，皆用新成禮器，初未嘗廢止。緣渡江散失，無有存者。昨來明堂所用，

乃有司率意略仿崇義《三禮圖》，其制非是，宜并從古器制度爲定。其簠簋尊罍之屬，仍以漆木代銅，庶幾易得成就。

徽宗皇帝的彝銘學術研究和古器物學的真正水準如何，正史中一直缺乏詳細的記載。但是《籀史》中的一句描寫可以給我們提供一點幫助，見下：

後復幽燕，獲耶律德光所盜上古寶玉尊，形制與《黄目尊》等，瑩然無少玷缺。在廷莫知所用。帝獨識其爲《灌尊》，實周人之重寶。

由此可見，宋徽宗的古器物學水準還是很高的。當時的宣和殿就是專爲保存古器物而建的。見《九朝編年備要》的記載：

至宣和殿，祇三楹，左右掖亦三楹。中置圖書、筆硯、古鼎彝罍。

而且《籀史》中記載：

帝文武生知，聖神天縱，酷好三代鐘鼎書，集群臣家所蓄舊器，萃之天府。選通籀學之士，策名禮局，追迹古文，親御翰墨，討論訓釋，以成此書。後世之士識鼎彝犧象之制，瑚璉尊罍之美，發明禮器之所以爲用，與六經相表裏，以敷遺後學，可謂丕顯文王之謨也！

特別值得稱道的是：宋代彝銘學研究著作中對銅器圖示和彝銘摹寫的出現，開啓了早期考古學研究的基本範式。銅器實物和考古繪圖的有機結合，爲研究和考證古器物提供了巨大的幫助。這一切全是在大宋皇帝的親自宣導下展開的。銅器圖示還爲紋飾的研究奠定了基礎。整個宋代的彝銘學術研究圍繞着考證禮制、文字、史實到人名、器名、曆法等等方面而展開。寬廣而深厚的學術視野一下子就把傳統國學升華到了以古文字、古器物的考證之學爲主的高度，致使彝銘學術研究在宋代學術史上的地位和程朱理學并駕齊驅！

當然，毋庸諱言的是：宋代的彝銘學者有不少是歷史上所謂的奸臣、佞臣。這和他們爲了迎合當時皇帝的個人愛好以求升官有直接關係。

二、歐陽修的彝銘學

歐陽修（1007—1072），吉州永豐（今屬江西）人。字永叔，號醉翁，晚號六一居士。幼年喪父，在寡母撫育下讀書。仁宗天聖八年歐陽修成爲進士。次年任西京留守推官。景祐元年，召試學士院，授任宣德郎，充館閣校勘。景祐三年，被貶。

康定元年，歐陽修被召回京，復任館閣校勘，後知諫院。慶曆三年，與范仲淹等人推行慶曆新政，提出了改革吏治、軍事、貢舉法等主張。嘉祐五年，歐陽修拜樞密副使。次年任參知政事。以後，又相繼任刑部尚書等職。熙寧四年，以太子少師的身份致仕。居潁州。宋神宗熙寧五年閏七月二十三日，歐陽修在潁州（今屬安徽省）的家中，留下一萬卷藏書、一千卷《集古録》、一張琴、一局棋和一壺酒，溘然長逝。卒諡文忠。歐陽修嗜好金石文字，從慶曆五年到嘉祐七年，十八年間，收得鼎銘、碑志、法帖一千卷，名曰《集古録》，用以考正史傳訛闕，寫成《集古録跋尾》十卷，爲中國金石學之名著。他是題跋類著作考證彝銘文字的創始人。

《宋史·歐陽修傳》中對于他研究殷周彝銘一事，説明非常簡短，如下：

> 好古嗜學，凡周、漢以降金石遺文、斷篇殘簡，一切掇拾，研稽異同，立説于左，的的可表證，謂之《集古録》。

而在致劉敞的信中，他更進一步説明：

> 愚家所藏《集古録》，嘗得故許子春爲余言："集聚多且久，無不散亡，此物理也。不若舉取其要，著爲一書，謂可傳久。"余深以其爲然。昨在汝陰居閑，遂爲《集古録目》，方得八九十篇。不徒如許之説，又因得與史傳相參驗證，見史家缺失甚多。

在這裏，他已經非常明確了研究彝銘的目的就是："得與史傳相參驗證，見史家缺失甚多。"

《集古録》之外，他還有一部涉及彝銘學術研究的著作，即《六一題跋》。從書名上看，他是"晚更號六一居士"的，因此，此書也應該是他晚年時讀書和研究之作。歐陽修在當時與劉敞、楊南仲等人交往密切，時常有書信交流。在《宋史》中對此已經有明確記載。

根據李遇孫《金石學録》的記載：

> 文忠得古器銘，必屬楊南仲釋其字。南仲學問精博，與劉原父齊名。

此説來源于歐陽修，如《集古録跋尾》中對《綏和鐘》等幾件銅器的考釋，就出自楊南仲：

> 右古器銘四，尚書屯田員外郎楊南仲爲余讀之。其一曰《綏和林鐘》，其文

磨滅不完，而字有南仲不能識者。其二曰《寶盉》，其文完可讀曰："伯王般子作寶盉。其萬斯年子子孫孫，其永寶用。"其三、其四皆曰《寶敦》，其銘文亦同，曰："惟王四年八月丁亥。散季肇乍朕王母弟姜寶敦。散季其萬年子子孫孫，永寶。"

又見《集古録跋尾》：

自余集録古文，所得三代器銘，必問於楊南仲、章友直。

但是，歐陽修此書絕大多數全是碑銘，而彝銘研究祇占其中很少一部分。

林鈞《石廬金石書志》卷七稱：

寧鄉黃本驥據南海吳荷屋先生所藏陳氏《寶刻叢編》抄本，摘其所引《集古録目》者凡五百餘條。按立碑時代年月，釐爲五卷，以補叔弼原書之亡。原本十卷，據陳氏一家所引，僅存其半。而陳書凡二十卷，亡佚六卷，殘缺二卷，其存者亦復輾轉傳鈔，訛脫已甚，即一家所引亦不能僅存矣。然是編一出，人始知《跋尾》與《録目》爲二書。

在《集古録跋尾》中記載了歐陽修對彝銘的研究。如治平元年六月二十日《叔高父煮簋》的跋尾是：

原父在長安，得此簋於扶風。原甫曰："簋，容四升，其形外方內圓而小墇之，似龜，有首有尾有足有甲有腹。"今禮家作簋，亦外方內圓而其形如桶。但於其蓋刻爲龜形，與原甫所得真古簋不同。君謨以謂禮家傳其說，不見其形制，故名存實亡。原父所見，可以正其繆也。

在《終南古敦銘》的跋尾中，他又主張：

蘇軾爲鳳翔府判官，得古器於終南山下，其形制與今三禮圖所畫及人家所藏古敦，皆不同。初，莫知爲敦也。蓋其銘有"寶尊敦"之文，遂以爲敦爾。

可見蘇軾也擅長此學。他曾經考證胡穆所藏銅器說："胡穆秀才遺古銅器，似鼎而小，上有兩柱，可以覆而不蹶，以爲鼎則不足，疑其飲器也。"這裏他所謂的古銅器，顯然就是爵。但是宋人多不能辨別。

《晉姜鼎》彝銘摹寫

《晉姜鼎》彝銘釋文：

唯王九月乙亥。晉姜曰："余唯司（嗣）朕先姑君晉邦。余不

叚（暇）妄寧，巠（經）雝明德，宣郟我

猷，用召匹（弼）辥（乂）辟。每（敏）揚厥光。

剌（烈），虔不家（墜），魯覃京自（師），臂夒我

萬民。嘉遺我，賜鹵賷積千兩。勿瀘（廢）文侯覲（景）令。"卑（俾）貫通孔。

征緐湯雝。取歐吉金，用作寶尊鼎。用康釀（擾）妥（綏），襄（懷）遠𨑐（邇）

君子。晉姜用薪𣈆（綽）窈（綰）眉壽，

作疐爲亟（極）萬年無疆。用享用德。畯保其孫子，三壽是利。

在《韓城（晉姜）鼎銘跋》一文中，他將蔡襄的觀點引錄如下：

嘗觀石鼓文，愛其古質物象形勢，有遺思焉。及得原甫鼎器銘，又知古之篆字，或多或省，或移之左右上下，惟其意之所欲，然亦有工拙。秦漢以來，裁歸一體，故古文所見者止此，惜哉！治平甲辰正月，莆陽蔡襄。

其實，這也代表了他個人對這個觀點的肯定。

對于製作的背景研究，歐陽修有一段很有名的論述，見《集古録》：

古之人之欲存乎久遠者，必托於金石而後傳。其埋沉、埋没、顯晦、出入

不可知。其可知者，久而不朽也。然岐陽石鼓今皆在，而文字剝缺者十三四，惟古器銘在者皆完。則石之堅又不足恃。是以古之君子，器必用銅，取其不爲燥濕寒暑所變爲可貴者，以此也。古之賢臣名見《詩》《書》者，常爲後世想望，苟得其器，讀其文，器古而文奇，自可寶而藏之邪？

在歐陽修的後代中，繼承彝銘學術研究的是他的兒子歐陽發、歐陽棐。根據《宋史·歐陽修傳》的記載：

> 子發字伯和，少好學……不治科舉文詞，獨探古始立論議。自書契來君臣世系、制度文物，旁及天文地理，靡不悉究。

可惜歐陽發英年早逝。蘇軾曾認爲他"得文忠公之學"。

歐陽棐曾在其父指導下撰寫《集古録目》等金石學著作。

三、劉敞的彝銘學

劉敞（1019—1068），臨江新喻（今江西新余）人。字原父，世稱"公是先生"。慶曆六年進士。與其弟攽同登科。在廷試時本來名列第一，但因主考官王堯臣是他的内兄，爲了避嫌，在揭榜時有意將劉敞列爲第二名。但劉敞的名聲因此更加傳揚開來。

據江西《劉氏族譜》和劉敞《先祖磨勘府君（劉式）家傳》記載，新喻墨莊劉氏源出彭城，是漢高祖劉邦的同父異母弟弟、楚元王劉交的後裔。《劉氏族譜》所記從劉交到劉敞的世系如下：

楚元王劉交→劉富→劉辟强→劉德→劉向→劉伋→劉厚→劉節→劉昌→劉濬→劉毅→劉震→劉表→劉琦→劉鉉→劉伯陵→劉文→劉遐→劉啓→劉岱→劉芾→劉喬→劉彦→劉德傑→劉時濟→劉秦→劉延年→劉銓→劉行恕→劉性→劉朝賓→劉敏→劉守文→劉遜→劉超→劉逵→劉琠→劉式→劉立之→劉敞。

劉敞兄弟五人，依次爲劉元卿、劉真卿、劉敞、劉攽、劉放。

劉敞精研《春秋》之學，尤長于史學，曾助司馬光撰《資治通鑑》。劉敞以大理評事通判蔡州，後官至集賢院學士。與梅堯臣、歐陽修交往較多。爲人耿直，立朝敢言，爲政有績，出使有功。劉敞學識淵博，歐陽修《集賢院學士劉公墓誌銘》説他：

> 自六經百氏古今傳記，下至天文、地理、卜醫、數術、浮圖、老莊之説，無所不通；其爲文章尤敏贍。

劉敞在學術上的突出成就，最主要表現在對《春秋》學和對古器物的研究上，被公推爲中國古器物學、考古學、傳統金石學和青銅器研究的創始人之一。他曾搜集收藏商周古器物多件，後來又將其中的十一件古器物的形狀和彝銘描摹下來，彙爲一書出版，并爲此寫了一篇很有名的《先秦古器記》，介紹了古器物研究的三種方法。因此劉敞在中國學術史上占有非常重要的地位。他的收藏活動開啓了宋代民間收藏先秦古銅器的先河。

《鐵圍山叢談》中甚至把他和歐陽修推到了金石學創始人的位置：

> 初，原父號博雅，有盛名。曩時出守長安。長安號多古簋、敦、鏡、甗、尊、彝之屬，因自著一書，號《先秦古器記》。而文忠公喜集往古石刻，遂又著書名《集古録》，咸載原父所得古器銘款。由是學士大夫雅多好之，此風遂一煽矣。

關于劉敞，歐陽修在《集古録》中曾經説：

> 嘉祐中，友人劉原甫出爲永興守。長安，秦、漢故都，多古物奇器，埋没於荒基敗冢，往往爲耕夫牧豎得之，遂復傳於人間，而原甫又推喜藏古器，由此所獲頗多。

而歐陽修和劉敞在彝銘研究上交流頗多。見《宋史·劉敞傳》中的記載：

> 歐陽修每於書有疑，折簡來問，對其使揮筆，答之不停手，修服其博。

而且劉敞每得一古器，必拓彝銘拓本分送友人，這其中就包括歐陽修。《集古録》記載劉敞“每有所得，必模其銘文以見遺”。甚至多次感嘆説：

> 及得原甫鼎器銘，又知古之篆字，或多或省，或移之左右上下，惟其意之所欲，然亦有工拙。秦漢以來，裁歸一體。

《集古録》中記載了劉敞贈送其拓本和題跋之事：

> 近又獲一銅器，刻其側，云：“林華觀行鐙。重一斤十四兩，五鳳二年造第一。”今附墨本上呈。

又：

> 以其二器遺余，其一曰《伯同之敦》，其一曰《張仲之簠》。

這裏的"五鳳二年"即西漢宣帝五鳳二年（前56）。可知此銅器屬漢宣帝時器。

根據劉敞《先秦古器記》書中的收錄可知：當時他收藏的殷周青銅器有十一器，即《邾敦蓋》、《壽敦》、《伯庶父敦》、《晉姜鼎》、《雍公緘鼎》、《叔良父盨》、《伯冏父敦》、《仲言父敦蓋》、《張仲簠》三、《張仲簠》四、《張伯匜》。

北宋王朝自劉敞開始的大規模收藏殷周青銅器的現象，到了呂大臨作《考古圖》時統計：著名的銅器收藏家已有三十七家之多，共收錄了銅器二百一十一件。在《宋史·劉敞傳》中對他的這一研究有如下文字記載：

> 嘗得先秦彝鼎數十，銘識奇奧，皆案而讀之，因以考知三代制度，尤珍惜之。每曰："我死，子孫以此蒸嘗我。"朝廷每有禮樂之事，必就其家以取決焉。

又見李遇孫《金石學錄》中的記載：

> 劉敞在長安得先秦古器數十，愛其款識文字奇古，因以考知三代制度與先儒所說不同者，著《先秦古器記》。

但是，"嘗得先秦彝鼎數十"的他，却祇是在書中記載了十一器，可見他的收藏和著述是不對稱的。寫進書中的祇是他曾經收藏的幾分之一而已。因爲根據歐陽修《集古錄跋尾》中的記載，他"歸自長安，所載盈車"，這就說明了他收藏的數量之多。或許，他也有過散佚、出售、轉讓、贈送等行爲吧。劉氏考釋彝銘，主要是利用我們今日學術界所謂的"對照法"和"推勘法"，用他自己的話說，則是"以他書參之"。

在《先秦古器記》序文中，他曾說：

> 先秦古器，十有一物製造精巧，有款識皆蝌蚪書，爲古學者莫能盡通。以他書參之，乃十得五六。就其可知者，校其世，或出於周文武時，於今蓋二千有餘歲矣。嗟乎！三工之事，萬不存一，《詩》《書》所記，聖王所立，有可長太息者矣，獨器也。

此言可以說再次重申了彝銘在證史、證經中的學術價值。他是以彝銘證史研究商周禮制的先驅者，這一方法從他開始至今，千百年來已經發揚光大。在此書中，劉敞正式提出了彝銘學術研究的重大目的是：

> 禮家明其制度，小學正其文字，譜諜次其世諡。

這一觀點開啓了古代學術史上通過殷周彝銘考證先秦禮制的先河，它像一盞明燈，指明了殷周彝銘的學術研究價值和意義所在。

劉敞的弟弟劉攽也是一位歷史學家，曾"著書百卷，尤邃史學"。

四、呂大臨的彝銘學

呂大臨 (1040—1092) [1]，其先汲郡 (今河南衛輝) 人，後移居京兆藍田 (今陝西藍田)。字與叔。出身于一個世代書香的官宦之家，兄弟四人皆登及第，唯獨呂大臨氣質剛强，尊横渠先生教誨，不留連科舉，更無心仕途，一生追求學術研究。張載去世之後，他便奔洛陽拜程頤爲師，涉采衆長，博覽群書，在當時衆多的二程門徒中，呂大臨因其淵博的學識與謝良佐、游酢、楊時三人一起被時人稱爲"程門四先生"。元祐中，爲太學博士，遷秘書省正字。後范祖禹薦其充任講官，未及用而卒。

呂大臨通曉六經，尤精于三禮，與兄大防等同居時即切磋古禮，自謂所施冠、昏、喪、祭諸禮一本于古，當時有"關中言禮學者推呂氏"之稱。呂大臨晚年開始對青銅器進行收集與研究和文字注解。著有《考古圖》十卷。他將青銅器彝銘作爲一門學問系統地進行研究，并對文字加以考證。李濟在 1948 年的一次講演中公開評價此書：

> 這部書的出現，不但在中國歷史上，并且在世界文化史上，是一件了不得的事件。在這部書内，我們可以看見，還在十一世紀的時候，中國的史學家就能用最準確的方法，最簡單的文字，以最客觀的態度，處理一批最容易動人感情的材料。[2]

《考古圖》收録了當時秘閣、太常、官廷内藏和民間商周青銅器一百五十八器，全部共收録了二百三十四器。其中，僅李伯時一家就占據了六十二器。這些銅器大多是價值極高、造型精美的精品。每器先摹畫器物圖像，定以器名，然後又寫短文叙述出時間、地點、大小尺寸、容積重量，流傳經過及收藏情況。該書堪稱我國現存最早的古器物圖録和金石學、中國文物考古學的奠基之作。

---

[1] 關于呂大臨的生卒年，還有 1048—1094 年說、1046—1092 年說，筆者暫取 1040—1092 年說。

[2] 張世賢：《從毛公鼎的真僞鑑别展望中國古器物學的研究 (上)》，《文物保護與考古科學》1994 年第 2 期。

《考古圖》將考古分成了三種存在方式，即出土、民間與宮藏。該書是現存最早的較有系統的古器物圖録，吕大臨對古器物收録時，以質地不同而分别歸類，再行著録；除銅器外，把玉器單作一卷。書前專門設有"所藏姓氏"一文，説明這些銅器的主要收藏者。

吕大防、吕大忠、吕大鈞、吕大臨四兄弟，皆進士及第，被時人稱爲"吕門四賢"。除了吕大防爲北宋大臣外，其餘兄弟三人在考古和文物保護方面作出了奠基性的貢獻：吕大忠移《石臺孝經》于"府學之北塘"，爲西安碑林的創始者；吕大鈞是北宋關學的重要學者；吕大臨是宋代著名的金石學家和考古學家。

關于《考古圖》一書所收藏家，容庚在《宋代吉金書籍述評》一文中曾考證：

> 此書前列所藏姓氏：自秘閣、太常、内藏以外，目列凡三十七家。然按之本書，東平王氏、京兆孫氏黙、盧江高氏三家均無一器。漏列者有河南劉氏、京兆蘇氏、蘇臺蔣氏、河東王氏四家，共三十八家。[1]

綜合來看，該書大致有以下五大學術貢獻。

第一，該書基本上記載了每件青銅器的出土時間和地點、大小尺寸，爲科學的考古學研究奠定了基礎。如在對《鄭方鼎》考證中就先説明：

> 元祐丙寅春，新鄭野人耕而得之。高七寸有半，深三寸一分，縮六寸，衡四寸有半，容二升有半。

而對于不知道具體的出土地點的銅器，則大多説明其收藏及其經委。如卷三對《邠敦》的説明就是：

> 右二敦得於扶風，惟蓋存。藏於臨江劉氏。後又得一敦。敦蓋具全。藏於京兆孫氏。制度、款識悉同。高五寸有半，深四寸，口徑五寸九分，容六升一合，蓋徑六寸六分，高二寸四分，銘皆百有七字。

第二，該書對彝銘中的紀日彝銘提出了初步的見解。如該書在《公誠鼎》彝銘中出現的"惟王十有四月"的問題，他解釋説：

> 按，"惟王十有四月"，古器多有是文。或云"十有三月"，或云"十有九

月"。疑嗣王居憂，雖逾年未改元，故以月數也。

在這裏，他并没有認爲出現"惟王十有四月"是設置閏月的原因所致，而是因爲新王繼位之後，并没有立刻改元，繼續使用老王的年號所致。如老王在"惟王六年九月"時死了，新王繼位，他没有立刻宣布從現在開始應該進入"惟王元年一月"，而是繼續使用惟王六年九月、十月、十一月、十二月。超過了十二月後，他不能説已經進入了"惟王七年一月"了，因爲老王在"惟王九月"時已經故去了，所以他就使用唯王十三月、十四月……一直到他開始使用自己的"唯王元年一月"爲止。

這裏的"壬午"，過去一直有人釋讀爲"王才""王在"。我們仔細分析了本彝銘的内容和文字，應該不是"王才""王在"，而是"壬午"。此件銅器中没有"王"出現。這或許可以爲"唯王十有四月"提供一個證據。即王年存在，而老王不在、新王尚未繼位。具體彝銘拓片和釋文見下。

《公誠鼎》彝銘拓片

《公誠鼎》彝銘釋文：

唯十又（有）四月，既死
霸壬午。下蓋（叔）雒公
誠作尊鼎。用追享
丂（孝）于皇祖考。用［乞］
眉壽。萬年無疆。
子子孫孫永寶用。

出現這一現象的原因，吕大臨認爲是"嗣王居憂"。這種解釋有着明顯的倫理和親情色彩。這和當時宋代注重倫理和親情的社會大環境是一致的。

第三，該書注意到了青銅器在禮制研究上的重大作用和學術價值，所以特別配置了全部釋文和拓片，并且采用上拓下釋的形式加以排列。

如該書在考證《癸敦》彝銘中出現的"癸乍皇祖益公、文公、武伯、皇考龏白"這一祭祀現象時分析如下：

祭及四世，則知古之大夫惟止三廟，而祭必及高祖。武伯、龏伯，其祖考之爲大夫者，以謚配字，如文仲、穆伯之類。益公、文公，其曾高之爲諸侯者，大夫祖諸侯，末世之僭亂也。

而對于沒有彝銘的《牛匜》，他也能注意到其禮制價值：

按，公食大夫禮，具盤、匜，君尊不就洗也。士虞禮、特牲、少牢饋食，皆設盤、匜，尸尊不就洗也。匜，水錯於盤中，南流。流匜所以注水也。沃尸盥者一人，奉盤者東面，執匜者西面，淳沃，此用匜之事也。婦人之侍君子亦用之。晉公子重耳使懷嬴奉匜沃盥，今所圖數匜，有季姬、仲姞者是也。有謂之旅匜者。少者、賤者爲所尊貴執事，非一人共享斯器，故曰旅。足多象牛，順事也。

第四，該書對彝銘史料的歷史性解讀對後代學者的商周史研究提供了基礎。
如對于著名的《商兄癸彝蓋》彝銘的考釋。

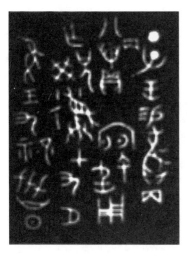

《商兄癸彝蓋》彝銘拓片

《商兄癸彝蓋》彝銘釋文：

丁子。王錫爵
丙申。貝在寒。用
作兄癸彝。十九月，
唯王九祀。世昌。

該書中考證説：

按：河亶甲居相即鄴郡。其文又稱“九祀”，爲商器無疑。云“兄癸”者，商以兄弟相及之辭也。故祀其先王或稱祖，如《毓祖丁卣》之類。或稱父，若《父辛旅彝》之類。或稱兄，若此彝之類。商人質，無謚，皆以甲乙記之。

當然，他沒有解釋這裏的“十九月”的問題，也忽略了對“世昌”的研究。
再如以彝銘斷代之論：

按鼎銘一字，奇古不可識，亦商器也。

第五，該書對青銅器的定名進行了一定程度的嘗試，雖然有些未必準確，但是基本上反映了宋代學者銅器命名學説的大致概況。

如《孔文父飲鼎》的器型和鼎有明顯區别。可是彝銘中出現了"乍飲鼎"字樣，于是，他提出如下見解：

> 按：此器銘謂之鼎，而制度乃類尊壺之屬，疑古人制器，規模亦有出入不一者。不然，則或文同而音異，皆未可考。

又如他在考證《丁父鬲》彝銘時提出了銅器斷代的外形標準：

> 此器自腹所容通足間，若股髀，然三體合爲一，丁父所作商器也。《虢叔鬲》及秘閣所藏二《周高鬲》，有闊足爲款者，有自下空爲款者，皆圓而不分三體，與此少異。

再如吕大臨在《考古圖》中利用《太初曆》解讀《散季敦》彝銘中的"惟王四年八月初吉丁亥"的記載：

> 以《太初曆》推之，文王受命，歲在庚午九年，而終歲在己卯。《書》曰："惟九年，大統未集。"武王即位之四年，敦文曰："惟王四年。"蓋武王也。是年一月辛卯朔，《書》曰："惟一月壬辰，旁死魄。"旁死魄，二日也。是歲二月後有閏。自一月至八月，小盡者四，故"八月丁亥朔"與敦文合。

這是吕大臨利用《太初曆》，結合《尚書·武成》中的相關記載，對《散季敦》彝銘中的"惟王四年八月初吉丁亥"的記載進行考證的推導過程。從《尚書·武成》中的"惟一月壬辰旁死魄，越翼日癸巳，王朝步自周，於征伐商"的記載，推導到當年的八月，正好在丁亥日、月相是初吉，因此《散季敦》彝銘中的"惟王四年八月初吉丁亥"的記載和《尚書·武成》中的"惟一月壬辰旁死魄，越翼日癸巳，王朝步自周，於征伐商"的記載是一致的。

當然，該書在青銅器定名的問題上也是錯誤頗多。容庚在《宋代吉金書籍述評》一文中曾指出：

> 其所定器名多舛：如父己鬲、方乳曲文大鬲、方乳曲文次鬲、父癸方彝乃鼎也。單夔從彝一乃斷足方鼎也。三牛敦乃鼎蓋也。單夔從彝五乃甗也。七旅鬲、四足鬲、單夔從彝四乃盉也。圓乳方文尊乃敦也。中朝事後中尊、象尊乃壺也。單伯彝、龍文三耳卣、三耳大壺乃罍也。商兄癸彝、單夔癸彝、父辛旅

彝、祖丁彝、父己人形彝、主父己足迹彝、挈壺乃卣也。單粿從彝二、癸舉乃
舨也……從單彝、師龡象彝乃尊也。[1]

貝塚茂樹在《中國古代史學の發展》一書中特別肯定了呂大臨在考古器形學上
的貢獻：

> 呂氏的《考古圖》在器形學上的重大貢獻也是必須加以説明的。作爲宗廟
> 祭器被製作使用的先秦銅器，在宗廟祭祀活動中具有複雜的儀禮上的用途，相
> 應的對其進行器形上的分類以及如何對多種多樣的銅器進行命名和分類成了器
> 形學上最重要的課題。[2]

特別是該書對銅器出土地和收藏經緯的説明更是極其寶貴的考古學資料，爲宋
代彝銘學術研究的科學化作出了不可磨滅的貢獻。

關于《考古圖釋文》一書，一卷，清人以爲趙九成撰，今人考證亦爲呂大臨撰。
林鈞《石廬金石書志》卷十三如是評價此書：

> 此書宋以後無刊本。著録家亦復罕見。趙氏取銘識古字，以《廣韻》四聲
> 部分編之，其有所異同者，則各爲訓釋考證。疑字、象形字、無所從之字，則
> 附於卷末。體例謹嚴，足資考訂。

此書奠定了現代考古學、古文字學的基礎。如彝銘中"眉壽"的"眉"字，寫
法頗多。文字筆劃複雜而難懂。呂大臨利用傳世文獻中"眉壽"連用的現象，推導
出"壽"之前之字必爲"眉"字的結論。而當時不少學者以爲是"麋壽"。由此看
來，呂氏使用的正是後代所謂的"推勘法"和"對照法"考釋古文字。他由此建立
了使用先秦傳世經典考釋商周彝銘的成功範例。他將青銅器彝銘作爲一門學問系
統研究，此書以八十五件青銅器彝銘爲材料，對彝銘用《廣韻》四部進行編排，
系字於其下，對金文的形、音、義進行考釋。用于糾正當時人們對古字的形、音、
義的一些傳統看法，成爲研究中國古代青銅器的第一部參考書籍，受到歷代學者
的重視和推崇。

再如他對《説文解字》中"京"字的解釋就增補了該書的不足：

---

[1]《容庚選集》，天津人民出版社1994年版，第7—8頁。
[2][日]貝塚茂樹：《中國古代史學の發展》，日本弘文堂書店1967年版，第79頁。

> 《説文》云：“京，絶高丘也。”《晉鼎》文從二高，《牧敦》文則上高下京，
> 皆有重高之義。《説文》省。

一句“《説文》省”表明了他對《説文解字》所收字形及其解釋不足的意見。當然，
以韻部處理彝銘文字的編排，更重要的是開啓了後代彝銘字典的著述體例，他的學
術史上的價值遠在其實際應用價值之上。這是不該忽視的。

然而，在對古器物定名上，吕氏時常有把共名當成專名來定名的現象，這是需
要注意的。

四、李公麟的彝銘學

李公麟 (1049—1106)，舒城 (今屬安徽) 人。字伯時，號龍眠居士。熙寧三年
(1070) 進士，歷任南康、長垣尉，泗州録事參軍等地方官員，後入京爲中書門下後
省删定官、御史檢法和朝奉郎。元符三年 (1100) 因病致仕。好古博學，喜藏鐘鼎
古器及書畫。善畫人物，尤工畫馬，蘇軾稱贊他：“龍眠胸中有千駟，不獨畫肉兼畫
骨。”《五馬圖》爲其代表作。

根據李遇孫《金石學録》中的記載：

> 李公麟，史稱其“好古博學，多識奇字”。自夏商以來鐘鼎尊彝，皆能考定
> 世次，辨測款識。聞一妙品，雖捐千金不惜也。善畫，嘗取平生所得暨其聞睹，
> 作爲圖狀，説其所以而名之曰《考古圖》。及大觀初，乃效公麟之《考古》作
> 《宣和殿博古圖》。

他對收集到的夏商以後鐘、鼎、尊、彝，都能考定世次，辨認款識。他的
《考古圖》對每件器物，都圖繪形狀，并解釋其製作、鑄文、款字、義訓及用途，
再作前序和後贊。翟者年《籀史》認爲，宋代“士大夫知留意三代鼎彝之學，實
始於伯時”。

由于此書已經失傳，我們所能看到的祇是《籀史》中記載的他的兩段觀點。
其一是：

> 聖人製器尚象，載道垂戒，寓不傳之妙於器用之間，以遺後人，使宏識之
> 士即器以求象，即象以求意，心悟目擊命物之旨，曉禮樂法而不説之秘，朝夕
> 鑑觀，罔有逸德，此唐虞畫衣冠以爲紀，而能使民不犯於有司，豈徒眩美資玩、
> 爲悦目之具哉？

其二是：

> 彝器款識真科斗古文，實籀學之本原、字義之宗祖。

關于前者，李公麟繼承了以往的"製器尚象，載道垂戒"的易學傳統，主張通過"即器以求象，即象以求意，心悟目擊命物之旨"而實現所謂的"曉禮樂法而不説之秘"儒家禮法教育意義。關于後者，他則將"彝器款識"的文字學意義升華到了"字義之宗祖"的地位上，奠定了以"彝器款識"來考證文字本義和起源的價值平臺。李公麟這兩個觀點一是在于禮制，一是在于文字，都成了後代彝銘學術研究的經典範式。

五、黃伯思的彝銘學

黃伯思（1079—1118），字長睿，別字霄賓，自號雲林子，福建邵武人。是李綱岳母的娘家侄子。李綱和黃伯思有兩重親戚關係：他們是"連襟"，分別與兩姐妹結婚；又是表兄弟。[1]其祖父乃資政殿大學士、御史中丞黃履。因黃伯思身體瘦弱，人稱"風韻灑落，飄飄有淩雲意"。黃伯思元符三年（1100）進士。哲宗時以銓試高等調磁州司法參軍，改通州司户、河南户曹參軍，後爲詳定《九域圖志》編修官，累遷秘書郎。黃伯思性好古文奇字，彝器上的款識，他悉能辨正。是當時著名的古文字名家，能辨秦漢前彝器款識，曾奉詔集古器考定真僞。又糾正王著所輯續正《法帖》，作《法帖刊誤》二卷。自六經到子、史、百家，無不精通。善畫，工詩文。善篆、隸、正、行、章草、飛白，皆精妙，亦能詩畫。《宋史·黃伯思傳》中稱黃伯思有《文集》五十卷。

今《東觀餘論》二卷乃其次子黃訒甄選其文章、題跋編集而成，明代萬曆年間曾有李春熙刻本和秀水項氏刻本，而後者則出自南宋莊夏刻本。此書被編入《津逮秘書》《學津討原》《邵武徐氏叢書》等叢書中。

在整個宋代，黃伯思是最爲著名的殷周青銅器真僞鑑定的專家。《宋史·黃伯思傳》中記載説他：

> 伯思好古文奇字，洛下公卿家商、周、秦、漢彝器款識，研究字畫體制，悉能辨正是非，道其本末，遂以古文名家……篆、隸、正、行、草、章草、飛白，皆至妙絕。得其尺牘者，多藏弃。

正因爲如此，所以大觀元年（1107），徽宗繞命令黃伯思根據從全國各地搜集所

---

[1]　黃伯思是李綱祖母的兄弟之孫。

得以及内府所藏銅器，編繪《博古圖》一書。可惜，此書很快被王黼重編的三十卷本《宣和博古圖》一書取代，但是它的首創之功是不可取代的。

如該書對著名的"★"字的考證，黃氏在《周舉鼎説》中主張：

> 案：★，古文舉字也。三代彝器有此文者頗多。如爵有《己舉》，卣有《丁舉》之類是也。《戴記》：晉杜蕢洗爵揚觶以規平公，時人因謂之杜舉。蓋爵、觶之屬，可舉以獻酬之器，故或目以舉。今此鼎亦銘以舉，而但一字，又非可舉以獻酬之器，則此所謂"舉"，乃人名也。

他甚至主張：

> 今驗其銘款，若非宋僖公舉，則伍舉也。僖公，微子之後，與周始終。伍舉，莊、共公之大夫，爲楚聞臣。

又如該書在《周寶龢鐘説》一文中對"走"之人名的解説：

> 走之名於經傳無見。蓋昔人自以稱謂，猶孤寡、不穀、臣、僕、愚、鄙，皆謙損之辭，故司馬遷自稱曰"太史公牛馬走"，班固自稱曰"走"亦不任厠技於彼列，説者謂以猶今自稱"下走"之類。

在此書中，黃伯思還對當時所謂的"奇字"發表看法：

> 古文高質而難遽造，若三代鼎彝遺篆是也；奇字怪巧而差易正，若漢劉棻從揚雄所學，及近世夏鄭公集《四聲韻》所載是也，今人往往不能辨之，遂盡以奇字爲古文焉。

由此而來，他對"古文"和"奇字"的認識已經昭然若揭。

此書之外，又曾著《博古圖説》十一卷。此書之影響，可以李遇孫所言爲根據："後之修《博古圖》者，頗采取焉"。關于《博古圖説》一書，宋代陳振孫《直齋書録解題》卷八中云：

> 凡諸器五十九品，其數五百二十七。印章十七品，其數二百四十五。案，李丞相伯紀爲長睿志墓，言所著《古器説》四百二十六篇，悉載《博古圖》。今以《圖説》考之，固多出於伯思，亦有不盡然者。

李伯紀即李綱，黃伯思是李綱之父李夔的弟子，可説關係久遠。所言或有偏頗，但大致合理。

在學術研究上，他和董逌經常交流。《廣川書跋》中也有相關記載，見下一節。

六、董逌的彝銘學

董逌（約1079—約1140），字彦遠，東平（今山東東平）人。靖康末官至司業，遷徽猷閣待制。家富藏書，依其藏書而撰有《廣川藏書志》二十六卷，早佚。今據陳振孫《直齋書録題解》得以考見涯略，乃以其家所藏考其本末而爲之論，説及于諸子而止。著有《廣川書跋》十卷，所録皆古器款識及漢唐以來碑帖，考證皆極精當。

董逌生而穎悟，刻苦務學，博極群書，對書中所述材料，除自藏者外，曾多方求訪，石刻則傳拓墨本。至其辨真僞、訂源流、求旁證，都相當嚴謹。前四卷記述周、秦鐘鼎彝器、權量彝銘及《詛楚文》《嶧山銘》等石刻文字，共75種，皆詳加考辨。董逌博極群書，酷好金石，董棻《廣川書跋序》中言其：

> 前代石刻在遠方若深山窮谷、河心水濱者，亦托人傳模墨本。

關于《廣川書跋》一書，林鈞《石廬金石書志》卷十三稱：

> 康熙中，何仉瞻得吳方山、秦季公、譚公度、錢叔寶各家鈔本，而以王伯穀本爲最佳。經何氏校正，此係張鈞衡據何本付雕。比《津逮》大爲改觀。其中訂正頗多，詳見張跋之內。

董逌與黃伯思二人在當時是十分要好的朋友，他們在一起時常交流對殷周青銅器的研究和看法，在《廣川書跋》卷一中曾記載這樣一段他們二人關於青銅器器名和斷代問題之間展開爭議的史實：

> 政和三年，内降宣和殿，《古器圖》凡百卷，考論形制甚備。於是館下以藏古器，別爲《書譜》上。校書郎黃伯思以圖示余，曰："《商素敦》者，其高五寸五分，深四寸一分，口徑六寸七分，其受八升，重六斤有七兩，皆今之權量校也。其制兩蚪，首耳下有珥，蓋其尾歧出。"且曰："古敦之存於今者，若《周宰辟父敦》《散季敦》《邾牧敦》《戠敦》《虢姜敦》，皆有款識。此器特異，疑爲商人製也。"

可見，黃氏從尺寸、重量、容量、款識和形制幾個方面入手，對商周銅器進行斷代。而董氏則認爲：

余考之蜼，寓屬其尾歧出，古之宗彝也。自虞舜已然，豈特商邪？於是定爲《蜼鼎》。

蜼，一種體形較大的長尾猴，黃黑色，尾長數尺，古語中有所謂"猿蜼晝吟"之說。在青銅器形制上其實也就是屬于猴形青銅器。董氏此說顯然不很贊同黃氏之論，則董氏已經發現了黃氏在器名和斷代問題上存在的缺陷。

他對青銅器定名中朝代名的有無看得很重要。因此，在他的書中凡是涉及對青銅器的定名，他很少冠以或商或周的朝代名稱。但是，他廣泛應用了器形和尺寸作爲斷代的基本準則，這一點是值得肯定的。

在《廣川書跋》一書中特別值得肯定的是他對《犧尊》的考訂。當時，李誠主張把殷周銅牛形的銅器定名爲《犧尊》是"於《禮圖》考之，不合"。于是，董氏考證說：

余謂古之制，《犧尊》如此，後世不得其制，故《禮圖》者失之。鄭康成曰"畫鳳凰尾娑娑"，然今無此器，當禮家錄禮器，則依康成爲據。昔劉杳號博識，雖知康成爲誤，猶謂刻木爲鳥獸，鑿頂及背以出酒。昔魏得《齊大夫子尾送女器》，作犧牛形；晉永嘉中，曹嶷發齊景公冢，又得二尊，亦爲牛象。杳蓋未嘗見犧牛分其首受酒，則又吻合如全牛。特受酒受飯則開而出內之，以是爲異。杳乃謂"鑿頂及背"，誤也。康成當漢世，此器固未出，宜不得考其制。如阮諶聶崇義，則二器已出，雖未嘗見，魏、晉、梁、齊書盡得考之矣。乃畫牛負尊，何其愈陋也。今世此器多見禮器，故可知。或曰："杳謂以木爲之，何也？"余謂："古者，亦以木爲尊，故曰溝中斷木，以爲犧尊，知有其據。木久則壞，世不復傳，今人見者，皆赤金也，謂'古不得以木爲尊'，是待目見而後信者，可與論禮制哉！"

董氏的觀點十分準確而科學，這成爲以青銅器形制考證青銅器朝代及其真偽的重要依據。他和黃氏二人都是宋代青銅器斷代學說的杰出先驅！

董逌是宋代對于器形、器名問題研究最多，成就最大的學者。

如他對匜、尊、罍、甗、匦、盉、鋪等銅器名稱的考訂，我們在前面的《器名用語》一章中已經進行了說明。雖然有些定名是錯誤的，如該書在《伯考父簋銘》考證中主張：

古以敦、璉、瑚、簋爲同物。漢儒考定皆黍稷器也。前世禮官謂簠、簋以銅而後世以木者，非也。

顯然這一結論是錯誤的。但是，絲毫不能掩蓋他的學術貢獻。如他至少已經注意到了器形大小和器名的關係：

> 蓋彝、卣、罍，器也。卣，中尊也。然則罍大尊可知也。

再如他也注意到了銅器的隨時代而發展的情況：

> 古甒皆有蓋、有秌。其下可爨上可羃，以爲丞塵者也。許慎言後改爲甑。甑、甒形相類，不可便爲一物，特後世甒廢而甑獨存也。

甚至他也批判了自許慎以來的一些錯誤見解：

> 昔許慎以盉爲調味器，顧野王直以盉爲味，陸法言以盉爲調五味鑊。蓋自《周官》《儀禮》竄失本文後，俗襲誤，莫知所本也。今考於書則以鑊爲鑇，而以鑇爲嘗，嘗爲器。盆之大者，盌則小於盆而同制矣。則盉不可謂鑊。

這些是他遠遠高于他人的地方。

董逌已經注意到了銅器與禮制之間的内在聯繫，他在考證彝銘中處處以器形、禮制爲依據，顯示了在當時獨特的見解和學術價值。如在《仲作辛鼎銘》的考證中，他就主張：

> 伯仲之叙，別長少。自堯舜以至三代盡然，惟著稱則異。夏商不待年五十，凡長則稱伯，次則稱仲。周人必待五十而後稱伯仲，此其制文也。《仲作辛鼎》，其可考者以名知之，辛壬丁甲惟殷爲叙，而伯不配甫者，亦殷道也。《禮緯》曰"質家稱仲，文家稱叔"，又益知其説信然。

董氏在考證前多表明銅器尺寸。如對《商觚》考證中，他首先描述：

> 秘閣有觚二，其一高七寸七分，深五寸一分，口徑四寸五分，受一升。其二高七寸，深五寸三分，受九合。

然後，他利用銅器尺寸實現對銅器種類的考證：

> 其制無四廉，樸素不文，或定以爲商觚。古量比今纔及三之一，則其受一升當古之三升，不得爲觚也。

對于彝銘中出現的"十有四月"的問題，他提出了與眾不同的解釋：

十四月者，蔡君謨嘗疑之。此蓋自王之即位通數其月爾。或謂周之十四月爲夏之二月。《元命苞》曰"夏以十三月爲正"，故《管子》有"十三月令人之魯""二十四月魯梁之民歸齊""二十八月萊莒之君請復"之語。如此，自是古人書時不必月嗣，君未改年以月數計之。

董氏的《廣川書跋》和歐陽氏的《六一題跋》的出現，以題跋的形式開啓了後代考證彝銘的著述體例。這和當時其他著作祇熱衷于對彝銘進行解釋的現象，已經有了明顯的區別。

七、王黼的彝銘學

王黼（1079—約1126），初名甫，賜改爲黼，字將明。開封祥符（今河南開封）人。爲人多智善佞。崇寧二年（1103）進士。初因何執中推薦而任校書郎，遷左司諫。因助蔡京復相，驟升至御史中丞。歷翰林學士、翰林學士承旨。勾結宦官梁師成，以父事之。宣和元年（1119），拜特進少宰，權傾一時。官至太傅，封楚國公。與蔡京、童貫等并稱"六賊"。欽宗即位，被處流放，在途中被殺。

大觀元年（1107），徽宗命黃伯思根據從全國各地搜集所得以及內府所藏銅器，編繪而成《博古圖》一書。宣和五年又命王黼重修，增加新搜集的銅器，成爲人們今日所見的集八百三十九件、共三十卷的《宣和博古圖》。《籀史》中特別記載了徽宗皇帝在此書成書中的作用：

帝文武生知，聖神天縱，酷好三代鐘鼎書，集群臣家所畜舊器，萃之天府。選通籀學之士，策名禮局，追迹古文，親御翰墨，討論訓釋，以成此書。

這一記載比較客觀而且真實可信。

《宣和博古圖》著録了當時皇室在宣和殿所藏的自商至唐的銅器八百三十九件，集中了宋代所藏青銅器的精華。全書共三十卷。與以前的金石學著作相比，此書在青銅器的器形學研究方面有了長足的進步。他把銅器分成鼎、尊、甗、罍、鬵、彝、卣、簋、豆、鋪、鬲、鍑、盂、盦、瓶、匜、盤、洗、鐘、磬、錞、鐸、鉦、轅。總體來看，分類還不是很成熟，如"轅"下又分三類，"鬵"和"鬲"的區別也不是很清楚。

每類有總説，每器皆摹繪圖像，勾勒彝銘，并記録器物的尺寸、容量、重量等，或附有考證。所繪圖形較精，圖旁器名下注"依元樣製"或"減小樣製"等以標明圖像比例。這一特點特別值得稱道。該書所繪圖形構圖合理，富有立體感，成爲現代中國考古學上器形對比研究的先河。書中每能根據實物形制以訂正《三禮圖》之失，考訂精審。其所定器名，如鼎、尊、罍、爵等，多沿用至今。

關于《宣和博古圖》一書的作者，晁公武《郡齋讀書志》説：

> 皇朝王楚集三代、秦、漢彝器，繪其形範，辨其款識，增多吕氏《考古》十倍。

到了《四庫全書總目》，該書的作者問題總算解決了：

> 元至大中重刻《博古圖》，凡"臣王黼撰"云云都爲削去，殆以人廢書，則是書實王黼撰。

在此之前，錢曾在《讀書敏求記》一書中首發是論，但是到了《四庫全書總目》纔算是定論。[1]

是書對彝銘考釋、考證雖多有疏陋之處，但亦有允當者，清代《四庫全書總目》評述説：

> 其書考證雖疏，而形模未失；音釋雖謬，而字畫俱存。讀者尚可因其所繪，以識三代鼎彝之制、款識之文，以重爲之核訂。當時裒集之功亦不可没。

李遇孫在《金石學録》中評價：

《周文王鼎》彝銘拓片

> 雖辨證多疏謬，然古銘字、古器形尚存，考古者有取焉。

如該書對《周文王鼎》彝銘"魯公作文王尊彝"的考證和研究，見下。

《周文王鼎》彝銘釋文：

> 魯公作文
> 王尊彝。

他考證説：

---

[1] 余嘉錫以爲此書作者是王楚，或許失之考證。見《四庫提要辨證》，中華書局 1981 年版，第 803—805 頁。

　　銘七字，按"鹵"字，許慎《説文》云："從西省，象鹽形。鹵即魯字也。"古《尚書》"魯"作"**㞶**"。古之文字，形聲假借，如"鄟"作"許"，"咎"作"皐"，"繆"作"穆"之類是也。尊，《説文》云："酒器也。從酋，廾以奉之。"今"尊"旁加"**阝**"，乃"阜"字。從阜者，蓋取高大之意。彝，《説文》云："宗廟常器也。從糸。糸，綦也。"廾，持米器中實也。**王**聲也。今"彝"其首作"**氶**"者，乃**王**也。其左作點者，象米形也。右作**𡿨**者，糸也。下作**𦥑**者，廾也。魯公者，周公也。文王者，周文王也。按《史記·魯世家》云："武王遍封功臣同姓戚者，封周公旦於少昊之墟曲阜，是爲魯公。周公不就封，留佐武王。"今考其銘識文畫，尚類於商，則知周公之時去商未遠，故篆體未有變省。以是推之，則此爲周公作祭文王之器無疑。其制是象蜼形。上爲鼻，下爲尾。高而且長。其兩耳亦鏤蜼文。蜼之爲物，《爾雅》以爲禺屬。昂鼻而長尾。尾有兩岐。遇雨則以尾塞其鼻。蓋取其有智。袞冕繡宗彝之章而以虎蜼，亦此義也。其身四周隱起獸面，蓋饕餮之象也。古者鑄鼎象物，以知神奸。鼎設此象，蓋示飲食之戒。銘曰"尊彝"者，舉禮器之總名而已。是鼎也，仲忽於元祐間進之。

　　這一考證結合了古文字學、古器物學、美術考古和紋飾、歷史文獻的記載等多個方面，甚至包括了銅器的由來，顯示出王黼作爲一代彝銘學者的學術素養和見識。

　　該書力求結合全部收藏的青銅器進行斷代，依據的主要材料就是彝銘。因此，對彝銘中出現人名的考證與歷史還原成爲該書努力的方向。但是，該書有些考證時有武斷之嫌。如對《商持干父癸卣》彝銘的考證中就以爲：

　　　　其銘曰"父癸"，則明爲子以奉其父者。在商之時號"報癸"者，惟成湯之父。故今所藏彝器凡商物銘"癸"者，皆歸之"報癸"。

祇因爲商代的"報癸"是"成湯"之父，就把彝銘中出現的所有的"父癸"一律看作是"成湯"之父的"報癸"，這實在是太絶對化了。又如把一個字誤釋爲兩個字，見該書《周月星鼎》彝銘中的"月星"二字，實爲一個字。

　　但是，有些考證對于後人瞭解西周禮制還是大有裨益的。如該書對《周淮父卣》彝銘的考證：

　　　　夫卣非燕饗之器，惟祀宗廟之神則用之，其所盛則秬鬯也。且君錫臣以秬鬯之祼，其始則盛於卣，其終則祼於彝，所以求神於陰者。

這段論述對于瞭解青銅器的禮器作用和具體的儀式過程大有幫助。

再如該書卷六對《商辛尊》彝銘的考證，也是闡明禮制的意義：

日"亞"者，次也。或主於獻，或主於器。蓋未可以定論也。商之君以辛
名者多矣，曰祖辛、曰小辛、曰廩辛，而此言"人辛"者，按《商立戈癸尊》，
其銘亦稱日人，則"人辛"者，乃商君之號辛者耳。且此君也而謂之人。蓋二
帝而上，體天以治人，故謂之帝。帝也者，天道也。三代而下，修人以奉天，
故謂之王。王也者，人道也。故記禮者，稱商曰商人、周曰周人者，蓋如此。
觀是器，不銘功，不載誓，宜其後世泯滅而無聞矣。今也千萬世而下，人得而
想見之，此所謂其人亡而其政存者類矣。且夫政存猶得而考之，矧乃托之金石，
而禮之所藏正在於是，則考之固不謬矣。

類似的考證還可以見《簠、簋、豆、鋪總說》一文：

去古既遠，禮文寖失，況遭秦滅學之後，其書焚矣。疑以傳疑而無所考證，
則諸儒臨時泛起臆說，無足觀者。故見於《禮圖》則以簠爲外方而內圓，以簋
爲外圓而內方，穴其中以實稻、梁、黍、稷，又皆刻木爲之，上作龜蓋，以體
蟲鏤之飾，而去古益遠矣。

看起來，王黼注意到古銅器對于當時禮制的訂正意義。和考證商周史實相比，
他更注重的是對商周禮制的考證和研究。他特別批判了兩漢儒家關於商周禮制的一
些謬說，直接指斥爲"漢儒臆說之學"。這可以説是貫穿該書的宗旨。

因此之故，在政和三年，《九朝編年備要》記載：

中丞王黼亦乞頒《宣和博古圖》，命儒臣考古以正今之失。乃詔改造禮器。
自是鼎、俎、豆、籩之屬，精巧殆與古同。

可見，王氏的古器物學有着强烈的禮學價值功用。他在該書中也多次力主"凡彝器
有取材于物者小而在禮實大，其爲器也至微，而其所以設施也至廣"。

另外，該書還開啓了對青銅器紋飾研究的先河。如該書對青銅器上獸面紋即
爲上古史料中所謂的"饕餮"的論述，就極其準確，把上古神話與青銅器紋飾統
一起來。

書中所著録的銅器，靖康之亂時爲金人輦載北上，但其中十之一二，曾流散江南，見于張掄《紹興内府古器評》中。這二十類雖以文物的器型劃分，但實質上是以器物的功用區分的。它把始于商、迄于唐的上述各種器物，按種類著録，就説明每一種類具有相同的功用，儘管不同時代的具體型制不同，并不影響把它們歸入一類。王黼本人也喜歡收藏，《宋史·佞幸傳》中記載他：

> 凡四方水土珍異之物，悉苛取於民，進帝所者不能什一，餘皆入其家。

當然，此書也是錯誤頗多。爲此，《容齋隨筆》卷十四中評價如下：

> 政和、宣和間，朝廷置書局以數十計，其荒陋而可笑者莫若《博古圖》。予比得漢匜，因取一册讀之，發書捧腹之餘，聊識數事於此。《父癸匜》之銘曰"爵方父癸"，則爲之説曰："周之君臣，其有癸號者，惟齊之四世有癸公，癸公之子曰哀公，然則作是器也，其在哀公之時歟？故銘曰'父癸'者此也。"夫以十干爲號，及稱父甲、父丁、父癸之類，夏、商皆然，編圖者固知之矣，獨於此器表爲周物，且以爲癸公之子稱其父，其可笑一也。《周義母匜》之銘曰"仲姞義母作"，則爲之説曰："晉文公杜祁讓偪姞而己次之，趙孟云'母義子貴'，正謂杜祁，則所謂仲姞者自名也，義母者襄公謂杜祁也。"夫周世姞姓女多矣，安知此爲偪姞，杜祁但讓之在上，豈可便爲母哉？既言仲姞自名，又以爲襄公爲杜祁所作，然則爲誰之物哉？其可笑二也。《漢注水匜》之銘曰"始建國元年正月癸酉朔日製"，則爲之説曰："漢初始元年十二月改爲建國，此言元年正月者，當是明年也。"按《漢書》王莽以初始元年十二月癸酉朔日竊即真位，遂以其日爲始建國元年正月，安有明年却稱元年之理？其可笑三也。楚姬盤之銘曰"齊侯作楚姬寶盤"，則爲之説曰："楚與齊從親，在齊湣王之時，所謂齊侯，則湣王也。周末諸侯自王，而稱侯以銘器，尚知止乎禮義也。"夫齊、楚之爲國，各數百年，豈必當湣王時從親乎？且湣王在齊諸王中最爲驕暴，嘗稱東帝，豈有肯自稱侯之理？其可笑四也。《漢梁山銅》之銘曰"梁山銅造"。則爲之説曰："梁山銅者，紀其所貢之地，梁孝王依山鼓鑄，爲國之富，則銅有自來矣。"夫即山鑄錢，乃吳王濞耳，梁山自是山名，屬馮翊夏陽縣，於梁國何預焉？其可笑五也。觀此數説，他可知矣。

容庚《宋代吉金書籍述評》一文中更進一步指出：

使今日而評此書，其銘文之誤摹誤釋，正不可勝數。[1]

但是即便如此，此書的學術價值和學術貢獻還是不容忽視的。

八、趙明誠、李清照夫婦的彝銘學

趙明誠（1081—1129），密州諸城（今山東諸城）人。字德甫，又字德父。宋徽宗崇寧年間宰相趙挺之第三子。著名金石學家。趙明誠在太學讀書時與李清照結婚。李清照（1084—1155），號易安居士，齊州章丘（今山東章丘）人。李清照自建中靖國元年（1101）結婚後，協助趙明誠編撰《金石錄》，收集了大量的金石文物和圖書。崇寧四年（1105）十月趙明誠被授鴻臚少卿。大觀元年（1107）三月，趙挺之去世，遭蔡京誣陷，被追奪贈官，家屬受株連。趙明誠夫婦從此屏居青州鄉里十多年。宣和年間趙明誠先後出任萊州、淄州知州。宋高宗建炎元年（1127）起知江寧府。宋高宗建炎三年（1129）移知湖州，未赴，病逝于建康。趙明誠致力于金石之學。他曾在《金石錄序》自謂：

> 余自少小喜從當世學士大夫訪問前代金石刻詞，以廣異聞……所傳倉史以來古文奇字、大小二篆、分隸行草之書，鐘、鼎、簠、簋、尊、敦、甗、鬲、盤、杅之銘……略無遺矣。

與李清照結婚後，對金石學更是日趨痴迷，有“盡天下古文奇字之志”《金石錄後序》。經過多年的親訪搜集，在李清照幫助下，趙明誠完成了《金石錄》的寫作。這是一部繼歐陽修《集古錄》之後，規模更大、價值更高的研究金石之學的專著。

著錄所藏金石拓本，上起三代、下及隋唐五代，共二千種。該書序中云：

> 取上自三代、下迄五季，鐘、鼎、甗、鬲、盤、匜、尊、敦之款識，豐碑大碣、顯人晦士之事迹，凡見於金石刻者二千卷，皆是正訛謬，去取褒貶。上足以合聖人之道，下足以訂史氏之失者，皆載之。可謂多矣。

《金石錄》三十卷。前十卷爲目錄，按時代順序編排；後二十卷就所見鐘鼎彝器款識和碑銘墓誌石刻文字，加以辨證考據，對兩《唐書》多作訂正，是研究古代金石必備之書。其中，卷十一至卷十三專收商周銅器彝銘，但是卷十三後半部分也有

---

[1]《容庚選集》，天津人民出版社1994年版，第25頁。

少量秦漢器銘。

此書在宋代有兩種刻本流傳。其一爲龍舒郡齋初刻本，其二爲趙不譾重刻本。

關于前一版本，洪邁《容齋四筆》卷五中評價：

> 東武趙明誠德甫，清憲丞相中子也。著《金石録》三十篇，上自三代、下訖五季，鼎、鐘、甗、鬲、盤、匜、尊、爵之款識，豐碑大碣、顯人晦士之事迹，見於石刻者，皆是正僞謬，去取褒貶，凡爲卷二千。其妻易安李居士，平生與之同志，趙没後，愍悼舊物之不存，乃作《後序》，極道遭罹變故本末。今龍舒郡庫刻其書，而此序不見取，比獲見元稿於王順伯。

關于後一版本，趙不譾《金石録跋》云：

> 趙德父所著《金石録》，鋟版於龍舒郡齋久矣，尚多脱誤。兹幸假守，獲睹其所親鈔於邦人張懷祖知縣，既得郡文學山陰王君玉是正，且惜夫易安之跋不附焉。因刻以殿之。用慰德父之望，亦以遂易安之志云。

該書大致記載了每件器物的出土、收藏情況，對彝銘內容及當時學者的研究情況有一定程度的介紹。如對安州六器的記載："凡方鼎三、圓鼎二、甗一。"針對當時研究活動中出現的比附古人的現象，該書也進行了批評。如《中姞匜銘》中評述：

> 初，伯時得古方鼎，遂以爲晉侯賜子産者。後得此匜，又以爲晉襄公母偪姞器，殊可笑。凡三代以前諸器物，出於今者皆可寶，何必區區附托書傳所載姓名然後爲奇乎？此好古者之蔽也。

因此，陳振孫在《直齋書録解題》中曾經對此評述説：

> 本朝諸家蓄古器物款式，其考訂詳洽，如劉原父、吕與叔、黄長睿多矣。大抵好附會古人名字。如"丁"字，即以爲祖丁；"舉"字，即以爲伍舉；《方鼎》，即以爲子産；《仲吉匜》，即以爲是偪姞之類。邈古以來，人之生世夥矣，而僅見於簡册者幾何？器物之用於人亦夥矣，而僅存於今世者幾何？乃以其姓字、名物之偶同而實焉，余嘗竊笑之。惟其附會之過，并與其詳洽者皆不足取信矣。惟此書《跋尾》獨不然，好古之通人也。

可見，"好古之通人"一句應該是對此書作者的最佳評價了。

　　對于彝銘姓名與古人姓名相同者，他們也很客觀地説："古人姓名或有同者，未可知也。"

　　在銅器定名上，他也有主張。如《古器物銘》中就説：

　　　　然方鼎與甗自是兩器名，今遂以爲一物，非也。

對于當時著名的《文王尊彝銘》，他在評述此器發現經緯後，提出了自己對此器彝銘的研究：

　　　　然兹器製作精妙，文字奇古，決非僞物，識者當能辨之。

　　又如他對商周彝銘中曆法的研究，見《金石録》卷十一《商雒鼎銘》：

　　　　右鼎銘，劉原父得於商雒。銘云："維十有四月。"蔡君謨嘗問原父："十有四月者何？"原父不能對。吕氏《考古圖》云："古器銘多有是語，或云十三月，或云十九月。疑人君即位居喪，逾年未改元，故以月數。"余嘗考之。古人君即位，明年稱元年。蓋無逾年不改元之事。又余所藏《牧敦銘》有云"惟王十年十有四月"，以此知吕氏之説非是。蓋古語有不可曉者，闕之可也。

　　由此也可以看出趙、李二人治學態度的嚴謹。尤其難得可貴的是：此書也記載了很多銅器出土的地點和由來。如《爵銘》記載"大觀中，濰之昌樂丹水岸圮，得此爵及一觚"，等等。

　　關于《金石録》一書，李清照後序中言趙明誠和她：

　　　　或見古今名人書畫一代奇器，亦復脱衣市易之事……每獲一書，即同共校勘，整集籤題。得書畫彝鼎，亦摩玩舒卷，指摘疵病。

　　此書版本頗多。清代瞿鏞《鐵琴銅劍樓藏書目録》中曾言："是書以菉竹堂鈔宋本爲最善。盧刻雖云依之，實未見葉氏真本，故有舛訛。"清代李慈銘《越縵堂讀書記》中評述説："趙氏援碑刻以正史傳，考據精慎，遠出歐陽文忠《集古録》之上。"然又以爲"惜版刻未工，頗有誤字，與所刻《雅雨堂叢書》迥殊。蓋此書登木在後，或非盧氏親自付梓，故獨不入叢書中，爲單行本耳"。

　　林鈞《石廬金石書志》卷十三稱：

　　　　按輓近流行刻本，當推雅雨堂盧校本爲最精。而三長物齋、槐盧諸刻本亦
　　有可取。仁和朱氏結一盧重刊汲古本附有繆氏劄記，足與雅雨本相頡頏，未多
　　葉仲盛、歸有光兩跋。

又見《籀史》一書記載：

　　　　趙明誠《古器物銘碑》十五卷，商器三卷，周器十卷，秦漢器二卷。河間
　　劉跂序，洛陽王壽卿篆。

則似乎《金石録》外尚有一書，前代學者已經對此深表疑問。見《四庫全書總目提
要》："據其所説，則十五卷皆古器物銘，而無石刻。當于《金石録》之外别爲一書。
而士禛以爲即《金石録》者，其説殊誤。豈士禛偶未檢《金石録》歟？"孰是孰非，
頗難斷定。

第四節　彝銘學研究述評（南宋）

　　處于南方的南宋王朝，對于出土銅器的收集自然無法和北方相比，因此，整理
彝銘學著作和拓片考釋成了這一時期的主要特點。而且，圖録類著作的減少和拓片
的短缺、摹寫取代了原始拓片的現象非常普遍。

一、鄭樵的彝銘學

　　鄭樵（1104—1162），興化郡莆田（今屬福建）人。字漁仲，世稱"夾漈先生"。
自幼立志讀遍古今書，一生不應科舉，畢生從事學術研究，在經學、禮學、語言學、
自然科學、文獻學、史學等方面都取得了成就。完成編纂《通志》，于紹興二十六年
再度往臨安獻書，深得高宗的賞識，授予右迪功郎樞密院編修，但晚年也曾附會秦
檜，其中説"兵火之後，文物蕩然。恭惟相公撥灰燼而收簡編，障橫流而主吾道，
使周孔之業不墜于地。士生此時，寧無奮發"而倍受人詬病。《通志》是一部百科全
書性質的中國古代文化著作，又是研究歷史、文學、小學、民族學、天文學、地理
學、動植物學等各學科的綜述性專著。該書共二百卷，分爲《帝紀》十八卷、《皇后
列傳》二卷、《年譜》四卷、《略》五十一卷、《列傳》一百二十五卷。而其中《略》
分二十篇，共五十一卷，分别是《氏族略》《六書略》《七音略》《天文略》《地理略》

《都邑略》《禮略》《謚略》《器服略》《樂略》《職官略》《選舉略》《刑法略》《食貨略》《藝文略》《校讐略》《圖譜略》《金石略》《灾祥略》《昆蟲草木略》。

《宋史·鄭樵傳》中曾記載他和同鄉學者有過研究金石學的經歷：

> 乃游名山大川，搜奇訪古，遇藏書家，必借留讀盡乃去……同郡林霆，字時隱，擢政和進士第，博學深象數，與樵爲金石交。

但是，當時周必大曾經在日記中如此評價他說：

> 樵好爲考證……成書雖多，大抵博學而寡要。

此說也頗爲中肯。

他的以下幾篇著作涉及了彝銘研究：《通志·金石略》《通志·六書略》《通志·續汗簡》和《通志·石鼓文考》。對于設立“金石略”這一科目，他陳述説：

> 方册者，古人之言語。款識者，古人之面貌。方册所載，經數千萬傳，款識所勒，猶存其舊。蓋金石之功，寒暑不變，以茲稽古，庶不失真。今《藝文》有志，而金石無紀。臣於是采三皇五帝之泉幣，三王之鼎彝、秦人石鼓、漢魏豐碑，上自蒼頡石室之文，下逮唐人之書，各列其人而名其地，故作《金石略》。

他曾自述：

> 三年爲文字之學，以其所得者，作《象類書》，作《字始連環》，作《續汗簡》，作《石鼓文考》，作《梵書編》，作《分音》之類。

他又明確表示了“樵所作《字書》，非許慎之徒所得而聞”的立場。在《通志·六書略》一書中，他還提出：

> 六書無傳，惟藉《説文》。然許氏惟得象形、諧聲二書以成書，牽於會意，復爲假借所擾，故所得者亦不能守焉。

唐蘭《中國文字學》一書中曾經評價説：

> 鄭樵第一個撇開《説文》系統，專用六書來研究一切文字，這是文字學上一個大進步。[1]

---

[1]　唐蘭：《中國文字學》，上海古籍出版社 1979 年版，第 21 頁。

在鄭樵看來，金石文字"夫古文變而爲籀書，籀書變而爲篆隸，秦漢之人習篆隸，必試以籀書者，恐失其原也。後之學者，六書不明，篆籀罔措，而欲通經難矣哉"！

二、王厚之的彝銘學

王厚之（1131—1204），浙江諸暨人。字順伯，號復齋。其先乃臨川（今屬江西）人。曾高祖爲王安石之弟王安禮，曾祖爲金紫光禄大夫王防，祖父王榕知諸暨縣，父王咸知通州。故此徙諸暨（今屬浙江）當從其祖父始。

王安禮（1034—1095），字和甫，安石之弟，曾任著作佐郎，後以翰林學士知開封府。又歷任尚書左丞江寧知府等職，卒贈右銀青光禄大夫，封魏公。爲人正直，以詩詞見稱，著有《王魏公集》。

王氏遠祖是周靈王長子晉。根據江西東鄉《上池王氏族譜》中的記載，由太子晉至王安禮的傳承如下：

周靈王太子晉→王敬→王綱→王鍼→王清→王美→王從→王佑→王甗→王怡→王美→王隹→王拱→王澳→王遠→王懋→王熏→王遵→王襃→王吉→王市→王察→王裔→王捧→王晦→王融→王覽→王裁→王昶→王渾→王尚→王成→王駿→王淵→王錫→王嚴→王璨→王臨→王承基→王方進→王正已→王仁恭→王玫→王其康→王若輔→王冕→王器→王居興→王鎔→王瓚→王簡→王廷輯→王明→王用之→王益→王安禮。

王安禮兄弟七人，依次爲王安仁、王安道、王安石、王安國、王安世、王安禮、王安上。

高宗紹興二十六年（1156），王厚之以鄉薦入太學。爲學好古，深通籀篆。對三代彝器及漢唐石刻拓本，搜求頗多。孝宗乾道二年（1166）進士。淳熙十二年（1185），監都進奏院。十五年（1188），爲秘書郎兼倉都郎官。十六年（1189），除淮南路轉運判官。紹熙四年（1193），直兩浙路轉運判官。紹熙五年（1194），由知臨安府以事放罷。有《鐘鼎款識》和《復齋金石録》等，《復齋金石録》已佚。全祖望《答臨川雜問帖》云：

> 宋人言金石之學者，歐、劉、趙、洪四家而外，首推順伯。

林鈞《石廬金石書志》卷八如是評價此書：

宋人著録金石，如《考古》《博古》、薛尚功《款識》等書，皆屬摹刻，獨此爲原器拓本。數百年來，屢經名人收藏題跋，尤爲足貴。

《鐘鼎款識》一書所收集的銅器分爲鐘、鼎、爵、鬲、卣（以上商器），以及鼎、鐘、敦、簠、甗、鬲、尺（以上周器）。但是收編順序頗亂。所收銅器已經區分爲商周二代。此書也衹是收集拓片，彙編成書的資料性著作，缺乏對彝銘的考證和解釋。

容庚在《宋代吉金書籍述評》一文中曾考證説：

> 翁方綱謂此書銘文皆就原器拓得者，余意不然。《季嬭鼎》"錫貝錫馬兩"，貝錫二字誤書作鼎，與《嘯堂集古録》同，與《博古》、薛氏《款識》異，釋文皆不誤，一也。《癸亥父己鼎》《楚公鐘》兩本微有異同，《癸亥父己鼎》商字缺下口，或一真一復，或兩者俱復，二也。《仲偁父鼎銘》八行，他書皆作五行，三也。《虢姜敦》銘一行直下，《虢姜鼎》銘十二字分作五行，《曾侯鐘銘》在鼓上，他器無若是者，非翻刻變易其位置，則屬僞作之器，四也。[1]

今天的通行讀本是清代刻本加阮元的考證和注釋，輔助説明和理解此書。見此書題跋：

> 宋拓《鐘鼎款識》，原册計三十頁。宋復齋王氏所集計五十九器，内有青賤者十五器，爲畢良史所收。末葉《楚公夜雨雷鐘》重見。玩其題識，皆復齋之筆也。揚州阮氏積古齋所藏。嘉慶七年秋摩勒成册。

阮氏考證和注釋增加了此書的學術影響和價值，但是已經屬于清代阮氏的彝銘學研究。

三、王俅的彝銘學

王俅，生卒年不詳，山東濟州人。我們根據《嘯堂集古録》一書成書于1120年前後來推斷，他生卒年大約爲1060—1130年之間。字子弁，一作字夔玉，米芾《畫史》又作夔石。《嘯堂集古録》二卷成書約後于《宣和博古圖》。著録商周青銅器275器。上爲銘文摹寫，摹其款識。下附釋文，各以今文釋之。彝銘間有删節脱漏。還收録了部分僞器，如《滕公墓銘》等。但摹刻較精，有研究價值。可惜此書没有

---

[1]《容庚選集》，天津人民出版社1994年版，第45—46頁。

考證文字，這就降低了其學術價值和學術影響力，祇是彝銘集成性質的史料彙編著作而已。它和《鐘鼎款識》的區別，祇是多了釋文。

該書的分類是鼎、尊、彝、卣、壺、爵、斝、觚、卮、觶、角、敦、簠、簋、豆、鋪、甗、錠、印、盤、鉤、匜、洗、鋗、盂、鐸、鐘、鑑、甬、權。可以看出，分類頗爲混亂，而且還不成熟。

"地不愛寶"一語最早就出自曾伯虞爲《嘯堂集古録》一書所作序中，今又爲不少學者所使用。

《周師秦宮鼎》彝銘摹寫及其釋文

容庚在《宋代吉金書籍述評》一文中曾考證：

> 全書祇有釋文而無考證。續録銘文釋文間有刪節，缺釋。如《齊侯盤》銘文十七字，祇録七字，釋文祇有四字。《齊侯匜》銘文十七字，祇録六字，釋文祇有三字。《谷口甬》銘文四十五字，祇録三十二字，又無釋文。[1]

此書也對當時銅器的出土地點有準確的交代。如《鄁簋簋》彝銘中就直接説明了"此敦，原父得其蓋于扶風而有此銘"，《晉姜鼎》彝銘中記載"原父既得鼎韓城"等等。有些釋文，文字殘缺，他也一如其貌，如《周師秦宮鼎》彝銘摹寫及其釋文。

關于《嘯堂集古録》一書，林鈞《石廬金石書志》卷八如是評價：

> 是書固真贋雜糅，然所采摭尚足資鑑，不能以一二疵累廢之。蓋居千百年下而辨別千百年之上遺器，其物或真或不真，其説亦或確或不確。自《考古》以下，大勢類然，亦不但此書也。

在編排體例上，本着先鼎的原則，反映了當時對鼎器的價值功能的注重。其次，全部彝銘采用摹本而不是拓本，擴大了彝銘學著作的出版和著述模式，至今，拓本或者模本，成爲著録彝銘的兩大重要模式。

---

[1]《容庚選集》，天津人民出版社 1994 年版，第 40 頁。

四、張掄的彝銘學

張掄，生卒年不詳。字才甫，亦作材甫，自號蓮社居士，開封（今屬河南）人。淳熙五年（1178）爲寧武軍承宣使。後知閤門事，兼客省四方館事。著《紹興內府古器評》，内涉及寧宗時所得古器。

張氏此書既没有拓片和器形圖，也没有釋文和摹寫，是標準的題跋性考證文章。每器考證文字從十幾字到幾十字不等，偶爾也有一百多字的跋文，但幾乎没有長篇大論的考證，因此十分精到短小。考證中，張氏特別注意到了商周銅器紋飾在斷代上的價值。如他在《商乳彝》的考證中就評述説：

> 是器通體皆作雷紋。純緣及足飾以夔龍，而腹間有乳環之，製作精妙，文質彬彬，真商盛時物也。

他在論述《周彝》時也注意到了紋飾：

> 土花沁暈，紅緑相間，殊爲美觀，雖曰周器，尚有商之遺風焉。

這纔是以紋飾進行斷代研究的銅器考古學真正的祖師。

再如他在考證《商祖辛尊》彝銘中就提出：

> 商家生子以日爲名自微始，至十四代君曰祖辛，蓋祖乙之子，沃甲之兄、祖丁之父也。在商之世以質爲尚，而法度之所在，故器之所載皆曰彝。此器文鏤純簡，沁暈黯漬，而間以赭花爛斑，知其所以爲商物，又豈待考其銘款而後辨邪？

在彝銘考證中，張氏以干支名字爲商器和商人祖先斷代是很成問題的，但是它集中反映了當時學者們的一種普遍傾向。如在考證《商父乙甗》彝銘中出現的"乙"、《商父巳甗》彝銘中出現的"巳"、《商父庚爵》彝銘中出現的"庚"等題跋中，他就一再堅持上述主張，將其歸爲商器，并定"乙""巳""庚"爲商代先公先王。可是，在《周父乙敦》彝銘的題跋中，他又表現出另一方面：

> 世人但知十干爲商號，遇款識有十干者，皆歸之商，誤矣。如《周召公尊》曰"王大召公之族作父乙寶尊彝"，而謂之商器可乎？蓋父者，所以尊稱乙者，乃其名耳。

衹是在商周銅器的斷代區別上，他堅持了此説。實際上，當他無法判斷商周朝代時，他多以商器斷之，又多解作商人先公先王之名。

　　張掄有時也很清醒和理智。如在對《商橫戈父癸鼎》彝銘的考證中，他就提出了很有積極意義的見解：

　　　　按父癸，商號也。而或者以爲禹後常有戈氏，遂以戈爲姓。今考斯器，飾以橫戈，銘以父癸，則所謂戈者，非禹後之戈氏明矣。蓋商人作器，多著此象。故於爵有《立戈爵》、甗有《立戈甗》、於尊有《立戈癸尊》、於卣有《執戈父癸卣》。然則飾以戈者，皆商物也。王安石《字説》謂"戈、戟者，刺之兵"。至於用戈爲取小矣。其取爲小故當節飲食。其用在刺。故必戒有害。古人托意兹亦深矣。

《商橫戈父癸鼎》彝銘拓片

　　《商橫戈父癸鼎》彝銘釋文：

　　　　戈父癸。

　　張氏這裏發現了"然則飾以戈者，皆商物也"的符號特徵。但是更意識到"所謂戈者，非禹後之戈氏明矣"的清醒認識，在當時是難能可貴的。

　　關于《紹興內府古器評》一書，《四庫全書總目》中言：

　　　　舊本題宋張掄撰。掄字材甫，履貫未詳。周密《武林舊事》載："乾道三年三月，高宗幸聚景園，知閣張掄進《柳梢青》詞，蒙宣賜。淳熙六年三月，再幸聚景園，掄進《壺中天慢》詞，賜金杯盤法錦。是年九月，孝宗幸絳華宮，掄進《臨江仙》詞，則亦能文之士。"……又，張端義《貴耳集》曰："孝宗朝幸臣雖多，其讀書作文不減儒生，應制燕閒，未可輕視。"當倉卒翰墨之奉，豈容宿撰。其人有曾覿、龍大淵、張掄、徐本中、王抃、劉弼，當時士大夫，少有不游曾、龍、張、徐之門者，則掄亦狎客之流。然《宋史·佞幸傳》僅有曾覿、龍大淵、王抃，不列掄等，則但以詞章邀寵，未亂政也。是書宋以來諸家書目皆不著錄。據書末毛晉跋稱，"晉得於范景文，景文得於于奕正"，至奕正從何得之，則莫明所自。

容庚云：

　　　　案，此書之多沿《博古》之舊，無可諱言。《提要》列舉其周文王鼎以下五十器，割剥點竄，豈皆如《提要》所言。與《博古》略同之周文王鼎、商若癸鼎等器，姑不必辨。其商人辛尊、商父癸尊、周虎罍、商貫耳弓壺、商兄癸卣、周己酉方彝、周觚棱壺、周繼女鼎、商父己尊、商象形饕餮鼎、商伯申鼎、周中鼎、漢麟瓶、商子孫己爵，皆與《博古》大異；周舉己尊，《博古》且未著録。[1]

張氏有些觀點的提出很有研究價值。如他在《周亞乳彝》彝銘考證中提出“古之彝器凡作亞形者，皆廟器也”的觀點。他還在該書中《商人辛尊》《商父乙觚》等彝銘跋中多次重申此説：

> 亞形者，廟室之象。辛者，君王之號，見於他器者，不過曰祖辛、父辛而已。而此獨曰人辛何也？商器銘文，簡略淳古。有難以理義推者。士大夫於考正前代遺事，其失常在於好奇，故使學者難信。如曰人辛之類，又豈可以臆論穿鑿哉？

這一觀點或許是來自薛尚功，理由見下文“薛尚功的彝銘學”。

五、薛尚功的彝銘學

薛尚功，生卒年不詳。我們根據《歷代鐘鼎彝器款識法帖》一書成書于 1144 年來推斷，他生卒年大約在 1090—1160 年之間。字用敏，浙江錢塘（今杭州）人。紹興中，以通直郎僉書定江軍節度判官廳事。通古文字，善古篆，尤長鐘鼎文字。著録考證其所見商、周、秦、漢金石文字，成《歷代鐘鼎彝器款識法帖》二十卷。收商周至秦漢青銅器銘五百零四件。又著有《廣鐘鼎篆韻》七卷。此書臨摹古器物之銘辭，逐加箋釋，大抵以《考古》《博古》二圖爲主。後世考釋彝銘之書，多仿其體例。

《書史會要》中記載他：

> 善古篆，尤好鐘鼎。

張雨在《薛尚功鐘鼎彝器款識真迹跋》中評價説：

> 尚功摹集三代彝鼎款識文，凡廿卷，較其器之墨迹，筆精墨妙過之。

《歷代鐘鼎彝器款識法帖》二十卷，高宗紹興十四年（1144）成書。前十七卷共著録商周銅器四百六十四器。編排較有條理，是宋代金石書中銅器彝銘資料最豐富的一部。即卷一收四十六器，卷二收四十三器，卷三收三十四器，卷四收四十四器，

---

[1]《容庚選集》，天津人民出版社 1994 年版，第 48 頁。

卷五收四十四器，卷六、七、八收三十八器，卷九、十收五十七器，卷十一收二十二器，卷十二收三十三器，卷十三、十四收三十九器，卷十五收二十二器，卷十六收二十九器，卷十七收十三器。所收銅器總數超出《考古圖》和《博古圖》兩書。故此，《四庫全書總目》中曾評價：

> 雖大抵以《考古》《博古》二圖爲本，而搜輯較廣，實多出於兩書之外。

所言不差，足見薛氏本人的搜求功夫之深。

此書臨摹古器物之銘辭，逐加箋釋。而且，他努力地把每一件銅器全標上器名，完成了對宋代保存的古銅器的命名。但是，有些分類和命名顯然是錯誤的。如，卷十三的《屈生敦》，應該歸入簋類。容庚在《宋代吉金書籍述評》一文中曾指出：

> 其所定夏器、商鐘當屬之周，而商周二代，雖大較近是，而周器有當入之于商者……以《夒鼎》上一字爲夒字，《父乙鼎》末一字爲彝字，《召夫鼎》釋家刊二字，説均未確，以《父甲鼎》立戈爲子，則以不誤爲誤矣。[1]

在《歷代鐘鼎彝器款識法帖》一書中，薛尚功將青銅器分爲鐘、鼎、尊、彝、卣、壺、罍、爵、觚、斝、觶、敦、甗、鬲、盉、匜、盤、戈（以上商代）；鐘、磬、鼎、尊、卣、壺、舟、斝、觶、角、彝、匜、敦、簠、簋、豆、盉、甗、鬲、盤、盂、盦、戈、鐸、鼓、琥（以上周代）。編排并不完全一致，有時先後重出。

第一，薛氏此書和《考古圖》一樣，奠定了後代著録和考證彝銘的著述體例，并且説明了銅器的來源和彝銘情況。而且，他對一些疑難彝銘的解讀，對後代産生了重大的影響。如對于商代銅器中的“亞”字形彝銘的考證。

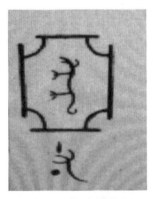

《虎父丁鼎》彝銘摹寫

《虎父丁鼎》彝銘釋文：

> 亞虎父丁。

他在對《虎父丁鼎》彝銘的考證中提出了下述主張：

> 銘亞形内著虎象，凡如此者皆爲亞室。而亞室者，廟室也。廟之有室，如《左氏》所謂“宗祐”，而杜預以爲“宗廟中藏主石室者”是也。

此説和張掄之説基本相同。張書作于淳熙五年之後，

［1］《容庚選集》，天津人民出版社1994年版，第28頁。

而此書于紹興十四年成書，則此書早于張掄將近三十年，故此“宗廟説”當以薛氏爲先。

第二，薛氏此書還有一點意義重大之處是：對所收録的青銅器都做了斷代。因此，在該書目録中，卷一至卷五爲商器（僅二器標爲夏器，列于卷首），卷十七爲周器，卷十八以下爲漢唐器。今天看來，他的斷代標準和結論雖然未必很準確，但是此舉却開啓了歷代對青銅器進行斷代研究的先河。他依彝銘内容銘文字形及《博古録》等書爲依據，對青銅器進行或商或周的初步年代判斷。

如他考證《辛父舉卣》爲商器，理由是：

> 按周有天下立二王後，乃封紂子武庚於宋，以續商祀。武庚被誅，又命微子啓代商後，俾得周天子禮樂。故凡器用、服飾，一遵商制。《詩》所謂“亦白其馬”，以商尚白，而不從周之尚赤也。然則宗廟祭祀，其亦遵商明矣。自微子至於僖公舉，實爲八世，則其得用商禮，可知是卣商卣也。

《辛父舉卣》彝銘摹寫

《辛父舉卣》彝銘釋文：

辛父舉。

但是，此彝銘中的“舉”是否即是“僖公舉”，這是難以斷言的。

薛氏此説也反映出此書中的一個致命傷：有比附性考證的一面。如他在解釋《蜼尊》彝銘“五周作父乙尊彝蜼”時就主張：

> 按《博古録》云：《周官》謂四時之間祀，追享朝享，祼用虎蜼彝，皆有舟。其朝踐用兩大尊。今尊也而以蜼，豈非商之蜼彝所祀之尊耶？今考禮圖，蜼彝之制，蜼尾長數尺，似獺。尾末有岐，是器款識旁刻獸形，其尾長而末有岐，正蜼也。蓋銘曰“五”，紀其器之數。曰“周作父乙”者，蓋商有太史周任，乙則商之君名乙者也。豈非作之者周任耶？

第三，薛氏此書中還大量引用了《博古》《考古》等同時代很多學者的觀點，這對保存當時學術界的觀點是有幫助的。如《主父己足迹彝》彝銘考證中引用《考古圖》，《父乙鼎》彝銘考證中引用《博古録》等等。甚至還説明了一些彝銘學家的收藏。如在《子孫父乙卣》彝銘考證中就告訴我們此器乃“李伯時所藏”。又如在《子父癸卣》彝銘考證中則告訴我們"此器藏盧江李氏"。

第四，薛氏此書特別關注到了銅器和商周禮制的關係。如在對《母乙卣》彝銘考證中，他就發現：

《博古録》云"丙寅王錫"者，以甲子推商建國始於庚戌，歷十七年而有丙寅，正在仲壬即位之二年也。其曰"王錫"，則王之錫賚功臣之器，如周公文侯之卣，亦王之所錫也，故記禮者以謂賜圭瓚然後爲鬯，則知此器非臣下之所專有。又曰"作母乙彝"者，如《詩》言文母同意。考商周之時，立子生商者有娀也，故《長發》之禘及之。厥初生民者，姜嫄也，故《雛》之禘及之。是皆率親之義耳。蓋知是卣乃王錫臣工以追享其母氏歟？以是知宗廟未嘗無合食者也。

第五，薛氏此書對銘文和當時的歷史事件進行相互印證解説，有些十分成功，爲後代的商周歷史研究提供了範例。如他對《義母匜》彝銘"仲姞義母作旅匜"的考證：

《博古録》云："按《國語》：'晉公子重耳過，秦穆公歸女五人，懷嬴與焉。奉匜沃盥，既而揮之。'韋昭以謂嫡入於室，媵御奉匜盥。"是器銘曰："仲姞義母作旅匜"者，蓋晉文公重耳娶齊女姜爲正嫡，次杜祁，次偪姞，次季隗。然杜祁以姞生襄公，故巽而上之居第二，是爲仲姞。以隗在狄所娶，故巽而已次之，是爲季隗。而祁自居第四。昔趙孟嘗曰'母義子愛，足以威名'，則義母者，杜祁也。《禮》曰："銘者，自名，以稱揚其先祖之美。"則所謂仲姞者，自名也。義母者，襄公謂杜祁也。按《通禮義纂》以謂媵御交盥，蓋媵送女之從者，御壻之從者，夫婦禮始相接，廉恥有間，故媵御交相爲洗，以通其志，彼其婚姻歟。此稱義母，則非初嫁之時，其子職在焉故也。

最後，薛氏此書在對商周氏族研究上和同時代學者保持一致。在《敔姬壺》彝銘考證中，他主張：

古之氏族，或以王父字，或以世系所封之地，於是後世子孫以之女子，皆得以稱之。若曰有娀氏之女，蓋以娀國爲言也。若曰孟姜者，蓋以姜姓爲言也。若曰孌女者，蓋以孌公之謚爲言也。此曰敔姬，凡此類耳。

類似的觀點還可以在《博古録》和《考古圖》中找到，可以發現這已經是宋代彝銘學者集體認可的觀念。

第三十一章　元明時代的彝銘學

引　論

關于元、明兩個朝代，明顯是彝銘研究的貧乏時代。朱劍心在《金石學》中就曾指出：

> 吉金之事，自宋人《考古》《博古》《鐘鼎款識》以後，久無嗣響。[1]

但是出現了印學和篆文昌盛的局面。這對清代彝銘學研究的興起具有重大的前提意義。

當然，在彝銘研究的一片蕭條時代，居然却産生了金文學史上第一部斷代彝銘學史，《籀史》的橫空出世終於使元代的彝銘學術史研究閃亮起來。更因爲該書下册的遺失，從此以後直到如今，成爲彝銘學術史上不可彌補的遺憾和損失。

進入明代以後，漢文化的復興使得對古銅器的收藏逐漸成爲文人的一種特殊愛好。整個社會彌漫着的是對古玩的"玩古"情趣，尤其是到了明代中晚期，此風更加興盛。然而，對彝銘的學術研究却止步不前。

第一節　殷周青銅器的出土和收藏

北宋滅亡後，宮中保存的大量殷周青銅器亦被金人掠走。馮子振爲《增廣鐘鼎

---

[1]　朱劍心：《金石學》，文物出版社 1981 年版，第 41 頁。

篆韻》一書所作的序中説："靖康北徙，器亦并遷。"《元史》中没有出土銅器的相關記録。在《遼史》中祇有一處涉及出土銅器問題，見《遼史·道宗本紀》中的記載：

> 七年……六月……己亥，倒塌嶺人進古鼎，有文曰："萬歲永爲寳用。"

從彝銘形式上看，不是殷周時期用語。因此，這裏所謂的"古鼎"可能是漢唐時物。在《金史》中祇有一處文字提到了青銅器問題。見《金史·劉焕傳》中的記載：

> 代州錢監雜青銅鑄錢，錢色惡，類鐵錢。民間盗鑄，抵罪者衆，朝廷患之，下尚書省議。焕奏曰："錢寳純用黄銅精治之，中濡以錫，若青銅可鑄，歷代何緣不用。自代州取二分與四六分，青黄雜糅，務省銅而功易就。由是，民間盗鑄，陷罪者衆，非朝廷意也。必欲爲天下利，宜純用黄銅，得數少而利遠。其新錢已流行者，宜驗數輸納準换。"從之。

當時還出了一位著名的三代青銅器鑑定專家柯九思。陸心源《金石學録補》中記載他"善鑑别金石鼎彝之器，陸友號稱博物，亦嘆爲不及"。

一、銅器出土

見陳繼儒《妮古録》卷三：

> 金大定中，汾東岸崩，得古墓。有鼎十餘，鐘、磬各數十。鼎有蓋，大者幾三尺，其中寳物猶存。鐘、磬小者僅五寸許，大至三尺。凡十有二。蓋音律之次。後世之制以厚薄，而此以大小，其制度皆周器。

這裏記載的出土銅器則是"有鼎十餘，鐘、磬各數十"！數量之多，空前絕後。而且"皆周器"。

在短暫的金元時代，對古銅器的收藏雖不似兩宋之盛，但是也頗具規模。

在明代憲宗朝曾下達了禁止盗發古墓的規定：

> 二年……夏五月……禁侵損古帝王、忠臣、烈士、名賢陵墓。

這在一定程度上起到了保護古銅器不被盗發的作用。

二、銅器收藏

金元時代著名的銅器收藏家及其藏品，如王芝收藏有《商鼎》，王子彝收藏有《商彝》，李順甫收藏有《吉父盤》，李秉彝收藏有《周方敦》《周圓敦》，李處巽收藏有《世母辛卣》《山敦》《牛敦》《周盤》《夔卣》，羅和齋收藏有《周鳳尊》，喬達之收藏有《正考父鼎》《周鳳壺》《粟紋壺》，趙子俊收藏有《商祖癸爵》，吳文貴收藏有《右白盃》《饕餮鼎》，劉耀收藏有《商斝》《子孫盃》《蛟篆壺》《商敦》《司空甗》《大盃》，鮮于樞收藏有《商父乙鼎》《州師卣》《商父辛彝》，董玩石收藏有《百乳彝》《山尊》《舉鼎》，廉希貢收藏有《商尊》《商盂》《商鐸》，張謙收藏有《周匜》《商甗》《月戈》《周方壺》《牛彝》《商祖癸鼎》，焦敏中收藏有《白彝》《舉鼎》。張君寶收藏有《商卣》，其父張古城也是位著名的銅器收藏家，陸心源《金石學録補》中記載他“藏古器物甚多”。王子明的家藏古銅器“冠浙右”。

金正隆三年，海陵王曾經下詔，“毀所得遼、宋古器”。這又是一次典型的報復性行爲，毀壞遼、宋古器等同於毀壞其祖廟、祖墳、祖宗尸骨。

在《明史·倪瓚傳》中記録了大畫家倪瓚對彝銘的收藏：

　　藏書數千卷，皆手自勘定。古鼎法書，名琴奇畫，陳列左右。

其實，古代的藝術家們對彝銘的研究一直是當時的習慣。

《明史·文苑傳》中記載了滕用亨、陳登、程南雲等人的這一行爲：

　　滕用亨，初名權，字用衡。精篆隸書……善鑑古……陳登，字思孝……登于六書本原，博考詳究，用力甚勤。自周秦以來，殘碑斷碣，必窮搜摩拓，審度而辨定之。得其傳者，太常卿南城程南雲也。

顧德輝在明代文人中是比較自覺地收購古銅器的學者。《明史·文苑傳》中記載他：

　　購古書、名畫、彝鼎、秘玩，築別業于茜涇西，曰玉山佳處，晨夕與客置酒賦詩其中。

他根據以往有記載的收藏目録來購買彝器，是當時玩古一派。

當時著名的官宦嚴世蕃，却對彝器收藏情有獨鍾。《明史·嚴世蕃傳》中就特別記載他：

　　好古尊彝、奇器、書畫，趙文華、鄢懋卿、胡宗憲之屬，所到輒輦致之，或索之富人，必得然後已。

古代的貪官大多對青銅器的收藏與辨僞具有一定的素養，這是個不争的事實。

之所以如此，這和古銅器自身的財富價值特點具有直接的關係。

明代著名的銅器收藏家及其藏品，如，陸深收藏有《商父乙鼎》，張應文收藏有《帝扃》《周方鼎》《周公卣》。在史料記載上，明代的古銅器收藏是比較貧乏的。

三、寫篆風行

在金元明時代寫篆的高手有王翼、王尹時、王士點、應在、劉致、劉惟一、李登、江巨石、喬宇、沐璘、范禮、張紳、張蓁、張起岩、孔訥、孔彥縉、朱芾、朱珪、朱存理、余闕、汪廣洋、党懷英、宋璲、趙渢、趙期頤、趙宧光、吳澄、吳叡、吳正道、周伯琦、吾丘衍、邵誼、孟栻、程南雲父子、楊桓、楊益、郭貫、熊朋來、滕用亨、謝林、顏愨、陶琛、陶宗儀、泰不華等人。

吾丘衍篆書和印章

書史上對吾丘衍評價頗高。吾丘衍（1272—1311）。字子行，號竹房，又號貞白居士。元初衢州人，僑寓杭州。好古博學，以教授爲業。後因姻家訟累被逮，義不受辱，赴水死。著有《尚書要略》《周秦刻石釋音》《學古編》《印式》《九歌譜》《十二月樂譜》《竹素山房集》等書。其中，所著《學古編》是現存最早出現的印學理論著作。

陶九成曾説：

> 子行先生好古，變宋末鐘鼎、圖書之謬，寸印古篆實自先生倡之，真第一手。

《書史會要》中將其名字稱爲吾衍。

那時，還有個大學者陶宗儀，《明史·文苑傳》中記載他“習舅氏趙雍篆法”。除此之外，還有趙撝謙、吳志淳、朱芾等人，《明史·文苑傳》中記載：

> 趙撝謙……無爲吳志淳、華亭朱芾工草書篆隸，撝謙悉與爲友。

而撝謙是“尤精六書，作《六書本義》”。

古文字學家中，作爲吾丘衍的弟子，吳叡把寫篆筆法和青銅器彝銘史料結合起來，尤其可貴。《蒼潤軒碑跋》中曾評價説“孟思篆字，起筆落筆處具尖，蓋自古文鐘鼎中出也”。而劉基《覆瓿集》中則認爲：

吳叡篆書《千字文》

叡少好學，工翰墨，尤精篆、
隸，凡歷代古文款識制度無不考究，
得其要妙。下筆初若不經意，而動
合矩度。識者謂吾子行、趙文敏不能
過也。

其他人，如柳貫的篆字，《書史會
要》中評價爲“工篆籀，於大字得體杜
本。謂其妙處不減李陽冰”。而《名山
藏》中又把宋璲的小篆書法評爲明朝第
一。而徐霖則認爲喬宇的篆書纔是明朝
第一人。如此争議，已經是個人審美素
質和喜好的區別了。

第二節　彝銘學研究著作綜述

元明時代，由于傳統繪畫技術的發展，出現了將宋代以來的古器物圖録轉換成
白描繪圖的古玩類著作。客觀上對清代古器物學的發展和彝銘學術的研究起了一定
的積極作用。

一、字形類

元明時代雖然不是彝銘學研究的高峰朝代，但是也有一些值得關注的著作問
世。在對字形的研究上，如《六書索隱》《六書故》《六書統》《古篆分韻》《奇字韻》
《周史籀文》《復古篆韻》《增廣鐘鼎篆韻》《續古篆韻》《考古文集》等。

其中，楊鉤的《增廣鐘鼎篆韻》一書，錢曾《讀書敏求記》中曾經評述他：

博采金石奇古之迹，益以奉符黨氏《韻補》所未備，系篆文于《唐韻》下，
而以象形奇字等篇終焉。

吾丘衍的《續古篆韻》一書，宋濂《吾丘衍傳》中云其“工隸書，尤精小篆”。
《四庫未收書目提要》中介紹該書：

衍以石鼓文、詛楚文、比干盤、泰山、繹山等刻，依韻分纂。

再如楊慎《六書索隱》一書，他在序中嘗云：

> 謫居多暇，乃取《説文》所遺，諸家所長，師友所聞，心思所得，匯梓成編，以古文籒爲主，若小篆則舊籍已著，予得而略也。若形之同解之複而不删者，必有刊補也。

此書以韻部的平、上、去、入四聲分爲四册，亦爲容庚《金文編》之重要參考書。他還有一部專著《奇字韻》。此書以一百零六韻來分析異體字、古今字等所謂奇字。前人曾對此書評價爲："去其疵而録其醇，或亦不無所助焉。"

二、字義類

對字義的研究，在這一時期并沒有得到特別的發展。有些著作雖然比不上宋代、更無法和清代相比，但是承前啓後的價值還是存在的。如《六書練證》《六書長箋》《文字譜系》《玉篇鑑磻》《字彙》《六書故》《六書統》《六書本義》等。

其中，梅膺祚《字彙》，在字典編纂上的第一大功績是把《説文解字》的傳統部首、偏旁進行了大量的認真歸納和編排，合并了形體相近的部首，使部首由《説文解字》的五百四十部歸并爲二百一十四部。又把二百一十四部首從一畫至十七畫，按地支順序分十二卷排列。爲後來的《康熙字典》等字辭書所效法沿用。

在具體的解釋上，作者的宗旨是：

> 其義則本諸《説文》《爾雅》而下之箋譯微固者，遵所舊聞，裁以己意，而刊其詭附，芟其蔓引，以卒歸於《雅》，考信於《正韻》。

如該書首卷就介紹筆劃的運筆，見下：

這一特點顯然是配合了明代的蒙學著作的潮流而來。

又如該書對"曶"字的解釋：

> 曶，與"忽"同。扬子雲傳：時人皆曶之。曶曶，神速貌。曶曶如神。

而戴侗的《六書故》一書，利用商周彝銘，打破《説文解字》的部首排列法，撰成《六書故》，將全書分爲天文、地理、人事等九部，又細分爲四百七十九個目。在《六書故》中，他彙集父親、兄弟、外祖父、舅父等人的觀點，成爲一部集中家族和姻戚觀點爲一體的專著。後來楊桓就學習了他的方法，撰寫了《六書統》。大致上此書上承戴侗《六書故》而來。其特點是：

> 凡一文一字必先置古文大篆於首，以見其文字之正。次序鐘鼎文於下，以見文字之省。次序小篆於其下，以見文字之變。

此書在部首上分爲六類，即象形、會意、指事、轉注、形聲、假借。每一類下又詳細分爲幾種至幾十種。

趙宧光的《説文長箋》一書，清人非議頗多。顧炎武《日知録》卷二十一中曾言此書：

> 於六書之指不無管窺，而適當喜新尚異之時，此書乃盛行於世，及今不辯，恐他日習非勝是，爲後學之害不淺矣。

因此，趙氏此書多以會意説字，引文又多誤出處，可謂短于考證。

而趙撝謙在《稽古齋記》中明確指出了他作《六書本義》的用心所在：

> 孔子曰："吾猶及史之闕文也，今亡矣。"夫史不闕文，於理未甚損也。聖人嘆之者，蓋嘆古道之漸廢也。然古道之廢於今者，豈獨史哉。禮、樂、射、御之習，舉掃蕩之所存者，惟書耳。書又皆上乎點畫波折之間，務奇巧逞姿媚以夸乎人。至於六義，則茫乎其未聞知也。吾嘗謂書所以載道者也，夫欲知道，必先窮理。苟欲窮理，必由識書。欲識書則當研究乎六義。此古者包犧氏之教然也。嗚呼！書自三代以下，六義不明也久矣。雖漢許慎之博，著《説文》於義，止得象形、諧聲二類而已。指事、會意間得一二。假借、轉注則未之取也。鄭夾漈研精竭慮拳拳乎，此著述雖多，然又不過爲慎之駕説也。觀其假借頗明，則轉注昧矣。若徐鍇、戴侗輩，識見平庸，循迹蹈轍，雖取重于世，較於超然

特起者，則劣也。如沈約《韻書》、野王《玉篇》，世家藏人用，究其不失於鱗
次者鮮矣。子母相生，音韻相諧，造化之自然也。而野王或以子爲母者，有之？
沈約則聲音混然一塗，去取之際，雖諸公之用心，猶有所失，他何議焉。余近
在山中博古之暇，作書曰《本義》。定三百三十字爲字母，八百七十爲字子，以
象形爲首，原文字之本也。次二曰指事，加乎象形者也。次三曰會意，次四曰
諧聲，合夫象形、指事者也。次五曰假借，次六曰轉注，托夫四者之中者也。
博考衆氏，明辨正俗，袪妄馘惑，斷以區區之見，雖未敢自躋于古人，其於君
子玩考之際，竊謂少有助焉。

他是以"三百三十字爲字母，八百七十爲字子"，開啓了以漢字來指示發音的新
階段。

三、古器物類

從北宋開始的古器物學，在這時期得到了繼承。出現了一些值得關注的著作。
如《古器物譜》《古器具名》《古器銘釋》《古器總説》《格古要論》《新增格古要論》
《宣德彝器圖譜》，等等。

胡文焕的《古器具名》一書，《四庫全書總目》中評價此書説：

> 是書于每一古器各繪一圖，先以《博古圖》《考古圖》，次以《欣賞編》
> ……《博古圖》成于宣和禁絶史學之日，引據原疏，文焕不能考定，乃剿竊割
> 裂，又從而汨亂之。其鉤摹古篆亦不解古人筆法，尤訛謬百出。

曹昭的《格古要論》一書對古銅器、書畫、碑刻、法帖、古硯、古琴、陶瓷、
漆器、織錦和各種雜件，論述其源流本末，剖析真膺優劣，古今異同，共十三類。
書成于明洪武二十一年（1388），爲存世最早的文物鑑定專著。《明史·藝文志》特
別説明《格古要論》一書是"洪武中，曹昭撰"。全書共三卷，收十三篇論文。上卷
爲古銅器、古畫、古墨迹、古碑法帖四論；中卷爲古琴、古硯、珍奇（包括玉器、
瑪瑙、珍珠、犀角、象牙等）、金鐵四論；下卷爲古窯器、古漆器、錦綺、異木、異
石五論。在論述古銅器中，涉及三代銅器款識和作偽等問題。

比如他提出：

> 銅器入土千年，色純青如翠。入水千年，色純綠如瓜皮。皆瑩潤如玉。未
> 及千年，雖有青綠，而不瑩潤。有土蝕穿剝處，如蝸篆自然。或有斧鑿痕則偽

也。器厚者，止能秀三分之一，或减半。其體還重。器薄者，銅將秀盡，有穿破處不見銅色，惟見青綠微骨。其中或紅色如丹。不曾入水土惟流傳人間，其色紫褐而有硃砂斑凸起者，如上等辰砂。此三等結秀最貴，有如蠟茶色者，有如黑漆色者，在水土中，年雖秀不能入骨，亦不瑩潤。此皆次之。嘗考漢銅錢，至今一千五百餘年，雖有青綠而少有瑩潤，亦無朱砂斑凸起者。漢印亦然。今所見古銅器，有青綠剝蝕微骨，瑩潤如玉及有硃砂斑凸起者，非三代時物，蓋古無此也。

在鑑別彝銘的真偽上，他又提出：

> 或云款乃花紋，以陽識器皿：居外而凸，識乃篆字，以紀工所謂"銘書鐘鼎"。居內而凹者，三代用陰識，其字凹入。漢用陽識，其字凸起。間有凹者亦陰鑄，蓋陰識難鑄、陽識易成。但有陽識者，決非三代之器也。

這些個人經驗爲清代銅器鑑定準備了良好的學術基礎。

四、金石類

這一時期，傳統金石學的繼承還是得到了體現。如《金石竹帛遺文》《金石文》《金石古文》《金石林緒論》《續集古録金石遺文》《金石史》，等等。其中，徐獻忠《金石文》一書，《四庫全書總目》中記載：

> 是編輯録三代以来金石之文，商一卷、周一卷、秦一卷、漢四卷。然未能博徵金石，皆采摭於《博古圖》《考古圖》《集古録》《金石録》《鐘鼎款識》《隸釋》《隸續》諸書。

這一時期金石類著作值得關注的并不多。而郭宗昌的《金石史》主要又是以石刻碑學爲核心，無關乎商周彝銘的研究。

五、彝銘類

這一時期的彝銘學著作，基本上是字形類的發展。如《歷代鐘鼎文考》《集鐘鼎古文韻選》《鐘鼎集韻》《籀文考》《篆法偏旁點畫辯》《籀史》，等等。但是最具有閃光點的是《籀史》！

其中，党懷英[1]的《鐘鼎集韻》一書，金代趙秉文《滏水集》謂：

---

[1] 党懷英爲宋初名將党進的第十一代孫。

懷英篆籀入神，李陽冰之後一人而已。嘗謂唐人韓、蔡不通字學，八分自篆、籀中來，故懷英書上軋鍾、蔡，其下不論也。小楷如虞、褚，亦當爲中朝第一。書法以魯公爲正，柳誠懸以下不論也。

其父党純睦任山東泰安軍録事參軍，卒于任上，一家歸故里，後定居泰安。党懷英，金世宋大定十年（1161）中進士，歷任金莒州軍事判官、汝陰縣尹、國史院編修官等。1180 年，他任遼史刊修官應奉，參加遼史編修。根據《金史》記載，金章宗曾問宰臣平章政事張汝霖："翰林中誰的文采最好？"張汝霖順口答道："唯党懷英最善。"1191 年金章宗加晉党懷英爲翰林學士，官至翰林學士承旨。

而作爲最早的彝銘學學術史，翟耆年的《籀史》一書，具有重大里程碑的意義和價值。該書所收爲宋代研究青銅器彝銘書目題要。但，此書下卷缺。無器形圖，無尺寸説明，無釋文，有對書目考證文字。據李遇孫《金石學録》中的記載：

> 俱采録金石遺文，各種之下，皆附論説，括其梗概。其書不能如薛尚功之備載篆文，而考述原委，較薛爲詳。

《籀史》下卷目録中記載有"《翟氏三代鐘鼎款識》三卷"一書，筆者曾疑爲翟耆年或爲其祖上之作。

第三節　彝銘學研究述評

一、翟耆年的彝銘學

關于《籀史》一書，林鈞《石廬金石書志》卷十九稱：

> 蓋南宋初所作，本上下二卷，歲久散佚。惟嘉興曹溶家尚有抄本，然已僅存上卷，今藏弃家所著録，皆自曹本傳寫者也。王士禎嘗載其目於《居易録》，欲以訪求其下卷。卒未之獲。知無完本久矣。其以籀名史，特因所載多金石款識，篆隸之體爲多，實非專述籀文。所録各種之後，皆附論説，括其梗概。

筆者以爲，此書實際上是元明之間最重要的一部專題學術史性質的著作。

又見李遇孫《金石學録》中的有關評價：

> 其書不能如薛尚功之備載篆文，而考述原委，較薛爲詳。惟於岐陽石鼓，不深信爲史籀作。則其識見不如尚功耳。

翟氏此書在保存宋代彝銘學術研究文獻史料上貢獻頗大，雖然該書的下卷早已經失傳，但是僅就上卷，依然可以看出此書的見識和學術品位。

從現存的上下兩卷目録來看，作者收録了對以下各書的述評和介紹。

上卷十九種：《徽宗聖文仁德顯孝皇帝宣和博古圖》三十卷、《徽宗皇帝祀圜丘方澤太廟明堂禮器款識》三卷、《徽宗皇帝政和四年夏祭方澤禮器款識》一卷、《比干墓銅盤記》《周穆王東巡題名》一卷、《周宣王吉日癸巳碑》一卷、《石鼓碑》一卷、《先聖篆延陵季子墓碑》一卷、《徐鉉古鉦銘碑》一卷、《皇祐三館古器圖》《胡俛古器圖》《李伯時考古圖》五卷、《李伯時周鑑圖》一卷、《吕與叔考古圖》二十卷、《劉原父先秦古器圖碑》一卷、《周秦古器銘碑》一卷、《米氏元章訓古》一卷、《趙明誠古器物銘碑》十五卷、《晏氏鼎彝譜》一卷。

下卷十五種：《安州古器圖》一卷、《趙九成著吕氏考古圖釋》《石公弼維揚燕衎堂古器銘》一卷、《黄氏古器款字》一卷、《廣川董氏古文集類》十卷、《趙氏獲古庵記》一卷、《洛陽安氏牧敦圖》一卷、《趙州刻漏銘》一卷、《梓州蜼彝記》一卷、《青州古器古玉圖》一卷、《嚴真觀古器圖》一卷、《蔡氏古器款識》三卷、《榮氏考古録》十五卷、《薛尚功歷代鐘鼎彝器款識法帖》二十卷、《翟氏三代鐘鼎款識》三卷。

其中上卷中《皇祐三館古器圖》《胡俛古器圖》《李伯時考古圖》《吕與叔考古圖》《劉原父先秦古器圖碑》等書都是宋代彝銘學術研究的名著。而下卷的《趙九成著吕氏考古圖釋》和《薛尚功歷代鐘鼎彝器款識法帖》二書也是宋代名著，《廣川董氏古文集類》不知道是否就是《廣川書跋》？可見，翟氏此書上卷就已經是該書學術精華所在了。

《四庫全書總目》云：

> 耆年字伯壽，參政汝文之子，別號黄鶴山人。是書首載《宣和博古圖》，有"紹興十有二年二月帝命臣耆年"云云，蓋南宋初所作。本上下二卷，歲久散

佚。惟嘉興曹溶家尚有鈔本，然已僅存上卷。今藏弆家所著録，皆自曹本傳寫者也。王士禎嘗載其目於《居易録》，欲以訪求其下卷，卒未之獲，知無完本久矣。其以籀名史，特因所載多金石款識，篆隸之體爲多，實非專述籀文。所録各種之後，皆附論説，括其梗概。於岐陽石鼓，不深信爲史籀之作，與唐代所傳特異。亦各存所見，然未至如金馬定國堅執爲宇文周所作也。所録不及薛尚功《鐘鼎彝器款識》備載篆文，而所述原委則較薛爲詳。二書相輔而行，固未可以偏廢。其中所云趙明誠《古器物銘碑》十五卷，稱“商器三卷，周器十卷，秦漢器二卷。河間劉跂序，洛陽王壽卿篆”。據其所説，則十五卷皆古器物銘，而無石刻。當於《金石録》之外別爲一書。而士禎以爲即《金石録》者，其説殊誤。豈士禎偶未檢《金石録》歟？

《籀史》一書，寫于宋高宗紹興十二年，因爲該書中翟耆年曾感嘆趙明誠“無子能保其遺餘，每爲之嘆息也”。該書準確地記載了宋代彝銘學術研究的歷史，具有很高的、不可替代的史料價值。根據《籀史》中的所載，宋代著録彝銘學術研究著作，已經多達三十幾家，而南宋以後各家之作，尚未計算在内。由此可以知道宋代彝銘學術研究的大盛。

書中關于吕大臨的文字最多，可見其對《考古圖》的重視。在文章一開始，他先對吕氏彝銘學術研究的學術價值進行了總結，“其辨證字學，用意深遠”，并徵引了吕氏對“宣榭”、《散季肇敦》、爵等彝銘和功能的考證。他都給予了吕氏的觀點以極高的評價：“其討論深遠，博而合經，非寡聞淺學所能窺識。”

他在對《劉原父先秦古器圖碑》一書的考證中，引用劉敞對曆法問題進行的解説：

> 按《商己酉尊》云“十九月”，《兄癸酉卣》云“十九月”，《南宫鼎》云“十有三月”，《周牧敦》云“惟王十年十有四月既生霸”，《上雝鼎》云“十有四月”，古者，嗣君繼世，逾年行即位之禮，然後改元。今曰十有三月、十有四月、十有九月者，疑嗣王繼世雖逾年，未及改元，但以月數也。

又如他對趙明誠《古器物銘碑》一書的評價：

> 趙明誠《古器物銘碑》十五卷，商器三卷、周器十卷、秦漢器二卷。河間

劉跂序，洛陽王壽卿篆。壽卿得二李用筆意，字畫端勁未易及。明誠，字德夫，大丞相挺之季子。讀書贍博，藏書萬卷。悉親是證，鉛槧未嘗去手。酷好書畫。遇名迹，捐千金不少靳。畜三代鼎彝甚富。建炎南渡，悉爲盜淪。所存者九牛之一毛。又無子能保其遺餘，每爲之嘆息也。

此書的錯誤之處也不少。如《考古圖》一書，《籀史》中目録和標題皆作"呂與叔《考古圖》二十卷"，而該書内容則作"《考古圖》三十卷"，今案《考古圖》當以十卷爲準。

二、呂震的彝銘學

呂震的《宣德彝器圖譜》一書收録了當時皇家製作的大量仿古青銅禮器，在研究和復原商周銅器上具有很高的學術參考價值。

呂震（1365—1426）。字克聲，臨潼人。洪武十七年（1384）甲子科陝西鄉試第一名舉人。歷任山東按察司試僉事、户部主事、北平按察司僉事、真定府知府、刑部尚書、禮部尚書、太子少師、太子太保兼禮部尚書等。

該書記載了明宣德三年三月初一日：

> 上用鼎、彝諸器共計三千三百六十五件，照《博古》《考古》諸書鼎彝，并内庫所藏，柴、汝、官、哥、均、定各窑器皿款式典雅者，遂件照式依限鑄來。

如卷三收録的《仿周夔龍雲雷鼎圖》：

> 照《博古圖》原鼎樣款式，高八寸八分，耳高二寸二分，闊一寸八分，深五寸三分，口徑七寸九分，腹徑八寸七分，重十三斤五兩。無銘。爐底篆文宣德二字，用十二錬精銅鑄成，仿古青緑，硃斑色，金絲商嵌白玉九龍頂，沉香蓋座。

在《仿周文王鼎圖》中，該書記載連"魯公乍周文王尊彝"八字彝銘也鑄出。因此，該書實際上是仿古銅器的記録。對於商周銅器保存和繼承，起到了一定的作用。但是，該書依據的祇是《博古》和《考古》二書，因此，此二書中所收僞器，該書也亦承其僞。

關於《宣德彝器圖譜》一書，林鈞《石廬金石書志》卷八如是評價：

> 凡某所某器，仿古某式，皆疏其事實，尺寸製度，一一具載之。宣爐在明

世已多僞製，此本辨析極精，可據以鑑別，頗足資博雅之助。

該書記載了當時使用銅器供奉天地鬼神之事，如：

風伯之神神位前供奉巽宫卦象圓鼎一座。

雲師之神神位前供奉艮宫卦象圓鼎一座。

雷公之神神位前供奉震宫卦象圓鼎一座。

雨師之神神位前供奉坎宫卦象圓鼎一座。

周天列宿之神神位前供奉紫微垣星象圓鼎一座。

方澤從祀五岳之神神位前供奉五岳真形方鼎五座。

四海之神神位前供奉四海真形方鼎四座。

如此等等，這已經超出了歷代的使用範圍，又不是祥瑞觀點的象徵，因此具有特殊的泛銅器價值屬性的含義在内。

三、戴侗的彝銘學

戴侗（1200—1284），其先閩人，徙居永嘉（今浙江温州）楠溪菰田。字仲達。南宋淳祐元年（1241）進士。歷任台州知州等。父戴蒙，字養伯，紹熙元年（1190）進士，對“六書”有研究。兄戴仔，字守鏞，對《説文解字》素有研究。戴蒙、戴仔父子曾訂正過《説文解字》。戴侗繼承父兄的遺願，從事“六書”的研究。著有《易書四家説》《六书故》。今傳《六书故》。

在該書《六書故通釋》中，他主張：

> 六書始於象形、指事，古鐘鼎文猶可見其一二焉。許氏書祖李斯小篆，迻取形勢之整齊，不免增損點畫、移易位置，使人不知制字之本。

這是他對小篆嚴厲的批評。在具體分析字形時，他却時有杜撰金文字形的現象，引起了後世學者對他的批評。其實，他祇是在没有彝銘實際證據時，使用類推法，匯出了該字的金文字形。雖不盡如人意，但是也相差不遠。

比如他對“春”字的解釋：

> 樞倫切。歲有四時春爲首。古亦作𣆍。艸生時也。《説文》無旾字。艸部有萅，推也。从艸从日，屯聲。𧈫部有䳿，古文𧈫也。从戈从旾，以此明之，當作旾。

唐蘭在《中國文字學》中對此書評價很高：

對於文字的見解，是許慎以後，唯一的值得在文字學史推舉的。[1]

他的《六書故》訂正了許慎《説文解字》中的很多錯誤，在文字學史上有着重要的地位和價值。顧炎武、王引之、段玉裁等人的著作中多處引用，影響甚大。但是，明代清初有些人對此書批判頗爲嚴厲，如孫炯《研山齋雜記》一書。

---

[1]　唐蘭：《中國文字學》，上海古籍出版社 1979 年版，第 22 頁。

第三十二章　清代商周青銅器的出土和收藏

引　論

清朝建立後，曾經下令八旗交出銅器。見《清史稿・世宗本紀》中的記載：

> 五年丁未春正月……敕八旗交納銅器，三年限滿，隱匿者罪之。

這既是對國寶的收藏，也是對國力的擴充。但是，乾隆時代却開始了使用商周古銅器作爲祭祀用品的先河。見《清史稿・禮一》中的相關記載：

> 乾隆三十三年，頒內府周鼎、尊、卣、罍、壺、簠、簋、舠、爵各一，陳列大成殿，用備禮器。

整個清朝，青銅器出土頻繁。吳大澂在《愙齋集古錄》中就曾介紹了山西榮河縣某處河岸在"同治初年岸圯出土古器甚多"一事。

第一節　民間收藏

整個清朝，隨着官方的認可和鼓勵，商周銅器的出土和買賣現象非常普遍。商人、文人、盜賊、學者、官僚等等諸多身份的人，加入了收藏和買賣活動中，掀起了自宋朝之後第二次商周古器物研究和收藏熱潮。陳介祺爲此感嘆：

> 竊謂古器出世，即有終毀之期，不可不早傳其文字。我輩愛文字之心，必須勝愛器之念，方不致喪志而與珠玉等。蓋天地以文字爲開塞，義理以文字爲

顯晦。秦燔文字而古聖之作大晦。許氏以文字之遺以爲説，二千年來言字學者
必宗之。要皆燔後所餘，獨吉金款識是燔前古文字真面，非許氏可比。

他的"我輩愛文字之心，必須勝愛器之念，方不致喪志而與珠玉等"，可以説是發自
內心之言，但是絲毫不能改變整個時代的風氣！

一、銅器出土

整個清朝出土的銅器很多。其中，重要的銅器出土，見如下述。

乾隆初年，著名的《散氏盤》在陝西鳳翔出土。阮元在《積古齋鐘鼎彝器款識》
卷八中記載：

> 器藏揚州徐氏，今歸洪氏。

這是它的早期收藏。然後經多人收藏之後，于嘉慶十四年（1809），由兩江總督阿林保
進貢內務府，作爲仁宗皇帝的壽禮。經阮元鑑定爲西周時期銅器，并製作彝銘拓片，
收藏于內務府庫房。《散氏盤》彝銘記載了當時周朝的一次田界契約經過，它是研究西
周土地制度的重要史料，也是迄今爲止發現最早的田界契約檔案。

《散氏盤》彝銘拓片

《散氏盤》彝銘釋文：

用矢襆（撲）散邑，廼即散用田。眉（湄）自瀗（瀗）涉以南，至于大

沽（湖），一奉（封）；以陟，二奉（封）；至于邊柳。復涉瀗（瀗）、陟雩，

叔（徂）邊隊，

以西，奉（封）于敫城、楮木；奉（封）于芻迹（徠），奉（封）于芻逡；

内陟芻，

登于厂湶，奉（封）剞梜。隊陵、剛梜。奉（封）于單道，奉（封）于原道，

奉（封）于周道；以東，奉（封）于𦫵（樉）東疆，右還奉（封）于眉

（郿）道；以南，

封于儲迹道；以西，至于堆（鴻）莫（墓）。眉（郿）井邑田，自根木道

左至于井邑，奉（封），道以東一奉（封）；還，以西一奉（封）；陟剛

（崗）三

奉（封）；降以南，奉（封）于同道；陟州剛（崗），登梜；降棫；二奉

（封）。矢人

有嗣眉（湄）田，鮮、且、微、武父、西宮襄、豆人虞考、彔、貞、師

氏右眚（省）、小門人縣、原人虞芳、淮嗣工（空）虎𡧊、𠕂豐父、

堆（鴻）人有嗣、刑考，凡十又五夫。正眉（湄）矢舍（捨）散田，嗣土

（徒）

逆旨、嗣馬單𤔲、𪍘人嗣工（空）騪君、宰德父；散人小子眉（湄）

田，戎、微父、效㮨（櫃）父、襄之有嗣橐、州臺（就）、悠從㝮（爾），凡散

有嗣十夫。唯王九月，辰在乙卯。矢卑（俾）鮮、且、彝、旅誓

曰："我既付散氏田器，有爽，實余有散氏心賊，則爰（隱）

千罰千，傳棄之。"鮮、且、彝、旅則誓。廼卑（俾）西宮襄、武父

誓曰："我既付散氏隰田、畛田，余有爽窓（變），爰（隱）千罰千。"

西宮襄、武父則誓。厥受（授）圖，矢王于豆新宮東廷。

厥左執縷史正中（仲）農。

《散氏盤》彝銘記載的西周歷史和土地買賣交易現象迅速引起了當時學術界的巨大關注，進一步帶動了銅器收藏的發展。

乾隆十六年（1751），臨江農民耕地時得古鐘十一器，皆周器。

乾隆四十三年（1778），著名的《曶鼎》在陝西西安出土，初爲畢沅所得，可惜後來毀于兵火，現僅存彝銘拓本。

根據《瞿木夫年譜》中記載：

（嘉慶）十七年……於瀏陽一士人家得銅尊二，皆有足、有雙把。高七寸許，口徑八寸許，一通體爲辟邪雷文，底内有文似篆"巳"字，青綠燦然可。一口下周圍有花文帶，餘純素，底内有古篆"仲作父丁"四字，惜已破損，缺一把。皆商周器也。

又見：

（嘉慶）二十五年……七月得古銅鬲，有古文篆，在内側，云"伯□□姬作寶鬲。其萬年子子孫孫，永寶用享"十七字。此周器也。

再見：

（道光）二年……是歲除夕前數日得大銅器，似盆，寬徑尺許，高三寸許，下有足，上有耳，通體爲數十小虬螭交結形，古氣磅礴，青綠透骨，底内有籀篆，陰款三行，云"齊侯作皇母孟姬寶尊般其萬年，釁壽無疆"十七字。知其爲周時物也。頻年所得銅器之有款者，當以此爲第一。

道光初年，著名的《小盂鼎》和《大盂鼎》在陝西眉縣出土。

道光十年（1830），滕縣農民在鳳凰嶺之溝澗中發掘出《魯伯俞父諸器》四種。

道光二十年（1840），著名的《虢季子白盤》在陝西寶雞出土。

道光二十三年（1843），著名的梁山七器在山東梁山出土。這七器見《濟州金石志》卷一的記載：

濟寧鍾養田近在壽張梁山下得古器七種：鼎三、彝一、盂一、尊一、甗一。

道光末年，著名的《毛公鼎》和《天亡簋》在陝西岐山出土。

《毛公鼎》和《天亡簋》

同治初年，陝西長安人雷氏獲邵鐘諸器十二種。

光緒十六年（1890），著名的《大克鼎》在陝西扶風出土。

光緒二十七年（1901），陝西鳳翔府寶雞縣三十里鬥雞台出土柉禁諸器十三種。

二、銅器收藏

清初收藏銅器的學者中有個叫王弘撰的，《清史稿》中記載他"嗜金石，藏古書畫、金石最富"。曾經和顧炎武有過來往，顧炎武說"好學不倦，篤於朋友，吾不如王山史"。在《清史稿》各類傳記中記載着"好金石文字"和"精篆書"的情況非常多，如《嚴觀傳》《朱筠傳》等，可見整個清代對彝銘學研究已經是一種時代性的風氣。這一風氣一直到晚清尚存。陳介祺就曾指出：

> 吉金之好，今日直成一時尚。竊謂徒玩色澤，則名為古物，與珠玉珍奇何異？我輩留心文字，必先力去此習，得一拓本足矣。[1]

在清人的筆記文集中，也有大量的記載。如孫炯的《研山齋雜記》一書，李遇孫《金石學錄》中就記載此書"其於銅器，亦有考辨"，大概是針對該書卷四的《宣爐注》而說的。

清代著名的殷周銅器收藏家及其所藏銅器，如丁彥臣收藏有《伯卿鼎》《兮中敦》《伯癸彝》《祖辛鼎》《缶尊》《旅伯剛卣》《井季卣》《井侯盉》《白攻盉》《魯伯悆鬲》《周宮壺》等，王幾收藏有《周史頌盤》，孔尚任收藏有《母乙鼎》和《亞尊》等，孔繼涵收藏有《周芊子戈》，孔繁灝收藏有《周伯彝》，孔昭虔收藏有《周蘇公敦》《周徐王子和鐘》，沈可培收藏有《商父乙觶》《子銘彝》，李宗昉收藏有《周棘生敦》《商執戈鼎》，李璋煜收藏有《商父癸爵》，李聯坧收藏有《商雙册父乙卣》，司馬亶收藏有《柬彝》《周戈》，姚晏收藏有《周漾史尊》，姚觀光收藏有《夔作尊》《寶彝敦》《子矛爵》《子孫作婦姑鸞彝》甗，葉志詵收藏有《父乙旅東卣》《周父舟斝》，李廓收藏有《紀侯鐘》，秦恩復收藏有《都公敦》《曾中盤》《册父考盉》《陽嘉洗》《孔文父鐘》，黃安濤收藏有《錄作敦》，徐楙收藏有《商父癸爵》《周應公鼎》，夏之盛收藏有《商子父丁鼎》《商祖癸卣》《周矩尊》《周菫伯尊》《周雷甗》《周臣廟彝》《周大搜鼎》，吳榮光收藏有《辛舉卣》《祖乙鼎》《姬彝》《并笠尊》《父己彝》《兵史鼎》，趙秉沖收藏有《戎都鼎》《吳彝》，謝龍門收藏有《商父辛爵》，畢沅收藏

---

［1］［清］陳介祺著、陳繼揆整理：《秦前文字之語》，齊魯書社1991年版，第150頁。

有《智（舀）鼎》，葛嵩收藏有《商父乙觚》《周華姬鼎》《遣小子敦》，素方伯收藏有《叔氏大林鐘》，梁同書收藏有《武丁盉》，馬履泰收藏有《伯躬父鼎》，趙之琛收藏有《頌壺》《彭姬壺》，馮雲鵬收藏有《商斧木爵》《商大己卣》《商己舉鼎》《周子孫卣》《周父壬鼎》《周父丁爵》《周伯彝》《周叔臨敦》，陳廣寧收藏有《聶壺》《宗周鐘》，孫星衍收藏有《楚良臣鐘》《虡彝》，蔡載富收藏有《商孫豆爵》《立戈形父巳爵》，紀昀收藏有《華鐘》，顏崇榘收藏有《宋戴公戈》《阿武戈》，瞿世瑛收藏有《商戚觶》《周婭豆》《小子㴓敦》《蘇公敦》《周罔鼎》，韓克收藏有《周于鼎》《周於彝》，龔翔麐收藏有《叔夜鼎》，龔自珍收藏有《方鼎》《龍勺》《魚爵》《父丁爵》《立戈爵》《癸飲爵》《商父丙爵》《周從鐘》……斌良收藏銅器二百餘件，但是商周古器並不多。其中，吳大澂的《愙齋集古録》中多言銅器收藏的經緯和移交情況，很有參考價值。

李遇孫在《金石學録》一書中總結清代的彝銘學研究歷史時説：

> 國朝爲金石之學者十三家，起於昆山、秀水，而終於文漁，其推許亦可謂至矣。

張廷濟在銅器收藏和拓片收藏上，是清代罕有人及的大家。根據李遇孫《金石學録》中的記載，他所收藏的銅器中有"六十餘種，絶無僞造"。而且，張氏一門中，兄弟和子侄多爲銅器收藏家。他們所收藏的最有名的銅器是《周諸女方爵》《册父乙尊》《祖辛敦》《山父壬彝》《禾季彝》《犧形爵》《樂仲洗》《大吉羊洗》等。在價格上，張廷濟購買《商尊》一件銅器就花費了白銀六十兩！在他的《清儀閣所藏古器物文》一書中，幾乎記載了每一件銅器所購價格，對于瞭解清代社會經濟和銅器交易的歷史有重要參考價值。陳介祺針對銅器收藏發出了"收古器至《盂鼎》，似不必再過求"的感嘆。

在清代，好的銅器依然可以賣到千金以上。《韻石齋筆談》中就記載了李三才在淮陰時以"千三百金得《文王鼎》"之事。但是，此器是否真出自文王時代，則大可存疑。

顧頡剛在《當代中國史學》一書中曾介紹説：

> 光緒間的銅器收藏者，以潘祖蔭、陳介祺二人爲最多，《盂鼎》與《毛公鼎》即爲二人所藏。[1]

---

[1] 顧頡剛：《當代中國史學》，勝利出版公司 1949 年版，第 30 頁。

這期間，私人收藏家的銅器時有被戰亂所毀。如許瀚收藏的全部銅器，根據《清史稿·許瀚傳》的記載：

> 博綜經史及金石文字，訓詁尤深。……晚年爲靈石楊氏校刊桂馥《説文解字義證》於清河，甫成而板毀於捻寇，并所藏經籍金石俱盡。

這期間，也出現了專門著録藏器目的著作。如陳介祺等人的藏器目。

不過，清代還有個突出的現象就是官方制定了相關的法律，禁止民間盜挖三代銅器，見《大清律例匯輯便覽》卷十四《户律·錢債》中的"得遺失物"一條：

> 若於官私地内掘得埋藏之物者，并聽收用。若有古器、鐘鼎、符印異常之物，限三十日内送官。違者杖八十，其物入官。

這就從法律上制止了盜挖銅器的行爲。但是，在當時一物千金的情況下，全社會又沉醉在古銅器的收藏和研究風氣中，這條法律能有多大效果就很難説了。

請見下表：

《金石學録》《金石學録續補》所記載的清代銅器收藏表

編號	收藏家	收藏銅器	件數
1	孔尚任	《母乙鼎》《亞尊》	2
2	梁同書	《鷄形武丁盉》	1
3	馬履泰	《伯躬父鼎》	1
4	陳廣寧	古器	1
5	孔繼涵	《周芋子戈》	1
6	顔崇榘	《宋戴公戈》《周距末》《阿武戈》	2
7	秦恩復	《郜公敦》《曾中盤》《册父考盉》《陽嘉洗》《孔文父鐘》	5
8	沈可培	《商父乙觶》《子銘彝》	2
9	陸超曾	《吉羊洗》	1
10	趙秉沖	《戎都鼎》《吴彝》	2
11	李 廓	《紀侯鐘》	1
12	張廷濟	六十餘器	60
13	張 沅	《諸女尊》《祖辛敦》	2
14	張 柟	《山父壬彝》《禾季彝》《犧形爵》《樂仲洗》《大吉羊洗》	5
15	葛 嵩	《商父乙觚》《周華姬鼎》《遣小子敦》	3

（續表）

編號	收藏家	收藏銅器	件數
16	王　幾	《周史頌盤》	1
17	司馬亶	《東彝》《珢戈》	2
18	姚觀光	《夒作尊》《寶彝敦》《子矛爵》《子孫作婦姑叢彝》、甗	5
19	夏之盛	《商子父丁鼎》《周董伯尊》《祖癸卣》《駛卣》《父丁爵》《父癸爵》《子孫爵》《父乙爵》《子子爵》《東執中兕爵》《爻伯祖丁斝》《王作母癸角》《足形兒觶》《王作臣比彝》《中作父丁盂》《申作甗》《郊替父鬲》《雁卡鬲》《祺田鼎》	19
20	蔡載福	《商孫豆爵》《立戈形父巳爵》	2
21	韓韻海	《應公鼎》	1
22	葉應璜	《晏敦》《郊太宰簠》《曾伯黎簠》《齊侯女中壺》《郊公亞鐘》	5
23	張　調	《仲伯未姬彝》	1
24	姚增翼	《鬲尊》	1
25	鐘衍培	《白憲盉》《太保敦》	2
26	銘　岳	《伯矩卣蓋》	1
27	王　鵠	《安父鼎》《魯伯愈父簠》	2
28	張　薦	《魯伯愈父鬲》《伯角父盂》《居須叡彝》《中叡父盤》	4
29	馬起鳳	《遽白睘彝》《立簠》《郊太宰簠》	3
30	劉肇鑒	《北子彝》《師奂父敦》《彥鼎》《豐壚敦》《郊伯鬲》	5
31	吳　旭	《周宰辟父敦》《珢戈》《析巳觚》《立戈》《父癸觶》《父丁斝》《南宮中鼎》	7
32	蘇士樞	《十二句鑃》	12
33	金傳聲	《冗卣》《哉卡朕鼎》	2
34	方維祺	《魯侯角》《師趛鼎》《頌敦》《蘇敦》《陽丙彝》《追叔彝》《俑彝》《召叔簠》	8
35	周廣成	《大盂鼎》	1
36	朱　鈞	《頌鼎》《兄光敦》《鄁子簠》《陳曼簠》《卡觚》《師酉敦》	6
37	李文翰	《小盂鼎》	1
38	潘德畬	《亞形父丁角》《矩尊》	2
39	陳德大	《曾伯鼎》	1
40	金龢廷	《史頌盤》《追叔彝》《頌鼎》《象鼎》《介爵》《趄戈》	6
41	陸心源	《䰟攸从鼎》《鳥篆鐘》《魯侯角》	3

編號	收藏家	收藏銅器	件數
42	孫文川	《父巳壺》《衛侯敦》	2
43	方濬益	《鳳白敦》《黃公鼎》《意敦》《哉叔朕鼎》	4
44	徐樹鈞	《周叔夜鼎》	1
45	曹廷傑	《鹿鐘》《父癸鐘》《魯公鐘》	3
46	潘祖蔭	《盂鼎》《克鼎》《齊侯鎛》等六百餘器	600
47	黃國瑾	《鄭伯佳鼎》《農觶》《邾公釗鐘》	3
48	顧壽松	《其無句鑃》《伯咸父將鼎》《鄭乍旅彝》《舉父乙尊》《王宜人甐》《斧形孫父乙爵》《欽爵》《彔敦》	8
49	吳大澂	按照《吳憲齋先生年譜》統計	253
50	沈秉成	《虢朱大林鐘》《成王鼎》《師望鼎》	3
51	盛昱	《豆閉敦》《宴敦》《獸卣》	3
52	孫汝梅	《惠卣》《父庚卣》《雙矢父乙尊》《女康彝》《車觶》《父乙爵》《父巳爵》	7
53	王懿榮	五十餘器	50
54	延暄	《邵鐘》《師窭敦》《父乙方鼎》《牷尊》	4
55	李鴻裔	《寺季鬲》《黃中鬲》《頌鼎》等十幾器	10
56	張熊	《册册父辛彝》《散季敦》《中宜父鼎》《魯伯俞父簠》《其無句鑃》	5
57	丁樹楨	《容鼎》《齊侯鼎》	2
58	李宗岱	《農卣》《旗鼎》《世主亞形鼎》《靜敦》《紀侯敦》《太保敦》	6
59	費念慈	《韓中多壺》《鳳卣》《邵鐘》《頌鼎》《師遽敦蓋》《史懋壺蓋》《師趛鼎》等百餘器	100
60	張鳴珂	《余義楚之祭耑》	1
61	端方	《銅棪禁》等十二器、《毛公鼎》《諫敦》《番生敦蓋》《王孫遺鐘》《克鐘》等六百餘器	600
62	萬中立	《方爵》	1
63	李保恂	《父巳匜》	1
64	龐澤鑾	《余義楚之祭耑》	1
65	丁麟年	《師兑敦》《杜伯簋》《召伯虎敦》《克鼎》《周銅虎符》	5
66	鄒凌瀚	鐘九器、耑三器	12
67	奚光旭	《堅尊》《史頌盤》《史頌敦》《買敦》《越王方鼎》《宋庸公鼎》《乙亳觚》	7

（續表）

編號	收藏家	收藏銅器	件數
68	徐乃昌	一百六十餘器	160
69	王緒祖	《睽敦》《句鑃》	2
70	趙于密	《窦作彝》古兵	2
71	顧麟士	《小字邵鐘》《魯公伐邾鼎》《父丁觶》	3
72	鄒　安	《不期敦蓋》《頌壺蓋》《無期敦》《季子組壺》《曾伯盤》	5
73	吳士鑑	《魯原鐘》九器	9
74	趙時棡	《叔氏寶林鐘》《中作旅鼎》《冤彝》《中師父敦》《中姞敦》《宴敦》《束觚》《邢叔獲父鬲》等一百五十餘器	150
75	胡永昌	《太祝禽鼎》	1
76	鄧　實	《父丁觶》《齊侯鬲》《趄王戈》	3
77	周慶雲	古銅器	1
78	劉體乾	《齊侯中申壺》	1
79	劉體智	《善鼎》《大敦蓋》《索公簠》《杞伯盨》	4
80	程源銓	《王孫遺鐘》《虢叔大林鐘》《大公望鼎》《散伯爲矢姬作敦》等一百五十餘器	150
81	鄭國基	《卯敦》	1
82	徐雲巢	《周王宜人瓹》《白卣》《惠識鼎》《井觚》《鶏彝》	5
83	尤擂珊	《寵敦》	1
84	瞿中溶	《晉公盎》	1
85	何　溱	《芮太子鼎》《魯伯大夫敦》《旗敦》《劃卡簠》	4
86	何　澍	《白鄭父鬲》《戲伯鬲》《中父丁鬲》	3
87	顧壽康	《白藏父鼎》《旅父鼎》《中宦鼎》《尹姞鼎》《魯伯俞簠》《上官登》《今中敦》等數十器	30
88	姚覲元	《毛公旅鼎》《卡角》《父敦》	3

以上凡幾十餘器者一律以十位之説爲計，數十器者按三十器計。上述八十八家共收藏了商周銅器二千一百七十器。而很多收藏家的數量并没有具體公布，祇是説"收藏甚富"而已，比如吳大澂。但是我們依據顧廷龍編著的《吳愙齋先生年譜》中的考證和記載，一共是二百五十三器。因此，假如把《金石學録》《金石學録續補》所記載的那些具體數位不確定的銅器收藏數量按照至少五十器計算的話，那麽整個清代内府之外民間收藏的商周銅器數量至少是三千器以上了。

第二節　傳拓和寫篆

當然，官方總是收藏拓本的大户。李遇孫《金石學録》中就記載"内府儲藏尊彝古器摹本三百餘種"。然而，張廷濟的拓片收藏上也是當時罕有人及的大家，收藏"商周秦漢古彝器銘文千種"。黄錫蕃收藏的彝銘拓片曾經裝裱成册，居然有十大册之多。這些巨册曾經借給張廷濟，後來賣給了上海收藏家陳寄鴻。拓本收藏成爲時尚熱點所在。因此，陳介祺專門研究了這一問題，他認爲：

> 金文宜裝册，每册一幅裝金文一紙，字多者加素册一幅或數幅。以文之有可考無可考計之，至少亦須餘一幅。[1]

買不起銅器的學者就根據拓本進行考證研究。如江藩利用拓本考證《東眲尊》和《陳逆簠》彝銘。

而且單獨收藏彝銘拓片的現象也大量出現。李遇孫《金石學録》中就曾記載秦恩復收藏有大量"舊拓款識具爲積古齋所收"。江德量收藏"款識拓本約二十種"。趙秉沖收藏"款識拓本六十餘種"。錢坫收藏"款識拓本十餘種"。趙魏收藏"款識拓本七十餘種"。陳豫鍾收藏"款識拓本二十餘種"。

一、全形拓

更重要的是，到了清代中晚期，彝銘傳拓技術得到了空前的發展，尤其是立體全形拓技術的出現。下文六幅圖，就是立體傳拓。

青銅器彝銘拓片從宋代開始，一直到晚清，都是以平面傳拓爲主的。因爲受青銅器器型大小的限制，有些器物傳拓并不容易。陳介祺在《簠齋傳古别録》曾經感嘆説"器之難拓莫過於兩《齊侯罍》"，實爲經驗之談。清代後期開始出現了青銅器的立體傳拓技術，也叫全形拓。立體傳拓需將青銅器實物的高、寬尺寸，事先準確地畫在宣紙上，與實物大小一致。在具體的傳拓過程中輔以素描、繪畫、裱拓、剪紙等技法，拓法虛實并用，有很强的立體感。使得彝銘和青銅器的大致形狀同時出現在同一張拓片上。根據容庚先生的考證，這一技法的創始人是嘉慶道光年間的馬起鳳。[2]

---

[1] [清] 陳介祺著、陳繼揆整理：《簠齋鑑古與傳古》，文物出版社 2004 年版，第 73 頁。
[2] 容庚：《商周彝器通考》上册，哈佛燕京學社 1941 年版，第 179 頁。

青銅器《大保鼎》《狽元卣》《虢叔大林鐘》立體拓片

青銅器《師兌簋》《杞伯匜》《者女觥》立體拓片

著名學者紀曉嵐也是熱衷此學的高手。根據李遇孫《金石學錄》中的記載：

　　紀昀學問淵博，好金石文字，藏《周公華鐘》，銘九十三字，其"周"字甚難識。程易疇定爲古篆文"周"字。

陳介祺發明了"立體分紙拓法"，即先將器身、器耳、器腹、器足等部位的紋飾、器銘分拓，然後用筆蘸水劃撕掉多餘白紙，按事先畫好圖稿相應之需，把拓完的各部分拓片拼粘在一起。陳介祺門下的弟子薛錫鈞就是清末民初著名的"立體分紙拓"的高手。

平面傳拓在具體的手法上多使用樸拓。它的效果多是墨色清淡薄如蟬翼，故將此種拓墨技術稱爲蟬翼拓。彝銘拓片多屬于蟬翼拓。偶爾也會有一些拓片，用墨厚重，拓片烏黑發亮，此種拓片即可稱爲"烏金拓"。但并不多見，因爲彝銘字迹細小，烏金拓多不容易。

陳介祺還特別注意到了傳拓時對青銅器本身造成的損壞問題。這可具體表現在傳拓技術上必須加倍注意的以下五點：

拓字損器之弊：氈卷搗、硬刷磨。毛刷敲擊字邊固易真，小鐘之類，擊敲時，動者則易磨出新銅。吉金古澤，乃數千年所結，損去則萬不能復。且損銅如何能補哉。

重器、朽器不假常人之手。

拓字時有必須將器轉動手運然後可拓者，或底在几上易磨者，皆必須紙糊矣。

爵足、腹易損。尊、卣、鼎、壺等字在內者，非欹側、非轉動不可拓。須審其勢而護之。

銅質薄甚者重敲易破。[1]

上述幾個傳拓技術中的要點，過去幾乎是不傳之密。由此可以看出陳介祺精湛的傳拓技術。他的這些要點完全是出于保護青銅器的目的，尤其難能可貴。

二、寫篆風氣

整個清代寫篆的名家倍出。如丁元公、萬承紀、葉封、王申、王鐸、王澍、左宗棠、鄧石如、孔廣森、孫衛、孫延、孫星衍、華銓、許儀、來蕃、李根、李鯤、李汝華、李瑞清、畢宏述、周軫、周蓮、周榮起、周茂蘭、湯燕生、林佶、趙魏、趙之謙、邵潛、顧彝、顧藹吉、朱大勛、朱稻孫、朱彝鑒、沈灝、徐朝棟、徐觀海、汪珏、汪士通、汪由敦、胡鐘、胡寶瑔、鄭燮、管希寧、楊法、楊子興、吳晉、吳均、吳育、吳昌碩、吳兆傑、吳秉權、洪上庠、洪亮吉、陳均、陳潮、陳奐、陳豫鍾、陸鼎、陸紹曾、裘得華、蔡方炳、黃子高、黃文章、黃宗炎、董邦達、戴臥雲、

---

[1]　[清] 陳介祺著、陳繼揆整理：《簠齋鑑古與傳古》，文物出版社 2004 年版，第 7—8 頁。

傅山、潘弈儁、翁陵、錢楷、夏之勖、曹德華、張惠言、張燕昌、屈培基、屠倬、倪稻孫、顔寅、程普、程恩澤、查仲誥、莫友芝等人。

震鈞《國朝書人輯略》卷五載程瑤田曾經評價吳兆傑的篆書説：

> （漫公）由小篆而上溯之。至於大篆、古文、鐘鼎款識之別於時代者，靡不遍觀而盡識焉。既知之矣，又學而能書之。故他人之書由真、行而通於篆、隸，漫公書則濫觴於篆、籀已。

當時的著名收藏家、書法家趙魏，就曾把寫篆和考證青銅器彝銘結合起來。《清史列傳》評價其："所藏商周彝器款識、漢唐碑本爲天下第一。"著名學者張廷濟也曾在《清儀閣題跋》中稱贊他：

> 深於碑版之學，篆、隸、真書俱精，老有古法。

在當時的古文字學家中，大多精于寫篆，如錢坫、黃易、瞿中溶、何紹基、吳大澂等人。

對于錢坫，根據《國朝先正事略》中記載：

> 獻之工小篆，不在李陽冰、徐鉉下。晚年右體偏枯，左手作篆，尤精絶。

《昭代名人尺牘小傳》中曾評他的篆書爲"本朝第一"。

錢坫篆書

另一個寫篆大家何紹基曾在《跋道因碑拓本》中自述其寫篆經緯：

> 余學書四十餘年，溯源篆、分，楷法則由北朝求篆、分入真、楷之緒。

在這一時期最有名的寫篆高手是鄧石如。

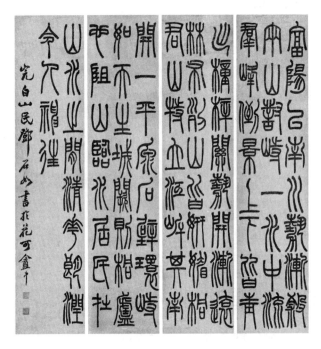

鄧石如篆書作品

根據《清史稿·鄧石如傳》的記載：

> 又苦篆體不備，寫《説文解字》二十本。旁搜三代鐘鼎、秦漢瓦當碑額。
> 五年，篆書成。……石如篆法以二李爲宗。

當時的高官如劉墉等人，在見到鄧石如的篆書後曾發出了“千百數年無此作矣”的感嘆。學他的篆書的人，如吳育、楊詠春、吳大澂等人，也是清代中晚期研究彝銘的著名人士。其他的寫篆高人，如董金甌，也對鄧石如多有推崇。

除此之外，晚清的李瑞清也是一位由青銅器彝銘而上悟大篆的著名書法家。《書林藻鑑》卷十二曾載其自論學書經歷之語：

> 余幼習訓詁，鑽研六書，考覽鼎彝，喜其瑰偉，遂習大篆。

又説：

學鼎鐘盤敦者，以大器立其體，以小器博其趣。

其所謂的大器就是指《盂鼎》《毛公鼎》《散氏盤》等彝銘。李氏寫彝銘主要是探究筆法神韻。他總結説：

姬周以來鼎彝，無論數十百文，其氣體皆聯屬如一字，故有同文而異體，易位而更形，其長短、大小、損益，皆視其位置以爲變化。

第三十三章　清代彝銘學研究著作綜述

引　論

彝銘學研究是清代的顯學，當時著名的學者中大多熱衷于此學。如李遇孫《金石學録》卷三記載，詩人查慎行也曾經對銅器彝銘進行考訂：

> 查慎行勤考訂，嘗於馬氏道古樓見宋王復齋所藏《鐘鼎款識》，册内《周叔姬鼎》《季嫘鼎》《麻城鼎》《癸亥父己鬲鼎》，凡四器古篆，爲之訂正，詮釋字義，皆能精當。

潘祖蔭《攀古樓彝器款識》曾對清代的彝銘學著作有過很精闢的評價：

> 國朝多矣，而以阮氏《積古齋款識》、吳氏《筠清館金文》爲最富。獨其所録，真贋雜出。又其訓釋，往往踳誤。考證之學，椎輪難工。踵事易好，無足異也。道、咸以來，諸城劉布政燕庭、海豐吳閣學子苾、濰縣陳編修壽卿皆稱藏家。近今好此者益多，價益踴，故古器益不可得見。

清代《説文》學大盛，故此，本節所收研究石鼓文、《説文解字》之書皆爲側重于以商周銘文來考證石鼓文和《説文解字》者，非此則概不收入。畢竟本書是以彝銘學爲核心的，而非是以石鼓文、《説文》學爲核心。

第一節　圖録類

清代圖録類著作之多，達到了古代學術史上的頂峰。印刷技術、繪畫技術都已經發展到了極點。而皇家和高官們對商周古銅器的追求和崇尚，更加速了彝銘學的發展。如《二百蘭亭齋收藏金石記》《十六長樂堂古器款識考》《三代吉金文存》《小校經閣金石文字》《文石堂重刊曹氏吉金圖》《西清古鑑》《西清續鑑甲編》《西清續鑑乙編》《吉金志存》《求古精舍金石圖》《兩罍軒彝器圖釋》《柲林館吉金圖識》《恒軒所見所藏吉金録》《孫谿朱氏金石叢書》《貞松堂集古遺文》《貞松堂吉金圖》《清儀閣所藏古器物文》《雪堂所藏古器物圖》《雪堂所藏古器物圖説》《殷墟古器物圖録》《寧壽鑑古》《澂秋館吉金圖》《愙齋集古録》《積古齋鐘鼎彝器款識》《筠清館金文》《善齋吉金録》，等等。

其中，吳雲的《兩罍軒彝器圖釋》一書，卷前有影印馮桂芬序、俞樾序。書名亦俞樾所題。卷一至卷八所收爲三代青銅器，多有彝銘。該書對《齊侯罍》銘文考證頗爲詳細。

吳雲序中言：

> 然則士生今日欲考三代以上之禮數遺文，舍古器其奚取證哉？

此言代表了晚清彝銘學研究諸家之要。

林鈞《石廬金石書志》卷八如是評價此書：

> 齊侯兩罍爲吉金大器，乃公所以名其軒者，故爲説均特詳。至於大小輕重，悉權度而并載之，誠阮氏積古齋後又成一鉅觀也。

曹載奎的《文石堂重刊曹氏吉金圖》一書，卷首有張廷濟序。卷前有《文石堂主人誌》一篇，言及此書之出版經緯：

> 曹秋舫《吉金圖》二卷，流傳甚罕，世多未之睹。故凡欲模仿古銅器之銘文形式者，一以《博古圖録》《考古圖》《西清古鑑》三書爲據，而三書亦乏善本，人以爲憾。近者，予幸獲曹圖，反覆閲之，銘文形式俱極摹刻之精，洵足

以爲三書之羽翼矣。因欲翻刻，廣其傳。但曹圖原本係石刻，而本邦石刻之技未能精巧如彼。予恐或失原迹，因倩所知老工大西櫻雲，上木刻甫竣，爰記其由，以告攬者云爾。大日本明治十五年九月京都府書林文石堂主人誌。

在《曹氏吉金圖》中，曹氏將商周青銅器分成商代九類、周代十類。如下：鼎、尊、觚、爵、角、彝、敦、卣、觶（以上商代），壺、鐘、鼎、盤、匜、罍、鬲、尊、敦、簠（以上周代）。其中，此書對于周代青銅器的編排順序頗爲混亂，但對器形、彝銘、尺寸説明極其詳細，這得到了張廷濟的特別贊許。

阮元《積古齋鐘鼎彝器款識》一書，卷首有《商周銅器説》和《商周兵器説》二篇。

阮氏在《商周銅器説》嘗云：

> 古銅器有銘。……且其詞爲古王侯大夫賢者所爲，其重與九經同之。

此言可謂一語點破彝銘存在的學術價值。有清一代的彝銘學研究著作，此書是首屈一指的名作。阮元自述此書是"以續薛尚功之後"。而其所輯録之來源，則是：

> 友人之與余同好者，則有江侍御、朱右甫、孫觀察、趙銀臺、翁比部、秦太史、宋學博、錢博士、趙晉齋、何夢華、江鄭堂、張解元等各有藏器，各有拓本，余皆聚之，與余所自藏自拓者，集爲《鐘鼎款識》一書。

故此，此書在材料來源上，可説是集當時諸名家藏器之大成。據李遇孫《金石學録》中的記載：

> 阮宮保輯《積古齋鐘鼎彝器款識》，與薛氏同其體例，而精博過之。近時講金石之學者，金少而石多，吾師此書，專以款識名，爲薛氏後不可缺之書。

張廷濟《清儀閣所藏古器物文》一書，所附彝銘拓片後多爲徐同柏考釋題跋，個別器物後爲張廷濟和吳雲題跋。張氏考證文字比徐氏爲多。

此書之由來，徐鈞在序中言之甚明：

> 吾鄉張叔未解元，篤學好古，精於鑑別金石器物，搜藏極富，築清儀閣藏之。顧自庚申亂後，閣毀於火，圖書金石蕩焉無存。於是，邑人鮑少筠四會……得所藏墨本，影印以傳……解元又各疏其源流，釋其文字，手書其上。

其中，張氏對嘉慶七年所得《商尊》的考證頗爲詳細，并詳細説明器物收藏之由來。

吳大澂《恒軒所見所藏吉金録》一書，卷首有羅振玉、葉昌熾序。作者序有言：

> 余弱冠喜習繪事，不能工。洎官翰林，好古吉金文字，有所見，輒手摹之，或圖其形，存於篋。

所收爲三代青銅器，多有彝銘。有器形圖，有尺寸説明，有部分釋文，無考證文字。據褚德彝《金石學録續補》中的記載，此書所收"實未盡所藏之十一"，可見其收藏之富。

林鈞《石廬金石書志》卷八如是評價此書：

> 繪圖摹銘，并皆佳妙，與攀古樓相伯仲也。

吳大澂又有《愙鼎集古録》一書。其以"愙齋"爲齋名，據褚德彝《金石學録續補》中的記載：

> 得《周愙鼎》，文中有周愙及帝考字，謂是微子所作器。因取晚號愙齋。

所收爲三代青銅器，多有彝銘。有器形圖，有尺寸説明，有釋文，有考證文字，有拓片。每幅拓片下多有收藏者印。其中，該書對《毛公鼎》彝銘考證頗爲詳細，并題有獨立書名頁"周古遺文"。此書爲晚清著名治金名著。

林鈞《石廬金石書志》卷八如是評價此書：

> 按吉金文字，自宋以來呂大臨、薛尚功、王俅各有專書，而呂刻、薛刻不甚精。《王復齋鐘鼎彝器款識》、阮刻雖依原拓本，而陰款覆刻，未能神似。阮刻、積古齋、吳刻、筠清館改陰款爲陽文，仍未能纖毫畢肖。此編精印，視墨本不爽銖黍。上虞羅氏叙內推是録爲盡美且善，確屬定評。

吳大澂爲晚清治彝銘學第一名家。據褚德彝《金石學録續補》稱"言金文者，視爲導師"。

羅振玉《三代吉金文存》一書，爲晚清治金第一名著。在序中作者曾提出以下觀點：

> 今宜爲古金文通釋，可約分四種，曰邦國，曰官氏，曰禮制，曰文字。

此言爲今日治彝銘學者指明了研究方向。

端方的《陶齋吉金録》一書，林鈞《石廬金石書志》卷八如是評價此書：

> 端氏收藏金石爲清代巨擘，所藏彝器數百品。中以陝西鳳翔府寶鷄縣鬥鷄臺出土之銅柈禁，上置卣尊，大小各一。觚一、斝一、爵一、觶一、盉一、角一。大卣内有勺，共酒器十有二件。爲自來言彝器者所未見。又得陳簠齋所藏毛公鼎、諫敦、番生敦蓋、王孫遺鐘、克鐘，均奇品也。

據褚德彝《金石學録續補》中的記載：

> 吏事之暇，好金石文字，藏彝器六百餘件……公之所藏恒碑、彝器，實集古今中外之大成也。

吳式芬《攈古録》一書，容媛《金石書録目》卷一中以爲此書是"家刻本。自三代迄元都一萬八千餘種目録，以此爲最富"。

林鈞《石廬金石書志》卷八如是評價此書：

> 由文一文二以迄文四百九十又七，少者皆象形指事記日干支之屬，多者可敵真《古文尚書》百篇之一字。各爲釋，釋各成文。又間附以各家之説，雖所釋互有短長，要皆以根據禮典，采討六書，推闡經義爲主。

吳式芬在彝銘學術研究上的主要貢獻就是《攈古録》。此書直到解放初期還在以《攈古録金文》爲名，出版綫裝本，足見它的影響和價值所在。但是，因爲没有器形圖和拓片，這使該書的真實性打了折扣，無法進行彝銘字形的對比研究。不過，此書的優點是按照彝銘字數的多少編排，具有了一些近現代彝銘學研究工具書的編排色彩。

第二節　題跋類

清代的題跋類著作也走到了古代學術史的頂點。如《小學盦遺書》《石經閣金石跋文》《竹雲題跋》《吉金文録》《伯右甫吉金古文釋》《東洲草堂文鈔》《吳侃叔吉金跋》《商壺館金石文跋》《陶齋金石文字跋尾》《授堂金石文字續跋》《獨笑齋金石文考釋初集》《儀顧堂題跋》《儀顧堂續跋》《蕉聲館集》《壺公師考釋金文稿》《復初齋文集》《清儀閣金石題跋》《從古堂款識學》《陳簠齋丈筆記》《蘇齋題跋》《籀經堂類稿》《籀廎述林》《鐵橋漫稿》《蘇壽齋吉金文字》《曝書亭集》，等等。

如朱彝尊《曝書亭集》一書，從第四十六卷開始就是題跋類著作。李遇孫《金石學錄》中就記載此書：

> 本有《吉金貞石志》，後并入諸題跋於《全集》中，不復成此書矣。

其中，該書卷四十六《商父己敦銘跋》考證：

> 父己敦一，上圓下方，崇一尺五寸，脣廣四尺，底二尺八寸，腹受五升，舟五尺四寸。其文雲靁，其耳饕餮。銘二字，在腹，蓋商器也。商人尚質，作祭器以薦祖考，猶以父稱。故鼎有父甲、父乙、父丁、父己、父辛、父癸，尊有父乙、父丁、父己、父癸，彝有父甲、父乙、父丙、父丁、父己、父辛、父癸，卣有父乙、父丙、父丁、父己、父辛、父癸，爵有父乙、父丁、父戊、父己、父庚、父壬、父癸，觚有父乙、父庚，觶有父己、父辛，罍有父丁，甗有父乙、父己，鬲有父己，盉有父丁、父癸，觥有父己、父辛，盤有父辛，匜有父癸。然則敦以父己名，固其宜已。不惟是也，有以祖名者，尊之祖丁、祖戊，卣之祖乙、祖丁、祖庚、祖辛，爵之祖丙、祖丁，觚之祖丁，甗之祖己，匜之祖戊是也。有以母名者，卣與鬲之母乙是也。他如世母辛、兄丁、兄癸、婦庚、子乙、女乙、孫己，名得通于下。銘辭不若周人之煩，取足以紀行次而已。歲在上章執徐春，觀于王公子士駿書齋，椎拓而還，裝界於冊。

孫詒讓的《籀廎述林》一書，卷四收《古籀拾遺叙》和《古籀餘論後叙》，卷六收《薛尚功鐘鼎款識跋》和《翟氏籀史跋》。卷七所收皆爲研究三代青銅器銘文題跋和考證文章，即《毛公鼎釋文》《克鼎釋文》《邵鐘拓本跋》《乙亥方鼎拓本跋》《周虢季子白盤拓本跋》《周遺小子敦拓本跋》《周唐中多壺拓本跋》《周師和父敦拓本跋》《周麥鼎考》《周要君盂考》《無惠鼎拓本跋》等十餘篇。

吳闓生《吉金文録》一書，屬于題跋類論文。作者在序中云：

> 近輯金文，以于氏《文選》爲備。此書纂録，本在于《選》以前。乃與思泊論交，彼此多所參訂。于書既出，益得恣取以補吾闕。

此書亦爲近現代治金名著之一。作者本義是以彝銘證史，以補史傳之缺。故于序文中又云：

> 獨彝器爲古代遺物，未易爲僞。史迹之灼然可信者，唯此而已。斯其所以貴也。

翁大年《陶齋金石文字跋尾》一書，羅振玉在後記中云：

> 今年秋，予以三十萬錢得先生手稿十餘册於滬上，蓋即其撰《陶齋金石略》……諸書之底本。……《金石略》則僅跋尾數篇而已。每册手稿或僅二三紙，或十餘紙，多者亦不逾三十紙。旁行斜上，塗乙狼籍，中間或夾紙片，皆草稿也。兹爲輯録《金石文字跋尾》十七則，大率非精意之作。

林鈞《石廬金石書志》卷十四云：

> 叔均先生以金石考訂之學，與張叔未、韓履卿、吴子苾、許叔夏、劉燕庭諸先生并著稱于道、咸間。

總之，這類著作之多前所未有，它已經成了文人學者的必須。

第三節　字形類

清代學者熱衷于根據字形考證古文字，因此著作也不勝枚舉。如《六書通摭遺》《六書正説》《古文篆韻》《古文字匯》《古文通考》《古文原始》《古字考略》《古字彙編》《古籀韻編》《古籀拾遺》《汗簡箋正》《汗簡箋正補正》《汗簡韻編》《象形文釋》，等等。

其中，清初孫炯在《研山齋雜記》一書中曾指斥《六書故》之誤：

> 近世戴侗以鐘鼎文編《六書故》，不知者以其字便於用，無《説文》聱牙之患，多取之。形古字今雜亂無法，鐘鼎偏旁不能全有。即以小篆足之。或一字兩法，人多不知。“𠂤”本音罠，加宀即爲寰字。乃音作官府之官。村字本作邨，從邑從屯。今乃書爲村字從木從寸，又引杜詩“無村眺望賒”爲證，謬誤甚矣。況《説文》無此村字，許慎引經爲證，漢時文皆篆隸，乃得其宜。

今侗引經而不能精究經典古文，反以近世差誤俗字引以爲證。鎊、鏈、鏊、鋸、屍、屎等字，皆依世俗字爲鐘鼎篆體，各有詳注。卵字所解，尤爲不雅。編首字源分門類爲次第，蒼頡之法到此書爲一厄矣。學者先觀古人小學書，方知其謬。

謝墉《六書正説》一書，阮元在《吏部左侍郎謝公墓誌銘》中評價説：

尤好鐘鼎古文，獨追象形、象事、象意之本，謂許慎篆文乃沿秦石刻結體，校以商、周尊彝、岐陽石鼓，則形、事、意三者皆所不及，指微抉奧，令人解頤。

孫詒讓《古籀拾遺》一書，上卷爲對薛尚功《歷代鐘鼎彝器款識》一書十四件青銅器彝銘的考證，中卷爲對阮元《積古齋鐘鼎彝器款識》一書三十件青銅器彝銘的考證，下卷爲對吳榮光《筠清館金文》一書二十二件青銅器彝銘的考證。

該書自序中説：

漢許君作《説文》，據郡國山川所出鼎彝銘款，以修古文。此以金文説字之始……端居諷字，頗涉薛、阮、吳三家之書，展卷思誤，每滋疑竇。用字書及它刻，互相斠核，略有所窺，輒依高郵王氏《漢隸拾遺》例，爲發疑正讀成書三卷。

卷末有劉恭冕跋。文中有言：

君於學無所不窺，尤多識古文奇字。故其所著，能析其形聲，明其通假。

林鈞《石廬金石書志》卷十九如是評價此書：

孫君掌經博學，以經訓考釋金文，析其形聲，明其通假。凡薛尚功、阮文達、吳荷屋之書，俱有糾正。

又言：

是書原名《商周金識拾遺》，後重定改名《古籀拾遺》。

徐灝《象形文釋》一書，他在該書序中説：

學者求六書之旨，必以象形爲先……近儒段若膺氏注《説文》，號爲精博。

獨象形一事尚多穿鑿傅會之談。是不可以不辨也。灝弱冠後始讀《說文解字》之書，於所謂形者，許君曰象手足，則亦曰象手足，許君曰象臂脛，則亦曰象臂脛而已。其所以然之故，則瞢瞢如也。後見鐘鼎彝器子孫之文，即大字人字之形，證以許君畫成其物，隨體詰詘之言，由是大悟。

汪立名《鐘鼎字源》一書，將彝銘單字，按韻編次，并説明引用字的出處。作者在序中云：

> 近復尋閲《金石韻府》，見所收鐘鼎文，徵引訛謬，挂漏甚多。爰考諸刻，自商盤周鼎以迄秦漢諸書，專采鐘鼎文，手録爲卷，仍依今韻編次。

林鈞《石廬金石書志》卷十九如是評價此書：

> 汪君病《金石韻府》，所收鐘鼎文，徵引偽謬，掛漏甚多，特親考諸刻，自商盤周鼎以迄秦漢諸書，專采鐘鼎文，依韻編次。有石刻之類於銘款者，如石鼓文爲西京法物，附録入編。

爲此，貝塚茂樹在《中國古代史學の發展》一書中曾如下評價此書：

> 在清朝，雖然産生了汪立名寫的《鐘鼎字源》和莊述祖的《説文古籀疏證》等書，利用摹寫而成的宋代金文著作進行研究。因爲史料的失真，造成和《説文解字》進行盲目比照的情況，牽强附會之處很多而難以盡信。[1]

第四節　字義類

對文字含義的解釋和考證，更是清代學者的核心技術所在。如《六書微》《六書述》《史籀篇疏證》《古今字詁疏證》《古篆古義》《古籀答問》《字林考異補正》《字説》《字符串》《説文古籀疏證》《説文古本考》《説文古籀補》《古籀考》《説文校定本》《説文解字翼》，等等。

其中，吴大澂《説文古籀補》一書，他在書中自序説：

---

［1］［日］貝塚茂樹：《中國古代史學の發展》，日本弘文堂書店 1967 年版，第 45—46 頁。

　　蓋是編所集，多許氏所未收。有可以正俗書之謬誤者，間有一二與許書重複之字，并存之以資考證。不分古文、籀文，闕其所不知也。某字必詳某器，不敢向壁虛造也……石鼓殘字皆《史籀》之遺，有與金文相發明者。古幣、古鉢、古陶器文，亦皆在小篆以前，爲秦燔所不及，因并録之，有抱殘守缺之義焉。

　　重刊本中收字一千四百一十個，重文三千三百六十五個。考釋文字，皆據墨拓原本，特別在取證上，他本着"至《博古圖》《考古圖》及薛氏、阮氏、吳氏之書，未見拓本者概不采録"的原則，保證了此書的學術可信度。

　　朱士端《説文校定本》一書，此書其自序言其宗旨爲：

　　綜其大旨，厥有四要。據鐘鼎古文以校許書、古籀文之版本訛舛，一也……折衷前賢顧氏《古音表》。時與故友江寧陳宗彝、江都汪喜孫、儀徵陳鱣、黟縣俞正燮、武進臧相、通州陳潮旅館宵燈，往復辨難，以正後儒增删改竄之謬妄，二也……六書之例形聲十有八九，故凡從某某聲，從某某省聲，從某從某某亦聲，或取古籀爲聲，更以讀若相比況，即重文或體亦取形聲，大徐不得其説或删聲字，小徐本存聲字較多。古籀或省形，或省聲，或繁形，或繁聲，或省形不省聲，或省聲不省形，或形聲并省，求聲韻必以許書爲圭臬，三也。許書引經，如《易》宗孟氏，間用費氏。《書》宗孔氏，間用今文。《詩》宗毛氏，間用三家。即重出互見之文，揆厥師傳，授受各殊，溯源追本，意旨悉得，四也。

　　"據鐘鼎古文以校許書、古籀文之版本訛舛"可謂清代古文字學家以商周彝銘對《説文解字》進行的自覺的互證性研究的代表。

第五節　金石類

　　文字學的盛行客觀上促進了金石學的發達。如《山右金石記》《山左金石志》《金石文字記》《獨笑齋金石文考釋初集》《金石録補》《金石存》《金石萃編》《金石文跋尾》《金石學録》《金石學録補》《金石劄記》《金石文字跋尾》《金石文字辨異》《金石文字辨異補編》《金石學録續補》《金石摘》《金石通考》《宜禄堂收藏金石記》《吳興金石記》《鼎堂金石録》，等等。

其中，畢沅、阮元《山左金石志》一書，對彞銘的考證頗爲詳細。卷前有錢大昕序，序中特別闡明彞銘的學術價値云：

> 唯吉金樂石流轉人間，雖千百年之後，猶能辨其點畫而審其異同。金石之壽，實大有助於經史焉。而且神物護持，往往晦於古而顯於今。

阮元序中言此書收録標準爲：

> 山左兼魯齊曹宋諸國地，三代吉金甲於天下……金之爲物，遷移無定，皆就乾隆五十八年至六十年在山左者爲斷。

故此，研究有清一朝三代青銅器收藏史者，不可不依賴于此書。

林鈞《石廬金石書志》卷一如是評價此書：

> 是記仿洪丞相之例，録其全文，附以辨證，記其廣修尺寸、字徑大小、行數多少，既博且精。

李遇孫《金石學録》一書，所收爲古代治彞銘學者四百余人簡介。作者之堂兄李富孫在序中云：

> 爰自三代以來至漢魏六朝唐宋元明以逮本朝諸家，凡爲金石之學者，得三百餘人，并有著述以傳於世，即志一隅，説一事，無不備見於録，亦已綜覽而無遺漏焉。

所記古今治金文諸家，極爲精到。自是書刊行後，增補者衆，然皆同此書體例。

林鈞《篋書賸影録》上卷如是評價此書：

> 本此編所搜雖有疏漏，然體例至精，言金石者亦不可廢。

誠爲至論。

陳善墀《金石摘》一書，第一冊所收爲三代青銅器，多有彞銘。無器形圖，無尺寸説明，有釋文，部分有考證文字，有拓片。

清代耿文光《萬卷精華樓藏書記》中曾評價爲：

> 是書成於光緒二年，刻於集古今碑板文字，隨意鉤勒，或數字，或數十字，以爲臨池之助，非記金石也。其中真僞雜陳，首尾莫辨。

而有關彝銘部分，則是"鐘鼎諸文，鈎自他本、《西清古鑑》《考古圖》并《小蓬萊金石》"。但是，此書選取不精，林鈞《篋書臠影録》卷下評價此書爲"難稱善本而武斷摘删"，所言十分準確。

第六節　彝銘類

清代學者的彝銘學研究，在上述諸多學科繼承上，終于達到了學術頂峰。如《三代名器文字拓片集録》《毛公鼎釋文》《矢彝考釋》《古文審》《古器文録》《吉金款識》《吉金文録》《克鼎集釋》《金器款識》《金索》《金文鈔》《金文釋例》《金屑録》《金文考》《盂鼎集釋》《周無專鼎銘考》《周毛公唇鼎銘釋文》《周冉簠説釋》《周遂鼎圖款識》《長安獲古編》《奇觚室吉金文述》《黄小松輯釋吉金拓本》《杉林館鐘鼎款識淺釋》《商周文字拾遺》《商周彝器釋銘》《商周彝器釋文》《商周彝器文字釋例》《商周金文拾遺》《焦山古鼎考》《焦山周鼎解》《焦山鼎銘考》《象篇》《散氏盤銘釋文》《散氏盤叢考》《澂秋館吉金圖》《積古齋吉金圖釋》《積古齋鐘鼎彝器款識補遺》《塔影園鐘鼎款識》《虢季子白盤銘考》《齊陳氏韶舞樂罍通釋》《鮮庵金文石文題記》《簠齋藏吉金拓本》《濰縣陳氏金文拓本釋》《鐘鼎彝器釋文》《鐘鼎彝器款識》《鐘鼎彝器拓本》《鐘鼎古器録》《鐘鼎考》《鐘鼎字源》《攀古樓彝器款識》《綴遺齋彝器款識考釋》《觀堂古金文考釋五種》，等等。

其中，劉喜海《長安獲古編》一書，此書前言中有劉鐵雲序言，他説：

> 其原本四册，潘伯寅侍郎借來，失於澄懷園。侍郎云，石亦無甚奇品。書板爲徐姓所得，遂印行。此趙益甫致魏稼生書中語也。徐姓印行後，書板遂歸福山王文敏公懿榮。自同治初年至今未印……庚子變後，板歸於予。其標題原缺者，乞銅梁王孝禹觀察書補，刊印百部。

林鈞《石廬金石書志》卷一如是評價此書：

> 是書繪圖，各器物全形，并摹銘文於後，鳳舞蟺蟺，惟妙惟肖，其刻鏤之工，摹印之精，斷非俗工所能從事。

在《長安獲古編》一書中，劉氏把青銅器分成鐘、鼎、彝、鬲、甗、簠、簋、豆、盤、匜、敦、盉、卣、尊、角、觶、觚、爵、銚十九類，作爲收藏家，劉氏對尺寸的説明十分詳細，這一點使此書在當時顯得極爲突出，具有了現代考古學意義。

第七節　目録類

前人没有出現過目録類著作，清代誕生了以目録體記載銅器的收藏的著作。如《小蓬萊閣金石目》《三代秦漢金文著録表》《日照丁氏藏器目》《平安館藏器目》《石泉書屋藏器目》《宋代金文著録表》《兩罍軒藏器目》《海外吉金録》《清儀閣藏器目》《懷米山房藏器目》《簠齋藏器目》《簠齋藏器目第二本》《雙虞壺齋藏器目》《愙齋藏器目》《選青閣藏器目》《愛吾鼎齋藏器目》《梅花草盦藏器目》《諸城王氏金石叢書提要》《國朝金文著録表》《攀古小廬金文集釋》《攀古小廬金文考釋》《清愛堂家藏鐘鼎彝器款識法帖》《積古齋藏器目》，等等。

其中，王國維《三代秦漢金文著録表》一書，羅福頤校補序中言：

> 自海寧王忠愨公著《國朝金文著録表》而後，傳世古器始有目録專書，學者檢閱良便。顧公書成於甲寅，越十四年頤奉家大人命，重爲增益，印入公全集，乃以成書期迫，不及詳校致，仍不免訛誤。又三年，家大人居遼東，編《貞松堂集古遺文》，命頤從事摹寫，時家藏墨本，復增於舊，因命頤并重校補是表，乃一一詳校諸家著録，補記其篇葉，每器之下復增器之行款及藏器家與出土之地。

書中所收多爲三代青銅器，亦涉及秦漢器。

王維樸《諸城王氏金石叢書提要》一書，所收爲諸城王氏家族歷代研究三代青銅器著作提要，對于研究王氏家族治金歷史，有重大的參考價值。對于此書，前此中外學術界所出各種書目中均未收録。此書作者王維樸爲晚清著名甲骨學家和彝銘學家王懿榮的族侄。

作者還有稿本《大齋所藏古器物文》十二卷，其中前五卷所收爲三代青銅器。王懿榮之父有《王氏吉金釋文》一卷，王氏本人還有四卷《各家藏金文目》，皆未刊稿。然而王維樸此書中所寫提要以《金石家題跋録》爲最佳，并對著名銅器收藏經過記録頗詳。

第八節　古器物類

這一類著作雖然在清代不多，但是也不容忽視。如《古器物識小録》《攀古小廬古器物銘》，等等。

其中，羅振玉的《古器物識小録》一書研究青銅器名稱和名物解詁，共八十餘則。

作者在序中云：

> 古器日出，故名物之學超越前代。然乾嘉諸儒大抵偏重文字，古器物無文字者多不復注意，予恒以爲憾。往備官京師，每流覽都市，見古器無文字、人所不注意者，如車馬器之類，見輒購求。復以暇日，爲之考訂而筆記之。

第三十四章　清代彝銘學研究述評

引　論

晚清學者繆荃孫在《王仙舟同年〈金石文鈔〉序》一文中曾經總結説：

> 國朝談金石者有二派。一曰覃溪派，精購舊拓，講求筆意，賞鑑家也。原出宋人《法帖考異》《蘭亭考》等書。一曰蘭泉派，搜采幽僻，援引宏富，考據家也。原出宋人《金石録》《隸釋》等書。二家皆見重於藝林。惟考據家專注意於小學、輿地、職官、氏族、事實之類。高者可以訂經史之訛誤，次者亦可廣學者之聞見，繁稱博引，曲暢旁通，不屑屑以議論見長，似較專主書法者有實用矣。

爲此，王國維在《宋代金文著録表》序文中曾經這樣評價清代的彝銘學術研究諸家的成果：

> 至於考釋文字，宋人亦有鑿空之功。國朝阮、吳諸家不能出其範圍。若其穿鑿紕繆，誠若可譏者，然亦國朝諸老之所不能免也。[1]

趙誠在《二十世紀金文研究述要》一書中也沿襲王氏之論，并進一步發揮説：

> 清人的考證水平，有同於宋人者，也有高於宋人者。同於宋人者，主要是清代中葉的學者；高於宋人者，主要是晚清的學者。[2]

---

[1] 王國維：《宋代金文著録表》，《王國維遺書》，上海古籍書店 1983 年版，第 1 頁。
[2] 趙誠：《二十世紀金文研究述要》，書海出版社 2003 年版，第 51 頁。

　　根據本書作者的統計，由宋到明末七百多年的歷史中，真正研究商周彝銘的著作不到一百一十種，而整個清代則不少于二百五十種。其中，宋代和清代的商周彝銘研究著作比例是一比五！足見彝銘學研究到了清代纔真正達到了井噴般的高峰。

　　在本章中，筆者將對清代的彝銘學術研究依照時間的先後順序給予説明。

第一節　清代初期的彝銘學研究

一、顧炎武的彝銘學

　　講到清初的彝銘學研究，就不能不從顧炎武開始。梁啟超在《清代學術概論》中就曾高揚顧炎武的研究説：

> 金石學之在清代又彪然成一科學也。自顧炎武著《金石文字記》，實爲斯學濫觴。

　　顧炎武（1613—1682），原名絳，後名繼坤，又名圭年，入清後更名炎武，字寧人，自署蔣山傭，號亭林。明南直隸蘇州府崑山（今屬江蘇）人。少時入復社，明亡後游學于南北各省，或用力于著述，或留心于抗清，與歸莊齊名，時人將其二人稱爲“歸奇顧怪”。其甥徐乾學入清後漸成顯貴，屢書迎其南歸而不出。顧氏學風嚴謹，學識淵博，尤精音韻之學，著述甚多。其學以經世致用爲本，長于學術考證，弘揚漢代經學，謂經學即理學也，抨擊宋儒理學之腐敗和言論之空疏。所著《日知錄》爲其名著。另有《金石文字記》《歷代帝王宅京記》《音學五書》《天下郡國利病書》等多種傳世。他倡導經學研究，反對唯心空談。他的著作于國家典制、郡邑掌故、天文儀象、河漕、兵農，以及經史百家、音韻訓詁之學都有卓越的研究。晚年時側重考證，開清代樸學風氣。

　　顧炎武自幼就開始留意金石文字的研讀。他在《金石文字記序》中曾自述：

> 余自少時即好訪求古人金石之文，而猶不甚解，及讀歐陽公《集古録》，乃

知其事多與史書相證明，可以闡幽表微，補闕正誤，不但詞翰之工而已。

可見，顧炎武注意到了金石證史的學術價值，并且他本人也身體力行利用彝銘進行考證史事。如《日知録》卷四的《王正月》《春秋時月并書》，就是如此。他在《王正月》一文中主張：

> 《廣川書跋》載《晉姜鼎銘》曰"惟王十月乙亥"，而論之曰"聖人作《春秋》，於歲首則書王"。説者謂謹始以正端。今晉人作鼎而曰"王十月"，是當時諸侯皆以尊王正爲法，不獨魯也。

在該書卷二十一《金石録》一文中，他又考證彝銘中的"宋公縊"的身份：

> 按《史記·世家》宋公無名"縊"者，莫知其爲何人。今考《左傳》，宋元公之太子欒嗣位爲景公，《漢書·古今人表》有宋景公兜欒，則《史記·宋世家》"元公卒，子景公頭曼立"，是"兜欒"之音訛爲"頭曼"，而宋公縊即景公也。

《日知録》是顧炎武"稽古有得，隨時劄記，久而類次成書"之作。在《王正月》《春秋時月并書》二文中，他特別點出了"其他鐘鼎古文多如此"一語。當然，這種方法和宋人考證彝銘史事還没有多大區别。

林鈞《石廬金石書志》卷十三如是評價其《金石文字記》：

> 是記由漢以次，共録三百餘種。以時代爲次，每條下各綴以跋。其無跋者，亦具其立石年月、撰書人姓名。全書以碑文證諸經史，不爲鑿空之談。

顧炎武對于古銅器的聚散毁藏，提出了另一種看法。見《日知録》卷二十一《古器》：

> 讀李易安《題金石録》引王涯、元載之事，以爲有聚有散乃理之常，人亡人得，又胡足道，未嘗不嘆其言之達。而元裕之作《故物譜》獨以爲不然，其説曰："三代鼎鐘，其初出於聖人之制。今其款識故在。不曰'永用享'，則曰'子子孫孫永寶用'，豈聖人者超然遠覽而不能忘情於一物邪？自莊周、列禦寇之説出，遂以天地爲逆旅，形骸爲外物，雖聖哲之能事，有不滿一哂者，况外

物之外者乎？然而彼固未能寒而忘衣，饑而忘食也。則聖人之道所謂備物以致用、守器以爲智者，其可非也邪？"《春秋》之於寶玉、大弓，竊之書，得之書，知此者可以得聖人之意矣。

在《金石文字記》中，顧炎武首先對《比干銅盤》銘文進行了考證。

《比干銅盤》彝銘拓片

《比干銅盤》銘文釋文：

> 左林右泉，
> 後岡前道。
> 萬世之藏，
> 兹焉是寶。

而顧炎武考證説：

> 今在汲縣北十五里比干墓上。《衛輝府志》曰："周武王封比干墓銅盤銘，碑石殘斷，字畫失真。萬曆十五年知府周思宸重摹《汝帖》，立石於墓前。"薛尚功《鐘鼎款識》言："唐開元中，偃師縣土人耕地得此盤。篆文甚奇古。其釋文云：'左林右泉，後岡前道。萬世之藏，兹焉是寶。'"一作"前岡後道"。藏，一作"靈"，一作"寧"。兹，一作"於"。寶，一作"保"。今考之。張邦基《墨莊漫録》曰："政和間，朝廷求三代鼎彝器。程唐爲陝西提點茶馬，李朝孺爲陝西轉運，遣人於鳳翔府破商比干墓，得銅盤。徑二尺餘，中有款識一十六字。又得玉片四十三枚，其長三寸許。上圓而鋭，下闊而方，厚半指。玉色明瑩。以盤獻之於朝，玉留秦州軍資庫。道君皇帝曰：'前代忠賢之墓，安得發掘？'乃罷朝孺，退出其盤。"

雖然此盤的真僞後來已經成問題，但是他的考證依然顯示出金石證史的傾向。《鼎銘》的考證也是如此。由於此書收的石遠遠多于金，所以影響了他對吉金學術真正縱深的研究，這是很可惜的。此外，他還注意到了"《説文》所載籀文，與今石鼓文不同，石鼓乃類小篆"的字形特點。

顧氏開啓了清代彝銘學研究的先河。他曾在《西安府儒學碑目序》一文中，痛感當時祇知玩物而不知證史的現象，抨擊説：

> 昔之觀文字、模金石者，必其好古而博物者也。今之君子，有世代之不知、六書之不辨，而旁搜古人之迹，疊而束之以飼蠹鼠者。

足見當時還没有出現以金石證史而收藏古銅器的士大夫風氣出現。

他的三個外甥徐乾學、徐元文、徐秉義，在清代官居高位，也是著名的古文字學家和銅器收藏家。

二、林侗的彝銘學

林侗（1627—1714），福建侯官人。字同人，號來齋。尤精篆書。著有《來齋金石刻考略》三卷，該書上卷所收爲三代青銅器，多有彝銘。無器形圖，有尺寸説明，有釋文，有部分考證文字，有出土地點。

宿松朱書爲《來齋金石刻考略》作的序中言：

> 考定史乘之同異，兼正歐陽永叔、趙明誠、楊用修、都玄敬、王元美、趙子函諸家之得失。沿波討原，由端竟緒，卓然成書，以示來學，好古者能無樂於斯與。

林氏的著作在彝銘學術研究上還不很成熟，對石刻文字的考證占據了此書的絶大部分，這反映了清代早期彝銘學研究的發展局限。

《四庫全書提要》中評價該書爲：

> 大抵取之顧炎武《金石文字記》，而頗以己意爲折衷，多所考據。

《清史稿》中對他的記載是"縣貢生，喜金石"。其弟林佶，精詩文，著有《樸學齋詩文稿》；又善書法，他手寫的刻本"林佶四寫"名傳一時。[1]

---

[1] 即林佶手書上版的四部著作《堯峰文鈔》《午亭文編》《古夫于亭稿》《漁洋山人精華録》，因爲書法工整漂亮而聞名。

張潮輯《焦山古鼎考》一書中曾收林佶等十餘人爲研究周代青銅器《焦山古鼎》彝銘所寫題跋。

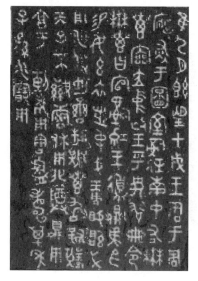

《焦山古鼎》彝銘拓片

《焦山古鼎》彝銘釋文：

> 維九月既望甲戌。王格于周
> 廟。探于周室。嗣徒南仲右㒸
> 專賓，立中廷。王呼史友册命
> 㒸專曰："官司空王道則民以，
> 錫汝玄衣、束帶、戈瑂戟、縞韊、
> 彤矢、攸勒、鸞。"㒸專敢對揚
> 天子，丕顯睿休。用作尊鼎。用
> 享于朕烈考。用周籚壽，萬年
> 子孫永寶用。

他自己的考證文字説明此鼎由來：

> 在鎮江府焦山寺中。鼎高一尺三寸二分，腹徑一尺五寸八分，口徑一尺四寸五分。耳高三寸，闊四寸二分，足六寸一分，深八寸二分。銘九十三字，皆古文。蝕一字。外爲雲雷之形。王西樵先生曰：焦山古鼎一，高可二尺許，腹有銘。韓吏部如石爲予言，鼎故京口某公家物，當分宜枋國。時某公官於朝，分宜聞此鼎，欲之。某公不即獻，因嫁禍焉。鼎竟入嚴氏。嚴氏之敗，鼎復歸某公。以禍由鼎作，謂鼎不祥，舍之寺中。郡乘、山志皆載"山有周鼎一"，而不詳所自也，作歌備掌故焉。

三、朱彝尊的彝銘學

朱彝尊（1629—1709），秀水（今浙江嘉興）。字錫鬯，號竹垞，晚號小長蘆釣魚師，又號金風亭長。以布衣授翰林院檢討，入直南書房，曾參加纂修《明史》。撰有《經義考》《曝書亭書目》《曝書亭集》等行世。其中，《曝書亭金石文字跋尾》爲其名作。

曾祖朱國祚、祖父朱大競乃明朝重臣。生父朱茂曙。祖上皆讀書人。因此，朱彝尊從少年開始接觸經學，尤其喜好金石文字。潘耒曾給《曝書亭集》作序言：

竹垞之學，邃於經，淹於史，貫穿於諸子百家。

在《曝書亭金石文字跋尾》一書中，他對《周司成頌寶尊壺》（《頌壺》）銘文所作的題跋如下：

《周司成頌寶尊壺》（《頌壺》）彝銘拓片

右《周司成頌寶尊壺》，注以酒，容一斛。項腹均有銘，按其文一百五十字，可辨識者："維三年五月既死魄甲戌。王在周康邵宮。旦。王格太室。即位。宰弘右頌入門，立中庭。尹氏受王命書。王呼史虢□冊命頌。王曰：'頌。命汝官司成，賜汝玄衣、烏帶、赤市、朱黃、鑾旂、鋚勒用事。'頌拜稽首，敢對揚天子，丕顯□休。用作朕皇考龏叔寶尊壺。用追孝蘄吉康，頌其萬年眉壽。□臣天子，令終。子子孫孫寶用。"此其大略也。考周轍未東，王宮名著於載紀者，不聞有康邵宮。惟《邢敦》，載呂大臨《考古圖》，有"王在周邵宮"之文。薛尚功釋邵作昭，蓋惑於《竹書紀年》《穆天子傳》西王母來賓昭宮之故。呂氏定作邵，今斯銘文甚顯，其爲邵無疑。椒舉曰："康有酆宮之朝，冠以康者，或康王所築，未可定爾。"太室者，明堂中央之室，《書》言王入太室祼是已。司成分職，不載於周官。《戴記·文王世子篇》"大司成論説在東序，侍坐者遠近間三席"。北海鄭氏以爲即《周官》司徒之屬師氏，而新安王氏駁其非，謂世子國子之德業，大司樂教之使成，故名，蓋大司樂也。二説均可通，要之，《周官》有是名矣。銘稱皇考龏叔，《邢敦》稱皇考龏伯，二器疑出於同時。尊壺今藏錢唐王太僕益朋家，識者比於郜之大鼎，燕之重器。

我們對比彝銘拓片，發現上述釋文除了有幾個字未釋出之外，尚有重大遺漏。

完整釋文如下：

> 唯三年五月既死
>
> 霸甲戌。王在周康
>
> 邵宮。旦。王格大室。即
>
> 立。宰引右頌入門。
>
> 立中廷。尹氏受王
>
> 令（命）書。王乎史虢生
>
> 冊令（命）頌。王曰：頌！令汝
>
> 官嗣成周貯廿家，
>
> 監嗣新造，貯用宮
>
> 禦。賜汝玄衣黹屯（純）、
>
> 赤市（韍）、朱黃（衡）、䜌（鑾）旂、攸（鋚）
>
> 勒，用事。頌拜稽首。
>
> 受令（命）冊，佩以出，反（返）
>
> 入堇（瑾）章（璋）。頌敢對揚
>
> 天子丕顯魯休。用
>
> 作朕皇考龔叔、（皇）
>
> 母龔始（姒）寶尊壺。用
>
> 追孝祈匄康龢、屯（純）
>
> 右（祐）、通彔（祿）、永令（命）。頌其
>
> 萬年眉壽。畯臣天
>
> 子。霝（靈）冬（終）。子子孫孫寶用。

看起來，即使是研究彝銘學的大家如朱彝尊，也免不了出現重大的錯誤和遺漏。何況我等後學?!

又如他對《宋拓鐘鼎款識》一書的題跋就十分精湛：

> 宋紹興中，秦相當國，其子熺伯陽居賜第十九年，日治書畫碑刻，是冊殆其所集。如《楚公鐘》《師旦鼎》，皆一德格天閣中物也。餘或得之畢少董，或得之朱希真，或得之曾大中。蓋希真晚爲伯陽客，而少董時視盱眙榷場，因摹

《款識》十五種，標以青箋，末書良史拜呈，以納伯陽，至今裝池冊內。秦氏既敗，冊歸王厚之，每款鈐以“復齋珍玩”“厚之私印”，且爲釋文，疏其藏弃之所。後轉入趙子昂家，子昂復用大雅印鈐，兼書薛氏考證於後。於時錢德平、柯敬仲、王叔明、陳惟寅，均有賞鑒私印。隆慶六年，項子京獲之，尋歸倦圃曹先生。康熙戊申，先生出示予，予愛玩不忍釋手，先生屬予跋之，未果也。辛酉冬，予留吳下，先生寓書及冊，復命予跋，予仍不果。改歲，乃封完寄焉。先生既逝，所收書畫多散失。久之，是冊竟歸於予，藏篋中十載，宗人寒中嗜古，見而愛玩之，猶予之曩日也。因以畀之，每嘆書畫金石文銘心絕品，恒納諸炙手可熱之人。若秦會之、賈師憲、嚴惟中，物之尤者悉歸焉，然千人所指，其亡也可立而待。曾不若山林寂寞之鄉，儲藏可久，則予托之寒中，庶其守而勿失也夫。冊中所拓，鍾七、鼎二十有一、飲二、爵六、鬲四、卣九、敦四、簠一、甗二、壺二、刀一、槃二、鐙一、尺一、漢器一，中有榮次新手跋，及書林義叟公輔諸圖記。

但是，在清初的彝銘學術研究中，朱氏的地位還是很重要的，他和顧炎武等人十分友好，自然可以理解他對顧氏學術思想的理解和支持。祇可惜他的著作關注的却祇是石而非金，他的金石證史的思想和論證全是對石的運用。因此，李遇孫在《金石學錄》中對他的學術定位是“國朝亭林、竹垞兩公出，篤嗜金石，鉤稽弗遺，蔚然於歐、薛、趙、洪之上”。就其在書法和金石學的貢獻來説，這一評價當之無愧。

第二節　清代中期的彝銘學研究

清代對彝銘學研究的大盛在中、晚二期。其推導者是阮元。

吳雲在《兩罍軒彝器圖釋》一書中曾説：

> 乾嘉、道光間阮芸台相國起爲提倡，學者宗之。

又見《朗潛紀聞（二筆）·搜求古磚》中所記當時之盛況：

> 乾隆巨卿魁士，相率爲形聲、訓詁之學，幾乎人肄篆籀，家耽蒼雅矣。諏經權史而外，或考尊彝，或訪碑碣，又漸而搜及古磚，謂可以印證樸學也。

這時候開始了大規模的以彝銘證史的研究風氣。

一、"西清四鑑" 的彝銘學

所謂 "西清四鑑" 是指清代乾隆時期由官方主持編纂的四部著録内府藏器的著作，即《西清古鑑》四十卷（收唐以前青銅器一千五百二十九器）、《寧壽鑑古》十六卷（收唐以前青銅器六百器）、《西清續鑑甲編》二十卷（收唐以前青銅器九百四十四器）與《西清續鑑乙編》二十卷（收唐以前青銅器九百器），合計四部書，舊稱 "西清四鑑"，因爲全部編纂于乾隆朝，故此也可以稱爲 "乾隆四鑑"。

在 "西清四鑑" 的重要參與人中就有彭元瑞，見《清史稿·彭元瑞》中的記載：

> 内廷著録藏書及書畫、彝鼎，輯《秘殿珠林》《石渠寶笈》《西清古鑑》《寧壽鑑古》《天禄琳琅》諸書，元瑞無役不與。

另一個就是金德瑛。根據陸心源《金石學録補》的記載：

> 奉敕修《西清古鑑》，其間鼎、彝、尊、卣各銅器，德瑛援據經、史、百家文集，訂正爲多。

還有一個是陳孝泳。根據陸心源《金石學録補》的記載：

> 陳孝泳，字賡言。江蘇婁縣人。博雅工篆隸，長於鑑別……乾隆十年，詔修《西清古鑑》，求能識古文奇字者參預討論。吏部尚書汪由敦以孝泳名薦入齋宮校閱，昕暮趨直，鉤考審視，不爽毫髮。

而且，根據該書的記載，到了後來，則是 "内廷儲藏法書、名畫、鐘鼎、法物，詔下詞臣審復者，皆得孝泳一言爲定論者。謂其考訂之精可與郭恕先、黄長睿相伯仲"。

根據《西清古鑑》卷前的提示，可以知道實際參與編纂此書的人還有梁詩正、蔣溥、汪由敦、嵇璜、裘曰修、金德瑛、觀保、于敏中、董邦達、王際華、錢維城十一人。而《西清續鑑乙編》編纂者有王傑、董浩、彭元瑞、金士松、玉保、瑚圖禮、那彦成。

但是，顧頡剛在《當代中國史學》中評述説：

> 其所著録的銅器固甚豐富，然刻則頗失真，在考古學上的價值不高[1]。

---

[1]　顧頡剛：《當代中國史學》，勝利出版公司 1949 年版，第 30 頁。

在"西清四鑒"中，每部書的分類方法是一定的，全以《西清古鑑》爲核心。有鼎、尊、彝、舟、卣、瓶、壺、爵、斝、觚、觶、角、勺、敦、簋、簠、豆、鋪、甗、錠、鬲、鍑、盉、冰鑑、匜、盤、銅、洗、盂、瓿、缶、鐸、戚、鐃、錞、鐘、刀、劍、匕首三十九類。"西清四鑒"對尺寸、器形、文字三者的考證頗爲精簡，青銅器的著録按照殷先周後的順序編排，然後還有部分爲漢唐之間銅器。全部六十七類一千五百二十九器。

各卷内容如下：卷一至七，鼎二百三十三器。卷八至十一，尊一百五十八器。卷十二，罍十七器。卷十三至十四，彝六十七器、舟五器。卷十五至十七，卣九十五器。卷十八，瓶十九器。卷十九至二十二，壺一百七十三器。卷二十三，爵四器、斝十三器、觚二十九器。卷二十四至二十五，觚八十七器。卷二十六，觶四十二器、角三器、斗二器、勺一器、卮二器。卷二十七至二十八，敦四十九器。卷二十九，簋十六器、簠七器、豆十七器、鋪一器、鏊一器。卷三十，甗二十四器、錠二器、鐙一器。卷三十一，鬲十六器、鍑十二器、盉二十九器、冰鑑四器。卷三十二，匜三十一器、盤十七器、銅一器。卷三十三，洗四十器、盂十四器、盆一器。卷三十四，量一器、區一器、鐘四器、斗一器、瓿三十器、缶一器。卷三十五，盒六器、鐎斗九器、奩七器、罐三器、臼一器。卷三十六，鐘四十二器、鐸四器、鈴二器。卷三十七，錞四器、戚六器、鐃十器、鼓十四器。卷三十八，刀一器、劍三器、弩機二器、符一器、钁二器、杠頭三器、儀器飾五器、仗頭一器、錞七器、鳩車一器、表座三器、硯滴六器、書鎮三器、糊斗三器、鑪十五器、匕首一器。卷三十九、四十，鑑九十三器（這裏面有很多是漢唐銅器）。

對于清代中期出現的以彝銘中的人名來比附商周時代歷史人物的現象，"西清四鑒"的作者保持了比較冷靜的頭腦，反對這種盲目比附的觀點。如《西清古鑑》在對《周虎鼎》彝銘的考證中，該書作者就指出：

> 兩亞形中一字，據薛尚功讀作"虎"。周以"虎"名者甚衆，不必泥"召虎"以傅會也。

林鈞《石廬金石書志》卷八如是評價《西清古鑑》一書：

> 案器爲圖，因圖繫說，詳其方圓、圍徑之制，高廣、輕重之等，并鉤勒款

識，各爲釋文。據《四庫提要》載其體例。雖仿《考古》《博古》二圖，而摹繪精審，毫厘不差則非二圖所及。其考證雖兼取歐陽修、董逌、黄伯思、薛尚功諸家之説，而援據經史正誤析疑，亦非修等所及。

有的銅器，宋人定爲商器，而《西清古鑑》却定爲周器。如《周丁亥鼎》彝銘中有"用之協相"一語，薛尚功在《歷代鐘鼎彝器款識》一書中以爲是商器，而《西清古鑑》針對"協相"一語考證説：

> 按《周書·洪範》有"協相厥居"語，銘曰"協相"，應與《書》詞同義，此語出武王，亦未見必爲商器也。

可見《西清古鑑》的作者有着比較成熟的以考證彝銘文字來進行青銅器斷代的研究方法。

在《寧壽鑑古》一書中，也是在青銅器的著録中按照殷先周後的順序編排，把青銅器分爲類，然後還有部分漢唐之間銅器。即如下所列：鼎、尊、罍、彝、舟、卣、瓶、壺、爵、斝、瓠、觶、勺、敦、簋、簠、豆、鋪、甗、鬲、鍑、盉、冰鑑、匜、盤、洗、瓿、盒、鐘、鐸、鈴、戚、鐃、戈、登足三十五類。加上漢唐器，共五十三類七百零一器。可以看出，《寧壽鑑古》一書的大致分類和順序，保持着和《西清古鑑》的一致。

對于《寧壽鑑古》一書，林鈞《石廬金石書志》卷八如是評價此書：

> 其中如考《周伯鼎》，定伯爲爵名，正薛尚功指爲伯仲之非。《周齊史尊》證薛氏《齊莽史鼎》考爲農官之誤。《商父巳尊》《博古圖》《鐘鼎款識》皆以雍巳實之。《博古圖》又誤以雍巳爲小甲之父，則正爲十干紀日及紀器之次第，而不概指爲人名。他若《周母戊甗》《鐘鼎款識》所載《母乙卣》《母辛卣》相類，考爲作以享母，以十干爲器之次第，定宋人必舉商君之號爲穿鑿諸類頗多。

而後就是《西清古鑑》一書的後繼者《續鑑》甲、乙二編的出現。作爲《西清古鑑》一書的補充，甲編在青銅器的分類上還是沿襲了先商後周的原則，分爲鼎、尊、罍、彝、舟、卣、壺、爵、斝、瓠、觶、角、觥、斗、勺、卮、敦、簋、簠、豆、鋪、甗、鬲、鍑、盉、冰鑒、匜、盤、洗、盂、鍾、瓿、鐘、鐸、戚、鐃、劍、矢箙、鐓、匕首四十類。加上漢唐器，共六十四類九百四十四器。

對于《西清續鑑甲編》一書，林鈞《石廬金石書志》卷八如是評價此書：

> 《西清古鑑》書成三十年，復諭編纂內府續得諸器爲《續鑑》，歷十三年，
> 始校補繕繪成書，一仿《古鑑》之例……是爲甲編。其藏之盛京者，另厘
> 《乙編》。

而乙編在青銅器的分類上，還是沿襲了先商後周的原則，分爲鼎、尊、罍、
彝、舟、卣、瓶、壺、爵、斝、觚、觶、角、敦、簠、簋、豆、鋪、甗、錠、鬲、
鍑、盉、冰鑒、匜、盤、洗、盂、瓿、鐘、鐸、劍三十二類。加上漢唐器，共五
十四類九百器。

近現代彝銘學界有些學者對西清四鑑非議頗多，這是有些言重的。吳大澂在
《説文古籀補》序中就指出："我朝乾隆以後，士大夫詁經之學兼及鐘鼎彝器款識，
考文辨俗，引義博聞。"因此，它的開創意義和史料價值是不容忽視的。

首先，"西清四鑑"對銅器有詳細并直觀的考古繪圖，甚至蓋和器分開繪圖，十
分形象，并且附上了彝銘拓片和釋文，這是它的獨到之處。見如下：

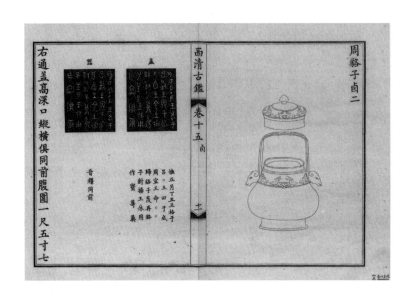

其次，"西清四鑑"對於收集的每一件銅器力求説明其詳細尺寸，雖然缺乏對彝
銘精湛和詳細的考證，但是它所提供的考古學資料是非常有意義的。如該書對《周
師奯敦》彝銘的介紹和考證：

　　　蓋：師寏父作叔

　　　　　姑寶尊敦。

　　器：音釋同前。

　　　右通蓋高六寸五分，深三寸一分，口徑五寸四分，腹圍二尺二寸六分，重一百二十九兩。兩耳有珥，《博古圖》有《師寏父鼎》，《鐘鼎款識》有《師寏父簋》。舊說具以師爲官、寏爲名、姑爲姓。而鼎銘所載曰“季姑”，此曰“叔姑”，殆一時器也。

這裏可貴的是準確記錄了銅器的尺寸，“通蓋高六寸五分，深三寸一分，口徑五寸四分，腹圍二尺二寸六分，重一百二十九兩”。而且也考慮到了著録問題，“《博古圖》有《師寏父鼎》，《鐘鼎款識》有《師寏父簋》”。但是，對于這裏出現的“叔姑”和別處的“季姑”，作者并沒有給出合理而清晰的解釋和考證。

　　二、王昶的彝銘學

　　王昶（1724—1806），江蘇青浦人（今上海）。字德甫，一字琴德，號蘭泉，晚號述庵。曾任都察院左副都御史、江西按察使、陝西按察使、刑部右侍郎等。善屬文，尤嗜金石之學，工書法。著有《金石萃編》等行世。

　　在該書自序中，王氏説：

　　　余弱冠即有志於古學。及壯，游京師，始嗜金石。朋好所贏，無不丐也。蠻陬海澨，度可致，無不索也。兩仕江西，一仕秦，三年在滇，五年在蜀，六出興桓而北，以至往來青、徐、袞、豫、吳、楚、燕、趙之境，無不訪求也。

這一艱苦的尋求過程，使他得到了厚報。顧頡剛在《當代中國史學》一書中説：

　　　王昶的《金石萃編》，其書卷帙極爲浩繁，有近於類書，其中十分之九皆爲碑誌，鼎彝僅占很少的一部分。[1]

　　此書共一百六十卷，而周代僅占前三卷，收録《智鼎銘》《仲駒敦銘》等商周銅器彝銘。在《散氏銅盤銘》一文中，他提出：

---

[1]　顧頡剛：《當代中國史學》，勝利出版公司1949年版，第29頁。

按銘中數見表字云：一表二表三表。蓋立木爲表，即周禮土圭測土深正日景之法。散於氏族，不知其所出，文有云散邑，則以邑爲氏者也。是銘爲散氏表正疆域而作，故文中詳紀地至。

因此，他的金石學還是以金石證史爲目的。此書基本是按時代先後順序編次，摹其原文，間有按語，略加考證。

林鈞《石廬金石書志》卷六如是評價此書：

全書收錄廣博，難免舛誤。夫校書如去几塵階葉，愈掃愈紛。釋碑之難，又加校書倍蓰。後人痛抵訛誤，目非善本。然篳篨藍縷，禮重先河，何能遽没其數十稔搜輯之功？

儘管如此，此書對于三代青銅器的記載并不多，和此書的龐大極其不相稱，因爲他畢竟是想以碑文佐證經史的。

三、朱筠的彝銘學

朱筠（1729—1781），北京大興人。字竹君，號笥河。乾隆十九年（1754）進士，改庶吉士，授翰林院編修。擅長寫篆。好金石文字，聚書數萬卷，考古著錄，日夜不倦。有《笥河文集》等著作行世。大興朱氏，出自浙江蕭山，而蕭山朱氏興起于南宋初年。清初，朱必名北上來京，從此成爲大興朱氏之祖。

朱氏最大的學術貢獻就是在給朝廷的奏摺中提議設立四庫全書館，并且還特別標明了對彝銘學研究古籍的收集和整理。

在《笥河文集》卷一中，他主張：

金石之刻，圖譜之學，在所必錄也。宋臣鄭樵以前代著錄陋闕，特作二略以補其失，歐陽修、趙明誠則錄金石，聶崇義、吕大臨則錄圖譜，并爲考古者所依據。請特命於收書之外，兼收圖譜一門。而凡直省所存鐘銘碑刻，悉宜拓取，一并匯送，校錄良便。

在他的《焦山無專鼎跋尾》（即《焦山古鼎》）一文中，對册命制度中的儐相問題進行的考證頗爲詳細，并能以禮制考證彝銘。在該文中，作者主張：

筠讀同縣翁覃溪前輩所以考焦山之鼎銘者詳矣。及退，以禮經參互正之，而知所載歐陽氏之跋《邢敦》，其說猶未當也。謹按焦山之鼎，所謂無專，或曰世惠之鼎也。文曰“司徒南仲”，其人，《周官》所謂王命諸侯則儐者也。鄭康成曰：“王將出命，假祖廟立，依前南鄉。”鼎文“王格于周，丙子，蒸于圖室”之事也。曰儐者，進當命者延之命使登。鼎文“司徒南仲右無專內門立中庭”之事也，曰內史由王右以策命之，降，再拜稽首。登受策以出。鼎文“王呼內史策册命無專”之事也，此可互文見義，以意得之，而想見三古之儀注者，按禮言史由君右而不言儐者，由君右，知南仲之右無專，非左右之右義矣。《爾雅》曰：“詔亮，左右相導也。”亮介尚右也。然則右實兼介與導之義。正儐者，進而延之之事也。

可見他還是以彝銘來驗證禮制。在清代早期，他的觀點是對顧炎武觀點的繼承和推動。

張舜徽《清人文集別録》如是評價此書：

> 《焦山無專鼎跋尾》諸篇，考古之識，亦不在王昶、孫星衍下。

朱氏的弟子中成名者有任大椿、汪中、武億、孫星衍、洪亮吉、程晉芳、李威、章學誠等人，皆爲著名金石學家。

四、錢大昕、錢坫的彝銘學

錢大昕（1728—1804），江蘇嘉定（今上海）人。字曉徵，又字辛楣，號竹汀。曾任翰林院侍講學士等。他晚年時潛心著述課徒，歷主鐘山、婁東、紫陽書院講席。出其門下之士多至二千人。晚年自稱“潛研老人”。其學以“實事求是”爲宗旨，本着從訓詁以求義理的原則，并不專治一經，也不墨守漢儒家法。同時主張把史學與經學置于同等重要地位，以治經方法治史。有《潛研堂文集》《潛研堂金石跋尾》等多種古文字學著作行世。

錢坫（1741—1806），江蘇嘉定（今上海市嘉定区）人。字獻之，號十蘭，又號卜蘭。錢大昕之侄。曾知乾州，兼署武功縣。擅長彝銘書法，尤其擅長以左手寫篆。著名銅器收藏家和彝銘學家。有《十六樂樓古器款識考》和《説文解字斠詮》《十經文字通正書》《浣花拜石軒鏡銘集録》《篆人録》等古文字學著作多種行世。

在金石研究方面，錢大昕先後編訂并刊行《潛研堂金石文跋尾》六卷、《續》七卷、《又續》六卷、《三續》六卷，并最終編爲《潛研堂金石文字目録》八卷和《附録》二卷。所作跋文八百餘篇，可惜多爲石刻文字研究，然所收金石碑刻的跋文、文字及考證均甚精煉。在《潛研堂文集》卷二十五《郭允伯金石史序》一文中，錢氏以爲：

> 古文多用竹簡，後世易以楮紙。二者適於用而不能久，故金石刻尚焉。周秦漢唐之刻傳於今者，皆工妙可愛。世人震於所見，因嘆古人事事不可及。予謂字畫有好醜，鐫手有巧拙。古人詎必大異於今。顧其醜且拙者，雖托之金石，終與草木同腐。神物所護持，必其精神。自能壽世，故非古迹之皆工，殆非工者不能久而傳爾。自宋以來談金石刻者有兩家，或考稽史傳，證事迹之異同或研討書法，辨源流之升降。

這一總結是符合當時實際情况的。但是，錢大昕却針對彝器文字發出了真假難辨的感嘆。他在《廿二史考異序》中曾抨擊利用彝銘考古的現象：

> 世之考古者，拾班、范之一言，摭沈、蕭之數簡，兼有竹素爛脱、豕虎傳訛，易"斗分"作"升分"，更"子琳"爲"惠琳"，乃出校書之陋本，非作者之譽而皆文致小疵，目爲大創，馳騁筆墨，誇曜凡庸，予所不能效也……

在《小學考序》中，他甚至提出"求古文者求諸《説文》足矣"的極端觀點。這一觀點延續到他的侄輩纔有所改變。

錢坫在《十六長樂堂古器款識考》一書的序中曾陳述説：

> 念諸器物中，有足證文字之原流者，有足辨經史之偏舛者，皆有裨於學識。因哀其稍異，見所藏弃者，剖爲一編。鼎、彝、簋、爵、尊、匜，隨手記之。不復次第。

錢坫《十六長樂堂古器款識考》一書對《周平仲簋》彝銘考證頗爲詳細，并訂正了古代彝銘學術研究史上有關"敦"和"簋"的區別，此爲意義尤其重大之處。對此問題，他説：

> "簋"字，《博古》《考古》諸書及劉原父《先秦古器記》、薛尚功《鐘鼎款識法帖》諸書皆釋爲敦。余以時代、字畫考之，而知其非矣。《明堂位》曰："有虞氏之兩敦，夏后氏之四璉，殷之六瑚，周之八簋。"是周人不名敦。鄭康成注之曰："皆黍稷器，制之異同未聞。"所云未聞者，言周之簋與璉、瑚及敦之形制，康成未知之也。康成當漢時，不應不識簋。惟未見敦與璉、瑚故云爾。

且《周禮‧舍人》注云："方曰簠，圓曰簋。"是康成之於簠簋考之詳矣。《說文解字》"簋，從竹從皿從皀"，此所寫之🈚️，即皀字。皀，讀如香。古之簋或以竹作，或以瓦作，故竹皿并用。此則改竹皿而從攴，若敦字從攴從🈚️，🈚️字從羊從高，筆迹不能相近。是不得釋敦字之明證也。《解字》又有"朹"字，云"古文簋"。古者祭宗廟用木簋，祭天地外神用土簋，蓋亦文質之分。後更以金作之耳。《三禮圖》曰："簋盛稻粱，簋盛黍稷。"《易》："二簋可用享。"單舉黍稷言之。《詩》："於我乎每食四簋。"兼舉稻粱言之。

"敦器"和"簋器"的常見基本型

另外，該書也提供了詳細的銅器尺寸。如對商代著名的《父乙鼎》彝銘，他陳述如下：

　　右《父乙鼎》，高四寸五分，身高四寸三分，足高三寸四分，耳高一寸八分，口前後徑六寸六分，左右徑七寸八分。叨餤獸面紋前後各六十三乳，左右各五十七乳，足有獸面垂花，銘六字，曰："子孫冊冊父乙。"子孫對坐，下作兩冊者，取子子孫孫世世有符命之義。父乙，則其人名也。

古書中的"饕餮"二字，錢氏書中却多處故意寫作"叨餤"，頗爲離奇。

有些彝銘的釋讀明顯是錯誤的。如《周寰甗》彝銘中出現的"🈚️"字，他却釋爲"甗"字，顯然不對。

《清史稿‧藝術傳》中曾經記載：

　　當乾嘉之間，嘉定錢坫、陽湖錢伯坰皆以書名。坫自負其篆書直接陽冰。嘗游焦山見壁間篆書《心經》，嘆爲陽冰之亞。

錢坫左手寫篆作品

對于錢坫，《國朝先正事略》中記載"獻之……工小篆，不在李陽冰、徐鉉下。晚年右體偏枯，左手作篆尤精絶"。在《昭代名人尺牘小傳》中曾評他的篆書爲"本朝第一"。

五、翁方綱的彝銘學

翁方綱（1733—1818），北京大興人。字正三，號覃溪，以"復初齋"作爲齋名。曾任内閣學士。尤精寫篆。有《復初齋文集》和《焦山鼎銘考》等著作行世。長於金石考據，著有《兩漢金石記》《粤東金石略》《蘇米齋蘭亭考》等。擅長隸書。錢泳在《履園叢話》中曾如是評價他：

> 先生之學，無所不通，而尤邃於金石之學。

其子翁樹培也是收藏銅器、研究彝銘的著名學者。

其中，《焦山鼎銘考》所收爲研究周代青銅器《焦山鼎》（即《焦山古鼎》）彝銘的題跋和詩。有器形圖、尺寸説明、釋文、考證文字。

所收題跋者如下：顧廣圻、謝啓昆、錢大昕、翁方綱、林琼、張潮、牛運震、周在濬、吴晉、徐釚、宋犖、雷士俊、程康莊、朱彝尊、程邃、汪琬、顧炎武、王士禛。

所收題詩者如下：厲鶚、王士禛、王士禄。

卷尾顧廣圻跋文中云：

> 按此鼎釋文，各家不同，近日翁覃溪氏撰爲專書，言之精矣。

他在此書中首先斷此鼎并非周器，他得出的結論是：

> 自吕、薛、王俅諸家圖釋以來，鐘鼎古銘之文，雖未必皆出自古拓原迹，而位置皆不致過差，未有沿訛沿誤如此鼎者。

當然，後來他又修改了自己的看法如下：

江南焦山鼎著稱二百餘年矣，新城王文簡兄弟爲之詩，汪堯峰爲之序，朱竹垞作跋。予少時嘗撰考一卷，而未見其真拓本也。其後門人謝蘊山守鎮江，屬其精拓鼎腹文，詳審之，益知前所見石本之非真矣。然其鼎腹之本，實有訛舛。及訪諸游焦山者，知其銅質古澤，本非周時器，始悔昔作考徒勞耳。莒鄰梁子今以所藏《林吉人跋册》見示，此册前所裝鼎銘即予初見焦山寺石本，是康熙乙巳程崑崙、程穆倩重摹勒者，又剪去石本前後重刻之字，以冒充鼎腹拓本，此鼎腹本既原出重摹非真，而程刻石本又加訛誤，而其釋文又加訛誤，誠所謂字經三寫，烏焉成馬者。扣槃捫籥之流，競相傳賞，以爲古迹，可笑之甚者也。然而新城王先生，詩則已傳誦藝林非一日矣。先生此詩亦本不當存諸集中，蓋先生夙未嘗知篆學，詠周鼎而曰"卅次迷夏般"，又以敦盤之敦，誤押平聲。當日及門諸子豈無一二略知文字形聲者？畏其名位，莫敢糾諍，聽其取笑於後學，誠可嘆也。然既有此等詩序跋之流傳，則亦安得不詳質之故取予所舊撰考略摭數語於此。此鼎不應以焦山名，應以無□名之，無□者，受命作鼎之人名也。其下一字釋惠釋專，皆非，姑闕之可耳。此銘文寺中石本多訛誤者，第二行周下多添口字，第五行[illegible]右内添刂，側下一字下半全訛，第七行勒旗二字内皆訛失，第八行顯右半訛，第十行壽内有訛。無□人名，前後凡三見，三處"無"字皆各異。此則其所據，真鼎原本銅質，有泐蝕，而摹勒此鼎時不知是何字，致此歧出也。至其最訛失者，第三行人名下[illegible]是"内""門"二字，合作一字，古篆每多如此，内門者入廟門也。石本誤將"θθ"摹作[illegible]，直不成字，以致釋誤作"賓"。餘若第五行"王"下釋"道則民以"四字，亦非。第八行"不顯"下一字釋"睿"釋"敷"，亦皆非也。第二行"於周"下釋"丙子烝"，頗似近是，然又安知原本此等處不無銅蝕難辨之由，實不能通讀，字字信以爲實矣。原此周鼎文極古質，久不存於世，不知何時何人作此一鼎，摹其篆於腹，古篆本不能如《説文》有定據，又被重鎸者，摹形之失，雜以後人意爲揣釋，自吕、薛、王俅諸家圖釋以來，鐘鼎古器之文雖未必皆出原拓，而大致皆不至過差，未有傳聞沿誤若此之甚者，而士林顧亟稱以爲著名之古迹，且如王新城之詩，播諸誦説，且如林吉人之楷，亦足資賞，將安得嘿而息乎？愚於此鼎拓本，既嘗有詩，今復繫詩於後：

梁子篋拓焦山鼎，蠶峰孫貽林鹿原。鹿原細楷識於後，蠶峰藏弆名尚喧。[1]

[1] 原注爲："徐興公藏書國初尚存。"

前數行書亦不俗，恍見王鐸來梁園。鼀峯舊推鑒藏富，記與慢亭同悁言。[1]

今觀此是寺石本，乙巳摹者程昆侖。新城二王賦詩曰，汪序朱跋爭考援。

此拓固非鼎腹本，此鼎實惟贗迹翻。宣和吕薛王俅録，鐘鼎盉卣觚彝尊。

孔悝銘追召虎拜，綰綍用享垂子孫。未知司徒南仲字，何時久蝕烟雨昏。

歐劉昔釋林華觀，漢鐙篆尚徵引繁。何况周京審名氏，無專世惠槧籥捫。

垢道人稱鑴篆手，豈肯謬賞鯤鵬騫。牛空山又縮本繪，瑶石底借充瑒璠。

六書八體原委測，三吴七閩文獻存。區區僞託古法物，寥寥真意驚海門。

王朱汪輩遺集在，鹿原試共鼀峰論。及今藝林正文字，庶與蝶扁窮荄根。

西樵詩爲鼠輩作，猶勝阮亭貌胚渾。多年此事未厘剔，江水日夜雲濤吞。

　　翁方綱的上述此跋，將他誤解的過程和此彝銘僞拓出現的過程加以詳細分析和説明，是當時一件十分重要的研究文獻。而《復初齋文集》中所收三代青銅器相關文章，多有研究彝銘的題跋《集古款識序》《爲錢梅溪徵刻金石圖序》《寶蘇室研銘記》《自題考訂金石圖後》《古銅戈説》《焦山鼎篆銘考》《兕觥辨》《跋寅簋》《跋周伯克尊》《跋芊子戈》等十餘篇。其中，有商代器和兩周器。有釋文，有考證文字。

　　當然，翁氏此書也訂正了不少前人的錯誤。如在《跋鐘鼎款識殘拓本》一文中，他就指出：

　　《好畤鼎》一跋，詳引《漢郊祀志》、秦漢祠五畤事，然以愚詳之，此鼎所謂"好畤"者，特右扶風之邑名耳。

　　翁氏經常與程瑶田研討銅器的斷代問題。程氏本身也是位研究商周彝銘的學者，祇可惜他没有留下系統的學術專著，加之他的個人收藏也不豐富，在清代衆多優秀彝銘學者并出的時代顯得黯然失色。如乾隆四十九年（1784），他到北京拜訪翁方綱。翁氏曾出示所藏古劍，請程鑒定。程氏看過認爲此劍與《考古圖》中記載的形制不同。

六、阮元的彝銘學

　　阮元（1764—1849），江蘇儀徵人。字伯元，又良伯，號芸臺，又號雲臺，晚

---

[1]　原注爲："聞江寧周慢亭説焦山鼎文舊拓徐興公所藏最古。"

號頤性老人，又號孽經老人，以"小嫏環仙館""文選樓""八磚吟館"等作爲齋名。曾任兩湖總督、兩廣總督、雲貴總督、大學士等。著名彝銘學家和銅器收藏家。

阮元在彝銘學術研究上成就很大。除了有名著《積古齋鐘鼎彝器款識》一書之外，還有《山左金石志》《孽經室集》《積古齋藏器目》等多部研究專著刊行。而且，還刊行了一套名爲"積古齋藏宋拓摹刻"之書。這套書中最有名的是道光二十八年漢陽刊本的《宋王復齋鐘鼎款識》一書，每一件銅器下都有阮元題跋，并收有宋至清代有關此器之流傳經緯、主要考證觀點，以及釋文。卷後又收畢良史藏古銅器十五種，阮元對此也作了考證，著述體例同上。

在《孽經室集》一集卷五收爲三代古青銅兵器等約十件。有器形圖，有尺寸説明，有釋文，有考證文字。三集卷三收考證三代青銅器文章《商周銅器説》《積古齋鐘鼎彝器款識序》《山左金石志續》和《王復齋鐘鼎款識跋》等十餘篇。據李遇孫《金石學録》中的記載：

所著《孽經室文集》，亦多考證金石之文。

《積古齋鐘鼎彝器款識》一書前八卷所收爲三代青銅器，卷一和卷二共計收商代彝銘一百七十三器，卷三至卷八共計收周代彝銘二百七十三器。對文字考證頗爲詳細，徵引古書亦多。有器形圖，有尺寸説明，有釋文，有考證文字。卷首有《商周銅器説》和《商周兵器説》兩篇。《商器款識》分類爲鐘、鼎、尊、彝、卣、壺、爵、觚、觶、角、敦、甗、鬲、盉、匜、盤、戈、句兵。《周器款識》分類爲：鐘、鼎、尊、卣、壺、爵、斝、觶、觚、彝、敦、簠、簋、鬲、盉、匜、盤、甗、戈、戟、句兵、斧、槍、劍、距末、刀柲、削和豐。

此書的拓本由來，阮充在《雲莊印話》一文中曾陳述：

朱椒堂兵部爲弼、錢獻之坫、宋芝山葆淳、趙晉齋魏、何夢華元錫、張農閬彦曾、張芑堂燕昌，同有金石之癖，曾爲文達公摹輯《鐘鼎彝器款識》。

嘉慶二年正月二十二日，阮元聘朱爲弼編纂此書。嘉慶九年八月十五日，阮元爲《積古齋鐘鼎彝器款識》一書作序。則此書定稿。

阮元在此書《商周銅器説》中首先指出：

器者，所以藏禮，故孔子曰"唯器與名，不可以假人"。先王之製器也，齊其度量，同其文字，別其尊卑，用之於朝觀燕饗，則見天子之尊、錫命之寵，雖有强國不敢問鼎之輕重焉。用之於祭祀飲射，則見德功之美、勳賞之名，孝子孝孫，永享其祖考而寶用之焉。且天子、諸侯、卿大夫，非有德位，保其富貴，則不能製其器，非有問學，通其文詞，則不能銘其器。然則器者，先王所以馴天下尊王敬祖之心，教天下習禮博文之學。

此説是臧武仲的"作彝器……昭明德而懲無禮"説的發展。阮元以器求禮的研究方法雖然不能盡得彝銘學術研究之奥，但在打破古器物之學"鑄鼎象物……使民知神奸"的"載道垂戒"學説上有其獨到之處。

關于本書，王國維在《國朝金文著録表》序文中評述説：

海内士夫聞風承流，相與購求古器，搜集拓本，其集諸家器爲專書者，則始於阮文達之《積古齋鐘鼎彝器款識》。[1]

他在此書中有些觀點雖然有誤，但是值得學術界思考。如關于著名的"蔑歷"一詞的含義，在該書卷五《臤尊》彝銘考證中，他主張：

古器銘每言"蔑歷"，按其文皆勉力之義，是"蔑歷"，即《爾雅》所謂"蠠没"，後轉爲"密勿"，又轉爲"黽勉"。《小雅·十月之交》云"黽勉從事"，《漢書·劉向傳》作"密勿從事"是也。

顯然，這一解釋是不能説明彝銘中所有使用"蔑歷"的場合的。或許衹是部分場合有這一含義而已。

又如對于著名的"亞"字形圖像彝銘，阮氏的有些觀點頗超時代，他在《虎父丁鼎》的考證中主張：

古器作"亞"形者甚多。宋以來皆謂亞爲廟室。錢獻之以爲亞乃古黻字。兩己相背，取黻冕相繼之義。元謂黻與黼同爲畫繢之形。黼，形象斧明矣，兩己相背，己何物耶？蓋亞乃兩弓相背之形，言兩己者訛也。《漢書·韋賢傳》師古注曰："綏畫爲亞文，亞，古弗字也。"師古此説，必有師傳。經傳中弭、佛、

————————
[1]　王國維：《國朝金文著録表》卷首，《王國維遺書》，上海古籍出版社1983年版，第1頁。

弗，每相通假，音亦近轉。《説文》"弸"解曰："輔也。重也。"輔者，以輔戾
弓之不正者。即《考工記・弓人之菱》，鄭注所謂"弓檠是也。"重者，二弓也。
《説文》弗字收於丿部。解曰："弗，撟也。從丿從乀從韋省。"元謂弗字明是從弓
之字。若從韋則不知所省，無以下筆。必有後人刪改之訛。弗字明是兩弓相背，左
右手相戾之義。此會意之旨也。凡鐘鼎文作亞者乃以輔戾二弓之象，正是古弸字，
亦即是弗字。

有些觀點則十分精准，這反映了他高深的古文字學和經學學養。如他對《咎父癸卣》
彝銘中"旅車"二字的解釋。

《咎父癸卣》彝銘拓片

《咎父癸卣》彝銘釋文：

咎作父癸

寶尊彝。

用旅車。

爲此，阮元考證：

彝器多以旅車爲名。《禮》："犧象不出門。"而古者師行奉宗廟主與社主，
載以齋車，每舍必有饋奠之事。見《周禮・小宗伯》及《禮》曾子問祭器。不
可逾竟，故別作尊彝，陳之主車，示敬也。此曰"用旅車"言用以臚列主車之
器也。

在此書中，他又多次引用吳侃叔之論，反映了他對吳氏學説的重視。

阮氏此書在考證彝銘中，儘可能從禮制和歷史兩個方面入手，尋找彝銘的真正
含義和學術價值。這方面的經典案例，如他在該書卷一中對《叔卅鼎蓋》彝銘的
考證。

《叡羪鼎蓋》彝銘摹寫

《叡羪鼎蓋》彝銘釋文：

　　堇山叡羪作父
　　乙寶尊彝。

他考證説：

　　案：“堇山”，地不可考。或釋作“衡山”。《説文》古“衡”字作“奧”形，與此相近。叡，《説文》以爲古“賢”字。《漢國三老袁良碑文》：“優賢之寵賢”，正作“叡”。“羪”字，通“祝”。《説文》解“羪”字云呼鷄重言之，從四州聲，讀若“祝”。案，《列仙傳》有“祝鷄公”。《説文》又云：“祝，一曰從兑省。”《易》曰：“兑爲口、爲巫。”此則二口之下作四直形，而不作“州”字。有從兑遺意，較從州得聲爲更古矣。《説文》解“巫”字云“祝”也。王逸《楚辭》注“男巫曰祝”。《禮·曲禮》“商官六大有祝”，無巫。知商人尊神，巫、祝合爲一職也。作器者，古銘或系以國，或系以氏，無稱“山”者。此曰“堇山賢祝”，意古巫每居山，故《水經注》云：“鹽水，逕巫咸山北。”《海外西經》云：“巫咸國在女丑北，右手操青蛇，左手操赤蛇，在登葆山。”《大荒西經》云：“大荒之中有靈山，巫咸、巫即、巫盼、巫彭、巫姑、巫真、巫禮、巫抵、巫謝、巫羅，十巫從此升降，百藥爰在。”蓋巫通鬼神，山爲積高，神明之區，神巫所游。故山以得名。此銘“堇山叡祝”，必神巫也。《書·君奭》云：“在祖乙，時則有若巫賢。”《孔傳》云：“賢，咸子，巫氏。”《説文》云：“巫咸初作巫。”《君奭》：“巫咸乂王家。”馬《注》云：“殷巫，巫賢。”蓋嗣職爲巫。《孔傳》訓巫爲氏者，古官有世功，則有官族。如晉中行氏之類。

又如他在該書卷三對《宋平公鐘》彝銘的考證：

宋公戌，舊釋爲"宋公成"。吳侃叔云："《左昭十年傳》'宋公成'，《公羊》作'戌'。《史記》亦作'戌'。今觀是銘，當以《公羊》爲正。"是平公器也。《頌壺》銘"甲戌"，《豐姞敦》"丙戌"，文皆作戌。與此同。又按《左昭二十年傳》"公子城"，杜《注》"平公子成"，與"城"同。若平公名成，其子不得名城也。

何紹基專門寫有《校定阮氏積古齋鐘鼎彝器款識釋文》一文，訂正此書中的錯誤。

當然，該書在銅器分類和斷代上時有錯誤，還經常有將僞器收入的現象。如，《亞形魯公鼎》《嘉禮尊》并非商周時器。《木鼎》乃商代晚期，并非周代。再如，將《尤盤》歸入盂類，將《父丁鼎》歸入彝類，將《諫豆》歸入彝類等分類錯誤。

《宋王復齋鐘鼎款識》係阮元對王復齋《鐘鼎款識》的摹刻，嘉慶七年（1802）摹刻成册，後于道光二十八年（1848）在漢陽重刊。書簽題字用趙松雪以前爲此書所題之篆書，内收畢良史所藏銅器十五種考證文章。

對于吉金拓片，他曾在《積古齋鐘鼎彝器款識序》中主張：

> 然自古《左》《國》《史》《漢》所言各器，宋《宣和殿圖》無有存者矣。兩宋呂大防、王俅、薛尚功、王順伯諸書册所收之器，今亦僅有存者矣。然則古器雖甚壽，顧至三四千年出土之後，轉不能久，或經兵燹之墜壞，或爲水土之沉薶，或爲儈賈之毀銷，不可保也。而宋人圖釋各書，反能流傳不絶，且可家守一編。然則聚一時之彝器，摹勒爲書，實可使一時之器永傳不朽。即使吉金零落無存，亦可無憾矣。

另外，他也注意到了彝銘鑄刻方法的研究。在《揅經室集·三集》卷三《散氏敦銘拓本跋》一文中，阮元就此問題提出了鑄刻彝銘的四種方法：

> 余所見鐘鼎文字，揣其製作之法，蓋有四焉：一則刻字於木範爲陰文，以泥抑之成陽文，然後以銅鑄之成陰文矣；二則調極細泥，以筆書于土範之上，一次書之不高，則俟其燥而再加書之，以成陽文，以銅鑄之，成陰文矣；三則刻土範爲陰文，以銅鑄之，成陽文矣；四則鑄銅成後，鑿爲篆銘，漢時銅印有鑿刻者用此法，亦陰文也。

對于銅器器形，他多從禮制的角度給予考慮。如他在《商周兵器説》一文中就曾闡述："先王之制，兵非不能長且大也。限之以制度，行之以禮，本之以仁，故甚短小也。"

七、馮雲鵬、馮雲鵷的彝銘學

馮雲鵬（1765—1840），江蘇南通人，字晏海。工詩文書法。曾任滋陽知縣、曲阜知縣。其弟馮雲鵷，字集軒。兄弟二人皆著名銅器收藏家和彝銘學家。

《金石索》一書在清代中期的彝銘學研究上，也是一部體例精美的名著。根據《孔子故里著述考》記載：

> 《金石索》十二卷，馮雲鵬、馮雲鵷同輯。

本書分《金索》《石索》兩部分。

在《金索》中，馮氏兄弟將鼎、尊、彝、卣、敦、簠、豆、甗、鬲九種十件列爲卷首。乾隆三十六年（1771）下旨，將內府收藏的這十件青銅器陳設在至聖殿內。這是清代首次把商周青銅器用於實際活動的先例。馮氏兄弟以爲"在太學所藏十器以上，足以仰見高廟尊禮素王之至意，亘古未有"。這是他把此十件青銅器的考證和拓本置于卷首的原因。

在卷一、卷二中，馮氏兄弟將青銅器分爲兩大類：一類爲鐘鼎類，一類爲戈戰類。在鐘鼎類中，認爲"自商而下凡敦、盤、爵、洗之類得數十事，皆從鐘鼎之屬"。在戈戰類中，認爲"凡一弩一鏃皆得例載從戈戰之屬"。在實際編排中，鐘鼎之屬有爵、卣、觚、斝、鼎、彝、敦、鐘八種。器名有標明朝代者，也有不標明者。在戈戰之屬有钁、戈、戟、槍、劍、距末、節、戚、鉞、鏃等十二種。

馮氏兄弟在研究中注意到了青銅器形的時代特點。在對《周遣叔鼎》的考證中就曾指出：

> 夔之飾制甚古樸，朱綠紫厚疊如珠，真周器也。

這一對器形的認定，是此書中的一貫特色。從中也可以看出他們對青銅器的斷代，至少在器形上首先要"朱綠紫厚疊如珠"這纔符合周器的外形。

《周遣叔鼎》拓片及摹寫

《周遣叔鼎》彝銘釋文：

遣叔作

旅鼎用。

再如對《商己舉彝》彝銘的考證：

此器剝蝕殊甚，而淳古可珍，實屬商制。其口緣中負冒飾以金，四鳳飾以銀，其足緣八蛟飾以銀，兩耳則金銀間之。今人率以鑲嵌爲商器，不知有宋嵌之別。須合其形制、字畫觀之乃可定耳。

在對《周伯彝》彝銘的考證中，詳細闡述了此彝的由來以及斷代根據：

此彝形制甚古，色亦斑斕，腹外俱作斜方文，有乳突出，兩耳作虎首形。與《考古圖》所載虎彝、《博古圖》所載乳彝相似，真周器也。壬辰春暮，有自任城來售者，予極愛之而力不能得。孔伯海儲公以百緡得之。裝飾俱佳，可爲閭里增一寶玩矣。

此書在考證上有宋人法度，對銅器尺寸有詳細的說明，每器全是從摹寫圖、拓本、釋文、尺寸進行說明，然後再進行彝銘考釋。有明顯地模仿《考古圖》的寫作體例痕迹。如在對《周蘇公敦》彝銘的考證中，就從銅器收藏到尺寸和彝銘歷史，一一進行了詳細的考證，最後給出了銅器的斷代，如下：

此器係孔荃溪方伯廉訪關中時所得。器蓋俱全，銅質粹美。古色斑斕，字畫渾厚，間有爲重綠凝蓋處，可以意測之。其銘云："蘇公作王妃饎敦，永寶用。"按，《詩·何人斯》小序云："暴公爲卿士。"而《譜蘇公傳》云："暴、蘇皆畿內國名。"《正義》曰："蘇忿生之後。"《春秋傳》載："武王克商，使諸侯撫封。蘇忿生以溫爲司寇。"杜注："今河內溫縣。"是蘇稱"子"。此云"公"

者，蓋子爵而爲三公也。今此器云"蘇公作王妃饙敦"，必蘇公有女爲王妃，故作此敦以媵之也。蘇公，在武王時爲司寇，封國於溫。至春秋時以陽樊溫原攢茅，賜晉侯。則溫非蘇有，蘇亦不得稱公。此敦當屬西周時物。

如此見識，十分難得！而且斷代的依據也十分恰當，足見作者對史料的熟悉程度。

此書卷二的内容全部是商周兵器及其題銘，作爲一章而獨立出現，具有重大的意義。它預示兵器題銘研究作爲一個專業門類的出現。如在對《周芊子戈》題銘的考證中，從收藏到款識内容的歷史綫索進行了極其詳細的考證，十分精彩！如下：

曲阜顏氏得之周公廟側東土中，今藏馮氏。

孔氏金石拓本載翁覃谿先生題跋是戈甚詳，不能具録。其末云："乾隆三十九年周秀才拓其文，俾方綱審定。明春顏孝廉持戈來相示。三月廿三日，錢學士載孔主事繼涵、檢討廣森、馮孝廉敏昌集詩鏡軒同觀。"

戈文五字，重今庫平八兩三錢。孔户部繼涵以貨布准之爲十八兩一分三厘。視三埒爲一斤四兩者，不足十之一，用久故也。所爲内倍之，胡三之，援四之者，皆與《考工記》合，銘在其胡。

是戈之名，窮顯辨論甚詳。唯"芊"字迄無定説。舊釋"羊"。周秀才榘釋作"芊"，楚姓也。張芑堂《金石契》及翁覃谿先生《金石記》，皆從之，舉楚武王授師以爲證。朱學士筠仍釋作"羊"，謂"芊"作"芈"，畫宜上出，且國姓與國爵無連。及之文，阮芸臺先生《金石志》從之。以晉羊舌氏之分族爲解，詞各有見。今并存之。惟"艁"字，釋古文"造"之據，未有引證者，桂廣文未谷《札樸》引武王銘"造矛"，造矛亦係"造"字，非"艁"字也。鵬按：濟南府神通寺之千佛崖題壁云"顯慶二年，南平長公主，爲太宗文皇帝敬艁象一軀"，"顯慶三年，青州刺史趙王福敬艁彌陀象"，"主清信女段婆敬艁一軀"之類，造皆作艁。初唐時人猶見古文遺意，可取而證也。

《周芊子戈》彝銘照片

　　上述考證十分精彩。首先，注意到了兵器使用過程中出現的磨損問題，戈的重量減少，這幾乎是考古學家最容易忽視的問題了。其次，以後代的摩崖石刻文字來印證商周銅器文字，大膽而且有效，開啓了古文字研究中互證的研究方法。

　　對于宋人錯誤的訂正，也是此書的一大亮點。如在對《周南宮中尊》彝銘的考證中，他主張：

> 　　南宮，其族。中，其名。《博古錄》稱"召公尊而以南宮爲廟"者，非。銘蓋言"王召見公族。公族於庚辰日旅見王錫南公中馬百匹"。所謂"錫馬"，蕃庶也。百，書作"自"。古文通用。唐元次山《山峿臺銘》中"百步"亦作"自步"。"貫侯"，侯可貫者。馬七尺以上爲駥也。厭，如《曾子問》祭殤必厭。蓋是時南宮氏遇厭王詔以用先人之禮，猶記所謂"能執干戈以衛社稷可無殤也"之意。"中乃對揚王休，作父乙尊彝"，以榮其先也。舊釋誤。今正之。

這一訂正十分到位，已爲可信之論。

八、張廷濟的彝銘學

　　張廷濟（1768—1848），浙江嘉興人。字順安，號叔未，以"眉壽堂"和"清儀閣"作爲齋名。有《張叔未解元所藏金石文字》《清儀閣所藏古器物文》《清儀閣藏器目》《清儀閣金石題識》《清儀閣古印偶存》等古文字學著作行世。著名銅器收藏家和彝銘學家。

　　根據《清史稿·文苑傳》的記載：

> 以圖書金石自娛。建清儀閣，藏庋古器，名被大江南北。

張廷濟在銅器收藏和拓片收藏上很有研究，是清代罕有人及的大家。著名版本學家張元濟曾陳述：

> 家有清儀閣，考藏古器物文，自三代迄清。凡鐘鼎、碑碣、鉢印、磚瓦乃至文房玩好之屬，多爲歐、趙、洪、婁、王、劉、呂、薛諸家所未及者[1]。

　　在《清儀閣所藏古器物文》第一册中，他將青銅器分爲商代七類：爵、尊、卣、觶、瓠、句兵、古兵；周代十一類：鐘、鼎、卣、爵、觶、瓠、彝、敦、簋、鬲、盤。張廷濟在對彝銘的考證研究中也時常有所突破。如"🦅"字，前人有解釋爲

---

[1]　張元濟：《〈清儀閣所藏古器物文〉跋》，張廷濟：《清儀閣所藏古器物文》第十册卷末，商務印書館 1925 年版，第 1 頁。《清儀閣所藏古器物文》一書原始稿本現藏日本京都大學圖書館。

"舉""帚"者,而他認爲此字就是"稱"字的右半邊"爯",并且還引用《詩經》中的"稱彼兕觥"一語,證明此字"🜹"有"舉"的含義。誠如前述,張廷濟在書中還多次引用了他外甥徐同柏的觀點。他也注意到了出土地點對青銅器保存狀態的影響。在對《商尊》彝銘的考證中,他就首先指出:

> 商尊,表裏塗金,入土久青綠從金隙中突出,如旋螺紋,作雲雷饕餮,兩目炯炯,金光爛然,《禮經》所謂"黃目鬱氣之上尊"也。

他特別看重彝銘中出現的器名與器形之間的對應關係的研究。他在爲曹載奎《文石堂重刊曹氏吉金圖》一書所作的序中就首先申明:

> 古人製器,必於器文中自識其器之名。顧尊彝爲古金通稱。著録家據傳拓之本往往鼎、敦、觶、角之屬,概列尊彝之内,故録其文不可不圖其形也。

《張叔未解元所藏金石文字》第一册所收部分内容爲三代青銅器彝銘。無器形圖,有尺寸説明、釋文、考證文字、拓片。考證文字爲影印題跋。

作者在序中説:

> 各依原迹大小,厘爲四幅,用泰西脱景法,上石印出。

《清儀閣所藏古器物文》第一册所收爲三代青銅器,多有彝銘。有器形圖,有尺寸説明,有釋文,有考證文字。内容有爵五件、尊三件、卣一件、觶三件、觚四件、古兵四件、鐘四件、鼎四件、敦七件、簋一件、帚三件、盤一件、彝一件。另外有翁方綱題簽一條、趙魏題扉頁一條、張廷濟題跋六十條、徐同柏題跋十九條、吳雲題跋一條、吳東發信劄一通、孫均信劄一通、朱至信劄一通、阮元手劄二通。

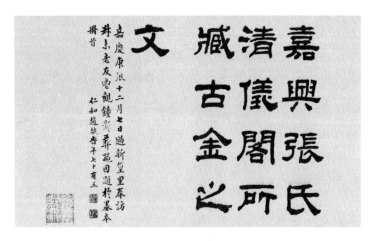

《清儀閣所藏古器物文》稿本封面

書中除了詳細考證銘文外，還詳細説明器物收藏之由來。如他對《商觚》彝銘的考證：

> 《商觚》，朱緑色在骨，色澤黝潤。系宋時磨臘者。道光元年辛巳三月，余客郡城，從海昌許分老肆中購得。其值番銀十四餅。文在底之側。曰："孫祖乙。"蓋孫祭其祖之器。乙，祖之字也。商人以所生之日辰爲字，字生也。

在該書他還特別説明每件銅器的價格。如《商舉癸爵》彝銘是"番銀十餅"。他也注意到了銅器的色澤問題。如《周仲鳧父敦》彝銘是"此彝碧如翠，羽赤如丹砂，白如水銀。文字刻露精鋭。洵商周彝器中之無上神品"。很難理解容庚《清代吉金書籍述評》一文中爲何不收此書。此書的稿本現居然藏于日本，不知是何時從國内流出？

張元濟曾給張廷濟手稿寫有題跋如下：

> 有清之初，吾郡朱竹垞以經小學昌明於時，鄉賢承風。至乾嘉間，以搜羅金石文字爲經小學集考訂辨證之資，則自吾宗叔未解元始。解元所居去吾邑不二三十里，家有清儀閣，考藏古器物文。自三代迄清，凡鐘鼎、碑碣、鉥印、磚瓦乃至文房、玩好之屬，多爲歐、趙、洪、婁、王、劉、呂、薛諸家所未及者。且諸家每詳於石而略於金，或專於金而闕於石。閣中所藏則皆搜集并存，手自摹拓，疏證翔實，尤出諸家之上。解元爲阮文達入室弟子。師資既富，又當時同學若吳侃叔、朱椒堂、張文漁父子及其戚串徐同柏類皆通金石學識、古文奇字，與之上下議論，互相觀摩，博考約取，積久而取益精、用益宏。清儀閣之著録溢乎掔經室矣。夫講求金石之學浙中最盛，吾郡以文物著稱，甲於浙西。自竹垞以經小學開於先，而解元又集金石學之大成，精神呵護，終使襄然巨帙如昭陵繭紙，發見人間。洵希世之珍，照乘連城未足諭也。徐子曉霞獲此重寶，思所以永綿鄉先生之手澤，以爲自來金石著録，皆鉤摹繕寫、棗木傳刻，輾轉失真。原拓形神，往往愈去愈遠，實爲憾事。乃付涵芬樓爲之影印，與墨本不差累黍，出而公諸同好，摩挲方册，不啻與清儀閣默爾晤對，共敦古歡，而曉霞表揚鄉先生之功，即亦同垂不朽矣。海鹽張元濟。

九、朱爲弼、朱善旂的彝銘學

朱爲弼（1771—1840），浙江平湖人，字右甫，號椒堂，以"蕉聲館"作爲齋名。曾任漕運總督。精研金石之學，尤嗜鐘鼎文。嘉慶二年（1797），阮元督學浙江，創辦詁經精舍，聘請爲弼參與修輯《經籍籑詁》，并爲阮元所撰《積古齋鐘鼎彝器款識》稿審釋、作序、編定成書。有《蕉聲館集》《伯右甫吉金古文釋》《續籑積古齋彝器款識》等古文字學著作行世。其子朱善旂也是著名銅器收藏家和彝銘學家。

在《伯右甫吉金古文釋》一書中，朱爲弼親自撰寫跋文，云：

> 吉金文字卅六種，揚州江秋史侍御德量摹本，積古齋藏之。弼假得手摹成册，略附詮釋，時嘉慶癸亥仲秋十八日。爲弼。

朱爲弼之父朱鴻猷，字仲嘉，號薌圃。工詩文，善鑑古。著有《見山樓書畫録》《古銅器説》等。

朱爲弼篆書作品

根據《清史稿·朱爲弼傳》的記載：

> 爲弼精研金石之學，佐阮元籑《鐘鼎彝器款識》，所著有《蕉聲館詩文集》。

根據李遇孫在《金石學録》一書中的記載：

> 朱爲弼酷嗜古金文字，師稱其能辨識疑文，稽考古籍國邑、大夫之名，有可補經傳所未備者。旁及篆籀之字，有可補《説文》所未及者。

這已經説明了他的以彝銘考證古史之功。

《蕉聲館文集》卷一所收爲研究三代青銅器彝銘題跋數十種，以及彝銘常用術語的解釋，考證中多以彝銘考證禮制。無器形圖，有部分尺寸説明，有釋文，有考證文字。

如他對《宰辟父敦銘》的考證：

> 弼案：薛氏云，周者，晉公子周，悼公也。是也。晉文侯仇文公重耳并受戚鉞、秬鬯、彤弓、虎賁之命，故曰用篹乃祖考事。篹，繼也。薛氏解作飲饌之饌，非是。辟官，官名。辟父，冢宰。旂，舊誤釋斿。今更正。周立者，立中廷北鄉之位也。

朱善旂（1800—1855），浙江平湖人。字建卿，號大章。道光十一年（1831）舉人。官國子監助教，并署博士監丞等。以“敬吾心室”作爲齋名。著名銅器收藏家和彝銘學家。有《敬吾心室彝器款識》等古文字學著作行世。

林鈞《石廬金石書志》卷八如是評價此書：

> 建卿爲椒堂先生子也。禀承庭訓，學有淵源，而金石文字於楊、薛、吕、王諸家所論定，及吳侃叔、錢獻之、江秋史、阮芸臺所搜輯，均能一一悉其流傳……所録商周秦漢四代之器，凡三百六十有四，以類相次：盤、鐘、洗、鼎、尊、敦、簋、甗、甑、盂、匜、壺、彝、觶、爵、卣爲類者十六。

在《敬吾心室彝器款識》一書中，朱氏將青銅器分爲盤、鐘、洗、鼎、尊、敦、簋、甗、甑、盂、匜、壺、彝、觶、爵、卣十六類。共收三百六十四器。其中，秦漢器約十六器。此書的考證文字，多是援引他人之説，很少有作者個人創見。

而且，此書收入僞銘頗多，商承祚曾予以指出。如《敬吾心室彝器款識》收録之《遂啓諆鼎》，原鼎彝銘祇有九個字。

《遂啓諆鼎》彝銘被作僞後的拓片

道光年間被作僞者加到了一百二十四個字。證據可見吳式芬《攗古録金文》卷二之一《遂啓諆鼎》：

> 陳壽卿説，是鼎原銘止此九字，陜中人增刻僞字成三百鬻之。漢陽葉氏考釋數百言，且云將留之焦山，永俾不朽，如無惠鼎故事。及見劉燕庭拓本，乃知餘皆僞刻。

對此，張其鳳《劉喜海對陳介祺的影響考繹》一文中介紹：

> 陳介祺對於葉志詵所買遂啓諆鼎銘文真僞判斷，最後是靠劉喜海《東武劉氏款識册目》一書所收該鼎原文，方使爭議塵埃落定，并使自己學術地位大大提升的。由此我們亦不難體會到當時學術界及陳介祺對劉喜海的信賴程度及劉喜海在當時所具有的定鼎真贋的學術分量。[1]

但是，如果没有劉喜海《東武劉氏款識册目》一書，還真不好判斷最初那九個字的彝銘是真的。

十、吳榮光的彝銘學

吳榮光（1773—1843），廣東南海（今廣州）人。字殿垣，號荷物，又號拜經老

---

[1]　張其鳳：《劉喜海對陳介祺的影響考繹》，《南京藝術學院學報（美術與設計）》2006年第1期。

人，以“筠清館”作爲齋名。曾任福建按察使、湖廣巡撫、湖廣總督。從學阮元和翁方綱，成爲清代嶺南一帶最大的書畫金石鑒定家、著名銅器收藏家和彝銘學家。《筠清館金文》是他的名作。曾孫吳趼人是清末著名文學家。

吳氏在《筠清館金文》一書中給每一件青銅器都標明了或商或周的朝代，這是他與同時代學者不同之處。他按照先商後周的原則，把青銅器分稱尊、卣、爵、觶、角、舉、敦、鼎、鬲、彝、鐸（以上商代十一種），尊、罍、卣、爵、觶、舉、豆、簠、簋、敦、鼎、盤、鬲、甗、瓿、盂、壺、歔、匜、彝、鐘、戈、兵、劍（以上周代二十四種）。共收二百六十七器（其中秦漢唐器二十八種）。

他在序中説：

> 史不備則當求之金石矣。金有時而寒，石有時而泐，則當求之金石拓本矣。

吳氏對青銅器的分類和斷代大致是準確的。但是，也有些他把握不定的。如卷一《商内言卣》彝銘，他考證説：

> 龔自珍曰：“《史記集解》引鄭康成《書序注》曰：‘伊尹作肆命。’肆，陳也。陳其政教之命。可見商有内言之官。《大誥序》注曰‘洪大誥治’者，洪，代言也。可見周有内言之官。”此銘云“内言”，不能斷爲商爲周，以其近古文存於商代似可也。

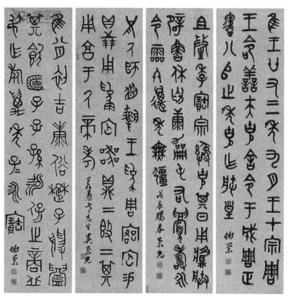

吳榮光篆書作品

總體感覺，吳氏對周器的考證遠遠不如他對商器的考證詳細。在該書凡例中，他表明了編輯的宗旨：

> 此書非續《積古齋鐘鼎款識》，亦非續《金石萃編》，不過紀四十六年之所得，名之曰《筠清館金石録》，而卷帙浩繁。《積古》《萃編》二書，遍行海内已久，故於《萃編》所有但存其目，而二書所遺者悉録全文。

如卷二，他對商器《祖乙鼎》彝銘的考證：

> 右《祖乙鼎》，高五寸，深三寸，口徑五寸五分，腹圍一尺八寸三分。耳縱一寸，橫一寸一分。重二十三兩。兩耳三足。純緣之下，飾以交夔之形。餘俱樸素無文。形體較小，銘二字直立，緣陰不似他器之銘於腹底也。按，商人大都以十干爲名字。乙者，名也。孫爲祖作，故銘之曰祖乙也。或謂有商一代之君名乙者五，當爲商君致享祖廟之器。容或有之。然則審其體制，其爲陪鼎歟？是器製作純樸古，色黝然，字畫復典雅，有則其爲商器無疑也。

當然，此書偶爾也有很詳細的對周器的考證文字。如卷四，他對《周諸母鼎》彝銘的考證：

> 諸母者何？父之妾母之姪娣也。父之妾母之姪娣曷爲享？《春秋穀梁傳》曰"一人有子，三人緩帶"是也。曷爲享于宮？《春秋》"考仲子"之宮，禮家説之曰"妾不配食於廟，別立宮以祭"是也。其禮於子祭、於孫止。此仲壬，嫡子也。嫡子之立爲君者也。問古禮所謂"於子祭、於孫止"者，謂所生之母與抑父妾與？曰：謂父妾，若君所生之母，質家。母以子貴，配食於父。

這一解釋，就從禮制、婚制等角度來考證彝銘，顯得較有價值。同時，這裏出現的"妾不配食於廟，別立宮以祭是也"也提醒我們女子廟制存在的合理性。

他在該書中又以"歠"作爲器名，所以他單獨列出加以考證，見《周父戊歠》彝銘一文：

> 宋王復齋《款識》收一器，文爲"酓"。《説文》酉部："酓，酒苦也。"宋本《説文》脱此篆，金壇段君始據群書補之。皿部之"盦"、"歠"部之"歠"，皆從此得聲。此文之爲"歠"之省文無疑。王復齋既有之，又見此器，然則歠之是器名亦無疑。

看起來，他是把"歙"等同爲"盒"加以理解的。他的考證已經脱離了《説文解字》的制約，對《説文》所無之字進行考證。

再如他對《周舊輔甗》彝銘的考證。

《周舊輔甗》彝銘釋文：

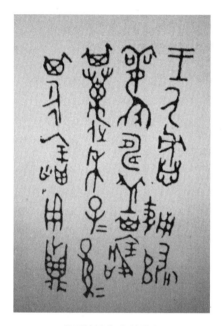

《周舊輔甗》彝銘摹寫

王及舊輔歸
牛馬，鑄其寶。
其萬年子子孫孫，
其永寶用貞。

他提出：

　　此甗字勢奇古，牛馬是象形，餘未可定。姑依秦氏舊釋如此。有釋鑄爲壽
　　丘二文以附會。《五帝本紀》者不可從。親見此器非鼎，依舊釋定末一字爲籀
　　文貞。

但是，因爲此書曾委託龔自珍編輯和考訂。因此，有些錯誤被學術界早就指正。如該書對《伯晨鼎》《爽尊》等彝銘的解釋。孫怡讓在《古籀遺拾》中對此書的錯誤有過詳細的校正。

十一、徐同柏的彝銘學

徐同柏（1776—1854），浙江嘉興人。字春甫，又字壽藏，號籀莊，以"諷籀書寠"作爲齋名。尤精篆刻。有《周毛公厝鼎銘釋文》《從古堂款識學》《古履仁鄉金石文字記》等古文字學專著行世。

《從古堂款識學》一書共收三百五十一器。其中，秦漢器二十九器。

　　該書對彝銘和歷史事實考釋頗詳。尤其對殷周廟制的考證和研究，十分精彩。如對《周史頌敦》彝銘的考證。

《周史頌敦》彝銘拓片

《周史頌敦》彝銘釋文：

> 惟三年五月丁子，王在宗
> 周。命史頌："得蘇涵友里君
> 百生，帥龢盩于成周。"休又
> 成事。穌賓章。馬三匹。吉金。用
> 作鼎彝。頌其萬年無疆。日
> 遜天子顈命。子子孫孫永寶用。

在對解釋上，他也是從禮制入手進行研究：

> 　　此王命頌慶賞蘇地，而頌以其事作彝器也。與《頌鼎》《頌壺》《頌敦》爲一人之器。彼器作於前，此器作於後。知者，《周禮》："内史掌王之八枋之法，以詔王治，王制禄則贊爲之，賞賜亦如之。"彼銘云："官司成周，賞監司新造，賞用宮御。"賞，古睛字，賜也，即八柄之予也。禦、馭通。即八枋馭羣臣，予以馭其辛也。此曰史，凡銘文内史皆直曰史，則知爲一人矣。彼紀受職受服受器，爲其孝龔叔母龔姒作尊彝，蓋初命爲大夫之辭。此直曰作鼎彝，既辭也。故知彼器作於前，此器作於後也。奉王命慶賞人地而亦作彝器者，亦"大約劑書於宗彝"之意。

　　又如他對《周無專鼎》（即《焦山古鼎》）彝銘中出現的"南中右無專"之"右"字的考證：

> 　　右，讀爲侑，謂詔侑之。如《周禮·大宗伯》鄭注所云："儐者，進當命者之進。延之，命使登之。"延之義，《大宗伯》注云："王將出命，假祖廟立。依前南鄉。儐者進，當命者延之。命使登内史由王右以策命之。降，再拜。稽首。

登受冊命以出。"此其略也。按鄭氏此注，據《禮·祭統》及《儀禮·覲禮》文，《覲禮》"太史是右"，鄭注云："右，讀如周公右王之右。"是右者始隨入於升東面，乃居其右。古文是爲氏也。鄭以今文氏爲是，故有此訓。若如古文則右讀亦當爲侑矣。必知爲侑者，《周禮》王命諸侯，則儐乃大宗伯之職。

再如他對上述彝銘中"南中"其人的考釋：

> 今按《南宮中鼎》云"惟王命南宮伐反虎方之年。王命中先相南國"。虎，白虎，西方宿。虎方猶云西方。《詩·采薇序》云"文王之時，西有昆夷之患"，《出車篇》云"赫赫南仲，薄伐西戎"，事正相合。是南宮中即《出車》之南仲矣。

他的這一考證顯示出其學術功力所在和敏銳的洞察力。徐氏爲張廷濟之外甥，據李遇孫《金石學録》中的記載：

> 叔未每得款識之難辨者，屬其細意融會，即豁然通解。

此書之外，他的《周毛公厝鼎銘釋文》一書，爲考證《毛公鼎》彝銘之作。

十二、陳慶鏞的彝銘學

陳慶鏞（1795—1858），福建晉江人。字乾翔，又字頌南，以"籀經堂"作爲齋名。曾任監察御史。有《籀經堂文集》《三家詩考》《説文釋》《古籀考》等書行世。

根據《清史稿·陳慶鏞傳》的記載：

> 慶鏞精研漢學，而制行則服膺宋儒，文辭樸茂，著有《籀經堂文集》《三家詩考》《説文釋》《古籀考》等書。

《齊陳氏韶舞樂罍通釋》一書爲《籀經堂類稿》之附録。獨立成卷。所收爲研究三代青銅器《齊陳氏韶舞樂罍》彝銘考證文章。無器形圖，有尺寸説明，有釋文，有考證文字，有摹寫。該書對《齊陳氏韶舞樂罍》彝銘考證頗爲詳細。但是偏重于對古文字字形的考證，并援引《周禮》以證之。其中，對東南西北四宮之宮名和人名的考證，尤其詳細。

在該書第十八卷，皆爲陳氏考釋彝銘的題跋類文章。如他對周器《王在室尊銘》彝銘的考釋：

案，此當是成王祭文王廟之器。王在室者，室即清廟中央之太室。《洛誥》：
"王入太室祼。"祼，爲獻尸禮尸。尸獻而祭畢，王祭將畢，在室行獻尸之禮。
故王姜得行祭禮而命作冊也。令命通睘安，史氏名。从，或釋作人人。今案，
从人从二，二人爲从，定爲从字。睘安从者，从王姜在廟也。䣄，或釋作伯。
伯，今案从百从二。一百爲䣄，定爲䣄字。䣄即奭之省文。《説文》："奭，此燕
召公名。《史篇》'名醜'。"䣄賓者，時召公助祭，王以賓禮禮之。《書》："王
賓，殺禋，咸假。"王賓，謂諸侯助祭者。《禮記‧郊特牲》："諸侯爲賓，灌用
鬱鬯。"謂諸侯來朝，王以賓禮禮之。是諸侯有賓於天子之誼，故稱賓也。

而在該書《舉木父辛册考釋》一文中，他又提出：

首一字是"舉"字。《集韻》閜作舉，支鬲也。《父辛舉》作𢆉。《父己舉》
作𢆉。此作𢆉，乃省文耳。爵曷爲謂之舉。舉爲舉爵之稱。因以名其器曰舉。
如杜蕢洗而揚觶，"以飲平公，因謂之杜舉"。文家尊尊謂之爵，質家親親謂之
舉，故商器多言舉不言爵。

在這裏他的"商器多言舉不言爵"努力解釋"爵"稱的晚出問題。《齊陳氏韶舞樂罍
通釋》卷末有何秋濤跋一篇。何氏云：

先生自言曩儀徵阮相國師示是器。相國既拓厥文貽朱氏椒堂、吳氏子苾倅
考釋。戊戌之春夏，以蘇州曹氏拓本合二家釋文，裝成卷并訂紹字爲韶，示令
審核，先生乃爲作釋文一篇，與朱、吳説頗異。既念所釋未盡，方暑雨，閉户
數日，成此二篇。

十三、龔自珍的彝銘學

龔自珍（1792—1841），仁和（今浙江杭州）人。字璱人，號定庵。道光九年
（1829）進士。曾任内閣中書。根據吳昌綬《定盦先生年譜》一書中的記載：

先生金石之學精博絕特，創立義類，時出新解，集中《説宗彝》《説爵》
《説刻石》《説碑》諸文。

龔自珍所著的《吉金款識》一書。這當中又以《説宗彝》對後世影響最大。他
在《説宗彝》一文中總結了彝銘的十九種功用，如下：

史佚之裔官曰：彝者，常也，宗者，宗廟也。彝者，百器之總名也，宗彝

也者，宗廟之器。然而曁於百器，皆以宗名，何也？事莫始於宗廟，地莫嚴於宗廟。然則宗彝者何？古之祭器也。君公有國，大夫有家，造祭器爲先。祭器具則爲孝，祭器不具爲不孝。宗彝者何？古之養器也。所以羞耉老，受祿祉，養器具則爲敬，養器不具爲不敬。宗彝者何？古之享器也。古者賓師亞祭祀，君公大夫享器具則爲富，享器不具爲不富。宗彝者何？古之藏器也。國而既世矣，家而既世矣，富貴而既久長矣，於是乎有府庫以置重器，所以鳴世守，姁祖禰，矜閥閱也。宗彝者何？古之陳器也。出之府庫，登之房序，無事則藏之，有事則陳之，其義一也。宗彝者何？古之好器也。享之日，於是有賓，於是有好貨。宗彝者何？古之征器也。征器也者，亦謂之從器；從器也者，以別於居器。宗彝者何？古之旌器也。君公大夫有功烈，則刻之吉金以矜子孫。宗彝者何？古之約劑器也。有大訟，則書其辭，與其曲直而刻之，以傳信子孫。宗彝者何？古之分器也。三王之盛，封支庶以土田，必以大器從。宗彝者何？古之賂器也。三王之衰，割土田以予敵國，必以大器從。宗彝者何？古之獻器也。小事大，卑事尊，則有之。宗彝者何？古之媵器也。君公以嫁子，以鎮撫異姓。宗彝者何？古之服器也。大者以御，次者以服，小者以佩。宗彝者何？古之抱器也。國亡則抱之以奔人之國，身喪則抱之以奔人之國。宗彝者何？古之殉器也。

除此之外，他還提出了對彝銘的史料解讀性研究。如他在《商周彝器文録序》中就明確提出了彝銘的史料價值在于：

羽琌山民曰，商器文，但象形指事而已；周器文，乃備六書，乃有屬辭。周公訖孔氏之間，佚與籀之間，其有通六書、屬文辭、載鐘鼎者，皆雅材也，又皆貴而有祿者也。制器能銘，居九能之一，其人皆中大夫之材者也。凡古文，可以補今許慎書之闕；其韻，可以補《雅頌》之隙；其事，可以補《春秋》之隙；其禮，可以補《逸禮》；其官位氏族，可以補《世本》之隙；其言，可以補七十子大義之隙。三代以上，無文章之士，而有群史之官。群史之官之職，以文字刻之宗彝，大抵爲有土之孝孫，使祝嘏告孝慈之言，文章亦莫大乎是，是又宜爲文章家祖。其及五百名者，有《智鼎》；六百名者，有《西宮襄父盤》，則與《周書》七十一篇相出入矣。摹其篆文，以今字録之，如孔安國治《尚書》，以今文讀，讀古文也。

這一觀點爲清代的彝銘學術研究走向奠定了基礎。

而龔自珍對西周王朝史官和彝銘之關係提出了"史存而周存，史亡而周亡"的極端觀點。這是因爲西周王朝的"史"集中體現在彝銘中。因此之故，他纔特別在《古史鈎沉論》中特別闡述了"古之世有抱祭器而降者矣，有抱樂器而降者矣"的現象。

當時，清廷高官們也多喜歡收藏青銅器，并且交給專業學者爲自己的收藏品撰寫題跋或考證文章。龔自珍也不例外。見《定盦先生年譜》中的相關記載：

> 某布政欲撰《吉金款識》，爲聚拓本，穿穴群經，極談古籀形義，成書十二卷。在京師爲阮文達撰《齊侯中罍二壺》釋文……

而在他自己的詩歌《己亥雜詩》第七十九首的注釋中，則清楚地點出：

> 某布政欲撰《吉金款識》，屬予爲之。予爲聚拓本穿穴群經，極談古籀形義，爲書十二卷，俄布政書來請絕交，書藏何子貞家。

這首詩如下：

> 手捫千軸古琅玕，篤信男兒識字難。悔向侯王作賓客，廿篇《鴻烈》贈劉安。

全詩分明是在告訴我們他十分後悔如劉安的賓客一樣，爲"某布政"代寫了十二卷的《吉金款識》一書。這個人就是吳榮光。見吳氏《筠清館金石録自序》記載：

> 余少好金石文字，年廿六宦游京師，於藏家及書肆所有，手抄而郵索，得若干卷。宦迹所至，於陜、於閩、於浙、於黔楚，又得若干卷。道光丙申再入都，以京卿需次。時阮儀微相國師《積古齋金文》已得全分拓本，碑碣文則聚數十箱，帶回粵東。憶在楚南時，石文曾延陳户部傳均、黃學博本驥抄出。一日，廖工部蛬來請曰："子之金文，龔定盦禮部筆祚欲任校訂。"余固知定盦研精籀篆，與家子苾編修搜訪若干，悉以付之。

但是書成後，龔自珍獨自署名出版的想法受阻。引來了他和吳榮光之間的著作權糾紛。龔自珍告訴我們"爲書十二卷"而且"書藏何子貞家"，結果是"俄布政書來請絕交"。

而吳榮光在致何紹基信劄中却説：

> 至定盦來書付刻之舉，弟於定盦手稿并未得見，惟聞稿未盡善。

關于此事經委，根據潘建國《新見清龔自珍己亥佚劄考釋》一文的考證：

> 龔自珍接受委託後，極爲投入，"日立課程爲荷屋先生辦書"（《與吳式芬箋十六》），通過龔氏寫給吳式芬（字子苾）的十餘通信劄（原劄藏北京大學圖書館，本文據孫文光《龔自珍集外文録》轉引，文載《安徽師範大學學報》1982年第2期），可以清楚地看到龔氏搜補資料、鈎摹拓本、考釋文字的情形，并非祇是簡單的"校訂"，已堪謂一項獨立的學術研究工作。約道光十八年（1838）六月（參樊克政《關於龔自珍十七通與吳式芬箋的寫作時間問題》），《吉金款識》全書編竣，龔自珍"依器""清釐爲十二册"，送交著名金石學家阮元審讀，阮氏"草草閲過，中夾數簽，無十分緊要語"，可見是書已大體完備，其學術質量也獲得阮元肯定，龔自珍對此頗爲滿意："弟算繳卷，此後恐無暇覆審諦之，恃有淵雅敏捷十倍於弟者董其成矣。"（《與吳式芬箋十二》）[1]

如此，他是肯定了龔自珍對于《吉金款識》一書的著作權。其實，祇要瞭解當時的代筆情況就會明白，所謂"校訂"其實就是代筆的隱晦説法。是當時下屬拍馬上司的一種十分文雅的方式。

當然，龔自珍早年的彝銘學研究，錯誤頗多，已經被當時的學術界所指正。孫詒讓曾斥責説：

> 自負其學，爲能冥合倉籀之旨，而鑿空貤謬，幾乎陽承慶、李陽冰之説。然其孤文碎誼，偶窺戻寏，亦間合於證經説字。

龔自珍本來計劃系統著述《金石通考》一書，他甚至設計好了該書體例，分爲所見存留至今金石編（金石尚存）、所見金石拓本而金石已佚編（金石已不存）、既未見金石原物又未見其拓本編。這一體例是很有科學性和嚴謹性的。

---

[1]　潘建國：《新見清龔自珍己亥佚劄考釋》，《文學遺産》2009年第2期。

十四、劉喜海的彝銘學

劉喜海 (1793—1852)，山東諸城人。號燕庭，字吉甫，以"嘉蔭簃"作爲齋名。清朝名臣劉墉的侄孫。曾任陝西按察使和浙江布政使。著名銅器收藏家和彝銘學家。有《長安獲古編》《嘉蔭簃藏器目》《燕庭金石叢稿》《金石苑》《海東金石苑》等書行世。

劉氏是山東諸城望族。他的高祖劉棨、曾祖父劉統勛、叔祖父劉墉、父親劉鐶之，都是清朝重臣。劉喜海本人也曾是清朝中、上層官員。他兄弟四人，其中，劉嘉海、劉如海是喜歡銅器收藏的名家。他的女婿就是著名的銅器收藏家、彝銘學家吳式芬。而他更是陳介祺的學術導師和忘年交。

劉喜海自幼喜好銅器，可以説是受家學影響。在當時的學術界，劉喜海的成就使他成爲道光時期衆望所歸的銅器收藏和彝銘學研究的核心。他鑑別銅器真僞的方法還成功地啓發了著名的作僞者張二銘，從而改進了作僞的技術，見鮑康《觀古閣泉説》一書中的記載：

> 又有張氏，精於鐫刻，雖尊、彝腹中深處，亦能以長削，隨方就圓刻之。磨以沙石，埋置土中，復使鏽蝕，經年取出。巨眼亦不易辨矣，時人呼爲"張二銘"。余謂燕庭曰："蘇、張之害，流毒至今，丈實啓之。"燕庭亦大笑。

《長安獲古編》爲劉氏任陝西按察使期間所獲銅器及其彝銘拓本的集録。依編目本應爲三卷，但現在祇爲一卷。所收多爲三代青銅器彝銘。有器形圖、尺寸説明、釋文字數、器名，無考證文字。

《嘉蔭簃藏器目》爲《靈鶼閣叢書》之一。所收爲三代青銅器藏器目録七十餘件，按類編排。

劉喜海和當時尚年輕的陳介祺、吳式芬、鮑康等人交往頗深，他經常指導後學，探討銅器真僞判斷和文字考釋等問題。西周重器的收藏和研究、封泥文字研究、古泉文字研究等，都是在他的指導和帶動下展開的。陳介祺後來所撰的《陳簠齋寫東武劉氏款識》一書，就專門整理了劉喜海的收藏。

十五、吳式芬的彝銘學

吳式芬 (1796—1856)，山東海豐（今無棣）人。字子苾，號誦孫，以"雙虞壺齋"作爲齋名。道光進士，曾任內閣學士。著名銅器收藏家和彝銘學家。有《雙虞壺齋藏器目》《攮古録金文》《攮古録》《封泥考略》等古文字學著作行世。其妻是著名銅器收藏家、彝銘學家劉喜海之女。

海豐吳氏家族是當地望族，歷代出進士之家，家中私印是"祖孫父子兄弟叔侄進士之家"，足見其家學的深厚。此家族始祖爲吳士安，自河北遷移到此，傳承依此如下：

吳士安→吳高致→吳景興→吳友才→吳浩→吳瑞→吳世傑→吳邦政→吳志德→
吳永孕→吳自肅→吳象默→吳紹詩→吳壇→吳之勸→吳衍曾→吳式芬

在《陶嘉書屋鐘鼎彝器款識目録》一書的序中，吳氏云：

> 余自庚寅以後游京師，獲交當代好古諸家，每遇古器必手自摹拓，而四方同好亦各以所藏拓贈，所獲寖多。

《雙虞壺齋藏器目》一書所收三代青銅器七十餘件。對每件青銅器的鑄刻字數都有具體説明。無器形圖，無尺寸説明。該書對《亞形中召夫足迹形鼎》彝銘説明頗爲詳細。

王懿榮《恭進儒臣撰集古金文成書有神經訓疏》中言此書：

> 其書本義專集成周以來鐘鼎彝器款識，多據原器精拓及相傳舊摹本收入……尤爲賅備。其書體例則以各器自具之字定爲名數，每一字爲一文，由文一文二以迄文四百九十又七……蓋自宋明以來諸家譜録集摹古文之夥，無逾於此者。

三卷九册本《攮古録金文》的前三册所收爲三代青銅器，多有彝銘，餘皆秦漢到元代器。無器形圖，無尺寸説明，有釋文、收藏者及著録者説明，也有部分考證文字，大多引用徐同柏、許瀚等人之説。容媛《金石書録目》卷一中以爲此書是"自三代迄元都一萬八千餘種目録，以此爲最富"。但是，所收商周銅器彝銘爲一千三百三十四器。

如他在對《父丁爵》彝銘考證中引徐籀莊説：

> 徐籀莊説："款識二字，《史記·封禪書》《漢書·郊祀志》注并云：'款，刻也。識，記也。'張世南《宦游紀聞》云：'款謂陰字，識爲陽字。'楊慎云：'鐘鼎文隱起而凸曰款，以象陽；中陷而凹曰識，以象陰。'當從楊説爲是。"

他在對《婦女卣》彝銘考證中引許印林説：

> 許印林説：“此銘屢見各家著録，器不同而銘則同，皆釋爲‘婦女彝’。然彝字殊不似。瀚嘗疑是馭字。”

林鈞《石廬金石書志》卷八如是評價此書：

> 由文一文二以迄文四百九十又七，少者皆象形指事記日干支之屬，多者可敵真《古文尚書》百篇之一字。各爲釋，釋各爲文，又間附以各家之説，雖所釋互有短長，要皆以根據禮典，采討六書，推闡經義爲主。

吳式芬有子二人：吳重周、吳重熹。他們也繼承了吳氏的家學。

但是，誠如上述，吳式芬的《攈古録金文》此書是否就是出自龔自珍之手的十二卷《吉金款識》一書？我們尚不能下定論。但是，至少《攈古録金文》直接來源于十二卷《吉金款識》一書，這不是没有根據的説辭。吳榮光《筠清館金石録自序》説：

> 余再出爲閩藩，則以此事屬陳禮部慶鏞，敦促成書。書存陳處。及余解組，已先得其十之八九，餘亦郵索寄還。及余歸里，適子荄守南安，途次盡出所有，以補余之不足，而金文亦庶幾備矣。嗣以海氛告警，迫及佛山，客游桂林，金文挾之以行。石文之存家者，屬樸園家弟作百牛腰捆。至前歲寓吳門，抄得嘉定瞿木夫中溶《金石文》若干卷。暇日念千秋之業，四十餘年之積聚，千百萬里之所歷，良朋德友之所遺，不可失也。日與木夫之子樹辰檢校……

潘建國《新見清龔自珍己亥佚劄考釋》一文考證説：

> 然細檢正文，仍不難發現該書曾經龔定庵研考之痕迹。譬如題“龔定庵藏器”者，有卷一之“商父丙爵”“商方鼎”，卷二之“周癸豐觚”，卷五之“周從鐘鈎”“秦豆”等五器。題“龔定庵拓本”者，有卷一之“商舉羹舉”“商女婺彝”，卷二之“周伯稽爵”，卷三之“周叔皮父敦”“周司土敦”，卷四之“周伯鼻父盂”，卷五之“周刺兵”“漢印埕”“唐魚符一”“唐魚符二”等十器。其中卷二“周父癸角”“周師寰敦”，卷五“周兮中鐘”“周虢叔編鐘”等器的考訂文

字中，也有以"龔定庵云""龔曰"等方式引用龔氏之考釋成果處。[1]

上述證據祇可以作爲參考。因爲"龔定庵藏器"和"龔定庵拓本"的存在，祇能是吳式芬修改龔自珍原始稿本後的遺留而已。換句話説，吳式芬是在龔氏原始稿本基礎上進行了徹底加工和修改。那些他自己也不具有的銅器和拓片，他祇好繼續使用"龔定庵藏器"和"龔定庵拓本"。

十六、許瀚的彝銘學

許瀚（1797—1866），山東日照人。字印林，一字元翰，室名"攀古小廬"。有《攀古小廬金文集釋》《攀古小廬古器物銘》《攀古小廬金文考釋》《許印林先生吉金考釋》《古今字詁疏證》等古文字學專著多種行世。

許氏另有校批稿《鐘鼎款識》《積古齋鐘鼎彝器款識》《薛尚功鐘鼎彝器款識法帖》《筠清館金文》。《簠齋尺牘》中就記載了陳介祺致函吳大澂的信中云："日照許印林《金文考釋》亦當刻。"

許瀚高祖許嵩，曾祖許重行，祖父許賁，父親許致和。許家歷代皆讀書人、當地望族。和當時著名的海豐吳氏家族世代通誼。《攀古小廬雜著》卷七《周拍尊》中記載：

> 道光廿四年，吳子苾方伯得之揚州，拓以見示。

該書卷六《周季妘姒鼎》彝銘中，他考釋爲：

> 大抵訓大者，不必可訓君。訓君者，無不可訓大人。見林炋天帝、皇王、后辟、公侯等字，群書用之多作君義，故毅然於君下增也字。《隸釋·平都相蔣君碑》云："於穆林炋，寔乾所生。"正用君義。蔡邕《獨斷》："皇帝、皇王、后帝，皆君也。"亦似祖述《爾雅》。然則此經之訛，漢世已然。尸子魯人，與商鞅同時。其時蓋猶未訛。此鼎又遠在尸子前。宜其用字，與周公釋詁原文相應矣。

再如該書中對《婦門鼐觥》彝銘的考證：

> 門，氏也。鼐，名也。門氏於史始見《魏節義傳》。然古有東門氏、西門氏

---

[1]　潘建國：《新見清龔自珍己亥佚劄考釋》，《文學遺產》2009 年第 2 期。

以無名人，故罕見耳字。《彙補》有"豩"字，與"豩"同，不知所出。此"豩"當即"豩"。豩，《説文》："二豕也。"齒從此。燹，豩聲。

他的不少學術觀點散見于當時其他學者的著作中。如吴式芬的《攈古録》一書，就大量引用了他的觀點。

如他考證《周太保鼎》彝銘。

《周太保鼎》彝銘釋文：

遘作宗室
寶尊彝。

《周太保鼎》彝銘拓片

關於這裏的第一個字"𢎥"，别人多解釋爲"共"或"恭"，而許印林却主張：

第一字阮釋予。案：薛書《伯姬鼎》"𢎥"釋"恭"。阮書《襄盤》"𢎥"釋"共"，共亦恭也。此字右畔與《伯姬鼎》《襄盤》同，左畔加彳而釋爲予，定非是，然亦非共非恭。薛書《乙酉父丁彝》有"𢎥"字，釋"遘"，與此特筆劃小異，當即一字。

他的這一見解十分準確，已經成爲定論。

在對《周扶鼎》彝銘的考證中，他主張：

右楊石卿鐸藏器，得之祥符，攜如濟寧，予手拓之……鼎銘既云"鼎"，固鼎也。《濟寧州金石志》著録，題云"商父庚鬲"，蓋石卿自爲跋，定爲鬲，又釋其文云"父庚作旅鼎"，爲其名庚，定爲商器，實皆不然。《説文》古文"扶"作□，正與此合。

因此，該書中類似考證頗多，許氏以《説文解字》考證彝銘的方法和功力，遠在當時諸公之上！

著名文獻學家王獻唐曾編纂《許印林遺書》二十種。

許瀚之父許致和著有《説詩循序》《學庸總義》等。許瀚自幼從父就讀，專研古文字聲韻之學。道光五年（1825），何淩漢爲山東學政，選拔許瀚爲貢生。同年，許瀚進京，爲國子監生員。在京期間住何淩漢家，與其子何紹基、何紹業等人朝夕過從，成爲好友。七年，他受邀參加審校桂馥《説文解字義證》并會校重修《康熙字典》。十四年開始，他和龔自珍等人一起研究彝銘，撰寫考證題跋數十篇。

許瀚晚年曾協助吳式芬父子編纂《攟古録》一書，并撰《毛公鼎釋文》等篇，致力于彝銘考釋，深得吳式芬的信任。根據《攟古録金文》一書所載，該書收金文題跋考釋的"許印林説"，就涉及一百七十多篇，足見他對古器的真僞、器名、款識、稱謂、文例、釋詞等，都有深入的研究。

第三節　清代晚期的彝銘學研究

晚清時期彝銘學研究的最大價值是使傳統金石學研究進一步發展，奠定了中國現代考古學、古文字學的基本框架。這使得現代中國考古學具有着不同于西方考古學、古文字學的顯著特徵。這一時期的彝銘學研究從本質上突破了清代初、中期的樸學、經學的制約，是獨立于上述這兩者之外的一門古老而新興的學術，也不再具有躲避政治壓力來研究古器物學的早、中期的典型特徵。

這一時期是中國古代彝銘學研究的高峰，成就備出。自上而下形成了以彝銘學研究和青銅器收藏爲時尚的社會現象。

趙誠在《二十世紀金文研究述要》一書中也曾對此總結説：

　　晚清的學者重視地下出土的銅器銘文，從具體的研究中逐步認識到《説文》并非"完書"，因而在金文研究中開始注意金文本身的構形系統、組合關係、歷史演化，而不完全受《説文》的束縛。這是一大進步。在考釋金文中，晚清的學者不僅應用對照法、推勘法、二重證據法、偏旁分析法、歷史考證法，而且有所豐富、有所發展。如對立考證法、構形系統核定法的應用。這是又一大進步。由這兩大進步，在學術發展史上産生了一大革命，即晚清的金文研究已經基本上越出了傳統金石學的範圍，突破了彝器款識學的藩籬，爲古文字學從金石學分離出來創造了條件，也可以説是爲古文字學發展成爲一門獨立的學科奠定了基礎。[1]

在國外漢學界，貝塚茂樹在《中國古代史學の發展》一書中也提出了類似的觀點。[2]

在這一時期，也有個別學者對這一風習提出了尖鋭的批判。如沈垚在《落帆樓文集》卷八《與孫愈愚》中就很直截了當地説：

> 大概近日所謂士，約有數端：或略窺語録，便自命爲第一流人，而經史概未寓目，此欺人之一術也；或略窺近時考證家言，東抄西撮，自謂淹雅，而竟無一章一句之貫通，此又欺人之一術也；最下者，文理不通，虛字不順，而秦權、漢瓦、晉甓、唐碑，撮拾瑣屑，自謂考據金石，心極貪鄙，行如盜竊，斯又欺人之一術也。

一、何紹基的彝銘學

何紹基（1800—1874），湖南道州（今道縣）人。字子貞，號東洲。曾任四川學政。尤精書法。兄弟四人紹業、紹京、紹基、紹祺，皆以金石書畫名于世。有《東洲草堂金石跋》《東洲草堂文鈔》等行世。

《東洲草堂文鈔》一書卷六和卷七所收爲研究三代青銅器彝銘題跋。其中，卷七中所收的《校定阮氏積古齋款識釋文》一文中共收一百五十四則。無器形圖，無尺寸説明，有釋文，有考證文字。但對文字形、義考證頗多。

林鈞《石廬金石書志》卷十四如是評價此書：

> 其中如《齊侯罍文董字考》《秦公䀉鐘》《雁足鐙》諸條詮釋詳審……則何氏精於鑑賞，各跋均以評書爲主。

如該書對《阮相國藏齊侯罍文董字考》的考證：

---

[1]　趙誠：《二十世紀金文研究述要》，書海出版社 2003 年版，第 73 頁。
[2]　見〔日〕貝塚茂樹：《中國古代史學の發展》，日本弘文堂書店 1967 年版。

《齊侯罍》(《洹子孟姜壺》) 彝銘拓片

《齊侯罍》(《洹子孟姜壺》) 彝銘釋文:

> 齊侯雷帝 (肀) 喪其毁 (舅), 齊
>
> 侯命大 (太) 子乘遽來旬宗
>
> 伯, 聖 (聽) 命于天子。曰:期則
>
> 爾期, 余不其事 (使) 汝受束 (刺)
>
> 遄傳淄 (祇) 御, 爾其遒 (躋)
>
> 受御。齊侯拜嘉命,
>
> 于上天子用璧玉備 (瑞), 于大
>
> 無嗣折 (誓)、于大嗣命用璧、
>
> 兩壺、八鼎, 于南宫子用
>
> 璧二備 (瑞)、玉二嗣 (笥)、鼓鐘 [一鋅], 齊侯既遒 (躋)
>
> 洹子孟姜喪其人民都邑堇 (謹) 竇舞
>
> 用從 (縱) 爾大樂, 用鑄爾羞
>
> 鈚 (瓶), 用御天子之事。洹子孟
>
> 姜用乞嘉命, 用旂 (祈) 眉壽。
>
> 萬年無疆, 用御爾事。

在上文中, 他就此展開考證:

> 墓下一字, 相國師定爲 "夏" 字, 精確之至。然則 "堇" 一字爲人名, 如

陳君説子上是"支"字，竊意支子董即武子疆也。按許書："墣，黏土也。從黄省，從土。古文𡐦，從黄。"不省因黏土，故從土。則從黄爲從其聲矣。内則塗之以墐。塗，鄭注："墐當爲墡也。墡塗，塗有穰草也。墡即董字。"鄭讀必與穰爲疊韵，則是董字古音正與疆同。字本從黄從土，黄本從田。疆字亦從田從土，形近音似，得相通假。

在考證彝銘字義時，何氏也時常有所發現。如《跋秦公玙鐘文拓本》一文中，他考證：

> 此秦公下一字作玙，經傳中載穆公名任好。不知此合二字爲一字乎？抑經中誤分一字爲二字乎？叔重於壬字下云"象人裹妊之形"，然則人之裹妊義已具於壬字中矣。不當復用從女之妊字，以此玙字推之，蓋孕女爲妊，孕子爲玙，許書於妊字下云孕也，既從俗解，而於子部復遺玙字。孕，裹子也。㝃生子，免身也。壬象人裹妊也。何勞復有妊字以見。惟婦人能裹孕乎？明妊爲孕女之正字，即玙爲孕子之正字也。

何氏的這一考證解决了這兩個字的使用和誕生過程中的諸多問題。由此也可以看出何氏的古文字學造詣，充分體現了他的對文字形、義考證頗多的特點。

另一方面，他訂正了阮元《積古齋鐘鼎彝器款識》的錯誤，并對阮氏之説進行補充解釋共計一百五十四則。如他對于《母乙鼎》彝銘的考釋就與阮氏不同。他主張：

> 商人尚質，非必遽有"萬年子子孫孫，永寶用"等辭。"以祈黄耇""綏我眉壽""萬壽無疆"，皆周公述前王之語，而《商頌》中固無之彝器銘詞，當與詩頌相近。

而在《申鼎》彝銘的考證中，他則增補阮説爲：

> 寶字下作母貝之形，鼎象其耳，至爲奇古。申字爲名者，楚有葆申，見《人表》。又，楚、鄭皆有公子申。此字勢與吳罍及楚公鑄鐘近似，可定爲楚器也。

何氏的《東洲草堂金石跋》一書，幾乎每篇都和阮元發生或深或淺的聯繫。顯然，他在有意訂補阮氏之説。

二、吳雲的彝銘學

吳雲（1811—1883），浙江歸安（今湖州）人。字少青，又字少甫，號平齋，又號愉庭，曾藏有《蘭亭序》拓本和抄本二百種，故以"二百蘭亭齋"作爲齋名。又曾藏有西周銅罍兩件，故又以"兩罍軒"爲齋名。曾任蘇州知府和鎮江知府。著名銅器收藏家和彝銘學家。有《二百蘭亭齋收藏金石記》《兩罍軒彝器圖釋》等古文字學著作行世。

在《兩罍軒彝器圖釋》一書中，吳氏把商周青銅器按照先商後周的原則，分爲鼎、彝、卣、爵、觚、觶、壺，以上商代七類。以及鐘、鼎、尊、彝、罍、卣、敦、壺、簠、盉、鬲、匜、盤、兵器五種、農器，以上周代十五類十九種。共收一百零七器。其中，秦漢唐器四十九器。

他的這一分類方法還是把朝代和器名統一起來，進行分類。吳氏特別看到了商周彝銘體例的不同。如《二百蘭亭齋收藏金石記》對《商册册父乙鼎》彝銘的考證中，他説：

> 在禮，有爵禄者始爲祭器。而爵禄之賜必受册命。故周器銘往往有"王呼史册命某某"等語。商人尚質，但書"册"字而已。子爲父作則稱父，以十干爲名字。商人無貴賤皆同。不必定爲君也。

對于有些青銅器的斷代，吳氏則發古人之覆。如他對所謂的《周虎錞》，前人多以爲是周器，而他則通過對該器彝銘中"宜"字的寫法"在篆隸之間"而考證爲漢器。

再如他對《商虎父卣》彝銘的考證：

> 通體純翠，如瓜皮，瑩潤欲滴。器蓋并著饕餮，間以夔狀嵌黃金爲飾，鑄冶之工，形制之古，真商器中罕見之品也。

在這裏，他已經注意到了銅器外形、造形在斷代上的重要作用。而在對《周異鬲》彝銘的考證中，他提出：

> 異，《説文》："長踞也。"從巳，其聲讀若杞。𠙹，古文其。𢍺定爲異，薛氏《款識》有《異公匜》，釋云："異，古國名。𠬝，作器者之名，稱曰子以進享其考妣也。"或以爲爵，非。《春秋·僖二十三年》："杞子卒。"《杜注》："杞

入春秋稱侯。紐，稱伯。至此夷禮貶稱子。"《襄二十九年》："杞子來盟。"《左傳》："杞文公來盟。"《書》曰："子，賤之也。"

該書在考證中還對銅器的收藏和流傳進行說明。

類似者又如在對《齊侯匜》彝銘考證。

《齊侯匜》彝銘拓片

《齊侯匜》彝銘釋文：

> 齊侯作虢孟
>
> 姬良女（母）寶匜。
>
> 其萬年無疆，
>
> 子子孫孫永寶用。

他闡述説：

> 舊藏懷米山房曹氏。亂後爲親家杜筱舫方伯所得。先，余於舊肆中見一紫檀座子，"齊侯匜懷米山房收藏"數字。曹氏當即，講究裝潢，精選名匠，大約非歷數年不能完工。吳中推爲第一。余默念座子既在，其器或亦可購。姑收買之。越年，杜筱舫從嘉興購獲古銅器數種，屬余品定。此匜在焉。余不禁嘆爲奇遇。筱舫遂割愛相贈，因備記之。

上述記載實在是收藏中的佳事和雅趣，似乎有定數昭示着銅器的命運。

總之，吳氏此書考證彝銘還比較簡單，特別是對商器彝銘的考證上，尚嫌不足。

三、陳介祺的彝銘學

陳介祺（1813—1884），山東濰縣（今濰坊）人。字壽卿，號簠齋，晚號海濱病史，以"十鐘山房"作爲齋名。道光進士。曾任翰林院編修。著名銅器收藏家和彝銘學家。有《陳簠齋丈筆記》《簠齋尺牘》《簠齋傳古別録》《簠齋藏器目》《簠齋吉金録》《簠齋金石文考釋》《簠齋藏鏡》等古文字學著作行世。

根據《清史稿·陳官俊傳》中的記載：

> 子介祺，道光二十五年進士。官編修。……介祺績學好古，所藏鐘鼎、彝器、金石爲近代之冠。

陳介祺隨父在京，遍訪名家問學，尤其專心於金石之學，曾多次拜訪阮元和吳式芬，因而成爲阮門、吳門弟子之一。在京期間，他和當時研究金石學的名家許瀚、吳式芬、劉喜海、何紹基、張廷濟、葉東卿、徐同柏、潘祖蔭、王懿榮、鮑康、吳雲等人結識，相互探討金石學的各類問題，互贈拓本，一時間成爲他游學生涯中的輝煌點。

在彝銘學術研究的方法論問題上，他提出了"多見"說：

> 金文多見多讀，自可通真僞。

此說已經是彝銘學研究方法論上的定論。

陳介祺的收藏，可以通過《簠齋藏器目》和《簠齋吉金録》二書中記載得到大致瞭解。其中收商周有銘銅器二百四十八器。而無銘器和漢唐器更倍於此。

根據鄧實《簠齋吉金録·附識》一文中的記載：

> 今編《吉金録》，略依江氏所刊兩目，而補其所未備，復增入秦權量刻辭及漢器弩機、泉范、造像等共得三百八十九器。較之江目多出百二十六器。簠齋藏器大略已備矣。

《簠齋吉金録》出自鄧實之手，此書在青銅器的分類上分爲以下二十三類：鐘、鼎、尊、卣、壺、罍、鉼、罦、觚、觶、觥、爵、敦、盤、匜、匾、鎤、鬲、簠、簋、盉、甗、雜器。其中所謂"鉼"類，文中注解爲"當是秦代或戰國時物"。而"匾""鎤"二者亦同"鉼"類。而此書分類又是對陳氏"遺拓"的處理。這又和陳氏以往的分類法略有差異。對于銅器的分類和定名，陳氏主張：

> 金文標目，當以作器者爲主。不可書其祖若父以爲器名。惟媵器則所出之地非作器者之地，不可不知。[1]

這實在是老學究的經驗之談。

---

[1]［清］陳介祺著、陳繼揆整理：《簠齋鑑古與傳古》，文物出版社 2004 年版，第 5 頁。

陳介祺手拓《毛公鼎》拓片

　　《陳簠齋丈筆記》一書所收爲研究三代青銅器的心得和著述計劃。無器形圖，無尺寸說明，無釋文，有考證文字。如《金文文法宜遍體例》和《銅器不可上蠟》，等等。餘外如作者治金要點，如其所謂"器所出之地，所藏之家，流傳之自知者必記"，等等。

　　《簠齋尺牘》一書所收爲陳介祺與友人尺牘，多涉及討論和考證三代青銅器彝銘。

　　林鈞《石廬金石書志》卷二十二云：

　　　　陳介祺壽卿作，簠齋晚年與吳縣吳大澂先生交最密，寄書亦最勤。函中盡屬商訂金石計二百九十餘通。

又言：

　　　　各剖析疑辨難尤多創解，其間考證金文居十之九。無一酬應之語。

　　《簠齋傳古別錄》一書所收爲有關三代青銅器彝銘拓法和鑒別問題文章，是研究彝銘學的輔助性參考書。

　　《簠齋藏器目》一書所收爲三代青銅器藏器目二百餘件。無器形圖，無尺寸說明，無釋文，無考證文字。《簠齋藏器目第二本》一書所收爲三代青銅器藏器目二百餘器。無器形圖，無尺寸説明，無釋文，無考證文字。

在拓本的製作問題上，他獨創了全形拓和蟬翼拓，使彝銘拓本更爲精美絶倫。一時間他親手製作的拓本成爲學術界的至寶。葉昌熾《語石》中就公推他爲"拓法爲古今第一"。吴大澂更是贊美他的拓本爲"紙墨精良，爲從來所未有"。他開創并發展了彝銘研究的新分支——吉金拓本學。爲此，他論述了彝銘學著作的版本問題，他説：

> 金文有刻本者，亦并分類附裝。裝册以字多者居前，字數同，又以佳者居前，一二字者居末，不必别爲商周。得真拓則再裝入。見難得之本則鈎摹裝入。偽器之拓别裝附册，無須分器分字。無可考，不必多留餘紙。真者固多見而知其美，偽者亦多見而知其惡，不必棄之。刻本亦同。其摹刻失真而非偽者，如《博古圖》《考古圖》、王、薛諸書均須編入。於古人文意、篆勢，皆可推求擬議，甚有裨於三代文字之學也。必以廣收拓本、摹本、刻本，分類分字數，選真裝册爲主，選餘亦必附裝，存質勿遺。不知器名，别爲一册俟考。刻本圖、銘，均可剪裝統附。[1]

陳氏在考證彝銘時，首先説明其收藏和流傳的歷史。如在《邢仁妌鐘》題跋中，他就記載此鐘的四位原收藏者及其流傳：

> 浙江錢塘張應昌仲甫、揚州包氏、山東諸城劉喜海燕庭舊藏，得之劉氏。

陳氏已經意識到了彝銘研究的科學化問題。他提出了"金文文法，宜編體例"的著名觀點。他更進一步提出：

> 金文釋文，必定句讀。必於字下雙行，先注古字如器，次注今字釋之。
> 金文釋文，必分段，必詳起結，必講文法。[2]

他的著作至今依然是彝銘學研究領域内重要的學術經典。爲此，他特别注意一個字出現在不同的銅器中的寫法。如他曾注意到"魚"字寫法：

> 余藏古器文有"魚"字者，鼎二、尊一、爵二、觶一、簋三，皆有不同，

---

[1]　［清］陳介祺著、陳繼揆整理：《簠齋鑑古與傳古》，文物出版社 2004 年版，第 3 頁。
[2]　同上，第 4 頁。

可見古人象形之神變。

這已經是後來所謂的比較法所貫用的操作技術。

在對《商梁伯戈》彝銘的考證中，他的審辨功夫和古文字功力幾乎達到了頂峰，他考證如下：

> 戈之精者，無逾於此。商器字有小此，此尤小。"鬼方作愍"。字小而至精。余定爲商伐鬼方時作。以中有鬼方字也。昔以商器字爲大而疏散奇古者，今以此戈與祖庚乃孫簋，與吳清卿太史視學關中所得鳳翔出土乙亥方鼎字校之，則商器字不得以小疑之。商文之古厚者人知之，瘦勁者人不知。

短短百字，道出了古文字學家、古器物鑑定專家的學術素養和見識，絕非他人所企及。

但是，作爲著名的銅器鑑定學家，他在真僞鑑定方面的心得纔是他過人之所在。他的經驗之談也許可以寫成一本專著加以分析和研究。他從作僞技術、文字特點、銅器顏色、行文款式、刻字風格、美觀程度等諸多方面，認真總結了他個人的鑑定心得和體會，使銅器辨僞學達到了古代學術史的發展頂峰。我們從他的諸多論述中選取一段，說明如下：

> 古器字既著錄傳後，必先嚴辨真僞，不可說贗。古人之文理文法，學者真能通貫，即必能辨古器之文，是謂以文定之。古字有古人筆法，有古人力量，有古人自然行款，書者真能用心得手，亦即必能辨古器之字，是謂以字定之。古器之銅皆鑄，鑄款入土數千年，土潤溽暑，則款內積汗，且款多外狹內寬，販夫常見，每能識之。贗鼎多系鑿刀，轉折不圓，行款不渾，赤綠皆浮，而無青色。堅者則系燒成。又復不成文理，多習見文、習見不奇之字，或餖飣雜綴，以爲新異。鑑者而收僞器，是謂不能以銅定之。阮書選刻至精，尚不免以宋爲周，如《宋嘉禮尊》《甲午簋》《天錫簋》。以僞爲商，如《秉仲鼎》《亞室父癸鼎》《册命父癸鼎》《母乙鼎》《庚午父乙鼎》《宥父辛鼎》《西宮父甲尊》《子執弓尊》《刊宮尊》《子執刀祖乙卣》《鷹父己壺》《作祖壺》《子執刀父乙觶》《亞毀》。以僞爲周，如《孟姬鼎》《魯公鼎》《亞行魯公鼎》《乙公鼎》《乙公萬壽鼎》《師旦鼎》《召父鼎》《縮綽眉壽簋》《仲駒父簋》《寶盤》《乙戈》。

他以其獨到的個人學養提出了從拓本辨別銅器真假的見解：

> 古器真假，世人多不知看字，而祇知看斑色。看字不但看字底之新舊，有
> 灰無灰，假刻者必有刀痕或銅刷痕。以文義篆法定之，尤百無一失。即有時真
> 者見棄，亦屬尋常矣。

因此，整理和研究陳氏的銅器鑑定方法和制拓方法，遠勝過對他的文字考釋成果的
研究，這應該説是彝銘研究、彝銘學學術史研究的當務之急。

四、潘祖蔭的彝銘學

潘祖蔭（1830—1890），江蘇吳縣（今蘇州）人。字東鏞，號伯寅，以“攀古
樓”作爲齋名。曾任工部尚書、軍機大臣。著名銅器收藏家和彝銘學家。有《攀古
樓彝器款識》，輯有《滂喜齋叢書》等古文字學著作行世。潘祖蔭尤其注意所藏，他
保有的鐘鼎彝器多達五百余器，成爲當時京中收藏吉金的第一人。顧廷龍曾在《吳
縣潘氏攀古樓吳氏愙齋兩家藏器目叙》一文中，對潘祖蔭的銅器收藏作了一個比較
精確的統計：

> 潘氏器，未有人編其目，余亦就所見拓本而鈐有其藏印者，録爲一册，計
> 四百數十器，秦、漢物及其雜器則尚未在焉，洵足爲藏家之冠。至所藏總數，
> 未由訪悉，惟褚禮堂嘗謂藏六百餘品，則余所輯録者三之二耳，餘者得非即秦、
> 漢物及其他雜器也耶？[1]

“攀古樓”收藏的銅器到了 1933 年時居然還保存有六百多器。

潘氏發現彝器，必傾囊購買。最著名的有《大克鼎》《大盂鼎》《毛公鼎》這三
個西周重器。潘氏無子女，其全部財産由其弟潘祖年接管。

據褚德彝《金石學録續補》中的記載：

> 學問淹博，節奉入購古器，藏六百餘品。《盂鼎》《克鼎》《齊侯鎛》爲宇
> 内重寶。著有《攀古樓彝器款識》，考釋精審，繪圖精妙，遠軼嘯堂、尚功
> 之書。

根據《清史稿·潘祖蔭傳》的記載：

---

[1]《顧廷龍文集》，上海科學技術文獻出版社 2002 年版，第 173 頁。

潘祖蔭，字伯寅，江蘇吳縣人，大學士世恩孫。咸豐二年一甲三名進士，授編修。遷侍讀，入直南書房，充日講起居注官。累遷侍讀學士，除大理寺少卿……父憂歸。服闋，起權兵部尚書，調補工部，兼管順天府尹事。大婚禮成，晉太子太保。十六年，卒，贈太子太傅，謚文勤。寶坻士紳感其救灾勤勞，籲建專祠，報可。祖蔭嗜學，通經史，好收藏，儲金石甚富。先後數掌文衡，典會試二、鄉試三，所得多真士。時與翁同龢并稱"翁潘"云。

潘祖蔭在彝銘研究上，交游甚廣。在爲《攀古樓彝器款識》一書所作的自序中，曾説：

余性嗜金石，然漢石在世有數，無從搜牢請益。比年來專力吉金，每有所得，摩挲研思，略辨瘢肘，必加推按，至没字而後已。相與商榷者，萊陽周孟伯、南皮張孝達、福山王正孺、吳縣吳清卿。

在《攀古樓彝器款識》一書中，潘氏將青銅器分爲鐘、鼎、彝、卣、敦、簠、盉、鬲、盤、甗、斧、鎛、壺、爵十四類。朝代前後編排的順序頗不一致。有些銅器前後重複出現。可見此書的體例并非成熟。

潘祖蔭對于所收銅器彝銘有詳細地考證。如在考證《邰鐘》時，他就引用了《左傳》《周禮》等古籍，對此鐘的製作背景進行考證。然後，他就"邰"字的由來進行考證説：

初釋以邰爲莒，與《左傳》以郏爲萊之例合。然據《春秋》，世自有呂地，《成公七年傳》："子重請取於申呂，以爲賞田。"而《書·呂刑疏》引《鄭語》"申呂雖衰"云云，則申呂宜即呂侯故封也。《哀公十七年傳》有"呂姜爲衛夫人"，夫人例以國氏，宜即呂國之女矣。而《僖公十年傳》"晉有呂甥"，蓋以邑爲氏，邰宜即呂之別文。晉於《春秋》初實別稱翼，見《隱公五年傳》。此邰殷宜爲翼之公侯，故曰異公之孫，謂翼侯也。邰伯乃翼侯之別子。以晉大夫多以伯稱，如荀伯、中行伯、知伯、欒伯、士伯屢見於《傳》。邰氏宜亦從其例矣。

該書在考證中大量引用張之洞的觀點，作爲論述的切入點。幾乎每篇考證文章全有"張孝達説"一段内容存在。又如他對《曼子卣》彝銘的考證。

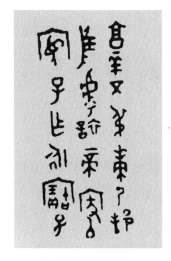

《曼子卣》彝銘摹寫

《曼子卣》彝銘釋文：

> 曼（鄾）子作永寶子。
>
> 獲虎（號）諱（訊）啻（敵）宭（寇），以享丕叔貲乃邦。

此彝銘書寫順序是從左往右，頗爲怪異。而且祇談"保子"，沒有"保孫"。"敵"字使用了假借字"帝"。爲此，潘祖蔭主張：

> 張孝達説其文左行曰"曼（鄾）子作永保子孫。獲虎（號）諱（訊）啻（敵）宭（寇），以享丕叔貲乃邦"。鄾，國名。《後漢書・郡國志》："河南尹新城有鄾聚，古鄾氏。"注引《左傳・昭公十六年》："楚殺鄾子。"今本《左傳》作"蠻子"。杜注亦引新城、蠻城釋之，知杜所見本與劉昭同也。

精通收藏史的潘祖蔭在此書的序中提出了青銅器收藏史上的七大災難説，這是古代彝銘學研究史和銅器收藏史上的經典論述，有着極其重要的學術價值。他説：

> 顧古器自周秦至今凡有七厄：章懷《後漢書注》引《史記》曰："始皇鑄天下兵器爲十二金人。"此文較今本《史記》多一"器"字，於義爲長。兵者，戈、戟之屬。器者，鼎、彝之屬。秦政意在盡天下之銅，必盡括諸器。可知此一厄也。《後漢書》："董卓更鑄小錢，悉取洛陽及長安鐘簴、飛廉、銅馬之屬，以充鑄焉。"此二厄也。《隋書》："開皇九年四月毀平陳所得秦漢三大鐘、越三大鼓。""十一年正月丁酉，以平陳所得古器多爲禍變，悉命毀之。"此三厄也。《五代會要》："周顯德二年九月一日敕除朝廷法物、軍器、官物及鏡，并寺觀內鐘、磬、鈸、相輪、火鍬、鈴鐸外，應兩京諸道州府銅象、器物諸色，限五十日內并須毀廢、送官。"此四厄也。《大金國志》："海陵正隆三年詔毀平

遼、宋所得古器。"此五厄也。《宋史》"紹興六年斂民間銅器","二十八年出御府銅器千五百事付泉司大索民間銅器，得銅二百餘萬斤"。此六厄也。馮子振序楊鉤《增廣鐘鼎篆韻》曰："靖康北徙，器亦并遷。金汴季年鐘鼎爲崇宮殿之玩，毀棄無餘。"此七厄也。

潘氏此説，十分精道。文雖短而意甚深。

然而潘氏此書在彝銘考證上，大多沿襲張之洞之論，以至于陳介祺曾評價此書爲"《攀古樓款識》文，自以張説爲長"，[1]對文字含義分析過多，而短于對文字字形的分析研究。

潘氏也曾和孫詒讓交往過密，孫氏曾親自給他考證《克鼎》彝銘，并寫出了《克鼎釋文》。根據其子孫延釗所著《孫衣言孫詒讓父子年譜》一書中的記載：

> 詒讓在京師時，爲潘伯寅作《克鼎釋文》。尚書藏彝器最盛，大都積古齋、筠清館所未著録者……潘氏常出所藏傳示同人，辨證奇字。[2]

潘氏此書，幾乎不涉及銅器尺寸和收藏經緯。而且，以摹寫代替了拓本。加之考證文字和篇目過少。這幾點都嚴重降低了此書的學術價值和影響力，和他本人在銅器收藏和研究學界的知名度有很大距離。

五、方濬益的彝銘學

方濬益（約 1835—1900），安徽定遠人。字謙受，號伯裕，以"綴遺齋"作爲齋名。曾任南匯、奉賢知縣。著名銅器收藏家和彝銘學家。有《定遠方氏吉金彝器款識》《綴遺齋彝器款識考釋》等古文字學著作行世。

方氏兄弟三人：方濬頤、方濬師、方濬益。其父方士淦，嘉慶十三年（1808）舉人。

據褚德彝《金石學録續補》中的記載：

> 好金石，多識古文奇字，節縮衣食，以購古器……歸田後貧甚，所蓄古器，半售予吳愙齋、沈藕園二中丞。

---

[1] ［清］陳介祺著、陳繼揆整理：《簠齋鑑古與傳古》，文物出版社 2004 年版，第 32 頁。
[2] 孫延釗：《孫衣言孫詒讓父子年譜》，上海社會科學院出版社 2003 年版，第 242 頁。

方濬益的《綴遺齋彝器款識考釋》是這一時期的名著之一。

此書依據卷首《目録後記》所言：

> 此編初爲續阮録而作，故體例一仍阮氏之舊。

但所收諸器皆爲阮書所未録者，故可將此二書合而爲一。編排上，二書又有差異。方氏去彝器，而將其歸入敦類，理由是“蓋彝爲器之總名也”。

在此書中，方濬益將青銅器的分類之細、之全幾乎達到了空前的高度，直接成爲羅振玉《三代吉金文存》一書中分類方法的樣板。即如下：

鼎、敦、盤、簠、簋、甗、卣、壺、匜、盉、盨、觚、尊、爵、觶、豐、斝、觥、籩、豆、登、罍、缶、盆、甌、瓷、罋、需、鉼、卮、角、帚、盂、盒、盈、鐺、鐘、鈁、區、釜、鋘、鐸、鐻、句鑃、塤、戚、斧、劍、劉、瞿、矛、矢鏃、干首、節、鉤、金鈑、戈。

但是，有些不知道爲何他沒有收録。如舟、瓶、壺、勺、鋪、錠、鍑、冰鑑、銷、洗、鐃、鐵、刀等。可見他的分類也衹是挑選了一些他收集到的青銅器及其相關彝銘拓本而來，并不是對全部青銅器的分類。但是，他的分類主要是針對阮元而來，見方氏在該書卷首《目録後記》云：

> 阮氏有句兵，余則更之曰“瞿”。阮氏分權、斤爲二類，余則統之以權。而於權量刻辭之但存詔版者，別爲詔版類，列權量之後。此又余與阮氏同而小異者也。

接着，方濬益的《綴遺齋彝器款識考釋》一書中以《彝器說》爲名，分爲上、中、下三章，對青銅器綜論、收藏、彝銘研究進行了概述，極其具有學術價值。其實，清代自龔自珍、阮元開始已經有了在彝銘學研究著作前加以概論的著述習慣。當然，這和序跋中對彝銘學研究的概論還是有所不同的。在此文中，方濬益特別看重以彝銘書勢作爲青銅器斷代的根據。他主張：

> 夫生二千年後而遠追二千年以前，簡册無徵，好古者往往興嘆。然風氣推移，古今不異，以器證器，其變遷之迹，固有灼然不誣者。故余纂集以彝器款識，專以書勢辨時代之先後爲可據也。

這一方法論上的觀點，也是他在此書中爲青銅器斷代的重要依據。如他在對卷一鐘上《楚公鐘》彝銘考證中，就針對"豪"字的書勢提出了下列觀點：

> "豪"字不見於《説文》。《史記·楚世家》楚君亦無名"豪"者。按《左·桓公六年傳》曰："周人以諱事神，名終將諱之。"彝器文中凡人名奇古不可考釋者，大抵皆當時意造之字，以爲將來易諱之地。此類甚多，强識則鑿。

方氏在考證中更多以《説文解字》爲依據，并吸收了同時代諸家的觀點，開啓了近代彝銘學研究的研究模式。但是，方氏此書的目的却是如他在序中所説"尋古聖制字之原，補苴長《説文》之闕"。他還敏鋭地注意到了彝銘中以事紀年的問題。如卷四中《旅鼎》彝銘紀年爲"隹公太保來伐反夷年，在十有一月庚申"，他考證説：

> 古無年號，往往以列邦之大事爲紀年。如《左·昭公七年傳》曰"鑄刑書之歲二月，或夢伯有介而行"是也。

又如在卷十三《邛居婦壺》一文中，他對彝銘中"邛國"的考證：

> 吴荷屋中丞曰："邛有二：一爲邛成侯國，在濟陰；一在西南徼，本邛都國，漢武帝始開置以爲越巂郡者也。但皆漢地名，漢以前之邛則不可考矣。"
>
> 濬益案：邛國不見於經傳，其字從工者，當即春秋之江國。籀文於國邑名類皆從邑，經傳以同聲通假作江也。於何徵之？江國近楚，與楚姻媾。

再如卷四中他對《成王鼎》彝銘的考證：

> 此爲成王廟鼎。《左·昭公四年傳》："康王有酆宫之朝。"服虔曰："成王廟所在也。"是此鼎爲康王所作矣。

在卷四中對《太保鼎》彝銘考證中，他更提出：

> 許印林明經定爲燕召公之器，而以出山左爲疑。今審其文字，亦有後人作以祀召康公者。此鼎獨曰"太保鑄"，或爲康公自作。保字從王作㑴，與《盂鼎》文武字同。

該書于銅器斷代上，則多以"書勢辨時代之先後爲可據也"。此説開郭沫若銅器斷代學之先河。對彝銘考證，多以史爲本。然其釋文亦多謬誤，如卷一將鳥形圖畫文字釋作"同"字。雖然如此，考證彝銘之史事，近代彝銘學研究學界罕有過此者。

六、吳大澂的彝銘學

吳大澂（1835—1902），江蘇吳縣（今蘇州）人。字清卿，號恒軒，又號愙齋。同治七年進士，累官至湖南巡撫。著名銅器收藏家和彝銘學家。尤精篆書。有《説文古籀補》《古玉圖考》《權衡度量實驗考》《恒軒所見所藏吉金録》《愙齋集古録》《愙齋集古録釋文賸稿》等古文字學著作行世。

吳氏曾祖吳承烈，祖父吳經塈，父親吳立綱。吳大澂兄弟三人，兄吳大根，弟吳大衡。外祖父韓崇亦爲著名金石學者，撰有《寶鐵齋金石跋尾》一書行世。在《説文古籀補》一書序中，他自述“篤嗜古文，童而習之”。可見，他治彝銘學的歷史開始自少時。當時師從陳奐。及長，又師從俞樾、吳雲等人。中年以後，得意于陳介祺、王懿榮二人處甚多。

《清史稿·吳大澂傳》中的記載：

> 大澂善篆籀，罷官後，貧甚，售書畫、古銅器自給。著有《古籀補》《古玉圖考》《權衡度量考》《恒軒古金録》《愙齋詩文集》。

這裏所謂的《恒軒吉金録》，就是《恒軒所見所藏吉金録》一書。此書并没有文字考證，祇是摹寫青銅器之形，是銅器器形學研究的重要著作。誠如他在此書序中所説：

> 有所見輒手摹之，或圖其形，存于篋，積久得百數十器。

在青銅器的分類上，吳氏此書分爲以下十七類，即鐘、鼎、敦、彝、尊、壺、卣、爵、觶、瓶、盤、匜、簠、盉、鬲、甗、戈。

吳氏利用商周彝銘史料，對《説文解字》中的“古籀”字體進行詳細的考證和研究，即“取古彝器文，擇其顯而易明視而可識約三千五百字，依《説文》部首匯録成編”。這就是名著《説文古籀補》一書。這一工作成就很大，是晚清時代《説文》學研究的總結性著作。貝塚茂樹則認爲此書是“劃時代的名著”。[1]在對待商周古文字的態度上，他認爲：

> 篆書之妙，至秦而失。篆書之真，至漢而亡。蓋李斯廢籀而行小篆，則古人造字之意盡失；至漢而隸書八分與篆相雜，則篆之真面盡亡。余常言秦廢古

---

[1]　[日]貝塚茂樹：《中國古代史學の發展》，日本弘文堂書店1967年版，第67頁。

文，其罪勝於焚書十倍矣！[1]

同樣，他在《説文古籀補》序中又對七國文字展開批判：

古籀之亡，不亡於秦，而亡於七國。爲其變亂古法，各自立異，使後人不能盡識也。

該書十四卷，補遺一卷，附録一卷。完全依《説文解字》體例而寫。收單字一千零九十三字，重文二千三百五十五字。補遺、附録收單字六百零四字，重文一百八十字。光緒九年初刻。光緒二十四年增訂重刻至收單字一千四百一十字，重文三千三百六十五字。

在此書著述體例上，他自序中説：

不分古文、籀文，闕其所不知也，某字必詳某器，不敢嚮壁虛造。辨釋未當，概不屛入。昭其信也。索解不獲者，存其字，不繹其義，不敢以巧説襃辭使天下學者疑也。

對於吳大澂《説文古籀補》一書，顧頡剛在《當代中國史學》一書中評價説：

據銅器文字以補《説文》的缺遺，其中訂正許慎的地方真不少，從此《説文解字》在文字學上的權威纔開始動搖。[2]

吳大澂在彝銘學術研究上的另一部經典著作是《愙齋集古録》。該書二十六卷，書後有附録二卷，共收商周銅器一千零四十八器。

在此書中，吳氏把青銅器按照先商後周的順序分成二十五類，即鐘、鎛、鐸、鼎、敦、尊、罍、壺、鉼、盉、簠、簋、盤、匜、甗、鬲、豆、盦蓋、卣、觶、觚、觥、斝、角、爵。有些分類顯然有誤。如《父乙尊》，實爲壺，而非尊。又如《父辛尊》，實爲盤，而非尊。再如器名問題。彝銘中既然已經有了"中伯作嬴姬旅簠用"，則該名應該是《中伯簠》，而吳氏却定此器名爲《變姬簠》。其他如《叔皇父盤》等也出現了如此錯誤。

他也注意到了字形變化在作爲標準器上的作用。《愙齋集古録釋文賸稿》一書

[1] 顧廷龍：《吳愙齋先生年譜》，哈佛燕京學社 1935 年版，第 166 頁。
[2] 顧頡剛：《當代中國史學》，勝利出版公司 1949 年版，第 32 頁。

中所收《大梁鐘》彝銘中的"鑄"字，和《上官鐘》的完全一樣。由此，他得出結論此二器皆爲梁國銅器。他把這一方法應用到商周銅器的斷代研究上。如他在考證《齊侯敦》彝銘中就提出：

"敦"字作𡦦，"保"字作𤯓，皆與它器不同，似晚周之齊器也。

吳大澂對于著名的《邾公釛鐘》彝銘分析如下。

《邾公釛鐘》彝銘釋文：

陸𤔲之孫邾公釛，作乃

龢鐘。用敬

卹盟祀，祈年

眉壽。用樂我

嘉賓，及我

正卿，揚君靁君，以萬年。

《邾公釛鐘》彝銘拓片

針對這裏的用字，他提出：

"龢"作禾，"敬"作𦀖……"蘄"作𡨋，"萬"字、"年"字從土……"揚"字從𢾭，皆晚周之變體矣。

他注意到了晚周字體變化可以作爲銅器斷代的根據之一。甚至他也注意到了鑄字與刻字的問題。在《伯作彝鼎》彝銘考證中，他就提出：

疑刻文，非鑄文，當亦晚周之器。

再如《眉朕鼎》彝銘考證中，他再次重申：

此鼎刻款，疑梁器，它國所未見。

而在對春秋戰國時代銅器的研究中，他已經非常熟練地從地域劃分、彝銘款刻風格等方面予以分析和研究。更爲可貴的是：他在致陳介祺的信中明確地提出了

“戰國文字”這個概念，以示與前此的彝銘有區别。

　　因爲對《説文解字》有了精湛的研究，所以，吴氏在此書考證彝銘文字時處處以《説文解字》爲依據，發前人所未發。如他對《毛公鼎》彝銘中“克辟乃辟”一語的考證：

　　　　大澄謂辥、辟皆從辛義，亦略同《書·金滕》“我之弗辟”。《釋文》：“辟，治也。”許書辟部“劈，治也”、“擘，治也”。辟、劈、擘三字皆訓治。疑辥字亦當訓治。

他措辭嚴謹，考證精當。在有了相當充分證據之下，還使用“疑辥字亦當訓治”之文，足見治學態度的嚴謹。這也是他在此書中的習慣用語。

　　再如他對《靜敦》彝銘的考證：

　　　　[字]命，舊釋旁京。非是彝器中屢見之文，疑即謂鎬京也。鎬京之鎬，不當從金。今從[字]，象林木茂盛之意。正與豐京之豐同義也。

在文中，他還是用了“疑即謂”字樣。他在對《公妃敦》彝銘的考證中，又重申了上述觀點，認爲是“後人因避莽字，改從鎬”。但是，對于一些歷史遺留問題，他則依然沿襲前人的舊説。如對“析子孫”的解釋。另外，他對字形分析時常出現錯誤，不是把一個字當成了兩個字，就是把兩個字當成了一個字。有時，他也有不加考證而主觀臆斷的結論。對此，俞紹宏曾有專文加以研究。[1]顯然，《愙齋集古録釋文賸稿》一書有些釋文還需要推敲。如《虢叔作叔殷穀簠》彝銘中的“穀”字，他以爲是“穀”字，《傅卣》彝銘誤將“戈”字釋作“己”字，等等。

　　他利用推勘法考證《尚書·大誥》中的“寧王”即“文王”，實是其遠見卓識之所在。如下：

　　　　《書·文侯之命》“追孝於前文人”。《詩·江漢》“告於文人”。《毛傳》云“文人，文德之人也”。濰縣陳壽卿編修介祺所藏《兮仲鐘》云：“其用追孝於皇考己伯，用侃喜前文人。”《積古齋鐘鼎彝器款識·追敦》云：“用追孝于前文人。”知“前文人”三字爲周時習見語。乃《大誥》誤“文”爲“寧”，曰“予曷其不於前寧人圖功攸終”。曰“予曷其不於前寧人攸受休畢”。曰“天亦惟休

_____

[1]　俞紹宏：《吴大澂古文字研究局性述略》，《寧夏大學學報》2007年第5期。

於前寧人"。曰"率寧人有指疆土"。"前寧人"實"前文人"之誤。

他的未刊稿本尚有《積古齋鐘鼎彝器款識校録》《簠齋題跋》等。吴氏又擅長寫篆，乃至于給友人書信也使用篆書，于是他的書信成爲友人收藏的珍寶。

根據徐珂《清稗類鈔》中記載：

> 吴縣吴清卿中丞大澂工篆籀，官翰林，嘗書《五經》《説文》。平時作劄與人，均用古籀。其師潘文勤得之最多，不半年成四巨册。

看起來，他是有意而施行的篆書實踐活動。

顧頡剛曾經如是評價過吴大澂的學術貢獻，即：

> 古文古器之研究本小學目録之旁支，而四十年來蔚成大國，倘非先生開創於前，縱有西洋考古學之輸入，其基礎之奠定能若是速乎？今日言古文古器之學者多矣。孰不受灌溉於先生之書，又誰能逾越先生之建樹者……夫以先生取材之廣、求證之密、察理之神，爲自有金石學以來之第一人，此豈浮誇鹵莽者所能爲哉！[1]

顧先生的這一評價真的是很符合歷史事實的，并非祇是出自鄉黨情緒。特別是他推舉爲"自有金石學以來之第一人"的説法。

七、劉心源的彝銘學

劉心源（1848—1915），嘉魚騰雲洲（今湖北洪湖市龍口鎮）人，字亞甫，號冰若、幼丹，以"奇觚室"作爲齋名。光緒二年（1876）進士。曾任成都知府、廣西按察使、湖北民政長、湖南按察使等。著名彝銘學家和銅器收藏家。曾師從潘祖蔭，與陳介祺爲半師半友的關係。有《奇觚室樂石文述》《奇觚室吉金文述》《古文審》《奇觚室三代六書存》《奇觚室古音》《奇觚室瓴餘集》等古文字學著作多種行世。他本人還是寫篆的名家，與張裕釗、楊守敬齊名。

劉心源的彝銘學研究及其著作是這一時期的又一個亮點。他的《古文審》和《奇觚室吉金文述》二書是該時期不可多得的名著。

劉氏在《古文審》中認爲單憑彝銘的篆法作爲斷代的依據，來區別和判斷商周青銅器的朝代歸屬問題是不嚴謹的行爲。爲此，他在《古文審》一書的《例言》中

---

[1]　顧頡剛：《吴愙齋先生年譜·序》，顧廷龍：《吴愙齋先生年譜》，哈佛燕京學社1935年版，第2頁。

就明確指出：

> 商周篆法不甚相遠，強分何據？蓋亦曰古器、古篆而已。

基此，他在此書中所收錄的諸器在器名上就沒有標明商或者周朝代名稱。從該書的實際構成上，可以看出他把青銅器分成鼎、尊、卣、爵、彝、敦、簠、簋、豆、鬲、盤、甗、鎛十三類。

他主張，在考證彝銘時必須要首先做到：

> 讀古器銘，必須篆形、文義兩者兼定，缺一即訛。古無部首，文以意通，用彼之形，即爲此字。

但是，此書更多的場合還是採用對照法的方式考釋彝銘，如他對《大鼎》彝銘的考證中對于"佳"字的解釋：

> 同治甲戌得此拓本於都肆，與《古鑒·已伯鼎》篆形畢肖。頃又得一拓本，篆法微異，與《筠清館·大鼎》合。"佳"用爲"惟"。《讀書雜誌·餘編》："《老子》'夫佳兵不祥'，'佳'當爲'佳'，古文'唯'字也，古鐘鼎文作'佳'，石鼓文亦然"。

對著名的"亞"字形彝銘，劉氏以爲應當從"亞"字中有無文字分別進行厘定。其中：

> 有字行之中，偶參一"亞"字而其中復作字者，如《虎父丁鼎》則必當讀爲"亞"，不得云"亞形中某某"也。

劉氏這一主張對"亞"字形彝銘的解讀是大有幫助的。

在他的《奇觚室吉金文述》一書中，劉氏把青銅器分成以下三十九類，即鼎、敦、尊、彝、簠、簋、匡、卣、觶、角、觚、觥、壺、罍、盉、釜、鍑、盌、盂、爵、斝、鬲、鬶、虜、盤、匜、鐘、鐸、刀、劍、戈、矛、斧、劉、鑒、鎛、鈚、鐺、鐏。

編排不按朝代先後。在此書中，他依然采用傳統的文字對照法，以《說文解字》來考證彝銘。尤其是在眾多拓片中出現同一個字形，對比研究這些字形是他的研究特點。

如在對《亞鼎》彝銘的考證中，劉氏把三十一件青銅器中出現的"亞"形彝銘全部羅列出來，見下圖：

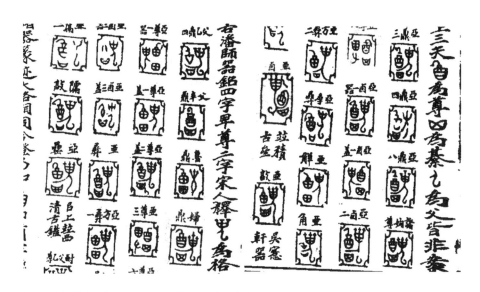

對比研究後得出了"亞"形中的彝銘當爲"卑"和"尊"二字的結論。雖然至今未必是定論，但是對于這類彝銘的研究提出了新的觀點。

又如對《征人鼎》彝銘的中"卿"字的考證。

《征人鼎》彝銘拓片

《征人鼎》彝銘釋文：

> 丙午，天君鄉（饗）
>
> 褙酉（酒）在斤，天
>
> 君賞厥征
>
> 人斤貝。用作
>
> 父丁尊彝。龕

對此，劉心源考證：

> 右陳壽卿器銘二十五字。《攗古録》二之三《天君鼎》也。《西清古鑑·癸亥敦》文小異。《積古》三《父丁彝》，篆迹已不同《天君》。徐籀莊云："猶《春秋》稱天子爲天王。"心源案：《左傳箋》尹克黃曰"君，天也"，是其義。卿即卿，用爲鄉，實爲饗。古文止卿字。小篆爲三形耳。如《矗鼎》"王卿酒"。《效卣》"納卿於王"。饗字也，與此同。即同《毛公鼎》"卿士寮"、《邾公鐘》"及我正卿"。卿字也，亦可證。

再如他在對《智鼎》彝銘的考證中就參考了當時流傳的其他拓本，進行了拓本的對比研究，這也顯示出他處理彝銘學研究問題的精細和嚴謹。

但是，劉氏對彝銘的研究還没有上升到對商周禮制的研究角度上，這實在是個遺憾。

然而，筆者認爲劉氏的古文字學考證方法是最接近今天的方法。

如圖像文字𨏁，宋人多解釋爲“旅車”二字。劉氏直指其非，并通過對衆多類似彝銘字形的考證，得出結論爲：

> 是則𨏁即輦也。器刻凡是旅輦即是旅梻，猶尊曰旅尊，敦曰旅敦，皆謂祭器。

此説十分精湛。劉氏的《古文審》也是一部彝銘學研究的名著。除了對彝銘進行考證外，他還在此書中特別介紹了彝銘學研究上的辭例問題：

> 器銘有正例，有變例。正例惟一如鼎則云“作寶鼎”，尊則云“作寶尊”之類是也。變例有二，古人有諸器一時并作而總記於一器者，或各器皆如此而後人僅得此一器未可知也。如《大鼎》云“作盂鼎”，《恶尊》云“作尊彝”，《卣公史彝》云“作尊彝鬲”之類是也。此變例一也。又有本銘不言本器而言他器，如《魯公鼎》《師旦鼎》《夌鼎》《貉子卣》《琥卣》皆云“作尊彝”。《般尊》《又卣》《大壺》《戵爵》《子鬲》《子甗》皆云“作彝”。《遣小子敦》云“作鼎彝”。《戲伯鬲》云“作鼎”。《諸女匜》云“尊彝”。此變之變者，亦一例也。

劉氏能主動地注意到對辭例的研究，實在難能可貴。這和他使用對比法來考證文字是一樣的。另一方面，劉氏上述觀點也是對于銅器命名和彝銘的關係，闡明了獨到的見解。他的這一總結，對于銅器命名具有重大作用。

當然，作爲古文字學家，劉氏的著作中大量使用生僻字和怪字，幾乎是古今全部彝銘著作之最。這一故意讓人看不懂的現象，也影響了別人對其著作的研讀。本來金文中的怪字和難字就够多的了，而他居然不使用通行字來著述古文字學著作，不知何故？難道説非如此不足以顯示其學問的高深嗎？

八、孫詒讓的彝銘學

孫詒讓（1848—1908），浙江瑞安人，字仲容，號籀廎，又號籀高，以“玉海樓"作爲齋名。曾任刑部主事。著名銅器收藏家和彝銘學家。有《商周金文拾遺》《古籀拾遺》《古籀餘論》等古文字學著作行世。

孫詒讓最初是在十七歲時開始了他對彝銘學術的研究。八年後，根據其子孫延釗所著《孫衣言孫詒讓父子年譜》一書中的記載：

> 詒讓得阮文達校刊本薛尚功《鐘鼎款識》，愛玩不釋，嘗取《考古》《博古》兩圖，及王復齋《款識》、王俅《集古錄》，校諸《款識》。治金文之學始此。[1]
>
> 自甲子治金文學以來，取宋人撮錄款識之書，互相研斟。嘗謂薛書甄采較備，摹勒較精，而評釋多謬。……繼復涉攬清阮元《積古齋鐘鼎款識》、吳榮光《筠清館金石錄》所載金文，則謂文達著錄率可依據，定庵考釋猶多鑿空。展卷思誤，頗有所悟，因依王念孫《漢隸拾遺》例，草《商周金識拾遺》。[2]

這裏的《商周金識拾遺》就是後來的《古籀拾遺》一書的初稿。但是，從初稿到定稿，作者反復修改了十六年！足見他的認真和仔細。不僅如此，又過了十六年，到了他的晚年，又刊行了《古籀餘論》一書。可以說，對彝銘學的研究，是貫穿了他全部生命里程的學術精髓。他長期注意搜集彝銘拓本，曾經從漢陽葉志詵後裔手中花費重金購買了葉氏收藏的《金文拓本》。該拓本收錄了兩百多種拓片，還有龔自珍親筆題跋，文物價值和研究價值極高。于是，"詒讓得葉氏《金文拓本》後，嘗檢篋藏拓本二百餘種益之，合裝四巨冊，自署曰《商周金文拓本》，手題詞於冊首"。[3]他的好友戴望收藏有《召伯虎敦》拓本，在戴氏逝世後，他收購了此拓本并親自寫下長文題跋。在收藏拓本之時，他也注意收購商周古器。如光緒二十二年（1896）的三月，孫氏就購得《周錄鼎》一件。

孫詒讓的彝銘學術研究成就輝煌。在他的《古籀拾遺》一書的序中，他首先對這門學科的起始進行了説明：

> 考讀金文之學蓋萌柢於秦漢之際。《禮記》皆先秦故書，而《祭統》述孔悝鼎銘，此以金文證經之始。漢許君作《説文》，據郡國山川所出鼎彝銘款，以修古文，此以金文説字之始。

---

[1]　孫延釗：《孫衣言孫詒讓父子年譜》，上海社會科學院出版社2003年版，第59頁。
[2]　同上，第105頁。
[3]　同上，第108頁。

《古籀拾遺》一書由上、中、下三卷組成。上卷對薛尚功的《鐘鼎彝器款識》進行訂補十四條：《商鐘》《己酉戌命尊》《鄦子鐘》《聘鐘》《盄龢鐘》《齊侯鎛鐘》《窖磬》《晉姜鼎》《師艅尊》《單癸卣》《孟姜匜》《宰辟父敦》《敌敦》《寏簋》。中卷對阮元的《積古齋鐘鼎款識》進行訂補三十條：《庚申父丁角》《楚良臣余義鐘》《祿康鐘》《叔丁寶林鐘》《宗周鐘》《虢叔大林鐘》《楚公鐘》《周公華鐘》《庎父鼎》《毚鼎》《斟攸从鼎》《叝尊》《周壺》《象觶》《寓彝》《繼彝》《虔彝》《吳彝》《叔殷父敦》《遣小子敦》《追敦》《召伯虎敦》《縮綽眉壽敦》《祖辛敦》《宂簋》《張中簋》《曾白霥簋》《陳逆簋》《宂盉》《齊侯甗》。下卷對吳榮光的《筠清館金石録》進行訂補二十二條：《商女婆彝》《周寰卣》《周父癸角》《周太師虘豆》《周敦》《周宂敦》《周史頌敦》《周然睽敦》《周師寰敦》《周麋生敦》《周豐姬敦》《周大蒐鼎》《周兵史鼎》《周大鼎》《周韓侯伯晨鼎》《周寶父鼎》《周申月望鼎》《周作書彝》《周居後彝》《周安作公白辛彝》《周井人殘鐘》《周鐘》。卷前附有《宋政和禮器文字考》一文。

其實，對前人彝銘學研究著作進行訂正和補充是孫詒讓彝銘學研究的重要方面。

當然，在他的書中，也時常出現抨擊宋代學者之謬論的言辭。如《古籀拾遺》序中，他就批評薛尚功爲"其書摹勒頗精而評釋多謬"。

在此書中，孫氏運用最爲熟練的是偏旁分析法。一個衆人皆不認識的字，經過他對該字偏旁的分析，立刻變得可以認識了。他對《繼彝》彝銘中"靜"字的分析中，就是使用偏旁分析法取得成功的典型：

考此字阮書凡三見，一見於《小臣繼彝》，其字作"❀"。再見於此彝，三見於《宂盉》，其字作"❀"。阮并釋爲"繼"字，形義絶無可説。其所據者《齊侯鐘》《微樂鼎》而已。然考之薛書，鐘作"❀"、鼎作"❀"，其字則見《龍敦》《弁敦》《師毁敦》，并傳摹訛，互不能辨其形聲，所從薛釋爲"繼"本不確。況此彝二字與薛書所釋"繼"字，又不甚符合乎。竊以此二字所從偏旁，析而斟之而知其形，當以作"❀"者爲正。其字即從青爭聲之"靜"也。何以言之？"❀"字上從生明甚，"生"下系以"井"者，當爲"丼"，中一"·"缺耳。青從生、丹，《説文》"丹"之古文作彤，此從丼即從古文"円"省也。右從"❀"者即"爭"字。《説文》"爭"從叐厂，叐從爪從又，此作"❀"

者，爪也。"丨"者，厂也。"⿰"者，⺡之到也。《齊侯甗》"卑旨卑瀞"，"瀞"字作"⿰"。《齊邦貟》"静安寧"，静作"⿰"，其以"⿰"爲青，與此異，其以"⿰""⿰"爲争，則此彝"⿰"即"争"形之確證也。

在這裏，孫氏利用他精湛的古文字學知識，把利用偏旁分析法來考證疑難漢字的操作技術發揮到了極致。爲此，陳夢家在《殷虛卜辭綜述》一書中特別肯定地說：

> 孫氏將不同時代的銘文加以偏旁分析，藉此種手段，用來追尋文字在演變發展中的沿革大例——書契之初軌、省變之原或流變之迹，他對於古文字學最大的貢獻就在於此。[1]

互證法也是孫氏經常使用的方法。最典型的例子，是在《周豐姬敦》彝銘中"⿰"字的考證中，充分利用了互證法：

> 吳釋爲豐，云"豐乃文昭"。丰下從米形。今案此"⿰"字上作"⿰"，非丰字，下亦不類米形，吳釋非也。此當爲慧字。《趞鼎》慧作"⿰"，《慧季鬲》慧作"⿰"，并與此相近。慧通作惠。《元和姓纂》十二"齊惠姓"云："周惠王支孫，以謚爲姓。"戰國惠施爲梁相，是惠出於周爲姬姓，故惠氏之女亦稱惠姬，不必釋爲《左傳》畢原豐鄐之豐也。

但是，孫氏此書在行文上故意使用古字、怪字等冷僻字，連常見的字，如《說文解字》分析字形時"從某從某"的"從"字和"亦"字，也要使用古字和怪字，甚至"年"字一概寫成"秊"，如此等等。每一頁中，一眼看去，通篇皆冷僻字，大有作文字秀的嫌疑。孫氏此書就是文字學研究的專業學者閱讀起來也非易事。我們不知道是要研究青銅器上的彝銘，還是要研究孫氏本人的書寫習慣了。在這點上，他和劉心源幾乎不相上下。

九、端方的彝銘學

端方（1861—1911），滿洲正白旗人。字午橋，號陶齋，以"歸來庵"作爲齋名。曾任陝西按察使、布政使，湖廣總督，江蘇巡撫，兩江總督等。晚清最大、最著名的文物收藏家，尤其擅長銅器收藏。有《陶齋吉金録》《陶齋吉金續録》《金文録》等古文字學著作行世。宣統三年（1911）爲鎮壓四川保路運動入川，在資州因

---

[1]　陳夢家：《殷虛卜辭綜述》，科學出版社1956年版，第56頁。

兵變被殺，清室追贈太子太保，謚忠敏。

根據《清史稿·端方傳》中的記載：

> 端方，字午橋，托忒克氏，滿洲正白旗人。由蔭生中舉人，入貲爲員外郎，遷郎中。光緒二十四年，出爲直隸霸昌道。京師創設農工商局，徵還，筦局務，賞三品卿銜。上勸善歌，稱旨。除陝西按察使，晉布政使，護巡撫。兩宮西幸，迎駕設行在。調河南布政使，擢湖北巡撫。二十八年，攝湖廣總督。三十年，調江蘇，攝兩江總督。尋調湖南……端方性通悅，不拘小節。篤嗜金石書畫，尤好客，建節江、鄂，燕集無虛日，一時文采幾上希畢、阮云。

《陶齋吉金録》一書中收録了自商周至隋唐時期的大量青銅禮器、兵器、權量、造像等，共三百五十九器。其中包括著名的《青銅柷禁》《克鼎》《齨攸从鼎》《師酉鼎》等重器。具有很高的研究價值。而且，該書記載了全部所收銅器尺寸。

羅振玉自 1902 年開始認識端方以來，一直是好友。他們經常在一起探討銅器收藏和彝銘考釋方面的高深學術問題。《陶齋吉金録》和《陶齋吉金續録》二書就出自羅氏親自組織整理和刊印。甚至法國的伯希和等歐洲漢學學者們也爭先恐後地以認識端方爲榮。

整個清代的銅器收藏史和彝銘研究史上先後出現了阮元、劉喜海和端方三位清政府的高官作爲領袖人物，極大地提高了這一學術的發展。正是由于端方的資助和大力支持，晚清的銅器收藏和彝銘研究纔走上了高潮。他死後，他的私人藏品最終被美國人福開森（一個熱衷于銅器收藏和彝銘研究的外國傳教士）轉售給了美國的紐約市大都會博物館。

晚清時代的端方幾乎等于清中期的阮元，他的存在對于當時銅器收藏、流傳和研究起到了重大的領袖作用。雖然由于他的早逝而沒能留下彝銘研究專著，但是他收藏的銅器大多是精品和真器，足以證明他的眼力和學識。

第三十五章　民國時期彝銘學研究述評

引　論

民國時期，在彝銘研究領域出現了羅振玉、王國維、郭沫若這樣的學術大師，也出現了《三代吉金文存》這樣的學術巨著，更出現了大量出土青銅器流失海外的慘痛現實。承接晚清學術傳統的彝銘學研究，局面錯綜複雜，一言難盡。

第一節　殷周青銅器的出土和收藏

關于民國時期殷周銅器的出土，也許可以寫一本文物流散的"傷心史"了。幾乎每一次的公開或不公開的銅器出土，最終都要面對文物流失海外的結局。我們將1911—1949 年之間重要的銅器出土記錄，羅列下表：

1911—1949 年民國時期重大商周青銅器考古出土和發現表

	地點	新聞報道和考古發掘報告	有銘銅器
1923 年	河南省	《新鄭出土古器圖志全編》，新鄭出土古器圖志總發行所 1923 年版	數十件，有銘件數不詳
	山西省	《李峪出土銅器及其相關之問題》，《"中央研究院"歷史語言研究所集刊》第 70 本第 4 分冊	數十件，有銘件數不詳
1927 年	陝西省	《陝西省寶雞市戴家灣出土商周青銅器調查報告》，《考古與文物》1991 年第 1 期	今存約 16 器
1928 年	河南省	洛陽市孟津縣平樂鎮金村出土東周古墓；《洛陽金村古墓聚英》，小林寫真製版所出版部 1937 年版	有銘件數不詳

(續表)

	地點	新聞報道和考古發掘報告	有銘銅器
1929 年	河南省	洛陽邙山馬坡出土西周早期《矢令家族諸器》	總數約 50—100 器，有銘件數不詳
	陝西省	寶雞祁鷄臺出土西周古墓	有銘件數不詳
1931 年	河南省	濬縣辛村衛國墓地出土一批西周早期《康侯簋》《康侯方鼎》等	總數不詳，有銘件數不詳
	山東省	《山東益都蘇埠屯出土銅器調查記》，《考古學報》第二册	約 15 器，有銘件數不詳
1932 年	河南省	《濬縣葬器》，河南通志館 1937 年版	約 26 器
1933 年	陝西省	《陝西近年收集的部分商周青銅器》，《文物資料叢刊》1978 年第 2 期	今存《函皇父器》《伯鮮器》100 餘器，有銘件數不詳
	安徽省	《壽縣朱家集銅器群研究》，文物出版社 1987 年版	共約 787 器，有銘件數不詳
1934 年	河南省	《安陽西北崗陵墓區的銅器》，《考古學報》第七册	124 器，有銘件數不詳
1935 年	河南省	《河南安陽侯家莊殷代墓地》，"中央研究院"歷史語言研究所 1972 年版	百餘器，有銘件數不詳
		《略論汲縣山彪鎮一號墓的年代》，《考古》1962 年第 4 期	數十器，有銘件數不詳
1936 年	河南省	《輝縣琉璃閣甲乙二墓》，大象出版社 2003 年版	數十器，有銘件數不詳
1938 年	湖南省	《寧鄉黃材發現周（商）代古鼎》，中央社 1938 年 8 月 27 日	《四羊方尊》等
1939 年	河南省	《殷代銅器》，《考古學報》第七册	《后母戊鼎》1 器
1940 年	陝西省	《扶風縣文物志》，陝西人民教育出版社 1993 年版	《梁器》100 餘器
1948 年	陝西省	《扶風出土的商周青銅器》，《文物與考古》1980 年第 4 期	10 餘器
1949 年	陝西省	《扶風新徵集了一批西周青銅器》，《文物》1973 年第 11 期	《白夅父盨》等數器

　　這一時期的收藏家中外皆有。比較著名的有吳大澂、劉體智、羅振玉、柯昌濟、福開森、黃濬、容庚、于省吾、鄒安、鄒壽祺、張塤、商承祚、李泰棻等人。其中，1945 年抗戰勝利後，德國人楊寧史（Werner Jannings）迫于壓力，不得不捐贈出留在國內其私宅中的全部商周銅器。當時的中央博物院也先後出資收購了劉體智、于省吾、容庚等人收藏的大部分商周銅器。

有些銅器的收藏，已經成了當時的重要事件。如李棪所記載的有關《㠱其卣》
的收藏掌故：

　　一九三八年七月，予在北平度假，與徐鴻寶丈森玉、黃質丈賓虹、容庚教
授希白、于省吾教授思泊，在黃濬百川之尊古齋茗談，時《鄴中片羽二集》方
成書，群譽其鑑別之精，印刷之善。主人黃氏以二祀正月丙辰㠱其卣拓本分贈。
在座諸公，除予末學外，皆一時俊彥，而于教授更素以辨僞著稱，然對此新出
之器，亦以爲足資考證。[1]

　　類似問題還有不少，甚至還有人一直懷疑《毛公鼎》的真僞。當然，更有連甲
骨文也斥之爲僞物的章太炎之流存在。上述的《新鄭出土古器圖志全編》可以説成
了那時的經久不息的話題之一。它在學術界的熱議盛況空前。而《洛陽金村古墓聚
英》的出土和著作出版，更是引起了日本學術界和侵華日軍的非分之想！

第二節　彝銘學研究著作概况

　　這一時期的彝銘學研究著作很多，成就頗豐。重印古籍則不計在内，一些前清
遺老和新派國學大師和收藏家們，紛紛開始發表自己的研究著作。一時間，彝銘研
究取得了意外的成果。

1911—1949 年民國出版彝銘學研究著作表

	書　　名	作　者	出版社
1913 年	《説文古籀補》	吴大澂	掃葉山房
1914 年	《國朝金文著録表》	王國維	蟬隱廬
	《宋代金文著録表》	王國維	蟬隱廬
1916 年	《殷墟古器物圖録》	羅振玉	上海聖倉明智大學
	《周金文存》	鄒　安	上海聖倉明智大學
	《籀廎述林》	孫詒讓	自刻

---

[1]　孫稚雛：《㠱其三卣應先辨真僞》，《故宫博物院院刊》1998 年第 4 期。

（續表）

	書　名	作　者	出版社
1917 年	《殷文存》	羅振玉	上海聖倉明智大學
	《夢郼草堂吉金圖》	羅振玉	蟬隱廬
1918 年	《愙齋集古録》	吴大澂	涵芬樓
1923 年	《雪堂所藏古器物圖》	羅振玉	蟬隱廬
	《觀堂集林》（二十卷本）	王國維	密韻樓
	《石廬金石書志》	林　鈞	寶岱閣
	《新鄭出土古器圖志全編》	靳雲鶚	管城
1924 年	《甲子稽古旅行記》	侯鴻鑑	不詳
	《説文古籀補補》	丁佛言	不詳
1925 年	《金文編》	容　庚	貽安堂
	《清儀閣所藏古器物文》	張廷濟	上海商務印書館
1926 年	《金石書目》	黄立猷	萬碑館
1927 年	《觀堂古金文考釋五種》	王國維	蟬隱廬
	《夢坡室獲古叢編》	鄒壽祺	自刻
1929 年	《遼居雜著》	羅振玉	蟬隱廬
	《寶蘊樓彝器圖録》	容　庚	哈佛燕京學社
	《毛公鼎斠釋》	張之綱	中華書局
	《獨笑齋金石文考》	鄭業斅	慧業堂
	《張氏吉金貞石録》	張　塤	燕京大學
	《吴寶煒鐘鼎文音釋三種》	吴寶煒	北平潢川
	《新鄭古器圖録》	關百益	上海商務印書館
	《新鄭出土古器圖志全編》	蔣鴻元	涵芬樓
1930 年	《貞松堂集古遺文》	羅振玉	蟬隱廬
	《中國古代社會研究》	郭沫若	上海聯合書店
	《毛公鼎文正注》	吴寶煒	自刻
	《諸城王氏金石叢書提要》	王維樸	香港
	《澂秋館吉金圖》	孫　壯	陳氏自刻

(續表)

	書　名	作　者	出版社
1931 年	《貞松堂集古遺文》	羅振玉	蟬隱廬
	《古器物識小錄》	羅振玉	墨緣堂
	《遼居乙稿》	羅振玉	墨緣堂
	《殷周青銅器銘文研究》	郭沫若	大東書局
	《秦漢金文錄》	容　庚	中央研究院歷史語言研究所
1932 年	《兩周金文辭大系》	郭沫若	文求堂書店
	《金文叢考》	郭沫若	文求堂書店
	《金文餘釋之餘》	郭沫若	文求堂書店
	《雙劍誃吉金文選》	于省吾	菜薰閣
1933 年	《雪堂所藏古器物圖説》	羅振玉	墨緣堂
	《觀堂集林》（二十四卷本）	王國維	上海商務印書館
	《古代銘刻彙考》	郭沫若	文求堂書店
	《三代秦漢漢金文著錄表》	羅福頤	墨緣堂
	《内府藏器著錄表》	羅福頤	墨緣堂
	《國朝金文著錄表校記》	羅福頤	墨緣堂
	《吉金文錄》	吳闓生	南宮邢氏
	《中國金石學講義》	陸和九	不詳
	《希古樓金石萃編》	劉承幹	自刻
	《愙齋集古錄校勘記》	鮑　鼎	蟬隱廬
	《殷墟銅器五種及其相關之問題》	李　濟	上海商務印書館
	《陳侯四器考釋》	徐中舒	自刻
	《頌齋吉金圖錄》	容　庚	哈佛燕京學社
1934 年	《貞松堂集古遺文續編》	羅振玉	蟬隱廬
	《兩周金文辭大系圖錄》	郭沫若	文求堂書店
	《古代銘刻彙考續編》	郭沫若	文求堂書店
	《武英殿彝器圖錄》	容　庚	哈佛燕京學社
	《雙劍誃吉金圖錄》	于省吾	菜薰閣
	《説文中之古文考》	商承祚	哈佛燕京學社
	《寶楚齋藏器圖釋》	孫　壯	自刻
	《善齋吉金錄》	劉體智	自刻

(續表)

	書 名	作 者	出版社
1935 年	《貞松堂吉金圖》	羅振玉	蟬隱廬
	《韡華閣集古録跋尾》	柯昌濟	餘園叢刻
	《兩周金文辭大系考釋》	郭沫若	文求堂書店
	《綴遺齋彝器款識考釋》	方濬益	涵芬樓
	《小校經閣金石文字》	劉體智	自刻
	《小校經閣金文拓本》	劉體智	自刻
	《金文分域編》	柯昌濟	余園叢刻
	《金文續編》	容 庚	上海商務印務館
	《海外吉金圖録》	容 庚	哈佛燕京學社
	《十二家吉金圖録》	商承祚	哈佛燕京學社
	《古籀彙編》	徐文鏡	上海商務印書館
	《生春紅室金石述記》	林萬里	頌齋
	《毛公鼎斠釋》	張之綱	自刻
	《楚器圖釋》	劉 節	國立北平圖書館
	《鄴中片羽·初集》	黄 濬	尊古齋
	《續殷文存》	王 辰	考古學社
	《吳愙齋先生年譜》	顧廷龍	哈佛燕京學社
1936 年	《善齋彝器圖録》	容 庚	哈佛燕京學社
	《頌齋吉金續録》	容 庚	哈佛燕京學社
	《金石書録目》	容 媛	上海商務印務館
	《渾源彝器圖》	商承祚	哈佛燕京學社
	《金文世族譜》	吳其昌	中央研究院歷史語言研究所
	《金文曆朔疏證》	吳其昌	上海商務印書館
	《金文名象疏證·兵器篇》	吳其昌	國立武漢大學
	《安徽通志古物考稿》	徐乃昌	安徽通志館
	《古物研究》	譯文集	上海商務印書館
	《尊古齋所見吉金圖》	黄 濬	尊古齋

（續表）

	書　名	作　者	出版社
1937 年	《三代吉金文存》	羅振玉	蟬隱廬
	《積微居小學金石論叢》	楊樹達	上海商務印務館
	《秦公鐘簋之年代》	容　庚	哈佛燕京學社
	《新鄭彝器》	孫海波	河南通志館
	《鄴中片羽·二集》	黃　濬	尊古齋
	《浚縣彝器》	孫海波	河南通志館
1938 年	《金文編·二版》	容　庚	上海商務印書館
1939 年	《河南吉金圖志賸稿》	孫海波	河南通志館
	《歷代著錄吉金目》	福開森	中國書店
	《契亭金文校釋》	張之綱	現存初稿八卷
	《長沙古物聞見記》	商承祚	哈佛燕京學社
1940 年	《雙劍誃古器物圖錄》	于省吾	萊熏閣
	《西清彝器拾遺》	容　庚	燕京大學哈佛燕京學社
	《金文研究》	李亞農	孔德研究所
	《金石學》	朱劍心	上海商務印書館
	《癡盦藏金》	李泰棻	國立師範學院史學系考古室
	《鄭冢古器圖考》	關百益	河南通志館
	《山東金文集存》	曾毅公	齊魯大學國學研究所
1941 年	《商周彝器通考》	容　庚	哈佛燕京學社
	《癡盦藏金續》	李泰棻	國立師範學院史學系考古室
1944 年	《岩窟吉金圖錄》	梁上椿	自刻
1945 年	《青銅時代》	郭沫若	重慶文藝出版社
	《西周年代考》	陳夢家	上海商務印書館
1946 年	《海外中國銅器圖錄》	陳夢家	國立北平圖書館
1949 年	《冡室舊藏夏商周漢彝器考釋》	劉華瑞	香港美術考古學社

　　上述著作中，既有傳統的圖錄類、題跋類、金石類，也有現代學術史角度上的
考古學類、文獻學類、古文字學類的研究，充分顯示出新舊時代和學術體制交替情
況下的變遷和發展。

　　整個這一時期的著作，以圖錄類的《三代吉金文存》、考古學類的《兩周金文辭

大系考釋》、古文字學類的《觀堂古金文考釋五種》和《金文曆朔疏證》等著作爲其經典代表作。

第三節　彝銘學研究述評

一、羅振玉的彝銘學

羅振玉（1866—1940），浙江上虞人。字式如，又字叔言，號雪堂，又號貞松老人，因溥儀曾書贈"貞心古松"四字，故以"貞松堂"作爲齋名。曾任職學部。僞滿期間，任僞監察院長。著名銅器收藏家和彝銘學家。

羅振玉在晚清和民初的學術界就像是一顆璀璨奪目的明珠，放射出異樣的光芒。在彝銘學術研究上，他早期的《殷文存》《貞松堂集古遺文》，以及晚期的《三代吉金文存》都成了古代彝銘學術研究的集大成者和總結性著作。

羅振玉，清同治五年（1866）農曆六月二十八日出生于淮安府山陽縣（今江蘇淮安）南門更樓東（今羅家巷）寓所。祖籍浙江上虞縣永豐鄉。1940 年 5 月 14 日因病逝世于旅順洞庭街一巷三號的羅公館内。

羅振玉的曾祖父是羅敦賢、祖父是羅鶴翔。他的父親羅樹勛，一生祇是個小官："歷署江寧縣丞、海州州判、徐州經歷、清河縣丞"。他的叔叔羅樹棠也祇是個"遂昌教諭"而已。他的生母是范以煦的長女。不論是當時的羅家還是范家，家境并不富裕，地位也不顯赫。羅樹勛和范氏共生五男五女。五男爲：長男羅振鋆、次男羅振鏞、三男羅振玉、四男羅振常、五男羅振鑾。羅振玉自幼從李岷山誦讀詩書，勤奮好學、飽讀經典。還在年少之時寫下的《存拙齋劄疏》一文居然得到晚清著名學術大師俞樾的贊賞，足見他的天資和學養。

十六歲中秀才後羅氏更加傾心于金石考據之學。中日甲午戰爭後，他開始追求變法圖强，留意新學，并以農學爲切入點，翻譯介紹日本和歐美的農學著作，并協辦武昌農校、江楚編譯局、蘇州師範學堂等工作。光緒二十二年（1896），他在上海創立"農學會"，并設"農報館"，創《農學報》。二十四年（1898），他注意到當時的學歐美政體的不現實，開始關注明治維新以後的日本，學習日本。并在上海創立"東文學社"，聘請日本學者教授官宦子弟日文。二十六年（1900），他應湖廣總督張之洞的聘請，任湖北農務局總理兼農務學堂監督，并報捐候補光禄寺署正。二十九年（1903），又應兩廣總督岑春煊之召，充任兩粵教育顧問。三十年（1904），他被江蘇巡撫端方委任爲江蘇教育顧問。三十二年（1906），他出任清政府學部參事兼京師大學堂農科監督。1911 年，辛亥革命爆發後，他以清朝遺民自居，與王國維等避居日本，專心從事學術研究和文獻整理工作。1919 年歸國後，他暫住天津。1921年，他參與發起組織"敦煌經籍輯存會"。1924 年，他奉溥儀之召，出任南書房行走，逐漸參預清室的復辟活動。從 1928 年開始，他遷居旅順。後任僞滿監察院長及滿日文化協會會長等職。

在政治上異常保守、甚至晚節不保的他，在學術上却十分理智和先進。在搶救當時新出土的殷墟甲骨、敦煌遺書、西域簡牘、中原碑誌，以及拯救清宫大内檔案、研究和保存古代文獻的工作上，他都作出了其他人難以超越的重要貢獻，在 20 世紀前後的學術界和學術史上寫下濃重的一筆。這使羅振玉的學術成就如同一顆璀璨奪目、大放光彩的明珠，在晚清和民初學術界牢牢地占據了一席之地。

在金文學研究上，他的獨立刊行的重要著作，按照年代先後依次有：《殷墟古器物圖録》（1916）、《殷文存》（1917）、《海外吉金録》（1922）、《雪堂所藏古器物圖》（1923）、《雪堂所藏古器物圖説》（1923）、《矢彝考釋》（1929）、《遼居稿》（1929）、《古器物識小録》（1931）、《貞松堂集古遺文》（1931）、《貞松堂集古遺文續編》（1934）、《貞松堂集古遺文補遺》（1935）、《貞松堂吉金圖》（1935）、《三代吉金文存》（1937），等等。除此之外，他還編撰了一些拓本著作，至今還是以稿本的形式保存在直系親屬後裔和個别收藏家手中，并没有正式出版。如 2003 年上海崇源藝術品拍賣有限公司春季古籍善本拍賣場的《貞松堂古句兵》，就是他在 1924 年編輯的拓片著作。

這些著作至今都成了彝銘學術研究的重要經典和必備的工具書。尤其是《三代吉金文存》一書，迄今爲止依然是這一學術領域必須予以研究和精讀的集大成者和總結性著作，也是中國古今兩千多年青銅器及其彝銘研究史上的巔峰之作和曠世經典。

1. 關于《殷文存》和《殷墟古器物圖録》

羅振玉早期出版的彝銘學著作首推《殷文存》和《殷墟古器物圖録》兩書，此兩書是專門收録殷墟青銅器及其彝銘之作。

《殷文存》一書被編入《廣倉學宭叢書》之中，1917 年出版。該書收商代青銅器 755 器，所收爲商代青銅器彝銘拓片，無釋文。

作者序中說明此書之緣起：

> 余旣編集貞卜文字爲《殷墟書契》前後編，并爲之考釋，乃復集彝器拓本中之殷人文字，爲《殷文存》二卷，與《書契》并行。惟書契文字出於洹陰，其地爲古之殷墟，其文字中又多見殷先公先王之名號，其爲殷人文字，信而有徵。若夫彝器，則出土之地往往無考。昔人著錄號爲商器者，亦非盡有根據。惟商人以日爲名，通乎上下，此編集錄，即以是为墰的。

《殷墟古器物圖錄》一書有《附說》一卷，此書爲殷墟墓所出青銅器圖錄。

在《殷文存》中，羅振玉把青銅器分成二十類，即鼎、鬲、甗、敦、彝、尊、壺、卣、爵、角、觚、觶、罍、兕觥、盉、段、匜、盦、豆。這一編排體例的主要銅器分類幾乎被晚出的《三代吉金文存》完全繼承下來，可以看出羅氏的銅器分類學大致保持前後的一致性。雖然此書名爲《殷文存》，但該書所收諸器并不都是殷器。看起來，銅器斷代就是羅振玉這樣的大師也時常出錯，足見此學之難！

從 1916—1923 年之間，是他研究古器物學的時期。這一時期的研究，更多的還是配合他對商代甲骨學的研究，并不是爲了獨立意義上的商周古器物學的研究，即所謂的“乃復集彝器拓本中之殷人文字，爲《殷文存》二卷，與《書契》并行”。研究方法也和宋代古器物學家們的習慣操作方法一樣。

1929 年開始，他出版的著作已經明顯地轉移到了對商周青銅器的彝銘學研究的角度上來。這充分反映出他從 1924 年開始已經把大部分精力用在了對商周銘文的拓片整理、校勘、傳拓、文字考證方向上。因此，彝銘拓本集錄性的學術經典《貞松堂集古遺文》和《三代吉金文存》的出現不是偶然的。關于它的誕生，根據羅氏本人在《三代吉金文存》一書序言中的陳述：

> 及移居遼東，閉門多暇。又以限於資力，始課兒子輩，先將所藏金文之未見諸家著錄者，編爲《貞松堂集古遺文》，先後凡三編。夙諾仍未克踐也。去年乙亥，馬齒旣已七十，慨念四十年辛苦所搜集、良朋所屬望，今我不作，來者其誰？乃努力將舊藏墨本及近十餘年所增益，命兒子福頤分類，督工寫影，逾年乃竣，編爲《三代吉金文存》二十卷。

這裏已經明確點出了從《貞松堂集古遺文》到《三代吉金文存》誕生之間的約
七年的歷史過程。

2. 對《貞松堂集古遺文》一書進行介紹

《貞松堂集古遺文》其内容包括：《貞松堂集古遺文》十六卷，《貞松堂集古遺文
續編》三卷，《貞松堂集古遺文補遺》三卷。書中不僅收録有商周青銅器的彝銘，還
收録了不少秦漢時期鉛、銀等器物上的文字。每條彝銘均有釋文，并記載了每件青
銅器的收藏歷史。卷前載有青銅器分類的總目和每類器物的細目。從 1931 年到
1935 年全部出齊。

在《貞松堂集古遺文》一書中，前十二卷專收商周青銅器彝銘。

羅氏又把商周青銅器分成以下二十四類，即鐘、句鑃、鉦鐃、鐃、鼎、鬲、
甗、彝、段、簋、簠、尊、罍、壺、卣、斝、盉、觚、觶、爵、角、盤、匜、雜
器。其中，他把所謂的"雜器"又分爲二十三類，即錡、鑑、盉、盂、善會、次
盧、舖、釜、盆、盦、鈕、鉤、權、匕、符、勺、小量、小器、劑、車鑾、車專、
車鍵、馬銜。

以此看來，他這一時期對雜器的分類還不是十分成熟。而且，"段"和"簋"的
區分，在這裏也没有具體的説明。但是，此書明顯已經比《段文存》的編輯體例有
了進步。此書不僅是在商周歷史和銅器的研究上貢獻卓著，還部分涉及漢代的文物
研究，也是貢獻突出。如在《貞松堂集古遺文》卷一五《鉛券》中所録的七種鉛券，
就是分爲買地券、鎮墓券兩類。羅振玉在《蒿里遺珍》一書中就將漢代出土的鉛券
分爲買地券與鎮墓券兩類：

> 以傳世諸刻考之，殆有二種：一爲買之於人，如建初、建寧二券是也；一
> 爲買之於鬼神，則術家假託之詞。

此説今天也是有關這一問題研究的基礎觀點了。

3.《三代吉金文存》的誕生

《三代吉金文存》一書著録傳世的商周青銅器銘文拓本共 4 835 器，是 20 世紀
30 年代品質較高的集彝銘拓本之大成的彝銘合集。是羅氏在其子羅福頤協助下編撰
完成的。該書無器形圖，無尺寸説明，無釋文，無考證文字，祇有拓片。正文首頁
下署"集古遺文第二"。該書出版後至今堪稱爲民初時期治金第一名著。它以收羅宏

富、印刷精良而聞名于世。而且所收拓本多經過羅氏本人嚴格的真僞鑑定。彝銘又以原大拓本付印。從食器、禮器、樂器到兵器等等，分類又按彝銘字數多少先後排列。祇可惜沒有對器形、出土、著録、收藏及考釋等作出説明。這與此書的編纂出自羅氏晚年、他個人已經沒有精力親自撰寫如此龐大拓片合集的釋讀和考證有直接關係。而實現了對這一空前絶後的彝銘拓片合集進行釋讀和考證却是在他逝世幾十年後纔出現的，他的兒子羅福頤親自撰寫了《三代吉金文存釋文》一書，日本漢學大師白川靜從此書中選釋了大部分拓片，并以此寫出了八卷本考釋性學術著作《金文通釋》。

實際上，按照羅氏本人自述可知，他本來也是準備撰寫《金文通釋》的——由此我們也可以明白白川靜把自己考釋商周彝銘的多卷本著作命名爲《金文通釋》的內在原因——當時在上海的他，答覆友人書信時談到"滬上集書甚難，各家著録不易會合，與曩在大雲書庫中左右采獲，難易不啻霄壤。某意不如先將尊藏墨本，無論諸家著録與否，亟會爲一書，以後爲通釋，即此一編求之，不煩他索，成書較易矣"。這纔是此書成書和體例之具體原因。

在該書序中，作者曾提出以下觀點：

> 今宜爲古金文通釋，可約分四類，曰邦國，曰官氏，曰禮制，曰文字。

這一觀點是如此的犀利而有可操作性，爲今後治彝銘者指明了研究的方向，可以説至今也無出其範圍之外。這讓我們更加敬佩羅振玉老先生的遠見卓識！

該書二十卷的銅器編排順序是：

卷一，鐘，114 器。卷二、三、四，鼎（上 474 器、中 265 器、下 94 器）。卷五，甗（72 器）、鬲（121 器）。卷六，彝，395 器。卷七、八、九，設（上 236 器、中 123 器、下 67 器）。卷十，簋（91 器）、簠（60 器）、豆（12 器）。卷十一，尊（271 器）、罍（26 器）。卷十二，壺（113 器）、卣（上）（145 器）。卷十三，卣（下）（193 器）、斝（52 器）。卷十四，盉（63 器）、觚（221 器）、觶（256 器）。卷十五，爵（上），368 器。卷十六，爵（下）（344 器）、角（35 器）。卷十七，盤（63 器）、匜（68 器）。卷十八，雜器，161 器。卷十九，戈，134 器。卷二十，戟（60 器）、矛（46 器）、雜兵（91 器）。該書所收絶大部分彝銘爲由漢至清保存下來的傳世之作，但也有少量彝銘當時新近出土之物，如《令彝》《曾姬

《無恤壺》等。

　　但是，此書在排列上有并非沒有過失。如卷二本來是專收鼎類的，却意外地把斝類銅器彝銘一件錯收其中。卷六本來是專收彝器類的，也意外地把圈足簋銅器彝銘錯收其中。類似錯誤還有幾十例。中華書局出版此書時曾在書後附錄了孫稚雛的《三代吉金文存辨正》一文，可以作爲參考。因此，在使用和研究此書之時，首先需要將此書所收與歷代同類著作所收進行對比和校勘。但是儘管如此，該書所收商周銅器彝銘斷代之準確和鑑定之嚴謹，是前無古人後無來者的。

　　在此書中，他對銅器的分類是：鐘、鼎、甗、鬲、彝、段、簋、簠、豆、尊、罍、壺、卣、斝、盉、觚、觶、爵、角、盤、匜、雜器、戈、戟、矛、雜兵二十六類。而第十八卷的雜器居然多至約三十六類，如下：鉤、句鑃、鉦鐃、鐃、鐸、鈴、盂、盦、鐳、鑃、鈲、鉊、鋂、盄、鐘、瓿、觥、釜、次廬、銎、鑑、鎬、量、勺、刀、匕、節、鋪、權、車鑾、車軎、車鍵、馬銜、牌、小器及農具等。

　　有些珍貴的殷代銅器彝銘爲我們考證和研究上古歷史和神話提供了最直接的實證材料。

　　如《三代吉金文存》卷十八第 30 頁收錄并保存的《魚鼎匕》彝銘，對於東夷望族昆夷部族歷史的研究提供了最寶貴和真實的史料，至今依然是先秦民族史、先秦歷史地理學研究的熱點課題之一。

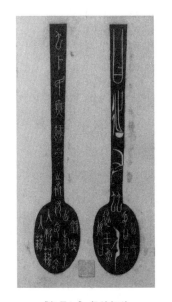

《魚鼎匕》彝銘拓片

《魚鼎匕》彝銘釋文：

日征（誕）有匕（朼），
述（墜）王魚
鼎。曰：
欽哉！
出游水
虫，下民無智。參蚩（蚩）虻（尤）命帛命
入，歟藗（滑）
入藗（滑）
出，毋
處其所。

該書各卷對"亞醜"彝銘青銅器的記載有七十多件，種類從禮器的鼎、鉞、罍、彝到酒器的尊、爵、觚、盉、觥等，應有盡有。這些珍貴的資料爲研究商周時代亞醜部族的起源和主要活動地域提供了第一手資料。《三代吉金文存》卷十二第 45 頁著録的銅卣彝銘，爲研究《周易》筮法和卦象的起源提供了重要的參考資料。

再如著名的《行氣玉佩銘》，就收録并保存在該書卷二十第 49 頁中。該彝銘成爲研究商周養生技術和醫學的重要參考資料。卷二十中收録并保存的《商三句兵》彝銘對于商代家譜的研究具有重大的意義，王國維爲此寫下了《商三句兵跋》這一著名論文等等。我們可以説，從 20 世紀 30 年代出版至今，舉凡上古史研究中出現的任何熱點問題，幾乎全可以在此書中找到珍貴的史料證據和重要佐證。

羅氏對王國維的提拔和支持是衆所周知的，他晚年還提拔并支持了當時後起之秀、後來的國學大師商承祚、唐蘭、容庚等人。羅氏逝世後，收録在該書中的不少羅氏私人藏品後歸旅順博物館。而這幾位老先生後來就是繼羅氏之後執掌中國商周青銅器和彝銘文字與史料研究的國學大師。足見當年羅氏在積極發掘人才、鼓勵後學工作的成就和眼力。

今天，研究羅振玉在甲骨學、彝銘學研究上的貢獻，已經是很重要的學術史課題之一。從研究他的彝銘學著作的編著思想和體例中，可以發現羅氏的銅器分類、定名、辨僞的基本原則和見解。

他早期的銅器分類，我們以《貞松堂集古遺文》爲代表，是二十四類，晚年的銅器分類，我們以《三代吉金文存》爲代表，是二十六類，而雜器的分類更是從早年的二十三類猛增到三十六類。前後兩期分類的變化，反映出羅氏對銅器用途和古今命名的研究和理解的發展。早期的句鑃、鉦鐃、鐃三類，在晚期中則全歸入了雜器，晚期新增加的是豆、斝、戈、戟、矛、雜兵六類，而這些在早期或被歸入鼎爵類，或被歸入雜器類。

當然，誠如孫稚雛所指出的那樣，有些分類還不成熟，甚至有錯誤的現象。如《齊侯作孟姜匜》，《三代吉金文存》卷四第 14 頁中誤歸作鼎類。《作公尊彝卣》，《三代吉金文存》卷三第 10 頁中誤歸作鼎類。《作父己尊》，《三代吉金文存》卷六第 41 頁誤歸作彝類。《亞方罍》，《三代吉金文存》卷十二第 1 頁誤歸作壺類，等等。

但是，總體來看，羅氏的銅器分類學是基本準確的、隨時更新的。隨時更新的內容，一部分是他個人對銅器考古學認識的更新，一部分則是當時中國考古學發展壯大的結果。因此，《三代吉金文存》一書在銅器分類學上的更新和確立，是該時代羅氏統領傳統的商周古器物學（銅器考古學）發展的直接結果。而至今爲止，對羅氏幾次居日期間、回國後居津居旅期間與中外考古學家的學術交往的研究，如他與伯希和、濱田耕作、梅原末治、馬衡、李濟……一直缺乏深入的史料發掘和研究。相反，有些人對羅氏一生獎掖後學的眼力和貢獻却視而不見，繼續鼓吹什麽“羅氏不學無術”“羅氏剽竊、盜用王國維的學術觀點”等荒誕離奇的説法。政治上晚節不保的羅氏在一些人看來似乎他的學術也是腐朽政治下的産物。甚至更有人以政治上的保守和自殺行爲來質疑王國維的學術成就和學術貢獻——唉，女媧煉石已荒唐，更向荒唐演大荒！

　　他有三個女兒。長女嫁丹徒劉大紳（晚清著名學者劉鶚之子），次女嫁阜陽程傳鑣（晚清著名學者程恩培之子），三女嫁海寧王潛明（晚清著名學者王國維之子）——這早已經是盡人皆知的歷史事實了。他的四個兒子：羅福成、羅福萇、羅福葆、羅福頤四教授也早已經是名揚四海的著名學者了。嫡孫羅繼祖、羅隨祖教授，嫡孫女羅琨和孫女婿張永山夫婦同爲中國社會科學院歷史研究所研究員，他們四人皆爲著名先秦史家。

二、王國維的彝銘學

　　王國維（1877—1927），浙江海寧人。字静安，又字静庵，號觀堂，因旅居日本時住在永觀堂附近，故以“永觀堂”和“觀堂”作爲齋名。王氏早年東渡日本留學，以研究哲學爲主，尤其專長于康德、叔本華、尼采哲學，并能結合先秦諸子及宋代理學，相互參照。又曾專攻倫理學、心理學、美學、邏輯學、教育學等學科，對上述學科在中國的發展有開拓之功。辛亥革命時期，他和羅振玉避走日本，從此專心研究古文字學和古代歷史、文學、戲劇、宗教、文化、法制等國學各科，取得了超越前人的學術成就。1916 年回國後先在哈同“廣倉學宭”《學術叢編》任編輯主任，兼倉聖明智大學教授。曾任溥儀南書房行走，後任清華學校國學研究院教授。著名彝銘學家。有《三代秦漢金文著録表》《史籀篇疏證》《宋代金文著録表》《兩周金石文韻讀》《國朝金文著録表》《觀堂古金文考釋五種》等古文字學著作行世。

　　王國維的彝銘學研究活動主要集中在民國初期。因此，他作爲古代彝銘學研究的中介者和現代彝銘學研究的開創人，其特殊歷史地位和學術價值是任何人也不能取代的。

1. 四分月相説

在早期發表的著名論文《生霸死霸考》一文中，他提出了有關月相四分説中的生霸、死霸問題的最新解釋。所謂四分説是主張西周時是將一個月均分爲初吉、既生霸、既望和既死霸這四份，每份約爲七天。此説首創于王國維。

他主張：

> 余覽古器物銘而得古之所以名日者凡四：曰初吉、曰既生霸、曰既望、曰既死霸。因悟古者蓋分一月之日爲四分：一曰初吉，謂自一日至七、八日也；二曰既生霸，謂自八、九日以降至十四、五日也；三曰既望，謂十五、六日以後至二十二、三日；四曰既死霸，謂自二十三日以後至於晦也。八、九日以降，月雖未滿，而未盛之明則生已久。二十三日以降，月雖未晦，然始生之明固已死矣。蓋月受日光之處，雖同此一面，然自地觀之，則二十三日以後月無光之處，正八日以前有光之處，此即後世上弦下弦之所由分。以始生之明既死，故謂之既死霸，此生霸死霸之確解，亦即古代一月四分之術也。[1]

在王國維"四分月相説"的基礎上，有些學者修改爲："初吉"是指每月上旬的第一個吉日，"既望"則是指滿月或其後的一二天，"既生霸"和"既死霸"分別是指每月的上半月和下半月的二分月相説。王國維此説一出，幾乎就成了學術界的定論了。王氏弟子吴其昌、戴家祥，以及郭沫若、新城新藏、白川静等人先後公開支持此説。

2. 金文目録學

《宋代金文著録表》和《國朝金文著録表》是兩部專題研究著作。他在《國朝金文著録表》一書序中曾概述了古代彝銘學術研究的歷史如下：

> 古器物及古文字之學，一盛於宋，而中衰於元明。我朝開國百年之間，海內承平，文化溥洽。乾隆初始命儒臣録内府藏器，爲《西清古鑑》。海内士夫聞風承流，相與購求古器，搜集拓本。其集諸家器爲專書者，則始於阮文達之《積古齋鐘鼎彝器款識》，而莫富於吴子苾閣學之《攈古録金文》。其著録一家藏器者，則始於錢獻之《十六長樂堂古器款識》，以迄於端忠敏之《陶齋吉金録》。著録之器，殆四倍於宋人焉。數十年來，古器滋出。與其前散在各家未經

---

[1]　王國維：《觀堂集林》卷一，《王國維遺書》，上海古籍書店 1983 年版，第 2 頁。

著錄者，又略得著錄者之半。光緒間，宗室伯義祭酒廣搜墨本，擬續阮、吳諸家之書。時鬱華閣金文拓本之富，號海内第一，然僅排比拓本，未及成書也。稍後，羅叔言參事亦從事於此，其所搜集者又較祭酒爲多。辛亥國變後，祭酒遺書散出，所謂《鬱華閣金文》者，亦歸於參事。合兩家之藏，其富過於阮、吳諸家遠甚。汰其重複，猶得二千通，可謂盛矣。[1]

《宋代金文著録表》一書所收爲三代青銅器，多有彝銘目録。分器名、著録、字數、雜記四項。

林鈞《石廬金石書志》卷五云：

> 器以類聚，名以主人。其出歧出，分條於下。諸録所録古器之有文字者，悉具於是。凡有各書互異之處者，備載於雜記内，計著録六百四十有三器。

《國朝金文著録表》一書所收爲清代所刊印彝銘著作中收録的三代青銅器銘文。無器形圖，無尺寸説明，無釋文，無考證文字，有銘文字數。此書體例分爲器名、著録、字數、雜記四項。

作者序中言道：

> 自甲寅孟夏訖於仲秋，經涉五月，乃始畢事。盛夏酷暑，墨本堆積，或一器而數名，或一文而數器。其間比勘一器，往往檢書至十餘種，閲拓本至若干册。窮日之力，僅能盡數十器而已。[2]

此中甘苦，已經道明。

林鈞《石廬金石書志》卷五云：

> 是表照《宋代金文著録表》例，分器名、諸家著録、字數、雜記四格……綜計三千三百六十有四，除僞器外，得三千二百九十有四器，可見清代吉金之盛也。

以上二書共收録銅器 3 937 器，爲傳統彝銘學術研究在現代的發展奠定了基礎。後來，在王國維未定稿基礎上，又産生了《三代秦漢金文著録表》一書。至此，一份完整的古代彝銘著録表徹底完成。在該書中，羅福頤校補序中言：

---

[1] 王國維：《國朝金文著録表》，《王國維遺書》，上海古籍書店 1983 年版，第 1—2 頁。
[2] 同上，第 1 頁。

　　自海寧王忠愨公著《國朝金文著錄表》而後，傳世古器始有目錄專書，學
者檢閱良便。顧公書成於甲寅，越十四年頤奉家大人命，重爲增益，印入公全
集，乃以成書期迫，不及詳校，致仍不免訛誤。又三年，家大人居遼東，編
《貞松堂集古遺文》，命頤從事摹寫，時家藏墨本，復增於舊，因命頤并重校補
是表，乃一一詳校諸家著錄，補記其篇葉，每器之下復增器之行款及藏器家與
出土之地。[1]

所收多爲三代青銅器，亦涉及秦漢器。

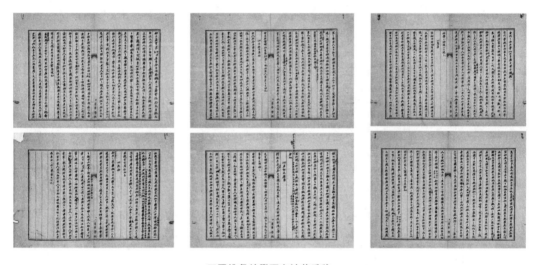

王國維彝銘學研究論著手稿

3. 古金文考釋

　　《觀堂古金文考釋五種》一書所收爲研究三代青銅器彝銘題跋五篇：《毛公鼎考
釋》《散氏盤考釋》《不𣪧敦蓋銘考釋》《孟鼎銘考釋》《克鼎銘考釋》。無器形圖，有
尺寸説明、釋文、考證文字。林鈞《石廬金石書志》卷十五如是評價此書爲"是編
遍徵諸説，詮釋確當"。

　　在著名的《毛公鼎考釋》一文中，他表達了研究彝銘的基本方法：

　　　　三代重器存於今日者，器以《孟鼎》《克鼎》爲最巨；文以《毛公鼎》爲最
　　多。此三器者皆出道光、咸豐之間，而《毛公鼎》首歸濰縣陳氏，其打本、摹

---

[1]　羅福頤：《三代秦漢金文著錄表・序》，王國維著、羅福頤校補：《三代秦漢金文著錄表》，1933
　　年墨緣堂石印本，第2頁。

本亦最先出。一時學者競相考訂。嘉興徐壽臧明經（同柏）、海豐吳子苾閣學（式芬）、瑞安孫仲容比部（詒讓）、吳縣吳清卿中丞（大澂）先後有作。明經首釋是器，有鑿空之功，閣學矜慎，比部閎通，中丞於古文尤有懸解。於是此器文字可讀者十且八九。顧自周初訖今垂三千年，其訖秦漢亦且千年。此千年中，文字之變化脈絡，不盡可尋。故古器文字有不可盡識者，勢也。古代文字假借至多，自周至漢，音亦屢變。假借之字，不能一一求其本字。故古器文義有不可強通者，亦勢也。從來釋古器者，欲求無一字之不識，無一義之不通，而穿鑿附會之説以生。穿鑿附會者非也，謂其字之不可識、義之不可通而遂置之者亦非也。文無古今，未有不文從字順者。今日通行文字，人人能讀之、能解之。《詩》《書》、彝器，亦古之通行文字，今日所以難讀者，由今人之知古代不如現代之深故也。苟考之史事與制度文物，以知其時代之情狀；本之《詩》《書》，以求其文之義例；考之古音，以通其義之假借；參之彝器，以驗其文字之變化。由此而之彼，即甲以推乙，則於字之不可釋、義之不可通者，必間有獲焉。然後闕其不可知者，以俟後之君子，則庶乎其近之矣。孫、吳諸家之釋此器，亦大都本此方法，惟用之有疏密，故得失亦準之。今爲此釋，於前人之是者證之，未備者補之，其有所疑，則姑闕焉。雖於諸家外所得無多，然可知古代文字自有其可識者與可通者，亦有其不可識與不可強通者，而非如世俗之所云也。[1]

這些論述極值得深思，他給今後專治彝銘學研究的學者指明了具體的操作方法。

王氏的另一部研究專著是《兩周金石文韻讀》一書。在該書中，王氏序中云：

惟前哲言韻，皆以《詩》三百五篇爲主，余更搜周世韻語見於金石文字者，得數十篇。中有杞、鄫、許、邾、徐、楚諸國之文，出商、魯二《頌》，與十五《國風》之外。其時亦上起宗周，下訖戰國，亘五六百年。然其用韻與三百篇無乎不合。[2]

所收爲三代青銅器，多有彝銘用韻，按韻部編排。無器形圖，無尺寸説明，無釋文，無考證文字。此書出版後先後有郭沫若、陳邦懷、陳世輝等先生爲其增補，影響至今，已經是研究商周語言學和古音學的入門必讀之作了。

---

[1]　王國維：《觀堂古金文考釋》，《王國維遺書》，上海古籍書店 1983 年版，第 1—2 頁。
[2]　王國維：《兩周金文韻讀》卷首，《王國維遺書》，上海古籍書店 1983 年版，第 1 頁。

早在其爲《齊魯封泥集存》一書寫的序中，他就公開主張：

> 自宋人始爲金石之學，歐、趙、黃、洪各據古代遺文，以證經考史，咸有創
> 獲。然塗術雖啓而流派未宏，近二百年始益光大。於是三古遺物，應世而出，金
> 石之出於丘隴窟穴者，既數十倍於往昔。此外如洹陰之甲骨、燕齊之陶器、西域
> 之簡牘、巴蜀齊魯之封泥，皆出於近數十年間，而金石之名乃不足以該之矣。[1]

可以説，王氏把劉心源、陳介祺等人發起的彝銘學研究的近代化研究趨勢正式發揚
光大，從他出現而後，長達數千年之久的傳統的彝銘學研究模式和研究方法徹底走
入現代！他對彝銘稱謂的研究、曆法的研究、商周銅器斷代的研究、商周史和彝銘
在軍事、政治、經濟、法制等領域的對比研究、彝銘解讀對商周禮制起源和實際運
用的研究等，都起到了前人所不能及的作用，作出了跨時代的卓越貢獻！

三、郭沫若的彝銘學

毫無疑問，彝銘研究在郭沫若的旅日中國古代史研究活動中占有極其重要的地
位。如何歷史和公正地評價郭沫若在 20 世紀中國歷史學領域的地位和突出貢獻，這
肯定不是本文所能完成的大任。在清末民初之際那個特定的歷史時期，羅振玉的
《貞松堂集古遺文》《貞松堂集古遺文補遺》《貞松堂集古遺文續編》《殷文存》等名
著接連出版，最後的《三代吉金文存》一書成了金文研究圖錄類著作千古難得的經
典文集；而他的學生、兒女親家和友人——傳統歷史學的最後一位大師級學者王國
維，以橫空出世的氣魄，貢獻給學術界《觀堂古金文考釋五種》《觀堂集林》《宋代
金文著録表》和《國朝金文著録表》等驚世名作。兩座豐碑豎立在那裏，金文研究
幾乎成了當時學術界難于上青天的蜀道，還有幾個人願意問津于此呢?! 正是在這
一冷酷的環境下，加之旅居日本的寂寞和無奈，郭沫若開始了利用甲骨文、彝銘史
料對中國古代社會和歷史展開全新研究的治學里程。

郭沫若 (1892—1978)，四川樂山人。原名郭開貞，字鼎堂，號尚武；筆名沫
若、麥克昂、郭鼎堂、石沱、高汝鴻、羊易之等。早年留學日本，回國後從事文學
創作，投身革命道路。爲躲避國民黨政權的追捕而流亡日本，在此期間開始從事甲
骨文和彝銘、中國古代史的研究，成就斐然。

郭沫若在彝銘和金石研究方面的著作有：《兩周金文辭大系》《兩周金文辭大系

---

[1]　王國維：《觀堂集林》卷十八，《王國維遺書》，上海古籍書店 1983 年版，第 19 頁。

考釋》《兩周金文辭大系圖録考釋》《殷周青銅器銘文研究》《金文叢考》《金文餘釋
之餘》《金文叢考補録》《古代銘刻彙考》《古代銘刻彙考續編》《中國古代社會研究》
《青銅時代》《文史論集》《郭沫若書簡（致容庚）》《出土文物二三事》。他是 20 世
紀繼王國維之後一位集甲骨學、彝銘學、考古學、歷史學、美術史學于一身的大師
級彝銘學家。

《兩周金文辭大系圖録考釋》一書，就是中國現代著名史學家、古文字學家郭沫
若研究兩周青銅器彝銘的修訂稿著作。該書最初是郭沫若在 1928 年旅居日本時所寫
的。以後的幾年中，郭沫若反復修訂增補。直到新中國成立後的 1957 年，作爲中國
科學院考古研究所考古學專刊甲種第三號，由科學出版社以《兩周金文辭大系圖録
考釋》爲題，重新出版。

1.《兩周金文辭大系圖録考釋》一書的版本研究

《兩周金文辭大系圖録考釋》一書是由郭沫若早年開始著述、晚年親自參加最
後修訂的一部研究兩周青銅器彝銘的劃時代之作，該書對于解讀商周歷史和禮制具
有極其重大的參考價值。

該書的諸多版本成書經過大致是：郭沫若首先編成一册綫裝《兩周金文辭大
系》一書，1932 年 1 月，由日本文求堂書店影印手稿出版。該書出版時的副標題是
“周代金文辭之歷史系統與地方分類”。其後經過整理和補充，又增加銅器圖録，成
四册綫裝《兩周金文辭大系圖録》一書，1934 年 11 月由日本文求堂書店影印出版。
案：《兩周金文辭大系圖録》一書初版現有二説，一説由日本文求堂書店出版，一説
由三聯書店出版。但據日本《新潟大學所藏漢籍目録》“《兩周金文辭大系圖録》不
分卷，郭沫若撰。昭和十年東京文求堂石印本，五册”之記載可知，此書當爲日本
文求堂書店出版，則三聯書店出版説爲非也。

與此同時，郭沫若在《兩周金文辭大系》基礎上，另著三册綫裝《兩周金文辭
大系考釋》一書，1935 年 8 月由日本文求堂書店影印手稿出版。

新中國成立後，郭沫若將上述諸書重新加以編定，名爲《兩周金文辭大系圖録
考釋》，1957 年由科學出版社八册綫裝影印手稿出版。這是由郭沫若晚年親自參加
修訂的此書的最後定本。

1999 年，上海書店出版社曾出版《兩周金文辭大系圖録考釋（上、下）》一書
的單行本。2002 年 10 月，《郭沫若全集·考古編》由科學出版社影印手稿出版。該

全集《考古編》第七、第八卷爲《兩周金文辭大系圖録考釋》一書。其中，圖録部分包括圖編和録編，圖編專輯器形，既調整了個別篇目、增補了校勘和注釋，又增補或更換了一些拓片、照片、摹本，使該書更加清晰、美觀。儘管經過了如此加工，但由於已經脱離了原作者的參與，《郭沫若全集·考古編》中所收的《兩周金文辭大系圖録考釋》一書，其版本學價值自然不能和 1957 年出版的此書相比。

2.《兩周金文辭大系圖録考釋》諸版本的内容對比

《兩周金文辭大系》一書在目録上由序文、解題、上編宗周文、下編列國文、索引五部分組成。上編考釋宗周銅器銘文 137 器。郭沫若稱其爲“上編宗周文凡一百三十又七器，仿《尚書》體例，以列王爲次”。下編考釋列國銅器銘文 114 器。郭沫若稱其爲“下編列國文凡一百一十又四器，仿《國風》體例，以國別爲次。其次以長江下游爲起點，沿長江流域溯流而上，於江河之間順流而下，更沿黄河流域溯流而上，故始于吳而終於秦”。[1] 上下編所考釋銘文數量相差 23 器。全部共 251 器。郭沫若認爲，此書所選“於存世之器雖未及十分之一，大抵乃金文辭中之菁華也”。[2]

此書最初名爲《金文辭通纂》，[3] 顯然是爲了與《卜辭通纂》相呼應而來。到了當年 4 月 19 日，他將書名定爲《兩周金文辭通纂》，[4] 直到 1931 年 9 月 9 日，他在致容庚的信中纔説明書名的最後定名：

弟近忙於《兩周金文辭大系》（《通纂》改名）之謄録。[5]

《兩周金文辭大系考釋》一書在目録上由序文、本文、補録三部分組成。正文分上下兩編，上編考釋宗周銅器銘文 162 器。郭沫若稱其爲“大抵乃王臣之物”。下編考釋列國銅器銘文 161 器。郭沫若稱其爲“器則大抵屬於東周”。上下編所考釋銘文

---

[1]　郭沫若：《兩周金文辭大系·解題》，日本文求堂書店 1932 年版，第 1 頁。
[2]　郭沫若：《兩周金文辭大系·序文》，日本文求堂書店 1932 年版，第 10 頁。
[3]　1931 年 2 月 16 日郭沫若致容庚信，曾憲通編注：《郭沫若書簡（致容庚）》，廣東人民出版社 1981 年版，第 91 頁。
[4]　1931 年 4 月 19 日郭沫若致容庚信，曾憲通編注：《郭沫若書簡（致容庚）》，廣東人民出版社 1981 年版，第 96 頁。
[5]　1931 年 4 月 19 日郭沫若致容庚信，曾憲通編注：《郭沫若書簡（致容庚）》，廣東人民出版社 1981 年版，第 113 頁。

比例大致相當。由此可以看出"兩周之政治情形與文化狀況之演進矣"。[1]和《兩周金文辭大系》相比，宗周銅器銘文新增加了 25 器，列國銅器銘文新增加了 47 器。兩者共新增加了 72 器。全部共 323 器。新增比率在四分之一。

　　這裏請注意：郭沫若没有保留《兩周金文辭大系》一書中前文中的"解題"内容。《兩周金文辭大系》一書和《兩周金文辭大系考釋》一書各自的序文内容大致保持不變，衹是書寫的行款略有差異。作者在後者序文後又特別説明：

> 一九三一年九月九日初版録成時所序。其後三年爲增訂版重録之。凡於國名、次第及器銘數目有所更改外，餘均仍舊。[2]

但是，正文的考釋内容則改動頗多，詳細論述見後。

　　《兩周金文辭大系考釋》一書出版後，實質上等于《兩周金文辭大系》一書的作廢。到了 1956 年 10 月 30 日郭沫若在出版《兩周金文辭大系圖録考釋》一書時，終于在《增訂序記》裏明確宣布了：

> 又其後一年，別成《兩周金文辭大系考釋》，於文辭説解加詳，於是初版遂作廢。[3]

之所以公開宣布"初版遂作廢"顯然和容庚對此書長期的訂正和增補有直接關係。見 1954 年 11 月 1 日郭沫若致尹達信：

> 容庚先生近來和我通了兩次信，對於《兩周金文辭大系圖録》作了仔細校對和補充。該書，人民出版社有意重印，但尚未着手。性質太專門，似以改由科學院出版爲宜。您如同意，我想把它作爲一所的出版物。該書擬即請容庚核校補充。[4]

　　《兩周金文辭大系圖録》一書在目録上由序説、圖編、録編三部分組成。圖編專門收録了 263 器青銅器器形的花紋圖。所録青銅器器形的圖像，依器類形制和年代排比。録編收録了 324 器青銅器彝銘拓本或摹本。録編上編爲宗周彝銘，下編爲列

---

[1]　郭沫若：《兩周金文辭大系考釋·序文》，日本文求堂書店 1935 年版，第 4 頁。
[2]　同上，第 5 頁。
[3]　郭沫若：《兩周金文辭大系圖録考釋·增訂序記》，科學出版社 1957 年版，第 1 頁。
[4]　郭沫若著、黄淳浩編：《郭沫若書信集》，中國社會科學出版社 1993 年版，第 173 頁。

國彝銘。

這裏我們可以看出，録編其實就是修訂後没有考釋的《兩周金文辭大系》。

因此，關于郭沫若對彝銘的考證見之于《兩周金文辭大系考釋》一書。而他對于青銅器的研究則見之于《兩周金文辭大系圖録》一書的序説和圖編兩部分。以上應該是郭沫若晚年親自參加審定的《兩周金文辭大系圖録考釋》一書的核心所在。而《兩周金文辭大系圖録》一書序説和圖編這兩部分共有以下幾章構成：《列國標準器年代表》、《兩周金文辭大系圖編序説》（即著名的《彝器形象學試探》）、《兩周金文辭大系圖編》。其中，《彝器形象學試探》則是他的銅器類型學的概論和核心思想之所在。

3. 《兩周金文辭大系考釋》的主要學術貢獻

該書上編兩册考釋宗周銅器彝銘 162 器，始于武王時期的《大豐簋》，終于幽王時期的《宗婦鼎》。該書下編一册考釋列國銅器彝銘 161 器，始于吴國《者减鐘》，終于楚國《楚王酓盤》。夏鼐曾經總結此書的研究方法是：

> 這書對於青銅器年代的推定，先據銘文中透露年代的器物爲中心以推證它器之有人名事迹可聯繫者，然後更就文字的體例、文辭的格調及器物的花紋、形式以參驗之。這樣常可以確定那些是一個時代的器物，可以作爲一組。書中共收入年代、國別之可徵者，凡 251 器（增訂本增至 323 器），依時代與地方分類，作爲銅器斷代的標準尺度。[1]

這一總結是十分到位而且中肯的，頗能道出郭氏學術精華之所在！

總結來説，該書在如下幾個方面取得了突破性成果：

第一，對西周及其列國重大歷史事實的考證與研究。

郭沫若在該書《序文》中首先肯定了彝銘的重大史料價值“銘辭之長有幾及五百字者，説者每謂足抵《尚書》一篇，然其史料價值殆有過之而無不及”。因此，他清醒地意識到“夫彝銘之可貴在足以徵史”。

他還特别注意到了研究彝銘的方法論問題。他説：

> 竊謂即當以年代與國別爲之條貫。此法古人已早創通，《尚書》《風》《雅》《國語》《國策》諸書是也。[2]

---

[1] 夏鼐：《郭沫若同志對于中國考古學的卓越貢獻》，《考古》1978 年第 4 期。

[2] 郭沫若：《兩周金文辭大系考釋》，日本文求堂書店 1935 年版，第 2 頁。

而且，他還把《尚書》與彝銘進行了對比研究：

> 《尚書》諸誥命，以彝銘例之，尤疑録自鐘鼎盤盂之銘文，周代王室之器罕見，其列王重器或尚埋藏於地而未盡佚者亦未可期。故謂《尚書》爲最古之金文著録，似亦無所不可。[1]

在對諸侯國歷史的考證研究中，郭沫若結合歷史地理、文字訓詁和上古史料，從彝銘中出現的簡單的地名、人名中還原出當時真實的歷史事件。如在對《員卣》彝銘中出現的"員從史旗伐會（鄶）"一語考釋中，他就挖掘出了古鄶國的一段歷史：

> 會，鄶省。《國風》作檜。《鄭語》"妘姓，鄔、鄶、路、偪陽"，注云："陸終第四子曰求言，爲妘姓，封於鄶，今新鄭也。"平王東遷，爲鄭所滅。《左傳·僖三十三年》："鄭葬公子瑕于鄶城之下。"杜注云："古鄶國，在滎陽密縣東北。"在今河南密縣東北五十里，與新鄭接壤。[2]

在對彝銘的考釋中，郭沫若則努力從中挖掘出大量的商周社會史材料，如在對《叔夷鐘》彝銘的"余易女馬、車、戎兵、釐僕三百又五十家"一語考釋中，他就發現：

> 蓋是役叔夷最有功，故齊侯以萊邑賜之，并以萊之遺民三百五十家爲其臣僕也。古者國滅，則人民淪爲奴隸，本器足證春秋中葉以後，奴隸制度猶儼然存在也。[3]

他對奴隸制度的研究，實現了他所想達到的"探討中國之古代社會"的目的。在對《録伯䀴簋》彝銘的考釋中，郭沫若勾勒出了録國和西周王朝之間的恩怨史：

> 録國殆即《春秋·文五年》："楚人滅六"之六。舊稱皋陶之後，地望在今安徽六安縣附近。録國在周初曾與周人啓釁。《大保簋》："王伐録子耵"其證也。此言"乃祖考有勞於周邦，佑闢四方，叀圉天命"，則䀴之先人復曾有功於周室。蓋録子耵被成王征服後，即臣服於周有所翼贊也。[4]

---

[1]　郭沫若：《兩周金文辭大系考釋》，日本文求堂書店 1935 年版，第 2 頁。
[2]　同上，第 28 頁。
[3]　同上，第 205 頁。
[4]　同上，第 62 頁。

對有些覺得把握不定、又無可資參考價值的其他人的觀點，他就采取了存而不論的態度。如關于《效父簋》的斷代問題，郭沫若在《兩周金文辭大系考釋》中定此器爲孝王時代之物。并且提出了休王即孝王的别稱的觀點。然而在出版《兩周金文辭大系圖録考釋》一書時，他却去掉了把休王定爲孝王的説法，但又没有提出新的觀點，而是采取了存而不論的態度。實際上，至今爲止，休王究竟爲誰依然是個没有解决的問題。[1]

第二，對西周及其列國歷史人物的考證與研究。

1929 年河南洛陽馬坡出土的《令彝》，其彝銘引起了有關周公稱謂的争論。在對《令彝》彝銘的考證中，郭沫若提出了彝銘中出現的"周公子明保"就是伯禽的觀點，此説一出，即成定論：

> "周公子明保"，周公即周公旦，明保乃魯公伯禽也。此器上稱明保，知明保即是明公。下《明公簋》上稱明公，下稱魯侯，知明公即是魯侯，周公之子而爲魯侯者，伯禽也。得此知伯禽乃字，保乃名。明者蓋封魯以前之食邑。[2]

他在考釋《作册大鼎》彝銘中的"公束"一名時，顯示出他對西周歷史和文字訓詁之學的精湛把握：

> 奭讀詩迹切，迹亦作速若蹟，正從束聲。《説文》："奭，讀若郝"，又引《史篇》："召公名奭"，醜在穿紐，與審紐爲近，則郝乃一家師讀，不必即是正音。今束在清紐，與穿審均有轉變之可能。古從束聲之字，如策在穿紐，揀在審紐即其證。故公束斷爲君奭無疑。[3]

---

[1] 白川靜曾經在《金文通釋》一書中曾有意把此處的休王解作康王，因爲他在 1971 年出版的《金文の世界》一書中就開始主張這些含有休王之名的諸多器物，自形狀和彝銘内容來看，都與康王時代吻合，這是極爲明顯的事情。有鑑于此，他得出了可能"休王是康王的生號"的結論。但是，最近十幾年在新出土的西周青銅器上的彝銘中又發現了有關康王的記載。這使白川靜之説也難成定論。

[2] 郭沫若：《兩周金文辭大系考釋》，日本文求堂書店 1935 年版，第 6 頁。

[3] 同上，第 33 頁。

《作册大鼎》彝銘拓片

《作册大鼎》彝銘釋文：

> 公束鑄武王、
> 成王異鼎。唯四
> 月既生霸己
> 丑。賞作册
> 大白馬。大揚
> 皇天尹大（太）保（保）
> 佣（貯）用作祖丁寶
> 尊彝。雋册

在對《寰卣》彝銘的考釋中，他得出了彝銘中的"王姜"即爲成王之妃的結論：

> 王姜亦見《令簋》，別有《寰尊》，文云："才斤，君令余作册寰安尸白、尸
> 白賓貝布、用作朕文考日癸旅寶。凡。"當泐去首行六字，與本卣自是同時同
> 人之器，而本銘言王姜處，該銘言君，君，女君也。《晉姜鼎》："余字，隹嗣朕
> 先姑君晉邦"，其確證，是知王姜乃成王之后。[1]

---

[1]　郭沫若：《兩周金文辭大系考釋》，日本文求堂書店 1935 年版，第 14 頁。

郭沫若的這些考證，豐富了對西周王朝的準確瞭解，訂正了誤傳的史實，顯示出彝銘真正的史料價值。再如他在《班簋》彝銘中對"文王王姒孫"的考證，揭示了毛公即文王之子毛叔鄭這一歷史事實，也同時印證了《尚書·顧命》中對毛叔鄭記載的可信度。

第三，對西周歷史年代的劃定。

郭沫若在西周年代學的研究上，是從彝銘內容入手的。

他在序文中首先表明了他自己的研究方法：

> 余專就彝銘器物本身以求之。不懷若何之成見。亦不據外在之尺度。蓋器物年代每亦有於銘文透露者，如上舉之《獻侯鼎》《宗周鐘》《遹簋》《趞曹鼎》《匡卣》等皆是。此外如《大豐簋》云"王衣祀於王不顯考文王"，自爲武王時器。《小盂鼎》云"用牲啻（禘）周王、□王、成王"，當爲康王時器，均不待辯而自明。而由新舊史料之合證，足以確實考訂者，爲數亦不鮮。據此等器物爲中心，以推證它器，其人名、事迹，每有一貫之脈絡可尋。得此，更就文字之體例、文辭之格調及器物之花紋形式以參驗之，一時代之器大抵可以踪迹。即其近是者，於先後之相去，要必不甚遠。至其有曆朔之紀載者，亦於年月日辰間之相互關係，求其合與不合。[1]

郭沫若這段話的意思是從幾個方面闡述了研究西周年代學的操作方法：

一是彝銘中出現的具體時王名稱。如《大豐簋》彝銘中出現了"文王在上"一語，則此器顯然是武王時器。

二是諸多史料對彝銘中記載史實的旁證。如《尚書·顧命》與《班簋》彝銘中都出現了對毛叔鄭事迹的記載，相互印證了此事此人的真實性。

三是由上述已知年代器推導出該時王特定的銅器類型標準器。

四是由彝銘中已知的曆朔與古籍中記載的曆朔相互印證。郭沫若肯定了王國維的月相四分說。

這四個方面就是當時郭沫若研究西周銅器斷代的主要操作方法，而這四個方面很明顯是受到了西方考古學理論的影響。衆所周知郭沫若當時把德國考古學家米海里斯的《美術考古學發現史》一書翻譯成了中文，該書出版後風靡全國，接連再版。

---

[1]　郭沫若：《兩周金文辭大系考釋·序文》，日本文求堂書店 1935 年版，第 3 頁。

郭沫若自己也承認：

> 假如我没有譯讀這本書，我一定没有本領把殷墟卜辭和殷周青銅器整理出一個頭緒來。[1]

他在《青銅器時代》一書中，進一步闡述自己的斷代方法爲：

> 我是先選定了彝銘中已經自行把年代表明了的作爲標準器或聯絡站，其次就這些彝銘裏面的人名事迹以爲綫索，再參證以文辭的體裁，文字的風格，和器物本身的花紋形制，由已知年的標準器便把許多未知年的貫串了起來；其有年月日規定的，就限定範圍内的曆朔考究其合與不合，把這作爲副次的消極條件。我用這個方法編出了我的《兩周金文辭大系》一書……即使没有選入《大系》中的器皿，我們……可以……按照它的花紋形制乃至有銘時的文體字體，和我們所已經知道的標準器相比較，凡是相近似的，年代便相差不遠。[2]

并且大膽預言：

> 大凡一時代之器必有一時代之花紋與形式，今時如是，古亦如是。故花紋形式在決定器物之時代上占有極重要之位置，其可依據，有時過於銘文，在無銘文之器則直當以二者爲考訂時代之唯一綫索。如有史以前尚無文字之石器時代，其石器陶器等，學者即專據其形式若花紋以判別其先後。其法已成專學，近世考古學大部分即屬於先史時代者……余謂凡今後研究殷周彝器者，當以求出花紋形式之歷史系統爲其最主要之事業。[3]

因此，郭沫若對西周銅器的斷代和排序，爲彝銘史料的科學化和嚴謹化作出了傑出的貢獻，極大地開拓了兩周歷史研究的視野。

第四，對疑難古文字的釋讀。

考釋疑難古文字是郭沫若在古文字學上的主要貢獻之一。《令彝》彝銘中"今我唯令汝二人亢**罘**矢，**爽**眉（諧、左）右于乃寮乃友事"一語中，因爲有個"**爽**"字字義未詳，造成此句彝銘頗難通解。郭沫若爲此展開了精心地考證：

---

［1］［德］米海里斯著、郭沫若譯：《美術考古學發現史·再版序言》，上海樂群書店1946年版。
［2］《郭沫若全集·歷史編》（第一卷），人民出版社1982年版，第604頁。
［3］《郭沫若全集·考古編》（第五卷），人民出版社1954年版，第306—307頁。

　　"爽"字亦見卜辭，作爽若爽，異文頗多。有爽、爽、爽、爽諸形，其用例均爲"祖某爽妣某"。彝銘《戊辰彝》言"妣戊，武乙爽"語雖略而例實同。義則當爲配偶。羅振玉釋爲"赫"，形義具難適。余以爲乃"母"之奇文。象人胸頭垂二乳也。卜辭亦有爽、母通用之例。如大乙之爽爲妣丙，亦稱"大乙母妣丙"，祖丁之爽爲妣己，亦稱"祖丁母妣己"，即其證。又《説文·林部》："霖，豐也。從林爽。爽，或説規模字"。然古文"無"字如《般甗》作爽，《大盂鼎》作爽，乃"舞"之初文，象人執物而舞，字不從林爽，義亦非豐。唯存一"爽"字，又存一或説，以爲"規模字"者，故或説云然。母、模同組，例可通假，《禮記·內則》"淳母"，鄭玄云："母，讀爲模"，其證也。故由卜辭知爽、爽、爽等爲一字，而通其意，由《説文》或説而得其音，爽、爽、爽等爲母之奇文無疑也。[1]

此説一出，立刻成爲定論。

　　另一個著名的考證案例出現在對《獻侯鼎》彝銘中"天黿"二字的考證上。大家知道，在商周青銅器彝銘上經常出現一些圖形文字，如下所示：

這類圖形文字數量衆多。它們出現在銘文的開始、尾部或者中間。是族徽符號還是象形文字，或者是具有特殊意義的人名……古今學術界衆説紛紜，難成定論。《獻侯鼎》彝銘中出現的"天黿"二字，也就是上述圖形文字中的第二個，在商周彝銘中它具有多種變化，我們製成下表，供讀者參考：

[1]　郭沫若：《兩周金文辭大系考釋》，日本文求堂書店1935年版，第9頁。

郭沫若以精湛的學術素養和見識，一下子把握住了這一圖形文字的内在含義所在，他大膽地提出：

> 天黿二字，原作☒，器銘多見，舊釋爲子孫，余謂當是天黿，即軒轅也。
> 《周語》"我姬姓出自天黿"，猶言出自黄帝。[1]

"余謂當是天黿，即軒轅也"之説，真可謂如劃破蒼穹的閃電，一下子解決了千年歷史懸案！☒爲天黿即軒轅黄帝之説，至今已是不争之史實。

郭沫若在對《沈子也簋》彝銘中沈子名也的由來之考證，充分顯示出他在古文字學、音韻學和訓詁學上的精湛造詣：

《沈子也簋》彝銘拓片

《沈子也簋》彝銘釋文：

也曰：拜稽首，敢取（肇）邵（昭）告朕，吾考，令乃鵑（嬗）沈子，作紿于周公宗，陟二公，不敢不紿休同。公克成妥（綏）吾考以于顯顯受令（命）。烏乎！唯考取又念自先王、先公，廼妹（昧）克衣告剌（烈）成工（功）。

叔吾考

克淵克，乃沈子其顗褱（懷），多公能福。烏乎，乃沈子妹（昧）克，蔑見猒（厭）于公休，沈子肇戲秎貯齒，作兹殷，用穮鄉（饗）己公，用佫多公，其孔哀（愛）乃沈子也唯福。用水（賜）霝（靈）令（命），用妥（綏）公唯壽。也用褱（懷）逯我多弟子，我孫克又（有）井（型）戲（效），懿父逓是子。

爲此，郭氏考證：

---

[1]　郭沫若：《兩周金文辭大系考釋》，日本文求堂書店1935年版，第31頁。

也，沈子名。字乃古文匜。象匜之平視形。《説文》以爲"象女陰"，非也。又字與它，古亦有別。因古音相同，世多混爲一字。學者不可不辨。彝銘中屢見"也也熙熙"之連語，熙熙，和樂貌，習見。也也，即《孟子‧離婁下》"施施從外來"之施施。趙注云："施施，猶扁扁。喜悦之貌"是也。沈子以也爲名，義蓋取此。[1]

此説對"也"字本義的考證，訂正了《説文解字》中對"也"字"女象陰"説的誤導。恢復了"也"字的施施、扁扁、喜悦之貌的本義。

類似這樣的考證，在《兩周金文辭大系考釋》一書中可以説隨處可見。

第五，對西周禮制、軍制、法制、婚制等方面的考證與研究。

早在 1929 年 8 月 27 日致容庚的信中，郭沫若已經公開表明了他"頗用心於甲骨文字及吉金文字之學"的目的，乃在于"探討中國之古代社會"，[2]因此，文字和歷史之外，利用馬克思主義唯物史觀，結合古文字學、銅器類型學等方法，對于西周禮制、軍制、法制、婚制等方面的考證與研究，也就成爲郭沫若實現他"探討中國之古代社會"之目標的正確途徑。

在《兩周金文辭大系考釋》一書中，郭沫若利用他掌握的彝銘史料，訂正了漢儒們對《周禮》的若干曲解。如他在對《小盂鼎》彝銘中出現的"三左三右"職官的考證：

"三左三右"當即《曲禮》之天官六大：大宰、大宗、大史、大祝、大士、大卜。大宰、大宗、大士在王右。大史、大卜、大祝在王左。故稱"三左三右"。《逸周書‧大匡篇》："王乃召冢卿、三老三吏、大夫、百執事之人，朝於大庭。"三老三吏即"三左三右"之訛。六大即古之六卿，與劉歆所竄改之《周禮》異撰。六卿之上有總其成者，即冢卿，亦稱"孤"。大抵即由六卿中之一人兼任之。[3]

再如在對《大盂鼎》彝銘中"汝妹（昧）辰又（有）大服，余唯即朕小學"一

---

[1] 郭沫若：《兩周金文辭大系考釋》，日本文求堂書店 1935 年版，第 46 頁。

[2] 1929 年 8 月 27 日郭沫若致容庚信。曾憲通編注：《郭沫若書簡（致容庚）》，廣東人民出版社 1981 年版，第 5 頁。

[3] 郭沫若：《兩周金文辭大系考釋》，日本文求堂書店 1935 年版，第 37 頁。

語的考證，郭沫若主張：

> 今案妹與昧通，昧辰謂童蒙知識未開之時也。盂父殆早世，故盂幼年即承繼顯職，康王曾命其入貴胄小學，有所深造。[1]

這段文字證明了《周禮》《禮記》等古籍中記載的兩周時代貴族子弟入小學學習之事。

在對《蔡大師鼎》彝銘的考釋中，郭沫若利用彝銘史料證實了當時女子婚姻前後字型大小有無的變化：

> 古者女子無字，出嫁則以其夫之字爲字。就見於彝銘者言，如《頌鼎》"皇考龏叔、皇母龏姒"，《召伯虎簋》"幽伯、幽姜"，《綸鎛》"皇祖聖叔、皇妣聖姜、皇祖又成惠叔、皇妣又成惠姜、皇考遵仲"均其例證。[2]

4.《彝器形象學試探》及郭沫若的銅器類型學説

前面我們已經説了《彝器形象學試探》是郭沫若的銅器類型學的概論和核心思想之所在。那麼，他在這篇作于 1934 年 11 月 25 日的著名論文中提出了哪些主要觀點呢？

第一，郭沫若根據青銅的器形、花紋、文字三方面的特點，把青銅器劃分爲四期。即：

> 據余所見，中國青銅器時代大率可分爲四大期。第一濫觴期，大率當於殷商前期；第二勃古期，殷商後期及周初成、康、昭、穆之世；第三開放期，恭、懿以後至春秋中葉；第四新式期，春秋中葉至戰國末年。[3]

第二，郭沫若創造了標準器斷代法并制定出《列國標準器年代表》。

關于標準器斷代法，這真的是郭沫若學術生涯中的神來之筆。他在《青銅時代》一書中曾經自述説：

> 周代年限太長，前後綿亘八百年，在這兒僅僅以"周器"統括之，實在是一個莫大的渾沌。因而周器的斷代研究便成爲一個重要的課題。時代性没有分

---

[1] 郭沫若：《兩周金文辭大系圖録考釋》，科學出版社 1957 年版，第 34 頁。
[2] 郭沫若：《兩周金文辭大系考釋》，日本求堂書店 1935 年版，第 399 頁。
[3] 郭沫若：《兩周金文辭大系圖録考釋》，科學出版社 1957 年版，第 1 頁。

劃清白，銅器本身的進展無從探索，更進一步的作爲史料的利用尤其不可能。就這樣，器物愈多便愈感覺着渾沌，而除作爲古玩之外，無益於歷史科學的研討，也愈感覺着可惜。[1]

爲了解決這個"莫大的渾沌"，受到《美術考古學發現史》一書學術影響的郭沫若，早在 1930 年 4 月 6 日致容庚的信中提出了他的銅器類型學的若干理論雛形：

> 余意花紋形式之研究最爲切要，近世考古學即注意於此。如在銅器時代以前之新舊石器時代之古物，即由形式或花紋以定其時期。足下與古物接觸之機會較多，能有意於此乎？如將時代已定之器作爲標準，就其器之花紋形式比匯而統系之，以按其餘之時代不明者，余意必大有創獲也。[2]

在《列國標準器年代表》中，郭沫若以周秦王統、年代、列國紀年、標準器及備考五項作爲製表的基準。而他對年代和列國紀年則是以古史資料對比研究爲主，標準器中出現的銘文與列國紀年的文獻記載相一致，增加了標準器的可信度。先從彝銘中的内容可確知年代的器物開始，以這些器物彝銘中出現的人物、史實、文辭風格、文字特徵及器物的花紋、形制作爲標準尺度，以此來對未知年代的青銅器進行斷代。而備考中則對所選定的二十八個列國標準器彝銘中出現的疑難文字和人物進行言簡意賅的考證或説明，十分精到。就這樣，郭沫若把世稱"一團混沌"的傳世青銅器，經他有序地排列和斷代之後，成爲可資利用的文獻資料。郭沫若的功勞可以説是前無古人的。

利用標準器法來斷代最著名的案例就是對《毛公鼎》年代的判定了。以往皆以其爲成王或昭穆時期之物。郭沫若據彝銘的風格、彝銘中的人物、青銅器形、花紋特點，判定其當爲宣王時器。此説一出，逐漸被學術界認可，現已成定論。

郭沫若在《毛公鼎之年代》一文中主張：

> 余謂凡今後研究殷周彝器者，當以求出花紋形式之歷史系統爲其最主要之事業。求之之法，有賴於今後之科學的地底發掘自不待言，然其事殊未易舉。目前有較爲易舉之工作，且足爲將來之發掘做準備者，則存世彝器多於銘文中

---

[1]《郭沫若全集·歷史編》（第一卷），人民出版社 1982 年版，第 602 頁。
[2] 1930 年 4 月 6 日郭沫若致容庚信，曾憲通編注：《郭沫若書簡（致容庚）》，廣東人民出版社 1981 年版，第 54 頁。

直接透露其年代，亦多由間接可以推證者，就此類器以求之。大抵可以獲得一疏鬆之系統也。[1]

總結來說，由郭沫若開創的這一嶄新的標準器斷代法，打破了過去一千多年研究青銅器的傳統模式和研究方法，經過半個多世紀的驗證，越來越證明了其科學性和嚴謹性，已經是這一領域的基本治學規範和操作方法，是馬克思主義歷史觀指導中國古代社會研究的學術典範。

5.《兩周金文辭大系圖録考釋》一書的美中不足

從《兩周金文辭大系》到《兩周金文辭大系圖録考釋》一書的出現，郭沫若在不停地修改原作，力求其嚴謹、完善和科學。看到黃盛璋的《懷念郭老晚年對我的學術培養》一文，[2]我們知道郭沫若晚年依然有想寫《兩周金文辭大系圖録考釋續編》一書的夢想。比如在《兩周金文辭大系》中，考證《御正衛簋》中的"御正"，最初他就主張是人名。但是到了撰寫《兩周金文辭大系考釋》時，他已經公開表示了改從唐蘭的"當是官名"之説，到了《兩周金文辭大系圖録考釋》一書出現時也還是如此。再如在對《令鼎》彝銘的解釋中，他在《兩周金文辭大系考釋》一書中就公開地采納了吳其昌之説：

> 余曩亦未能信從，今知"乃克至"當訓爲叚若之若，猶《舀鼎》言"乃弗得，女匡罰大"。典籍中亦多用乃爲若，詳王引之《經傳釋詞》卷六"乃猶若也"條下。吳説實較余舊説爲勝，今改從之。[3]

可見，對此書的重視和修改一直是郭沫若的學術重心所在。足見該書在他心目中的地位和價值。

通讀從《兩周金文辭大系》到《兩周金文辭大系圖録考釋》一書之間先後的出現此書的各種版本，筆者想提出幾點不成熟的看法，作爲我們這些郭老的晚輩學者今後努力和研究的目標所在，這也是筆者認爲的郭沫若這部名著至今尚待完善和修

---

[1]《郭沫若全集·考古編》（第五卷），人民出版社1954年版，第307頁。

[2] 見黃盛璋《永不能忘的憶念——悼念郭沫若院長》："《兩周金文辭大系考釋續編》請他指導，我做具體工作，這是他1972年信中希望我做的。我向他彙報已經着手兩、三年，將仿效《金文叢考》和《大系》的做法，《續編》編成後，仍請他署名出版。"（《歷史地理與考古論叢》，齊魯書社1982年版，第415頁）

[3] 郭沫若：《兩周金文辭大系考釋》，日本文求堂書店1935年版，第31頁。

改的地方。

第一，郭沫若反對唐蘭的康宫説有失唐突。在對《令彝》彝銘考證中，郭沫若認爲：

> 康宫之非康王之宫，亦猶宣榭之非宣王之榭也。[1]

其實，康宫問題實在非常複雜，絶非上述的"亦猶宣榭之非宣王之榭也"所能否定和解決的。而郭沫若在《兩周金文辭大系考釋》一書中以懿美之字爲宫室之名對康宫問題的闡述，有將問題簡單化處理的傾向。

第二，郭沫若把著名的"析子孫"圖形文字簡單地歸結爲"族徽"有失嚴謹。如他在對《員鼎》彝銘的考證中就説：

> 文多見，宋人釋爲"析子孫"，近時王國維又説爲抱尸而祭之形，均是臆説。案此乃員之族徽。[2]

此説恐非。至少至今還不是學術界的定論。把這一圖形文字簡單地歸結爲族徽，并没有解決任何問題，反而有回避學術難點之嫌。其中，郭沫若將著名的數字卦看成是族徽，是他研究《周易》和彝銘的一大失誤，十分可惜。

第三，郭沫若在對《大篡》彝銘的考釋中，對于"王在蠶侲宫"的"蠶侲"二字，"不知是宫名抑或人名"。[3]類似的例子還有幾處，十分可惜。這可説是智者千慮之一失吧。

第四，《兩周金文辭大系圖録》一書的圖編部分，基本上衹是正面直視圖形，除了《虢季子白盤》等幾件銅器外，基本上看不到彝銘。而這些正面直視圖形還停留在宋代青銅器著録的水準，完全不是現代考古學意義上的銅器考古類型圖。而且也缺乏相互之間的對比研究，甚至到了出版《兩周金文辭大系圖録考釋》一書也依然没有加以補充和修改。

6.《兩周金文辭大系圖録考釋》一書的歷史評價

《兩周金文辭大系圖録考釋》一書，以兩周彝銘中出現的人名、地名和歷史事實

[1] 郭沫若：《兩周金文辭大系考釋》，日本文求堂書店1935年版，第8頁。
[2] 同上，第29頁。
[3] 同上，第87頁。

爲主要綫索，再參證鑄刻文字的體裁、風格以及青銅器本身的花紋形制，將它們綜合起來，作爲進行兩周青銅器分期和斷代主要依據，從此開創了一個科學地研究兩周青銅器的先河，爲兩周歷史研究增加了真實可信的 323 篇真正的逸文。此書自出版後立刻引起了國内外學術界的重視和震驚，半個多世紀以來好評如潮。此書已經成爲國内外研究中國古代史的必備經典著作。

張政烺在《郭沫若同志對金文研究的貢獻》一文中就曾如是闡述：

> 《兩周金文辭大系》初版問世（1932）已是一鳴驚人、前無古人之作。經過兩三年繼續不斷努力，收集圖像和拓本，尤其新出的材料，深入研究，改編成《兩周金文辭大系圖録》（1934）和《兩周金文辭大系考釋》（1935），這是郭老對金文研究的最大貢獻。這部巨著在當時出版意義是很大的。一切要研究中國社會發展史的人都要從這裏找材料。一些封建主義的、買辦階級的、托派漢奸的古代史學望風披靡。它是銅器研究的一根尺規，專家學者定銅器年代、考銘文辭義、釋古代文字都要檢查它，今天臺灣的一些專家也依然如此。[1]

趙光賢在《中國歷史研究法》一書中曾經評價説：

> 《大系圖録考釋》對西周的金文是按時代編次的，對春秋戰國的金文是按國别編次的，這是很明智的編輯方法。金文斷代是不容易的，以前的金文書都不敢用這個辦法。郭老以他深邃的目光，從圖像和文字兩方面探索出西周各器的年代，而編次各器物，爲後學立一個規範。其斷代與文字考釋雖不無可商之處，但是我認爲他爲金文斷代研究打下基礎，而文字考釋能提出個人的見解，也是值得推崇的。在這方面他是繼王國維之後，在金文研究上最有成績的學者。[2]

這一評價是很公正而中肯的。直到最近，由讀者投票參與“二十世紀文博考古最佳圖書評選”的結果，郭沫若《兩周金文辭大系圖録考釋》一書榜上有名。而且，該書還被評選爲“十部最佳論著”。

郭沫若創立的彝銘著録編排法和青銅器標準器比較法，至今仍爲彝銘學界和青

---

[1]　張政烺：《郭沫若同志對金文研究的貢獻》，《考古》1983 年第 1 期。
[2]　趙光賢：《中國歷史研究法》，中國青年出版社 1988 年版，第 33 頁。

銅考古學界的研究者們所沿用。郭沫若自己對傳統彝銘著録研究方法的批判實際上也就暗示着他的《兩周金文辭大系圖録考釋》一書特點之所在了：

> 或僅采銘文，或兼收圖像，或詳加考釋，或不着一語，雖各小有出入，然其著録之方，率以器爲類聚，同類之器以銘文之多寡有無爲後先，驟視之雖若井井有條，實則於年代、國别之既明者猶復加以淆亂，六國之文竄列商周，一人之器分載數卷，視《尚書》篇次之有歷史系統之條貫者，迥不相侔矣。[1]

因此，他在《兩周金文辭大系圖録考釋》一書中對宗周銅器銘文和列國銅器銘文的編排著録，爲斷代研究提出了良好的基礎。他的《兩周金文辭大系圖録考釋》《殷周青銅器銘文研究》《金文叢考》《金文餘釋之餘》《金文叢考補録》《古代銘刻彙考》《古代銘刻彙考續編》《中國古代社會研究》《青銅時代》等專著至今也是研究先秦史和中國古代史的必讀著作和學術經典。他提出的商周爲奴隸制時代、戰國爲封建制時代的種種觀點我們可以同意或反對，但是我們無法繞過這個世紀學術偉人所留下的身影。

四、容庚的彝銘學

容庚（1894—1983），廣東東莞人，原名肇庚，字希白，號頌齋，以"五千卷金石書室"作爲齋名，又曾以"寶蘊樓"和"善齋"作爲齋名。容庚出身于書宦之家，十五歲喪父，舅父鄧爾疋是廣東著名的書法篆刻家，他跟隨舅父研讀《説文解字》，學習書法、篆刻。關于這一經歷，他在《金文編序》中説：

> 余十五而孤，與家弟肇新、肇祖從四舅鄧爾疋治《説文》。民國二年，余讀書於東莞中學。四舅來寓余家，余兄弟課餘恒與據方案而坐，或習篆，或刻印，金石書籍擁置四側，心竊樂之。讀《説文古籀補》《繆篆分韻》諸書，頗有補輯之志。

早年北上京、津，拜訪羅振玉、王國維。1922年，經羅振玉介紹入北京大學研究所國學門讀研究生，畢業後歷任燕京大學教授、《燕京學報》主編兼北平古物陳列所鑑定委員、嶺南大學中文系教授兼系主任、《嶺南學報》主編、中山大學中文系教授等。

在彝銘方面，著有：《金文編》（1925）、《寶蘊樓彝器圖録》（1929）、《秦漢金文録》（1931）、《頌齋吉金圖録》（1933）、《武英殿彝器圖録》（1934）、《海外吉金圖

---

[1]　郭沫若《兩周金文辭大系考釋·序文》，日本文求堂書店1935年版，第1頁。

録》(1935)、《善齋彝器圖録》(1936)、《秦公鐘簋之年代》(1937)、《商周彝器通考》(1941) 等。而他自己最看重的衹是《金文編》和《商周彝器通考》二書。

1.《金文編》的版本與增補

他的成名作爲 1925 年出版的《金文編》。此書著述之初，他是計劃"擬采集篆、籀之見存者，爲《殷周秦漢文字》一書：一《甲骨文編》，二《金文編》"。因此，在他北上拜訪羅振玉之時，就是"以所著《金文編》請正"的。并且該書的出版是"經羅振玉、王國維兩導師及沈兼士、馬衡兩教授訂其謬誤……寫定印行"的。1935年，他編輯出版了集秦漢金文而撰成的《金文續編》一書。

該書 1939 年由香港商務印書館出版修訂本。這時該書已經是"所收殷周金文凡一千八百又四文，重一萬二千七百三十六文，附録一千一百六十五文，重九百六十六文，共得一萬六千六百七十二文，視初版增加六千三百六十五文"的規模。

1959 年由科學出版社出版該書第三次增訂本。這是繼吳大澂的《説文古籀補》之後的第一部金文大字典，是古文字研究者必備的工具書之一。這一版的《金文編》，據歷代出土的青銅器三千多件的彝銘，共收字一萬八千多個。商周秦漢銅器彝銘中已識與未識者，從中可盡覽無餘。這是一部相當完備的金文字典。曾憲通在《容庚與中國青銅器學》一文中曾經評價説：

> 在這一點上，容庚先生作了很大的改進，《金文編》率先收集銅器銘文中的單字，是第一部專集金文字形的專書，而把《説文》部首僅僅作爲編排金文字形的序列；凡金文字形與《説文》小篆有異者，則以金文糾正小篆之訛誤，《説文》所無之字則附於同部之末。其次，《金文編》糾正吳書收字駁雜的弊病，吳書除收録金文外，還雜有古陶文、古璽文和古幣文等字體，排列次序難以體現時代的先後；且字體劃一，衹能按拓本對臨，字形難免產生變化；《金文編》則專收金文，字形大小完全按照拓本或照片按原樣臨摹，故能體現異體字之間的細微差別，確保字形的精準。同一字的字形則按照時代的早晚排列，從中可以窺見金文字形發展的軌迹。第三，吳書對古器中的象形字，如犧形、兕形、鶉形、立戈形、立旂形、子執刀形、子荷貝形之類，概不采入。《金文編》不但采録大量的圖形文字，且能區別對待，對象形字中少數可識者入正編，將其中不可識之象形字爲附録上，不可識之形聲字則爲附録下，一目了然，成爲《金文編》的一大特色。此外有關金文字形的孳乳、通假和訓釋，也較吳書翔實精當；

至於所采集之金文資料更是吳書所無法比擬的。1939 年《金文編》再版，正編收字 1 804 文，附録 1 165 文，重文 16 671 文；較初版增加六成。1959 年三版《金文編》正編 1 894 文，附録 1 165 文，重文 18 028 文。1985 年四版《金文編》正編 2 420 文，附録 1 352 文，重文 24 260 文。[1]

容氏的《金文編》于每個字下，羅列商周銅器上所見該字的各種字形，并説明該字形的具體出處。全書又按照《説文解字》的順序編排。并將該字的小篆寫法寫在頁端，綴以數位編碼。

有些文字在説明具體出處後，還進行一些解釋。如"鄀"字：

鄀 1071

　　𩫏鄀，《説文》所無。《左傳·僖公二十五年》："秦晉伐鄀。"《注》："本在商密秦楚界上小國。"《漢書·地理志》："南郡若下云：楚昭王畏吳徙此。"《注》："春秋作鄀。"是"鄀"本作"若"也。《字林》："鄀，楚邑。"《鄀公簠》𩫏，𩫏《鄀公鼎》，𩫏從蟲，《鄀公匜》。

正是因爲有了這些注釋，使得《金文編》的學術價值倍增，即從字形對比爲主的工具書向字形對比和字義解釋并重的工具書的過渡。到了《金文編》出版第四版時，容氏弟子張振林、馬國權的注釋也時有所見。如該書"蠆 2143"中就羅列了張振林之説。對于一時間無法釋讀的文字和圖像文字，《金文編》全部將其羅列在書後的附録中。

《金文編》自出版以來一直有學者給予訂正和增補。其中，比較重要的有：陳漢平《金文編訂補》、董蓮池《金文編校補》和《金文編新編》、張世超等人《金文形義通解》等。不過，容庚自己也時有訂補。楊樹達《金文編書後》就曾記載：

　　1924 年至 1925 年間，此書初出，亡友沈兼士君以一冊貽余。近年來余治鐘鼎文字，時取以供參考，未暇細讀也。兩月前在長沙細校一通，私心頗多不愜之處，以未細讀改訂本，不欲有言也。比來廣州，借得一改定本，日來籀讀，知前此余心未愜之處已多改訂。[2]

---

[1]　曾憲通：《容庚與中國青銅器學》，《中山大學學報》2008 年第 3 期。
[2]　楊樹達：《積微居小學述林》，中華書局 1983 年版，第 272 頁。

楊樹達注意到了"知前此余心未愜之處已多改訂"這一現象，説明容氏本人長期在修改着此書，以追求圓滿。不過，陳寅恪與容庚二人之間長期存在着私人矛盾。在這一感情糾結中，楊樹達是傾向于他的老友陳寅恪的，他認爲容庚對師長陳寅恪不夠尊重。他甚至在個人日記中記載他讀了容庚的書後，直接斥責爲"年輕人胡説八道"之類的評論，則作爲學術前輩的楊樹達對于當時年輕的容庚之尖刻態度，由此可見一斑。甚至"文革"前，康生訪問中山大學，陳寅恪避而不見而容庚則見而論學的態度，兩相對比，并非容庚政治立場的作用，可能更多的是個人感情用事的作用吧。

但是也需要指出：此書直到第四版依然没有實現徹底的更新，即從字形對比爲主的工具書向字形對比和字義解釋并重的工具書轉變，而衹是在向字形對比和字義解釋并重的工具書過渡，這使學術界對于此書一直有負面評價，其典型批評就是所謂的"搬字過紙"之説，指責此書缺乏獨創性。

2.《商周彝器通考》

《商周彝器通考》是他的另外一部重要著作。該書 1941 年由哈佛燕京學社出版。這可以説是他的關于商周青銅器的綜合性通論，分上下兩編。上編是通論，詳述青銅器的基本理論與基本知識，分十五章。下編是分論，將青銅器按用途分爲四大類。全書共三十多萬字，附圖五百幅，徵引詳博，考據詳備審核，堪稱材料宏富、圖文并茂。這是一部對青銅器進行系統的理論闡釋并加以科學分類的著作，是研究青銅器的重要參考書。

曾憲通在《容庚與中國青銅器學》一文中曾經評價説：

> 1933 年起，以八年之力，昕夕耕耘，寢饋其中。他據所見彝器結合文獻記載分別爲銅器命名、定名和正名的基礎上，將 57 種古銅器分爲食器、酒器、水器（含雜器）和樂器 4 大類，逐一加以介紹，并作全面的審視和考索，終於完成了《商周彝器通考》這一巨著。此書首次突破宋清以來金石學的模式，從器物的形制、花紋和銘文的流變作綜合的研究，把辨僞、斷代、釋文、考證提高到前所未有的水平。[1]

其實，如果把《金文編》看作是金文字典的話，那麽《商周彝器通考》一書在

---

[1]　曾憲通：《容庚與中國青銅器學》，《中山大學學報》2008 年第 3 期。

本質上更接近于一部《銅器考古學通論》，遠遠没有達到《中國彝銘學》的要求。因此，如果本書面對的是古典文獻學、歷史文獻學、古文字學和漢語言文字學等古代文史研究專業學者的話，那麼《商周彝器通考》面對的祇能是從事銅器考古學研究的商周考古學專業科研人員。筆者想，這大概就是學術界在肯定此書的學術價值的同時，又對此書文字内容的淺嘗輒止感到失望和不滿的原因所在。上下兩册的巨著，圖版就占去了百分之六十，居然達到了 1 009 幅，而文字纔 30 萬字左右。而本書作爲專業的著作，文字量已經超過百萬字！但是在《商周彝器通考》，僅僅祇是一章《銘文》，寥寥數千字而已。而從《銅器考古學通論》的角度上來說，朱鳳瀚的三卷本、百萬字的《中國青銅器綜論》無論從圖版數量還是文字量遠遠超過了《商周彝器通考》。

但是，《商周彝器通考》一書真正的學術地位和學術價值在于第一個建立了比較完整的銅器考古學的學術體系和研究模式，徹底實現了傳統的古器物學的本質更新和轉變。這是筆者要特别指出的一點。通過容庚的《金文編》和《商周彝器通考》以及他的幾部圖録體裁的金文拓本著作，我們看到：容氏試圖對傳統的古器物學進行徹底的革新并結合現代考古學的最新研究方法，建立一個古老而又現代的銅器考古學學術架構的努力和實踐。

而銅器考古學及其具有代表特色的紋樣研究，已經不屬于本書的寫作和研究的範圍了。我們祇是在以對文字的研究爲核心這一大前提下，對此略加介紹而已。而《商周彝器通考》一書對于銅器款識的研究還祇局限在辭例的介紹和分析研究上。這也難怪專業從事古文字研究的楊樹達會輕視此書了。而他的《宋代吉金書籍述評》和《清代吉金書籍述評》兩篇長文，祇是他從事專業金文學術史研究的開始，没有完成全部工作。

五、于省吾的彝銘學

于省吾（1896—1984），遼寧海城人。字思泊，號雙劍誃主人、澤螺居士、夙興叟。1919 年畢業于瀋陽國立高等師範。曾任《安東縣誌》編輯、奉天省教育廳科員兼臨時視學等職，後因得到了張學良的器重，1928 年被授予東北邊防司令長官公署諮議，參與創辦奉天萃升書院并任院監。1931 年九一八事變前夕，東北形勢急劇惡化，于省吾毅然變賣了家產，遷居當時的北平（今北京）。他以强烈的愛國熱忱，在民國時代自始至終四處努力搜求甲骨、青銅器等歷史文物，這當中就包括了吳王夫差劍、吳王光戈等珍貴文物二百多器，使他成爲當時著名的銅器收藏大家。因藏有吳王夫差劍、少虚劍，于是將室名命名爲“雙劍誃”。

于氏長期從事古器物、古文字、古籍的研究和整理，并先後任輔仁大學講師、教授，北京大學教授，燕京大學名譽教授，故宮博物院專門委員，東北人民大學（今吉林大學）歷史系教授、古文字研究室主任兼校學術委員會委員，中國古文字研究會理事，中國考古學會名譽理事，中國語言學會顧問兼學術委員，中國訓詁學會顧問，國務院古籍整理出版規劃小組顧問等。

他撰寫的《雙劍誃殷契駢枝》《雙劍誃殷契駢枝續編》《雙劍誃殷契駢枝三編》《雙劍誃吉金文選》《雙劍誃吉金圖録》《雙劍誃古器物圖録》《商周金文録遺》等學術著作，已經成爲現代學術經典。晚年時，他準備將已發表和未發表的彝銘考釋編成《吉金文字釋林》一書，惜未能完成。

因此，在現代彝銘研究學術史上，于氏是個時人難以超越的彝銘學術研究的大家。

1. 彝銘選本

于氏早在 1933 年就出版過《雙劍誃吉金文選》一書。而後，又陸續出版了《雙劍誃吉金圖録》(1934)、《雙劍誃古器物圖録》(1940) 二書。但是以《商周金文録遺》(1957) 一書最爲有名。

在《雙劍誃吉金文選》自序中，他説：

> 是編之作，意在比類梳辭，通其幽眇，以躋其文於典謨雅頌之列。[1]

幾十年後出版的《商周金文録遺》一書述及所收拓本的由來，作者在序中曾統計如下：

> 本書著録的墨本，約三分之一系借自海内著名的考古學家。計郭沫若院長四器，容庚教授十四器，商承祚教授八器，唐蘭教授三器，陳夢家研究員三十三器，胡厚宣教授二十二器，陳偉之館員一百二十器，共二百零四器。借自我校圖書館者三器，自藏者四百零七器，總計六百十六器。[2]

[1]　于省吾：《雙劍誃吉金文選》，大業印書局 1933 年版，第 1 頁。
[2]　于省吾：《“商周金文録遺”序言》，《史學集刊》1956 年第 1 期。

于氏此書，目的是爲《三代吉金文存》進行增補。他自己就在序言中明確表示：

> 本書所搜未著録墨本，凡《三代吉金文存》所没有的，儘量搜羅之。間有
> 與其他金文書重複者，於目録中注明之。[1]

該書收入六百多件銅器彝銘拓片。可見此書雖然出版于1956年，但是實際的收集工作在
解放前已經完成大部分。臺灣沈寶春教授專門撰寫了《〈商周金文録遺〉考釋》一書。

2. 彝銘考釋

在彝銘研究上，他的著名論文《鄂君啓節考釋》《壽縣蔡侯墓銅器銘文考釋》
《牆盤銘文十二解》《利簋銘文考釋》《釋盾》《釋能和鼐以及從鼐的字》《釋從天從火
從人的一些古文字》等，發表後在學術界影響巨大。他考證出《利簋》彝銘中的
"𤔔"字爲"管"字、考證出《蔡侯諸器》彝銘中的"𣫭"字爲"申"字……一經
發表，立刻成爲定論。

尤其是對"𣫭"字爲"申"字的考證，對于這個字，古今學術界解釋頗多。
如，釋作"産"、釋作"縛"、釋作"東"、釋作"卵"……不一而足。

《蔡侯鼎》彝銘釋文：

> 蔡侯𣫭（申）
> 作飤鼎。

《蔡侯鼎》彝銘拓片

對此，于氏在《壽縣蔡侯墓銅器銘文考釋》一文中考證：

> 蔡侯名𣫭，即"𤔔"的繁體字，《説文》"𤔔讀若亂"。番生簋的"朱𤔔"，
> 毛公鼎作"朱𤔔"，因此可知，"𤔔"字初孳化爲𤔔，再孳化爲𣫭，它的規律宛

[1] 于省吾：《"商周金文録遺"序言》，《史學集刊》1956年第1期。

然可尋。"畐"即爲䚻的初文，則䚻從"畐"聲，了無可疑。至於"畐"字作
🔲，中間從"一"與否是一樣的。例如金文中，"䚻""䚻"二字所從之"畐"，
作🔲也作🔲，是其證。據《春秋》哀四年，蔡昭侯名"申"，《史記·蔡世家》
同。甲骨文"申"字作🔲，金文"申"字作🔲或🔲，本象電光回曲閃爍之形，
即"電"之初文。"申"字加"雨"爲形符，則變爲形聲字。古人見電光閃爍於
天，認爲神所顯示，故金文又以"申"爲"神"，"神"爲"申"的孳乳字。《説
文》訓"申"爲"神"是對的，但以爲"從臼自持"，則完全出諸臆測。金文
"電"字祇見於番生簋。《説文繫傳》："電，陰陽激耀也。從雨申聲。"按古音讀
舌上爲舌頭，故讀"申"爲"電"……與䚻從畐聲音近，故通用。[1]

在《釋盾》一文中，他又對古代文字學家的錯誤進行了批判和訂正，他主張：

商代金文的🔲字習見，象一手持戈，一手持盾形。其所持之盾作🔲、🔲、
🔲、申等形。商代金文和西周早期金文的盾字作🔲、🔲、🔲、🔲……等形，
《金文編》均誤入於附録。以上所引早期古文字中盾字的形體和前引安陽出土
的實物相驗證，吻合無間……西周中葉師旂簋的"盾"字作🔲，乃盾字構形的
初文。以《説文》爲例，則應釋爲："🔲，所以扞身，從人🔲，🔲亦聲。🔲象盾
有龤有文理形。"盾乃會意兼形聲字。因此可知，不以古文爲准，而依據小篆爲
解，則多凌空駕虚，不着邊際，不獨盾字爲然。近年來陝西扶風縣出土的弋簋，
叔克敵，俘戎兵一百三十五件之多。其中有🔲字，乃"豚甲"二字合文，典籍
中"遁逃"之"遁"作"遯"者習見。這是從豚從盾古通之證。[2]

雖然于氏以對古文字學的研究而名傳于世，但是他并不拒絶西方的學術理論。
在對銅器上出現的圖像文字的考證中，他的研究方法和觀點和以往有了明顯的變
化，代表性的論文是《釋黽、䵷》一文。在該文中，他提出了下列觀點：

商代金文的黽、䵷是指自然界的蛙黽言之。商人原始氏族以蛙或斑點蛙爲
圖騰，由於得到了美洲印第安人氏族圖騰的佐證而越發明確。在商代銅器銘文
中，除玄鳥圖騰外又發現了蛙黽圖騰。周初銅器上有商人的圖騰，除獻侯鼎和

---

[1]　于省吾：《壽縣蔡侯墓銅器銘文考釋》，《古文字研究》第 1 輯，中華書局 1979 年版，第 51 頁。
[2]　于省吾：《釋盾》，《古文字研究》第 3 輯，中華書局 1980 年版，第 3—4 頁。

敕臥鼎外，其他類似這樣的例子也還有一些。由於得到了古文字資料和典籍的相印證，我們纔知道獻侯鼎和敕臥鼎銘之出現商人圖騰，是因爲作器者的先人丁侯本是商之諸侯，後來降服于周。這種降周的商代貴族，在服事周人的前提下，還保持其奴隸主的地位，故仍可自由鑄造彝器。凡周器之有商人族徽或圖騰者，都是商人降周的明徵。[1]

于氏一生，考釋商周彝銘成就突出，但是缺乏整理成系統的專著，這實在是個遺憾。尤其是他的那本計劃中的《吉金文字釋林》一書，在已經完成并出版了《甲骨文字釋林》的基礎上，如能早日整理出版《吉金文字釋林》，實在是學術界的幸事。

六、柯昌濟的彝銘學

柯昌濟（1902—1990），山東膠縣（今膠州）人，祖籍浙江黃岩（今台州）。字蕑卿，號息庵。是著名史學家柯劭忞次子。1925 年，他從北京清華大學文史研究院畢業，導師是國學大師王國維。1927 年，成爲北京東方文化會研究員。1930—1944年，任北京大學歷史系、北京師範大學講師。1945—1947 年，任北京中國大學教授。1955—1959 年，任山東省歷史研究所研究員。1979—1984 年，任上海社會科學院歷史研究所特約研究員。

王國維曾稱柯昌濟、唐蘭、容庚、商承祚爲中國古文字學研究中極其實力的“四少年”。其專著有：《殷墟書契補釋》《韡華閣集古錄跋尾》《金文分域編》《中國古代國族考》《中華姓源流氏考》《甲骨釋文》《青銅器釋文》等。

柯昌濟出身于書香門第，其遠祖是元代著名書畫家柯九思，其後遷居黃岩。十三世孫柯忠卿與堂兄柯夏卿是東林黨人。明亡後夏卿隨唐王南遷，忠卿經商始定居膠縣，其五世孫柯培元任職福建、臺灣等地。柯培元之子柯衡再遷山東濰縣，娶掖縣李圖之女李長霞，即柯劭忞之父母。柯劭忞是京師大學堂經科監督，作《新元史》，成書以後，日本東京帝國大學因此書授予柯劭忞文學博士學位。

1.《金文分域編》

《金文分域編》一書，二十一卷，屬于《余園叢刻》之一。此書將銅器彝銘按照

---

[1]　于省吾：《釋黽、鼃》，《古文字研究》第 7 輯，中華書局 1981 年版，第 6 頁。

出土地分別編排。如該書卷一開始内容：

> 首都
>
> 出土
>
> 銅鐘：《晉書·五行志》："升平五年二月乙未，南掖門有馬足陷地，得銅鐘一，有文四字。"
>
> 周兮仲鐘：《鐵橋漫稿》："嘉慶乙亥，江寧城外出土，重五十六斤八兩。倪瀬得之。"

因此，此書的所謂"分域編"，其實是根據古代文獻的記載，將出土銅器按照地域編排出來，是傳統的古器物學向現代考古學發展的一個反映。不難看出，柯氏目的是想將全部古代金文著録以現代考古學的角度重新歸納和整理。

2. 彝銘題跋

柯氏的另外一部彝銘研究著作風格上却很"傳統"，即他采用傳統的金石題跋類筆法著述的十五卷《韡華閣集古録跋尾》一書。此書，周進稱之爲"前純卿尚未弱冠讀款識時之作也"。這也難怪此書創見并不多，而且多是以記録前人的觀點爲主了。如他在對《开鼎》彝銘的跋文中，如是説：

> 开字，每於最古期之金文見之，於周代金文中則甚少見。自宋以來相承釋"舉"字，象扛舉形。或爲"舉"字，或爲"再"字，未敢定。因篆、隸書"再"字，亦與此字形近。羅叔言先生所謂"隸書中有古文字形"，此字或即其一例也。

但是，偶爾也有一些是作者本人的考證和見解。如他對《楚公鐘》彝銘的跋文中，如：

> 肏字甚奇，頗不易識。楊詠春先生釋"爲"，吳清卿先生釋"家"，孫仲容先生釋"寫"。愚疑是字或爲"爰"字異文。唯《史記·楚世家》楚先君無名爰者，但云"（熊）摯紅卒，其弟弑而代立，曰熊延"，延、爰，古音同部，古字或相假。

無須諱言，該書還是流于傳統的銘文題跋而已，缺乏對銅器出土地點的具體説明，也沒有對銅器尺寸的具體記載，更缺少系統的文字考釋，很多銅器跋文僅一兩句話而已。如《叔余鼎》彝銘跋祇是"西周中葉器，第二字當爲古余字"而已，《戲伯鼎》彝銘跋祇是“戲，國名”而已……這樣的所謂跋文占據了相當數量，嚴重影響了該書的學術價值。這也是該書流傳不廣的致命傷。

七、吴其昌的彝銘學

吴其昌（1904—1944），浙江海寧人。字子馨，號正厂。幼失父母，十六歲考入無錫國學專修館，受業于唐文治，與王蘧常、唐蘭并稱“國專三傑”，唐文治十分賞識他的才學和正氣。1923 年 10 月，十九歲的他在《學衡》二十二期發表了約兩萬字的第一篇學術論文《朱子傳經史略》。1925 年，他以第二名的成績考入清華大學國學研究院第一屆研究生，從王國維治甲骨文、彝銘及古史，從梁啓超治文化學術史及宋史。深得王、梁兩導師器重，被王國維、梁啓超二人視爲學術事業的“接班人”。1926 年，吴其昌與幾位原同學共同發起組織了“實學社”，并創辦了《實學》月刊，以“發皇學術，整理國故”爲宗旨，該刊先後出版六期。

1928 年，他從清華大學畢業後出任南開大學歷史系講師，後轉任清華大學歷史系講師。1931 年九一八事變後，吴其昌夫婦宣布絶食，并在北平和南京先後向張學良與蔣介石請願，最後在南京中山陵哭靈。在全國產生了很大的影響。事後吴其昌竟被清華大學解聘。1932 年，他轉任武漢大學歷史系教授。1936 年，日本漢學家橋川時雄所編《中國文化界人物總鑑》中曾爲其立傳。

1944 年，吴其昌因患肺結核導致突發性吐血，死于武漢大學家中。

其弟吴世昌是著名文學史家、紅學家。其表兄徐志摩爲新月派著名詩人。

他大概没有想到，他在無錫國學專修館的同學、“國專三傑”之一的唐蘭後來也成了商周彝銘研究的著名權威學者。而他更不會預見到唐蘭的弟子陳夢家，把他對商周曆法的研究推向了一個新的高峰。

吴其昌主要著作有：《金文曆朔疏證》《金文疑年表》《金文氏族疏證》《金文世族譜》《金文名象疏證·兵器篇》《朱子著述考》《殷墟書契解詁》《宋元明清學術史》《三統曆簡譜》《北宋以前中國田制史》，以及時論、雜文集《子馨文存》等。

吴其昌一生堅持了他自己的“用生命去換學問，把整個‘身’和‘心’貢獻給學問”的治學態度。在他一生將近兩百萬字的衆多著作中，尤其以商周金文的研究成就最爲突出。同爲海寧人的他，繼承了他的同鄉、導師王國維的商周金文研究的衣鉢。李學勤在《吴其昌的學術貢獻——讀〈吴其昌文集〉有感》一文中就充分地肯定地说：

吴其昌先生在學術上最主要的成果，是在甲骨金文古文字學方面。他研究
古文字，接續王國維先生的方法途徑而前進發展，不愧爲王先生的嫡傳……金
文研究，吴其昌先生投入的精力更多，在《金文曆朔疏證》序裏，他曾自述編
著《金文曆朔疏證》《金文方國疏證》《金文氏族疏證》《金文名象疏證》《金文
習語疏證》《金文職官疏證》和《金文禮制疏證》的系統計劃，雖未完成，也值
得後人學習參取。《文集》收入的《金文名象疏證》僅有《兵器篇》，但足以看
出他別辟蹊徑，由古文字的象形會意，探索造字本源及器物原始，實能發前人
所未發。這一論著發表在抗戰前不久出版的武大《社會科學季刊》，也是很少有
人能讀到的，其中有些見解與近年考古學界的看法相類同。[1]

而在商周金文研究中，筆者以爲爭議最大的是他的《金文曆朔疏證》，成就最高
的是他的《金文世族譜》。

1.《金文曆朔疏證》版本及早期評價

《金文曆朔疏證》一書，最早是 1929 年、以抽印本形式發表在燕京大學主編的
《燕京學報》第 6 期第 1047—1128 頁上。1932 年、1933 年，他將此書修改增補後，
以《金文曆朔疏證續補》爲論文名，發表在《國立武漢大學文哲季刊》各期中。如
下：1932 年 2 卷 2 期 325—367 頁，1933 年 2 卷 3 期 597—641 頁，1933 年 2 卷 4 期
739—810 頁。

1936 年，上海商務印書館將此書收入《國立武漢大學叢書》，以石印本綫裝一
函兩冊形式出版。該版本版式如下：

一函二冊。石印本。無魚尾。無版心。四周單邊。白口。寬 15.2 厘米，高 26.5
厘米。書名頁題字用宋體 "金文曆朔疏證"。有版權頁 "中華民國二十五年國立武漢
大學"。内含《金文曆朔疏證》五卷，《金文疑年表》二卷，《群表》一卷。但又反復
續補。正如作者所說："李劍農先生嘉惠其業，謂宜總聚散刊，組爲一集。" 此書是
研究三代青銅器銘文中的曆法問題的第一部專著，亦爲吴其昌治金名著之一。考證
殷周禮制和曆法，此書爲最具盛名之作。作者在序中主張：

> 於傳世古彝數千器中，擇其年、月、分、日全銘不缺者，用四分、三統諸
> 曆推算六七十器，確定其時代。然後更以年、月、分、日四者記載不全之器，

---

[1] 李學勤：《吴其昌文集·序》，《吴其昌文集》，三晉出版社 2011 年版，第 1 頁。

比類會通，考定其時代，則可得百器外矣。然後更以此百餘器爲標準，求其形
制、刻鏤、文體、書勢相同似者，類集而參綜之，則無慮二三百器矣。然後更
就此可知時代之群器，籀繹其銘識上所載記之史實，與經傳群籍相證合，則庶
乎宗周文獻，略可取徵於一二矣。[1]

2004 年，此書由北京圖書館出版社出版。該本内容如下：序論、曆譜、疏證、
武王、周公攝政、成王、康王、昭王、穆王、龔王、懿王、孝王、夷王、厲王、共
伯和、宣王、幽王、考異、金文疑年表上、金文疑年表下、人器經緯表、王號表、
諸侯王表、重見人名表、重見史臣表、王在王格表及附録：駁郭鼎堂先生《毛公鼎
之時代》。

北京圖書館出版社“出版説明”介紹説：

> 書中以《嘯堂集古録》（宋王俅撰）、《攈古録金文》（清吳式芬輯）、《愙齋
> 集古録》（清吳大澂輯）、《綴遺齋彝器款識考釋》（清方濬益輯）、《貞松堂集古
> 遺文》（羅振玉編）、《周金文存》（鄒安輯）、《善齋吉金録》（劉體智輯）爲主要
> 取材依據，參以宋迄民國時期著録的數千種青銅器銘文，以西周時期爲限。審
> 視選擇其中有曆朔記載或人名、地名、記事記史透露年代信息的三百一十二種
> 青銅器銘文進行考證、疏解，以詳細而準確地研究銘文的年、月、日和朔望問
> 題，是爲卷一至卷五的“疏證”部分。卷七至卷八則列“金文疑年表”，選擇二
> 百三十四種無年代信息，但銘文在三十字以上且有禪史實考證的青銅器銘文，
> 以進行年代的考察與推斷，從而奠定了後代金文年代專題研究的基礎。[2]

關于此書的著述經過，吳令華在《中華讀書報》上發表《學人的批評》一文中
介紹説：

> 從 1926 年起，吳其昌就開始研究殷周時期的曆法，陸續發表《三統曆簡
> 譜》《漢以前恒星發現次第考》《殷周之際年曆推證》《新城博士周初年代之商
> 兑》《金文曆朔疏證》等論文，成一家言。其時，學術界對上古曆朔衆説紛紜，
> 吳曾在《殷周之際年曆推證》手稿後記寫下：“……舉世以不攻劉歆爲不入時，

---

[1] 吳其昌：《金文曆朔疏證》卷首，商務印書館 1936 年版，第 3 頁。
[2] 吳其昌：《金文曆朔疏證·出版説明》，北京圖書館出版社 2004 年版，第 1 頁。

以不敬外儒爲不科學，我此文成，惟陳寅恪師、劉子植兄二人爲然耳。"（1930
年6月）當他正積累資料，準備再作《金文曆朔疏證續補》時，郭沫若的《兩
周金文大系》出版了。二人所考有甚合者，有絶不同者，有差異不遠者。同道
對郭書亦多有評議。於是，吳其昌與劉節、唐蘭、徐中舒、商承祚等友人反復
切磋商榷，常至深宵。在劉節的建議下，吳決定緩作《金文曆朔疏證續補》，先
製《金文疑年表》等數表。[1]

至于此書出版經過，可見該書作者自序中已經明確説明："邵陽李劍農先生嘉
惠其業，謂宜總聚散刊，組爲一集。"于是，這就是此書結集出版之由來。

其實，吳氏對商周曆法的研究，一直是他長期堅持的科研方向之一。1929年，
他在《國學論叢》2卷1期上發表了《殷周之際年曆推證》一文。1932年，《國立中
央研究院歷史語言研究所集刊》第4本第3分册上發表了他的《叢觚甲骨金文中所
涵殷曆推證》一文。

陳寅恪也許是比較早對此書進行評價的。錢穆曾在書劄中記載説："昔在北平，
吳其昌初造《金文曆朔疏證》，唯陳寅恪能見其蔽。"雖然，我們已經無法獲知陳寅
恪眼裏此書的"蔽"究竟爲何這樣一個問題，但是，我們從陳寅恪曾寫有一文《讀
吳其昌撰梁啓超傳書後》，足見他們師生關係之深。甚至，當吳其昌從清華大學畢業
後，陳寅恪推薦他來當時的輔仁大學歷史系就職。推薦信中説：

　　吳君高才博學，寅恪最所欽佩，而近狀甚窘，欲教課以資補救。師範大學
史學系，輔仁大學國文系、史學系如有機緣，尚求代爲留意……吳君學問必能
勝任教職，如不勝任，則寅恪甘坐濫保之罪。[2]

郭沫若在《毛公鼎之年代》一文中公開批評吳其昌的《殷周之際年曆推證》及
《金文曆朔疏證》。他先是肯定了吳其昌的彝銘學研究活動："近人吳其昌……于周初
之曆朔，考定頗勤。"然後筆鋒一轉，他提出了如下評價：

　　初著《殷周之際年曆推證》……繼著《金文曆朔疏證》……淺識者頗驚其
成績之浩大，然夷考其實，實無一是處。[3]

[1]　吳令華：《學人的批評》，《中華讀書報》2008年5月14日。
[2]　劉正、黄鳴：《陳寅恪書信（422通）編年考釋》，中國社會科學出版社2016年版，第67頁。
[3]　郭沫若：《毛公鼎之年代》，《東方雜誌》第28卷第13期。

此説一出，可以説對吳氏的學術地位不亞于當頭一棒。因此，吳氏本人特別在《國立北平圖書館館刊》和《東方雜誌》上連續發表《金文疑年表上》《金文疑年表下》《人器經緯表》《王號表》《諸侯王表》《重見人名表》《重見史臣表》《王在王格表》《駁郭鼎堂先生〈毛公鼎之年代〉》等論文，進行答覆和回擊。多年以後，李學勤在《吳其昌的學術貢獻——讀〈吳其昌文集〉有感》一文中全面地總結了吳氏的彝銘學研究。但是，李學勤對于《金文曆朔疏證》一書，却幾乎没有任何評價。2011 年，三晉出版社出版了由吳其昌女兒吳令華選編的五卷本《吳其昌文集》，居然未收《金文世族譜》和《金文曆朔疏證》二書，實在頗爲遺憾。可見，郭説的影響力還是十分强大的。甚至趙誠在《20 世紀金文研究述要》一書中居然對此書没有任何評價，實在有失公正。[1]

那麽，此書學術價值究竟如何，讓我們分析如後。

2.《金文曆朔疏證》的主要學術成就

第一，吳氏在現代學術界繼承并發展了王國維的商周彝銘研究方法，建立了比較完整而科學地研究商周彝銘的理論模型。

吳氏在《金文曆朔疏證》一書中曾經計劃研究并撰寫殷周彝銘研究七書：

> 其昌數曾發憤，自期爲金文造疏數種：一，《金文曆朔疏證》，年表附焉。二，《金文方國疏證》，地圖附焉。三，《金文氏族疏證》，系譜附焉。四，《金文名象疏證》，字典附焉。五，《金文習語疏證》，韻表附焉。六，《金文職官疏證》。七，《金文禮制疏證》。一以定時間，二以度空間，三以區人類，四與五以疏瀹其語言文字，六與七則纂述其文物制度。更有餘力，則遞次而及其他。[2]

從中不難看出吳氏的遠大而宏偉的研究計劃。而且，從他的已經出版的論著來看，他幾乎已經完成了這一研究計劃。而彝銘學研究的核心内容又是對西周歷史和禮制的成立史研究。從吳氏的上述著述計劃中我們可以發現，他把對西周官制和禮制的研究放在最後，説明了研究彝銘學的一個必須經過的階段："一以定時間，二以度空間，三以區人類，四與五以疏瀹其語言文字。"這些是爲了"六與七則纂述其文物制度"所作的基礎和準備工作。他爲商周彝銘的研究在現代學術界的發展提供了一個

[1]　趙誠：《20 世紀金文研究述要》，書海出版社 2003 年版。
[2]　吳其昌：《金文曆朔疏證》目録，商務印書館 1936 年版，第 10 頁。

基本研究模式。

第二，吳氏建立了完整的西周銅器斷代的標準和具體操作方法。

在該書序中，他就表示：

> 彝器文字，既爲宗周一代文獻史實之首矣，則當先考定其時。其時不定，或以爲文王，或以爲幽王，則有器與無其器等也。[1]

然後，他提出了具體的研究方法：

> 如能於傳世古彝數千器中，擇其年、月、分、日全銘不缺者，用四分、三統諸曆推算六七十器，確定其時代。然後更以年、月、分、日四者記載不全之器，比類會通，考定其時代，則可得百器外矣。然後更以此百器爲標準，求其形制、刻鏤、文體、書勢相同似者，類集而參綜之，則無慮二三百器矣。然後更就此可知時代之群器，籀繹其銘識上所載記之史實，與經傳群籍相證合，則庶乎宗周文獻，略可取徵於一二矣。[2]

吳氏在《金文曆朔疏證》一書中就力主根據銘文上所揭示的曆法進行分期和斷代研究。他的《金文曆朔疏證》一書應該説就是實現他的上述想法的代表作。宋代的彝銘學者如呂大臨、薛尚功等人，利用當時所掌握的三統曆和太初曆的知識，已經開始尋求這一問題的解決了。但是，到了吳氏此書的出現，纔算取得了一項可以稱之爲階段性的成果。雖然，今天看來，此書還不十分成熟，值得商榷之處頗多，但是他畢竟開啓了這一研究領域的先河。

他甚至吸取了古代的以術語進行斷代的傳統，并加以進一步發展。如所謂以"子孫"字稱謂立論就是主張凡是彝銘中出現"子孫"稱謂的，大多是周器。吳氏在《金文曆朔疏證》一書中如是説：

> 殷人尚無子孫觀念，周公手創周之宗法制度者，故亦爲最初創立子孫觀念者。考殷器從未有連舉"子孫"二字者。[3]

再如他利用傳統的互證斷代法進行斷代研究。也就是指彝銘中并沒有出現時王

[1]　吳其昌：《金文曆朔疏證》卷首，商務印書館 1936 年版，第 2—3 頁。
[2]　同上，第 3 頁。
[3]　吳其昌：《金文曆朔疏證》卷一，商務印書館 1936 年版，第 1 頁。

和作器時代的記載，但是根據它所記載的史實和使用的語言，再參照已知青銅器的作器年代和先秦史料，對比研究後考證出的該青銅器所處的時代。這是比較科學的研究方法。如《番生簋》彝銘，今祇存後半段，完全不知道作器年代。而吴氏在《金文曆朔疏證》一書中利用互證斷代法考證後認爲：

> 然銘文與成王時代之彝器，如《毛公鼎》《毛父班彝》及成王時代之典謨，如《酒誥》《立政》《顧命》相同，而與《毛公鼎》爲尤甚。[1]

而後，在對比研究了二者的彝銘之後，他得出了"是故知《番生簋》爲成王時器"的結論。這一結論是可信的。他使用的就是互證斷代的方法。同樣，在考證《師訇敦》彝銘時，也是將其與《毛公鼎》彝銘對比研究，從而得出了"以文法、方言、成語證之，知二器同作於一時也"的結論。

第三，吴氏利用他的商周曆法研究比較合理地復原了商周歷史事件的時間範圍。

在《明公簋》彝銘中記載了明公跟隨西周天子東征之事："唯王令明公遣三族伐東或（國），在〓（撻），魯侯又（有）〓（繇）工（功）。"這裏的"明公"，即魯國國君伯禽。根據吴其昌的研究，彝銘中的"明公"先後有七種不同的稱謂：曰"周公子明保"，《令彝》稱之；曰"周公"，《禽彝鼎》《徙彝》稱之；曰"明公"，《令彝》《明公尊》（即《魯侯簋》）稱之；曰"明保"，《作册〓卣》稱之；曰"太保"，《憲鼎》《某鼎》《楲彝》《太保鬲》《太保簋》《儕彝》《儕鼎》《典彝》稱之；曰"公太保"，《旅鼎》稱之；曰"尹太保"，此爵及《作册大伯鼎》稱之。[2]

再如《大夫始鼎》彝銘："唯三月初吉甲寅，王才穌宫。大夫始賜友〓。王在華宫，〓。王在邦宫。"其中，"華宫"一詞還出現在《何敦》彝銘中："唯三月初吉庚午。王在華宫。"在《命簋》彝銘中又有"王在華"一語。則"華"和"華宫"當是華地之宫。二者應有派生關係。吴氏在《金文曆朔疏證》一書中就主張：

> 華宫，當爲厲王時華山下之宫，與《虢仲盨》同記伐淮夷事之《成鼎》，《宣和博古圖》云"是鼎得於華陰"，亦厲王初年曾有華山宫之證也。[3]

這一點已經基本得到學術界認同。

---

[1] 吴其昌：《金文曆朔疏證》卷一，商務印書館 1936 年版，第 33 頁。

[2] 吴其昌：《金文曆朔疏證》卷二，商務印書館 1936 年版，第 24 頁。

[3] 吴其昌：《金文曆朔疏證》卷四，商務印書館 1936 年版，第 17 頁。

對于最爲著名的克商之年,《金文曆朔疏證》一書經過研究,依然主張克商之年爲公元前 1122 年。因此他將《師旦鼎》定爲武王元年器。

《師旦鼎》彝銘拓片

《師旦鼎》彝銘釋文:

> 唯元年八月,丁亥,
> 師旦受命作周
> 王大姒寶尊彝。
> 敢拜稽首,用祈
> 眉壽無疆。子
> 孫其萬億
> 年永寶用享。

他的六大理由如下:

> 與曆譜密合。一也。師旦,即周公旦。周公之稱師旦,猶太公之稱師尚,"師"爲帥領師旅之稱;猶後世之稱"帥某",非"師徒""師法"之"師"。二也。殷人尚無子孫觀念,周公手創周之宗法制度者,故亦爲最初創立子孫觀念者。考殷器從未有連舉"子孫"二字者。"子孫"連文,彝器中以此器爲稱首,後此則數數見不鮮矣。三也。周王、太姒連舉,則周王之爲文王審矣。考成王時所鑄之器,若《毛公鼎》《大盂鼎》,皆稱"文王",而此器尚稱"周王",明武王元年克殷方及數月,天下倉卒未定,故"文王"之謚,尚未立也。四也。文云"師旦受命",爲周公受武王之命,於詞爲順。五也。《洛誥》"公其以萬億年敬天之休",可證"萬億年"乃周初成語。六也。[1]

這也是他主張克商之年爲公元前 1122 年的主要原因。

第四,吳氏對彝銘中出現的時間術語和曆法已經提出了自圓其説的解釋和曆法應用體系。

他首先接受了王國維的四分月相説:

> "初吉""既生霸""既望""既死霸"之解,自馬融、劉歆、孟康以來,下

---

[1]　吳其昌:《金文曆朔疏證》卷一,商務印書館 1936 年版,第 1—2 頁。

逮俞樾，竭其力以研討，而尚皆不得諦說。此其碻誼直至先師王先生"四分一月"之說出，而其訟乃定。[1]

當然，他也另有取捨和創新，即"其昌又采許君《説文》所記'胐'分大小月之説以補充之"。以此爲基礎，他制定了詳細的西周曆法表。對于閏月，他在該書中曾經主張：

> 又有一極重之事，不能不以實物明證，破今人謬固之成見者，則周初置閏巳不在歲終也……按《召誥》云："越若來三月，惟丙午胐，越三日戊申，越三日庚戌，越五日甲寅。若翼日乙卯。"《洛誥》云："戊辰，王在新邑，烝祭。歲在十有二月，惟周公誕保文武受命，惟七年。"按三月三日爲丙午，五日爲戊申，七日爲庚戌，十一日爲甲寅，十二日爲乙卯，則十二月中，無論何如，決不能有戊辰，故三月至十二月之間，決當有閏。此可推算，不容瞽爭。[2]

再如他推算出西周時代正月初吉爲"丁亥"的年共有如下：

> 共伯和十一年、元年。厲王三十七年、二十七年、十七年、六年。夷王七年。孝王十一年、元年。懿王八年。恭王十七年、十三年、二年。穆王四十七年、四十六年、三十七年、三十六年、二十六年、十五年、十一年。昭王五十一年、四十一年、三十一年、三十年、二十年、五年。康王二十年、十年。成王三十年、二十九年、十九年、四年。周公攝政元年。武王七年。[3]

他建立了西周銅器斷代的吳氏坐標系。儘管這裏的具體到每位周王的在位年數，學術界至今還是没有取得一致的意見，特別是他的昭王五十一年説基本上是錯誤的。但是，并不影響這一吳氏銅器紀年體系的獨立和完整。

可以説，《金文曆朔疏證》一書代表了 20 世紀 30 年代學術界對于商周曆法和銅器斷代的比較成熟的 20 世紀早期學術體系。他和陳夢家在學術史上的地位之區别就是：後者則是 50 年代學術界對于商周曆法和銅器斷代的比較成熟的 20 世紀中期學術體系。一直到夏商周斷代工程的出現，纔標誌着 90 年代學術界對于商周曆法和銅

[1]　吳其昌：《金文曆朔疏證》卷首，商務印書館 1936 年版，第 4 頁。
[2]　吳其昌：《金文曆朔疏證》卷一，商務印書館 1936 年版，第 1 頁。
[3]　見吳其昌：《金文曆朔疏證》，商務印書館 1936 年版。

器斷代的比較成熟的 20 世紀晚期學術體系。天不假年，假如他可以健康地活到 20
世紀 50 年代，甚至更長，那麼他肯定將進一步完善自己的商周銅器斷代和曆法體
系。從王國維到吳其昌，從唐蘭到陳夢家，再到夏商周斷代工程，幾代中國學者在
王國維的首創之下，把中國上古歷史的準確紀年逐漸推向科學化、嚴謹化和精
密化。

3. 關于《金文曆朔疏證》的不足之處

筆者以爲本書的不足首先可以歸結爲：吳氏對銅器銘文中曆法術語的理解，今
天看來不是十分準確，進而影響了曆譜的準確性。如四分月相説 "初吉" "既生霸"
"既望" "既死霸" 的時間範圍理解問題，他基本上是繼承了王國維的觀點，但是這
一觀點今天已經證明并不是定論。再如他大小月來理解 "肭"，還需要更多文字學上
的證據來支持。相應地，他利用自己擬定的曆譜給西周銅器斷代自然也受到影響。
另外，該書研究曆法的目的是想對銘文中的禮制進行解讀，這一點可以説完全沒有
達到預期目的。這是我們感到十分遺憾的。然而，這些并不影響此書成爲近現代古
文字學研究的學術經典著作之一的地位。

八、唐蘭的彝銘學

唐蘭（1901—1979），浙江嘉興人。號立厂，又作立庵，曾用名唐佩蘭、唐景
蘭，曾用筆名曾鳴。早年卒業于商業學校，曾學醫、學詩詞，復就學于無錫國學
專修館。早在 20 世紀 20 年代初，即著《説文注》四卷，後漸致力于青銅器款識
研究，曾直接受教于羅振玉、王國維，并獲稱贊。1931 年，應高亨之約請，任東
北大學中文系講師。九一八事變後至京，代顧頡剛講《尚書》于燕京、北京兩大
學，後講金文及古籍新證，又代董作賓先生講甲骨文字，并應聘在師範大學、輔
仁大學、清華大學、中國大學講授古文字學及《詩經》《尚書》、"三禮"。1936 年
受聘爲故宫博物院專門委員。北平淪陷，輾轉至昆明，任西南聯合大學中文系副
教授。1940 年任中文系教授，同時任西南聯大中的北京大學文科研究所導師。抗
日戰爭勝利，擔任北大教授，代理中文系主任。1952 年調入故宫博物院，曾先後
任設計員、研究員、學術委員會主任、陳列部主任、美術史部主任、副院長等職。
1979 年 1 月 11 日逝世。

唐蘭對彝銘研究造詣很深，治學嚴謹，創見甚多。顧頡剛在《當代中國史學》
一書中就曾評價説：

　　　　甲骨文字的考釋，以唐蘭先生的貢獻爲最大。[1]

不僅是甲骨文字，其實對于彝銘，他也如此。他的《中國文字學》《古文字學導論》《西周青銅器銘文分代史徵》等學術專著是其研究商周彝銘的代表作。而他的一些著名研究論文，後來故宮博物院編成《唐蘭先生金文論集》一書，由紫禁城出版社正式出版。

　　在《古文字學導論》一書中，唐氏首先總結了考釋彝銘的四種方法：一、對照法或比較法。二、推勘法。三、偏旁分析法。四、歷史考證法。[2]此書出版于1935年，他總結的上述四個方法至今依然是從事金文研究的敲門磚。

　　唐氏的彝銘學研究，其主要學術貢獻具體表現在以下幾個方面。

1. 對于疑難金文的釋讀

　　唐氏使用上述四種考釋方法，對一些疑難彝銘進行釋讀，其解釋一經發表，多爲學術界所認可。如《永盂》彝銘中的"🏹"字，他使用偏旁分析法考證説：

　　　　銘文中錫畀的畀字，像一支箭，但是比一般的箭頭大，是弩上用的。在《周禮》司弓矢裏的庳矢，故書（舊鈔本）作痺矢。畀就是痺矢之痺的原始象形字。[3]

　　又如對于被當時視爲最爲難認的《鷹羌鐘》彝銘中的奇字"🔔"字，他使用推勘法考證説：

　　　　再，象覆畱之形。畱、再，聲之轉。《説文》以爲冓省，非是。冓象兩畱背疊之形。卜辭再字作🔹、🔹、🔹等諸體。冓，作🔹、🔹、🔹等體，金文叔多父盤冓作🔹，又召白簋有🔹字，郾侯簋有🔹字，余均考定爲冓字。詳近著《名始》。據此諸字，推校其形，知🔔，再字之變，其上疊爲重畫者，古文字之例致多矣。再，又從二者，或以再有二義，或爲繁飾，未之能詳。然其字要當讀再無疑也。[4]

　　再如他對"馱"字的考釋，他使用歷史考證法主張：

　　　　金文習見馱字……其用法有二：一爲國名，如竅鼎、录簋之馱，及遹甗、

───────────────

[1]　顧頡剛：《當代中國史學》，勝利出版公司1949年版，第108頁。

[2]　見唐蘭：《古文字學導論》，上海古籍出版社2016年版，第167—206頁。

[3]　《唐蘭先生金文論集》，紫禁城出版社1995年版，第172頁。

[4]　同上，第1頁。

趛厌之孫噳鼎之趛厌是也。一爲人名，如本銘及大夫始鼎、趛鼎、趛弔簋、枯衍簋是也。宋人誤釋爲瑂，徐同柏釋录簋國名爲舒，然趛實從夫從害……孫詒讓謂枯即趛之省變，亦即趛字也。銅器之簋，銘中多作匫字，從匸古聲，即經傳"瑚璉"之瑚也。季宫父簋以匲爲匫，則趛可讀爲胡也。[1]

當然，上述的考證每一步都離不開對比較法的使用。它實際上是研究古文字的基本方法，正是在對各個字之間的對比中，我們纔可以發現古文字的變化規律。當然，最值得贊美的是他對"王詰畢公"中的"詰"字的釋讀，該字寫成"真"。他考證説真字該是詰字的别體，《説文》詰的古文作䛷，《玉篇》《廣韻》都没有，《汗簡》引作䛷。[2]這個解釋在後來發現的楚簡《尚書》中的"康詰"就直接寫作"康真"。于是，"真"這個字的解釋塵埃落定。顯然，他是根據商周金文字形中，從"廾"可以寫成從"又"，進而就將"真"看成了是"䛷"之省。也衹有對字形變化十分精熟的人纔會立刻明白這一變化過程。

2. 對于疑難詞語的訓釋

在對疑難詞語的訓釋上，唐氏創見頗多。其中，最爲著名的是對"蔑歷"的解釋。他首先發現"蔑歷之見於金文是從殷末開始的，直至西周中期。西周末年，已經不見"。在辭例上的這一發現，具有重大的銅器斷代價值。然後，他提出：

> 曆字讀爲歷，是經歷的意思。清代學者大都舉《尚書·盤庚》的今文"優賢揚歷"爲證，訓爲歷行、歷試和功績，大體上是對的……蔑是斫足之象。《周易·剥》："初六，剥床以足，蔑貞凶。"注："蔑猶削也。"……《國語·周語》説"而蔑殺其民人"。蔑殺連用，和《孟子·滕文公》引《泰誓》的"殺伐用張"，殺伐連用，顯然是同一詞例。……在銅器銘文裏，長白盉説"穆王蔑長白以逑即井白"，是穆王稱美長白。免盤在記王錫鹵百隓後，説"免穖静女王休"，是免向静女誇美王的錫休。沈子它簋説："乃沈子妹克蔑見猒（厭）于公休。"妹克等於丕克，是説沈子它能誇美他被滿足於公的錫休。這些蔑字都是動詞，凡是被蔑的是他人的稱美，而自蔑的就是自我的誇美。[3]

———————————

[1]《唐蘭先生金文論集》，紫禁城出版社1995年版，第41頁。
[2] 同上，第182頁。
[3] 同上，第229—230頁。

他的這一解釋，至少是目前爲止對于"蔑歷"最合理的解釋。

3. 對于銅器斷代及其"康宫"原則

在《用青銅器銘文來研究西周史》一文中，他主張：

> 銅器斷代是用器銘來研究歷史的重要條件之一。既要根據考古學知識來判斷時代，又要從器銘内在的證據和許多器銘之間的相互關係，也還要用正確的文字訓詁和有關文獻的對證，綜合起來以確定每件銅器的年代。[1]

在這一問題上，他提出了著名的"康宫説"。他首先認爲：

> "康宫"是周康王的宗廟。令彝上"京宫"和"康宫"并稱，"京宫"是祭太王、王季、文王、武王、成王的宗廟；"康宫"裏有"邵宫""穆宫""剌宫"，是昭王、穆王、厲王的宗廟，得太室是夷王的宗廟。[2]

然後，他從四個方面加以論述，即：

(1) 從《令彝》彝銘裏"京宫"和"康宫"的對立，可以看出"康宫"是康王的宗廟。

(2) 從西周其他銅器彝銘中有關"康宫"的記載，可以説明它是康王的宗廟。

(3) 從古代文獻中對宫廟的名稱來證明它是康王的宗廟。

(4) 從周朝宗法制度方面昭、穆兩輩的劃分事實，可以説明"康宫"是康王的宗廟。

在這裏，他闡述周代宗廟祭祀制度，唐氏認爲：

> 京宫裏是五廟：太王、王季、文王、武王和成王，是一個始祖和二昭二穆。但康王以後，忽然改了，變爲昭王是昭、穆王是穆了。這就證明了康王的廟必然是獨立的，不在京宫以内的。證明了康王在周王朝的宗廟裏面是作爲始祖的。宋代的朱熹做過《周九廟圖》，不明白這一個道理，因而從成王以後，還是按照那個昭穆排下去，因而把康王排成昭，昭王反而排爲穆，而穆王反而排爲昭了。這種排法，顯然是很可笑的。清代王筠作《説文句讀》在佋字下引頌鼎、頌壺、頌簋等的"王在周康昭宫，旦，王格太室"和裘盤的"王在周康穆宫，

---

[1]《唐蘭先生金文論集》，紫禁城出版社1995年版，第500頁。
[2] 同上，第116頁。

旦，王格太室"，説："則一王之廟，自有昭穆之宮，與文爲穆，武爲昭無涉。故吴彝曰：'王在周成太室'，智鼎曰：'王在周穆王太□'，是知廟制亦如明堂有九室，《月令》孔疏非誣。謂之昭宫、穆宫者，宮即廟也。"儘管他對西周宗廟制度不很清楚，但能根據金文，把康宫解釋成爲康王之廟，基本上是正確的。

根據金文資料，文王、武王并不是作爲永遠存在的兩個桃廟，而是屬於京宮裏面的。康王以後列入康宮，但在宣王時，康宫裏也是五廟，即：康宫、昭宫、穆宫、夷宫，而不見共王、懿王、孝王等，可見共、懿等王，已經是桃，而被附入"昭宫"或者"穆宫"裏去了。那末，所謂桃的意義和漢朝人的説法是不同的。西周祭祀可能還有更遠的始祖，如后稷、公劉等，在金文裏没有見到，但就是"京宮"和"康宫"的并列，每一宫内實際都包含五宮，兩昭兩穆，而并没有什麽七廟九廟之説，這都是漢朝以來學者所不知道的。[1]

他的這一觀點決定性地把康宫問題作爲銅器斷代的一個標準尺，得出的結論是"銅器上有了康宫的記載就一定在康王以後"。[2]

4. 對彝銘史料的解讀與西周史研究

唐氏比較早的使用銅器彝銘建構起來了西周的歷史記録。《西周青銅器銘文分代史徵》一書就是他的精心之作。唐氏此書收集的西周銅器及其斷代目録如下：

卷一上武王：《利簋》《朕簋》。

卷一下周公：《周公方鼎》《沫司徒送簋》《康侯丰方鼎》《乍册宙鼎》《小臣單觶》《禽簋》《太祝禽方鼎》《剴刲尊》《塱鼎》《王奠新邑鼎》《噉士卿尊》。

卷二上成王：《賓尊》《賓卣》《卿鼎》《卿簋》《德方鼎》《德鼎》《德簋》《弔德簋》《痀尊》《□卿方鼎》《余簋》《獻侯顕鼎》《敕穢鼎》。

卷二下：《應公鼎》《北伯燬尊》《北伯燬卣》《帝農鼎》《延盤》《小臣逡鼎》《堇鼎》《圉甗》《圉方鼎》《伯矩鬲》《伯矩鼎》《復尊》《復鼎》《攸簋》《中鼎》《亞盉》《匽侯饞盉》《匽侯旅盉》《斐方鼎》《孝卣》《征角》《小子夫尊》《佳簋》《黽婦觚》《黽婦爵》《斌簋》《珥鼎》《賢簋》《兮簋》《亳鼎》《光盉》《光罸蓋》《太尊》。

卷三上康王：《盂爵》《高卣》《大保方鼎》《大保鴞卣》《成王方鼎》《作册大鼎》

———————————————

[1]《唐蘭先生金文論集》，紫禁城出版社 1995 年版，第 132 頁。

[2] 同上，第 165 頁。

《王壺蓋》《史獸鼎》《屮獸鼎》《彦鼎》《梱簋》《太史昚甗》《□（禘）乍宗室簋（鼎）》《□册鼎（禘鼎一）》《禘鼎》《龢爵》《白富盉》《富鼎》《匽侯旨乍父辛鼎》《匽侯旨乍又始鼎》《魯侯獄鬲》《魯侯爵》《魯侯尊》《俎侯夨簋》《井侯簋》《焚簋》。

卷三下：《史話簋》《潐伯畐鼎》《奚尊》《二十三祀盂鼎》《二十五祀盂鼎》《弔像方尊》《弔像方彝》《乙未鼎》《奢簋》《曆鼎》。

卷四上昭王：《作册睘卣》《作册令方尊》《作册令方彝》《囚工簋》《旅鼎》《御正爵》《叔卣》《寽鼎》《員卣》《員鼎》《旛鼎》《厚趠方鼎》《鬲鼎》《小臣夌鼎》《令鼎》《獻簋》《嫿趾方鼎》《小臣謎簋》《疐鼎》。

卷四下：《吕壺》《司徒鎛》《衛簋》《衛鼎》《作册麥方尊》《麥方彝》《麥方盉》《麥方鼎》《臣辰父癸尊》《臣辰父癸卣一》《臣辰父癸卣二》《臣辰父癸盉》《交鼎》《啓卣》《師俞象尊》《師俞鼎》《不栺方鼎一》《不栺方鼎二》《啓尊》《小子生方尊》《䟫駿簋》《䟫駿觥蓋》《過伯簋》《䢅簋》《作册夨令簋》《召卣》《召尊》《不䫷簋》《泉伯卣》《中方鼎》《中甗》《中觶》《誨鼎》《中乍父乙方鼎》《趩尊》《趩卣》《作册睘卣》《作册睘尊》《作册旂方彝》《相侯簋》《保侃母簋》。

卷五穆王：《剌鼎》《趞鼎（簋）》《師旂鼎》《小臣宅簋》《虘簋》《沈子也簋蓋》《作册魖卣》《敱簋》《𪊨簋》《君夫簋》《效父簋》《翏父方鼎》《吕方鼎》《貉子卣》《己侯貉子簋》《命簋》《眉能王鼎》《眉能王簋》《帥隹鼎》《䧹伯䢅簋》《毛公旅鼎》《班簋》《孟簋》《静簋》《静卣》《小臣静簋》《遹簋》《井鼎》《小臣傳卣》《史懋壺》《免尊》《免簋》《免簠》《免盤》《大乍大中簋》《長甶盉》《守宫盤》。

以下未完稿（附件一）。

穆王時器：《遟尊》《農卣》《尹光鼎》《效卣》《效尊》《庚贏卣》《庚贏鼎》《鼓𦉢簋》《師遽方彝》《段簋》《兢卣一》《兢簋》《兢卣二》《兢尊》《縣改簋》《利鼎》《𡨦鼎》《遇甗》《㝬卣》《爰尊》《中兢簋》《彔㦰卣》《彔簋一》《彔簋二》《彔伯㦰簋》《伯㦰簋》《善鼎》《曶壺》《守宫諸器》《尹姞鬲》《季𩰫簋》《噩侯駿方鼎》《噩侯作王姞簋》《遣弔吉父簋》《遣弔鼎》《不栺方鼎》《中爯簋》《𡉚簋》。

共王時器：《曶鼎》《師虎簋》《衣簋》《吴彝》《師瘨簋》《趞曹鼎》《牧簋》《𦬁白簋》《走簋》《走鐘》《永盂》《師毛父簋》《豆閉簋》《師奎父鼎》《史趞曹鼎》《師湯父鼎》《望簋》《師汖簋》《佴弔諸器》《訽簋》《師酉簋》《休盤》《益公鐘》《師遽簋》《康鼎》《㽙井叔康盨》《㽙井叔鐘》《同簋》《卯簋》《大簋》《大鼎》《面季鼎》

《公姑鬲》《次尊》。

　　懿王時器：《匡卣》《師晨鼎》《師俞簋》《諫簋》《師愈尊》《趩簋》《太師虘簋》《太師虘豆》《虘鐘》《㝬編鐘》《師旋簋一》《師旋簋二》《敔簋一》《敔簋二》《盠方尊》《盠方彝》《盠駒尊》《盠駒尊蓋》。

　　孝王時器：《師訇簋》《禹鼎》《叔向父簋》《叔向父作婤姬簋》《毛公厝鼎》《盟盨》《番生簋》《畢盉簋》《㝬簋》《史頌簋》《郘曆簋》。

　　夷王時器：《祝鄩鼎》《頌鼎》《頌簋》《頌壺》《不嬰簋》《伯克壺》《王白姜鬲》。

　　厲王時器：《宗周鐘》《公臣簋》《㑺匜》。

　　宣王時器：《此鼎》《此簋》。

　　總共是三百餘器。這幾乎是傳世西周青銅器的百分之九十左右了。唐氏的目的就是利用真實可信的西周銅器重新建構西周史。

　　如他在對武王時期的《利簋》彝銘結合古代文獻進行詳細考釋的基礎上，分析總結了這件銅器產生的歷史過程：

　　　　這件銅器所記是武王克殷時事，利爲檀公之後，因受賜銅而作簋，在西周銅器中是最早的。賜銅之日爲甲子後七日，即武王立政，也僅第四天，可見利在當時是有功的官吏，在論功行賞的前列。《左傳·成公十一年》說："昔周克商，使諸侯撫封，蘇忿生以溫爲司寇，與檀伯達封于河。"這個利可能就是檀伯達，利是名，伯達是字，爲檀公之長子。檀伯達與蘇忿生同時被封。蘇忿生是司寇，比司徒、司馬、司空的地位略低，檀伯達可能是三卿之類的有司，與利的身份正合。銘中把"越鼎"列在"克昏"之前，這是很突出的。這固然可以說奪取王權象徵之鼎，比打勝殷紂甚至更重要。但如果設想檀伯達即是南宮伯達，就是在他和史佚帶領人去遷九鼎的，那他在器銘中首先談到"越鼎"，就更容易理解了。檀是封國之名，而南宮爲氏族名，很可能是一人而異名。當甲子之事後，據《世俘解》，首先是"太公望命禦方來，丁卯望至，告以馘俘"。丁卯是克殷的第四天，顯然，方來是較重要的敵人。離殷都也最近，所以一直到戰勝以後，第二天，武王纔立政。立政以後，"呂佗命伐越戲方"，一直到壬申，纔說"荒新至，告以馘俘"，而這是檀利被賜的第二天了，在這以後還有伐陳、伐衞、伐磨、伐宣侯、伐蜀、伐厲等等，最後一次告捷是乙巳，則已在檀利被賞之後三十四天了。武王則在乙巳之後的第六天庚戌纔回到周都的。由此可見檀利被賜，還在兵馬倥傯之際，他顯然是武王身邊的重要人物之一，因此，他可能就是檀伯達，也很可能就是遷九鼎的南宫伯達。[1]

唐氏的西周史研究，完全是在利用西周銅器的基礎上進行的。他的用意很明顯，就是利用真實的西周史料，再現真實的西周歷史。而且，該書集文字考證、銘文解讀和歷史事實還原爲一體，充分結合傳世文獻，自然所得出的西周歷史也最真實可信。

唐氏此書是利用出土文獻和傳世文獻進行相互對照研究的典範。可惜此書他祇完成了百分之七八十的篇幅。此書的後半部分還很不成熟，幾乎是殘稿和草稿狀態，無法和定稿的前半部分相提并論。但是，依然不失爲一部成功的古文字學、先秦史研究著作。

九、楊樹達的彝銘學

楊樹達（1885—1956），湖南長沙人。字遇夫，號積微，晚年號耐林翁。1898年入長沙時務學堂，1900年入長沙求實書院，學習數學、地理、英語等新知識，也學習了儒家經典及傳統的文字訓詁之學。由此打下了扎實的古文基礎。先後師從梁啓超、葉德輝、胡元儀等人。因受梁啓超、譚嗣同的"革政救亡"思想的影響，他1905年東渡日本留學，就讀于京都第三高等學校，研究英語。1911年回國後，他在湖南省教育司任職，歷任湖南圖書館編譯兼楚怡工業學校英語教員。1913年起，他任湖南省立第四師範、第一師範、第一女子師範國文法教員。1919年發起健學會。1920年起，他任教育部國語統一籌備會辭典編輯兼北京法政專門學校教授、北京高等師範學校（今北京師範大學）國文系教授、教育部主編審員、清華大學國文系和歷史系教授。他執教多年，講授的課程有英文、國文法、文字學、修辭學、金文、甲骨文、《史記》《漢書》等，享有盛名。是當時國學家中少有的幾個學通中西的學者之一。陳寅恪在給《積微居小學金石論叢續稿》一書作的序中盛贊他是：

> 寅恪嘗聞當世學者稱先生爲今日赤縣神州訓詁學第一人。今讀是篇，益信其言之不誣也。[2]

1937年，楊樹達任湖南大學中文系主任、文學院院長。1947年被國民政府聘爲

---

[1] 唐蘭：《西周青銅器銘文分代史徵》，中華書局1986年版，第10—11頁。
[2] 陳寅恪：《楊樹達〈積微居小學金石論叢續稿〉序》，《金明館叢稿二編》，生活·讀書·新知三聯書店2015年版，第260頁。

中央研究院院士。1949 年，新中國建立後，他與吳玉章等組織中國文字改革協會，任理事會副主席。1953 年，他任湖南師範學院教授、湖南文史研究館館長。1955 年，他當選爲中國科學院哲學社會科學部委員，還是蘇聯科學院通訊院士。他是中國著名的漢語言文字學家，畢生從事漢語語法和文字學研究與教學，尤長于金文研究。有名作《積微居小學金石論叢》《積微居金文説》等。1956 年因病逝世。

《積微居金文説》一書是楊氏的經典之作。此書最後的定本共收録考釋論文三百八十一篇，對商周三百十四器銘文進行了解説。

在該書自序中，楊氏先對以往彝銘證史的不足進行了批判。他説：

> 彝銘之學，用在考史，不惟文字。然字有不識，義有不究，而矜言考史，有如築層臺於大漠，幾何其不敗也！[1]

因此，他考證彝銘，已經標明了以文證史的目的。

此書的首要貢獻是訂正并彌補前人誤解和未釋之字。

如《邑爵跋》中，他考證説：

> 《憲齋集古録》第貳拾三冊（柒葉下）載《圖形節形爵》，銘文一字，作 ꝏ。吳氏云："上作口形，古圍字。下即弓形，古節字也，亦持節出使之義。口或人名。"今按吳氏云上從口，下從卩，是矣。合二文是邑字也。吳氏乃認爲二字，何其疏也！《小校經閣金文》陸卷釋作《圍節爵》。羅振玉《殷文存》如字書之，皆不知其爲邑字。[2]

此書的第二個貢獻是根據彝銘考證商周史實。

如《蔡子匜跋》中，他考證説：

> 《貞松堂集古遺文》拾卷（叁拾叁葉上）載《蔡子匜》，銘文云："蔡子众自乍會△。"众字羅振玉無釋。商承祚《十二家吉金圖録》上冊有此器，商釋爲佗。樹達按众爲旅字，甲文旅作 𣃦……作 𣃦……可證也。[3]

然後，他接着考證説：

[1]　楊樹達：《積微居金文説·自序》，上海古籍出版社 2007 年版，第 1 頁。
[2]　同上，第 280 頁。
[3]　同上，第 259 頁。

> 此蓋《春秋》蔡平公之器。昭公十三年《春秋經》云："蔡侯廬歸於蔡。"
二十年《經》云："十有一月辛卯，蔡侯廬卒。"廬與旅古音同，故彝銘作旅，
《春秋經》作廬也。[1]

此字的考證，得到了《春秋》和《左傳》的驗證，由此而證明了二書記載的準確。

此書的第三個貢獻是以文字考釋和驗證《説文解字》之得失。

如《子父辛盉跋》中，他考證説：

> 囚即囚字，音與膞同。蓋子字之初文也，《父辛盉》之囂，《父癸罍》之囂，
此于初文加聲旁丝也。《父乙觚》之囂，《父癸爵》之囂，二器於子象形之禾加
聲旁丝也。四銘文皆以子與父爲對文，字形皆從丝，由此知《説文》從子從茲
之孳，皆此諸字之後起字也。許君不知孳爲加聲旁之子字，析子孳爲二文，乃
與古文不相合矣。若必依許君之説，將彝銘此四器及《宗周鐘》皆假孳爲子，
抑何彼此符同有如是之巧耶！以此知其必不然矣。[2]

至此，則《説文解字》中對於"孳"字解釋之得失、正誤，已經煥然冰釋。

再如他對《大保簋》中"耴"字的考證：

> 按耴字從口從耳，乃聽字之初文，會意字也。後加聲旁壬爲聖字，許訓爲
通，謂從耳呈聲，説形義皆誤。[3]

楊氏在《新識字之由來》一文中明確地提出了他考釋彝銘的十四個方法，即：

一曰據《説文》釋字；

二曰據甲文釋字；

三曰據甲文定偏旁釋字；

四曰據銘文釋字；

五曰據形體釋字；

六曰據文義釋字；

七曰據古禮俗釋字；

[1] 楊樹達：《積微居金文説》，上海古籍出版社 2007 年版，第 259 頁。
[2] 同上，第 320 頁。
[3] 同上，第 135 頁。

八曰義近形旁任作；

九曰音近聲旁任作；

十曰古文形繁；

十一曰古文形簡；

十二曰古文象形會意字加聲旁；

十三曰古文位置與篆文不同；

十四曰二字形近混用。[1]

他基本上是以上述十四個方法來考釋古文字的。這篇《新識字之由來》其實就成了楊氏本人的古文字學操作方法的概況和總結，也是他所處的那個時代的古文字學考釋方法的精華。

十、馬叙倫的彝銘學

馬叙倫（1885—1970），浙江余杭（今杭州）人。字彝初，更字夷初，號石翁、寒香，晚號石屋老人。少年時入杭州養正書塾師從陳介石，參加學潮後被校方除名，然後他刻苦自學，致力于六法、訓詁、經史、韻文等學術，曾任商務印書館《東方雜誌》編輯、《新世界學報》主編、《政光通報》主筆，後又執教于廣州方言學堂、浙江第一師範、北京大學等。1949 年以後，任政務院文化教育委員會副主任，中央人民政教育部部長、高等教育部部長等職。

馬氏在古文字學上著作頗多。著名的有：《中國文字之構造法》（1927 年，上海暨南大學出版）、《石鼓文疏記》（1935 年，上海商務印書館）、《説文解字六書疏證》（1957 年，科學出版社）、《讀金器刻詞》（1962 年，中華書局）。

其中，《讀金器刻詞》一書雖然出版于 1962 年，但是該書實際上最初以論文的形式，從 1940 年開始連載于《學林》。而且，馬氏于中華人民共和國成立後没再進行彝銘研究，故此將其放在這裏進行研究。

馬氏此書形式上是以對單個彝銘字形的考釋爲主，以銘文考釋爲輔。該書分上中下三卷，對二百六十四件銅器彝銘和疑難文字進行了考釋。祇是由于該書出版時和論文發表時使用的都是作者以毛筆行書影印的原稿，而該稿本又多次塗改，嚴重影響了此書的流傳和學者閱讀，造成至今罕有人引用和研究此書的局面。

----

[1] 見楊樹達：《積微居金文説》，上海古籍出版社 2007 年版，第 4 頁。

其實，他基本上和楊樹達一樣，采用傳統的題跋方式研究金文，衹是楊樹達的著作以鉛字排版出版，方便了閱讀，而他的書和論文全是影印其行書手稿，極大地制約了學術界對此書學術價值的認識。

該書最大的學術價值是對商周銅器彝銘中疑難圖像文字的解釋。如他對于《倗鼎》彝銘的考證：

🔶，倫按：🔶即《説文》之"大"字。大、人則正、側之異形，非"子"字也。🔶之🔶即《説文》之"玨"。而玨、毌實一字。班，從玨得聲，而聲入兄類。毌聲亦元類，可證也。串，從串得聲，串、毌一字。串從兩貝。毌省其一。古代居山者，以玉爲貨，故玨從玉。居河者，以貝爲貨，故串從貝。此作🔶從貝。甲文有🔶即"倗"字。金文如《叔妱簋》作🔶。《格伯敦簋》作🔶，皆從玉，其實一也。然可以知作者所居之地耳。此與🔶、🔶、🔶一字，《説文》則訛爲倗，其訓爲輔，蓋以爲"朋友"之"朋"本字也。[1]

另外，他輔證了王國維、郭沫若等人之觀點。如他對于《天黿鼎》彝銘的考證：

🔶，倫按：舊釋子孫。然孫從繩得聲，繩從黽得聲，設🔶爲黽，而釋爲孫尚可通。若🔶則非子也。郭沫若以爲天黿，乃族徽。或設即軒轅氏。説皆近理。於《攈古録金文》一之二有《🔶姁辛彝》，與此相類。倫謂🔶是大字，大豕六黽，皆古氏族。大、天二字形本相似，聲亦脂、真對轉，故大邑商亦或作天邑商矣。真、元聲類相近，故大黿又轉爲軒轅。作此器者蓋軒轅之族。[2]

馬氏這一解釋，使得郭氏的天黿説得到了文字音韻上的實際證明，因此顯得尤其重要。總之，馬氏此書還有待于深入研究和價值認識。但是，當務之急則是出版此書的鉛印簡化字或繁體字版，改變此書的行書加草書的呈現模式。筆者雖然長期研讀此書，依然有很多字不明其意，無法釋讀。學術著作就是爲了讀者和研究人員而作，一旦相互交流和溝通都很困難，何談學術貢獻？

十一、徐中舒的彝銘學

徐中舒（1898—1991），安徽懷寧人。1926 年畢業于清華大學研究院國學門，

---

[1] 馬叙倫：《讀金器刻詞》，中華書局 1962 年版，第 6 頁。
[2] 同上，第 19 頁。

師從王國維、梁啓超等著名學者。1928 年，他任復旦大學和暨南大學中文系教授。1934 年，他與容庚等共同發起成立考古學社。1937 年，抗日戰争爆發後，應中英庚款和四川大學協聘，他任四川大學歷史系教授。從 20 世紀 40 年代起，他先後還在樂山武漢大學、成都燕京大學、華西協和大學、南京中央大學執教。中華人民共和國成立後，他繼續擔任川大教授。并兼西南博物館和四川博物館館長、中國科學院哲學社會科學部委員、國務院古籍整理小組顧問、四川省歷史學會會長、中國先秦史學會理事長、中國古文字學會常務理事、中國考古學會名譽理事，以及《中國大百科全書·中國歷史》編輯委員會委員等職務。

主編《商周金文集録》《漢語古文字字形表》等書，個人學術專著有《先秦史論稿》等書。代表性論文有：《陳侯四器考釋》《金文叚辭釋例》《禹鼎的年代及其相關問題》《西周利簋銘文箋釋》《西周牆盤銘文箋釋》《西周利簋文箋釋》《論古銅器之鑑別》《説尊彝》《殷代銅器足徵説兼論〈鄴中片羽〉》《福氏所藏中國古銅器》《壽縣出土楚銅器補述》《關于銅器之藝術》《對〈金文編〉的幾點意見》《鷹氏編鐘圖釋附考釋》等。

1. 疑難彝銘考釋

其中，《鷹氏編鐘圖釋附考釋》，對鷹氏編鐘彝銘中出現的疑難文字進行了詳細的考釋，釋出了許多前人不曾認得的難字，并考定該編鐘爲春秋時代晉國銅器。《陳侯四器考釋》，綜合考察戰國時期齊國銅器等，并提出了許多新見解。《禹鼎的年代及其相關問題》，對《禹鼎》的年代作了全面的考察，將該器年代考定在厲王時期。文中并廣泛結合文獻記載，對彝銘材料所記載的西周時期周王朝與南方淮夷的戰争，作了全面系統的研究，指出西周時期周王朝與淮夷的戰事主要發生在穆、厲、宣三世，使文獻記載與銘文史料相互印證。這些論文在學術界產生了廣泛影響，郭沫若就曾根據該文得出的結論對《兩周金文辭大系》一書作過修改。

在《怎樣考釋古文字》一文中，他系統地向學術界介紹這種方法，説：

> 古人造字，決不是孤立地一個一個的造……每個字的形音義，都有它自己發展的歷史。因此考釋古文字，一個字講清楚了，還要聯繫一系列相關的字，考察其相互關係。同時還要深入瞭解古人的生產、生活情況，根據考古資料、民俗學、社會學及歷史記載的原始民族的情況和現在一些文化落後的民族的生活情況來探索古代文字發生時期的社會生產力和生產關係。根據這

些東西，探索每個字的字源和語源。這樣考釋古文字，纔有根據，也纔比較正確。[1]

2. 嘏辭研究

在《金文嘏辭釋例》一文中，徐氏系統地對銅器彝銘的嘏辭作了總結和研究，考釋了彝銘中常見十六種嘏辭的含義，幷對各種嘏辭的時代進行了探索，以此實現了對銅器的斷代研究。

首先，徐氏指出了"萬年無疆""萬年眉壽""眉壽無疆"等嘏辭主要盛行于西周厲、宣之世。"無期""眉壽無期""萬年無期""壽老無期""男女無期"等，均爲春秋時成周偏東地區之器。甚至推廣帶傳統經典的研究上：

> 金文眉壽、萬年、無疆、無期，每錯綜成文：曰"萬年無疆"，曰"眉壽無疆"，曰"眉壽萬年"，曰"萬年眉壽"，曰"眉壽萬年無疆"，"萬年眉壽無疆"曰"眉壽無期"，曰"萬年無期"。凡此種種，在金文中，極常見。就其年代之可考者言，最早不過共王之世……厲宣之世，尤爲盛行……據金文言，萬壽連文，僅春秋時器三見，足證春秋以前尚未甚流行。而《詩》之作者年代，又決不能晚於春秋之世，是知《詩》之萬壽，當非省稱，必爲後人誤讀所致。蓋金文眉從𦣹，與萬之上部作𦥸者極相似，萬壽即眉壽之誤……金文言"萬年無期"者……其地皆在成周以東。其字宛轉勻稱又自相似，皆春秋時物……據此論之《小雅·南山有臺》有"萬壽無期"，《白駒》之"逸豫無期"，其詩與國風頗近似，或即東周之作。[2]

其次，徐氏指出了"永命""彌生"等術語的通行年代爲西周之器，"霝命"爲春秋晚期之器：

> 金文凡言"永命"者，多西周器。言"霝命"者，多春秋時器。言"嘉命"者僅一見，乃春秋晚期器。據此知春秋時對於天神或祖先之觀念，已不如前此之隆重。蓋永命有不可一時或離之意，而霝命、嘉命，則無此意。言永命則人必依天神或祖先而生存，言霝命嘉命，則人僅須神之善命即足，不必永久監臨

---

[1] 徐中舒：《怎樣考釋古文字》，文化部文物事業管理局古文獻研究室編：《出土文獻研究》，文物出版社 1985 年版，第 214 頁。

[2] 徐中舒：《徐中舒歷史論文選輯》，中華書局 1998 年版，第 523—526 頁。

在上也。[1]

再次，徐氏指出了彝銘中出現的長生觀念是東周時代之器：

> 金文言難老者，《叀季良父壺》約爲東周初年之器，《齊夷鎛》爲齊靈公時物，《齊大宰歸父盤》之歸父，或即國歸父，時代略前於齊靈。《詩·泮水》有"永錫難老"語，《泮水》爲魯僖公時詩，齊靈、魯僖、國歸父時代相去不遠，皆在春秋中世。《綸鎛》或稍後，或與《國差罎》同時，亦爲春秋時物。據此言之，長生久視説必發生東周初年。[2]

他得出結論是：

> 嘏辭爲具有大衆性之語言，一時代有一時代之風格，一地方有一地方之範式。蓋此等語言，每以思想之感召，成爲風氣而不自覺，及時過境遷，雖以善於依仿之作者，不能追摹無失。故此等語言，在銅器研究上，亦可爲粗略的劃分年代或地域之一種尺度。如上所舉諸例，西周曰匄，東周曰旂、曰氣；西周曰霝冬，東周曰難老、曰壽老毋死；西周曰眉壽，東周曰萬壽；西周曰無疆，東周曰無期；西周曰數數彙彙，東周曰它它巸巸、或皇皇巸巸。它它巸巸流行於東方之齊、邾，皇皇熙熙流行於南方之徐、許，而無期則通行于東、南之兩方。[3]

從此書中可以看出，徐氏對商周銅器彝銘的具體運用的時代特色和地理特點進行分析研究，得出了銅器斷代的彝銘嘏詞標準，具有十分重大的學術價值，其結論至今也值得我們深思和參考。

這一時期，值得一提的彝銘學家還有陳夢家和岑仲勉。其中，筆者將陳氏放在以後章節進行研究。而岑仲勉（1886—1961），廣東順德人。名銘恕，字仲勉，別名汝懋。1937 年經陳垣推薦入中央研究院歷史語言研究所。1937 年 7 月至 1948 年 6 月任該所專任研究員。1948 年 7 月至 1961 年 10 月任中山大學歷史系教授。

岑仲勉治學最重要的成就是以碑刻考證歷史，清代金石家的碑跋，多述小學、

---

[1]　徐中舒：《徐中舒歷史論文選輯》，中華書局 1998 年版，第 531 頁。
[2]　同上，第 536—537 頁。
[3]　同上，第 563 頁。

碑例、書法等專義，岑仲勉則以碑誌考證史實，又糾正了清金石家過信石刻、偏責史實的毛病，客觀地論證碑誌之價值。著有：《金石論叢》《兩周文史論叢》《西周社會制度問題》等書。除此之外，他的論文也很多，著名的有：《饕餮即圖騰并推論我國青銅器之原起》（《東方雜誌》第 41 卷第 5 號，1945 年 3 月）、《周鑄青銅器所用金屬之種類及名稱》（《東方雜誌》第 41 卷第 6 號，1945 年 3 月）、《何謂生霸死霸》（《東方雜誌》第 41 卷第 21 號，1945 年 11 月）、《周金文所見之吉凶宜忌日》（《東方雜誌》第 42 卷第 10 號，1946 年 5 月）、《〈四庫提要〉古器物銘非金石錄辨》（《歷史語言研究所集刊》第 12 本，1947 年）、《〈宣和博古圖〉撰人》（《歷史語言研究所集刊》第 12 本，1947 年）等。

第三十六章　新中國彝銘學研究著作

引　論

　　中華人民共和國成立以來的彝銘學研究，雖然無法和晚清與民初時期的規模相比，但是纔是真正展開了考古、文獻學、古文字學意義上的研究。在簡帛研究没有大熱的時代，彝銘研究一直處在甲骨學研究的後面，維持着不冷不熱的局面。雖然經常有銅器出土、而且有銘銅器甚至是重器也時常出現，但是一直缺乏大規模的、持續的熱點和關注——特別是和簡帛的研究比起來。

第一節　大陸地區彝銘學研究著作

　　從兩漢開始，這門學問的"門檻兒"就一直很高，至今依然如此。我們先將相關出版情況羅列爲下表，然後進行分類説明。

1950 年以來出版彝銘學研究著作表

	書　　名	作　者	出版社
1952 年	《積微居金文説》	楊樹達	中國科學院
1954 年	《殷周青銅器銘文研究》	郭沫若	人民出版社
	《金文叢考》（修訂本）	郭沫若	人民出版社
1957 年	《商周金文録遺》	于省吾	科學出版社
	《兩周金文辭大系圖録考釋》	郭沫若	科學出版社

（續表）

	書　名	作　者	出版社
1958 年	《殷周青銅器通論》	容庚、張維持	科學出版社
	《古史考存》	劉　節	人民出版社
	《兩周文史論叢》	岑仲勉	商務印書館
1959 年	《盂鼎・克鼎》	上海博物館編	上海博物館
	《上村嶺虢國墓地》	中國科學院考古研究所	科學出版社
	《積微居金文說》（增訂本）	楊樹達	科學出版社
1960 年	《黃縣𣊟器》	王獻唐	山東人民出版社
	《陝西省博物館、陝西省文物管理委員會藏青銅器圖釋》	陝西省博物館、陝西省文物管理委員會編	文物出版社
1961 年	《殷周青銅器銘文研究》（修訂本）	郭沫若	科學出版社
1962 年	《殷周文字釋叢》	朱芳圃	中華書局
	《雙劍誃古文雜釋》	于省吾	中華書局
	《讀金器刻詞》	馬叙倫	中華書局
	《美帝國主義劫掠的我國殷周銅器集錄》	中國科學院考古研究所	科學出版社
1963 年	《中國青銅器時代》	郭寶鈞	生活・讀書・新知三聯書店
	《扶風齊家村青銅器群》	陝西省博物館、陝西省文物管理委員會	文物出版社
1964 年	《上海博物館藏青銅器》	上海博物館編	上海人民美術出版社
1965 年	《長安張家坡西周銅器群》	中國科學院考古研究所	文物出版社
1979 年	《陝西出土商周青銅器》	陝西省博物館、陝西省文物管理委員會編	文物出版社
1980 年	《中國古代青銅器小辭典》	杜迺松	文物出版社
1981 年	《西周金文語法研究》	管燮初	商務印書館
	《郭沫若書簡（致容庚）》	曾憲通編注	廣東人民出版社
	《金文著錄簡目》	孫稚雛	中華書局
	《金石論叢》	岑仲勉	上海古籍出版社
	《商周銅器群綜合研究》	郭寶鈞	文物出版社

（續表）

	書　名	作　者	出版社
1981 年	《東夷雜考》	李白鳳	齊魯書社
	《河南出土商周青銅器》	《河南出土商周青銅器》編輯組	文物出版社
1982 年	《中國古代青銅器》	馬承源	上海人民出版社
1983 年	《新出金文分域簡目》	中國社會科學院考古研究所	中華書局
1984 年	《殷周金文集録》	徐中舒主編	四川人民出版社
	《中國古代青銅器簡説》	杜廼松	書目文獻出版社
	《殷周金文集成》	中國社會科學院考古研究所	中華書局
1985 年	《北京圖書館藏青銅器銘文拓本選編》	北京圖書館金石組	文物出版社
	《殷墟青銅器》	中國社會科學院考古研究所	文物出版社
1986 年	《西周金文官制研究》	張亞初、劉雨	中華書局
	《商周青銅器銘文選（一）》	上海博物館商周青銅器銘文選編寫組	文物出版社
	《西周冊命制度研究》	陳漢平	學林出版社
	《西周青銅器銘文分代史徵》	唐蘭	中華書局
	《青銅器論文索引》	孫稚雛	中華書局
	《西周金文擷英》	吳鎮烽	三秦出版社
	《兩周金文選》	古銘主編	上海書畫出版社
1987 年	《商周青銅器銘文選（二）》	上海博物館商周青銅器銘文選編寫組	文物出版社
	《中國古文字學通論》	高明	文物出版社
	《金文新考》	駱賓基	山西人民出版社
	《安徽省博物館藏青銅器》	安徽省博物館	上海人民美術出版社
	《金文人名彙編》	吳鎮烽	中華書局
1988 年	《周原與周文化》	陳全方	上海人民出版社
	《西周法制史》	胡留元、馮卓慧	陝西人民出版社
	《商周青銅器銘文選（三）》	上海博物館商周青銅器銘文選編寫組	文物出版社

（續表）

	書　　名	作　者	出版社
1988年	《金文選注繹》	洪家義	江蘇教育出版社
	《安徽出土金文訂補》	崔恒昇	黄山書社
	《智鼎銘文研究》	陳連慶	東北師範大學出版社
	《中國青銅器》	馬承源主編	上海古籍出版社
	《金文字帖》	巴蜀書社編	巴蜀書社
	《殷周金文字帖》	四川美術出版社	四川美術出版社
1989年	《陝西金文彙編》	吳鎮烽	三秦出版社
	《西周年代學論叢》	何幼琦	湖北人民出版社
	《湖北金石志》	劉先枚校注	湖北人民出版社
	《一得集》	陳邦懷	齊魯書社
	《乾隆四鑑綜理表》	劉雨	中華書局
	《戰國文字通論》	何琳儀	中華書局
1990年	《西周金文選編》	侯志義主編	西北大學出版社
	《商周金文選》	曹錦炎	西泠印社
	《商周青銅器銘文選（四）》	上海博物館商周青銅器銘文選編寫組	文物出版社
	《金文選釋》	王宏	天津古籍書店
	《秦銅器銘文編年集釋》	王輝	三秦出版社
	《新出青銅器研究》	李學勤	文物出版社
	《西北甲骨文金文集錄》	戴春陽	蘭州古籍書店
	《篆書臨範：金文三種》	鐘明善	三秦出版社
1991年	《犇屬之美：中國青銅藝術》	陳望衡	湖南美術出版社
	《商周古文字類纂》	郭沫若	文物出版社
	《西周年代》	李仲操	文物出版社
	《中國上古社會新論：〈金文新考〉外編》	駱賓基	華文出版社
	《金文鑑賞》	唐復年	北京燕山出版社
1992年	《西周史略》	［日］白川靜著、袁林譯	三秦出版社
	《西周金文選注》	秦永龍	北京師範大學出版社
	《西周微氏家族青銅器群研究》	尹盛平主編	文物出版社
	《中國金石集萃：商周金文》	文物出版社編	文物出版社

(續表)

	書　名	作　者	出版社
1992 年	《中國金石集萃：商周秦漢金文》	文物出版社編	文物出版社
	《吳越徐舒金文集釋》	董楚平	浙江古籍出版社
	《湖北出土商周文字輯證》	黃錫全	武漢大學出版社
	《中國青銅器銘文紋飾藝術》	雷　鳴	湖北美術出版社
	《金文書法精華》	康　殷	國際文化出版公司
1993 年	《西周青銅器銘文分代史徵器影集》	唐復年	中華書局
	《金文編訂補》	陳漢平	中國社會科學出版社
	《安陽殷墟青銅器》	安陽市文物工作隊、安陽市博物館	中州古籍出版社
	《甲骨金文字典》	方述鑫等編	巴蜀書社
	《書法·查閱兩用金文辭典》	張宗方、郭人傑	山東友誼書社
1994 年	《金文速查手冊》	樊中岳	湖北美術出版社
	《兩周金文虛詞集釋》	崔永東	中華書局
	《容庚選集》	曾憲通編選	天津人民出版社
	《周代南土歷史地理與文化》	徐少華	武漢大學出版社
	《書法小集成·兩周秦漢金文》	《書法小集成》編委會	海南出版社
	《大盂鼎銘文》	《歷代碑帖法書選》編輯組	文物出版社
1995 年	《唐蘭先生金文論集》	唐　蘭	紫禁城出版社
	《金文大字典》	戴家祥主編	學林出版社
	《于豪亮學術文存》	于豪亮	中華書局
	《金文編校補》	董蓮池	東北師範大學出版社
	《楚系青銅器研究》	劉彬徽	湖北教育出版社
	《中國青銅器發展史》	杜廼松	紫禁城出版社
	《古代中國青銅器》	朱鳳瀚	南開大學出版社
	《河南商周青銅器紋飾與藝術》	河南省文物考古研究所	河南美術出版社
1996 年	《金文編識讀》	張宗方、郭人傑	齊魯書社
	《甲骨金文與古史新探》	蔡運章	科學出版社
	《礜墓·戰國中山國國王之墓》	河北省文物研究所	文物出版社

（續表）

	書　　　名	作　者	出版社
1997 年	《西周土地關係論》	李朝遠	上海人民出版社
	《積微居金文説》（增訂本）	楊樹達	中華書局
	《秦漢金文彙編》	孫慰祖、徐谷富	上海書店出版社
	《北京圖書館藏青銅器全形拓片集》	北京圖書館	北京圖書館出版社
	《商周青銅文化》	李先登	商務印書館
	《中國書法全集・商周編・春秋戰國金文卷》	劉正成主編	榮寶齋出版社
1998 年	《商周青銅器銘文簡論》	葉正渤、李永延	中國礦業大學出版社
	《簡明金文詞典》	王文耀	上海辭書出版社
	《西周諸王年代研究》	朱鳳瀚、張榮明	貴州人民出版社
	《孫常叙古文字學論集》	孫常叙	東北師範大學出版社
	《周公攝政稱王與周初史事論集》	郭偉川	北京圖書館出版社
	《吴越文字彙編》	施謝捷	江蘇教育出版社
	《中國青銅文化結構體系研究》	李伯謙	科學出版社
	《金文集聯》	秦文錦	中國書店
1999 年	《銅器曆日研究》	張聞玉	貴州人民出版社
	《金文的認識與書寫》	戴月	國際文化出版公司
	《西周青銅器分期斷代研究》	王世民、陳公柔、張長壽	文物出版社
	《商周青銅器與楚文化研究》	高至喜	嶽麓書社
	《鳥蟲書通考》	曹錦炎	上海書畫出版社
	《鄭州商代銅器窖藏》	河南省文物考古研究所	科學出版社
	《古器造型與紋飾》	李西、征宇	灕江出版社
	《散氏盤虢季子白盤銘文》	文物出版社編	文物出版社
	《毛公鼎銘文》	《歷代碑帖法書選》編輯組編	文物出版社
2000 年	《金文簡帛中的刑法思想》	崔永東	清華大學出版社
	《宋代著録商周青銅器銘文箋證》	劉昭瑞	中山大學出版社
	《金文通釋選譯》	［日］白川靜通釋 曹兆蘭選譯	武漢大學出版社
	《西周王朝經營四土研究》	周書燦	中州古籍出版社

（續表）

	書　　　名	作　　者	出版社
2000 年	《讀金日劄》	陳　直	西北大學出版社
	《金文古音考》	侯志義	西北大學出版社
	《商周文化比較研究》	王　暉	人民出版社
	《商西周金文書法》	王長豐	安徽教育出版社
	《夏商周斷代工程 1996—2000 年階段成果報告・簡本》	夏商周斷代工程專家組	世界圖書出版公司
	《金文小品集》	上海書畫出版社編	上海書畫出版社
	《青銅器史話》	曹淑琴、殷瑋璋	中國大百科全書出版社
	《商周金文百種》	殷蓀、馮宏偉	上海書畫出版社
2001 年	《殷周金文集成引得》	張亞初	中華書局
	《四版金文編校補》	嚴志斌	吉林大學出版社
	《金文引得・殷商西周卷》	華東師範大學中國文字研究與應用中心	廣西教育出版社
	《新鄭鄭公大墓青銅器》	河南博物院	大象出版社
	《中國古青銅器》	吳鎮烽主編	湖北美術出版社
	《中國青銅器真偽鑒別》	張懋鎔等	安徽科學技術出版社
	《中國國家圖書館藏青銅器全形拓片精品集》	中國國家圖書館善本部	北京圖書館出版社
	《文明之光：楚國的青銅器》	萬全文	湖北教育出版社
	《夏商周青銅文明探研》	李先登	科學出版社
	《中國歷史博物館藏法書大觀》	史樹青主編	上海教育出版社
	《金文》	王延林	上海書畫出版社
2002 年	《金文氏族研究：殷周時代社會、歷史和禮制視野中的氏族問題》	劉　正	中華書局
	《近出殷周金文集錄》	劉雨、盧岩	中華書局
	《金文斷代方法探微》	杜勇、沈長雲	人民出版社
	《西周紀年》	劉啓益	廣東教育出版社
	《金文引得・春秋戰國卷》	華東師範大學中國文字研究與應用中心	廣西教育出版社
	《金文今譯類檢・春秋戰國卷》	《金文今譯類檢》編寫組	廣西教育出版社

（續表）

	書　　名	作　者	出版社
2002 年	《晒明樓金文考説》	宗鳴安	陝西人民出版社
	《上古史探研》	沈長雲	中華書局
	《甲金語言文字研究論集》	喻遂生	巴蜀書社
	《兩周青銅樂器銘辭研究》	陳雙新	河北大學出版社
	《中國青銅器研究》	馬承源	上海古籍出版社
	《考古文選》	吳鎮烽	科學出版社
	《中國古代青銅器藝術》	李松、賀西林	陝西人民美術出版社
	《𣄃公盨》	保利藝術博物館	綫裝書局
	《吉金鑄國史：周原出土西周青銅器精粹》	北京大學考古文博學院	文物出版社
2003 年	《吉金文字與青銅文化論集》	杜廼松	紫禁城出版社
	《西周青銅器年代綜合研究》	彭裕商	巴蜀書社
	《古文字與商周史新證》	王　暉	中華書局
	《金文今譯類檢·殷商西周卷》	《金文今譯類檢》編寫組	廣西教育出版社
	《商周青銅器幻想動物紋研究》	段　勇	上海古籍出版社
	《西周編年史復原》	何幼琦	湖北人民出版社
	《金文藝用字典》	張　弨	中州古籍出版社
	《群雄逐鹿：兩周中原列國文物瑰寶》	河南博物院	大象出版社
	《銅器與中國文化》	高蒙河	漢語大詞典出版社
2004 年	《國家圖書館藏金文研究資料叢刊》	徐蜀主編	北京圖書館出版社
	《金文常用字典》	陳初生	陝西人民出版社
	《西周銅器斷代》	陳夢家	中華書局
	《西周金文文字系統論》	張再興	華東師範大學出版社
	《金文與殷周女性文化》	曹兆蘭	北京大學出版社
	《西周封國考疑》	任　偉	社會科學文獻出版社
	《周原遺址與西周銅器研究》	曹瑋	科學出版社
	《西周漢語語法研究》	張玉金	商務印書館
	《吳國青銅器綜合研究》	肖夢龍、劉偉主編	科學出版社

（續表）

	書　名	作　者	出版社
2004 年	《夏商周青銅器研究》	陳佩芬	上海古籍出版社
	《中國青銅器真僞識別》	丁　孟	遼寧人民出版社
	《中國青銅器造型與裝飾藝術》	朱和平	湖南美術出版社
	《金文書法》	沃興華	上海人民出版社
2005 年	《金文廟制研究》	劉　正	中國社會科學出版社
	《古文字考釋叢稿》	劉　釗	岳麓書社
	《金石錄校證》	金文明校證	廣西師範大學出版社
	《近出西周金文集釋》	周寶宏	天津古籍出版社
	《西周金文語序研究》	潘玉坤	華東師範大學出版社
	《春秋金文構形系統研究》	羅衛東	上海教育出版社
	《金文月相紀時法研究》	葉正渤	學苑出版社
	《周原出土青銅器》	曹瑋主編	巴蜀書社
	《金文新鑑》	劉志基	世界圖書出版公司
2006 年	《金文研究合集》	不詳	江蘇古籍出版社
	《商周金文》	陳絜	文物出版社
	《春秋戰國金文字體演變研究》	張曉明	齊魯書社
	《金文人名彙編》（修訂本）	吳鎮烽	中華書局
	《金文文獻集成》	劉慶柱、段志洪、馮時主編	綫裝書局
	《出土夷族史料輯考》	陳秉新、李立芳	安徽大學出版社
	《金文楷釋大字典》	王　宏	山東美術出版社
	《中國古文字導讀：商周金文》	王　輝	文物出版社
	《甲骨文金文釋林》	胡澱咸	安徽人民出版社
	《商周樂器文化結構與社會功能研究》	方建軍	上海音樂學院出版社
	《金文字形書體與二十世紀的西周銅器斷代研究》	張懋鎔	中華書局
	《古文字與青銅器論集・第二輯》	張懋鎔	科學出版社
	《殷墟青銅禮器研究》	岳洪彬	中國社會科學出版社
	《兩周史論》	郭偉川	北京圖書館出版社
	《漢中出土商代青銅器》	曹瑋主編	巴蜀書社

（續表）

	書　　名	作　者	出版社
2006 年	《洛陽出土青銅器》	洛陽師範學院、洛陽市文物局	紫禁城出版社
	《嶺南地區出土青銅器研究》	李龍章	文物出版社
	《皖南商周青銅器》	安徽大學、安徽省文物考古研究所	文物出版社
	《故宫博物院藏青銅器辨僞》	王文昶主編	紫禁城出版社
	《藝術與生命精神：對中國青銅時代青銅藝術的解讀》	喬遷	河北教育出版社
	《金文簡釋書帖》	蔣振帆、黄傳遠	浙江人民出版社
	《中國古代書法作品選粹：金文》	人民美術出版社編	人民美術出版社
2007 年	《殷周金文集成（修訂增補本）》	中國社會科學院考古研究所	中華書局
	《山東金文集成》	山東省博物館編	齊魯書社
	《商周圖形文字編》	王心怡	文物出版社
	《青銅器銘文研究：白川靜金文學著作的成就與疏失》	白冰	學林出版社
	《甲骨金文考釋論集》	陳劍	綫裝書局
	《楚系銘文綜合研究》	鄒芙都	巴蜀書社
	《西周青銅重器銘文集釋》	周寶宏	天津古籍出版社
	《殷墟婦好墓銘文研究》	曹定雲	雲南人民出版社
	《西周銘文篇章指同及其相關語法研究》	朱其智	河北大學出版社
	《青銅器學步集》	李朝遠	文物出版社
	《商周姓氏制度研究》	陳絜	商務印書館
	《西周金文詞彙研究》	楊懷源	巴蜀書社
	《流散歐美殷周有銘青銅器集録》	劉雨、汪濤	上海辭書出版社
	《曾國青銅器》	湖北省文物考古研究所	文物出版社
	《吳越和百越地區周代青銅器研究》	鄭小爐	科學出版社
	《湖南出土殷商西周青銅器》	湖南省博物館編	岳麓書社
	《金文拾貝：集金文書詩詞百首》	許思豪	上海古籍出版社

(續表)

書　名	作　者	出版社
《商周金文總著錄表》	劉雨、沈丁等	中華書局
《二十世紀金文研究述要》	趙　誠	書海出版社
《新出殷周青銅器銘文整理與研究》	胡長春	綫裝書局
《西周金文作器用途銘辭研究》	陳英傑	綫裝書局
《金文論集》	劉　雨	紫禁城出版社
《青銅器論文索引》	張懋鎔主編	綫裝書局
《先秦年代探略》	白光琦	中國社會科學出版社
《殷墟青銅器：青銅時代的中國文明》	嚴志斌、洪梅	上海大學出版社
《吉金鑄華章：寶鷄眉縣楊家村單氏青銅器窖藏》	陝西省考古研究院、寶鷄市考古研究所、眉縣文化館	文物出版社
《旅順博物館館藏文物選粹·青銅器卷》	旅順博物館	文物出版社
《金文口訣》	劉增興	遼寧美術出版社
《商周金文編：寶鷄出土青銅器銘文集成》	霍彥儒、辛怡華主編	三秦出版社
《楚系金文彙編》	劉彬徽、劉長武	湖北教育出版社
《商周青銅器族氏銘文研究》	何景成	齊魯書社
《中國金文學史》	白　冰	學林出版社
《金文簡牘帛書中文書研究》	孫　瑞	吉林文史出版社
《安徽壽縣朱家集出土青銅器銘文集釋》	程鵬萬主編	黑龍江人民出版社
《曾國青銅器研究》	張昌平	文物出版社
《中國青銅器綜論》	朱鳳瀚	上海古籍出版社
《商周青銅器之饕餮紋研究》	杭春曉	文化藝術出版社
《古文字與古貨幣文集》	黃錫全	文物出版社
《歷代碑帖精粹·周金文四種》	陳高潮主編	北京工藝美術出版社
《商周金文摹釋總集》	張桂光主編	中華書局
《甲骨金文拓本精選釋譯》	馬如森	上海大學出版社
《金文標準器銘文綜合研究》	葉正渤	綫裝書局
《兩周金文虛詞研究》	武振玉	綫裝書局
《閏宥落照堂藏青銅器拓本》	閏廣、張長壽	文物出版社
《西周紀年研究》	張聞玉、饒尚寬、王輝	貴州大學出版社

（以上年份：2008 年、2009 年、2010 年）

（續表）

	書　名	作　者	出版社
2010 年	《古文字與青銅器論集・第三輯》	張懋鎔	科學出版社
	《青銅時代的土地戰争》	吳曄、馬亮	陝西師範大學出版社
	《傅幻石金文書法大字典》	傅幻石、楊蘭	山西人民出版社
	《圖像時代碑帖典集：甲骨文金文精選》	梁小鈞主編	廣西美術出版社
	《杜道勝楹聯金文墨迹大觀》	杜道勝	社會科學文獻出版社
	《盛世吉金・1949 年後出土銅器銘文書法系列・四十三年逨鼎》	李緒傑	重慶出版社
2011 年	《商周彝銘學研究史：青銅器銘文研究的歷史在古代中國的發展軌迹》	劉　正	綫裝書局
	《海岱古族古國吉金文集》	陳青榮、趙緼	齊魯書社
	《新金文編》	董蓮池	作家出版社
	《張政烺批注〈兩周金文辭大系考釋〉》	張政烺	中華書局
	《周代吉金文學研究》	連秀麗	中國社會科學出版社
	《金文釋讀與文明探索》	趙平安	上海古籍出版社
	《中國古代科技史話：金文與青銅時代》	楊　傑	吉林文史出版社
	《新出金文與西周歷史》	朱鳳瀚主編	上海古籍出版社
	《西周金文動詞研究》	寇占民	綫裝書局
	《金文常用字匯》	濮茅左	上海書店出版社
	《金文史話》	杜勇、周寶宏	社會科學文獻出版社
	《金文與青銅時代》	金開誠主編	吉林文史出版社
	《出土文獻與楚史研究》	羅運環	商務印書館
	《中國古代青銅器藝術》	吕章申主編	中國社會科學出版社
	《春秋青銅器年代綜合研究》	彭裕商	中華書局
	《中國古青銅器新探》	余念忠、紀宇主編	上海社會科學院出版社
	《容庚學術著作全集》	莞城圖書館編	中華書局
	《吳大澂金文》	魏文源	江蘇美術出版社
2012 年	《甲骨金文與古史新探（增訂本）》	蔡運章	科學出版社
	《新見金文字編》	陳斯鵬、石小力、蘇清芳	福建人民出版社
	《甲骨金文與商周史研究》	張政烺	中華書局
	《商周青銅器銘文暨圖像集成》	吳鎮烽	上海古籍出版社
	《商代金文全編》	畢秀潔	作家出版社

可以看出，進入現代學術化的研究軌道之後，傳統的題跋類、圖錄類、金石類等著作模式雖然還有些許存在，但是已經退出了歷史主旋律。我們在後面的章節中將對大陸地區的彝銘學的研究現狀和成就給予系統總結。

第二節　港臺地區彝銘學研究著作

港臺的彝銘學研究，進入 20 世紀 70 年代纔開始頗成氣候。在幾乎没有大量簡帛出土的地方，傳統的彝銘學研究逐漸受到重視。但是，和大陸一樣，也没有形成持續的熱點和關注。大部頭的《金文詁林》可以算是個代表作。但是真正的彝銘文字研究、文獻研究的學術著作的出版，甚至還不如大陸，幾乎没什麼必要對其進行再分類的研究和分析。

1950 年以來港臺地區出版彝銘學研究著作表

	書　名	作　者	出　版　社
1951 年	《金文零釋》	周法高	"中央研究院"歷史語言研究所
1960 年	《商周銅器》	譚旦同	中華叢書委員會
1968 年	《金文論文選》	王夢旦	自刻
	《金文選讀》	孔德成	藝文印書館
1969 年	《金文選讀》	李棪	龍門書店
1971 年	《周代金文圖録及釋文》	不詳	大通書局
1973 年	《商周青銅器與銘文的綜合研究》	張光直等	"中央研究院"歷史語言研究所
1974 年	《僞作先秦彝器銘文疏要》	張光裕	香港書局
	《西周七件長銘的銅器》	張光遠	臺北故宮博物院
1975 年	《金文詁林》	周法高主編	香港中文大學出版社
	《西周青銅器銘文中之年代學資料》	黎東方	學生書局
1976 年	《殷虛出土青銅禮器之總檢討》	李濟	"中央研究院"歷史語言研究所
1977 年	《商周銅器銘文論證》	李鐘聲	漢苑出版社
	《新鄭銅器》	譚旦同	中華叢書編審委員會
	《金文詁林附録》	張日昇、周法高等編	香港中文大學出版社

（續表）

	書　　名	作　者	出　版　社
1978 年	《中日歐美澳紐所見所拓所摹金文彙編》（Rubbings and hand copies of bronze inscriptions in Chinese，Japanese，European，American，and Australasian collections）	巴納、張光裕合編	藝文印書館
	《殷周青銅器賞賜銘文研究》	黄然偉	龍門書店
1979 年	《殷周青銅器求真》	張克明	臺北“編譯館”
1980 年	《周金文釋例》	王讚源	文史哲出版社
	《三代吉金文存補》	周法高	臺聯國風出版社
1981 年	《商周秦漢青銅器辨僞録》	羅福頤	香港中文大學出版社
1982 年	《商周金文集成引得》	邱德修主編	五南圖書出版公司
	《商周金文集成》	邱德修主編	五南圖書出版公司
	《中國青銅時代》	張光直	香港中文大學出版社
	《金文詁林補》	周法高主撰	“中央研究院”歷史語言研究所
	《金文詁林續後記》	李孝定	“中央研究院”歷史語言研究所
1983 年	《金文釋例》	胡自逢	文史哲出版社
	《三代吉金文存釋文》	羅福頤	問學社
	《金文總集》	嚴一萍主編	藝文印書館
	《古青銅器銘文研究》	趙英山	臺灣商務印書館
1985 年	《商周金文新收編》	邱德修主編	五南圖書出版公司
	《商周金文總目》	邱德修主編	五南圖書出版公司
1986 年	《商周金文集成釋文稿》	邱德修主編	五南圖書出版公司
	《西周青銅彝器彙考》	高木森	中國文化大學出版部
1987 年	《商周金文蒐歷初探》	邱德修	五南圖書出版公司
	《先秦青銅器“紋飾”研究》	劉煜輝	自刊
	《兩周青銅句兵銘文匯考》	林清源	自刊
1988 年	《商周金文新探》	邱德修	五南圖書出版公司
	《海外遺珍·銅器續》	臺北故宫博物院	臺北故宫博物院
1989 年	《兩周金文通假字研究》	全廣鎮	學生書局
1994 年	《宋國青銅器彝銘研究》	潘琇瑩	自刊

（續表）

	書　名	作　者	出　版　社
1995 年	《商代金文圖錄》	張光遠	臺北故宮博物院
	《青銅器銘文檢索》	周何、季旭昇、汪中文主編	文史哲出版社
1996 年	《商周青銅兵器暨夫差劍特展論文集》	王振華等	臺北歷史博物館
1998 年	《故宮商代青銅禮器圖錄》	陳芳妹	臺北故宮博物院
1999 年	《西周冊命金文所見官制研究》	汪中文	臺北"編譯館"
	《晉國青銅器銘文探研》	潘慧如	青文書屋
2000 年	《〈金文總集〉與〈殷周金文集成〉銘文器號對照表》	季旭昇主編	藝文印書館
2001 年	《殷周金文集成釋文》	中國社會科學院考古研究所	香港中文大學中國文化研究所
2004 年	《圖形與文字：殷金文研究》	朱岐祥	里仁書局
	《從青銅器銘文看兩周漢淮地區諸國婚姻關係》	陳昭容	"中央研究院"歷史語言研究所
	《中國青銅禮器用途與形制研究：以〈說文解字〉所見爲限》	廖容梓	中正大學中國文學研究所
2005 年	《〈商周金文錄遺〉考釋》	沈寶春	花木蘭文化工作坊
	《羅振玉金文學著述》	熊道麟	花木蘭文化工作坊
	《商周青銅方鼎研究》	張寶雲	"清華大學"人類學研究所
	《儀禮飲食禮器研究》	姬秀珠	里仁書局
	《春秋楚系青銅器轉型風格之研究》	楊式昭	臺北歷史博物館
	《樊國出土青銅器及其相關問題》	陳昭容	臺北歷史博物館
2006 年	《甲骨周金文正形註音簡釋彙編》	黃翬梁	文史哲出版社
	《金文文獻集成·索引卷》	劉慶柱、段志洪、馮時主編	香港明石文化國際出版有限公司
	《鐘鼎銘文的書法藝術：書法的藝術起源》	李聰明	臺北大千出版公司
	《青銅禮樂器》	杜廼松主編	香港商務印書館
	《新收殷周青銅器銘文暨器影彙編》	鐘柏生等	藝文印書館

(續表)

	書　　名	作　者	出　版　社
2007 年	《新出土青銅器〈琱生尊〉及傳世〈琱生簋〉對讀：西周時期大宅門土地糾紛協調事件始末》	陳昭容等	"中央研究院"歷史語言研究所
	《西周錫命銘文新研》	何樹環	文津出版社
2008 年	《王筠之金文學研究》	沈寶春	花木蘭文化工作坊
2010 年	《2009 年金文學題要與年鑒》	沈寶春等	成功大學圖書館
	《從彝銘研討西周王年》	姜文奎	大屯書局
2011 年	《甲金文會錄》	李國英、許錟輝	萬卷樓圖書公司
	《西周銅器銘文所載賞賜物之研究——器物與身分的詮釋》	鄭憲仁	花木蘭文化出版社
	《周金疏證》	魯實先	臺灣商務印書館
2012 年	《天命、鬼神與祝禱：東周金文嘏辭探論》	鄧佩玲	藝文印書館

　　無論是在大陸地區還是港臺地區，對彝銘的研究和出版已經是考古學、古文字學、古典文獻學的學術模式，以其著作爲主導。也都熱衷于出版彝銘學的資料彙編，并且力求全面和全新。我們將在下面一章中對此給予詳細分析説明。

第三十七章　新中國彝銘學研究述評

引　論

中華人民共和國成立以來，中國的彝銘學研究與考古學和古文字學同步發展，經歷了從短暫停滯到振興的發展過程。從 1954—1957 年，出現了第一個彝銘研究的高潮。"文革"時期，再次進入停滯不前時期，直到改革開放新時代的到來。考古工作的發展帶動了銅器出土和彝銘研究的展開和深入。當夏商周斷代工程走進學術視野後，從 1980—2000 年，終于迎來了第二個彝銘研究的高潮。

儘管如此，與甲骨學和簡帛學的研究相比，彝銘研究的這兩個高潮幾乎是無足輕重的。這足以看出這一古老而新生的學科至今依然"門檻兒"很高。它不但要求研究者具有堅實的文字學基礎和深厚的文獻學知識積累，更要求具備一定的考古學素養和閱讀外文著作的能力。

關于中華人民共和國成立以來出版的商周青銅器彝銘研究著作，大致可以分成以下幾類。

第一節　彝銘著録類

這些著作的第一類是彝銘著録類。它可以分爲拓本或銅器圖像著録、彝銘拓本加釋文著録、銅器圖像加拓本加彝銘釋文著録三種。

拓本或銅器圖像著録，如《商周金文録遺》《北京圖書館藏青銅器全形拓片集》等。

彝銘拓本加釋文著録，如《殷周金文集成》《殷周金文集録》《商周金文集録》《陝西金文彙編》《商周金文摹釋總集》《北京圖書館藏青銅器銘文拓本選編》《商周青銅器銘文選》《山東金文集成》《商周金文編：寶鷄出土青銅器銘文集成》等。

其中，徐中舒主編的《商周金文集録》一書，有釋文、有摹寫、有出土記載，共收中華人民共和國成立後至 1984 年新出土的銅器彝銘九百七十三件，在同類著作中是比較好的。

《殷周金文集成》是由中國社會科學院考古研究所官方主持編定的一部商周彝銘總集。難能可貴的是，該書多是使用原始拓片製版而成。書中采用拓本的主要來源有五：（一）考古所多年積累的舊拓本，（二）《考古學報》和《考古》的檔案，（三）編輯組同志前往有關單位新打製的拓本，（四）若干文博單位提供的現成拓本或拓本原大照片，（五）若干單位或個人借給的拓本。[1]

如此力度，可以説前無古人，增加了該集成的學術價值和可信度。在文字説明上，該集成從著録、出土地、流傳、現收藏地等多方面給予了詳細的介紹。該書共有十八册，另有釋文六册，收集宋代以來著録、中外博物館收藏及歷年各地出土的商周銅器彝銘，收器總數一萬一千九百八十四件，比《三代吉金文存》增多一倍以上，于 1984—1994 年由中華書局陸續以珂羅版精印出版。

18 册 8 開本《殷周金文集成》

2007 年，又由中華書局出版了全八册《殷周金文集成（修訂增補本）》。

[1]　見梁楓：《殷周金文集成》，《考古》1986 年第 5 期。

8 冊 16 開本《殷周金文集成（修訂增補本）》

銅器圖像加拓本加彝銘釋文著録，如《商周青銅器銘文暨圖像集成》等。
這些著作有一定的成就，并起到了工具書的作用。特別值得稱道的是：

　　1982 年，臺灣嚴一萍先生所編《金文總集》由藝文印書館出版，收録金文
8 035 號。中國社會科學院考古研究所發揮集體優勢，編出《殷周金文集成》，
自 1984 年由中華書局開始印行，至 1994 年出齊，收録金文達 11 984 號。以上
兩書的異同，有季旭昇先生所主編的《〈金文總集〉與〈殷周金文集成〉銘文
器號對照表》詳細説明。繼《集成》之後，劉雨先生有《近出殷周金文集録》
及其二編，臺灣鍾柏生等先生有《新收殷周青銅器銘文暨器影彙編》，均係續補
《集成》不及收入的材料。[1]

　　在衆多彝銘總集中，目前以吳鎮烽編著的《商周青銅器銘文暨圖像集成》一書
爲集大成者。該書以三十五卷的巨型篇幅，將圖型、拓本、釋文、出土、收藏、尺
寸等諸多要素集于一身，共收有銘商周銅器 16 704 器，是目前最完整、最具有考古
學和文獻學雙重學術價值的商周彝銘研究的必備工具書。

　　關于此書的由來，作者陳述説：

---

[1]　李學勤：《商周青銅器銘文暨圖像集成·序》，吳鎮烽編著：《商周青銅器銘文暨圖像集成》，上
　　　海古籍出版社 2012 年版，第 1—2 頁。

　　《商周青銅器銘文暨圖像集成》是在作者的《商周金文資料通鑑》檢索系統的基礎上改編充實而成的。

　　《三代吉金文存》《殷周金文集成》和《金文總集》祇收録青銅器銘文拓本，并不收録其所在青銅器的圖像、釋文，以及相關的背景資料。這種僅僅印行拓本的方法，并不是一種完美的方法，讀者面對一大堆拓本，雖然排列有序，但使用起來卻有諸多不便，特別是研究古文字和先秦史的學者除了看到銘文拓本外，還必須參考其所在青銅器的圖像，以及其他有關資料，以便準確地判斷銘文的時代，進行綜合性研究。要得到銘文所在器物的圖像和相關資料，又得翻閲許多圖書和期刊，實在苦不堪言。

　　爲解決上述問題，并能利用現代化工具——電腦來爲商周金文研究服務，於是作者在上世紀 90 年代末，向國家文物局申請立項《金文資料全文檢索系統建設》（後改名爲《商周金文資料通鑑》），經過四年的努力，到 2004 年終于完成，并通過了國家文物局科研課題驗收專家委員會的驗收。驗收結論認爲："1.該課題完成金文字庫、輸入法、金文資料全文檢索系統的研究和軟件開發，實現了考核目標，完成了預定的任務。2.該研究成果很有實用價值，爲從事金文、先秦史書研究的有關人員提供了新的研究手段和豐富的資料。"但鑑于經費問題，《商周金文資料通鑑》電子版未能正式出版。此後，作者不斷補充修改，始成今日之規模。近得上海古籍出版社支持，故改名《商周青銅器銘文暨圖像集成》以紙質書的形式出版。[1]

該書凡例如下：

　　一、《商周青銅器銘文暨圖像集成》收録傳世和出土的中國青銅器，上自商代，下迄戰國，秦始皇統一六國以後者（即公元前 221 年以後）不予收録。考慮到度量衡的完整性，則收録到秦朝滅亡。

　　二、本書彙集銘文資料和所在銅器圖像於一起，同時載有該器物的出土時間地點、收藏單位、尺寸重量、器形紋飾、著録書刊等背景資料，以方便學者利用。

　　三、本書所采用的資料，係 2012 年 2 月底以前歷代著録和在省、市以上報刊發表的商周青銅器銘文資料。另外，書中還收録了近 680 件未曾著録的私家藏品。

---

[1]　吳鎮烽編著：《商周青銅器銘文暨圖像集成·前言》，上海古籍出版社 2012 年版，第 1 頁。

四、本書收録青銅器銘文拓本，其中陝西地區出土的青銅器銘文則采用作者自拓和自藏的拓本，私家藏品有自拓、自拍的，也有藏家和朋友贈送的。外省、區和傳世品則精選各著録書中銘文清晰的上乘佳拓。

五、正編按器物性質分爲食器、酒器、水器、樂器、兵器、用器六大類。附録分爲金銀器、玉石器、雜器三大類，每類下再按具體器形分爲若干小類，每小類中按銘文字數從少到多的順序排列，字數相同者則大體上按時代順序排列，由于排版需要，個別有所調整。

六、全書共收録有銘文的商周青銅器 16 703 件（下限到 2012 年 2 月底），編號一器一號，按器類分配。食器：鼎 00001—02518，鬲 02601—03040，甗 03101—03364，簋 03401—05403，盨 05501—05683，簠 05751—05980，敦、盞 06051—06080，豆、鋪 06101—06161，盂 06201—06230，盆 06251—06274，匕、俎 06301—06321；酒器：爵 06401—08585，角 08701—08794，斝 08851—09855，觶、觚 10051—10659，杯、飲壺 10851—10865，罍 10881—11065，尊 11101—11821，壺、鍾 11951—12455，卣 12521—13347，方彝 13451—13548，觥 13601—13665，罌 13701—13831，瓿 13951—13973，罐 13991—14009，瓶 14031—14039，缶 14051—14096，斗、勺 14151—14192；水器：盤 14301—14543，盉、鋡 14581—14800，匜 14851—15004，鑑、鎬 15051—15067；樂器：鍾 15101—15638，鎛 15751—15829，鐃 15851—15925，鈴、鐸 15951—15960，句鑃、鉦鋮 15981—15989；兵器：戈、戟 16001—17364，矛、叐 17501—17704，劍、鈹 17801—18078，鉞、戚 18201—18250，刀、削 18301—18325，矢鏃 18351—18420，雜兵 18461—18594；用器：農具 18651—18664，工具 18701—18760，度量衡 18801—18955，車馬器 19001—19092，符節 19151—19185，其他 19221—19505；附録：金銀器 19601—19641，玉石器 19701—19835，雜器 19901—19932；僞銘、僞器 34 件，編號前加 W，以示區別。

七、本書所録青銅器銘文的時代，按如下分期。

商代早期：相當于商代二里崗文化時期（前 16 世紀—前 15 世紀中葉）

商代中期：二里崗文化時期之後到小乙

商代晚期：武丁世—帝辛世

西周早期：武王至昭王

早期前段：武王、成王二世

早期後段：康王、昭王二世

西周中期：穆王至夷王

中期前段：穆王、恭王二世

中期後段：懿王、孝王、夷王三世

西周晚期：屬王至幽王

春秋早期：公元前 770 年—前 7 世紀上半葉

春秋中期：公元前 7 世紀上半葉—前 6 世紀上半葉

春秋晚期：公元前 6 世紀上半葉—前 476 年

戰國早期：公元前 476 年—前 4 世紀上半葉

戰國中期：公元前 4 世紀中葉—前 3 世紀上半葉

戰國晚期：公元前 3 世紀上半葉—前 221 年

八、本書銘文拓本按原大製版，部分拓本過大，縮小製版者，則注明原拓本尺寸；還有一部分銘文拓本、摹本和照片，因資料來源所限，并非原大。

九、爲節省篇幅，器物圖像一般長寬均不超過 10 厘米。

十、本書編排一般一器一頁，字數少的兩、三器一頁，字數多者或拓本大者，一器兩頁或多頁。

十一、每類器物中的排列，基本上是按字數多少爲序，相同字數中原則上按時代順序排列，但因排版需要，有些作了適當調整。

十二、每件青銅器銘文拓本都給予釋文，既給出隸古定字，也注出現行的繁體漢字，以便讀者參考。

十三、青銅器銘文有不能釋者，則予以隸定；若隸定亦有困難者，則照原形描繪，拓本漫漶，不能描繪者，則付闕如而以 "□" 號標示。

十四、本書所述諸器出土、尺度等情況，考古發現的器物一般來源於著錄項列具的考古報告或簡報，也有的來源於館藏圖錄，傳世器則括注文獻根據；未著錄者則爲編著者自己測量或朋友告知。

十五、《三代吉金文存》《殷周金文集成》《金文總集》等著錄中有一器兩處或多處重出者，重出之卷頁加括弧注明。

十六、因古文字的特殊需要，全書統一使用繁體字。資料均按中華人民共和國法定計量書寫。

　　十七、著録書名一般使用簡稱，期刊使用全稱，書後附《引用書刊目録及簡稱》。[1]

　　該書出版後，基本上可以取代目前所有已經出版的有關商周青銅器銘文的資料性的參考工具書。李學勤曾經指出該書具有三大特點：首先是内容豐富齊備，超越前人。其次是廣搜流散材料，多屬希見。再有是提供圖像資料，便于研究。[2]

第二節　斷代研究類

　　這些著作的第二類是斷代研究類。

　　古代中國，先後曾經有過的曆法種類從"黄帝曆"到洪秀全太平天国的"天曆"，共有一百零二種。加上西曆和火曆，就有一百零四種曆法。被稱爲"古曆"的有七種：黄帝曆、顓頊曆、夏曆、殷曆、周曆、魯曆和火曆。《漢書·律曆志》上記載的祇是前六種。在已經出土的西周大量青銅器彝銘中出現的作器時間記録，并不能百分之百的肯定都是出自周曆。特別是記載魯國和宋國内容的銅器彝銘，因爲魯曆、殷曆和周曆的換算，我們對此最難把握的是置閏問題。大家知道，閏月是爲了維持曆法的準確性而産生的一種調解方法，"十九年七閏"的定規是否爲周曆以外的所有曆法所采用，這是不易斷定的。因此，在假定所有作器時間都是出于周曆的基礎上，纔能開始銅器斷代研究。這是第一個假定。

　　使用六十甲子記日法之後，對于新王的改元和置閏過程中是否存在着更改甲子記日的問題，這也是千古之謎！古代中國（特別是西周諸王）王權的過分膨脹，是否會在六十甲子記日的連貫性這一"天道"面前低頭呢？我們不得而知。因此，在假定六十甲子記日法在改元和置閏過程中永遠處于不變的前提下，纔能開始銅器斷代研究。這是第二個假定。

[1]　吳鎮烽編著：《商周青銅器銘文暨圖像集成·凡例》，上海古籍出版社 2012 年版，第 1—3 頁。
[2]　李學勤：《商周青銅器銘文暨圖像集成·序》，吳鎮烽編著：《商周青銅器銘文暨圖像集成》，上海古籍出版社 2012 年版，第 1—2 頁。

　　有了這兩個假定，爲銅器斷代研究提供了最爲基本的立脚點。驗證這兩個立足點的基礎是在甲骨文和彝銘以及先秦史料中的有關夏商周日食和月食現象的記録。此外，18 世紀中期以來，理論天文學在西方的發展，使我們可以瞭解地球和月球誕生以來和今後地球上所有日食和月食的準確發生日期。比如，根據《僞古文尚書》的記載，在夏代少康時代發生過一次日食。1889 年，美國天文學家穆勒（Frank Muller，1862—1917）博士根據理論天文學所得出的地球上所有日食和月食的準確發生日期，得出結論：夏代少康時代的那次日食發生在公元前 2165 年 5 月 7 日的日出後一小時左右。結論的準確無誤爲我們重新判定《僞古文尚書》的史料價值提供了證據。也爲夏代少康的在位時間給出了答案：公元前 2165 年前後。

　　這一研究自古以來就是彝銘學術研究中的難點。因此，出現的學術研究著作并不多。大致有《西周紀年研究》《西周年代》《西周青銅器年代綜合研究》《夏商周斷代工程 1996—2000 年階段成果報告·簡本》《西周青銅器分期斷代研究》《西周諸王年代研究》《西周青銅器銘文分代史徵器影集》《西周銅器斷代》《西周青銅器銘文分代史徵》《西周年代學論叢》《春秋青銅器年代綜合研究》《先秦年代探略》《金文字形書體與二十世紀的西周銅器斷代研究》《金文月相紀時法研究》《金文標準器銘文綜合研究》《金文斷代方法探微》《銅器曆日研究》等。

　　上述各書以《西周銅器斷代》爲這一研究的最高代表，該書作者陳夢家。研究成果最初是以論文形式連續發表在《考古學報》上，後因故中止連載。因此，中華書局出版的此書是在已經發表的論文基礎上，加上若干遺稿增補而成。

　　關于西周銅器斷代的研究，陳夢家的《西周銅器斷代》在形制、紋飾、銘文的研究方面有了新內容。在標準器斷代法的基礎上，陳夢家提出了標準器組斷代法，使西周青銅器的斷代研究逐漸細緻化。

一、陳夢家的彝銘學研究

　　陳夢家（1911—1966），筆名陳慢哉，祖籍浙江上虞。是現代學術史上著名的古文字學家、考古學家、文物收藏和鑒定專家、詩人。他的父親陳金鏞是浙江上虞一個虔誠的基督教徒。

　　1927 年，陳氏考入國立第四中山大學法律系。此時聞一多任教于此，他開始師從聞氏，學習詩歌創作。1929 年開始，陳氏在《新月》上發表詩歌，成爲新月派詩人之一。1931 年，陳氏出版《夢家詩集》。1932 年 3 月，應聞一多之邀，陳氏到青島大學文學院任助教。并在聞一多的指導下，開始研究甲骨文。1934 年 1 月，陳氏考取燕京大學研究院研究生，專攻古文字學，導師爲容庚。容庚是燕京大學中文系副教授、《燕京學報》主編、故宮古物陳列所鑒定委員。唐蘭當時接替顧頡剛在燕京大學講授《尚書》和金文，是陳氏的老師之一。1936 年 9 月，陳夢家獲得碩士學位後，留在燕京大學中文系任助教，從此開始了他研究古文字學、古史學的歷程。同年出版《夢家詩存》。1937 年，經聞一多介紹，陳氏任教于南遷長沙的清華大學中文系。1938 年，陳氏任教于西南聯合大學中文系，因爲發表了有很大影響的研究甲骨、金文、上古神話和歷史的考證論文和詩集，在聞一多等著名教授的推薦下，晉升爲副教授（這時唐蘭也是副教授）。1944 年，經費正清和金岳霖的介紹，利用美國一個基金會的資助，陳氏赴美國芝加哥大學講授古文字學。在美國講學的三年中，他利用業餘時間走訪歐美各大博物館，編寫了著名的《海外中國銅器圖録》一書。還用英文撰寫并發表了《中國銅器的藝術風格》《周代的偉大》等文章，并和別人合編了《白金漢所藏中國銅器圖録》一書。1946 年，陳氏的名作《海外中國銅器圖録第一集》由北京圖書館和商務印書館聯合出版。可以看出，陳氏的彝銘學研究成果和學術基礎在 20 世紀三四十年代就已經非常成熟。但是，他的彝銘斷代研究發表在 50 年代初期，明顯應該放在新中國時期的彝銘學研究中加以論述。1947 年，他從美國回到到清華大學中文系任教。

中華人民共和國成立後，1952 年，陳氏任中國科學院考古研究所研究員、《考古學報》編委、《考古通訊》副主編等職。1956 年，陳氏的名作《殷虛卜辭綜述》一書由科學出版社出版。同年，陳氏的著名論文《西周銅器斷代》連載在《考古學報》上。1957 年，《考古通訊》上發表了《斥右派分子陳夢家》的大批判文章。同年，陳氏的名作《尚書通論》一書由商務印書館出版。1962 年，他的名作《美帝國主義劫掠的我國殷周銅器集録》一書由科學出版社出版，書上沒有作者名字。1964 年，陳氏的《武威漢簡》一書由文物出版社出版。

2006 年 7 月 3 日，中國社會科學院考古研究所主持召開 "紀念陳夢家先生學術座談會"，考古所所長劉慶柱等中外學者高度肯定了陳夢家在甲骨學、銅器斷代學、漢簡學等多方面的學術成就和學術地位。2012 年 4 月 28 日，陳夢家之墓（衣冠冢）在浙江上虞百福陵園內落成。

陳夢家在《殷代銅器》一文中總結了以往的銅器研究狀況。他説：

　　過去關于銅器本身的研究，即關于花文、形制和銘文的研究，長期的處于分離的孤立的狀態之中。銅器被分割爲器物學的、文字學的和美術史的領域，各不相關。這三種領域的分別研究，既少照顧到銅器出土的環境，也少接觸到銅器在當時的社會生活中的使用的意義。同時，同在地下的銅器，因其出土或爲科學發掘的或者不是發掘出來的，遂致出土後得到不同的待遇。掌握發掘品的，不信任任何非發掘品，不充分利用非發掘品來彌補發掘品的空隙；掌握非發掘品的，往往不能好好的鑑別真僞及其出土地，也不夠重視發掘品在鑑別真僞和出土地的判斷上有其科學的價值。[1]

然後，在銅器斷代問題上，陳氏主張：

　　對于某些銅器，是可以斷爲某一王朝的，但大多數的很難按照王朝來斷代，有些也不需要。西周 12 個王和共和，其絕對年代也需作一暫時的擬定。我們曾從種種方法方面擬定了以下三期和各王的年代。[2]

如下表：

西周初期八十年	武王	公元前 1027—前 1025 年	三年
	成王	公元前 1024—前 1005 年	二十年
	康王	公元前 1004—前 967 年	三十八年
	邵王	公元前 966—前 948 年	十九年
西周中期九十年	穆王	公元前 947—前 928 年	二十年
	共王	公元前 927—前 908 年	二十年
	懿王	公元前 907—前 898 年	十年
	孝王	公元前 897—前 888 年	十年
	夷王	公元前 887—前 858 年	三十年
西周晚期八十七年	厲王	公元前 857—前 842 年	十六年
	共和	公元前 841—前 828 年	十四年
	宣王	公元前 827—前 782 年	四十六年
	幽王	公元前 781—前 771 年	十一年

[1]　陳夢家：《殷代銅器三篇》，《考古學報》第七冊。
[2]　陳夢家：《西周銅器斷代（一）》，《考古學報》第九冊。

陳氏解釋説：

以上凡是整數的 10、20、30 都是我們假定的。從夷王起，所定的年代是可靠的。……

三個分期，各占八九十年。它們表示西周銅器發展的三個階段：在初期，是從殷、周并行發展形式變爲殷、周形式的混合，所以此期的銅器更接近于殷式。在中期，尤其是其後半期，已逐漸的抛弃了殷式而創造新的周式，殷代以來的卣至此消失，而周式的盨、簠至此發生；在晚期，是純粹的新的周式的完成。以上的變更，也表現在花文上、銘文的字形上和内容上。這對于我們研究西周社會的發展，應該是有意義的。[1]

陳氏的上述斷代，基本上劃定了西周的具體的歷史年代範圍。而對于銘文和斷代之間的關係，他是如此處理的：

關于銘文内部的聯繫，可以有以下各類：

（1）同作器者

凡是同一作器者的諸器，應該都是同時代的，但不一定是同時的。譬如作册矢令所作諸器都是成王時代的，但也有早晚的不同。

（2）同時人

有些器提到周公東征，那末它們應該都是成王時代的。但我們應該注意，所謂“周公”可能有三種不同的所指：記載周公東征的“周公”是周公旦；記載後人追記或追念周公的，則在周公已死之後；“周公”除周公旦以外，他的子孫世爲“周公”。《令方彝》作册矢令“告于周公宮，公令……”，此周公是活着的周公旦。《井侯簋》“作周公彝”則是周公子之封于井者鑄作祭祀周公之器，此周公當是已死的周公，器作于康王時代（或成王的後半期）。

（3）同父祖關係

作册矢令是成王時人，他作器“用光父丁”，其子作册大“乍且丁寶障彝”則在康王時。大所作的方鼎所以確定在康王時，其理由如下：銘記鑄成王祀鼎，所以在成王后；銘末的族名與矢令器同，所以是一家之物；大的祖父名丁即令的父丁，所以令和大是父子；父子先後同爲作册之官，爲公尹周公子明保

---

[1]　陳夢家：《西周銅器斷代（一）》，《考古學報》第九册。

的屬官。

（4）同族名

由上舉之例，可知同一個族銘之器，祇表明是一家之物而不一定是同時的。1929 年洛陽馬坡一坑出了五十件左右同具有"臣辰"或"微"的族名的，可再分爲幾組：

　　士上　盂、卣、尊

　　父癸　盂、鼎、殷3、爵2

　　父乙　鼎5、爵5、卣2、殷6、尊2、觶1

　　父辛　鼎2、甗、尊

　　臣辰　盂、壺、殷、盤

　　微　　爵3、壺2

它們雖大約是同時代的，但有先後之别，不都是同時的。

（5）同官名

有些官名在一定條件下也實指某一個人，如壽縣出土"大保七器"都有大保字樣，又有召伯，可推定此"大保"實指召公奭。其它的稱號如"王""公""侯"等也可以推定其人。

（6）同事

記載伐東夷的諸器，在一定條件下可視作同時代的，如《寰鼎》《旅鼎》《小臣謎殷》等。

（7）同地名

在一定條件下表示或長或短的一個時期。如新邑是成王初的一個地名，成王及其後稱爲成周，則凡有新邑之稱者當屬成王時。凡有宗周及鎬京之稱者，都屬西周。

（8）同時

《令殷》記九月在炎賞于王姜，《召尊》記九月在炎錫于伯懋父。兩器時、地相同，而兩器上的令、王姜和伯懋父都是成王時人，故可定爲成王東征時器。[1]

---

[1]　陳夢家：《西周銅器斷代（一）》，《考古學報》第九册。

最後，他提出這一方法論上的立場：

> 由于上述各事，若干獨立的西周銅器就一定可以聯繫起來。由于聯繫與組合，不但可作爲斷代的標準，并從而使分散的銘文內容互相補充前後連串起來。經過這樣的組織以後，金文材料纔能成爲史料。[1]

他所研究和得出的各王銅器如下。

武王銅器：

《天亡簋》《保卣》。

成王銅器：

《小臣單觶》《康侯簋》《宜侯矢簋》《興方鼎》《旅鼎》《小臣謰簋》《憲鼎》《𡨢鼎》《明公簋》《班簋》《禽簋》《岡劫簋》《令簋》《召尊》《小臣宅簋》《禦正衛簋》《令方彝》《乍册䰞卣》《士上盉》《小臣𧽊鼎》《大保簋》《匽侯盂》《召圜器》《獻簋》《𣄲方鼎》《小臣逋鼎》《乍册𧽊卣》《遣卣》《乍册睘卣》《獻侯鼎》《盂爵》《士卿爵》《臣卿鼎》。

成、康銅器：

《史叔隋器》《北子方鼎》《應公觶》《量簋》《井侯簋》《小子生尊》《夐尊》《耳尊》《嗣鼎》《史獸鼎》《小臣靜卣》。

康王銅器：

《魯侯熙鬲》《乍册大方鼎》《大保方鼎》《成王方鼎》《宲鼎》《白宲盉》《大史友甗》《大盂鼎》《小盂鼎》《師旂鼎》《它簋》《遇甗》《競卣》《效尊》《寧簋蓋》。

昭王銅器：

《𩁹簋》《無㠱簋》《友簋》《公姑齊鼎》。

穆王銅器；

《長甶盉》《遹簋》《剌鼎》。

共王銅器：

《趞曹鼎》《利鼎》《師虎簋》《豆閉簋》《師毛父簋》《師至父簋》《走簋》《趞曹鼎二》《乍册吳方彝蓋》《師遽方彝》《師遽簋蓋》《鄭牧馬受簋蓋》《師湯父鼎》。

---

[1]　陳夢家：《西周銅器斷代（一）》，《考古學報》第九册。

懿、孝銅器：

《匡卣》《免簋》《免簠》《免尊》《免盤》《趩觶》《守宮盤》《師晨鼎》《師俞簋》《諫簋》《大師虘豆》《揚簋》《蔡簋》。

他的上述標準和結論對于以後學術界的銅器斷代研究產生了深遠的影響。從他以後，從唐蘭、白川靜到夏商周斷代工程至今，大致祇是修正他的若干觀點和具體年數而已。

最近三十年來，對金文的研究隨着甲骨學和簡帛學的持續熱點的出現，也受到了特別關注。20 世紀中國彝銘研究取得重大進展的標誌就是分期斷代研究理論的日臻成熟，這一點在西周彝銘和青銅器的研究上表現尤爲突出。

二、李學勤的彝銘學研究

李學勤（1933—2019），北京人。1951—1952 年，就讀清華大學哲學系，師從金岳霖。1952 年夏，以臨時工的身份進入在中國科學院考古研究所，參加編著《殷墟文字綴合》，輔助曾毅公、陳夢家工作。1954 年，到中國科學院歷史研究所（後爲中國社會科學院歷史研究所）工作，曾擔任侯外廬的助手。1985—1988 年，李氏任歷史研究所副所長。1991—1998 年，任所長。1996 年起，李氏任夏商周斷代工程專家組組長、首席科學家。2004 年起，任清華大學文科高等研究中心主任、教授。曾任清華大學歷史系教授、博士生導師、國際漢學研究所所長、出土文獻研究與保護中心主任，國務院學位委員會委員、歷史學科評議組組長，中國先秦史學會理事長，國際歐亞科學院院士。代表性著作有：《新出青銅器研究》《夏商周年代學劄記》《青銅器與古代史》等。

李氏對銅器斷代學的研究，主要體現在兩個方面：其一是他的《夏商周年代學劄記》一書，其二是他領導的夏商周斷代工程研究。《夏商周年代學劄記》收論文四十四篇，基本上代表了他對這一問題的核心看法。尤其是他的《膳夫山鼎與西周年曆問題》《靜方鼎與周昭王曆日》《寢孳方鼎和肆簋》《子犯編鐘的曆日問題》等篇論文，對西周銅器斷代基本架構的確立，起到了重要作用。

上述論文集之外，在《青銅器分期研究的十個課題》一文中，李氏首先提出：

在分期的方法論上，應該强調把考古學的類型學研究放在首位，其次再以

　　古文字學等研究去論證和深化。[1]

　　就此，他提出了十個“可能有前沿性的課題”：1.中國青銅器的産生、2.青銅器銘文的初始形態、3.商末青銅器、4.商至西周的荆楚青銅器、5.周初的“月相”、6.西周厲王以下青銅器、7.長江下游青銅器的序列、8.秦國青銅器的發展歷程、9.巴蜀文字的解讀、10.漢初青銅器的特色。

　　上述十個課題中，二到六這五個課題是斷代研究的關鍵所在。李氏注意到：

　　　文獻所見的“月相”詞語，要比青銅器銘文多而複雜。在《尚書》《逸周書》和《漢書·律曆志》所引古文《尚書》等可信材料中，“月相”共有“哉生魄”“既望”“朏”“旁死霸（魄）”“既死霸（魄）”“既旁生霸（魄）”六個，祇有“既望”“既死霸”常見于銘文。“旁死霸”在銘文裏祇在晉侯蘇鐘出現一次，作“方死霸”。

　　　2003 年末，在陝西岐山周公廟遺址發現甲骨文，其一片上發現了一個新的“月相”：“哉死霸”。最近，在新出現的一件西周早期青銅器上，又有另一前所未見的詞語發現。這使我們不得不考慮，西周的初年曆法的“月相”與後來的“月相”或許分屬于兩個階段，後者是在前者的基礎上簡化和修改了。重新思索這一問題，會爲認識當時曆法的變遷有所幫助。[2]

　　而他領導的夏商周斷代工程研究，又體現在《西周青銅器分期斷代研究》一書中。該書作者爲中國社會科學院考古研究所王世民、陳公柔、張長壽三人，皆曾師出陳夢家。該書在選材上，計鼎、鬲、簋、盨、尊、卣、壺、方彝、盉、盤、鐘共十一類 352 器，對其進行分型、分式，逐件説明每件銅器的形制和紋飾特點。具體的操作方法是：

　　　將西周銅器分爲早、中、晚三期……三期的劃分，既考慮各類器物形制和紋飾的變化，又考慮各期所跨時段的長短。各期相當的王世爲：
　　　早期　武、成、康、昭
　　　中期　穆、恭、懿、孝、夷
　　　晚期　厲、宣、幽

---

[1]　李學勤：《青銅器分期研究的十個課題》，《中國史研究》2005 年第 1 期。
[2]　同上。

三期都是大約八九十年。由于將四要素俱全銅器置于整個譜系框架之中考察，這樣判定的年代應較爲客觀。需要聲明的是：采取考古類型學方法排比的器物發展譜系，劃分的是一種相對年代，所謂相當的王世，不過指出大體相當于某王前後，上下可稍有游移，以期爲年曆推算提供可信而寬泛的年代幅度。[1]

他們的結論見下表：

西周年月曆日四要素俱全青銅器分期表[2]

序號	器　名	銅期分期	相當王世
1	《庚嬴鼎》	早期後段	康王前後
2	《二十七年衛簋》	中期前段	穆王前後
3	《鮮簋》	中期前段	穆王
4	《三年衛盉》	中期前段	恭王前後
5	《五年衛鼎》	中期前段	恭王前後
6	《九年衛鼎》	中期前段	恭王前後
7	《走簋》	中期前段	恭王前後
8	《十五年趞曹鼎》	中期前段	恭王
9	《休盤》	中期前段	恭王前後
10	《師虎簋》	中期後段	懿王前後
11	《師遽簋蓋》	中期後段	懿王前後
12	《無㠱簋》	中期後段	懿王前後
13	《吳方彝蓋》	中期後段	懿王前後
14	《趩尊》	中期後段	孝王前後
15	《王臣簋》	中期後段	孝王前後
16	《四年癲盨》	中期後段	孝王前後
17	《宰獸簋》	中期後段	孝王前後
18	《諫簋》	中期後段	孝王前後
19	《齊生魯方彝蓋》	中期後段	孝王前後
20	《大師盧簋》	中期後段	孝王前後

---

[1] 王世民、陳公柔、張長壽：《西周青銅器分期斷代研究》，文物出版社 1999 年版，第 4 頁。

[2] 同上，第 255—256 頁。

（續表）

序號	器　　　名	銅期分期	相當王世
21	《十三年瘐壺》	中期後段	孝王前後
22	《元年師旋簋》	中期後段	夷王前後
23	《鄭季盨》	中期後段	夷王前後
24	《散伯車父鼎》	中期後段	夷王前後
25	《五年師旋簋》	中期後段	夷王前後
26	《師獸簋》	中晚期間	夷屬前後
27	《逆鐘》	中晚期間	夷屬前後
28	《牧簋》	中晚期間	夷屬前後
29	《番匊生壺》	中晚期間	夷屬前後
30	《伯寬父盨》	中晚期間	夷屬前後
31	《元年師兌簋》	晚期前段	屬王前後
32	《三年師兌簋》	晚期前段	屬王前後
33	《鄭簋》	晚期前段	屬王前後
34	《柞鐘》	晚期前段	屬王前後
35	《頌鼎》《頌簋》《頌壺》	晚期前段	屬王前後
36	《師𩰚簋》	晚期前段	屬王前後
37	《大簋蓋》	晚期前段	屬王前後
38	《大鼎》	晚期前段	屬王前後
39	《伯克壺》	晚期前段	屬王前後
40	《克鐘》《克鎛》	晚期前段	屬王前後
41	《克盨》	晚期前段	屬王前後
42	《伊簋》	晚期前段	屬王前後
43	《裘盤》	晚期前段	屬王前後
44	《𩰚攸從鼎》	晚期前段	屬王前後
45	《晉侯穌鐘》		屬王
46	《此鼎》《此簋》	晚期後段	宣王前後
47	《趞鼎》	晚期後段	宣王前後
48	《兮甲盤》	晚期後段	宣王
49	《虢季子白盤》	晚期後段	宣王
50	《吳虎鼎》	晚期後段	宣王
51	《山鼎》	晚期後段	宣王
52	《虎簋蓋》		

上述結論雖然還有爭議，但是作爲夏商周斷代工程的階段性成果是可行的。

自北宋開始，我們就産生了疑古的傳統。到了現代學術史上古史辨學派的出現，更把對上古歷史的研究推到了前所未有的高度。但是，那是在没有考古學、歷史年代學和天文學參與下的研究，祇是對現有的文字史料進行的分析和審查後所得出的結論。這些結論的進步意義是徹底打碎了統治在上古史研究領域上的種種神話和傳説，爲歷史和神話的劃分指出了一個比較明確的方向。毋庸諱言的是，這一千多年的疑古傳統，給我們研究和宣傳中國遠古文明和上古文化的起源與發展增添了巨大的麻煩和困惑。因此，在現階段進行夏商周斷代工程的研究，是十分及時和必要的。李學勤等人領導的夏商周斷代工程及其階段性成果的問世，爲我們走出疑古時代準備了理論基礎。筆者希望她能日臻完善。有些十分明顯的技術上或學術上的不當，是有必要加以改進的。如夏商周斷代工程所公布的年表中定夏商之交爲公元前 1600 年。可是連夏商周斷代工程專家組成員都知道：那是公元前 1598 年，據説"爲了便于記憶纔改爲公元前 1600 年"的。專家組的成員下了那麽大的力量纔解決銅器彝銘是上一年還是下一年的問題，現在一下子就改了兩年！因爲有四件銅器彝銘記載的作器時間表和夏商周斷代工程所得出的西周王年的曆譜不相符，就對《庚嬴鼎》《晉侯穌鐘》《克盨》《伊簋》這四件銅器彝銘進行修改，這顯然不是嚴謹和嚴肅的科研行爲。其實，解決這四器的作器時間問題還是應該回到置閏問題上，而不是采取現在的以"前人鑄錯了"爲藉口加以改動。以上兩點是筆者對夏商周斷代工程所感到的最大的遺憾！

對西周銅器進行斷代研究的專業學者還有張聞玉、劉啓益、葉正渤、彭裕商、何幼琦、李仲操等人，以及對西周銅器進行斷代方法論研究的畏友杜勇、沈長雲等學者。

三、張聞玉的彝銘學研究

張聞玉，1941 年生，四川巴中人。貴州大學人文學院教授。師從張汝舟。先後出版《古代天文曆法論集》《西周王年論稿》《銅器曆日研究》《歷史年代與曆術推演》《古代天文曆法説解》《古代天文曆法講座》《西周紀年研究》等上古年曆學研究著作，發表相關學術論文百餘篇，强調文獻、器物與天象"三證合一"。他關于西周年代學的考證，如《武王克商在公元前 1106 年》《王國維〈生霸死霸考〉志誤》《西周王年足徵》先後獲貴州省社會科學優秀成果獎。

其中，張氏最重要的觀點就是主張：

> 考古界有一個誤區，總認爲銅器上的年月日就是鑄器的年月日。其實，不少銅器曆日是述説祖先的事迹，與鑄器時日無關。這就得通過銅器曆日堪合實際天象，以揭示銘文的本真。這樣，天文曆術就不可或缺。張汝舟先生提出"二重證據法"之外，加一個"實際天象"，即"三重證據"，也就是"三證合一"的研究方法。[1]

這句話看似頗爲合理，實則混亂。因爲我們雖然無法判定"銅器上的年月日就是鑄器的年月日"，但至少作爲"銅器曆日是述説祖先的事迹"，它們所記載的事迹是真實的年月日。哪怕是出自以後鑄造，但是銘文記載的賞賜的時間和原因根本不會錯。雖然按照張氏此説，任何銅器彝銘全是後代鑄造，但是後代鑄造彝銘也是根據當時的準確的受賞曆日記載而來，而非後代鑄造時的曆日！至于所謂的以"實際天象"作爲"三重證據"之説，看似合理，也實則荒唐。因爲"實際天象"出自文獻的記載，也就等于是"二重證據"了。何來"三重證據"？張氏最荒唐的是主張，爲了自己的銅器斷代學説，修改西周王序和王年：

> 西周中期的王序當是"共、孝、懿、夷"，而不是"共、懿、孝、夷"……通過逨鼎曆日考查，宣王元年在公元前826年。而《克鐘》《克盨》曆日所反映的宣王元年在公元前827年。這就出現兩個宣王元年，或者説，宣王紀年有兩個體系。[2]

到了這裏，文獻證據居然讓位給他的觀點，足見他的立論缺乏文獻支持。當然，張氏很自信他的觀點得到了天象的印證。但是這一説其實是可以斟酌的。因爲幾千年來天象并非没有任何變化，他却認定祇有他的觀點纔與天象吻合。

又如，針對 1992 年在陝西省長安縣申店鄉黑河工地發現的《吳虎鼎》。在他的

---

[1]　張聞玉、饒尚寬、王輝：《西周紀年研究·前言》，貴州大學出版社 2010 年版，第 3 頁。
[2]　同上，第 3—4 頁。

《再談吴虎鼎》一文中，他説：

> 公認的十八年《克盨》是宣王器，曆日是："唯十又八年十又二月初吉庚
> 寅。"如果《吴虎鼎》真是宣王十八年器，這個"十三月既生霸丙戌"與"十二
> 月初吉庚寅"又怎麽能夠聯繫起來呢？月相定點，"十二月庚寅朔"與"十三月
> 壬申朔"風馬牛不相及，怎麽能夠硬拉扯在一起呢？丙戌與庚寅相去僅四天，就
> 算你把初吉、既生霸説成十天半月，兩者還是風馬牛不相及。這就否定了《吴虎
> 鼎》曆日與宣王十八年有關……厲王三十七年前861年實際用曆，建丑，正月戊
> 寅、二月丁未、三月丁丑……十二月（子）癸卯、十三月（丑）壬申——這個
> "十三月壬申朔"，就是《吴虎鼎》曆日"十三月既生霸丙戌"之所在。我們説，
> 《吴虎鼎》曆日合厲王十八年天象，與宣王十八年天象絶不吻合。[1]

觀點是很堅定不移，論證却未免空疏。

《吴虎鼎》彝銘拓片

四、劉啓益的彝銘學研究

劉啓益（1926—2012），湖北黄岡人。1955年，他就已經在《考古》上發表了
《清除考古學研究中的資産階級思想》一文。曾任國家文物局中國文化遺産研究院

---

[1]　張聞玉、饒尚寬、王光：《西周紀年研究》，貴州大學出版社2010年版，第245頁。

研究員。

代表性著作有：《西周紀年》。代表性論文有：《西周矢國銅器的新發現與有關的歷史地理問題》《晉侯蘇編鐘是宣王時銅器》《西周紀年銅器與武王至厲王的在位年數》《六年宰獸簋的時代與西周紀年》《西周金文中所見的周王后妃》《黃陂魯臺山M30 與西周康王時期銅器墓》《西周穆王時期銅器的初步清理》《西周銅器斷代研究的反思》《西周金文中的月相與共和宣幽紀年銅器》等。

劉氏努力想從傳世文獻和銅器曆日之間尋找一條相互印證的西周紀年，儘管他的努力并沒有得到學術界的一致認同。他利用出土銅器彝銘中有關干支和月相的記載，采用傳統的定點月相説，對西周各王在位年數進行了系統地研究後提出：武王伐商的年代爲公元前 1075 年。

其中，劉氏最重要的觀點就是主張：

在斷代過程中，必然要涉及到數十件帶有年、月、月相和日干的銅器。實踐證明，類型學研究祗能在大一點的範圍內排出時代的早晚，絶對排不出西周諸王的年代來！要解決這個問題，一定要借助于紀年銅器，而要利用這批資料，必須準確地理解月相詞語的含義……[1]

他具體得出的結論是：

武王二年　周公攝政七年　成王十七年　康王二十六年　昭王十九年　穆王三十六年　以上一百零七年

共王十九年　懿王二十四年　孝王十三年　夷王二十九年　厲王三十七年共和十四年　宣王四十六年　幽王十一年　以上一百九十三年[2]

爲此，他將傳世文獻記載和銅器曆法月相互配合成功的四十七器，羅列成《西周紀年銅器所屬王世月相對照表》。當然，有些對照很成功。但這一成功并非他的銅器斷代學所獨有。對已經對照成功的，幾乎各家銅器斷代學説也大致是對照成功的。而對于具有爭議的，他也没有給出合理和讓人信服的解釋。

如他將《獻侯鼎》定爲成王世，將《邢叔方彝》《窓鼎》定爲共王世，將《柞

---

［1］　劉啓益：《西周紀年·後記》，廣東教育出版社 2002 年版，第 421 頁。
［2］　同上，第 422 頁。

鐘》定爲幽王世，將《廿三年微緣鼎》和《二十三年小克鼎》定爲宣王世，將《九祀衛鼎》《乖伯簋》定爲恭王世等等。這些斷代，有些很難取得學術界的一致認可。因此，對部分銅器的斷代問題之艱難程度的認識，反而顯得遠不如彭裕商的斷代著作描述清晰。

五、彭裕商的彝銘學研究

彭裕商，1949 年生，師從徐中舒，獲歷史學博士學位。四川大學歷史系教授、博士生導師。先後承擔國家教委人文社科"九五"規劃專案《西周金文分代綜合研究》課題、參加"夏商周斷代工程"《甲骨文天象記録和商代曆法》專題的研究和《西周金文曆譜的再研究》專題的研究、教育部《東周青銅器分期研究》、國家社科基金後期資助項目《春秋青銅器年代綜合研究》等。

代表性著作有：《殷墟甲骨斷代》《殷墟甲骨分期研究》《西周青銅器年代綜合研究》《春秋青銅器年代綜合研究》《殷周金文集録》（徐中舒主編，本人參加編寫）等。

其中，彭氏最重要的觀點就是主張：

> 目前擬定的西周曆譜，都是根據現代高度發達的曆算知識再結合金文中的有關曆日材料而形成的。但問題就在于，沒有哪一家的曆譜能與金文記載的曆日完全吻合，總有爲數不少的金文曆日不能納入曆譜之中。[1]

爲此，他得出的結論：

> 用金文曆日材料探索西周曆法，還有兩個重要問題没搞清楚，其一是月相術語，如初吉、既生霸、既死霸、旁死霸、既望等，其含義衆説不一，不得確解……其二是西周共和以前諸王的在位年數，不能確知……在目前情況下，事實上還不具備搞清楚西周曆法的必要條件。[2]

應該説，彭氏這一結論還是十分中肯和清晰的。楊懷源在《讀〈西周青銅器年代綜合研究〉》一文中曾經認爲彭的主要研究方法是：

> 他將研究甲骨分期時使用的行之有效的方法移用來研究西周青銅器，歸納爲兩類：考古學的方法和古文字學的方法……古文字學的方法主要是研究銘

---

[1]　彭裕商：《西周青銅器年代綜合研究》，巴蜀書社 2003 年版，第 17 頁。
[2]　同上，第 21 頁。

文，包括銘文的内容、字體、詞彙等各個方面所提供的年代信息。將銘文内容與古文獻對勘，注重銘文中一些具有時代特徵的語詞，并慎審地運用銘文中的曆日。彭先生首次成功地將二者結合起來，以考古學的方法確定準碻的相對年代，以古文字學的方法確定一些王世準碻的標準器，相互補充，從而取得了超邁前人的成果。[1]

因此，他的銅器斷代研究主要是對一些銅器從考古學和古文字學角度進行斷代和分期，而不去强行考慮西周紀年。可以説，他的這一操作比較成功。如他提出《師望諸器》的年代不應早于厲王世、《保卣》爲商代遺民所作、《令簋》爲昭王世等觀點，具有很强的可接受性。

六、其他

和他類似學者的還有李仲操、葉正渤和張懋鎔等人。

李仲操（1928—2012），陝西渭南人。1947 年，畢業于交通部部立鄭縣扶輪中學。中華人民共和國成立後，在寶雞市人民政府秘書科工作。1974 年，先後任寶雞市博物館副館長、館長。在西周青銅器彝銘研究上造詣頗深。

代表性著作有：《西周年代》。代表性論文有：《再論牆盤年代、徽宗國别》《何尊銘文釋補》《史密簋銘文補釋》《談晉侯蘇鐘所記地望及其年代》《也談静方鼎銘文》《再談西周月相定點日期》《虎簋曆日與周穆王年代》《兩周金文中的婦女稱謂》《再論周厲王在位之年》等。

李氏雖然側重于對彝銘文獻的研究，但其主要成果是西周年代學的研究。李氏主張不該把周公攝政和成王年數分開，主張《克鐘》和《克盨》不屬于同一個王世等等。并且，他編制了他個人認可的西周紀年表。但是，他的主張存在簡單化的傾向，幾乎不考慮其他觀點的正確性，而且也存在無法解釋現有銅器彝銘中出現的無法排入王世紀年的疑難問題。

葉正渤，1948 年生，江蘇響水人。陝西師範大學中文系漢語史專業畢業，獲文學碩士學位。1988 年，任雲南師範大學中文系講師。1995 年 2 月調進徐州師範大學中文系任教，現爲江蘇師範大學文學院教授。

---

[1]　楊懷源：《讀〈西周青銅器年代綜合研究〉——兼論古文字斷代對漢語史研究的意義》，《殷都學刊》2008 年第 4 期。

代表性著作有:《商周青銅器銘文簡論》《金文月相紀時法研究》《金文標準器銘文綜合研究》《葉玉森甲骨學論著整理與研究》等。承擔國家社科項目"金文曆朔研究"。代表性論文有:《略論西周銘文的記時方式》《宣王紀年銅器銘文及相關問題研究》《此鼎、此簋銘文曆朔研究》《刌其卣三器銘文及晚殷曆法研究》《月相和西周金文月相詞語研究》等。他衹對初吉、既生霸、既望、既死霸、方死霸五個概念進行解釋和定時,他似乎傾向于上述五個概念作爲排列西周年代的基本框架。由于并不能確定這五個概念是否真爲他所主張的定時定點的曆法概念,因此也就無法解決另外二十幾個概念的解釋和定時,進而則歸咎于:

> 有些紀年銘文所反映出的曆法現象,尚難以用已知的曆法知識去解釋。[1]

認識到這一點,那麼他建構的上述五個基本月相概念和定時,顯然很難和全部術語相互配合。如他對成、康積年的劃定,對懿、孝、夷積年的劃定就很難得到學術界的認可。葉氏幾乎是在缺乏銅器斷代的情況下,衹以傳世文獻和彝銘曆日相結合而展開這一研究。這一操作方法使用得比較成功的過去有吳其昌,現代有劉啓益。和他們相比,葉氏著作相去尚遠。

張懋鎔,1948 年生。西北大學歷史文獻學專業畢業。師從李學勤,獲歷史學碩士學位。現任陝西師範大學歷史文化學院教授、博士生導師。兼任中國博物館學會理事。

代表性著作有:《古文字與青銅器論集》《古文字與青銅器論集第二輯》《古文字與青銅器論集第三輯》等。代表性論文有:《周人不用日名説》《周人不用族徽説》《西周方座簋研究》《史密簋與西周鄉遂制度——附論"周禮在齊"》《試論商周青銅器族徽文字獨特的表現形式》等。參加國家重點古籍整理項目《逸周書匯校集注》。主持國家文物局人文社會科學重點研究項目"岐周、宗周、成周三都青銅器的比較研究"、"陝西出土商周青銅研究"。雖然張氏銅器斷代和西周紀年的專題研究著作尚未問世,但是,在他的幾種《古文字與青銅器論集》中,幾乎每集有部分內容涉及這一問題。如,對于厲王的在位時間,他就主張:

> 假設一批屬于厲王和共和時的銅器。[2]

---

[1]　葉正渤:《金文月相紀時法研究》,學苑出版社 2005 年版,第 218 頁。
[2]　張懋鎔:《古文字與青銅器論集》第 1 輯,科學出版社 2002 年版,第 201 頁。

進而試圖調和定點説和四分説的差異。

類似他這樣的已經有了一些觀點、但缺乏系統專著和曆譜推出的西周銅器斷代學者還有馬承源、謝元震、戚桂宴、朱鳳瀚、張榮明、王輝等人。我們希望在不久的將來可以看到他們的系統的專著出版。

第三節　彝銘注釋類

這些著作的第三類是彝銘注釋類。

它又可以分爲單器彝銘注釋著作、斷代或國別彝銘注釋著作、商周彝銘選注著作三種。

單器彝銘注釋著作，如《豳公盨》。但是，目前學術界的具體情況是這類論文比較多，而著作則比較少。

斷代或國別彝銘注釋著作，如《黄縣𣄴器》《吳越徐舒金文集釋》《宋代著録商周青銅器銘文箋證》《安徽壽縣朱家集出土青銅器銘文集釋》《出土夷族史料輯考》《楚系銘文綜合研究》等。

商周彝銘選注著作，如《西周金文選注》《甲骨金文拓本精選釋譯》《中國古文字導讀：商周金文》《金文選釋》《西周金文選編》等。

上述各書中，筆者以爲當以陳秉新、李立芳合著的《出土夷族史料輯考》爲最佳。

一、陳秉新的彝銘學研究

陳秉新 (1935—2007)，[1] 安徽文物考古研究所研究員，長期從事古文字學和出土文物的研究。

代表性著作有：《讀金文劄記二則》《上海博物館藏戰國楚竹書（一）再補釋》《上海博物館藏戰國楚竹書（二）補釋》《安徽出土子湯鼎銘文的再認識》《安徽霍山縣出土吳工叙戟考》《舒城出土鼓座銘文試釋》《北趙出土銅器銘文中之晉侯𢵧及其他晉侯名新考》《壽縣蔡侯墓出土銅器銘文通釋》，以及合著《出土夷族史料輯考》《漢語文字學史》等。陳氏還是《古文字疏證》一書的主要作者之一。

---

[1]　關于陳秉新生卒年，筆者因不認識陳氏，特請教友人黄錫全、羅運環兩教授，在此鳴謝。

《出土夷族史料輯考》出版後獲第一届"中國出版政府獎提名獎"。該書共收銅器銘文 220 器。對于每件青銅器彝銘，按照釋文、考釋、關鍵字、著録、參考文獻五個内容進行注釋。在作爲核心内容的"考釋"中，從銅器尺寸、出土地點到收藏和流傳經緯開始談起，然後是對彝銘文字進行逐字的説明和考證。

黄盛璋在序中盛贊説：

> 本書作爲"出土夷族史料"彙集，盡了很大的努力。可以説"細大不捐"，差不多所有已出土著録的甲、金文，作者幾全予搜羅、篩選，其中有精有粗，有些是否皆爲夷，將來還會有争議，作爲學術研究問題，都是無可避免。不管怎樣説，本書搜集史料廣泛豐富，提供研究利用參考，首先應該肯定在這方面的貢獻。[1]

陳氏的注釋，顯示出一名古文字學家的精湛功力和水準。

如該書對《塱方鼎》彝銘中"塱"字的考釋：

> 塱，銘文作🔲，甲骨文作🔲，從土、冉聲。冉亦見甲骨文，屈萬里釋再……從臼與從爪同意。《説文》："再，并舉也。"今作稱。塱字不見字書，甲骨文用同再。《屯》八六六："貞：令比……舟再……莫?"《合集》三二八五四："……貞，王令㠱今秋……舟塱乃莫?"辭義相類，知塱當讀如再。[2]

又如該書對《史牆盤》彝銘中"纘寧天子"的考釋：

> 纘，金文多作纜，裘錫圭釋申。在《談曾侯乙墓鐘磬銘文中的幾個字》一文中，認爲纜字所從的龤字，"以象兩手持絲或繩索形的'叟'爲形旁，以與'申'音近的'田'爲聲旁，應該就是申束之'申'的本字……'龤'變爲'纜'，除變'叟'爲'臂'外，還加了個'東'旁，古文字的'東'字本象橐外有繩索纏束之形，林義光認爲'東''束'古本同字……其説可從。過去我們曾懷疑'纜'字從'東'跟與之音近的'陳'字從'東'這兩件事應有聯繫……現在我們懷疑'纜'所從的'東'不是加注的音符，而是加注的意符。因爲'東'本有'束'義，正與'紳'的本義相合。"按：裘錫圭釋紳牆不可

---

[1]　陳秉新、李立芳：《出土夷族史料輯考》，安徽大學出版社 2005 年版，第 6 頁。

[2]　同上，第 132 頁。

易。但"韊"字所從的"龖"也可能是另一個字，其字從畐、從田會意，田亦聲，畐訓治，龖字可能是《説文》訓"平田"、《書·多方》"畋爾田"孔疏訓"治田"之"畋"的初文。畋獵之畋金文或作敳，從攴、從龖省聲，是龖、畋同音的佳證。韊字從東……龖聲，是紳束之紳的初文，盤銘讀爲申……《戰國策·魏策四》："衣焦不申。"吴師道補注："申，舒也。"《論語·述而》："子之燕居，申申如也，天天如也。"《集解》引馬融注："申申，和舒貌。"申寧天子，意即和舒安寧的天子。[1]

在其他學者多接受了裘説而不再加以説明和辨析的情況下，陳氏對裘説的補充，則十分到位，也證明了他對這個字的認真思考和研究。

二、王輝的彝銘學研究

王輝，1943 年生，陝西高陵人。1967 年，王氏畢業于陝西師範大學中文系。1980 年，獲四川大學歷史學碩士學位，導師徐中舒。1982 年起，在陝西考古研究所《考古與文物》編輯部工作。研究方向爲古文字學。1994 年，任研究員。1998 年，獲國務院頒發的有突出貢獻專家政府津貼。1999 年起，任陝西師範大學文學院教授、博士生導師。

代表性著作有：《秦銅器銘文編年集釋》《古文字通假釋例》《秦文字集證》《秦出土文獻編年》《漢字的起源及其演變》《中國古文字導讀：商周金文》《高山鼓乘集——王輝學術文存二》等。在海內外發表學術論文近百篇。

《中國古文字導讀：商周金文》是一本很優秀的注釋類著作，爲文物出版社"中國古文字導讀"系列讀物之一。書中，王氏選入有重大史料價值的商周青銅器彝銘 68 器。寫作體例按照器名、出土收藏等考古説明、著録、釋文、注解、斷代六個環節進行。如對《利簋》彝銘幾個關鍵字，他就注釋得十分清晰易懂：

歲，歲星，亦即木星。《國語·周語下》："昔武王伐殷，歲在鶉火。"韋昭注："歲，歲星也。鶉火，周分野也。"鼎，讀爲貞，正也，當也。《離騷》："攝提格于孟陬兮，惟庚寅吾以降。"歲貞，即歲星正當其位，是一種吉兆，利於征伐。《國語》又云："歲之所在，利以伐之也。"《淮南子·兵略訓》："武王伐紂，東面而迎歲。"克，能夠。聞，《説文》："知聞也。"甲骨文作𦔻，李孝定説：

---

[1]　陳秉新、李立芳：《出土夷族史料輯考》，安徽大學出版社 2005 年版，第 157 頁。

“象人跽而以手附耳諦聽之形。”金文已有訛變。李學勤説聞“意爲報聞”，乃史官利“見歲星中天而報聞於周武。”夙，《説文》：“早敬也。從丮持事，雖夕不休，早敬者也。”本義爲早晨，引申爲迅速。于省吾曰：“《説文》段注謂早引伸爲凡爭先之稱……‘夙有商’，是説武王伐商，時間很迅速就占有商地。”[1]

然後他又將學術界對《利簋》彝銘理解的爭議和不同介紹出來，便于讀者進一步瞭解。

對一些疑難銅器的斷代，他也是提供了學術界存在的主要爭議觀點後，幾乎不加選擇，而是讓讀者進行判斷。如對于著名的《令彝》的斷代：

> 康宫，西周宗廟。郭沫若《大系》説：“京、康、華、般、邵、穆、成、刺，均以懿美之字爲宫室之名，如後世稱未央宫、長楊宫、武英殿、文華殿之類，宫名偶與王號相同而已。”唐蘭則有名文《西周銅器斷代中的“康宫”問題》，云：“康宫是康王之廟。”“康宫則以昭王爲昭、穆王爲穆，恭王爲昭、懿王爲穆，孝王爲昭、夷王爲穆，厲王爲昭、宣王爲穆，故昭王穆王稱昭穆，是其證也。”依唐蘭説，凡有“康宫”的銘文，時代都在康王之後，如此彝爲昭王時。依郭説，器之時代有無“康宫”無關，郭定此彝爲成王時。今人多依從唐説，如高明説：“既言用牲于京宫和康宫，京康二宫應皆爲先王之廟，據上述《珂尊》銘文所載，成王五年相宅于成周，在短時間内不可能修建成若多宫廟和王城，從銅器時代來看，唐蘭定爲昭王比較可信。”[2]

而他的《秦銅器銘文編年集釋》《秦文字集證》《秦出土文獻編年》三部秦代彝銘專業著作，幾乎就成了《中國古文字導讀：商周金文》的姊妹篇，使整個彝銘上下連貫起來，也使他成爲研究秦代彝銘的不二人選。

三、《利簋》注釋

前面我們已經談到了國内學術界出現的單器注釋類論文多而著作少的現象，這尤其表現在對西周重器《利簋》彝銘的注釋和研究上。爭議的核心是對該器彝銘中“歲鼎克昏夙又商”七個字的理解：

于省吾主張應當釋爲“歲貞克聞，夙有商”。他以爲這七個字是講武王伐商之前

---

[1]　王輝：《中國古文字導讀：商周金文》，文物出版社 2006 年版，第 33 頁。
[2]　同上，第 82 頁。

從事歲貞而吉，已爲上帝所聞知。所以迅速地占有了商地。他將“鼎”字釋作“貞”字、“昏”字釋作“聞”字。[1]而張政烺則釋爲“歲鼎，克聞夙又商”。他認爲這七個字是講歲星正當其位，宜于征伐商國。因此一夜就占領了商國。他將“鼎”字釋作“當”、將“聞夙”釋作“黎明前”。[2]唐蘭則釋爲“越鼎，克昏，夙有商”。他認爲這七個字是講奪得商人鼎，戰勝了商紂，很快就占有了商國。他將“歲”釋作“越”、將“昏”釋作“商紂”。[3]黄盛璋主張應當釋爲“歲貞。克。聞夙有商”。他認爲這七個字是講進行祭祀，問克不克？能否早晚有商國。他將“歲”解釋爲祭名、將“克”解釋爲卜辭中的正反占問辭。[4]

對《利簋》彝銘注釋引發的爭議正是目前學術界缺乏彝銘注釋類著作的反映。即，基礎學科建設的欠缺。與此同時，日本漢學界却誕生了皇皇八巨册的《金文通釋》一書，而我國學術界却至今缺乏對商周彝銘進行全面、專業、系統的注釋性著作。

相反，幾乎所有研究甲骨學和簡帛學的學者，都有研究彝銘的單篇論文和釋文發表。孰不知，專業的彝銘學研究的門檻是很高的。時下一個統一的稱呼是“古文字學”，可是實際上，彝銘學術研究是完全獨立于甲骨學和簡帛學之外的，甚至也可以獨立于説文學之外。而目前幻想可以統攬一切的“古文字學”應用在甲骨學、簡帛學上或許還可以，但是用在彝銘學術研究上，則還處于探索和初級階段。因此，筆者在以下的文獻研究和文字研究兩節，基本上選取的全是專業金文研究學者的論著，進行評述。那些客串的“古文字學家”的一、兩篇單器彝銘釋文或考證文章，則基本不在本書的考察範圍内。

目前專業注釋商周銅器彝銘的學者還有周寶宏。周寶宏，1957 年生，現爲天津師範大學文學院教授、博士生導師。1992 年，周氏畢業于吉林大學，獲史學博士。周氏先後承擔“商周銅器銘文匯釋”項目、“上古漢語詞義研究”專案等。代表性著作有：《近出西周金文集釋》《西周青銅重器銘文集釋》《金文史話》等。

---

[1]　見于省吾《利簋銘文考釋》，《文物》1977 年第 8 期。
[2]　見張政烺：《利簋釋文》，《考古》1978 年第 1 期。
[3]　見故宫博物院主編：《唐蘭先生金文論集》，紫禁城出版社 1995 年版，第 206 頁。
[4]　見黄盛璋：《歷史地理與考古論叢》，齊魯書社 1982 年版，第 256—257 頁。

<h1>第四節　文獻研究類</h1>

這些著作的第四類是文獻研究類。它又可以分爲彝銘研究、歷史研究、禮制研究、學術史研究四種。

彝銘研究著作，如《兩周金文辭大系圖録考釋》《張政烺批註兩周金文辭大系考釋》《金文論集》《吉金文字與青銅文化論集》《兩周青銅樂器銘辭研究》《唐蘭先生金文論集》《殷周青銅器銘文研究》等。

歷史研究著作，如《甲骨金文與商周史研究》《甲骨金文與古史新探》等。

禮制研究著作，如《金文廟制研究》《金文與殷周女性文化》《西周册命制度研究》《西周金文官制研究》等。

學術史研究著作，如《商周彝銘學研究史：青銅器銘文的研究在古代中國的發展軌迹》《二十世紀金文研究述要》《國家圖書館藏金文研究資料叢刊》《金文人名彙編（修訂本）》《金文文獻集成》《商周金文總著録表》等。

這類研究以《兩周金文辭大系圖録考釋》爲集大成。而陳夢家的《西周銅器斷代》本身也兼有大量文獻研究內容，有關這些方面的論述，請見本書中的郭沫若、陳夢家的彝銘學研究一節。

<h3>一、張政烺的彝銘學研究</h3>

張政烺（1912—2005），山東榮成人，字苑峰。1932年，張氏進入北京大學歷史系學習。畢業後進入南京中央研究院歷史語言研究所，歷任圖書管理員、助理研究員、副研究員等職。從1946年開始，張氏受聘任北京大學歷史系教授、故宮博物院專門委員會委員。1954年，參加籌建中國科學院歷史研究所，并兼任研究員。1960—1966年，任中華書局副總編輯。1966年，專任中國社會科學院歷史研究所研究員，并先後任物質文化研究室、古文字古文獻研究室主任。1950年，任考古研究所學術委員。1955年，任歷史研究所學術委員。1978年開始，張氏先後當選爲中國古文字研究會理事、中國考古學會常務理事、中國史學會理事。1983年起，兼任文化部國家文物委員會委員等。

代表性論文有：《試釋周初青銅器銘文中的易卦》《邵王之諻鼎及殷銘考證》《利簋釋文》《何尊銘文解釋補遺》《周厲王胡簋釋文》《王臣簋釋文》《中山王嚳壺及鼎

銘考釋》《庚壺釋文》《哀成叔鼎釋文》等。張氏有些論文尚未定稿，如《西周金文曆譜》一文。他曾在該文中推測周武王伐紂在公元前 1070 年。中華書局出版有五卷本《張政烺文集》和《張政烺文史論集》《張政烺論易叢稿》。

張氏的商周金文文獻研究涉及了重大銅器銘文。如《利簋》《王臣簋》《矢王簋》《胡簋》《何尊》《邵王之諻鼎》《秦公鐘》《秦公簋》《中山王嚳鼎》《中山王嚳壺》等。

其中，張氏對商周彝銘文獻的研究論文中，影響最大的當推《試釋周初青銅器銘文中的易卦》一文。此文曾獲得中國社會科學院歷史學研究優秀論文一等獎。在該文中，針對商周青銅器彝銘和甲骨文上出現的由三個或六個數目字組成的特殊文字符號，張氏認爲這些數目字組是最早的易卦。早在 1978 年 11 月在吉林大學召開的古文字學術討論會上，張氏就作了題爲《古代筮法與文王演周易》的學術報告，贏得與會者的熱烈支持和贊同。1980 年，在美國紐約大都會博物館召開的"偉大的中國青銅器時代"的學術討論會上，張氏又作了題爲《試釋周初青銅器銘文中的易卦》的學術報告：

> 湖北孝感縣在公元 1118 年出土了六件西周初期的銅器，其中一件稱中鼎，銘文末尾有套奚，學者未能釋出。本世紀三十年代，郭沫若先生謂"末二奇字殆中之族徽"。這類帶有奇字銘文的銅器，近三百年來的公私收藏中也有，不過未爲學者注意。1950 年春，中國科學院考古研究所發掘河南安陽殷墟，《報告》說在四盤磨村西區得到"一片卜骨橫刻三行小字，文句不合卜辭通例"，對文字未作解釋。1956 年 1 月，陝西省文物管理委員會在長安張家坡村西周遺址中得到一片刻有兩行奇字的卜骨，幾個月後又發現了另一片。唐蘭先生根據這三片卜骨，結合銅器銘文中有這類奇字的中斿父鼎、董伯簋、效父簋、召卣，進行研究，認爲這都是文字，"這種文字是由數目字當作字母來組成的"，是殷周以前的一個民族創造的。并認爲"由于西周初年銅器銘刻裹還保留這種氏族徽號，而不見於殷虛銅器"，"推測這個民族是西北方面的，跟周部族也許還有一些關係"……銅器銘文中三個數字的是單卦，周原卜甲六個數字是重卦，周易中老陰少陰都是陰，老陽少陽都是陽，數字雖繁，祇是陰陽二爻，把周原卜甲上的數字變成陰陽爻，在黑板上寫出坎下艮上的蒙，巽下艮上的蠱，艮下艮上的艮，離下坎上的既濟。[1]

---

[1]　張政烺：《試釋周初青銅器銘文中的易卦》，《考古學報》1980 年第 4 期。

張氏論證銅器銘中的易卦，是"以卦名邑，以邑爲氏"的結果。上述論文在國內外學術界產生深遠影響。

二、馬承源的彝銘學研究

馬承源（1927—2004），浙江鎮海三北鎮人。1947 年，馬氏畢業于上海大夏大學歷史系。1954 年起，任上海博物館保管部組長、青銅研究部主任。1987 年，晉升爲研究員。1985—1999 年，任上海博物館館長，之後任上海博物館顧問、上海市文物管理委員會顧問、保利藝術博物館顧問，兼任國家文物鑒定委員會委員、上海市文物鑒定委員會主任、中國博物館學會副理事長、上海文物博物館學會理事長。

代表性著作有：《中國青銅器研究》《馬承源文博論集》。編著有：《上海博物館藏戰國楚竹書》（第一、二冊）、《仰韶文化的彩陶》《上海博物館藏青銅器》《青銅禮器》《中國古代青銅器》，主編國家規劃專案有《中國文物精華大全》（青銅器卷）、《中國青銅器》《戰國楚竹書》《商周青銅器銘文選》《吳越地區青銅器論文集》《中國青銅器全集》等。代表性論文有：《商鞅方升和戰國量制》《何尊銘文初釋》《燦爛的中國青銅時代》《商周青銅雙音鐘》《西周金文和周曆研究》《再論一月四分月相》《商周貴族使用日干稱謂的研究》《長江下游土墩墓出土青銅器的研究》《漢代蒸餾器的考古考察和實驗》《晉侯穌鐘》等。

馬氏 1984 年被人事部授予"中青年有突出貢獻專家"稱號。1997 年，獲美國亞洲文化委員會頒發的 1996—1997 年約翰·戴維森·洛克菲勒三世獎。1998 年，獲法蘭西共和國榮譽勛章。1999 年，獲"全國文化系統先進工作者"稱號。2002 年，獲"美國上海博物館之友"卓越學者獎。

關于他主編的《商周青銅器銘文選》一書，李朝遠在《馬承源先生的中國青銅器研究》一文中評價説：

> 真正借助現代考古學和現代文字學的工具對青銅器銘文進行整體、全面研究的當數馬承源先生。他的研究成果主要體現在《商周青銅器銘文選》上，爲了編著這本大作，馬先生帶領有關工作人員造訪了全國各地，一一踏遍，之後又逐漸進行研究，一共收集了 1985 年之前出土和傳世的重要青銅器銘文 925 件，基本上涵括了這之前所有青銅器銘文的重器，而且爲專家學者繼續研究，學子們初步研究提供了重要工具書，對銘文的考釋博采衆長，同時也不失自己

的真知灼見。[1]

這一評價大致符合事實。但是，馬氏彝銘研究成果主要體現在《中國青銅器研究》一書中。而他的《馬承源文博論集》中專有"中國青銅器研究"一部分，則收青銅器論文二十篇。

　　這是兩部反映馬氏一生代表性研究成果的論文集。《中國青銅器研究》一書由概論、彝銘考釋、形制和紋樣、實驗考古四個部分組成，全書共收論文四十一篇。其核心內容幾乎全部圍繞着對彝銘的歷史和文化、文字和制度進行相關的文獻研究。《西周金文和周曆的研究》《西周金文中一月四分月相再證》《關於商周貴族使用日干稱謂問題的探討》三篇反映了馬氏對於西周曆法和銅器斷代的基本觀點。《西周金文中有關貯字辭語的若干解釋》《亢鼎銘文》《說瑞》等論文是對當時社會經濟和貨幣制度的真實解讀。《商周時代火的圖像及有關問題的探討》等幾篇有關圖像的論文則是馬氏試圖從文化史角度研究銘文和青銅圖像之間的對應關係的論文，在研究方法上，有一定的前瞻性。

《何尊》彝銘拓片

《何尊》彝銘釋文：

> 隹王初雝宅於成周。復
> 稟王禮福，自天。才四月丙戌。
> 王誥宗小子于京室。曰："昔才
> 爾考公氏，克迷文王，肆文
> 王受茲命。隹武王既克大
> 邑商，則廷告于天。曰：'余其
> 宅茲中國，自茲乂民。'嗚呼！
> 爾有唯小子無識，視于
> 公氏，有勛于天，徹命。敬
> 享哉！"隹王恭德裕天，訓我不敏。
> 王咸誥。何易貝卅朋。用乍
> 庚公寶尊彝。唯王五祀。

────────────

[1]　李朝遠：《馬承源先生的中國青銅器研究》，《上海文博》2010 年第 1 期。

《何尊銘文初釋》《何尊銘文與周初史實》《有關周初史實的幾個問題》三篇反映了馬氏對于西周早期歷史的解讀。特別是《何尊》的彝銘再現及其命名，從陝西出土後一直没人注意到它的底部銅銹中還掩埋着長篇彝銘。是馬氏首先發現并加以解讀的，"中國"一名首見于此。馬氏之功因此而名揚中外。

馬氏提出的青銅器的發展史上的五期説育成期、鼎盛期、轉變期、更新期、衰退期，成爲他對銅器考古學的貢獻和發展。[1]

三、張亞初、劉雨的彝銘學研究

張亞初，1936 年生，江蘇江陰人。1962 年 7 月，張氏從北京大學歷史系畢業。1965 年 9 月，畢業于吉林大學研究生班古文字學專業。1978 年至今，張氏在中國社會科學院考古研究所工作，任研究員。主要學術專長是古文字學。

代表性著作有：《殷周金文集成引得》，合著《西周金文官制研究》《殷周金文集成釋文》和《殷周金文集成》。代表性論文有：《殷周青銅鼎器名、用途綜合研究》《燕國青銅器銘文研究》《論古文字中的變形造字法》等。

雖然張氏在彝銘學術上的成就可能也包括了銅器考古、字形研究和考釋等方面。但是綜合來看，他的主要成果是屬于對彝銘的文獻整理和研究。其中，《殷周金文集成引得》是針對中華書局所出《殷周金文集成》的索引。該書包括全部釋文、《金文編》與《集成》所收字對照表、《引得》新收字一覽表、《集成》單字出現頻度表等，是研究商周彝銘的重要工具書。本書彙集了古今中外出土和收藏的青銅器彝銘拓本約一萬兩仟餘件，是迄今爲止資料收集最爲完備的金文文獻全集。該書對一千多個金文文字提出新的釋讀。

而他和劉雨合著的《西周金文官制研究》一書，對西周禮制進行了以彝銘資料爲基礎的全面考察。這部書祇在十五年内就完成了，文獻的羅列多于對職官職能的考證和研究，其意義和貢獻不容忽視。

劉雨（1938—2020），吉林集安人。字忠誠。1958 年，劉氏考入北京大學中文系。1963 年，考入中山大學古文字研究室，師從容庚、商承祚。"文革"後，劉氏進入中國社會科學院考古研究所工作。1992 年，被聘爲研究員。1993 年，獲

---

[1] 見李朝遠《馬承源先生的中國青銅器研究》，《上海文博》2010 年第 1 期。

國務院頒發“社會科學有突出貢獻專家”政府特殊津貼。1997 年，調故宮博物院，任古器物部主任，直至退休。劉氏曾應邀在北京大學、北京師範大學、河南大學、臺灣“中央研究院”、臺灣師範大學、香港中文大學、英國倫敦大學亞非學院、美國哈佛大學、哥倫比亞大學、達慕思大學、裹海大學、芝加哥大學、澳洲悉尼大學等地訪問、演講及合作研究。曾被故宮返聘爲研究員、院學術委員、院刊編委。

代表性著作有：《金文論集》，合著《西周金文官制研究》《乾隆四鑑綜理表》《殷周金文集成》《北京圖書館藏青銅器銘文拓本選編》《故宮青銅器》《殷周金文集成釋文》《近出殷周金文集録》《商周金文總著録表》《流散歐美殷周有銘青銅器集録》等。

以青銅器彝銘内容爲基本史料，探討先秦史學的若干問題，是張、劉二人學術研究的一個特色。他們對西周官制、禮制、年代學以及監察制度、王稱等研究和考證，有着重要的學術價值。但是，張、劉二人比較而言，張氏傾向于文字研究而劉氏則傾向于文獻研究。特別是最近以來劉氏主編的《殷周金文集成釋文》《近出殷周金文集録》《商周金文總著録表》三部巨著，繼承了他早年整理《乾隆四鑑綜理表》的傳統。如關于《近出殷周金文集録》一書，作者介紹：

> 《近出殷周金文集録》一書收進了《殷周金文集成》編成以後截止到 1999 年 5 月底出土和發現的全部殷周金文資料。正編收器 1 258 件，附録收器 92 件，合計 1 350 件。該書體例，每器除銘文拓本及其説明外，還列有供學者參考的器形圖片和銘文釋文，書後附人名、官名、地名、族名索引和時代分期、著録、出土地、現藏地等列表。[1]

而他的《金文論集》是他研究商周彝銘中的禮制和文化的論文集。該書由西周禮制、曆法及年代學、族徽彝銘、數位記號、彝銘考釋、綜合論述、書評及序跋七個部分組成。共收論文四十七篇。而劉氏對于彝銘和周禮的比較研究是貫串其全書及其各個部分中的核心主題。

---

[1]　劉雨：《近出殷周金文綜述》，《故宮博物院院刊》2002 年第 3 期。

劉氏在研究中，將彝銘中出現的周禮"根據金文内容分爲祭祖、軍、封建、相見、鄉燕、射等六個題目"，而他的重要發現是：

> 禮書中述及的喪禮及喪服制度，冠、婚之禮等是古禮的重要内容，但在西周金文中幾乎没有留下什麽記録。[1]

最後，他得出的結論是：

> 將《儀禮》所記與金文資料對比研究，就會發現它真實地反映了春秋時代以來古禮的基本面貌，過去稱它爲"士禮"，似乎它衹是士階層禮儀的記録，其實它記有許多國君一級的大禮，諸如《大射》《覲》《公食大夫》等篇名已説明了這一點，這在春秋時代已經是當時最高一級的禮儀了，所以它的記載許多與西周金文所記王禮有相合之處。但它畢竟不是西周古禮的實録，又有許多與西周金文不合，如果我們能把它們看作記録春秋以來古禮的文獻，是我們理解西周古禮的階梯，把它放到恰當的位置上，那就真正找到了它的價值所在。[2]

就現有的論著而言，劉氏的金文禮制研究是時下學術界罕有人可比的。雖然筆者早就準備要著述《金文禮制研究》這樣一本大書，并且希望在本書出版後就可以立刻付諸實施。但是至少我還需要完成我的和此書同樣規模的《漢學通史》一書的定稿後，纔可以專心致志于此。

四、趙誠的彝銘學研究

趙誠，1933年生，浙江杭州人。筆名肖丁。1959年，趙氏從南京大學中文系畢業。在中華書局編輯部從事古籍整理研究及編輯工作，歷任助理編輯、編輯、語言文字編輯室副主任、副編審、主任、編審。現任中國文字學會常務理事、中國語言學會理事、中國音韻學研究會理事、中國古文字研究會理事兼秘書長。

代表性著作有：《古代文字音韻論文集》《中國古代韻書》《二十世紀金文研究述要》《二十世紀甲骨文研究述要》等，合著《小屯南地甲骨考釋》等。代表性論

---

[1] 劉雨：《金文論集》，紫禁城出版社2008年版，第113頁。
[2] 同上，第146頁。

文有：《中山壺中山鼎銘文試釋》《古文字發展過程中的内部調整》《利簋銘文通釋》等。

綜合來看趙氏之學，他的《二十世紀金文研究述要》遠比他的彝銘學研究貢獻要大（當然，他在甲骨學上的成就也高于他的彝銘學術研究）。

在《二十世紀金文研究述要》一書中，趙氏基本上是從 20 世紀 30 年代開始，劃分爲 20 世紀 30 年代前後、50 年代前後、70 年代前後、90 年代前後四大時間段進行的綜述和研究。但是坦率地説，該書祗有 90 年代前後的彝銘學研究叙述的框架結構較符合史書的模式。這一時間段的結構共分八節：銅器銘文彙集、金文字典、銘文索引、相關工具書、專題論著、銘文選本、文字考釋、詞義探索。基本上可以很清楚地看出 90 年代前後彝銘學術研究的發展狀況。如該書對《殷周金文集成》一書的編纂工作的説明，就是祗有身臨其境的人纔可以道出其中的具體經緯：

> 1956 年，郭沫若提出并列入國家 12 年哲學社會科學發展遠景規劃的《金文合集》，當時曾在中國科學院考古研究所專門成立了一個編輯組從事編纂工作。經考古所決定，編輯組由陳夢家主持，日常工作由王伯洪、王世民負責組織，所得資料則由陳公柔、陳慧和加以整理、核查、登記，弄清它們的著録情况，經過了整整三年（1963—1966）纔基本完成。就在這個時候，發生了"文化大革命"的動亂，陳夢家、陳慧和不幸去世，不久王伯洪也因病亡故，這個項目也就被迫下馬。考古研究所恢復工作之後，所長夏鼐也積極主張《金文合集》早日上馬。可見是人同此心。但苦于人力有限，祗能由曹淑琴等人做一些基礎工作。後經夏鼐多方努力、四處尋訪、幾經周折，終于調進了二位，于 1979 年初又新成立了一個編輯組，由王世民主持，陳公柔負責業務指導，加上新調進的張亞初、劉雨以及本所的曹淑琴、王兆瑩、劉新光共七人，纔全面展開了工作，并將書名改爲《殷周金文集成》。[1]

---

[1]　趙誠：《二十世紀金文研究述要》，書海出版社 2003 年版，第 356—357 頁。

當然，作爲一部史學著作，他也敏鋭地指出了《殷周金文集成》一書的不足：

> 《殷周金文集成》也存在着不足，特別應該指出的有二：（1）重出。如《彭女卣》（十册 5110）又作爲《彭女彝鼎》（四册 1908）收入。又如《事作小旅尊》（十一册 5817）又作爲《事作小旅鼎》（四册 2078）收入。再如《正🔲又曇》（十五册 9790）又作爲《雙正🔲尊》（十一册 5696）收入。（2）漏收。如《柬鼎》，三十字，見《文物》1964 年二期陳邦懷《金文叢考》三則《柬鼎》。又如《白喜簋》，二十二字，見《考古學報》1962 年一期九頁。再如《鄙侯犂簋》，存三十二字，見《攈古録金文》二之三 66。[1]

上述指正十分到位，這一指正絶非局外人可以做出的。由此可以看出趙氏本人對于銅器彝銘著録的精熟。

相比之下，其他幾章的叙述基本上是引述過多而評述過少，甚至經常大段大段地引述原文來代替對彝銘學術發展過程和歷史脈絡的分析研究，這反映了作者缺乏西方史料理論素養，衹是擅長于操作傳統的考證論述的局限。

此外，作者的叙述不是以實際著作、出土銅器爲基礎的，很多已經出版的著作和出土的銅器收藏和流傳基本上不見涉及，而是圍繞着那幾個彝銘研究大師、幾個老生常談的話題，説來説去而已，更缺乏高屋建瓴的評述和一針見血的指正。甚至没有對楊樹達、徐中舒等先生在 20 世紀 30 年代、50 年代的彝銘學研究給予肯定和總結……這些在他的甲骨學著作中幾乎是不存在的。

五、李學勤的彝銘學研究

李學勤的《新出青銅器研究》一書，是他從事彝銘文獻研究的論文集。該書共收李氏彝銘文獻研究論文四十三篇。這些論文中有涉及彝銘考釋的，如《何尊新釋》《師𣄰鼎剩義》《鼉尊考釋》《論史牆盤及其意義》《岐山董家村訓匜考釋》《師同簋試探》等；有研究諸侯國銅器特點和文化差異的，如《西周時期的諸侯國青銅器》《元氏青銅器與西周的邢國》《曾國之謎》《平山三器與中山國史的若干問題》《論新都出土的蜀國青銅器》等；有關于彝銘文獻價值研究的，如《史惠鼎與史學淵源》《論多友鼎的時代及意義》等。

李氏的論文解決了不少懸而未決的問題。如關于曾國。他首先注意到：

---

[1]　趙誠：《二十世紀金文研究述要》，書海出版社 2003 年版，第 363—364 頁。

在有關這一時期歷史的古代文獻裏，却完全找不到姬姓曾國的史料，特別是《左傳》對漢水以東各小國以及楚國向該地區發展的情形，都有非常詳細的記述，但也没有"曾國"字樣。[1]

然後，他提出：

從種種理由推測，漢東地區的曾國，很可能就是文獻裏的曾國……楚惠王爲何要作一套鐘、鎛放在曾國的宗廟裏，恭敬地祭祀曾侯呢？當時楚國稱霸一時，决不會輕易地對一個小諸侯國給予這麽高的禮遇，但如果曾即是隨，這個問題便不難解釋了。[2]

于是，這一問題基本上可以説解决了。

又如，關于西周王朝和周邊諸國的關係。他發現：

史牆盤銘文對于西周歷史的研究，也是珍貴的史料。盤銘叙述武王征四方，達殷，攻翟相，伐夷僮，可作《逸周書·世俘》所述武王征伐四方事迹的補充。從這裏可以看到，商不但和東夷，而且和北狄也有密切的關係。過去我們曾經提到商朝在我國北方有强大的勢力，盤銘又是一個證明。[3]

再如，西周史官的職能問題。他考證：

古代史官所記述的史有没有褒貶懲勸的意義，多年來是一個争論的問題。《國語·楚語上》載，楚莊王命士亹爲太子傅，士亹向申叔時請教，申叔時説："教之《春秋》而爲之聳善而抑惡焉，以戒勸其心。"這裏的《春秋》泛指史乘，可見當時的史已有教化善惡的作用。有的著作列舉春秋時史官如齊太史、晉董狐的事迹，也證明史一定有所褒貶。現在史惠鼎表明，西周晚期史官已以教善爲己任，更使人們認識到孔子筆削《春秋》有其久遠的淵源。[4]

最近幾十年來，每一次重大的青銅器出土和彝銘研究成果，幾乎都有李氏的影子影響深遠。在彝銘研究上，作爲陳夢家曾經的助手和弟子之一，李氏對于最近幾

[1]　李學勤：《新出青銅器研究》，文物出版社1990年版，第146—147頁。
[2]　同上，第148頁。
[3]　同上，第81頁。
[4]　同上，第124頁。

十年彝銘學術研究的發展産生了不可替代的學術帶頭人的作用。誠如他自己在《新出青銅器研究》一書的後記中所説，"1966 年以前，我很少寫專論青銅器的文章，近年纔把注意力轉移過來"。但是，却立刻對國内的彝銘學術研究産生了巨大的影響。

六、吴鎮烽的彝銘學研究

吴鎮烽的《金文人名彙編》一書是他從事彝銘文獻研究的重要工具書，吴氏的《金文人名彙編》一書也是建國以來不可多得的彝銘文獻研究的優秀著作。該書首次出版于 1987 年，然後于 2006 年又出版了增補本。該書彙集了傳世和考古發掘出土的商周青銅器彝銘中的人名七千六百餘條（初版時爲五千二百二十八條），按人名筆畫加以編纂，先説明該人名出處，再根據銘文内容和有關文獻記載，對每一個人物儘可能地給予詳細的介紹和生存時間斷代。該書不亞于一部商周人名大辭典。它爲從事考古學、歷史學和古文字學研究的學者們提供一份簡捷、便利而有學術價值的工具書。該書所采用的全部資料，截止到 2004 年 9 月底以前所能見到的已發表和尚未公開發表的商周青銅器彝銘資料。并且，引用古今著録著作約八十種。對于無法隸定的圖像人名，則在書後附録中提供出來。

如該書所收"干氏叔子"，詞條内容如下：

> 見《干氏叔子盤》（《三代》一七・一一・二），春秋時期人，其女爲仲姬客母。干氏見于《春秋》者有二。一，昭公八年"楚人執陳行人干徵氏，殺之"，是陳國有干氏。二，昭公二十一年"干犨禦吕封人華豹"，是宋國亦有干氏。此干氏叔子系何人，不可考。[1]

再如"王孫遺者"，詞條内容如下：

> 見《王孫遺者鐘甲》（《三代》一・六三）、《王孫遺者鐘乙》（《考文》八四・三），春秋晚期人，徐國的王孫，名遺者。郭沫若先生認爲即容居："《禮記・檀公下》：'邾婁考公之喪，徐君使容居來吊含……曰容居聞之，事君不敢忘其君，亦不敢遺其祖。昔我先君駒王西討，濟于河。'遺、容雙聲，者居疊韻，此自稱王孫，與祖其先君駒王正相合。"（見《大系》考一六一頁）[2]

---

[1]　吴鎮烽：《金文人名彙編》，中華書局 1987 年版，第 3 頁。
[2]　同上，第 24—25 頁。

　　但是，很遺憾的是：不知道他爲什麽没有把他的《金文人名研究》一文作爲《金文人名彙編》一書的概論或序言放在正文前？讓筆者對該書産生了一點"白玉有瑕"之憾。在《金文人名研究》一文中，吴氏總結了當時人名命名的習慣、分類、組成方式、取名特點，該文章模式幾乎就是《通志·氏族略》的翻版。

　　當然，説到這裏就不能不提盛冬鈴及其著名論文《西周青銅器中的人名及其斷代的意義》，對商周銘文中人名的解讀及其斷代學價值提出了積極而有建設性的闡述。祇可惜至今她没有繼續這一工作并拿出系統而專業的著作。

七、其他

　　從事彝銘文獻研究的專業學者還有孫稚雛、張懋鎔、曹兆蘭、杜勇、連劭名、杜廼松、李朝遠、李零、李仲操、羅運環、徐少華、張玉金等人。現擇其重要者介紹如下。

　　孫稚雛，1938 年生，湖南人。學術專長爲古文字學、青銅器彝銘研究、書法。1961 年，孫氏考入中山大學中文系古文字學專業碩士研究生。1965 年，孫氏畢業後任教中山大學中文系。現爲該大學教授、博士生導師。

　　代表性著作有：《金文著録簡目》《青銅器論文索引》等。代表性論文有：《金文釋讀中的一些問題的商討》《三代吉金文存辨正》《銅器銘文匯釋》等。

　　《金文著録簡目》一書，作爲金文學術研究的工具書，在 20 世紀 80 年代曾經具有一定參考價值。該書以《三代吉金文存》《商周金文録遺》及各種學報和雜誌中發表的銅器圖像及其彝銘爲主。引用古今中文著作一百四十九種，日文著作三十一種，西文著作三十六種。但是，現在該書的使用價值已經不復存在了，它已經被劉雨主編的《商周金文總著録表》所取代。而《青銅器論文索引》一書，作爲金文學術研究的工具書，也曾在 20 世紀 80 年代具有一定的參考價值。該書將全部論文分爲概述、報導、文字、考釋、器物、璽印、貨幣、其他、述評、後叙十大類。所收内容止于 1982 年。該書引用各類報刊 264 種。但是，有些索引明顯是錯誤的。如該書第 249 頁：

　　　　陳述

　　　　《金文氏族表初稿》上、下（85）[1]

此陳述乃研究金元歷史的專家，該論文名稱爲《金史氏族表初稿》上、下。和彝銘

---

[1]　孫稚雛：《金文著録簡目》，中華書局 1981 年版，第 249 頁。

無任何干係。

現在，張懋鎔、張仲立編纂的《青銅器論文索引（1983—2001）》（全三冊），則是從此書基礎上開始編纂的論文索引。因此，此書至今還依然有一定使用價值。

李朝遠（1953—2009），北京人。1979—1990 年，先後獲得華東師範大學學士、碩士和博士學位。1990 年 7 月進上海博物館工作。後晉升爲研究員、副館長。兼任中國先秦史學會副理事長、中國古文字學會理事、中國殷商文化學會理事等。

代表性著作有：《西周土地關係論》《青銅器學步集》《中國青銅器》等。代表性論文有：《師兑簋覆議》《師道簋銘文考釋》《合陽鼎拾遺》《眉縣新出逨盤與大克鼎的時代》《新見者兒戈考》《西周金文中的"王"與"王器"》《禮制與古代中國青銅器》等。

《青銅器學步集》一書是李氏研究彝銘文獻的論文集。該書共收論文四十五篇。其內容涉及銅器考古、銅器類型、彝銘考釋、銅器文化、書評等方面。

針對李學勤提出的《元年師兑簋》在後而《三年師兑簋》反而在前之說，李朝遠認爲：

> 比較起來，還是元年在前、三年在後更爲順達：1.（元年）師兑爲副職，輔助師龢父司左右走馬和五邑走馬 2.（三年）爲正職，司走馬（根據《虎簋》蓋銘"司走馬"的"走馬"就應是"左右走馬"）。至于爲什麽《三年師兑簋》中未提及《元年師兑簋》中的"司五邑走馬"，愚以爲，王三年的重命僅涉及了"司左右走馬"一職的變動，而未涉及"司五邑走馬"之職。三年時王改命師兑爲正職，司左右走馬，但并不主司五邑走馬，也就是説，司左右走馬的師兑保留了輔助師龢父司五邑走馬這一副職，這一副職已在元年命過了，故不必再予以重復。[1]

而在《儕兒鐘銘文再議四題》一文中，李朝遠提出：

> 銘文中"曾孫儕兒"的"儕"字……該字實際上就是古文"僕"。儕兒自稱"曾孫"，銘文中卻没有相對於儕兒的曾祖……儕兒的"曾孫"可能并非泛指虛稱，銘文中記録了四代人：祖父——夫斯於；父親——兹詘；我——儕兒；

---

[1]　李朝遠：《青銅器學步集》，文物出版社 2007 年版，第 257 頁。

子——逨兒。如果從逨兒的角度看，僕兒的祖父正是其曾祖父，僕兒是爲逨兒鑄造此器，所以鑄造者仍應爲僕兒，逨兒僅是使用者。故該器的器名仍應爲僕兒鐘。[1]

上述二説十分恰當合理，可以成爲定論。

關于作器者的身份問題，在《西周金文中的“王”與“王器”》一文中，李朝遠首先注意到：

王爲他人作器是否一定是王鑄造好了再贈送給他人？如以“王作番改齊鬲，其萬年永寶用”爲例，這件器是否定名爲“王鬲”合理還是應該定爲“番改鬲”？“其”指代的是王還是番改？有没有可能，王賜仲姬、仲姜、王姬、姜氏器，真正的作器者是仲姬、仲姜、王姬、姜氏呢？即王作B器，器主其實爲B。[2]

然後，他仔細考證了諸多王器的問題後，得出結論是：

這些所謂的“王器”實際上往往是作爲一種榮譽，由被賞賜者受賞錫之後的自作用器，至少其中有相當的部分是如此。“王作……”與“王呼……”“王册令……”“王令……”“王曰……”“王親易……”等是一樣的結構，都是他人鑄器所記的王的活動，而且可能都是追記。[3]

綜合來看，李氏的彝銘文獻研究成就高于他的銅器類型研究和斷代研究。

曹兆蘭，女，1953年生，湖北隨州人。1981年，曹氏獲得武漢大學文學碩士學位。現任深圳大學文學院中文系教授。

代表性著作有：《金文與殷周女性文化》《金文通釋選譯》等。代表性論文有：《從金文看周代媵妾婚制》《金文女性稱謂中的古姓》《金文中方言“嬭”與雅言“母”的相因生義》《金文中的女性享祭者及其社會地位》《周代金文嵌姓的稱謂結構模式》《金文“女”“母”的困惑與試析》《金文“女”“母”的形義試析》《金文中的女性人牲——我方鼎銘文補釋》等。

---

[1] 李朝遠：《青銅器學步集》，文物出版社2007年版，第348頁。
[2] 同上，第355頁。
[3] 同上，第357—358頁。

曹氏的《金文與殷周女性文化》一書是中華人民共和國成立以來不可多得的金文文獻研究的優秀著作。該書以殷商、西周和東周三個時間段作爲劃分，對各個時間段内的彝銘文獻中記載的女性歷史和具體的生活狀況進行了實證研究。對于殷商時代的女性歷史，她處處結合甲骨史料進行對比研究和解讀。而對于西周和東周時代的女性歷史，她則先從彝銘中出現的女性稱謂開始解讀。如對于王后的稱謂，她考證：

> 西周金文中浮現出好幾個后妃，如：王姞（3928）；王姒（9646）；王妊（3344）；王妀（3739）；王嬀（3815）等。西周王后中事迹最突出的是昭王王后王姜。后妃的稱謂結構通常是“王十姓”，“王”表明她嫁入周王室；“姓”表明她娘家所屬的姓。王姜嫁入周王室，本爲姜姓國女子，所以稱她爲“王姜”。[1]

而對于一般的貴族女性稱謂，她總結出：

> 到了西周，具類似身份的“媳婦”，不再統稱爲“婦”了，常見的稱謂結構模式是：嫁入王室的稱作“王某”，如“王姜”；嫁入公室的稱作“公某”，如“公姒”、“公姞”；嫁給庚的稱作“庚某”；嫁給顔的稱作“顔某”；嫁給矩的稱作“矩某”。總之，前一字是“夫方信息”，即夫的稱號、官職及族名等；後一字是“父方信息”，是得之于父族的姓。這種稱謂十足地體現了西周宗法社會男權至上的特質。[2]

其實，該書全部結構就是以對商周彝銘中的女性稱謂作爲切入點進行的女性文化史的研究。而這一切入點，在盛冬鈴和李仲操二人的論文中已經有了前期研究和突破。

第五節　文字研究類

這些著作的第五類是文字研究類。它又可以分爲語法研究、文字研究、音韻研究三種。

---

[1]　曹兆蘭：《金文與殷周女性文化》，北京大學出版社 2004 年版，第 64 頁。
[2]　同上，第 78 頁。

語法研究著作，如《西周漢語語法研究》《兩周金文虛詞集釋》《西周金文語序研究》《西周金文語法研究》等。

文字研究著作，如《新見金文字編》《金文常用字匯》《新金文編》《春秋戰國金文字體演變研究》《讀金器刻詞》《殷周文字釋叢》《金文編》（第 4 版）等。

音韻研究著作，如《金文古音考》等。

這類研究以《金文編》（第 4 版）成就最大。有關這方面的論述，請見本書中的容庚的彝銘學研究一節。

一、戴家祥的彝銘學研究

戴家祥（1906—1998），浙江瑞安人。字幼和。14 歲時被教會學校溫州藝文中學錄取。戴氏與瑞安孫家有親眷關係，大儒孫詒讓爲戴家祥的姨父。1926 年秋，戴氏考取了清華大學研究院。在清華研究院期間，他在王國維指導下，對古文字學已經有很深的研究，相繼發表了高品質的論文《釋千》《釋百》《釋甫》《釋皀》等，并完成了《商周字例》一書。1929 年，他從清華大學畢業後，先後在南開、四川、中山、英士大學和浙江的杭州、台州執教。1951 年，戴氏受聘爲華東師範大學中文系、歷史系教授。

代表性著作有：校點孫詒讓遺著《古籀餘論》，主編《金文大字典》等。代表性論文有：《牆盤銘文通釋》《評容庚〈金文編〉》《〈商周字例〉自序》《評郭沫若〈古代銘刻彙考〉》《評劉節〈楚器圖釋〉》《兮伯吉父盤銘考釋》等。

戴氏從青銅器彝銘本身研究歸納出十條金文文字的基本構成規律："象形正側動容變革例；象形點劃繁簡例；輔助符號增省例；形聲符號更換例；形聲符號重複例；形聲符號位移例；六書隸屬再分例；同聲文字通假例；同義字代用例；古今音讀分歧例。"這是研究彝銘在科學方法上的貢獻。

戴氏主張，考釋商周彝銘必須要遵從的規律是：

> 從史事、地理上尋找證據，同時以詩書典籍爲底本去校核詞例，以古音聲韻作爲文字通讀的依據，以方言研究語言的變化，以宋人圖錄、《汗簡》、《古文四聲韻》作爲立說的佐證。推甲及乙，援古證今，綜校互勘，以今正古。那麼，通過這番工夫考定的文字，就在形、聲、義三方面都有充分的證據，而有希望成爲學界公認的"不易之說"。[1]

---

[1]　戴家祥著、王文耀整理：《戴家祥學述》，浙江人民出版社 1999 年版，第 107 頁。

戴氏特别注意到了彝銘字形的相似和變化在解釋字義上的變化問題。比如他提出：

> 古字寁與惠形近，秦叔和鐘"畯寁在位"，晉姜鼎"乍寁爲亟"，宋人并釋"寁"爲惠，天水發現秦公簋"畯寁在天"，有人也釋爲"畯惠在天"，但《周頌·維天之命》"駿惠我文王"，實"駿寁"之字誤。《曲禮》言削瓜"士寁之"。鄭注"不中裂横斷，去寁而已"。釋文"寁音帝"。孔穎達正義："寁，謂脱華處。"意即蒂、柢之假字。《曲禮》"天王登假，措之廟，立之主，曰帝"。"駿""畯"皆俊之假字。"駿寁"即"俊帝"，僅此而已。晉姜鼎"乍寁爲極，萬年無疆"，亦猶《大雅》"嵩高維岳，駿極于天"。鄭箋不知"駿惠"爲"駿寁"之字誤，而云"大順我文王之意"。[1]

再如他對許慎誤解字形和字義的訂正：

> 《説文》一篇："皇，大也。從自。自，始也。始皇者，三皇大君也。自，讀若鼻，今俗以始生子爲鼻子。"卜辭未見皇字，金文皇的上部均爲日之别體。象日光輝煌形，并不從自。許氏又云："王，天下所歸也。董仲舒曰，古之造字者，三畫而連其中謂之王。三者天、地、人也。而參通之者，王也。孔子曰一貫三爲王。"卜辭、金文王字，均從二從火。二，古文上字，其義真如《尚書·洪范》所説："火曰炎上。"古人以太陽與火、熱、光相關聯，凡字以火表義者，也可更旁從日。由此可知：王、皇、煌、旺古本一字。《春秋繁露》："王者，皇也。"蔡邕獨釋"皇者，煌也"。《魯頌·泮水》"烝烝皇皇"，鄭《箋》"皇當作旺"。《爾雅·釋詁》："旺旺皇皇，美也。"王、皇之所以用爲君主、天子的尊稱，道理也正在這裏。許慎所説，形義均缺乏根據。[2]

當然，這些後來集中體現在他主編的《金文大字典》上。

《金文大字典》的編纂工作，是一項宏大的工程。從資料收集、複製，到編排、撰寫、初稿、定稿和謄清等等，最後文字量達到了三百多萬字，共收録可釋金文單字"二六六一個"，分隸"二八五部"，上、中、下三册全部五千六百多頁的篇幅。收字的部首及部内字頭均按筆畫順序排列，字例包括金文字頭、器名及句子彝銘等

---

[1]　戴家祥著、王文耀整理：《戴家祥學述》，浙江人民出版社 1999 年版，第 96 頁。
[2]　同上，第 98 頁。

內容。所收字形均由拓片剪貼影印。《金文大字典》是中國彝銘研究的集大成之作，也是研究彝銘必備的工具書，該書曾獲得上海哲學社會科學成果特等獎。可以説，戴氏主編的此書代表了中華人民共和國成立後大陸學術界對彝銘文字研究的最高、最大成就。

當然，此書也存在一些解釋不當之處。劉志梅曾撰寫論文《論〈金文大字典〉存在的幾個問題》加以指正。[1]

二、管燮初的彝銘學研究

管燮初 (1914—2000)，江蘇無錫人。1947 年，管氏畢業于上海光華大學中文系。1950 年，從浙江大學中國文學研究所研究生畢業。中華人民共和國成立後，管氏任中國社會科學院語言研究所研究員。

代表性著作有：《西周金文語法研究》《左傳句法研究》等。代表性論文有：《甲骨文金文中“唯”字用法的分析》《商周甲骨和銅器上的卦爻辨識》《“蔑曆”的語法分析》《“積微居金文説”的識字方法》等。

《西周金文語法研究》是一部真正意義上的專業語言學研究著作，也是迄今爲止有關這一問題最優秀的研究成果。從 1981 年出版至今，尚無人超越。根據作者序言，我們知道作者從 1958 年就開始撰寫此書，先後多次易稿，并請諸多漢語學者審查和訂正。經久的思考和打磨，衆多專家的審讀和訂正，加強了此書的嚴謹性并提高了學術品質。作者選取的材料出自西周彝銘中字數比較多的二百零八篇銅器彝銘，按照句法和詞法兩大部分進行研究。句法部分包括主要謂語、主語、賓語、兼語、修飾語、補語、連接和語氣。而詞法部分包括名詞、代詞、數詞、量詞、動詞、形容詞、副詞、連詞、語助詞、象聲詞和構詞法。以上各章中，文字量最多的是修飾語，占了將近三分之一的篇幅。

在這部分篇幅中，他探究了如下內容：

謂語的修飾成分（內含動詞謂語的修飾成分、形容詞謂語的修飾成分、體詞謂語的修飾成分、主謂結構謂語的修飾成分）、主語或賓語的修飾成分（內含表示時間的修飾語、表示方域的修飾語、表示數量的修飾語、表示屬性的修飾語、表示指定的修飾語、表示方式的修飾語、表示比況的修飾語、表示領屬的修飾語、修飾語表

---

[1]　劉志梅：《論〈金文大字典〉存在的幾個問題》，《文教資料》2008 年 9 月號上旬刊。

示領屬關係的加强語氣、修飾語和中心語是同一性的)、修飾語或同位語的修飾成分（内含名詞的修飾成分、量詞的修飾成分、動詞的修飾成分、形容詞的修飾成分)、句子的修飾成分（内含名詞、副詞、形容詞、次動賓結構)、修飾語的層次。

比如在論述修飾語表示否定時，管氏總結出以下八個常見的否定副詞：

> 不、叵、亡、無、毋、勿、非、弗這八個否定副詞，其中，"不、叵、弗、無、亡"用于陳述語氣，"非"也用于陳述語氣，不過口氣較重，而且有與下句呼應的作用。"勿、毋"大多用于祈使語氣……偶爾也用于陳述語氣。[1]

又如管氏對表示時態的修飾語的研究，他發現"表示時態的修飾語都是副詞"，進而總結出這些副詞常見的有以下十三個：

> 隹、延、乃、即、則、若、其、既、卑、以、已、分、羲。[2]

再如在表示否定的修飾語中，管氏又細分爲副詞、動詞、形容詞、名詞、象聲詞五種情况加以研究。其中，表示否定的動詞常見的有如下四十個：

> 妹、敏、懋、孚、臨、奔徙、彝、虔、諫、追、成、羞、攝、肇、嚳、邵、
> 捷、禪、奘、御、逆、喜、右、歆、用、啓、芍、監、取、巩、卿、迨、匈、
> 叀、圉、襄、反、印、衣、窠。

管氏此書，幾乎對二百零八篇銅器彝銘出現的全部語法現象進行了總結和分類，爲今後的研究奠定了扎實的基礎。當然，此書也存在着短于理論分析的問題，尤其是缺乏使用現代語言學理論對商周銅器彝銘中的語法問題進行分析和研究，没有結合對商周金文的研究找出早期漢語發展史上的一些關鍵性的語言學問題。當然也存在着作者缺乏對上述二百零八篇銅器彝銘的分期和斷代的處理。畢竟這些材料并非一時一地材料之集合。

但是，至少管氏總結和劃分了商周彝銘中重大的語法問題，爲今後的研究提供了不可或缺的參考。

三、張頷的彝銘學研究

張頷，1920 年生，山西介休人。曾任山西省參議會秘書，北平華北文法學院文

---

[1]　管燮初：《西周金文語法研究》，商務印書館 1981 年版，第 101 頁。
[2]　同上，第 100 頁。

書主任，山西省文物工作委員會副主任委員，山西省文物局副局長兼山西省考古研究所所長，中國古文字學會、中國考古學會、中國錢幣學會理事等。

　　代表性著作有：《侯馬盟書》《古幣文編》《張頷學術文集》等。代表性論文有：《萬榮出土錯金鳥書戈銘文考釋》《庚兒鼎解》《陳喜壺辨》《〈中山王𰯌器文字編〉序》《"渾源彝器"拾遺》等。張光裕曾在《僞作先秦彝器銘文疏要》一書中對張頷辨別彝器真僞給予了高度評價。

　　《張頷學術文集》中收録了張氏研究古文字學論文三十六篇。其中，涉及商周彝銘研究的論文約占三分之一。

　　在《萬榮出土錯金鳥書戈銘文考釋》一文中，張氏根據 1961 年在山西萬榮縣廟前村后土廟發現的一對錯金鳥蟲書戈，考釋出該鳥蟲書文字是"王子于之用戈"。

　　張氏并且主張王子于就是吴王僚，名州于者。"于"是"州于"之單稱。根據《史記·吴太伯世家》記載：

《王子于戈》彝銘照片

> 乃立王餘眛之子僚爲王。

又見《左傳·昭公二十年》：

> 員如吴，言伐楚之利于州于。

杜注：

> 州于，吴子僚。

　　張氏又對照此戈"其中'之'字與'吴季子之子劍'的'之'字寫法完全一致，與'用'字鳥形在下用字在上，鳥喙與用字中筆末尾銜接的情況也完全一致，'王'字的格局與'季'的格局亦相同，特別是'王子于戈'背面一字與'攻敔工光戈'背面的'𰯌'字本爲同一個字，祇是在邊旁安排上左右對調了一下，筆畫稍微加繁了一些。戈的形制與'攻敔工光戈'比較相近。根據上述一些因素觀察，'王子于戈'可能是吴國之器"。[1]

　　在《庚兒鼎解》一文中，張氏考釋了 1961 年山西侯馬上馬村東周晉國墓葬出土了銅鼎彝銘含義，定名爲"庚兒鼎"。并根據彝銘内容判斷爲徐國之器，其主人爲徐

---

[1]《張頷學術文集》，中華書局 1995 年版，第 35 頁。

王庚作爲王子時所作之器。張氏進一步主張此鼎當是晉大夫受賂之器。此説一出，立刻得到了學術界的公認，也使該銅器成爲東周銅器考古的一件"標準器"。

四、張振林的彝銘學研究

張振林，1939 年生，廣東興寧人。1961 年，張氏畢業于中山大學中文系。并以優異成績被推薦爲容庚、商承祚的研究生。1965 年，研究生畢業後在中文系任教。1986 年 7 月至今，爲漢語文字學專業博士生導師。

代表性著作有：《殷周青銅器通論》（合著）、《金文編（第四版）》（容庚撰集、張振林摹補）。代表性論文有：《試論銅器銘文形式上的時代標記》《中山靖王鳥篆銅壺銘文之韻讀》《關于兩件吳越寶劍銘文的釋讀問題》《中山靖王鳥篆壺之韻讀》《試論銅器銘文形式上的時代標記》《對族氏符號和短銘的理解》《毛公鼎考釋》等。

第四版的《金文編》共一千五百零五頁，全部是張氏用小楷抄寫而成。《金文編》（新增訂本）1987 年獲廣東省社會科學優秀科研成果一等獎，1992 年獲國務院新聞出版署頒發全國首屆古籍整理出版圖書二等獎。而且，該書也收録了不少張氏本人對于彝銘文字的解釋。如《金文編》（新增訂本）在"蠐 2143"中就羅列了張振林之説。

在《中山靖王鳥篆銅壺銘文之韻讀》一文中，張氏釋讀了極爲難讀的壺銘。在《關於兩件吳越寶劍銘文的釋讀問題》一文中，糾正了學術界有關《越王勾踐劍》和《吳王夫差劍》在彝銘釋讀上的謬誤。在《試論銅器銘文形式上的時代標記》一文中，結合考古學的器類組合、器形、花紋的風格和彝銘的語言文字表現形式的統一關係來研究銅器的斷代。對彝銘在氏族文字、文字點畫、偏旁結構、新生字、語詞、文辭格式等方面的發展特徵，進行了詳盡的分析，作了有意義的探索。

五、張桂光的彝銘學研究

張桂光，1948 年生，廣東南海人。華南師範大學中文系教授、漢語言文字專業博士研究生導師組組長、中國古文字研究會理事、中國書法家協會理事兼評審委員、廣東省書法家協會主席。

代表性著作有：《漢字學簡論》《古文字論集》《商周銅器銘文通論》，合著主編《商周金文摹釋總集》《商周金文辭類纂》等。代表性論文有：《金文形符系統特徵的探討》《商周"帝""天"觀念考索》《古文字中的形體訛變》《古文字義近形旁通用條件的探討》《古文字考釋十四則》《"母后戊"方鼎及其他》《沫司徒疑簋及其相關問題》《〈金文編〉校補、〈金文編訂補〉略議》等。

張氏對古文字形體訛變的研究，張政烺曾評價爲"古文字研究中的一項新成就"。陳煒湛、唐鈺明的《古文字學綱要》及董琨、陳初生的《商周古文字讀本》等論著，也參考和吸收了有關成果而新立了"訛變"一節。他對彝銘的相關考釋已爲第四版《金文編》及《金文常用字典》等工具書所采用。

在《商周"帝""天"觀念考索》一文中，張氏考察商周彝銘中"帝""天"的形義來源，論證了"殷人尊帝"而"周人尊天"這一史實，糾正了以往將"帝""天"看作同一神靈之不同稱謂的觀點。

張氏主編的《商周金文摹釋總集》由四個部分組成，前三部分爲《殷周金文集成》《近出殷周金文集録》《新收殷周青銅器銘文暨器影彙編》，收 14 270 件有彝銘拓的摹本，第四部分爲三書漏收及新出土 1 896 件有彝銘拓的補遺摹本，該書共收録了自宋代至 2009 年上半年間出土的商周青銅器彝銘 16 166 件。對于每篇銅器彝銘均列編號、器名、時代、摹本及釋文，書後并附補遺來源。總文字量篇幅達到了 2 832 頁。該書出版後獲得"第二十六屆全國優秀古籍圖書獎一等獎"。

六、黄錫全的彝銘學研究

黄錫全，1950 年生，湖北江陵人。1975 年 8 月，畢業于北京大學歷史系考古專業。1975 年 8 月開始在湖北省博物館工作，任文物考古隊副隊長，參與主持了湖北隨州曾侯乙大墓及江陵楚故都紀南城遺址的大型考古發掘工作。1984 年，獲得吉林大學歷史學博士，導師于省吾。1985 年開始，黄氏任武漢大學歷史系副教授、教授。曾任中國錢幣博物館館長、中國錢幣學會副理事長兼秘書長、中國錢幣學會學術委員會副主任、《中國錢幣》雜誌編委會主任、中國古文字研究會與中國殷商文化學會理事等。榮任國家《續修四庫全書》經部類特邀編委，又被北京大學考古文博學院聘爲博士研究生導師。

代表性著作有：《湖北出土商周文字輯證》《古文字論叢》《古文字與古貨幣文集》《先秦貨幣通論》等。代表性論文有：《"瑚璉"探源》《啓卣、啓尊銘文考釋》《簋考釋六則》《新出晉"搏伐楚荆"編鐘銘文述考》《山東臨朐新出銅器銘文考釋及有關問題》《鄭臧公之孫鼎銘文考釋》《楚公逆博銘文新釋》《山西晉侯墓地所出楚公逆鐘銘文初釋》《楚器銘文中"楚子某"之稱謂問題辨證》《湖北出土兩件銅戈跋》《"夫鋁"戈銘新考》《"安州六器"及其有關問題》《商父庚罍銘文試解》等。

黃氏利用商周銅器史料考證楚史，收穫頗豐。從姓氏、禮制、社會、經濟到兵器、軍制等，内容涵蓋廣泛而豐富，顯示出作者精湛的學術功力和素養。黃氏論著很多，但最爲著名的論文也許是《楚公逆鎛銘文新釋》。

在《楚公逆鎛銘文新釋》一文中，黃氏還主張宋代出土的《楚公逆鐘》彝銘中没有提到楚先祖“吴回”，并質疑丁山提出的“吴回”說，進而開始懷疑其真實性：

> 丁山先生將鎛銘中的第二行頭兩字釋爲“吴雷”，認爲即楚之先祖“吴回”，在學術界造成很大影響，很多學者都采用其說……丁山先生的楚先祖“吴回”說純系子虛烏有，這在史學界應該首先要澄清的一個重大問題。“大雷鎛”之大，我們認爲與楚公蒙鐘“大龢鐘”之大義同，是指鎛、鐘之形大。“禀鐘”即“林鐘”，指衆多的編鐘，而非十二律名。鎛銘的“雷”是形容鎛之聲如同雷鳴。典籍中形容聲音如雷者習見。如《楚辭·卜居》：“黄鐘毁棄，瓦釜雷鳴。”……鎛稱爲“雷鎛”，不足爲怪。“大雷鎛”，是指形大聲如雷鳴之鎛。[1]

近年來山西晉侯墓地出土的銅器彝銘，印證了他的上述觀點之正確。并且，他在《山西晉侯墓地所出楚公逆鐘銘文初釋》一文中，結合對楚史的考證，重新對新出《楚公逆鐘》彝銘進行斷句和釋文如下：

> 唯（惟）八月甲午，楚公逆祀氒（厥）先高叺（祖）考，夫（敷）壬（任）四方首。楚公逆出，求氒（厥）用祀。四方首休多遣（勤）鍇（欽）雡（融），内（入）鄉（享）赤金九邁（萬）鈞。楚公逆自作龢鑄（齊）錫（盪）鐘百肆（肆）。楚公逆其邁（萬）年壽，用保氒（厥）大邦。永寶。

黃氏還通過考證提出了《秦王卑命鐘》彝銘中的“竟平王”爲楚平王這一論斷，并且得到了近年來出土的楚國竹簡的證實。

和黃氏一樣，運用商周銅器彝銘從事楚史研究、發表過相關學術論文的還有楊寶成、羅運環、徐少華、陳偉、楊華等人。但以黃氏成就最爲突出和豐富。

---

[1] 黃錫全：《古文字與古貨幣文集》，文物出版社 2009 年版，第 304—305 頁。

七、董蓮池的彝銘學研究

董蓮池，1953 年生。吉林省大安市人。歷史學博士。現爲華東師範大學中文系、中國文字研究與應用中心教授、博士生導師。

代表性著作有：《新金文編》《金文編校補》《説文解字考正》《段玉裁評傳》《説文部首形義新證》，主編《説文解字研究文獻集成》現當代卷、古代卷各一部。曾獲長白山圖書獎等。代表性論文有：《讀銘小記》《金文考釋二篇》《釋兩周銅器銘文中的“業”字》《天亡簋銘的重新考察》《二十世紀中國學者的青銅銘文研究》《宋人在金文文獻整理上的創獲》等。

主持完成國家社科基金規劃項目“商代民間信仰研究”、全國高等院校古籍整理研究工作委員會重點研究專案“商周銅器銘文匯釋”。現正主持教育部人文社會科學重點研究基地重大課題“近十年來出土古文字集釋電子資源庫”、上海市哲學社會科學規劃課題“《古文字詁林》補編”的研究工作。

《新金文編》按《説文》部次編排，始一終亥。正編十四卷，附録分一、二。正編收字 3 063 個，合文 105 個（附卦畫），附録一收字 838 個，附録二收字 736 個，全書共收字 4 637 個（不含合文）。書後附《拓片引用書目》（簡稱在其中）、部首檢字表、拼音檢字表。

該書卷首説明點出了其編著體例如下：

一、本書是專門收録商周（至戰國末）期間鑄刻在青銅器上的古漢字的字編，青銅器上的古漢字，學者習慣上稱爲金文，本書因之。

二、本書爲方便尋檢，遵依《説文》部次，始一終亥。

三、本書收録之金文字形，一律從拓片上剪切，并標注拓片來源，不清者附以摹本以供參考。如無拓片僅有摹本傳世者則剪切摹本，亦標注摹本來源。拓片或摹本之選擇，着眼清晰，不專主一書。

四、本書每字頭下所收金文字形，均于其下標注所出器。除極個別者外，均按時代先後排列，順序爲：商、商或西周早期、西周早期、西周早期或中期、西周中期、西周中期或晚期、西周晚期、西周、西周晚期或春秋早期、春秋早期、春秋早期或春秋中期、春秋中期、春秋中期或晚期、春秋晚期、春秋、春秋晚期或戰國早期、戰國早期、戰國早期或中期、戰國中期、戰國中期或晚期、戰國晚期、戰國。斷代主要依據著録之説法。某些則參照近年來專家的新成果，限於體例，未能標注，敬請諒解。

　　五、本書金文字形下所標注之拓片來源，取于《殷周金文集成》《殷周金文集成釋文》者，祗標注該書冊數和拓片序號，如"08.4144"，表示取于《殷周金文集成》第八冊第四一四四號；取于《近出金文集録》者，標注該書簡稱和拓片序號，如"近出353"表示取于《近出金文集録》第三五三號；取于《新收殷周青銅器銘文暨器影彙編》者，標注該書簡稱和頁數，如"新收644頁"表示取于《新收殷周青銅器銘文暨器影彙編》第六四四頁，取于《商周青銅器銘文選》者，標注該書簡稱、冊數和拓片序號，如"銘文選二680"表示取于《商周青銅器銘文選》第二冊第六八〇號，餘可類推。取自刊物者，一般標注全稱，亦有個別標注簡稱者，詳《拓片引用書目》。刊物年份的標注，祗標注後兩位數字，如"文物84.1"表示取于《文物》一九八四年第一期。"文物07.8"，表示取于《文物》二〇〇七年第八期。

　　六、本書收録的金文字形，刊布的時間下限截至2010年。

　　七、本書卷末附有部首索引、拼音索引，以供檢索。[1]

　　董氏在該書序中也指出了舊《金文編》的諸多錯誤和過時之處，如1925年，容庚先生纂成專門收釋金文形體的字編《金文編》，《金文編》字形一律採用摹寫方式，按《説文》部次編排，字頭之下廣録異體，成爲金文形體的淵海。其後隨着時代發展，這部字編分別在1939年、1959年、1985年进行了三次增補修訂，使這部字編儘管經過了60年，但一直能以摹録之精、形體之富、識字之專業而成爲古文字學、考古學等諸多研究領域最具權威性的金文工具書。自1985年至今，又過去25年，這部字編没能再次修訂增補。而這25年間，古文字材料甲骨方面有殷墟花園莊東地甲骨出土，簡帛方面有九店楚簡、江陵楚簡、包山楚簡、郭店楚簡、上博楚簡、睡虎地秦簡等出土與發現，其中郭店簡、上博簡中的資料不少有傳世文本或傳世相關資料與之比照。銅器方面，據劉雨、盧岩《近出殷周金文集録》，鍾柏生、陳昭容、黃銘崇、袁國華《新收殷周青銅器銘文暨器影彙編》，劉雨、嚴志斌《近出金文集録二編》等書著録，1985年後至2007年間新出器銘多達二千餘件，2007年後陸續又有不少重要器銘公布，時代涵蓋由商到戰國。

---

[1]　董蓮池：《新金文編》，作家出版社2011年版，第1—2頁。

因此之故，他認爲《金文編》滯後長達四分之一世紀，新資料、新的研究成果無法在書中體現，限于時代科技水準，文字采用摹寫方式，所以再謹慎，也難免有失真之處，而且人們看着摹本，終覺不是真經，使用起來常常要去查對原拓，費時費力，等等。因此廣納新資料、吸收新成果、運用新手段，編纂一部《新金文編》，成爲學界熱盼。

八、張玉金的彝銘學研究

張玉金，1958 年生，吉林省榆樹市人。1981 年，張氏從東北師範大學中文系畢業。1984 年，獲得遼寧師範大學文學碩士。1988 年，獲得北京大學中文系文學博士。然後到遼寧師範大學中文系任教。1996 年，破格晉升爲教授。2000 年，被聘爲特聘教授，同年被選舉爲遼寧省語言學會會長。現任華南師範大學文學院特聘教授、博士生導師。

代表性著作有：《西周漢語語法研究》《西周漢語代詞研究》《漢字學概論》《當代中國文字學》等。曾主持國家社科基金課題 7 項，省部級課題 7 項，省教育廳課題 4 項。代表性論文有：《西周漢語第一人稱代詞稱數問題研究》《西周漢語第一人稱代詞的語音和語源問題》《西周漢語語法研究的回顧暨展望》《西周漢語第一人稱代詞的地域性和時間性問題》《論西周漢語第一人稱代詞有無謙敬功能的問題》《論西周漢語第一人稱代詞句法功能》《德方鼎銘文續考》《西周漢語第二人稱代詞研究》《論西周漢語代詞"厥"的性質》《西周代詞"厥"的性質再探》《西周漢語第一人稱代詞稱數問題研究》《甲骨金文"尊"字補釋》《説甲骨金文中"尊宜"的意義》《論西周時代指示代詞"之"》等。

九、其他

從事金文文字研究的還有王慎行、臧克和對金文文獻的研究，崔永東對金文語法的研究，侯志義對金文音韻的研究等，皆有專題研究著作出版，值得予以關注。

第三十八章　中國港臺地區彝銘學研究述評

引　論

在 1949 年以前，幾乎不存在港臺地區彝銘學研究這一話題。1949 年中華人民共和國成立後，政權的更替，造成一部分民國時期的學者來到這一地區繼續從事學術研究，逐漸出現了這一地區的彝銘學研究著作和論文的日益增多的現象。加之“文革”時期各地彝銘學研究受到限制，發生學術斷層，而此段時間内港臺地區彝銘學研究有所成就。

第一節　彝銘著録類

一、嚴一萍和《金文總集》

嚴一萍（1912—1987），浙江嘉興新塍人。原名城，又名志鵬，字大鈞，號一萍。東亞大學法科政治經濟系畢業。1950 年，嚴氏由香港去臺灣。在臺灣，嚴氏師從董作賓，開始研究甲骨文和金文，創辦藝文印書館，任總經理。并主持開辦《中國文字》雜誌。

代表性著作有：《甲骨學》，主編《金文總集》《商周甲骨文總集》《增訂篆刻入門》等。代表性論文有：《楚繒書新考》（上）（中）（下）、《周原甲骨》《殷商天文志》《跋西周王年與殷世新説》《從利簋銘看伐紂年》等。

《金文總集》收録了商周漢唐青銅器彝銘拓本，但没有收録青銅器的圖像、釋文以及相關的出土和考古背景資料。該書共收 7 796 器後補 27 器，共計 7 823 器。

當然，限于最新考古資料的缺乏，該書無法和中國大陸出版的同類書相比。

二、季旭昇和《〈金文總集〉與〈殷周金文集成〉銘文器號對照表》

季旭昇，1953 年生，臺灣臺中市人。1971—1990 年，先後在臺灣師範大學取得學士、碩士和博士學位。長期任臺灣師範大學國文系教授，現爲玄奘大學文理學院院長。

代表性著作有：《詩經古義新證》《上海博物館藏戰國楚竹書讀本》《説文新證》《甲骨文字根研究》，主編《〈金文總集〉與〈殷周金文集成〉銘文器號對照表》等。代表性論文有：《説金文中的"在"字》《古文字中的易卦材料》《"金文研究與應用網絡計劃"的進度與文字處理》等。

《〈金文總集〉與〈殷周金文集成〉銘文器號對照表》一書，針對臺灣地區和大陸出版的商周金文資料彙編進行了兩者器名的對照和總結説明，是一部工具書性質的著作。可以作爲使用《金文總集》和《殷周金文集成》二書的輔助工具書。

三、張光裕和《中日歐美澳紐所見所拓所摹金文彙編》

張光裕，男，1945 年生。曾長期任職澳洲大學，現任香港恒生大學中文系講座教授、系主任，中國語言及文化研習所所長，兼任香港中文大學歷史系中國歷史研究中心教授、北京師範大學歷史系特聘教授。

代表性著作有：《僞作先秦彝器銘文疏要》《雪齋學術論文集》《雪齋學術論文二集》《包山楚簡文字編》《東周鳥篆文字編》《曾侯乙墓竹簡文字編》《郭店楚簡研究（文字編）》《望山楚簡校録（附〈文字編〉）》，合著《中日歐美澳紐所見所拓所摹金文彙編》《古文字學論稿》等。代表性論文有：《何簋銘文與西周史事新證》《西周士百父盨銘所見史事試釋》《新見楚式青銅器群器銘試釋》《記述幾篇僞作的邾公華鐘銘文》《虎簋甲、乙蓋銘合校小記》等。

張氏近年從事"傳世古史與商周金文所見古史新證"的研究。

《中日歐美澳紐所見所拓所摹金文彙編》一書主要是彌補了流失在海外的彝銘資料的收集，填補中國大陸考古學界和古文字學界的資料收集空白。該書以綫裝形式出版，共兩函十册。其中，第一册是中、英文序，所收銅器收藏地點總目以及引用書目等，第二至第九册是商周彝銘拓本和摹本，共收録 1 813 器。所收拓本，一律按彝銘字數多少排列，不分器類。第十册是全部器名索引、收藏地點索引以及此書和《美帝國主義劫掠的我國殷周銅器集録》的對照表。

四、邱德修和《商周金文集成》《商周金文新收編》《商周金文總目》《商周金文集成釋文稿》

邱德修，1948 年生，臺灣人。1982 年，邱氏取得臺灣師範大學文學博士。曾長期任臺灣師範大學國文系教授、文學院院長，靜宜大學中文系教授。

代表性著作有：《楚王子午鼎與王孫誥鐘銘新探》《商周用鼎制度之理論基礎》《商周金文蔑曆初撢》，主編《商周金文集成釋文稿》《商周金文新收編一》《商周金文新收編二》《商周金文總目》《商周金文集成》等。代表性論文有：《春秋遷邡鐘銘研究》《〈考工記〉䢀與晉䢀新探》《"鑊"字考釋及其相關問題》《陪鼎考證——商周禮器考（二）》《鑊鼎考證——商周禮器考（一）》《商周金文集成釋文稿自序》《晉銅人銘考》《西周遂公盨銘新探》《曾侯乙用鼎考》等。

《商周金文集成》收錄了商周青銅器彝銘拓本，并没有收錄青銅器的圖像、釋文以及相關的出土和考古背景資料。該書共收 8 974 器。而釋文則以另書《商周金文集成釋文稿》的形式出版。

同樣，該書也無法和中國大陸出版的同類書相比。

五、其他

其他還有張光遠《商代金文圖錄》，周何、季旭昇、汪中文主編《青銅器銘文檢索》，陳芳妹《故宫商代青銅禮器圖錄》，臺北故宫博物院《海外遺珍·銅器續》，鍾柏生等編《新收殷周青銅器銘文暨器影彙編》，周法高《三代吉金文存補》等。

這些著作大多以臺灣地區和海外所見銅器資料爲主編輯而成，可作爲中國大陸出版物的輔助和補充。

第二節　彝銘注釋類

一、胡自逢和《金文釋例》

胡自逢（1911—2004），四川儀隴人。1960 年，胡氏獲文學碩士學位。1965 年，獲得文學博士學位。1967 年，任中國臺灣高雄師範學院國文系主任。1972 年，任"中央大學"中國文學系主任，1980 年任文學院院長。

代表性著作有：《金文釋例》等。

《金文釋例》一書，考慮到文字和拓本無法排版，乃是影印作者手稿出版。但是，此書也衹是從彝銘常見的幾十個用語入手，進行注釋和説明，遜色于中國大陸同類著作，沒有實現真正意義上的彝銘學術概論和常見用語概述。

二、沈寶春和《〈商周金文録遺〉考釋》

沈寶春，生年不詳。1988 年，沈氏畢業于私立淡江大學中文系。而後，沈氏先後考入臺灣師範大學、臺灣大學，取得碩士和博士學位。曾爲成功大學中文系教授、系主任。

代表性著作有：《2009 年金文學題要與年鑒》《首陽吉金選釋》《王筠之金文學研究》《〈商周金文録遺〉考釋》《桂馥的六書學》。代表性論文有：《“人帚”新解》《戰國行氣玉器的用途與銘文性質芻議》《論戴侗〈六書故〉的金文應用》《宋右師延敦佳嬴嬴》《西周金文重文現象探究——以〈殷周金文集成〉簋類重文爲例》等。

《〈商周金文録遺〉考釋》一書是作者的成名作。該書以對《商周金文録遺》一書的注釋爲基礎。通觀全書，沈氏對彝銘的解釋多數十分正確。如《商周金文録遺》第 548 頁《亦戈》，沈寶春《〈商周金文録遺〉考釋》：

> 亦從大從八，大象人正立之形，八示腋之所在，於六書爲指事。此銘正象其形，當爲“亦”字。卜辭“亦”字或有作人名用者，若“貞勿告于亦尹，八月”，“貞出于亦十伐十牛”，“貞亦尹祟王”，“丙午卜貞：索于大甲、于亦、于丁，三宰”等辭是。此用爲作器者之名，與契文正合。[1]

案，“亦”字商周金文中字形如下：《禹鼎》彝銘作“**夨**”，《召伯簋》彝銘中作“**夨**”，《師訇鼎》彝銘中作“**夾**”。以上諸字和這件兵器上的彝銘十分接近。當爲“亦”字無疑。

《商周金文録遺》第 550 頁《**獄**戈》，沈寶春《〈商周金文録遺〉考釋》中將此字解釋作“**獄**”，考證説：

> 審諸契文“**獄**”字作猒、**狢**、**狢**形，此銘正象“兩犬吠守伺察”之形，故

---

［1］　沈寶春：《〈商周金文録遺〉考釋》，花木蘭文化工作坊 2005 年版，第 840—841 頁。

疑爲"㺇"字。㺇,《説文解字》:"㺇,司空也"。段玉裁《説文解字注》:"以伺釋㺇,以迭韻爲訓也。許書無伺字,以司爲之。《玉篇》㺇注云'察也'。今作伺、覗。按希馮直以㺇爲伺、覗之古字。蓋用許説也。其字從狀,蓋謂兩犬吠守、伺察之意。"[1]

但也存在一些錯釋,如《商周金文録遺》第 543 頁《辛戈》之"辛"字,沈寶春《〈商周金文録遺〉考釋》:

> 辛字甲文作ϒ、ϒ形,𠙴辛鼎作ϒ、子辛卣作ϒ形,本象刑具曲刀之形。其上平鑿,與此銘作下圓上尖者形殊,故此字以釋"矛"爲長。[2]

李孝定《金文釋詁附録(一)》中以爲乃"辛"字。然而,"矛"字在商周金文中的寫法爲⽭,見《戜簋》。或者爲⽭,見《越王州句矛》。因此,釋爲"矛"字者非也。當從"辛"字。更有一些未釋,如《商周金文録遺》第 575 頁《雍王戟》"雍王亓所爲"。"爲"字,沈寶春《〈商周金文録遺〉考釋》中誤釋爲"馬"字。并表示"文簡辭晦,誠難解其意旨"。所爲,即所鑄所刻之義。《商周金文録遺》第 595 頁《郾王職劍》"郾王職作武業之鑄鐱。爲攻"。"爲攻"二字,沈寶春《〈商周金文録遺〉考釋》未釋出,且以爲"疑爲後人所膺,未識"。尾部二字,筆者首次釋爲"爲攻"。從鑄刻文字痕迹和分部間距來看,"爲攻"二字或爲武業所刻。而前九字當爲郾王所鑄。爲攻者,用于進攻也。

三、王贊源和《周金文釋例》

王贊源(1940—2011),臺灣省臺中縣人。曾任臺灣師範大學教授、香港新亞文化研究所客座教授。兼任山東大學、中山大學、南開大學、中國人民大學等校客座教授。

代表性著作有:《周金文釋例》。

《周金文釋例》一書,也是影印作者的手稿清抄本印刷出版。該書從叙論開始,分爲十章,每章選取幾個常見的彝銘學術語進行説明,如正月、初吉、永壽用之、對揚、尊鼎等。基本上對每篇彝銘的釋例是由器形圖、拓片、釋文、著録、注解、

---

[1] 沈寶春:《〈商周金文録遺〉考釋》,花木蘭文化工作坊 2005 年版,第 842 頁。
[2] 同上,第 837 頁。

今譯六個部分組成。他所謂的釋例，其實祇是彝銘常見用語小詞典性質的著作而已，就其學術價值而言，遠遠遜色于中國大陸同類著作。但在港臺學術界，此書好于胡氏《金文釋例》，已屬難得。

四、其他

孔德成《金文選讀》、李棪《金文選讀》、《周代金文圖錄及釋文》、趙英山《古青銅器銘文研究》、林清源《兩周青銅句兵銘文匯考》、魯實先《周金疏證》等，但是這些著作多是彝銘選注性質。

第三節　文獻研究類

一、黃然偉和《殷周青銅器賞賜銘文研究》

黃然偉，生年不詳。曾任澳大利亞國立大學中國問題中心主任。早年畢業于臺灣大學，師從董作賓。

代表性著作有：《殷周青銅器賞賜銘文研究》《殷周史料論集》《續甲骨年表》《殷禮考實》。代表性論文有：《殷王田獵考》《殷禮考實》等。

黃氏的《殷周青銅器賞賜銘文研究》一書，該書也是以影印清抄稿的形式出版，是港臺學術界十分罕見的成功著作。

該書由七章組成：殷周賞賜銘文鑑別之標準、殷周賞賜銘文所見之古代曆法關係、西周賞賜銘文中之中國古代賜命禮儀式、殷代之賞賜、西周之賞賜、殷周賞賜器物之內容、從賞賜銘文及有關資料論西周宗教觀與社會階級。

他注意到：

> 賞賜之事雖于殷代已有記錄，然據銅器銘文之數量及內容言，賞賜之禮以西周爲盛，殷次之。故本文所論述者，以西周爲主。殷周之賞賜銘文，在彝銘中所占比例份量雖不甚多，然所包括有關古代史之資料則頗豐富，若曆法、政制、官制、社會、風俗、宗教思想等皆可于此類銘文中見之。[1]

---

[1]　黃然偉：《殷周青銅器賞賜銘文研究》，香港龍門書店 1978 年版，第 7 頁。

該書體系龐大而考證周密，雖然有些地方分析和結論值得推敲和商榷，但是，該書比較早的對商周禮制和銅器彝銘進行了真正意義上的對比研究，爲解讀商周歷史提供了真實可信的彝銘史料，雖然後來居上的陳漢平在《西周册命制度研究》一書中對其頗有微詞，但是黃氏的開創之功誠不可没。在他之前，如齊思和等人曾有相關的研究論文發表，但是黃氏是第一個以系統而龐大完整的專著形式，研究商周册命禮節的第一人。

從事此一研究的其他學者，如汪中文《西周册命金文所見官制研究》、何樹環《西周錫命銘文新研》、鄭憲仁《西周銅器銘文所載賞賜物之研究——器物與身份的詮釋》三書，也是在此基礎上對這類彝銘進行更深入細緻研究的結果。

二、陳昭容和《從青銅器銘文看兩周漢淮地區諸國婚姻關係》《兩周婚姻關係中的"媵"與"媵器"》

陳昭容，生年不詳。臺灣"中央研究院"歷史語言研究所研究員、東海大學文學博士。

代表性著作有：《秦系文字研究》《新收殷周青銅器銘文暨器影彙編》（與鐘柏生、黃銘崇、袁國華合編）。代表性論文有：《從陶文探索漢字起源問題的總檢討》《先秦古文字材料中所見的第一人稱代詞》《秦公簋的時代問題——兼論石鼓文的相對年代》《談新出秦公壺的時代》《傅斯年圖書館藏銅器全形拓》《故宫新收青銅器王子𠦪匜》《周代婦女在祭祀中的地位——青銅器銘文中的性別、身份與角色研究之一》《從青銅器銘文看兩周漢淮地區的婚姻關係》《兩周婚姻關係中的"媵"與"媵器"——青銅器銘文中的性別、身份與角色研究之二》《樊國出土青銅器及其相關問題》《從青銅器銘文看兩周夷狄華夏的融合》《秦公器與秦子器——兼論甘肅禮縣大堡子山秦墓的墓主》等。

陳氏在"自述"中説：

在青銅器研究方面，近年我積極投入青銅器銘文的研究，關注其中所傳達的人際關係，配合考古墓葬資料及傳統文獻，希望進一步瞭解兩周家族社會結構及族群關係。以青銅器銘文作爲切進的起點，透過大量銘文的分析與統計，對青銅器銘文中的人物性別及親屬、身份、國族、姓氏、婚姻往來、家族地位、宗族關係等相關議題作一系列的探討。同時，生活史中的物質文明也是我關心的焦點，從青銅器器類、器用作考察，配合古文字資料作生活史的研究，已經完成的論文曾涉及盥洗用具的組合分布及盥洗習俗、染爐及染杯的搭配使用及烹調習慣，也從性別角度分析婦女墓葬中的遺物特色。結合考古遺物、器用、銘文與文獻作先秦至漢代生活史的研究領域，將是未來研究的重要方向。[1]

通過上述自述，我們也可以看出她的研究側重點所在。而《周代婦女在祭祀中的地位——青銅器銘文中的性別、身份與角色研究之一》《從青銅器銘文看兩周漢淮地區的婚姻關係》《兩周婚姻關係中的"媵"與"媵器"——青銅器銘文中的性別、身份與角色研究之二》等篇論文正式反映這一側重點的成果。

三、其他

如張光裕《偽作先秦彝器銘文疏要》，張光遠《西周七件長銘的銅器》，李鐘聲《商周銅器銘文論證》，譚旦冏《新鄭銅器》，張克明《殷周青銅器求真》，邱德修《商周金文蒐歷初探》《商周金文新探》，王振華等《商周青銅兵器暨夫差劍特展論文集》，潘慧如《晉國青銅器銘文探研》，潘琇瑩《宋國青銅器彝銘研究》，朱歧祥《圖形與文字：殷金文研究》，廖容梓《中國青銅禮器用途與形制研究：以〈説文解字〉所見爲限》，沈寶春《王筠之金文學研究》《2009 年金文學題要與年鑒》，李國英、許錟輝《甲金文會録》，鄧佩玲《天命、鬼神與祝禱：東周金文嘏辭探論》，熊道麟《羅振玉金文學著述》，王夢旦《金文論文選》等，也是研究金文文獻學術的著作。

其中，張光裕《偽作先秦彝器銘文疏要》、鄧佩玲《天命、鬼神與祝禱：東周金文嘏辭探論》兩書值得特別關注。

第四節　文字研究類

一、周法高、張日昇和《金文詁林》《金文詁林附録》《金文詁林補》

周法高（1915—1994），字子範，江蘇東臺人。1941 年，周氏獲北京大學語言學碩士學位。而後任職中央研究院歷史語言研究所，并兼任中央大學副教授。1949年，周氏去臺灣後任"中央研究院"歷史語言研究所研究員、臺灣大學教授。1955年，周氏任哈佛大學哈佛燕京學社訪問學者，歷時三年。1962 年，周氏任美國華盛

---

［1］　見其官網發布：https：//www2.ihp.sinica.edu.tw/staffProfilePrint.php？TM＝3＆M＝1＆uid＝22。

頓州立大學客座教授。1963 年，周氏任美國耶魯大學客座教授。1964 年至 1976 年，周氏應聘爲香港中文大學中國語言及文學系講座教授、主任、研究院中國語言及文學部主任、中國語言學研究中心主任等職。同年 9 月，周氏當選爲臺灣“中央研究院”院士。1981 年、1984 年，周氏分別當選爲臺灣“中央研究院”第十一屆、第十二屆評議會評議員。1985 年，周氏從香港中文大學退休，同年應聘爲臺灣東海大學講座教授。

代表性著作有：《金文零釋》《周秦名字解詁匯釋補編》，主編《金文詁林》《金文詁林補》《金文詁林附録》《三代吉金文存著録表》《金文詁林附索引》等。代表性論文有：《西周年代新考》《西周金文斷代的一些問題》《武王伐紂的年代問題》《論金文月相與西周王年》等。

周氏是晚清大儒王伯沆的女婿。

如他在《者姤彝考釋》一文中的考證：

> 金文器蓋往往同銘，諸女匜有器銘作“姐”，而蓋銘作“女”的，也許是同字異體吧！但是如容庚《金文編》卷十二頁十七認爲：“姁，説文所無，者姁尊。他器有省作女者。”是不能成立的。王氏也説：“字可省‘女’，不能省‘司’。”我疑心銘文裏的“女㠯”二字，本是一個“姒”字，分成上下兩格書寫，便好像兩個字了。有時在“女”字左邊多一個“司”字，和下面的“㠯”字合起來，也是一個“姒”字。[1]

關于周法高的彝銘學研究，張渭毅、唐作藩在《論周法高先生對中國語言學研究與發展的貢獻》一文中總結：

> 周先生在古文字學方面的貢獻，集中體現爲他所主持編纂或獨自編撰的三部大型的金文研究工具書，簡要分述如下：
>
> 1.《金文詁林》，周法高主編，張日昇、徐芷儀、林潔明編纂，香港：中文大學出版社 1975 年。該書爲金文考釋的大型彙編巨著。全書 16 册，正編 14 卷，以容庚先生的《金文編》增訂三版所收一千八百九十四文爲字頭，每字之下，録容氏書所收金文的不同形體、出處和銘文例句，然後仿照丁福保《説文

---

[1] 周法高：《金文零釋》，“中央研究院”歷史語言研究所 1951 年版，第 94 頁。

解字詁林》體例，以字爲綱，羅列諸家考釋之説，加按語評析諸説之是非，頗多中肯之論。字下還注明所出彝器，援引與該字相關的銘文例句，容氏書字下銘文例句 18 000 多條，本書又輯録 20 000 多條，查一字諸説皆得，例句齊備，收羅齊全，資料豐富。卷帙浩大，凡 9 700 多頁。檢索金文文句和金文研究成果很方便，是一部非常實用、極有價值的金文研究工具書。

2.《金文詁林附録》，周法高主編，張日昇、李孝定合編，香港：中文大學出版社 1977 年。該書分上、下兩卷，2 842 頁。所録字形爲《金文編》增訂三版的附録，體例略同于《金文詁林》。上卷爲圖形文字，計 562 字，重文 751 字。下卷爲不確識之字，計 638 字，重文 234 字。是研究《金文編》附録資料的彙編。

3.《金文詁林補》，周法高撰，臺北："中研院"史語所專刊七十七，1982 年。該書體例同于《金文詁林》，增收《金文編》增訂三版未收的 300 多字，補充《金文詁林》及《附録》的不足，并將自己及學生的意見加案語附入其中，8 册，5 864 頁。

以上三部巨著，在文字學界享有很高的聲譽。裘錫圭、沈培的《二十世紀的漢語文字學》稱贊這三部書"彙集各家説法，并加按語以評價其得失，是非常有用的參考書"。并指出"現在缺少的是彙集此書出版以後新出的研究成果的工具書"。[1]

張日昇，1938 年生，廣東番禺人。1966 年，張氏畢業于香港中文大學新亞書院中文系。1968 年，張氏獲同校的文科碩士學位，導師爲周法高。畢業後留校任職中國文化研究所。1976 年，張氏獲美國加州大學語言學博士學位。曾任香港中文大學英語系高級講師、香港理工大學中文及翻譯系講座教授、系主任。

代表性著作有：參加編纂《金文詁林》《金文詁林附録》《漢字古今音匯》等。代表性論文有：《香港粵語陰平調及變調問題》《漢語的否定句》《英話和漢語在香港的社會功能》《香港廣州話英語音譯借詞的聲調規律》等。

《金文詁林》一書由周法高主編，張日昇、林潔明、徐芷儀編纂，香港中文大學

---

[1]　張渭毅、唐作藩：《論周法高先生對中國語言學研究與發展的貢獻》，《邯鄲學院學報》2014 年
　　　第 4 期。

出版社 1974 年出版。該書根據容庚《金文編》之正文，收録各家解釋文字。《金文詁林附録》一書由香港中文大學出版社出版于 1977 年，該書根據容庚《金文編》之附録，以圖形文字之不可識者爲之附録，形聲之不可識及考釋猶待商榷者亦收爲附録。

《金文詁林補》全書還是仿《金文詁林》之體例，匯録諸家考説及李孝定新撰考釋千條于各字之下。至諸家于所收之字有祇加釋文而無考證者，亦擇要采入。《金文詁林補》由“中央研究院”歷史語言研究所專刊之七十七（全八册）刊出。

二、李孝定和《金文詁林讀後記》

李孝定（1918—1997），湖南常德人。字陸琦，號伯戡。1943 年，李氏畢業于南京中央大學文學系。而後考入北京大學研究生院攻讀歷史考古專業。1949 年，李氏去臺灣，先在南洋大學任教授，後調“中央研究院”歷史語言研究所任研究員。

代表性著作有：《金文詁林讀後記》《甲骨文字集釋》《漢字的起源與演變論叢》合著《金文诂林附录》等。代表性論文有：《金文詁林附録集釋 1》《金文詁林附録集釋 2》《從金文的圖畫文字看漢字文字化過程》《從小屯陶文、甲骨文、金文、小篆、宋代楷書的六書分類比較看漢字發展的大趨勢》等。

《金文詁林讀後記》一書，1982 年由“中央研究院”歷史語言研究所出版。該書訂正和增補了上千條《金文詁林》在解釋中出現的錯誤和不足。如，該書對“旁”字的訂補：

> 《説文》旁下解云“闕”，嚴可均《説文校議》謂爲轉寫斷爛，校者加“闕”字記之。説殊未安。不知蓋闕，許書叙已明言之。旁字篆文從𠔏，實不可解，故注云闕，蓋慎之也。核之古文，從𠔏實爲日之形訛，惟H、日、井亦無義可説。丁氏謂“旁字以㫄爲最古，從H乃坰字古文”，并云“央旁同義”，説雖較“上下并省成文”者爲長，然亦乏確證。楊氏謂旁乃四方之“方”之本字，方則當以許訓并船爲本義，用爲四方者乃借字，又引金文“衛”字偏旁或從□從方，以證□方同義。其説自爲矛盾，并宜存疑。[1]

當然，作爲甲骨文字大師董作賓先生的弟子，他本人撰寫的煌煌十六巨册的

[1] 李孝定：《金文詁林讀後記》，“中央研究院”歷史語言研究所 1982 年版，第 3 頁。

《甲骨文字集釋》中就已經大量使用了金文資料。因此，他撰寫的《金文詁林讀後記》也就成爲學術界對《金文詁林》最好的評定和補充。

三、其他

其他還有全廣鎮《兩周金文通假字研究》、黃鞏梁《甲骨周金文正形注音簡釋彙編》等漢語言文字學的研究著作。雖然現在有更多的港臺地區的碩士學位論文和博士學位論文涉及這一問題，但這類研究目前還是中國大陸學術界做得比較成熟。

第三十九章　歐美地區彝銘學研究述評

引　論

在那套著名的 *Lettres Edifiantes et Curieuses Ecrites des Missions Etrangeres par Quelques Missionnaires de la Compagnie de Jesus de la Chine et des Indes Orientales* 一書中，記錄了一個叫巴蒂斯特（Jean Baptiste Louis Crevier）的法國傳教士研究漢學的情況時說：

> 他用三十多年的時間刻苦研讀中國古代經典著作。[1]

這并非是巴蒂斯特本人纔有的特殊現象。特別是 1574 年在澳門舉行的對華傳教工作會議之後，在華傳教士們都曾有過下苦功夫去學習漢語的過程。但是，對于大多數的傳教士來說，至少要用十年時間學習漢語纔可以進行漢學研究。在上述一書中，有的傳教士在致西方教友的書信中聲稱："祇用二年多就認識了所有的漢字。"這類書信并不可信，其目的除了自吹可能就是爲了打消正在準備來華傳教的西方人學習漢字的畏懼心理吧。

這個十年的時間期限是由當時俄羅斯帝國東正教比丘林在 1816 年 11 月根據以往的實際經驗提出來的。他把十年的時間分爲三段：第一段計五年時間，進行漢語爲主、以滿、蒙、藏語爲輔的語言學習階段。第二段計三年時間，進行儒家經學爲主、以史學佛學爲輔的專業知識學習階段。第三段計兩年時間，進行對古代中國某一專題的特殊研究階段。

---

[1]　見《エイズス會士中國書簡集》，平凡社 1970 年版。

　　這十年的期間和三階段的學習、研究過程，和今日外國大學中的從本科開始到取得博士學位爲止的培養漢學專業研究人員的路數大致是一致的。俄羅斯帝國東正教的比丘林成了現代國際社會漢學教育體系的當然奠基人，同時也爲俄羅斯帝國時代漢學研究的基本傾向奠定了基礎。整個 19 世紀俄羅斯帝國的漢學發展的歷史，正是以對漢、滿、蒙、藏語的研究以及在利用上述史料基礎上的歷史學研究、宗教學研究爲核心的。當然，有成就的漢字學者，特別是從事古代漢字研究的漢學家，至少要在通讀古代漢語經典著作的基礎上，纔有可能對自己感興趣的漢字研究課題作出有創見又成體系的論述。當時，早期的海外漢學研究基本上以對歷史、思想和語言的研究爲主，而正式的對金文的漢學研究并沒有多大進展。訓詁學和《説文》學至今還是西方漢學研究的弱點之一，顯然是不能和現代西方漢學界對甲骨學、彝銘學的研究水準相比的。

　　要想研究漢學的第一個工作就是必須通曉漢語。對于中國人來説，"讀書須先識字"是一個最爲基礎的前提。當然，在這裏，"識字"是指對文字訓詁學的研究。

　　其中，漢字和漢語語法又是通曉漢語的關鍵。的確有一些漢學家在既不會説漢語又不瞭解漢字的情況下，正在進行着漢學研究。這在日本，尚是可以理解的。因爲 1945 年以後日本政府規定的當用漢字和常用漢字的總數，大約和一個普通的中國小學生所認識的漢字數量相當。因此在讀中文著作時，在對文義的理解上一般不會出現太大的誤解。至少可以接受三分之一左右的正確的內容。[1] 對西方人來説，在不會説漢語的情況下進行漢學研究，就更爲艱難和困頓了，不亞于破譯已經無人使用的遠古時代未知部落的古文字。因此，西方傳教士們所面對的第一個任務就學習漢語。傳教士在學習漢語過程中留下的研究漢語和漢字的著作，爲筆者的研究提供了可資立論的證據。

　　西方漢學界的彝銘學研究經歷了三個階段：傳教士階段、古董商階段和漢學家階段。

第一節　傳教士的彝銘學研究

　　傳教士們在國內使用的是印度歐羅巴語系的字母文字，到了中國以後纔開

---

[1] 對于不會日語的中國人來説，也是如此。因爲兩國共同使用的漢字都會出現在中、日文的漢學研究著作中，使得一些不瞭解對方語言的人也可以進行漢學或和學的"研究"了。

始學習保留象形文字特徵的漢字，而最能體現象形文字特點的字體就是金文。這其中的諸多文化和思想上的區別也在對漢語和漢字的學習過程中體現出來。如傳教士金尼閣所作的《西儒耳目資》一書。這是第一部以西方近代語言學理論來處理漢語和漢字的一部工具書。如，對漢字的注音方法是以"音標符號總數不過三十上下，輾轉拼合，再調以中國五聲，便可把明末普通音，賅括無遺"，這一方法使漢語和漢字的表達方式產生了一種革新，即首先在讀音上把漢字和印歐語系統一起來。利用印歐語系中的對字母的注音方式——也即對語素的分析，以此作爲對漢語和漢字的分析、處理標準。傳統的反切式注音和分析方法被徹底革新。這部字典式的工具書的出現，爲傳教士們對漢語和漢字的研究拉開了序幕。在這裏的"再調以中國五聲"是指在《西儒耳目資》一書中，金尼閣把漢字分爲清、去、上、入、濁五個聲調。就這一區分方法，《利瑪竇中國劄記》一書曾評價説，"采用五種符號來區別所有的聲韻，使學者可以決定特別的聲韻而賦予它們各種意義"。這爲傳教士們的漢語學習提供了方便，也使傳統的中國音韻學走向近代學術體系。

當時，初學漢語的某傳教士在一封信中説：

我當時想象：漢語在世界上是最豐富的一種語言，但是到了熟悉漢語以後，在世界的語言中恐怕沒有比漢語的表現力更貧乏了。中國人要掌握六萬多個漢字，他們不能用漢語準確地表達出用歐洲語言所能表現出的所有的事情，爲了把自己的意思向對方表達清楚，他們不得不借助很多的漢字……漢字的形象也有很大的變化，這些漢字并不是表達同樣的事情，漢字的讀音又沒有太大的變化。當説出某一單詞時，常常語意不明，聽者把説出的讀音記録成文字的話，如果沒有在眼前放着所説的那種東西的話，就很難理解所説的真實意圖是什麼……在歐洲，人們一般認爲漢字數量之多是漢語豐富的一個證據，但如果稍知一點實情并能對此加以考慮的話，這顯然是詞彙貧乏的一個印證了。漢語的文字由六萬多個漢字構成，如果拉丁語的所有詞彙都以單個的字來表達的話，那麼拉丁語在使用單字的數量之多是無法比擬的。和拉丁語相比，在詞彙的數量上遠遠不如的是法語。但是和漢語相比，還是優先的。因此，歐洲的二十四種文字可以把各種母國語言使用者的意圖表達出來，而在中國，以驚人數量的漢字和不能準確判定到底爲何字的讀音來進行交流，大概不能馬上把真正的意義傳達給別人吧。[1]

　　從這封來信中，我們可以發現：歐洲語言學界中的那種單字數量多必然詞彙的組合變化就少的近代印歐語系的語言學基本觀念和特徵正主導着傳教士們的古代漢語研究，并成爲他們進行古代漢語研究的理論基礎。不過，所謂“以驚人數量的漢字和不能準確判定到底爲何字的讀音來進行交流，大概不能馬上把真正的意義傳達給別人吧”的話，和文中所説的“熟習漢語以後”是矛盾的。這説明此信作者的漢語水準還遠遠没有達到“熟習漢語”這一程度。此信的産生祇能是在進行漢語學習的入門階段的體會。

　　其實，比較語言學理論成立的基礎并不是以拉丁語或法語爲前提的。漢語的表現力在上古漢語中的確是以不同的漢字來進行的，這就客觀上促進了漢字數量的增多。因爲複合詞彙的大量産生是中古漢語時代中的事情，在上古漢語時代裏複合詞彙并不多，進而組合變化也就少。但這是語言在使用年代久遠的一種共同標誌。而漢語的先進之處正是能以多重漢字的産生來表達準確的意圖，在原始時代，甚至到了上古時代，如果不增加文字，就祇能增加使用中的誤解。這對漢語和象形字的漢字來説是唯一的一種選擇，和歐洲語言中的那種以字母的多重組合和單字在介詞參與下的不同組合是完全不能進行優劣比較的兩套并行語言系統。

　　當時某傳教士在一封信中，很有代表性地表明了西方國家的傳教士們對彝銘字形的看法：

　　　　某一個漢字是單純的文字，而其構成則由兩個或多個近似字母的偏旁和部首組成的。一般來説，漢字是由象形的，或由象形文字的某一要素組成的，并以此作爲漢字的核心。在表達意義上的大字母式的象形文字和表達發音的一些小字母式的象形文字的組合，構成了一個漢字的讀音和意義。[2]

　　早期傳教士們的對漢語和彝銘的研究，帶有十分明顯的印歐語系語法理論色彩，總想通過金文所表現出六書構成漢字的規律，找出幾點和印歐語系字母文字相

[1]　*Lettres Edifiantes et Curieuses Ecrites des Missions Etrangeres par Quelques Missionnaires de la Compagnie de Jesus de la Chine et des Indes Orientales*，由《エイズス會士中國書簡集》譯出，平凡社 1970 年版。
[2]　同上。

一致的構成漢字的字母意義上的規律。這種研究和學習，并不是中國古代的訓詁學意義上的内容，也不同于古代漢語音韻學意義上的内容。在這種帶有印歐語系色彩的漢語和金文研究著作中，對語素的分析和注音，是把傳統的訓詁學和音韻學的研究引到現代社會的先鋒。這是最有學術價值的地方。不過當時的西方，埃及學、巴比倫學的不發達，還没有出現東西方象形文字的比較性研究的著作。

第二節　彝銘學傳播研究

1831 年，法國波捷（Guillaume Pauthier）出版了研究中國道教的專著 *Memoire sur l'origine et la Propagation de la Doctrine du Tao* 一書。在書中，他首次主張：漢字西傳到古代埃及、古代巴比倫等地，纔産生楔形文字。這和西方漢學史上傳統的漢字是由古代埃及、古代巴比倫楔形文字傳入説正相反。

德國基歇爾（Athanasius Kircher）在 1667 年出版的研究中國文明起源的 *China Illustrata* 一書中首倡一説。他認爲：

> 古代中國人既系埃及人之苗裔，故其書法亦一遵埃及之舊。中國人實藉此以表示其觀念者也。[1]

基歇爾 1602 年生于德國，卒于 1680 年。1654 年，他曾出版研究埃及文明起源的 *Cedipi Aegyptiaci* 一書。

關于 *China Illustrata* 一書，原書名爲 *China Monumentis，qua Sacris qua Profanis，Nec Non variis Naturae & Artis Spectaculis，Aliarumque Rerum Memorabilium Argumentis Illustrata*。此書的出版時間，張西平曾在《萊布尼茨時代的德國漢學》一文中曾經主張：

> 朱謙之先生在《中國哲學對歐洲的影響》一書中對此書做過介紹，但他將該書第一版出版時間説 1664 年是有誤的。[2]

---

[1]　轉引自陳星燦：《中國史前考古學史研究（1895—1949）》，生活・讀書・新知三聯書店 1997 年版，第 30 頁。
[2]　張西平：《萊布尼茨時代的德國漢學》，《文景》2008 年第 9 期。

　　此説顯然是有待商榷的。顯然他讀書時没有注意到版權頁。因爲該書版權頁下面的落款是“1664 年 11 月 14 日於羅馬”。[1]

　　1716 年，法國于埃（Huet）主張中國人“至少大部分屬於埃及人……中國人對於本族之感覺極靈；其習慣與埃及人極其符合，其正體與便體之兩種文字”。

　　1718 年，法國佛雷列（Nicolas Freret）作了名爲 *Reflexions sur les Principes Généraux de l'Art d'Écrire et en Particulier sur les Fondements de l'Écriture Chinois* 的講演，在此他又提出了漢字埃及傳入説、中國人是古代埃及人的移民説。

　　在此之後，1757 年，法國的德經（Joseph de Guignes）繼承了佛雷列之説，留下了有關“中國人種和文化起源于古代埃及説”的 *Mémoire dans lequel on Prouve que les Chinois sont une Colonie Égyptienne* 一書。

　　德經 1721 年生于法國 Pontoise 城，卒于 1800 年。他的兒子小德經（Chrétien Louis Joseph de Guignes）也是位著名漢學家。德經對于中國人種和中國文化的由來問題，提出中國人種和中國古代文化來源于古代埃及説。作爲法蘭西科學院的院士，德經此説一出就引起了漢學界極大的騷動。他的理由祇是：古代漢字和古代埃及文字，作爲象形文字，在其具體的表現上有其相似性。有關古代漢字和古代埃及文字的相似性問題，中國學術界一直無人瞭解此事，更不要説介紹和研究論文的發表了。這實在是讓人倍感遺憾的事情。在中國學者看來，作爲象形文字的漢字，是中國文化背景下産生的專利。伏羲畫卦和倉頡造字是中國文化賴以成立的基礎，這使古今文字學家們對古代漢字和古代埃及文字的相似性問題一直不感興趣。也難怪，中國至今祇曾有過一位古代埃及學家，他就是著名的考古學家夏鼐。但是，夏鼐又是以古代埃及考古學爲專攻，以筆者之所知，他對古代埃及文字的研究并没有興趣。但是，作爲西方漢學史上有關中國文明誕生之源頭的研究，“中國人種和中國古代文化來源于古代埃及説”是個十分重要的觀點。在此，筆者對古代埃及文字略作介紹，纔能使大家明白此説成立的基礎和意義。

　　作爲象形文字，在文字體系上最爲完整、歷史最爲久遠、内容最有研究價值的是古代金文字形和古代埃及文字。但兩者文字有不少字形和意義完全相同。如“丙”“丁”“己”“子”等干支字，古代埃及文字和金文字形的寫法是完全一樣的。類似的字，至今

[1]　雖然此書的 1667 年版本爲珍貴古籍，但是在文物市場時常還有拍賣和出售。

已發現有數百字。再如意義完全相同而部分字形一樣的"山""水""刀""雨"等字，古代埃及文字和金文字形的寫法的一樣。這樣的字至今也已發現有數百字。除此之外就是字形完全不同的字。（特別説明：以上引文參考了：《埃漢文字同源考》（*De Unitate Originis Litterarum Sinicarum et Aegyptiacarum*）一書。[1]）

當然，既然存在相同、相近的字，就可以使用六書體系來分析和研究古代埃及文字。這樣一來，既可以發現象形文字的基本造字規律，又可以利用古代埃及文字來協助破解至今文意不明的甲骨文字。當然，筆者在此引用以上幾個字是因爲有個文化史上的大問題至今没有解決，即干支的由來問題。在古代埃及文字中出現的干支，以及在古代巴比倫文化中出現的干支，從字形到讀音是完全一致的。在對干支的起源進行考證之前，没有理由斷定干支起源于中國，也不能肯定干支起源于古代埃及、古代巴比倫，輕率作出結論是不可取的。

在 18 世紀的西方漢學界，所能見到的中國古代文字當是金文、篆文、古文三者。1851 年，西方學術界第一部彝銘研究著作由傳教士、英國東印度公司澳門分公司的湯姆斯（Peter Perring Thoms）編譯的 *A Dissertation on the Ancient Chinese Vases of the Shang Dynasty, from 1743 to 1496, B.C.* 正式出版。該書以《博古圖》爲中心，湯姆斯選譯了該書部分内容，并配以解説文字，并且在當時的倫敦海德公園還舉辦了一次中國文物展覽。

因此，筆者把湯姆斯定爲西方學術界對商周青銅器和彝銘進行研究的始祖。

到了 19 世紀末纔發現甲骨文字，以甲骨文字和古代埃及文字進行比較研究，纔是象形文字研究的開始。而當時的德經居然能提出此説，實在讓人敬佩！在没有發現甲骨文字之前，金文、篆文、古文三者的歷史年代當然後于古代埃及文字。這也難怪西方漢學家們要提出"中國人種和中國古代文化來源于古代埃及説"了。但是，德經的研究專長是古代叙利亞語和古代印度語，他的漢語和漢學研究祇是作爲他進行東方學研究活動中的一個業餘愛好。有關這類問題的研究，後來又有來自古代巴比倫説、古代美洲説等等。當時就遭到了俄羅斯帝國比丘林的著文反對。

---

[1]　[日]板津七三郎：《埃漢文字同源考》（*De Unitate Originis Litterarum Sinicarum et Aegyptia-carum*），崗書院 1933 年版。

在上述諸説中，拉克伯里在 1894 年出版的名著 *Western Origin of the Early Chinese Civilisation from 2300 B.C. to 200 A.D.*，利用西方史料證明中國文明自公元前 2300 年到公元 200 年間的早期文明起源于古代巴比倫，此説曾引起西方漢學界極大地騷動。

以後進行這種“研究”的怪説層出不窮，如拉克伯里的所謂“古代巴比倫説”、李施霍芬的所謂“古代中亞説”、高比諾（De Gobineau）的所謂“古代印度説”，等等。鮑狄埃漢字西傳説的出現，打破了西方漢學史上的一個流行二百多年的傳統觀念。

第三節　殷周青銅器在歐美地區的流傳和收藏

今天我們已經無法考證是哪一國的傳教士最先攜帶商周青銅器返回歐美。早期西方關注的是中國瓷器。甚至直到今天，他們還依然更喜歡收藏的祇是沒有彝銘的那些青銅禮器，而不是具有彝銘的重要銅器。有銘彝器，我們習慣上稱之爲“重器”——判斷是否爲重器的唯一標準就是它的彝銘的有無及其長短、史料價值和與存世文獻的同異程度。陳介祺就曾一針見血地指出：

> 竊謂古器出世，即有終毀之期，不可不早傳其文字。我輩愛文字之心，必須勝愛器之念，方不致喪志而與珠玉等。蓋天地以文字爲開塞，義理以文字爲顯晦。秦燔文字而古聖之作大晦。許氏收文字之遺以爲説，二千年來言字學者必宗之。要皆燔後所餘，獨吉金款識是燔前古文字真面，非許氏可比。

他的這番話用在歐美漢學界的商周銅器收藏和研究上，可能大相徑庭。

有人估計，中國流出海外的青銅器一大半是經過盧芹齋之手轉賣出去的。在《美帝國主義劫掠的我國殷商銅器集録》一書記録的商周青銅器中，就有三分之一的商周銅器是經他之手轉賣到國外的。自 1915 年起，盧吳公司向美國出口文物長達三十年，其中國寶不計其數。這個中國商人完成了千萬歐美商人和傳教士、漢學家們無法實現的美夢。爲了銷售商周青銅器，他特別印刷了精美的《1939 年中國古代祭祀青銅器展》一書，成功地向國際社會推出了商周青銅器，抬高了它們的收藏價格和拍賣價格。他和那時年輕的彝銘學家陳夢家成了好朋友。1947 年 10 月，他應陳夢家的請求，慷慨解囊、無償贈予了當時的國立清華大學藝術系文物陳列室數件商代青銅簋。1924 年，盧芹齋在法國出版了個人收藏的四十件商周秦漢古銅器圖錄 *Bronzes Antiques de la Chine* 一書。當時的歐洲漢學大師伯希和親自作序。

筆者以《美帝國主義劫掠的我國殷商銅器集録》《歐洲所藏中國青銅器遺珠》和《流散歐美殷周有銘青銅器集録》三部著作爲依據，并參考了國外一些博物館的陳列目録，特別編製了《歐美收藏部分商周青銅器存見表》，去除三書所重複的，共得計 1 305 器，已經遠遠超過了上述三部書的總和，可以説是目前爲止收録有銘和有名稱的商周銅器、標出收藏地點最多的。

針對沒有彝銘的商周銅器，爲了加以區別，器名後面的數字是筆者所定，非原始圖録所有。由于銅器收藏和拍賣流動性很大，這裏提供的收藏地祇是曾經收藏于該地的記録。

其中，《美帝國主義劫掠的我國殷商銅器集録》一書，書中署名館藏所在地和書後索引不一致處，多達二十幾處，甚至還存在英文譯名不一致的現象，如將一個收藏者的名字 Avery C.Brundage Collection 就同時譯爲 "布倫代奇" 和 "布倫代基" 二者。如索引標明收藏地爲 "畢茲堡大學"，而書中却注明是 "畢茲堡"。如，該書編號 A560 器名和彝銘居然漏釋一個字……足見此書的整理、編輯和出版缺乏足夠的審校工作，在這裏，筆者全部一一核對并加以更正。

凡是具有彝銘的青銅器，儘量以彝銘中的作器者來命名。沒有作器者時則是使用受器者來命名。沒有銘文的，一般采用殷器或周器來命名，并且以數位 1、2、3……加以區別。有些器名，《美帝國主義劫掠的我國殷商銅器集録》等上述三書中沒有釋出的文字，這裏以筆者的解釋爲主，加以定名。

歐美地區收藏部分商周青銅器存見表

種類	順序	器　名	收　藏　地
鼎	1	《饕餮紋四足鼎》	Lionel Jacob Collection
	2	《饕餮紋錐足鼎》	London Christian Deydier
	3	《昃鼎》	Munich Staatliches Museum für Völkerkunde
	4	《夃鼎》	Linden Museum
	5	《勾連紋方鼎》	London Sotheby's

(續表)

種類	順序	器　名	收　藏　地
鼎	6	《饕餮紋扁足鼎》	London Christian Deydier
	7	《羊扁足鼎》	Brussels Musées Royaux d'Art et d'Histoire
	8	《旅鼎》	London Christian Deydier
	9	《白憲方鼎》	Koln Museum für Ostasiatische Kunst
	10	《冉鼎 1》	Christie's
	11	《王子聖鼎》	Christie's
	12	《亞弜鼎》	Christie's
	13	《子冀鼎 1》	Christie's
	14	《子冀鼎 2》	Christie's
	15	《犬祖辛祖癸鼎》	Christie's
	16	《光方鼎》	Christie's
	17	《冉鼎 2》	Sotheby's
	18	《亞疐父己鼎》	Sotheby's
	19	《子父戊子鼎》	Sotheby's
	20	《亞𩵋鼎》	Sotheby's
	21	《壴鼎》	Sotheby's
	22	《凹鼎》	Sotheby's
	23	《隻鼎》	Sotheby's
	24	《韋鼎》	Sotheby's
	25	《子鼎 1》	Sotheby's
	26	《子鼎 2》	Sotheby's
	27	《亞卯方鼎》	Sotheby's
	28	《矢寧鼎》	Sotheby's
	29	《女心鼎》	Sotheby's
	30	《𥡲盖鼎》	Sotheby's
	31	《戈姚辛鼎》	Sotheby's
	32	《天黽乙方鼎》	Sotheby's
	33	《父乙鼏鼎》	Sotheby's
	34	《犬父丙鼎》	Sotheby's

（續表）

種類	順序	器　　名	收　　藏　　地
鼎	35	《父丁鼎》	Sotheby's
	36	《𨛜父丁鼎》	Sotheby's
	37	《𢦏父庚方鼎》	Sotheby's
	38	《冉父辛鼎》	Sotheby's
	39	《鞍父辛鼎》	Sotheby's
	40	《丙父癸鼎》	Sotheby's
	41	《得父癸鼎》	Sotheby's
	42	《右牧癸鼎》	Sotheby's
	43	《匽乍彞鼎》	Sotheby's
	44	《庚册父丁鼎》	Sotheby's
	45	《冉𤰇鼎》	Sotheby's
	46	《冉己鼎》	Sotheby's
	47	《東己鼎》	Sotheby's
	48	《且辛鼎》	Sotheby's
	49	《聿鼎》	Sotheby's
	50	《宦鼎》	Sotheby's
	51	《耴鼎》	Sotheby's
	52	《犾鼎》	Sotheby's
	53	《盇鼎》	Sotheby's
	54	《免鼎》	Sotheby's
	55	《氏鼎》	Sotheby's
	56	《𠣬鼎》	Sotheby's
	57	《祖丁鼎》	Royal Ontario Museum
	58	《亞扁足鼎》	Oxford Ashmolean Museum
	59	《亞中憲父辛方鼎》	Oxford Ashmolean Museum
	60	《犀册册鼎》	Oxford Ashmolean Museum
	61	《𡉚作母鼎》	Oxford Ashmolean Museum
	62	《川鳥鼎》	Oxford Ashmolean Museum
	63	《戈父甲方鼎》	The British Museum

（續表）

種類	順序	器　　名	收　　藏　　地
鼎	64	《伯作旅鼎》	Museum of Sackler
	65	《邁方鼎》	The British Museum
	66	《周鼎1》	The British Museum
	67	《周鼎2》	The British Museum
	68	《周鼎3》	The British Museum
	69	《鄧小仲方鼎》	Zurich Musee Rietberg
	70	《竊曲紋鼎》	Stockholm Museum of Far East Antiquities
	71	《戴叔鼎》	Copenhagen Museum of Decorative Art
	72	《平安少府鼎》	London Eskenazi Ltd
	73	《子矢鼎》	Kahn Collection
	74	《丙鼎》	The Art Institute of Chicago
	75	《殷鼎1》	Albright Art Gallery
	76	《子乙鼎》	Honolulu Academy of Arts
	77	《長鼎》	C.T.Loo Collection
	78	《鳶鼎1》	Fogg Art Museum
	79	《鳶鼎2》	Robail Collection
	80	《戈鼎》	C.T.Loo Company
	81	《夆鼎》	Norfolk Nelson Museum
	82	《小子作父己鼎》	C.T.Loo Company
	83	《鄉鼎》	Avery C.Brundage Collection
	84	《殷鼎2》	Avery C.Brundage Collection
	85	《亞舟鼎》	Freer Gallery of Art
	86	《殷鼎3》	C.T.Loo Company
	87	《殷鼎4》	Klink Collection
	88	《殷鼎5》	C.T.Loo Company
	89	《亞𥧲丁鼎》	C.T.Loo Company
	90	《殷鼎6》	Michigan Roumanian Orthodox Episcopate
	91	《酉乙鼎》	Alfred F. Pillsbury Collection
	92	《亞弜鼎》	C.T.Loo Company

種類	順序	器　　名	收　藏　地
鼎	93	《殷鼎 7》	The late Horatio Seymour Rubens
	94	《殷鼎 8》	S. and G.Gumps Company
	95	《殷鼎 9》	Alfred F.Pillsbury Collection
	96	《殷鼎 10》	Harold G.Wacker Company
	97	《殷鼎 11》	Yao Shulai Company
	98	《牛鼎》	The University Museum Pennsylvania
	99	《殷鼎 12》	Avery C.Brundage Collection
	100	《殷鼎 13》	G.M.G.Forman Collection
	101	《俟鼎》	C.T.Loo Company
	102	《亞旂父丁鼎》	C.T.Loo Company
	103	《覃鼎》	Alfred F.Pillsbury Collection
	104	《中婦鼎》	C.T.Loo Company
	105	《𠦪昊鼎》	Myron S.Falk Collection
	106	《復鼎》	S. and G.Gumps Company
	107	《殷鼎 14》	Ernest Erickson Collection
	108	《殷鼎 15》	C.T.Loo Company
	109	《蔑父乙鼎》	C.T.Loo Company
	110	《父乙鼎》	Vladimir G.Sinmkliovitch Collection
	111	《殷鼎 16》	C.T.Loo Company
	112	《殷鼎 17》	C.T.Loo Company
	113	《史鼎》	Norfolk Nelson Museum
	114	《殷鼎 18》	The late Horatio Seymour Rubens
	115	《殷鼎 19》	Owen F.Roberts Collection
	116	《亞矢鼎》	Harold G.Wacker Company
	117	《亞鼎》	C.T.Loo Company
	118	《酋乙鼎》	Fogg Art Museum
	119	《臣辰父乙鼎》	Harold G.Wacker Company
	120	《羊父庚鼎》	C.T.Loo Company
	121	《茅鼎》	Honolulu Academy of Arts

（續表）

種類	順序	器　　名	收　　藏　　地
鼎	122	《鄉父乙鼎》	W.K.Vanderbilt Collection
	123	《戈父甲鼎》	Fogg Art Museum
	124	《主鼎》	C.T.Loo Company
	125	《𡧛父癸鼎》	Fogg Art Museum
	126	《般乍父乙鼎》	Otto H.Kahn Collection
	127	《舌鼎》	Norfolk Nelson Museum
	128	《弓彙父丁鼎》	Alfred F.Pillsbury Collection
	129	《般鼎 20》	S. and G.Gumps Company
	130	《父己車鼎》	James Marshall Plumer Collection
	131	《乙示車鼎》	F.M.Mayer Collection
	132	《天黽帚親鼎》	Avery C.Brundage Collection
	133	《羞鼎》	Ernest Erickson Collection
	134	《南鼎》	Fogg Art Museum
	135	《般鼎 21》	Doris Duke Collection
	136	《弓彙鼎》	Alfred F.Pillsbury Collection
	137	《盇婦鼎》	C.T.Loo Company
	138	《祖甲鼎》	C.T.Loo Company
	139	《糞司鼎》	C.T.Loo Company
	140	《亞肇父乙鼎》	The Art Institute of Chicago
	141	《季無鼎》	Alfred F.Pillsbury Collection
	142	《成王鼎》	Norfolk Nelson Museum
	143	《寧鼎》	Metropolitan Museum of Art New York
	144	《般鼎 22》	Doris Duke Collection
	145	《亞戈父乙鼎》	Alfred F.Pillsbury Collection
	146	《子雨己鼎》	William H.Moore Collection
	147	《長子鼎》	C.T.Loo Company
	148	《周鼎 4》	Alfred F.Pillsbury Collection
	149	《弔鼎》	Fogg Art Museum
	150	《伯鼎》	Freer Gallery of Art

（續表）

種類	順序	器　　名	收　　藏　　地
鼎	151	《周鼎 5》	S. and G. Gumps Company
	152	《春秋鼎 1》	Avery C. Brundage Collection
	153	《中義父鼎》	Harold G. Wacker Company
	154	《春秋鼎 2》	Seattle Art Museum
	155	《春秋鼎 3》	Seattle Art Museum
	156	《春秋鼎 4》	C. T. Loo Company
	157	《春秋鼎 5》	Walters Art Gallery
	158	《春秋鼎 6》	Philadelphia Museum of Art
	159	《春秋鼎 7》	Baltimore Museum of Art
	160	《王子台鼎》	Yale University Art Gallery
	161	《春秋鼎 8》	Walters Art Gallery
	162	《春秋鼎 9》	City Art Museum of St. Louis
	163	《春秋鼎 10》	Museum of Fine Arts Boston
	164	《春秋鼎 11》	Avery C. Brundage Collection
	165	《春秋鼎 12》	Raymond A. Bidwell Collection
	166	《春秋鼎 13》	The Art Institute of Chicago
	167	《春秋鼎 14》	C. T. Loo Company
	168	《春秋鼎 15》	Museum of Art Rhode Island School of Design
	169	《春秋鼎 16》	Metropolitan Museum of Art New York
	170	《春秋鼎 17》	The late Mrs Christian R. Holmes Collection
	171	《春秋鼎 18》	Seattle Art Museum
	172	《春秋鼎 19》	Jos Berberrich Collection
	173	《公朱鼎》	Otto H. Kahn Collection
	174	《春秋鼎 20》	Alfred F. Pillsbury Collection
	175	《春秋鼎 21》	Avery C. Brundage Collection
	176	《春秋鼎 22》	Otto H. Kahn Collection
	177	《春秋鼎 23》	Fritz Low-Beer Collection
	178	《春秋鼎 24》	Avery C. Brundage Collection
	179	《乳釘紋攤足鼎》	Linden Museum

(續表)

種類	順序	器　名	收　藏　地
甌	180	《般甌1》	C.T.Loo Company
	181	《般甌2》	Fogg Art Museum
	182	《爻甌》	Fogg Art Museum
	183	《農甌》	Alfred F.Pillsbury Collection
	184	《罡甌》	Museum of Fine Arts Boston
	185	《戈父戊甌》	Owen F.Roberts Collection
	186	《戈甌》	C.T.Loo Company
	187	《亞疑甌》	Christie's
	188	《邨甌》	Christie's
	189	《雍伯甌》	Sotheby's
	190	《俞伯甌》	Sotheby's
	191	《春秋甌1》	Metropolitan Museum of Art New York
	192	《春秋甌2》	Ralph M.Chait Collection
	193	《春秋甌3》	Zhang Naiji Collection
尊	194	《饕餮紋三羊尊》	Linden Museum
	195	《三羊尊》	London Sotheby's
	196	《尺尊》	London Christian Deydier
	197	《𠦛尊》	London Christian Deydier
	198	《束尊》	Stockholm Museum of Far East Antiquities
	199	《伯尊》	Berlin Museum für Ostasiatische Kunst
	200	《作冊申尊》	Oxford Ashmolean Museum
	201	《亞此獸形尊》	London Christian Deydier
	202	《鹿形尊》	Stockholm Museum of Far East Antiquities
	203	《豕形尊》	London Christie's
	204	《般尊1》	C.T.Loo Company
	205	《般尊2》	Alfred F.Pillsbury Collection
	206	《鄉尊》	Museum of Fine Arts Boston
	207	《匿尊》	C.T.Loo Company
	208	《寧尊》	C.T.Loo Company

種類	順序	器　名	收　藏　地
尊	209	《殷尊3》	Owen F. Roberts Collection
	210	《長隹壺尊》	Fogg Art Museum
	211	《殷尊4》	Freer Gallery of Art
	212	《忻冊享尊》	C. T. Loo Company
	213	《天尊》	Harold G. Wacker Company
	214	《父己尊》	Avery C. Brundage Collection
	215	《亞黃尊》	Freer Gallery of Art
	216	《盉父乙尊》	C. T. Loo Company
	217	《史父壬尊》	C. T. Loo Company
	218	《父丁尊》	Otto Burchard Company
	219	《亞冀父丁尊》	C. T. Loo Company
	220	《父己尊》	Museum of Fine Arts Boston
	221	《兄尊》	Alfred F. Pillsbury Collection
	222	《亞尊》	Museum of Cranbrook Academy of Art Bloomfield Hills
	223	《析父乙尊》	Museum of Fine Arts Boston
	224	《鼎尊》	Metropolitan Museum of Art New York
	225	《殷尊5》	C. T. Loo Company
	226	《見尊》	The Art Institute of Chicago
	227	《父戊尊》	The Cleveland Museum of Art
	228	《殷尊6》	C. T. Loo Company
	229	《叀尊》	Alfred F. Pillsbury Collection
	230	《父辛尊》	Robert D. Straus Collection
	231	《殷尊7》	Owen F. Roberts Collection
	232	《父丁尊》	C. T. Loo Company
	233	《乍寶彝尊》	Keith Mcleod Collection
	234	《史父癸尊》	Anton F. Philips Collection
	235	《殷尊8》	C. T. Loo Company
	236	《父庚尊》	The late Mrs Christian R. Holmes Collection
	237	《周尊1》	Ernest Erickson Collection

（續表）

種類	順序	器　　名	收　　藏　　地
尊	238	《周尊 2》	C. T. Loo Company
	239	《周尊 3》	C. T. Loo Company
	240	《祖丁尊》	Edith Randon Bennett Collection
	241	《亞耳尊》	C. T. Loo Company
	242	《周尊 4》	Norfolk Nelson Museum
	243	《厥子尊》	Metropolitan Museum of Art New York
	244	《卿尊》	Fogg Art Museum
	245	《吏尊》	Museum of Fine Arts Boston
	246	《周尊 5》	Robert Osgood Collection
	247	《周尊 6》	Robert Osgood Collection
	248	《獸尊》	The University Museum Pennsylvania
	249	《明尊》	C. T. Loo Company
	250	《父乙尊 1》	Arnold Knapp Collection
	251	《役赤尊》	Fogg Art Museum
	252	《周尊 7》	William H. Moore Collection
	253	《𢦏尊》	C. T. Loo Company
	254	《作寶尊彝尊》	The University Museum Pennsylvania
	255	《作從彝尊》	Honolulu Academy of Arts
	256	《父癸尊》	Museum of Fine Arts Boston
	257	《屯尊》	Fogg Art Museum
	258	《隹尊》	C. T. Loo Company
	259	《作父丁尊》	Anton F. Philips Collection
	260	《叔尊》	C. T. Loo Company
	261	《鴞尊 1》	Alfred F. Pillsbury Collection
	262	《鴞尊 2》	Otto Burchard Company
	263	《鴞尊 3》	Dumbarton Oaks Research Library and Collection
	264	《鴞尊 4》	William H. Moore Collection
	265	《鴞尊 5》	C. Sugdam Cutting Collection
	266	《亞兔鳥尊》	The late Mrs Christian R. Holmes Collection

種類	順序	器　　名	收　　藏　　地
尊	267	《鳥尊》	The Art Institute of Chicago
	268	《守宮鳥尊》	C.T.Loo Company
	269	《子作弄鳥尊》	Agnes Eugean Meyer Collection
	270	《象尊》	Freer Gallery of Art
	271	《亞此牛尊》	Yao Shulai Company
	272	《周尊 8》	Fogg Art Museum
	273	《禽尊 1》	Norfolk Nelson Museum
	274	《春秋尊 1》	Fogg Art Museum
	275	《禽尊 2》	A.B.Martin Collection
	276	《禽尊 3》	C.T.Loo Company
	277	《商代雙羊尊》	The Bitish Museum
	278	《周尊 9》	The Bitish Museum
	279	《周尊 10》	The Bitish Museum
	280	《象尊》	Musée Guimet
	281	《小臣艅犀尊》	Asian Art Museum of San Francisco
	282	《備乍父乙尊》	Sotheby's
	283	《人尊》	Christie's
	284	《伊尊》	Christie's
	285	《㚸尊》	Sotheby's
	286	《父乙尊 2》	Sotheby's
	287	《亞酤尊》	Sotheby's
	288	《子戉尊》	Sotheby's
	289	《㝬父丁尊》	Sotheby's
	290	《作旅彝尊》	Sotheby's
	291	《齒受且丁尊》	Christie's
	292	《亞冀父辛尊》	Christie's
	293	《郍妶尊》	Sotheby's
	294	《衛䩺尊》	Sotheby's
	295	《庚建尊》	Sotheby's

（續表）

種類	順序	器　名	收　藏　地
尊	296	《五伯尊》	Sotheby's
	297	《傅尊》	Sotheby's
	298	《噩方尊》	Sotheby's
	299	《春秋尊 2》	Harold G.Wacker Company
	300	《錯金銀鐏》	London Eskenazi Ltd
	301	《錯銀鐏》	London Eskenazi Ltd
彝	302	《蔦方彝》	Stockholm Museum of Far East Antiquities
	303	《鼎方彝》	London Eskenazi Ltd
	304	《敔方彝》	London Sotheby's
	305	《斬方彝》	Zurich Musee Rietberg
	306	《鴞紋方彝》	Koln Museum für Ostasiatische Kunst
	307	《殷彝 1》	Doris Duke Collection
	308	《伯豐方彝》	Myron S.Falk Collection
	309	《殷彝 2》	C.T.Loo Company
	310	《鄉方彝》	Anton F.Philips Collection
	311	《殷彝 3》	C.T.Loo Company
	312	《殷彝 4》	Theodore Cooke Collection
	313	《子蝠方彝》	Fogg Art Museum
	314	《聿方彝》	Otto H.Kahn Collection
	315	《亞若癸方彝》	Avery C.Brundage Collection
	316	《亞夨方彝》	C.T.Loo Company
	317	《周彝 1》	Fogg Art Museum
	318	《子戉未彝》	William H.Moore Collection
	319	《頵方彝》	Museum of Fine Arts Boston
	320	《令方彝》	Freer Gallery of Art
	321	《重彝》	Metropolitan Museum of Art New York
	322	《榮子方彝》	The Art Institute of Chicago
	323	《戈方彝》	Sotheby's
	324	《鼎方彝》	Sotheby's

種類	順序	器　名	收　藏　地
彝	325	《夲方彝》	Sotheby's
	326	《亞疑方彝》	Sotheby's
	327	《秝冄方彝》	Sotheby's
	328	《亞若癸方彝》	Sotheby's
鉞	329	《饕餮紋大鉞》	Koln Museum für Ostasiatische Kunst
	330	《奊大鉞》	Stockholm Museum of Far East Antiquities
	331	《人面大鉞》	Berlin Museum für Ostasiatische Kunst
	332	《狽大鉞》	Paris Musée Guimet
	333	《圓渦蟬紋鉞》	Zurich Musee Rietberg
	334	《韋鉞》	London Eskenazi Ltd
	335	《目紋鉞》	Zurich Musee Rietberg
	336	《人首有鞏鉞》	Stockholm Museum of Far East Antiquities
	337	《衛鉞》	Sotheby's
	338	《亙鉞》	Sotheby's
	339	《分鉞》	London Sotheby's
戚	340	《桃形紋有鞏戚》	Munich Staatliches Museum für Völkerkunde
	341	《玉刃戚》	Copenhagen Museum of Decorative Art
	342	《鳥獸紋有鞏戚》	Berlin Museum für Ostasiatische Kunst
矛	343	《誇矛》	Linden Museum
	344	《佣舟矛》	Sotheby's
	345	《菱形紋矛》	London Eskenazi Ltd
	346	《越王州句矛》	The British Museum
	347	《周矛1》	The British Museum
	348	《周矛2》	The British Museum
	349	《周矛3》	The British Museum
	350	《周矛4》	The British Museum
	351	《周矛5》	The British Museum
	352	《獸面紋矛》	London Eskenazi Ltd

（續表）

種類	順序	器　名	收　藏　地
劍、匕等	353	《蟬紋匕》	London Eskenazi Ltd
	354	《十六年守相鈹》	Stockholm Museum of Far East Antiquities
	355	《越王州句劍 1》	Paris Cernuschi Museum
	356	《越王州句劍 2》	Fogg Art Museum
	357	《商匕》	Musée Guimet
	358	《郘侯劍》	Oxford Ashmolean Museum
	359	《異形大刀》	Paris Lionel Jacob Collection
戈	360	《戎戈》	London Eskenazi Ltd
	361	《兔戈》	London Eskenazi Ltd
	362	《亞捶三角援戈》	Koln Museum für Ostasiatische Kunst
	363	《饕餮紋三角援戈》	London Eskenazi Ltd
	364	《異形有胡戈》	Paris Musée Guimet
	365	《饕餮刻紋三角援戈》	Brussels Musées Royaux d'Art et d'Histoire
	366	《鳥獸紋有翬戈》	Munich Staatliches Museum für Völkerkunde
	367	《乍家鼄戈》	Hamburg Museum für Kunst und Gewerbe
	368	《雲氣紋戈》	London Christian Deydier
	369	《萬戈》	Sotheby's
	370	《⿱串戈》	Sotheby's
	371	《田戈》	Sotheby's
	372	《眉戈》	Sotheby's
	373	《羊朋戈》	Sotheby's
	374	《詔事戈》	Oxford Ashmolean Museum
	375	《燕王罰戈》	Stockholm Museum of Far East Antiquities
觚	376	《告田觚》	London Sotheby's
	377	《殷觚 1》	Metropolitan Museum of Art New York
	378	《殷觚 2》	Arthur Sacks Collection
	379	《⿱品雨觚》	Fogg Art Museum
	380	《享鉞觚》	Freer Gallery of Art
	381	《丙己觚》	Fogg Art Museum

種類	順序	器　　名	收　藏　地
觥	382	《竟父戊觥》	C.T.Loo Company
	383	《殷觥 3》	Agnes Eugean Meyer Collection
	384	《婦觥》	C.T.Loo Company
	385	《𠂤觥》	Metropolitan Museum of Art New York
	386	《旅車觥》	Alfred F.Pillsbury Collection
	387	《殷觥 4》	Freer Gallery of Art
	388	《殷觥 5》	C.T.Loo Company
	389	《殷觥 6》	C.T.Loo Company
	390	《寰觥》	Fogg Art Museum
	391	《周觥》	The late Mrs Christian R.Holmes Collection
	392	《癸萬觥》	Zhang Naiji Collection
	393	《㐮父乙兕觥》	Sotheby's
	394	《守宮觥》	Combridge Fitz William Museum
	395	《𠭥觥》	Metropolitan Museum of Art New York
缶瓿	396	《蟠螭紋缶》	Zurich Musee Rietberg
	397	《春秋缶 1》	Museum of Fine Arts Boston
	398	《春秋缶 2》	C.T.Loo Company
	399	《殷缶 1》	Museum of Fine Arts Boston
	400	《殷缶 2》	The Cleveland Museum of Art
	401	《殷缶 3》	Metropolitan Museum of Art New York
	402	《殷缶 4》	Leo S.Bing Collection
	403	《殷缶 5》	Owen F.Roberts Collection
	404	《殷缶 6》	Metropolitan Museum of Art New York
	405	《殷缶 7》	The University Museum Pennsylvania
	406	《殷缶 8》	The late Christian R.Holmes Collection
	407	《神獸紋瓿》	Staatliches Museum für Völkerkunde
簋	408	《婦嫵簋》	Koln Museum für Ostasiatische Kunst
	409	《象紋簋》	Koln Museum für Ostasiatische Kunst
	410	《史簋》	Paris Musée Cernuschi

(續表)

種類	順序	器　　名	收　　藏　　地
簋	411	《饕餮紋簋》	Stockholm Museum of Far East Antiquities
	412	《子簋》	Koln Museum für Ostasiatische Kunst
	413	《父乙簋》	Koln Museum für Ostasiatische Kunst
	414	《戈簋》	Munich Staatliches Museum für Völkerkunde
	415	《臣卿簋》	Copenhagen National Museum of Denmark
	416	《叔�父簋》	Oxford Ashmolean Museum
	417	《鮮簋》	London Eskenazi Ltd
	418	《鳶簋》	Fogg Art Museum
	419	《亞若癸簋》	Alfred F. Pillsbury Collection
	420	《殷簋1》	Walter Reed Hovey Collection
	421	《殷簋2》	Metropolitan Museum of Art New York
	422	《殷簋3》	Huc M. Luquiens Collection
	423	《癸山簋》	C. T. Loo Company
	424	《周簋1》	Anton F. Philips Collection
	425	《周簋2》	C. T. Loo Company
	426	《殷簋4》	C. T. Loo Company
	427	《殷簋5》	C. T. Loo Company
	428	《爾車簋》	Freer Gallery of Art
	429	《殷簋6》	Seattle Art Museum
	430	《殷簋7》	Nashi M. Heeramaneck Collection
	431	《殷簋8》	Harold G. Wacker Collection
	432	《夨簋》	Museum of Fine Arts Boston
	433	《殷簋9》	Wallace B. Smith Collection
	434	《耒簋》	C. T. Loo Company
	435	《𖼉簋》	Rose Marie Sarasin de Bontemps Collection
	436	《史簋》	Alfred F. Pillsbury Collection
	437	《中自父簋》	The late Mrs Christian R. Holmes
	438	《鄉父癸簋》	Avery C. Brundage Collection
	439	《乙𠂤簋》	Avery C. Brundage Collection

（續表）

種類	順序	器　名	收　藏　地
簋	440	《南簋》	Fogg Art Museum
	441	《殷簋 10》	Alfred F. Pillsbury Collection
	442	《作寶尊彝簋》	Erica Kreisler Collection
	443	《殷簋 11》	James Marshall Plumer Collection
	444	《殷簋 12》	Albright Art Gallery
	445	《殷簋 13》	C. T. Loo Company
	446	《殷簋 14》	C. T. Loo Company
	447	《父丁簋》	Otto H. Kahn Collection
	448	《殷簋 12》	Thomas Welton Stanford Art Gallery
	449	《荒伯簋》	Fogg Art Museum
	450	《㠪簋》	C. T. Loo Company
	451	《父乙光簋》	Henry V. Putzel Collection
	452	《作旅簋》	Museum of Cranbrook Academy of Art Bloomfield Hills
	453	《作寶彝簋》	C. T. Loo Company
	454	《卜孟簋》	C. T. Loo Company
	455	《周簋 3》	George S. Hirschland Collection
	456	《穎簋》	Yao Shulai Company
	457	《史母癸簋》	Benjamin d'Ancona Collection
	458	《子絲父丁簋》	National Collectoin of Fine Arts Smithsonian Instituion
	459	《周簋 4》	Walters Art Gallery
	460	《周簋 5》	The late Horatio Seymour Rubens
	461	《作尊車寶彝簋》	C. T. Loo Company
	462	《簋》	C. T. Loo Company
	463	《中子日乙簋》	C. T. Loo Company
	464	《父乙簋》	W. A. Klink Collection
	465	《史述簋》	Robert Osgood Collection
	466	《作寶簋》	C. T. Loo Company
	467	《郭白簋》	Alfred F. Pillsbury Collection
	468	《祖丁簋》	Museum of Fine Arts Boston

(續表)

種類	順序	器　名	收　藏　地
簋	469	《周簋 6》	Margaret Abegg Collection
	470	《史梅兄簋》	Freer Gallery of Art
	471	《𤔔簋》	James Mellon Menzies Collection
	472	《羊吉父丁簋》	C.T.Loo Company
	473	《秉册父乙簋》	James Mellon Menzies Collection
	474	《般簋 13》	Edith Randon Bennett Collection
	475	《周簋 7》	C.T.Loo Company
	476	《天父乙簋》	Metropolitan Museum of Art New York
	477	《亞妖父乙簋》	The Art Institute of Chicago
	478	《般簋 14》	C.T.Loo Company
	479	《般簋 15》	Otto Burchard Company
	480	《伯矩簋》	Walter Hochstadyer Company
	481	《中再簋》	The Art Institute of Chicago
	482	《周簋 8》	C.T.Loo Company
	483	《周簋 9》	The Rochester Memorial Art Gallery
	484	《周簋 10》	City Art Museum of St. Louis
	485	《周簋 11》	Albright Art Gallery
	486	《周簋 12》	The late Horatio Seymour Rubens
	487	《周簋 13》	The late Horatio Seymour Rubens
	488	《般簋 16》	Arnold Knapp Collection
	489	《禦簋》	Fogg Art Museum
	490	《般簋 17》	William H.Moore Collection
	491	《般簋 18》	Thomas Welton Stanford Art Gallery
	492	《弔德簋》	Fogg Art Museum
	493	《德簋》	Fogg Art Museum
	494	《伯者父簋》	Freer Gallery of Art
	495	《妹弔昏簋》	Alfred F.Pillsbury Collection
	496	《𪔅司簋》	Wilson P.Foss Collection
	497	《周簋 14》	Arnold Knapp Collection

種類	順序	器　名	收　藏　地
簋	498	《周簋 15》	Freer Gallery of Art
	499	《周簋 16》	Fogg Art Museum
	500	《周簋 17》	C. T. Loo Company
	501	《作尊彝簋》	C. Sugdam Cutting Collection
	502	《辰臣父乙簋》	Fogg Art Museum
	503	《作旅車簋》	C. T. Loo Company
	504	《雍司簋》	C. T. Loo Company
	505	《命簋》	The Art Institute of Chicago
	506	《周簋 18》	Museum of Fine Arts Boston
	507	《乎簋》	Museum of Fine Arts Boston
	508	《散伯簋》	Fogg Art Museum
	509	《番生簋》	William Rockhill Nelson Gallery of Art
	510	《辰簋》	C. T. Loo Company
	511	《妊小簋》	C. T. Loo Company
	512	《周簋 19》	Myron S. Falk Collection
	513	《害弔簋》	William Rockhill Nelson Gallery of Art
	514	《中叀父簋》	Museum of Fine Arts Boston
	515	《伯家父簋》	The late Horatio Seymour Rubens
	516	《伯田父簋》	William Rockhill Nelson Gallery of Art
	517	《頌簋》	William Rockhill Nelson Gallery of Art
	518	《師寰簋》	William Rockhill Nelson Gallery of Art
	519	《冉簋》	Sotheby's
	520	《❀簋》	Sotheby's
	521	《亞簋》	Sotheby's
	522	《乂簋》	Sotheby's
	523	《亞疑簋》	Sotheby's
	524	《秉田簋》	Sotheby's
	525	《父戊簋》	Sotheby's
	526	《作彝簋》	Sotheby's

（續表）

種類	順序	器　　名	收　　藏　　地
簋	527	《父丁尊簋》	Sotheby's
	528	《冊冊玄父簋》	Sotheby's
	529	《伯咸父簋》	Sotheby's
	530	《文簋》	Sotheby's
	531	《叔豐父簋》	Sotheby's
	532	《雍姞簋》	Sotheby's
	533	《作雨母子簋》	Sotheby's
	534	《伯矩簋》	Sotheby's
	535	《伯魚簋》	Sotheby's
	536	《伯舥簋》	Sotheby's
	537	《叔父乙簋》	Sotheby's
	538	《作父乙簋》	Sotheby's
	539	《耒簋》	Christie's
	540	《子父丁簋》	Christie's
	541	《觥父丁簋》	Christie's
	542	《冂父辛簋》	Christie's
	543	《尹人口簋》	Christie's
	544	《伯作彝簋》	Christie's
	545	《作寶簋》	Christie's
	546	《作寶彝簋》	Christie's
	547	《耳白障簋》	Christie's
	548	《父丁簋》	Christie's
	549	《亞貘母辛簋》	Christie's
	550	《叔器父簋》	Oxford Ashmolean Museum
	551	《康侯簋》	The British Museum
	552	《周簋 20》	The British Museum
	553	《周簋 21》	The British Museum
	554	《集脣簋》	Sotheby's
	555	《蘇辟簋》	Sotheby's

(續表)

種類	順序	器　名	收　藏　地
簋	556	《烝者簋》	Sotheby's
	557	《散伯簋》	Christie's
	558	《叔向父簋》	Sotheby's
	559	《伯家父簋》	Christie's
	560	《堇簋》	Sotheby's
	561	《姞氏簋》	Christie's
	562	《郜遣簋》	Sotheby's
	563	《易天簋》	Sotheby's
	564	《沬司土疑簋》	Sotheby's
	565	《史頌簋》	Sotheby's
	566	《春秋簋 1》	Freer Gallery of Art
	567	《追簋》	C. T. Loo Company
	568	《春秋簋 2》	C. T. Loo Company
	569	《五年琱生簋》	William H. Moore Collection
	570	《春秋簋 3》	Fogg Art Museum
盨	571	《善夫克盨》	The Art Institute of Chicago
	572	《伯大師盨》	Seattle Art Museum
	573	《伯鮮盨》	Alfred F. Pillsbury Collection
	574	《周盨》	Owen F. Roberts Collection
簠	575	《商丘弔簠》	William Rockhill Nelson Gallery of Art
	576	《楚子簠》	William Rockhill Nelson Gallery of Art
	577	《周簠 1》	The British Museum
	578	《周簠 2》	The British Museum
	579	《周簠 3》	The British Museum
	580	《商簠 1》	Museum of Art New York
	581	《商簠 2》	Museum of Art New York
	582	《郳子大簠》	Sotheby's
	583	《春秋簠 1》	The Art Institute of Chicago
	584	《春秋簠 2》	Fritz Low-Beer Company

（續表）

種類	順序	器　名	收　藏　地
豆	585	《春秋豆 1》	Metropolitan Museum of Art New York
	586	《春秋豆 2》	The University Museum Pennsylvania
	587	《春秋豆 3》	C.T.Loo Company
	588	《春秋豆 4》	C.T.Loo Company
	589	《春秋豆 5》	C.T.Loo Company
	590	《春秋豆 6》	Alfred F.Pillsbury Collection
	591	《春秋豆 7》	Alfred F.Pillsbury Collection
	592	《春秋豆 8》	C.T.Loo Company
	593	《春秋豆 9》	The Cleveland Museum of Art
	594	《春秋豆 10》	Metropolitan Museum of Art New York
	595	《春秋豆 11》	C.T.Loo Company
	596	《春秋豆 12》	C.T.Loo Company
	597	《戰國豆 1》	Metropolitan Museum of Art New York
	598	《戰國豆 2》	Freer Gallery of Art
	599	《戰國豆 3》	Walters Art gallery
	600	《戰國豆 4》	Walters Art gallery
	601	《戰國豆 5》	Walter Reed Hovey Collection
	602	《戰國豆 6》	C.T.Loo Company
	603	《戰國豆 7》	Philadelphia Museum of Art
壺	604	《變形龍紋壺》	Koln Museum für Ostasiatische Kunst
	605	《作母尊彝壺》	Stockholm Museum of Far East Antiquities
	606	《父丁壺》	London Christian Deydier
	607	《蟠螭紋方壺 1》	Paris Musée Guimet
	608	《蟠螭紋方壺 2》	London Christian Deydier
	609	《殷壺 1》	Freer Gallery of Art
	610	《殷壺 2》	John S.Thacher Collection
	611	《殷壺 3》	Buffalo Museum of Science
	612	《興壺 1》	C.T.Loo Company
	613	《興壺 2》	C.T.Loo Company

種類	順序	器　名	收　藏　地
壺	614	《殷壺 4》	C.T.Loo Company
	615	《旅壺》	Avery C.Brundage Collection
	616	《殷壺 5》	Huc M.Luquiens Collection
	617	《貞壺》	C.T.Loo Company
	618	《伯矩壺》	Owen F.Roberts Collection
	619	《殷壺 6》	Alfred F.Pillsbury Collection
	620	《吏從壺》	The Cleveland Museum of Art
	621	《父丁壺》	Museum of Fine Arts Boston
	622	《周壺 1》	The Art Institute of Chicago
	623	《周壺 2》	City Art Museum of St.Louis
	624	《梁其壺》	C.T.Loo Company
	625	《周壺 3》	Metropolitan Museum of Art New York
	626	《春秋壺 1》	C.T.Loo Company
	627	《周壺 4》	C.T.Loo Company
	628	《王伯姜壺》	C.T.Loo Company
	629	《伯魚壺 1》	Alfred F.Pillsbury Collection
	630	《伯魚壺 2》	C.T.Loo Company
	631	《子壺》	Christie's
	632	《齊壺》	Sotheby's
	633	《簴光壺》	Sotheby's
	634	《爵父癸壺》	Sotheby's
	635	《呂王壺》	Sotheby's
	636	《師望壺》	Sotheby's
	637	《春秋壺 2》	Baltimore Museum of Art
	638	《春秋壺 3》	City Art Museum of St.Louis
	639	《春秋壺 4》	C.T.Loo Company
	640	《春秋壺 5》	Fogg Art Museum
	641	《一止壺》	William Rockhill Nelson Gallery of Art
	642	《命瓜壺》	C.T.Loo Company

種類	順序	器　　名	收　　藏　　地
壺	643	《戰國壺 1》	Arnold Knapp Collection
	644	《戰國壺 2》	William Rockhill Nelson Gallery of Art
	645	《戰國壺 3》	Baltimore Museum of Art
	646	《戰國壺 4》	C.T.Loo Company
	647	《戰國壺 5》	Alfred F.Pillsbury Collection
	648	《戰國壺 6》	Metropolitan Museum of Art New York
	649	《戰國壺 7》	C.T.Loo Company
	650	《戰國壺 8》	Alfred F.Pillsbury Collection
	651	《戰國壺 9》	C.T.Loo Company
	652	《戰國壺 10》	Fogg Art Museum
	653	《戰國壺 11》	The Art Institute of Chicago
	654	《戰國壺 12》	Metropolitan Museum of Art New York
	655	《戰國壺 13》	Fogg Art Museum
	656	《戰國壺 14》	C.T.Loo Company
	657	《戰國壺 15》	Keith McLeod Collection
	658	《戰國壺 16》	Fogg Art Museum
	659	《戰國壺 17》	The Cleveland Museum of Art
	660	《戰國壺 18》	The Art Institute of Chicago
	661	《戰國壺 19》	C.T.Loo Company
	662	《戰國壺 20》	Fogg Art Museum
	663	《隹王五年壺》	The Uinversity Museum Pennsylvania
	664	《戰國壺 21》	Alfred F.Pillsbury Collection
	665	《戰國壺 22》	C.T.Loo Company
	666	《戰國壺 23》	Albright Art Gallery
	667	《戰國壺 24》	Agnes Eugean Meyer Collection
	668	《戰國壺 25》	Arnold Knapp Collection
	669	《戰國壺 26》	C.T.Loo Company
	670	《戰國壺 27》	David H.McAlpin Collection
	671	《戰國壺 28》	Field Museum of National History

（續表）

種類	順序	器　名	收　藏　地
壺	672	《公臾壺》	Museum of Fine Arts Boston
	673	《酉壺》	Otto H.Kahn Collection
	674	《周壺 5》	Field Museum of National History
	675	《周壺 6》	Avery C.Brundage Collection
	676	《戰國壺 29》	Alfred F.Pillsbury Collection
	677	《戰國壺 30》	The Art Institute of Chicago
	678	《戰國壺 31》	C.T.Loo Company
	679	《戰國壺 32》	Field Museum of National History
	680	《戰國壺 33》	Freer Gallery of Art
	681	《官文壺》	William Rockhill Nelson Gallery of Art
	682	《戰國壺 34》	Fritz Low-Beer Company
罍	683	《饕餮紋罍》	London Christian Deydier
	684	《鳶方罍》	Munich Staatliches Museum für Völkerkunde
	685	《武方罍》	Berlin Museum für Ostasiatische Kunst
	686	《蟠虺紋方罍》	London Christian Deydier
	687	《般罍》	Harold G.Wacker Collection
	688	《身奸罍》	Doris Duke Collection
	689	《般罍》	C.T.Loo Company
	690	《亞醜罍》	Alfred F.Pillsbury Collection
	691	《般罍》	Owen F.Roberts Collection
	692	《亞宁罍》	C.T.Loo Company
	693	《般罍》	The Art Institute of Chicago
	694	《鳶罍》	Otto Burchard Collection
	695	《般罍》	Owen F.Roberts Collection
	696	《般罍》	Owen F.Roberts Collection
	697	《子媚罍》	Sotheby's
	698	《彀工方罍》	Sotheby's
	699	《史作彝方罍》	Sotheby's
	700	《王方罍》	Sotheby's
	701	《周罍》	City Art Museum of St.Louis

(續表)

種類	順序	器　名	收　藏　地
敦	702	《狩獵紋敦》	Paris Musée Guimet
	703	《春秋敦 1》	City Art Museum of St.Louis
	704	《戰國敦 1》	Yale University Art Gallery
	705	《戰國敦 2》	Fogg Art Museum
	706	《戰國敦 3》	David H.McAlpin Collection
	707	《戰國敦 4》	Arnold Knapp Collection
	708	《齊侯敦》	Metropolitan Museum of Art New York
	709	《春秋敦 2》	C.T.Loo Company
	710	《戰國敦 5》	Alfred F.Pillsbury Collection
	711	《戰國敦 6》	Metropolitan Museum of Art New York
	712	《戰國敦 7》	Avery C.Brundage Collection
	713	《錯銀銅敦 1》	Musée Guimet
	714	《錯銀銅敦 2》	Musée Guimet
	715	《錯銀銅敦 3》	Musée Guimet
	716	《戰國敦 8》	C.T.Loo Company
鋪	717	《蟠螭紋鋪》	Linden Museum
	718	《周鋪 1》	The late Christian R.Holmes
	719	《周鋪 2》	William H.Moore Collection
鏡	720	《貼金龍紋鏡》	Copenhagen Museum of Decorative Art
	721	《八虎鏡》	Berlin Museum für Ostasiatische Kunst
	722	《雲雷紋鏡》	Berlin Museum für Ostasiatische Kunst
	723	《蟠龍紋鏡》	Paris Musée Cernuschi
	724	《西花枝鏡》	Berlin Museum für Ostasiatische Kunst
	725	《四菱形鏡》	Paris Musée Guimet
	726	《四螭四鳥鏡》	Berlin Museum für Ostasiatische Kunst
	727	《四鳥鏡》	Amsterdam Rijksmuseum
	728	《四螭四花枝鏡》	Berlin Museum für Ostasiatische Kunst
	729	《蟠螭四花枝鏡》	Berlin Museum für Ostasiatische Kunst
	730	《四螭連弧紋鏡》	Paris Musée Guimet

（續表）

種類	順序	器　名	收　藏　地
鏡	731	《四花連弧紋鏡》	Amsterdam Rijksmuseum
	732	《八獸鏡》	Berlin Museum für Ostasiatische Kunst
	733	《四獸鏡》	London Eskenazi Ltd
	734	《蟠螭紋鏡》	London Eskenazi Ltd
	735	《相對蟠螭紋鏡》	Brussels Musées Royaux d'Art et d'Histoire
	736	《方格紋方鏡》	Stockholm Museum of Far East Antiquities
盤	737	《延盤》	London Victoria and Albert Museum
	738	《寢盤》	Yao Shulai Company
	739	《般盤》	Fritz Low-Beer Company
	740	《天黽父乙盤》	S. and G. Gumps Company
	741	《周盤 1》	Alfred F. Pillsbury Collection
	742	《周盤 2》	William Rockhill Nelson Gallery of Art
	743	《周盤 3》	Charles B. Hoyt Collection
	744	《周盤 4》	Harold G. Wacker Company
	745	《周盤 5》	Yamanaka Company
	746	《薛侯盤》	The Art Institute of Chicago
	747	《周盤 6》	Alfred F. Pillsbury Collection
	748	《𢎥盤》	Sotheby's
	749	《晉侯盤》	London Victoria and Albert Museum
	750	《楚王酓悍盤》	Sotheby's
	751	《齊侯盤》	Metropolitan Museum of Art New York
斝	752	《聯珠紋斝》	Paris Lionel Jacob Collection
	753	《饕餮紋斝》	London Christian Deydier
	754	《饕餮紋袋足斝》	London Christian Deydier
	755	《殷斝 1》	Avery C. Brundage Collection
	756	《北斝》	C. T. Loo Company
	757	《殷斝 2》	Alfred F. Pillsbury Collection
	758	《殷斝 3》	Harold G. Wacker Company
	759	《享斝》	The Art Institute of Chicago

（續表）

種類	順序	器　　名	收　藏　地
罍	760	《亞㽞罍》	Fogg Art Museum
	761	《戌罍》	Freer Gallery of Art
	762	《元罍》	Honolulu Academy of Art
	763	《瞾罍》	Museum of Fine Arts Boston
	764	《車徔罍》	C.T.Loo Company
	765	《般罍 4》	The Art Institute of Chicago
	766	《匿罍》	S.and G.Gumps Company
	767	《日罍》	Harold G.Wacker Company
	768	《般罍 5》	Harold G.Wacker Company
	769	《般罍 6》	Albright Art Gallery
	770	《般罍 7》	Museum of Fine Arts Boston
	771	《般罍 8》	William Rockhill Nelson Gallery of Art
	772	《鄉罍》	Freer Gallery of Art
	773	《般罍 9》	Alfred F.Pillsbury Collection
	774	《興罍》	Alfred F.Pillsbury Collection
	775	《矢罍》	Otto Burchard Company
	776	《凸罍》	Fritz Low-Beer Company
	777	《般罍 10》	Fritz Low-Beer Company
	778	《犬白罍》	C.T.Loo Company
	779	《周罍》	Metropolitan Museum of Art New York
	780	《父乙罍》	The late Horatio Seymour Rubens
	781	《商罍》	Oxford Ashmolean Museum
	782	《匿罍》	Christie's
	783	《興罍》	Sotheby's
	784	《魚罍》	Sotheby's
	785	《祖罍》	Sotheby's
	786	《祖丁罍》	Sotheby's
	787	《夆旅罍》	Sotheby's
	788	《光父癸罍》	Sotheby's
	789	《亞次馬夋罍》	Sotheby's

種類	順序	器　　名	收　藏　地
爵	790	《饕餮紋四足爵》	Paris Lionel Jacob Collection
	791	《饕餮紋圓底爵》	London Christian Deydier
	792	《萄羍爵》	Koln Museum für Ostasiatische Kunst
	793	《纍爵》	Glasgow Museums and Art Gallery
	794	《父乙爵》	London Eskenazi Ltd
	795	《戈爵》	Berlin Museum für Ostasiatische Kunst
	796	《鬲奞爵》	Department of Fine Art University of Pittsburgh
	797	《寧得爵》	Avery C.Brundage Collection
	798	《殷爵 1》	Avery C.Brundage Collection
	799	《殷爵 2》	Thomas Welton Stanford Art Gallery
	800	《亞×爵》	Metropolitan Museum of Art New York
	801	《殷爵 3》	Eric Mayell Collection
	802	《殷爵 4》	Freer Gallery of Art
	803	《燒爵》	Alfred F.Pillsbury Collection
	804	《子韋爵 1》	Museum of Fine Arts Boston
	805	《子韋爵 2》	Russell Tyson Collection
	806	《戜爵》	Otto H.Kahn Collection
	807	《齊爵》	Arnold Knapp Collection
	808	《殷爵 5》	The late Henry K.School
	809	《弔車爵》	Honolulu Academy of Art
	810	《×服爵》	Avery C.Brundage Collection
	811	《子矢爵》	Department of Fine Art University of Pittsburgh
	812	《亞弜爵》	Seattle Art Museum
	813	《子□爵》	Harold G.Wacker Company
	814	《厄爵》	C.T.Loo Company
	815	《止×爵》	Yao Shulai Company
	816	《作父乙爵》	P.S.Hopkins Collection
	817	《冊爵》	C.T.Loo Company
	818	《殷爵 6》	Fogg Art Museum

（續表）

種類	順序	器　　名	收　　藏　　地
爵	819	《旟爵》	Honolulu Academy of Art
	820	《丙爵》	Museum of Cranbrook Academy of Art
	821	《般爵 7》	Department of Fine Arts Beloit College
	822	《父乙爵》	Fogg Art Museum
	823	《南爵》	C.T.Loo Company
	824	《興爵》	Harold G.Wacker Company
	825	《父丁爵》	Fritz Low-Beer Company
	826	《父癸爵》	Walters Art Gallery
	827	《西單爵》	Portland Museum of Art
	828	《父乙爵》	Harold G.Wacker Company
	829	《丁×爵》	Harold G.Wacker Company
	830	《大爵 1》	The Cleveland Museum of Art
	831	《父辛爵》	The late Christian R.Holmes
	832	《父丁爵》	Albright Art Gallery
	833	《父癸爵》	Harold G.Wacker Company
	834	《光父癸爵》	Thomas Welton Stanford Art Gallery
	835	《父乙光爵 1》	Honolulu Academy of Art
	836	《父乙光爵 2》	Honolulu Academy of Art
	837	《史習爵》	C.T.Loo Company
	838	《父辛爵》	George S.Hirschland Collection
	839	《般爵 8》	Harold G.Wacker Company
	840	《般爵 9》	Harold G.Wacker Company
	841	《丙爵》	Doris Duke Collection
	842	《般爵 10》	The late Christian R.Holmes
	843	《般爵 11》	Otto H.Kahn Collection
	844	《又爵》	William Rockhill Nelson Gallery of Art
	845	《父丁爵》	James Marshall Plumer Collection
	846	《鬚爵》	Christie's
	847	《戎爵》	Christie's

種類	順序	器　名	收　藏　地
爵	848	《人爵》	Christie's
	849	《𨚵爵》	Sotheby's
	850	《杞爵》	Sotheby's
	851	《舌爵》	Christie's
	852	《執爵》	Sotheby's
	853	《漁爵》	Sotheby's
	854	《疌爵》	Sotheby's
	855	《目爵》	Sotheby's
	856	《子爵》	Sotheby's
	857	《囝爵》	Sotheby's
	858	《嗇爵》	Sotheby's
	859	《享爵》	Sotheby's
	860	《𤔲爵》	Sotheby's
	861	《春爵》	Sotheby's
	862	《壬爵》	Sotheby's
	863	《亦爵》	Sotheby's
	864	《生爵》	Sotheby's
	865	《屮爵》	Sotheby's
	866	《𦬒爵》	Sotheby's
	867	《卜爵》	Sotheby's
	868	《卝爵》	Sotheby's
	869	《亞疑爵》	Sotheby's
	870	《亞告爵》	Sotheby's
	871	《亞受爵》	Sotheby's
	872	《亞舌爵》	Sotheby's
	873	《雙亞爵》	Sotheby's
	874	《祖辛爵》	Sotheby's
	875	《父己爵》	Christie's
	876	《父戊爵》	Sotheby's

（續表）

種類	順序	器　　名	收　藏　地
爵	877	《父辛爵》	Sotheby's
	878	《豖乙爵》	Christie's
	879	《乙冉爵》	Sotheby's
	880	《馘癸爵》	Sotheby's
	881	《倗舟爵 1》	Sotheby's
	882	《倗舟爵 2》	Sotheby's
	883	《耳竹爵》	Sotheby's
	884	《子口爵》	Sotheby's
	885	《冊畾爵》	Sotheby's
	886	《一龍爵》	Sotheby's
	887	《共爵》	Sotheby's
	888	《車犬爵》	Sotheby's
	889	《魚父乙爵》	Sotheby's
	890	《人父乙爵》	Sotheby's
	891	《冉父丙爵》	Sotheby's
	892	《析子孫父丁爵》	Sotheby's
	893	《何父丁爵》	Sotheby's
	894	《伐父丁爵》	Sotheby's
	895	《屰父戊爵》	Sotheby's
	896	《我父己爵》	Sotheby's
	897	《魚父辛爵》	Sotheby's
	898	《左父辛爵》	Sotheby's
	899	《父辛爵》	Sotheby's
	900	《弔父癸爵》	Sotheby's
	901	《冉父癸爵》	Sotheby's
	902	《亞拱爵》	Sotheby's
	903	《上井父辛爵》	Sotheby's
	904	《大亥父辛爵》	Sotheby's
	905	《麇癸父己爵》	Sotheby's

種類	順序	器　名	收　藏　地
爵	906	《享寧父爵 1》	Sotheby's
	907	《享寧父爵 2》	Sotheby's
	908	《立爵》	Sotheby's
	909	《人爵 1》	Oxford Ashmolean Museum
	910	《矜爵》	Oxford Ashmolean Museum
	911	《析子孫爵》	Oxford Ashmolean Museum
	912	《叔父丙爵》	Oxford Ashmolean Museum
	913	《戈祖己爵》	Oxford Ashmolean Museum
	914	《父丙爵》	Oxford Ashmolean Museum
	915	《甲爵》	Oxford Ashmolean Museum
	916	《作從戈爵 1》	Oxford Ashmolean Museum
	917	《作從戈爵 2》	Oxford Ashmolean Museum
	918	《鄉且壬爵》	Sotheby's
觚	919	《饕餮紋觚》	Linden Museum
	920	《饕餮紋觚》	Paris Musée Guimet
	921	《𤔲觚》	Staatliches Museum für Völkerkunde
	922	《亞斿觚》	Staatliches Museum für Völkerkunde
	923	《南單觚》	Copenhagen Museum of Decorative Art
	924	《饕餮紋殘觚》	Rome Museo Nazionale d'Arte Orientale
	925	《象紋觚》	London Christian Deydier
	926	《葡羍方觚》	Koln Museum für Ostasiatsche Kunst
	927	《亦觚》	Christie's
	928	《奘觚》	Sotheby's
	929	《戎觚》	Sotheby's
	930	《印觚》	Sotheby's
	931	《友觚》	Sotheby's
	932	《得觚》	Sotheby's
	933	《守觚》	Sotheby's
	934	《馘觚 1》	Christie's

（續表）

種類	順序	器　名	收　藏　地
觚	935	《敝觚 2》	Sotheby's
	936	《敝觚》	Sotheby's
	937	《章觚 1》	Christie's
	938	《章觚 2》	Sotheby's
	939	《徙觚》	Sotheby's
	940	《念觚》	Sotheby's
	941	《子觚》	Sotheby's
	942	《囚觚》	Sotheby's
	943	《集觚》	Sotheby's
	944	《韋觚》	Sotheby's
	945	《戈觚》	Sotheby's
	946	《弓觚》	Sotheby's
	947	《♡觚》	Sotheby's
	948	《亞隻觚》	Sotheby's
	949	《亞酉觚》	Christie's
	950	《且丁觚》	Sotheby's
	951	《父乙觚》	Sotheby's
	952	《辛大觚》	Sotheby's
	953	《子癸觚》	Sotheby's
	954	《冀子觚》	Sotheby's
	955	《右守觚》	Sotheby's
	956	《亦車觚》	Sotheby's
	957	《庚册觚》	Sotheby's
	958	《叔共觚》	Christie's
	959	《亞木守觚 1》	Christie's
	960	《亞木守觚 2》	Sotheby's
	961	《亞干示觚》	Sotheby's
	962	《亞豕馬觚》	Sotheby's
	963	《父乙盂觚》	Sotheby's

種類	順序	器　名	收　藏　地
觥	964	《卩父戊觥》	Sotheby's
	965	《旅父辛觥》	Christie's
	966	《柬父壬觥》	Sotheby's
	967	《大父癸觥》	Sotheby's
	968	《魚未吉觥》	Sotheby's
	969	《亞獏父丁觥》	Christie's
	970	《羊建父丁觥》	Sotheby's
	971	《分冊父庚觥》	Sotheby's
	972	《㝰觥》	Oxford Ashmolean Museum
	973	《𠬝觥》	Oxford Ashmolean Museum
	974	《戈壬觥》	Oxford Ashmolean Museum
	975	《共寧父庚觥》	Sotheby's
鬲	976	《三羊鬲》	Paris Musée Guimet
	977	《史秦鬲》	London Sotheby's
	978	《殷鬲 1》	Nashi M. Heeramaneck Company
	979	《殷鬲 2》	Avery C. Brundage Collection
	980	《殷鬲 3》	C. T. Loo Company
	981	《殷鬲 4》	C. T. Loo Company
	982	《父辛鬲》	Fogg Art Museum
	983	《魯侯熙鬲》	Museum of Fine Arts Boston
	984	《殷鬲 5》	William H. Moore Collection
	985	《周鬲 1》	The late Christian R. Holmes
	986	《周鬲 2》	S. and G. Gumps Company
	987	《尹姞鬲》	Albright Art Gallery
	988	《公姞鬲》	Yao Shulai Company
	989	《中姞鬲》	Museum of Fine Arts Boston
	990	《王伯姜鬲》	William Rockhill Nelson Gallery of Art
	991	《亞鬲》	Oxford Ashmolean Museum
	992	《魯侯鬲》	Museum of Sackler Gallery
	993	《季貞鬲》	Fogg Art Museum

（續表）

種類	順序	器　名	收　藏　地
觶	994	《饕餮紋觶》	London Eskenazi Ltd
	995	《父丁觶》	Koln Museum für Ostasiatsche Kunst
	996	《婦嫀觶》	Linden Museum
	997	《束觶》	Stockholm Museum of Far East Antiquities
	998	《亞吏觶》	Freer Gallery of Art
	999	《殷觶1》	Otto H.Kahn Collection
	1000	《殷觶2》	C.T.Loo Company
	1001	《父乙觶》	C.T.Loo Company
	1002	《服觶》	Alfred F.Pillsbury Collection
	1003	《亞夨其侯觶》	Harold G.Wacker Company
	1004	《帚嫡觶》	David H.McAlpin Collection
	1005	《父辛觶1》	The late Horatio Seymour Rubens
	1006	《員觶1》	J.Lionberger Davis Collection
	1007	《周觶1》	C.T.Loo Company
	1008	《巽母子觶》	C.T.Loo Company
	1009	《殷觶3》	Museum of Cranbrook Academy of Art Bloomfield Hills
	1010	《父甲觶》	Arnold Knapp Collection
	1011	《天父乙觶》	Metropolitan Museum of Art New York
	1012	《帚亞弜觶》	Arnold Knapp Collection
	1013	《殷觶4》	Arnold Knapp Collection
	1014	《白觶》	Avery C.Brundage Collection
	1015	《丂觶》	J.Lionberger Davis Collection
	1016	《辰父乙觶》	Chauncey J.Hamlin Collection
	1017	《殷觶5》	Harold G.Wacker Company
	1018	《茍父丙觶》	The University Museum Pennsylvania
	1019	《寧觶》	J.William Beckman Collection
	1020	《殷觶6》	C.T.Loo Company
	1021	《西單觶》	Doris Duke Collection
	1022	《父己觶》	Seattle Art Museum

（續表）

種類	順序	器　名	收　藏　地
觶	1023	《殷觶 7》	C.T.Loo Company
	1024	《嗇父甲觶》	Metropolitan Museum of Art New York
	1025	《周觶 2》	Metropolitan Museum of Art New York
	1026	《匕己觶》	Metropolitan Museum of Art New York
	1027	《殷觶 8》	Harold G.Wacker Company
	1028	《周觶 3》	David H.McAlpin Company
	1029	《殷觶 9》	Eric Mayell Millbrac Company
	1030	《殷觶 10》	Vladimir G.Simkhovich Collection
	1031	《奚羊觶》	Avery C.Brundage Collection
	1032	《殷觶 11》	S.and G.Gumps Company
	1033	《父丁觶》	Avery C.Brundage Collection
	1034	《白㫚觶》	Avery C.Brundage Collection
	1035	《員觶 2》	C.T.Loo Company
	1036	《康侯觶》	Oxford Ashmolean Museum
	1037	《舉觶》	Oxford Ashmolean Museum
	1038	《光觶》	Sotheby's
	1039	《嬰觶》	Christie's
	1040	《旅觶》	Sotheby's
	1041	《子觶》	Sotheby's
	1042	《戈觶 1》	Sotheby's
	1043	《戈觶 2》	Sotheby's
	1044	《戈觶 3》	Sotheby's
	1045	《亦觶》	Sotheby's
	1046	《父辛觶 2》	Sotheby's
	1047	《馬亥觶》	Christie's
	1048	《夲旅觶》	Christie's
	1049	《戊簏觶》	Sotheby's
	1050	《子夋觶》	Sotheby's
	1051	《𫟇婦觶》	Sotheby's

（續表）

種類	順序	器　　名	收　　藏　　地
觶	1052	《爰吉觶》	Sotheby's
	1053	《女心觶》	Sotheby's
	1054	《子祖丁觶》	Sotheby's
	1055	《父乙飲觶》	Sotheby's
	1056	《亦父丙觶》	Sotheby's
	1057	《冉父丁觶》	Sotheby's
	1058	《册享刚觶》	Christie's
	1059	《尹舟父甲觶》	Sotheby's
	1060	《亞天父癸觶》	Sotheby's
	1061	《史智觶》	Sotheby's
	1062	《衛觶》	Sotheby's
	1063	《旅觶》	Sotheby's
	1064	《敎觶》	Sotheby's
	1065	《康侯觶》	Oxford Ashmolean Museum
	1066	《舉觶》	Oxford Ashmolean Museum
	1067	《重觶》	Sotheby's
卣	1068	《鴞紋卣》	Koln Museum für Ostasiatsche Kunst
	1069	《饕餮紋卣》	Paris Musée Guimet
	1070	《虎食人卣》	Paris Musée Cernuschi
	1071	《戈卣》	London Sotheby's
	1072	《乍旅彝鳥紋卣》	Glasgow Museums and Art Gallery
	1073	《蟠螭紋卣》	The British Museum
	1074	《殷卣 1》	Huc M.Luquiens Collection
	1075	《受卣》	William Rockhill Nelson Gallery of Art
	1076	《父丁卣》	William Rockhill Nelson Gallery of Art
	1077	《作母己卣》	Avery C.Brundage Collection
	1078	《作姬弄卣》	Arnold Knapp Collection
	1079	《西單父丁卣》	George S.Hirschland Collection
	1080	《𩵋卣》	MacDermid Parish Watson Company

種類	順序	器　名	收　藏　地
卣	1081	《周卣 1》	C.T.Loo Company
	1082	《×兄丁卣》	Fogg Art Museum
	1083	《父辛卣》	Fogg Art Museum
	1084	《父癸卣》	C.T.Loo Company
	1085	《卿卣》	Fogg Art Museum
	1086	《周卣 2》	Alfred F.Pillsbury Collection
	1087	《乍寶尊彝卣 1》	C.T.Loo Company
	1088	《牛卣》	Doris Duke Collection
	1089	《殷卣 2》	C.T.Loo Company
	1090	《殷卣 3》	Alfred F.Pillsbury Collection
	1091	《殷卣 4》	Freer Gallery of Art
	1092	《丸卣》	Alfred F.Pillsbury Collection
	1093	《殷卣 5》	C.T.Loo Company
	1094	《殷卣 6》	Fogg Art Museum
	1095	《殷卣 7》	C.T.Loo Company
	1096	《父乙卣 1》	Alfred F.Pillsbury Collection
	1097	《追丞卣》	Museum of Fine Arts Boston
	1098	《立判父丁卣》	Edward G.Robinson Collection
	1099	《白懵卣 1》	C.T.Loo Company
	1100	《白懵卣 2》	C.T.Loo Company
	1101	《鳶卣》	Freer Gallery of Art
	1102	《父丁卣》	Fogg Art Museum
	1103	《殷卣 8》	The late Christian R.Holmes
	1104	《殷卣 9》	The late Christian R.Holmes
	1105	《舌卣》	Worcester Art Museum
	1106	《鼎卣 1》	Metropolitan Museum of Art New York
	1107	《鼎卣 2》	Metropolitan Museum of Art New York
	1108	《周卣 3》	Museum of Fine Arts Boston
	1109	《周卣 4》	Freer Gallery of Art

（續表）

種類	順序	器　名	收　藏　地
卣	1110	《殷卣 10》	Baron Eduard von der Heydt Collection
	1111	《殷卣 11》	Alfred F.Pillsbury Collection
	1112	《罍告卣》	Otto Burchard Collection
	1113	《殷卣 12》	Alfred F.Pillsbury Collection
	1114	《殷卣 13》	Alfred F.Pillsbury Collection
	1115	《史見卣》	Avery C.Brundage Collection
	1116	《殷卣 14》	Unknown
	1117	《夾卣》	John S.Thacher Collection
	1118	《旅車父辛卣》	Alfred F.Pillsbury Collection
	1119	《兄丁卣》	Fogg Art Museum
	1120	《史父癸卣》	C.T.Loo Company
	1121	《臣辰父乙卣》	Fogg Art Museum
	1122	《人卣》	Albright Art Gallery
	1123	《子祖壬卣》	Owen F.Roberts Collection
	1124	《父乙臣辰卣》	Eric Mayell Collection
	1125	《伯矩卣》	The Pierpont Morgan Library
	1126	《竟祖辛卣》	Otto H.Kahn Collection
	1127	《殷卣 15》	Museum of Fine Arts Boston
	1128	《旅車父乙卣》	C.T.Loo Company
	1129	《作車彝卣》	Arnold Knapp Collection
	1130	《守宮卣 1》	Fogg Art Museum
	1131	《遣卣》	Freer Gallery of Art
	1132	《父庚卣》	The Art Institute of Chicago
	1133	《人父乙卣》	Fogg Art Museum
	1134	《弔卣》	Owen F.Roberts Collection
	1135	《北白卣》	Museum of Fine Arts Boston
	1136	《起卣》	C.T.Loo Company
	1137	《公卣》	Otto H.Kahn Collection
	1138	《作旅彝卣》	Fogg Art Museum

種類	順序	器　名	收　藏　地
卣	1139	《戈卣》	Thomas Welton Stanford Art Gallery
	1140	《伯彭父卣》	The Toledo Museum of Art
	1141	《屯卣》	The Detroit Institute of Art
	1142	《遣卣》	Raymond A.Bidwell Collection
	1143	《中鱻卣》	Edward G.Robinson Collection
	1144	《貉子卣》	Alfred F.Pillsbury Collection
	1145	《戈卣》	George S.Hirschland Collection
	1146	《奠卣》	Arnold Knapp Collection
	1147	《員卣》	Albright Art Gallery
	1148	《士上卣》	Fogg Art Museum
	1149	《庚嬴卣》	Fogg Art Museum
	1150	《般卣 16》	Freer Gallery of Art
	1151	《析子孫卣》	Sotheby's
	1152	《伊卣》	Sotheby's
	1153	《佟卣》	Sotheby's
	1154	《牽卣》	Sotheby's
	1155	《丙卣》	Sotheby's
	1156	《亞醜卣》	Sotheby's
	1157	《父乙卣 2》	Sotheby's
	1158	《冉辛卣》	Sotheby's
	1159	《隹壺卣》	Sotheby's
	1160	《龔子卣》	Sotheby's
	1161	《冊告卣》	Sotheby's
	1162	《象祖辛卣》	Sotheby's
	1163	《析子孫父丁卣》	Sotheby's
	1164	《麂父己卣》	Sotheby's
	1165	《佣兄丁卣》	Christie's
	1166	《天作彝卣》	Sotheby's
	1167	《從丁癸卣》	Christie's

（續表）

種類	順序	器　名	收　藏　地
卣	1168	《立舟父丁卣》	Sotheby's
	1169	《王作㛸弄卣》	Sotheby's
	1170	《作從彝卣》	Sotheby's
	1171	《作寶尊彝卣 2》	Christie's
	1172	《臣辰且乙卣》	Sotheby's
	1173	《册享般卣》	Sotheby's
	1174	《守宫卣 2》	Sotheby's
	1175	《亞共卣》	Sotheby's
	1176	《散卣》	Sotheby's
	1177	《向卣》	Sotheby's
	1178	《亞其疑卣》	Sotheby's
	1179	《束叔卣》	Sotheby's
	1180	《作父乙卣》	Sotheby's
	1181	《嚴夋卣》	Sotheby's
	1182	《守卣》	Christie's
	1183	《伯啓卣》	The British Museum
	1184	《虎卣》	Musée Cernuschi
	1185	《敱罴卣》	Sotheby's
盉、鉶	1186	《先盉》	Munich Staatliches Museum für Völkerkunde
	1187	《錯金銀異形獸形盉》	London Christian Deydier
	1188	《中子辛盉》	Otto H.Kahn Collection
	1189	《史父癸盉》	Alfred F.Pillsbury Collection
	1190	《父乙盉》	C.T.Loo Company
	1191	《父辛盉》	Fogg Art Museum
	1192	《子父乙盉》	Metropolitan Museum of Art New York
	1193	《朙迷盉》	Metropolitan Museum of Art New York
	1194	《伯秦盉》	C.T.Loo Company
	1195	《士上盉》	Freer Gallery of Art
	1196	《子蝠盉》	Fritz Low-Beer Company

（續表）

種類	順序	器　名	收　藏　地
盉、錍	1197	《兵盉》	Avery C.Brundage Collection
	1198	《季嬴盉》	Metropolitan Museum of Art New York
	1199	《甲盉》	Walter Reed Hovey Collection
	1200	《亞貘父丁盉》	Sotheby's
	1201	《戈客盉》	Sotheby's
	1202	《春秋盉1》	Avery C.Brundage Collection
	1203	《春秋盉2》	C.T.Loo Company
	1204	《戰國盉1》	The Art Institute of Chicago
	1205	《戰國盉2》	Fogg Art Museum
	1206	《戰國盉3》	Arnold Knapp Collection
	1207	《戰國盉4》	C.T.Loo Company
	1208	《春秋盉3》	The British Museum
	1209	《春秋盉4》	The British Museum
	1210	《春秋盉5》	The British Museum
	1211	《人形足錍》	Koln Museum für Ostasiatsche Kunst
	1212	《錯金鳥足錍》	London Eskenazi Ltd
鐘、鎛	1213	《饕餮紋扭鐘》	Berlin Museum für Ostasiatische Kunst
	1214	《周鐘》	The British Museum
	1215	《梁其鐘》	Paris Musée Guimet
	1216	《蟠螭紋鎛》	Paris Musée Guimet
鉤	1217	《玉環帶鉤》	Paris Musée Guimet
	1218	《錯金鑲嵌帶鉤》	Paris Musée Cernuschi
	1219	《虎鳳帶鉤》	London Eskenazi Ltd
	1220	《蟠龍帶鉤》	London Eskenazi Ltd
	1221	《幾何雲紋帶鉤》	Paris Musée Guimet
角	1222	《饕餮紋角》	London Christian Deydier
	1223	《遽從角》	Metropolitan Museum of Art New York
	1224	《亞來角》	Metropolitan Museum of Art New York
	1225	《祖癸角》	Metropolitan Museum of Art New York

（續表）

種類	順序	器　名	收　藏　地
角	1226	《長隹壺角》	William H.Moore Collection
	1227	《父甲角》	The late Horatio Seymour Rubens Collection
	1228	《冊祖丁角》	Sotheby's
	1229	《天黽父乙角》	Sotheby's
	1230	《女寧祖丁角》	Sotheby's
	1231	《陸冊父乙角》	Sotheby's
	1232	《亞貘父丁角》	Sotheby's
	1233	《丩田父戊角》	Sotheby's
	1234	《婦闌角》	Sotheby's
	1235	《庚冊父庚角》	Sotheby's
匜	1236	《周匜1》	Arnold Knapp Collection
	1237	《周匜2》	The Cleveland Museum of Art
	1238	《春秋匜1》	The Cleveland Museum of Art
	1239	《春秋匜2》	Ernest Erickson Collection
	1240	《齊侯匜》	Metropolitan Museum of Art New York
	1241	《叔男父匜》	Sotheby's
	1242	《春秋匜3》	Agnes Eugean Meyer Collection
	1243	《春秋匜4》	Baron Eduard von der Heydt Collection
	1244	《戰國匜1》	The late Horatio Seymour Rubens Collection
	1245	《戰國匜2》	Edgar Worch Company
	1246	《戰國匜3》	Fogg Art Museum
	1247	《戰國匜4》	C.T.Loo Company
	1248	《戰國匜5》	Metropolitan Museum of Art New York
鑑	1249	《春秋鑑1》	Honolulu Academy of Art
	1250	《春秋鑑2》	Freer Gallery of Art
	1251	《春秋鑑3》	Alfred F.Pillsbury Collection
	1252	《春秋鑑4》	The Art Institute of Chicago
	1253	《戰國鑑》	Freer Gallery of Art

種類	順序	器　名	收　藏　地
勺	1254	《變形龍紋勺》	Koln Museum für Ostasiatsche Kunst
	1255	《殷勺 1》	C. T. Loo Company
	1256	《殷勺 2》	The late Christian R. Holmes
	1257	《殷勺 3》	Fogg Art Museum
	1258	《殷勺 4》	Harold G. Wacker Company
	1259	《周勺 1》	Metropolitan Museum of Art New York
	1260	《周勺 2》	Alfred F. Pillsbury Collection
	1261	《周勺 3》	The late Christian R. Holmes
	1262	《周勺 4》	Raymond A. Bidwell Collection
	1263	《周勺 5》	Thomas Welton Stanford Art Gallery
	1264	《周勺 6》	Alfred F. Pillsbury Collection
	1265	《殷勺 5》	C. T. Loo Company
盆盂等	1266	《蟠螭紋盤》	Staatliches Museum für Völkerkunde
	1267	《春秋盆》	Alfred F. Pillsbury Collection
	1268	《戰國盆》	Alfred F. Pillsbury Collection
	1269	《春秋橢器 1》	Alfred F. Pillsbury Collection
	1270	《春秋橢器 2》	George S. Hirschland Collection
	1271	《戰國橢器 1》	Museum of Fine Arts Boston
	1272	《戰國橢器 2》	James Marshall Plumer Collection
	1273	《永盂》	Freer Gallery of Art
	1274	《楚王酓悍盂》	Sotheby's
	1275	《康公盂》	The Toledo Museum of Art
雜器	1276	《立鳥器蓋》	Paris Musée Guimet
	1277	《焦葉紋鑿》	Paris Lionel Jacob Collection
	1278	《饕餮紋車馬飾》	Munich Staatliches Museum für Völkerkunde
	1279	《銅人面》	Amsterdam Rijksmuseum
	1280	《人面飾件 1》	Stockholm Museum of Far East Antiquities
	1281	《人面飾件 2》	Stockholm Museum of Far East Antiquities
	1282	《虎食人飾件》	London British Museum

（續表）

種類	順序	器　　　名	收　　藏　　地
雜器	1283	《龍虎丈首》	Paris Musée Guimet
	1284	《龍形飾件》	Paris Musée Guimet
	1285	《羊首轄》	London Sotheby's
	1286	《龍首形飾件》	Copenhagen Museum of Decorative Art
	1287	《龍食人首銑飾》	London British Museum
	1288	《夔紋軸飾》	London Sotheby's
	1289	《羽人飾件》	Stockholm Museum of Far East Antiquities
	1290	《牛形器座》	Copenhagen Museum of Decorative Art
	1291	《蟠龍形飾件》	Paris Musée Guimet
	1292	《雙首獸形飾件》	Amsterdam Rijksmuseum
	1293	《人形紋門飾 1》	London British Museum
	1294	《人形紋門飾 2》	Stockholm Museum of Far East Antiquities
	1295	《龍虎紋飾件 1》	Hamburg Museum für Kunst und Gewerke
	1296	《龍虎紋飾件 2》	Stockholm Museum of Far East Antiquities
	1297	《狩獵紋筒》	Paris Musée Guimet
	1298	《鳥紋筒》	London Eskenazi Ltd
	1299	《蓮花旄首》	Stockholm Museum of Far East Antiquities
	1300	《鳥首承弓器》	Paris Lionel Jacob Collection
	1301	《錯銀幾何雲紋車飾》	London Christian Deydier
	1302	《跪坐銅人》	Stockholm Museum of Far East Antiquities
	1303	《鎏金方格紋飾牌》	London Eskenazi Ltd
	1304	《神面紋器》	Norfolk Nelson Museum
	1305	《亞州斗》	Paris Musée Guimet

第四節　歐美地區彝銘學研究著作綜述

　　承上所述，歐美的商周青銅器的收藏表現出注重藝術特色而輕視彝銘的特點，因此他們的彝銘學研究著作更多的是青銅器美學和美術史的研究，而不是古文字學的研究。

艾蘭在《中國青銅器在西方藝術史學者眼中》一文曾經總結：

西方對中國青銅器的研究，不可避免地反映了西方收藏的優勢和弱點。研究重點集中于商代，集中於紋飾以及器形。由於器物係盜掘而非考古發掘所得，研究常係高度理論性的，不同學派爭執不下。[1]

1911 年以來歐美地區出版彝銘學研究著作表

	書名、作者、出版社/地
1911 年	*Chinesische Bronze*，E.Knuth，Ausstellung bei H.Saenger
1915 年	*An Examination of Chinese Bronzes*，John Calvin Ferguson，Tongshu Liang
1922 年	*Archaic Chinese Bronzes of the Shang、Chou and Han Periods in the Collection of Mr. Parish Watson*，Berthold Laufer，The Devine Press
1924 年	*Altchinesische Bronzen*，E.A.Voretsch，Verlag von Julius Springer
	Bronzes Antiques de la Chine：Avec une Préface et des Notes de Paul Pelliot，Tch'ou To-yi，Nationale d'Art et d'Historie
	Early Chinese Bronzes，Albert James Koop，E. Benn，limited
1925 年	*Chinese Sculpture，from the Fifth to the Fourteenth Century：over 900 Specimens in Stone，Bronze，Lacquer and Wood，Principally from Northern China*，Osvald Sirén，Ernest Benn
1928 年	*Les Arts de l'Aise le Bronze Chinois Antique*，Albert J. Koop，Hacker Art Books
1932 年	*Mythes et Symboles Lunaires*，Carl Hentzeers，Anv
1935 年	*Bestiaire du Bronze Chinois de Style Tcheou*，André Leroi Gourhan，Les Editions d'Art et d'Histoir
	La Naissance de la Chine：la Période formative de la Civilisation Chinoise environ 1400—600 av. J.-C.，Herrlee Glessner Cree，Payot
	The Birth of China：A Study of the Formative Period of Chinese Civilization，Herrlee Glessner Creel，Reynal & Hitchcock
1937 年	*Frühchinesische Bronzen und Kultdarstellungen*，Carl Hentze，De Sikkel
1939 年	《1939 年中國古代祭祀青銅器展》
1942 年	*Early Chinese Symbols and Literature：Vestiges and Speculations，with Particular Reference to the Ritual Bronzes of the Shang Dynasty*，Florance Waterbury，E.Weyhe
1945 年	*Ritual Bronzes of Ancient China*，Phyllis Ackerman，The Dryden Press

[1] 艾蘭：《中國青銅器在西方藝術史學者眼中》，李學勤、艾蘭編著：《歐洲所藏中國青銅器遺珠》，文物出版社 1995 年版，第 409 頁。

（續表）

	書名、作者、出版社/地
1946 年	*A Descriptive and Illustrative Catalogue of Chinese Bronzes : Acquired during the Administration of John Ellerton Lodge*，The Staff of the Freer Gallery of Art，Washington
	Chinese Bronzes from the Buckingham Collection，Charles Fabens Kelley，Chen Meng Chia，The Art Institute of Chicago
1952 年	*A Catalogue of the Chinese Bronzes in the Alfred F. Pillsbury Collection*，Bernhard Karlgren，University of the Minnesota Press
	Ancient Chinese Bronzes of the Shang and Chou Dynasties : an Illustrated Catalogue of the Van Heusden Collection，with a Historical Introduction，Willem van Heusden，Privately published
1953 年	*The City Art Museum of St. Louis*，Handbook of the Collections，St.Louis
1956 年	*Chinese Bronze Age Weapons*，Max Johannes Joseph Loehr
	Early China Bronzes in the City Art Museum of St.Louis，Jonathan Jr.Edward Kidder，Washington University
	Bronze Culture of Ancient China : an Archaeological Study of Bronze Objects from Northern Honan，Dating from about 1400 B.C.—771 B.C.，William Charles White，University of Toronto Press
	Chinese Bronze Age Weapons : the Werner Jannings Collection in the Chinese National Palace Museum，Peking，Max Loehr，The University of Michigan Press
1957 年	*The Beginnings of Chinese Civilization : Three Lectures Illustrated with Finds at Anyang*，Li Chi，University of Washington Press
1961 年	*Bronze Casting and Bronze Alloys in Ancient China*，Noel Barnard，Australian National University
1965 年	*The Shang Ko : a Study of the Characteristic Weapon of the Bronze Age in China during the Period 1311—1039 B.C.*，James Mellon Menzies，University of Toronto
1966 年	*A Book of Chinese Art : Four Thousand years of Sculpture，Painting，Bronze，Jade，Lacquer and Porcelain*，Lubor Hajek and Werner Forman，Spring Books
1967 年	*The Freer Chinese Bronze*，James Cahill，Smithsonian Institution
1968 年	*Chinese Pictorial Bronze Vessels of the late Chou Period*，Charles D. Weber，Artibus Asiae Publishers
	Ritual Vessels of Bronze Age China，Max Loehr，The Asia Society
	Early Chinese Art and the Pacific Basin : a Photographic Exhibition，Douglas Fraser，New York

	書名、作者、出版社/地
1969 年	*Chinese Bronzes：The Natanael Wessén Collection*，Bernhard Karlgren，Östasiatiska Museet
1970 年	*Der Kult der Shang Dynastie im Spiegel der Orakelinschriften：Eine Palaographische Studie zur Religion im Archaiscen China*，Chang Tsung-tung，Otto Harrassowitz
1971 年	*Two Early Chinese Bronze Weapons with Meteoritic Iron Blades*，Rutherford J. Gettens，Roy S. Clarke，Jr. and W. T. Chase，Smithsonian institution
	Cultural Frontiers in Ancient East Asia，William Watson，Edinburgh University Press
1972 年	*Adventures in Retrieval：Han Murals and Shang Bronze Molds*，Wilma Fairbank，Harvard University Press
	Ancient Chinese Bronzes in the Avery Brundage Collection，Rene-Yvon Lefebvre d'Argencé，Asian Art Museum of San Francisco
1973 年	*Ancient Chinese Bronze Vessels，Gilt Bronzes and Early Ceramics*，Eskenazi Ltd
	The Ornaments of Late Chou Bronzes，George W.Weber，Rutgers University Press
1974 年	*Mao Kung Ting：a Major Western Chou Period Bronze Vessel：a Rebuttal of a Rebuttal and Further Evidence of the Questionable Aspects of its Authenticity*，Noel Barnard，Canberra
1975 年	*Ancient Chinese Bronzes from the Stoclet and Wessén Collections*，Eskenazi Ltd，Foxglove House
	Archaic Chinese Bronzes in Australian and New Zealand Collections，Noel Barnard，Council of Trustees，National Gallery of Victoria
1976 年	*Ancient Ritual Bronzes of China*，George Kuwayama，Los Angeles County Museum of Art，Far Eastern Council of the Los Angeles County Museum of Art
1977 年	*Bronze Vessels of Ancient China in the Avery Brundage Collection*，René-Yvon Lefebvre d'Argencé，Asian Art Museum of San Francisco
	Bronzes Archaïques Chinois au Musée Cernuschi，Vadime Elisseeff，Musée Cernuschi，L'Asiatique
	Ancient Chinese Bronze Vessels，Gilt Bronzes and Sculptures：Two Private Collections，One Formerly Part of the Minkenhof Collection，Eskenazi，Foxglove House
1978 年	*Sources of Shang History：the Oracle-bone Inscriptions of Bronze Age China*，David N.Keightley，University of California Press
	Chinese Bronzes from the Collection of Chester Dale and Dolly Carter，Eleanor von Erdberg，New York University
	The Art of the Oriental Bronze Metallurgist：China，Korea，Japan 1500 B.C.—A.D. 1911，Lowe Art Museum，University of Miami

（續表）

	書名、作者、出版社/地
1979 年	*A Reanalysis of the Western Chou Bronze Chronology*，Alfred Thomas Lin，University Microfilms International
	Typology of the Ting in the Shang Dynasty: a Tentative Chronology of the Yin-hsü Period，Ursula Lienert，Franz Steiner Verlag GmbH
	Tradition, Phase, and Style of Shang and Chou Bronze Vessels，Katheryn McAllister Linduff，Garland Pub
1980 年	*Treasures from the Bronze Age of China: An Exhibition from the People's Republic of China*，Metropolitan Museum of Art，Ballantine Books
	The Great Bronze Age of China: an Exhibition from the People's Republic of China，Wen Fong，The Metropolitan Museum of Art
	Shang Civilization，Chang Kwang Chih，Yale University Press
	Treasures from the Bronze Age of China，Philippe de Montebello，The Metropolitan Museum of Art
1981 年	*The Bronze Age Civilization of Central Asia: Recent Soviet Discoveries*，Philip L. Kohl，M.E. Sharpe
1982 年	*The Art of China's Bronze Age: January 14-March 28, 1982, Art Gallery of Greater Victoria*，James O.Caswell，Art Gallery of Greater Victoria，The Gallery
1983 年	*Late Shang Ritual Assembly Ages: Archaeo Logical and Cultic Definitions*，Robert L. Thorp
	Art from Ritual: Ancient Chinese Bronze Vessels from the Arthur M. Sackler Collections，Dawn Ho Delbanco，Fogg Art Museum，Harvard University
	The Great Bronze Age of China: a Symposium，George Kuwayama，University of Washington Press
	Art, Myth and Ritual: the Path to Political Authority in Ancient China，Chang Kwang Chih，Cambridge
1985 年	*An Interpenetration of Opposites: pre-Han Bronze Metallurgy in West China*，William Watson，British Academy
1986 年	*Ancient Chinese Bronzes*，Zhengyuan Ma，Oxford University Press
	Studies of Shang Archaeology，Chang Kwang Chih，Yale University Press
1987 年	*Chinese Bronzes*，Mario Bussagli，Cassell
	Shang Ritual Bronzes from the Arthur M.Sackler Collection，Rawson J.Ancient bronzes in the Arthur M.Sackler Collection
	Chinese Bronzes: Art and Ritual，Jessica Rawson，British Museum Publications Ltd.

	書名、作者、出版社/地
1988 年	*Bronze Industry，Stylistic Tradition，and Cultural Identity in Ancient China：Bronze Artifacts of the Zhongshan State，Warring States Period（476—221 BCE）*，Lothar Alexander von Falkenhausen，Harvard University
	Ritual Music in Bronze Age China：an Archaeological Perspective，Lothar Alexander von Falkenhausen，Harvard University
	Bronze，Clay and Stone：Chinese Art in the C.C.Wang Family Collection，Annette L. Juliano，the University of Washington Press
1989 年	*Archaic Chinese Bronzes from Shang and Zhou Dynasties：June 12-June 30，1989*，Christian Deydier，Oriental Bronzes Ltd.
	Chinese and Japanese Bronzes A.D. 1100—1900，Michael Goedhuis，Colnaghi Oriental
	Early Chinese Metalwork in the Collection of the Art Museum，Michael Knight，Seattle
	Bronze Clay and Stone：Chinese Art in the C.C.Wang Family Collection，A.L.Juliano，Seattle
1990 年	*Western Zhou Ritual Bronzes from the Arthur M.Sackler Collection*，Jessica Rawson，The Arthur M. Sackler Foundation
1991 年	*Sources of Western Zhou History：Inscribed Bronze Vessels*，Edward L. Shaughnessy，University of California Press
	The Shape of the Turtle：Myth，Art and Cosmos in Early China，Sarah Allan，New York
	Ancient Chinese Bronze Art，William Thomas Chase，China House Gallery，China Institute in America
1993 年	*The Problem of Meaning in Early Chinese Ritual Bronzes*，Roderick Whitfield，University of London
	Suspended Music：Chime-bells in the Culture of Bronze Age China，Lothar von Falkenhausen，University of California Press
	The Chinese Collections of the Cernuschi Museum，Musée Cernuschi，Marie-Thérèse Bobot，Paris-Musées
	Ancient Chinese Bronzes：Terminology and Iconology，Eleanor von Erdberg，Siebenberg-Verlagasting the Precious Sacral Vessel，New York
	China's Renaissance in Bronze：The Robert H. Catalogue Collection of Later Chinese Bronzes，1100—1900，Robert D. Mowry，Phoenix Art Museum

（續表）

	書名、作者、出版社/地
1994 年	*Origins of the Bronze Age Oasis Civilization in Central Asia*，Fredrik T. Hiebert，Peabody Museum of Archaeology and Ethnology，Harvard University
	The Origin and Early Development of the Chinese Writing System，William G. Boltz，New Haven
1995 年	*Du Néolithique à l'Age du Bronze en Chine du Nord-Ouest：la Culture de Qijia et ses Connexions*，Corinne Debaine Francfort，Editions Recherche sur les Civilisations
	Eastern Zhou Ritual Bronzes from the Arthur M.Sackler Collection，Jenny So，The Arthur M. Sackler Foundation
	Chinese Bronzes：a General Introduction，Xueqin Li，Foreign Languages Press
	A Study of the Bronze Age Culture in the Northern Zone of China，Yangjin Pak，University Microfilms International
1998 年	*Selective Dissolution in Copper-tin Alloys：Formation of the Surface Finish on Early Chinese Bronze Mirrors*，Michelle Taube，State University of New York at Stony Brook
1999 年	*Defining Chu：Image and Reality in Ancient China*，Constance A. Cook and John S. Major，University of Hawaii Press
2000 年	*Wheeled Vehicles in the Chinese Bronze Age（c. 2000—741 B.C.）*，Anthony Jerome Barbieri-Low，Dept. of Asian and Middle Eastern Studies，University of Pennsylvania
2001 年	*The Yueshi Culture，the Dong Yi，and the Archaeology of Ethnicity in Early Bronze Age China*，David Joel Cohen，Harvard University
	Chinese Bronzes：Ferocious Beauty，Wangheng Chen，Asiapac Books Pte Ltd
	Chinese Bronzes：Selected Articles from Orientations 1983—2000，Orientations Magazine
2002 年	*Metalworking Technology and Deterioration of Jin Bronzes from the Tianma-Qucun Site，Shanxi，China*，Quanyu Wang，Archaeopress
	Anyang and Sanxingdui：Unveiling the Mysteries of Ancient Chinese Civilizations，Chen Shen，Royal Ontario Museum，Royal Ontario Museum
2003 年	*State Formation in Early China*，Li Liu，Xingcan Chen，Duckworth
2004 年	*Bronze Industry，Stylistic Tradition，and Cultural Identity in Ancient China：Bronze Artifacts of the Zhongshan State，Warring States Period（476—221 BCE）*，Xiaolong Wu，University of Pittsburgh
2006 年	*China in the Early Bronze Age：Shang Civilization*，Robert L. Thorp，University of Pennsylvania Press
2007 年	*Ancient Society and Metallurgy：a Comparative Study of Bronze Age Societies in Central Eurasia and North China*，Liangren Zhang，University of California

（續表）

	書名、作者、出版社/地
2008 年	*A Documentation of Bronze Age Ritual Vessels from the Shang Dynasty of China within the Collection of the Buffalo Museum of Science*，Buffalo，New York，Kristina Laun，State University of New York at Buffalo
	Max Loehr and the Study of Chinese Bronzes：*Style and Classification in the History of Art*，Robert W. Bagley，Max Loehr，Bernhard Karlgren，East Asia Program，Cornell University
	Later Chinese Bronzes：*the Saint Louis Art Museum and Robert E. Kresko Collections*，Philip K. Hu，St. Louis Art Museum，Saint Louis Art Museum
2009 年	*Art in China*，Craig Clunas，Oxford University Press
	Prehistoric Societies on the Northern Frontiers of China：*Archaeological Perspectives on Identity Formation and Economic Change during the First Millennium BCE*，Gideon Shelach，Equinox Pub
2010 年	*Chinese Bronzes of the Shang*，1766—1122 B. C. Through the Tang Dynasty，Metropolitan Museum of Art，Kessinger Publishing
2011 年	*Writing & Literacy in Early China*：*Studies from the Columbia Early China Seminar*，Li Feng and David Prager Branner，University of Washington Press
	Ancient Chinese Inventions，translated by Wang Pingxing，Cambridge University Press
	Chinese Bronze Ware，Li Song，Cambridge University Press
2012 年	*Chinese Martial Arts*：*From Antiquity to the Twenty-first Century*，Peter A. Lorge，Cambridge University Press
	The Archaeology of China：*From the late Paleolithic to the Early Bronze Age*，Li Liu，Cambridge University Press

可見，歐美的彝銘學著作，幾乎沒有中國傳統的圖録類、金石類、古器物類等分類，幾乎全是從現代考古學和文獻學角度上給予研究和介紹的著作。

第五節　歐美地區漢學家的彝銘學研究述評

考察一名漢學家的學術功力如何，筆者以爲可以通過他對古文字學的瞭解程度來進行衡量。同樣，我們看一名中國學者的國學學術水準之高低，也可以通過他對文字訓詁學的瞭解程度來進行衡量。現在所謂的"古文字研究"，涉及運用歷史、民俗、神話、傳説、哲學、語言學、人類學等諸多理論和史料，對漢字的字形、字音、字義進行詳細的分析和對其成立史的研究。因爲研究古代文化，無論對于中國人還是外國人，都必須從讀解古文文義入手的。而讀解古文文義又是從準確地理解文字的意義開始，也即從所謂的解釋學和訓詁學入手的。

甲骨學的成立是 20 世紀初期的事情，可是對青銅器彝銘的研究，即所謂金石學，在古代中國却起源極早。然而，在現代西方漢學史上，青銅器彝銘的研究似乎并不是他們的研究重點：對青銅器製造技術和工藝的科技史研究，對青銅器的美學、美術史、工藝史的研究纔是西方漢學界的研究着眼點所在，如 Klas Bernhard Johannes Karlgren、J.Rawson、Noel Joseph Terence Montgomery 等人。而中國的青銅器學者則以對古文字和上古史的研究爲主，如楊樹達、唐蘭、商承祚、陳夢家、吳其昌等人。在當時的西方漢學界，以馬伯樂爲代表的古典派漢學家并不相信青銅器彝銘的真實性。他以爲那些彝銘的歷史紀年都是建立在漢代劉歆的三統曆基礎上的，是漢人的僞作。但是，吳其昌通過周代就存在三統曆的事實，反駁了馬伯樂的觀點。

在 20 世紀前半期，研究彝銘學的著作有：1922 年，美國勞弗爾（Berthold Laufer）出版了《沃特遜先生所藏商、周和漢代青銅器》（*Archaic Chinese Bronzes of the Shang , Chou and Han Periods in the Collections of Mr. Parish Watson*）一書。勞弗爾本是德國人，曾多次來中國東北和西部地區進行實地考古調查活動。早在 1909 年，他就出版了《中國漢代的陶器》（*Chinese Pottery of the Han Dynasty*）一書。然後，他又專心于中西交通史研究，先後刊發了數百篇漢學研究論文，是當時美國著名的漢學家。1924 年，加拿大沃特澤施（E. A. Voretsch）出版了《青銅器》（*Altchinesische Bronzen*）一書。這是西方漢學界介紹中國古代青銅器問題的概論性著作。

但是，在此學科上貢獻卓著的是兩位瑞典的著名漢學家高本漢（Klas Bernhard Johannes Karlgren）和安特生（Johan Gunnar Andersson）。

一、高本漢（Klas Bernhard Johannes Karlgren）的彝銘和青銅器研究

對中國古代青銅器進行科學化和規範化的研究，始于瑞典漢學家高本漢。因爲在此之前，彝銘學家們大多注意的祇是青銅器銘文内容的史料價值——當然這類研究的前提是建立在肯定青銅器的真實性基礎上的。

高本漢（1889—1978），瑞典人。1907 年，高本漢進入烏普薩拉大學，主修俄

語。他的恩師是斯拉夫語語言學家倫德爾（J. A. Lundell）。1908 年，高本漢發表了第一篇文章《用方言記錄的特韋塔和穆村民間故事》。1909 年，他又發表了《瑞南與瑞中方言的分界綫》一文，并附方言圖一幅。1909 年，完成學士課程後，高本漢便到聖彼德堡，跟伊萬諾夫（A. I. Ivanov）學習了兩個月的基礎漢語，于 1910 年 3 月起程來華。高本漢在中國逗留了兩年，在獎學金已經用完的情況下，他靠在山西大學堂（今山西大學）教授法語和英語謀生。1915 年 5 月 20 日，二十五歲的高本漢獲文學碩士學位。次日，他獲得哲學博士學位。同年，就任烏普薩拉大學漢學講師。他的博士學位論文爲《中國音韻學研究》（*Etudes sur la Phonologie Chinoise*）中的一部分，即第 1—338 頁，發表在《東方研究文集》（*Archives d'Studes Orientales*）第 15 卷上。1918 年，他被任命爲哥德堡大學東亞系教授。1922 年 3 月到 12 月，高本漢第二次到中國旅行，其間還訪問了日本。1931—1936 年，高本漢任哥德堡大學校長。1939 年，高本漢任遠東文物博物館館長兼東亞考古學教授，他任館長兼教授直到 1959 年。此外，他還擔任瑞典皇家人文科學院院長、瑞典皇家學院和丹麥皇家學院院士等職。

代表性著作有：*A Catalogue of the Chinese Bronzes in the Alfred F. Pittsburg Collection*、*Early Chinese Mirrors* 等。代表性論文有：*Early Chinese Mirror's Inscriptions*、*Huai and Han*、*Some Weapons and Tools of the Yin Dynasty*、*Some Bronzes in the Museum of Far Eastern Antiquities* 等。

1936 年，高本漢發表了《殷周青銅器》（*Yin and Chou in Chinese Bronzes*）一文。1937 年，他又發表了《中國青銅器研究新探》（*New Studies on Chinese Bronzes*）一文。以上二文，後來作爲單行本出版。

高本漢將銅器按照花紋分爲 A、B 兩組，他主張：

> A 組元素可以和 C 組元素出現於同一件器物上，B 組元素也可以和 C 組元素出現於同一器物之上。但是 A 和 B 組元素都不能出現於同一件器物之上，而且 A 組元素和 B 組元素之間是一種發展關係。B 組元素是由 A 組元素發展而來的。[1]

這就是他的 A、B 式銅器分組説。

---

[1]　轉引自楊平：《對西周銅器分期方法的幾點認識》，《文博》1996 年第 5 期。

有關高本漢的這兩部著作，張靜河在《瑞典漢學史》中評述説：

> 把青銅器研究和古漢語研究結合起來加以論述，借助古漢語理論解決了青銅器中存在的不少問題，如年代問題、分期問題和産地問題等等。[1]

當然，高本漢對近代金文學的研究成果是極爲熟悉的。如清代吳大澂、羅振玉、王國維等人，現代郭沫若等人有關青銅器的研究論著，他都曾詳細地研讀過。

但是，高本漢的彝銘學研究，最大的貢獻乃在于：以青銅器花紋圖案來判斷青銅器製作年代的方法，即所謂青銅器的斷代學問題。他把青銅器依花紋圖案分爲殷代、殷周、中周、准四種。他的這一方法，極富天才地解決了當時金文學界無法解決的問題。（當然，亦有學者説此方法實開始于郭沫若。）在高本漢的彝銘學研究方向上走下去的學者，如著名的彝銘學家容庚、陳夢家正是在西周銅器的斷代研究和青銅器製作真僞辨別上取得了極其輝煌的研究成果的。

二、安特生（Johan Gunnar Andersson）的彝銘和青銅器研究

關于中國古代青銅器和奧爾都斯（Ordos）青銅器製作風格上的一致性問題，在國際學術界上首先進行這一比較研究的是有着"現代中國考古學之父"之稱號的著名瑞典漢學家、在中國學術界人盡皆知的安特生（Johan Gunnar Andersson）。

安特生（1874—1960），瑞典人。1901 年，安特生畢業于烏普薩拉大學，取得地質學專業的博士學位。他先後兩次參加了南極考察活動，在此期間他主編和編寫的《世界鐵礦資源》和《世界煤礦資源》兩本調查報告，是他在地質學研究上的成果證明。安特生曾任萬國地質學會秘書長。1914 年，他受聘爲中國北洋政府農商部礦政顧問，在中國從事地質調查和古生物化石采集。《中國的鐵礦和鐵礦工業》和《華北馬蘭臺地》兩部調查報告也正是在這段時間完成的。1916 年開始，由于袁世凱的倒臺，地質考察的研究因經費短缺而停滯，安特生于是把精力放在了對古生物化石的收集和整理研究上。1921 年，他發掘河南省澠池縣仰韶村遺址，發現仰韶文化，揭開中國田野考古工作的序幕；後到甘肅、青海進行考古調查，發現遺址近五十處。他曾提出過中國文化西來説。他對周口店化石地點的調查，促成了後來北京人遺址的發現。他歸國後任遠東古物博物館館長。

[1] 張靜河：《瑞典漢學史》，安徽文藝出版社 1995 年版，第 107 頁。

代表性著作有：*An Early Chinese Culture*、*Children of the Yellow Earth：Studies in Prehistoric China*、*The Dragon and the Foreign Devils* 等。

在中國古代青銅器在現代大量出土之時，東西方漢學界的考古學家們、歷史學家們對青銅器的年代問題最初是持懷疑態度的，特別是在 20 世紀前期日本漢學界和法國漢學界。原因有如下兩點：

其一，在製作風格上，和 Ordos（奧爾都斯）青銅器接近。

其二，在彝銘內容上，和漢唐詩文近似者較多。在高本漢肯定了青銅器彝銘的真實性基礎上，安特生對以上的疑難問題進行了解答。

在 1933 年出版的 *Bulletin of the Museum of Far Eastern Antiquities* 雜誌中，安特生發表了名爲《精選奧爾都斯青銅器》（*Selected Ordos Bronzes*）的一篇論文。在此論文中，他認爲：所謂奧爾都斯青銅器是指在亞洲和歐洲交界地區出土的一種古代青銅器。在製作風格上，中國古代青銅器和奧爾都斯青銅器非常接近。因此，安特生主張古代的奧爾都斯人和中國北方的游牧民族有直接的淵源關係。這一觀點經他提出後一直得到了國際青銅器學界的肯定。

1935 年，安特生出版了《古代中國的金匠》（*The Goldsmith in Ancient China*）一書。在此書中，他利用考古實物證明殷代是中國金屬製作工藝的始點。1943 年，他又出版了《中國史前期研究》（*Researches into the Prehistory of the Chinese*）一書。此書是他對中國考古研究的總結性著作。

三、羅樾（Max Loehr）的彝銘和青銅器研究

羅樾（1903—1988），德國人。1936 年，他獲得慕尼黑大學藝術史博士學位。1940 年，他來到北京任中德學院院長、清華大學助理教授。1951 年，他任密歇根大學教授。1960 年開始，任哈佛大學藝術系教授。

代表性著作有：*Early Chinese Jades*、*Chinese Bronze Age Weapons*、*Chinese Landscape Woodcuts：From an Imperial Commentary to the Tenth-century Printed Edition of the Buddhist Canon*、*Ritual Vessels of Bronze Age China* 等。代表性論文有：*The Earliest Chinese Swords and the Akinakes*、*Ordos Daggers and Knives*、*The Bronze Styles of the Anyang Period*（*1300—1028 B.C.*）、*The Stag Image in Scythia and the Far East*、*A Landscape Attributed to Wen Cheng-Ming*、*The Question of Individualism in Chinese Art*、*Some Fundamental Issues in the History of Chinese Painting*、*The*

Fate of the Ornament in Chinese Art、*Art-Historical Art：One Aspect of Ch'ing Painting*、*Themes and Variations：a Winter Landscape in the Freer Gallery and Related Versions* 等。

羅樾利用紋樣的風格分析將河南安陽青銅器劃分爲五個時期，并且在其後的考古發掘中得到印證，從而影響了現當代西方對中國古代青銅器的研究。他在 1953 年時曾提出"青銅器風格的延續發展規律"問題。在具體技術問題上，他認爲中國青銅器一般是先製作模型後澆注成型的，而後纔是在範上印出紋飾。雖然他并沒有研究彝銘，但是，他對商周銅器的美術史研究，成爲商周彝銘研究的輔助，爲西方漢學界的金文和青銅器的研究打開了新的局面，其歷史意義不容置疑。

2008 年，美國曾出版了 Robert Bagley 撰寫的專門研究羅樾的青銅器研究及其美學理論的專著 *Max Loehr and the Study of Chinese Bronzes* 一書，可供參考。

四、高居翰（James Cahill）的彝銘和青銅器研究

高居翰，1926 年出生于美國加利福尼亞州。1950 年，他畢業于伯克利加州大學東語系。而後，他考入密歇根大學，追隨已故知名學者羅樾，修習中國藝術史，分別于 1952 年和 1958 年取得藝術史碩士和博士學位，高居翰曾在美國華盛頓弗利爾美術館工作多年，并擔任該館中國藝術部主任。他也曾任已故瑞典藝術史學者喜龍仁（Osvald Sirén）的研究助理，協助其完成七卷本《中國繪畫》（*Chinese Painting：Leading Masters and Principles*）的撰寫計劃。自 1965 年起，他開始任伯克利加州大學藝術史系教授。

代表性著作有：《隔江山色：元代繪畫（1279—1368）》《江岸送別：明代初期與中期繪畫（1368—1580）》《山外山：晚明繪畫（1570—1644）》《畫家生涯：傳統中國畫家的生活與工作》《氣勢撼人：十七世紀中國繪畫中的自然與風格》等（以上皆爲國内出版的高氏著作中文譯本）。

高居翰是研究中國美術史的權威，但是他早年的工作經歷使他對商周銅器也曾給予關注。1967 年，他出版了《弗利爾美術館收藏的中國青銅器》（*The Freer Chinese Bronzes*）一書。此書雖然祇是圖録，但是從該書編纂體例和製作的照片來看，作者從美術史角度的考察顯而易見。這些圖録照片非常清晰地顯示出每件銅器的紋飾特點和變化，但不是彝銘。

五、杰西卡·羅森（Dame Jessica Rawson）的彞銘和青銅器研究

杰西卡·羅森，生于 1943 年。英國著名考古學家、漢學家。現任牛津大學墨頓學院院長、中國藝術與考古學教授、牛津大學副校長。羅森教授先後畢業于劍橋大學與倫敦大學。1976 年開始擔任大英博物館古物部主任、東方陶瓷學會會長。1994 年被選爲牛津大學墨頓學院院長。2002 年，因對東方學研究的貢獻被授予女爵士頭銜。2011 年，她從牛津大學退休。羅森教授的學術研究領域爲中國藝術與考古，尤其是商周青銅器研究。

代表性著作有：*Chinese Pots 7th—13th Century AD*、*Ancient China：Art and Archaeology*、*The Chinese Bronzes of Yunnan*、*Chinese Ornament：the Lotus and the Dragon*、*Chinese Bronzes：Art and Ritual*、*Chinese Jade from the Neolithic to the Qing*、*Mysteries of Ancient China*、*China：the Three Emperors*（*1662—1795*）。

2011 年，三聯書店出版了她的《祖先與永恒：杰西卡·羅森中國考古藝術文集》一書。該書收錄羅森教授的研究論文十七篇，内容涵蓋青銅器（四篇）、復古維新（三篇）、墓葬（五篇）、中西交通（二篇）、裝飾系統（三篇）五個方面。其中涉及商周歷史和文化、宗教思想的是如下幾篇：

《是政治家，還是野蠻人？——從青銅器看西周》（*Statesmen or Barbarians：the Western Zhou as Seen Through Their Bronzes*, British Academy Albert Reckitt Archaeological Lecture, 19th October 1989, Proceedings of the British Academy, LXXV, 1989, pp.71—95）、《西周青銅鑄造技術革命及其對各地鑄造業的影響》（*A Bronze-casting Revolution in the Western Zhou and Its Impact on Provincial Industries*, in R.Maddin ed., The Beginnings of the Use of Metals and Alloys, Papers from the Second International Conference on the Beginnings of the Use of Metals and Alloys, Zhengzhou, China, 21—26 October 1986, Boston：Massachusetts Institute of Technology, 1988, pp.228—238）、《戰國及秦漢時期的禮器變化》（*Ritual Vessel Changes in the Warring States, Qin and Han Periods*, in Regional Culture, Religion and Arts before the Seventh Century, Papers from the Third International Conference on Sinology, History Section, Taipei：Institute of History ＆ Philology, Academia Sinica, 2002, pp.1—57）、《古代紋飾的復興與過去的呈現——來自商周青銅器的例

子》（*Reviving Ancient Ornament and the Presence of the Past*：*Examples from Shang and Zhou Bronze Vessels*，in Wu Hung ed.，Reinventing the Past：Archaism and Antiquarianism in Chinese Art and Visual Culture，Chicago：Art Media Resources，2010，pp.47—76）、《復古維新——以中國青銅器爲例》（*Novelties in Antiquarian Revivals*：*The Case of the Chinese Ritual Bronzes*，The National Palace Museum Research Quarterly，vol.22，no.1，Autumn，2004，pp.1—34）、《中國青銅器的傳承》（*The Ancestry of Chinese Bronzes*，in Steven Lubar and W. David Kingery eds.，History from Things：Essays on Material Culture，Washington，Smithsonian Institution Press，1993，pp.51—73）、《中國的喪葬模式——思想與信仰的知識來源》（*Chinese Burial Patterns*：*Sources of Information on Thought and Belief*，in Chris Scarre and Colin Renfrew eds.，Cognition and Culture：the Archaeology of Symbolic Storage，Cambridge：McDonald Institute for Archaeological Research，1998，pp.107—133）。

杰西卡·羅森教授的研究很大部分依然是商周青銅器花紋的研究。但是她對墓葬的研究開始了對中國遠古時代宗教和思想的考察。

六、夏含夷（Edward L.Shaughnessy）的彝銘和青銅器研究

夏含夷，1952 年生于美國賓夕法尼亞。1970—1974 年，他進入聖母大學（University of Notre Dame）學習，專業是宗教學。1974 年，他大學畢業後，留學臺灣，隨愛新覺羅·毓鋆學習玄學。回國以後，他考入斯坦福大學（Stanford University）東亞系，專攻《周易》研究。1980 年，獲碩士學位。1983 年，他獲博士學位。博士論文題目爲《〈周易〉的編纂》。1985 年，他受聘爲芝加哥大學東亞系助教授，後一直在芝加哥大學任教。1997 年，他晉升爲顧立雅（Greel）中國古史講座教授。

代表性著作有：《西周史的原始記録》《易經：馬王堆帛書〈易經〉英文翻譯》《孔子之前：中國經典誕生的研究》《温故知新録：商周文化史管見》《古史異觀》《重寫中國古代文獻》，編輯《中國古代新史料：閱讀銘文與寫本的指南》，與魯惟一（Michael Loewe，1922—　）合編《劍橋中國古代史》等。代表性論文有：《燕國銅器祖考稱號與周人謚法的起源》《從駒父盨蓋銘文談周王朝與南淮夷的關係》《此鼎

銘文與西周晚期年代考》《四十二年、四十三年兩件吳逨鼎的年代》《上博新獲大祝追鼎對西周斷代研究的意義》《簡論保卣的作者問題》《測定多友鼎的年代》等。

1992 年，夏含夷出版了《西周史的原始記録：青銅器彝銘》（*Sources of Western Zhou History：Inscribed Bronze Vessels*）一書。本書是一部有關西周史研究的青銅器銘文史料彙編性著作。夏含夷曾經認爲，銅器彝銘并不是第一手的資料，他認爲的第一手資料在朝廷的檔案裏，而第二手資料則是受命者所受的命册，銅器彝銘則是第三手資料。

根據他自己在《古史異觀》一書的自序可知：他是 1980 年開始向倪德衛學習商周彝銘的。1983 年，他取得博士學位後全身心開始了商周彝銘研究：

> 由西周銅器銘文開始，用了好幾年時間專門研究與銅器有關的各種問題，到了 1991 年出版了《西周史料》一書，對銅器，特别是銅器銘文作了綜合的介紹。[1]

這些論文核心點却一直是圍繞着西周銅器斷代而來的。其中，他最著名的觀點是肯定并支持《竹書紀年》中的"厲王在位十二年"説。

在對西周諸王進行斷代研究時，他先後提出了諸多操作方法。這些操作方法反映了他的銅器斷代的標準和尺度。筆者在此總結五點如下：

首先，他在《西周王朝的絶對年代》一文中提出了兩個操作方法，即：

> 第一，具有完整曆日的銅器斷代的相對性優於其絶對性。
>
> 第二，爲儘量避免銘文曆日分析中出現多種可能性，我主張以這些曆日資料重構的年表應該得到其他形式歷史資料的佐證。[2]

其次，他在《此鼎銘文與西周晚期年代考》一文中又提出了他的平等價值説，可以稱之爲第三個操作方法，即：

> 史學家對西周年代的研究方法基本上可以分爲兩類：最普遍的方法是先假定武王克商之年，然後填入此年與公元前 842 年之間各王在位的年數；另外一

---

[1]　[美] 夏含夷：《古史異觀·自序》，上海古籍出版社 2005 年版，第 3 頁。
[2]　同上，第 148 頁。

種是以公元前 842 年爲基點向上推算。據我看，這兩種方法應該有平等的學術
價值。[1]

再次，夏氏觀點的混亂乃是由于他戀戀不捨的、由他的導師創建的所謂西周王
朝推行的"雙元曆"說，這是他的第四個操作方法。因此，在《此鼎銘文與西周晚
期年代考》一文中，他也特別闡明"更重要的是，也證明西周時代的周王在位期間
可以含有兩種不同的年曆"。[2]

最後，他在《燕國銅器祖考稱號與周人諡法的起源》一文中又提出了他的第五
個操作方法。即：

西周早期的銅器銘文主要利用天干廟號來稱呼祖考，西周中期（可能偏
晚）諡法的稱號纔開始利用。[3]

在上述基礎上，夏含夷把上述五個斷代標準和操作方法應用到厲王在位時間的
斷代研究中，正式提出了他的"厲王在位十二年"說。

他的理由是如下四點。

理由之一：平均值說。

他主張：我們清楚厲王之子宣王在位四十六年，如果在共和行政的十年前厲王
在位三十七年，這兩代統治合起來就是九十七年，這個數字不但遠遠長于整個中國
王朝史上王和皇帝平均每代約二十五年的數字，而且事實上，祇有清代的乾隆、嘉
慶合起來在位八十五年能與之相當。既然已知宣王在位的時間很長，我們能想到厲
王的在位時間要短于平均值。

理由之二：王子年齡說。

他主張：傳統上公認當厲王逃跑時，他的兒子纔祇有幾歲。在公元前 827 年厲
王死後繼位的宣王，可能不會生于公元前 845 年以前。要承認厲王在位三十七年，
我們得假設在他有繼承人之前，他已經在位三十五年了。這顯然是不合理的。

理由之三：夷王在位結束期說。

我們知道厲王流彘是公元前 842 年，而這一年正好是衛釐侯十三年，而他是

---

[1]　[美]夏含夷：《古史異觀》，上海古籍出版社 2005 年版，第 226 頁。
[2]　同上，第 244 頁。
[3]　同上，第 193 頁。

公元前 854 年即位的。他父親衛頃侯在位是公元前 866 年到公元前 855 年。根據
《衛康叔世家》的記載，頃侯和夷王時期重合。因爲夷王不會早于公元前 866 年結
束，所以厲王也不可能從公元前 865 年開始即位，可見厲王在位時間不會超過二
十四年。

理由之四：齊獻公卒年説。

根據《齊太公世家》記載，齊武公在位元年爲公元前 850 年，他的父親獻公死
于厲王三年，而《史記》記載他死時爲公元前 851 年，這一年根據《竹書紀年》記
載爲厲王三年。于是，厲王元年當爲公元前 853 年，到他流亡前在位十二年。

基于上述理由，夏含夷最後得出結論："厲王僅在位十二年。"

夏含夷是美國漢學界新一代著名的甲骨學家和易學家，他對殷墟甲骨分期和斷
代問題有比較精湛的研究。

七、羅泰（Lothar von Falkenhausen）的彝銘和青銅器研究

羅泰，1988 年畢業于哈佛大學人類學系，獲博士學位，師從張光直。畢業後先
後任教于斯坦福大學和加州大學河濱分校。1993 年起至今，任教于加州大學洛杉磯
分校。其著《宗子維城》榮獲"美國考古學會（SAA）2009 年度最佳圖書獎"。
2011 年當選爲美國人文藝術科學院院士。

代表性著作有：《樂懸：編鐘和中國青銅時代文化》《宗子維城》等。

羅泰的研究領域主要爲中國青銅器、彝銘、禮儀制度、區域文化及考古學方法
論和學術史等。

《宗子維城》一書分爲三部分，第一部分爲新的等級制度及其貫徹，内容主要是
介紹周代氏族社會的基本情況；第二部分爲内部融合及與外部劃清界限；第三部分
爲變革與重組，研究東周時期的禮制和政治制度的變革。《宗子維城》一書以作者擅
長的德國歷史哲學分析的方法來考察中國青銅時代的考古材料。正如美國考古學會
（SAA）2009 年度最佳圖書獎介紹該書時所言：

> 《宗子維城》通過對一個世界最早文明在發展過程中的關鍵時刻的綜合研
> 究，爲人類學意義上的考古學作出了一個持久的貢獻。本書呈現了豐富的考古
> 學資料，使得更多的研究者能夠接近那些以前尚未在中國之外發表的重要資
> 訊。該書通過考古學資料與歷史文獻的綜合應用，將公元前第一個千年之際的
> 意識形態和政治變化放置於宏觀社會背景之下考察，爲中國青銅時代晚期的文

化演進提供了一個全方位的視角。它是一部有關中國青銅時代晚期社會的雄辯博學、權威的社會考古學的總結。

對于商周銅器銘文，羅泰主張彝銘內容主要分前後兩部分，前半部分爲受命者接受册命的記録，包括時間、地點、人物、賞賜物品等，羅泰稱之爲"功勞的記録"。而後半部分是接受册命者爲紀念其祖先、向之祈求福禄的用語，即"嘏辭"。羅泰指出，嘏辭纔是彝銘的核心部分。他的這一主張更看重商周文化傳統中的"孝"和"血緣關係"的存在價值。

八、華裔學者的西周年代研究

1. 黎東方

黎東方（1907—1998），江蘇東臺人。父黎淦，清朝舉人。黎東方早年接受私塾教育，考入清華大學後，師從梁啓超攻讀史學。畢業後，黎氏留學法國。1931年，黎氏獲巴黎大學文學博士學位。1931年8月回國後，黎氏在北京大學、清華大學主講歷史、哲學。1937年以後，黎氏任東北大學教授。抗戰勝利後，黎氏應賽珍珠之邀赴美。1948年短暫歸國，黎氏任貴州大學歷史系主任。1949年，黎氏再次赴美，先後在密蘇里州坎薩斯市大學、勞倫斯城坎薩斯州大學、伊利諾伊州布拉德利大學、聖地亞哥大學任教授。1954年，黎氏與林語堂在新加坡共創南洋大學。

代表性著作有：《細説三國》《細説元朝》《細説明朝》《細説清朝》以及《細説民國創立》等書。代表性論文有：《西周太初曆譜》《西周青銅器銘文中之年代學資料》等。

在銅器斷代問題上，黎氏主張《元年師兑簋》和《六年召伯虎簋》屬于僞器。他的理由是：

> 元年師兑簋應該與三年師兑簋（第三十六號）同屬於幽王之時，至少應該是屬於宣王之時，雖則宣王元年已經早于幽王元年四十六年之久。然而它兩均不屬。幽王元年五月的太初月朔是壬辰，校正月朔是甲午。元年師兑簋銘文上的甲寅，於是祇能是該月的二十一日，不屬於初吉月相的範圍。宣王元年五月的太初月朔是己丑，校正月朔是辛卯，甲寅祇能是該月的二十四日，也不屬於初吉的範圍。

> 六年召伯虎簋，應該與五年召伯虎簋（第三十二號）同屬於宣王之時。宣

王六年四月的太初月朔是己丑，校正月朔是辛卯，該月不可能有六年召伯虎簋銘文中的甲子那一天。

我有理由認爲這兩器均是一心圖利的人所僞造出來的僞器。[1]

另外，還有九器也被他放弃不論，如下：

（一）師旦鼎，元年八月丁亥。（二）大鼎，十五年三月"既霸"丁亥。（三）十五年趞曹鼎，十五年五月既望壬午。（四）閑碩鼎，二十四年八月辛酉。（五）伊簋，二十七年一月既望丁亥。（六）師遽簋，三年四月既生霸辛酉。（七）史伯碩父鼎，六年八月初吉己巳。（八）庚嬴鼎，二十二年四月既望己酉。（九）寰盤，二十五年八月既望庚寅。[2]

他主張公元前 1102 年纔是武王克商之年。當然，上述祇是一家之言，我們不贊成他將上述九器放弃不用的想法，而且我們也不支持他的《元年師兌簋》和《六年召伯虎簋》屬于僞器的主張。

2. 丁驌

丁驌，生于 1908 年前後，1933 年畢業于燕京大學，1937 年獲得英國格拉斯哥大學的博士學位，曾長期任美國洛杉磯加州大學地質系教授。

代表性著作有：《夏商史研究》《東薇堂讀契記》等。代表性論文有：《西周金器年譜》《中國古代的親屬稱謂》《西周王年與殷世新説》《西周王年新説更正》《"初吉"説》等。

丁氏首先主張彝銘中的元年有雙重含義：

"元年"有兩義，一爲前王崩殂，次王立之年。此元年余稱之爲"即位年"。即位之次年，乃王之紀元元年，暫稱"改元年"。金器有先後二年，皆稱元年者。聯帶以下之王年，均有"雙胞"式。[3]

而對于厲王在位時間，他則主張：

---

[1]　黎東方：《西周青銅器銘文中之年代學資料》，朱鳳瀚、張榮明編：《西周諸王年代研究》，貴州人民出版社 1998 年版，第 122 頁。
[2]　同上，第 123 頁。
[3]　《中國文字》第 10 期，第 2—3 頁。

属王王年向多異論。史上雖曰三十七年奔嬭，繼以共和十四年共有五十一年之多。史家多異説。少者十二年，多者三十年。余由宣王上溯，知共和可能爲十五年。属王三十七年。惟属王奔嬭之年爲三十年。在嬭之後仍有偏安局面七年，故三十七年爲事實。祇不過其最後七年，與共和初七年重複耳。[1]

在此基礎上，他將武王伐紂之年定爲公元前 1076 年。丁氏的雙元年説和属王在位年限説，比較好地解決了一些重大的疑難問題。在雙元年説這一主張上，他的觀點和吉德煒（David N.Keightley）的雙元年論，誰的主張在先？筆者愧不能斷。但顯然，雙元年説是值得關注的一個有積極建設性意見的觀點。

九、華裔學者的彝銘和青銅器研究

1. 張光直

張光直（1931—2001），北京人。1954 年，張氏畢業于臺灣大學考古人類學系。1961 年，張氏獲美國哈佛大學哲學博士學位。1961 年至 1973 年間，張氏歷任美國耶魯大學人類學系講師、助理教授、副教授、教授、系主任等職。1977 年起，張氏在哈佛大學人類學系任教。1974 年，張氏獲選爲臺灣“中央研究院”院士。1979 年，張氏獲選美國國家科學院院士。1980 年，張氏獲選爲美國文理科學院院士。曾任臺灣“中央研究院”副院長。

代表性著作有：《古代中國考古學》《商代文明》《中國青銅時代》等。代表性論文有：《商王廟號新考》《商周青銅器上的動物紋樣》《中國古代的飲食與飲食具》《從夏商周三代考古論三代關係與中國古代國家的形成》《説殷代的“亞形”》《中國青銅時代》等。

在《中國青銅時代》一書中，張氏綜論了商周銅器的社會價值屬性，他主張：

青銅的另外一個主要用途，即在祭器上的使用，可將青銅當做貴族威權與節約規則的象徵。在三代期間，這些容器在形式與裝飾紋樣上經過許多有時相當顯著的變化，但是它們的主要功能——在儀式上使用并爲特選親族的貴族統治之合法性的象徵——是始終未變的……青銅禮器與兵器是被國王送到他自己的地盤去建立他自己的城邑與政治領域的皇親國戚所受賜的象徵性的禮物的一

---

[1]《中國文字》第 10 期，第 2—3 頁。

部分，然後等到地方上的宗族再進一步分枝時，它們又成爲沿着貴族綫路傳遞下去的禮物的一部分，青銅容器獲得這等意義是因爲它們與在儀式上認可了建立在親屬關係上的貴族政治的祖先崇拜祭儀之間的聯繫關係。同時也因爲它們是祇有控制了大規模的技術的與政治的機構的人纔能獲得的珍貴物品，因而適用爲節約法則的象徵。[1]

雖然張氏寫有名著《中國青銅時代》，但是在他的論著中使用的古文字材料則是甲骨多于彝銘。儘管他曾經主持過臺灣"中央研究院"的科研項目"商周銅器銘文的綜合研究"，但是他本人却没有貢獻出如陳夢家《西周銅器斷代》那樣的一部集銅器考古和古文字學研究于一體的著作。他的意義是把統治西方學術界數十年的對商周銅器的純紋飾美術史研究拉回到了對商周王朝的考古人類學研究的軌道上來。就這一點而言，雖然他没有研究商周彝銘的銅器考古學論著，其效果却很接近古代中國文學批評家所謂的"不着一字，盡得風流"了！因此，在學術史上，我認爲張氏和羅樾具有相同的學術價值和學術影響。

2. 高木森的彝銘學研究

高木森，1942年生，彰化縣人。字淩雲，號中台、羲山逸士、木翁，筆名玄玄子。1967年，畢業于臺灣大學外文系。1970年赴美國堪薩斯大學留學，取得藝術史博士學位。1979年應聘赴香港中文大學任教。1995年任東海大學訪問教授。現爲聖荷西大學藝術學院教授。

代表性著作有：《西周青銅彝器彙考》。代表性論文有：《西周王年與青銅器之斷代》《略論西周武王的年代問題與重要青銅彝器》《西周成王時代的青銅彝器》等。

高氏此書，就其目的而言，幾乎是唐蘭的《西周青銅器銘文分代史徵》一書的翻版。在該書一開始，高氏就明確主張：

> 研究西周的銅器，首先要考慮的便是這些銅器的時代問題，亦即所謂"斷代問題"。因此，本書的取材以有年代可考的器物爲主。有些是久已留傳在世的名品，它們大多曾在郭沫若的書中出現過。其餘的大多是近三十年出土的銅器，這些銅器的出土地點包括岐山、臨潼、寶鷄、莊白、張家坡、扶風、普渡

---

[1]　張光直：《中國青銅時代》，生活·讀書·新知三聯書店1983年版，第22頁。

村、董家村、藍田、武功縣等地，也有少數是來自遼寧及河北，殆皆屬西周領域。[1]

我們對比一下高氏和唐氏各自使用的彝銘史料就可以看出詳略了。如，穆王銅器彝銘，高氏使用了大約九件，而唐氏則是將近六十五件，唐氏幾乎是高氏的六倍！唐氏在金文學界的地位就是靠着這些堅實的彝銘考證和解讀確立的。

3. 其他

陳漢平、李峰、楊曉能、汪濤等人的金文和青銅器研究，也是值得關注的。他們皆爲最近幾十年內到國外留學，然後定居下來，繼續進行金文和青銅器研究的學者。

其中，陳漢平是研究商周金文的著名學者，在國內時就已經成就輝煌。如其一直留在中國社會科學院的話，今日繼承張政烺的古文字研究學術法脈、執國內外金文研究之牛耳者，必是此人！陳氏早年師從張政烺和李學勤，專業研究《金文編》并以此撰寫、出版了博士學位論文《金文編訂補》。使他產生重大影響力的學術著作却是《西周册命制度研究》一書。身居美國期間，他還出版了《古璽文字考釋》等學術著作。

楊曉能的《另一種古史：青銅器紋飾、圖形文字與圖像銘文的解讀》也是以對銅器彝銘的考古研究爲宗旨的，他比較好地融合了紋飾研究和文字研究這兩大格局的不同，表現出融合和會通東西方學術研究模式的傾向。然而，在對族徽文字的最新研究上，他顯然沒有注意到筆者利用圖像演繹法對商周金文中的疑難族徽文字進行解讀的論著。雖然系統地反映筆者這一研究成果的專著是在 2013 年 2 月出版的《商周圖像文字研究》一書（上海人民出版社 2013 年版），但是筆者使用的這一研究模式并公開發表論文却已經十幾年了。

在彝銘和青銅器研究上取得重要成果的還有班大爲（David Ban）、巴克斯鮑姆（Dessa P. Bucksaum）、邦克（Emma C. Bunker）、休伯（Louisa G. Fitzgerald Huber）、詹姆斯（Jean M. James）、吉德煒（David Noel Keightley）、吉德爾（Jonathan Edward Jr. Kidder）、桑山（George Kuwayama）、勒爾（Max Johannes Joseph Loehr）、米克爾（Stanley L. Mickel）、默里（Julia Killin Murray）、尼維森（David

---

[1] 高木森：《西周青銅彝器彙考》，中國文化大學出版社 1982 年版，第 2 頁。

Shepherd Nivison)、波普 (John Alexander Pope)、魯道夫 (Richard Casper Rudolph)、沙特克 (Warren Shattuck)、索普 (Robert L.Thorp) 等人，他們皆出版了相關研究著作，限于筆者的學力和英文閱讀能力，一時間無法對他們進行專業評述，在此祇是略加説明而已。

以上諸多青銅器研究著作的出版，大致確定了青銅器研究對古代中國美術史、工藝史、科學技術史、古文字學、上古史等方面研究的不可替代的學術參考作用。在某種意義上，對甲骨學和彝銘學的研究可以説是對《説文解字》進行的字義、字源的考古性研究。而且，作爲進行甲骨學和金文學研究的一項基礎，《説文解字》是極爲重要的入門參考書。

20 世紀東西方漢學界的文字學研究，早脱離了以往漢字來自古希臘、古巴比倫説等觀點，而且由于甲骨學、彝銘學的發達，科學、規範、深入的漢語文字學的研究正一天天形成。

第四十章　日本漢學界彝銘學研究述評

引　論

日本漢學界的彝銘學研究經歷了三個階段：留學僧階段、古董商階段和漢學家階段。而在漢學家階段，又分爲銅器考古學和彝銘學術研究兩大類。

其中，銅器考古學的研究主要是以考古學京都學派的學者們爲核心。該學派的誕生是和對中國東北地區的考古發掘活動緊密聯繫在一起的。1928 年，爲了給日本政府的"滿蒙非中國領土論"提供考古學證據，日本東亞考古學會正式成立，標誌着日本考古學界針對中國東北地區的考古發掘工作已經成了日本政府的工作重點之一。因此，京都學派對中國考古學的研究，一直是和對中國東北地區的文化侵略密切相關的。

正是在日本政府支持下的這些考古活動中，當時的考古學教研室負責人濱田耕作帶領着他手下的衆多弟子們展開了考古實習和發掘、研究活動，他們實現了從考古學學生到著名考古學家的身份變更。這當中又以梅原末治、水野清一、小林行雄、末永雅雄、島田貞彦、清野謙次、金關丈夫、三宅宗悦等人爲代表。

而對于彝銘的學術研究并不是早期考古學京都學派的研究強項。但是，從白川靜開始，日本的彝銘學術研究逐漸走上了正軌。今天，20 世紀日本漢學界的彝銘學研究，已脫離了以往漢字來自古希臘、古巴比倫説等觀點，而且由于甲骨學、彝銘學的發達，科學、規範、深入的漢語文字學的研究正一天天形成。

第一節　殷周青銅器在日本的流傳和收藏

商周銅器的研究和收藏一向是日本古今學術界的熱點。其中，以"泉屋博古館"最爲著名。該館創始人系日本以經營銅礦冶煉業起家的著名財閥住友春翠。"泉屋"是該家族早期經營銅礦冶煉業公司的名稱。

"泉屋博古館"内設有中國古代青銅器館和中國古代書畫館。其中，中國古代青銅器館分設四個展室：商代銅器、西周銅器、春秋戰國銅器、漢唐銅器。

在本節中，筆者以《泉屋清賞》《白鶴吉金集》和《海外吉金圖録》等數部著作爲依據，并參考了日本東京書道博物館等一些博物館的陳列目録，特别編製了《日本收藏部分商周青銅器存見表》。由于日本的青銅器收藏和拍賣流動性很大，這裏列出的祗是曾經收藏于該地的信息。其中部分器名，筆者根據研究進行了訂正。

日本收藏部分商周青銅器存見表

種類	順序	器　名	收　藏　地
鼎	1	《亞𧽍鼎》	泉屋博古館
	2	《匽侯旨鼎》	泉屋博古館
	3	《刺鞔鼎》	泉屋博古館
	4	《饕餮紋鼎》	鹽原又策藏品
	5	《父辛方鼎》	白鶴美術館
	6	《金錯雲紋鼎》	武内金平藏品
	7	《䰩從鼎》	黑川古文化研究所
	8	《芮公鼎》	出光美術館
	9	《饕餮紋鼎》	東京國立博物館
	10	《蟠螭紋鼎》	東京國立博物館
	11	《商册册父癸鼎》	斯文會藏品
	12	《商具會琱紋鼎》	斯文會藏品
	13	《父辛鼎》	斯文會藏品

（續表）

種類	順序	器　　名	收　藏　地
鼎	14	《弦紋有蓋鼎》	斯文會藏品
	15	《商父甲鼎》	斯文會藏品
	16	《有蓋蟠螭紋鼎》	斯文會藏品
	17	《周析子孫甲父分檔鼎》	斯文會藏品
尊	18	《犧首饕餮紋尊1》	泉屋博古館
	19	《犧首饕餮紋尊2》	泉屋博古館
	20	《犧首饕餮紋尊3》	泉屋博古館
	21	《犧首饕餮紋尊4》	泉屋博古館
	22	《犧首饕餮紋尊5》	泉屋博古館
	23	《犧首饕餮紋方尊》	泉屋博古館
	24	《鼎父己尊》	泉屋博古館
	25	《魚尊》	泉屋博古館
	26	《父己尊》	泉屋博古館
	27	《父戊尊》	泉屋博古館
	28	《父癸尊》	泉屋博古館
	29	《饕餮紋尊》	泉屋博古館
	30	《癸鳥尊》	泉屋博古館
	31	《鷊尊》	泉屋博古館
	32	《作父己尊》	泉屋博古館
	33	《效尊》	白鶴美術館
	34	《作寶尊彝尊》	泉屋博古館
	35	《鴞尊》	泉屋博古館
彝	36	《方彝》	泉屋博古館
	37	《雲雷紋方彝》	泉屋博古館
	38	《饕餮蟬紋方彝》	鹽原又策藏品
	39	《效父彝》	寧樂美術館
甗	40	《父庚甗》	泉屋博古館
	41	《大史友甗》	泉屋博古館
	42	《邢伯甗》	泉屋博古館

種類	順序	器　名	收　藏　地
甌	43	《遇甌》	泉屋博古館
	44	《蟠夔紋甌》	泉屋博古館
豆	45	《鱗紋豆》	武内金平藏品
	46	《環耳豆》	泉屋博古館
瓿	47	《夔龍饕餮紋瓿》	泉屋博古館
	48	《方斜雷紋瓿》	泉屋博古館
	49	《犧首饕餮紋瓿》	泉屋博古館
	50	《饕餮紋瓿1》	泉屋博古館
	51	《饕餮紋瓿2》	東京國立博物館
匜	52	《雲紋四足匜》	泉屋博古館
	53	《蟠夔紋三足匜》	泉屋博古館
	54	《鳳蓋三足匜》	藤井善助藏品
	55	《蘇甫人匜》	小川睦之藏品
簋	56	《木父丙簋》	泉屋博古館
	57	《尹簋》	泉屋博古館
	58	《俤告簋》	泉屋博古館
	59	《父乙簋》	泉屋博古館
	60	《埶父辛簋》	泉屋博古館
	61	《鳥雷直紋簋》	泉屋博古館
	62	《伯簋》	泉屋博古館
	63	《録簋》	泉屋博古館
	64	《夔雷紋四足簋》	鹽原又策藏品
	65	《囗簋》	泉屋博古館
	66	《饕餮紋方座簋》	泉屋博古館
	67	《蛟龍直紋方座簋》	泉屋博古館
	68	《山雲紋方座簋》	武内金平藏品
	69	《環紋簋》	泉屋博古館
	70	《趞簋》	書道博物館
	71	《鳥耳簋》	田中源太朗藏品

（續表）

種類	順序	器　名	收　藏　地
壺	72	《饕餮紋壺》	鹽原又策藏品
	73	《禽壺》	泉屋博古館
	74	《芮伯壺》	細川護立藏品
	75	《鱗紋壺》	泉屋博古館
	76	《蟠虺紋壺》	泉屋博古館
	77	《獵壺》	帝室博物館
	78	《渦雲紋壺》	泉屋博古館
	79	《流金銀神獸壺》	伊藤莊兵衛藏品
	80	《鳥首鉋壺》	泉屋博古館
	81	《戰國彩釉壺》	東京國立博物館
	82	《鉋壺》	泉屋博古館
罍	83	《饕餮紋方罍》	泉屋博古館
	84	《癸丁罍》	泉屋博古館
	85	《父丁罍》	泉屋博古館
	86	《渦雲紋方罍》	武內金平藏品
罩	87	《饕餮紋罩1》	鹽原又策藏品
	88	《饕餮紋罩2》	泉屋博古館
	89	《饕餮紋罩3》	斯文會藏品
	90	《鳥柱饕餮紋罩》	泉屋博古館
	91	《商琱紋罩》	斯文會藏品
爵	92	《父癸爵》	泉屋博古館
	93	《亞丙爵》	泉屋博古館
	94	《甲蟲爵》	泉屋博古館
	95	《旨豕爵》	泉屋博古館
	96	《父壬爵》	泉屋博古館
	97	《饕餮紋爵》	泉屋博古館
	98	《有蓋饕餮紋爵》	鹽原又策藏品
	99	《魚爵》	斯文會藏品
	100	《父己爵》	斯文會藏品
	101	《隹壺爵》	嘉納治兵衛藏品

(續表)

種類	順序	器　名	收　藏　地
觚	102	《亞𣁋觚》	泉屋博古館
	103	《祖壬觚》	泉屋博古館
	104	《饕餮紋觚》	伊藤莊兵衛藏品
	105	《敬一觚》	東京美術學校
	106	《𤞤觚》	斯文會藏品
	107	《商史觚》	斯文會藏品
	108	《雲圈紋觚》	泉屋博古館
鬲	109	《仲姞鬲》	泉屋博古館
	110	《戲伯鬲》	泉屋博古館
	111	《蟠虺紋鬲》	泉屋博古館
盉	112	《丙父乙盉》	泉屋博古館
	113	《蟠夔紋盉》	泉屋博古館
	114	《麥盉》	泉屋博古館
	115	《雲雷紋盉》	鹽原又策藏品
	116	《鳳蓋盉》	泉屋博古館
鐘	117	《紀侯鐘》	泉屋博古館
	118	《楚公鐘1》	泉屋博古館
	119	《楚公鐘2》	泉屋博古館
	120	《楚公鐘3》	泉屋博古館
	121	《邢人編鐘》	泉屋博古館
	122	《兮人鐘》	泉屋博古館
	123	《虢叔編鐘》	泉屋博古館
	124	《叔鐘》	泉屋博古館
	125	《叔編鐘》	泉屋博古館
	126	《者汈編鐘1》	泉屋博古館
	127	《者汈編鐘2》	泉屋博古館
	128	《蟠螭紋鐘》	鹽原又策藏品
	129	《虎鐘》	泉屋博古館
	130	《者汈編鐘3》	東煙謙之藏品

（續表）

種類	順序	器　　名	收　藏　地
鐘	131	《者汙編鐘 4》	東煙謙之藏品
	132	《者汙編鐘 5》	東煙謙之藏品
	133	《者汙編鐘 6》	東煙謙之藏品
	134	《者汙編鐘 7》	東煙謙之藏品
	135	《者汙編鐘 8》	東煙謙之藏品
	136	《者汙編鐘 9》	東煙謙之藏品
	137	《者汙編鐘 10》	東煙謙之藏品
	138	《獸紋鐸》	東京國立博物館
	139	《應侯見工鐘》	書道博物館
卣	140	《丁𠦪卣》	泉屋博古館
	141	《饕餮紋卣》	泉屋博古館
	142	《告亞卣》	川合定次郎藏品
	143	《夔雷紋卣》	泉屋博古館
	144	《𠷎卣》	嘉納治兵衛藏品
	145	《𠂤卣》	泉屋博古館
	146	《𢇛卣》	泉屋博古館
	147	《寏卣》	泉屋博古館
	148	《競卣》	泉屋博古館
	149	《夔龍饕餮紋卣》	泉屋博古館
	150	《作寶尊彝卣 1》	泉屋博古館
	151	《作寶尊彝卣 2》	泉屋博古館
	152	《邢季卣》	泉屋博古館
	153	《饕餮蟬紋卣》	泉屋博古館
	154	《饕餮龜紋卣》	泉屋博古館
	155	《饕餮食人卣》	泉屋博古館
	156	《鴟鴞卣》	泉屋博古館
	157	《戈鴞卣》	泉屋博古館
	158	《鴟鴞卣》	泉屋博古館
鉦	159	《素鉦》	泉屋博古館
	160	《蟜甫鉦》	泉屋博古館

(續表)

種類	順序	器　名	收　藏　地
鼓	161	《四蛙銅鼓》	泉屋博古館
	162	《雙鳥饕餮紋》	泉屋博古館
雜器	163	《饕餮蟬紋俎》	泉屋博古館
	164	《雷粟紋錡》	山中松次郎藏品
	165	《環耳敦》	泉屋博古館
	166	《蟠夔紋簠》	泉屋博古館
	167	《饕餮蟬紋勺》	嘉納治兵衛藏品
	168	《癸觶》	泉屋博古館
	169	《宰甗角》	泉屋博古館
	170	《象兔饕餮紋觥》	泉屋博古館
	171	《蛙藻紋盤》	泉屋博古館
	172	《蟠虺紋瓴》	泉屋博古館
	173	《環耳蝙蝠紋提器》	泉屋博古館
	174	《甘斿杯》	細川護立藏品
	175	《秦虎符》	泉屋博古館
	176	《虎錞》	泉屋博古館

第二節　日本彝銘學研究著作綜述

　　古代日本的彝銘學研究著作，基本上是中國所出同類古籍的翻印，談不上有什麼具體的研究著作。這些著作在學術界統稱爲“和刻本”。在翻印過程中，最有名的一書是《文石堂重刊曹氏吉金圖》。該書作者是曹載奎（1782—約1852），又名曹奎，江蘇吳縣（今蘇州）人。字秋舫，以“懷米山房”作爲室名。

　　卷首有張廷濟序。卷前有《文石堂主人誌》一篇，言及此書之出版經緯：

　　　　曹秋舫《吉金圖》二卷，流傳甚罕，世多未之睹。故凡欲模仿古銅器之銘文形式者，一以《博古圖錄》《考古圖》《西清古鑑》三書爲據，而三書亦乏善本，人以爲憾焉。近者，予幸獲曹圖，反覆閱之，銘文形式俱極摹刻之

精，洵足以爲三書之羽翼矣。因欲翻刻，廣其傳。但曹圖原本係石刻，而本
邦石刻之技未能精巧如彼。予恐或失原迹，因倩所知老工大西櫻雲，上木
刻甫竣，爰記其由，以告攬者云爾。大日本明治十五年九月京都府書林文
石堂主人誌。

卷末有長文云：

　　　　明治十五年七月廿日出版。御届同年九月刻成。出版人：京都府平民上京
區第卅組八幡町户住北村四郎兵衛。

　　内有私印一枚，亦有吳榮光跋。所收爲三代青銅器，有秦漢器數件，有器形圖，
有尺寸説明，有釋文，有銘文摹寫。在《曹氏吉金圖》中，曹氏將商周青銅器分成
商代九類、周代十類。如下：鼎、尊、觚、爵、角、彝、敦、卣、觶（以上商代），
壺、鐘、鼎、盤、匜、罍、鬲、尊、敦、簋（以上周代）。其中，此書對于周代青銅
器的編排順序頗爲混亂，但對器形、彝銘、尺寸説明極其詳細，這已經得到了張廷
濟的特別贊許。

　　這裏的出版商“京都府平民上京區第卅組八幡町户住北村四郎兵衛”，是當時
一家著名的世代以翻印中國古籍爲生的家族企業。而刊本刻者出自“京都府書林文
石堂主人”。

　　進入 20 世紀初期，日本學者的彝銘學研究著作開始出現。這可以分爲兩類：一
類是銅器著録的考古學和美術史學的研究，一類是以對《説文解字》的研究爲主的
彝銘字體和字義的研究。前者如濱田耕作、原田淑人、梅原末治合著的《泉屋清
賞・彝器編》，後者如高田忠周出版了六卷本《漢字詳解》、岡井慎吾出版了《漢字
の形音義》和《玉篇の研究》等著作。

　　這當中最有名的一部怪書是板津七三郎的《埃漢文字同源考》（*De Unitate
Originis Litterarum Sinicarum et Aegyptiacarum*）一書。該書出版于昭和八年
（1933）。其中心内容是對古代埃及象形文字和中國上古時代的彝銘和古文大篆進行
比較研究。作者通過二十五種常見用字的分類和比較研究，力圖找出構成埃、漢象
形文字的共同源頭。此書并不同于西方漢學界以往的中國文化西來説、埃及移民説
等怪論，它的價值在于啓發了對商周彝銘進行比較古文字學角度的研究思路。

　　我們將 1911 年以來日本出版的彝銘研究著作製成下表，可以統攬全局。

1911 年以來日本出版的彝銘學研究著作表

	書　名	作　者	出版社
1918 年	《泉屋清賞・彝器編》	濱田耕作、原田淑人、梅原末治	國華社
1921 年	《支那工藝圖鑒・金工編》	帝國工藝會編	帝國工藝會
1922 年	《泉屋清賞別集》	濱田耕作	國華社
1923 年	《支那古美術圖譜》	大村西崖	柏林社
1926 年	《泉屋清賞續編・彝器編》	濱田耕作、原田淑人、梅原末治	國華社
1932 年	《周漢遺寶》	原田淑人	國書刊行會
	《支那古器圖玫》	原田淑人、駒井和愛	東方文化學院東京研究所
1933 年	《枝禁の考古學的考察》	梅原末治	東方文化學院京都研究所
	《歐米蒐儲支那古銅精華 1》	梅原末治	山中商會
1934 年	《歐米蒐儲支那古銅精華 2》	梅原末治	山中商會
	《白鶴吉金集》	梅原末治	白鶴美術館
1935 年	《歐米蒐儲支那古銅精華 3》	梅原末治	山中商會
1936 年	《歐米蒐儲支那古銅精華 4》	梅原末治	山中商會
	《洛陽金村古墓聚英》	梅原末治	山中商會
1937 年	《歐米蒐儲支那古銅精華 5》	梅原末治	山中商會
1938 年	《支那考古學論玫》	梅原末治	弘文堂
	《歐米蒐儲支那古銅精華 6》	梅原末治	山中商會
1939 年	《歐米蒐儲支那古銅精華 7》	梅原末治	山中商會
1940 年	《古銅器形態の考古學的研究》	梅原末治	東方文化研究所
	《河南安陽遺寶》	梅原末治	小林寫真製版所出版部
1942 年	《青山莊清賞》	梅原末治	山中商會
1943 年	《帶鉤の研究：古代支那工藝史に於ける》	長廣敏雄	京都大學東方文化研究所
1951 年	《白鶴吉金撰集》	白鶴美術館編	白鶴美術館
1953 年	《殷代青銅文化の研究》	京都大學人文科學研究所	京都大學人文科學研究所人文學會
1956 年	《金文關係文獻目錄》	廣島大學文學部中國哲學研究室編	廣島大學文學部中國哲學研究室

（續表）

	書　名	作　者	出版社
1959 年	《殷周青銅器と玉》	水野清一	日本經濟新聞社
	《日本蒐儲支那古銅精華 1》	梅原末治	山中商會
	《陝西省寶鷄縣出土の第二の枝禁》	梅原末治	天理大學おやさと研究所
	《稿本殷金文考釋》	赤塚忠	東京大學文學部 中國哲學研究室
1960 年	《日本蒐儲支那古銅精華 2》	梅原末治	山中商會
1961 年	《日本蒐儲支那古銅精華 3》	梅原末治	山中商會
1962 年	《日本蒐儲支那古銅精華 4》	梅原末治	山中商會
	《泉屋清賞新收編》	住友友成	住友吉左衛門
1963 年	《日本蒐儲支那古銅精華 5》	梅原末治	山中商會
	《金文集 1》	白川靜	二玄社
	《西周銅器の研究》	樋口隆康	京都大学文学部
1964 年	《日本蒐儲支那古銅精華 6》	梅原末治	山中商會
	《金文集 2》	白川靜	二玄社
	《金文集 3》	白川靜	二玄社
1966 年	《中國古銅器》	杉村勇造	出光美術館
1967 年	《中國の銅器》	樋口隆康	中央公論社
	《三代吉金文存器影參照目録》	林巳奈夫	大安社
	《中國古代史學の発展》	貝塚茂樹	
1969 年	《北京原人から銅器まで：中國》	樋口隆康	新潮社
1970 年	《姓考：周代の家族制度》	江頭廣	風間書房
1971 年	《殷周青銅器》	天理大學附屬天理 參考館編集	天理ギャラリー
	《新修泉屋清賞》	梅原末治	泉屋博古館
	《金文の世界：殷周社會史》	白川靜	平凡社
	《中國の青銅器. 1.殷・周編》	天理大學附屬天理 參考館編集	天理大學出版部
1973 年	《甲骨金文學論集》	白川靜	朋友書店

（續表）

	書　名	作　者	出版社
1975 年	《永壽靈壺齋吉金文字》	高田宗周	臺灣藝文印書館
	《中國古代王朝の形成：出土資料を中心とする殷周史の研究》	伊藤道治	創文社
	《商周の銅器》	樋口隆康	根津美術館
1976 年	《貝塚茂樹著作集》	貝塚茂樹	中央公論社
	《中華人民共和國古代青銅器展》	東京國立博物館編	東京國立博物館
	《泉屋博古》	樋口隆康	泉屋博古館
1977 年	《殷周青銅器分類図録》	陳夢家原編、松丸道雄改編	汲古書院
1978 年	《中國金石拓本目録》	大阪市立美術館編	大阪市立美術館
1980 年	《西周青銅器とその國家》	松丸道雄	東京大學出版會
1981 年	《殷虚西北岡出土の魚鼎と亞守鼎：殷代青銅器研究試錐（一）》	持井康孝	東京大學東洋文化研究所
	《中國帶鉤目録および出土資料表》	大阪市立美術館編	大阪市立美術館
1982 年	《東京大學東洋文化研究所藏中國青銅器資料分類目録》	松丸道雄、持井康孝	東京大學東洋文化研究所東アジア考古學研究室
	《楽器》	樋口隆康	泉屋博古館
1983 年	《食器》	樋口隆康	泉屋博古館
1984 年	《殷周時代青銅器の研究》	林巳奈夫	吉川弘文館
	《戰國式銅器の研究》	梅原末治	同朋舍
	《古銅器形態の考古學的研究》	梅原末治	同朋舍
	《中國青銅器百選》	樋口隆康、圓城寺次郎	日本經濟新聞社
1986 年	《殷周時代青銅器紋樣の研究》	林巳奈夫	吉川弘文館
	《殷周の文物》	天理大學、天理教道友社共編	天理教道友社
	《商周の銅器》	樋口隆康	根津美術館
1987 年	《北アジア青銅器文化研究文獻目録(ロシア文{21232e}中國文の部)》	ユネスコ東アジア文化研究センタ-編	東京ユネスコ東アジア文化研究センタ-
	《中國古代國家の支配構造：西周封建制度と金文》	伊藤道治	中央公論社
	《金文の世界》	白川靜	平凡社

（續表）

	書　名	作　者	出版社
1989 年	《春秋戰國時代青銅器の研究》	林巳奈夫	吉川弘文館
	《赤塚忠著作集》	赤塚忠	研文社
	《近出殷周金文集成》	浦野俊則	二松學舍大學東洋研究所
	《拓影展大金文字典》	小林石壽	木耳社
1990 年	《甲骨文・金文：殷・周・列國》	石田千秋	二玄社
1991 年	《鬼神と禮樂の器-青銅器の世界》	馬承源、樋口隆康、西村俊範	日本放送出版協會
1994 年	《帶鉤と青銅動物：古代中國の裝飾品》	江川淑夫	里文出版
	《酒器》	樋口隆康	泉屋博古館
1995 年	《商周の銅器》	樋口隆康	根津美術館
	《甲骨金文辭典》	水上靜夫	雄山閣
1996 年	《甲骨金文學論集》	白川靜	朋友書店
	《天への問いかけ：甲骨文・金文》	石川九楊	二玄社
	《青銅器》	李學勤、松丸道雄、樋口隆康	京都書院
1997 年	《金文》	北川博邦	雄山閣
1998 年	《青銅器》	樋口隆康、飯島武次	NHK
1999 年	《青銅器の考古學》	久野邦雄	學生社
	《中國古代北方系青銅器文化の研究》	三宅俊彥	國學院大學大學院
	《白川靜著作集》	白川靜	平凡社
2000 年	《金文と經典》	白川靜	平凡社
	《春秋戰國秦漢時代出土文字資料の研究》	江村治樹	汲古書院
2001 年	《古代東アジア青銅の流通》	平尾良光	鶴山堂
2002 年	《泉屋博古・中國古銅器編》	泉屋博古館	泉屋博古館
	《不言堂阪本五郎中國青銅器清賞》	樋口隆康、林巳奈夫	日本經濟新聞社
2004 年	《神と獸の紋樣學：中國古代の神がみ》	林巳奈夫	吉川弘文館
	《金文通釋》（修訂本）	白川靜	平凡社
	《甲骨文集＋金文集》	白川靜	平凡社
	《續金文集》	白川靜	平凡社

（續表）

	書　名	作　者	出版社
2005 年	《中國北方系青銅器：東京國立博物館所藏》	東京國立博物館	東京國立博物館
	《中國古代王權と祭祀》	岡村秀典	學生社
2006 年	《東北アジアの青銅器文化と社會》	甲元真之	同朋社
	《殷文劄記》	白川静	平凡社
	《古代中國天命と青銅器》	小南一郎	京都大學學術出版會
	《望岳室古文字書法論集：浦野俊則退職記念》	浦野俊則先生退職紀念論文集刊行會	萱原書房
	《古代アジアの青銅器文化と社會：起源・年代・系譜・流通・儀禮》	歷博國際シンポジウム2006 事務局編	國立歷史民俗博物館
2008 年	《中國文明農業と禮制の考古學》	岡村秀典	京都大學學術出版會
2009 年	《中國初期青銅器文化の研究》	宮本一、白雲翔	九州大學出版會
2010 年	《青銅器のマツリと政治社會》	寺澤薰	吉川弘文館
	《商周青銅器の紋樣・裝飾研究》	內田純子	日本中國考古學會
2011 年	《中國の古銅器》	樋口隆康	學生社
2012 年	《青銅器の內部を探る：X 綫 CT スキャナによる中國古代青銅器の構造技法解析》	泉屋博古館編	泉屋博古館
	《近出殷周金文考釋》	高澤浩一	研文社

第三節　日本漢學家的彝銘學研究述評

在 20 世紀日本漢學研究史上，在重要的學術刊物上祇出現過兩次對商周金文的短暫而集中的研究專號。

第一次是 1953 年的《東方學報》專號，該專號主題是《殷代青銅文化の研究》。該專號所收論文如下：水野清一《殷商青銅器編年の諸問題》、岡崎敬《鉞と矛について——殷商青銅利器に關する一研究》、吉田光邦《殷代技術小記》、林巳奈夫《殷周銅器に現れる龍について——附論・殷周銅器における動物表現形式の二三について》、岡田芳三郎《鳳鷄の諸器について——中國古銅器聚成の一つの試み》。

第二次是 1979 年的《東洋文化》專號，該專號主題是《西周金文とその國家》。該專號所收論文如下：

《論説》、松丸道雄《西周青銅器中の諸侯製作器について：周金文研究・序章その二》、武者章《西周册命金文分類の試み》、高山節也《西周國家における“天命”の機能》、豐田久《周王朝の君主權の構造について：“天命の膺受”者を中心に》、《金文關係主要著録類略號表》。

一、濱田耕作的彝銘和青銅器研究

濱田耕作（1881—1938），大阪府岸和田市人。號青陵。濱田耕作是大阪府員警署員警科長濱田源十郎的長子。他的祖上曾是岸和田藩著名的武士。因此，他自幼接受的并不是傳統的漢學教育，而是日本傳統武道的教育和訓練。成年以後，他曾經説“中國的古書不可信”“越看中國古籍腦子越亂”等等，假如要是明白他的少年時代出自一名武士家庭，本來是不怎麼讀日本古籍的，更不要説讀難懂的中國古籍了，筆者想多少可以理解他在掌握了考古學理論和實證態度之後對中國古書所作的抨擊。1902 年，濱田氏以優異成績考上了東京帝國大學文學部史學科。1905 年，濱田氏大學畢業後，考入東京帝國大學大學院，專攻美學美術史。1909 年，濱田氏成爲新成立的京都帝國大學文科大學文學研究科美學美術史講座講師，主講美術考古學。1913 年，濱田氏從美學美術史講座調到東洋史學講座，成爲京都帝國大學東洋史講座副教授。然後，他前往英國倫敦大學的考古學院留學，在著名埃及考古學家彼特利（Flinders Petrie）教授的指導下，學習西方考古學理論，并專攻埃及考古學。彼特利教授的繼任者就是著名埃及考古學家惠勒（M. Wheeler）教授，他是我國著名考古學家夏鼐留英期間的導師。夏鼐留學倫敦大學時，經常去拜見定居在耶路撒冷的彼特利教授，從這一角度説，夏鼐和濱田耕作有同門之誼。1916 年，濱田耕作留學歸國主持設立京都帝國大學考古學講座，這是日本學界第一個考古學講座。1917 年，濱田耕作晉升爲京都帝國大學考古學第一講座教授。從此以後，以他爲核心，以梅原末治、水野清一、角田文衛、末永雅雄、小林行雄等人爲骨幹，形成了考古學京都學派。濱田耕作吸收了日本和英國的考古學的研究方法和理論體系，并且多次前往中國和朝鮮等地進行實地考古學調查和挖掘，對日本考古學研究的發展貢獻重大。濱田耕作被學術界稱之爲“日本近代考古學之父”。1931 年，濱田耕作當選爲日本學士院院士（相當于中國科學院院士級別）。1937 年開始，濱田耕作就任京都帝國大學第十一任校長。

代表性著作有：《通論考古學》《考古游記》《東亞文明の黎明》《考古學研究》《日本美術史研究》《考古學入門》《東洋美術史研究》《東亞考古學研究》《青陵隨筆》《古物概説》《古玉概説》《陳氏舊藏十鐘》《泉屋清賞》等。代表性論文有：《爵と杯》等。

濱田氏在《古玉概説》一書中，就開始考慮到銅器問題，他説：

> 玉器和銅器皆是中國古代特殊的考古學的遺物，那驚人的技術在世界各國中不易找出同等的例子。玉器自古中國人以爲瑞寶，其地位僅居銅器之次，但因玉器上記銘文字不如銅器之多，而樣式變化亦少，故考古家之愛玩者亦較少。

> 關於玉器的典籍，先有北宋呂大臨之《考古圖》；《宣和博古圖》亦有玉器錄入，但數仍寥寥。南宋龍大淵著《古玉圖》一百卷之多，而圖則謂爲畫家劉松年、馬遠、夏珪等名手所繪，卷帙雖浩瀚，而材料則極蕪雜，多非可信據者，爲可憾耳！其後元有朱澤民撰《古玉圖》，亦爲不足言之作！至清吳大澂出，成《古玉圖考》四卷，可謂於玉的學術研究始着端緒。此書考證最爲精到，吳氏將其自收集之寶物均圖成之。[1]

在對商周青銅器的研究上，濱田氏的《爵與杯》一文也嘗試着對古銅器爵和斝的造型和定名提出看法，他説：

> 中國古代之飲酒器中，最有特殊之形態，因之，在古銅器之内，具有最華麗的美術品形狀者，名曰爵……俱以此器象雀形，表示能飛而不溺，或如雀之少飲，而戒酗酒之意，惟此非説明爵之起源，不過其後附隨之中國學者倫理的解釋耳。[2]

當然，濱田耕作發現商周青銅爵的形狀和西方古銅器有相似之處：

> 銅爵之形成，由漢民族在中國自爲之歟？抑采取其他民族之形式，或獲得暗示歟？此非容易解決之問題。惟吾人有宜討究者，爲一器物，即小亞細亞特羅耶城遺迹所發見之黄金製之"舟形杯"是也……凡見其實物者，無論何人，均能喚起其與中國之爵與杯有類似之注意。[3]

---

[1]　［日］濱田耕作著、胡肇椿譯：《古玉概説》，中華書局1936年版，第1—2頁。
[2]　［日］濱田耕作等著、楊鍊譯：《古物研究》，商務印書館1936年版，第15頁。
[3]　同上，第19—20頁。

到此爲止，他似乎想爲殷商銅器西來説提供考古學證據。但是，他也交代可能這祇是一件孤立證據，并不能成爲定論。發現殷商銅器和小亞細亞特羅耶城遺迹出土之銅器器形相近，這大概是此文意義最大之處。

利用考古學證據，研究中國古代文明的起源是他的主要成就。在這方面的名著是他的《東亞文明の黎明》一書。上個世紀 30 年代，此書在日本和中國都曾有多種版本出版，其中，中文譯本還有《東亞文明之黎明》和《東亞文明之曙光》的微小的書名差異。多個譯本的同時出現，反映了此書在當時中國學術界的影響力和知名度。

此書最初是濱田氏在京都帝國大學和日本其他地方所做的考古學學術報告的基礎上，整理而成的。此書的初稿曾分三次刊發在日本的《歷史と地理》雜誌上。全書共收演講稿十三篇，如下：《序言》《東亞的舊石器時代》《中國的新石器時代及其人種問題》《彩繪土器與西方文化的關係》《殷墟的遺物與金石并用期》《中國青銅器文化的極盛期》《鐵器的使用與所謂秦式的藝術》《所謂斯基脱文化及其影響》《漢代的文化》《漢代文化的東漸與南滿北鮮》《南朝鮮與西日本的中國文化》《原始日本》《日本文化的黎明》。除了最後兩篇題目上與中國無涉之外，其他文章全是有關中國早期文明的考古學研究論文。濱田氏在序中明確表示：

> 想從考古學上，以中國爲中心，就朝鮮、日本即東亞底文化底源流，基于現在的學術底造詣，有了如何的觀察法，尤其是我自己底觀察法如何，叙述一個大概。[1]

在《殷墟的遺物與金石并用期》和《中國青銅器文化的極盛期》二文中，濱田氏在承認自己并不精通甲骨學的基礎上，對羅振玉的考古學和甲骨學研究給予了肯定。但是，他利用自己考古學的專長，對石器、陶器和青銅器進行了分類和器型學對比，這種科學的梳理工作，爲建立規範的中國考古學研究提供了基礎。[2]進而，他意識到了考古學在印證中國上古史上的突出作用，他説：

---

[1]　[日] 濱田耕作著、汪馥泉譯：《東亞文明之黎明》，黎明書局 1932 年版，第 4 頁。

[2]　見 [日] 濱田耕作著、汪馥泉譯：《東亞文明之黎明》，黎明書局 1932 年版。他説："我雖不能讀，但據羅氏等的研究，其内容以祭祀、田獵等事爲主。由此，可以知道當時的宗教思想與種種社會生活的狀態，所以實在，當作中國古代史的文獻，可以説是最古的東西。"

　　　總之，殷墟……作爲周以前的東西，在其性質上，毫没什麼差池，我們由此，可以説發見了聯絡中國底古典時代與先史時代的一個"環"。在這一點上，殷墟底發見，與在使聯絡希臘底古典時代與先史時代上作最初的大貢獻的休利曼底發見相比較，也没差異罷。[1]

他鄭重地表明：

　　　在中國，在周、漢時代底燦爛的金屬文化發現以前，中國既非無人之地，不論造成它的是漢民族或其他民族，總之，石器時代的文化在中國存在過，這是誰都能推測的。不但如此，近年來學界底傾向，求人類底初現地於亞細亞大陸底高原地，這更使我們在中國期望着最古的人類底遺物了。[2]

他的這番話説完不到一年，中國考古學界的成就立刻就轟動了世界……

　　在濱田氏對東洋考古學的研究中，利用考古學來研究中國商周時代的制度史和風俗史，分析商周時代的宗教和思想，是他從事考古研究的一個中心主題。

　　1921年，北京大學國學門正式成立考古學研究室，考古學研究室主任是著名金石學家馬衡先生。爲了發展中國的考古學事業，國學門主任沈兼士先生派人親自拜訪日本京都帝國大學考古學研究室主任教授濱田耕作，請他就北京大學考古學的發展提出自己的看法，并要求和京都帝國大學建立考古學合作關係。于是，濱田氏建議先從美術史入手，以美術考古學作爲北京大學考古學建設的基礎。一時間，在20世紀二三十年代前後，"美術考古學"成了考古學的代名詞和熱門課題。這應該説是濱田氏對北京大學和舊中國考古學事業最積極的作用和影響。

　　1933年7月，在日軍侵占赤峰以後，爲了配合日本政界和右翼學術界的"滿蒙領土非支那"説的觀點并給其提供所謂考古學證據，日本考古學界組織了一次別有用心的所謂"滿、蒙學術調查團"，在朝陽、淩源、興隆、承德、赤峰等地，對一批新石器時代遺址進行實地考古調查活動。該團返回日本後，調查報告引起了濱田氏的極大興趣。于是，帶着這一政治目的，1935年6月，濱田氏帶隊親臨赤峰，在這裏進行了大規模的考古發掘活動。主要成員有三宅宗悦、水野清一、三上次男、島

---

[1]　[日]濱田耕作著、汪馥泉譯：《東亞文化之黎明》，黎明書局1932年版，第43頁。
[2]　同上，第6頁。

田貞彦、島村孝三郎等七人。正是在這次考古發掘中，濱田耕作發現了史前紅山文化的遺址。在日本駐華占領軍武力和財力的雙重支持下，所有考古文物，約計青銅器十四件、陶器十六件、骨器三十三件、玉器和石器三百八十件，以及人和動物遺骨數十具和大量其他考古采集品，全部被非法運回日本京都帝國大學，以後成了該大學考古學陳列室（後增大更名爲考古學博物館）的重要和核心藏品。從此以後，在考古學界，紅山文化和濱田耕作之間建立了密切的連帶關係。後來，濱田耕作主持出版了《赤峰紅山後——熱河省赤峰紅山後先史遺迹》一書。[1]

實際上，在對待中國文化的西來說這一問題上，濱田耕作還是比較慎重的。比如他在《爵與杯》一文中就曾很明確地主張：

> 總之，此特羅耶之黄金杯與中國銅爵之類似，不僅不得否認，且與次述之中國耳杯之親緣，亦得承認之。惟余以今日僅此一例，實無斷定中國爵起源於西方之勇氣也。不若謂爲此係偶然的一致，將來當綜合多種資料考察之，始敢斷言。[2]

他祇是主張"關於銅和青銅的知識，就説是從西方傳到中國，也是大可以有的事"，并且認爲在起源上可能存在着"銅或青銅的使用……至少在舊大陸，是發生於西方亞細亞的一個中心，傳播到各地的"這樣一個結論。

二、梅原末治的彝銘和青銅器研究

梅原末治（1893—1983），大阪府南河内郡人。1913 年，梅原氏從同志社普通學校畢業，因爲體弱多病他没能參加高考。[3]1914 年，梅原氏就任京都帝國大學文科大學陳列館助手。從這時開始，他旁聽考古學專業課，開始了系統學習考古學

---

[1]　[日]濱田耕作、水野清一：《赤峰紅山後——熱河省赤峰紅山後先史遺迹》，《東方考古學叢刊》甲種第 6 册，東亞考古學會 1938 年版。

[2]　[日]濱田耕作著、楊鍊譯：《古物研究》，商務印書館 1936 年版，第 20 頁。

[3]　姜波《榮譽學部委員王仲殊先生訪談録》一文中曾如下記載："我進入考古研究所工作伊始，梁思永副所長聽來訪的周一良先生説我對日本語文的造詣頗深，便要我翻譯日本考古學家梅原末治的論文，以備測驗前來投考的青年學生們的日語水準之用。讀了梅原的論文，我對梁思永副所長説，論文内容雖好，但文章語法欠通，不宜作爲考核語文水準的標準。梁先生聽了大笑説，梅原末治是日本考古學界第一人，或許由於他少年時代祇在小學讀書，以後不曾在中學和大學入學，以致所寫文章在語法上欠通，這樣的可能性也是存在的。現在回想，當時我真是冒冒失失，對梅原末治先生有不敬之嫌。"

理論的生涯。1921 年，梅原氏出任朝鮮總督府古迹調查委員。1929 年，梅原氏轉任東方文化學院京都研究所研究員，并兼任京都帝國大學文學部考古學講座講師。1933 年 6 月，梅原氏成爲京都帝國大學文學部史學科考古學講座副教授。1939 年，梅原末治以論文《支那青銅器時代の研究》獲得文學博士學位。早在上世紀 30 年代，他就已經成爲考古學京都學派的著名學者，并引起了國際考古學界的關注。[1] 1939 年 7 月，梅原氏接替突然逝世的京都帝國大學校長濱田耕作的講座職位，晉升爲考古學講座教授。1948 年 7 月，梅原氏就任京都大學評議員。1956 年 8 月，梅原氏從京都大學退休。1963 年，梅原氏獲得日本政府頒發的文化功勞者勳章、從三位勳二等旭日重光章勳章。

在考古學方面，梅原末治對商周青銅器和戰國、漢代、魏晉南北朝的銅鏡，以及漢代漆器等，都有很精湛的研究。

代表性著作有：《考古論考》《漢三國六朝紀年鏡图説》《河南安陽遺寶》《河南安陽遺物の研究》《殷墟》《支那考古學論考》《考古學六十年》《梅原考古資料目録》《唐鏡大観》《銅鐸の研究》《戰國式銅器の研究》《古銅器形態の考古學の研究》《紹興古鏡聚英》《洛陽金村古墓聚英》《增訂洛陽金村古墓聚英》《古代北方系統文物研究》等，以及全七册的《歐米蒐儲支那古銅精華》和全六册《日本蒐儲支那古銅精華》等。代表性論文有：《陝西省寶鷄県出土の第二の柲禁》《柲禁の考古學的考察》《東洋文庫蔵梅原考古資料について》《中國出土の一群の銅利器に就いて》《繩文時代に於ける中國殷代の高度の青銅器文化の傳播》等。

其中，在《古銅器形態の考古學の研究》一書中，梅原氏按照器形上的特點，把中國古銅器分爲十三類。他在《柲禁の考古學的考察》和《陝西省寶鷄県出土の第二の柲禁》二文中開啓了對柲禁的研究。他提出了琮源于鐲的觀點。他又根據王旿墓出土的占星盤上有 TLV 紋飾，提出了 TLV 紋來源于占星盤之説。他還主張鄂爾多斯青銅藝術對戰國時期的中國青銅器鑄造技術風格産生了很深的影響。

---

[1] 他曾經應俄羅斯漢學家奧登堡之特別邀請，前往俄羅斯科學院，爲其鑑定諾音烏拉發現的匈奴遺物的真僞。

梅原末治還對在日本大量出土的漢、魏、晉各朝舶來的銅鏡加以分析，并提出這些銅鏡的出土地大多集中在近畿一帶，而這正好與《倭人傳》中所載魏明帝賜鏡的事迹相吻合，因此可以作爲邪馬臺在近畿的證據……他對商周青銅器的考古研究，確立了考古學京都學派有關商周考古研究的真正基礎。

但是，也有些結論遭到了中國學者的質疑。比如，梅原氏在《洛陽金村古墓聚英》一書中收入文物二百三十八件。他根據其中一件銀器銘文上有"三十七年"的記載，就斷定這件銀器爲"秦始皇三十七年"所作，并進而主張金村古墓爲秦代墓葬。此説顯然過于唐突。因爲東周的平王、敬王、顯王、赧王四位天子在位年限都超過三十七年。

三、貝塚茂樹的彝銘和青銅器研究

貝塚茂樹 (1904—1987)，東京市人。貝塚茂樹本名小川茂樹，這個名字一直使用到 1945 年。他的父親是京都學派歷史地理學創始人小川琢治。1924 年，小川氏從第三高中直接考入京都帝國大學文學部史學科。1928 年 3 月，小川氏大學畢業後考入京都帝國大學大學院支那史學研究科，專業從事中國史研究。同年 4 月，小川氏代表狩野直喜來到北京出席正在召開的《續修四庫全書總目提要》編纂會議，開始了他的短暫的留學和訪問。也正是在這時，他親自到昆明湖去憑吊他仰慕很久而不幸已經逝世的王國維。也許，那一刻他已經定下了要終生研究商周史的決心吧。回國後，他在桑原騭藏的指導下，研究《史記索隱》的著述工作。1932 年 5 月，小川氏成爲京都帝國大學東方文化研究所研究員。在羽田亨的指導下，研究"支那古代の封建制度"。1935 年，還是在羽田亨的指導下，小川氏開始了甲骨文和金文的研究。1942 年，小川茂樹成爲京都帝國大學文學部講師。1945 年，因爲他的岳父貝塚榮之助戰死，于是，作爲女婿的他，爲了合理繼承全部遺産，按照日本的規定，他改變身份爲婿養子，從此以後正式更名爲貝塚茂樹。1949 年 4 月，貝塚氏晉升爲新的京都大學人文科學研究所教授。當年 10 月，貝塚氏接任新的人文科學研究所所長。1961 年，貝塚氏以論文《中國古代史學の發展》取得文學博士學位。1968 年，貝塚氏從京都大學退休。1974 年，貝塚氏獲得日本政府頒發的勛二等瑞寶章勳章。1979 年，貝塚氏成爲人文科學協會理事長。1981 年，貝塚氏當選爲東方學會會長。1984 年 11 月，貝塚氏獲得日本政府頒發的文化勛章。

代表性著作有：《中國古代史學の発展》《中國神話の起源》《中國の古代國家》《殷周古代史の再構成》《古代殷帝國》，合著《京都大學人文科學研究所藏甲骨文字》等。代表性論文有：《金文に現れる夏族標識》《古代に於ける歷史記述形態の變遷》等。

在日本京都學派，貝塚氏率先展開了對甲骨文、彝銘等出土文獻的研究，并且將其和傳統的對史料的考證性研究精密地統合起來，使京都學派更加完美和與時俱進。

在商代彝銘研究上，他在《論殷代金文中所見圖像文字》一文首先提出殷墟卜辭裏有不屬于王的多子族卜辭。從此以後，關于卜辭的研究和分類就有了“王族卜辭”和“多子族卜辭”的劃分，這已經成爲甲骨學界的定論了。

《中國古代史學の発展》一書，很大篇幅是對商周彝銘及其史料的研究。在該書中，他利用彝銘和甲骨文史料對商周的社會制度進行了詳細的論證。比如，關于卜辭中的多子族的問題，他就結合商代彝銘史料主張：

> 殷代的多子族如果從卜辭及殷代金文中僅有的史料來看的話，就不能詳細地瞭解它的組織、機能等情況。而將其和既是殷國多子族的後身，又是周國的氏族青年組合的師氏來比較的話，它的組織還是可以大致瞭解的。殷代的多子族，和周代的師氏同樣，是以殷氏族的青年團體爲核心的并且也包括了所屬國的貴族子弟成員的那樣一個團體。[1]

他的《金文に現れる夏族標識》一文，力圖解決商周彝銘中的族徽問題。在該文中，他將彝銘中著名的“天黽”和“析子孫”圖像文字一律視爲夏族存在的標誌，進而力圖從中找查夏代神話和這些圖像文字之間的內在聯繫。雖然他的結論并不能成爲定論，但是却成爲學術界研究這一問題的重要切入點。

四、水野清一的彝銘和青銅器研究

水野清一（1905—1971），兵庫縣人。1924 年，水野氏高中畢業後考入京都帝國大學文學部史學科，師從濱田耕作，專攻支那考古學。1928 年，水野氏大學畢業

---

[1] ［日］貝塚茂樹：《中國古代史學の発展》，日本弘文堂書店 1967 年版，第 295 頁。

後考入大學院，確定了以對商周銅器的研究爲主的研究方向。在此期間，水野氏來到北京留學，回國後在導師濱田耕作的推薦下，他成爲東方文化學院京都研究所助手。1932—1945 年間，水野清一還和長廣敏雄先後八次來到中國河北、山西等地進行實地考察，對雲岡石窟進行了迄今最爲詳細的調查。其攝影、實測、綫描、拓片、論文等研究成果，結集爲十六卷的《雲岡石窟》一書。1949 年，水野氏晉升爲京都大學人文科學研究所教授。1952 年，水野清一和長廣敏雄以合著《雲岡石窟に関する研究》一書獲得日本頒發的日本學士院獎。

代表性著作有：《中國の佛教美術》《殷周青銅器と玉》《敦煌石窟藝術》等，合著《雲岡石窟：西歷五世紀における中國北部佛教窟院の考古學的調查報告》《竜門石窟の研究》《響堂山石窟》《南北響堂寺及其附近石刻目録》《圖解考古學辭典》《雲岡石窟とその時代》《東亜考古學の発達》等。代表性論文有：《殷商青銅器編年の諸問題》《大夏勝光二年金銅佛坐像》《殷周の方鼎について》等。

《殷周青銅器と玉》一書分爲兩部分，一部分是商周玉器的圖録和説明，一部分是商周銅器的圖録和説明。水野氏試圖以玉器和銅器作爲商周王權的象徵，以此研究當時的社會、經濟和政治制度。而他的研究傾向則是借鑒了高本漢的紋飾研究模式、以美術考古學的紋飾研究爲主。

五、白川靜的彝銘和青銅器研究

白川靜（1910—2006），福井縣福井市人。1936 年，白川氏畢業于立命館大學後，就任立命館中學教師。1954 年，白川氏就任立命館大學文學部教授。1976 年，白川氏退休。1981 年開始，白川氏就任該大學名譽教授。1962 年，白川氏以論文《興の研究》獲文學博士學位。1969 年至 1974 年，白川氏陸續發表《説文新義》十五卷，其間開始爲一般讀者出版《漢字》《詩經》《金文の世界》《孔子伝》等普及性讀物，1984 年，白川氏出版《字統》。1991 年，白川氏出版《字訓》。1996 年，白川氏出版《字通》。2004 年，白川氏因在古文字領域研究的傑出成就而被日本政府授予日本文化勳章。

白川靜的文字學研究是誰也繞不過去的一座豐碑。很顯然，他最主要的學術貢獻是古文字學的研究。目前，對于這樣一位國際學術界的大師級學者，我們祇有白冰的一册博士學位論文《青銅器銘文研究——白川靜金文學著作的成就與疏失》對其學術成果進行總結。

　　雖然已經出現了對白川靜的彝銘學研究進行總結的著作，但是，至今還沒有誕生對白川靜的甲骨學、《説文》學、字典學的研究進行總結的博士論文或者學術著作。2007 年 4 月 13 日，當中國總理溫家寶訪日時，立命館大學特別贈送了白川靜教授的三本著作《字統》《字訓》《字通》給溫家寶總理，足見他在中日兩國學術界和政界的影響力！今天，國內外學術界公認：在殷周青銅器彝銘的研究方面，作出重要貢獻的學者有郭沫若、唐蘭、陳夢家、白川靜四人。

　　他一生在古文字學研究上最主要的學術貢獻就是撰寫了兩部學術巨著《説文新義》和《金文通釋》。前一部巨著更多是利用甲骨和金文史料，對傳統的文字學經典著作《説文解字》進行全新的考證和解釋，實現了甲骨學成立以來百年間中外學者無人能及的巨大工作。而後一部則集中考證并解釋商周青銅器銘文的意義，把筆者景仰的郭沫若的《兩周金文辭大系》的研究推到一個全新的高度。

　　代表性著作有：《金文の世界——殷周社會史》《説文新義》（白鶴美術館卷一至卷二，1969 年）、（卷三至卷六，1970 年）、（卷七至卷十，1971 年）、（卷十一至卷十三，1972 年）、（卷十四至卷十五，1973 年）、（卷十六，1974 年）、《甲骨金文學論集》《甲骨金文學論叢（上）》《甲骨金文學論叢（下）》《金文通釋 1（上）》《金文通釋 1（下）》《金文通釋 2》《金文通釋 3（上）》《金文通釋 3（下）》《金文通釋 4》《金文通釋 5》《金文通釋 6》《金文通釋 7》《金文と經典》等。代表性論文有：《淮戎と夨氏諸器》《西周後期の金文と詩篇》《資料としての西周金文》《新出青銅器銘文考釋 1》《新出青銅器銘文考釋 2》《新出青銅器銘文考釋 3》《西周青銅器銘釋文 1》《西周青銅器銘釋文 2》《西周青銅器銘釋文 3》《金文學の方法 1》《金文學の方法 2》《金文學の方法 3》《金文學前史 1》《金文學前史 2》《殷の世系——いわゆる六示について》《殷の族形態——いわゆる亜字形款識について》《周初の対殷政策と殷の餘裔——特に召公の問題を中心として》《殷代の殉葬と奴隷制》《殷の王族と政治の形態》《西周史の諸問題》《小臣考——殷代奴隷制社會説の一問題》《周初における殷人の活動——主として軍事関係の考察》等。

　　在商周青銅器斷代研究上，白川靜《金文通釋》是著名的經典之作。

　　此書最早是以論文的形式在《白鶴美術館志》上連載，全部連載期號如下：

發表順序	發表時間	發表順序	發表時間	發表順序	發表時間	發表順序	發表時間
1	1962 年 9 月	14	1966 年 6 月	27	1969 年 9 月	40	1973 年 6 月
2	1962 年 12 月	15	1966 年 9 月	28	1969 年 12 月	41	1974 年 6 月
3	1963 年 3 月	16	1966 年 12 月	29	1970 年 3 月	42	1974 年 9 月
4	1963 年 6 月	17	1967 年 3 月	30	1970 年 6 月	43	1975 年 2 月
5	1963 年 10 月	18	1967 年 6 月	31	1970 年 9 月	44	1975 年 3 月
6	1964 年 4 月	19	1967 年 9 月	32	1970 年 12 月	45	1975 年 4 月
7	1964 年 7 月	20	1967 年 12 月	33	1971 年 3 月	46	1977 年 4 月
8	1964 年 11 月	21	1968 年 3 月	34	1971 年 6 月	47	1977 年 10 月
9	1965 年 3 月	22	1968 年 6 月	35	1971 年 9 月	48	1978 年 9 月
10	1965 年 6 月	23	1968 年 9 月	36	1971 年 12 月	49	1978 年 12 月
11	1965 年 10 月	24	1968 年 12 月	37	1972 年 6 月	50	1979 年 5 月
12	1965 年 12 月	25	1969 年 3 月	38	1972 年 9 月	51	1979 年 12 月
13	1966 年 4 月	26	1969 年 6 月	39	1973 年 4 月	52	1980 年 3 月

此書主要在兩個方面取得了傑出的成就，首先是對商周彝銘的解釋和考證，其次就是對商周青銅期的分期和斷代。至今，白川靜的《金文通釋》和陳夢家的《西周銅器斷代》已經成爲研究商周青銅器彝銘和斷代的經典著作。關于他對彝銘的研究，我們將放在後面進行總結，這裏，我們將介紹一下他的銅器斷代學説。

青銅器的分期和斷代歷來就是商周銅器考古學的最大難點。王國維、郭沫若、吳其昌、容庚、陳夢家、唐蘭等先後發表了各自的研究論著，建立了他們各自的銅器斷代標準和相關學説。白川靜在《金文通釋》一書中也提出了他自己的觀點。他首先將各説排列出來，然後提出自己的觀點。比如，《康侯簋》，他就先列舉了武王説、成王説兩説。持武王説的有容庚、貝塚茂樹、赤塚忠等人。持成王説的有唐蘭、楊樹達、陳夢家等人。而白川靜通過對彝銘史料的考證以及相類似器形的分析後得出結論：

　　　　從器形和銘文來考慮，顯然屬於成王時代的器。[1]

　　再如他對《憲鼎》的研究，他先列舉了成王説、康王説、昭王説三説。這三説

---

[1]　[日] 白川靜：《金文通釋 1（上）》，白鶴美術館 1966 年版，第 166 頁。

的提出者分别是容庚、陳夢家、吴其昌三人。白川静在考證中，支持陳夢家的觀點，并補充了大量相關證據，最後他得出結論説：

> 即，此器和成王期的《素鼎》在風格上完全不同，下腹部的膨脹，所謂的傾垂現象已經被陳夢家指出，這些也就是大體上來看，它的形制也有部分殷代的特點，安陽出土的《叔龜鼎》和此器相比，也有顯著的傾垂。另外也被看作是殷器的《父乙鼎》，從項下分成幾段，到了腹部就很大了。而一般認作傾垂的幾乎全部是康王時代的器。考慮以上的因素，把此器定爲康王時代的器顯然是具有決定性的證據的。[1]

可見，白川氏給商周青銅器斷代是彝銘考證和器形分析的統一基礎上的産物。

白冰在《青銅器銘文研究——白川静金文學著作的成就與疏失》一書中認爲：

> 對西周銅器的斷代研究，白川静先生也運用考古類型學的方法。他以典型墓地的分期成果作爲參照，對西周墓葬、窖藏出土銅器進行研究，又往往與傳世的有銘銅器加以對比，全面地占有相關資料，得出許多可信結論。[2]

這一總結十分恰當，很好地概括了白川氏的銅器斷代學説特點。

白川氏的《金文の世界——殷周社會史》一書是利用商周青銅器彝銘研究殷周社會史的學術著作，出版後立刻引起了學術界的巨大反響，可説影響深遠。在該書中，白川氏對商周金文所反映的社會史進行了深刻的揭示：

> 殷王朝的支配完全是建立在祭政的原則基礎上的。在此當中，它表現出的與其説是政治的，不如説是宗教的性質。王朝的祭祀權的基礎，體現在承認其所謂的宗主權這一層關係上。但是在周王朝，明顯地表現爲征服國對過去的諸氏族的占有。支配的原則是政治上的服從關係、君臣關係。祖祭的性質當然也是被强調政治上的要素。他們以和王室的關係作爲基礎，這樣維持氏族的生存纔是可能的。在這裏，和王室的關係通過彝器上的銘文記錄下來，以這些銅器來祭祀祖先……西周的金文如實地反映了世襲貴族制度的繁榮及其崩潰過程。貴族社會，他們把那些爲他們所掌握的權力構造，以此作爲維持他們的權威的

---

[1] ［日］白川静：《金文通釋1（下）》，白鶴美術館1966年版，第432頁。
[2] 白冰：《青銅器銘文研究——白川静金文學著作的成就與疏失》，學林出版社2007年版，第53頁。

基礎。那些基礎當然就是經濟力量、軍事力量，這自然是不用多說的。在這一時期的銅器，土地關係的銘文是相當多的。經常是既有劃定廣大的區域對領土進行界定的銅器，也有土地所有或者叫擁有領土的那些銅器。當這些豪族左右國家政治時，貴族社會的秩序在權力鬥爭中逐漸陷入危機。夷王、厲王時期就已經表現得很顯著了。加上自然的災害，結果發生了厲王離都出走的事件。到了共和十四年，王位曠絕，諸豪族代替天子來維持秩序，王朝的崩壞已經是不可避免的時間問題了。[1]

總的來說，白川靜一生在古文字學研究上最主要的學術貢獻就是撰寫了兩部學術巨著《説文新義》和《金文通釋》。前一部巨著更多是利用甲骨和彝銘史料，對傳統的文字學經典著作《説文解字》進行全新的考證和解釋，實現了甲骨學成立以來百年間中外學者無人能及的巨大工作。而後一部則集中考證并解釋商周青銅器彝銘的意義，把作者景仰的郭沫若的《兩周金文辭大系》的研究推到一個全新的高度。

六、赤塚忠的彝銘和青銅器研究

赤塚忠（1913—1983），茨城縣人。1936 年，赤塚氏從東京帝國大學文學部畢業後，參加日軍入侵中國。1945 年日本戰敗後，赤塚氏就任神户商科大學預科教授。1955 年，赤塚氏轉任東京大學副教授。1961 年，赤塚氏以《周代文化の研究》獲文學博士。1964 年，赤塚氏任東京大學文學部教授，兼任東京支那學會（即今東京大學中國文學哲學會）評議員。1974 年，赤塚氏退休後轉任二松學舍大學教授。

代表性著作有：《殷金文考釋》《甲骨、金文研究》等。代表性論文有：《石鼓文の新研究》《中國古代の宗教と文化——殷王朝の祭祀》《殷王朝における河の祭祀とその起源》《殷代における祈年の祭禮形態の復原》《殷代における上帝祭禮の復原》等。

《殷金文考釋》是赤塚氏研究商代彝銘的代表作。在該書中，他對 105 件商代銅器彝銘進行了詳細的考證和解釋。他將全部 105 器彝銘分爲紀年金文、夷征伐關係金文、子錫某形式金文、農業關係金文、祖先祭關係金文、享宴關係金文、亞字銘金文、婦人器金文、其他九大類。對于每一件彝銘，他是本着器名、著録、釋文、

---

[1]　[日]白川靜：《金文の世界——殷周社會史》，平凡社 1971 年版，第 16—17 頁。

解説、拓本的先後順序進行著述。其中，精華内容在解説。他的解説立足于甲骨史料和傳世古籍史料的基礎上，以《説文解字》爲核心，對出現的彝銘詞語進行文字考證和内涵解讀。幾乎每一件銅器彝銘的解説全是在大量使用甲骨史料進行字形對比的基礎上，得出該彝銘的具體内容和文字隸定的。該書是目前爲止少有的專以商代金文史料爲核心的研究專著。甚至可以説該書是以甲骨史料來解讀金文史料。

　　但是，在具體判斷哪些銅器彝銘屬于商代這一大問題上，除了基本上學術界没有異議的商代銅器之外，他將“亞”字形銅器、“析子孫”銅器幾乎全部認定爲商代銅器，似乎未必盡然。而且，他也没有給出劃分商代金文的標準。當然，在當時的日本學術界，支持他的這一劃分觀點的人還是大有人在。

七、樋口隆康的彝銘和青銅器研究

　　樋口隆康，1919 年生，福岡縣添田町人。1932 年，樋口氏考入小倉中學。受中學校長的影響，他開始練習日本武道。1937 年，樋口氏從小倉中學畢業後考入第一高中。正是在此時，他開始對考古學産生濃厚興趣。1940 年，樋口氏高中畢業後考入京都帝國大學文學部史學科，專攻考古學。1944 年，樋口氏大學畢業後考入大學院，師從水野清一和梅原末治兩教授。1950 年，樋口氏成爲京都大學文學部助手。1952 年，樋口氏晉升爲副教授。1975 年，樋口氏晉升爲教授。他以論文《西周銅器の研究》獲得文學博士學位。1983 年，樋口氏從京都大學退休後，轉任奈良縣立橿原考古學研究所所長、泉屋博古館館長等。1997 年，樋口氏獲得日本政府頒發的國際性大獎——福岡亞洲文化獎。

　　代表性著作有：《西周銅器の研究》《中國の古銅器》《古代中國を発掘する》《楽器》《食器》《酒器》《古鏡》《泉屋博古》《卑彌呼の百枚銅鏡》《中國考古學研究》等，合著《鬼神と禮楽の器：青銅器の世界》《中國青銅器百選》《故宫博物院青銅器》。代表性論文有：《考古學からみた殷周文化》《新發見の西周銅器群とその問題點》《古銅器の美——中國古代青銅器を見て》《中國古代青銅器——鬼神の世界》等。

　　樋口隆康是研究商周銅器考古學的專家。《西周銅器の研究》一書主要由“西周銅器の時代劃分”“新出の群器の考察”“單獨器の考察”等章組成。在該書的結論部分，他總結了西周銅器的紋飾及其分布等問題。樋口氏的研究明顯回避了對銅器彝銘的研究，甚至連彝銘的斷代功能也置之不理，他力圖把銅器考古研究從依賴于彝銘研究的傳統中解脱出來。在該書序言中，他就肯定了梅原末治發起的這一研究傾向。

八、林巳奈夫的彝銘和青銅器研究

林巳奈夫（1925—2006），神奈川縣人。他的父親是日本著名的思想家、評論家，平凡社出版的《世界大百科事典》總編輯林達夫。1947 年，林氏從神奈川縣第一高中畢業後考入京都帝國大學文學部史學科，師從梅原末治，專攻中國考古學。林巳奈夫學生時代就已經確定了想要成爲一名學者、超越自己的父親的目標。他曾說“自ら生み出す者としての學者になろうと思った”（想成爲一名有獨立創建的學者）。1950 年，林氏大學畢業後考入研究生院，確定了以中國古代青銅器和玉器作爲研究方向的目標。1957 年，林氏任京都大學人文科學研究所助手。1958 年至 1962 年，林氏先後三次參加京都大學組織的“伊朗—阿富汗—巴基斯坦考古考察隊”，從事考古發掘活動。1968 年，林氏晉升爲副教授。1975 年，林氏以論文《殷周時代青銅器の研究》獲得文學博士學位。同年，林氏升爲教授。1985 年，林氏獲得日本政府頒發的日本學士院獎，并當選爲德國考古學研究院院士。1989 年，林氏從京都大學退休。1995 年，林氏被日本政府授予勛三等旭日中綬勛章，2004 年，林氏當選爲日本學士院院士。

代表性著作有：《中國殷周時代の武器》《殷周時代青銅器の研究：殷周青銅器綜覽一》《殷周時代銅器紋樣の研究：殷周青銅器綜覽二》《春秋戰國時代青銅器の研究：殷周青銅器綜覽三》《戰國時代出土文物の研究》《漢代の文物》《漢代の神々》《中國古玉の研究》《石に刻まれた世界》《中國古代の生活史》《竜の話》《中國文明の誕生》《中國古玉器總説》《中國古代の神々》《神と獸の紋樣學》等。代表性論文有：《周禮考工記の車制》《殷周青銅彝器の名稱と用途》《殷周時代の図象記號》《殷西周間の青銅容器の編年》《殷周青銅器銘文鑄造法に關する若干の問題》《周禮の六奠六彝と考古學遺物》《殷、西周時代禮器の類別と用法》《殷—春秋前期金文の書式と常用語句の時代的變遷》《所謂饕餮文は何を表はしたものか——同時代資料による論證》《殷周銅器に現れる竜について——附論：殷周銅器における動物の表現形式二三について》《中國殷時代の鼎》《儀禮と敦》等。

林巳奈夫利用考古學上的類型學理論對商周青銅器進行了分析、對比和排列，結合古代文獻和甲骨文、彝銘的研究成果，對商周歷史和宗教，提出了很多新的觀點，他的上述著作爲中國上古文學史、先秦史、思想史和上古宗教史、政治制度史提供了考古學實證。發表在《東方學報》上的《殷中期に由來する鬼神》《殷、西周時代禮器の類別と用法》《殷周青銅彝器の名稱と用途》《殷周時代の図象記號》等著名論文，解決了商周青銅器的分類、命名、具體用途等方面的問題，對彝銘出現的圖象文字給予了合理而最新的回答，特別是《殷周時代の図象記號》一文，他將商周彝銘中出現的族氏名號與甲骨文中出現的地名、人名、貞人名相比較，對商人族氏的類型作了精湛的分析，否定了郭沫若所認可的一些定論。雖然未必是唯一正確的答案，但是他的研究極大地推動了對這些疑難問題的解決。他在日本考古學界第一次實現了對商周銅器的紋飾研究和文字研究的結合，推動并發展了陳夢家發起的西周銅器斷代研究，在國內外學術界產生了巨大的影響力。

2009 年，三聯書店出版了由畏友常耀華教授等人翻譯的林巳奈夫的著作《神と獸の紋樣學》一書。該書由以下七章構成：第一章　獸面紋爲何物、第二章　良渚文化的獸面紋、第三章　從新石器時代到殷周時代的變化、第四章　獸面紋的形成、第五章　珍貴的獸面紋、第六章　複合獸面紋、第七章　春秋、戰國時代及以後。

該書是系統探討商周時代青銅器上出現的獸面紋和商周神話傳說中諸神之關係的研究著作，屬于考古類型學研究的模式。作者先從獸面紋爲何物談起，然後開始將新石器時代良渚文化到春秋、戰國時期及其後的獸面紋、人面紋的演變過程，在大量利用考古圖片資料的基礎上，給予了詳細的説明和考證。對從獸面紋的形成與變化到普通獸面紋、複合獸面紋以及珍貴獸面紋的形式特徵與象徵意義等方面，林巳奈夫都進行了闡述，顯示出作者對商周青銅藝術發展史的高度把握和瞭解。安陽殷墟遺址曾出土過一批石柄形器，器上有用朱書書寫的祖先名字，可見這類器物應該是用于祭祀祖先的禮器。林巳奈夫則主張它就是文獻中記載的"大圭"，可以佩戴在身上以表示祭祀者的資格。他還考證説："細長的圭可以從西周初延續到戰國初，越到晚期其尖部越鋒利。另一方面，戰國時代又出現了尖部角度大的粗短尖型。"這一總結和考古發掘的實際情況是比較接近的。到春秋中期，圭的尖端的寬度和高是大致相等的。而到春秋晚期，它的尖端高度則變成寬度的一倍半左右。根據林巳奈夫的考證，所謂"柿蒂紋"其實就是蓮花。早在東周時期，蓮花就已經作爲裝飾題材出現了，并非是佛教傳入中國後纔產生的。考古發掘證明在東周時期即已出現柿蒂紋，即蓮花紋。[1]

九、伊藤道治的彝銘和青銅器研究

伊藤道治，1925 年生，名古屋市人。1944 年，伊藤氏考入京都帝國大學文學部史學科。1949 年，伊藤氏大學畢業考入大學院，師從貝塚茂樹，專業研究先秦史。1954 年，伊藤氏博士研究生畢業後成爲人文科學研究所助手。1959 年，伊藤氏轉任神戶大學文學部副教授。1971 年，伊藤氏晉升爲教授。1985 年，伊藤氏從京都大學退休後轉任關西外國語大學教授。現已從關西外國語大學退休。

代表性著作有：《中國古代國家の支配構造：西周封建制度と金文》《古代殷王朝の謎》《中國古代王朝の形成——出土資料を中心とする殷周史の研究》等。代表性論文有：《殷周青銅器と神々》《永盂銘考》《彝銘考》《周武王と洛邑》等。

在《永盂銘考》一文中，伊藤氏對 1969 年陝西省藍田縣發現的《永盂》彝銘的全文進行了詳細的考釋；對《永盂》彝銘和西周中期以後一般的册命、賜與彝銘的記載格式上的差異，作了分析。

在《中國古代王朝の形成——出土資料を中心とする殷周史の研究》一書中，他結合商周彝銘史料，對西周的官制和土地制度進行了考證和研究：

> 古代社會，特別是中國古代，由血緣而結成的族組織是一切事物的基本，官職也是通過此組織繼承并發揮其職能的。但這種族組織也決非固定不變的。例如就西周前期的情况來看製作青銅器令彝、令簋的矢令是稱爲作册的官，其官職被其兒子大繼承。但是這裏説的父子關係是否真像我們通常所説的那種父子，還是個疑問。令的父親稱作丁公即父丁，大從丁公來説屬於孫子輩、從令來説是屬於兒子輩的同族人。之所以這麼説，是因爲成王時代的矢令的一族發生過族的分裂。根據由矢令製作的宜侯矢簋，令由虞侯改封爲宜侯，從銘文知道其父丁公生前也是虞侯。因而可以想到令是在其父死後繼承了虞侯之位的。但是根據令簋，令爲作册時，丁公是公尹，在令彝的銘文中令依然是作册，但當時丁公已死。因而令一方面是作册官，另一方面繼承了虞侯之位，後來又改移爲宜侯。[2]

---

[1] 見〔日〕林巳奈夫著、常耀華等譯：《神與獸的紋樣學：中國古代諸神》，生活・讀書・新知三聯書店 2009 年版。

[2] 〔日〕伊藤道治著、江藍生譯：《中國古代王朝的形成——以出土資料爲主的殷周史研究》，中華書局 2002 年版，第 123—124 頁。

然後，他論證了西周時代行政組織"邑"的含義：

> 西周時代的金文裏出現的"邑"字，第一可以認爲是專名，多作"邑人"一詞來使用。不過這種場合的"邑"跟殷代作爲專名的"邑"是否爲同一詞還不清楚。第二是"新邑"一詞，疑指在洛邑重新建設的成周城，可以説它跟甲骨文的"茲邑""天邑"等爲同一性質的用法。第三爲作普通名詞用的"邑"，可以説是距鄙所在之處最近的地方。因而用"邑"字所表示的處所的性質也有許多爲地方的聚落的等級。而且，在金文裏出現的地名雖然不帶有"邑"字，有相當數量表示這種地方的小聚落。[1]

1987年，中央公論社出版了他的《中國古代國家の支配構造：西周封建制度と金文》一書。該書由"西周金文とは何か"和"西周封建制度の形態"等五章和四篇附論構成。其中，附論二"西周王朝の構造と特色"、附論三"西周王朝と洛邑"、附論四"中國青銅器とその背景"，全是研究西周金文和社會、歷史。如，《裘衛諸器考——西周土地所有形態私見》一文，該文通過對1975年陝西岐山縣發現的裘衛諸器彝銘的解讀，分析了西周中期領主間盛行的土地轉讓買賣現實。而在該書中，伊藤氏更從東周彝銘中祈禱長壽用語的大量出現，而西周時代習慣用語"對揚"一詞的消失或使用頻率的降低，發現這樣一個問題，即：

> 西周王權地位的衰落和對臣下表示恩寵意味的降低。[2]

這一敏鋭的見解很好地解釋了從西周到東周嘏詞用語變化的原因。

十、松丸道雄的彝銘和青銅器研究

松丸道雄，1934年生，東京人，其父松丸東魚爲日本著名篆刻家。他自小受到日本漢學、書法等傳統教育，對中國古代歷史、文化産生濃厚興趣。1954年入東京大學，主攻中國古代史、甲骨學。1960年，松丸氏畢業於東京大學大學院。先後任東京大學東洋文化研究所助理、副教授、教授，并兼任東京大學大學院人文科學研究科教授。現爲東京大學名譽教授、日本甲骨學會會長、東洋文庫特別研究員、每

[1] [日]伊藤道治著、江藍生譯：《中國古代王朝的形成——以出土資料爲主的殷周史研究》，中華書局2002年版，第144頁。
[2] [日]伊藤道治：《中國古代國家の支配構造：西周封建制度と金文》，中央公論社1987年版，第65頁。

日書道圖書館名譽館長。

代表性著作有：《西周青銅器とその國家》等。代表性論文有：《殷墟卜辭中の
田獵地について——殷代國家構造研究》《西周青銅器製作の背景》《西周青銅器中
の諸侯製作器について》《甲骨文字字釋綜覽》《偃師商城と伊尹関係の假説につい
て》等。

1980 年，松丸道雄出版了《西周青銅器とその國家》一書，這是一部利用青銅
器彝銘研究上古史的專著。在該書中，他提出了所謂的"邑制國家"概念，認爲商
周時代存在着由王朝都城"大邑"、從屬于大邑的"族邑"及其下衆多小的"屬邑"
組成的聚落關係和社會結構，并將這種國家類型稱爲"邑制國家"。

在《西周青銅器製作の背景》一文中，松丸氏首先引用了佐藤武敏關于銅器製
作者身份問題的質問，然後提出了他的著名觀點：

殷周時代承擔青銅器鑄造技術的人并非是工藝奴隸，而是以氏族的構成爲
基礎的職業集團。類似這樣重要的問題，很遺憾的是在西周史研究領域至今還
沒有任何人觸及。[1]

接下來，他繼續闡述説：

西周國家，王和接受他的册命的諸侯之間基本上是形成了一種支配和從屬
的關係。在西周金文中，像這樣的君臣關係中，不祇是王或者王室左右的人，
對其大臣賞賜寶貝、官職、車服等，這些接受賞賜的臣下，爲了紀念這件事，
主動的在祭祀祖先的過程中製作了青銅祭器。這應該是當時銅器製作的主流。
五百字甚至更長的銘文，雖然也記載了祭祖之外的各類事件，但是銘文要表述
的基本内容是不變的。實際上，到了西周末期開始出現了所謂的"列國金文"，
脱離了西周王朝支配的諸侯們開始出現了"自作寶尊彝"的現象。這和前期的
出自王室的銘文是明顯不同的。[2]

于是，松丸以"諸侯改作銘の事例"和"諸侯仿製銘の事例"兩節，加以論證。他
以《作册睘卣》和《作册睘尊》兩器中彝銘指代人稱的改變爲例，加以研究。

---

[1]　[日] 松丸道雄：《西周青銅器製作の背景》，東京大學出版會 1977 年版，第 3 頁。
[2]　同上，第 3—4 頁。

而在《西周青銅器中の諸侯製作器について》一文中，他繼續主張：

> 金文中很多場合，形式上是出自諸侯一方撰寫的銘文，而實際上却是周王室起草的文章，并且交付王朝所屬的銅器製作機構去鑄造的。[1]

由此纔出現了得到王室賞賜的銅器後，諸侯再改銘仿鑄的現象。松丸氏的研究，力求發現西周王朝和諸侯國之間的實際的政治聯繫，在他看來，作爲西周王朝禮制的象徵的青銅器，其製作背景頗爲複雜。從這一製作背景的變化來考察周王室政治權威的變化和其國家内部構造，這是他解讀銅器彝銘的着眼點所在。所謂視角不同，在松丸氏的論著中，考察角度和國内學術界明顯不同。他并不關心彝銘的解讀和疑難文字的破解等國内金文學界所熱衷的問題，而是從同一次賞賜却出現不同種類的銅器鑄造、相互之間的彝銘出現若干差異的現象出發，將册命彝銘分爲“諸侯改作銘”和“諸侯仿製銘”兩大類進行對比研究，結合當時青銅鑄造工藝的現實，研究西周王朝的國家制度和具體運作問題。獨特的視角和研究成果是他在海内外金文學界異軍突起的主要原因。

十一、江村治樹的彝銘和青銅器研究

江村治樹，1947 年生，京都府舞鶴市人。1967 年，江村氏考入神户大學文學部史學科。1971 年，江村氏大學畢業後考取名古屋大學文學研究科史學地理學專業研究生。1974 年，江村氏取得博士研究生學分後，出任京都大學人文科學研究所助手，從此成爲該學派的一員。1981 年 11 月，江村氏轉任名古屋大學文學部副教授。1994 年 5 月，江村氏晉升爲教授。1998 年，江村氏以論文《春秋戰國秦漢時代出土文字資料の研究》取得文學博士學位。現任龍谷大學教授。

代表性著作有：《春秋戰國秦漢時代出土文字資料の研究》《戰國秦漢時代の都市と國家：考古學と文獻史學からのアプローチ》等。代表性論文有：《春秋戰國時代の銅戈・戟の編年と銘文》《戰國時代における都市の發達と秦漢官僚制の形成》等。

江村氏的《春秋戰國秦漢時代出土文字資料の研究》是這一領域罕見的優秀著作。該書由三部組成：第一部是《春秋時代の青銅器と社會變動の特質》，本部下設

---

[1] ［日］松丸道雄：《西周青銅器中の諸侯製作器について》，東京大學出版會 1978 年版，第 1—2 頁。

四章，集中研究了春秋時代青銅器彝銘的諸多問題；第二部是《春秋時代の出土文字資料と都市の性格》，本部下設四章，分別研究了春秋時代多種文字載體的史料價值，并對當時都市的構局和歷史進行了研究；第三部是《春秋戰國秦漢時代の出土文字資料をめぐる諸問題》，本部下設六章，戰國時代各種出土文獻資料進行了整理和考證。比如在青銅兵器的研究上，他在《春秋戰國時代の銅戈・戟の編年と銘文》一文中又主張周公戈銘文是偽刻，屬于器、銘皆偽。他主張凡是戈銘上出現"用戈"二字的，一定是特定的貴族個人所用，因此，這類戈都有比較豪華的裝飾，而周公戈却顯得過于粗糙，可以想象是假託周公之偽作。

此書顯示了作者在青銅器研究上的過人的學術素養和見識，實際上此書完全是利用春秋戰國彝銘材料而寫成的。他發展了他的老師伊藤道治的彝銘學研究範圍。

江村治樹最近幾年一直在專業研究先秦貨幣史。比如關于出土的秦半兩錢的問題，[1] 他就主張這些半兩錢在出土時和其他銅片幾乎混雜在一起，并且已經完全破碎，顯然不是儲藏起來的貨幣，而是作爲一般性的廢銅屑來處理的。由此來看，并不能認爲秦時流通戰國各國貨幣。

十二、其他

老一代的學者，如岡田芳三郎的《鳳鷄の諸器について——中國古銅器聚成の一つの試み》、江頭廣的《金文中の家族制度に関する二三の問題》等。現代的中年學者，如，淺原達郎、吉本道雅、木村秀海、武者章、竹内康浩等人。

其中，淺原達郎已經發表了《西周金文と曆》《先秦時代の鐘律と三分損益法》《西周後期の編鐘の設計》等論文，木村秀海發表了《西周後期訴訟記錄：雕生簋銘金文所見の小子について》等論文，武者章發表了《册命金文研究》等論文。而吉本道雅則出版了他的成名作《中國先秦史の研究》一書。《中國先秦史の研究》一書由上中下三部構成，第一部西周期、第二部春秋期、第三部戰國期。該書是京都學派有關先秦史研究的最新成果，利用最新的出土青銅器彝銘作爲考證材料是該書最大的特色。

吉本氏首先對先秦史研究長期占統治地位的氏族制理論提出質疑，然後以金文

---

[1] 2005 年 8 月 9 日，江村治樹曾就此問題在中國錢幣博物館舉行過專題學術報告，當時由筆者擔當現場翻譯。可以說對此印象頗深。但是，因爲"空首布"等幾個日文同音和音近的錢幣學術語的翻譯問題的困擾，筆者實在沒能勝任那場十分專業的錢幣學學術報告的翻譯。

史料爲核心，展開了對西周史的研究。但是，在摒棄了氏族制理論之後的西周史，肯定不是簡單的一章三節就能了結的。在這裏，我們發現作者真正的學術功夫乃在于春秋史！這也是他的這部大作的核心所在！第二部的春秋史又劃分爲三篇，共計九章的篇幅，實際上該書的四分之三的篇幅全是對春秋史的研究。因此，筆者覺得該書應該配一個恰當的副標題加以限定，即《中國先秦史の研究——春秋史を中心としての考察》，因爲此書的西周史和戰國史的内容實在不足以和他對春秋史研究的成就相比，可以完全放棄。晚商到西周之間的歷史是筆者的研究强項，或者正是他的弱項吧。正如春秋史，筆者根本不敢也不想觸動一樣。這是筆者想特別説明的。該書第一部内容爲：序論 中國先秦史研究の課題、第Ⅰ部 西周期、第一章 西周期後半の周王朝——册命金文の分析、序言 第一節 册命金文の定義、第二節 册命金文の分析、第三節 西周期權力機構の特質、小結。

不難看出，吉本氏研究的重點是西周册命彝銘，通過册命彝銘實現考察西周政治制度和禮制的目的。

第五編

彝銘學古籍文獻解題

二　　畫

《二百蘭亭齋收藏金石記》不分卷

（清）吳雲撰。

吳雲（1811—1883），浙江歸安（今湖州）人。字少青，又字少甫，號平齋，又號愉庭，曾藏有《蘭亭序》拓本和抄本二百種，故以"二百蘭亭齋"作爲齋名。又曾藏有西周銅罍兩件，故又以"兩罍軒"爲齋名。曾任鎮江知府和蘇州知府。

一函四冊。中國人民大學圖書館圖書編號：210/120。中國人民大學圖書館圖書登録編號：145617—145620。無魚尾。版心上部刻書名。上下單邊，左右雙邊。白口。寬21.8厘米，高32.8厘米。

書名頁題字用篆文"二百蘭亭齋收藏金石記"，落款用楷書"海寧許槤題"，有"邑舞"私印一枚。有書牌頁"咸豐六年丙辰歸安吳氏開雕"，并有"蘇州文學山房印書籍記"私印一枚。序文首頁右下方有"積學齋徐乃昌藏書"收藏印一枚。

容媛《金石書録目》卷一：

> 《二百蘭亭齋收藏金石記》四冊。清歸安吳雲（平齋）著。咸豐六年吳讓之寫刻本，後刪去石刻五種，增訂爲《兩罍軒彝器圖釋》。

此書另有同治五年（1866）吳雲二百蘭亭齋自刊三卷本。

《二百蘭亭齋收藏金石記》一書前三冊所收爲三代青銅器，多有彝銘。其中，第一冊爲商代器，第二、三冊爲兩周器，第四冊爲漢器與隋唐石刻。有器形圖、尺寸説明、釋文、考證文字，以及重量大小。該書對《齊侯罍》彝銘考證頗爲詳細，文字長達數千言，從禮制到歷史再到文字，極盡考據之能事。其他如錞器，《宣和博古圖》讀書皆云出自周代，但無彝銘可以佐證，吳雲則據其"有貨泉文"而考定爲漢器。

總之，吳氏此書考證彝銘還比較簡單，特別是對商器彝銘的考證上，尚嫌不足，但定器之真僞，頗爲有功。

上海圖書館古籍部收藏此書，索書號爲：綫普長 279797-800。

《十二家吉金圖録》不分卷

商承祚撰。

商承祚（1902—1991），廣東番禺（今廣州）人。字錫永，號契齋。晚清國學大師羅振玉的關門弟子。出身書香仕宦之家，早年從羅振玉學習甲骨文字，後入北京大學國學門當研究生。先後任教于東南大學、中山大學、北京女子師範大學、清華大學、北京大學、金陵大學、齊魯大學等校，最後又到中山大學任教。專治甲骨學和金文學。

《十二家吉金圖録》是其研究彝銘學的代表作。該書集海内外十二家所藏銅器一百六十九件編寫而成。

所謂十二家，即：海城于省吾、定遠方焕經、定海方若、北平王辰、至德周進、北平孫壯、衡水孫政、固始張瑋、山陰張允中、江夏黄濬、番禺商承祚、番禺葉恭綽。

一函二册。中國人民大學圖書館圖書編號：210/186。中國人民大學圖書館圖書登録編號：322427—322428。無魚尾。無版心。白口。寬 22 厘米，高 32.8 厘米。

書名頁題字用篆文“十二家吉金圖録”，落款用行書“商承祚題”，有“商”“錫永”私印二枚。有版權頁“中華民國二十四年五月，以哈佛燕京學社經費印行”。卷首有于省吾序。所收爲三代青銅器，亦兼及秦漢器。有器形圖、彝銘拓片、器壁花紋、尺寸，加注了銘文和部分考證。

此書另有散裝本。如中國人民大學圖書館藏《四家藏器》一書，一函四册。中國人民大學圖書館圖書編號：210/192。中國人民大學圖書館圖書登録編號：349150—349150。無魚尾。無版心。白口。寬 22 厘米，高 32.8 厘米。所收爲孫政、孫壯、黄濬、于省吾四家藏器。出版社亦同上。

《十六長樂堂古器款識考》四卷

（清）錢坫撰

錢坫（1741—1806），江蘇嘉定（今上海市嘉定區）人。字獻之，號十蘭，又號卜蘭。曾知乾州，兼署武功縣。擅長金文書法，尤其擅長以左手寫篆。著名銅器收藏家和彝銘學家。有《十六長樂堂古器款識考》和《説文解字斠詮》《十經文字通正書》《浣花拜石軒鏡銘集録》《篆人録》等古文字學著作多種行世。

一函二册。中國人民大學圖書館圖書編號：210/19。中國人民大學圖書館圖書登録編號：94144—94145。無魚尾。無版心。四周單邊。白口。寬 22.5 厘米，高 33.3 厘米。

書衣頁題簽用紅色隸書"十六長樂堂古器款識考"，書名頁題字亦用紅色隸書"十六長樂堂古器款識考"，落款爲"此題蓋儀徵阮太師筆"，書名右側用隸書題記：

> 許印林師舊藏本，同治七年三月晦日重裝，阮、許二公書標諸卷首。次日識。

書名左側用篆文題記：

> 阮書十言墨筆，許書九言朱筆，見記。

有私印二枚。書牌頁用篆文題寫書名"十六長樂堂古器款識考"，并用楷書題寫"嘉慶元年九月開雕"。前三卷所收爲三代青銅器，多有彝銘。計殷器七件，周器二十二件，秦器一件，其他爲漢唐器。有器形圖、尺寸説明、釋文、拓片，以及部分考證文字。

此書另有 1933 年翻刻本。中國人民大學古籍整理研究所藏本即爲 1933 年開明書局重刊本。卷末有商承祚所作之跋。其中有云：

> 今年春，開明書局主人得丁艮善舊藏本，阮伯元書衣，許印林朱筆批校《格伯簋》九言，同好者皆欲爭購之。主人曰："一人得之，無以厭同好之望，不如付梓以廣其傳。"屬余董校勘之責。既藏事，復屬余識其原委。

上海圖書館古籍部收藏此書，索書號爲：閱 006704。

《八體六技》卷數不詳

作者不詳。

見《漢書·藝文志》中收爲小學十家之一。

所謂"八體六技"，顏師古《漢書注》引韋昭曰：

> 八體：一曰大篆，二曰小篆，三曰刻符，四曰蟲書，五曰摹印，六曰署書，

　　七曰殳書，八曰隸書。

此爲八體。又陳國慶《漢書藝文志注釋彙編》引王應麟《漢志考證》：

　　疑即亡新六書：一古文，二奇字，三篆書，四隸書，五繆書，六蟲書。

書名有稱爲《六體八枝》《八體六文》者，皆同此意。《南史·顏協傳》載：

　　時又有會稽謝善勛，能爲八體六文，方寸千言。

三　　畫

《三代吉金文存》二十卷

（清）羅振玉撰。

　　羅振玉（1866—1940），祖籍浙江上虞，生于江蘇淮安。字式如，又字叔言，號雪堂，又號貞松老人，齋名"貞松堂"。清末，曾任職學部。僞滿時期，任僞監察院長。著名銅器收藏家和彝銘學家。

　　五函二十册。中國人民大學圖書館圖書編號：210/71。中國人民大學圖書館圖書登録編號：151462—151481。無魚尾。版心中部右側刻書名。四周單邊。上下細黑口。寬 24.3 厘米，高 36.2 厘米。

　　書衣頁和書名頁題字皆用篆文"三代吉金文存"，無落款、私印，有書牌頁"康德三年上虞羅氏百爵齋印"，所收皆爲三代青銅器彝銘。無器形圖、尺寸説明、釋文、考證文字，有拓片。卷端下署"集古遺文第二"。所謂"康德三年"，即僞滿洲國康德第三年，即 1936 年。此書另有 1965 年日本重印本。

　　關于此書的誕生，根據羅氏本人在《三代吉金文存》一書序言中的陳述：

　　　　及移居遼東，閉門多暇。又以限於資力，始課兒子輩，先將所藏金文之未見諸家著録者，編爲《貞松堂集古遺文》，先後凡三編。夙諾仍未克踐也。去年乙亥，馬齒既已七十，慨念四十年辛苦所搜集、良朋所屬望，今我不作，來者其誰？乃努力將舊藏墨本及近十餘年所增益，命兒子福頤分類，督工寫影，逾年乃竣，編爲《三代吉金文存》二十卷。

這裏已經明確點出了從《貞松堂集古遺文》到《三代吉金文存》誕生之間約七年的歷史過程。

《三代吉金文存》一書著録傳世的商周青銅器彝銘拓本共四千八百三十五件，是 20 世紀 30 年代品質較高的集金文拓本之大成的金文合集，是羅氏在其子羅福頤協助下編撰完成的。該書堪稱民初治金第一名著，以收羅宏富、印刷精良而聞名于世，而且所收拓本多經過羅氏本人嚴格的鑑定。彝銘又以原大拓本付印。從食器、禮器、樂器到兵器等等，加以分類，又按彝銘字數排列先後。祇可惜没有對器形、出土、著録、收藏及考釋等作出説明。這和此書的編纂出自羅氏晚年，他本人已無精力親自撰寫如此龐大拓片合集的釋讀和考證有直接關係。對這一空前絶後的金文拓片合集進行釋讀和考證，是在羅氏逝世幾十年後纔出現，其子羅福頤親自撰寫了《三代吉金文存釋文》一書，而日本漢學大師白川靜從此書中選釋了大部分拓片，并以此寫出了八卷本考釋性學術著作《金文通釋》。

實際上，按照羅氏本人自述得知，他本來也是準備撰寫《金文通釋》的——由此我們也可以明白白川靜把自己考釋商周彝銘的多卷本著作命名爲《金文通釋》的内在原因——當時在上海的他，答覆友人書信時談到：

> 滬上集書甚難，各家著録不易會合，與曩在大雲書庫中左右采獲，難易不啻霄壤。某意不如先將尊藏墨本，無論諸家著録與否，丞會爲一書，以後爲通釋，即此一編求之，不煩他索，成書較易矣。

這纔是此書成書和體例之具體原因。

幾十年來，《三代吉金文存》一書的出版和研究情況大致如下：

1937 年，該書首先由上虞羅氏百爵齋以綫裝石印本五函二十册形式，在日本影印出版。該書出版後，立刻被日本京都大學東洋史研究室和考古學研究室同時指定爲教學參考書和必備的工具書。我國學術界的老前輩李濟、吴其昌、聞一多、唐蘭、容庚、商承祚、陳夢家等自不必説，日本學者濱田耕作、梅原末治、水野精一等早期著名考古學家，以及後來的貝塚茂樹、白川靜等著名漢學大家都對此書的研究和使用傾注了一生的精力和心血。甚至 1937 年秋，當聞一多匆匆離開北京南下之時，隨身攜帶的唯一的一部古籍竟是剛出版的《三代吉金文存》。而吴其昌逝世時，案頭放置的就是此書，後來被他的弟弟吳世昌作爲追思遺物而帶走自用。足見此書出版之時在中外學術界就已經獲得了格外的關注。周法高編撰了《三代吉金文存補》《三代吉金文存著録表》二書，分別在 1970、1977 年由臺灣"中央研究院"歷史語言研究所出版。1971 年，日本著名考古學家林巳奈夫編撰了《三代吉金文存器影參照目録》一書，由臺灣學生書局出版。1976 年，臺灣大通書局將此書收入《羅雪堂先生全集》影印出版。1980 年，臺灣台聯國風出版社翻印此書。1983 年，中華書局以上中下三卷精裝本形式出版，書後并附有孫稚雛的《三代吉金文存辨正》一文。同年，羅福頤的《三代吉金文存釋文》一書，由香港問學社出版。

按照孫稚雛在《三代吉金文存辨正》一文中的陳述：

> 海外競相翻印，據不完全統計，有八開、十六開、三十二開等各種開本達七千冊之多。[1]

羅福頤也曾説：

> 此書出版以後，四十年代，香港、臺灣、日本，均有翻印本，大小有十數種之多。於此可見此書影響之巨。[2]

上海圖書館古籍部收藏此書，索書號爲：綫普長 444109-28、綫普 378344-63、綫普長 019818、綫普長 019405、綫普長 667204-23。

《三代名器文字拓片集録》不分卷

（清）丁麟年撰。

丁麟年（1870—1930），山東日照人。字紱臣、紱宸，號幼石、柊林。幼承庭訓，誦讀詩文，書寫篆隸。光緒進士。歷任户部郎中、興安知府等職。1912 年，由陝西弃官回歸故里。1920 年 2 月，任山東省圖書館館長，整頓、清理、編排館内所藏圖書文物，并爲該館搜集銅器、陶器、漢畫石刻等許多出土文物，分類鑒定與考證。有多種考古著録，見解獨特，資料充實。時人皆謂"考古家公可當之"，"京中考古家盛君伯等，皆舉公爲主，以公之見爲定論。故發現拓本有公三印者，其價必

---

[1]　孫稚雛：《三代吉金文存辨正》，羅振玉：《三代吉金文存》附録，中華書局 1983 年版，第 1 頁。
[2]　羅福頤：《羅振玉的學術貢獻》，《中國語文研究》第 5 期。

昂，證爲真品"。是當時有名的收藏家、金石學家。

所謂三代名器文字拓片，專指商周重器而言。

丁氏喜收藏，甚至文物拍賣會上還出現了"丁麟年藏彝器十四品"，見下：

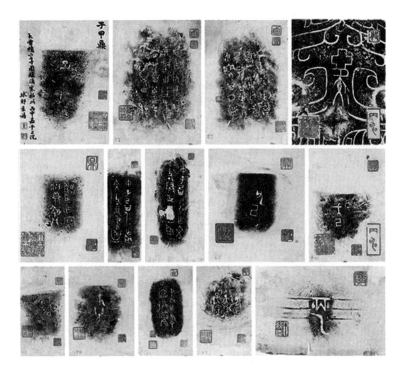

《三代秦漢金文著録表》八卷

（清）王國維撰、羅福頤校補。

王國維（1877—1927），浙江海寧人。字靜安，又字靜庵，號觀堂，因旅居日本時住在永觀堂附近，故以"永觀堂"和"觀堂"作爲齋名。後任溥儀南書房行走、清華學校國學研究院教授。著名彝銘學家。

羅福頤（1905—1982），浙江上虞人。字子期，晚號僂翁，齋名待時軒，羅振玉第四子。曾任故宮博物館研究員。著名彝銘學家。

一函四冊。中國人民大學圖書館圖書編號：2101/15。中國人民大學圖書館圖書登録編號：171788—171792。單魚尾。無版心。四周單邊。上下粗黑口。寬 17.5 厘米，高 30 厘米。

書名頁題字用楷書"三代秦漢金文著録表八卷"，落款用楷文"長白寶熙署"。

有書牌頁"癸酉季夏，墨緣堂印"。

容媛《金石書録目》卷二載：

> 民國二十二年墨緣堂石印本，未收《周金文存》。

上海圖書館古籍部收藏此書，索書號爲：綫普長 452304-07、綫普 380001-04、綫普長 010531。

《三代鼎器録》一卷

（唐）吴協撰。

吴協，生卒年不詳。

一函一册。中國人民大學圖書館圖書編號：311/103—1。中國人民大學圖書館圖書登録編號：270106。單白魚尾。版心上部刻書名。四周單邊。白口。寬 16.3 厘米，高 25.7 厘米。

此書爲《説郛》叢書之一。收三代青銅器數百件，但是衹有目録，而無彝銘。

容媛《金石書録目》卷二：

> 衹録彝器目二百八十七種，乃宋以後人所作，而托名唐人者。

這是中國彝銘學史上最早的器目類著作，無論出自唐還是宋，其學術價值均無人可以比肩。

《三代銅器鑑別考證要覽》不分卷

（清）丁麟年撰。

此書未及付印，惜在戰亂中散佚。

《三蒼》三卷

（晉）郭璞注。

郭璞（276—324），東晉河東聞喜（今屬山西）人。字景純。曾任著作佐郎、尚書郎，後任大將軍王敦的記室參軍。因勸阻王敦圖逆，被害，追贈弘農太守。

郭璞在古文字學和訓詁學方面造詣頗深，曾注釋《周易》《山海經》《爾雅》《方言》及《楚辭》等古籍。根據《晉書·郭璞傳》記載，郭璞"詞賦爲中興之冠"，可惜多數散佚。今尚存辭賦十篇，較完整的詩十八首。《隋書·經籍志》記載有"晉弘農太守《郭璞集》十七卷"，今不存。明張溥輯有《郭弘農集》二卷，收録《漢魏六朝百三家集》。

根據《隋書·經籍志》中的記載：

> 秦相李斯作《蒼頡篇》，漢揚雄作《訓纂篇》，後漢郎中賈魴作《滂喜篇》，故曰《三蒼》。

如此，則此書名《三蒼》，應該屬于郭璞編輯、注釋之作。

《三蒼訓詁》三卷

（北魏）張揖撰。

張揖，生卒年不詳，北魏清河（今河北臨清）人。字稚讓。太和中爲博士。

《矢彝考釋》一卷

（清）羅振玉撰。

此書爲考證《矢彝》彝銘之作。

《小校經閣金文拓本》十八卷

劉體智撰。

劉體智（1879—1962），安徽廬江人。字惠之，又字晦之，號善齋，齋名小校經閣，晚清重臣四川總督劉秉璋之子。曾任上海實業銀行行長。長年定居上海，1949年後任上海文史館館員。著名銅器收藏家。兄弟四人皆擅長金石學。

六函十八冊。中國人民大學圖書館圖書編號：2103/22。中國人民大學圖書館圖書登録編號：378365—378374。單魚尾。版心上部刻"金文拓本"，下刻"小校經閣金石文字之一"。四周單邊。白口。寬 26.3 厘米，高 45.5 厘米。

書名頁題字用篆文"小校經閣金文拓本"，無落款，無印。有收藏印一枚。

前十卷爲三代器，餘外爲秦漢器。有拓片，有釋文，有考證文字。而且，拓片清晰。

釋文多引用徐同柏所作。亦有孫星衍、吳大澂、張廷濟等人考釋和往來書信。

該書分鐘、句鑃、錞于、鼎、鬲、甗、卣、罍、壺、尊、舩、瓠、觶、斝、爵、角、斝、舉、彝、敦、簠、簋、盉、匜、盤、雜器、古兵等三十九類。

作者序中曾言：

> 予自幼至京，嗜金石之學。適關隴河朔之間古物日出不已，自龜甲、鐘鎛、鼎彝、戈戟、權量、符鉢、泉鏡，以及碑志、磚瓦、封泥，上起三代，下逮朱明，凡屬古物，靡不寶愛。耳目所及，既擇其可喜者留之，即遠至千里之外，亦必多方羅致。左右其間，寢饋不厭。三十年藏弆，粗有可觀矣。

又說：

> 三十年來，積至二萬餘張紙，懼其久而散矣，輒依類排比，去其重複疑僞，得六千五百餘器，分載釋文并存。舊有題記，編爲十八卷。

該書對《周史頌敦》彝銘考證頗爲詳細，此文爲徐同柏所作。

在《靜軒筆記》中，劉體智序言道：

> 金文集錄始於宋之《宣和博古圖》。一家所藏纂爲專書者，最先則有錢氏十六長樂堂，然僅四十九器，秦漢以後器居其少許。繼起而藏器較富者，推《兩罍軒彝器圖釋》及《匋齋吉金錄》。兩罍軒一百十器，其中三代器爲數五十有九；匋齋四百四十八器，其中三代器爲數二百十有六。蓋以一人之力欲集其大成甚矣，其行之艱也！

劉氏收藏三代銅器，後來出版爲《善齋吉金錄》（1934 年）、《小校經閣金文拓本》（1935 年）、《善齋彝器圖錄》（1936 年）。

上海圖書館古籍部收藏此書，索書號爲：綫普長 19822、綫普長 10335、綫普長 421849-66、綫普長 635648-65。

《小蓬萊閣金石目》不分卷

（清）黃易撰。

黃易（1744—1802），浙江杭州人。字大易，號小松。室名"小蓬萊閣"。著名金石收藏家和金石學家。

根據朱琪《黃易的生平與金石學貢獻》一文介紹：

　　《小蓬萊閣金石目》（不分卷），爲黄易手稿本和清稿本，共計八册，今藏南京圖書館。初稿約纂成於嘉慶元年（1796）。稿本歷經江鳳彝、魏錫曾、丁丙等人收藏，首頁鈐有黄易親刻“小蓬萊閣金石文字”朱文印章。此書實際爲黄易金石收藏的目録底本，大致以朝代劃分爲三代石刻、秦石刻、漢石刻、魏石刻、吴石刻、晉石刻、前秦石刻、後燕石刻、梁石刻、後魏石刻、北齊石刻、後周石刻、隋石刻、唐石刻、宋石刻、遼石刻、金石刻、元石刻，又附仿古石刻於後。碑目體例大致爲先列碑名、書體，次列地點等相關信息和藏本由來，如是親自所訪則記録訪碑時間地點，同好贈送也記録在册，有的碑刻還會加以簡單的鑒定斷語，如某些碑刻爲僞造或贋鼎，亦加以注明。這些對於考察黄易的金石收藏具有重要的參考意義。“石目”之外，尚有“金目”一册藏於國家圖書館，共計 61 頁，封面題“黄小松司馬藏三代至宋元金石目”，下鈐“小松所得金石”白文方印，并有同治丙寅（1866）沈樹鏞、1928 年劉之泗跋。此册分列三代金文、漢金文、魏金文、晉金文、北魏金文、北齊金文、隋金文、唐金文、後唐金文、後晉金文、後周金文、吴越金文、後吴金文、南漢金文、南唐金文、宋金文、金金文、元金文，著録體例與石刻目略同。此册爲清稿本，與前述八册中的清稿本系列爲同一體系。[1]

《小學盦遺書》四卷

（清）錢馥撰。

　　錢馥（1748—1796），浙江海寧人。字廣伯，號幔亭，又號緑窗。

　　一函二册。中國人民大學圖書館圖書編號：112/45。中國人民大學圖書館圖書登録編號：503119—503120。雙魚尾。版心中部刻書名，下右側刻“清風堂校刊”。四周雙邊。上下粗黑口。寬 15 厘米，高 25 厘米。

　　書名頁題字用隸書“小學盦遺書”，落款用楷書“禹航陳榦質盦署檢”，有“陳榦士印”“禹航外史”私印二枚。有書牌頁“光緒乙未六月刊於外邑”。卷首有阮元、錢保塘、邵書稼序文。

---

[1]　朱琪：《黄易的生平與金石學貢獻》，《西泠印社 · 黄易研究專輯》，榮寶齋出版社 2010 年版，第 12—13 頁。

收有《書晉侯穌釋文後》一篇，爲研究三代青銅器彝銘題跋，其内容以《左傳》考證西周史事，頗爲詳細。

《山左金石志》二十四卷

（清）阮元、（清）畢沅撰。

阮元（1764—1849），江蘇儀徵人。字伯元，又字良伯，號芸臺，又號雲臺，晚號頤性老人，又號揅經老人，齋名"小嫏環仙館""文選樓""八磚吟館"。曾任湖廣總督、兩廣總督、雲貴總督、大學士等。著名彝銘學家和銅器收藏家。

畢沅（1730—1797），江蘇鎮洋（今太倉）人。字秋帆，又字鑲蘅，號靈岩山人。曾任湖廣總督。

二函十一册。中國人民大學圖書館圖書編號：210/169。中國人民大學圖書館圖書登録編號：279063—279086。雙魚尾。版心中部刻書名。四周單邊。上下粗黑口。寬 17.5 厘米，高 26.5 厘米。

書名頁題字用隸書"山左金石志"，無落款。有書牌頁"儀徵阮氏小琅環仙館梓版"。序文卷首有"寄情翰墨""靜遠軒圖書印"收藏印二枚。前二卷所收爲三代青銅器，多有彝銘。無器形圖，有尺寸説明、釋文、考證文字，以及彝銘摹寫。

林鈞《石廬金石書志》卷一如是評價此書：

> 是記仿洪丞相之例，録其全文，附以辨證，記其廣修尺寸、字徑大小、行數多少，既博且精。

《山右金石記》十卷

（清）楊篤撰。

楊篤（1834—1894），山西鄉寧人。字鞏同，號秋湄。

一函十册。中國人民大學圖書館圖書編號：210/238。中國人民大學圖書館圖書登録編號：564684—564689。雙魚尾。版心中部刻"山西通志卷八十九金石志"。四周單邊。上下粗黑口。寬 17.2 厘米，高 26.7 厘米。

書名頁題字用篆文"山右金石記"，落款用隸書"通志單行本"。有書牌頁"光緒乙丑夏，鄉寧楊篤署"。此書爲《山西通志》第八十九卷至九十八卷。第一卷所收爲青銅器彝銘。其中，有部分内容爲三代青銅器彝銘，餘爲秦漢唐宋器。有出土地點説明、釋文、考證文字、收藏所在。

該書對《虞師酉敦》和《齊陶革子鎛》彝銘考證頗爲詳細。

容媛《金石書録目》卷十：

> 光緒十五年《山西通志》單行本。後印本署張煦修輯。

又見林鈞《石廬金石書志》卷二稱：

> 按是志刊本有前後之別。余見藝風藏本無十卷而有目録，屬於前印之本。

余齋所藏則十卷，《補遺》已備，獨缺目録。

此書另有"後印本"。

《凡將篇》一篇

（漢）司馬相如撰。

司馬相如（前179—前117），蜀郡成都（今屬四川）人。字長卿。曾任中郎將、孝文園令。此書可能是講字形的書。如《説文解字》就曾引用他的觀點："司馬相如説'茵從革'。"

四　畫

《天壤閣雜記》一卷

（清）王懿榮撰。

王懿榮（1845—1900），山東福山（今烟臺）人。字濂生，又字正孺。甲骨文的發現者、著名甲骨和銅器收藏家。光緒進士。曾三任國子監祭酒。庚子年（1900），義和團攻京津，授任京師團練大臣。八國聯軍攻入京城，皇帝外逃，王懿榮遂偕夫人與兒媳投井殉節，謚"文敏"。

一函一册。中國人民大學圖書館圖書編號：51/90。中國人民大學圖書館圖書登録編號：538935。單魚尾。版心中部刻書名。上下單邊，左右雙邊。上下粗黑口。

寬 14.4 厘米，高 24.6 厘米。

書名頁題字用楷書“天壤閣雜記”，無落款。有書牌頁“光緒乙未仲夏刊於長沙使院”。此爲《靈鶼閣叢書》之一。此書中對有關三代青銅器收藏情況記錄頗爲詳細。

《元尚》一篇

（漢）李長撰。

李長，生卒年不詳。籍貫不詳。漢元帝時曾任將作大匠。

此書久佚，内容不詳。姚振宗《漢書藝文志條理》曾言此書：

> 按李長始末未詳。諸書亦罕有徵引《元尚篇》者，故其遺文佚句無得而傳，但知其篇首有“元尚”二字耳。

《木庵藏器目》一卷

（清）程振甲撰。

程振甲（？—1826），安徽歙縣人。字篆名、也製，號木庵。清中期著名書法家、製墨家。

一函一册。中國人民大學圖書館圖書編號：51/90。中國人民大學圖書館圖書登錄編號：538935。單魚尾。版心中部刻書名。上下單邊，左右雙邊。上下粗黑口。寬 14.4 厘米，高 24.6 厘米。

書名頁題字用楷書“木庵藏器目”。有書牌頁“丙申正月”。此書爲《靈鶼閣叢書》之一。所收三代青銅器四十餘件，其中部分爲秦漢器。無器形圖，無尺寸説明，無釋文，無考證文字。按銅器種類編排。

此書另有《叢書集成初編》本。

《日照丁氏藏器目》一卷

丁麟年藏器、陳邦福輯補。

陳邦福（1893—1977），江蘇丹徒（今鎮江）人。字墨移。他是研究甲骨、鐘鼎、碑刻的專家，著有《古器物叢書》等。陳邦福解放前流寓蘇州，住在承天寺内，貧困潦倒，生活艱難。雖然生活處境很不好，但他從未放弃研究，和郭沫若時有信函往來。中華人民共和國成立後，爲江蘇省文史研究館館員。

一函一册。中國人民大學圖書館圖書編號：210/156。中國人民大學圖書館圖書登録編號：270778。單魚尾。版心中部刻書名。上下單邊，左右雙邊。上下大黑口。寬 15.5 厘米，高 26.5 厘米。

瑞安陳準湫漻齋自刻出版。卷後有"瑞安戴國琛刻字"。

有題字，書名頁用行書"丁氏藏器目"，落款用行書"辛未夏五月章鈺署端"。有"負翁"印一枚。

有丁麟年跋。卷後有陳氏本人跋，言曰：

> 歲在戊午，吾友日照丁紱宸太守麟年寫"杉林館藏器目"，乞余斟定。余以其凌亂失次，寫目不完，弃置衍簏，十餘年矣……爰就殘頁，重加董理，脱遺數器爲之拾補。

所收三代器七十二件，其中有部分説明文字記述收藏經緯。

《日照許氏、諸城李氏金文拓本釋》不分卷

（清）許瀚、（清）李璋煜撰。

許瀚（1797—1866），山東日照人。字印林，一字元翰。室名"攀古小廬"。有古文字學專著多種行世。

李璋煜（1784—1857），山東諸城人，字方赤，一字禮南，號月汀。陳介祺岳父。嘉慶進士。授刑部主事，歷官廣東布政使。

本書係許瀚與李璋煜兩家所藏金文拓本，陳介祺作釋。

《内府藏器著録表》二卷

羅福頤撰。

一函一册。中國人民大學圖書館圖書編號：2101/12。中國人民大學圖書館圖書登録編號：532093。單魚尾。無版心。四周單邊。上下粗黑口。寬 17.6 厘米，高 30.1 厘米。

書名頁題字用楷書"内府藏器著録表二卷附録一卷"，無落款。有書牌頁"癸酉仲冬墨緣堂印"。上卷所收爲三代青銅器，下卷所收部分爲秦漢器，餘外皆三代器。

著録表列器名、字數、行款、著録、私家收藏、曾歸某氏、雜記七項。

羅氏序中言是書爲：

> 頤既校補海寧王氏《金文著録表》，彌憾御府藏器不克備見墨本。而讀《西清古鑑》諸書，恒見有同光以來私家已著録者。竊以天上所藏十倍人間。

因此之故，羅氏就"以餘暇將敕撰四書通爲一表，略仿王氏表"。

《毛公鼎釋文》一卷

（清）吳大澂撰。

吳大澂（1835—1902），江蘇吳縣（今蘇州）人。字清卿，號恒軒，又號愙齋。同治七年（1868）進士。曾任湖南巡撫。善畫山水、花卉，精於篆書。著名銅器收藏家和彝銘學家。

《吳愙齋尺牘》有光緒二年（1876）五月四日他致陳介祺的信，説：

> 藏器之精、紙墨之良，前無古人，後無來者。然非好之，真不知拓之貴，亦不知精拓之難。大澂寢饋其中，近于古文字，大有領會。竊謂李陽冰坐卧于碧落碑下，殊爲可笑。完白山人亦僅得力于漢碑額而未窺籀斯之藩。大約商周盛時，文字多雄渾，能斂能散，不拘一格。世風漸薄，則漸趨于柔媚。

此書爲專門考釋當時新出土的《毛公鼎》而來。

《六一題跋》十一卷

（宋）歐陽修撰。

歐陽修（1007—1072），吉州永豐（今屬江西）人。字永叔，號醉翁，又號六一居士。天聖進士。曾任翰林學士、參知政事、蔡州知州、樞密副使等職。因吉州原屬廬陵郡，以"廬陵歐陽修"自居。謚文忠，世稱歐陽文忠公。與韓愈、柳宗元、蘇軾、蘇洵、蘇轍、王安石、曾鞏被世人稱爲"唐宋八大家"。歐陽修是在文學史上最早開創一代文風的宋代文壇領袖，他領導了北宋詩文革新運動，繼承并發展了韓愈的古文理論。其在歷史學研究上，貢獻較大。

一函二册。中國人民大學圖書館圖書編號：17.8/14—2。中國人民大學圖書館圖書登録編號：1468399—1468400。無魚尾。無版心。四周單邊。白口。

無書名頁。有書牌頁"據津逮秘書本影印初編各叢書僅有此本"。此書爲《叢書集成初編》之一。所收三代青銅器彝銘題跋十一篇。無器形圖，有尺寸説明、釋文、有考證文字。

歐陽修序中曾云：

> 夫漢魏以來，聖君賢士桓碑彝器、銘詩序記，下至古文、籀篆分隸、諸家之字書，皆三代以來至寶。怪奇偉麗，工妙可喜之物。其去人不遠，其取之無禍。

所言已經道出宋代金石學之由來。

《六書正説》四卷

（清）謝墉撰。

謝墉（1719—1795），浙江嘉善楓涇鎮（今屬上海市金山區）人。字昆城。曾任内閣中書、吏部左侍郎。

阮元在《吏部左侍郎謝公墓誌銘》中評價他説：

> 尤好鐘鼎古文，獨追象形、象事、象意之本，謂許慎篆文乃沿秦石刻結體，校以商、周尊彝，岐陽石鼓，則形、事、意三者皆所不及，指微抉奥，令人解頤。

《六書長箋》十三卷

（明）趙宧光撰。

趙宧光（1559—1625），太倉（今屬江蘇）人。字凡夫。一生隱居。宋太宗趙炅第八子元儼之後，宋王室南渡，留下一脈在吳郡太倉，便有了晚明時期吳郡趙氏一族。有《金石林緒論》《篆學指南》《説文長箋》等著作。

《六書述》不分卷

（清）吴東發撰。

吴東發（1747—1803），浙江海鹽人。字侃叔，號耘廬。卷前有褚德彝序。

《六書故》三十三卷

（元）戴侗撰。

戴侗（1200—1284），其先閩人，徙居永嘉（今浙江温州）楠溪菰田。字仲達。南宋淳祐元年（1241）進士。歷任台州知州等。著有《周易家説》《六書故》等書。

他利用商周金文，打破《説文解字》的部首排列法，撰成《六書故》，將全書分爲天文、地理、人事等九部，又細分爲四百七十九個目，每部按指事、象形、會意、轉注、形聲、假借等"六書"進行排列。在《六書故》中，他彙集父親、兄弟、外祖父、舅父等人的觀點，撰成一部集中家族和姻戚觀點爲一體的專著。

《六書索隱》五卷

（明）楊慎撰。

楊慎（1488—1559），四川新都（今成都）人。字用修，號昇庵。正德六年（1511）殿試第一，授翰林院修撰。預修《武宗實録》，稟性剛直，每事必直書。武宗微行出居庸關，上疏抗諫。世宗繼位，任經筵講官。嘉靖三年（1524），衆臣因議大禮，違背世宗意願，受廷杖，謫戍雲南永昌衛。居雲南三十餘年，死于戍地。

一函四冊。中國人民大學圖書館圖書編號：112.2/14。中國人民大學圖書館圖書登録編號：22565—22568。單魚尾。版心中部刻書名。四周雙邊。上下粗黑口。寬 17 厘米，高 27.2 厘米。

無書名頁，無書牌頁。序落款時間爲"嘉靖庚戌"。所收按韻部編排，并注明字形出處。

序中嘗云：

> 謫居多暇，乃取《説文》所遺，諸家所長，師友所聞，心思所得，匯梓成編，以古文籀爲主，若小篆則舊籍已著，予得而略也。若形之同解之複而不删者，必有刊補也。

此書以韻部的平、上、去、入四聲分爲四冊，亦爲容庚《金文編》之重要參考書。

《六書通》十卷

（清）閔齊伋撰、（清）畢既明訂補。

閔齊伋（1580—1662），浙江烏程（今湖州）人。字及武。

畢既明（約 1680—1720 後），海鹽（今屬浙江）人。名弘述。

一函五册。中國人民大學圖書館圖書編號：112·2/38。中國人民大學圖書館圖書登録編號：285977—225981。單魚尾。無版心。四周雙邊。白口。寬 13.2 厘米，高 20 厘米。

書衣頁題字用篆文"重訂篆字彙"，落款用楷書"醒公題"。書名頁題字用篆文"海鹽畢既明先生篆訂《重訂篆字彙》，增百體福壽全圖"，落款用篆文"昆山趙經式"，有"醒公"私印一枚。有書牌頁"中華民國十九年掃葉山房"。正文署名爲"六書通"。所收爲三代青銅器，多有銘文單字。每個字説明所見銅器名稱。

畢既明序中云：

> 先生集三代、秦、漢篆法，其體以《説文》字爲標首，下列古文、籀文，以及鼎彝、符印。有變體必載，使觀者知其全，得其變與通也。

《六書通摭遺》十卷

（清）畢星海撰。

畢星海（1740—1801），浙江海鹽人。字崑原。

一函五册。中國人民大學圖書館圖書編號：112.2/38—1。中國人民大學圖書館圖書登録編號：282356—282360。單魚尾。版心上部刻書名四周雙邊。白口。寬 13.4 厘米，高 19.7 厘米。

書衣頁題字用楷書"原本影印《續篆字彙》，一名《續六書通》。掃葉山房發行"，無落款。書名頁題字用楷書"原本影印《續篆字彙》，一名《續六書通》。掃葉山房發行"，無落款。有書牌頁"中華民國十八年掃葉山房"。正文書名爲"六書通摭遺"。所收爲三代青銅器，多有彝銘單字，按韻編排，不分卷。此書體例和引用文字與《六書通》相同。

作者在序中云：

> 先大父輯有《六書通》若干卷，剞劂後曾復爲手訂。星海猶及見稿本，塗之改寫，不知幾歷歲月。後竟失去，每痛惜焉……凡《六書通》所未載字及筆迹有不同者，輒爲摹録……編次爲《六書通摭遺》。

《六書統》二十卷

（元）楊桓撰。

楊桓（1234—1299），兗州（治今山東濟寧）人。字武子，號辛泉。曾任秘書少監。參加《大元一統志》的纂修，事成歸隱。大德三年（1299）召爲國子司業，未赴而卒。博學，精通古文字。工書法，尤精篆籀，在當時享有盛名。著有《六書統》《書學正韻》等。

此書在部首上分爲六類，即象形、會意、指事、轉注、形聲、假借。每一類下又詳細分爲幾種至幾十種。大致上此書上承戴侗《六書故》而來。其特點是：

> 凡一文一字必先置古文大篆於首，以見文字之正。次序鐘鼎文於下，以見文字之省。次序小篆於其下，以見文字之變。

《六書微》不分卷

（清）吳樹聲撰。

吳樹聲（1819—1873），雲南保山人。字鼎堂。曾任肥城知縣。

《六書練證》五卷

（明）楊慎撰。

《文石堂重刊曹氏吉金圖》二卷

（清）曹載奎撰。

曹載奎（1782—約 1852），江蘇吳縣（今蘇州）人。又名曹奎，字秋舫，以"懷米山房"作爲室名。

一函一冊。中國人民大學圖書館圖書編號：2103/64。中國人民大學圖書館圖書登録編號：136895—136896。無魚尾。版心上部刻書名。四周單邊。白口。寬 16 厘米，高 28 厘米。

書衣頁篆文題字"文石堂重刊曹氏吉金圖甲冊"和"文石堂重刊曹氏吉金圖乙冊"，無落款。書名頁篆文題字"文石堂重刊曹氏吉金圖"，無落款。書牌頁有長文：

曹秋舫《吉金圖》二卷，流傳甚罕，世多未之睹。故凡欲模仿古銅器之銘文形式者，一以《博古圖録》《考古圖》《西清古鑑》三書爲據，而三書亦乏善本，人以爲憾焉。近者，予幸獲曹圖，反覆閲之，銘文形式俱極摹刻之精，洵足以爲三書之羽翼矣。因欲翻刻，廣其傳。但曹圖原本係石刻，而本邦石刻之技未能精巧如彼。予恐或失原迹，因倩所知老工大西櫻雲，上木刻甫竣，爰記其由，以告攬者云爾。大日本明治十五年九月京都府書林文石堂主人誌。

并有私印二枚。卷首有張廷濟序。卷末有文：

明治十五年七月廿日出版，御届同年九月刻成。出版人：京都府平民上京區第卅組八幡町户住北村四郎兵衛。

并有私印一枚，亦有吳榮光跋。所收爲三代青銅器，有秦漢器數件。有器形圖、尺寸説明、釋文，以及銘文摹寫。

《文字志》三卷

（北朝）王愔撰。

王愔，北朝人，生卒年不詳，籍貫不詳。

《文字指歸》四卷

（唐）曹憲撰。

曹憲（541—645），唐揚州江都（今江蘇揚州）人。曾任秘書學士、朝散大夫。據史料記載，曹憲精通古文字學，唐太宗遇奇文難字，常遣使問之。

《文字集略》六卷

（南朝梁）阮孝緒撰。

阮孝緒（479—536），陳留尉氏（今屬河南）人。字士宗。

阮孝緒幼以孝聞，性格沉靜，年十三既通五經。少年時代就有宏圖大志。曾經屏居一室，所居唯一床，竹樹環繞，讀書其中，常年不出户，親友因呼之爲"居士"。屢被朝廷征召而不出。他有感于當時典籍散佚，就博采宋、齊以來圖書，集爲《七録》一書，總結前人目録學的成就。此書今已佚。

《文字譜系》十二卷

（明）穆正撰。

穆正，生卒年不詳。籍貫不詳。

五　畫

《玉海·器用門》不分卷

（宋）王應麟撰。

王應麟（1223—1296），慶元府鄞縣（今浙江寧波）人。字伯厚，號深寧居士。曾任禮部尚書兼給事中。

李遇孫《金石學録》記載此書是“述鼎鬲尊彝之屬，徵引甚爲詳備”。

《玉篇》三十卷

（南朝陳）顧野王撰。

顧野王（519—581），吴郡吴縣（今江蘇蘇州）人。字希馮。曾任太學博士、記室參軍、招遠將軍、黄門侍郎等。

《玉篇》收字比《説文解字》多出六千個，也是我國現存最早的一部楷書字典，爲後代楷書字典的編寫奠定了基礎。

《玉篇鑑礀》四十卷

（明）龔時憲撰。

龔時憲，生卒年不詳，太倉（今屬江蘇）人。字行素。爲州學生。

《古今文字》四十卷

（北魏）江式撰。

江式（?—523），陳留濟陽（今河南蘭考東北）人。字法安。曾任司徒長兼行參軍、檢校御史、符節令等。

《顏氏家訓》中對此書評價頗高。其《論書表》論述文字的源流、演變，以及歷代在文字學研究上的主要成果，包括重要事件、著述、論點等，主要是説明他撰集《古今文字》的緣由。

《古今文字序》一卷

（南朝梁）劉歊撰。

劉歊（488—519），平原（今屬山東）人。字士光。

《古今字》一卷

作者不詳。

見《漢書・藝文志》。

章學誠《校讎通義・内篇》：

> 《古今字》，篆、隸類也，主於形體，則《古今字》必當依《史籀》《倉頡》諸篇爲類，而不當與《爾雅》爲類矣。

《古今字詁》三卷

（北魏）張揖撰。

《古今字詁》一名顯然是沿襲了漢代《古今字》，在内容上當是對《古今字》的解説，而在《舊唐書》中就變爲“《古文字詁》二卷”了。

《古今字詁疏證》一卷

（清）許瀚撰。

《古今字圖雜録》一卷

（唐）曹憲撰。

《古文四聲韻》五卷

（宋）夏竦撰。

夏竦（985—1051），江西德安人。字子喬。曾任節度使、樞密使，封英國公、鄭國公等。

該書按四聲編排，自序中曾云：

> 祥符中郡國所上古器多有蝌蚪文，深懼顧問不通，以忝厥職。由是師資先達，博訪遺逸，斷碑蠹簡，搜求殆遍。積年逾紀，篆籀方該。自嗟其勞，慮有散墜，遂集前後所獲古體文字，準唐《切韻》，分爲四聲，庶令後學易於討閱，仍條其所出，傳信於世。

《古文字匯》六卷

（清）洪啓宇撰。

洪啓宇，生卒年不詳，籍貫不詳。

《古文奇字》一卷

（東漢）郭訓撰。

郭訓，生卒年不詳，籍貫不詳。字顯卿。曾任太子中庶子。《隋書》中記載有"《古今奇字》一卷，郭顯卿撰"，顯然就是此書。

《古文官書》一卷

（東漢）衛宏撰。

衛宏，東海（治今山東郯城西南）人。字敬仲。曾任議郎。

《古文原始》一卷

（清）曹金籀撰。

曹金籀，生卒年不詳，浙江杭州人。字葛民。

《古文通考》一卷

（清）陳殿柱撰。

陳殿柱，活動于道光至光緒年間，生卒年不詳，東皋（今江蘇如皋）人。字石樵。

《古字彙編》一卷

（清）李棠馥撰。

李棠馥，生卒年不詳，山西高平人。曾任湖南提學使。

《古文篆韻》五卷

（清）徐琮撰。

徐琮，生卒年不詳，湖北蘄州（今湖北蘄春）人。字侶蒼。

《古文審》八卷

（清）劉心源撰。

劉心源（1848—1915），嘉魚滕雲洲（今湖北洪湖市龍口鎮）人。字亞甫，號冰若、幼丹，齋名奇觚室。光緒二年（1876）進士。曾任成都知府、廣西按察使、湖北民政長、湖南按察使等。著名彝銘學家和銅器收藏家。有古文字學著作多種行世。

一函四册。中國人民大學圖書館圖書編號：2102/64。中國人民大學圖書館圖書登錄編號：348715—348718。無魚尾。版心上部刻書名。四周雙邊。白口。寬17.5厘米，高29.5厘米。

書衣頁上有“張止銘珍藏”收藏印一枚。書名頁題字用篆文“古文審八卷”，無落款，下有“張止銘珍藏”私印一枚。有書牌頁“光緒十有七年四月嘉魚劉氏龍江樓刊”。序文首頁又有“張止銘珍藏”收藏印一枚，還有“恒齋藏書”收藏印一枚。

所收爲三代青銅器，多有彝銘。先羅列某件青銅器彝銘摹寫，然後就此彝銘進行考證。多引《説文》，考證猶詳。有釋文。

林鈞《篋書臠影録》卷下四十八如是評價此書：

> 劉君用是，根據經訓，發揮六書之旨，篆形文義，兩者兼完。去無據之條，無附會之病。考證較爲精審也。

劉氏的《古文審》也是一部金文學術研究的名著。除了對彝銘進行考證外，他還在此書中特別介紹了金文學術研究上的辭例問題。劉氏能主動地注意到對辭例的研究，實在難能可貴。

上海圖書館古籍部收藏此書，索書號爲：綫普 344317-22、綫普長 434079-82、綫普長 90621-24。

《古文韻》一卷

（宋）黄伯思撰。

黄伯思（1079—1118），福建邵武人。字長睿，别字霄賓，自號雲林子。元符三年（1100）進士。哲宗時以銓試高等調磁州司法參軍，改通州司户、河南户曹參軍，後爲詳定《九域圖志》所編修官，累遷秘書郎。性好古文奇字，彝器上的款識，他悉能辨正。爲當時著名的古文字學名家，能辨秦漢前彝器款識，曾奉詔集古器考定真僞。又糾正王著所輯續正《法帖》，作《法帖刊誤》二卷。自六經到子史百家，無不精通。善畫，工詩文。善篆、隸、正、行、章草、飛白，皆精妙。《宋史·黄伯思傳》中稱黄伯思有《文集》五十卷。

《古代文字學》不分卷

吴其昌撰。

吴其昌（1904—1944），浙江海寧人。字子馨，號正厂。曾任國立武漢大學教授。王國維的弟子。著名彝銘學家。主要著作有《金文曆朔疏證》《金文疑年表》《金文氏族疏證》《金文世族譜》《金文名象疏證》《朱子著述考》《殷墟書契解詁》《宋元明清學術史》《三統曆簡譜》《北宋以前中國田制史》，以及時論、雜文集《子馨文存》等。

一函一册。中國人民大學圖書館圖書編號：2102/6。中國人民大學圖書館圖書登録編號：65989。無魚尾。版心上部書名，下部“國立武漢大學印”。四周單邊。白口。寬 16.6 厘米，高 26 厘米。

書衣頁上有“武漢圖書館”和“漢口圖書館”藏書章各一枚。無書名頁和版權頁。正文署名爲“金文名象疏證·兵器篇一”。所收爲三代青銅兵器及其彝銘。考證極其詳細。有器形圖、尺寸説明、釋文，以及考證文字。爲當時罕見之作。此書正文前有圖書登記時間和登記號“三十六年九月十五日 08036”和“第 12854 號”“分類號 422 著者號 2646”三枚印章。

《古代銘刻彙考》四卷

郭沫若撰。

郭沫若（1892—1978），四川樂山人。原名郭開貞，字鼎堂，號尚武。曾任中國科學院院長等。著名彝銘學家。以金文史料研究西周社會、歷史和文化的富有開創性的馬克思主義歷史學家。

一函三冊。中國人民大學圖書館圖書編號：210/58。中國人民大學圖書館圖書登錄編號：159033—159035。無魚尾。無版心。四周單邊。白口。寬 19.4 厘米，高 27 厘米。

書衣頁題字用楷書"古代銘刻彙考"，落款用楷書"沫若"。書名頁題字亦用楷書"古代銘刻彙考四種：《殷契餘論》《金文續考》《石鼓文研究》《漢代刻石二種》，各一卷"，落款用楷書"一九三三年秋日書於江戶川畔之鴻臺。沫若"。有版權頁"昭和八年，文求堂書店"。

爲作者精抄手稿影印。其中，在《金文續考》中收十幾篇考證三代青銅器彝銘論文，在《殷契餘論》中收《周代彝銘進化觀》一文。有器形圖、尺寸説明、釋文，以及考證文字。

此書另有 1956 年新版本。

《古代銘刻彙考續編》不分卷

郭沫若撰。

一函一冊。中國人民大學圖書館圖書編號：210/58—1。中國人民大學圖書館圖書登錄編號：252815。無魚尾。無版心。四周單邊。白口。寬 19.4 厘米，高 27 厘米。

書衣頁題字用楷書"古代銘刻彙考續編"，落款用楷書"沫若"。書名頁題字用篆文"古代銘刻彙考續編"，落款用楷書"一九三四年四月沫若自署"。有版權頁"昭和九年文求堂書店"。此書第五至第八篇爲考證三代青銅器彝銘論文。有尺寸説明、釋文、考證文字。

此書另有 1956 年新版本。

《古字考略》二十四卷

（清）葉騰驤撰。

葉騰驤，生卒年不詳，浙江紹興人。

《古來篆隸詁訓名録》一卷

唐人。作者不詳。

《古鼎法帖》五卷

（宋）婁機撰。

婁機（1133—1212），嘉興（今屬浙江）人。字彦發。《古鼎法帖》專以銅鼎彝銘爲基礎，爲書法提供參考。《宋史·藝文志》中有記載。

《古鉦銘碑》一卷

（宋）徐鉉撰。

徐鉉（916—991），揚州廣陵（今江蘇揚州）人。字鼎臣。初仕南唐，官至吏部尚書等。後隨李煜歸宋，官至散騎常侍。曾受詔與句中正等校訂《説文解字》。又曾編纂《文苑英華》《太平廣記》等。工書，好李斯小篆。與弟徐鍇有文名，號稱"二徐"。

《古墨齋金石跋》六卷

（清）趙紹祖撰。

趙紹祖（1752—1833），安徽涇縣人。字繩伯，號琴士。

書中諸跋，起自《岣嶁碑》，至唐刻《本草》止。書名"金石"，其實除"焦山鼎"外，其餘所跋均爲石刻。《周鼎銘》即焦山鼎。有尺寸説明、釋文、考證文字、拓片。其中特別説明因爲《周鼎銘》拓索過多，因此就"蓋寺中別刻一石，以應求者。其真本不易得故也"。此爲清代文物保護的一種行之有效的方法。

張舜徽《清人文集別録》中如是評價：

　　紹祖長於金石考證……其邑人朱拵，獨推其深於史學。至謂"近代著述之富，無如蕭山毛奇齡。然使氣好罵，猶不如紹祖之醇"。余則以爲紹祖之學，實事求是，誠於考史有功，然取與毛氏并論，則未免揚之過高。

《古篆分韻》五卷

（明）劉隅撰。

劉隅（1489—1566），山東東阿人。字叔正，別號范東。

《古篆古義》一卷　附《古篆筆勢論》

（清）蔣和撰。

蔣和，生卒年不詳，江蘇金壇人。字仲淑。曾任國子監學正。

《古器文錄》二卷

（清）龔橙撰。

龔橙（1817—1878），仁和（今浙江杭州）人。字孝拱，號昌匏，後易名公襄，別號半倫。龔自珍長子。

《古器具名》二卷

（明）胡文煥撰。

胡文煥，生卒年不詳，浙江錢塘（今杭州）人。字德甫，號抱琴居士。深通音律，善鼓琴，以刻書爲事。所刻《格致叢書》數百種，中多秘册珍函。著作有《古器具名》《文會堂琴譜》《詩學匯選》等。

《古器物識小錄》一卷

（清）羅振玉撰。

一函一册。中國人民大學圖書館圖書編號：210/207。中國人民大學圖書館圖書登録編號：373093。無魚尾。版心中部右側刻書名。四周單邊。上下細黑口。寬15.4厘米，高 26 厘米。

書名頁題字用楷書"遼居雜著丙編"。全書研究青銅器名稱和名物解詁，共有八十餘則。

容媛《金石書録目》卷二：

民國二十年墨緣堂鉛印本。民國二十三年《遼居雜著・丙編》石印本。

《古器物譜》三十卷

（金）蔡珪撰。

蔡珪（?—1174），真定（今河北正定）人。字正甫。天德三年（1151）進士。曾任翰林修撰、同知制誥、改户部員外郎，兼太常丞、吏部郎中。博學識古今奇字，精通書法，有金石文字著作傳世。蔡珪以文名世，辯博號稱天下第一。元好問謂金代文學"斷自正甫，爲正傳之宗"（《中州集》卷一）。

《古器款字》一卷

（宋）黄氏撰。

黄氏，疑即黄伯思。

《籀史》下卷目録中收此書，可惜該卷文字已佚。

《古器圖》一卷

（宋）李虚一撰。

李虚一，生卒年不詳，舒州舒城（今屬安徽）人。著名銅器收藏家和金石學家李公麟之父。

《古器圖》一卷

（宋）李公麟撰。

李公麟（1049—1106），舒城（今屬安徽）人。字伯時，號龍眠居士。曾任中書門下後省删定官、御史檢法和朝奉郎等。著名銅器收藏家和金石學家。此書又名《博古圖》。但是，《博古圖》似乎還有一種説法，陸心源稱王楚"撰《博古圖》二十卷"，可備爲一説。

《鐵圍山叢談》中説：

公麟，字伯時，實善畫，性希古。則又取平生所得暨其聞睹者，作爲圖狀，說其所以，而名之曰《考古圖》。

可知他應該是收藏頗富。但此書早已亡佚。有關此書的具體情況，可以參見王黼的《宣和博古圖》一書的體例。《鐵圍山叢談》中説王黼"乃效公麟之《考古》，作《宣和殿博古圖》"。

李公麟對古器物和古文字知識極深。他除了摹繪古代的銅器加以考訂成書之外，還參加了整理皇家收藏的古器物的工作。他的父親李虛一是著名畫家，并收藏很多古代畫作。李公麟都一一臨摹。他擅長畫馬、佛像、人物和山水。他在臨摹古人名迹中掌握了繪畫技法，成爲白描技法之祖。

《籀史》中記載此書卷數爲五卷。

《古器圖》一卷

（宋）胡俛撰。

胡俛（?—1074），共城（今河南輝縣）人。字公謹。曾任登州知州。《全宋詩》卷五一九中收有蘇頌《和胡俛學士紅絲桃》一詩。《籀史》中對此書評價爲：

但俛以辟宮敦爲鼎、以太公簠爲斗、以仲信父旅甗爲煮甗，徒刻其文而不載原叔所釋之字，爲未盡善。

看起來問題還是出在對青銅器的定名和分類上。

《古器銘釋》十卷

（明）卞裵撰。

卞裵，生卒年不詳，江蘇揚州人。《四庫全書總目》中評價此書爲"成于嘉靖中，皆抄襲《博古圖》及薛尚功《鐘鼎款識》之文"，足見此書之大概。

《古器總説》一卷

（明）胡文焕撰。

《四庫全書總目》中評價此書説：

是書於每一古器各繪一圖，先以《博古圖》《考古圖》……《博古圖》成於宣和禁絶史學之日，引據原疏，文焕不能考定，乃剿竊割裂，又從而汩亂之。
其鉤摹古篆，亦不解古人筆法，尤誤謬百出。

《古籀考》一卷

（清）陳慶鏞撰。

陳慶鏞（1795—1858），福建晉江（今泉州）人。字乾翔，又字頌南，以“籀經
堂”作爲齋名。曾任監察御史。

有陳仁榮、何秋濤、龔顯曾序。

《古籀拾遺》三卷

（清）孫詒讓撰。

孫詒讓（1848—1908），浙江瑞安人。字仲容，號籀廎，又號籀高，齋名玉海
樓。曾任刑部主事。著名銅器收藏家和彝銘學家。有《商周金文拾遺》《古籀拾遺》
《古籀餘論》等古文字學著作行世。

一函二册。中國人民大學圖書館圖書編號：210/128。中國人民大學圖書館圖書
登録編號：580672—580673。無魚尾。版心中部刻書名“古籀”二字。上下單邊，
左右雙邊。上下細黑口。寬 19.8 厘米，高 27.9 厘米。

書衣頁上有“丁谷音教授贈”之印。書名頁題字用篆文“古籀拾遺”，落款用楷
書“附宋政和禮器考，經微室著書之一。籀廎”。所收爲三代青銅器，多有銘文考證
文章。

其中，上卷爲對薛尚功《歷代鐘鼎彝器款識》一書十四件青銅器彝銘的考證，
中卷爲對阮元《積古齋鐘鼎彝器款識》一書三十件青銅器彝銘的考證，下卷爲對吳
榮光《筠清館金文》一書二十二件青銅器彝銘的考證。有尺寸説明、釋文、考證文
字。卷末有劉恭冕跋。

林鈞《石廬金石書志》卷十九如是評價此書：

> 孫君挈經博學，以經訓考釋金文，析其形聲，明其通假。凡薛尚功、阮文
> 達、吳荷屋之書，俱有糾正。

此書另有清代光緒庚寅刊本的複印本。寬 18.4 厘米，高 30.5 厘米。中國人民大

學圖書館圖書編號爲：210/126。中國人民大學圖書館圖書登録編號爲：219504—219505。其他特徵與上述版本相同。祇是前者把《宋政和禮器考》放在卷前，而此本則放在卷末。書衣頁上有湖北甘彭雲題簽：

《古籀拾遺》，《宋政和禮器考》附，孫詒讓撰。光緒庚寅刊本。潛江甘氏藏書。

正文首頁有"崇雅堂藏書"之印。

上海圖書館古籍部收藏此書，索書號爲：綫普長 019521、綫普長 310892、綫普長 382831-33、綫普長 3422、綫普長 19870、綫普長 90626-27、綫普長 491486、綫普長 19521、綫普長 72079、綫普 315905、綫普 434939-42、綫普長 96857。

《古籀答問》二卷

（清）鄭知同撰。

鄭知同（1831—1890），貴州遵義人。字伯更，一字伯庚。

《古籀彙編》十四卷

徐文鏡撰。

徐文鏡（1895—1975），浙江臨海（今台州市椒江區）人。別署鏡齋。尤精篆刻。文鏡于金石文字學、篆刻學造詣極深，1916 年即出版四冊《鏡齋印稿》。

1934 年 8 月，他的古文字學專著《古籀彙編》出版。這是一部以《説文解字》爲主，以小篆爲字頭，將《鐘鼎字源》《説文古籀補》《殷虚文字類編》等書的古文字分别附列於字頭之下，遍搜甲骨、鐘鼎、石鼓、古璽、古陶、古幣、古兵器等鐫刻文字的字典。商務印書館以綫裝影印出版發行，影響很大。

二函十四冊。中國人民大學圖書館圖書編號：2102/43。中國人民大學圖書館圖書登録編號：283313—283326。無魚尾。版心上部右側刻書名。四周單邊。上下粗黑口。寬 13 厘米，高 20 厘米。

正文檢字下方有"永逸藏書"收藏印一枚。有版權頁"中華民國二十三年八月初版，商務印書館"。此書編排體例一如《説文解字》。

容媛《金石書録目》卷一：

《古籀彙編》十四卷。臨海徐文鏡編。民國二十四年商務印書館石印本。篆集《鐘鼎字源》《説文古籀補》《説文古籀補補》《金文編》《古璽文字徵》《殷墟文字類編》六書之字而成，而刪去各書中附録之字。

此書所收金文字形，頗爲周詳，是初學金文必備的入門性工具書之一。收單字約三千多個、重文約三萬多個。

上海圖書館古籍部收藏此書，索書號爲：綫普長 617724-37、綫普長 19538、綫普長 377908-921、綫普長 384252-65、綫普長 675513-26、綫普長 12499。

《古籀説文》十卷

（宋）李誡撰。

李誡（?—1110），鄭州管城（今河南鄭州）人。字明仲。曾任虢州知州。

《古籀韻編》一卷

（清）邵元瀚撰。

邵元瀚，生卒年不詳，浙江餘姚人。

《石泉書屋藏器目》一卷

（清）李佐賢撰。

李佐賢（1807—1876），山東利津人。字仲敏，號竹朋，又號石泉，齋名石泉書屋。曾任江西考官。

一函一册。中國人民大學圖書館圖書編號：51/90。中國人民大學圖書館圖書登録編號：538953。單魚尾。版心中部刻書名。上下單邊，左右雙邊。上下粗黑口。寬 14.4 厘米，高 24.6 厘米。

書名頁題字用篆文“石泉書屋藏器目”，無落款。有書牌頁“步算廊刻”。此書爲《靈鶼閣叢書》之一。所收三代青銅器藏目十八件。無器形圖，無尺寸説明，無釋文，無考證文字。

此書另有《叢書集成初編》本。

《石泉書屋類稿》八卷

（清）李佐賢撰。

一函三册。中國人民大學圖書館圖書編號：48/481。中國人民大學圖書館圖書登録編號：157619—157621。單魚尾。版心上部刻書名。四周雙邊。白口。寬 15.3 厘米，高 25.5 厘米。

書名頁題字用隸書"石泉書屋類稿"，落款用楷書"同治辛未年鐫，利津李氏藏板"。

卷五收三代青銅器彝銘《跋率伯敦銘》一件。文中有言：

> 惟諸器皆以"子子孫孫永寶用"爲結，此作"予其永萬年寶用。子子孫其師師"型，爲兹休，詞義變化則彝器所罕見者。

《石鼓文考》一卷

（宋）鄭樵撰。

《石經閣初集》八卷

（清）馮登府撰。

馮登府（1783—1841），浙江嘉興人。字雲伯，號柳東，又號勺園，齋名石經閣。嘉慶進士。曾任福建將樂知縣、寧波府教授。

一函四册。中國人民大學圖書館圖書編號：48/1113。中國人民大學圖書館圖書登録編號：509868—509871。無魚尾。無版心。無邊。白口。寬 16.1 厘米，高 28.4 厘米。

書名頁題字用隸書"石經閣初集"，落款用隸書"瞿中溶書"。卷七和卷八爲題跋，所收三代青銅器彝銘題跋數十件。有收藏者介紹、尺寸説明、釋文、考證文字。

《石經閣金石跋文》一卷

（清）馮登府撰。

一函一册。中國人民大學圖書館圖書編號：51/39。中國人民大學圖書館圖書登録編號：564930。單魚尾。版心中部刻書名，版心下部右側刻"朱氏槐廬校刊"。上下單邊，左右雙邊。上下細黑口。寬 15.7 厘米，高 24.5 厘米。

書名頁題字用隸書"石經閣金石跋文"，落款用行書"金爾珍題"，有"金氏吉石"私印一枚。有書牌頁"光緒丁亥孟秋，行素草堂藏版"。此書爲《槐廬叢書》之一。卷末題："光緒歲在柔兆閹茂暢月吳縣朱記榮槐廬家塾新校刊。"所收三代青銅器彝銘八件，餘外皆秦漢以後器。有尺寸説明，有釋文，有考證文字。

林鈞《石廬金石書志》卷十四如是評價此書：

> 是編跋金石四十餘種，如《商丁父尊》《周虢叔大林鐘》《戎都鼎》《遣小子敦》《瞿癸敦》《吳彝》諸跋，均有詮釋。

《石廬金石書志》二十二卷

林鈞撰。

林鈞（1890—1972），福建閩侯人。號石廬，齋名"三萬金石文字堂"。著名金石學家，專心于金石古籍收藏和研究。所藏古籍後盡歸中國科學院考古研究所。

一函十二册。中國人民大學圖書館圖書編號：2101/40。中國人民大學圖書館圖書登録編號：385268—385279。單魚尾。版心上部刻書名，下部刻"寶岱閣"三字。四周單邊。白口。寬 14.7 厘米，高 26.7 厘米。

書衣頁題字用楷書"石廬金石書志"，落款用楷書"康有爲題"，有"康有爲"印一枚。書名頁題字用楷書"石廬金石書志"，落款用楷書"曾熙"，有"曾熙"私印一枚。有書牌頁"癸亥冬日刊於南昌"。所收爲古代青銅器彝銘和石刻書籍書目，并寫有提要。所收極其豐富。卷首有康有爲、羅振玉、吳士鑑、宣哲、周慶雲、鄒安、歐陽輔、趙詒深、顧燮光、金蓉鏡、徐乃昌、劉承幹、蔡寶善、陳洙、丁福保、秦更年、葉玉森、陳邦福、朱孝臧、童大年、蔡守、李尹桑、李根源、鄭孝胥、陳珩、李宣龔、陳承修二十七人評語。

《凡例》中説：

> 是志略仿《四庫提要》，并參各家藏書記之例，就寒齋所藏者次第編述。

林氏藏書後歸考古研究所。近現代藏金石書之盛者，無出林氏之右。林氏書中嘗云：

> 蓋著述之中，考證爲難。考證之中，圖譜爲難。圖譜之中，唯鐘鼎款識，義通乎六書，制兼乎三禮，尤難之難。

此言誠爲至論。

《平安館藏器目》一卷

（清）葉志詵撰。

葉志詵（1779—1863），湖北漢陽（今武漢）人。字東卿，齋名平安館。著名銅器收藏家和彝銘學家，亦精篆刻。

一函一冊。中國人民大學圖書館圖書編號：51/90。中國人民大學圖書館圖書登録編號：538935。單魚尾。版心中部刻書名。上下單邊，左右雙邊，上下粗黑口。寬 14.4 厘米，高 24.6 厘米。

書名頁題字用隸書“平安館藏器目”。有書牌頁“江氏摹書本”。此書爲《靈鶼閣叢書》之一。所收三代青銅器藏目一百四十餘件。無器形圖，無尺寸説明，無釋文，無考證文字。

此書另有《叢書集成初編》本。

《甲子稽古旅行記》不分卷

侯鴻鑑撰。

侯鴻鑑（1872—1961），江蘇無錫人。字葆三，號夢獅，又號病驥，齋名滄一堂。曾任上海致用大學校長。著名金石古籍和拓片收藏家。

一函一冊。中國人民大學圖書館圖書編號：2103/48。中國人民大學圖書館圖書登録編號：549329。無魚尾。版心部刻書名。上下單邊，左右雙邊。白口。寬 13.6 厘米，高 20.1 厘米。

書衣頁右側題字用篆文“稽古旅行記”，落款用篆文“甲子春，仲師子題”。書衣頁右下方題有“許同莘贈”落款。無書牌頁，但是依照內容始自民國十三年二月，文後有“凡旬日記畢，適王師子君來錫，并請題簽，遂付印”一語，可以推定出版時間爲 1924 年。

此書收有作者參觀新鄭出土青銅器全部展品目録，并夾雜有部分説明。正如作者在前文中所言：

> 踏殘鄭汴車塵，欣賞商周寶器，摩挲古緑，斑駁可餐。

是書可以作爲研讀《新鄭古器圖録》一書之參考。

《史章訓古》一卷

（宋）米芾撰。

米芾（1051—1107），太原（今屬山西）人，遷襄陽（今屬湖北），後定居潤州（今江蘇鎮江）。字元章，號襄陽漫士、海岳外史、鹿門居士。爲"宋四家"之一，能詩文，擅書畫，喜收藏，善鑑別。曾任校書郎、書畫博士、禮部員外郎。

《籀史》上卷目録中收此書。目録中稱作"朱氏史章訓古"，而正文則又爲"米氏史章訓古"。顯係有誤。[1]

《史籀篇》十五篇

（周）太史籀撰。

太史籀，生卒年不詳，籍貫不詳。曾任周宣王時代的太史。"太"一作"大"。

顔師古《漢書注》："周宣王太史作《大篆》十五篇，建武時亡六篇矣。"這或許就是《史籀篇》本名爲《大篆》的由來。大篆又有"籀文""籀篆""籀書"之稱。因其爲籀所作，故世稱"籀文"。

王國維《史籀篇疏證序》一文中考證説：

> 《説文》云："籀，讀也。"又云："讀，籀書也。"古籀、讀二字同音同義。又古者讀書皆史事……籀書爲史之專職。昔人作字書者，其首句蓋云"大史籀書"以目下文，後人因取首句"史籀"二字，以名其篇。"大史籀書"猶言大史讀書……劉、班諸氏不審，乃以史籀爲著此書之人，其官爲大史，其生當宣王之世，是亦不足怪。

王氏以"讀書"説解此書名，此説可備一説。

《史籀篇疏證》一卷

（清）王國維撰。

一函一册。中國人民大學圖書館圖書編號：52/45—1。中國人民大學圖書館圖書登録編號：398912。單魚尾。無版心。四周單邊。上下粗黑口。寬12.6厘米，高

---

[1]　據《籀史》，中華書局1985年版。

19.7 厘米。

書衣頁題字用楷書 "史籀篇疏證"，落款用楷書 "丁卯寒露節，海寧王氏校印"。卷末有 "上虞羅福頤校" 字樣，系《王忠慤公遺書内編》之一。

本書係以《說文解字》和金文考證《史籀篇》之名作。

王氏在序中以爲：

> 《史籀》一書，殆出宗周文勝之後，春秋戰國之間，秦人作之以教學童，而不行於東方諸國。故齊魯間文字作法體勢與之殊異，諸儒著書口說亦未有及之者。

林鈞《石廬金石書志》如是評價此書：

> 是編據《說文解字》諸書，以及鐘鼎彝器之文，詮釋頗詳，計録文二百二十三字，重文二字，後附叙録於末。

此書另有《海寧王靜安先生遺書》本。

《生春紅室金石述記》不分卷

林萬里撰。

林萬里（1872—1926），福建閩侯（今福州）青圃村人。即林白水，初名林獬，字少泉，號宣樊、退室學者、白話道人。齋名 "生春紅室"。1926 年被奉系軍閥張宗昌殺害。林白水是近代中國以白話文做大衆傳播工具的先驅。他先後創辦或參與編輯的報刊就有十多種。

一函一册。中國人民大學圖書館圖書編號：210/202。中國人民大學圖書館圖書登録編號：356030。單魚尾。版心上部右册刻書名。四周單邊。下細黑口。寬15.5 厘米，高 26.6 厘米。

書衣頁題字 "《生春紅室金石述記》，考古學社《考古叢書乙編》第二種"。有書牌頁 "民國二十四年五月，東莞容氏頌齋校刊"。正文前有陳漢第、容庚序。所收有三篇文章研究三代青銅器彝銘題跋。即《極大極小之鼎》《袁珏生之盤爵》《陶北溟新得古兵》。有釋文，有考證文字。對三代青銅器之經緯説明頗爲詳細。

<h1 style="text-align:center">六　　畫</h1>

《吉金文字》不分卷

作者不詳。

一函一册。中國人民大學圖書館圖書編號：2103/10。中國人民大學圖書館圖書登録編號：545171。無魚尾。無版心。四周單邊。上下細黑口。寬 24.4 厘米，高 30厘米。

無書名頁。無書牌頁。有器形圖，有尺寸説明，無釋文，無考證文字。書名爲中國人民大學圖書館所定，似不十分合適。内容選自《西清古鑑》《陶齋吉金録》《考古圖》《恒軒所見所藏吉金録》《兩罍軒彝器圖釋》等書。似爲當時大學用書。

《吉金文録》四卷

（清）吴闓生撰。

吴闓生（1878—1949），安徽桐城人。字辟疆，號北江，人稱"北江先生"。曾任北洋政府教育次長。著名銅器收藏家。

一函二册。中國人民大學圖書館圖書編號：2104/1。中國人民大學圖書館圖書登録編號：371086—371087。雙魚尾。版心中部刻書名"金"字，并綴以卷數。四周單邊。上下粗黑口。寬 23 厘米，高 31.7 厘米。

書簽題字用楷書。書名頁題字用篆文"吉金文録"，落款用篆文"北江"，有"北江"私印一枚。有書牌頁"南宫邢氏藏版"。藍印本。目録後落款爲"癸酉冬月"，即 1933 年。所收皆爲三代青銅器彝銘。各卷按器物種類編排。無器形圖，有尺寸説明、釋文、考證文字，且頗爲詳細。

此書另有 1963 年中華書局重刊本。

《吉金志存》四卷

（清）李光庭撰。

李光庭（1773—?），直隸寶坻（今天津市寶坻區）人。字樸園。乾隆六十年（1795）舉人。曾任內閣中書，後赴湖北任黃州知府。

一函一冊。中國人民大學圖書館圖書編號：210/221。中國人民大學圖書館圖書登録編號：545171。無魚尾。無版心。四周單邊。上下細黑口。寬 18.5 厘米，高 29.5 厘米。

無書名頁。無書牌頁。有器形圖，有尺寸説明，無釋文，無考證文字。

此書卷三、四收殷周銅器，分爲鼎彝類、卣尊類、鐘鼓錞鐸類、車托轅馬鈴類、劍盾殳戈類。有器形圖、拓片。扉頁題字用隸書，版權頁爲"本宅藏版"。卷首有吳承業等多人題字。

《吉金款識》十二卷

（清）龔自珍撰。

龔自珍（1792—1841），浙江仁和（今杭州）人。字璱人，號定庵。道光九年（1829）進士，授內閣中書。

此書爲商周彝銘彙編之作。無器形圖，無拓片，無考證文字。

《考古圖》十卷

（宋）呂大臨撰。

呂大臨（1040—1092），其先汲郡（今河南衛輝）人，後移居京兆藍田（今陝西藍田）。字與叔。曾任太學博士、秘書省正字。

一函五冊。中國人民大學圖書館圖書編號：29/9。中國人民大學圖書館圖書登録編號：23268—23272。無魚尾。版心上部刻書名。四周單邊。白口。寬 17.6 厘米，高 29 厘米。

書名頁題字用隸書"考古圖"，無落款。有書牌頁"乾隆壬申年秋月，天都黃曉峰鑒定，亦政堂藏版"。正文目録爲"亦政堂重修考古圖"。所收爲三代青銅器，多有彝銘，亦有部分秦漢器。有器形圖，有尺寸説明，有釋文，有考證文字，有拓片。

全書分爲十卷。前七卷爲商周器，卷一：鼎類，共 18 器；卷二：鬲、甗類，共 19 器；卷三：簋屬，共 27 器；卷四：卣器（含尊、彝、盤、壺、罍），共 47 器；

卷五：雜食器（爵、豆）類，18 器；卷六：盤、匜、盂等水器類，及戈、削兵器，計 12 器；卷七：鐘、磬等樂器類，共 15 器。

呂大臨在序中云：

> 觀其器，誦其言，形容仿佛，以追三代之遺風，如見其人矣。以意逆志，或探其製作之原，以補經傳之闕亡，正諸儒之謬誤。天下後世之君子有意於古者，亦將有考焉。

陳子翼序中又明言之“考古非玩物也”，道出了呂大臨的用心。

林鈞《石廬金石書志》卷八如是稱此書：

> 前有焦竑序、陳才子序、與叔自序、黃晟重刊序，後有吳萬化跋。呂公輯御府以外三十六家所藏古器物，繪圖摹銘而成兹編。圖後所附辨證系出羅默齋補采。

此書另有明寶古堂刻本、明刻黑字本、明萬曆鄭樸考正巾箱本等。中國人民大學圖書館善本部收藏一函五册十卷，爲明萬曆三十一年（1603）寶古堂刻本。中國人民大學圖書館圖書編號：210/222。中國人民大學圖書館圖書登録編號：392585—392589。白魚尾。版心上部刻書名。四周單邊。白口。寬 18.5 厘米，高 30.2 厘米。書名頁題字用篆文“考古圖”。卷前有歐陽修篆文序《刊考古、博古二圖序》。有“漪園珍藏”“曾經新安汪子清處”“修竹山房”“洪履中印”等八枚收藏者印章。目録頁上書“寶古堂重刊考古圖”。

上海圖書館古籍部收藏此書，索書號爲：綫善 764406-10、綫善 19861-66、綫善 773377-86、綫普 362685-96、綫普 378383-88、綫普 435536-41、綫普長 624446-54、綫普長 019796、綫普長 311526-27、綫普長 345845-46、綫普長 096782-91、綫普 329669-780。

《考古圖釋文》一卷

（宋）趙九成撰。

趙九成，生卒年不詳，籍貫不詳。

一函一册。中國人民大學圖書館圖書編號：51/7—1。中國人民大學圖書館圖書登録編號：283531。無魚尾。版心上部刻書名。四周雙邊。上下粗黑口。寬 15.7 厘米，高 24.5 厘米。

無書名頁。所收爲三代青銅器，多有彝銘釋文。釋文按韻部編排，并列出所收字形之青銅器出處。實爲字典性質之書。

此書爲宋代冶金名著。陸心源《刻續考古圖序》中云：

> 《釋文》一卷，據翟耆年《籀史》當是趙九成所撰，里貫仕履皆無考。

翁方綱《考古圖跋》云"此《釋文》一卷當是大臨原本也"。又云：

> 宋翟耆年伯壽《籀史》下卷有趙九成著《呂氏考古圖釋》，據此則《釋文》一卷是趙九成撰。其卷前題詞蓋九成所爲也。

林鈞《石廬金石書志》卷十三如是評價此書：

> 此書宋以後無刊本。著録家亦復罕見。趙氏取銘識古字，以《廣韻》四聲部分編之，其有所異同者，則各爲訓釋考證。疑字、象形字、無所從之字，則附於卷末。體例謹嚴，足資考訂。

《西清古鑑》四十卷

（清）梁詩正撰。

梁詩正（1697—1763），浙江錢塘（今杭州）人。字養仲，號薌林。雍正進士。曾任東閣大學士、吏部尚書。

四函二十四冊。中國人民大學圖書館圖書編號：2103/18。中國人民大學圖書館圖書登録編號：539482—539505。雙魚尾。版心上部刻書名。四周雙邊。白口。寬15.4 厘米，高 25.5 厘米。

書名頁題字用篆文"欽定《西清古鑑》四十卷，錢録十六卷"，無落款，有私印一枚。有書牌頁"光緒十四年秋，上海鴻文書局印行"。乾隆十四年十一月初七日奉上諭而作：

> 爰命尚書梁詩正、蔣溥、汪由敦，率同內廷翰林仿《博古圖》遺式，精繪形模，備摹款識，爲《西清古鑑》一編。

此書在"諸臣職名"後有"鐘寶泉印"和"養止"兩枚印，或系收藏者之印。所收多爲三代青銅器銘文。有器形圖，有尺寸説明，有釋文，有簡單考證文字。卷二第十七頁有半頁缺損。卷五第六頁上部有"同典榮"三字硃砂印，系造紙作坊名號。

林鈞《石廬金石書志》卷八如是評價此書：

> 案器爲圖，因圖繫説，詳其方圓、圍徑之制，高廣、輕重之等，并鉤勒款識，各爲釋文。據《四庫提要》載其體例。雖仿《考古》《博古》二圖，而摹繪精審，毫厘不差則非二圖所及。其考證雖兼取歐陽修、董逌、黃伯思、薛尚功諸家之説，而援據經史正誤析疑，亦非修等所及。

此書另有乾隆十六年武英殿內府刻本、光緒十四年邁宋書館銅版本、以及光緒三十四年集成圖書公司石印本、民國十五年雲華居廬石印小本。

有的銅器，宋人定爲商器，而《西清古鑑》却定爲周器。如《周亥鼎》銘文中有"用之協相"一語，薛尚功在《歷代鐘鼎彝器款識》一書中以爲是商器，而《西清古鑑》針對"協相"一語考證説：

> 按《周書·洪範》有"協相厥居"語，銘曰"協相"，應與《書》詞同義，此語出武王，亦未見必爲商器也。

可見《西清古鑑》的作者有着比較成熟的以考證銘文文字來進行青銅器斷代的研究方法。

近現代金文學界有些學者對"西清四鑑"非議頗多。這是有些言重的。吳大澂在《説文古籀補》序中就指出：

> 我朝乾隆以後，士大夫詁經之學兼及鐘鼎彝器款識，考文辨俗，引義博聞。

因此，它的開創意義和史料價值是不容忽視的。

上海圖書館古籍部收藏此書，索書號爲：綫普 301306-329、綫普 301330-353。

另詳第三十四章"清代彝銘學研究述評"第二節"清代中期的彝銘學研究"之"一、西清四鑑的彝銘學"。

《西清彝器拾遺》不分卷

容庚撰。

容庚以"五千卷金石書室"作爲齋名，又曾以"寶蘊樓"和"善齋"作爲齋名。曾任燕京大學教授、中山大學教授。著名銅器收藏家和彝銘學家。

一函一册。中國人民大學圖書館圖書編號：210/44。中國人民大學圖書館圖書登錄編號：126630。無魚尾。無版心。四周雙邊。白口。寬22.2厘米，高33.2厘米。

書名頁題字用篆文"西清彝器拾遺"，落款用楷書"廿九年二月，容庚"，有"容庚"私印一枚。有書牌頁"考古學社專集第二十種，民國二十九年二月印行"。所收爲三代青銅器，多有彝銘。有器形照片圖，有尺寸説明，有釋文，有拓片。

《西清續鑑甲編》二十卷　《附録》一卷

（清）王傑等撰。

王傑（1725—1805），陝西韓城人。字偉人，號惺園，又號畏堂。乾隆進士。曾任東閣大學士、軍機大臣。

四函四十二册。中國人民大學圖書館圖書編號：2103/18—1。中國人民大學圖書館圖書登錄編號：378250—378291。雙魚尾。版心上部刻書名。四周雙邊。白口。寬15.3厘米，高25.7厘米。

書名頁題字用楷書"西清續鑑"。有書牌頁"宣統庚戌，涵芬樓依寧壽宮寫本敬謹影印"，并有"古希天子""乾隆御覽之寶""寧壽宮寶"私印三枚，爲彩色套印，每卷首頁上蓋此三章。每卷末頁上加蓋"古希天子"和"養性殿寶"印二枚。所收爲三代青銅器，多有彝銘。有器形圖，并且繪製精良；有尺寸説明，有釋文，有簡單考證文字。該書體例完全仿《西清古鑑》。

林鈞《石廬金石書志》卷八稱：

《西清古鑑》書成三十年，復諭編纂内府續得諸器爲《續鑑》，歷十三年，始校補繕繪成書，一仿《古鑑》之例……是爲甲編。其藏之盛京者，另厘《乙編》。

《西清續鑑乙編》二十卷

（清）王傑等撰。

二函二十册。中國人民大學圖書館圖書編號：2103/18—2。中國人民大學圖書館圖書登錄編號：539522—539541。雙魚尾。版心上部刻書名。四周雙邊。白口。寬15厘米，高25.2厘米。

書名頁題字用楷書"西清續鑑"。有版權頁"北平古物陳列所，中華民國二十年九月"。每卷首頁有"乾隆御覽之寶"和"寶蘊樓藏器"二章。每卷末有"乾隆御覽之寶"一枚。所收爲三代青銅器，多有彝銘。有尺寸説明，有釋文，有簡單考證文字。鑒定者爲福開森和廉南湖。

《百一廬金石叢書》十二卷

陳乃乾撰。

陳乃乾（1896—1971），浙江海寧人。齋名"共讀樓"。曾任中國書店經理和國民大學教授。著名版本目録學家。

二函十册。中國人民大學圖書館圖書編號：2102/82。中國人民大學圖書館圖書登録編號：564660—564669。單魚尾。版心上部刻書名。四周雙邊。白口。寬19.9厘米，高31.2厘米。

書名頁題字用篆文"百一廬金石叢書"，落款用隸書"羅振玉署"。有書牌頁"辛酉孟冬海昌陳氏景印"，并有"古書流通處鑑定印經售之記"私印一枚。

所收有三種多爲三代青銅器彝銘專著，即《嘯堂集古録》《王復齋鐘鼎款識》《焦山古鼎考》。有器形圖，有尺寸説明，有釋文，有考證文字。

《先秦古器記》一卷

（宋）劉敞撰。

劉敞（1019—1068），臨江新喻（今江西新餘）人。字原父。曾任蔡州通判、集賢院學士等。著名銅器收藏家和金石學家。

此書一作《劉原父先秦古器圖碑》。

北宋文學家梅堯臣在《謝劉原父》詩中説："劉公漢家裔，才學歆向儔；胸懷飽經史，辨論出九州。"南宋文學家葉夢得在《避暑録話》中説：

> 劉原父博學多聞，前世實無及者。

劉敞對金文研究和金石學亦造詣深湛，是我國金石學的開山之祖。

《竹雲題跋》四卷

（清）王澍撰。

王澍（1668—1739），江蘇金壇（今常州市金壇區）人。字若林，號虛舟、竹雲，又號二泉寓客。康熙進士。曾任吏部員外郎，尤精書法和金石碑帖之學。

一函四册。中國人民大學圖書館圖書編號：2101/4。中國人民大學圖書館圖書登録編號：57404—57407。單魚尾。版心上部刻書名。上下單邊，左右雙邊。白口。寬 15.5 厘米，高 25 厘米。

書名頁題字用篆文"竹雲題跋四卷"，落款用行書"宋澤元題"，有"孝華"私印一枚。有書牌頁"光緒十年歲在甲申秋八月開雕"。卷一收三代青銅器彝銘題跋一篇。無器形圖，無尺寸説明，有釋文，有考證文字。

林鈞《石廬金石書志》卷十五如是評價此書：

> 由博返約，盡存精粹，訂訛考異，具有辨證。

此書另有乾隆三十二年（1767）經香居精刻本、乾隆五十三年温氏墨妙樓翻刻本和《海山仙館叢書》本。

《汗簡》七卷

（宋）郭忠恕撰。

郭忠恕（約 930—977），[1] 洛陽（今屬河南）人。字恕先，又字國寶。曾任太學博士、國子監主簿。《宋史·郭忠恕傳》中記載：

> 七歲能誦書屬文，舉童子及第，尤工篆籀。

郭忠恕擅畫山水，兼通文字學，善寫篆、隸書。

該書先後引書多達七十幾種，所收各字，按照《説文解字》的部首編排。其自序中云：

> 校勘正經石字，緜是咨詢鴻碩，假借字書，時或采掇，俄成卷軸，乃以《尚書》爲始，《石經》《説文》次之。後人綴輯者殿末焉。遂依許氏各分部類，不相間雜，易於檢討，遂題出處，用以甄别。

《汗簡》一書，彙編了當時他所能見到的古文字，爲研究古文字學提供了極其重

---

[1] 説依劉志成《中國文字學書目考録》，巴蜀出版社 1997 年版，第 83 頁。

要的參考。

《汗簡箋正》七卷　《目録》一卷

（清）鄭珍撰。

鄭珍（1806—1864），貴州遵義人。字子尹。曾任荔波縣訓導。有古文字學專著多種行世。

根據其子鄭知同《題記》中記載：

> 先君子爲古篆籀之學，奉《説文》爲圭臬。恒苦後來淆亂許學而僞托古文者二：在本書中有徐氏"新附"，在本書外有郭氏《汗簡》。世不深考，漫爲所掩。自宋已還，咸稱"新附"爲《説文》，與許君正文比并，已自誣惑；而《汗簡》尤若真古册書之遺，昀其奇佹者至推爲遭秦所劫，盡在於斯，而反命許書爲小篆，何其倒也。

《汗簡箋正補正》一卷

（清）沈鵬撰。

沈鵬（1870—1909），江蘇常熟人。原名棣，字誦棠，號北山。光緒進士，改翰林院庶吉士，散館授翰林院編修。

《汗簡韻編》一卷

（清）邵元瀚撰。

《江蘇金石志》二十四卷　《待訪目》二卷

佚名撰。

二函二十六册。中國人民大學圖書館圖書編號：210/40。中國人民大學圖書館圖書登録編號：119588—119603。單魚尾。版心上部刻"江蘇通志局"。四周雙邊。白口。寬 15.4 厘米，高 26.1 厘米。

書名頁題字用篆文"江蘇金石志二十四卷，待訪目二卷"。有書牌頁"丁卯二月影印"。此書爲《江蘇通志·藝文志》卷三"金石"。所收三代青銅器彝銘一件。無器形圖，有尺寸説明，有釋文，有考證文字，有摹寫。

《汲冢古文釋》十卷

（晉）續咸撰。

續咸，生卒年不詳，上黨（今山西長治市上黨區）人。字孝宗。曾任東安太守、從事中郎、理曹參軍。續咸好學，曾經師事京兆杜預。根據《晉書·儒林傳》中記載：

> 續咸……著《遠游志》《異物志》《汲冢古文釋》，皆十卷。

續咸此書，後代失傳，知道有此書的人似乎并不多。

《字串》二卷

（清）劉心源撰。

《字林》七卷

（晉）呂忱撰。

呂忱（420—479），任城（今山東濟寧）人。字伯雍。

《字林考異補正》一卷

（清）任兆麟撰。

任兆麟（約1715—1783），江蘇震澤（今屬蘇州市吳江區）人。原名廷麟，字文田，一字心齋。

《字指》二卷

（晉）李彤撰。

李彤，晉朝人，生卒年不詳，籍貫不詳。曾任朝議大夫。

《字原》一卷

（宋）釋夢英撰。

釋夢英，生卒年不詳，湖南衡州（今衡陽）人。號宣義。僧人。

該書《自序》云：

> 今依刊定《説文》重書偏旁字源目録五百四十部，貞石於長安故都文宣王廟，使千載之後知余振古風、明籀篆，引上學者取法於兹也。

《字通》一卷

（宋）李從周撰。

李從周，生卒年不詳，四川邛崍人。字肩吾。

劉志成《中國文字學書目考録》中稱：

> 全書八十九部，共收六百零一字。分部不按《説文》部首，而按隸書之點畫。仍以篆文大書、隸書夾註，目的是指明每種楷化形體的篆書來源。[1]

《字隅》五卷

（晉）李彤撰。

《字彙》十二卷

（明）梅膺祚撰。

梅膺祚，生卒年不詳，安徽宣城人。字誕生。一生沉游書海，著述多種，《字彙》一書最負盛名。

此書收字三萬三千一百七十九字。《字彙》在字典編纂上的第一大功績是把《説文解字》的傳統部首、偏旁進行了大量的認真歸納和編排，合并了形體相近的部首，使部首由《説文解字》的五百四十部歸并爲二百一十四部。又把二百一十四部首從一畫至十七畫，按地支順序分十二卷的排列方法。爲後來的《康熙字典》等字典、辭書所效法沿用。

在具體的解釋上，作者在序中稱：

> 其義則本諸《説文》《爾雅》而下之箋釋微固者，遵所舊聞，裁以己意，而

---

[1]　劉志成：《中國文字學書目考録》，巴蜀書社 1997 年版，第 86 頁。

刊其詭附，芟其蔓引，以卒歸於《雅》，考信於《正韻》。

《字源偏旁小説》三卷

（五代）林罕撰。

林罕（897—?），温江（今四川成都）人。字仲緘。曾任前蜀太子洗馬等。約卒于後蜀廣政十二年（949）以後。

該書自序云：

> 罕以隸書解於篆字之下，故效之亦曰"集解"。今以《説文》浩大，備載群言，卷軸煩多，卒難尋究，翻致憒亂，莫知指歸。是以剪截浮辭，撮其機要，於偏旁五百四十一字，各隨字訓釋。或有事關造字者、省而難辨者、須見篆方曉隸者，雖在注中亦先篆後隸，各隨所部，載而明之。

《字説》一卷

（清）吴大澂撰。

此書利用商周彝銘和古典文獻，對三十七個漢字的原始本義進行解説。

《字學源委》五卷

（明）謝林撰。

謝林，生卒年不詳，毗陵（今江蘇常州）人。字瓊樹。

《字學摭要》二卷

（宋）劉紹祐撰。

劉紹祐，生卒年不詳，籍貫不詳。

另有同名著作《字學摭要》二卷，爲宋王珩所撰。王珩，生卒年不詳，籍貫不詳。

《字屬》一卷

（漢）賈魴撰。

賈魴，生卒年不詳，籍貫不詳。曾任郎中。

在《隋書》中曾將此書歸入《古今字詁》之下，可見此書當是和《古今字詁》類似之作。

《安州古器圖》一卷

（宋）著者不詳。

《籀史》下卷目錄中收此書，可惜該卷文字已佚。

《安徽通志金石古物考稿》不分卷

徐乃昌撰。

徐乃昌（1869—1943），安徽南陵人。字積餘，號隨盦，又號隨庵，齋名積學齋。其師爲翁同龢，著名藏書家。

二函十八册。中國人民大學圖書館圖書編號：210/107。中國人民大學圖書館圖書登錄編號：150684—150701。無魚尾。版心中部刻書名。爲稿紙影印。白口。寬17.4厘米，高26.5厘米。

書衣頁題字用宋體“安徽通志金石古物考稿”。書名頁題字用楷書“安徽通志金石古物考稿”，落款用楷書“張啓後書耑”，有“張”和“啓後”私印二枚。有書牌頁“安徽通志館印”。正文書名爲“安徽通志稿·金石古物考”。其中，《金石古物考一》中收三代青銅器彝銘五十餘件；在《金石古物考十六》中收三代兵器和印章上彝銘十餘件。有器形圖，有尺寸説明，有釋文，有考證文字，有摹寫。

《安徽通志金石古物存真》不分卷

徐乃昌撰。

一函一册。附于《安徽通志金石古物考稿》之末。中國人民大學圖書館圖書編號：210/107。中國人民大學圖書館圖書登錄編號：150701。無魚尾。版心中部刻書名。爲稿紙影印。白口。寬17.4厘米，高26.5厘米。

書衣頁題字用宋體“安徽通志金石古物考稿”。書名頁題字用楷書“安徽通志金石古物存真”，落款用楷書“張啓後書耑”，有“張”和“啓後”私印二枚。有書牌頁“安徽通志館印”。所收三代青銅器彝銘拓片十二件，外加雜器二件。部分有器形圖拓片，無尺寸説明，無釋文，無考證文字。

《阮氏積古齋鐘鼎彝器款識校録》不分卷

（清）丁艮善撰。

丁艮善（1829—1894），山東日照人。字少山。許瀚弟子。

七　畫

《克鼎集釋》一卷

（清）李文田撰。

李文田（1834—1895），廣東順德人。字仲約。曾任翰林院編修、禮部右侍郎等。

此書爲考證《克鼎》彝銘之作。

《克鼎集釋》一卷

（清）王仁俊撰。

王仁俊（1866—1913），江蘇蘇州人。字捍鄭。曾任湖北知府，後任京師大學堂教習。有古文字學專著多種行世。

此書爲考證《克鼎》彝銘之作。

《求古精舍金石圖》四卷

（清）陳經撰。

陳經（1792—1865），浙江烏程（今湖州）人。字抱之，又字包之，號辛彝，齋名求古精舍。阮元的弟子。曾任嘉定主簿。銅器收藏家。

一函四册。中國人民大學圖書館圖書編號：210/198。中國人民大學圖書館圖書登録編號：334884—334887。無魚尾。版心中部刻書名。上下單邊，左右雙邊。上下粗黑口。寬 19.2 厘米，高 30.5 厘米。

書名頁題字用隸書“求古精舍金石圖”。有書牌頁“説劍樓雕”。題字一字一頁用篆書"求古精舍金石圖"，落款用行書"抱之學長兄屬，九十一叟"。并有"梁同書印"和"梁元穎"私印二枚。卷首有阮元序、潘世恩序、吳雲序、黃丕烈序、倪倬序、施國祁序、許宗彦序、吳翌鳳序、施嵩序、陳經序。卷首尚有高法所畫陳氏像一幅，上有嚴可均題字。前二卷所收爲三代青銅器，多有彝銘，餘外皆秦漢器。有器形圖，有尺寸説明，有釋文，有少量考證文字，有拓片。

《吳侃叔吉金跋》不分卷

（清）吳東發撰。

《吳興金石記》十六卷

（清）陸心源撰。

陸心源（1834—1894），浙江歸安（今湖州）人。字剛甫，號存齋，又號潛園，因藏有兩百種宋版書，故以"皕宋樓"爲齋名；又因敬仰顧炎武，以"儀顧堂"作爲齋名。著名版本目録學家和金石學家。所藏古籍，後盡售與日本靜嘉堂文庫。

一函四册。中國人民大學圖書館圖書編號：210/32。中國人民大學圖書館圖書登録編號：555192—555195。單魚尾。無版心。四周單邊。上下粗黑口。寬 15.8 厘米，高 25.5 厘米。

書名頁題字用隸書"吳興金石記"，無落款，有"楊蓋"私印一枚。有書牌頁"光緒庚寅徐月楊峴拜題"。目録後有"受業李延達校録"字樣。卷首有楊峴序。

此書未收鼎、彝等銅器，原因如林鈞《石廬金石書志》卷三如是評價此書：

> 唯鼎、彝、瓦、專、古器，其已有專書，概不收入。

卷一所收爲三代青銅器，多有彝銘。無器形圖，有尺寸説明，有釋文，有考證文字，無拓片。卷末有"男樹藩校字"字樣。

《别字》十三篇

作者不詳。

見《漢書·藝文志》中所收小學十家之一。

錢大昕《三史拾遺》中以爲此書即揚雄《方言》，而姚振宗《漢書藝文志條理》

以爲非《方言》。

《伯右甫吉金古文釋》不分卷

（清）朱爲弼撰。

朱爲弼（1771—1840），浙江平湖人。字右甫，號椒堂。齋名蕉聲館。曾任漕運總督。

此書爲作者考證商周彝銘的專著。

《宋王復齋鐘鼎款識》不分卷

（宋）王厚之撰、（清）阮元摹刻。

王厚之（1131—1204），浙江諸暨人。字順伯，號復齋。其先乃臨川（今屬江西）人。

一函一冊。中國人民大學圖書館圖書編號：2102/87。中國人民大學圖書館圖書登録編號：3396304。無魚尾。版心上部刻書名，下部刻"積古齋藏宋拓摹刻"。無邊。白口。寬28.8厘米，高40.1厘米。

書衣頁右側有題字"宋王復齋鐘鼎款識"，有私印"樊"一枚。右下角有"一恕堂"印一枚。書名頁左側題字用篆文"鐘鼎款識"，落款用篆文"天籟閣記，項元汴玩賞"，有"積古齋"和"馬京所藏"私印二枚。書名頁右側有一段文字如下：

> 宋拓《鐘鼎款識》，原冊計三十葉，宋復齋王氏所集計五十九器，内有青賤者十五器，爲畢良史所收。末葉《楚公夜雨雷鐘》重見。玩其題識，皆復齋之筆也。揚州阮氏積古齋所藏。嘉慶七年秋摹勒成冊。道光二十八年冬十月，漢陽葉氏重摹刻本。

落款"周良謹摹"一名。上有"阮氏之印"一枚，以及收藏者印"情苑樊禧孫金石書畫印"一枚。書名頁後有趙松雪題寫書名，每字占一頁。據李遇孫《金石學録》中的記載：

> 趙孟頫藏復齋所輯款識，用大雅印章。兼書薛尚功考證於《曾侯鐘》後，冊首"鐘鼎款識"四篆字，亦其所書。

所收爲三代青銅器，多有彝銘。有器形圖，有尺寸説明，有釋文，有考證文字，有拓片。每張拓片皆有收藏者印，後附題跋較多。

重刻本之由來，清道光二十八年（1848）十月葉志詵言曰：

> 原册舊藏儀徵阮太傅家，曩攜至都門，曾假觀數月。不意癸卯春毀於火，并板片失之。戊申夏四日，志詵就養南行道，出揚州謁太傅話舊，以原刻初印本，囑爲重鋟。

清代查慎行題識曰：

> 此册自南宋至今凡六易主，乃歸衍齋馬氏。展玩之餘，覺古色古香，流矑觸鼻，不無好古生晚之嘆。

有宋以來爲此書作跋者甚衆。清代《萬卷精華樓藏書記》和《越縵堂讀書記》等皆盡道其詳。然於收藏者秦伯陽和此書初版本之關係上議論頗多。

《鐘鼎款識》一書所收集的銅器分爲鐘、鼎、爵、鬲、卣（以上商器），以及鼎、鐘、敦、簠、甗、鬲（以上周器）。但是收編順序頗亂。所收銅器已經區分爲商、周二代。此書也衹是收集拓片、彙編成書的資料性著作，缺乏對銘文的考證和解釋。

林鈞《石廬金石書志》卷八如是評價此書：

> 宋人著録金石，如《考古》《博古》、薛尚功《款識》等書，皆屬摹刻，獨此爲原器拓本。數百年來，屢經名人收藏題跋，尤爲足貴。

容庚在《宋代吉金書籍述評》一文中曾考證：

> 翁方綱謂此書銘文皆就原器拓得者，余意不然。《季娟鼎》"錫貝錫馬兩"，貝錫二字誤書作鼎，與《嘯堂集古録》同，與《博古》、薛氏《款識》異，釋文皆不誤，一也。《癸亥父己鼎》《楚公鐘》兩本微有異同，《癸亥父己鼎》商字缺下口，或一真一復，或兩者俱復，二也。《仲俌父鼎銘》八行，他書皆作五行，三也。《虢姜敦》銘一行直下，《虢姜鼎》銘十二字分作五行，《曾侯鐘銘》在鼓上，他器無若是者，非翻刻變易其位置，則屬僞作之器，四也。[1]

此書另有嘉慶七年（1802）儀徵阮氏刻本、《百一廬金石叢書》刻本。

上海圖書館古籍部收藏此書，索書號爲：綫普長 019814、綫普長 20054、綫普

---

[1]《容庚選集》，天津人民出版社 1994 年版，第 45—46 頁。

394306。

<h2 align="center">《宋代金文著録表》六卷</h2>

（清）王國維撰。

一函一册。中國人民大學圖書館圖書編號：210/28。中國人民大學圖書館圖書登録編號：222588。單魚尾。版心部刻書名。四周單邊。上下粗黑口。寬 13.4 厘米，高 19.6 厘米。

書名頁題字用楷書"宋代金文著録表"。此書爲《雪堂叢刻》本之一。所收爲三代青銅器，多有銘文目録。分器名、著録、字數、雜記四項。

林鈞《石廬金石書志》卷五稱：

> 器以類聚，名以主人。其有歧出，分條於下。諸録所録古器之有文字者，悉具於是。凡有各書互異之處者，備載於雜記内，計著録六百四十有三器。

此書另有《王忠愨公遺書二集》本、1929 年北海圖書館月刊單行本。

上海圖書館古籍部收藏此書，索書號爲：閱 006708。

<h1 align="center">八　　　畫</h1>

<h3 align="center">《青州古器古玉圖》一卷</h3>

（宋）著者不詳。

此書在《籀史》下卷目録中有記載。

<h3 align="center">《盂鼎集釋》一卷</h3>

（清）王仁俊撰。

此書爲考證《盂鼎》彝銘之作。

<h3 align="center">《長安獲古編》不分卷</h3>

（清）劉喜海撰。

劉喜海（1793—1852），山東諸城人。字燕庭，號吉甫，齋名嘉蔭簃。曾任陝西按察使和浙江布政使。著名銅器收藏家和彝銘學家。有《長安獲古編》和《嘉蔭簃藏器目》《燕庭金石叢稿》《金石苑》《海東金石苑》等書行世。

一函一册。中國人民大學圖書館圖書編號：2101/42。中國人民大學圖書館圖書登録編號：538260。單魚尾。版心中部刻書名。上下單邊，左右雙邊。上下粗黑口。寬 15.2 厘米，高 26.5 厘米。

書衣頁題字用隸書“長安獲古編”。無落款。有收藏者“尊盦晚學所印”私印一枚。書名頁題字用篆文“長安獲古編”，落款用隸書“聞宥署”，有“聞”字單字私印一枚。無書牌頁。卷後有“瑞安戴安國刻字”字樣。依編目本應爲三卷，但現在衹爲一卷。所收多爲三代青銅器彝銘。有器形圖，無尺寸説明，有彝銘摹寫，無考證文字。

容媛《金石書録目》卷二：

> 《長安獲古編》二卷。清東武劉喜海著。自刻本。光緒三十一年劉鶚補刻標題本。

此二卷説不知所出。

林鈞《石廬金石書志》卷一如是評價此書：

> 是書繪圖，各器物全形，并摹銘文於後，鳳舞螭蟠，惟妙惟肖，其刻鏤之工，摹印之精，斷非俗工所能從事。

上海圖書館古籍部收藏此書，索書號爲：綫普長 310933、綫普長 469390-91、綫普 344253、綫普長 14030-31、綫普長 000459、綫普長 014007、綫普長 019903、綫普長 480413。

《兩周金文辭大系考釋》不分卷

郭沫若撰。

一函三册。中國人民大學圖書館圖書編號：210/102。中國人民大學圖書館圖書登録編號：249583—249585。無魚尾。無版心。四周單邊。白口。寬 19.5 厘米，高 27 厘米。

書衣頁題字用行書“兩周金文辭大系考釋”，落款用行書“沫若”。書名頁題字

用楷書"兩周金文辭大系考釋"，落款用楷書"一九三五年十月，沫若自題"。有版
權頁"昭和十年八月十五日印刷文求堂書店"。此書是 1931 年版的增訂版。

作者在序中自云：

> 凡於國名、次第及器銘數目有所更改外，餘均仍舊。

所收爲研究周代青銅器彝銘論文。有器形圖，有尺寸説明，有釋文，有考證文字。

《兩周金文辭大系圖録考釋》不分卷

郭沫若撰。

一函八册。中國人民大學圖書館圖書編號：11.9/25。中國人民大學圖書館圖書
登録編號：620438—620445。無魚尾。無版心。四周單邊。白口。寬 23.8 厘米，高
32.2 厘米。

書衣頁題字用行書"兩周金文辭大系圖録考釋"，落款用行書"沫若"。書名頁
題字用楷書"兩周金文辭大系圖録考釋"，落款用楷書"沫若"。有版權頁"1958
年，科學出版社"。此書是《兩周金文辭大系圖録》和《兩周金文辭大系考釋》的合
訂版。其中，第一至第五册爲《兩周金文辭大系圖録》部分，第六至第八册爲《兩
周金文辭大系考釋》部分。所收爲研究周代青銅器彝銘論文。有器形圖，有尺寸説
明，有釋文，有考證文字。

《兩周金石文韻讀》一卷

（清）王國維撰。

一函一册。中國人民大學圖書館圖書編號：52/45—1。中國人民大學圖書館圖
書登録編號：398910。單魚尾。無版心。四周單邊。上下粗黑口。寬 12.7 厘米，高
19.7 厘米。

書名頁題字用楷書"兩周金石文韻讀"，落款用楷書"海寧王靜安校印"。無書
牌頁。卷末有"上虞羅福頤校"字樣。此書系《王忠慤公遺書内編》之一。

所收爲三代青銅器，多有彝銘用韻，按韻部編排。無器形圖，無尺寸説明，無
釋文，無考證文字。

《兩罍軒藏器目》一卷

（清）吳雲撰。

一函一册。中國人民大學圖書館圖書編號：51/90。中國人民大學圖書館圖書登錄編號：538935。單魚尾。版心中部刻書名。上下單邊，左右雙邊。上下粗黑口。寬 14.4 厘米，高 24.6 厘米。

書名頁題字用楷書"兩罍軒藏器目"，落款用楷書"乙未八月刊成"。有書牌頁"福山王氏本，元和江氏刊"。此書爲《靈鶼閣叢書》之一。所收爲三代青銅器器目五十餘件，按類編排。無器形圖，無尺寸説明，無釋文，無考證文字。

此書另有《叢書集成初編》本。

《兩罍軒彝器圖釋》十二卷

（清）吳雲撰。

《兩罍軒彝器圖釋》，一函四册。中國人民大學圖書館圖書編號：2103/21。中國人民大學圖書館圖書登錄編號：378168—378171。無魚尾。版心上部刻書名。上下單邊，左右雙邊。白口。寬 17.5 厘米，高 29.6 厘米。

書衣頁有"章樹江氏"和"寶墨樓珍藏"收藏印二枚。書名頁題字用篆文"兩罍軒彝器圖釋"，落款用楷書"同治十有一年秋九月德清俞樾署檢"，有"俞樾"私印一枚。無書牌頁。書名頁後有吳儁爲吳雲所畫像，及阮成所作畫像贊。卷前有影印馮桂芬序、俞樾序。卷一至卷八所收爲三代青銅器，多有彝銘，餘外爲秦漢唐器。有器形圖、尺寸説明、釋文，有少量考證文字。該書對《齊侯罍》彝銘考證頗爲詳細。

林鈞《石廬金石書志》卷八如是評價此書：

> 齊侯兩罍爲吉金大器，乃公所以名其軒者。故爲説均特詳。至於大小輕重，悉權度而并載之。誠阮氏積古齋後又成一巨觀也。

上海圖書館古籍部收藏此書，索書號爲：綫普長 469434-39。

《抱殘守缺齋藏器目》不分卷

鮑鼎撰。

鮑鼎（1892—1973），江蘇鎮江人。字扶九，號默庵，又號默厂。曾任中國書店編輯。

一函一册。中國人民大學圖書館圖書編號：2101/14。中國人民大學圖書館圖書登録編號：171787。無魚尾。無版心。四周單邊。白口。寬15.4厘米，高26.5厘米。

書名頁題字用隸書"抱殘守缺齋藏器目"，落款用隸書"癸酉冬十有一月劼堂"，有"劼堂"私印一枚。無書牌頁。目録下署"墨厂所著書之七"字樣。所收三分之一爲三代青銅器藏器目録。無器形圖，無尺寸説明，無釋文，有釋文和器名。此書爲整理劉鶚藏器之作。

作者在序中云：

> 獨其藏金，宜有專録，而劉氏及身未克成書，是用惋惜。年來流浪南北，游踪所至，必叩藏家，索觀墨本。每見鈐"老鐵""鐵雲藏金""抱殘守缺齋所藏三代文字"等印者，皆存其目，且援《攗古》之列，兼録全文。又仿南村《叢鈔》，依其行字，當亦爲考古者之所欲知。

《來齋金石刻考略》三卷

（清）林侗撰。

林侗（1627—1714），福建侯官（今福州）人。字同人，號來齋。尤精篆書。

一函三册。中國人民大學圖書館圖書編號：51/236。中國人民大學圖書館圖書登録編號：276937—276939。雙魚尾。版心中部刻書名。四周單邊。上下粗黑口。寬15.5厘米，高24.5厘米。

書衣頁題字用楷書"春暉堂叢書"。書名頁題字用楷書"春暉堂叢書"，落款用楷書"道光二十一年歲次辛丑九月十日立人甫練廷璜書"。有書牌頁"同治八年歲在己巳秋八月"。正文首頁右下方有"山陽段氏珍藏"收藏印一枚。上卷所收爲三代青銅器，多有彝銘。無器形圖，有尺寸説明，有釋文，有部分考證文字，有出土地點。

宿松朱書爲此書作的序中言：

> 考定史乘之異同，兼正歐陽永叔、趙明誠、楊用修、都玄敬、王元美、趙子函諸家之得失。沿波討原，由端竟緒，卓然成書，以示來學，好古者能無樂於斯與？

林鈞《石廬金石書志》卷十三稱：

是編乃總録古今金石刻……皆據目見者書之。中間辨證，大抵取之顧氏《金石文字記》而以己意折衷，多所考據。

《枕經堂金石書畫題跋》三卷

（清）方朔撰。

方朔，生卒年不詳，安徽懷寧人。字小東，齋名枕經堂。

一函一册。中國人民大學圖書館圖書編號：48/832。中國人民大學圖書館圖書登録編號：505961。單魚尾。版心中部刻書名。四周單邊。上下粗黑口。寬 15.8 厘米，高 24 厘米。

無書名頁。無書牌頁。卷首有潘祖蔭和沈兆澐序。并有“七略盦”“石湖詎孫”“木犀香館范氏藏書”收藏印三枚。所收三代青銅器彝銘十餘件。無器形圖，有尺寸説明，有釋文，有考證文字。

《東洲草堂文鈔》二十卷

（清）何紹基撰。

何紹基（1800—1874），湖南道州（今道縣）人。字子貞，號東洲。曾任四川學政。尤精書法。兄弟四人紹業、紹京、紹基、紹祺，皆以金石書畫名於世。

一函六册。中國人民大學圖書館圖書編號：48/289。中國人民大學圖書館圖書登録編號：28249—28254。雙魚尾。版心中部刻書名。四周單邊。上下粗黑口。寬 16 厘米，高 26.4 厘米。

書名頁題字用隸書“東洲草堂文鈔”，無落款，但從字迹看是何氏自題。無書牌頁。卷六和卷七所收爲研究三代青銅器彝銘題跋。其中，卷七中所收的《校定阮氏積古齋款識釋文》一文中共收一百五十四則。無器形圖，無尺寸説明，有釋文，有考證文字。對文字形、義考證頗多。

林鈞《石廬金石書志》卷十四如是評價此書：

其中如《齊侯罍文董字考》《秦公㪍鐘》《雁足鐙》諸條詮釋詳審……則何氏精於鑑賞，各跋均以評書爲主。

此書上述二卷另有獨立的兩卷本，名爲《東洲草堂金石記》。

《東塾集》六卷

（清）陳澧撰。

陳澧（1810—1882），廣東番禺（今廣州）人。字蘭甫，號止齋，又號東塾。曾任海源縣學訓導。

一函三册。中國人民大學圖書館圖書編號：48/468。中國人民大學圖書館圖書登録編號：144689—144691。單魚尾。版心中部刻書名。四周單邊。白口。寬 17.2 厘米，高 27 厘米。

書名頁題字用楷書"東塾集六卷附申范一卷"。無落款。有書牌頁"光緒壬辰，刊成藏版菊坡精舍"。所收爲研究三代青銅器彝銘《逐啓諆鼎銘跋》一篇。無器形圖，無尺寸説明，有釋文，有考證文字。該文對周代與玁狁之關係考證頗爲詳細。

《東觀餘論》二卷

（宋）黄伯思撰。

今《東觀餘論》二卷乃其次子黄訽甄選其文章、題跋編集而成，但是却罕見流傳。明代萬曆年間曾有李春熙刻本和秀水項氏刻本，而後者則出自南宋莊夏刻本。此書被編入《津逮秘書》《學津討原》《邵武徐氏叢書》等叢書中。

一函二册。中國人民大學圖書館圖書編號：51/122—1。中國人民大學圖書館圖書登録編號：281330—281331。無魚尾。版心上部刻書名，下部刻"汲古閣"字樣。上下單邊，左右雙邊。白口。寬 16.2 厘米，高 24 厘米。

無書名頁。無書牌頁。此書爲《津逮秘書》之一。所收爲研究三代青銅器彝銘論文十八篇，即《銅戈辨》《古器辨》《商著尊説》《秦昭和鐘銘説》《商素敦説》《商山觚圜觚説》《周狸首豆説》《周史伯碩父鼎説》《周舉鼎説》《周宋公鼎説》《周方鼎説》《周寶穌鐘説》《周雷鐘説》《周罍周洗説》《周一柱爵説》《周雲雷罃説》《周螭足豆説》《周素盒漢小盒説》。無器形圖，有尺寸説明，有釋文，有考證文字。

另有宋嘉定三年（1210）温陵莊夏刻本。單魚尾。版心上部刻書名，上下單邊，左右雙邊，白口。寬 22.6 厘米，高 15.4 厘米。

卷末除翻刻建安漕司舊跋外，有樓鑰後序與跋，各以手書上版。避諱至"廓"字。有浙江刻工陳靖、丁明、張彦忠、張世忠、劉甫、周甫、周才、李岩、吳堤、陳鎮等。曾爲文徵明、王寵、項元汴、季振宜、徐乾學、惠兆壬、韓泰華、潘祖蔭等收藏，并有豐坊題記、項元汴及惠兆壬題識。

在整個宋代，黄伯思是最爲著名的殷周青銅器真僞鑑定的專家。

《宋史·黄伯思傳》中記載説他：

> 伯思好古文奇字，洛下公卿家商、周、秦、漢彝器款識，研究字畫體制，悉能辨正是非，道其本末，遂以古文名家……篆、隸、正、行、草、章草、飛白，皆至妙絕。得其尺牘者，多藏弃。

正因爲如此，所以大觀元年（1107），徽宗繚命令黄伯思根據從全國各地搜集所得以及内府所藏銅器，編繪《博古圖》一書。可惜，此書很快被王黼重編的三十卷本《宣和博古圖》一書取代，但是它的首創之功是不可取代的。

據李遇孫《金石學録》中的記載：

> 史稱其好古文奇字，洛下公卿家商周秦漢彝器款識，研究字畫體制，悉能辨正是非，道其本末，遂以古文名家。

此書之外，又曾著《博古圖説》十一卷。此書之影響，可以李遇孫所言爲根據："後之修《博古圖》者，頗采取焉。"

上海圖書館古籍部收藏此書，索書號爲：綫普長 309603、綫普 399706-09、綫普長 674834-39、綫普 531418-19。

《奇字韻》五卷

（明）楊慎撰。

此書以一百零六韻來分析異體字、古今字等所謂奇字。前人曾對此書評價爲：

> 去其疵而録其醇，或亦不無所助焉。

《奇觚室吉金文述》二十卷

（清）劉心源撰。

一函十冊。中國人民大學圖書館圖書編號：2102/45。中國人民大學圖書館圖書登録編號：172240—172249。無魚尾。版心中部刻書名。四周雙邊。白口。寬 18.2

厘米，高 30.5 厘米。

書衣函套有收藏者題字"奇觚室吉金文述二十卷，嘉魚劉心源撰。光緒丁酉自書石刻本，潛江甘氏所儲書"。但甘氏所題恐非。光緒丁酉年爲 1897 年，即光緒二十三年。此書有陶鈞序，作序時間爲"光緒歲次壬寅仲冬"，即光緒二十八年（1902）。此序之前又有一序，作序時間爲"光緒丁酉"，即光緒二十三年（1897）。甘氏所題祇知其一不知其二。無書名頁。無書牌頁。除第十一至十五卷外，餘外所收皆爲三代青銅器彝銘。有器形圖，有尺寸説明，有釋文，有考證文字。

此書尤其精于考證禮制，係晚清重要的治金名著之一。此書稿本現存湖北省圖書館。見《中南、西南地區省、市圖書館館藏古籍稿本提要》一書第 184 頁："《奇觚室吉金文述》二十卷，民國劉心源撰。清光緒二十八年稿本。二十册。"該書提要云：

> 是書係記録著者數十年如一日所搜集之古金器銘辭，并對其進行撰輯考辨而成……每張銘文拓片貼於四周雙邊之框内，并鈐有"心源所收金石""海濱病史"等不同印，上下方均有手寫拓片原式。對各銘文拓片，著者博采金石諸書逐一考辨注釋，爲研究金文提供了有學術價值的資料。

林鈞《石廬金石書志》卷八中曾評此書爲"輓近吉金之鴻著也"。據褚德彝《金石學録續補》中的記載，此書"足補《攈古録》所未備，正阮、吴二書木刻之沿訛"。

此書另有宣統末年翻石印本、民國十五年（1926）石印本。

上海圖書館古籍部收藏此書，索書號爲：綫普長 1978、綫普長 19413、綫普長 419565-74、綫普長 311011-20。

《奇觚廎文集》三卷

（清）葉昌熾撰。

葉昌熾（1849—1917），江蘇長洲（今蘇州）人。字菊裳，號頌魯，晚號緣督廬主人，齋名奇觚廎、五百經幢館。光緒進士。曾任國史館總纂和甘肅學政。

一函四册。中國人民大學圖書館圖書編號：48/331。中國人民大學圖書館圖書登録編號：89693—89696。單魚尾。版心中部刻書名。上下單邊，左右雙邊。上下粗黑口。寬 17.8 厘米，高 30 厘米。

書名頁題字用篆文"奇觚廎文集"，落款用楷書"王同愈題"。有書牌頁"辛酉冬月刊"。前二卷所收三代青銅器彝銘題跋數件。無器形圖，無尺寸説明，有釋文，有考證文字。另有《外集》一卷。

《牧敦圖》一卷

（宋）安氏撰。

安氏，生卒年不詳，籍貫不詳。

《籀史》下卷目録中收此書，書名作"《洛陽安氏牧敦圖》一卷"。可惜該卷文字已佚。

《佩觿》三卷

（宋）郭忠恕撰。

《佩觿》一書，通過造字、四聲、傳寫三卷，闡述文字的變遷，并考證歷代傳寫的錯誤，對辨别一般形音義相近的字有參考價值。

《金文分域編》二十一卷

柯昌濟撰。

柯昌濟（1902—1990），山東膠縣（今膠州）人。字蓴卿，號息庵。曾任上海社會科學院歷史研究所特約研究員。著名彝銘學家。

一函四册。中國人民大學圖書館圖書編號：210/147。中國人民大學圖書館圖書登録編號：246989—246992。雙魚尾。版心下右部刻"餘園叢刻"。四周單邊。上下細黑口。寬 14.5 厘米，高 26.7 厘米。

書名頁題字用隸書"金文分域編廿一卷"，落款用楷書"昌泗題"，有"膠西"私印一枚。有書牌頁"中華民國二十四年鉛字本"。此書爲《餘園叢刻》第二種。卷首有柯昌泗序。所收爲三代青銅器出土記録。

此書對古史上有記載的青銅器出土情況，進行了詳細記録和説明，爲罕見的史料性冶金必備之書。

作者在序中曾説：

良以此類轉徙無常，難存易毁，不比石文之可以踵步搜訪。況其出土所在亦非是處可有。綜海内計之，不過豫之洛中、鄴下，陝之岐山、寶鷄，魯之臨淄、曲阜，晉之渾源、大同，冀之易州、曲陽等數處。又自非洽於見聞精於鑒識者殆難知其緒略，是以難也。

《金文分域編》一書，二十一卷。將銅器銘文按照出土地分別編排。因此，此書所謂"分域編"，其實是根據古代文獻的記載，將出土銅器按照地域編排出來，是傳統的古器物學向現代考古學發展的一個反映。不難看出，柯氏目的是想將全部古代金文著録以現代考古學的角度重新歸納和整理。

上海圖書館古籍部收藏此書，索書號爲：綫普 301562-65、綫普長 434231。

《金文世族譜》四卷

吳其昌撰。

一函二册。中國人民大學圖書館圖書編號：29/12。中國人民大學圖書館圖書登録編號：152178—152179。無魚尾。無版心。四周單邊。白口。寬 15.2 厘米，高 26.8 厘米。

書衣頁題字用宋體"國立中央研究院歷史語言研究所專刊之十二金文世族譜"。書名頁題字用隸書"金文世族譜"，落款用宋體"國立中央研究院歷史語言研究所專刊之十二金文世族譜，吳其昌著。商務印書館發行"。有版權頁"中華民國二十五年，商務印書館"。

此書爲著者手稿影印出版。此書是研究三代青銅器彝銘中的"氏族 · 世族"問題的第一部專著，亦爲吳其昌治金名著之一。

作者在序中云：

> 今彼疏述造略既，質材整比，微有經緯，因於詮證之外，獨采名系氏姓，引端竟裔，纂組成譜，凡四卷三十六篇。以其與海陵陳氏之《春秋世族譜》先後相互具足，故即以《金文世族譜》爲名。

《金文考》一卷

（清）吳大澂撰。

《金文餘釋之餘》不分卷

郭沫若撰。

一函一冊。中國人民大學圖書館圖書編號：210/108。中國人民大學圖書館圖書登錄編號：169245。無魚尾。無版心。四周單邊。白口。寬19.5厘米，高27.2厘米。

書衣頁題字用行書“金文餘釋之餘”。無落款。書名頁題字用行書“金文餘釋之餘”，落款用行書“沫若”。有版權頁“昭和七年日本文求堂書店”。

所收爲三代青銅器，有彝銘考釋論文二十二篇。并附有《答兩周金文辭大系商兑》一文。有部分器形圖，有尺寸説明，有釋文，有考證文字，有彝銘拓片。

此書另有1954年人民出版社本。

《金文研究》不分卷

李旦丘撰。

李旦丘（1906—1962），四川江津（今重慶市江津區）人。又名李亞農。歷任華中建設大學校長兼黨委書記、華東研究院院長、中國科學院哲學社會科學部委員、上海社會科學院歷史研究所所長。

一函一冊。中國人民大學圖書館圖書編號：2102/90。中國人民大學圖書館圖書登錄編號：537846。無魚尾。版心上部刻書名，下刻“孔德研究所”。四周單邊。上下粗黑口。寬26.3厘米，高15厘米。

書名頁題字用楷書“《孔德研究所叢刊》之四，金文研究，李旦丘著”。有書牌頁“《孔德研究所叢刊》之四”。

作者在跋中自言：

> 本書所徵引的學説，差不多都出自郭鼎堂先生。

然而其學則與郭氏迥異。作者是“既追求文字的構成要素的變化，更進一步而窮其歷史的發展”云云。但是此書論述頗失嚴謹。雖多處斥孫海波之説，誠難盡信。作者專治《説文》有年，而於金文則是“從去年十月起，我開始了金文的研究，到今年七月底”爲止，情有可諒。無器形圖，無尺寸説明，有釋文，有考證文字。

《金文鈔》一卷

（清）繆荃孫撰。

繆荃孫（1844—1919），江蘇江陰人。字炎之。光緒進士，授翰林院編修。光緒三十三年（1907），受聘籌建江南圖書館（今南京圖書館），出任總辦。宣統元年（1909），受聘創辦北京京師圖書館（今中國國家圖書館），任正監督。1914 年，任國史館總纂。著名金石學家。

《金文編》十四卷　　《附録》二卷　　《通檢》一卷

容庚撰。

一函五冊。中國人民大學圖書館圖書編號：2102/31。中國人民大學圖書館圖書登録編號：164424—164428。無魚尾。版心上部刻書名。四周單邊。上下粗黑口。寬 17.7 厘米，高 30.1 厘米。

書衣函套題字用篆文"金文編"，落款用行書"己卯冬月，樸園題"。有"徐世襄"和"君彦"名和字收藏印二枚。書名頁題字用楷書"金文編十四卷，附録二卷，通檢一卷"。有書牌頁"乙丑仲夏，長洲章鈺署耑。貽安堂印行"。有羅振玉、王國維、馬衡、鄧爾疋四人序和作者序。

作者在序中云：

> 讀《説文古籀補》《繆篆分韻》諸書，頗有補輯之志……十一年五月，與家弟北游京師，謁羅振玉先生於天津，以所著《金文編》請正，辱承獎借，勖以印行，未敢自信也……旋讀書於北京大學研究所國學門，并假觀羅先生《集古遺文》及所藏盛氏《鬱華閣金文》、陳承修先生所藏方氏《綴遺齋彝器款識》。兩年之間，畢力於此，每字皆從腦海中盤旋而出，苦心焦思，幾忘寢食。復經羅振玉、王國維兩先生，及沈兼士、馬衡兩教授訂其謬誤，始克寫定，蓋稿凡五易矣。

所收爲三代青銅器，多有彝銘單字字形。其中，不識者編入附録。無器形圖，有文字摹寫。容媛《金石書録目》卷二中言此書爲"專收殷周金文"。

《金文曆朔疏證》八卷

吳其昌撰。

一函二册。石印本。無魚尾。無版心。四周單邊。白口。寬 15.2 厘米，高 26.5
厘米。書名頁題字用宋體 "金文曆朔疏證"。有版權頁 "中華民國二十五年國立武漢
大學"。此書爲《國立武漢大學叢書》之一。内含《金文曆朔疏證》五卷、《金文疑
年表》二卷、《群表》一卷。但又反復續補。正如作者所說：

> 李劍農先生嘉惠其業，謂宜總聚散刊，組爲一集。

此書是研究三代青銅器彝銘中的曆法問題的第一部專著，亦爲吳其昌治金名著
之一。考證殷周禮制和曆法，此書爲最具盛名之作。

作者在序中主張：

> 於傳世古彝數千器中，擇其年、月、分、日全銘不缺者，用四分、三統諸
> 曆推算六七十器，確定其時代。然後更以年、月、分、日四者記載不全之器，
> 比類會通，考定其時代，則可得百器外矣。然後更以此百餘器爲標準，求其形
> 制、刻鏤、文體、書勢相同似者，類集而參綜之，則無慮二三百器矣。然後更
> 就此可知時代之群器，籀繹其銘識上所載記之史實，與經傳群籍相證合，則庶
> 乎宗周文獻，略可取徵於一二矣。

《金文曆朔疏證》一書，最早是 1929 年以抽印本形式發表在燕京大學主編的
《燕京學報》第 6 期第 1047—1128 頁上。1932、1933 年，他將此書修改增補後，以
《金文曆朔疏證續補》爲論文名，發表在《國立武漢大學文哲季刊》各期中。如下：
1932 年第 2 卷第 2 期第 325—367 頁、1933 年第 2 卷第 3 期第 597—641 頁、1933 年
第 2 卷第 4 期第 739—810 頁。

1936 年，上海商務印書館將此書收入《國立武漢大學叢書》，以石印本綫裝一
函兩册形式出版。

2004 年，此書作爲《國家圖書館藏金文研究資料叢刊》第一册，由國家圖書館
出版社出版。該本内容如下：序論、曆譜、疏證、武王、周公攝政、成王、康王、
昭王、穆王、龔王、懿王、孝王、夷王、厲王、共伯和、宣王、幽王、考異、金文
疑年表上、金文疑年表下、人器經緯表、王號表、諸侯王表、重見人名表、重見史

臣表、王在王格表、附録：駁郭鼎堂先生《毛公鼎之時代》。

　　上海圖書館古籍部收藏此書，索書號爲：綫普長 416775-76、綫普長 345571-72、綫普長 019497。

《金文叢考》不分卷

　　郭沫若撰。

　　一函三册。中國人民大學圖書館圖書編號：210/142。中國人民大學圖書館圖書登録編號：177800—177802。無魚尾。無版心。四周單邊。白口。寬 18.5 厘米，高 26.2 厘米。

　　書衣頁題字用楷書“金文叢考”，落款用楷書“沫若”。書名頁題字用篆文“金文叢考”，落款用楷書“一九五二年改編，郭沫若著”。有版權頁“一九五四年六月，人民出版社第一版”。此書爲著者手稿影印出版。所收爲三代青銅器，多有彝銘考釋文章。其中，《金文叢考》七篇、《金文韻讀補遺》、《金文餘釋》十七篇、《金文餘釋之餘》二十一篇、《器銘考釋》八篇、《金文續考》十二篇。有器形圖，有尺寸説明，有釋文，有考證文字。此書爲郭沫若治金名作之一。和 1932 年文求堂本相比，增加了部分銅器照片和拓片。

　　此書另有 1932 年文求堂本。一函四册，不分卷。無魚尾。無版心。四周單邊。白口。寬 18.8 厘米，高 27.1 厘米。書衣頁題字用楷書“金文叢考”。書名頁題字用篆文“金文叢考”，有版權頁“昭和七年，日本文求堂書店”。此書爲著者手稿影印出版。所收篇目爲《金文叢考》十一篇、《金文餘釋》十六篇、《新出四器銘考釋》四篇。

《金文釋例》不分卷

　　胡自逢撰。

　　胡自逢（1917—2004），四川儀隴人。四川大學中國文學系畢業，臺灣師範大學國文研究所博士。著有《周易鄭氏學》《先秦諸子易説通考》《周易象傳釋義》等。

　　此書爲影印作者手稿出版，從彝銘常見的幾十個用語入手，進行注釋和説明。1979 年文史哲出版社出版。

《金石大字典》不分卷

汪仁壽撰。

汪仁壽（1875—1936），江蘇無錫人。字靜山，齋名碧梧山莊。金石學家。

四函三十二册。中國人民大學圖書館圖書編號：112.2/55。中國人民大學圖書館圖書登録編號：539346—539377。單魚尾。版心上部刻書名，下部刻"碧梧山莊印。求古齋發行"字樣。四周單邊。白口。寬 15.4 厘米，高 20.2 厘米。

每册書衣頁題字皆不同，依次爲：

> 劉春霖、張謇、康有爲、鄭孝胥、朱孝臧、吳士鑑、潘齡皋、譚延闓、崔永安、曾熙、李鍾珏、觀津老人、于右任、陳印僧、吳湖帆、楊逸、野侯、伊立勛、雪侯、李鍾瑛、趙雲壑、襄銷居士、商誌、吕萬、馮超然、義盦、方逌、李雪生、顧瑞、潘欽、張克和、王念慈。

每册書名頁題字與書衣頁相同。有書牌頁"碧梧山莊印，求古齋發行"。卷首又有康有爲題字兩頁，一頁爲"丙寅六月朔吉金樂石"，下有印二枚，一枚爲"康有爲"；一枚爲"維新百日，出亡十六年，三周大地，游遍四洲，經三十一國，行四十萬里"。一頁爲"求古齋印金石大字典成囑書，南海康有爲"，下有印一枚"康有爲"。卷前有佛邪居士序、王念慈序、李仲瑛序，并附有周鐘麟所作《汪仁壽先生編纂金石大字典記略》一文。此文中曾言：

> 先生遂不惜割愛，出其所搜求、所藏弃之原拓金石文，都百數十種。爬梳抉剔，依《康熙字典》之分部及筆畫，爲先後之次，輯成此《金石大字典》一書。

每字字形中都言明所出銅器名稱。爲治金之入門工具書之一。

《金石文》七卷

（明）徐獻忠撰。

徐獻忠（1483—1559），華亭（今上海市松江區）人。字伯臣。嘉靖四年（1525）舉人，授奉化令，有政績。弃官寓居吳興，與何良修、董宜陽、張之象俱以文章氣節名，時稱"四賢"。及卒，門人私謐貞憲先生。著有《吳興掌故集》《長穀集》《金石文》等。

根據《四庫全書總目》中對《金石文》的記載：

> 是編輯録三代以來金石之文，商一卷、周一卷、秦一卷、漢四卷。然未能博徵金石，皆采掇於《博古圖》《考古圖》《集古録》《金石録》《鐘鼎款識》《隸釋》《隸續》諸書。

《金石文字記》六卷

（清）顧炎武撰。

顧炎武（1613—1682），崑山（今屬江蘇）人。原名絳，後名繼坤，又名圭年，入清後更名炎武，字寧人，自署蔣山傭，號亭林。顧氏學風嚴謹，學識淵博，尤精音韻之學，著述甚多。其學以經世致用爲本，長于學術考證，弘揚漢代經學，謂經學即理學也，抨擊宋儒理學之腐敗和言論之空疏。所著《日知録》爲其名著。另有《歷代帝王宅京記》《音學五書》《天下郡國利病書》等多種傳世。

一函二册。中國人民大學圖書館圖書編號：48/461—1。中國人民大學圖書館圖書登録編號：531145—531146。單魚尾。無版心。上下單邊，左右雙邊。白口。寬17.5厘米，高27.5厘米。

書名頁題字用楷書“亭林先生遺書彙輯”，落款用楷書“青浦伊長治題”，并有伊氏字和號私印二枚。有書牌頁“光緒戊子冬月校刊，席氏掃葉山房藏板”。卷一收三代青銅器彝銘數件。無器形圖，有尺寸説明，有釋文，有考證文字，有出土地點，無拓片。

林鈞《石廬金石書志》卷十三如是評價此書：

> 是記由漢以次，共録三百餘種。以時代爲次，每條下各綴以跋。其無跋者，亦具其立石年月、撰書人姓名。全書以碑文證諸經史，不爲鑿空之談。

《金石文字跋尾》二卷

（清）潘鍾瑞撰。

潘鍾瑞（1822—1890），江蘇蘇州人。字麟生，號瘦羊，別署香禪居士。清末諸生。

一函二册。中國人民大學圖書館圖書編號：48/410。中國人民大學圖書館圖書登録編號：335460—335461。單魚尾。版心上部刻書名。上下單邊，左右雙邊。白口。寬15厘米，高24.1厘米。

書名頁題字用篆文"金石文字跋尾"，落款用隸書"香禪精舍集八，後學徐鬻先補署"。無書牌頁。此書爲《香禪精舍集》之一。所收爲三代青銅器，有彝銘題跋二十餘種。無器形圖，無尺寸説明，有部分釋文，有考證文字，無拓片。

《金石文字辨異》十二卷

（清）邢澍撰。

邢澍（1759—1823），甘肅階州（治今隴南）人。字雨民，號佺山。乾隆五十五年（1790）進士。曾任永康、長興知縣，饒州、南安知府。

此書依何元錫所言：

> 據現在所見唐宋以前金石刻，并宋元刊本《隸釋》《隸續》等書……詳時代以定真原，辨歧分以識厥體，譬之問津得要，求異斯同，洵爲小學家不可少之書。

一函兩冊。中國人民大學圖書館圖書編號：48/410。中國人民大學圖書館圖書登録編號：335460—335461。無魚尾。版心部刻書名。上下單邊，左右雙邊。白口。寬15厘米，高24.1厘米。

書名頁題字用篆書"金石文字辨異"，落款用隸書："香禪精舍集八，後學徐鬻先補署"。無書牌頁。此書爲《香禪精舍集》之一。所收爲三代青銅器，多有彝銘。無器形圖，無尺寸説明，有部分釋文，有考證文字，無拓片。

《金石文字辨異補編》五卷

（清）楊紹廉撰。

楊紹廉（1864—1927），浙江瑞安人。號拙廬。著有《金石文字辨異補編》五卷、《甌海續集》十四卷等八種。後全編入《拙廬遺稿》。博學多才，精金石書法，平生搜求鄉先哲文獻頗富。其子楊嘉，字宗許，號則剛。亦好訓詁、金石、目録、校讎之學。著有《墨香簃叢編》六種。

此書是對《金石文字辨異》一書所作的補充。全書以韻部分類，多處引用了商周銅器彝銘字形。他在凡例中特別説明了：

古籀文字已有通假之例，又有筆畫增省、偏旁移易之不同，編中甄錄金文及古璽文凡數百字，有爲《説文》所無者，可以補其闕逸。

所引用文字字形皆説明來源于何器。

一函五册。中國人民大學圖書館圖書編號：2102/78。中國人民大學圖書館圖書登録編號：500560—500564。無魚尾。版心中部刻書名。四周雙邊。上下大黑口。寬 14.5 厘米，高 25.5 厘米。

書名頁題字用楷書"金石文字辨異補編五卷"，落款用楷書"陳準署"。無書牌頁。此書爲《香禪精舍集》之一。所收爲三代青銅器，多有彝銘。無器形圖，無尺寸説明，有部分釋文，有考證文字，無拓片。

《金石古文》十四卷

（明）楊慎撰。

一函四册。中國人民大學圖書館圖書編號：51/162。中國人民大學圖書館圖書登録編號：277133—277136。無魚尾。版心中部刻書名，下部刻"學古齋校本"字樣。上下單邊，左右雙邊。上下細黑口。寬 11.6 厘米，高 19 厘米。

書名頁題字用隸書"金石古文"，落款用隸書"校補函海本，起同"。有書牌頁"光緒八年夏六月，葛氏開雕"。此書爲《學古齋叢書》之一。卷一和卷二所收三代青銅器彝銘九件。無器形圖，有釋文，有考證文字，無拓片。

《金石存》十五卷

（清）吴玉搢撰。

吴玉搢（1698—1773），江蘇山陽（今淮安）人。字籍五，號山夫。晚號頓研、鈍根老人。康熙末廩貢生。精小學，好金石，嘗南歷吴越，北游燕京，歷險探幽，搜訪碑刻而還。乾隆間以明經官鳳陽府訓導。著作有《別雅》《説文引經考》《六書述部叙考》《金石存》《山陽志遺》《十憶詩》《吴山夫先生遺詩》。

此書作者曾以爲是趙搢。根據李遇孫《金石學録》考證，此書作者是吴玉搢，而非趙搢：

後李雨邨觀察於京師琉璃廠書肆，見抄本題"鈍根老人編"。不知"鈍根”爲何人？以“金石癖”名其書梓之後。王述庵司寇又誤語以“鈍根老人”爲博學鴻詞趙揖雨邨。遂以其書爲趙揖作。列入《函海》，竟不知出自山夫先生著述也。

一函四册。中國人民大學圖書館圖書編號：17.8/14—2。中國人民大學圖書館圖書登録編號：1468422—1468425。無魚尾。無版心。四周單邊。白口。寬 14.4 厘米，高 24.6 厘米。

無書名頁。有書牌頁“此據函海本影印，《初編》各叢書僅有此本”。有版權頁“中華書局，1985 年新一版”。此書爲《叢書集成初編》之一。卷一所收爲三代青銅器十件，有彝銘，卷二所收三代青銅器彝銘一件。無器形圖，有尺寸説明，有釋文，有考證文字。按類編排。

《金石竹帛遺文》十卷

（元）柳貫撰。

柳貫（1270—1342），婺州浦江（今屬浙江）人。字道存，又字道傳，號烏蜀山人。曾任國子監助教、太常博士、翰林院待制兼國史院編修。柳貫曾受學于理學家金履祥。在《元史·柳貫傳》中曾經記載他對金石文字的研究情況。他還是當時的寫篆高手。

《金石林緒論》不分卷

（明）趙宧光撰。

《金石書目》十卷

黄立猷撰。

黄立猷（約 1870—1937），湖北沔陽（今仙桃）人。字毅侯，又字毅盦，齋名“萬碑館”。曾任黎元洪秘書。爲金石類古籍專門寫書目，由其首創。

一函二册。中國人民大學圖書館圖書編號：無。中國人民大學圖書館圖書登録編號：3330110—333011。單魚尾。無版心。無邊。上下細黑口。寬 14.9 厘米，高 25.8 厘米。

書後作者云：

　　本書經始以迄印竣，承鄞縣馬叔平、高唐田德忱、同里陸和九三君，或商量體例，或代搜資料，或校勘錯誤，助我良多，特此志謝。

　　缺書名頁和書牌頁，乃中華民國十五年（1926）自刊本。所收爲古代金石著作書目。其中，部分内容涉及古代金文書目。

《金石通考》五十四卷

（清）龔自珍撰。

《金石略》三卷

（宋）鄭樵撰。

　　鄭樵（1104—1162），興化郡莆田（今屬福建）人。字漁仲，號溪西逸民，世稱夾漈先生。曾任樞密院編修。

　　一函三册。中國人民大學圖書館圖書編號：51/162。中國人民大學圖書館圖書登録編號：277122—277124。無魚尾。版心中部刻書名。上下單邊，左右雙邊，上下細黑口。寬 11.6 厘米，高 19 厘米。

　　書名頁題字用篆文“金石略”，落款用篆文“褒海署”。無書牌頁。此書爲《學古齋叢書》之一。上卷所收三代青銅器目録二百三十餘件，皆源自《博古圖》。無器形圖，無尺寸説明，無釋文，無考證文字。

《金石萃編》一百六十卷

（清）王昶撰。

　　王昶（1725—1806），青浦（今上海市青浦區）人。字德甫，號述庵，又號蘭泉。乾隆進士。曾任刑部右侍郎等。與錢大昕、王鳴盛、吳泰來、趙文哲、曹仁虎、黄文蓮等，被合稱爲“吳中七子”；與劉墉同朝當官，是終生摯友。

　　王昶好金石之學，收羅商周銅器及歷代石刻拓本一千五百餘種，編爲《金石萃編》一百六十卷。卷二收三代青銅器彝銘二件，卷三收五件。無器形圖，有尺寸説明，有釋文，有考證文字，有摹寫。

　　八函六十四册。中國人民大學圖書館圖書編號：210/10。中國人民大學圖書館圖書登録編號：233975—234058。單魚尾。版心中部刻書名。上下單邊，左右雙邊。

上下粗黑口。寬 15.8 厘米，高 24.6 厘米。書名頁題字用篆文"金石萃編"，落款用篆文"青浦述庵王昶著"。有書牌頁"經訓堂藏板"。

林鈞《石廬金石書志》卷六如是評價此書：

> 全書收録廣博，難免舛誤。夫校書如去几塵階葉，愈掃愈紛。釋碑之難，又加校書倍蓰。後人痛詆訛誤，目非善本。然篳簬藍縷，禮重先河，何能遽没？

儘管如此，此書對于三代青銅器的記載并不多，和此書的龐大極其不相稱。

此書另有光緒十九年（1893）上海醉六堂本、中華民國八年（1919）掃葉山房本。

《金石摘》不分卷

（清）陳善墀撰。

陳善墀，生卒年不詳，郴州（今屬湖南）人。字丹皆。

一函十六册。中國人民大學圖書館圖書編號：2102/105。中國人民大學圖書館圖書登録編號：565059—565074。單魚尾。版心上部刻書名。四周單邊。上下細黑口。寬 17.8 厘米，高 29.7 厘米。

書名頁題字用魏碑"金石摘"，無落款。有"我家騎田嶺上任""不成文理""古刊磨滅"私印三枚。有書牌頁"同治十有二年刻於瀏陽縣學之不求甚解齋"。在凡例前頁有"上上扇料，有茂仁記。家幹"私印一枚。此爲造紙廠印章。第一册所收爲三代青銅器，多有彝銘。無器形圖，無尺寸説明，有釋文，部分有考證文字，有拓片。

清代耿文光《萬卷精華樓藏書記》中曾評價爲：

> 是書成於光緒二年，刻於集古今碑板文字，隨意鉤勒，或數字，或數十字，以爲臨池之助，非記金石也。其中真僞雜陳，首尾莫辨。

而有關金文部分，則是"鐘鼎諸文，鉤自他本、《西清古鑑》《考古圖》并《小蓬萊金石》"。但是，此書選取不精，林鈞《篋書賸影録》卷下評價此書爲"難稱善本而武斷摘删"，所言十分準確。

《金石劄記》不分卷

（清）邢澍撰。

《金石學録》四卷

（清）李遇孫撰。

李遇孫（1771—1845），浙江嘉興人。字慶伯，號金瀾。曾任處州府訓導。

一函二册。中國人民大學圖書館圖書編號：2102/96。中國人民大學圖書館圖書登録編號：544224—544225。單魚尾。版心下部刻書名。四周單邊。白口。寬14.9厘米，高26厘米。

書名頁題字用篆文"金石學録"，無落款。有書牌頁"丹徒劉氏斠刊"。序文前有"王維樸"等收藏印三枚。所收爲古代治金學者四百餘人簡介。

此書另有道光四年（1824）自刻本、《百爵齋叢刻》本、西泠印社聚珍版本等。其中，道光四年自刻本，陸心源《儀顧堂題跋》言"是書有道光四年阮元序"，而此刊本中無阮元序。

《金石學録補》四卷

（清）陸心源撰。

一函一册。中國人民大學圖書館圖書編號：2102/96—1。中國人民大學圖書館圖書登録編號：555196。雙魚尾。版心上部刻書名。四周單邊。下粗黑口。寬15.3厘米，高24.1厘米。

無書名頁。無書牌頁。所收爲由漢到清研究和收藏三代青銅器名家數百人。有陸心源序兩篇。

二序中云：

> 光緒五年之夏，余端居無事，輯《金石學録補》二卷，以補李金瀾氏之缺。自漢至今凡得一百七十人。今復搜采群書，證以聞見，又得一百六十餘人，重加編次，定爲四卷。

是書于明清諸家言之甚詳。涉及青銅器收藏者，盡道其詳，頗似金石家小傳。所收諸家以朝代爲序編排。陸氏又云：

> 合之李氏原書，得八百餘人，古今言金石者略備於斯矣。

容媛《金石書録目》卷一中言此書爲三卷，顯系失誤。

《金石學録續補》二卷

褚德彝撰。

褚德彝（1871—1942），浙江餘杭（今杭州）人。字松窗，號禮堂。齋名“角荼軒”。尤精篆刻。

一函一册。中國人民大學圖書館圖書編號：210/235。中國人民大學圖書館圖書登録編號：558991。雙魚尾。無版心。上下單邊，左右雙邊。上下粗黑口。寬14.7厘米，高26.2厘米。

書名頁題字用篆文“金石學録續補”，落款用行書“己未六月吴昌碩篆耑”，有“倉石”私印一枚。有書牌頁“己未年十月上旬，餘杭褚氏石畫樓印”。此書爲《金石學録》和《金石學録補》的後繼，故書名爲此。作者言對所收之人，“學術行誼，不敢妄加評騭”。所收爲清至民初研究和收藏三代青銅器名家二百餘人。正文卷首下有“胡吉宣印”收藏印一枚。

林鈞《石廬金石書志》卷十二稱：

> 是書增補李、陸二家未備，計録二百三十二人，均屬清代。并依李書之例，遍收近人。唯其人在清代以前物故者，或尚生存，均未區别。與余之斯志標載作者時代，對於近人亦坐斯病。就余所藏金石書，其中作者爲三家所遺漏，尚有百數十人。

《金石録》三十卷

（宋）趙明誠撰。

趙明誠（1081—1129），密州諸城（今屬山東）人。字德甫，又字德父。曾任萊州知州。著名銅器收藏家和金石學家。

一函八册。中國人民大學圖書館圖書編號：2101/1。中國人民大學圖書館圖書登録編號：10749—10756。單魚尾。版心上部刻書名，下部刻“雅雨堂藏版”字樣。四周單邊。白口。寬12.3厘米，高25厘米。

書名頁題字用隸書“金石録”，無落款。有書牌頁“乾隆壬午年刊雅雨堂藏版”。卷前有宋代趙明誠序、清代盧見曾序、宋代劉跂序、宋代李清照序。卷十一至卷十三所收爲三代青銅器，多有彝銘。無器形圖，無尺寸説明，無釋文，無考證文字。李清照後序中言趙明誠和她：

> 或見古今名人書畫一代奇器，亦復脱衣市易之事。

而且：

> 每獲一書，即同共校勘，整集籤題。得書畫彝器，亦摩玩舒卷，指摘疵病。

建炎以後，所藏器物先後損亡。讀來令人嘆息。此書版本頗多。清代瞿鏞《鐵琴銅劍樓藏書目録》中曾言：

> 是書以菉竹堂鈔宋本爲最善。盧刻雖云依之，實未見葉氏真本，故有舛僞。

清代李慈銘《越縵堂讀書記》中評述説：

> 趙氏援碑刻以正史傳；考據精慎，遠出歐陽文忠《集古録》之上。

然又以爲"惜版刻未工，頗有誤字，與所刻《雅雨堂叢書》迥殊。蓋此書登木在後，或非盧氏親自付梓，故獨不入叢書中，爲單行本耳"。此書在宋代有淳熙年龍舒郡齋初刻本、開禧元年（1205）趙不讞重刻本兩種。

林鈞《石廬金石書志》卷十三稱：

> 按輓近流行刻本，當推雅雨堂盧校本爲最精。而三長物齋、槐廬諸刻本亦有可取。仁和朱氏結一廬重刊汲古本附有繆氏劄記，足與雅雨本相頡頏，末多葉仲盛、歸有光兩跋。

此書另有清代順治七年（1650）謝世箕刻本、牛運震空山堂刻本、《三長物齋叢書》本、《槐廬叢書》本、《行素草堂金石叢書》本、《結一廬叢書》本、《四部叢刊續編》本。《北京大學圖書館藏古籍善本書目》第205頁上收有此書的多種版本，計：謝世箕刻本六册、吳式芬校本六册、雅雨堂本兩部十六册、清抄本八册、錢叔寶抄本八册，是國内收藏此書版本之冠。

中國人民大學圖書館藏《三長物齋》本，中國人民大學圖書館圖書登録編號：35735。單魚尾。版心上部刻書名。四周雙邊，白口。寬15.3厘米，高24.6厘米。耿文光《萬卷精華樓藏書記》卷五十五："《三長物齋》本，黄本驥重刊，有案語、目録。有跋尾者加一圈，最豁目，餘與盧本同。"中國人民大學圖書館另藏《槐廬叢書》本，一函二冊，中國人民大學圖書館圖書登録編號：51/39。單魚尾，版心中部刻書名，四周單邊，上下粗黑口。寬 15.5 厘米，高 24.2 厘米。祇存卷七至卷十四、卷二十三至卷三十。

又見毛氏汲古閣抄本《金石録》，全書三十卷，半頁 9 行 19 字，小字雙行同，白口，左右雙邊，單魚尾。魚尾上端鎸有"金石録"三字；魚尾下端鎸有"卷之"二字，具體卷次手書填寫；再下爲手書填寫頁碼；頁碼下鎸有"汲古閣"三字。寬 14.5 厘米，高 19.4 厘米。全書共 6 冊。鈐印有虞山汲古閣圖書、徐紫珊藏、宴坐養和齋書畫記、松竹閣、曾藏顧少梅家、武陵顧氏藏本、心如秋月、長松下當有清風。卷前有紫芝老人識語：

> 宋趙德父所著《金石録》，凡三十卷，向有二刻。然好古家所藏未見雕本。
>
> 此冊係汲古毛氏從天一閣録出者，當世收之無失。康熙甲辰紫芝老人筆。

次行又題："是册得於清溪李氏，浴佛日又書。"卷末有"插花山樵賓觀於渤海氏滄浪室"一行，鈐"長松下當有清風"印。

《金石録補》二十七卷

（清）葉奕苞撰。

葉奕苞（約 1630—1690），江蘇崑山人。字九來。

一函四冊。中國人民大學圖書館圖書編號：2101/1。中國人民大學圖書館圖書登録編號：35739—35742。無魚尾。版心中部刻書名，下部刻"朱氏槐廬校刊"字樣。上下單邊，左右雙邊。上下西黑口。寬 15.3 厘米，高 24 厘米。

書名頁題字用隸書"金石録補"，落款用隸書"爾珍署"，有私印一枚。有書牌頁"光緒丁亥孟秋行素草堂藏版"。此書爲《行素草堂金石叢書》之一。卷一所收三代青銅器彝銘六件。無器形圖，有尺寸説明，有出土和收藏經緯説明，無考證文字。

容媛《金石書録目》卷一：

> 《金石録補》二十七卷，續跋七卷。清崑山葉奕苞著。《别下齋叢書》本二十七卷。《涉聞梓舊》本續七卷。《行素草堂金石叢書》翻刻正續本。《昭代叢書》本輯録三十一條名"金石小"，中國書店鉛字半作"經鋤堂金石小箋"。

林鈞《石廬金石書志》卷十三如是評價此書：

是書補趙氏《金石録》之所未備，采摭甚廣，考據頗精。

《金石録補續跋》七卷

（清）葉奕苞撰。參見"金石録補"條。

《金屑録》不分卷

（清）馮登府撰。

所收爲古彝器銘文。

《金索》六卷

（清）馮雲鵬、（清）馮雲鵷撰。

馮雲鵬（1765—1840），江蘇南通人。字晏海。曾任滋陽、曲阜知縣。工詩文書法。其弟馮雲鵷，字集軒。兄弟二人皆著名銅器收藏家和彝銘學家。

二函二十册。中國人民大學圖書館圖書編號：210/236。中國人民大學圖書館圖書登録編號：562469—562488。無魚尾。版心中部刻書名。無邊。白口。寬 15.3 厘米，高 27.1 厘米。

書名頁題字用篆文"金索"，落款用行書"崇川馮雲鵬署"。無書牌頁，爲清鈔本。卷首定名爲"題金索拓本原序"。

此鈔本可能源于邃古齋刊本。清代耿文光《萬卷精華樓藏書記》云："邃古齋本，是書成于道光元年，板藏嶧陽署齋，前有辛從益、鄭勉、鮑勛茂、賀長齡、梁章鉅、景慶、徐宗乾七序。"而現此鈔本前正好有辛從益序。落款爲"嘉慶二十三年歲在戊寅夏六月，上浣筠谷弟辛從益謹跋"。并言道：

> 道光元年四月朔日，鏤板於嶧陽署齋。於時日月合璧，五星聯珠。記之。

所收大部分内容爲三代青銅器彝銘，亦有漢唐器。有器形圖，有尺寸説明，有釋文，有考證文字。

林鈞《石廬金石書志》卷八如是評價此書：

> 馮君酷嗜金石文字，見收藏家銅器有款識者，輒繪録之。取三代至元鐘、鼎、戈、戟、度量、鏡、盤、璽印、泉刀之類，爲《金索》六卷……皆圖其形

而摹其文，并詳考證。惜愛博不精，後人頗有訾議。

中國人民大學圖書館藏"雙桐書屋藏板"的《金石索》數套。其中，《金索》和《石索》各自分開。書名頁題字用隸書"金石索"，落款用楷書"道光元年開鎪"，有書牌頁"雙桐書屋藏板"。單魚尾。版心上部刻書名，下部右側刻"邃古齋藏"字樣。四周單邊。白口。寬 24.6 厘米，高 35.5 厘米。然版面多墨迹。

《金石索》一書在清代中期的彝銘學術研究上，是一部體例精美的名著。

上海圖書館古籍部收藏此書，索書號爲：綫普長 257293-304、綫普 344267-78、綫普長 640563-74、綫普長 019439、綫普長 018872、綫普長 477734-57。

《金器款識》三百七十六卷

（清）倪濤撰。

倪濤，生卒年不詳，浙江錢塘（今杭州）人。字崛渠。古代彝銘學家中壽命最長者，年近百歲。

二十七函一百六十二册。中國人民大學圖書館圖書編號：17·11·5/11。中國人民大學圖書館圖書登錄編號：359922—360083。單魚尾。版心上部刻書名爲"欽定四庫全書"。四周雙邊。白口。寬 13.1 厘米，高 19.9 厘米。

書名頁題字用楷書"六藝之一録，四庫全書珍本初集子部藝術類"，無落款。有書牌頁"商務印書館受教育部中央圖書館籌備處委托景印故宮博物院所藏文淵閣本"，并在正文前有"文淵閣寶"大紅印一枚。此書爲《四庫全書珍本初集》之一。前十二册二十六卷所收爲三代青銅器，多有彝銘，亦有部分秦漢器。有器形圖，有尺寸説明，有釋文，有考證文字，有摹寫。按器物種類編排。

《周毛公厝鼎銘釋文》一卷

（清）徐同柏、（清）陳介祺撰。

徐同柏（1776—1854），浙江嘉興人。字春甫，又字壽藏，號籀莊，齋名"諷籀書窠"。尤精篆刻。

陳介祺（1813—1884），山東濰縣（今濰坊）人。字壽卿，號簠齋，晚號海濱病史，齋名"十鐘山房"。道光進士。曾任翰林院編修。著名銅器收藏家和彝銘學家。

此書爲考證《毛公鼎》彝銘之作。

《周史籀文》二十三卷

（明）朱謀㙔撰。

朱謀㙔，生卒年不詳，江西南昌人。字用莊。《小學考》卷二十三記載：

明宗室，封至鎮國中尉。工篆籀，注六書，正譌《周史籀文》行世。

《周冉簋説釋》一卷

（清）陳介祺撰。

此書爲考證《周冉簋》彝銘之作。

《周金文存》六卷

鄒安撰。

鄒安（1864—1940），浙江杭縣（今杭州）人。字景叔、壽祺，號適廬，齋名“雙玉璽齋”“雙玉鉩齋”。光緒二十九年（1903）進士。曾任聖倉明智大學教授。著名彝銘學家。

二函十一册。中國人民大學圖書館圖書編號：2102/85。中國人民大學圖書館圖書登録編號：393478—392488。無魚尾。無版心。無邊。白口。寬 23.3 厘米，高 34 厘米。

書衣頁題字用行書“周金文存”。書名頁題字用篆文“周金文存”，落款用篆文“古杭張蔭椿署”。此書爲齊樹平私人藏書。書名頁有“北平齊樹平藏書”“齊樹平”“齊念衡”收藏印三枚。有書牌頁“倉聖明智大學刊行”。齊氏爲前故宫博物院第一任研究科長，著有《中國古器物學》和《散盤集釋考》等專著。曾任河北大學、齊魯大學、北平女子文理學院教授。據褚德彝《金石學録續補》中的記載：“所集諸家彝器拓本多至二千餘種。”

所收爲三代青銅器，多有彝銘。有器形圖，有尺寸説明，有釋文，有少量考證文字，有拓片。羅振玉曾爲此書“厘定次序，删除僞妄”。而殷代金文全出自羅振玉的編定。此書正如著者所言，曾糾正前人之誤：

《積古》濫收宋器，《攈古》誤録商鐘，均爲近儒所詬病，玆録力祛此病。

每卷後多附《金説》，對所録拓片作簡單説明和補遺。中間夾雜有齊氏手批和釋文。

林鈞《石廬金石書志》卷五如是評價此書：

> 此録以清代爲斷，故終于辛亥。凡以後發見之品不録。各類以最多之銘文爲先，逆序排編，各類繫以附説，詳記各器流傳，間及考證。

《周秦古器銘碑》一卷

（宋）湛泉撰。

湛泉，生卒年不詳，籍貫不詳。僧人。《籀史》上卷目録中收此書，并引該書一段文字如下：

> 咸平三年五月，同州民湯善德於河瀆獲方甗一，上有十二字。九月，好畤令黄傳鄆獲方甗一，銘二十一字。請闕以獻，詔示直昭文館句中正、秘閣校理杜鎬，中正識其刻書，以隸古文訓之，少者八字，多者七十餘字。

關于這一史實，還可以參見《宋史·句中正傳》中的記載：

> 咸平三年表上之。真宗召見便殿，賜坐，問所書幾許時，中正曰："臣寫此書，十五年方成。"上嘉嘆良久，賜金紫，命藏於秘閣。時乾州獻古銅鼎，狀方而四足，上有古文二十一字，人莫能曉，命中正與杜鎬詳驗以聞，援據甚悉。

兩處記載，一説是鼎，一説是甗。但是從都有"二十一字"彝銘來看，應該是同一件器物。根據歐陽修《集古録跋尾》一書中的記載，這二十一字彝銘是："維六月初吉史信父作鬻甗斯萬年子子孫孫永寶用。"

《周無專鼎銘考》一卷

（清）羅士琳撰。

羅士琳（1784—1853），江蘇甘泉（今揚州）人。字次珊，號茗香，齋名"觀我生室"。

一函一册。中國人民大學圖書館圖書編號：17.8/14—2。中國人民大學圖書館圖書登録編號：1468436。無魚尾。無版心。四周單邊。白口。寬14.4厘米，高24.6厘米。

書名頁題字用篆文"周無專鼎銘考"，無落款。有書牌頁"此據《文選樓叢書》本影印，初編各叢書僅有此本"。此書爲《叢書集成初編》之一。所收爲周代青銅器《無專鼎》彝銘。無器形圖，有尺寸説明，有釋文，有考證文字。此書重在考證曆法。

阮元爲此作序言道：

> 甘泉羅氏茗香，久精推步，於此茫茫天筭一隙中，獨深求之。以四分周術，又證以漢三統術，參核異同，進退推勘，得文王自受命元年丙寅迄九年甲戌，皆不得甲戌既望之九月，獨宣王十六年己丑既望得甲戌，爲九月之十七日，毫無所差，令人拍案稱快。

《周遂鼎圖款識》一卷

（清）葉志詵編。

此書爲針對《周遂鼎》彝銘題咏之作。其中有葉志詵《周遂啓祺鼎考》，陳慶鏞、徐渭仁、宋翔鳳、潘世思、張廷濟等人題咏。

《周鑒圖》一卷

（宋）李公麟撰。

《籀史》中有目録記載。

《河南吉金圖志賸稿》不分卷

孫海波撰。

孫海波（1910—1972），河南潢川人。字涵溥。曾任河南通志館編輯、東北大學教授。

一函一册。中國人民大學圖書館圖書編號：2103/38。中國人民大學圖書館圖書登録編號：519449。無魚尾。無版心。無邊。白口。寬21.8厘米，高32.8厘米。

書衣頁題字用篆文"河南吉金圖志賸稿"，落款用楷書"柯昌泗題"，有"柯昌泗"私印一枚。書名頁題字用篆文"河南吉金圖志賸稿"，落款用楷書"己卯冬日，孫海波"，有"孫海波"私印一枚。有版權頁"中華民國二十八年《考古學社專刊》

第十九種"。

孫海波在序中云：

> 民國二十三年河南有續修省志之舉，予獲與修《甲骨》、《吉金》二志，乃謀之總纂胡公石青，擬於省志之外，別輯《吉金圖錄》一書，凡河南所出之彝器，詳收博采，悉匯錄之，附於省志以傳。

所收多爲三代青銅器彝銘。有器形圖，有尺寸說明，有釋文，有考證文字。該書對《趙孟介壺》彝銘考證頗爲詳細。

《定庵題跋》不分卷

由雲龍撰。

由雲龍（1877—1961），雲南姚安人。字夔舉，號定庵。曾任雲南省教育司司長和雲南鹽運使。

一函一册。中國人民大學圖書館圖書編號：210/130。中國人民大學圖書館圖書登錄編號：222840。無魚尾。無版心。四周雙邊。上下細黑口。寬 14.8 厘米，高 26.3 厘米。

書衣頁題字用隸書"定庵題跋"，落款用隸書"戊寅秋日，松泉署簽"，有"松泉"印一枚。書名頁題字用篆文"定厂題跋"，右下側有"徐夢麟先生捐獻圖書"字樣。無書牌頁。

跋文中云：

> 自宋以來金石家所收古器，無此典重。

所收研究《毛公鼎》彝銘一篇。

《定庵續集》四卷

（清）龔自珍撰。

一函三册。中國人民大學圖書館圖書編號：48/23。中國人民大學圖書館圖書登錄編號：22270—22272。單魚尾。版心上部刻書名。上下單邊，左右雙邊。白口。寬 17 厘米，高 26.3 厘米。

無書名頁。無書牌頁。所收研究三代青銅器彝銘論文《說宗彝》《說衛公虎大散》和《商周彝器文録·序》三篇。無器形圖，無尺寸説明，無釋文，有考證文字。其中，《説宗彝》中反復申明"宗彝"之意義，他把宗彝的作用分爲十多種：古之陳器、好器、征器、旌器、約劑器、分器、賂器、獻器、媵器、服器、抱器、殉器、樂器、傚器、瑞器。此説對宗彝價值功用的説明十分完善。

《宜禄堂收藏金石記》六卷

（清）朱士端撰。

朱士端（1786—1872），江蘇寶應人。字銓甫，齋名"宜禄堂"。曾任廣德州訓導。

一函二册。中國人民大學圖書館圖書編號：51/237。中國人民大學圖書館圖書登録編號：339442—339443。雙魚尾。版心中部刻書名。上下單邊，左右雙邊。上下粗黑口。寬 14.8 厘米，高 24.8 厘米。

書名頁題字用篆文"宜禄堂收藏金石記"。無落款。有書牌頁"同治二年開雕"。收三代青銅器彝銘五件，餘外皆漢以後器。無器形圖，有尺寸説明，無釋文，有部分考證文字，衹説明收藏出處。

林鈞《石廬金石書志》卷十四稱：

> 其夏周鐘鼎漢世碑碣，以前賢俱有考證，均從簡略。

《函青閣金石記》四卷

（清）楊鐸撰。

楊鐸，生卒年不詳，河南商城人。字石卿。

一函四册。中國人民大學圖書館圖書編號：210/156。中國人民大學圖書館圖書登録編號：270774—270777。單魚尾。版心中部刻"金石記"字樣，上下單邊，左右雙邊。上下粗黑口。寬 15.5 厘米，高 26.3 厘米。

書名頁題字用篆文"函青閣金石記"，落款用行書"胡樸安題"。有書牌頁"瑞安陳氏湫漻齋栞行"。卷一所收爲三代青銅器，多有彝銘。無器形圖，有尺寸説明，有釋文，有考證文字，無拓片。

九　畫

《荆南萃古編》不分卷

（清）周懋琦、劉瀚撰。

周懋琦（1836—1896），祖籍安徽績溪，浙江錢塘（今杭州）人。字子玉，又字韓侯。

劉瀚，生卒年不詳，浙江紹興人。字北溟。

一函二册。中國人民大學圖書館圖書編號：2102/53。中國人民大學圖書館圖書登録編號：256002—256003。單魚尾。版心上部刻書名，下部刻"鴻寶署檢"字樣。四周單邊。白口。寬25.5厘米，高39.3厘米。

書衣頁上有"葭仲雷"和"孫氏珍藏"二印。無書名頁，無書牌頁。序文首頁右下方有"葭仲雷"和"孫氏珍藏"二印。有朱德溶序。前册部分內容所收爲三代青銅器，多有彝銘。有器形圖，有尺寸説明，有釋文，有考證文字。

作者在序中云：

> 余旅居宜都，幼從楊惺吾先生游，授以金石之學。

《凡例》中曾言及此書體例：

> 錞、鐘、鼎、洗各器，仿《宣和博古圖》式，精繪形模，備摹款識，略附考證於後。

《故物譜》卷數不詳

（金）元好問撰。

元好問（1190—1257），太原秀容（今山西忻州）人。字裕之。八歲即因作詩而獲得"神童"美譽。金朝最有成就的作家和歷史學家、宋金對峙時期北方文學的主要代表、金元之際在文學上承前啓後的橋梁。學問深邃，著述宏富，援引後進，爲官清正，著有《元遺山先生全集》。

《貞松堂吉金圖》三卷

（清）羅振玉撰。

一函三册。中國人民大學圖書館圖書編號：210/91。中國人民大學圖書館圖書登録編號：378332—378334。無魚尾。版心右上部刻書名。四周單邊。白口。寬24.5厘米，高36.1厘米。

書衣頁題字用隸書"貞松堂吉金圖"。無落款。書名頁題字用隸書"貞松堂吉金圖"。無落款。有書牌頁"乙亥孟冬墨緣堂印"。上中兩卷所收爲三代青銅器，多有彝銘。有器形圖，有尺寸説明，無釋文，無考證文字，有拓片。

《貞松堂集古遺文》十六卷

（清）羅振玉撰。

三函十九册。中國人民大學圖書館圖書編號：2102/25。中國人民大學圖書館圖書登録編號：171792—171800。無魚尾。版心中部刻書名。四周單邊。上下細黑口。寬17厘米，高27.5厘米。

書名頁題字用篆文"貞松堂集古遺文一十六卷"，落款用楷書"長洲章鈺署"。有書牌頁"歲在辛未春正月"。此爲八册十六卷。又有《補遺》三卷和《續編》三卷，共兩函十一册。其中，《續編》三卷書牌頁爲"甲戌春蟫隱廬印行"。《補遺》三卷書牌頁爲"辛未九月"。

作者在序中言此書之由來：

> 擬將前人未著録者會爲一編，以補諸家所未備……乃以一歲之力課兒子福頤、長孫繼祖助予，撫寫成《貞松堂集古遺文》十六卷。

正文的前十四卷所收爲三代青銅器，多有彝銘，《補遺》三卷和《續編》三卷中亦多爲三代器。無器形圖，有尺寸説明，有釋文，有考證文字。

書中不僅收録有商周青銅器的彝銘，還收録了不少秦漢時期鉛、銀等器物上的文字。每條彝銘均有釋文，并記載了每件青銅器的收藏歷史。卷前載有青銅器分類的總目和每類器物的細目。從1931年至1935年全部出齊。

在《貞松堂集古遺文》一書中，前十二卷專收商周青銅器彝銘。

　　羅氏又把商周青銅器分成以下二十三類，即鐘、句鑃、鉦鐲、鐃、鼎、鬲、甗、彝、段、簠、簋、尊、罍、壺、卣、斝、盉、觚、觶、爵、角、盤、匜、雜器。其中，"雜器"又分爲二十三類，即錡、鑑、盍、盂、善會、次盧、鋪、釜、盆、盦、鈕、鉤、權、匕、符、勺、小量、小器、劑、車鑾、車軎、車鍵、馬銜。

　　上海圖書館古籍部收藏此書，索書號爲：綫普 301597-604、綫普長 019402、綫普 343949-62、綫普長 452402-23、綫普長 612126-36、綫普長 010538、綫普 585995-6008、綫普 378496-517、綫普 380061、綫普 301608-10、綫普長 019403、綫普 301605-07。

《思益堂集》十九卷

　　（清）周壽昌撰。

　　周壽昌（1814—1884），湖南長沙人。字應甫，晚號自庵，齋名思益堂。曾任內閣學士和禮部侍郎。

　　一函六册。中國人民大學圖書館圖書編號：48/86—1。中國人民大學圖書館圖書登錄編號：92104—92109。單魚尾。版心上部刻書名。四周單邊。白口。寬 17.4 厘米，高 26.8 厘米。

　　書名頁題字用篆文"思益堂集"，落款用楷書"会稽陶濬宣署檢"。有書牌頁"光緒戊子夏刊"。書中《日劄十卷》卷三所收爲三代青銅器，有彝銘三件：《散氏銅盤》《高克尊》《仲駒敦》。無器形圖，無尺寸説明，無釋文，有考證文字。但祗是考證器名和姓氏由來。如，他考證散氏銅盤中的散氏當爲"堯女皇之族裔"。

《重廣鐘鼎篆韻》七卷

　　（宋）薛尚功撰。

　　薛尚功（約1090—約1160），浙江錢塘（今杭州）人。字用敏。紹興中，以通直郎僉定江軍節度判官廳事。通古文字，善古篆，尤長鐘鼎文字。著録考證其所見商、周、秦、漢金石文字，成《歷代鐘鼎彝器款識法帖》二十卷。收商周至秦漢青銅器彝銘五百零四件。又著有《廣鐘鼎篆韻》七卷。此書臨摹古器物之銘辭，逐加箋釋，大抵以《考古》《博古》二圖爲主。後世考釋金文之書，多仿其體例。《書史會要》中記載他：

善古篆，尤好鐘鼎。

張雨天曾經評價他爲：

尚功摹集三代彝器款識，較其器之墨迹，筆精墨妙過之。

關于此書，《郡齋讀書志》言"是書所録凡一萬一百二十有五"。

《皇祐三館古器圖》一卷

（宋）楊元明撰。

楊元明，生卒年不詳，籍貫不詳。字南仲。曾任承奉郎知國子監書學、太常博士。

善篆書，與章友直篆石經于國子監。《集古録跋尾·韓城鼎銘》附其跋語云："樂安公以南仲職典書學，命釋其字。"

此書所收共十一器。

《急就章考異》一卷

（清）莊世驥撰。

莊世驥，生卒年不詳，青浦（今上海市青浦區）人。字俠君。舉人。青溪七子之一。

《急就章注》一卷

（唐）顔師古撰。

顔師古（581—645），京兆萬年（今陝西西安）人。名籀，字師古，以字行。曾任中書侍郎等。其四世孫顔元孫有《干禄字書》一卷。

《急就篇》一篇

（漢）史游撰。

史游，生卒年不詳，籍貫不詳。漢元帝（前48—前33）時曾任黄門令。《郡齋讀書志》中言此書：

凡三十二章，雜記姓名、諸物、五官等字，以教童蒙。

《洞天清禄集》一卷

（宋）趙希鵠撰。

趙希鵠（1170—1242），袁州宜春（今屬江西）人。趙宋皇家宗室。

一函一册。中國人民大學圖書館圖書編號：311/103—1。中國人民大學圖書館圖書登録編號：504297。雙魚尾。版心中部刻書名，下部刻“涵芬樓”字樣。四周單邊。上細黑口。寬 15.2 厘米，高 26.6 厘米。

無書名頁。無書牌頁。此書爲《説郛》叢書之一。内收《古鐘鼎彝器辨》一文，系統介紹了鑑别三代青銅器真僞的方法。據李遇孫《金石學録》評價：

> 其辨古鐘鼎彝器更精審。

而且在此書中，他把玩藏品帶來的樂趣，真是寫到了極致。書中有專門談到銅器作僞的具體方法，可見當時銅器作僞已發展爲一專門的技術。

《恒軒所見所藏吉金録》不分卷

（清）吴大澂撰。

一函二册。中國人民大學圖書館圖書編號：2103/25。中國人民大學圖書館圖書登録編號：378153—378154。單魚尾。版心上部刻書名。四周單邊。白口。寬 30.6 厘米，高 17.8 厘米。

書名頁題字用篆文“恒軒所見所藏吉金録”。無落款。有書牌印一枚“蘇省文學山房杏記經印善本書籍”。卷末有方形紅印一枚，内容爲“吴氏二十八將軍印齋藏版，己未九月王金波承印”。此書插圖全出自吴大澂本人手繪。

作者序有言：

> 余弱冠喜習繪事，不能工。洎官翰林，好古吉金文字，有所見，輒手摹之，或圖其形，存於篋。積久得百數十器，遂付剞劂氏，擬分二集，以所見、所藏標其目，略仿《長安獲古編》例，而不爲一家言。其不注某氏器者，皆潘伯寅師所藏。此同治壬申、癸酉間所刻也。

所收爲三代青銅器，多有彝銘。有器形圖，有尺寸説明、部分釋文，無考證文字。據褚德彝《金石學録續補》中的記載，此書所收“實未盡所藏之十一”，可見其收藏之富。

林鈞《石廬金石書志》卷八如是評價此書：

> 繪圖摩銘，并皆佳妙，與攀古樓相伯仲也。

《宣和博古圖》三十卷

（宋）王黼撰。

王黼（1079—約1126），開封祥符（今河南開封）人。初名甫，賜改爲黼，字將明。其爲人多智善佞。崇寧二年（1103）進士。初因何執中推薦而任校書郎，遷左司諫。因助蔡京復相，驟升至御史中丞。歷翰林學士、翰林學士承旨。勾結宦官梁師成，以父事之。宣和元年（1119），拜特進少宰，權傾一時。官至太傅，封楚國公。與蔡京、童貫等并稱“六賊”。欽宗即位，被處流放，在途中被殺。著名銅器收藏家。

三函二十四册。中國人民大學圖書館圖書編號：29/8。中國人民大學圖書館圖書登録編號：38262—38293。無魚尾。版心上部刻書名。四周單邊。白口。寬 17.6 厘米，高 29 厘米。

上海圖書館古籍部收藏此書，索書號爲：綫善 764412-27、綫善 T269949-64、綫普長 61202-09、綫普 344360-74、綫普 480349-60、綫普長 061201、綫普長 061198-200、綫普長 79307-30、綫普長 012703、綫普 378364-78、綫普 545255-69、綫普 436726-49、綫普 434021-30、綫普長 478808-19、綫普長 019795。

書衣頁上有“曉滄紫綬”收藏印一枚。正文書名“亦政堂重修宣和博古圖録”。無書牌頁。前四册爲手抄本，余外爲原刻本。所收爲三代青銅器，多有銘文，亦有部分漢唐器。有器形圖、尺寸説明、釋文、考證文字、拓片。

中國人民大學圖書館古籍善本部收藏有清乾隆壬申年秋月刊刻的亦政堂藏版的四函二十四册《宣和博古圖》一套，天都黄曉峰鑑定。前三函十八册爲《宣和博古圖》，後一函六册爲《考古圖》和《古玉圖》。中國人民大學圖書館圖書編號：29/9。中國人民大學圖書館圖書登録編號：23250—23273。無魚尾。版心上部刻書名。四周單邊。白口。寬 17.6 厘米，高 29 厘米。正文書名爲“東書堂重修宣和博古圖録”。卷首有洪世俊序、蔣暘序。

大觀元年（1107），徽宗命黄伯思根據從全國各地搜集所得以及内府所藏銅器，編繪而成《博古圖》一書。宣和五年又命王黼重修，增加新搜集的銅器，成爲人們今日所見的集八百三十九件、共三十卷的《宣和博古圖》。《籀史》中特別記載了徽宗皇帝在此書成書中的作用：

> 帝文武生知，聖神天縱，酷好三代鐘鼎書，集群臣家所蓄舊器，萃之天府。選通籀學之士，策名禮局，追迹古文，親御翰墨，討論訓釋，以成此書。

這一記載比較客觀而且真實可信。

《宣和博古圖》著録了當時皇室在宣和殿所藏的自商至唐的銅器八百三十九件，集中了宋代所藏青銅器的精華。全書共三十卷，凡二十類，細分爲鼎、尊、罍、彝、卣、瓶、壺、爵、斝、觶、敦、簠、簋、鬲、盤、匜、鐘、錞于、雜器、鏡鑒等。還特別注意到了分類方法上的問題，大致從功用分爲酒器、炊器、食器、雜器、水器、樂器等，特別是“其同類相須之器”，即把功能上接近的和關聯的器物歸入同一類，這一分類法科學而明確。

每類有總説，每器皆摹繪圖像，勾勒彝銘，并記録器物的尺寸、容量、重量等，或附有考證。所繪圖形較精，圖旁器名下注“依元樣製”或“減小樣製”等以標明圖像比例。這一特點特別值得稱道。該書所繪圖形構圖合理，富有立體感，成爲現代中國考古學上器形對比研究的先河。書中每能根據實物形制以訂正《三禮圖》之失，考訂精審。其所定器名，如鼎、尊、罍、爵等，多沿用至今。

與以前的金石學著作相比，此書在青銅器的器形學研究方面有了長足的進步，把銅器分成鼎、尊、甗、罍、鬶、彝、卣、簋、豆、鋪、鬲、鍑、盉、盦、瓿、匜、盤、洗、鐘、磬、錞、鐸、鉦、轅。總體來看，分類還不是很成熟，如“轅”下又分三類，“鬶”和“鬲”的區別也不是很清楚。

關于《宣和博古圖》一書的作者，晁公武《郡齋讀書志》説：

> 皇朝王楚集三代、秦、漢彝器，繪其形範，辨其款識，增多吕氏《考古》十倍矣。

如此，該書的作者就有“王黼”“王楚”兩種説法。

到了《四庫全書總目》，該書的作者問題總算解決了：

> 元至大中重刻《博古圖》，凡“臣王黼撰”云云都爲削去，殆以人廢書，則

是書實王黼撰。

在此之前，錢曾在《讀書敏求記》一書中首發是論，但是到了《四庫全書總目》纔算是定論。[1]

是書對彝銘考釋、考證雖多有疏陋之處，但亦有允當者。清代《四庫全書總目》評述説：

> 其書考證雖疏，而形模未失；音釋雖謬，而字畫俱存。讀者尚可因其所繪，以識三代鼎彝之制、款識之文，以重爲之核訂。當時裒集之功亦不可没。

又根據李遇孫《金石學録》中的評價：

> 雖辨證多疏謬，然古銘字、古器形尚存，考古者有取焉。

書中所著録的銅器，靖康之亂時爲金人輦載北上，但其中十之一二，曾流散江南，見于張掄《紹興内府古器評》中。

《宣德彝器圖譜》二十卷

（明）吕震撰。

一函二册。中國人民大學圖書館圖書編號：210/101。中國人民大學圖書館圖書登録編號：145610—145611。單魚尾。版心上部刻書名。四周單邊。白口。寬20.8 厘米，高 32 厘米。

無書名頁，無書牌頁。所收多爲仿三代青銅器圖録。有器形圖，有尺寸説明，無釋文，無考證文字。卷末有"商城周維則允昇校字"字樣。

吕震另有《宣德鼎彝譜》八卷，可據以鑑别宣德爐，有清光緒九年（1833）本。

《宦游紀聞》十卷

（宋）張世南撰。

張世南，生卒年不詳，鄱陽（今屬江西）人。字光叔。

根據李遇孫《金石學録》的記載，此書"内辨古器款識及顔色、制度極詳備"。

---

[1]　余嘉錫以爲此書作者是王楚，見氏著《四庫提要辨證》，中華書局 1981 年版，第 803—805 頁。

《陝西金石志》三十二卷

武樹善撰。

武樹善（約 1863—1948），陝西渭南人。渭南縣下邽景賢書院山長。

一函四册。中國人民大學圖書館圖書編號：2102/1—1。中國人民大學圖書館圖書登録編號：221037—221040。單魚尾。版心上部刻書名。四周雙邊。白口。寬 17.4 厘米，高 29.4 厘米。

無書名頁。有版權頁"中華民國二十三年出版"。此書爲《續修陝西通志稿》之一。前三卷所收爲三代青銅器，多有彝銘。有器形圖，有尺寸説明，有釋文，有考證文字，有收藏和出土地點説明。

十　　畫

《格古要論》三卷

（明）曹昭撰。

曹昭，生卒年不詳，松江（今上海市松江區）人。字明仲。幼年隨父鑑賞古物，并悉心鑽研，鑑定精闢，撰有《格古要論》三卷，書成于明洪武二十一年（1388）。

全書共三卷，收十三篇論。上卷爲古銅器、古畫、古墨迹、古碑法帖四論；中卷爲古琴、古硯、珍奇（包括玉器、瑪瑙、珍珠、犀角、象牙等）、金鐵四論；下卷爲古窯器、古漆器、錦綺、異木、異石五論。在論述古銅器中，涉及三代銅器款識和作僞等問題。

《杶林館吉金圖識》一卷

（清）丁麟年撰。

《杶林館鐘鼎款識淺釋》一卷

（清）丁麟年撰。

《晏氏鼎彝譜》一卷

（宋）晏溥撰。

晏溥，生卒年不詳，籍貫不詳。字慧開。

陸心源《金石學録補》記載，晏溥"作《晏氏鼎彝譜》一卷，載所親見三代鼎彝及器款"。《籀史》下卷目録中有記載。

《殷文存》二卷

（清）羅振玉。

一函二册。中國人民大學圖書館圖書編號：2103/23。中國人民大學圖書館圖書登録編號：378335—378336。無魚尾。版心上部刻書名，下部刻"倉聖明智大學刊行"字樣。四周單邊。白口。寬 23.5 厘米，高 33.8 厘米。

書衣頁題字用篆文"殷文存"，落款用楷書"永豐鄉人近著之一"。書名頁題字用篆文"殷文存"，無落款。無書牌頁，版權頁刻在版心。所收爲商代青銅器彝銘拓片。皆全文拓片，無釋文。

作者序中説明此書之緣起：

> 余既編集貞卜文字爲《殷墟書契》前後編，并爲之考釋，乃復集彝器拓本中之殷人文字，爲《殷文存》二卷，與《書契》并行。惟書契文字出於洹陰，其地爲古之殷墟，其文字中又多見殷先公先王之名號，其爲殷人文字，信而有徵。若夫彝器，則出土之地往往無考。昔人著録號爲商器者，亦非盡有根據。惟商人以日爲名，通乎上下，此編集録，即以是爲墠的。

《殷周名器考證》不分卷

（清）丁麟年撰。

所謂名器，就是重器，即出土的商周時期銅器彝銘具有重要史料價值的青銅器。

《殷周青銅器銘文研究》二卷

郭沫若撰。

一函二册。中國人民大學圖書館圖書編號：2101/83。中國人民大學圖書館圖書登録編號：390263—390264。無魚尾。無版心。無邊。白口。寬 25.5 厘米，高 30 厘米。

書衣頁題字用篆文"殷周青銅器銘文研究"，落款用行書"一九三零年沫若手書"。無書名頁。有版權頁"中華民國二十年六月初版，大東書局"。影印手稿本，所收爲研究三代青銅器彝銘論文。部分有器形圖，有尺寸説明，有釋文，有考證文字。

作者在序中言：

> 余治殷周古文，其目的本在研究中國之古代社會。

這是他和古代治金學者頗不相同之處。而其在序文中又提出了銅器斷代的標準是：

> 然此等於年有徵之器物，余以爲其圖象與銘文當專輯爲一書，以爲考定古器之標準。蓋由原始之器制與花紋，由銘文之體例與字迹，可作爲測定未知年者之尺度也。

此説極其有學術價值。

此書另有 1954 年人民出版社新版本。一函二册。中國人民大學圖書館圖書編號：11·9/7。中國人民大學圖書館圖書登録編號：56621。無魚尾。無版心。無邊。白口。寬 25.5 厘米，高 30 厘米。書衣頁題字用篆文"殷周青銅器銘文研究"，落款用行書"沫若"。無書名頁。有版權頁。全書用鉛字排版。

新版與舊版略有不同。作者在《重印弁言》中就明確説：

> 本書説解應當改正的地方不少，以無法進行徹底的修改，故祇能在可能範圍内加以删削。

《殷墟古器物圖録》一卷　《附説》一卷

（清）羅振玉撰。

此書爲殷墟所出青銅器圖録。

《訓纂篇》一篇

（漢）揚雄撰。

揚雄（前53—後18），蜀郡成都（今屬四川）人。字子雲。曾任給事黄門郎。王莽篡權後，揚雄爲中散大夫。他認爲"經莫大于《易》"，"傳莫大于《論語》"，于是模仿《周易》寫了《太玄》，模仿《論語》寫了《法言》。另有《訓纂》《方言》《蒼頡訓纂》等語言文字學著作問世。

江式《論書表》中說：

> 孝平時，徵禮等百餘人說文字於未央宫中，以禮爲小學元士。黄門侍郎揚雄采以作《訓纂篇》。

《益都金石記》四卷

（清）段松苓撰。

段松苓，生卒年不詳，山東益都（今青州）人。字赤亭。

一函四册。中國人民大學圖書館圖書編號：210/161。中國人民大學圖書館圖書登録編號：269796—269799。單魚尾。版心上部刻書名。四周單邊。白口。寬15.2厘米，高24.8厘米。

書名頁題字用篆文"益都金石記"，落款用楷書"段赤亭先生著，後學尹彭壽署"。有書牌頁"益都丁氏藏本，光緒九年開雕"。卷前有武億、朱文藻序。卷一收三代青銅器彝銘兩件。無器形圖，有尺寸說明，有釋文，有部分考證文字。

《涉江先生文鈔》不分卷

（清）唐晏撰。

唐晏（1857—1920），滿族，瓜爾佳氏，原名震鈞，字在廷，又字元素，號涉江，人稱涉江先生。

一函一册。中國人民大學圖書館圖書編號：48/653。中國人民大學圖書館圖書登録編號：370455。單魚尾。無版心。四周單邊。白口。寬15.2厘米，高26.2厘米。

書衣頁題字用楷書"涉江遺稿"，落款用楷書"余肇康題"。無書名頁。有收藏印二枚。無書牌頁。所收五篇爲研究三代青銅器彝銘題跋：《法天運齋吉金文字跋》《邿鐘銘跋》《虢季子白盤銘跋》《北白尊款跋》《古銅匕首銘跋》。無器形圖，有尺寸說明，有釋文，有考證文字，有收藏說明。卷末有勞乃宣跋。

《海外中國銅器圖録第一集》不分卷

陳夢家撰。

陳夢家（1911—1966），祖籍浙江上虞（今紹興市上虞區）。筆名陳慢哉，以"楷廬"作爲齋名。曾任清華大學教授、中國科學院考古研究所研究員。當代最有影響和貢獻的彝銘學家，對銅器斷代問題有獨到的研究。

一函二册。中國人民大學圖書館圖書編號：210/17。中國人民大學圖書館圖書登録編號：564771—564772。無魚尾。無版心。無邊。寬22.3厘米，高32.8厘米。

書名頁題字用篆文"海外中國銅器圖録"，落款用行書"容庚"，有"容庚"私印一枚。有版權頁"中華民國三十五年初版國立北平圖書館"。卷首有袁同禮序。所收部分爲三代青銅器。有器形圖，有尺寸説明，有釋文，無考證文字。

該書上册有《中國銅器概述》一文，對三代銅器彝銘以及花紋和形制進行了系統論述，卷末有英文提要。用白紙排版鉛印。

《海外吉金録》一卷

（清）羅振玉撰。

一函一册。中國人民大學圖書館圖書編號：418/409。中國人民大學圖書館圖書登録編號：570127。單魚尾。無版心。上下單邊，左右雙邊。上下粗黑口。寬15厘米，高26.5厘米。

無書名頁，無落款，無書牌頁。此書爲"永豐鄉人雜著"之一，所收爲海外所見所藏三代青銅器目録。無器形圖、尺寸説明、釋文、考證文字，有字數説明，有部分收藏者情況説明。

作者在序中云：

> 往在海東，既輯我國古石刻之流出各國者爲《海外貞珉録》，欲并録我國古吉金之流出者，別爲一録，顧以古器之入歐美者，不能詳悉其名，因是中輟。比返國逾年，見古器之入市舶者日益，衆合以往日所記其數，且逾二百。因以三日之力寫定爲《海外吉金録》。録中所載，大率流出海東者，其歐美各國，所得百纔一二而已。尚冀好事者爲我續焉。庚申六月二十六日，上虞羅振玉記於津沽集賢村舍。

《陳簠齋丈筆記》一卷

（清）陳介祺撰。

一函一册。中國人民大學圖書館圖書編號：51/178。中國人民大學圖書館圖書登録編號：562165。單魚尾，無版心，上下單邊，左右雙邊，白口。寬 15.2 厘米，高 24.7 厘米。

無書名頁。無書牌頁。此書爲《滂喜齋叢書》之一。所收爲研究三代青銅器的心得和著述計劃。無器形圖、尺寸説明、釋文，有考證文字，如《金文文法宜遍體例》和《銅器不可上蠟》等等。餘如作者治金要點，如其所謂"器所出之地，所藏之家，流傳之自知者必記"等等。

《孫谿朱氏金石叢書》不分卷

（清）朱記榮撰。

朱記榮（1836—1905），江蘇吳縣（今蘇州）人。字懋之，號槐廬，齋名"行素草堂"。藏書印有"孫谿世家""槐廬主人""吳縣朱記榮字槐廬號懋之行四鑒別金石書畫印""孫谿朱氏槐廬家塾藏章""吳縣朱氏槐廬搜集叢書之章""吳縣朱記榮字懋之別號槐廬珍藏印""朱氏槐廬審定""孫谿逸士""至樂"等。

一函四册。中國人民大學圖書館圖書編號：210/92。中國人民大學圖書館圖書登録編號：325015—325018。單魚尾。版心中部刻書名，下部刻"朱氏槐廬校刊"字樣。上下單邊，左右雙邊。上下粗黑口。寬 15.3 厘米，高 24 厘米。

書名頁題字用行書"孫谿朱氏金石叢書"，落款用行書"青浦何長治署"，有"何長治"私印二枚。有書牌頁"光緒戊子冬月，行素草堂藏版"，并有"校經山房督造書籍"私印一枚。卷首有閔萃祥和楊守敬序。目録中正式書名爲"行素草堂金石總目"，收書二十一種，總目後每種書前又有各自篆文書名頁。所收部分內容爲三代青銅器彝銘。有器形圖，有尺寸説明，有釋文，有考證文字。

《陶齋金石文字跋尾》一卷

（清）翁大年撰。

翁大年（1811—1890），江蘇吳江（今蘇州市吳江區）人。字叔均，號陶齋。

一函一册。中國人民大學圖書館圖書編號：51/103—1。中國人民大學圖書館圖書登錄編號：397777。單魚尾。版心上部右側刻書名。四周單邊。白口。寬 13.3 厘米，高 19.6 厘米。

書名頁題字用隸書"陶齋金石文字跋尾"，無落款，無書牌頁。此書爲《雪堂叢刻》之一，所收爲研究三代青銅器彝銘題跋八篇。無器形圖，有尺寸説明、釋文、考證文字、收藏説明。

羅振玉在《後記》中云：

> 今年秋，予以三十萬錢得先生手稿十餘册於滬上，蓋即其撰《陶齋金石略》……諸書之底本……《金石略》則僅跋尾數篇而已。每册手稿或僅二三紙，或十餘紙，多者亦不逾三十紙。旁行斜上，塗乙狼藉，中間或夾紙片，皆草稿也。兹爲輯録《金石文字跋尾》十七則，大率非精意之作。

林鈞《石廬金石書志》卷十四云：

> 叔均先生以金石考訂之學，與張叔未、韓履卿、吴子苾、許叔夏、劉燕庭諸先生并著稱于道咸間。

《陶齋吉金録》八卷

（清）端方撰。

端方（1861—1911），滿洲正白旗人。字午橋，號陶齋，齋名"歸來庵"。曾任陝西按察使、布政使，湖廣總督，江蘇巡撫，兩江總督等。晚清最大、最著名的文物收藏家，尤其擅長銅器收藏。有《陶齋吉金録》《陶齋吉金續録》《金文録》等古文字學著作行世。宣統三年（1911）爲鎮壓四川保路運動入川，在資州因兵變被殺，清室追贈太子太保，謚忠敏。

一函八册。中國人民大學圖書館圖書編號：210/184—2。中國人民大學圖書館圖書登録編號：378143—378150。無魚尾。版心上部刻書名。四周單邊。白口。寬 20.5 厘米，高 30.5 厘米。

書衣頁題字用篆文"陶齋吉金録"，落款用篆文"光緒戊申印本"。函套上有如下文字"倬盦藏書子部譜録類，書名：陶齋吉金録。撰人：清·端方。卷數：無。册數：八册。函數：一函。版本：光緒戊申印本。得所：京師文雅堂"。書名頁題字用篆文

"陶齋吉金録"，無落款。有書牌頁"光緒戊申輯於金陵"。前三册所收爲三代青銅器，多有彝銘。有器形圖，有尺寸説明，無釋文，無考證文字，有拓片。

林鈞《石廬金石書志》卷八如是評價此書：

> 端氏收藏金石爲清代巨擘，所藏彝器數百品。中以陜西鳳翔府寶鷄縣鬥鷄臺出土之銅柉禁，上置卣尊，大小各一。觚一、斝一、爵一、觶一、盉一、角一。大卣内有勺，共酒器十有二件。爲自來言彝器者所未見。又得陳簠齋所藏毛公鼎、諫敦、番生敦蓋、王孫遣鐘、克鐘，均奇品也。

據褚德彝《金石學録續補》中的記載：

> 吏事之暇，好金石文字，藏彝器六百餘件……公之所藏恒碑、彝器，實集古今中外之大成也。

此書另有民國早期有正書局石印本。中國人民大學圖書館也藏有此本。每册書衣頁上有收藏人"沈葆蔭印"一枚。

《陶齋吉金續録》二卷

（清）端方撰。

一函二册。中國人民大學圖書館圖書編號：210/184—2。中國人民大學圖書館圖書登録編號：378151—378152。無魚尾。版心上部刻書名。四周單邊。白口。寬21厘米，高31.7厘米。

書名頁題字用篆文"陶齋吉金續録"，無落款。有書牌頁"宣統己酉輯於金陵"。亦屬于倬盦藏書，并有藏書印一枚。所收部分内容爲三代青銅器彝銘。有器形圖，有尺寸説明，無釋文，無考證文字，有拓片。

此書另有民國早期有正書局石印本。中國人民大學圖書館也藏有此本。

《通志·六書略》五卷

（宋）鄭樵撰。

此書以六書理論對二萬四千二百三十五個漢字進行逐一歸類。誠如他在該書序中所言：

取象類之義，約而歸於六書，使天下文字無所逃，而有目者可以盡曉。

十　一　畫

《埤蒼》三卷

（三國魏）張揖撰。

《授堂金石文字續跋》十四卷

（清）武億撰。

武億（1745—1799），河南偃師人。字虛谷，號半石山人，齋名"授堂"。曾任博山知縣。

一函三册。中國人民大學圖書館圖書編號：52/28—1。中國人民大學圖書館圖書登録編號：251019—251021。單魚尾。無版心。上下單邊，左右雙邊。上下粗黑口。寬 16.3 厘米，高 25.8 厘米。

書名頁題字用篆文"授堂金石文字續跋"，無落款。有書牌頁"道光癸卯年重刻，授堂藏版"。所收爲研究三代青銅器彝銘題跋。無器形圖，有尺寸説明，有釋文，有考證文字，無拓片。

林鈞《石廬金石書志》卷十四稱：

> 《續跋》自周至元，計三百七十六種，其中均依據經史與碑文互相訂證。

《黄小松輯釋吉金拓本》不分卷

（清）黄易撰。

此書前兩册收商周銅器彝銘拓片一百五十三張。

《梅花草盫藏器目》一卷

（清）丁彦臣撰。

丁彦臣（1829—1873），浙江歸安（今湖州）人。字筱農，齋名"梅花草盦"，別署雙劍閣主、赫奕澹士、澹蕩人、坦然先生，室名梅花草盦、小玲瓏山館、八千卷館、樂養堂、補書齋、雙劍閣。善書畫而富收藏。

一函一册。中國人民大學圖書館圖書編號：51/90。中國人民大學圖書館圖書登録編號：538935。單魚尾。版心中部刻書名。上下單邊，左右雙邊。上下粗黑口。寬 14.4 厘米，高 24.6 厘米。

書名頁題字用楷書"梅花草盦藏器目"，無落款。有書牌頁"師鄭室刻光緒乙未"。此書爲《靈鶼閣叢書》之一。所收爲三代青銅器藏器目録三十餘件，按類編排。

此書另有《叢書集成初編》本。

《梓州蚩彝記》一卷

（宋）著者不詳。

《籀史》下卷目録中有記載。

《雪堂所藏古器物圖》不分卷

（清）羅振玉撰。

一函一册。中國人民大學圖書館圖書編號：210/94。中國人民大學圖書館圖書登録編號：533683。無魚尾。無版心。四周單邊。白口。寬 24.4 厘米，高 36 厘米。

書名頁題字用楷書"雪堂所藏古器物圖"，落款用楷書"癸亥長至長洲章鈺"。無書牌頁。所收爲三代青銅器雜器二十餘件。有照相器形圖，無尺寸説明，無釋文，無考證文字，有拓片。

《雪堂所藏古器物圖説》一卷

（清）羅振玉撰。

一函一册。中國人民大學圖書館圖書編號：418/26。中國人民大學圖書館圖書登録編號：207986。無魚尾。無版心。四周單邊。上下細黑口。寬 15.3 厘米，高 26 厘米。

無書名頁。有書牌頁"癸酉五月印於遼東"。此書爲《遼居雜著乙編》之一。作者在序中云：

> 復編他古器小品，爲《雪堂所藏古器物圖》，付之影印。既竣工適携家返國，寓居津沽。初擬圖，後略係以說，附印圖後。閱數年，於甲子夏，始以一夕之力成之。

所收爲研究三代青銅器尺寸和部分字形問題研究劄記。無器形圖，有尺寸說明，有釋文，有考證文字。褚德彝《金石學録續補》稱：

> 於金文，多正前人之失。

《雪堂所藏金石文字簿録目録》不分卷

（清）羅振玉撰。

一函一册。中國人民大學圖書館圖書編號：2102/40。中國人民大學圖書館圖書登録編號：無。無魚尾。無版心。四周單邊。上下細黑口。寬 17.5 厘米，高 30 厘米。

此書收羅振玉所藏周代青銅器《智鼎》拓本一件，餘外皆秦漢銅器及碑帖目録。有書名頁，版權頁爲"東方學會印"。羅振玉序文寫于"丁卯六月"。羅氏此拓爲未剔本，而世存其他拓本多已剔本而失其真。

《國朝金文著録表》六卷

（清）王國維撰。

一函三册。中國人民大學圖書館圖書編號：210/28—1。中國人民大學圖書館圖書登録編號：222586—222588。單魚尾。無版心。四周單邊。上下粗黑口。寬 13.4 厘米，高 20 厘米。

無書名頁。無書牌頁。卷首有作者序。卷末有羅福頤跋和"仁和沈舉清校録"字樣。所收爲清代所刊印金文著作中收録的三代青銅器彝銘。無器形圖，無尺寸說明，無釋文，無考證文字，有彝銘字數。此書體例分爲器名、著録、字數、雜記四項。

林鈞《石廬金石書志》卷五稱：

> 是表照《宋代金文著録表》例，分器名、諸家著録、字數、雜記四格……綜

計三千三百六十有四，除僞器外，得三千二百九十有四器，可見清代吉金之
盛也。

此書另有中華民國三年（1914）《雪堂叢刻》本。一函二册六卷。中國人民大學
圖書館圖書編號：210/28—2。中國人民大學圖書館圖書登録編號：173575—
173576。單魚尾。無版心。四周單邊。白口。寬 13.4 厘米，高 20 厘米。無跋，無
校勘者。將此本和上述對比，則三册本優于二册本。據羅福頤跋所言：

> 原書著録凡三千三百六十四器，今增至四千二百有五器。

則二册本刊印在前，全依王氏稿本，而三册本則經由羅氏補校。

此書另有《王忠慤公遺書》二集本。一函四册六卷。單魚尾。無版心。四周單
邊。上下粗黑口。寬 13.4 厘米，高 20 厘米。曬藍本刊印。第四册爲《宋代金文著
録表》。

此書另有中華民國二十年（1931）鮑鼎補遺本。一函六册十一卷。即《國朝金
文著録表》六卷，附《補遺》二卷、《附録》一卷、《校勘記》一卷、《校勘記補遺》
一卷。單魚尾。無版心。四周單邊。上下粗黑口。寬 13.4 厘米，高 20 厘米。

上海圖書館古籍部收藏此書，索書號爲：綫普 476326、綫普長 010529、綫普長
019534、綫普長 380026-28、綫普長 010530、綫普長 012680、綫普長 491527-32、綫普
長 001050、綫普長 024299、綫普長 010533、綫普長 010815、綫普長 477098、綫
普 380029。

《國朝金文著録表校記》一卷

羅福頤撰。

一函一册。中國人民大學圖書館圖書編號：210/28。中國人民大學圖書館圖書
登録編號：171566。無魚尾。無版心。四周單邊。上下細黑口。寬 13.1 厘米，高 20
厘米。

書名頁題字用楷書"國朝金文著録表校記一卷"，無落款。有書牌頁"癸西季夏
墨緣堂印"。收録爲王國維《國朝金文著録表》所作校勘記。

《崇寧鼎書》一卷

（宋）蔡京撰。

蔡京（1047—1126），興化仙游（今福建莆田）人。字元長。官至太師、封魯國公。蔡京精工書法，尤擅行書，也是當時著名畫家、著名銅器收藏家和金石學家。《宋史·藝文志》目録中有記載。

《笥河文集》十六卷

（清）朱筠撰。

朱筠（1729—1781），北京大興人。字竹君，號笥河。乾隆十九年（1754）進士，改庶吉士，授翰林院編修。

一函六册。中國人民大學圖書館圖書編號：48/81—1。中國人民大學圖書館圖書登録編號：563373—563378。無魚尾。版心中部刻書名。四周單邊。白口。寬16.4厘米，高26.4厘米。

無書名頁。無書牌頁。此書爲《畿輔叢書》初編之一。所收爲三代青銅器銘文一篇《焦山無專鼎跋尾》。其中，該文章對册命制度中的儐相問題考證頗爲詳細，并能以禮制考證銘文。

張舜徽《清人文集別録》如是評價此書：

> 《焦山無專鼎跋尾》諸篇，考古之識，亦不在王昶、孫星衍下。

《從古堂款識學》一卷

（清）徐同柏撰。

一函一册。中國人民大學圖書館圖書編號：51/165。中國人民大學圖書館圖書登録編號：283000。單魚尾。無版心。上下單邊，左右雙邊。上下粗黑口。寬13.2厘米，高20厘米。

無書名頁。有書牌頁"紹興墨潤堂書苑影印，民國十八年二月發行"。此書系《仰視千七百二十九鶴齋叢書》之一。卷末有趙之謙跋。所收爲研究三代青銅器彝銘題跋。無器形圖，有尺寸説明，有釋文，有考證文字，無拓片。

林鈞《石廬金石書志》卷八云：

> 趙氏《仰視千七百二十九鶴齋叢書》，曾刻徐氏《款識》一卷，衹周虢叔大林鐘、無專鼎、諸女方爵、史頌敦、頌敦、史頌盤、曾伯霥簠、漢建昭雁足鐙

諸器，非完帙也。

則可知此本非全本。

《從古堂款識學》一書共收三百五十一器，其中秦漢器二十九件。該書對銘文文字和歷史事實考釋頗詳，尤其對殷周廟制的考證和研究，十分精彩。

此書之外，徐同柏尚著有《古履仁鄉金石文字記》一書。

上海圖書館古籍部收藏此書，索書號爲：綫普長 001824、綫普長 310011-18、綫普長 019486、綫普長 451350-57、綫普長 000154、綫普 310407-14、綫普長 331907-42。

《象形文釋》四卷

（清）徐灝撰。

徐灝（1809—1879），廣東番禺（今廣州）人。字子遠。有古文字學專著多種行世。

該書序中説：

> 學者求六書之旨，必以象形爲先……近儒段若膺氏注《説文》，號爲精博。獨象形一事尚多穿鑿傅會之談。是不可以不辨也。灝弱冠後始讀《説文解字》之書，於所謂形者，許君曰象手足，則亦曰象手足，許君曰象臂脛，則亦曰象臂脛而已。其所以然之故，則瞢瞢如也。後見鐘鼎彝器子孫之文，即大字人字之形，證以許君畫成其物，隨體詰詘之言，由是大悟。

《象篇》二卷

（清）龔橙撰。

《商周金文拾遺》三卷

（清）孫詒讓撰。

《商周文拾遺》三卷

（清）吳東發撰。

一函一册。中國人民大學圖書館圖書編號：112・2/51。中國人民大學圖書館圖書登録編號：153564。無魚尾。版心上部刻書名。上下單邊，左右雙邊。白口。寬 15.5 厘米，高 26.3 厘米。

書名頁題字用行書“商周文拾遺”，落款用行書“癸亥良月吳昌碩讀竟題耑，時年八十”。有書牌頁“中國書店影印”。卷前有褚德彝序。所收爲三代青銅器，有銘文者二十一件。無器形圖，有尺寸説明，有釋文，有考證文字，有彝銘摹寫。其對彝銘考證頗爲詳細，引用經史以證經傳。

《商周彝器文字研究》不分卷

佚名撰。

一函一册。中國人民大學圖書館圖書編號：2102/80。中國人民大學圖書館圖書登録編號：511304。無魚尾。版心上部有書名。無邊。白口。寬 14.6 厘米，高 26.7 厘米。

無書名頁。無書牌頁。前八頁左下方有“古文字學導論”字樣。所收爲三代青銅器圖録和銘文拓片。

依據内容看，此書系唐蘭《古文字學導論》的配套用書，非正式出版物。此書後半部分爲金文字形單字和釋文，體例上頗似容庚《金文編》。

《商周彝器文字釋例》一卷

（清）吳士鑑撰。

吳士鑑（1868—1933），浙江杭州人。字綱齋。曾任江西學政等。有古文字學專著多種行世。

《商周彝器釋文》一卷

（清）孫詒讓撰。

《商周彝器釋銘》六卷

（明）吕調陽撰。

吕調陽（1516—1580），廣西桂林人，祖籍大冶（今屬湖北）。字和卿，號豫所。嘉靖二十九年（1550）進士，授翰林院編修。官至禮部尚書兼文淵閣大學士，贈太保，謚文簡。

《商壺館金石文跋》不分卷

（清）孫文川撰。

孫文川（1822—1882），江蘇上元（今南京）人。字澄之。諸生。咸豐中避兵上海，因究心互市之情，由曾國藩推薦入都，以功保舉知縣，升同知。黑龍江大學圖書館藏有清末文人孫文川手劄真迹一函四册九十餘通。

《清愛堂家藏鐘鼎彝器款識法帖》一卷

（清）劉喜海撰。

此書收録商周銅器三十五件。有尺寸説明，無釋文，有考證文字，有拓片。

《清儀閣所藏古器物文》十卷

（清）張廷濟撰。

張廷濟（1768—1848），浙江嘉興人。字順安，號叔未，齋名眉壽堂、清儀閣。著名銅器收藏家和彝銘學家。

一函十册。中國人民大學圖書館圖書編號：2102/55。中國人民大學圖書館圖書登録編號：378337—378346。無魚尾。版心上部刻書名，下部刻"涵芬樓影印"字樣。四周單邊。白口。寬22.3厘米，高33.4厘米。

書衣頁題字楷書"清儀閣所藏古器物文第×册"。書名頁題字有兩種，一種用篆文"清儀閣所藏古器物文"，無落款；一種題字用隸書"嘉興張氏清儀閣所藏古金之文"，落款爲："嘉慶庚辰十二月七日，過新篁里，奉訪叔未老友㘈觀鐘鼎彝器，因題於墨本册首。仁和趙魏書，年七十有五。"并有"魏"和"晉齋"私印二枚。所收爲三代青銅器，多有銘文。有版權頁"中華民國十四年上海商務印書館影印本"。有器形圖、尺寸説明、釋文、考證文字。所附彝銘拓片後多爲徐同柏考釋題跋，個別器物後爲張廷濟和吳雲題跋。張氏考證文字較徐氏爲多。

張廷濟在銅器收藏和拓片收藏上，是清代罕有人及的大家。根據李遇孫《金石學録》的記載，他所收藏的銅器中有"六十餘種，絶無僞造"。而且，張氏一門中，兄弟和子侄亦多爲銅器收藏家。他們所收藏的最有名的銅器是《周諸女方爵》《册父

乙尊》《祖辛敦》《山父壬彞》《禾季彞》《犧形爵》《樂仲洗》《大吉羊洗》等。在價
格上，張廷濟購買《商尊》一件銅器就花費了白銀六十兩！在其《清儀閣所藏古器
物文》一書中，幾乎記載了每一件銅器所購價格，對于瞭解清代社會經濟和銅器交
易的歷史有重要參考價值。

上海圖書館古籍部收藏此書，索書號爲：綫普長 445331-40、綫普長 019414、
綫普長 019415、綫普長 613068-77、綫普長 018448。

《清儀閣金石題跋》四卷

（清）張廷濟撰。

《清儀閣藏器目》一卷

（清）張廷濟撰。

一函一册。中國人民大學圖書館圖書編號：51/90。中國人民大學圖書館圖書登
録編號：538935。單魚尾。版心中部刻書名。上下單邊，左右雙邊。上下粗黑口。
寬 14.4 厘米，高 24.6 厘米。

書名頁題字用楷書"清儀閣藏器目"，無落款。有書牌頁"據福山王氏鈔本江家
刻"。所收爲三代青銅器藏器目録四十餘件。

據李遇孫《金石學録》記載：

> 所藏商周秦漢古彞器銘文千種，有現今收藏家所未著録者。

則這裏的四十餘件，或即爲其所視爲珍品者。該書又言"藏器中鐘鼎尊彞之屬六十
餘種"，則與此書目中所收數目較接近。

此書另有《靈鶼閣叢書》本、《叢書集成初編》本。

《張氏吉金貞石録》五卷

（清）張塤撰。

張塤（1731—1789），江蘇吳縣（今蘇州）人。字商言，號瘦銅。乾隆三十四年
（1769）進士。曾任内閣中書。

一函二册。中國人民大學圖書館圖書編號：210/22。中國人民大學圖書館圖書

登録編號：250713—250714。無魚尾。版心上部刻書名，下部刻"燕京大學"字樣。四周單邊。上下粗黑口。寬14.7厘米，高25.8厘米。

書名頁題字用篆文"張氏吉金貞石録五卷"，落款用篆文"十八年冬容庚書耑"。無書牌頁。此書爲興平、扶風等地縣志稿本。其中，《扶風志稿》所收三代青銅器彝銘四件，取自《集古録》。無器形圖，有尺寸説明，有釋文，無考證文字。

此書另有繆荃孫手校抄本。

林鈞《篋書臄影録》卷上如是評價此書：

> 全書經藝風先生以藍墨校過，鈔繕極精，版心有"雲自在龕"四字，收藏前有"雲輪閣"朱文長方印、"荃孫"朱文長方印，曾經《藝風藏書續》著録。

《張叔未解元所藏金石文字》不分卷

（清）張廷濟藏、嚴荄辑。

嚴荄，廣東四會人。字根復。

張叔未即張廷濟。《清朝續文獻通考》卷二百六十八言："廷濟酷嗜金石，精於考證……自鐘鼎彝器、泉幣、璽印、磚壁、瓦當，下至文房玩物，有文字者，皆親自手拓，附以考訂，古趣盎然，良可寶也。"

一函二册。中國人民大學圖書館圖書編號：2102/50。中國人民大學圖書館圖書登録編號：237914—237915。無魚尾。無版心。無邊。白口。寬17.8厘米，高30.2厘米。

書名頁題字用篆文"金石文字，張叔未解元所藏本"，落款用篆文"乙酉秋，褒海署"，有私印一枚。有書牌頁"四會嚴氏鶴緣齋所收金石"。第一册所收部分内容爲三代青銅器彝銘。無器形圖，有尺寸説明，有釋文，有考證文字，有拓片。考證文字爲影印題跋。

作者在序中説：

> 各依原迹大小，厘爲四幅，用泰西脱景法，上石印出。

《張叔未寫清儀閣集古款識・陳簠齋寫東武劉氏款識》不分卷

（清）張廷濟、（清）陳介祺撰。

一函一册。中國人民大學圖書館圖書編號：2102/5。中國人民大學圖書館圖書登録編號：59076。雙魚尾。版心中部刻書名。上下單邊，左右雙邊。白口。寬20厘米，高31.5厘米。

無書名頁。有版權頁"中華民國八年，商務印書館"。所收爲三代青銅器，多有銘文。無器形圖，有簡單文字和尺寸説明，有銘文摹寫。

《陳簠齋寫東武劉氏款識》又名《陳簠齋寫東武劉氏款識》，不分卷，爲劉喜海所藏商周彝銘拓本。

《參加倫敦中國藝術國際展覽會出品圖説》不分卷

倫敦中國藝術國際展覽會籌備委員會編輯撰。

一函一册。中國人民大學圖書館圖書編號：38/36。中國人民大學圖書館圖書登録編號：524839。單魚尾。版心上部右側刻書名。無邊。白口。寬15.1厘米，高26.5厘米。

書衣頁題字用楷書"參加倫敦中國藝術國際展覽會總目"，無落款。有版權頁"商務印書館，中華民國二十五年"。所收爲參加倫敦中國藝術國際展覽會展出的三代青銅器。有器形圖，有尺寸説明，有釋文，有中英文説明。

此書另有藍布面鉛字排版精裝本。

《紹興内府古器評》二卷

(宋) 張掄撰。

張掄，生卒年不詳，開封（今屬河南）人。字才甫，亦作材甫，自號蓮社居士。淳熙五年（1178）爲寧武軍承宣使。後知閤門事，兼客省四方館事。著《紹興内府古器評》，内涉及寧宗時所得古器。

一函一册。中國人民大學圖書館圖書編號：17.8/14—2。中國人民大學圖書館圖書登録編號：146829。無魚尾。無版心。四周單邊。白口。寬14.4厘米，高24.6厘米。

無書名頁。有書牌頁"此據《津逮秘書》本影印，初編各叢書僅有此本"。此書爲《叢書集成初編》之一。所收爲三代青銅器一百餘件。無器形圖，有尺寸説明，無釋文，但説明每器彝銘字數，有考證文字。

　　張氏此書既没有拓片和器形圖，也没有釋文和摹寫，是標準的題跋性考證文章。每器考證彝銘文字從十幾字到幾十字不等，偶爾也有一百多字的跋文，但幾乎没有長篇大論的考證，因此十分精到短小。考證中，張氏特别注意到了商周銅器紋飾在斷代上的價值。

　　關于《紹興内府古器評》一書，《四庫全書總目》言：

　　　　舊本題宋張掄撰。掄字材甫，履貫未詳。周密《武林舊事》載："乾道三年三月，高宗幸聚景園，知閤張掄進《柳梢青》詞，蒙宣賜。淳熙六年三月，再幸聚景園，掄進《壺中天慢》詞，賜金杯盤法錦。是年九月，孝宗幸絳華宫，掄進《臨江仙》詞，則亦能文之士。"……又，張端義《貴耳集》曰："孝宗朝幸臣雖多，其讀書作文不減儒生，應制燕閒，未可輕視。"當倉卒翰墨之奉，豈容宿撰。其人有曾覿、龍大淵、張掄、徐本中、王忭、劉弼，當時士大夫，少有不游曾、龍、張、徐之門者，則掄亦狎客之流。然《宋史·佞幸傳》僅有曾覿、龍大淵、王忭，不列掄等，則但以詞章邀寵，未亂政也。是書宋以來諸家書目皆不著録。據書末毛晉跋稱："晉得於范景文，景文得於于奕正。"至奕正從何得之，則莫明所自。

　　容庚云：

　　　　案，此書之多沿《博古》之舊，無可諱言。《提要》列舉其周文王鼎以下五十器，割剥點竄，豈皆如《提要》所言。與《博古》略同之周文王鼎，商若癸鼎等器，姑不必辨。其商人辛尊、商父癸尊、周虎罍、商貫耳弓壺、商兄癸卣、周己酉方彝、周舼棱壺、周爇女鼎、商父己尊、商象形饕餮鼎、商伯申鼎、周中鼎、漢麟瓶、商子孫己爵，皆與《博古》大異；周舉己尊，《博古》且未著録。[1]

　　上海圖書館古籍部收藏此書，索書號爲：綫普長 309975-74。

---

[1]《容庚選集》，天津人民出版社 1994 年版，第 48 頁。

十 二 畫

《塔影園鐘鼎款識》一卷

（清）顧苓撰。

顧苓（1609—1682），吳縣（今江蘇蘇州）人。字雲美，號濁齋居士。當時的著名篆刻家。明亡後，自辟塔影園于虎丘山麓，隱居不仕。

此書爲手稿，曾被張廷濟收藏。李遇孫《金石學録》中記載爲"先藏張叔未家"。

《越州刻漏銘》一卷

（宋）著者不詳。

《籀史》下卷目録中有記載。

《博古圖録》三十卷

（明）程士莊撰。

程士莊，生卒年不詳，籍貫不詳。

此書就是他作序重刻的《泊如齋重修宣和博古圖録》。一説此書名爲《博古圖録考正》，乃明鄭樸所撰。因未見原書，不能辨其僞。

《博古圖説》十一卷

（宋）黄伯思撰。

此書久佚。陳振孫《直齋書録解題》：

> 《博古圖説》十一卷，秘書郎邵武黄伯思長睿撰，有序。凡諸器五十九品，其數五百二十七……蓋長睿没於政和八年，其後修《博古圖》，頗采用之，而亦有所删改云爾。

《壺公師考釋金文稿》一卷

（清）張之洞、（清）王仁俊撰。

張之洞（1837—1909），直隸南皮（今屬河北）人。字孝達。咸豐二年（1852）順天府解元。同治二年（1863）進士，授翰林院編修。歷任兩廣總督、湖廣總督、兩江總督、軍機大臣等。

此書爲考證商周彝銘之作。

《散氏盤銘釋文》不分卷

（清）黄錫蕃撰。

黄錫蕃（1761—1851），海鹽（今屬浙江）人。字晉康，號椒昇。

所收爲當時各家對《散氏盤》彝銘的考證和解釋。

《散氏盤叢考》不分卷

（清）著者不詳。

此書爲考證《散氏盤》彝銘之作。

《敬吾心室彝器款識》不分卷

（清）朱善旂撰。

朱善旂（1800—1855），浙江平湖人。字建卿，號大章，齋名“敬吾心室”，朱爲弼之子。道光十一年（1831）舉人。官國子監助教、幷署博士監丞等。著名銅器收藏家和彝銘學家。

一函二册。中國人民大學圖書館圖書編號：2102/59。中國人民大學圖書館圖書登録編號：303491—303492。無魚尾。無版心。無邊。白口。寬 21.2 厘米，高 35.8 厘米。

書衣頁題字用篆文“敬吾心室彝器款識”，無落款。書名頁題字有二人，用篆文“敬吾心室彝器款識”，有落款，分别爲湯金釗和阮元，有私印三枚。無書牌頁。所收大部分爲三代青銅器彝銘。無器形圖，有尺寸説明，有釋文，有考證文字，有拓片。但此書所收拓片多模糊不清。

上海圖書館古籍部收藏此書，索書號爲：綫普長 382899-900、綫普長 0038158、綫普長 24300、綫普長 018454、綫普長 018455、綫普長 019420、綫普長 019419、綫普 344323-24。

《覃孽齋金石書畫第一輯》一卷

佚名撰。

一函一册。中國人民大學圖書館圖書編號：無。中國人民大學圖書館圖書登録編號：無。尚未編目。無魚尾。無版心。無邊。白口。寬 21.8 厘米，高 33.2 厘米。

書名頁題字用楷書"覃孽齋金石書畫第一輯"。無書牌頁。書衣頁上有"二十四年一月"字樣，可知當爲中華民國二十四年出版。所收周代青銅器彝銘拓片《三虢叔鐘》。無器形圖，無釋文，有拓片，有考釋文字，文中引用張叔未和吳大澂等考釋。

《鼎堂金石録》二卷

（清）吳樹聲撰。

《景邃堂題跋》三卷

李根源撰。

李根源（1879—1965），雲南騰沖人。字印泉，又字雪生。齋名"曲石寄廬""景邃堂"。曾任陝西省長、北洋政府代總理、雲貴監察使等。

一函一册。中國人民大學圖書館圖書編號：418/227。中國人民大學圖書館圖書登録編號：374421。單魚尾。版心上部刻書名，下部刻"曲石叢書"字樣。四周單邊。下細黑口。寬 17 厘米，高 27.2 厘米。

書名頁題字用篆文"景邃堂題跋"，落款用行書"章炳麟署"，有"太炎"私印一枚。有書牌頁"中華民國二十一年壬申十二月蘇州葑門曲石精廬印版"。所收爲研究三代青銅器彝銘題跋《智鼎銘》和《散氏盤銘》二篇。無器形圖，有尺寸説明，有釋文，有簡單考證文字。

《單行字》四卷

（晉）李彤撰。

李彤，晉朝人，生卒年不詳，籍貫不詳。曾任朝議大夫。

《程一夔文甲集》八卷

程先甲撰。

程先甲（1872—1932），江蘇江寧（今南京）人。字一夔，又字鼎丞，齋名千一齋。光緒十七年（1891）舉人。曾任南京國學專修館教席。

一函六冊。中國人民大學圖書館圖書編號：49/218。中國人民大學圖書館圖書登錄編號：562700—562705。單魚尾。版心中部刻書名。四周雙邊。上下粗黑口。寬 14.5 厘米，高 25.7 厘米。

書名頁題字用篆文"程一夔文甲集"，落款用篆文"胡振翼署耑"。書牌頁"千一齋排印"。卷前有勞乃宣、繆荃孫序。卷六所收研究三代青銅器彝銘一篇《周虢季子白盤銘拓本後記》。無器形圖，有尺寸説明，有釋文，有考證文字。

《集古録》一千卷

（宋）歐陽修撰。

《集古録目》十卷

（宋）歐陽棐撰。

歐陽棐（1047—1113），江西廬陵（今永豐）人。字叔弼。歐陽修季子。英宗治平四年進士。歷知襄、潞、蔡州。後以坐黨籍廢十餘年。有文集二十卷，已佚。

一函二冊。中國人民大學圖書館圖書編號：2104/2。中國人民大學圖書館圖書登錄編號：355465—355466。無魚尾。版心中部刻書名。上下單邊、左右雙邊。黑口。寬 15.6 厘米，高 24.4 厘米。

有書名頁。書牌頁上有"雲自在堪"四字。

作者在序中云：

> 《集古録》既成之八年，家君命棐曰："吾集録前世埋没闕落之文，獨取世人無用之物而藏之者，豈徒出於嗜好之僻，而以爲耳目之玩哉？其爲所得亦已多矣，故嘗序其説而刻之，又跋於諸卷之尾者，二百九十六篇。序所謂可與史傳正其闕謬者，已粗備矣。若撮其大要，別爲目録，則吾未暇，然不可以闕而不備也。"棐退而悉發千卷之藏而考之。

此即《集古録目》一書之由來。《集古録》中收周代器銘二十一件，而《録目》中則始自秦代，周不收。

《集古録跋尾》十卷

（宋）歐陽修撰。

一函二册。中國人民大學圖書館圖書編號：210/7。中國人民大學圖書館圖書登録編號：310575—310576。單魚尾。版心中部刻書名。上下單邊、左右雙邊。黑口。寬 15.2 厘米，高 24 厘米。

無書名頁。無書牌頁。系《孫谿朱氏金石叢書》之一。

作者在序中云：

> 湯盤孔鼎，岐陽之鼓，岱山鄒嶧，會稽之刻石，與夫漢魏已來，聖君賢士桓碑彝器，銘詩序記，下至古文、籀篆分隸、諸家之字書，皆三代以來至寶怪奇偉麗工妙可喜之物。其去人不遠，其取之無禍。

《跋尾》卷一和卷二所收爲三代青銅器十二件。無器形圖，有尺寸説明，有釋文，有考證文字。據李遇孫《金石學録》中記載：

> 文忠得古器銘，必屬楊南仲釋其字。南仲學問精博，與劉原父齊名。

林鈞《石廬金石書志》卷七稱：

> 寧鄉黄本驥據南海吳荷屋先生所藏陳氏《寶刻叢編》抄本，摘其所引《集古録目》者凡五百餘條。按立碑時代年月，厘爲五卷，以補叔弼原書之亡。原本十卷，據陳氏一家所引，僅存其半。而陳書凡二十卷，亡佚六卷，殘缺二卷，其存者亦復輾轉傳鈔，訛脱已甚，即一家所引亦不能僅存矣。然是編一出，人始知《跋尾》與《録目》爲二書。

《集篆古文韻海》五卷

（宋）杜從古撰。

杜從古（約 1085—1150），籍貫不詳。字唐稽。曾任職方員外郎。阮元《四庫未收書提要》載：

> 從古以郭忠恕《汗簡》、夏竦《古文四聲韻》二書闕佚未備，更廣收博采以成之。

《集鐘鼎古文韻選》五卷

（明）道泰撰。

道泰，生卒年不詳，揚州府泰州（今屬江蘇）人。字來峰。《四庫全書總目》載：

> 其書分韻集鐘鼎古文，然所收頗雜。

而且，"鉤摹全非其本狀，則傳寫失真者多矣"。

《焦山古鼎考》一卷

（清）張潮輯，（清）王士禄撰。

張潮（1650—1707），安徽歙縣人。字山來，號心齋。曾任翰林孔目。

王士禄（1626—1673），山東新城人，字子底。曾任吏部考功員外郎。

此書爲《昭代叢書》之一，所收爲研究周代青銅器《焦山古鼎》彝銘所寫題跋十餘則，即：王士禄、王士禛、汪琬、朱彝尊、林佶、周在濬、徐釚、程邃、程康莊、宋犖、張潮、吳晉、雷士俊等人的考釋、題跋和詩歌。有器形圖，有尺寸説明，有釋文，有考證文字。

林鈞《石廬金石書志》卷十五如是評價此書：

> 是編摹銘繪圖，附以釋文，博引諸家考釋以及題咏，足資考據。

《焦山周鼎解》一卷

（清）徐同柏撰。

此書爲研究周代青銅器《焦山古鼎》彝銘的考證文章。

《焦山鼎銘考》一卷

（清）翁方綱撰。

翁方綱（1733—1818），北京大興人。字正三，號覃溪，齋名"復初齋"。曾任內閣學士。尤精寫篆。

一函一册。中國人民大學圖書館圖書編號：2102/82。中國人民大學圖書館圖書登録編號：564663。無魚尾。版心中部刻書名。四周單邊。白口。寬 20 厘米，高 31.2 厘米。

書名頁題字用篆文"焦山鼎銘考"，落款用隸書"金石叢書之三"。無書牌頁。所收爲研究周代青銅器《焦山鼎》彝銘的題跋和詩。有器形圖，有尺寸説明，有釋文，有考證文字。

所收題跋者如下：顧廣圻、謝啓昆、錢大昕、翁方綱、林琼、張潮、牛運震、周在濬、吳晉、徐釚、宋犖、雷士俊、程康莊、朱彝尊、程邃、汪琬、顧炎武、王士禎。另有林佶跋語。

所收題詩者如下：厲鶚、王士禎、王士禄。

卷尾顧廣圻跋文中云：

> 按此鼎釋文，各家不同，近日翁覃溪氏撰爲專書，言之精矣。

時爲"庚申孟冬"，而翁方綱書前跋語落款爲"乾隆三十八年歲在癸巳九月望日"。

《復古篆韻》六卷

（元）陳恕可撰。

陳恕可（1258—1339），越州（治今浙江紹興）人。字行之。官至上海縣丞。

《復古編》二卷

（宋）張有撰。

張有，生卒年不詳，浙江湖州人。道士。

陳瑾爲該書所作序中言：

> 吳興張謙中，習篆籀，行筆圓勁，得李斯、陽冰之法。校正俗書與古文戾者，采摭經傳，日考月校，久而不懈……然後成書。凡三千餘字，名曰《復古編》。

《復初齋文集》三十五卷

（清）翁方綱撰。

二函十册。中國人民大學圖書館圖書編號：48/68。中國人民大學圖書館圖書登録編號：23463—23472。單魚尾。版心中部刻書名。上下單邊，左右雙邊。白口。

寬 14.5 厘米，高 25.8 厘米。

無書名頁，無書牌頁。所收部分爲三代青銅器，多有彝銘研究題跋《集古款識序》《爲錢梅溪徵刻金石圖序》《寶蘇室研銘記》《自題考訂金石圖後》《古銅戈説》《焦山鼎篆銘考》《兕觥辨》《跋寅簋》《跋周伯克尊》《跋芋子戈》等十餘篇。有器形圖、尺寸説明、釋文、考證文字。

《善齋吉金録》不分卷

劉體智輯。

四函二十八册。中國人民大學圖書館圖書編號：2103/43。中國人民大學圖書館圖書登録編號：378155—378167。單魚尾。版心上部刻書名。四周單邊。白口。寬17.6 厘米，高 30 厘米。

書名頁題字用篆文"善齋吉金録"，無落款，有"劉體智"私印一枚。無書牌頁。序文中書名爲"盧江劉氏善齋藏器"。正文書名爲"善齋吉金録"。據褚德彝《金石學録續補》中的記載："藏有取他人之善鼎，因自號善齋。"所收大部分爲三代青銅器彝銘，全書分爲十類：樂器、禮器、古兵、度量衡、符牌、璽印、古泉、銅鏡、梵像、任器。有器形圖，有尺寸説明，有釋文，有部分考證文字。其中，該書卷二對《取他人鼎》彝銘考證頗爲詳細。

容庚曾根據劉氏所贈其拓本編輯成《善齋彝器圖録》一書。

上海圖書館古籍部收藏此書，索書號爲：綫善 394723-50。

《善齋彝器圖録》不分卷

容庚撰。

一函三册。中國人民大學圖書館圖書編號：2103/13。中國人民大學圖書館圖書登録編號：279082—279084。無魚尾。無版心。無邊。白口。寬 22 厘米，高 32.5 厘米。

書衣頁題字用行書"善齋彝器圖録"。落款用行書"鄧爾疋"。書名頁題字用篆文"善齋彝器圖録"，落款用篆文"丙子正月，鄧爾疋"。有私印二枚。有版權頁"中華民國二十五年哈佛燕京學社出版"。所收爲劉體智所藏三代青銅器。有照相器形圖，有尺寸説明，有釋文，卷後有考證文字。

容庚在序中云：

　　盧江劉體智先生收藏經籍書畫金石之富，海内屬望久矣……盡出所藏鼎彝四五百事供攝影……余乃選取照片一百七十五器略加詮釋，由哈佛燕京學社出版。

《尊古齋所見吉金圖》四卷

黄濬輯。

黄濬（1888—1944），湖北江夏（今武漢）人。字伯川，號衡齋，齋名"尊古齋"。

一函四册。中國人民大學圖書館圖書編號：210/199。中國人民大學圖書館圖書登録編號：343853—343857。無魚尾。版心中部右側刻書名。四周單邊。白口。寬21.5厘米，高32.5厘米。

書名頁題字用篆文"尊古齋所見吉金圖"，落款用篆文"馬衡"，有"馬衡"私印一枚。有版權頁"中華民國二十五年北平尊古齋"。卷前有于省吾序。所收爲三代青銅器，多有彝銘。有照相器形圖，無尺寸説明，無釋文，無考證文字，有拓片。

《湖北金石志》十四卷

（清）張仲炘撰。

張仲炘（1857—1913），湖北江夏（今武漢）人。字慕京，號次珊。光緒三年（1877）進士，改庶吉士，授編修、江南道察御史等。雲貴總督張凱嵩之子。

一函十四册。中國人民大學圖書館圖書編號：210/41。中國人民大學圖書館圖書登録編號：121183—121196。雙魚尾。無版心。上下單邊，左右雙邊。上下粗紅口。寬17厘米，高29.2厘米。

書名頁題字用楷書"湖北金石志"，無落款。無書牌頁。此書爲《湖北通志》單行本。第一册所收爲三代青銅器，多有彝銘。無器形圖，有尺寸説明，有釋文，有考證文字。

《渾源彝器圖》不分卷

商承祚撰。

一函一册。中國人民大學圖書館圖書編號：210/13。中國人民大學圖書館圖書登録編號：68112。無魚尾。無版心。無邊。白口。寬22厘米，高32.3厘米。

書衣頁題字用篆文"渾源彝器圖"，無落款。書名頁題字用篆文"渾源彝器圖"，無落款，但有楷書"金陵大學中國文化研究所叢刊甲種"字樣。有版權頁"中華民國廿五年六月以哈佛燕京學社經費印行"。有"中央大學"和"中央大學圖書館"收藏印二枚。所收爲三代青銅器。有照片器形圖、尺寸説明，無釋文，有部分考證文字。

《補注急就篇》六卷

（宋）王應麟撰。

《補説文解字》三十卷

（宋）釋雲棫撰。

雲棫，生卒年不詳，籍貫不詳。僧人。貫休弟子。精大小篆，重集許慎《説文解字》。《宋史·藝文志》目録中有記載。

十 三 畫

《夢坡室獲古叢編》十二卷

鄒壽祺撰。

一函十二册。中國人民大學圖書館圖書編號：210/201。中國人民大學圖書館圖書登録編號：378353—378364。無魚尾。版心下部刻"周氏夢坡室所藏"字樣。四周單邊。上下細黑口。寬 24.5 厘米，高 37.8 厘米。

書名頁題字用篆文"夢坡室獲古叢編"，落款用行書"丁卯九秋吳昌碩年八十四"，有"昌碩"私印一枚。有書牌頁"丁卯十月上海景印"。卷首有用篆文題寫"伯荃尹君寫照，王藴章題款"。有夢坡室畫像一枚。畫像後有王藴章篆文題序，落款用楷書："夢坡至契刻所藏彝器成書，圖像卷首，謹爲之贊，西神王藴章并識。"有"王藴章"印一枚。卷前有金蓉鏡、褚德彝、潘飛聲序。所收爲周慶雲所藏三代青銅器，有部分秦漢器。

本書編排按禮器、樂器、寶用器、制定器、明器、兵器、佛像、雜器八項。每卷卷首有題簽。有器形圖，有尺寸説明，有釋文，有考證文字，有拓片。釋文中又大量使用褚德彝、陳邦直、陳邦福等人考證文字。但是，容媛《金石書録目》以爲此書所收"多偽器"。

上海圖書館古籍部收藏此書，索書號爲：綫普 366881-92、綫普長 019443。

《蒼頡故》一篇

（漢）杜林撰。

杜林（？—47），扶風茂陵（今陝西興平）人。字伯山。曾任大司空。

張敞爲其祖先。按《漢書·藝文志》載，張敞向齊人學習古文字之後，古文字學成爲他的家學之一，後來"傳至外孫之子杜林"。

《蒼頡訓纂》一篇

（漢）杜林撰。

此二書後來被整理爲二卷，齊梁時尚存，見《隋書·經籍志》：

> 梁有《蒼頡》二卷，後漢司空杜林注，亡。

而在《舊唐書》《新唐書》中變爲"《蒼頡訓詁》二卷"了。

《蒼頡訓纂》一篇

（漢）揚雄撰。

《蒼頡篇》一篇

（秦）李斯等撰。

李斯（？—前208），戰國末年楚上蔡（今河南上蔡西南）人。字通古。曾任秦相。秦二世二年（前208）被腰斬于咸陽市，并夷三族。

顔師古《漢書注》：

> 上七章，秦丞相李斯作；《爰歷》六章，車府令趙高作；《博學》七章，太史令胡毋（一作母）敬作。

而對該書，顔氏又注曰：

> 文字多取《史籀篇》，而篆體復頗異，所謂秦篆者也。

《蒼頡篇校義》二卷

（清）葉大莊撰。

葉大莊（1844—1898），福州侯官（今福州）人。字臨恭，號損軒。同治十二年（1873）舉人。曾官邳州知州。

《蒼頡篇義證》三卷

（清）葉大莊撰。

《蒼頡篇箋釋》一卷

（清）葉大莊撰。

《蒼頡篇輯補斠證》三卷

（清）王仁俊撰。

《蒼頡篇輯補證斠小箋》二卷

（清）李滋然撰。

李滋然（1847—1921），四川長壽（今重慶市長壽區）人。字命三，號樹齋。優廩生，光緒十五年（1889）進士。宣統三年（1911）七月，李滋然來到北京，以所著書籍進呈，朝廷授以學部七品小京官，旋給主事銜。

《楚器圖釋》一卷

劉節撰。

劉節（1901—1977），浙江永嘉人。字子植，王國維弟子。曾任浙江大學、中山大學教授。

一函一冊。中國人民大學圖書館圖書編號：210/203。中國人民大學圖書館圖書登錄編號：366091。單魚尾。無版心。四周單邊。上下小細口。寬22厘米，高32.5厘米。

書衣頁題字用楷書"楚器圖釋"，落款用楷書"甲戌十二月江安傅增湘"。書名頁題字用篆文"楚器圖釋"，落款用行書"廿四年一月容庚"，有"容庚"私印一枚。

有版權頁"民國二十四年國立北平圖書館景印"。所收爲北平圖書館金石部所藏九件楚國青銅器。有器形圖，有尺寸説明，有釋文，有考證文字，有拓片。卷末并附有唐蘭《壽縣所出銅器考略》一文。該書對楚器形制和紋樣的分析研究頗爲詳細。

《揅經室集》四十卷

（清）阮元撰。

二函二十册。中國人民大學圖書館圖書編號：48/26。中國人民大學圖書館圖書登録編號：44432—44451。單魚尾。版心上部刻書名。四周單邊。白口。寬13.2厘米，高20厘米。

書名頁題字用楷書"揅經室集"，無落款。有書牌頁"上海涵芬樓景印原刊，初印本原書版匡高營造尺六寸寬四寸五分"。李遇孫《金石學録》載：

> 所著《揅經室文集》，亦多考證金石之文。

一集卷五收爲三代古青銅兵器等約十件。有器形圖，有尺寸説明，有釋文，有考證文字。三集卷三收考證三代青銅器文章《商周銅器説》《積古齋鐘鼎彝器款識序》《山左金石志序》和《王復齋鐘鼎款識跋》等十餘篇。

《筠清館金文》五卷

（清）吳榮光撰。

吳榮光（1773—1843），廣東南海（今廣州）人。字殿垣，號荷物，又號拜經老人，齋名"筠清館"。曾任湖南總督。著名銅器收藏家和彝銘學家。從學阮元和翁方綱，成爲清代嶺南一帶最大的書畫金石鑑定家、著名銅器收藏家和彝銘學家。《筠清館金文》是他的名作。曾孫吳趼人是清末著名文學家。

一函五册。中國人民大學圖書館圖書編號：210/206—1。中國人民大學圖書館圖書登録編號：399983—399987。單魚尾。版心上部刻書名。四周雙邊。白口。寬17.1厘米，高26.8厘米。

書名頁題字用楷書"筠清館金文"。有書牌頁"道光壬寅南海吳氏校刊"。卷末有"道光二十有二年壬寅六月南海吳氏筠清館刊"字樣。序文及目録名爲："筠清館金石録"。總目録下方蓋有"循史世家"收藏印一枚。前四卷所收爲三代青銅器，多有彝銘。第五卷所收有三分之一爲秦漢唐器。正文卷一下蓋有"龍維疆印"一枚，顯然也是收藏者印。有器形圖，有尺寸説明，有釋文，有考證文字。有收藏者名及收藏經緯。

林鈞《石廬金石書志》卷八稱：

> 所輯祇金文五卷，石刻尚未付梓，蓋未完之書也。

可見此書當名爲《筠清館金石文字》。林氏又説：

> 考釋精確，凡原文難辨剝蝕不存者，概爲空出，無强解附會之弊，撰著頗
> 自矜重也。

中國人民大學圖書館藏有宜都楊氏重刻本《筠清館金文》。單魚尾。版心上部刻書名。四周雙邊。白口。寬 17.1 厘米，高 26.8 厘米。書衣頁題字用楷書“筠清館金文”。書名頁題字用隸書“筠清館金文”，有書牌頁“宜都楊氏輯梓”。然後纔是道光吳氏刊本的全部内容。

上海圖書館古籍部收藏此書，索書號爲：綫普長 257033-37、綫普長 454749-53、綫普長 019872、綫普長 311636-40、綫普長 013990、綫普 344343-47。

《愛吾鼎齋藏器目》一卷

（清）李璋煜撰。

一函一册。中國人民大學圖書館圖書編號：51/90。中國人民大學圖書館圖書登録編號：538953。單魚尾。版心中部刻書名。上下單邊，左右雙邊。上下粗黑口。寬 14.4 厘米，高 24.6 厘米。

書名頁題字用楷書“愛吾鼎齋藏器目”，無落款。有書牌頁“靈鶼閣”。此書爲《靈鶼閣叢書》之一。所收爲三代青銅器藏器目録二十餘件，按類編排。

此書另有《叢書集成初編》本。

《頌齋吉金圖録》不分卷

容庚撰。

一函一册。中國人民大學圖書館圖書編號：210/22。中國人民大學圖書館圖書登録編號：94137。無魚尾。無版心。無邊。白口。寬 21.8 厘米，高 32.5 厘米。

書衣頁題字用隸書“頌齋吉金圖録”，無落款。書名頁題字用篆文“頌齋吉金圖録”，落款用楷書“癸酉四月鄧爾疋”，有私印一枚。有書牌頁“考古學社專集第八種，中華民國廿二年七月印行”。卷首有容庚四十歲像一幅。并有題字“頌齋四十小

景，廿二年八月六日自題”。卷前有唐蘭長篇序文。所收爲三代青銅器三十餘件，有部分秦漢器。有照相器形圖，有尺寸説明，有釋文，有簡單考證文字。

作者于序中自述其治金經歷：

> 十五年七月，就燕京大學之聘，喜購金石書籍，得六七百種，録其序跋，爲《金石書録》。十六年兼任古物陳列所鑑定委員，始得摩挲銅器，辨其真贋。成《寶藴樓彝器圖録》……比年以來，一意撰述，成《秦漢金文録》《武英殿彝器圖録》《殷契卜辭》《金文續編》諸書。

《頌齋吉金續録》不分卷

容庚撰。

一函二册。中國人民大學圖書館圖書編號：210/22。中國人民大學圖書館圖書登録編號：94138—94139。無魚尾。無版心。四周單邊。上下細黑口。寬 21.8 厘米，高 32.5 厘米。

書衣頁題字用行書“頌齋吉金續録”，落款用行書“鄧爾疋”。書名頁題字用篆文“頌齋吉金續録”，落款用楷書“丙子四月鄧爾疋”，有“臣木”私印一枚。有書牌頁“考古學社專集第十四種，中華民國廿五年十二月印行”。卷末有《頌齋吉金考釋》。所收爲三代青銅器一百三十餘件，有部分秦漢器。有照相器形圖，有尺寸説明，有釋文，有簡單考證文字。

《解文字》七卷

（梁）周成撰。

周成，生卒年不詳，籍貫不詳。

書名中的“解”字，是“解説”“發揮”之意。其内容是對《説文解字》的解説。《舊唐書》中却變爲“《解字文》七卷”，顯然是傳抄致誤。

《新鄭出土古器圖志全編》不分卷

蔣鴻元撰。

蔣鴻元，生卒年不詳，江蘇吴縣（今蘇州）人。字壽芝。曾任陸軍第十四師正軍法官。

一函三册。中國人民大學圖書館圖書編號：2103/9。中國人民大學圖書館圖書登録編號：378817—378819。無魚尾。無版心。四周雙邊。白口。寬 18 厘米，高 28.5 厘米。

書衣上有"鄭言題識"字樣。書名頁題字用隸書"中華民國十有二年秋月輯于管城"，落款用"陸軍第十四師司令部"。有版權頁"中華民國十八年，涵芬樓影印本"。所收爲新鄭出土三代青銅器，有器形圖，有尺寸説明，有釋文，有考證文字。三册分爲《初編》一册、《續編》一册、《附編》一册。第三册爲與此相關的文章和電報，對于瞭解新鄭出土三代青銅器事情原委，頗有參考價值。

《新鄭古器圖録》不分卷

關百益撰。

關百益（1882—1956），河南開封人。原名葆謙，號益齋，齋名"審美堂"。曾任河南省博物館館長。

一函二册。中國人民大學圖書館圖書編號：2103/35。中國人民大學圖書館圖書登録編號：398158—398159。無魚尾。無版心。四周單邊。白口。寬 22.1 厘米，高 33.3 厘米。

書名頁題字用篆文"新鄭古器圖録"，落款用楷書"關百益題"。有版權頁"中華民國十八年商務印書館"。時任河南省圖書館館長何日章爲此書作序。上册爲圖，皆爲照相器形圖。下册爲相關研究論文七篇。所收爲新鄭出土三代青銅器。有器形圖，有尺寸説明，有釋文，有考證文字。

正如下册《釋文》中所言：

> 新鄭古器惟牢鼎一，方器一，有款識。牢鼎内有古篆甚多，隱約間有數行可辨，然字畫湮没，不能盡其文理。

故得有款識者稀少。書後跋文乃陳承修所寫，書中所收各器皆羅振玉親自鑑定。

《新鄭彝器》不分卷

孫海波撰。

一函二册。中國人民大學圖書館圖書編號：210/166。中國人民大學圖書館圖書登録編號：277455—277456。無魚尾。版心上部右側刻書名。四周單邊。白口。寬 21.3 厘米，高 33 厘米。

書衣頁用篆文上題"新鄭彝器"。書名頁題字用篆文"新鄭彝器：河南通志·文物志·吉金編上"，落款用篆文"通許胡汝麟題"，有"石青"私印一枚。無書牌頁。所收爲河南新鄭所出三代青銅器彝銘。有器形圖，有尺寸説明，有釋文，有考證文字。該書對《王子嬰次廬》銘文考證頗爲詳細。

胡汝麟在序中説：

> 其吉金一書，屬潢川孫君海波纂修。

此書爲民國二十六年（1937）刊行。概述中言明新鄭出土原委，并且又特別説明了對彝銘中"嬰次"一名的隸定問題，這一問題引得當時學界異議紛出。

《新增格古要論》卷數不詳

（明）王佐撰。

王佐，生卒年不詳，江西吉水人。字功載，號竹齋。

《明史·藝文志》特別説明《新增格古要論》是"天順間王均增輯"。王佐主要增補的是墨迹、古碑法帖部分，此外又新增金石遺文、古人善書畫者、文房論、誥敕題跋及雜考等。

《滂喜篇》一卷

（漢）賈魴撰。

晉人郭璞將此書歸入《三蒼》，可見此書内容上當是和《蒼頡篇》類似之作。張懷瑾《書斷》稱此書：

> 以《蒼頡》爲上篇，《訓纂》爲中篇，《滂喜》爲下篇，所謂三蒼也。

用隸字寫之，隸法由是而廣。

《愙齋集古録》二十六卷（另有不分卷本）

（清）吴大澂撰。

卷首有羅振玉、葉昌熾序。其以"愙齋"爲齋名，據褚德彝《金石學録續補》中的記載："得《周愙鼎》，文中有周愙及帝考字，謂是微子所作器。因是更名愙齋。"

《愙齋集古録》，二函二十六册。中國人民大學圖書館圖書編號：2101/8。中國人民大學圖書館圖書登録編號：180834—180859。無魚尾。版心上部刻書名，下部刻"涵芬樓影印"字樣。四周單邊。白口。寬 21.5 厘米，高 30.5 厘米。

書衣頁題字用隸書"慤齋集古録"，落款用行書"上虞羅振玉署"，有"羅振玉""羅叔言"私印二枚。書名頁題字用篆文"慤齋集古録"，并有一段文字如下："慤齋尚書鑑別商周彝器文字，象形會意，研究靡精，所撰《古籀補》《論語》等集，海内早已奉爲圭臬。兹集巨帙，訥士宗台，將付印行，公諸同好。"落款用行書"丙辰秋初屬，安吉吴昌碩書"。有書牌頁"涵芬樓影印"。卷首有羅振玉、葉昌熾序。

所收爲三代青銅器，多有彝銘，後三册有部分爲秦漢器。有器形圖、尺寸説明、釋文、考證文字、彝銘拓片。每幅拓片下多有收藏者印。其中，該書對《毛公鼎》彝銘考證頗爲詳細。并題有獨立書名頁"周古遺文"。此書爲晚清著名治金名著。

林鈞《石廬金石書志》卷八如是評價此書：

> 按吉金文字，自宋以來吕大臨、薛尚功、王俅各有專書，而吕刻、薛刻不甚精。《王復齋鐘鼎彝器款識》，阮刻雖依原拓本，而陰款覆刻，未能神似。阮刻、積古齋、吴刻、筠清館改陰款爲陽文，仍未能纖毫畢肖。此編精印，視墨本不爽銖黍。上虞羅氏叙内推是録爲盡美且善，確屬定評。

中國人民大學圖書館另有抄本《慤齋集古録》。中國人民大學圖書館圖書編號：2103/24—1。中國人民大學圖書館圖書登録編號：556306。不分卷。寬 26.7 厘米，高 15.3 厘米。抄録者爲張人牧。卷前有曹鴻年親筆序，如下：

> 夫秦石壞則小篆窮，鄧浙極則疏愈下，於是朱椒堂、楊詠春、張菊如諸先生，初試毛筆，寫古籀。至吴慤齋先生而始著。吴侃叔、王石泉、陳子振諸先生始用鐘鼎文字入印章，終推陳壽仰先生爲大宗。吾友張君人牧嗜古成癖，對於鐘鼎彝器、龜甲獸骨、以及鉢匋化布等拓片，博搜遍攬，復專精於篆刻，故所作見重於藝林。其所以致此者，殆非偶然。民國二十一年一月，嘗以所摹《慤齋集古録》《長安獲古編》《陶齋吉金録》《攀古樓彝器款識》索題，余因欽其勵學之苦，無間朝夕之專，願爲之序，以冠諸卷首。民國二十一年一月二十五日，沽上松壽軒曹鴻年。

此書函套題名爲《慤齋集古録（抄本）全一册》，實則有誤。此册抄本共涉及四種書：《慤齋集古録》《長安獲古編》《陶齋吉金録》《攀古樓彝器款識》，并非祇是一種書的抄本。抄本極似正本，足見其用心之精。

上海圖書館古籍部收藏此書，索書號爲：綫善 810736-39、綫善 848899-910、綫善 859750-51。

《愙齋集古録校勘記》二卷

鮑鼎撰。

一函一册。中國人民大學圖書館圖書編號：2101/8—1。中國人民大學圖書館圖書登録編號：212490。無魚尾。無版心。四周單邊。白口。寬 26.5 厘米，高 15.2 厘米。

書名頁題字用篆文"愙齋集古録校勘記"，落款用行書"壬申仲春羅振玉"。有書牌頁"蟫隱廬印行"。書籤頁爲"默厂金石三書，癸酉仲冬，宣哲署檢"。所收内容爲針對《愙齋集古録》所作之校勘記。無器形圖，無尺寸説明，無釋文，有考證文字。

作者在序中云：

> 獨惜是書出於吳氏身後，尚未成晚定之本，以《説文古籀補》校之，失收者二百餘器……以是觀之，其闕漏不可謂不多。

故鮑氏有"偶有所得，條而記之，積以歲月，成此二卷"之説。惟其以干支名不可爲器名之説，恐非是。如《己亥鼎》彝銘之校文，其言爲：

> 按己亥乃日之干支，不可爲名。

又見于《丙午鼎》彝銘之校文：

> 此器取名與上器同一舛謬。

校勘正文多引《愙齋集古録釋文賸稿》一書。以《釋文賸稿》比照《愙齋集古録》所收諸拓，其中漏收者不爲少數。如《舉父丙鼎》彝銘，是書云："《賸稿》有考釋，本書未寫入。"如是之例繁多。

《愙齋集古録敦文考釋》一卷

（清）吳大澂撰。

《愙齋集古録爵文考釋》一卷

（清）吳大澂撰。

《愙齋集古録釋文賸稿》二卷

（清）吴大澂撰。

中國人民大學圖書館圖書編號：2101/8。中國人民大學圖書館圖書登録編號：180858—180859。無魚尾。版心上部刻書名，下部刻"涵芬樓影印"字樣。四周單邊。白口。寬21.5厘米，高30.5厘米。

吴氏的未刊稿本尚有《積古齋鐘鼎彝器款識校録》《簠齋題跋》等。他又擅長寫篆，乃至于給友人書信也使用篆書，于是他的書信成爲友人收藏的珍寶。

根據徐珂《清稗類鈔》中記載：

> 吴縣吴清卿中丞大澂工篆籀，官翰林，嘗書《五經》《説文》。平時作劄與人均用古籀。其師潘文勤得之最多，不半年成四巨册。

看起來他是有意而施行的篆書實踐活動。

顧頡剛曾經如是評價吴大澂的學術貢獻：

> 古文古器之研究本小學目録之旁支，而四十年来蔚成大國，倘非先生開創於前，縱有西洋考古學之輸入，其基礎之奠定能若是速乎？今日言古文古器之學者多矣。孰不受灌溉於先生之書，又誰能逾越先生之建樹者……夫以先生取材之廣、求證之密、察理之神，爲自有金石學以來之第一人，此豈浮誇鹵莽者所能爲哉！[1]

顧先生的這一評價真的是很符合歷史事實的，并非祇是出自鄉黨情緒。特別是他推舉爲"自有金石學以來之第一人"的説法。

上海圖書館古籍部收藏此書，索書號爲：閲006704。

《愙齋藏器目》一卷

（清）吴大澂撰。

一函一册。中國人民大學圖書館圖書編號：51/90。中國人民大學圖書館圖書登録編號：538935。單魚尾。版心中部刻書名。上下單邊，左右雙邊。上下粗黑口。寬14.4厘米，高24.6厘米。

---

[1] 顧頡剛：《吴愙齋先生年譜·序》，顧廷龍：《吴愙齋先生年譜》，哈佛燕京學社1935年版，第2頁。

　　書名頁題字用楷書"憩齋藏器目"，無落款。有書牌頁"靈鶼閣"。此書爲《靈鶼閣叢書》之一。所收爲三代青銅器藏器目録四十餘件，按類編排。據褚德彝《金石學録續補》記載所藏彝器"百種"之説，則這裏所收衹是珍品。

　　此書另有《叢書集成初編》本。

十　四　畫

《趙氏獲古庵記》一卷

　　（宋）趙氏撰。

　　趙氏，生卒年不詳，籍貫不詳。《籀史》下卷目録中有記載。

《嘉蔭簃藏器目》一卷

　　（清）劉喜海撰。

　　一函一册。中國人民大學圖書館圖書編號：51/90。中國人民大學圖書館圖書登録編號：538953。單魚尾。版心中部刻書名。上下單邊，左右雙邊。上下粗黑口。寬 14.4 厘米，高 24.6 厘米。

　　書名頁題字用楷書"嘉蔭簃藏器目"，無落款。有書牌頁"靈鶼閣"。此書爲《靈鶼閣叢書》之一。所收爲三代青銅器藏器目録七十餘件，按類編排。

　　此書另有《叢書集成初編》本。

《蔡氏古器款識》三卷

　　（宋）蔡肇撰。

　　蔡肇（約 1060—1119），丹陽（今屬江蘇）人。字天啓。曾任中書舍人、明州知州等。

　　《籀史》下卷目録中收此書，可惜該卷文字已佚。

《鄦齋鐘鼎文字》一卷

　　（清）董文燦撰。

董文燦（1839—1876），山西洪洞人。字芸龕，又字藜輝。咸豐十一年（1861）舉人。

此書爲考證商周彝銘之作。

《説文五義》三卷

（宋）吳淑撰。

吳淑（947—1002），丹陽（今屬江蘇）人。字正儀。曾任著作佐郎、職方員外郎等。《宋史·吳淑傳》中稱其"好篆籀，取《説文》有字義者千八百餘條，撰《説文五義》三卷"。

《説文古本考》十四卷

（清）沈濤撰。

沈濤（1792—1861），浙江嘉興人。原名爾政，字西雍，號匏廬。嘉慶年間曾任如皋知縣、江西觀察使等職。

《説文古籀疏證》六卷

（清）莊述祖撰。

莊述祖（1750—1816），江蘇武進（今常州）人。字葆琛，學者稱爲珍藝先生。曾任昌樂、濰縣知縣。其伯父莊存與、父親莊培因皆爲當時著名學者。

此書稿本當爲二十五卷，今存六卷。此書分爲二十三部，專門對《説文解字》中的古籀進行考證。潘祖蔭在《跋》文中言：

> 干支實爲文字之祖……而以甲乙等二十二部歸於篇終，則明乎其爲正名百物之本也……先生於是蹈間覃思，就許書偏旁條例，以干支別爲叙次，先古文而後小篆，一一探其原本。

《説文古籀補》十四卷　《補遺》一卷　《附録》一卷

（清）吳大澂撰。

吳大澂在書中自序説：

蓋是編所集，多許氏所未收。有可以正俗書之謬誤者，間有一二與許書重複之字，并存之以資考證。不分古文、籀文，闕其所不知也。某字必詳某器，不敢向壁虛造也……石鼓殘字皆《史籀》之遺，有與金文相發明者。古幣、古鉢、古陶器文，亦皆在小篆以前，爲秦燔所不及，因并録之，有抱殘守缺之義焉。

重刊本中收字一千四百一十個，重文三千三百六十五個。考釋文字，皆據墨拓原本，特別在取證上，他本着“至《博古》《考古圖》及薛氏、阮氏、吳氏之書，未見拓本者概不采録”的原則，保證了此書的學術可信度。

《説文長箋》七十二卷

(明) 趙宧光撰。

趙氏之書，清人非議頗多。顧炎武《日知録》卷二十一中曾言此書：

於六書之指不無管窺，而適當喜新尚異之時，此書乃盛行於世，及今不辯，恐他日習非勝是，爲後學之害不淺矣。

因此，趙氏此書多以會意説字，引文又多誤出處，可謂短於考證。

《説文校定本》十五卷

(清) 朱士端撰。

此書其自序言其宗旨爲：

綜其大旨，厥有四要。據鐘鼎古文以校許書、古籀文之版本訛舛，一也……折衷前賢顧氏《古音表》。時與故友江寧陳宗彝、江都汪喜孫、儀徵陳輅、黟縣俞正燮、武進臧相、通州陳潮旅館宵燈，往復辨難，以正後儒增删改竄之謬妄，二也……六書之例形聲十有八九，故凡從某某聲，從某某省聲，從某從某某亦聲，或取古籀爲聲，更以讀若相比况，即重文或體亦取形聲，大徐不得其説或删聲字，小徐本存聲字較多。古籀或省形，或省聲，或繁形，或繁聲，或省形不省聲，或省聲不省形，或形聲并省，求聲韻必以許書爲圭臬，三也。許書引經，如《易》宗孟氏，間用費氏。《書》宗孔氏，間用今文。《詩》宗毛氏，間用三家。即重出互見之文，揆厥師傳，授受各殊，溯源追本，意旨悉得，四也。

"據鐘鼎古文以校許書、古籀文之版本訛舛"可謂是清代古文字學家以商周彝銘對《説文解字》進行的自覺的互證性研究的代表。

《説文解字》十五卷

（漢）許慎撰。

在《隋書》中之稱此書爲《説文》。《説文解字》收入正文九千三百五十三字，重文一千一百六十三字，合計爲一萬零五百一十六字，全書解説用字十三萬三千四百四十一字，首創五百四十個部首編排法。《四庫全書總目》中評價此書爲：

> 推究六書之義，分部類從，至爲精密。

集古文經學訓詁之大成，上溯造字之源，下辨古文、隸、行、草、篆遞變之迹，爲後代研究文字重要依據，是中國乃至全世界上第一部大典，此書被尊爲中國古文字學之祖。該書中保存的古文字資料十分豐富，是研究古文字學和殷周金文的入門之作，也是傳統文字學的鼻祖。

《説文解字五音韻譜》十二卷

（宋）李燾撰。

李燾（1115—1184），眉州丹棱（今屬四川）人。字仁甫。歷仕州縣及禮部郎中、敷文閣學士等。著有《續資治通鑑長編》《説文解字五音韻譜》等。

此書將《説文解字》按照《集韻》順序進行重新編排。

《説文解字繫傳》四十卷

（南唐）徐鍇撰。

徐鍇（920—974），揚州廣陵（今江蘇揚州）人。字楚金。曾任南唐集賢殿學士、内史舍人。與兄徐鉉有文名，號稱"二徐"。

此書前三十卷爲《通釋》，對《説文解字》各卷進行考證、解釋。後十卷則探討古文字學理論和許氏的學術體系。《崇文總目》對其評價爲：

> 鍇以許氏學廢，推源析流，演究其文作四十篇。近世言小學，惟鍇名家。

《説文解字翼》十五卷

（清）嚴可均撰。

嚴可均（1762—1843），浙江烏程（今湖州）人。字景文，號鐵橋，齋名"四録堂"。曾任建德縣教諭。

該書序中説：

> 自宋以來，三代法物日出而不窮，其文字喬皇淳茂，倜儻離奇，《説文》不盡有，以形聲求之，都可識也。古時字少，以假借通之，不勝用也。今集泉、刀、布、幣、鐘、鼎、盤、匜、戈、戟等銘，皆手拓本，有不足，則取諸《考古圖》《博古圖》《嘯堂集古録》、薛氏《鐘鼎款識法帖》、阮氏《積古齋編録》及《壇山石鼓》等石刻，而以秦篆終焉……解説凡五萬二百八十九字，其匯輯者，皆金石文。尚稽殷周，下逮嬴秦。

《説文解字韻譜》五卷

（南唐）徐鍇撰。

另有一名曰《説文解字篆韻譜》。此書爲《説文解字》檢索而作，徐鉉序中云：

> 舍弟楚金特善小學，因命取叔重所記，以《切韻》次之。聲韻區分，開卷可睹……今此書止欲便於檢討，無恤其他。故聊存詁訓以爲别識，其餘敷演有《通釋》焉。五音凡五卷，詒諸同志者也。

另徐鉉《徐公集》卷二十三《韻譜前序》"通釋"作"通識"，"五卷"作"十卷"。該書以四聲編排次序，共計分成二百部首。

《廣川書跋》十卷

（宋）董逌撰。

董逌（約1079—約1140），字彦遠。東平（今屬山東）人。靖康末官至司業，遷徽猷閣待制。家富藏書，依其藏書而撰有《廣川藏書志》二十六卷，早佚。今據陳振孫《直齋書録題解》得以考見涯略，乃以其家所藏考其本末而爲之論，説及于諸子而止。著有《廣川書跋》十卷，所録皆古器款識及漢唐以來碑帖，考證皆極精當。

一函四册。中國人民大學圖書館圖書編號：210/170—1。中國人民大學圖書館圖書登録編號：536363—536366。單魚尾。版心中部刻書名，下部刻"朱氏槐廬校刊"字樣。上下單邊，左右雙邊。上下粗黑口。寛15.5厘米，高23.5厘米。

書名頁題字用隸書"廣川書跋"，落款用行書"金爾珎題"，有"金氏吉石"私印一枚。有書牌頁"光緒丁亥孟秋行素草堂藏板"。所收爲研究三代青銅器彝銘題跋。無器形圖，有部分尺寸説明，有簡單釋文，有少量考證文字，但是説明收藏經緯較詳。

林鈞《石廬金石書志》卷十三稱：

> 康熙中，何屺瞻得吴方山、秦季公、譚公度、錢叔寶各家鈔本，而以王伯穀本爲最佳。經何氏校正，此係張鈞衡據何本付雕。比《津逮》大爲改觀。其中訂正頗多，詳見張跋之内。

此書另有《津逮秘書》本和《適園叢書》本。

董逌生而穎悟，刻苦務學，博極群書，對書中所述材料，除自藏者外，曾多方求訪，石刻則傳拓墨本。至其辨真僞，訂源流，求旁證，都相當嚴謹。前四卷記述周、秦鐘鼎彝器、權量銘文及《詛楚文》《嶧山銘》等石刻文字，共七十五種，皆詳加考辨。董逌酷好金石，董棻《廣川書跋序》中言其"前代石刻在遠方若深山窮谷、河心水濱者，亦托人傳模墨本"。

上海圖書館古籍部收藏此書，索書號爲：綫普長309604、綫普372233-35、綫普長323703-894。

《廣金石韻府》五卷

（清）林尚葵撰。或有署名爲：林尚葵、李根撰。

林尚葵，生卒年不詳，福建莆田人。字朱臣。

一函五册。中國人民大學圖書館圖書編號：112.4/63。中國人民大學圖書館圖書登録編號：179959—179963。單魚尾。無版心。四周單邊。上下細黑口。寛17厘米，高26厘米。

書名頁題字用篆文"理董軒增廣金石韻府"，無落款。有書牌頁"咸豐七年丁巳新鎸，巴郡張氏刻板"。卷前有周亮工序。所收爲三代青銅器，多有彝銘單字。每個字説明所見銅器名稱。

林鈞《石廬金石書志》卷十九稱：

　　是編用朱墨二色，校以四聲部次，朱書古文籀篆之字，墨書楷字領之，亦各注其所出，乃本明朱時望《金石韻府》而作，故名曰"廣"。

　　此書另有同治年賴古堂本。中國人民大學圖書館藏有此書。一函六冊。中國人民大學圖書館圖書編號：112‧4/21。中國人民大學圖書館圖書登録編號：31749—31754。單魚尾。版心上部刻書名。四周雙邊。白口。寬 18 厘米，高 28.6 厘米。書名頁題字用隸書"廣金石韻府"，無落款。有書牌頁"賴古堂重訂，大業堂藏板"。有題簽頁"同治庚午，得於晉陽。光緒癸巳元旦，展玩題記。汾生"。有"汾生"和"賴古堂藏書"私印二枚。

《廣蒼》一卷

　　（南朝梁）樊恭撰。

　　樊恭，生卒年不詳，籍貫不詳。

　　《廣蒼》一名顯然是"廣蒼頡篇"之意。因此，在内容上可以看作是《蒼頡篇》的訂補。

《齊陳氏韶舞樂罍通釋》二卷

　　（清）陳慶鏞撰。

　　一函一冊。中國人民大學圖書館圖書編號：48/280。中國人民大學圖書館圖書登録編號：85179。單魚尾。版心中部刻書名。四周雙邊。白口。寬 16.4 厘米，高 25.8 厘米。

　　書名頁題字用篆文"籀經堂類稿二十四卷"，無落款。有書牌頁"附齊陳氏韶舞樂罍通釋，光緒癸未秋槧"。此書爲籀經堂類稿之附録。獨立成卷。所收爲研究三代青銅器《齊陳氏韶舞樂罍》彝銘考證文章。無器形圖，有尺寸説明，有釋文，有考證文字，有摹寫。該書對《齊陳氏韶舞樂罍》彝銘考證頗爲詳細。但是偏重于對古文字字形的考證，并援引《周禮》以證之。其中，對東南西北四宮之宮名和人名的考證，尤其詳細。

《鄭冢古器圖考》十二卷

　　關百益撰。

　　一函四冊。中國人民大學圖書館圖書編號：210/16。中國人民大學圖書館圖書登録編號：92072—92075。單魚尾。版心中部刻書名，下部刻"益齋稽古"字樣。四周雙邊。下粗黑口。寬 21.5 厘米，高 27.8 厘米。

書名頁題字用篆文"鄭冢古器圖考"，落款用行書"戊辰秋八月關葆謙署"，有"關葆謙印"和"伯益"私印二枚。有版權頁"中華民國廿九年中華書局出版"。所收爲河南省鄭冢所出三代青銅器和陶器。其中，前八卷爲兩周銅器，第十一卷爲雜器。有器形圖，有尺寸説明，有釋文，有考證文字。

《榮氏考古録》十五卷

（宋）榮咨道撰。

榮咨道，生卒年不詳，籍貫不詳。字詢之。曾任太常寺協律、左朝散郎。

陸心源《金石學録補》記載他"所收古器最盛，凡百餘種"。

《籀史》下卷目録中收有此書，可惜該卷文字已佚。

《演説文》一卷

（南朝梁）庾延默撰。

庾延默，又作庾儼默，生卒年不詳，籍貫不詳。

《演説文》一名的"演"字，就是"解説""發揮"之意。在内容上應當是對《説文解字》的解説。

《寧壽鑑古》十六卷

（清）清高宗敕撰。

清高宗（1711—1799），即愛新覺羅・弘曆。

四函二十四册。中國人民大學圖書館圖書編號：2103/17。中國人民大學圖書館圖書登録編號：378510—378533。雙魚尾。版心上部刻書名。四周雙邊。白口。寬15.2 厘米，高 25.7 厘米。

書名頁題字用楷書"寧壽鑑古"，無落款。有書牌頁"癸丑冬月涵芬樓依寧壽宮寫本影印"。前十九册所收爲三代青銅器。有器形圖，有尺寸説明，有釋文，有考證文字。每册前有紅色套印私印三枚："乾隆御鑑之寶""養心殿寶""古稀天子"。

林鈞《石廬金石書志》卷八如是評價此書：

> 其中如考《周伯鼎》，定伯爲爵名，正薛尚功指爲伯仲之非。《周齊史尊》，

證薛氏《齊萊史鼎》考爲農官之誤。《商父巳尊》,《博古圖》《鐘鼎款識》皆以雍巳實之。《博古圖》又誤以雍巳爲小甲之父,則正爲十干紀日及紀器之次第,而不概指爲人名。他若《周母戊甗》,《鐘鼎款識》所載《母乙卣》《母辛卣》相類,考爲作以享母,以十干爲器之次第,定宋人必舉商君之號爲穿鑿諸類頗多。

《翟氏三代鐘鼎款識》三卷

(宋) 翟氏撰。

翟氏,疑爲翟耆年。或爲其祖上。《籀史》下卷目録中有記載。

《維揚燕衍堂古器銘》一卷

(宋) 石公弼撰。

石公弼 (1061—1115),越州新昌 (今屬浙江) 人。初名公輔,字國佐。曾任御史中丞、兵部尚書、知襄州等。

《籀史》下卷目録中收此書,可惜該卷文字已佚。

《綴遺齋彝器款識考釋》三十卷

(清) 方濬益撰。

方濬益 (約 1835—1900),安徽定遠人。字謙受,號伯裕,齋名 "綴遺齋"。曾任南匯、奉賢知縣。著名銅器收藏家和彝銘學家。有《定遠方氏吉金彝器款識》《綴遺齋彝器款識考釋》等古文字學著作行世。

二函十四册。中國人民大學圖書館圖書編號:2102/54。中國人民大學圖書館圖書登録編號:275644—275657。無魚尾。版心中部刻書名。四周單邊。白口。寬 21.8 厘米,高 32.8 厘米。

書衣頁左側有題款 "綴遺齋彝器款識考釋第×册"。此書從目録署名上看,還有 "從孫燕年補編" 一項,而正文的書名下落款爲 "定遠方濬益編録"。無書名頁。有版權頁 "中華民國廿四年上海商務印書館"。名爲三十卷,實際上爲二十九卷,缺第十五卷。該書卷首也説 "缺第十五卷,未審其故"。

容媛《金石書録目》卷二云 "燕京大學圖書館藏草稿本多出四五百器",不曉這所謂 "多出四五百器" 是否就是第十五卷內容。此草稿本現存北京大學圖書館,見《北京大學圖書館藏善本書目》第二百零九頁:"綴遺齋彝器款識考釋。清方濬益撰。

稿本。六十四册。NC2106·70/0238·1”。所收爲三代青銅器，多有銘文。有器形圖，有尺寸説明，有釋文，有考證文字，有收藏經緯。

該書于銅器斷代上，則多以“書勢辨時代之先後爲可據也”。此説開郭沫若銅器斷代學之先河。對銘文考證，多以史爲本，而短于對于文字學的研究。然其釋文亦多謬誤，如卷一將鳥形釋作“同”字。雖然如此，考證彝銘之史事，近代金文學界罕有過此者。

上海圖書館古籍部收藏此書，索書號爲：綫普長 018890、綫普長 445341-54、綫普長 81732-45、綫普長 607456-69。

十　五　畫

《增廣鐘鼎篆韻》七卷

（元）楊鉤撰。

楊鉤，生卒年不詳，江西臨江（今清江）人。字信文。

一函四册。中國人民大學圖書館圖書編號：51/115。中國人民大學圖書館圖書登録編號：546323—546326。無魚尾。無版心。上下單邊，左右雙邊。白口。寬 13.2 厘米，高 20 厘米。

書名頁題字用篆文“增廣鐘鼎篆韻”，落款用篆文“宛委別藏鈔本”。有書牌頁“故宮博物院委託商務印書館景印，原書葉心高十八公分，寬十三公分”，并有“國立北平故宮博物院版權章”一枚。有熊朋來和馮子振序。所收爲三代青銅器，有彝銘單字四千一百六十六個。每個字説明所見銅器名稱。所收諸字見于三百零八件銅器。熊明來在序中説此書之編撰體例爲：

> 其篆則夏商周秦之篆，而韻則唐韻也。

林鈞《石廬金石書志》卷十九稱：

> 按政和中王楚作《鐘鼎篆韻》一卷，薛尚功廣之爲七卷。信文又博采金石奇古之迹，益以党世傑《集韻補》所未備，前列器名，次以二百七部韻分系。其爲信文所增者，以“楊增”二字識之。

《蕉聲館集》三十三卷

（清）朱爲弼撰。

二函十二册。中國人民大學圖書館圖書編號：48/234。中國人民大學圖書館圖書登録編號：255414—255425。單魚尾。無版心。上下單邊，左右雙邊。上下粗黑口。寬 17 厘米，高 26.5 厘米。

書衣頁題字用隸書"蕉聲館全集"。落款用隸書"丙寅九月，褚德彝"。有"德彝"私印一枚。書名頁題字用楷書"蕉聲館集"。無落款。有書牌頁"咸豐二季三月刊成，丙辰正月付陶子麟重刊，己未二月竣工。侄曾孫景邁撫原簽"。《文集》卷一所收爲研究三代青銅器彝銘題跋數十種，以及彝銘常用術語的解釋，考證中多以彝銘考證禮制。無器形圖，有部分尺寸説明，有釋文，有考證文字。

《遼居乙稿》不分卷

（清）羅振玉撰。

一函一册。中國人民大學圖書館圖書編號：418/31。中國人民大學圖書館圖書登録編號：171596。無魚尾。版心中部刻書名。四周單邊。上下細黑口。寬 15.4 厘米，高 26.4 厘米。

書名頁題字用楷書"遼居乙稿"，落款用行書"辛未正月長洲章鈺署首"，有"章鈺"等私印二枚。無書牌頁。所收爲三代青銅器，有彝銘研究題跋二十篇。無器形圖，有尺寸説明，有釋文，有考證文字。

《遼居稿》不分卷

（清）羅振玉撰。

一函一册。中國人民大學圖書館圖書編號：418/30。中國人民大學圖書館圖書登録編號：532131。無魚尾。版心中部刻書名。四周單邊。上下細黑口。寬 15.3 厘米，高 26 厘米。

書名頁題字用楷書"遼居稿"，落款用楷書"鮑鼎署"。無書牌頁。所收爲三代青銅器，有彝銘研究題跋三篇。無器形圖，有尺寸説明，有釋文，有考證文字。

《遼居雜著》不分卷

（清）羅振玉撰。

　　一函一册。中國人民大學圖書館圖書編號：210/117。中國人民大學圖書館圖書登録編號：171593。單魚尾。無版心。四周單邊。上下粗黑口。寬 15.5 厘米，高 26.5 厘米。

　　書名頁題字用楷書"遼居雜著"，落款用楷書"寶熙署"。無書牌頁。羅氏序于"己巳十月"，時正居于"遼扶桑町"。卷首有矢彝摹寫數頁。書中所收《矢彝考釋》爲三代青銅器彝銘研究論文。無器形圖，有尺寸説明，有釋文，有考證文字。

《鄴中片羽三集》不分卷

　　黄濬撰。

　　一函二册。中國人民大學圖書館圖書編號：2103/39。中國人民大學圖書館圖書登録編號：519793—519794。無魚尾。版心中右部刻書名。四周單邊。白口。寬 21.5 厘米，高 32.5 厘米。

　　書名頁題字用篆文"鄴中片羽三集"，落款用篆文"伯川仁兄屬袁勵準"，有袁氏私印二枚。有書牌頁"北京琉璃廠通古齋"。卷前有于省吾序。所收爲黄濬所藏三代青銅器。有照相器形圖，無尺寸説明，無釋文，無考證文字。

　　于省吾序中云：

> 伯川隱於賈，獨致力於鑑别古器物……數十年而不怠。今伯川老矣，頭童齒豁，猶日伏几案覽觀金石載籍。從事於部署編排之舉，忘寢與饋。其輯述傳古之勤，裨益於學人者爲何如乎？

《篋書賸影録》二卷

　　林鈞撰。

　　一函三册。中國人民大學圖書館圖書編號：2101/44。中國人民大學圖書館圖書登録編號：563010—563012。無魚尾。版心上部刻書名，下部刻"寶岱閣金石叢刊"字樣。四周單邊。白口。寬 15.6 厘米，高 25 厘米。

　　書衣頁題字用行書"篋書賸影録"，落款用行書"陳叔通"。并有"名號與漢馮衍之字同"私印一枚。書名頁題字用行書"篋書賸影録"，落款用行書"葉恭綽"，有"葉恭綽"私印一枚。無書牌頁。1962 年油印出版。卷首有顧頡剛、王襄、顧廷龍、潘景鄭、薩兆寅序。收爲古今金石學書目題要。可補容媛《金石書録目》之不足。

馬衡在爲《金石輿地叢書》作序中曾言"方今海内藏金石書者，以閩侯林石廬爲最富"。林氏書目曾爲容媛、朱劍心、姚名達等人多方引證。

顧頡剛在序中説：

> 是則凡欲涉獵古今金石書目而省識其内容者，仍必取資於《石廬書志》無疑也。

《篆書證宗要略》三卷

（宋）王珣撰。

王珣，生卒年不詳，宋鄞縣（今浙江寧波）人。

《篆文纂要》四卷

（清）陳策撰。

陳策，生卒年不詳，浙江杭州人。字嘉謀。

此書爲《四庫全書》所收。《四庫全書總目》中言：

> 其書亦依韻分編，每字下首列《説文》，次大篆，次鐘鼎文。

《篆法偏旁點畫辯》一卷

（元）應在撰。

應在，生卒年不詳，昭文（今江蘇常熟）人。字止善。

《皕宋樓藏書志》中記載：

> 是書據篆書以訂隸、楷之誤，取俗書之戾於篆者，辨正點畫，剖析毫厘。

《篆髓》六卷

（宋）鄭惇方撰。

鄭惇方，生卒年不詳，河南滎陽人。字希道。

《蘇東坡集·小學考》中有記載。

《篆體須知》二卷

（清）陳策撰。

《儀顧堂題跋》十六卷

（清）陸心源撰。

一函四冊。中國人民大學圖書館圖書編號：48/210—1。中國人民大學圖書館圖書登錄編號：522574—522577。單魚尾。版心中部刻書名。四周雙邊。白口。寬15.9厘米，高25.5厘米。

無書名頁。無書牌頁。有潘祖蔭序。依作者序可知刊于"光緒十六年"。所收題跋中含研究三代青銅器彝銘著作題跋三篇：《續考古圖》《籀史》《金石學録》。

張舜徽《清人文集別録》中言道：

> 心源爲學，私淑顧炎武，故以儀顧名其堂。性好聚書，精校勘。罷官後專意著述……儲藏三代秦漢鐘鼎彝器百餘種。

《儀顧堂續跋》十六卷

（清）陸心源撰。

一函四冊。中國人民大學圖書館圖書編號：48/210。中國人民大學圖書館圖書登錄編號：53499—53502。單魚尾。版心中部刻書名。四周雙邊。白口。寬15.9厘米，高25.5厘米。

無書名頁。無書牌頁。依作者序可知刊于"光緒十八年"。所收題跋中含研究三代青銅器彝銘著作題跋三篇：《續考古圖跋》《元槧考古圖跋》《元槧宣和博古圖跋》。

其中，他判定《續考古圖》爲趙九成所著，言之成理：

> 近讀李邴《嘯堂集古録序》有云："鼎器款識絶少，字畫復多漫滅，及得呂大臨、趙九成二家《考古圖》，雖有典刑，辨識不容無舛。"據此則《續圖》亦九成所輯也。

《虢盤釋文》一卷

（清）吳雲撰。

一函一冊。中國人民大學圖書館圖書編號：210/217。中國人民大學圖書館圖書登錄編號：508458。單魚尾。版心上部刻書名。四周雙邊。白口。寬14.8厘米，高24厘米。

　　書衣頁上有"教育部平津圖委會分配：974"字樣。書名頁題字用隸書"虢盤釋文"。有書牌頁"同治乙丑冬日"，卷末并有"銘善小印"私印一枚。正文書名爲"虢季子白盤釋文"。程銘善作跋。所收爲考證三代青銅器《虢盤》銘文。有器形圖，有尺寸説明，有釋文，有考證文字。此書又名《虢季子白盤銘考》，見《北京大學圖書館藏古籍善本書目》第二百零八頁："虢季子白盤銘考一卷。清吳雲撰。清同治五年（1866）二百蘭亭齋刻本，一册。NC283。"與中國人民大學圖書館所藏此書相同。然而，二百蘭亭齋刻本爲 1856 年開雕，非 1866 年。

《滕縣金石志》不分卷

生克昭撰。

生克昭（1893—1975），山東滕縣（今滕州市）人。字介明。

　　一函一册。中國人民大學圖書館圖書編號：210/234。中國人民大學圖書館圖書登録編號：558954。單魚尾。無版心。四周雙邊。白口。寬 18.2 厘米，高 30 厘米。

　　書衣頁題字用隸書"滕縣金石志"，落款用楷書"吕式斌署耑"。有"式斌"和"文寧"私印二枚。書名頁題字用篆文"滕縣金石志"，落款用楷書"容庚"。有書牌頁"甲申閏四月刊於北京法源寺"。所收三分之一爲三代青銅器銘文。無器形圖，有尺寸説明，有釋文，有考證文字。

《諸城王氏金石叢書提要》一卷

王維樸撰。

王維樸（1897—1932），山東諸城人。字齊民。

　　一函一册。中國人民大學圖書館圖書編號：2101/41。中國人民大學圖書館圖書登録編號：537574。單魚尾。無版心。上下單邊，左右雙邊。上下粗黑口。寬 15 厘米，高 26 厘米。

　　書名頁題字用隸書"諸城王氏金石叢書提要"，落款用行書"孝胥"。有書牌頁"庚午三月盉盦印行"。目録右下角有"《盉盦著書》之一"字樣。所收爲諸城王氏家族歷代研究三代青銅器著作提要，對于研究王氏家族治金歷史，有重大的參考價值。

《慶元嘉定古器圖》六卷

　　（宋）無名氏撰。

《宋史·藝文志》目録中有記載。

《潔盦金石言》一卷

（清）范公偁撰。

范公偁，生卒年不詳，廣東番禺（今廣州）人。字伯元，號潔盦。

一函一册。中國人民大學圖書館圖書編號：51/299。中國人民大學圖書館圖書登録編號：564442。單魚尾。版心中部刻書名。上下單邊，左右雙邊。上下粗黑口。寬 14.4 厘米，高 24.8 厘米。

無書名頁。有書牌頁。本書係《信古閣小叢書》之一。内有《王復齋鐘鼎款識跋》和《筠清館金石録跋》二文涉及三代青銅器彝銘。無器形圖，無尺寸説明，無釋文，有考證文字。卷末有黄任恒跋。

《潛研堂金石文跋尾》二十卷

（清）錢大昕撰。

錢大昕（1728—1804），江蘇嘉定（今上海市嘉定區）人。字曉徵，又字辛楣，號竹汀，晚年自稱潛研老人。乾隆進士。曾任翰林院侍講學士等。他晚年時潛心著述課徒，歷主鐘山、婁東、紫陽書院講席。出其門下之士多至二千人。其學以"實事求是"爲宗旨，本着從訓詁以求義理的原則，并不專治一經，也不墨守漢儒家法。同時主張把史學與經學置于同等重要地位，以治經方法治史。

該書對歷代碑刻進行詳細考訂，引證材料涉獵廣博。李遇孫《金石學録》中評價説：

> 此書在《潛研文集》之外。王炎禄稱其盡掩永叔、德父、元敬、子函、亭林、竹垞、虛舟七家而出其上，遂爲古今金石學之冠。殆非誇語。

《潛研堂文集》七十卷

（清）錢大昕撰。

二函十六册。中國人民大學圖書館圖書編號：48/33。中國人民大學圖書館圖書登録編號：44394—44409。單魚尾。版心上部刻書名。四周單邊。白口。寬 13.3 厘米，高 19.9 厘米。

書名頁題字用楷書"潛研堂文集五十卷。詩集十卷。續集十卷"。有書牌頁"上海涵芬樓景印《潛研堂全書》本，原書板匡高營造尺五寸八分，寬四寸三分"。卷前有段玉裁序。卷十七、卷二十五和卷三十中所收爲三代吉金著作題跋十幾篇。

《澂秋館吉金圖》不分卷

孫壯撰。

孫壯（1879—1938），北京大興人。字伯恒，號雪園，齋名讀雪齋。曾任商務印書館經理。

一函二册。中國人民大學圖書館圖書編號：2103/5。中國人民大學圖書館圖書登録編號：180832—180833。無魚尾。版心上部刻書名。四周單邊。白口。寬 22.2 厘米，高 33 厘米。

書衣頁題字用楷書"澂秋館吉金圖"，落款用楷書："寶熙署"，有"寶熙"私印一枚。書名頁題字用篆文"澂秋館吉金圖"，落款用行書"上虞羅振玉署"，有"臣振玉"私印一枚。有書牌頁"夏曆庚午冬月付印"。所收爲陳寶琛所藏三代青銅器，有部分秦漢器。有器形圖，有尺寸説明，有釋文，有考證文字，有收藏者印。

此書另有中華民國二十年影印本。容媛《金石書録目》卷二中言："《澂秋館吉金圖》二册。北平孫壯編次，民國二十年影印本。"而《京都大學人文科學研究所漢籍目録》下卷第二百九十四頁中云："《澂秋館吉金圖》不分卷。清陳寶琛輯。民國十九年閩陳氏石印本。"此言有誤。又見《北京大學圖書館藏古籍善本書目》第二百零八頁："NC2106.90/7931 澂秋館彝器拓本。陳寶琛藏器。1928 年金溪周康元拓本。一册。"此稿本可能即《澂秋館吉金圖》之拓本的摹本。中國人民大學圖書館所藏之書和京都大學人文科學研究所所藏之書相同，皆早于容媛所見之書。

此書又名《澂秋館吉金圖録》，不分卷，即爲陳寶琛所藏吉金及其拓本圖録。

陳寶琛（1848—1935），福建閩縣（今福州）螺洲人。字伯潛，號弢庵、陶庵。曾任翰林院侍講、充日講起居注官、内閣學士兼禮部侍郎、山西巡撫等。

《審訓宦金文》不分卷

（清）張芝昌撰。

張芝昌，生卒年不詳，籍貫不詳。

此書爲商周金文拓本。

《選青閣藏器目》一卷

（清）王錫棨撰。

王錫棨，生卒年不詳，山東諸城人。字戟門，以"選青閣"作爲齋名。

一函一冊。中國人民大學圖書館圖書編號：51/90。中國人民大學圖書館圖書登録編號：538953。單魚尾。版心中部刻書名。上下單邊，左右雙邊。白口。寬14.4厘米，高24.6厘米。

書名頁題字用楷書"選青閣藏器目"，無落款。有書牌頁"讀二通齋印行"。此書爲《靈鶼閣叢書》之一。所收爲三代青銅器藏器目五十餘件。無器形圖，無尺寸説明，無釋文，無考證文字。褚德彝《金石學録續補》稱作者：

> 精小學，所藏古彝器甚富。

此書另有《叢書集成初編》本。

十 六 畫

《歷代鐘鼎文考》卷數不詳

（明）陸堯封撰。

陸堯封（1526—1602），浙江平湖人。字蘊昆。

《歷代鐘鼎彝器款識法帖》二十卷

（宋）薛尚功撰。

一函四冊。中國人民大學圖書館圖書編號：2102/60。中國人民大學圖書館圖書登録編號：323689—323692。無魚尾。無版心。無邊。白口。寬17.5厘米，高29.5厘米。

書名頁題字用篆文"景刊雜鈔薛尚功歷代鐘鼎彝器款識法帖二十卷"，無落款，但是書名頁後另有一頁文字如下：

> 《鐘鼎款識》臨宋寫本廿卷，嘉慶丁卯平津館開雕，嚴鐵橋孝廉爲五松老人

臨影是書，并作封面。在嘉慶丁卯。當時未開雕。今年鋟版□手，已在一百一年以後。五松老人其亦權慰於九泉耶？仍用原題刻是書，首是存舊觀之意耳。光緒丁未臘八日書於漢口，貴池劉世珩記。

有書牌頁"光緒癸卯嘉平月貴池劉氏玉海堂校刊于武昌"。卷前有孫星衍序。孫氏序中言及此版本之由來：

> 曩客中州時，見薛氏《鐘鼎款識》石刻本于歸河丞朝煦處。未及細閱。後至京師，得明刻佳本，旋爲友人取去。阮中丞開府浙中，既以宋刻板本校梓行世，視舊本精善。及余再官東省，得見舊寫本，多元明印章。或題爲繭紙薛尚功手書者，未知是非。然紙色舊而篆文極工，核之阮氏刻本及近時本，篆體審正，釋文字句增多，可以訂別本誤改篆文及脫落釋文共若干處。記所見《法帖》本，式樣正與此相似，雖不敢定爲薛氏手迹，其爲宋寫本無疑矣。

所收爲三代青銅器，多彝銘，有部分秦漢器。有器形圖，有尺寸説明，有釋文，有考證文字，有拓片或摹寫。該書對彝銘中的史事和禮制問題的考證，頗爲詳細，開後代治金著作之體例。孫怡讓《薛尚功鐘鼎款識跋》："惟石本題'法帖'，而手迹本則無此二字。"則書名當爲"歷代鐘鼎彝器款識"。《郡齋讀書志》中收録此書時書名爲《鐘鼎款識》而已。

此書另有多種版本存世。見容媛《金石書録目》卷二：

> 《歷代鐘鼎彝器款識法帖》二十卷，宋錢塘薛尚功著。明萬曆十六年（1588）萬岳山人刻，朱印本，考證刪節不全。明崇禎六年（1633）朱氏刻本。清嘉慶二年（1797）儀徵阮氏刻本。博文齋翻刻阮氏本。光緒三十三年（1907）貴池劉氏刻本（附劄記）。民國古書流通處石印本。民國二十一年（1932）中央研究院歷史語言研究所影印宋拓殘本十葉。民國二十四年（1935）海城于氏影印朱氏刻本。

有關宋明版本之流傳，見瞿鏞《鐵琴銅劍樓藏書目録》：

> 薛氏手書本，舊藏山陰錢德平家，流傳不一姓。崇禎間，南州朱謀垔氏得之，摹刻以行，并爲之序，後有張天雨、趙孟頫、楊伯嵒、周密、柯九思、周伯温、豐坊等題語，俱以手書摹刻。近揚州阮氏重刻本，未録朱序及元人題語，當出自別本也。

又見耿文光《萬卷精華樓藏書記》：

　　嘉慶二年儀徵阮氏刊本有序，因硃印本訛舛最多，跋尾不全。崇禎間朱謀
垔所刊原書板本并佚，傳寫滋誤。據袁氏廷檮影抄舊本及所藏舊鈔、宋時石刻
本，互相校勘，更就文瀾閣寫本補之。其審定文字摹寫款識，鈔錄釋跋皆極一
時一選，誠佳本也。

　　中國人民大學圖書館藏有《景朱刻本歷代鐘鼎彝器款識》一書，一函四冊。中
國人民大學圖書館圖書編號：2102/10。中國人民大學圖書館圖書登錄編號：152203—
152207。無魚尾。無版心。四周單邊。白口。寬 17.2 厘米，高 30.3 厘米。書衣頁題
字用篆文"景朱刻本歷代鐘鼎彝器款識"，落款用行書"于省吾"。書名頁題字用篆
文"景朱刻本歷代鐘鼎彝器款識"，落款用行書"容庚"，有"希白"私印一枚。有
書牌頁"民國廿四年海城于氏景印明崇禎刻本"。卷前有于省吾序。

　　中國人民大學圖書館藏有《臨宋寫本鐘鼎款識》一書，一函五冊二十卷。中國人
民大學圖書館圖書編號：2102/48。中國人民大學圖書館圖書登錄編號：223604—
223608。無魚尾。無版心。四周單邊。白口。寬 13.2 厘米，高 19.9 厘米。書衣頁題
字用篆文"薛氏鐘鼎款識"，落款用行書"軍毅署"。有版權頁"中華民國廿三年。
上海鑄記書局出版"。卷後有"荃孫手購"字樣，并有"藝文校。癸丑十一月又校。
小珊"字樣。可知此書使用的是繆荃孫藏本。

　　中國人民大學圖書館藏有嘉慶本《歷代鐘鼎彝器款識法帖》一書，一函四冊二
十卷。中國人民大學圖書館圖書編號：2102/60—1。中國人民大學圖書館圖書登錄
編號：329575—329578。無魚尾。無版心。四周單邊。白口。寬 17.2 厘米，高 27.1
厘米。有藏書章"字衡耀號研齋"。有書牌頁"嘉慶二年閏六月刊本"。

　　中國人民大學圖書館善本部藏有鈔本《歷代鐘鼎彝器款識法帖》一部，一函四
冊八卷。中國人民大學圖書館圖書編號：2102/60—2。中國人民大學圖書館圖書登
錄編號：516789—516792。無魚尾。無版心。無邊。白口。寬 19 厘米，高 29.4 厘
米。存前八卷。扉頁題字爲"丁卯上元前一日得於廠肆富華閣。盛鐸記"。全書一冊
頁裝裱而成。後十二卷鈔本今存北京大學圖書館善本部。

　　《歷代鐘鼎彝器款識法帖》二十卷，高宗紹興十四年（1144）成書。前十七卷共
著錄商周銅器四百六十四器，編排較有條理，是宋代金石書中銅器銘文資料最豐富
的一部。即卷一收四十六器，卷二收四十三器，卷三收三十四器，卷四收四十四器，
卷五收四十四器，卷六、七、八收三十八器，卷九、十收五十七器，卷十一收二十
二器，卷十二收三十三器，卷十三、十四收三十九器，卷十五收二十二器，卷十六

收二十九器，卷十七收十三器。所收銅器總數超出《考古圖》和《博古圖》兩書。故此，《四庫全書總目》中曾評價：

> 雖大抵以《考古》《博古》二圖爲本，而搜輯較廣，實多出于兩書之外。

所言不差，足見薛氏本人的搜求功夫之深。

此書臨摹古器物之銘辭，逐加箋釋，大抵以《考古》《博古》二圖爲主。後世考釋金文之書，多仿其體例。而且，本書盡力將每一件銅器全標上器名，完成了對宋代保存的古銅器的命名。但是，有些分類和命名顯然是錯誤的，如卷十三的《屈生敦》，應該歸入簋類。容庚在《宋代吉金書籍述評》一文中曾指出：

> 其所定夏器、商鐘當屬之周，而商周二代，雖大較近是，而周器有當入之于商者……以《夔鼎》上一字爲夔字，《父乙鼎》末一字爲彝字，《召夫鼎》釋家刊二字，説均未確，以《父甲鼎》立戈爲子，則以不誤爲誤矣。[1]

上海圖書館古籍部收藏此書，索書號爲：綫普長 019797、綫普長 5876-79、綫普長 311540-43、綫普長 479565-68、綫普 344143-48、綫普 434931-34、綫普 434324-27、綫普 344149-52、綫普長 437557-60、綫普長 001159、綫普 316805-08、綫普長 409622。

《歷城金石志》二卷

夏曾德、夏金年撰。

夏曾德，生卒年不詳，山東歷城（今濟南）人。字魯生。其弟夏金年，生卒年不詳。字麗生。

一函二冊。中國人民大學圖書館圖書編號：210/38。中國人民大學圖書館圖書登録編號：117984—117985。單魚尾。版心上部刻書名，下刻"濟南大公印務公司印"字樣。四周雙邊。白口。寬 14.8 厘米，高 26.6 厘米。

書名頁題字用隸書"歷城金石志"，落款用隸書"笠僧署簽"，有"笠僧"私印一枚。卷首有呂志贏識語：

> 吾邑續修縣志，金石一門爲吾友魯生夏君所編，其弟麗生又即其稿而增益之，成《金石考》二卷。

---

[1]《容庚選集》，天津人民出版社 1994 年版，第 28 頁。

則此書又名《金石考》。卷一收爲三代青銅器彝銘一件。無器形圖，有尺寸説明，有釋文，有考證文字。

《器準》九篇

（北朝）元延明撰。

元延明，生卒年不詳，北朝人。世襲安豐王。該書具體内容不詳。根據《北史·文成五王傳》的記載，河間人信都芳曾"別爲之注"。并且此書也曾"行于世矣"。此書從書名上推測，可能内容上有對銅器用品尺寸的説明。又根據上書記載：

> 延明家有群書，欲抄集《五經》算事爲《五經宗》，及古今樂事爲《樂書》，又聚渾天、欹器、地動、銅烏、漏刻、候風諸巧事，并圖畫爲《器準》，并令芳算之。會延明南奔，芳乃自撰注。

《嘯堂集古録》二卷

（宋）王俅撰。

一函二册。中國人民大學圖書館圖書編號：51/107。中國人民大學圖書館圖書登録編號：114573—114574。單魚尾。無版心。上下單邊，左右雙邊。白口。寬13.1 厘米，高 20 厘米。

書名頁題字用楷書"嘯堂集古録"，有書牌頁"上海涵芬樓景印蕭山朱氏藏宋刊本，原書板框高二十四公分，寬十八公分"。所收爲三代青銅器，多有彝銘，有部分秦漢器。有器形圖，有尺寸説明，有釋文，無考證文字，有摹寫。卷末有曾伯虞、阮元、干文傳、翁方綱、黃紹箕等人跋。據李遇孫《金石學録》稱此書：

> 聚古器款識，各以今文釋之。

林鈞《石廬金石書志》卷八如是評價此書：

> 是書固真贋雜糅，然所采掫尚足資鑑，不能以一二疵累廢之。蓋居千百年下而辨別千百年上之遺器，其物或真或不真，其説亦或確或不確。自《考古》以下，大勢類然，亦不但此書也。

此書另有版本多種存世。見容媛《金石書録目》卷二：

> 《嘯堂集古録》二卷。宋任城王俅輯。淳熙三年刻本。《續古逸叢書》石印

宋淳熙本。明覆宋刻本缺序一葉。《百一廬金石叢書》石印明刻本。振新書社翻明刻本。嘉慶十六年夗湖張氏醉經堂校刻本。

《嘯堂集古録》二卷成書約後于《宣和博古圖》，著録商周青銅器 275 器。上爲銘文摹本，摹其款識。下附釋文，各以今文釋之。彝銘間有删節脱漏。還收録了部分偽器，如《滕公墓銘》等。但摹刻較精，有研究價值。可惜此書没有考證文字，這就降低了其學術價值和學術影響力，祇是銘文集成性質的史料彙編著作而已。它和《鐘鼎款識》的區别，是多了釋文。

該書的分類爲：鼎、尊、彝、卣、壺、爵、斝、觚、巵、觶、角、敦、簠、簋、豆、鋪、甗、錠、印、盤、鈎、匜、洗、鋗、盂、鐸、鐘、鑑、甬、權。可以看出，分類頗爲混亂，而且還不成熟。

容庚在《宋代吉金書籍述評》一文中曾考證：

> 全書祇有釋文而無考證。續録銘文釋文間有删節，缺釋。如《齊侯盤》銘文十七字，祇録七字，釋文祇有四字。《齊侯匜》銘文十七字，祇録六字，釋文祇有三字。《谷口甬》銘文四十五字，祇録三十二字，又無釋文。[1]

此書也對當時銅器的出土地點有準確的交代。如《毛伯敦》彝銘中就直接説明了"此敦，原父得其蓋於扶風而有此銘"，《韓城鼎》彝銘中記載"原父既得鼎韓城"等等。著名的《籀史》一書中居然没有對此書的任何介紹和評價。

在編排體例上，本着先鼎的原則，反映了當時對鼎器的價值功能的注重。其次，全部彝銘采用摹本而不是拓本，擴大了金文著作的出版和著述模式。至今，拓本或者摹本，成爲著録金文的兩大重要模式。

上海圖書館古籍部收藏此書，索書號爲：綫善 781589-90、綫善 T05019-20。

《積古齋吉金圖釋》八卷

(清) 徐子昌撰。

徐子昌，生卒年不詳，籍貫不詳。

《積古齋藏器目》一卷

(清) 阮元撰。

---

[1]《容庚選集》，天津人民出版社 1994 年版，第 40 頁。

一函一册。中國人民大學圖書館圖書編號：51/90。中國人民大學圖書館圖書登錄編號：538935。單魚尾。版心中部刻書名。上下單邊，左右雙邊。白口。寬14.4厘米，高24.6厘米。

書名頁題字用楷書"積古齋藏器目"，無落款。有書牌頁"師許室刻"。此書爲《靈鶼閣叢書》之一。所收爲三代青銅器藏器目七十餘件。無器形圖，無尺寸説明，無釋文，無考證文字。

此書另有《叢書集成初編》本。

《積古齋鐘鼎彝器款識》十卷

（清）阮元撰。

一函四册。中國人民大學圖書館圖書編號：2102/76。中國人民大學圖書館圖書登錄編號：378091—378094。單魚尾。版心上部刻書名。四周單邊。白口。寬17.3厘米，高29.8厘米。

書名頁題字用篆文"積古齋鐘鼎彝器款識"，無落款。有書牌頁"光緒九年歲在癸未六月常熟鮑氏後知不足齋校梓"。目録後特別説明"虞山鮑廷爵叔奐甫重校刊"。正文署名爲"揚州阮氏編録"。前八卷所收爲三代青銅器，多有彝銘，後兩卷爲秦漢器。對文字考證頗爲詳細，徵引古書亦多。有器形圖，有尺寸説明，有釋文，有考證文字。

此書版本頗多，根據容媛《金石書録目》卷二中記載：

> 《積古齋鐘鼎彝器款識》十卷。清揚州阮元編録。嘉慶九年自刻本。光緒五年湖北崇文書局翻刻本。光緒八年常熟抱芳閣刻本。光緒九年改稱鮑氏後知不足齋刻本。

《北京大學圖書館藏古籍善本書目》第二百零九頁中收有此書的另一種抄本："麟石氏抄本。二册。NC2078/7111.01。"

中國人民大學圖書館藏有《積古齋鐘鼎款識稿本》一套，一函三册四卷。中國人民大學圖書館圖書編號：381/36。中國人民大學圖書館圖書登録編號：05915—05917。無魚尾。無版心。無邊。白口。寬17.5厘米，高28.2厘米。書名頁題字用隸書"積古齋鐘鼎款識稿本"，落款用隸書"甲戌正月，庸齋題記"。目録後又有書名頁"積古齋鐘鼎款識稿本鉏經堂金石跋"。此頁後有云：

　　此即《積古齋鐘鼎款識》稿本也。觀此標目題識及冊內，先嚴諱有，改作。阮太傅名處亦有署名處空出而太夫子自填者，則此書先成而積古齋之名轉爲後起矣。故卷帙編次不與彼本從同。當日刻時必另有樣本，此則其祖本也。四冊中皆有太傅親筆。

　　稿本前幾頁爲楷書清抄本，亦有塗改。而後則全爲行書。

　　阮元在金文學術研究上成就很大。除了有名著《積古齋鐘鼎彝器款識》一書之外，還有《山左金石志》《揅經室集》《積古齋藏器目》等多部研究專著刊行。而且，還刊行了一套名爲"積古齋藏宋拓摹刻"之書。這套書中最有名的是道光二十八年漢陽刊本的《宋王復齋鐘鼎款識》一書，每一件銅器下都有阮元題跋，并收有宋至清代有關此器之流傳經緯、主要考證觀點、以及釋文。卷後又收畢良史藏古銅器十五種，阮元對此也作了考證，著述體例同上。

　　《積古齋鐘鼎彝器款識》一書前八卷所收爲三代青銅器，卷一和二共計收商代彝銘一百七十三器，卷三至卷八共計收周代彝銘二百七十三器。對文字考證頗爲詳細，徵引古書亦多。有器形圖，有尺寸說明，有釋文，有考證文字。卷首有《商周銅器說》和《商周兵器說》二篇。《商器款識》分類爲：鐘、鼎、尊、彝、卣、壺、爵、觚、觶、角、敦、甗、鬲、盉、匜、盤、戈、句兵。《周器款識》分類爲：鐘、鼎、尊、卣、壺、爵、斝、觶、觚、彝、敦、簠、簋、鬲、盉、匜、盤、甗、戈、戟、句兵、斧、槍、劍、距末、刀珌、削和豐。

　　此書的拓本由來，阮充在《雲莊印話》一文中曾陳述：

　　　朱椒堂兵部爲弼、錢獻之坫、宋芝山葆淳、趙晉齋魏、何夢華元錫、張農閣彥曾、張艺堂燕昌，同有金石之癖，曾爲文達公摹輯《鐘鼎彝器款識》。

　　嘉慶二年正月二十二日，阮元聘朱爲弼編纂此書。嘉慶九年八月十五日，阮元爲《積古齋鐘鼎彝器款識》一書作序，則此書定稿。

　　上海圖書館古籍部收藏此書，索書號爲：綫普 555853-56、綫普 344153-58、綫普長 311544-47、綫普長 675732-35、綫普長 485679-82、綫普長 664547-50、綫普長 000640、綫普長 383484-89、綫普長 478506-11、綫普長 637569-74、綫普 378452-57、綫普長 013984、綫普長 019803、綫普長 677244-49、綫普 548313-17、綫普 272074-149、綫普 013188。

《積古齋鐘鼎彝器款識補遺》一卷

(清) 王仁俊撰。

此書專爲補充《積古齋鐘鼎彝器款識》一書之遺漏而來。

《衡齋金石識小録》二卷

黄濬撰。

一函二册。中國人民大學圖書館圖書編號：2103/36。中國人民大學圖書館圖書登録編號：519789—519790。無魚尾。版心中右部刻書名。無邊。白口。寬 14.2 厘米，高 22 厘米。

書名頁題字用篆文 "衡齋金石識小録"，落款用篆文 "孫壯，甲戌十二月"。有書牌頁 "北平尊古齋"。卷前有于省吾序。有版權頁 "民國二十四年二月初版"。所收爲黄濬所藏三代青銅器。有照相器形圖，無尺寸説明，無釋文，無考證文字。

是書所收銅器種類以量符爲多。

《歙縣金石志》十四卷

葉爲銘撰。

葉爲銘 (1868—1948)，安徽歙縣人。字品三，號葉舟。世居浙江杭州。葉希明從侄。

一函六册。中國人民大學圖書館圖書編號：210/37。中國人民大學圖書館圖書登録編號：269537—269542。單魚尾。版心上部刻書名。四周單邊。下細黑口。寬 14.7 厘米，高 26.5 厘米。

書名頁題字用隸書 "歙縣金石志"，落款用行書 "葉舟從侄嗜金石、善篆刻，尤勤著述。曾輯《廣印人傳》《金石書目》《印譜存目》行世。今年七十，搜采故鄉金石，纂成專志。可謂老而彌篤者矣。丙子夏，新州葉希明署"。有 "希明" 私印一枚。無書牌頁。卷前有陳錫鈞、顧變光、陳訓慈等人序。卷一所收三代青銅器銘文六件。無器形圖，有尺寸説明，有釋文，有考證文字，有收藏者説明。卷末有 "葉希明、葉爲耽同校" 字樣。

《獨笑齋金石文考釋初集》五卷

(清) 鄭業斅撰。

鄭業斆（1842—1919），湖南長沙人。字君覺，號幼惺。楊樹達《積微居小學述林·讀〈獨笑齋金石文考〉》：

> 鄭氏（業斆）字君覺，號幼惺，湖南長沙人，清季嘗佐左宗棠甘肅戎幕，官江南候補道，入民國後卒。著者於前清光緒丁亥游福州，曾自刊所爲《金石文考》四卷。嗣後時有增訂，寫成定本，爲端方借去未還。此本乃鄭氏故後，子沅掇拾遺稿輯成，以三代秦漢金文爲一集，漢石以下爲二集。著者生平篤嗜金石之學，自少至老未嘗或輟，故此篇所甄論，勝義頗多。[1]

另有《獨笑齋金石文考釋二集》四卷，1929 年慧業堂刻本。

十 七 畫

《鮮庵金文石文題記》不分卷

（清）黃紹箕撰。

黃紹箕（1854—1908），浙江瑞安人。字仲弢，號浮曇末齋主人。歷任翰林院編修、湖北提學使。曾在西湖書院講學。

根據王蘊章《然脂餘韻》卷二記載“光緒季年，瑞安黃仲弢（紹箕）歿於湖北提學使之任”記載，則其卒年當爲 1908 年。

黃氏死于湖北任上，錢伯吹有撰聯悼念：“鄂雲寡色，漢水不春，泪眼看山河，公竟化鶴歸來，萬古神傷，一個使星惜天下；滄海乘槎，瀛洲采藥，大名懸中外，我亦釣鰲舊侶，十年夢覺，二分明月哭先生。”

《濟南金石志》四卷

（清）馮雲鵷撰。

一函八册。中國人民大學圖書館圖書編號：269/87。中國人民大學圖書館圖書登録編號：247877—247884。單魚尾。版心上部刻書名。四周單邊。白口。寬 15.9 厘米，高 25 厘米。

---

[1] 楊樹達：《積微居小學述林》，中華書局 1983 年版，第 275 頁。

書名頁題字用隸書"濟南金石志"，落款用楷書"道光庚子新鎸"。有書牌頁"郡齋藏板"。有王震、汪喜孫序。卷一《歷代金》所收爲三代青銅器，多有彝銘三十餘件。無器形圖，有尺寸說明，有釋文，有考證文字。多引用《金石索》和《博古圖》。

《濰縣陳氏金文拓本釋》一卷

（清）陳介祺撰。

十 八 畫

《豐潤古鼎圖釋》一卷

（清）黃易撰。

豐潤古鼎，指一尊豐潤出土的牛鼎。程瑤田到豐潤時，見到了文廟所藏的牛鼎，寫下了《記豐潤縣牛鼎呈朱竹君翁覃溪兩太史》一文，云：

> 重五十五斤。兩耳三足。足承鼎腹處爲牛首，足末爲牛蹄，故銘曰"牛鼎"也。高通足一尺二寸有奇，耳高五寸有奇，出鼎口者三寸有奇，通耳高一尺五寸有奇也。腹深八寸八分，口徑一尺六寸六分，邊一寸四分，去其邊得徑一尺三寸八分。前面一足當中，後面近兩耳處爲兩足。腹內有銘，當前面一足之上銘五行共四十一字，其文曰："惟甲午八月丙寅，帝若稽古，肇作宋器。審厥象作牛鼎，格於太室，迺用享，億寧神休，惟帝時寶，萬世其永賴。"

《簠齋尺牘》不分卷

（清）陳介祺撰。

二函十二册。中國人民大學圖書館圖書編號：2102/70。中國人民大學圖書館圖書登錄編號：770100—770111。無魚尾。無版心。無邊。白口。寬 17.7 厘米，高 29 厘米。

函套上有陳漢章題簽兩則：

> 《簠齋尺牘》，陳壽卿太史與先史爲金石交。今爲渭□三哥，題此願吾人效

法前人，永矢真誼也。漢章。上。

　　《簠齋尺牘》，吾與渭兄交誼匪淺，以視簠老之與先君，頗多相肖也。戊寅三月，寫於天津渭兄之安屬廬。漢章。下。

　　書名頁題字用隸書“簠齋尺牘”，落款用隸書“黄縣丁氏匋齋藏，雪堂羅振玉署”，有“羅振玉印”和“高榮覽印”私印二枚。又有“福山王氏天壤閣藏”收藏者印一枚。有版權頁“中華民國八年上海商務印書館”。此書爲陳敬第多方搜集，十分不易。陳介祺精于楷書，故尺牘亦爲法書精品。戊寅爲 1938 年，而陳漢章正是卒于此年，故此題款可能是其絕筆。此書所收爲陳介祺與友人尺牘，多涉及三代青銅器彝銘。

　　林鈞《石廬金石書志》卷二十二稱：

　　陳介祺壽卿作，簠齋晚年與吴縣吴大澂先生交最密，寄書亦最勤。函中盡屬商訂金石計二百九十餘通。

　　又言：

　　各劄析疑辨難尤多創解，其間考證金文居十之九，無一酬應之語。

《簠齋吉金録》八卷

（清）陳介祺藏、鄧實撰。

鄧實（1877—1951），廣東順德人。字秋枚，號枚子，齋名鷄鳴風雨樓。

一函八册。中國人民大學圖書館圖書編號：2103/20。中國人民大學圖書館圖書登録編號：378013—378020。無魚尾。無版心。無邊。白口。寬 17 厘米，高 26.8 厘米。

　　書名頁題字用篆文“簠齋吉金録”，落款用楷書“褚德彝題”。有書牌頁“戊午十二月風雨樓影印”。卷後有版權頁“中華民國七年十一月，用金屬版印竣，神州國光社發行”。所收爲陳介祺所藏三代青銅器，亦有部分秦漢器。有器形圖，有尺寸説明，有部分釋文，無考證文字。

　　林鈞《石廬金石書志》卷八如是評價此書：

　　陳公生青齋之故墟，爲古物所萃，生平抱傳古之高志，老而彌篤。其所藏弆，實集古今吉金之大成。然因過於矜慎，及身竟未成書。好古之士，僉引爲憾。其椎拓款識精妙絕倫，爲向來所未有。非同好者，不輕贈與。

　　《北京大學圖書館藏古籍善本書目》第 209 頁中收有此書的另一種抄本：“簠齋

吉金録拓本。四十册。同光間濰縣陳氏拓本。NC2105.90/7983。"

《簠齋金石文考釋》一卷

（清）陳介祺撰。

《簠齋傳古别録》一卷

（清）陳介祺撰。

一函一册。中國人民大學圖書館圖書編號：51/178。中國人民大學圖書館圖書登録編號：5621165。單魚尾。版心上部刻書名。四周雙邊。白口。寬 15.2 厘米，高 24.2 厘米。

無書名頁。無書牌頁。此書爲《滂喜齋叢書》之一。所收爲有關三代青銅器彝銘拓法和鑑别問題文章，是研究金文學的輔助性參考書。

《簠齋傳古别録》在銅器的作僞判斷上，提出了切實可行的方法：

> 僞刻必有斧鑿之痕，以銅絲刷去之則又有刷痕，而字鋒又失。且舊物手摸即可知（銅、玉等皆然，古物皆然）。僞者必不渾融，僞者斑下無字，斑中更不能見字。古器過朽，銅質無存，則字不可剔而可見。真者字底有銅汗積灰，必不能僞。鑄字、刻字必可辨。鑄字佳者，每上狹而下寬。古人之字祇是有力，今人祇是無力。

在金文學術研究的方法論問題上，他提出了"多見"説：

> 金文多見多讀，自可通真僞，釋古文字，多見爲第一。

此説已經是金文研究方法論上的定論。

陳介祺的收藏，可以通過《簠齋藏器目》和《簠齋吉金録》二書中記載得到大致瞭解。其中收商周有銘銅器二百四十八器。而無銘器和漢唐器更倍于此。難怪時人稱其"所藏鐘鼎、彝器、金石爲近代之冠"。

在拓本的製作問題上，他獨創了全形拓和蟬翼拓，使銘文拓本更爲精美絶倫。一時間他親手製作的拓本成爲學術界的至寶。葉昌熾《語石》中就公推他爲"拓法爲古今第一"。吳大澂更是贊美他的拓本爲"紙墨精良，爲從來所未有"。他開創并發展了彝銘研究的新分支——吉金拓本學。

上海圖書館古籍部收藏此書，索書號爲：綫普長 409944、綫普長 24302、綫普長 019916、綫普長 456432、綫普 362699。

《簠齋藏吉金拓本》不分卷

（清）陳介祺撰。

《簠齋藏器目》一卷

（清）陳介祺撰。

一函一册。中國人民大學圖書館圖書編號：51/90。中國人民大學圖書館圖書登錄編號：538953。單魚尾。版心中部刻書名。上下單邊，左右雙邊。上下粗黑口。寬 14.4 厘米，高 24.6 厘米。

書名頁題字用楷書"簠齋藏器目"，落款用楷書"閒詁宧刻"。有書牌頁"丙申六月印行"。此書爲《靈鶼閣叢書》之一。所收爲三代青銅器藏器目二百餘件。無器形圖，無尺寸説明，無釋文，無考證文字。

《簠齋藏器目第二本》一卷

（清）陳介祺撰。

一函一册。中國人民大學圖書館圖書編號：51/90。中國人民大學圖書館圖書登錄編號：538953。單魚尾。版心中部刻書名。上下單邊，左右雙邊。上下粗黑口。寬 14.4 厘米，高 24.6 厘米。

書名頁題字用楷書："簠齋藏器目"，有書牌頁"籀書宧印行"。此書爲《靈鶼閣叢書》之一。所收爲三代青銅器藏器目二百餘件。無器形圖，無尺寸説明，無釋文，無考證文字。

《雙虞壺齋藏器目》一卷

（清）吳式芬撰。

吳式芬（1796—1856），山東海豐（今無棣）人。字子苾，號誦孫，以"雙虞壺齋"作爲齋名。道光進士。官至内閣學士。著名銅器收藏家和彝銘學家。

"雙虞壺"本是一對同銘的青銅壺，是吳式芬的祖父所贈。壺内有彝銘。吳氏晚年遂以"雙虞壺齋"命名自己的書房。

一函一册。中國人民大學圖書館圖書編號：51/90。中國人民大學圖書館圖書登録編號：538953。單魚尾。版心中部刻書名。上下單邊，左右雙邊。上下粗黑口。寬 14.4 厘米，高 24.6 厘米。

書名頁題字用隸書"雙虞壺齋藏器目"，無落款。有書牌頁"小文選樓刊"。此書爲《靈鶼閣叢書》之一。所收三代青銅器七十餘件，每件青銅器都説明具體鑄刻字數。無器形圖，無尺寸説明。該書對《亞形中召夫足迹形鼎》彝銘説明頗爲詳細。

《雙劍誃吉金文選》二卷

于省吾撰。

于省吾（1896—1984），遼寧海城人。字思泊，齋名"雙劍誃"。曾任吉林大學教授等。著名銅器收藏家和甲骨、彝銘學家。

一函二册。中國人民大學圖書館圖書編號：210/135。中國人民大學圖書館圖書登録編號：173783—173784。單魚尾。版心上部右側刻書名。四周單邊。上下細黑口。寬 15.5 厘米，高 26 厘米。

書名頁題字用篆文"雙劍誃吉金文選"，落款用楷書"馬衡"，有"馬衡"私印一枚。目録首頁下方有"于省吾"私印一枚。所收爲三代青銅器，多有彝銘。無器形圖，有釋文，有考證文字。天頭地脚亦多有眉批。

此書爲現當代治金名著之一。1933 年于北京刊石印本。此書所收皆真器真銘，可信度高。臺灣地區曾出版《〈雙劍誃吉金文選〉考釋》一書。并且臺灣藝文印書館和北京中華書局都曾重新刊印此書。

《雙劍誃吉金圖録》二卷

于省吾撰。

一函二册。中國人民大學圖書館圖書編號：210/20。中國人民大學圖書館圖書登録編號：182245—182246。無魚尾。版心上部右側刻書名。無邊。白口。寬 21.8 厘米，高 32.8 厘米。

書衣頁題字用行書"雙劍誃吉金圖録"，無落款，觀其字體，乃于氏自署。書名頁題字用楷書"雙劍誃吉金圖録"，落款用楷書"陳三立"，有"陳三立"私印一枚。有版權頁"中華民國二十三年北平琉璃廠來薰閣"。上卷所收爲三代青銅器。下卷爲秦漢器。有照相器形圖，有尺寸説明，卷末有釋文和簡單考證文字。

《雙劍誃古器物圖録》二卷

于省吾撰。

一函二册。中國人民大學圖書館圖書編號：210/21。中國人民大學圖書館圖書登録編號：182293—182494。無魚尾。版心上部右側刻書名。無邊。白口。寬 22 厘米，高 33 厘米。

書衣頁題字用行書"雙劍誃古器物圖録"，無落款，觀其字體，乃于氏自署。書名頁題字用篆文"雙劍誃古器物圖録"，落款用行書"廿九年季冬，容庚"，有"容庚"私印二枚。有版權頁"民國二十九年北平琉璃廠來薰閣"。上册所收爲三代青銅器。有照相器形圖，有彝銘拓片，無考證文字。

《癖玫堂收藏金石書目》一卷

（清）淩霞撰、陳準刻。

淩霞，生卒年不詳，歸安（今浙江湖州）人。一名瑕，字子與，號病鶴布衣，晚號疣琴居士，或稱樂石野叟，別署二金梅室。

陳準（1900—1941），浙江瑞安人。字子厚。

一函一册。中國人民大學圖書館圖書編號：210/156。中國人民大學圖書館圖書登録編號：270779。單魚尾。版心中部刻書名。上下單邊，左右雙邊。上下大黑口。寬 15.5 厘米，高 26.5 厘米。

瑞安陳準湫漻齋自刻出版。卷後有"瑞安戴國琛刻字"。

有書名頁，有題字，題字用隸書，而落款"羅振玉署"用楷書。

《雜字指》一卷

（東漢）郭訓撰。

郭訓，生卒年不詳，籍貫不詳。字顯卿。曾任東漢太子中庶子。《新唐書》中記載有"郭訓《字旨篇》一卷"，顯然就是此書。

《隴右金石録》十卷

張維撰。

張維 (1890—1950)，甘肅臨洮人。字維之，號鴻汀。曾任甘肅政務廳長、蘭州大學教授等。

二函十一册。中國人民大學圖書館圖書編號：210/193。中國人民大學圖書館圖書登録編號：333274—333284。單魚尾。無版心。四周雙邊。下細黑口。寬 12.3 厘米，高 25.4 厘米。

書名頁題字用魏碑“隴右金石録”，無落款。有書牌頁“中華民國三十二年甘肅省文獻徵集委員會校印”。序文右下方有“張熙淵氏”收藏印一枚，正文下有“還讀我書樓藏書印”收藏印一枚。該書古代部分所收三代青銅器彝銘十二件。無器形圖，有尺寸説明和出土地點説明，無釋文，無考證文字。

《隴右金石録補》二卷

張維撰。

一函一册。中國人民大學圖書館圖書編號：210/193。中國人民大學圖書館圖書登録編號：538694。單魚尾。版心上右側刻書名。四周雙邊。下細黑口。寬 15.2 厘米，高 25.5 厘米。

無書名頁。有書牌頁“甘肅省文獻徵集委員會校印”。該書卷一所收三代青銅器彝銘三件。無器形圖，無尺寸説明和出土地點説明，有釋文，多引用他人題跋。依序文可知此書刊印在中華民國三十七年 (1948)。

十 九 畫

《攈古録》二十卷

（清）吴式芬撰。

三函二十册。中國人民大學圖書館圖書編號：2101/27。中國人民大學圖書館圖書登録編號：326899—32710。雙魚尾。版心中部刻書名。上下單邊，左右雙邊。白口。寬 17.9 厘米，高 27.5 厘米。

無書名頁。無書牌頁。前三册所收爲三代青銅器，多有銘文，餘外皆秦漢到元代器。無器形圖，無尺寸説明，無釋文，有收藏者及著録者説明。容媛《金石書録目》卷一以爲此書是"家刻本。自三代迄元都一萬八千餘種目録，以此爲最富"。

此書另有三卷九册本，名爲《攮古録金文》。

《難字》一卷

（北魏）張揖撰。

《蘇壽齋吉金文字》不分卷

（清）著者不詳。疑即《蘇齋題跋》。

《蘇齋題跋》二卷

（清）翁方綱撰。

一函一册。中國人民大學圖書館圖書編號：51/194。中國人民大學圖書館圖書登録編號：248668。無魚尾。版心中部刻書名，下部刻"別下齋校本"字樣。上下單邊，左右雙邊。上下細黑口。寬 13.2 厘米，高 19.3 厘米。

書名頁題字用楷書"蘇齋題跋"，無落款，有"止丁"私印一枚。有書牌頁"乾隆四十七年刊本"。此書爲《涉聞梓舊》之一。所收爲研究周代青銅器《周叔姬鼎》彝銘等器題跋數則。無器形圖，有尺寸説明，有釋文，有考證文字。

《攀古小廬古器物銘》不分卷

（清）許瀚撰。

《攀古小廬金文考釋》不分卷

（清）許瀚撰。

《攀古小廬金文集釋》一卷

（清）許瀚撰。

《攀古樓彝器款識》不分卷

（清）潘祖蔭撰。

一函三册。中國人民大學圖書館圖書編號：2101/119。中國人民大學圖書館圖書登録編號：136892—136894。單魚尾。無版心。四周單邊。白口。寬 17.9 厘米，高 30.5 厘米。

書名頁題字用篆文“攀古樓彝器款識”，無落款。有書牌頁“同治十一年，京師滂喜齋刻”。所收爲三代青銅器，多有彝銘。有器形圖，有尺寸説明，有釋文，有考證文字。該書對歷代保存青銅器的七大災難，言之頗細。

林鈞《石廬金石書志》卷八如是評價此書：

> 按清代阮氏《積古齋款識》、吴氏《筠清館金文》，號爲最富。唯其所録，真贋雜出，又其訓釋。往往蹐誤。考證之學，椎輪難工。潘公自叙所舉七厄三蔽，誠爲吉金定論。

上海圖書館古籍部收藏此書，索書號爲：綫普長 409978-79、綫普 437121-22、綫普長 96221、綫普長 019425、綫普長 636882-83。

《嚴真觀古器圖》一卷

（宋）著者不詳。

《籀史》下卷目録中有記載。

《籀文考》一卷

（明）李舜臣撰。

李舜臣（1499—1559），山東樂安（今廣饒）人。字夢虞，號愚穀。嘉靖進士。

《籀史》二卷

（元）翟耆年撰。

翟耆年，生卒年不詳，丹陽（今屬江蘇）人。字伯壽，號黄鶴山人。

一函一册。中國人民大學圖書館圖書編號：51/3。中國人民大學圖書館圖書登錄編號：95328。無魚尾。版心中部刻書名。上下單邊，左右雙邊。上下粗黑口。寬16.5 厘米，高 10 厘米。

此書係《守山閣叢書》之一。無書名頁。有書牌頁“光緒己丑年壽平月鴻文書局石印”。所收爲宋代研究青銅器銘文書目提要但缺下卷無器形圖，無尺寸説明，無釋文，對書目有考證文字。

據李遇孫《金石學録》中的記載：

> 具采録金石遺文，各種之下，皆附論説，括其梗概。其書不能如薛尚功之備載篆文，而考述原委，較薛爲詳。惟於岐陽石鼓，不深信爲史籀作。則其識見不如尚功耳。

林鈞《石廬金石書志》卷十九稱：

> 蓋南宋初所作，本上下二卷，歲久散佚。惟嘉興曹溶家尚有抄本，然已僅存上卷，今藏弆家所著録，皆自曹本傳寫者也。王士禎嘗載其目於《居易録》，欲以訪求其下卷。卒未之獲。知無完本久矣。其以籀名史，特因所載多金石款識，篆隸之體爲多，實非專述籀文。

此書另有《靜園叢書》本、西泠印社本。

此書是元明之間最重要的一部專題學術史著作。林鈞所謂“蓋南宋初所作”之説，不知所本。

翟氏此書，在保存宋代金文學術研究文獻史料上貢獻頗大，雖然該書的下卷早已經失傳，但是僅就上卷依然可以看出此書的見識和學術品位。

從現存的上下兩卷目録來看，作者收録了對以下各書的述評和介紹。

上卷十九種：《徽宗聖文仁德顯孝皇帝宣和博古圖》三十卷、《徽宗皇帝祀圜丘方澤太廟明堂禮器款識》三卷、《徽宗皇帝政和四年夏祭方澤禮器款識》一卷、《比干墓銅盤記》《周穆王東巡題名》一卷、《周宣王吉日癸巳碑》一卷、《石鼓碑》一卷、《先聖篆延陵季子墓碑》一卷、《徐鉉古鉦銘碑》一卷、《皇祐三館古器圖》《胡俛古器圖》一卷、《李伯時考古圖》五卷、《李伯時周鑒圖》一卷、《吕與叔考古圖》二十卷、《劉原父先秦古器圖碑》一卷、《周秦古器銘碑》一卷、《米氏元章訓古》一卷、《趙明誠古器物銘碑》十五卷、《晏氏鼎彝譜》一卷。

下卷十五種：《安州古器圖》一卷、《趙九成著吕氏考古圖釋》一卷、《石公弼維揚燕衍堂古器銘》一卷、《黃氏古器款字》一卷、《廣川董氏古文集類》十卷、《趙氏獲古庵記》一卷、《洛陽安氏牧敦圖》一卷、《趙州刻漏銘》一卷、《梓州蜼彝記》一卷、《青州古器古玉圖》一卷、《嚴真觀古器圖》一卷、《蔡氏古器款識》三卷、《榮氏考古錄》十五卷、《薛尚功歷代鐘鼎彝器款識法帖》二十卷、《翟氏三代鐘鼎款識》三卷。

其中上卷中《皇祐三館古器圖》《胡俛古器圖》《李伯時考古圖》《呂與叔考古圖》《劉原父先秦古器圖碑》等書都是宋代金文學術研究的名著。而下卷的《趙九成著呂氏考古圖釋》和《薛尚功歷代鐘鼎彝器款識法帖》二書也是宋代名著，《廣川董氏古文集類》不知道是否就是《廣川書跋》？可見，翟氏此書上卷就已經是該書學術精華所在了。

《四庫全書總目》云：

> 耆年字伯壽，參政汝文之子，別號黃鶴山人。是書首載《宣和博古圖》，有"紹興十有二年二月帝命臣耆年"云云……於岐陽石鼓，不深信為史籀之作，與唐代所傳特異。亦各存所見，然未至如金馬定國堅執為宇文周所作也。所錄不及薛尚功《鐘鼎彝器款識》備載篆文，而所述源委則較薛為詳。二書相輔而行，固未可以偏廢。其中所云趙明誠《古器物銘碑》十五卷，稱"商器三卷，周器十卷，秦漢器二卷。河間劉跂序，洛陽王壽卿篆"。據其所說，則十五卷皆古器物銘，而無石刻。當於《金石錄》之外別為一書。而士禎以為即《金石錄》者，其說殊誤。豈士禎偶未檢《金石錄》歟？

《籀史》一書，寫于宋高宗紹興十二年，因為該書中翟耆年曾感嘆趙明誠"無子能保其遺餘，每為之嘆息也"。該書準確地記載了宋代金文學術研究的歷史，具有很高的、不可替代的史料價值。根據《籀史》中的所載，宋代著錄金文學術研究著作，已經多達三十幾家，而南宋以後各家之作，尚未計算在內。由此可以知道宋代金文學術研究的大盛。

書中關於呂大臨的文字最多，可見其對《考古圖》的重視。在文章一開始，他先對呂氏金文學術研究的學術價值進行了總結，"其辨證字學，用意深遠"，并徵引了呂氏對"宣榭"、《散季肇敦》、爵等彝銘和功能的考證。他對呂氏的觀點都給予極高的評價：

其討論深遠，博而合經，非寡聞淺學所能窺識。

此書的錯誤之處也不少。

上海圖書館古籍部收藏此書，索書號爲：綫善 798829、綫善 T11930-45、綫普長 333409-535。

《籀經堂類稿》二十四卷

（清）陳慶鏞撰。

一函十二册。中國人民大學圖書館圖書編號：48/280。中國人民大學圖書館圖書登録編號：85168—85179。雙魚尾。版心中部刻書名。上下單邊，左右雙邊。上下粗黑口。寬 16.4 厘米，高 25.8 厘米。

書名頁題字用篆文"籀經堂類稿"，無落款。有書牌頁"光緒癸未秋栞"。卷前有陳仁榮、何秋濤、龔顯曾序。卷十八所收爲研究三代青銅器彝銘題跋二十篇。名爲《鐘鼎考釋》。無器形圖，有尺寸説明，有釋文，有考證文字。

《籀廎述林》十卷

（清）孫詒讓撰。

一函四册。中國人民大學圖書館圖書編號：291/194。中國人民大學圖書館圖書登録編號：303103—303106。無魚尾。無版心。上下單邊，左右雙邊。上下細黑口。寬 15 厘米，高 26.5 厘米。

書衣頁上有收藏者題字"奉贈鐵生姻兄大人惠存。孫延鍇上"。書名頁題字用篆文"籀廎述林"，無落款。有書牌頁"丙辰五年冬月刊成"。所收爲研究三代青銅器彝銘題跋和考證文章。其中，卷四收《古籀拾遺叙》和《古籀餘論後叙》，卷六收《薛尚功鐘鼎款識跋》和《翟氏籀史跋》。卷七所收皆爲研究三代青銅器彝銘題跋和考證文章，即《毛公鼎釋文》《克鼎釋文》《邵鐘拓本跋》《乙亥方鼎拓本跋》《周虢季子白盤拓本跋》《周遺小子敦拓本跋》《周唐中多壺拓本跋》《周師和父敦拓本跋》《周麥鼎考》《周要君盂考》和《無惠鼎拓本跋》等十餘篇。無器形圖，有尺寸説明，有釋文，有詳細考證文字。

《癡盦藏金》不分卷

李泰棻撰。

李泰棻（1897—1968），直隸陽原（今屬河北）人。字革癡，號癡庵、癡盦。曾任北京大學教授等。

一函一冊。中國人民大學圖書館圖書編號：2103/3。中國人民大學圖書館圖書登録編號：151038。無魚尾。無版心。無邊。白口。寬 21.7 厘米，高 32.6 厘米。

函套上有收藏者題字和印張一枚"癡盦藏金，韞玉齋記"。書衣頁題字用楷書"癡盦藏金"，落款用楷書"泰棻自題"，有"泰棻"私印一枚。書名頁題字用楷書"癡盦藏金"，落款用楷書"傅增湘題"，有"增湘"私印一枚。有版權頁"中華民國二十九年，國立師範學院史學系考古室專刊之二"。所收爲李泰棻所藏三代青銅器。有器形圖，有尺寸説明，有釋文，有部分考證文字。

《韻府古篆彙選》五卷

（清）陳策撰。

陳策，生卒年不詳，浙江杭州人。字嘉謀。

該書所謂"韻府"乃依《洪武正韻》而成，對古篆文字的解釋配商周彝銘。

《懷米山房藏器目》一卷

（清）曹載奎撰。

一函一冊。中國人民大學圖書館圖書編號：51/90。中國人民大學圖書館圖書登録編號：538935。單魚尾。版心中部刻書名。上下單邊，左右雙邊。上下粗黑口。寬 14.4 厘米，高 24.6 厘米。

書名頁題字用行書"懷米山房藏器目"，落款用行書"江刻本"。有書牌頁"乙未六月"。此書爲《靈鶼閣叢書》之一。所收爲三代青銅器藏器目五十餘件。無器形圖，無尺寸説明，無釋文，無考證文字。

《韡華閣集古録跋尾》十五卷

柯昌濟撰。

一函四册。中國人民大學圖書館圖書編號：210/147。中國人民大學圖書館圖書登録編號：246985—246988。雙魚尾。版心下右部刻"餘園叢刻"。四周單邊。上下細黑口。寬 14.5 厘米，高 26.7 厘米。

書名頁題字用隸書"韡華閣集古録跋尾"，落款用行書"至德周進"，有"周進"私印一枚。有書牌頁"中華民國二十四年鉛字本"。此書爲《餘園叢刻》第一種。卷首有柯昌泗序。所收爲研究三代青銅器彝銘題跋。無器形圖，有尺寸説明，無釋文，有考證文字。以器物種類爲别，由甲到癸分爲篇章。

該序中又以爲：

> 竊以爲二百年来吉金之好尚，以山左爲最著。曲阜桂未谷以小學説款識，其後有安邱王菉友、日照許印林、丁少山、萊陽周孟伯、濰縣宋晉之、膠州法小山、黄縣丁佛言。由是山左有吉金文字之學。

此書爲晚清治金名著之一。

柯氏的采用傳統的金石題跋類筆法著述的十五卷《韡華閣集古録跋尾》一書，周進稱之爲"二十年前菕卿尚未弱冠讀款識時之作也"。這也難怪此書創見并不多，而且多是以記録前人的觀點爲主了。

上海圖書館古籍部收藏此書，索書號爲：綫普 301581-84。

《繹史》一百六十卷

（清）馬驌撰。

馬驌（1621—1673），山東鄒平人。字宛斯。曾任靈璧知縣。

六函四十八册。中國人民大學圖書館圖書編號：214/11。中國人民大學圖書館圖書登録編號：09662—09709。無魚尾。版心上部刻書名。上下單邊，左右雙邊。白口。寬 17.4 厘米，高 28.2 厘米。

書名頁題字用楷書"繹史"，落款用楷書"鄒平馬驌撰，姚孟起題"，有"鳳之"私印一枚。并有"文瑞"收藏印一枚，有書牌頁"光緒十有五年金匱浦氏重修"。其中，卷一百五十九在《禮器圖》一節所收爲三代青銅器近五十件，有器行圖，有尺寸説明，有釋文，有部分考證文字。在《器用》一節衹有釋文。

二 十 畫

《蠛衣生劍記》一卷

（明）郭子章撰。

郭子章（1542—1618），泰和（今屬江西）人。字相奎，號青螺、蠛衣生。隆慶五年（1571）進士。歷官貴州巡撫，進太子少保、兵部尚書。才學卓越，于書無所不讀，著述二十餘種。

一函一册。中國人民大學圖書館圖書編號：51/40。中國人民大學圖書館圖書登錄編號：177818。單魚尾。版心上部刻書名，但祇刻"劍記"二字。四周雙邊。白口。寬12.9厘米，高19.9厘米。

書衣題字用楷書"寶顏堂秘笈"，落款用楷書"孝胥"。此書爲《寶顏堂秘笈》之一。無書名頁。有版權頁"中華民國十一年文明書局"。所收爲三代青銅劍之記載數十則，餘外皆秦漢以後器。

《鐘鼎古器録》不分卷

（清）陳宗彝撰。

陳宗彝，生卒年不詳，江寧（今江蘇南京）人。原名秋濤，字雪峰，號嗜古。諸生。

《鐘鼎考》不分卷

（清）陳晹撰。

陳晹，生卒年不詳，上元（今江蘇南京）人。

《鐘鼎字源》五卷

（清）汪立名撰。

汪立名，生卒年不詳，安徽婺源（今屬江西）人。號西亭。曾任工部主事。

一函三册。中國人民大學圖書館圖書編號：2102/16。中國人民大學圖書館圖書登録編號：95179—95181。單魚尾。版心中部刻書名。四周單邊。白口。寬 13.2 厘米，高 19.9 厘米。

書名頁題字用篆文"鐘鼎字源"，落款用篆文"乙卯仲冬掃葉山房印行"。有書牌頁："民國十四年石印，總發行所上海北市棋盤街掃葉山房"，并有"掃葉山房"私印一枚。卷末有"平湖縣東首盛文萃刻字店刻"字樣。所收爲三代青銅器，多有彝銘單字，按韻編次。并説明引用字的出處。

林鈞《石廬金石書志》卷十九如是評價此書：

> 汪君病《金石韻府》，所收鐘鼎文，徵引訛謬，挂漏甚多，特親考諸刻，自商盤周鼎以迄秦漢諸書，專采鐘鼎文，依韻編次。

此書另有版本多種。中國人民大學圖書館藏有天心草堂藏本一套。一函四册。中國人民大學圖書館圖書編號：2102/16—1。中國人民大學圖書館圖書登録編號：396087—396090。單魚尾。版心中部刻書名。四周單邊。白口。寬 15.7 厘米，高 25.8 厘米。書名頁題字用篆文"鐘鼎字源"，落款用楷書"天心草堂藏本"。有藏書章"黄侖"和"黄侖長壽"二枚。每册分别以"天""地""元""黄"作爲編號。并留有"太乙山人"私印一枚。

中國人民大學圖書館藏有一隅草堂藏本一套。一函二册。中國人民大學圖書館圖書編號：2102/16—2。中國人民大學圖書館圖書登録編號：581516—581517。單魚尾。版心中部刻書名。上下單邊，左右雙邊。白口。寬 17.7 厘米，高 27.1 厘米。書名頁題字用隸書"鐘鼎字源"，落款用楷書"汪氏集刊。一隅草堂藏"。卷首有藏書章"端硯畫侣眉山""蛾術齋藏""籍圃主人"和"麥溪張氏"四枚。目録頁後有兩方大印，爲題跋文字，乃是徵引"趙文敏曰"之言。

《鐘鼎款識原器拓片第一》不分卷

佚名撰。

一函一册。中國人民大學圖書館圖書編號：2102/61。中國人民大學圖書館圖書登録編號：324988。無魚尾。無版心。無邊。白口。寬 26.5 厘米，高 30.5 厘米。

書名頁題字用篆文"鐘鼎款識原器拓片第一"，無落款。有書牌頁"上海望平街有正書局發行"。下有"二十八年九月惜厂志于緑楊書屋"字樣。此書印製頗精，然所收《師兌敦蓋》彝銘漫漶。所收爲三代青銅器，多有彝銘。有器形圖，有尺寸説明，有釋文，無考證文字。

《鐘鼎集韻》卷數不詳

（金）党懷英撰。

党懷英（1134—1211），原籍馮翊（今陝西大荔）。字世傑。宋初名將党進的第十一代孫，曾任翰林學士承旨。工篆籀、隸書，時稱第一。金代趙秉文《滏水集》謂：

> 懷英篆籀入神，李陽冰之後一人而已。嘗謂唐人韓、蔡不通字學，八分自篆、籀中來，故懷英書上軋鍾、蔡，其下不論也。小楷如虞、褚，亦當爲中朝第一。書法以魯公爲正，柳誠懸以下不論也。

其父党純睦任山東泰安軍録事參軍，卒于任上。後定居泰安。

《鐘鼎篆韻》一卷

（元）薛延年撰。

薛延年（1252—1313），山西臨汾人。字壽之。

《鐘鼎篆韻》二卷

（宋）王楚撰。

王楚，生卒年不詳，籍貫不詳。曾任橫州露仙觀主管。

關于此書卷數，陸心源《金石學録補》中以爲是一卷。

《鐘鼎彝器拓本》四卷

（清）楊守敬撰。

楊守敬（1839—1915），湖北宜都人。字惺吾，號鄰蘇，晚年自號鄰蘇老人。曾任禮部顧問官、湖北通志局纂修等。撰有《湖北金石志》《日本金石志》《望堂金石》《重訂説文古本考》等行世。

《鐘鼎彝器款識》一卷　《集聯》一卷

（清）許槤撰。

許槤（1787—1862），浙江海寧人。字叔夏。道光十三年（1833）進士。曾任鎮江知府、江蘇儲糧道等。擅長寫篆，有古文字學專著多種行世。

《鐘鼎彝器釋文》一卷

（清）莊述祖撰。

《寶楚齋藏器圖釋》不分卷

孫壯撰。

一函一册。中國人民大學圖書館圖書編號：210/70。中國人民大學圖書館圖書登録編號：210819。單魚尾。版心下右部刻書名。四周雙邊。白口。寬 15 厘米，高 26.2 厘米。

書名頁題字用隸書"寶楚齋藏器圖釋"，落款用楷書"甲戌大寒徐世章題"，有"生有金石癖"和"陶冶性靈"私印二枚。無書牌頁。所收爲寶楚齋所藏三代青銅器。有器形圖，有尺寸説明，有釋文，有考證文字。該書對壽縣所出銅器彝銘考證頗爲詳細。《京都大學人文科學研究所漢籍目録》上第二百九十五頁下中收此書，并云："民國二十三年天津孫氏寶楚齋影印本。"

《寶盤釋文》不分卷

（清）陳介祺撰。

一函一册。中國人民大學圖書館圖書編號：2102/4。中國人民大學圖書館圖書登録編號：38398。單魚尾。有版心，無書名。四周單邊。白口。寬 12.6 厘米，高 22.6 厘米。

書衣頁題字用楷書"寶盤釋文，詩附後"，落款用楷書"乙丑初春華庭贈，董耘莽署簽并識"。書名頁題字用篆文"周虢季子白盤銘"，無落款，有"稚軒收藏"和"洪洞董氏耘莽所得金石文字"私印二枚。無書牌頁。所收爲陳介祺考證周代青銅器《虢季子白盤》彝銘一篇。有器形圖，有尺寸説明，有釋文，有考證文字。并有吕佺孫、瞿樹寶、薛子衡、言啓方、楊大墉、顧翰、周禮顥、龔寶蓮、徐燮鈞、桂文耀等人考證文章和題跋，還附有徐元潤《寶盤詩》。其中，陳介祺對此盤由來和拓本説明尤其詳細。

《寶簠齋集各家彝器釋》不分卷

（清）陳介祺撰。

《寶鐵齋金石文字跋尾》三卷

（清）韓崇撰。

韓崇（1783—1860），江蘇元和（今蘇州）人。字履卿，別稱南陽學子，室名寶鐵齋、寶鼎山房。曾官山東洛口批驗所大使。事母以孝聞。咸豐初，太平軍將至，協辦團練勸捐諸事宜，加鹽運使銜。

一函一册。中國人民大學圖書館圖書編號：51/178。中國人民大學圖書館圖書登録編號：562164。單魚尾。無版心。上下單邊，左右雙邊。白口。寬 15.2 厘米，高 24.7 厘米。

無書名頁。有書牌頁“光緒九年癸未吳縣潘氏雕版”。所收爲研究周代青銅器《周登叔簋》彝銘一件。無器形圖，有尺寸説明，有釋文，有考證文字。

林鈞《石廬金石書志》卷十四如是評價此書：

> 是編題跋，約而能賅，中如《周登叔簋銘》……等跋，皆援據詳明，斷制確鑿。

二 十 一 畫

《鐵圍山叢談》不分卷

（宋）蔡絛撰。

蔡絛，生卒年不詳，仙游（今屬福建）人。字約之，號百衲居士。蔡京次子。徽宗宣和六年（1124），蔡京再起領三省，年老不能事事，奏判皆絛爲之。七年，賜進士出身，未幾勒停。欽宗靖康元年（1126），流邵州，徙白州。高宗紹興末尚存世。有《國史後補》《北征紀實》《鐵圍山叢談》。

《鐵圍山叢談》一書正是蔡絛流放白州時所作。白州境内有山名"鐵圍山"，位于今廣西玉林西，古稱"鐵城"。蔡絛嘗游息于此。它對宋太祖建隆至宋高宗紹興約二百年間的朝廷掌故、瑣聞軼事詳細記載，反映了當時朝廷的種種情形及嶺南的風土人情，爲歷代學者所重視。内有《古器說》一文，詳細説明宋代時有關殷周青銅器收藏情況。余嘉錫《四庫提要辨證》對《鐵圍山叢談》做了較爲詳盡的考證。

關于《古器説》一文，根據李遇孫《金石學録》中的有關評價：

> 歷叙前代得古器之可貴，至宋劉原父倡于前，歐陽公繼之。由是李伯時繪圖以傳。及大觀初，效伯時所作，成《宣和殿博古圖》。凡所藏大小禮器，已五百有幾。政和間爲最盛。尚方所貯至六千餘數百器。時所重者，三代之器。若秦漢間物，非殊特不收。及宣和後，又皆貯録，且累數至萬餘。而宣和殿後，又創立保和殿。左右有稽古、尚古、博古等閣以貯之。俄遇都邑傾覆，悉入金誉，散落不存。惟圖録規模，班班尚在，可以流傳不朽耳。

其言大略如是。

《鐵橋漫稿》八卷

（清）嚴可均撰。

一函四册。中國人民大學圖書館圖書編號：48/364。中國人民大學圖書館圖書登録編號：60565—60568。雙魚尾。版心中右部刻書名，下刻"心矩齋校本"字樣。四周單邊。上下細黑口。寬 15.3 厘米，高 24.1 厘米。

書名頁題字用隸書"鐵橋漫稿八卷"，無落款。有書牌頁"光緒乙酉長洲蔣氏重刊"。所收爲三代青銅器《書兮中鐘後》彝銘等題跋。無器形圖，有尺寸説明，有釋文，有考證文字和出土經緯説明。

張舜徽《清人文集别録》中云：

> 卷九至十二爲金石跋……蓋可均所手訂者衹此耳。故其後光緒十一年長洲蔣氏心矩齋刻本，亦但爲八卷，而金石跋及時文，皆删汰矣。

《續古篆韻》六卷

（元）吾丘衍撰。

吾丘衍（1272—1311），浙江杭州人。字子行。宋濂《吾丘衍傳》中云其"工隸書，尤精小篆"。根據《四庫未收書提要》記載：

> 衍以石鼓文、詛楚文、比干盤、泰山、嶧山等刻，依韻分篆，即遇無字之韻，亦接書之，非有闕佚。

由此而成此書。

《續考古圖》五卷

佚名撰。舊題呂大臨撰。

一函二冊。中國人民大學圖書館圖書編號：51/7—1。中國人民大學圖書館圖書登錄編號：283538—283539。無魚尾。版心中部刻書名。四周雙邊。上下大黑口。寬 15.7 厘米，高 24.5 厘米。

無書名頁。此書爲《十萬卷樓叢書》之一。所收爲三代青銅器，多有彝銘。有器形圖、尺寸說明、釋文，以及考證文字。

翁方綱《考古圖跋》中云：

> 此《續圖》五卷，成與南宋時，非呂大臨所撰無疑。

故《刻續考古圖序》一文中開頭便云：

> 《續考古圖》五卷，南宋紹興間人所編，佚其姓名。

林鈞《石廬金石書志》卷八如是評價此書：

> 始見於錢曾遵王《讀書敏求記》。遵王所藏南宋刊本與《考古圖》并行得之無錫顧詢遠，後歸季滄葦，《延陵書目》所載是也。滄葦没，歸於徐健菴。遵王復從健菴借歸，倩工影摹。圖繪之精，自稱過於宋本。

上海圖書館古籍部收藏此書，索書號爲：綫善 821179-82。

《續殷文存》二卷

王辰撰。

王辰（1909—1936），北京人。號鐵庵，亦作鐵盦、鐵厂。精研鐘鼎文字。

一函二册。中國人民大學圖書館圖書編號：2103/12。中國人民大學圖書館圖書登録編號：380862—380863。無魚尾。版心上右部刻書名。四周單邊。白口。寬21.6厘米，高32.5厘米。

書衣頁題字用隸書"續殷文存"，落款用隸書"錢玄同題"，有"玄同"私印二枚。書名頁題字用篆文"續殷文存"，落款用篆文"商承祚題"，有"錫永"私印一枚。有書牌頁"二十四年十月印行，考古學社專集第五"。于省吾和孫海波序。所收爲三代青銅器，多有彝銘。

王辰序中云：

> 復出歷年所得諸家墨本，而思有以續上虞羅氏《殷文存》之書，屬潢川孫君海波爲之編次，今全書告成矣。

無器形圖，有尺寸説明，無釋文，無考證文字。而孫海波序中曾評王辰的收藏説：

> 王君鐵盦重續之所集，墨本之富遠逾羅書。而編次精審則或次之。

《續集古録金石遺文》六十卷

（金）蔡珪撰。

二 十 四 畫

《觀古閣續叢稿》一卷

（清）鮑康撰。

鮑康（1810—1881），安徽歙縣人。字子年，號觀古閣主人。道光十九年

（1839）舉人，曾任内閣中書、四川夔州知府。

一函一册。中國人民大學圖書館圖書編號：48/1122。中國人民大學圖書館圖書登録編號：385065。單魚尾。版心中部刻書名。四周單邊。白口。寬 18.6 厘米，高 29.2 厘米。

書名頁題字用篆文“續叢稿”，落款用楷書“福山王懿榮署端”。有書牌頁“同治癸酉十有二月歙鮑氏觀古閣開雕”。所收爲研究三代青銅器彝銘題跋約十篇。餘外皆考證古泉學文章。無器形圖，有尺寸説明，有釋文，有考證文字。

《觀古閣叢稿三編》二卷

（清）鮑康撰。

一函一册。中國人民大學圖書館圖書編號：48/1122。中國人民大學圖書館圖書登録編號：38506。單魚尾。版心中部刻書名。上下單邊，左右雙邊。白口。寬 18.7 厘米，高 29.4 厘米。

書名頁題字用隸書“觀古閣叢稿三編”，落款用行書“光緒丙子孟秋胡義贊題”，有“石查”私印一枚。有書牌頁“光緒二年十二月觀古閣刊成”。

林鈞《石廬金石書志》卷八評價：

> 不如題跋泉幣之作，如跋盂鼎、毛公鼎、陳氏十鐘、潘氏九鐘……諸篇，考證亦極精確。

所收爲多爲古泉題跋，但也有少量研究三代青銅器彝銘題跋。無器形圖，有尺寸説明，有釋文，有考證文字。

《觀堂古金文考釋五種》不分卷

（清）王國維撰。

一函一册。中國人民大學圖書館圖書編號：210/84。中國人民大學圖書館圖書登録編號：212485。單魚尾。無版心。四周單邊。上下粗黑口。寬 12.8 厘米，高 20 厘米。

書名頁題字用楷書“觀堂古金文考釋五種”，落款用楷書“海寧王氏校印”。有書牌頁“海寧王忠愨公遺書初集，丁卯秋季校印”。所收爲研究三代青銅器彝銘題跋五篇：《毛公鼎考釋》《散氏盤考釋》《不娶敦蓋銘考釋》《孟鼎銘考釋》《克鼎銘考釋》。

無器形圖，有尺寸説明，有釋文，有考證文字。

林鈞《石廬金石書志》卷十五如是評價此書"是編遍徵諸説，詮釋確當"。

《觀堂集林》二十四卷

（清）王國維撰。

一函八册。中國人民大學圖書館圖書編號：52/45—1。中國人民大學圖書館圖書登録編號：398900—398907。單魚尾。無版心。四周單邊。上下粗黑口。寬 12.6 厘米，高 19.8 厘米。

書名頁題字用楷書"觀堂集林"，無落款。有書牌頁"海寧王氏，丁卯秋月增訂再版"。其中卷三、卷六和卷十八所收爲研究三代青銅器彝銘題跋和考證文章，爲近代歷史學以金文證史之典範。卷前有羅振玉和蔣汝藻序，并有羅振玉所寫《海寧王忠愨公傳》。卷末有"開封關葆謙、上虞羅福葆同校"字樣。

二 十 九 畫

《鬱華閣金文》不分卷

（清）盛昱撰。

盛昱（1850—1899），清宗室，鑲白旗人。字伯羲。曾任國子監祭酒。

此書是商周彝銘拓本。

附編

彝銘關係大事年表

特別説明：本年表所選取的重要彝銘關係事件、著作和人物，出自筆者個人的長期研究和主觀認定，內容雖然涉及了古今中外的方方面面，但是由于受筆者學術水準和見識的局限，可能并不全面。如有重大遺漏和錯誤，請您批評指正。作爲彝銘學術研究史上第一個《彝銘關係大事年表》，筆者希望它能夠日臻完善。

時　　間	事　　件	著　作	人　物
三皇五帝時代 （公元前 21 世紀之前）	黄帝作寶鼎三。		
	蚩尤以金作兵器。		
夏（前 21— 前 17 世紀）	禹收九牧之金鑄九鼎。		
	禹以歷山之金鑄幣。		
商（前 17— 前 11 世紀）			
周宣王元年 （前 827）		太史作《大篆》十五篇。	
周襄王二十年 （前 632）	鄭伯始朝于楚。楚子賜之金，既而悔之，與之盟曰："無以鑄兵。"故以鑄三鐘。		
周定王元年 （前 606）	楚子伐陸渾之戎，遂至于雒，觀兵于周疆。定王使王孫滿勞楚子。楚子問鼎之大小輕重焉。對曰："在德不在鼎。昔夏之方有德也，遠方圖物，貢金九牧，鑄鼎象物，百物而爲之備，使民知神奸。故民入川澤山林，不逢不若。螭魅罔兩，莫能逢之，用能協于上下以承天休。桀有昏德，鼎遷于商，載祀六百。商紂暴虐，鼎遷于周。德之休明，雖小，重也。其奸回昏亂，雖大，輕也。天祚明德，有所底止。成王定鼎于郟鄏，卜世三十，卜年七百，天所命也。周德雖衰，天命未改，鼎之輕重，未可問也。"		

時　間	事　件	著　作	人　物
周靈王十八年（前554）	季武子以所得于齊之兵作林鐘而銘魯功焉。臧武仲謂季孫曰："非禮也。夫銘，天子令德，諸侯言時計功，大夫稱伐。今稱伐則下等也，計功則借人也，言時則妨民多矣，何以爲銘？且夫大伐小，取其所得，以作彝器，銘其功烈，以示子孫，昭明德而懲無禮也。今將借人之力以救其死，若之何銘之？小國幸于大國，而昭所獲焉以怒之，亡之道也"。		
周景王十八年（前527）	十二月，晉荀躒如周，葬穆后，籍談爲介。既葬，除喪，以文伯宴，樽以魯壺。王曰："伯氏，諸侯皆有以鎮撫王室，晉獨無有，何也？"文伯揖籍談。對曰："諸侯之封也，皆受明器於王室，以鎮撫其社稷，故能薦彝器於王。晉居深山，戎狄之與鄰，而遠於王室。王靈不及，拜戎不暇，其何以獻器？"王曰："叔氏，而忘諸乎？叔父唐叔，成王之母弟也，其反無分乎？密須之鼓，與其大路，文所以大蒐也；闕鞏之甲，武所以克商也。唐叔受之，以處參虛，匡有戎狄。其後襄之二路，鏚鉞、秬鬯、彤弓、虎賁，文公受之，以有南陽之田，撫征東夏，非分而何？夫有勳而不廢，有績而載，奉之以土田，撫之以彝器，旌之以車服，明之以文章，子孫不忘，所謂福也。福祚之不登，叔父焉在？且昔而高祖孫伯黶司晉之典籍，以爲大政，故曰籍氏。及辛有之二子董之晉，于是乎有董史。女，司典之後也，何故忘之？"籍談不能對。賓出，王曰："籍父其無後乎？數典而忘其祖。"		
西漢元鼎元年（前116）	五月，得鼎汾水上。		
元鼎四年（前113）	六月，汾陰巫錦，爲民祠魏脽后土營旁，見地如鉤狀，掊視得鼎。鼎大異于衆鼎，文鏤無款識，怪之，言吏，吏告河東太守勝，勝以聞，天子使使驗問巫得鼎無奸詐，乃以禮祠，迎鼎至甘泉。		

(續表)

時　間	事　件	著　作	人　物
宣帝年間 （前 74— 前 49）	是時美陽得鼎。		
	張敞好古文字，按鼎銘勒而上議曰："臣聞周祖始乎后稷，后稷封於斄，公劉發迹於豳，大王建國於邠梁，文、武興於酆、鎬。由此言之，則岐、梁、酆、鎬之間，周舊居也，固宜有宗廟、壇場、祭祀之臧。今鼎出於岐東，中有刻書曰：'王命尸臣，官此栒邑，賜爾旂鸞、黼黻、琱戈。'尸臣拜手稽首曰：'敢對揚天子，丕顯休命。'臣愚不足以迹古文，竊以傳記言之，此鼎殆周之所以褒賜大臣，大臣子孫刻銘其先功，臧之於宮廟也。昔寶鼎之出於汾脽也，河東太守以聞，詔曰：'朕巡祭后土，祈爲百姓蒙豐年，今穀嗛未報，鼎焉爲出哉？'博問耆老，意舊臧與？誠欲考得事實也。有司驗脽上非舊臧處，鼎大八尺一寸，高三尺六寸，殊異於衆鼎。今此鼎細小，又有款識，不宜薦見於宗廟。"		
約東漢永平元年（58）			許慎生。
永平六年（63）	二月，王雒山出寶鼎，廬江太守獻之。		
建初七年（82）	十月，岐山得銅器，形似酒罇，獻之。		
永元十二年（100）		許慎開始著述《說文解字》。	
建光元年（121）		《說文解字》定稿。	
三國魏（220—265）	魯郡地中得齊大夫子尾送女器，有犧樽，作犧牛形。		
青龍元年—景初元年 （233—237）	西取長安大鐘。		
三國吳赤烏十二年 （249）	六月戊戌，寶鼎出臨平湖。 又出東部鄮縣。		
寶鼎元年（266）	八月，在所言得大鼎。		

（續表）

時　　間	事　　件	著　作	人　物
西晉太康二年（281）	汲郡人不準盜發魏襄王墓，或言安釐王冢，得竹書數十車。其《紀年》十三篇，記夏以來至周幽王爲犬戎所滅，以事接之，三家分，仍述魏事至安釐王之二十年。蓋魏國之史書，大略與《春秋》皆多相應……冢中又得銅劍一枚，長二尺五寸。漆書皆蝌蚪字。		
永嘉元年—建興元年（307—313）	賊曹嶷于青州發齊景公冢，又得二樽，形亦爲牛象。		
建興四年（316）	晉陵武進人陳龍在田中得銅鐸五枚，柄口皆有龍虎形。		
	會稽剡縣陳清又于井中得棧鐘，長七寸二分，口徑四寸，其器雖小，形制甚精，上有古文書十八字，其四字可識，云"會稽嶽命"。		
東晉大興元年（318）	會稽剡縣人果于井中得一鐘，長七寸二分，口徑四寸半，上有古文奇書十八字，云"會稽嶽命"，餘字時人莫識之。		
永和五年（349）	六月，震灾石季龍太武殿及兩廟端門。震灾月餘乃滅，金石皆盡。		
升平五年（361）	二月，南掖門馬足陷地，得鐘一，有文四字。		
義熙十一年（415）	五月，霍山崩，出銅鐘六枚。		
義熙十三年（417）	七月，漢中成固縣水涯有聲若雷，既而岸崩，出銅鐘十有二枚。		
	劉裕克長安，執姚泓，收其彝器，歸諸京師。		
南朝宋元嘉十三年（436）	四月辛丑，武昌縣章山水側自開出神鼎，江州刺史南譙王義宣以獻。		
元嘉十七年（440）	賜群臣黄金、生口、銅器等物，（沈）演之所得偏多。		
元嘉二十一年（444）	十二月，新陽獲古鼎於水側，有篆書四十二字，雍州刺史蕭思話以獻。		

（續表）

時　　間	事　　件	著　作	人　物
元嘉二十二年（445）	豫章豫寧縣出銅鐘，江州刺史廣陵王紹以獻。		
孝建三年（456）	四月丁亥，臨川宜黃縣民田中得銅鐘七口，内史傅徽以獻。		
	四月甲辰，晉陵延陵得古鐘六口，徐州刺史竟陵王誕以獻。		
大明七年（463）	六月，江夏蒲圻獲銅路鼓，四面獨足，郢州刺史安陸王子綏以獻。		
泰始四年（468）	二月丙申，豫章望蔡獲古銅鐘，高一尺七寸，圍二尺八寸，太守張辯以獻。		
泰始五年（469）	五月壬戌，豫章南昌獲古銅鼎，容斛七斗，江州刺史王景文以獻。		
泰始七年（471）	六月甲寅，義陽郡獲銅鼎，受一斛，并蓋并隱起鏤，豫州刺史段佛榮以獻。		
昇明二年（478）	九月，建寧萬歲山澗中得銅鐘，長二尺一寸，豫州刺史劉懷珍以獻。		
	從陽丹水縣山下得古鼎一枚。		
北魏太和二年（478）	九月，鼎出於洛州濕水，送於京師。王者不極滋味，則神鼎出也。		
南朝齊建元元年（479）	四月，岩數里夜忽有雙光，至明往，獲古鐘一枚。又有一器名淳于，蜒人以爲神物，奉祠之。		
	左里村人於宮亭湖得戟戟二枚，旁有古字，文遠不可識。		
永明三年（485）	越州南高凉俚人海中網魚，獲銅獸一頭，銘曰"作寶鼎。齊臣萬年子孫，承寶"。		
永明四年（486）	四月，有一岩褫落，縣民方元泰往視，於岩下得古鐘一枚。		
永明五年（487）	三月，豫寧縣長崗山獲神鐘一枚。		
永明八年（490）	又有古掘銅坑深二丈，并居宅處猶存。		
永明九年（491）	十一月，寧蜀廣漢縣田所墾地八尺四寸，獲古鐘一枚，形高三尺八寸，圍四尺七寸，縣柄長一尺二寸，合高五尺，四面各九孔。		

時　間	事　件	著　作	人　物
南朝梁天監七年（508）	二月，廬江灊縣獲銅鐘二。		
	四月，餘姚縣獲古劍二。		
天監十八年（519）			顧野王生。
南朝陳太建十三年（581）			顧野王卒。
唐開元四年（716）	游子武於偃師卜築，撅地獲比干墓銅槃一。廣四尺六寸，有蝌蚪字十有六，每字長八寸許。		
開元十年（722）	及所司起作，獲寶鼎三枚以獻。		
開元十一年（723）	二月，上親祠於壇上，亦如方丘儀。禮畢，詔改汾陰爲寶鼎。		
貞元九年（793）	正月甲辰，禁賣劍銅器。		
元和元年（806）	二月甲辰，以錢少，禁用銅器。		
天祐三年（906）	幽州西有名山曰大安山，仁恭乃……盡斂銅錢于大安山巔，鑿穴以藏之，藏畢即殺匠石以滅其口。		
五代唐同光元年（923）	正月丙子，五臺山僧獻銅鼎三，言於山中石崖間得之。		
五代周顯德二年（955）	九月丙寅朔，詔禁天下銅器。		
北宋咸平三年（1000）	時乾州獻古銅鼎，狀方而四足，上有古文二十一字，人莫能曉，命中正與杜鎬詳驗以聞，援據甚悉。		
	五月，同州民湯善德于河瀆獲方甗一，上有十二字。		
	九月，好畤令黃傳鄆獲方甗一，銘二十一字。		
景德四年（1007）			歐陽修生。
天禧三年（1019）			劉敞生。
明道元年（1032）	五月壬午，漢州江岸獲古鐘一。		
康定元年（1040）			吕大臨生。
慶曆五年（1045）		歐陽修始著《集古録》。	
皇祐元年（1049）			李公麟生。

（續表）

時　　間	事　　件	著　作	人　物
皇祐四年（1052）	乾寧軍漁人得小鐘二于河濱。		
皇祐五年（1053）	二月己亥，乾寧軍又進古鐘一。		
至和二年（1055）	四月甲午，瀏陽縣得古鐘一。		
嘉祐七年（1062）		《集古録》定稿，《續考古圖》刊行。	
嘉祐八年（1063）		《先秦古器記》刊行。	
熙寧元年—元豐元年（1068—1078）	横州共獲古銅鼓一十七。		
熙寧元年（1068）			劉敞卒。
熙寧五年（1072）			歐陽修卒。
元豐二年（1079）	夏，霖雨，安陽河漲水嚙冢破，野人探其中，得古銅器。質文完好，略不少蝕。衆恐觸官法，不敢全貨于市，因擊碎以鬻之。復塞其冢以滅迹，自是銅器不復出矣。		黄伯思生。王黼生。董逌生。
元豐三年（1080）	八月，岳州永慶寺獲銅鐘一、銅磬二。		
元豐四年（1081）			趙明誠生。
元豐七年（1084）	三月，筠州獲古銅鐘一。		李清照生。
	十一月，賓州獲古銅鼓一。		
元祐七年（1092）		《考古圖》定稿。	吕大臨卒。
元符二年（1099）	九月丙戌，果州團練使仲忽进古方鼎，志曰"魯公作文王尊彝"。		
崇寧五年（1106）	十月，荆南獲古銅鼎。		李公麟卒。
大觀元年（1107）		徽宗命黄伯思著《博古圖》。	
政和元年—重和元年（1111—1118）	訪求三代彝器，陝西轉運使李朝孺、提點茶馬程唐使人於鳳翔發商比干墓，得大銅盤鏡二尺。		
政和三年（1113）	獲周罍于鎬京。秋，獲商卣、獲兕、敦于長安。又獲黄目尊于浚都。		

時　間	事　件	著　作	人　物
政和四年（1114）	獲周鐸。		
	三月甲子，獲寶簠。		
重和元年（1118）	十二月，孝感縣楚令尹子文廟獲周鼎六。		黃伯思卒。
宣和元年（1119）	三月庚戌，蔡京等進安州所得商六鼎。		
宣和五年（1123）	四月，又獲虢鼎三。	王黼重修《宣和博古圖》定稿。	王應麟生。
靖康元年（1126）			王黼卒。
靖康二年（1127）	四月庚申朔，金人以帝及皇后、皇太子北歸。凡……禮器……九鼎……古器……爲之一空。		
南宋建炎三年（1129）			趙明誠卒。
紹興元年（1131）			王厚之生。
紹興十年（1140）			董逌卒。
紹興十四年（1144）		《歷代鐘鼎彝器款識法帖》刊行。	
紹興二十八年（1158）	海陵王曾經下詔："毀所得遼、宋古器。"		
嘉泰四年（1204）			王厚之卒。
嘉熙四年（1240）		《洞天清禄集》刊行。	
元元貞二年（1296）			王應麟卒。
明萬曆四十一年（1613）			顧炎武生。
清康熙二十一年（1682）			顧炎武卒。
康熙三十六年（1697）			梁詩正生。
雍正三年（1725）			王傑生。
雍正五年（1727）	正月，敕八旗交納銅器，三年限滿，隱匿者罪之。		
乾隆元年（1736）	《散氏盤》在陝西鳳翔出土。		
乾隆六年（1741）			錢坫生。
乾隆十四年（1749）		《西清古鑑》刊行。	
乾隆二十八年（1763）			梁詩正卒。
乾隆二十九年（1764）			阮元生。

時　　間	事　　件	著　作	人　物
乾隆三十年（1765）			馮雲鵬生。
乾隆三十二年（1767）			
乾隆三十三年（1768）	頒內府周鼎、尊、卣、罍、壺、簠、簋、觚、爵各一，陳列大成殿，用備禮器。		張廷濟生。
乾隆三十八年（1773）			吳榮光生。
乾隆四十三年（1778）	《智鼎》在陝西西安出土。		
乾隆四十七年（1782）			曹載奎生。
乾隆五十八年（1793）			劉喜海生。
嘉慶元年（1796）			吳式芬生。
嘉慶十年（1805）			王傑卒。
嘉慶十一年（1806）			錢坫卒。
嘉慶十六年（1811）			吳雲生。
嘉慶十七年（1812）	瀏陽一士人家得銅尊二，皆有足、有雙把。高七寸許，口徑八寸許，一通體爲辟邪雷文，底內有文似篆“巳”字，青綠燦然可。一口下周圍有花文帶，餘純素，底內有古篆“仲作父丁”四字，惜已破損，缺一把。皆商周器也。		
嘉慶十八年（1813）			陳介祺生。
嘉慶二十五年（1820）	七月，得古銅鬲，有古文篆在內側，云“伯□□姬作寶鬲，其萬年子子孫孫，永寶用享”十七字。此周器也。		
道光元年（1821）	《小盂鼎》和《大盂鼎》在陝西眉縣出土。		
道光二年（1822）	是歲除夕前數日得大銅器，似盆，寬徑尺許，高三寸許，下有足，上有耳，通體爲數十小虯蟻交結形，古氣磅礴，青綠透骨，底有籀篆，陰款三行，云“齊侯作皇母孟姬寶尊姬殷其萬年釁壽無疆”十七字。知其爲周時物也。頻年所得銅器之有款者，當以此爲第一。		
道光十年（1830）			潘祖蔭生。

（續表）

時　　間	事　　件	著　作	人　物
道光十五年（1835）			吳大澂生。
道光二十年（1840）	《虢季子白盤》在陝西寶鷄出土。		馮雲鵬卒。
道光二十三年（1843）	濟寧鍾養田近在壽張梁山下得古器七種：鼎三、彝一、盉一、尊一、甗一。		吳榮光卒。
道光二十五年（1845）			王懿榮生。
道光二十八年（1848）			孫詒讓生。張廷濟卒。
道光二十九年（1849）			阮元卒。
道光三十年（1850）	《毛公鼎》和《天亡簋》在陝西岐山出土。		
咸豐二年（1852）			曹載奎卒。劉喜海卒。
咸豐六年（1856）			吳式芬卒。
咸豐十一年（1861）			端方生。
同治五年（1866）			羅振玉生。
光緒三年（1877）			王國維生。吳闓生生。
光緒五年（1879）			劉體智生。
光緒九年（1883）			吳雲卒。
光緒十年（1884）			陳介祺卒。
光緒十一年（1885）			楊樹達生。馬叙倫生。
光緒十二年（1886）			岑仲勉生。
光緒十六年（1890）	《大克鼎》在陝西扶風出土。		潘祖蔭卒。
光緒十八年（1892）			郭沫若生。
光緒十九年（1893）			梅原末治生。
光緒二十年（1894）			容庚生。
光緒二十二年（1896）			于省吾生。
光緒二十四年（1898）			徐中舒生。
光緒二十五年（1899）	著名商代青銅器《虎卣》被日本人藤田彌助從晚清高官盛昱家中買走。甲骨文被發現。		方濬益卒。

(續表)

時　間	事　件	著　作	人　物
光緒二十六年（1900）			王懿榮卒。
光緒二十七年（1901）			唐蘭生。
光緒二十八年（1902）			吳大澂卒。 柯昌濟生。
光緒二十九年（1903）	住友春翠花巨資從藤田彌助手中購得《虎卣》，并成爲泉屋博古館鎮館之寶。		
光緒三十年（1904）			吳其昌生。
光緒三十一年（1905）			羅福頤生。 水野清一生。
光緒三十四年（1908）			孫詒讓卒。
宣統二年（1910）			白川靜生。
宣統三年（1911）			端方卒。 陳夢家生。
1912 年			張政烺生。
1913 年		《説文古籀補》	
1914 年		《國朝金文著録表》《宋代金文著録表》。	
1915 年	盧芹齋在法國成立中國文物拍賣公司。		劉心源卒。
1917 年		《殷文存》。	
1918 年		《愙齋集古録》《泉屋清賞·彝器編》。	
1919 年			樋口隆康生。
1922 年		*Archaic Chinese Bronzes of the Shang、Chou and Han Periods in the Collection of Mr. Parish Watson*。	
1923 年	河南省新鄭市出土商周青銅器數十件。	《新鄭出土古器圖志全編》《觀堂集林》。	

（續表）

時　　間	事　　件	著　　作	人　物
1924 年		*Bronzes Antiques de la Chine*、*Early Chinese Bronzes*。	
1925 年		《金文編》。	林巳奈夫生。
1926 年		《泉屋清賞續編・彝器編》。	
1927 年	陕西省寶雞市戴家灣出土商周青銅器 16 件。		王國維卒。
1930 年		《貞松堂集古遺文》《中國古代社會研究》。	
1932 年		《兩周金文辭大系》《金文叢考》《金文餘釋之餘》《雙劍誃吉金文選》。	
1933 年	安徽省壽縣朱家集出土商周青銅器 787 件。	《歐米蒐儲支那古銅精華》。	
1934 年		《兩周金文辭大系圖錄》《古代銘刻彙考續編》《雙劍誃吉金圖錄》《善齋吉金錄》《白鶴吉金集》。	
1935 年		《韡華閣集古錄跋尾》《兩周金文辭大系考釋》《綴遺齋彝器款識考釋》《小校經閣金石文字》《小校經閣金文拓本》《金文分域編》《金文續編》《海外吉金圖錄》《十二家吉金圖錄》、*Bestiaire du Bronze Chinois de Style Tcheou*、*The Birth of China：a Study of the Formative Period of Chinese Givilization*。	

(續表)

時　間	事　件	著　作	人　物
1936 年		《金文世族譜》《金文曆朔疏證》。	
1937 年		《三代吉金文存》《積微居小學金石論叢》。	
1939 年		《歷代著録吉金目》《1939 年中國古代祭祀青銅器展》。	
1940 年		《古銅器形態の考古學的研究》。	羅振玉卒。
1941 年		《商周彝器通考》。	
1944 年			吴其昌卒。
1946 年		《海外中國銅器圖録》。	
1950 年	周代銅器《虢季子白盤》歸諸人民。		
1951 年	潘達於捐獻重要文物盂、克兩大鼎。	《商周金文録遺》。	
1952 年	陝西岐山發現西周時代大鼎。	《積微居金文説》。	
1953 年	《東方學報》專號《殷代青銅文化の研究》收論文如下：水野清一《殷商青銅器編年の諸問題》、岡崎敬《鉞と矛について——殷商青銅利器に關する一研究》、吉田光邦《殷代技術小記》、林巳奈夫《殷周銅器に現れる龍について——附論・殷周銅器における動物表現形式の二三について》、岡田芳三郎《鳳鷄の諸器について——中國古銅器聚成の一つの試み》。	《殷代青銅文化の研究》。	
1955 年		《壽縣蔡侯墓出土遺物》；陳夢家開始發表長篇連載論文《西周銅器斷代》。	
1956 年		*Chinese Bronze Age Weapons*；*Bronze Culture of Ancient China：an Archaeological Study of Bronze Objects from Northern Honan，Dating from about 1400 B.C.—771 B.C.*。	

（續表）

時　間	事　件	著　作	人　物
1957 年		《兩周金文辭大系圖錄考釋》。	
1958 年		《兩周文史論叢》。	
1959 年		《上村嶺虢國墓地》《稿本殷金文考釋》。	
1960 年	陝西扶風莊白大隊出土一批西周銅器。	《扶風齊家村青銅器群》。	
1961 年		《長安張家坡西周銅器群》。	岑仲勉卒。
1962 年		《美帝國主義劫掠的我國殷周銅器集録》《讀金器刻詞》；白川靜長篇論文《金文通釋》在《白鶴美術館志》上開始連載。	劉體智卒。
1963 年		《中國青銅器時代》《西周銅器の研究》《金文集》。	
1965 年		《長安張家坡西周銅器群》。	
1966 年	湖北京山發現曾國銅器。		陳夢家卒。
1967 年		《三代吉金文存器影參照目録》《中國古代史學の發展》《中國の銅器》。	
1968 年		*Ritual Vessels of Bronze Age China*。	
1970 年			馬叙倫卒。
1971 年		《金文の世界：殷周社會史》《三代吉金文存器影參照目録》。	水野清一卒。
1972 年	《班簋》的再發現。河南省新鄭鄭韓故城發現一批戰國銅兵器。		
1973 年	湖北隨縣發現曾國銅器。	《商周青銅器與銘文的綜合研究》《甲骨金文學論集》。	

（續表）

時　　間	事　　件	著　　作	人　物
1974 年		《僞作先秦彝器銘文要疏》。	
1975 年		《金文詁林》《西周青銅器銘文中之年代學資料》《中國古代王朝の形成：出土資料を中心とする殷周史の研究》《商周の銅器》。	
1976 年	陝西寶鷄茹家莊西周墓地出土強國銅器。陝西岐山董家村發現西周銅器窖藏。陝西扶風出土西周伯戜諸器。		
1977 年	陝西臨潼發現武王征商簋，即《利簋》。		
1978 年	陝西扶風莊白一號西周青銅器窖藏發現微氏諸器。陝西寶鷄太公廟村發現《秦公鐘》《秦公鎛》。張政烺在吉林省召開的中國古文字學年會上第一次解釋商周銅器銘文中的數字卦。湖北曾侯乙編鐘出土。	《殷周青銅器賞賜銘文研究》《中國金石拓本目錄》、*Sources of Shang History*：*the Oracle-bone Inscriptions of Bronze Age China*、*Rubbings and Hand Copies of Bronze Inscriptions in Chinese，Japanese，European，American and Australasian Collections*。	郭沫若卒。
1979 年	河北平山戰國時期中山國墓葬發現中山諸器。陝西扶風發現西周厲王《㝬簋》。《東洋文化》專號《西周金文とその國家》收論文如下：《論説》、松丸道雄《西周青銅器中の諸侯製作器について：周金文研究・序章その二》、武者章《西周册命金文分類の試み》、高山節也《西周國家における"天命"の機能》、豊田久《周王朝の君主權の構造について："天命の膺受"者を中心に》、《金文關係主要著録類略號表》。	《陝西出土商周青銅器》《金文詁林附録》、*A Reanalysis of the Western Chou Bronze Chronology*。	唐蘭卒。

時　　間	事　　件	著　　作	人　物
1980 年	河南淅川下寺春秋楚墓王孫諸器。美國主持召開"偉大的中國青銅時代"學術研討會。	張政烺發表學術論文《試釋周初青銅器銘文中的易卦》；《西周青銅器とその國家》。	
1981 年		《西周金文語法研究》《商周銅器群綜合研究》《河南出土商周青銅器》《金石論叢》《商周秦漢青銅器辨偽錄》。	羅福頤卒。
1982 年		《中國青銅時代》《商周金文集成引得》《商周金文集成》《金文詁林補》《東京大學東洋文化研究所藏中國青銅器資料分類目錄》。	
1983 年		《新出金文分域簡目》《金文總集》《三代吉金文存釋文》、The Great Bronze Age of China：a Symposium、Late Shang Ritual Assembly Ages：Archaeo Logical and Cultic Definitions。	容庚卒。梅原末治卒。赤塚忠卒。
1984 年		《殷周金文集錄》《殷墟青銅器》《殷周金文集成》《殷周時代青銅器紋樣の研究》。	于省吾卒。
1985 年		《商周金文總目》《商周金文新收編》《商周金文集成釋文稿》。	
1986 年	北京琉璃河 1193 號大墓發現《克罍》《克盉》。陝西安康出土西周《史密簋》。	《西周金文官制研究》《商周青銅器銘文選》《西周冊命制度研究》《西周青銅器銘文分代史徵》。	

(續表)

時　　間	事　　件	著　　作	人　物
1987 年		《壽縣朱家集銅器群研究》《金文人名匯編》《中國古代國家の支配搆造：西周封建制度と金文》《金文の世界》、*Ancient Bronzes in the Arthur M. Sackler Collections*。	
1988 年		*Bronze Industry，Stylistic Tradition，and Cultural Identity in Ancient China：Bronze Artifacts of the Zhongshan State，Warring States Period（476—221 BC）*。	
1989 年		《春秋戰國時代青銅器の研究》。	
1990 年			柯昌濟卒。
1991 年		*Sources of Western Zhou History：Inscribed Bronze Vessels*。	徐中舒卒。
1992 年	山西省晉侯墓地發現《晉侯穌鐘》。		
1993 年		《金文編訂補》、*Ancient Chinese Bronzes：Terminology and Iconology*。	
1995 年		《唐蘭先生金文論集》《金文大字典》《金文編校補》《楚系青銅器研究》《古代中國青銅器》《商代金文圖録》。	
1996 年	夏商周斷代工程啓動。		
1998 年		《西周諸王年代研究》《故宮商代青銅禮器圖録》。	

時　　間	事　　件	著　　作	人　物
1999 年		《西周青銅器分期斷代研究》《鳥蟲書通考》《鄭州商代銅器窖藏》《西周册命金文所見官制研究》。	
2000 年	夏商周斷代工程通過國家驗收。	《夏商周斷代工程 1996—2000 年階段成果報告（簡本）》《春秋戰國秦漢時代出土文字資料の研究》《金文と経典》。	
2001 年	湖南出土商代青銅器被美國紐約佳士得藝術品拍賣會以 924 萬美元出售。	《殷周金文集成引得》《殷周金文集成釋文》。	
2002 年	北京保利藝術博物館專家在海外文物市場上偶然發現《盠公盨》。	《西周紀年》《金文斷代方法探微》《近出殷周金文集録》《中國青銅器研究》《泉屋博古・中國古銅器編》。	
2003 年	陝西眉縣楊家村窖藏青銅器出土《逨氏諸器》。	《吉金文字與青銅文化論集》《西周青銅器年代綜合研究》。	
2004 年		《國家圖書館藏金文研究資料叢刊》《西周銅器斷代》《乾隆四鑑綜理表》《金文與殷周女性文化》《西周漢語語法研究》《金文通釋（修訂本）》。	
2005 年		《金文廟制研究》《金文月相紀時法研究》《中國古代王権と祭祀》。	張政烺卒。
2006 年		《金文文獻集成》《出土夷族史料輯考》《金文文獻集成・索引卷》《新收殷周青銅器銘文暨器影匯編》《古代中國天命と青銅器》、*China in the Early Bronze Age：Shang Civilization*。	林巳奈夫卒。白川靜卒。

時　間	事　件	著　作	人　物
2007 年	陝西扶風五郡西村西周青銅器窖藏發現琱生諸器。	《殷周金文集成（修訂增補本）》《商周姓氏制度研究》。	
2008 年		《商周金文總著錄表》《金文論集》《青銅器論文索引》《二十世紀金文研究述要》《西周金文作器用途銘辭研究》、*Max Loehr and the Study of Chinese Bronzes：Style and Classification in the History of Art*。	
2010 年		《商周金文摹釋總集》。	
2011 年	江西海昏侯墓出土文物。	《商周彝銘學研究史：青銅器銘文的研究在古代中國的發展軌迹》《容庚學術著作全集》《西周銅器銘文所載賞賜物之研究——器物與身分的詮釋》。	
2012 年		《天命、鬼神與祝禱：東周金文嘏辭探論》《商周圖像文字中的神話和信仰》。	

跋

　　新作《中國彝銘學》一書相比于舊作《金文學術史》和《商周彝銘學研究史》二書，無論是探討的深度和廣度，還是撰寫的文字量上，前者都遠遠超過了後者。今天，呈現在大家面前的這部書稿是一部上下兩大册的巨著，是我幾十年來在艱苦卓絶的環境下長期從事商周彝銘學術研究的總結之作。

　　首先，本書訂正了《金文學術史》《商周彝銘學研究史》，以及我過去幾十年來正式出版和公開發表的全部彝銘學術研究著作和論文中的若干錯誤和不足。

　　其次，本書真正從一個彝銘學的學科角度出發，利用上下兩册，分成論、史、書三部分内容，逐一闡述中國彝銘學在古代中國學術史範圍内的形成、發展、高峰及其在國内外的學術現狀。

　　論的部分，我用了二十六章的篇幅，從彝銘學背景研究、彝銘組成結構研究、彝銘研究的種類和進展三個方面加以詳細闡述。如下：

　　第一章，彝銘學及其相關概念。第二章，夏代青銅文化探源。第三章，彝銘學的價值取向及其誕生。第四章，彝銘的分期和斷代。第五章，彝銘的鑄刻和傳拓。第六章，時間用語。第七章，國名用語。第八章，地名用語。第九章，王名和王稱用語。第十章，氏族名和人名用語。第十一章，官名用語。第十二章，詞類用語。第十三章，嘏祝辭用語。第十四章，器名用語。第十五章，徽記用語。第十六章，歷史研究。第十七章，禮制研究。第十八章，官制研究。第十九章，廟制基礎研究。第二十章，廟制特殊研究。第二十一章，法制研究。第二十二章，祭祀制度基礎研究。第二十三章，祭祀制度特殊研究。第二十四章，軍制研究。第二十五章，兵器彝銘綜述。第二十六章，兵器題銘研究。

　　史的部分，我用了十四章的篇幅，按朝代和國别加以詳細闡述。如下：

第二十七章，兩漢時代的彝銘學。第二十八章，魏晉南北朝時代的彝銘學。第二十九章，隋唐時代的彝銘學。第三十章，兩宋時代的彝銘學。第三十一章，元明時代的彝銘學。第三十二章，清代商周青銅器的出土和收藏。第三十三章，清代彝銘學研究著作綜述。第三十四章，清代彝銘學研究述評。第三十五章，民國時期彝銘學研究述評。第三十六章，新中國彝銘學研究著作。第三十七章，新中國彝銘學研究述評。第三十八章，中國港臺地區彝銘學研究述評。第三十九章，歐美地區彝銘學研究述評。第四十章，日本漢學界彝銘學研究述評。

書的部分，我集中介紹了以綫裝書形式出現的約五百種古今重要彝銘學相關研究著作，并且以書名筆畫順序進行排列。收集的彝銘學著作數量比《金文學術史》《商周彝銘學研究史》二書都翻了一番。

綜上所述，本書是一部真正意義上的囊括彝銘學術概論、彝銘學術發展史、彝銘學著作解題的扛鼎之作，更是一部涵蓋彝銘學思想史、商周史、儒家禮制史的綜合性研究專著。隨着國學和古文字學越來越熱，我相信本書必定會獲得專業科研人員和普通大衆讀者的青睞和好評。

從 1984 年到 2016 年三十二年間，我在國內外學術刊物和報紙上總共公開發表了三百七十多篇文章，其中學術論文約一百六十篇，文史雜文約二百一十篇。在國內外公開出版了三十四部學術研究專著。喜歡考據的人可能要失望了：因爲我謝絕了國內任何一個資料庫保存和收録我的這一百六十篇學術論文和二百一十篇文史雜文。無他，考證學從來不是誕生在書房裏和電腦前的，而是需要研究者親自下閱覽室和圖書館，在動手動脚查找資料的過程中有所發現、有所發掘！

我僅以美國的哈佛大學、耶魯大學、斯坦福大學三個世界級的名校所收藏的我的學術著作爲例，證明我過去幾十年的學術成果還是産生了重要的影響。

首先，我們查看一下哈佛大學的收藏情况：

1. 收藏鏈接：http：// id.lib.harvard.edu/aleph/012128254/catalog

書名：*Jing du xue pai* by Liu Zheng（《京都學派》）

索書號：012128254

2. 收藏鏈接：http：// id.lib.harvard.edu/aleph/013952307/catalog

書名：*Shang Zhou tu xiang wen zi yan jiu* by Liu Zheng（《商周圖像文字研究》）

索書號：013952307

3. 收藏鏈接：http：// id.lib.harvard.edu/aleph/008910080/catalog

書名：*Jin wen shi zu yan jiu* by Liu Zheng（《金文氏族研究》）

索書號：008910080

4. 收藏鏈接：http：// id.lib.harvard.edu/aleph/012836137/catalog

書名：*Jing du xue pai Han xue shi gao* by Liu Zheng（《京都學派漢學史稿》）

索書號：012836137

5. 收藏鏈接：http：// id.lib.harvard.edu/aleph/012873335/catalog

書名：*Shang Zhou yi ming xue yan jiu shi* by Liu Zheng（《商周彝銘學研究史》）

索書號：012873335

6. 收藏鏈接：http：// id.lib.harvard.edu/aleph/014348036/catalog

書名：*Minguo ming ren Zhang Bi ping zhuan* by Liu Zheng（《民國名人張璧評傳》）

索書號：014348036

7. 收藏鏈接：http：// id.lib.harvard.edu/aleph/014338871/catalog

書名：*Jin wen xue shu shi* by Liu Zheng（《金文學術史》）

索書號：014338871

8. 收藏鏈接：http：// id.lib.harvard.edu/aleph/008971981/catalog

書名：*Hai wai Han xue yan jiu* by Liu Zheng（《海外漢學研究》）

索書號：008971981

其次，我們查看一下耶魯大學的收藏情況：

1. 收藏鏈接：http：// search.library.yale.edu/catalog/12536265

書名：*Shang Zhou tu xiang wen zi yan jiu* by Liu Zheng（《商周圖像文字研究》）

索書號：CHIUNCAT854005

2. 收藏鏈接：http：// search.library.yale.edu/catalog/9962832

書名：*Jing du xue pai Han xue shi gao* by Liu Zheng（《京都學派漢學史稿》）

索書號：DS734.97.J3 L587 2011

3. 收藏鏈接：http：// search.library.yale.edu/catalog/9866725

書名：*Shang Zhou yi ming xue yan jiu shi* by Liu Zheng（《商周彝銘學研究史》）

索書號：PL2447.L584 2011

4. 收藏鏈接：http：//search.library.yale.edu/catalog/9131454

書名：*Jing du xue pai* by Liu Zheng（《京都學派》）

索書號：B5241.L58 2009 (LC)

5. 收藏鏈接：http：//search.library.yale.edu/catalog/7074410

書名：*Tu shuo Han xue shi* by Liu Zheng（《圖説漢學史》）

索書號：DS734.95.L59X 2005 (LC)

6. 收藏鏈接：http：//search.library.yale.edu/catalog/6500465

書名：*Jin wen miao zhi yan jiu* by Liu Zheng（《金文廟制研究》）

索書號：DS741.65.L583 2004

7. 收藏鏈接：http：//search.library.yale.edu/catalog/5979202

書名：*Hai wai Han xue yan jiu* by Liu Zheng（《海外漢學研究》）

索書號：DS734.95.L58X 2002

8. 收藏鏈接：http：//search.library.yale.edu/catalog/12359144

書名：*Qing tong bing qi wen zi* by Liu Zheng（《青銅兵器文字》）

索書號：PL2448 .L5395 2014

最後，我們查看一下斯坦福大學的收藏情況：

1. 收藏鏈接：https：//searchworks.stanford.edu/view/6144552

書名：*Tu shuo Han xue shi* by Liu Zheng（《圖説漢學史》）

索書號：DS701.L58 2005

2. 收藏鏈接：https：//searchworks.stanford.edu/view/11651910

書名：*Jin wen xue shu shi* by Liu Zheng（《金文學術史》）

索書號：PL2447.L5884 2014

3. 收藏鏈接：https：//searchworks.stanford.edu/view/10434112

書名：*Shang Zhou tu xiang wen zi yan jiu* by Liu Zheng（《商周圖像文字研究》）

索書號：PL2447.L5894 2013

4. 收藏鏈接：https：//searchworks.stanford.edu/view/5759706

書名：*Jin wen miao zhi yan jiu* by Liu Zheng（《金文廟制研究》）

索書號：DS741.65.L58 2004

5. 收藏鏈接：https：// pulsearch.princeton.edu/catalog/7076369

書名：*Shang Zhou yi ming xue yan jiu shi* by Liu Zheng（《商周彝銘學研究史》）

索書號：PL2447.L566 2011

6. 收藏鏈接：https：// searchworks.stanford.edu/view/8519244

書名：*Jing du xue pai* by Liu Zheng（《京都學派》）

索書號：B5241.L58 2009

7. 收藏鏈接：https：// searchworks.stanford.edu/view/11046254

書名：*Chen Yinke shi shi suo yin* by Liu Zheng（《陳寅恪史事索隱》）

索書號：DS734.9.C49 L589 2014

8. 收藏鏈接：https：// searchworks.stanford.edu/view/9597751

書名：*Jingdu xue pai Han xue shi gao* by Liu Zheng（《京都學派漢學史稿》）

索書號：DS734.97.J3 L587 2011

9. 收藏鏈接：https：// searchworks.stanford.edu/view/9625057

書名：*Shang Zhou Yi ming xue yan jiu shi* by Liu Zheng（《商周彝銘學研究史》）

索書號：PL2447.L584 2011

10. 收藏鏈接：https：// searchworks.stanford.edu/view/5580400

書名：*Hai wai Han xue yan jiu* by Liu Zheng（《海外漢學研究》）

索書號：DS734.95.L58 2002

上述三所世界最高級别的大學和科研機構收藏了我在國内出版的彝銘學研究專著六部：《金文氏族研究》（2002，中華書局）、《金文廟制研究》（2004，中國社會科學出版社）、《商周彝銘學研究史》（2011，綫裝書局）、《商周圖像文字研究》（2013，上海書店出版社）、《金文學術史》（2014，上海書店出版社）、《青銅兵器文字》（2015，文物出版社）。後來，我有機會到美國進行現場實地調查和瞭解，我的激動和滿足感是可想而知的。而收藏我的學術專著最多的大學是馬里蘭大學！那裏收藏了我十六種學術專著，難怪 2014 年我曾接到了那裏來的一封咨詢函，詢問我是否有意願申請該大學一個東亞歷史和語言學的職位。

憑藉着我的這幾十年艱苦努力科研和著述的成果，2016 年我當選爲美國漢納國際作家協會理事、副會長。2017 年我受命組建國際考古學暨歷史語言學學會并被推舉爲會長。這是一個真正的具有國際學會組織架構和視野的國際學術團體。直到

2019 年，我第一次登上了哈佛大學的講壇，做了中國學的專題學術報告……

　　順便説一句，我的高祖劉鍾麟公，清同治二年（1863）進士，一生從事古文字和歷史地理學研究、易學研究，出版專著多種，均獲學術界好評！他的商周彝銘研究稿本，一直未得機會刊行。可惜後來全部被毁。我後來拼全力研究易學、古文字學和彝銘學，就是想恢復失傳的家學！這是我的使命之所在。

　　在中國國内出現的持久不衰的“國學熱”的情況下，商周彝銘學的研究却一直處于衹冷不熱的尷尬局面。而這是傳統國學和歷史學得以成立的真正的載體和核心支撑！這更是國際考古學暨歷史語言學學會的主要科研和推廣任務。無論是考古學，還是歷史語言學，中國彝銘學都是這兩大學科中的當之無愧的核心構成和科研專案！本書的出版，希望可以引導更多的青年學者和學生走近中國彝銘學！

　　感謝恩師王宇信教授百忙之中親自題寫書名！

劉　正

2017 年 4 月 22 日晨封筆

2018 年 8 月 12 日校畢

2019 年修訂

圖書在版編目(CIP)數據

中國彝銘學：上下册/劉正著.—上海：上海書店出版社,2021.12
  ISBN 978 - 7 - 5458 - 1815 - 4

Ⅰ.①中… Ⅱ.①劉… Ⅲ.①青銅器(考古)-金文-研究-中國 Ⅳ.①K877.34

中國版本圖書館 CIP 數據核字(2021)第 233023 號

責任編輯 解永健 盛 魁 趙 婧 岳霄雪 陸陳宇 何人越
特約審讀 許仲毅 劉大立
特約編輯 尤裕森 劉 紅 徐 雯 徐志平 曾力行
封面裝幀 汪 昊

中國彝銘學（上下册）
劉 正 著

出   版　上海書店出版社
　　　　　(201101　上海市閔行區號景路 159 弄 C 座)
發   行　上海人民出版社發行中心
印   刷　蘇州市越洋印刷有限公司
開   本　787×1092　1/16
印   張　88.75
字   數　1,480,000
版   次　2021 年 12 月第 1 版
印   次　2021 年 12 月第 1 次印刷
ISBN 978 - 7 - 5458 - 1815 - 4/K・423
定   價　780.00 圓